Le choix de la défaite

Les élites françaises
dans les années 1930

CW01642114

Annie Lacroix-Riz

Le choix de la défaite

Les élites françaises dans les années 1930

Deuxième édition revue et augmentée

ARMAND COLIN

Conception maquette de couverture : Frank Serac
Illustration de couverture : Le ministre des Affaires étrangères Ribbentrop et d'autres dignitaires nazis font le salut nazi devant la tombe du soldat inconnu, décembre 1938
Ph© Hulton-Deutsch Collection/CORBIS

© Armand Colin, Paris, 2010

2011 pour la présente impression

ISBN 978-2-200-35491-6

DANGER
LE PHOTOCOPILLAGE TUE LE LIVRE

Tous droits de traduction, d'adaptation et de reproduction par tous procédés, réservés pour tous pays. Toute reproduction ou représentation intégrale ou partielle, par quelque procédé que ce soit, des pages publiées dans le présent ouvrage, faite sans l'autorisation de l'éditeur, est illicite et constitue une contrefaçon. Seules sont autorisées, d'une part, les reproductions strictement réservées à l'usage privé du copiste et non destinées à une utilisation collective et, d'autre part, les courtes citations justifiées par le caractère scientifique ou d'information de l'œuvre dans laquelle elles sont incorporées (art. L. 122-4, L. 122-5 et L. 335-2 du Code de la propriété intellectuelle).

ARMAND COLIN ÉDITEUR • 21, RUE DU MONTPARNASSE • 75006 PARIS

Sommaire

Exergue

« Le jour viendra [...] et peut-être bientôt où il sera possible de faire la lumière sur les intrigues menées chez nous de 1933 à 1939 en faveur de l'Axe Rome-Berlin pour lui livrer la domination de l'Europe en détruisant de nos propres mains tout l'édifice de nos alliances et de nos amitiés. Les responsabilités des militaires français ne peuvent se séparer sur ce point de celles des politiciens comme Laval, des journalistes comme Brinon, des hommes d'affaires comme ceux du Creusot, des hommes de main comme les agitateurs du 6 février, mais si elles ne sont pas les seules elles n'en apparaissent que comme plus dangereuses et plus coupables pour s'être laissé entraîner dans ce vaste ensemble. »

Marc Bloch, avril 1944[1]

Prologue

Stratégie des élites et archives

COMMENT COMPRENDRE L'ENGAGEMENT des banquiers et industriels français dans la « collaboration économique » avec leurs homologues allemands entre la Défaite et la Libération de Paris sans s'interroger sur la phase précédente ? Pourquoi les élites économiques reçurent-elles dès la défaite, voire avant, des postes ministériels jusqu'alors rarement confiés à cette classe sociale ou à ses délégués économiques (directeurs généraux, fondés de pouvoir, etc.) ? Éprouvèrent-elles une « divine surprise » en se regroupant à Vichy, devenu leur club dès juillet 1940[1], après une catastrophe dont les politiques et les militaires assumaient seuls la responsabilité ? S'y fixèrent-elles rendez-vous après le triomphe d'une stratégie de conquête d'un pouvoir illimité ou par les hasards d'une défaite ignominieuse ? Comment un pays qui avait « tenu » plus de quatre ans dans la Grande Guerre put-il s'effondrer en quelques jours ?

Nombre de contemporains, réfléchissant sur l'abîme entre leur appauvrissement et l'enrichissement des « gros » collaborationnistes, furent convaincus que les ministres de l'Occupation, pourvus de « la confiance de la grande industrie », étaient des « homme[s] des trusts » et des « représentant[s] des 200 familles » (les 200 plus gros actionnaires de la Banque de France)[2]. Un scandale public (aussitôt étouffé) sur un « complot de la synarchie » leur apprit à l'été 1941 que ces envahisseurs de l'État avaient préparé leur coup et que la « divine surprise » n'était pas tombée du ciel. Les querelles entre complices du Reich concurrents, à Paris et à Vichy, routine de ce régime, aboutirent en effet, après des remous perceptibles depuis le printemps, à l'article retentissant de Jean Mamy dit Paul Riche[3], le 21 août 1941, dans *L'Appel*, hebdomadaire de la « Ligue française » du nazi français Pierre Constantini, dit Costantini[4] : « Complot contre l'État ? Une association mystérieuse de polytechniciens, d'inspecteurs des finances et de financiers s'est constituée depuis dix ans en France pour prendre le pouvoir. »[5]

La crédibilité de cette énormité que le régime verrouilla aussitôt fut renforcée par les bruits qui filtrèrent sur l'affaire avant et après la Libération. Marc Bloch, dans un article de revue clandestine paru en avril 1944 (entre sa torture, le 8 mars et son assassinat, le 16 juin, par la Gestapo de Lyon), accusa et prévit : « Le jour viendra […] et peut-être bientôt où il sera possible de faire la lumière sur les intrigues menées chez nous de 1933 à 1939 en faveur de l'Axe Rome-Berlin pour lui livrer la domination de l'Europe en détruisant de nos propres mains tout l'édifice de nos alliances et de nos amitiés. Les responsabilités des militaires français ne peuvent se séparer sur ce point de celles des politiciens comme Laval, des journalistes comme Brinon, des hommes d'affaires comme ceux du Creusot, des hommes de main comme les agitateurs du 6 février, mais si elles ne sont pas les seules elles n'en apparaissent que comme plus dangereuses et plus coupables pour s'être laissé entraîner dans ce vaste ensemble. »

« L'instruction du procès de la vaste entreprise de trahison »[6] que Bloch imaginait à portée de main a tardé, mais les derniers mois qui conduisirent la France à une défaite ignominieuse n'ont jamais cessé depuis mai-juin 1940 de mobiliser témoins et historiens, français et étrangers. Tentant d'expliquer comment ce pays s'effondra, « défaite » vraiment « étrange », les uns et les autres ont invoqué tous les motifs possibles. Je citerai au fil des chapitres les auteurs qui ont invoqué l'incapacité du système politique français, l'incurie de l'État-major, la sottise, la naïveté, les carences des services de renseignements, le suivisme derrière une politique extérieure molle des entreprises exportatrices de capitaux en Europe centrale, dépourvues d'initiative propre – le même suivisme, mais derrière une politique d'affrontement tous azimuts, que Peter Hayes prête au groupe chimique allemand IG Farben « du genre patriote qui suit le drapeau », l'affaiblissement d'une vieille nation fatiguée, en « décadence » ou non (le terme suscite d'intenses débats), son sursaut depuis septembre 1939 (œuvre de tel *deus ex machina*) intervenu trop tard, malgré l'espoir d'un miracle, etc.[7]

La liste esquive l'ordre du jour de 1944 de Marc Bloch, bien que maint observateur ait frôlé, voire atteint l'hypothèse que les plans *intérieurs* d'une poignée de Français et leur capacité à les imposer à leurs concitoyens désorientés expliquaient la catastrophe *militaire* qui priva la France du statut de grande puissance. L'accès aux sources, accru depuis 1999 par la levée de la limite des « soixante ans », interdit de borner l'enquête aux mois précédant la défaite. Établir le rôle des décideurs, « militaires », « politiciens », « journalistes », « hommes d'affaires », « hommes de main » en mai-juin 1940 suppose la connaissance de leur stratégie dans la décennie de crise antérieure. Le patriote Bloch jugea, lui qui avait côtoyé les « militaires français » pendant la Drôle de guerre, leurs « responsabilités [...] plus dangereuses et plus coupables ». Cet ouvrage, puisé à d'abondantes archives – publiées, étrangères ; originales, françaises : financières, diplomatiques, militaires, policières –, met au sommet de la hiérarchie les « hommes d'affaires ».

La toute-puissance politique du grand patronat

Les fonds consultés – notamment F7 et F1 a (Archives nationales) et Renseignements généraux de la Préfecture de police, BA et GA, libérés en 1999 par le délai légal ou accessibles par dérogation – décrivent un grand capital régissant le politique, tel ce rapport de guerre sur le « rôle du patronat dans la genèse et la conduite de la guerre actuelle » et son « plan d'action [...] pour la France » depuis 1920.

« Les Français n'ont pas été battus : ils ont été trahis [...] par le haut patronat, par peur du socialisme et notamment de sa forme ultime : le communisme. Toute la politique mondiale, depuis 1917, s'explique par la lutte entre le grand capitalisme international et le socialisme. Le haut patronat international a sa capitale, tantôt dans un pays, tantôt dans un autre. Naguère, c'était Londres, c'est aujourd'hui New York. Les États sont, pour lui, de simples instruments de gestion. Il est au-dessus de nos "Patries". Sa patrie à lui, ce sont les matières premières : l'or, le fer, cuivre, le charbon, le pétrole, etc. Il est contre Moscou, parce que Moscou lui a fermé l'accès des matières premières de l'Union soviétique et gère celles-ci sans patrons, avec de simples fonctionnaires. Pour cette raison, le haut patronat mondial veut abattre le communisme russe par la guerre, il lui fallait l'armée allemande pour battre l'armée russe. Il lui fallait la défaite de la France pour que l'armée allemande ait les mains libres en Russie. Il a organisé la défaite truquée de la France. [...]

Rois, parlements, presse, armée, église [...sont] depuis un demi-siècle complètement passés sous le contrôle du haut patronat. On parle souvent de la responsabilité des partis politiques, de la maçonnerie et des syndicats, mais les hommes politiques, les ministres, les vénérables des loges et les secrétaires de syndicats, cela ne pèse pas lourd devant le Comité des Forges et le Comité des houillères, qui sont les organismes qui commandent tous les autres. La moitié des hommes publics importants sont achetés par eux. » À la fin du XIXe siècle ont été créées de « grandes coalitions patronales, ou trusts, [...] pour empêcher l'avilissement des prix et pour limiter les revendications ouvrières. Cela les a conduits à organiser, dans chaque catégorie, un contrôle presque total de la production. » Ces groupements ont organisé « le débauchage des grands fonctionnaires [, qui] ont su que, s'ils fermaient les yeux sur l'action des grands patrons, ils pourraient obtenir des situations de premier ordre. Un fonctionnaire qui gagnait 50 000 frs au service de l'État était engagé par eux, avec un traitement de 500 000 frs et bien au-delà, c'est ainsi qu'ils ont "possédé" l'Administration française et pris à l'État ses meilleurs fonctionnaires. [...] Ils ont pris 70 % des sénateurs en leur faisant donner des places dans les conseils d'administration. Des députés sont devenus avocats-conseils des grandes compagnies. Mais les jeunes normaliens, les jeunes professeurs des facultés de droit devenaient socialistes. Le Comité des Forges organisa le recrutement des meilleurs élèves des grandes écoles, et il les casa, à leur sortie de l'école, à la tête de syndicats avec de gros appointements.

La presse pouvait gêner le haut patronat, il en organisa systématiquement la corruption. Contrôlant les agences de publicité et les messageries de journaux, il contraignit les journaux à un déficit permanent, et leurs agents spéciaux, que l'on nomme distributeurs de publicité, mais qui sont, en fait, des organisateurs de silence, apportèrent aux journaux des subventions qui comblaient leur déficit et les mettaient à leur merci. En trente ans, le haut patronat français a ainsi acquis le contrôle de toute la presse, de l'Action française au Populaire.

Le haut patronat comprend ce que l'on appelle les "Deux Cents Familles". Mais il va bien au-delà. Ses états-majors de premier rang représentent cinq mille administrateurs et techniciens, parmi lesquels se recrutent les grand commis qui deviennent parfois les chefs de ces organisations. De cet ensemble directeur dépend ce qu'on appelle "Le Monde" qui vit des dividendes distribués par les trusts. C'est avec "Le Monde" que le haut patronat gouverne les lettres, les arts, l'armée, une partie du monde ecclésiastique, les salons tenus par les grandes dames "du Monde" dont les Académiciens, les Évêques et les généraux.

La police est à la disposition du haut patronat. Aucune grande mesure de police n'est prise sans concert entre le Préfet de police et les grands Chefs des trusts. Ceux-ci ont, en outre, des hommes à eux parmi les grands fonctionnaires de la police. Ils ont, enfin, leur propre police ; tous les syndicats patronaux leur fournissent automatiquement tous renseignements politiques, économiques et sociaux.

L'État d'aujourd'hui n'est rien devant les trusts. Ni l'État de Lebrun, de Daladier, de Paul Reynaud, ni l'État de Pétain ni de Laval ni ceux de Mussolini, d'Hitler ou de Roosevelt. Derrière tous les Rois, chefs d'État et ministres, il y a le haut patronat, dont le public ne connaît pas les chefs, qui n'aiment pas à se faire connaître ». Trônent en son sein les Comités des Forges et des houillères « de beaucoup les plus riches, et qui, sous le contrôle des grandes familles, dont la plus puissante est celle de Wendel, sont dirigés par deux grands commis de haute valeur, Lambert-Ribot pour le Comité des Forges et de Peyerimhoff pour les Houillères. Servant les trusts, deux grandes banques d'affaires, la Banque de Paris et des Pays-Bas, présidée par Moreau (ancien gouverneur de la Banque de France) et l'Union parisienne (où régnait Schneider du Creusot). Toutes les banques catholiques, juives, protestantes, sont associées aux trusts. Les [...] plus actives dans la politique des trusts ont été la Banque de l'Indochine, avec Baudouin (ancien ministre des Affaires étrangères) et la Banque Worms, dirigée par Hyppolite Worms, [...] la grande organisatrice des gouvernements de Vichy »[8].

Patronat et État

Les archives montrent quel pouvoir détenaient des gens « n'aim[a]nt pas à se faire connaître » sur l'État constitué d'hommes notoires. Il suffit de lire le conseil général « officiel » de la Banque de France (l'officieux, signalé pour 1926 par l'aimable conservateur de ses archives, est plus explicite) pour admettre que l'État français n'était pas celui « de Lebrun, de Daladier, de Paul Reynaud ». Les deux ministres potentiels principaux, après chute parlementaire de leurs prédécesseurs ou élections législatives, venaient faire allégeance au « gouvernement de la banque » : quelle que fût la majorité issue d'un scrutin – sise à la gauche, modérée en 1928 et 1932, plus avancée en 1936, de l'hémicycle –, un gouvernement ne fut *jamais* formé sans que le président du Conseil et le ministre des Finances se fussent présentés devant lui. Les discussions associaient le président de la République, théorique initiateur du cabinet, Albert Lebrun, pour presque toute la période ici traitée : « l'homme du Comité des Forges »[9] avait été fait par celui-ci sénateur de Meurthe-et-Moselle puis, en juin 1931, président de la République avec le patronage de « MM. Tardieu et Poincaré » et le vote « des modérés et de la droite »[10].

« Le gouvernement de la banque » intronisait les arrivants après s'être assuré qu'ils se plieraient à ses exigences d'« assainissement financier » : c'était la condition *sine qua non* des « avances au Trésor » que consentirait au nouveau cabinet l'organe dirigeant de cette banque privée – norme érigée par son fondateur Bonaparte en régulateur de l'État. S'il était alarmé par les incertitudes qu'une pression populaire faisait peser sur les institutions et les décisions gouvernementales, il animait la croisade contre l'intrus. Il avait écrasé, définitivement au bout de deux ans (avril 1924-juillet 1926), de fait en quelques semaines ou en quelques mois, le Cartel des Gauches qui, porteur de projets fiscaux progressifs, n'en appliqua aucun[11]. Cette incursion avait cependant conduit « les chefs » réels de la France à forger des plans, dits de « réforme de l'État », interdisant jusqu'à l'éventualité d'une nouvelle alerte. La rude leçon déflationniste de Poincaré conserva son efficacité au début de la crise, qui paralysa les salariés, mais fut menacée par sa prolongation. Tout laissa prévoir, depuis 1933-1934, d'imminentes contestations du rapport entre salaires et profits, accentuant l'urgence de « réformer » un État trop sensible aux aspirations de « ceux d'en bas ». Les délais impartis à la « réforme » se raccourcirent donc avant que cette prévision ne fût confirmée par les élections du printemps 1936. Leurs lendemains, balayant avec les grèves ouvrières les bonnes intentions affirmées par Léon Blum et son ministre des Finances Vincent Auriol, aiguisèrent la fébrilité « réformatrice ». Cet aspect de la politique intérieure de l'institut d'émission, qui sert aussi de fondement à la politique extérieure française, occupera une grande partie de ce livre.

De ces maîtres de la France je bornerai la présentation à un échantillon, où figurait depuis le début du siècle François de Wendel, « une des personnalités les plus en vue du monde de l'industrie et de la finance [,...] l'un des Régents de la Banque de France [,...] véritable chef de la [...] dynastie des de Wendel de Lorraine, qui possède à Joeuf, Homécourt, Auboué, Errouville, etc., et dans le bassin de Briey des hauts-fourneaux et aciéries et qui rayonne également en Allemagne dans le bassin de la Sarre ». « Membre du conseil d'administration de sociétés importantes parmi lesquelles [...] la Société des Mines d'Errouville, la Société Métallurgique de Knutange, créée en 1919, au capital de 75 millions, qui comprend les mines et établissements situés en territoire reconquis ; la Société électrique des Houillères de Pas-de-Calais ; Les Mines de Dourzais ; les Établissements Carnaud et Forges de la Basse-Indre, Les Maisons ouvrières de Forges de Basse-Indre ; Le Comité des Forges et Minerais de fer de l'Est de la France ; les Étains et Wolfram du Tonkin ; les Mines de houille de la Clarence ; les Mines de Crespin (Nord) ; les Charbonnages de Monseilles-Montrelais ; l'Électrométallurgique de Saint-Béron ; la Société immobilière de l'avenue de Tokyo ; la Société de l'industrie minérale et la société anonyme du *Journal des Débats*. Il est en outre gérant des Mines de fer de Joeuf et Mence (Société de Wendel et Cie) et de la Société des Petits-Fils de François de Wendel et Cie, devenue Houillères de Petite Rosselle. » « Président du Comité des Forges de France, 7, rue de Madrid, [et] vice-président de la Confédération générale de la Production française » (CGPF) – autres héros de ce livre –, François de Wendel avait été élu député de Moselle depuis « le 26 avril 1914 » et jusqu'en 1932 (inclus), puis sénateur (Union républicaine) début 1933[12].

Si l'on excepte la Banque de France, déléguée de la Haute Banque, la Banque Worms, tenant « sous sa coupe étroite et directe plus de la moitié de l'industrie » française, battit peut-être le record de la puissance exercée sur l'État et ses décideurs par une entreprise privée. Son pouvoir, décrit en juin 1941 « par des spécialistes des questions financières », rappelle celui de la Société générale de Belgique, qui contrôlait alors 60 % de l'économie belge[13]. « Sorti[e] triomphante de la Révolution ou de l'évolution qui a[vait] vu s'écrouler la IIIe République et naître le gouvernement du Maréchal », reine des années de crise, elle avait « grandi sous les ministères de Léon Blum, [Édouard] Daladier et Paul Reynaud ». Pour éviter toute ambiguïté sur la présumée « banque juive », précisons que la Banque Worms n'était « pas foncièrement juive », malgré des « fondateurs [...] israélites ou d'origine israélite ». Ce document de 1941, rédigé « à la demande des représentants de banques ou entreprises rivales », le reconnaissait.

Il arguait, dans le code anglophobe de l'époque, que « la Banque Worms », symbole de « l'emprise totale de l'influence anglaise sur la politique et l'administration françaises », incarnait « la politique qui devait aboutir à la situation d'août 1939 » : ses liens maçonniques et anglo-saxons avaient secondé ses affaires internationales dans les « dix années de politique d'alliance anglo-française » et la « majorité » des « collaborateurs » de Worms était « protestante »[14]. C'était omettre l'aspect de fief catholique de ce géant des transports internationaux (Nouvelle Compagnie Havraise péninsulaire, Société française de Transports pétroliers, Chargeurs Réunis, présidés par un « politique », champion du rapprochement franco-allemand et franco-italien, Henry Bérenger, Air-France, etc.), des chantiers navals, des charbons (dont la Compagnie allemande Klöckner), de l'énergie (dont la Société lyonnaise des eaux et de l'éclairage), des métaux (dont Ugine), du verre (Saint-Gobain), des sociétés coloniales, minières en tête, de l'assurance et des sociétés immobilières. Les deux leaders de la Banque Worms relevaient de la mouvance catholique : a) son directeur général, « le grand animateur de l'affaire », Jacques Barnaud, « catholique pratiquant », selon « l'inspecteur spécial » de la PJ Vilatte, chargé à la Libération de l'enquête « sur la synarchie ». Reçu au concours de l'inspection des Finances en juin 1920, directeur de cabinet de Painlevé, Loucheur et Doumer, puis directeur adjoint au Mouvement général des fonds, Barnaud avait démissionné de l'administration des Finances en 1927 pour rejoindre la banque. En ayant acquis le 31 décembre 1929 « une partie de la commandite pour devenir dès le lendemain associé en nom collectif et co-gérant », Barnaud régna depuis lors sur la France financière, administrative et étatique, tant avant qu'après juin 1940 ; b) son fondé de pouvoir Gabriel Le Roy Ladurie, « ancien collaborateur de la Banque de Paris et des Pays-Bas, puis de la banque franco-polonaise [,...] entré à la Banque Worms en 1929, à peu près en même temps que M. Jacques Barnaud ». La représentant « dans diverses entreprises [, il y] jou[ait...] un rôle qu'on pourrait comparer à celui d'un secrétaire général politique ». Sans oublier « un autre fondé de pouvoirs, beaucoup moins actif, mais [important] en raison de la qualité de ses relations mondaines, Monsieur [Jean] de Leusse, qui serait allié aux de Wendel » – autre militant de la droite catholique[15]. « Principal animateur de la société Worms et Cie, [Jacques Barnaud] représent[ait] personnellement [ses] intérêts [...] dans les affaires suivantes » : Nouvelle Compagnie Havraise péninsulaire de navigation, Compagnie centrale des Prêts fonciers d'Amsterdam, Crédit colonial, avec Baudouin et Baumgartner, Air-France, avec Baudouin et R. Mayer, Tirard & Renault & Bréguet, Société lyonnaise des eaux et de l'éclairage, Compagnie indochinoise d'exploitations minières et agricoles, Compagnie minière coloniale, Estrellas Mining (Canada), Société française de Transports pétroliers, avec Saint-Gobain, Desmarais et Louis-Dreyfus. »[16] La Banque Worms était liée à la Banque (catholique) Lehideux, dont les délégués avaient dirigé, avant les ministères de la France occupée, nombre d'entreprises de cette nébuleuse[17]. Cette alliance, à laquelle s'étaient joints la catholique Banque d'Indochine et son président Paul Baudouin, donna à la « synarchie » son pivot bancaire.

« En dépit de son faible capital, mais forte de ses relations politiques et mondaines en même temps que de ses appuis internationaux, la Banque Worms et Cie n'hésite pas à rivaliser avec les plus grosses et les plus anciennes banques d'affaires françaises. Au vrai, elle les supplante à peu près partout et elle a tôt fait de s'introduire dans les principales branches de l'industrie française. Cette activité est fructueuse car, le 11 janvier 1940, en pleine guerre, la Banque Worms et Cie porte son capital de 4 à 40 millions de francs par la simple incorporation à ce capital d'une somme de 36 millions prélevée sur les réserves. En 10 ans, non seulement la Banque Worms et Cie a, ainsi, décuplé son capital, mais elle s'est aussi créé des amitiés dans tous les milieux en même temps qu'elle se réservait des intérêts et des participations dans tous les groupements. Elle reçoit du gouvernement français des missions que n'obtiennent jamais les plus grandes banques françaises, telles [...] la constitution de la Société française de Transports Pétroliers et l'acquisition en quelques mois pour le compte de cette société des tanksteamers qui constituèrent la flotte pétrolière française. Un pareil traitement est refusé, dans le même temps, à de grandes banques d'affaires dont le capital atteint un bien autre chiffre. Cette constatation donne la mesure de la curieuse puissance acquise par la Banque Worms au cours de ces dix années. [...I]l saute aux yeux que son influence n'est aucunement en rapport avec ses moyens financiers. Il faut chercher d'autres motifs comme il faut trouver ailleurs les raisons d'une réussite à ce point constante [... ;] il faut l'attribuer surtout à la réunion méthodique d'exceptionnelles possibilités d'action sur la vie économique du pays aussi bien dans le domaine de la politique intérieure que dans celui de la politique étrangère. À l'intérieur, la banque maintient des contacts étroits avec le personnel politique détenteur du pouvoir. M. Jacques Barnaud cultive avec soin les relations de camaraderie avec de hauts fonctionnaires de sa génération (M. Baudouin, M. Baumgartner). À l'extérieur, la banque, sans chercher le plus souvent à contrôler financièrement les entreprises, y prend des participations qui lui permettent d'avoir des représentants ou des observateurs dans toutes les grandes affaires internationales où la France a une place ou des intérêts. »[18] La correspondance environnante dissuade d'imputer le constat de la toute-puissance de la banque Worms à la seule bassesse (indéniable) de ses rivales de 1941.

Un patronat maître de la presse et de la vie politique

Le mode de fonctionnement de la presse et de la vie politique révèle un poids égal des maîtres de l'économie sur « l'opinion publique » et la non-autonomie des subventionnés.

« L'abominable vénalité de la presse française »

La presse française était notoire (sans être unique[19]) pour son « abominable vénalité » – titre de la rubrique « mémoires de Raffalovitch » de Boris Souvarine qui publia dans *L'Humanité* depuis décembre 1923 les « documents [authentiques] fournis par le gouvernement des Soviets » sur ce truchement du tsar dans la corruption d'avant 1914[20]. « Il aurait fallu, *déclara Daladier à son audition par la commission d'enquête sur le 6 février 1934,* que je m'occupe des attaches de tous les journaux, car il n'y a pas que *La Volonté* [qui avait appelé à l'émeute] qui soit subventionnée par des hommes d'affaires, il y a les quatre cinquièmes des journaux existants. [...L]es journaux qui vivent comme vivent de grands journaux étrangers, eux, uniquement de leurs travaux, c'est-à-dire de leurs lecteurs, abonnements, publicité strictement commerciale, sont extrêmement réduits en France et [...] s'il fallait faire une enquête sur la façon dont vivent tous les journaux, ce serait intéressant à faire. J'affirme [...] que, surtout à Paris, il y a une très grande proportion de journaux qui vivent des affaires. »[21] La France n'avait rien à envier à l'association « trust Hugenberg »-Krupp, qui en 1930 tenait « 1 600 journaux allemands [...] en partie matériellement » (1 000 quasi totalement) – plus de la moitié – et les avait mis « dans l'ordre des idées complètement sous la dépendance du patriotisme braillard et de la contre-révolution monarchiste »[22]. Ses magnats forgeaient aussi les « idées » auxquelles devait adhérer la population pour garantir leur survie et leur prospérité.

Les archives classées de la Banque de France sont discrètes sur sa capacité à « entreprendre une campagne [...] pour éclairer l'opinion » (Gabriel Cordier, au conseil général extraordinaire du 2 août 1926[23]). Mais une décision avouable de mars 1930 – l'octroi d'« une subvention exceptionnelle de 100 000 francs [...] aux efforts patriotiques de l'abbé Riedinger [...] en faveur de la propagande nationale en Alsace »[24] – suggère l'importance de ses financements politiques. La presse mangeait dans sa main : une « information » contre des rumeurs de dévaluation, en février 1934, avait « reçu la plus grande diffusion et des articles mettant les choses au point paraîtr[aie]nt prochainement, sous diverses signatures, dans la presse française »[25]. Entre autres, les chroniqueurs financiers du *Temps* reflétaient ses vœux, avant et après la « réforme » de ses statuts (1936). Frédéric Jenny avait rédigé un article de janvier 1937 (peu avant l'annonce par Blum de la « Pause ») « en contact suivi avec la Banque de France » ; son « avis » sur l'urgence d'une nouvelle dévaluation « devrait [donc] être considéré moins comme l'exposé d'un point de vue personnel [que...] comme reflétant l'opinion des cercles directeurs de notre premier établissement de crédit »[26]. Émile Moreau, gouverneur jusqu'en octobre 1930, avoua dans ses *Souvenirs* de 1926-

1928 « influence[r] » les journalistes de la grande presse par de fréquents contacts – avec Marcel Hutin (*L'Écho de Paris*), Marcel Pays (*L'Excelsior*), Maroni, « rédacteur financier au *Journal des Débats* », « Julia et Jenny », du *Temps*, « Abel Henry du *Petit Journal*, qui assurait la liaison avec l'Agence Havas », Mignon, « agent du Comité des Forges ». Si Moreau ne parle pas d'argent[27], les RG sont intarissables sur celui dudit Comité, relativisant la nouveauté de l'hégémonie contemporaine des marchands de canons sur la presse[28].

Ce Comité partageait avec d'autres représentants de l'industrie, la Banque de France et la Haute Banque la maîtrise d'un secteur à la tête duquel il plaça deux des brillants intellectuels mentionnés plus haut. Il embaucha au début des années 1920 André François-Poncet, ancien normalien germaniste, et Poincaré nomma ce « chef du service des renseignements du Comité des Forges » et « directeur de [s]a Presse économique [...] chef des services de Presse de la Ruhr » pendant l'occupation française de 1923[29]. Auprès d'Émile Mireaux, second des « deux agrégés qui [avaie]nt quitté l'Université pour entrer au service du Comité des Forges », François-Poncet dirigeait deux de ses nombreux instruments idéologiques : « Le formidable *Bulletin quotidien* de la Société d'Études et d'Informations économiques, 282, boulevard Saint-Germain » (un des innombrables organismes politiques patronaux à nom « technique » anodin) et « le journal politique quotidien *L'Avenir* [,...] organe officiel de la "Ligue Millerand" », qui animait la croisade contre le péril « bolchevique ». Chargés de « la distribution d'argent aux journaux et journalistes » dépendant du Comité, *Le Temps* en tête, tous deux furent aussi chargés de la défense parlementaire de la sidérurgie, donc élus députés[30]. François-Poncet ayant reçu de ses mandants le poste plus prestigieux d'ambassadeur à Berlin en septembre 1931 (après avoir été pressenti au printemps pour les Affaires étrangères[31]), « c'est le Baron Xavier Reille, qui, sur les indications de M. de Wendel, [fut] préposé à "l'arrosage" ». Le Comité « subventionn[ait] ou commandit[ait] les journaux suivants : *Le Temps, L'Information, Le Jour, La Liberté, Le Capital, Le Journal des Débats, L'Agence économique et financière* »[32]. Il contrôlait en partie *L'Intransigeant* – et son directeur Léon Bailby – que lui disputa le groupe Louis-Dreyfus : celui-ci prêta en juin 1931 à Bailby 40 millions « remboursables en 10 annuités » en échange d'« un important paquet d'actions » et de l'engagement de faire appel à lui en cas de mise en vente du journal. Il en fut question dès l'automne 1931, contre « rente viagère de 6 millions à M. Léon Bailby », mais « l'opération », réalisée « en plein accord avec le consortium » Havas, ne fut bouclée qu'en décembre 1932. Elle entraîna « le départ de M. Léon Bailby de *L'Intransigeant* », dont le Comité des Forges s'« ému[t] », craignant « que cet organe échapp[ât] maintenant à son influence »[33].

La sidérurgie conserva les services de Bailby en acquérant l'organe ultra-droitier *La Liberté* de Camille Aymard, autre phare de la corruption journalistique. Aymard abandonnerait pour 10 millions d'actions « à un groupe agissant pour l'Agence Havas », intermédiaire d'une « combinaison dont le bénéficiaire serait en réalité M. Léon Bailby appuyé par le Comité des Forges ». Celui-ci verserait 5 millions sur les 10 à Camille Aymard, qui exigea en outre « qu'on lui garant[ît] par contrat le contrôle absolu des services de publicité ».

Aymard « trait[a simultanément] une affaire importante avec M. [Ferdinand] Béghin, propriétaire de *Paris-Midi* et de *Paris-Soir* », s'engageant à « entreprendre dans *La Liberté* une campagne pour la protection des producteurs de sucre français » en échange d'« une subvention mensuelle de 30 000 francs jusqu'à concurrence de 500 000 francs »[34]. Les chapitres suivants éclaireront les activités de l'Agence Havas, qui contrôlait en 1927 « la publicité de la quasi-totalité de la presse française », via une foule de « sociétés de publicité » : « Véritables filiales, indépendantes les unes des autres, mais toutes dans sa main, elles avaient été lancées et appuyées par la Société générale d'annonces, fondée par M. Léon Rénier (président du conseil d'administration de l'Agence Havas), anonyme au capital de 20 millions, absorbée en 1920 par l'Agence Havas, avec laquelle elle avait toujours eu des liens très étroits et qui marchait de pair avec elle. »[35]

L'industriel Louis Loucheur, ministre et député du Nord, était en 1927 « propriétaire de trois journaux, *Le Petit Journal*, *Le Progrès du Nord* (dont son ancien chef de cabinet, M. Borel, [était] l'administrateur), et *La France du Centre* »[36]. Toute la carrière politique, stoppée par une mort précoce (en 1931), de ce « puissant et sincère ami de M. Briand », détenteur de nombreuses « affaires d'électricité (Loire et Centre, etc.) » et d'une « immense fortune » fondée sur « la multiplicité, la diversité des affaires », fut jalonnée par les élections dans le Nord et ailleurs, et l'achat à cet effet d'« une presse de province » efficace[37]. Loucheur vendit la majorité des actions de *Paris-Midi* fin 1924 « à quelques industriels du Nord », Jean Prouvost, qui en devint président, Jacques Prouvost et Paul et Auguste Dewavrin (administrateurs)[38]. Ainsi fut lancée la carrière politique du premier, un des chefs du groupe papetier et sucrier Prouvost-Béghin et futur secrétaire à l'information de Reynaud puis Pétain. *Paris-Soir* fut racheté à Eugène Merle et son capital « souscrit, à peu près en totalité par lui-même et la famille Béghin ». « Un jeune homme [...] alors secrétaire général du Théâtre des Folies Dramatiques, [...] Pierre Lazareff », fit beaucoup pour sa diffusion, « tant à Paris qu'en province », à plus d'un million exemplaires au début des années 1930 et « plus du million et demi en 1939 ». Le groupe créa de puissantes sociétés d'exploitation, telle, en 1936, « la Société anonyme parisienne de publications et d'éditions modernes »[39].

La presse de gauche, supposée influencer les électeurs populaires, n'échappait pas, vu la précarité de ses finances, à la tutelle du « Mur d'argent ». Les RG soupçonnaient Blum, directeur du *Populaire*, d'avoir, sous menace « de donner sa démission du parti [,...] impos[é Ludovic-Oscar] Frossard comme rédacteur en chef » en raison de son soutien par de riches « commanditaires ». Ainsi « le déficit [fut-il] régulièrement comblé par Léon Blum qui vers[ait] directement les sommes nécessaires ». Les « précautions [...] employées de part et d'autre et [...] la discrétion [...d]es intéressés [...] dans ces sortes d'opérations » dissimulèrent la chose. La preuve de l'insertion de Frossard dans « une combinaison financière » apparut pourtant en janvier 1928 dans « la reconstitution de la société anonyme du journal *Le Soir* » : du capital de 700 000 frs détenu par 9 personnes (dont « Édouard Chaux, banquier », pour 5 000), les 130 000 de Frossard provenaient du « groupe d'industriels martiniquais » qui lui avaient en

1926 ménagé aussi la direction de ce journal[40]. Les RG donnèrent raison fin janvier 1927 à *L'Humanité* du 16 décembre 1926 qui avait imputé à « la mainmise du Redressement français sur *L'Ère Nouvelle* » l'anticommunisme grandissant du journal : mettant fin à ses « difficultés financières assez sérieuses [,...] un changement de commandite » réalisé « sous le couvert de M. le sénateur [Louis] Pasquet » avait entraîné « une modification à son objectif politique ». Le Redressement français [RF] acquit dans l'année *Le Rappel* et *La Lanterne*, achat que révéla l'identité de leurs collaborateurs : José Germain, « un des principaux propagandistes » du RF, Pierre Dominique, prévu comme directeur d'un de ses quotidiens politiques, et Jean Goldski, fondateur du Club Camille Desmoulins et membre de l'organisation, et par le soutien apporté par le quotidien *Le Rappel* à son congrès (d'avril)[41].

Ancien ministre de l'Agriculture, Jean Hennessy, « grand fabricant de cognacs, connu pour son attitude anticommuniste »[42], avait à la fin des années 1920, selon *L'Ami du Peuple* de François Coty, « trusté les journaux parisiens de gauche [,...] contrôl[ant] *Le Quotidien, L'Ère Nouvelle, L'Œuvre*, et jusqu'à *La Volonté*, si dévouée à Joseph Caillaux »[43]. Sous le Front populaire, le journal radical *L'Homme libre*, qui avait connu depuis la mort d'Eugène Lautier (en février 1935[44]), des « difficultés de plus en plus grandes », pâtit de « la suppression des subventions » qu'Auguste Bernier « recevait alors des Affaires étrangères ». Ludovic-Oscar Frossard, auquel les fonds patronaux avaient depuis le début des années 1930 permis de passer du *Populaire* et de la SFIO au parti radical (« son ami [Édouard] Herriot [...] rêv[ait en 1932] de le voir compter parmi les grosses têtes radicales »), reçut en septembre 1936 une nouvelle promotion via la clique Laval : il fut nommé rédacteur en chef de *L'Homme Libre* et Laval promit à Auguste Bernier « de mettre à sa disposition les capitaux » nécessaires. Mais « les sommes [...] versées de cette source se sont révélées insuffisantes et peu après, M. Bernier reçut, sous forme de contrats de publicité, des subventions du groupe Duchemin [Kuhlmann], du groupe Petsche (électricité [et chef du Redressement français]) et de la Banque de Paris et des Pays-Bas ». Début janvier 1937, il manquait d'argent « une fois de plus » et les deux journalistes, en quête de « capitaux », entrèrent « en pourparlers » de rachat « avec un groupement politico-financier » non identifié[45].

Ce qui précède suggère à quel degré de corruption s'élevèrent les vedettes de la grande presse, tel Pierre Laval, digne héritier de Millerand par la corruption et par l'objectif, « soulever en France un formidable mouvement de fascisme, qui balaierait toute la gauche »[46]. L'enrichissement de cet « homme à l'intelligence féline »[47] fut à l'origine le fruit exclusif de la corruption. Il y gagna la réputation d'être « un des hommes les plus tarés de la IIIe République [,...] un homme sans honneur, capable de tout »[48]. « Il aurait » après-guerre « touché une somme de deux millions de la Banque Sacazan, pour lui faire obtenir l'adjudication de l'arsenal de Rochefort, qui a servi de base à la constitution de la Société des récupérées Holdenberg qui ont coûté plusieurs millions à l'épargne française »[49]. Il devint inséparable de François Albert-Buisson, administrateur puis « président d'honneur en 1935 » de la Banque nationale pour le commerce et l'industrie (BNCI), base du « groupe Albert-Buisson-Laval ». Officier de la Légion d'Honneur, sénateur radical du Puy-de-Dôme depuis 1937, « l'un des principaux hommes de confiance de Pierre Laval » – ou l'inverse –, administrait « d'importantes et nombreuses affaires notamment de compagnies d'assurances : 1° L'Aigle (4 compagnies [...]) ; 2° Compagnie générale de réassurances ; 3° Compagnie générale de réassurances-vie ; 4° Le Soleil (3 compagnies) [... A]dministrateur du Chemin de fer du Nord, fief connu de Rothschild [,...] on le trouvait dans plus de trente autres affaires, parmi lesquelles », selon des sources financières de 1933-37, la Compagnie fermière de l'établissement thermal de Vichy, le Crédit national, le Gaz de Paris, Port du Rosario, L'Énergie électrique Rhône et Jura, la Compagnie franco-polonaise des chemins de fer, la Compagnie havraise d'énergie électrique, la Banque d'État du Maroc, la Société parisienne de Banque[50] et Rhône-Poulenc, qu'il présiderait[51]. La « fortune notoirement considérable » de Laval enfla au fil des cadeaux d'Albert-Buisson, qui représenta ses « intérêts [...], en particulier dans les compagnies d'assurance et à la BNCI ».

Cette protection lui bâtit un empire de presse. Dès 1927, Laval, « en accord avec M. [Étienne] Clémentel », acheta une partie du *Moniteur du Puy-de-Dôme et du Centre*, pour le développer « à la veille des élections législatives », et dirigea « la Société anonyme des Imprimeries Mont-Louis [...] à Clermont-Ferrand », qu'il confia à René Dardenne. En février 1928, il « aurait également acheté *Le Lyon républicain* » pour « contrôler une importante presse de province ». « Un gros paquet d'actions du *Moniteur du Puy-de-Dôme*, provenant de la succession Mont-Louis », étant à vendre en 1929, Buisson, alors « président de la Chambre de commerce [,...] l'acheta pour le groupe Laval »[52]. À la puissance régionale succéda la maîtrise nationale des outils de modelage de l'opinion publique : « Léon Rénier et [Pierre] Guimier » cédèrent à Laval à l'été 1933 « un certain nombre d'actions de la Société de l'Agence Havas en échange de l'apport fait par l'ancien président du Conseil des droits qu'il avait acquis sur quelques journaux politiques de province ». Albert-Buisson gonfla sa part en mars 1936 en négociant avec Léon Rénier l'achat « pour le compte de M. Pierre Laval [de] toutes les actions disponibles de l'Agence Havas », c'est-à-dire « la plupart de ses titres ». Peu après, Laval « remi[t] en fermage au groupe Dupuy du *Petit Parisien* l'exploitation commerciale d[u...] *Moniteur de Clermont-Ferrand* »[53]. Il avait en 1934 « pris des intérêts dans une imprimerie exploitée indirectement par M. [Amédée] Siaume ». Il en détenait aussi au « Crédit commercial pour la Publicité » (de presse) contrôlé par le *Petit Parisien*, et Henri Coudy, directeur de la publicité du journal et fils de son ancien directeur général, le fit entrer au conseil d'administration[54]. Ses prébendes ministérielles grossirent ses gains. Successeur de Louis Barthou, il octroya « sur les fonds secrets du Quai d'Orsay une importante subvention au quotidien » – le sien – « *Le Moniteur de Clermont-Ferrand* »[55].

Patronat et financements politiques et électoraux

Le grand patronat guidait aussi partis, hommes politiques et militaires financés en activité et en retraite. Parmi ces derniers figuraient Gaston Doumergue et Maxime Weygand, qui émargeaient notamment au budget de « la Compagnie du canal de Suez ». Quand Doumergue fut prié de « sauver la France », sa retraite de « directeur » lui assurait « de l'ordre de 600 000 frs par an ». Le conseil d'administration (CA) du Suez comptait aussi Weygand, « privilège dont aucun [autre] militaire ne fut jamais gratifié », selon Pertinax[56]. Les fiches de la section financière des RG (SF) révèlent l'achat des hommes politiques ou des militaires casés dans les conseils d'administration et dotés de prébendes diverses. La caricature ne réside pas dans la *présentation* des *faits*, mais dans ces pratiques *générales* offrant aux corrupteurs la garantie que les détenteurs d'une partie de l'appareil d'État, civil ou militaire, batailleraient contre toute retouche au *statu quo* socio-économique. Qui, dans cet échantillon de 1927, prônerait la « réforme » de la fiscalité des entreprises, leur « étatisation », la baisse des tarifs des services publics, des commissions bancaires ou des prix industriels ? : l'amiral Émile Guépratte, « ancien député, » « le général [Adolphe] Messimy, sénateur, ancien ministre de la Guerre », le vice-amiral Lucien Lacaze, « ancien ministre », le général Raynal et le colonel Montegu, administrateurs de sociétés anonymes (« d'utilisation totale des ordures ménagères », « des Mines normandes de l'Ermitage », du Taxiphone, du journal *L'Actualité financière*) ; le général Auguste Hirschauer, sénateur, président depuis octobre du Crédit du Sud-Est[57] ?

Un instrument électoral essentiel des années 1920, encore très précieux au-delà, fut l'Union des intérêts économiques de Paul-Ernest Billiet, auquel le Comité des Forges et le groupe Wendel, « un des principaux éléments de [s]a force financière [,…] fourni[ssaient] des subventions importantes »[58]. Son argent privilégiait les partis de droite, mais pour parer à tout projet écornant les privilèges, contrôler une gauche sage s'imposait, surtout quand la conjoncture cabrait la population contre les prescriptions habituelles. Une chose était « de constituer une caisse de propagande, pour combattre les projets des partis de gauche tendant à la diminution du prix du courant électrique et à la mainmise de l'État sur leurs centres de production », comme le fit en 1935 Charles-Laurent, en outre pilier du Comité des Forges, pour protéger ses « gros intérêts dans les importantes sociétés d'électricité […] (Crédit électrique, Union pour l'industrie de l'électricité, Société centrale pour l'industrie électrique, etc.) »[59]. Une autre, aussi vitale, consistait à manœuvrer une gauche qui, avocate officielle de réformes profondes – « mainmise de l'État sur » la propriété privée, fiscalité dure au capital, contrôle des prix, etc. –, y renoncerait : quoi de plus efficace que la défense des intérêts d'une classe privilégiée par des délégués de classes non privilégiées ?

Le cas Édouard Pfeiffer éclaire un cheminement courant de la gauche radicale à la droite ligueuse : « secrétaire général » du parti radical, partisan d'« une entente avec l'Alliance démocratique », il entra à la fin des années 1920 en conflit avec Daladier qui n'en voulait alors à aucun prix et qui prônait pour les législatives, à Narbonne, la prudence à l'égard de Léon Blum. Démissionnaire en avril 1929 du secrétariat général au parti[60], il y demeura, au service du « Consortium des Assurances », qui en fit « l'un des principaux distributeurs de ses budgets de publicité ». Journaliste à *La République*, Pfeiffer dissuada ses camarades de s'intéresser à la question du « monopole des assurances » et s'employa à « faire échec au projet socialiste » en ce sens. Sa mission fut menacée quand Daladier – tout en faisant secrètement allégeance à Pierre-Étienne Flandin, leader de l'Alliance démocratique – envisagea, en 1934-1935, son retour au pouvoir sur une base de gauche. Le parti qu'il dirigeait se rallia alors à « un programme hardi de réformes sociales et politiques » menaçant les assurances (« dissolution des Ligues patriotiques, mainmise de l'État sur la Banque de France, les grands établissements de crédit, les compagnies d'assurance, les sociétés du gaz et d'électricité, etc., etc. »)[61]. Devenu inefficace, Édouard Pfeiffer dut pour conserver la confiance de ses bailleurs de fonds choisir – en juillet 1935 – la sortie : il « recevait, depuis quelque temps déjà, les doléances du Consortium des Assurances qui voyait d'un mauvais œil la majorité du parti radical se montrer favorable au monopole des assurances, alors que jusqu'ici elle s'y était opposée. Le Consortium [...] avait demandé à M. Pfeiffer d'intervenir auprès de ses amis pour les amener à la raison, mais les efforts de l'ancien secrétaire général ne donnant pas les résultats escomptés, [il] l'avait menacé de lui retirer la distribution de ses budgets de publicité. M. Pfeiffer, qui tirait d'importants revenus personnels des opérations qui lui étaient confiées, s'est attaché à les conserver et, mettant à profit le différend du 14 juillet, il a préféré abandonner ses amis politiques dont l'action au sujet du monopole des Assurances ne saurait désormais le gêner »[62]. Démissionnaire, n'ayant « plus de fonctions officielles » au parti radical, mais y ayant gardé forte attache, Pfeiffer « trait[a ensuite] au nom de militants et se content[a] de servir d'intermédiaire entre ceux-ci et le Parti social français » : en mai 1937, « en rapports constants avec MM. [Jean] Ybarnégaray et [Paul] Creyssel, en vue de la réalisation d'une entente électorale », il prépara en vue du 2e tour d'une élection partielle « le désistement d'un PSF en faveur d'un radical, ou inversement, afin d'éviter au radical l'appoint de voix communistes »[63].

Laval tient lieu de modèle des « parlementaires de conseil d'administration » ayant « l'appui des milieux économiques, et notamment du Redressement français, de l'Union des intérêts économiques, des groupes de l'électricité, des Assurances, des Pétroles » qui peuplent ce livre, de Flandin à François Marsal[64], de Germain-Martin à François Piétri, de Bonnet à Gaston Henry-Haye (ou Henri-Haye), etc. À l'automne 1930, « plusieurs grandes banques régionales grâce à l'intervention et au patronage de MM. Pierre Laval, Clémentel et [Marcel] Bouilloux-Laffont », projetèrent de fonder « un important consortium [...] pour l'exploitation des stations thermales d'Auvergne » : séparé de « la société fermière de Vichy », il assurerait la publicité des stations thermales, financerait la construction hôtelière et exploiterait les casinos régionaux en échappant « au prélèvement de 35 % exigé par le fisc au-dessus du chiffre d'un million ». Début 1933, on commenta l'intervention de Laval « auprès de la Caisse des dépôts et consignations pour lui faire acheter les immeubles construits par le Trust immobilier, avenue Victor-Emmanuel III et rue de Rivoli Jean Goujon [,...] pour être agréable à son ami Siaume qui était l'animateur du Trust immobilier ». Lorsque Siaume fonda en février ou mars 1934 le « Groupement des Assurances », il y intéressa Laval[65]. Les fonds classés de 1936 décrivent l'accroissement de son patrimoine de presse, ceux de 1937 celui d'autres éléments de sa fortune, grâce au même Albert-Buisson. On parlait en février

« d'un nouveau groupe comprenant notamment MM. Pierre Laval, Piétri et Petsche [...] pour réorganiser financièrement les sociétés Gaumont et Pathé [...] par l'intermédiaire de la Banque nationale du commerce et de l'industrie ». On apprit en septembre que Pierre-Marie Durand, administrateur de la société l'Énergie industrielle, l'avait aidé à acquérir « dans d'excellentes conditions un paquet important d'actions de [...] cette entreprise [...] et des diverses sociétés » qu'elle contrôlait, en paiement de son intervention « au moment opportun au Sénat contre la nationalisation des entreprises d'électricité »[66]. Laval fut souvent ministre « aux côtés de Tardieu et Paul Reynaud, l'idole de la droite et le rédacteur encensé de l'*Écho de Paris* et du *Journal des Débats* »[67]. Son parfum de corruption entrava fin 1930 l'accession « du ministre du Travail de M. Tardieu [,...] pas suffisamment indépendant [,... à] un poste [ministériel] de premier plan »[68]. L'obstacle serait levé entre 1931 et janvier 1936, puis en juin-juillet 1940.

On pouvait être industriel richissime soi-même et recourir à la manne de ses pairs pour activisme politique. Pierre Taittinger, enrichi par ses mariages (« environ quinze millions [...] apportés en dot par ses deux femmes [successives], filles d'un très riche industriel des environs de Saintes »)[69], inspira jusqu'au début des années 1930 aux bailleurs de fonds de ses Jeunesses patriotes le même enthousiasme que Doriot en 1936. La grande bourgeoisie catholique avait enfanté le mouvement et le général de Castelnau l'avait laissé « puiser largement dans les caisses des Associations paroissiales catholiques ». L'industrie du Nord et de l'Est l'adorait, la grande banque lui donnait « beaucoup d'argent », avec « la Banque de Paris et des Pays-Bas » (60 000 francs de « subvention annuelle »), puis, à égalité « le Crédit lyonnais, la Société générale et la Banque nationale de crédit » (10 000). L'Union des Mines loua pour lui en 1927 « le deuxième étage de l'immeuble situé 5 place du Palais-Bourbon », son ancien siège. La liste de ses souscripteurs « banquiers ou riches industriels » tient du bottin[70], et il avait reçu dès la fondation de sa ligue « des parrainages précieux, notamment ceux de MM. Maginot, François Marsal et Louis Marin », simultanément présents ailleurs[71]. À l'automne 1930, époque du premier déguisement (raté) de sa ligue (en vue des élections de 1932), il « recueilli[t] pour [son] Parti républicain, national et social 5 millions dont la plus grande partie lui [fut] versée par des industriels du Nord », le comte de Warren, de Wendel, François Coty, etc.[72] Les « modérés » Georges Pernot, Flandin, Wendel (François[73]), les comtes Jean de Leusse, maire, député puis sénateur de Reichshoffen (Bas-Rhin) et Édouard de Warren, député de Meurthe-et-Moselle (Nancy), pourfendeurs de francs-maçons[74], appartenaient à son comité directeur[75]. À l'automne 1933, Jean Hennessy, qui « envisage[ait] » de les y rejoindre, négociait avec Taittinger les « conditions [de...] son concours financier à la Ligue »[76]. En février 1934 – où le maréchal Lyautey y adhéra –, « des dons assez élevés [...] d'un million environ » lui acquirent « à Orléans, une grande imprimerie où seraient employés une centaine d'ouvriers. [...] En dehors de M. [Henri] de Kerillis qui a[vait] fait parvenir 50 000 francs à M. Taittinger, on cit[ait] parmi les principaux souscripteurs MM. Lebaudy (Raffineries de sucre) [,...]des commerçants des Halles et de gros industriels »[77].

L'Action française conservait les faveurs de l'aristocratie et de la Haute Banque catholique : « la Banque Scalbert », « certains banquiers » de Hollande[78], la Banque de France, tels ses gouverneurs Émile Moreau (1926-1930) et Jean Tannery (janvier 1935-juin 1936), qui, lorsqu'il était directeur de la Caisse des dépôts et consignations, représentait « quelquefois [...] à Paris [le] duc de Guise »[79]. Georges Claude, âme de l'Air liquide, un de ses plus gros bailleurs de fonds (par centaines de milliers de francs depuis les 250 000 francs versés en 1929), fut en 1936 un des visiteurs autorisés du « détenu politique » Maurras[80]. La générosité de la Banque de France ressort du débat du conseil général sur l'octroi de deux parts « de 5 000 francs or » chacune pour le nouveau siège du Comité France-Amérique, « l'hôtel de la comtesse de Ganay » : occasion de s'irriter du caprice « excessif » de « toutes ces institutions [qui] éprouvent le besoin d'avoir un hôtel particulier »[81]. Les banques servaient de donateurs permanents : « M. Jacques Stern, ministre des Colonies », obtint avant les élections de 1936 comme ses pairs « des subventions des Banques Mallet, de Neuflize, Rothschild et Perlès pour la caisse de propagande électorale de l'Alliance démocratique »[82].

Les auxiliaires étaient aussi recherchés à gauche, ceux issus de sa fraction « extrême » présentant un double atout : des qualités acquises au contact des masses et la connaissance intime du communisme, cible par excellence de tous ces financements. Exemple type, Hennessy couvrit tout l'échiquier, des transfuges communistes aux ligues en passant par les « modérés ». Il entretenait Gaston Henry-Haye, choyé par ailleurs (« une fonction rétribuée au sein de la société anonyme de vente des produits coloniaux » dont la Banque d'Indochine était « le principal commanditaire », etc.). Maire et député puis sénateur de Versailles, l'intéressé lança fin 1932 le programme politique autoritaire d'Hennessy avec son « Mouvement républicain réformiste » : sa « campagne contre [...] "le désordre politique" et pour la création » dudit mouvement était « en partie inspirée et alimentée par M. [Maurice] Bunau-Varilla [propriétaire du *Matin*] qui, en accord avec MM. Tardieu et Flandin, v[oulai]t exploiter le mécontentement qui se fai[sai]t jour dans certains milieux contre le Parlement pour pouvoir imposer un de ses candidats dans un ministère de Concentration »[83]. Hennessy recevait au tournant de 1934 de Marcel Déat et de ses « amis » un solide « soutien » électoral »[84]. Il stipendia précocement l'ancien chef communiste et CGTU du bassin de Briey Charles Vioud qui, ayant « en 1929 [...] quitté le Parti communiste, pour se mettre immédiatement au service du Patronat », commença par lui : Vioud lui « proposait de pénétrer dans les milieux ouvriers pour y effectuer de la propagande contre les "permanents" du PC. Hennessy et M. Marcel Bourgeois du Comité des Industries chimiques de France lui accordèrent alors une importante aide financière »[85]. Le parcours ultérieur de Vioud, d'une ligue à l'autre (souvent en même temps), croisa celui de Doriot qui, par son niveau hiérarchique dans le PCF et l'Internationale communiste, offrait un intérêt exceptionnel : Hennessy le gâta comme tout le monde[86].

Un complot contre la IIIe République ?

Ce qui précède, comme ce qui suivra, atteste la maîtrise exercée par les maîtres de l'économie sur la presse et la vie politique. L'« opinion publique » fut par eux fabriquée et, en vue de son adaptation à leurs besoins, manipulée. Alexander Werth, effaré à l'ère munichoise par l'ampleur de l'engagement allemand de la grande presse et de ses financiers français, parla de *Gleichshaltung* (adaptation, ici nazification) et de presse « *gleichshaltée* ». Un ami français de la Tchécoslovaquie déplora alors que « l'opinion française dindonnée par les campagnes "idéologiques" » fût conduite, « dans son ignorance », à prendre des vessies pour des lanternes[87].

Reste à aborder la question de la nature des « intrigues menées chez nous de 1933 à 1939 en faveur de l'Axe Rome-Berlin » : y eut-il un fascisme français ? Si oui, quel rang occupèrent dans sa hiérarchie les militaires, les politiciens, les journalistes, les hommes d'affaires, les hommes de main dénoncés par Marc Bloch ? Comment mit-il en œuvre un projet comparable à celui de ses homologues italien, allemand, etc. ?

Un fascisme français ? La base des années 1920

Poser la première question confronte à la « taxinomie d'époque »[88] de la police. Celle-ci qualifia en effet de « fascistes » la recherche depuis les années 1920 par « les gros bonnets de [...] la Banque de France [d']une sorte de dictateur financier »[89] et les plans d'alignement de l'État sur le modèle italien. La négation d'un « fascisme français » est devenue académique dans les années 1950, via l'école des Sciences Politiques (René Rémond et Raoul Girardet)[90] : les « historiens du consensus » (Robert Soucy) ont depuis lors décrit une droite « des années 1930 allergique au fascisme » et borné ce dernier à un fascisme « révolutionnaire » d'avant 1914, « ni droite ni gauche » (thèse que Zeev Sternhell a puisée aux textes publiés sans traiter du financement patronal des mouvements), ou des transfuges du communisme[91]. Le triomphe de ce courant, renforcé depuis que l'université a cautionné la vieille assimilation polémique nazisme-communisme[92], a multiplié ses tenants, d'Olivier Dard à Henry Rousso : selon le premier, même pour Doriot, en quête de « troisième voie » entre « grand capitalisme » et communisme, le « constat » de fascisme « paraît abrupt et prend au pied de la lettre le discours des acteurs » ; d'après le second, « le modèle bolchevique a fructifié à droite », inspirant une « droite extrême » de « rupture »[93].

Robert Soucy, qui nie toute « rupture » entre les droites classique et fasciste, n'a pas borné son enquête à la presse et aux brochures des ligues mais consulté les archives policières F7 et posé les questions : « qui t'a fait roi ? », t'a financé et pourquoi ? Les *pratiques* de la droite lui ont révélé la porosité de ses éléments, de la « modérée » à l'extrême, fusionnant les « trois droites » de René Rémond, libérale (orléaniste), bonapartiste et conservatrice (légitimiste) – thèse élégante mais invalidée par les ères de crise. Cette audace l'a interdit de débat et a différé la traduction de « la seconde vague, 1933-1939 » du « fascisme français », parvenue au bout de neuf ans (2004 pour 1995) au public français sous le timide titre de *Fascismes français ? 1933-1939, Mouvements antidémocratiques* (l'accès à « la première vague, 1924-1933 » – titre intact – avait suivi sa sortie américaine [1985-1986]). Le débat, alimenté par l'ouvrage collectif de Michel Dobry[94], reprend vie, et ses pièces documentaires mettent la vraisemblance du côté de Soucy, montrant 1° la permanence dans la droite civilisée de la tentation de la dictature, aiguisée à chaque crainte de réforme, origine chronologique des deux « vagues » du fascisme français : en 1924 contre l'impôt sur le capital annoncé par le Cartel des Gauches, en 1934-1936, quand la classe ouvrière abattue releva la tête ; 2° l'influence décisive de l'Action française, matrice du fascisme français[95] : ses transfuges l'avaient affaiblie *avant* l'excommunication pontificale d'août-septembre 1926[96] sans abolir son hégémonie, années 1930 incluses et Cagoule en tête.

Les Jeunesses patriotes, enfant du général ultra Clément Curières de Castelnau (Ligue des Patriotes et Fédération nationale catholique) et « des jeunes » (depuis décembre 1924) de Taittinger, étaient liées à l'Action française, qui protégeait leurs meetings et leur avait transmis ses traditions : les JP étaient « toujours porteurs d'une matraque ou d'une canne » et « dans certaines circonstances, [...] de revolvers ». Taittinger prétendait jeter contre « l'ennemi, c'est-à-dire [...] les groupes communistes », ses « troupes de choc » armées en « corps francs », « centuries de choc » et « brigade[s] de fer » dépendant de « l'État-major du général Dessoffy ». Ce paravent rouge dissimulait la décision d'« engager *une guerre sans merci contre les institutions parlementaires* », annoncée en décembre 1925 par « la circulaire-programme » de Taittinger « à tous les chefs de secteurs et de centuries » : « *La transformation capitale réclamée par son groupe est la suppression du Parlement.* »[97] Le « Faisceau » du proudhonien Georges Valois, scissionniste en octobre 1925 de l'Action française[98], reçut aussitôt, pour la ligue et son journal, *Le Nouveau Siècle*, outre les fonds italiens[99], ceux « de nombreux industriels » : tels le sénateur François Marsal, « ami personnel de Valois », ministre des Finances périodique des années 1920, « l'un des directeurs de la Banque de l'Union parisienne »[100], et François Coty, magnat de la parfumerie, propriétaire du *Figaro*[101], coffre-fort des ligues et des scrutins[102].

Le magnat de l'électricité Ernest Mercier fonda en décembre 1925 avec Raphaël Alibert, Étienne du Castel, Albert Petsche, autre « personnalité fort connue dans les milieux financiers et de l'industrie électrique », et son fils Maurice, député des Hautes-Alpes, le Redressement français, « association à tendances fascistes ». Installée début janvier 1926 « dans l'une des pièces occupées par l'Union d'électricité », la ligue reçut des fonds « de gros industriels [...] à la cadence moyenne d'un million par jour ». Ils dominaient son conseil d'administration, avec Ernest Mercier, Marcel Champin, Jacques Level, vice-président délégué du CA de la compagnie Alais, Froges et Camargue (Pechiney), Paul Eschwege, administrateur-délégué de la Société Nord-Lumière, Pierre François, président du syndicat des maisons d'alimentation à succursales, Arthur Bommelaer, secrétaire général et membre du Comité des Forges de la Sarre, Paul Nivard, administrateur-délégué de la Cie parisienne de l'Air comprimé, etc. Auprès d'eux se tenaient des professeurs d'université ou assimilés (lettres, médecine, droit, École libre des Sciences politiques et ou conseillers d'État), souvent administrateurs de leurs sociétés, tels Raphaël Alibert, Jacques Bardoux, J.-L. Faure, Achille Mestre, Jean Siegler, Émile Mireaux (déjà rencontré). Le « nouveau groupement [, qui] a[vait] avec lui le Comité des Forges, la haute industrie métallurgique, les compagnies de chemins de fer et le monde de l'industrie électrique [, avait été] constitué [...] en complet accord avec la Ligue républicaine nationale et l'Union des intérêts économiques » de Billiet : en vue « de préparer les élections législatives de 1928 et de faire une propagande énergique contre les partis d'extrême gauche », origine de son intérêt pour « la publication de la *Revue antibolchevique* de M. Gautherot Gustave, professeur à l'Institut catholique de Paris »[103].

La Fédération nationale catholique (FNC) de Castelnau et « son alliée dans la lutte contre le Cartel », la Ligue républicaine nationale de Millerand, où François-Poncet côtoyait François Marsal, Maginot et Marin[104], avaient amorcé la fusion « fasciste » des droites[105]. Les RG et la Sûreté générale les classaient en 1926 dans les ligues fascistes au cinquième et sixième rangs d'une liste de sept (de 1 à 4, Action française, Faisceau, Jeunesses patriotes, Ligue des Patriotes, 7, ligue des chefs de section de Binet-Valmer et Ternisien)[106]. Sous l'appel quotidien à la croisade contre les « lois laïques » se retranchait une droite enragée par les promesses réformatrices d'Herriot : «Œuvres, patronages et séminaires catholiques [étaient] des foyers de fascisme, organisés militairement. »[107] « La Ligue des Droits du Religieux Ancien Combattant », fondée en juillet 1924 avec pour « but avoué [...] la défense des droits religieux de ses membres », avait fait adhérer ses membres à l'Action française et aux JP « pour l'organisation du fascisme qui, seul, permettra[it] de répondre utilement à la menace bolcheviste ». Comme dans la décennie suivante, le fascisme français (ici sous sa forme jésuite) cachait sous l'invocation d'un péril rouge inexistant « la lutte contre le gouvernement du Cartel des Gauches laïque et anticlérical », purement antirépublicaine. « Dans un entretien particulier avec un adhérent, le secrétaire de la Ligue déclare : "Il faudra nous recruter le plus possible de jeunes gens et les engager à faire partie des Ligues d'Action française ou des Patriotes.

– Pourquoi ?

– Parce qu'il faut organiser le fascisme en France et être prêts à tous les événements. Les communistes tenteront de se saisir du pouvoir, or, on ne peut pas compter sur le gouvernement pour les en empêcher, il faut que nous nous organisions pour maintenir l'ordre. Il est inutile et même nuisible d'essayer de recruter des partisans en mettant en avant la religion, il ne faut pas leur en parler de prime abord, ni surtout des prêtres. C'est en leur dénonçant le péril communiste et en leur montrant que nous sommes les seuls à nous organiser contre lui, que nous les attirerons à nous, plus tard ils viendront ou reviendront d'eux-mêmes à la religion" »[108]. Être « fasciste » en France imposa de mentir sur les tréteaux plus encore qu'en Italie et en Allemagne, mais les fonds depuis les années 1920 infirment la conviction de Philippe Burrin que, « hors de [la] frange » des « dirigeants des groupuscules fascistes et des chapelles antisémites [...], la droite nationaliste marquait de la distance »[109].

L'hégémonie assurée depuis l'été 1926 par Poincaré atténua, selon Soucy, l'urgence d'une issue fasciste, sans que la sérénité retrouvée entravât les créations, la survie des jeunes pousses et les plans putschistes. François Coty était fin 1927 revenu à la collaboration *Figaro-Action française*, faisant assurer « la liaison entre les directions de ces deux quotidiens [...] par Simon Arbelle de Vacqueur, rédacteur au *Figaro* », champion des « doctrines d'Action française ». C'est grâce à son « intervention » d'avril 1928, suivie d'« une subvention mensuelle de 125 000 francs » que le journal, brisé par l'excommunication de 1926, ne devint pas hebdomadaire[110]. François Coty comptait aussi pour ses « projets de dictature » sur l'Union nationale des combattants dont il améliora, en 1928, l'ordinaire du président, Rossignol[111]. Il soutint à leur naissance (26 novembre 1927) les Croix de Feu, autre héritier et concurrent de l'Action française, dont l'armée constituait avec le haut clergé le vivier, confié au « colonel en retraite Larpent, chargé [...] d'organiser militairement les Camelots du roi »[112] : recrutant les « élèves de grandes écoles [militaires], Saint-Cyr et Polytechnique », ils envahiraient l'armée, d'active et de réserve[113]. Leur fondateur, Hanot, dit Maurice d'Hartoy, était « à cette époque, l'ami intime » du parfumeur, détenteur de « gros intérêts dans deux sociétés » immobilières. Coty, « directeur-propriétaire du *Figaro* et de *L'Ami du Peuple* » – organe fasciste –, « mit gracieusement à la disposition du nouveau groupement » ces deux journaux et son siège, « un local dépendant de l'hôtel du *Figaro*, 14, Rond-Point des Champs-Élysées »[114]. Il mit aussi « à [s]a solde » Marcel Bucard, « propagandiste du *Nouveau Siècle* » démissionnaire du Faisceau en juin 1927, dont il avait été le témoin du mariage avec la fille d'« un riche industriel » de Lille (16 avril 1928). Cet orateur éminent de la FNC, haineux contre les juifs, les francs-maçons et l'école laïque[115], symbolise la porosité entre droites « modérée » et ligueuse.

Le Redressement français tint sous Poincaré son premier congrès à Paris (7-9 avril 1927) « sous le patronage de personnalités éminentes », le maréchal Lyautey, l'amiral Lacaze, l'ambassadeur de France Camille Barrère, le marquis Louis de Vogüe, René Duchemin, Henri de Peyerimhoff, Léon Guillet, directeur de l'École centrale, Georges Payelle, Premier président de la Cour des Comptes, Clément Colson, président du Conseil d'État, et le maréchal Foch, président de sa séance de clôture. Les RG classaient ainsi ses principaux « commanditaires [...] : 1° M. Mercier, qui détient à l'heure actuelle la plupart des usines électriques et dont la fortune dépasse [...] 100 millions ; 2° Étienne Fougère, gros soyeux de Lyon ; 3° [Eugène] Mathon, gros filateur de Roubaix ; 4° (dans la coulisse) M. [Édouard] Michelin, industriel ». Raoul Dautry, à la longue carrière fasciste entamée avec Lyautey[116], « vice-président du congrès du Redressement français et [...] homme de confiance de M. Mercier, émarge[ait] lui-même pour 75 000 francs. » Clone des « groupes existants », comme le comité Lébon, L'Expansion économique du groupe [Étienne] Fougère, l'Union des intérêts économiques de Billiet, etc., le Redressement français n'était « qu'une association de plus, dont les chefs ou inspirateurs [étaient] de grands patrons, de gros industriels plus ou moins rattachés déjà au Comité des Forges, aux Houillères de France, bref à la plupart des importants groupements établis depuis longtemps et qui lutt[ai]ent contre les organisations d'extrême gauche ». Ses mentors voulaient « remplacer l'Union des intérêts économiques, M. Billiet étant maintenant trop marqué, trop défraîchi et [...] les grandes firmes, compagnies, banques, etc. seraient disposées à faire en quelque sorte peau neuve avec le Redressement pour donner au public l'illusion d'une entreprise très différente de l'Union des intérêts économiques »[117].

Notoire, ce replâtrage l'avait compromis avant les élections de 1928. Fin 1927, « M. Billiet » avait retrouvé les faveurs « [d]es banques, [d]es Compagnies d'assurance, [du] Comité des Forges et [était] à peu près certain de retrouver certaines grandes organisations commerciales et industrielles qui avaient quitté la place de la Madeleine pour aller au Redressement français ». Il fut en 1927 question de donner au RF une « évolution à gauche », en créant « une Union pouvant aller depuis la Fédération républicaine jusques et y compris certains radicaux et radicaux socialistes », et « un [...] quotidien [...] de gauche » qui « soutiendra[it] la cause du cartel », avec José Germain, Paul Valéry et Lucien Romier comme rédacteur en chef. La tentative ne résista pas aux froncements de sourcil de Petsche, du « Comité des Forges et [du] Consortium des compagnies d'assurance »[118]. La déception électorale de 1928, malgré les 30 millions (minimum) du « fonds de propagande » et les efforts de « Gustave Gautherot, qui assur[ait] depuis janvier 1927 la direction de *La Vague rouge* (anciennement *La revue antibolchevique*), sous le contrôle du Redressement français » (Lucien Romier, membre du comité directeur depuis la fin de 1927, Gustave Gautherot), aggrava la crise. Elle fit hésiter en 1929 « plusieurs gros industriels [...] à renouveler leurs subventions » désormais considérées comme n'ayant financé que « les traitement et indemnités des administrateurs et des principaux militants »[119].

C'est enfin de 1926 à 1928 que fut concocté le « putsch Lyautey », anticipation à tous égards de celui de l'été 1940. Les « conjurés, qui comptaient [...] d'importants éléments du haut patronat, du haut clergé et des hauts cadres de l'Armée », obtinrent la complicité du Vatican. L'historiographie dite « religieuse » impute à son ralliement à la République française l'excommunication de l'Action française – source de toutes les nominations épiscopales depuis la fondation. C'est sa francophobie, associée à son soutien d'une solution fasciste, qui le fit participer à l'opération : laquelle lui permit, au contraire de ce que croit ce « très intéressant "blanc" des *RG* du 30 octobre 1944 sur l'activité politique du cardinal Suhard », d'attiser le séparatisme alsacien guidé par le Reich[120]. Le Vatican sortit donc du séminaire de Laval, où il exerçait depuis 28 ans, un docile professeur de 52 ans « totalement inconnu du public », Emmanuel Suhard. « Nommé à Strasbourg [...], il poursui[vi]t en grand secret, pendant deux années, une activité qui fut jugée, à l'époque, "presque séparatiste", dont le but fut soigneusement gardé au fond de quelques consciences et ne transpira jamais des dossiers de la Sûreté nationale. Il organisa, en effet, activement le coup d'État local qui devait porter le maréchal Lyautey au poste de dictateur – on disait alors proconsul – d'Alsace-Lorraine, complot qui avait pour épine dorsale le clergé des deux provinces », selon le plan « suivant : d'abord, se livrer à une propagande anticléricale et anticatholique tapageuse en Alsace-Lorraine, en vue de choquer le sentiment religieux de ses habitants et de les dresser contre le gouvernement républicain "judéo-maçonnique" de Paris. À la faveur de ce mécontentement, établir en Alsace-Lorraine, par coup de force, avec le plein appui du clergé catholique alsacien, un proconsulat confié au maréchal Lyautey. Il ne s'agirait nullement d'un mouvement autonomiste : le proconsul et ses ministres se déclareraient hautement français et même nationalistes français [, mais...] seulement d'une scission administrative et politique avec Paris, destinée à soustraire le peuple alsacien et lorrain "aux brimades d'un gouvernement inspiré par Satan et conduisant la France à l'abîme". Cette scission serait exploitée à fond par toute la presse de droite, et, à la faveur de l'émotion soulevée dans le pays et d'une véritable croisade prêchée dans toutes les églises de France, on espérait conduire les Chambres à Versailles et le gouvernement de Paris à la capitulation. Après réforme de la Constitution s'établirait en France un gouvernement du type proconsulaire d'Alsace-Lorraine confié au même maréchal Lyautey et appuyé cette fois sur tout le clergé catholique du pays. Tel était le complot dont l'abbé Suhard, pendant deux années d'efforts prudents et persévérants, devait s'efforcer de jeter les assises au sein du clergé d'Alsace-Lorraine. Et l'on comprend pourquoi certaines personnes, insuffisamment renseignées, ont pu croire à une action "presque séparatiste" du prélat. Cependant, le putsch préparé n'est pas tenté et la présence de l'abbé Suhard n'est plus utile à Strasbourg ; certains membres du clergé alsacien la jugent même indésirable. Il quitte Strasbourg et revient à Laval »[121]. On userait à nouveau de ses précieux services.

Synarchie et Cagoule : la question des sources depuis 1970

Le grand patronat avait « comploté » dans la décennie de la « stabilisation » et forgé les instruments d'un pouvoir « fasciste ». Aurait-il renoncé à priver la population de ses capacités de défense quand la crise lui fit juger vital l'écrasement des salaires et quand son homologue belge planifia l'attitude à tenir lors de l'invasion prochaine de la Wehrmacht[122] ?

Richard Kuisel et ses héritiers sur « le mythe du complot »

Il n'ourdit pas un « complot synarchique », proclama en 1970 Richard Kuisel, spécialiste américain reconnu d'Ernest Mercier et, plus tard, de la « technocratie » française : il était « temps d'enterrer la légende de la synarchie ». J'exposerai – avant de la contester – la démonstration accablant les gibiers de potence ou les naïfs diffuseurs du conte.

Dans la première catégorie figuraient les « collaborationnistes » de Paris, « fascistes » envieux des technocrates « Yves Bouthillier, Jacques Barnaud, Jean Bichelonne et René Belin » appelés par Pétain « du jour au lendemain [...] au pouvoir en juillet 1940 ». Ces amis de Laval avaient imputé un « complot imaginaire » pro-allemand à des quadragénaires experts qui, placés à la tête de l'économie en raison de l'incompétence en la matière de Laval et Pétain (lequel « préférait aider les petits patrons que les grands »), avaient combattu en Laval le laquais du Reich et réussi à le chasser le 13 décembre 1940. « Pas fascistes », ces « technocrates de Vichy », ministre des Finances Bouthillier en tête, voulaient seulement, via les comités d'organisation créés par décret du 16 août 1940, « faire renaître la production industrielle et empêcher les Allemands de prendre le contrôle de la vie économique du pays ».

Le clan lavaliste s'indigna de la nouvelle promotion, en février 1941, sous Darlan, de « ces "jeunes gens pressés" » dînant ensemble, « Pucheu, Barnaud, Lehideux, Benoist-Méchin, Marion et Le Roy Ladurie », dont le premier, le deuxième et le sixième « avaient tous travaillé pour la maison Worms avant la guerre ». Il reçut les puissants soutiens de Du Moulin de Labarthète, « ministre de l'intrigue » et « un de leurs principaux rivaux », par ailleurs cousin par alliance de Lehideux[123], de René Gillouin, « secrétaire personnel » de Pétain, et de Pierre Nicolle, « représentant des intérêts de la petite industrie à Vichy » et ennemi des « bureaucrates et [de] leurs amis ». Dans « l'atmosphère byzantine de Vichy », la cohorte des ennemis des « technocrates et [de] leurs réformes » accusa du pire la Banque Worms en exploitant l'événement fondateur de « la légende de la synarchie » : la mort de Jean Coutrot, tombé de sa fenêtre le 19 mai 1941.

« Industriel français exceptionnellement progressiste et éclairé », « conseiller fugace du gouvernement de Front populaire », Coutrot avait dirigé le comité « X crise », « groupe fondé par des polytechniciens pour discuter des questions soulevées par la dépression ». Il avait été plongé par « la défaite de 1940 » dans « un état dépressif inhabituel », n'allait à Vichy que rarement et pour des visites sans portée, était séparé de sa famille et seul « dans son appartement parisien. Quelques-uns de ses amis et parents pensèrent la chute accidentelle, bien que l'évidence fît conclure au suicide » (étayé par les papiers, déposés à l'université de Los Angeles, de Roger Mennevée qui avait « pourtant fait de la synarchie une vocation »). Le mythe du « Mouvement synarchique d'empire secret » (MSE) commençait : ses « inventeurs » prétendirent que Coutrot en était « membre » et l'aurait « trahi » ; « le MSE l'aurait [donc] soit forcé à sauter soit fait assassiner et son corps aurait été jeté par la fenêtre pour cacher l'assassinat ». Les affabulateurs avancèrent « une preuve unique » de son appartenance au MSE, « le fait qu'il eût possédé une copie du soi-disant pacte du MSE que, selon eux, il aurait rédigé ». Suit un développement sur « l'étrange livre » du « pacte synarchique » consigné dans un livre à couverture dorée et reproduit par Henry Coston en 1962. Contenant « 13 principes et 598 propositions » censés viser « la création d'un empire universel via la révolution non violente » sous l'égide d'« une technocratie parfaite » et socialisante – la synarchie –, il « fut sans doute composé au milieu ou à la fin des années 1930 » par des sectaires maçonniques fidèles aux martinistes des années 1880 tuteurés par l'occultiste (et polytechnicien) Saint Yves d'Alveydre. On percevait « une certaine similitude entre [l]es vues économiques et sociales [de Coutrot] et celles du MSE », comme le goût pour la planification et la remise du pouvoir économique aux technocrates ; mais aussi de grandes différences, sur le fond – Coutrot n'était ni « corporatiste » ni partisan de « la *profession organisée* » – et la forme : « Sa méthode de réforme passait par des groupes d'étude, pas par la subversion. » « Il est possible cependant qu'un de ses nombreux disciples ait pu aider à rédiger la section du pacte sur la réforme économique et ait pu en communiquer un exemplaire à Coutrot ; ou peut-être le ou les auteurs du pacte lui demandèrent-ils son avis. Quoi qu'il en soit, sa contribution fut sans doute légère et indirecte. Plus vraisemblablement, c'est plus ou moins par hasard qu'une copie en était parvenue en sa possession et qu'il l'avait gardée par curiosité ». Sa femme (en 1945) et son fils (en 1966) « nièrent qu'il ait écrit le pacte. [...] Bref, l'évidence conduit à conclure que le livre doré ne fut pas la création personnelle de Coutrot, mais un tract martiniste officiel ».

Kuisel avance ensuite la date de naissance de la légende pour la situer « vers mars 1941 », où le beau-frère (non nommé) de Coutrot, las de son excessive autorité aurait, après une violente dispute avec lui, volé la copie du pacte pour la remettre au « colonel [Alfred] Heurteaux », chef d'un service de renseignements lié au colonel cagoulard Georges Groussard : le premier la transmit au second, qui la remit à son agent Félix Martin. « En six mois – entre mars et août 1941 – la légende fut fabriquée, embellie et diffusée » par ces services truffés d'ex-cagoulards (dont ces trois derniers) : son grand créateur, Martin, qualifié « d'Auguste Blanqui du XXe siècle [,...] passa [le document] à Pétain quelque part entre mars et avril », selon sa « lettre [...] de janvier 1968 » à l'auteur. « Ancien maurrassien, [qui] avait rompu avec l'Action française à cause de sa répugnance à la prise du pouvoir par le coup d'État », directeur « du Deuxième Bureau de la Cagoule à la fin des années 1930 », adepte de la thèse du complot maçonnique, juif et technico-ploutocratique, pétainiste ardent, il s'empara de cette fausse preuve formelle de « conspiration contre la Révolution nationale ». Avec le soutien d'« un autre ancien maurrassien » et intime conseiller de Pétain, Raphaël Alibert, et de Pétain, dont « les francs-maçons étaient une *bête noire par excellence* », Martin mena enquête. Sa conviction du complot fut renforcée « par la nouvelle de la mort brutale et violente de Jean Coutrot ». Avant la fin mai fut prête la « note Martin » sur la synarchie ensuite diffusée et discutée « à Vichy ». Elle était truffée de sottises sur la clique de « polytechniciens et d'inspecteurs des Finances mutuellement liés par un serment » avec pour siège social la Banque Worms et pour buts de « faire barrage aux tendances "socialistes" de la révolution nationale ; [...] protéger les intérêts juifs, anglo-saxons et autres intérêts d'affaires internationaux [;...] bloquer les efforts pour organiser l'Europe continentale en unité économique excluant les Anglo-Saxons » : leurs chefs, « Bouthillier et Le Roy Ladurie ; leurs séides [...] Barnaud, Lehideux, Belin, Bichelonne, et quelques autres fonctionnaires », persécutaient les « révolutionnaires ou nationaux-socialistes du gouvernement », Laval et Raphaël Alibert.

La note Martin fut adressée à « deux journalistes collaborationnistes parisiens – Pierre Constantini [,...] mentalement dérangé [,...] et Jean Mamy » –, qui glosèrent le 5 juin dans leurs journaux respectifs, *L'Appel* et *Au pilori*, sur « "la mort soudaine et mystérieuse" de Coutrot ». Le texte parvint à Raoul Husson, « ancien fonctionnaire de la Statistique générale de la France et vague connaissance de Coutrot », ancien franc-maçon qui « avait vu et copié le pacte du MSE ». De gauche, persuadé des responsabilités de « la droite antirépublicaine » et du MSE dans « la défaite de la France », il rédigea « un long rapport sur la synarchie ». Son agitation provoqua son arrestation « début juillet » par « des inspecteurs de police allemands et français » et son rapport fut confisqué. « Une copie [en...] alla à la Sûreté nationale de Vichy », dont le chef, Henri Chavin, aussi monté « contre les technocrates », était en outre « probablement » irrité contre Pucheu et sa « réorganisation [drastique] de la Sûreté [. Il...] "adopta" le travail d'Husson » : c'est ainsi que « ce document anonyme de 22 pages » intitulé « rapport confidentiel sur la société secrète polytechnicienne dite Mouvement synarchique d'empire [ou *Convention synarchique révolutionnaire* »] fut connu sous le nom de rapport Chavin ». Entre Martin et Husson, il avait grossi, citant « plus de quarante » synarques, dont « Benoist-Méchin, Du Moulin, Jacques Rueff et Eugène Deloncle » – dernier nom qu'Husson « ajouta probablement à sa liste en raison de sa haine pour les cagoulards ». La rumeur enfla en août 1941, avec les cris contre « la bande Worms » de Marcel Déat et de Pierre Constantini, écho des efforts des « ultras » pour ramener Laval au pouvoir. La campagne fâcha le terrible Pucheu, qui renvoya Henri Chavin et fit arrêter Martin en mars 1942 (jusqu'à la Libération). Son ire accrut « naturellement la véracité de l'accusation pour les crédules ».

Le « complot », qui déchaîna à nouveau les collaborationnistes français en 1943-1944 (après la fuite de Pucheu pour l'Afrique du Nord), avait trompé d'autres naïfs : les diplomates américains – l'amiral Leahy, ambassadeur à Vichy et « l'ambassadeur à Londres » (non nommé) – crurent, comme le renseignement militaire, aux « activités [politiques] de la Banque Worms » et la traitèrent de « clique fasciste ». Or, « contrairement à la version de Washington, l'équipe Darlan n'était ni fasciste, ni même "collaborationniste bon teint" et n'était pas contrôlée par la Maison Worms ou la ploutocratie ». À la Libération, la « presse de gauche » prit le relais des « collaborationnistes réduits au silence » et surenchérit jusqu'en 1947 sur « l'affaire de la synarchie ». Puis les procès, de Benoist-Méchin et surtout de la Banque Worms, qui révéla ses pertes sous l'Occupation (« huit millions de francs ») et fut lavée par « trois tribunaux [...] de toute accusation de collaboration économique », dégonflèrent la baudruche. Les « intellectuels sérieux », incapables « en 25 ans » d'en « découvrir la moindre preuve nouvelle », rejetèrent la thèse du « complot politique de la ploutocratie » – « simple clique de jeunes technocrates » aux « objectifs similaires »[124].

L'article de Kuisel, loué comme « pionnier » et cautionné par tous les historiens dans les trente ans qui ont suivi, a eu une importance académique considérable. Pour Robert Paxton, « il n'y a pas un complot des synarques ; plus simplement, des techniciens, comme le ministre de la Production industrielle [d'avril 1942 à son départ dans les fourgons de l'occupant], Jean Bichelonne, voient clairement qu'une économie de guerre gérant la pénurie va conduire une fois la paix revenue à une gestion de l'abondance »[125]. Ont emprunté ses traces contre les tenants du « mythe du complot permanent » Marc Olivier Baruch (1997) et Olivier Dard (1998). Le premier se fonde sur un synarque avéré – Du Moulin de Labarthète, cité dans ses mémoires de 1946 (source essentielle de Kuisel) – pour mettre « en doute la réalité du complot ». Bien qu'il brocarde les « tenants inconditionnels de la thèse du complot, qui jugeront normal que Du Moulin de Labarthète, synarque, ait entrepris de masquer la réalité de la synarchie », il concède que l'équipe de Darlan a pu, par « la conjonction [...d'] un faisceau de comportements et de motivations [,... faire] germer l'idée de conspiration »[126]. Olivier Dard a pour sa part valorisé l'apport de Kuisel dans deux domaines : il pulvérise les sornettes des « collabos » et de « la gauche », assimilant fascistes et communistes avec plus d'audace que son prédécesseur américain ; il établit la thèse du suicide de Jean Coutrot contre celle, idiote, du crime[127].

L'un et l'autre avaient reçu l'appui de deux hauts fonctionnaires « témoins », tracassés au soir de leur vie par leur rôle « sous l'Occupation », Claude Gruson et François Bloch-Lainé. Étai précaire, vu les propos antagoniques tenus en deux endroits de leur ouvrage de 1996. Première étape, cahotante : tous deux dialoguent sur « la "synarchie" », Gruson cite « Pierre Pucheu, lequel faisait partie de l'équipe de Barnaud », et demande : « Mais comment Barnaud lui-même avait-il été nommé là ? » Par la Banque Worms, répliquent les vieux amis : Bloch-Lainé évoque « des groupes actifs, devenus complices, dont un avait, me semble-t-il, ses attaches à la Banque Worms » ; « il est possible que la Banque Worms ait "poussé" Barnaud », ajoute Gruson. Le terme « synarchie » que Gruson a employé sans critique génère une note sur « le mythe », abordé par Bloch-Lainé après quelques mots sur les déjeuners de la banque. Seconde étape, funeste à la thèse du mythe, 23 pages plus loin : « Cette prise du pouvoir par une *minorité qui mijotait depuis longtemps*, mais qui *n'a eu sa chance que grâce à la défaite*, a tout brouillé. C'est cette minorité qui a réanimé sans difficulté l'antisémitisme, l'antimaçonnisme, l'anticommunisme, sous le couvert de l'État dont nous étions les agents, dont nous n'avions pas suivi la partie émigrée à Londres »[128].

Bloch-Lainé admettait donc un plan *intérieur* de liquidation de la république ayant pour condition *extérieure* la victoire allemande : en « taxinomie d'époque », un complot. Pis encore, cette entrée du 18 décembre 1942 du « journal » du grand banquier Charles Rist, publié en 1983 : « Alibert, d'accord avec les gens du CSAR [Comité secret d'action révolutionnaire dit « la Cagoule »] et financé par les synarques de la Banque Worms, préparait un coup de force. On s'était entendu avec Hitler pour que celui-ci, intervenant au bon moment, assure le succès de l'affaire et, se posant en arbitre, impose ses conditions »[129].

Le traitement des sources disponibles

Kuisel ne disposait certes pas en 1970 de ces textes, mais son assurance était inversement proportionnelle au sérieux de ses sources, bornées aux affirmations tardives de synarques et/ou cagoulards ou remplacées par l'adverbe « probablement ». On peut s'étonner d'abord de sa « mise au point » alors qu'il rejetait les quelques *sources* américaines et françaises disponibles (1941-1945) et arguait que rien n'avait été découvert en 25 ans. Optant pour les documents *a posteriori*, il méprisa les normes de leur traitement : sur quelle base 1° accrédita-t-il les souvenirs imprimés et rétractations de 1946 de Du Moulin de Labarthète sur ses révélations de 1944, qu'il ne cita point ; les mémoires de 1948 de Claude

Varennes (alias Georges Albertini, lieutenant de Marcel Déat) – casé depuis sa sortie de Fresnes de février, dans un bureau de la banque par Hippolyte Worms en personne[130] – et de Bouthillier de 1951 ; les « témoignages » à la fondation Hoover de René Belin, François Lehideux ; tel courrier d'ancien cagoulard (Martin, en 1968) ? 2° rejeta-t-il les multiples références à la Banque Worms des mémoires de 1947 de Nicolle et les propos de Mennevée ou de publicistes de gauche (1944-1947) ?

Selon lui, Elmar Michel, chef de la section économique du *Militärbefehlshaber in Frankreich* (MBF), ne crut pas aux « rumeurs de conspiration politique » de la synarchie. Dans ce qui fut bien son « rapport officiel » de fin de mandat d'Occupation de la France de juillet 1944 (et non « des souvenirs personnels d'après-guerre »), Michel « mentionn[a] parmi les forces politiques qui pendant les deux premières années d'Occupation et même plus tard, présidèrent aux destinées de la France, un groupe d'hommes d'affaires appelé "synarchie Worms" ou encore "groupe Worms" ou même plus simplement "synarchie" » – constitué de Barnaud, Le Roy Ladurie, Pucheu, Lehideux, Benoist-Méchin et Bichelonne (longuement décrit). Comme ses collègues du MBF depuis 1941, Michel ne considérait donc pas « la synarchie » comme une « légende ». Excluait-il que le « groupe » eût comploté ? Son allusion aux activités d'avant-guerre de ce « cercle très ouvert de jeunes techniciens des affaires » (seul extrait cité par Kuisel) qui n'était « pas [...] un parti politique » se limite à ce passage habile : « Ils n'avaient joué avant la guerre aucun rôle politique et n'avaient pas appartenu au Parlement. Certains de ses membres n'ont été mis en avant que pour la conduite des négociations d'armistice avec l'Allemagne et seulement en qualité d'experts économiques ; d'autres furent appelés par la suite aux postes directeurs des ministères économiques et montèrent ainsi sur la scène politique. » Michel constatait à l'été 1944 – où il savait, comme tous les milieux bien informés, que le châtiment de la synarchie s'arrêterait au « destin fatal » de Pucheu (exécuté en Algérie en mars) – que ces non-parlementaires n'avaient pas de passé « politique » *public* : un historien peut-il imaginer que des béotiens politiques aient été « mis en avant » (ils étaient donc en coulisse ?) pour diriger « des négociations d'armistice avec l'Allemagne » puis « des ministères économiques »[131] ?

Kuisel écarta les rapports sur la synarchie de l'OSS (*Office of Strategic Services*, ancêtre de guerre de la CIA) et ceux des ambassadeurs américains – l'amiral William Leahy (à Vichy) et Anthony Joseph Drexel Biddle Jr (alors ambassadeur auprès de divers pays occupés représentés à Londres, et non ambassadeur à Londres) –, rapports rédigés en janvier, mars 1942 et novembre 1943 (dates par lui non précisées) et cités par William Langer en 1947 dans *Our Vichy gamble* : leur hostilité à l'équipe Darlan aurait aligné sur Chavin ces observateurs « excessivement crédules ». Langer aurait, selon O. Dard, « réutilis[é] sans recul » des « documents » glanés à Vichy « n'apport[a]nt rien de plus que les autres »[132]. Le premier argument, erroné, est curieux, tant les faveurs de Washington pour Vichy étaient connues aux États-Unis depuis la guerre[133] ; le second est insultant pour les diplomates et pour Langer (1896-1977) : formé à Harvard, chef de la « *Research and Analysis Branch* » de l'OSS de 1942 à 1945, intégré à la « *Central*

Intelligence Agency » dont il fut sous-directeur de 1950 à 1952, Langer devint « une des sommités du département d'histoire à Harvard », dirigeant en 1954 ses centres de recherches sur la Russie et d'études du Proche-Orient[134].

Les rapports de guerre de Leahy, Biddle, des services voire de la main de Langer sur « les hommes de Darlan » proviennent d'un milieu non hostile à la finance (Biddle appartenait à la Haute Banque de Philadelphie liée à Pierpont Morgan), non apparenté aux récusés d'office (fascistes et communistes), mais chargé de renseignement. La « politique de collaboration [de Darlan] pouvait compter sur nombre d'ardents partisans parmi les intérêts industriels et bancaires français – en bref, sur ceux qui même avant la guerre s'étaient tournés vers l'Allemagne nazie et avaient vu en Hitler celui qui sauverait l'Europe du communisme. C'étaient les éléments qui avaient dès l'origine soutenu Pétain et Weygand [...]. Ces gens étaient d'aussi bons fascistes que tous leurs homologues d'Europe. Ils avaient peur du Front populaire comme de la peste et étaient convaincus de pouvoir prospérer sous la férule de fer d'Hitler. Nombre d'entre eux avaient de longue date des liens d'affaires importants et intimes avec les intérêts allemands et rêvaient encore d'un nouveau système de "synarchie", c'est-à-dire de gouvernement de l'Europe selon les principes fascistes par une fraternité internationale de financiers et d'industriels. Laval était depuis longtemps associé avec ce groupe. Darlan, bien qu'il ne fût pas de leur monde, était assez intelligent pour se les associer. S'ils adoraient Laval, ils servaient Darlan, comme ils auraient servi quiconque jouait le jeu. »

« Ce groupe », écrivit Biddle en janvier 1942 (plus de six mois après le rapport Chavin), « ne doit pas être considéré comme constitué de Français, pas plus que leurs homologues en Allemagne ne doivent être considérés comme allemands, car les intérêts des deux groupes sont si emmêlés qu'ils en sont indissociables ; ils ne portent d'attention qu'à la défense de leurs intérêts. Il faut inclure de nombreuses grandes banques dans cette catégorie : la Banque nationale pour le commerce et l'industrie (qui était *par excellence* le groupe de Laval), la Banque d'Indochine (dont Baudouin était le chef), la Banque de Paris et des Pays-Bas. Mais celle qui s'identifiait particulièrement au régime Darlan était la Banque Worms et Cie, dirigée par Hippolyte Worms, avec Gabriel Le Roy Ladurie et Jacques Barnaud comme personnalités dominantes. Pour mesurer à quel point les membres du groupe de la Banque Worms avaient été appelés au gouvernement à l'automne de 1941, un bref examen du conseil des ministres et des secrétaires d'État s'impose ».

Biddle n'en excluait que les quatre « hommes de Pétain » (« Joseph-Barthélémy, Pierre Caziot, Lucien Romier et Henri Moysset ») : « Pierre Pucheu (Intérieur) et Yves Bouthillier étaient des membres de la clique Worms. Le général [Jean] Bergeret (secrétaire d'État à l'aviation) était classé par les uns dans l'entourage personnel de Pétain, par les autres dans le groupe Worms. Lui excepté, les secrétaires d'État étaient à un homme près associés à la même clique. C'étaient Jacques Barnaud (délégué général aux relations économiques franco-allemandes), Jérôme Carcopino (Éducation), Serge Huard (Famille et Santé), l'amiral [Charles] Platon (Colonies), René Belin (Travail), François Lehideux (Production industrielle), Jean Berthelot (Communications) et Paul Charbin

(Ravitaillement). Jacques Benoist-Méchin (en charge des relations franco-allemandes) était un journaliste allié de longue date à Otto Abetz et, d'après tous les rapports, un simple pantin des Allemands. Au groupe Worms » appartenaient aussi « un grand nombre de fonctionnaires subalternes (surtout les secrétaires généraux) comme [Georges] Lamirand, [Jean] Borotra, Ravalland, [Jean] Bichelonne, [Henri] Lafond, [Francis] Million, [Henri] Deroy, [Jean] Filippi, [Maurice] Schwartz et Billiet. »

Il ressort de cette liste que pratiquement tout ministère ou secrétariat touchant les affaires économiques était aux mains d'un homme ou d'un autre de la clique Worms. Nombre d'entre eux, comme Pucheu, Bouthillier, Barnaud et Lehideux étaient compétents – aussi compétents qu'intéressés et dépourvus de scrupules. Pucheu, que son procès pour trahison fit connaître quelque peu [,...] avait été étroitement associé aux cagoulards et autres mouvements fascistes d'avant-guerre. Comme agent du Cartel sidérurgique il avait cherché à promouvoir la coopération entre l'industrie lourde française et allemande. En d'autres termes, lui, comme plusieurs d'entre eux, avait un passé collaborationniste et ne montrait pas de la simple bonne volonté pour s'allier à l'ennemi mais de l'acharnement. Darlan pouvait compter sur ces hommes, qui non seulement s'employaient à livrer biens et produits manufacturés à l'Allemagne, mais servaient aussi d'intermédiaires pour permettre aux Allemands de prendre possession ou de contrôler des usines françaises. Inutile de dire qu'ils gagnèrent gros dans les opérations et firent simultanément prospérer leurs propres affaires. Cette collaboration économique [...] était bien établie avant la guerre et servait bien à la fois les intérêts allemands et français », comme l'avait confirmé l'interrogatoire du Dr Paul Schmitt. D'autres rapports suivirent, plus précis[135].

Pierre Nicolle, ancien patron modeste, était depuis les années 1930 délégué de la Confédération générale de la Production française (puis du Patronat français, depuis juillet 1936, CGPF) en général et du Comité des Forges en particulier – pour y jouer le rôle idéologique d'avocat des « petites et moyennes entreprises » (PME). Le baron Charles Petiet, trésorier de la CGPF et délégué de la métallurgie nommé à l'automne 1940 chef du comité d'organisation du cycle, l'avait début juillet (avant le vote des pleins pouvoirs, le 10, et *un an avant* le déclenchement du scandale public sur « le complot de la synarchie ») expédié « à Vichy » : il devait veiller au grain des nominations et informer le Comité des Forges et la CGPF sur les éventuels manquements de la Banque Worms, si longtemps anglo-atlantique, et de celle d'Indochine, très ultra-marine, à la ligne « européenne » ou « continentale » – strictement allemande – de l'heure[136]. On crut pouvoir craindre des défaillances : la police administrative signala en août 1940 l'agitation d'Hippolyte Worms à Vichy, où il eut maints « entretiens avec le ministre des Affaires étrangères Baudouin », vit Spire, « membre important de la Banque Lazard frères », en compagnie notamment de Jacques Guérard, directeur de cabinet de Baudouin, et eut « plusieurs déjeuners avec Bouthillier, [Paul] Leroy-Beaulieu, directeur des accords commerciaux, et [Jean-Frédéric] Bloch-Lainé, directeur de Lazard frères » : « De très bonne source [on assura] que des opérations d'envergure [avaie]nt été arrêtées au cours de ces conversations. »[137]

Inquiétude infondée, ces grandes banques ayant alors choisi, de l'avis même de l'occupant, de « hurler avec [...] les loups assoiffés de sang de Berlin »[138].

Le journal de Nicolle, « collaborateur principal de M. [Claude-Joseph] Gignoux, président de la Confédération générale du patronat français »[139], offre une leçon méthodologique (par comparaison entre dactylographie de 1944 et imprimé de 1947) sur les mensonges du « témoignage »[140]. C'est aussi une mine : 1° sur les conflits secondaires, mais rudes, non entre échoppe et grand capital mais entre synarcho-cagoulards, qui tissèrent l'histoire politique de Vichy ; 2° sur la Banque Worms, qui inaugura le séjour de Nicolle à Vichy et son journal. La première entrée de celui-ci, début juillet 1940, signala, outre sa réception « avec le président Petiet » par le cabinet Pétain, l'agitation du délégué en chef de Worms : « Baudouin serait très épaulé par Gabriel Le Roy Ladurie de la Banque Worms, dont les allées et venues sont très remarquées. »[141] Le « lobbyiste de la petite entreprise » en guerre contre « les technocrates » (Kuisel) fustigeait l'étatisme de la Sainte Trinité Pucheu-Banque Worms-synarchie depuis le 10 août 1940. Le feuilleton grossit depuis février 1941 et la formation du cabinet Darlan – ainsi le 1er juin, au début des remous : « À Paris, un véritable soviet de ministres se tient à chaque occasion, dans les locaux situés rue de Liège au domicile de M. [Victor] Arrighi, collègue de M. Pucheu au temps où celui-ci finançait largement les partis politiques [,...] ancien membre du PPF [Parti populaire français] qui a quitté Doriot en 1938 pour rester aux côtés de Marion et de Pucheu. » Il est constitué de « MM. Bouthillier, Belin, Benoist-Méchin et Marion. La Banque Worms continue à tenter d'étendre ses tentacules. On parle du remplacement d'Achard par Jacques Le Roy Ladurie de l'Union des syndicats agricoles, frère de Gabriel Le Roy Ladurie, directeur de la Banque Worms, et éminence grise à la base de toutes les combinaisons politico-financières depuis le mois de juillet [1940] »[142].

La glose sur « les trusts » anglophiles, anglo-saxons et juifs, typique de l'extrémisme bourgeois depuis la crise, ou sur « les puissances économiques et financières » du porte-parole apparent du petit capitalisme lésé par la concentration économique masquait des rivalités entre clans du grand capitalisme. Pierre Nicolle fréquentait en privé Pucheu, qui le reçut « dans sa villa » fin janvier 1942 pour « connaître [son] opinion [sur] les réactions des milieux commerçants et de moyenne industrie devant [...] la concentration de la production » (preuve que le ministre de l'Intérieur tortionnaire[143] conservait compétence économique)[144]. Ces informations précises (imprimé de 1947 inclus) auraient dû inciter à la prudence sur « le mythe de la synarchie ».

Que découvrit la police depuis avril 1941 ?

Le scandale se dessina au plus tard en avril 1941 dans les services *officiels* de police autant que dans les officines cagoulardes, dont la responsabilité dans la diffusion des « indiscrétions » noircit du papier sans confirmer Kuisel ni Dard[145]. La première note que j'ai trouvée – « au sujet de l'activité en pays occupé d'une organisation secrète » –, datée du *15 avril* (Jean Coutrot vivant), fut authentifiée le 9 août suivant par l'inspection générale des RG. Elle faisait naître en 1936 « dans un groupe d'individus ayant eu le désir d'effectuer la conquête des principaux leviers de commande de l'État par l'exploitation du jeu normal des institutions administratives [,...] la Convention synarchique révolutionnaire [CSR] ou Mouvement synarchique d'empire ». Le groupe avait été formé à partir d'une organisation martiniste « réveillé[e] en 1922 [et...] se recrut[ant] dans les milieux polytechniciens et financiers d'État ». Le texte usait des termes antisémites du temps (deux synarques étaient précisés juifs, Ullmo et Hekking), mais admettait que la synarchie, si elle l'avait été, n'était plus « juive » : bien que « l'essence juive du mouvement initial [martiniste ne soit] pas douteuse [,...] la tendance actuelle est infiniment plus souple ». Il citait « les principaux instigateurs du mouvement » (sept), qu'on retrouverait sur *toutes* les listes policières (pas seulement le rapport Chavin « établi en juin 1941 »[146]), avec leurs titres : un « inspecteur des Finances », Yves Bouthillier, naguère secrétaire général, désormais ministre des Finances, et six polytechniciens, avec pour cinq d'entre eux l'année de « promotion », Jean Coutrot (1913) « industriel, ancien conseiller intime de M. Spinasse sous le premier cabinet Blum » ; Jean Berthelot (1919), « ministre des Communications » ; Robert Gibrat (1922), « directeur de l'électricité à la Production industrielle » ; Jean Ullmo (1926), « contrôleur au ministère de la Production, descendant de Charles Netter, fondateur de l'Alliance israélite universelle en 1860 » ; Jacques Branger (1929) et Francis Hekking (1930), « fonctionnaire[s] au ministère des Finances » ; « Alfred Sauvy, directeur de la Statistique générale de la France » (« promotion » omise).

Les synarques se recrutaient à l'inspection des Finances, dans l'entourage de Bouthillier et Jean Coutrot, surtout dans cinq groupes : « Crise » [pour X-Crise], secrétaire Gérard Bardet, etc. ; Centre polytechnicien d'études économiques, secrétaire, Suje, 12, rue de Poitiers, 7e ; Centre d'organisation scientifique du travail, créé par décret du JO du 27 novembre 1936, siège Rond-Point des Champs-Élysées ; Comité national de l'organisation française, 57, rue de Babylone ; Centre d'études des problèmes humains, 9, rue Lincoln. « Après les élections de mai 1936, l'équipe Coutrot parvint au pouvoir aux côtés de M. Spinasse, ministre de l'Économie nationale. Après le changement de régime du 13 juillet 1940, l'équipe Bouthillier parvint au pouvoir : tendances ultra-conservatrices. Dans les deux cas, ce sont les mêmes hommes (membres du MSE) qui bénéficient des plus importants leviers de commande, créations d'emplois et faveurs de toute nature. Leurs méthodes d'action s'inspirent des directions suivantes : 1° Société secrète avec ciment idéologique à la base (CSR) ; 2° Division en plusieurs équipes et jeu sur tous les tableaux, afin d'assurer la permanence au pouvoir des membres du MSE quelles que soient les tendances politiques de régime ou de gouvernement. 3° Paravent technicité. Ceci afin d'échapper aux bagarres politiques lors des changements de gouvernement ou de régime. Les hommes du MSE affirment hautement : "Nous sommes des techniciens, nous ne faisons pas de politique. Nous sommes indépendants, au-dessus des querelles". 4° Esprit de mafia : lutte secrète ; maintien des positions suscitées. Ne pas hésiter à se débarrasser par tous les moyens des adversaires. Travailler en faveur d'un régime impérial quelles que soient les circonstances. Se servir de la situation actuelle pour parfaire l'organisation et la préparer à passer le moment venu à l'action. Recruter des éléments dirigeants de l'armée et de la police pour disposer d'une force totale lors de la prise complète du pouvoir. 5° Absence réelle, au fond, de doctrines sociales. Les hommes du MSE ne sont ni réalistes, ni de gauche, ni de droite, ni réactionnaires, ni révolutionnaires [mais définis plus haut comme de "tendances ultra-conservatrices"] ; ils ne recherchent provisoirement le pouvoir que pour les avantages ministériels qu'il procure et pour préparer l'avenir. Il faut reconnaître que depuis plusieurs mois des avantages importants en cette matière ont été acquis par les hommes dirigeants du MSE. Des réunions fréquentes ont lieu à Paris au Centre polytechnicien d'études économiques, 12, rue de Poitiers. Ces réunions qui sont généralement tenues sous la présidence de M. Yves Bouthillier ou de M. Coutrot ne comprennent que les principaux membres du MSE. Une discipline rigoureuse y est observée et rien ne doit transpirer sur les sujets qui y sont débattus. C'est ainsi que récemment deux exclusions ont été opérées pour indiscrétion. En dehors de la politique intérieure des sujets très importants concernant notre politique étrangère, nos rapports avec l'Amérique, l'Angleterre, l'Allemagne, l'Italie, etc., y sont traités. Généralement, M. Bouthillier rend compte de l'évolution du gouvernement de Vichy et prend des consignes. [...L]es principaux trusts financiers et économiques y sont représentés et [...] les directives qui sont données aux membres actuellement au pouvoir s'inspirent toujours en premier lieu des observations qui sont faites par les représentants des oligarchies financières et économiques. »[147]

Une épidémie de suicides

Ce qui se passa dans les semaines suivantes établit une chronologie, des acteurs et des mobiles différents de ceux de Kuisel. Pétain « reçu[t] au début de mai 1941 » – avant le « suicide » de Jean Coutrot – « un dossier contenant des photographies et des documents originaux concernant l'activité et l'existence d'une puissante société secrète intitulée "Mouvement synarchique d'empire" ou plus simplement "la Synarchie". Ces documents ont pu être remis au Maréchal à la suite d'indiscrétions commises par un des animateurs du mouvement, M. Jean Coutrot et son jeune secrétaire M. Théalet [ou Théallet]. Ces indécisions ont donné lieu au sein du groupement à des dissentiments violents qui ont été immédiatement suivis du "suicide" de M. Jean Coutrot et son secrétaire »[148].

Coutrot, « seul à son domicile » à Paris, où il était revenu « depuis une huitaine de jours après un séjour à Vichy », était mort le 19 mai « à l'hôpital Boucicaut où l'avaient transporté deux gardiens de la paix après sa découverte sur la chaussée de son immeuble rue de Berton » (d'autres documents citent le 51, rue Raynouard, au croisement des deux) : soit « huit jours après son secrétaire » Franck Théalet (ou Théallet) « un jeune homme de 23 ans, en parfaite santé »[149]. Les morts coup sur coup des deux bavards, signalées par le rapport Chavin (Coutrot par somnifères ou « en se précipitant de sa fenêtre », après « celle de son jeune secrétaire et collaborateur M. Théalet »)[150], ne justifient ni l'ironie de Kuisel ni l'assurance de Dard sur ce « dossier vide malgré les apparences » et sur le suicide, « résultat d'un drame intime »[151]. Aucun voisin de Coutrot n'y crut, ses amis pas davantage. Son intime Jean Gouin, « attaché à la Délégation générale du gouvernement de Vichy dans les territoires occupés, Place Beauvau, à Paris [,...] en relations étroites avec différents membres du centre d'information interprofessionnel, 16, rue de Monceau, à Paris » présentés « dans différentes études comme membres de la synarchie » et peut-être lui-même synarque, confia à un enquêteur « durant l'Occupation » : « Je connaissais trop bien Jean Coutrot et son caractère pour douter qu'il ait été assassiné et qu'il ne s'est pas suicidé. »[152] La police ouvrit une enquête sur « ces deux décès suspects »[153].

Le 19 août 1941, les RG les relièrent à l'assassinat de Dimitri Navachine, pour indiscrétions sur le MSE (25 janvier 1937), et prédirent de nouveaux « drame[s] intime[s] » : « Les intérêts en jeu sont d'ailleurs si considérables que la série des "suicides" occasionnés par le MSE est certainement loin d'être close. »[154] Ce pronostic fut vérifié par les « suicides » suivants, signalés par une fiche (simultanée ?) : « Trois personnes de l'entourage de Coutrot sont également décédées à des intervalles rapprochés et généralement dans des conditions pouvant paraître anormales. »[155] La direction des RG fit en août 1943 un lot des deux premières disparitions : Coutrot « a été assassiné avec son secrétaire Théalet à son domicile 51, rue Raynouard à Paris, le 20 *(sic)* mai 1941 »[156]. La Sûreté nationale recensa en mars 1946 « ces événements singuliers » sur lesquels « on avait beaucoup épilogué [:...] à la suite d'indiscrétions provenant de l'entourage de M. Coutrot, de graves dissentiments surgirent au sein de la Synarchie. Aussi établit-on un rapprochement entre ces dissentiments et la mort à l'hôpital de Saint-Brieuc, du secrétaire de M. Coutrot, nommé M. Franck Théalet, puis du suicide de Coutrot à son domicile à Paris. Un mois après, le nouveau secrétaire de M. Coutrot nommé Yves Moreau meurt lui-même subitement à son domicile. Enfin, Henri Brulé, beau-frère de M. Coutrot, meurt subitement d'une crise cardiaque dans la rue quelques semaines après »[157], au sortir d'une « visite à Gabriel Le Roy Ladurie [...], d'après tous les initiés [...] véritable chef du Mouvement synarchiste »[158]. Les RG identifièrent Brulé comme une des « personnalités importantes » de la synarchie méritant « dossier spécial » (absent des fonds consultés) : au même titre que Coutrot, Anatole de Monzie, Gabriel Le Roy Ladurie, Gérard Bardet et Auguste Detoeuf « notamment »[159]. On découvrit le 5 janvier 1942 « sur une voie de chemin de fer près de Provins [...] le cadavre » d'Yves Paringaux, féal de Pucheu, son compagnon de PPF et d'entreprise Worms devenu en juillet 1941 son directeur de cabinet à l'Intérieur. Vichy fustigea le crime « terroriste »[160]. Le PPF imputa la mort de son « transfuge [à ...] l'action occulte de la synarchie qui trouvait que M. Paringaux menait une politique trop personnelle au poste important qu'il occupait »[161].

Du rapport Chavin à l'ire de Pucheu, juin-août 1941

Entre-temps avait été « établi en juin 1941 » et signé par Chavin le « rapport » aussi intéressant que les notes américaines et le journal de Nicolle, mais que ses détracteurs ont voué au néant pour ses propos sur les juifs et les Anglo-Saxons (pertinents sur les relations internationales de la synarchie[162]). Le texte s'ouvrait sur Coutrot, son action et sa mort. Il décrivait les « milieux de recrutement et principaux membres du MSE » – « 1° Anciens élèves de l'École Polytechnique (c'est la grande majorité) appartenant à l'administration, à la banque et à l'industrie. 2° Anciens élèves de l'École centrale (quelques clients). 3° Anciens élèves de Sciences politiques (notamment de *nombreux inspecteurs des Finances*). 4° Conseil d'État (assez nombreux éléments). 5° École normale supérieure (quelques éléments). 6°. Enfin quelques médecins et personnalités diverses. » Il mentionnait leurs liens avec « a) certains milieux bancaires, notamment la Banque Worms, la Banque Lehideux ; b) certains éléments du haut patronat, notamment appartenant au Comité des houillères, à certains groupes pétroliers, à certaines sociétés de construction mécaniques et métallurgiques, à certaines sociétés de grands travaux ». Sur sa liste (avec fonctions occupées) des 46 « affiliés les plus importants » tous ceux dotés de postes d'autorité étatique (et d'autres) étaient liés à la Banque Worms[163].

Affabulations ? Les « banques ou entreprises rivales » disaient alors la même chose. « C'est un réseau de relations personnelles, camaraderie, amitié, solidarité d'écoles, contacts de Conseils d'administration. C'est au propre, une franc-maçonnerie d'amis, de collaborateurs, d'associés qui pour la plupart appartiennent à la grande franc-maçonnerie, qui groupait tout le personnel politique de la IIIe République et qui compte encore de très nombreux adhérents du nouvel État français. Les attaches de la Banque Worms avec le gouvernement de Vichy sont connues. Par M. Baudouin, grand ami de M. Jacques Barnaud et par M. Du Moulin de Labarthète, elle a ses grandes et petites entrées auprès du Maréchal, tandis que cinq ministères au moins, et non des moindres, sont directement sous son influence. Tout d'abord le ministre de la Production industrielle, M. Pierre Pucheu, est un collaborateur direct de la banque. Il est administrateur de l'Union des Entrepreneurs français pour l'Europe du Nord, une affaire particulière de la Banque Worms, dans le Conseil de laquelle il retrouve M. François Lehideux qu'un destin favorable aux intérêts de la Banque Worms a poussé rapidement aux fonctions très importantes de Délégué général à l'équipement national de la France Nouvelle. Le ministre des Finances et de l'Économie nationale, M. Bouthillier, est également un ami personnel de M. Jacques Barnaud et de tout un groupe de camarades associés tels que M. Baudouin, M. Baumgartner, M. Calvayrac[164], M. Jules Mény, etc. Le ministre des Communications, M. Berthelot, ancien camarade de Polytechnique, est également un ami de la banque et du groupe de ses administrateurs. Enfin, M. Baudouin a laissé aux leviers de commande du ministère des Affaires étrangères un certain nombre de hauts fonctionnaires dévoués tandis que dans le personnel du Commissariat d'État aux Colonies, on trouve aux postes les plus importants des amis ou des relations de M. Jacques Barnaud et des entreprises coloniales qu'il contrôle ou administre. »[165]

Il est déjà improbable que Chavin, chef de la Sûreté nationale, jouet présumé de ses fantasmes, ait négligé l'importance, très supérieure à la sienne, des « synarques » – perception tendant à faire marcher sur des œufs l'administration, police incluse. Au surplus, les services de police, officieux et officiels, s'obstinèrent après son éviction par Pucheu à gonfler les effectifs synarchiques. Le très cagoulard « service des sociétés secrètes » de Bernard Faÿ rédigea un rapport daté du 25 juin 1942, avéré par la direction des RG. Il signalait par

« ++ » les synarques dont l'adresse figurait « sur le carnet de poche de Coutrot », retrouvé[166] ; la mention « – X, suivi de date, signifi[ait] : ancien élève de Polytechnique, promotion.... » Les membres éminents étaient désormais 97 (51 de plus), mais manquaient à cette nouvelle liste deux noms de Chavin : 1° Henri Du Moulin de Labarthète (« inspecteur des Finances. Chef du cabinet civil du Maréchal Pétain en 1940-41. Proche parent par alliance de M. Lehideux ») ; 2° Paul-Louis Weiller, président de Gnôme-et-Rhône (« contrôleur d'avion, ami très intime de Deloncle depuis de longues années, interné administrativement en octobre 1940, relaxé en mai 1941 »).

La base Chavin des 46 – moins ces deux noms – figure en italique : « Achard Jean, ancien secrétaire d'État au Ravitaillement ; Arrighi Victor, administrateur-délégué de la Société des phosphates tunisiens ; *Assemat* [Assémat Georges], directeur de la Caisse nationale des marchés de l'État ; Bardet Gérard, ++, secrétaire de X-Crise (gendre de l'ex-général de pompiers [Paul] Pouderoux) ; *Barnaud Jacques*, ++, ancien inspecteur des Finances, délégué général aux relations économiques franco-allemandes ; administrateur de la Banque Worms (signalé plusieurs fois comme un des membres les plus actifs du MSE). Directeur de cabinet du ministre du Travail en juillet 1940 ; *Baudouin Paul*, ++, X, directeur général de la Banque d'Indochine, ancien résident supérieur en Indochine, ancien ministre secrétaire d'État aux Affaires étrangères ; Baudouin [Charles], X, directeur de la Société Minerva-Radio ; Beigbeder Henri, intendant de police, ancien capitaine d'artillerie coloniale, ancien chargé de mission au cabinet de M. Pucheu ; *René Belin*, ancien secrétaire de la CGT, ancien secrétaire d'État au Travail ; *Benoist-Méchin Jacques*, fondé de pouvoir de la Banque Worms, secrétaire d'État ; Berthelot Jean, X 1919, ancien secrétaire général du ministère des Travaux publics (sous M. de Monzie), ancien secrétaire d'État aux Communications ; *Bichelonne Jean* ++, secrétaire d'État à la production industrielle ; *Borotra Jean*, X 1920, ancien commissaire général à l'éducation générale *(sic)* et aux sports ; *Bouthillier Yves*, ancien inspecteur des Finances, ancien ministre des Finances (signalé plusieurs fois comme un dirigeant du MSE) ; *Branger Jacques*, X 1927, directeur de la Caisse d'avance sur les marchés de l'État ; *Bréart de Boisanger Yves*, directeur *(sic)* (au lieu de gouverneur) de la Banque de France ; Brossette, industriel lyonnais (beau-fils de Gillet) ; [*Jacques*] *Brunet*, Conseiller d'État ; Burland ; Canudo Jeanne, affiliée au Droit humain (a remis les documents A et B [respectivement "l'archétype social, 139 p." et "les 13 points fondamentaux et les 598 propositions" du MSE] à M. Chevillon) ; Chambre *(sic)* [Guy La Chambre[167]] ; Chatel Yves, gouverneur général de l'Algérie ; *Chaux Édouard*, ancien chargé de mission au cabinet de M. Spinasse (signalé plusieurs fois comme l'un des promoteurs du MSE) ; Cheneaux de Leyritz [Joseph ou Léopold], préfet régional de Toulouse ; Cheneaux de Leyritz [Gabriel] (frère du précédent), inspecteur des Finances ; Chevillon Clément, grand maître de l'Ordre martiniste et du rite de Mamphis-Misraïm (possédait les documents A et B) ; *Coqueugnot Henri*, X 1900, directeur de la Sidérurgie au secrétariat d'État à la Production industrielle ; *Deloncle Eugène*, X 1910, fondateur du MSR [Mouvement social révolutionnaire : nouveau nom de la Cagoule sous l'Occupation] (signalé par presque tous les informateurs comme un des fondateurs du MSE) ; Dhavernas Henri, ancien chef des Compagnons de France, ancien chef de cabinet de M. Borotra et de M. Pucheu ; Dominique Pierre, journaliste, ancien codirecteur de *Paris-Phare*, directeur général de l'OFI [Office français d'informations] ; Draghi André ; Drieu la Rochelle [Pierre] ; Dufour Marcel, architecte (a remis le document B à MM. Gaston Martin et Bernard Faÿ) ; Dusart ; [Paul] Estèbe ++, sous-préfet hors classe, ancien chef adjoint du cabinet civil du Maréchal ; *Fanton d'Andon*, X 1913, directeur des Mines ; *de Faramond* [*Melchior*], contrôleur général de l'Armée, directeur du service du Contrôle général à la liquidation des marchés de guerre, directeur du service des administrateurs provisoires au Commissariat général aux questions juives ; *Filippi Jean*, chef de cabinet de Lamoureux (Finances) en mai 1940, puis de Bouthillier en 1940-41, représente *De Font Réaulx* [*Pierre*], auditeur au Conseil d'État, ancien chef de cabinet civil du maréchal ; *Gardenez*, administrateur-délégué de la Havraise péninsulaire (affaire Worms), commissaire du gouvernement en janvier 1941 auprès du Comité d'organisation provisoire de la marine marchande ; Gattino, Ancien chargé de mission au Directoire de la Légion ; *Gibrat Robert*, ++, X 1922, secrétaire d'État aux Communications ; [Edmond] Gillet, industriel lyonnais (France-Rayonne) ; *Gillouin René*, ++, ancien vice-président du Conseil municipal de Paris, ancien chargé de mission au cabinet du Maréchal Pétain ; Goudchaux, codirecteur de la Banque Worms, administrateur de diverses affaires Worms (juif converti) ; Gravier [Jean-François], directeur de l'École nationale des cadres, de la Propagande au Mayet de Montagne ; *Guérard Jacques*, ex-directeur de la Préservatrice, ex-directeur de cabinet de M. Paul Baudouin, ex-directeur du comité d'organisation des assurances, secrétaire général près le chef du gouvernement [Laval] ; *Guillaume Georges*, ++, sujet helvétique, collaborateur de Coutrot (signalé comme agent de liaison international du MSE) ; Gumpel ; *Hekking Francis*, X 1930, ingénieur des tabacs, secrétaire permanent du COST en 1939, actuellement en mission aux États-Unis ; Hiryssou ; De Kniff, membre du Comité directeur des Compagnons de France ; Kuhn ; *Lafond Henri*, X (promotion 1914), administrateur-délégué de l'association minière, secrétaire général à l'énergie ; *Lamirand Georges* (Centrale 1923 B), ex-directeur général de la société Isidore Leroy, ex-directeur du personnel des Messageries Hachette, etc., secrétaire général à la jeunesse ; *Le Gorrec Yves*, X 1908, administrateur de *Pechelbronn* ; *Lehideux François*, ancien directeur général des usines Renault, ancien secrétaire d'État à la Production industrielle ; *Le Roy Ladurie Gabriel*, directeur général de la Banque Worms (signalé comme un des chefs, sinon le chef, du MSE) ; Le Roy Ladurie Jacques, ministre de l'Agriculture et du Ravitaillement ; *Libersart Georges*, ancien chef de cabinet adjoint de MM. Lamoureux et Bouthillier ; Loustau Robert ++, ancien chef de cabinet de M. Baudouin ; Loyer Pierre, directeur de l'artisanat ; Marion Paul, ancien rédacteur à l'*Humanité*, puis au *Quotidien*, secrétaire d'État à l'Information ; Martiny [Marcel] Dr[168] ; Martin Gaston, professeur d'histoire, ancien député radical socialiste, 33e degré et membre du Conseil de l'Ordre du Grand Orient de France (possédait le document B et une enveloppe cachetée au sceau de la C.S.R) ; Martin-Sané [Jacques], préfet délégué à Orléans (gendre du général Huntziger) ; Du Mas

Vivien, Affilié au Droit humain (a remis les documents A et B à M. Chevillon) ; *Mény [Jules] colonel*, ancien sous-secrétaire d'État à l'Air, directeur du comité d'organisation des combustibles liquides ; [Jean] Mersch ; Millet, Avocat, employé au contentieux de la Banque Worms ; de Maudhuy Bertrand ; [Olivier] Moreau-Néret ++, secrétaire général au Secrétariat aux Finances ; Munck ; Netter Francis, X 1926 ; *Olivier Maurice*, président du comité d'organisation de l'industrie de la fonderie ; Pelorson, +, secrétaire général adjoint à la Jeunesse ; Petitjean Armand ; Petitjean Marc ; *de Peyerimhoff Henri*, président du Comité central des houillères de France, administrateur de Pechelbronn, etc. ; *Piétri François*, ancien inspecteur des Finances, ancien chef de cabinet de M. Caillaux, ancien directeur des Finances au Maroc, député, ambassadeur de France en Espagne ; *Pineau Louis*, ++, directeur des Carburants ; *Planus Paul*, ++, ingénieur conseil ; Popelin Claude, employé au commissariat au Chômage ; *Pucheu Pierre*, ancien directeur des services d'exportation du Comptoir sidérurgique de France. Administrateur des Établissements Japy [société Worms], ancien ministre secrétaire d'État à l'Intérieur (a menacé d'arrestation M. Costantini, directeur de *L'Appel*, pour avoir consacré le n° du 21 août 1941 de son journal à la Synarchie, accusée par lui de complot contre l'État, a également menacé de représailles l'inspecteur Moerchel, de la Préfecture de police de Paris, pour avoir perquisitionné chez les membres présumés du MSE) ; *Rebuffel Charles*, X 1881, président du conseil d'administration de la Société des grands travaux de Marseille (père de la comtesse de Portes) ; Roche Émile, directeur du journal *La République* (Franc-maçon) ; *Roujou* [*Frédéric*], maître des requêtes au Conseil d'État ; *Rueff Jacques*, X 1919, inspecteur des Finances, ex-directeur du Mouvement général des fonds, professeur à l'école libre des Sciences politiques ; *Sauvy Alfred*, X 1920, ancien membre des cabinets de MM. Paul Reynaud et Bouthillier, sous-directeur de la Statistique générale de la France ; Serruys [Daniel], ancien inspecteur des Finances ; Terray [Jean], secrétaire général à la Main-d'œuvre ; Touzé Maurice, ancien directeur du comité d'aide à la Finlande ; Ullmo Jean ++, X 1924 ; Valois Georges (de son vrai nom G. Gressent), ancien directeur du Nouveau Siècle et du Mouvement de la Table Ronde (dissident ?) ; Worms Hyppolite, banquier et armateur. »[169]

Les listes suivantes élargirent le champ au-delà des Banques Worms, Lehideux, d'Indochine et du « groupe de Nervo » qui, selon une source « sérieuse », avait dominé le « Mouvement synarchique d'empire » fondé en 1922. Il comptait, auprès d'Hyppolite Worms et de Jacques Barnaud, au moins quatre des douze « fondateurs du Mouvement synarchique d'empire » (les n° 1 et 4 à 6) : « 1. Baron Léon de Nervo ; 2. Maxime Renaudin ; 3. Marcel Bourgeois ; 4. Marcel Marceron ; 5. Robert Fossorier ; 6. Robert Lemaignen [gendre du premier] ; 7. Louis Formery ; vrai nom : Fromage ; 8. Hyppolite Worms ; 9. Jacques Barnaud ; 10. [André] Mariage ; 11. Henri de Peyerimhoff ; 12. inconnu. »[170] Parmi ces recensements sans cesse mis à jour figurent, groupés dans un « dossier Synarchie, étude 1948 » 1° une « liste de membres » de ou postérieure à août 1943, comptant 364 synarques (tous les précédents inclus, moins Weiller), 2° le long « extrait d'un dossier sur la synarchie et le CSAR » et 3° deux extraits d'une « note sur la société secrète fasciste appelée France 1950 (ou F. 1950) », groupe synarchique dont un tableau du 17 avril 1937 citait 38 « cadres directeurs » et 26 « membres » (« un dossier » sur les activités de chacun « avant 1939 et depuis 1940 » avait été constitué[171]). Y figurent, avec des politiques et idéologues, des hommes de la grande industrie, Union des industries métallurgiques et minières (UIMM) et Comité des Forges inclus – Raoul Dautry, Auguste Detoeuf, Jean Fraissinet, Edmond Giscard d'Estaing, Jacques Lemaigre-Dubreuil, Ernest Mercier, Georges-Jean Painvin, Eugène Schueller, Émile Taudière, Pierre Waline, etc. – et de la Haute Banque, tels Jean Tannery, gouverneur de la Banque de France en 1935-1936, et « MM. Ardant frères »[172], les inspecteurs des Finances Gabriel et Henri (« président de la Société générale et du comité d'organisation des banques »)[173].

L'intervention de Pucheu évoquée par le commentaire de juin 1942 sur son nom écorne la thèse du « mythe ». Le 9 août, l'inspection générale des RG évoqua « un complot qualifié de synarchique [dont...] on parl[ait] à mots couverts [...] dans certains milieux politiques » : ayant pour « chefs occultes [...] MM. Laval et Georges Bonnet », il reposait sur « MM. Barnaud, Pucheu, Berthelot, Marion, Bichelonne, Benoist-Méchin, Lehideux, Bouthillier » qui trouvaient Darlan et Huntziger trop éloignés des « idées nationales-socialistes allemandes »[174] (autre contradiction avec Kuisel). La veille, Pucheu, à l'Intérieur depuis le 18 juillet, avait fait intervenir « la section » de la Gestapo du « 4, square Rapp, [...] chargée de la surveillance des associations secrètes », commandée par le lieutenant Moritz, « l'un des adjoints du Dr [Helmut] Knochen [...] en relations assez étroites avec l'organisme dépendant de M. Bernard Faÿ » : il fit rafler par la Gestapo, empêchant d'agir la police française, qu'il dirigeait, les documents en possession « de synarques présumés » (titre du dossier d'archives). Moritz diligenta, du 8 au 16 août, au moins 15 perquisitions, « au domicile » et au bureau des vivants, et chez le mort au « décès suspect » : le 8 chez Raoul Husson, « chef de service de la Statistique générale de France » [et non « ancien » (Kuisel)], puis à son bureau, 172, rue de l'Université, visites suivies de son arrestation « pour détention d'armes » (« un casse-tête et un vieux pistolet ») ; le 11, chez Jean Coutrot, « 51, rue Raynouard » ; « le 12 août, 16, rue Guynemer, chez Gérard Bardet, franc-maçon (loge Lalande, Obédience grande loge) de 1932 à 1934, président du centre d'information interprofessionnelle » (lié aux comités d'organisation) ; puis à son domicile rue Denfert-Rochereau ; « le 13 août, dans les bureaux de Jacques Branger, à la Caisse autonome, 12, rue de Grammont ; à son domicile, 56, Quai des Orfèvres ; chez sa maîtresse, Mlle Nicole Terken, 15 bis, boulevard Jules Sandeau » ; à nouveau chez Gérard Bardet, « 12, rue de Poitiers au Centre polytechnicien d'études économiques » (comité Coutrot) ; 30, rue Dauphine, chez René Gillouin ; le 14 août, à nouveau 12, rue de Poitiers, au Centre des X, et chez Mlle Nicole Terken ; le 16 août, « pour la troisième fois, 12, rue de Poitiers » (concentration des recherches qui avère la note policière du 15 avril 1941) ; 2, rue de Chésy à Neuilly chez Hekking, etc. « Ces perquisitions, *commentèrent les RG le 18,* ont donné lieu à la *saisie de quantité de documents* enlevés sans discrimination et simplement parce qu'il s'agissait de *manuscrits* ou d'ouvrages imprimés. Ces documents constitués en ballots, scellés pour la forme, ont été emportés 4, square Rapp, pour être examinés ultérieurement sur place ou être expédiés à Berlin. Des interrogatoires minutieux et serrés de Branger et de Bardet se sont prolongés et renouvelés. On ignore encore où s'effectueront les prochaines perquisitions. Aucune indication n'a transpiré à ce sujet et l'on ignore si des visites domiciliaires auront ou non lieu chez MM. Bichelonne et Barnaud, mais l'activité de la police allemande ne paraît pas devoir s'en tenir là. »[175] Husson fut donc visité sur requête de Pucheu non comme mythomane mais comme synarque : il était avec « Gérard Bardet, [...] Alfred Sauvy, Jean Ullmo » un « [d]es membres conseillers du Centre d'études des problèmes humains »[176], un des « comités Coutrot ».

J'ignore la suite des opérations Pucheu-Moritz qui ont soustrait à la France et aux historiens nombre d'archives, mais elles portèrent leurs fruits. L'article de *L'Appel* échappa aux fureurs de Pucheu – annoncé et décrit par les RG[177] le 19 août[178], il parut le 21 –, mais l'assaut fut stoppé net : ce « *premier* article n'a jamais été suivi d'aucun autre. Et nous sommes en mesure d'affirmer », écrivit en avril 1945 un agent (prudent) des RG ayant suivi le dossier depuis 1941, « que l'arrêt de la publication a eu lieu sur l'injonction formelle des Allemands, à la demande personnelle de Pierre Pucheu. Bien que Costantini fût très lié aux Allemands et qu'il se flattât volontiers de ses relations avec le Führer, il n'y eut pas moins perquisition à *L'Appel* par la Gestapo ». L'affaire révélait des liens étroits et anciens entre Pucheu, la synarchie et le Reich : « Du côté allemand, les révélations concernant la synarchie suscitaient des inquiétudes. On peut difficilement croire en effet que la seule influence politique de Pucheu ait pu déterminer aussi rapidement l'intervention des Allemands contre une personnalité telle que Pierre Costantini, qui était un des "leaders" de la propagande nazie. Nous avons eu, dans des milieux de presse parisiens et dans des milieux financiers également parisiens, l'écho, vers 1941, de combinaisons englobant le groupe Worms & Cie, du côté français, et le groupe Goering, du côté allemand. [...L]es incidents ci-dessus autour de *L'Appel* donnent au moins quelque vraisemblance à l'idée d'un accord existant entre le groupe auquel était lié Pucheu, [...] Worms & Cie, et un groupe allemand très influent. Ceci démontre-t-il qu'il y avait une branche allemande de la synarchie ? Pas absolument ; on peut seulement dire que l'existence de liens entre la synarchie "française" et certains groupes allemands *semble certaine* ; et il est difficile de contester que l'hypothèse [...] de relations entre des agents de la synarchie et les milieux allemands, avant la guerre, paraît *plus vraisemblable* qu'on n'a pu le croire de prime abord. »[179]

L'obsession de « l'extermination des cadres du mouvement ouvrier »[180] n'explique donc pas seule les efforts de Pucheu pour obtenir l'Intérieur ; il voulait aussi étouffer la rumeur grossie depuis février 1941, proche de l'explosion à l'été, portant notamment sur les relations avec la Cagoule de « cette maffia [...] secrètement dirigée et financée en France par la Banque Worms (45, bd Haussmann) [...] compos[ée] presque exclusivement d'anciens polytechniciens et d'inspecteurs des Finances, pourvus de postes élevés dans l'Administration, notamment au ministère des Finances »[181].

Les liens entre synarchie et Cagoule : les jalons archivistiques depuis 1941

• *Des RG à la « gauche »*

Ce point n° 4 du rapport des RG du 19 août 1941 (qui annonçait une « série des "suicides" », vu « les intérêts en jeu ») avait de quoi alarmer Pucheu : « Fondé en France en 1922, le "Mouvement synarchique d'empire" était, du moins initialement, étroitement lié au CSAR dont Jean Coutrot faisait partie. Son existence et son activité furent découvertes en fin 1936 par M. Navachine dont l'action auprès de M. Spinasse devint si gênante à l'époque que son "suicide" parut nécessaire (25 janvier 1937). »[182] Selon Chavin, la réputation de cagoulard de Coutrot était notoire « dans les milieux polytechniciens des ministères des Finances et de l'économie nationale […]. Le fait nous fut souvent affirmé en 1937 et 1938 (confirmé par I.I. *(sic)* le 9/6/41 *(sic)* au cours d'un déjeuner) » ; « Eugène Deloncle, ancien X (promotion 1910) [était pour sa part] un des chefs et fondateur probable du mouvement [synarchique d'empire] »[183]. Selon la note du 15 avril 1941, c'est via « M. Coutrot [qu']un contact permanent exist[ait entre] le siège central de l'Action française »[184] et « les représentants des oligarchies financières et économiques » de la synarchie[185]. Le « libéral humaniste » (Kuisel), chef des « non-conformistes » (Dard) était synarque, cagoulard et Action française. Il eût fallu que Chavin fût devenu fou pour s'affranchir des précautions élémentaires sur ce terrain : Deloncle étant le chef notoire de la Cagoule, second noyau de Vichy – Chavin, chef de la Sûreté nationale, le savait forcément –, Pétain se trouvait directement en cause.

La direction des RG rappela en octobre 1943 que « Coutrot a[vait] été mêlé en 1937 à l'affaire Deloncle »[186], autrement dit au putsch de novembre. Pozzo di Borgo et Eugène Schueller, cagoulards notoires, sont deux des 364 synarques. Le premier était classé dans la section « IV. Parlement et groupements politiques » du « recrutement synarchique » au rang de ses 33 « affiliés les plus certains » (souvent sis plus à gauche) : « Pozzo di Borgo (Cagoule) » ; le second dans la section « II. Industrie » (39 noms en tout), « 5°. Industries diverses » (10, lui compris)[187]. Le journal suisse alémanique *Die Weltwoche*, qui multiplia depuis octobre 1945 les articles sur la synarchie accrédités par la direction des RG[188], qualifia l'assassinat de Navachine par la Cagoule d'« incident Coutrot » : il le motiva par ses « divergences avec » le grand synarque Coutrot, « membre de l'Action française et de la Cagoule [...] travailla[n]t pour le service d'espionnage français, le célèbre Deuxième Bureau », qui l'« avait proposé […] pour la Légion d'Honneur » en mars 1940[189]. *Die Weltwoche* révéla en décembre 1945 comment la gauche résistante avait pu avant la Libération décrire la synarchie sans craindre le ridicule : l'enquête, menée de l'été 1941 à juillet 1942 « d'abord sous la direction de M. [Pierre] Mondanel[190], apprécié collaborateur de Georges Mandel dans la lutte contre la Cinquième Colonne », étant « tombée, au printemps 1944, entre les mains du maquis », « la presse clandestine » profita de la manne[191]. Jean Bardanne, omis par Kuisel et Dard, publia dans *France-Belgique*, les 13, 20, 27 octobre et 3 novembre 1944 des articles précis intitulés « Histoire d'une trahison. Les Cagoulards ont vendu la France au profit des trusts. Les dessous du mouvement synarchique. » Ils sont avérés par la correspondance policière[192] en général[193].

« La gauche » ne fantasma donc pas, comme l'ont cru Kuisel, Dard et le spécialiste français reconnu de la Cagoule, Philippe Bourdrel. Comme les historiens de la synarchie, ce publiciste a abusé des confidences de cagoulards à « l'auteur ». Ses rares notes originales (sur les auditions) ne sont pas identifiées, mais il brocarde les « phantasmes et [...] élucubrations historiques » d'Albert Bayet ou de Roger Mennevée[194]. Cette « gauche » ou prétendue telle puisa largement dans ce trésor documentaire, telle la commission de justice du Conseil national de la Résistance (CNR), qui n'aurait pu autrement connaître « la Banque Worms »[195]. Les articles de « D.J. David » sur « Le mouvement synarchique d'empire et le pacte synarchique révolutionnaire » parus les 15 février et 15 mars 1945 dans la revue *Les cahiers de la France intérieure* de Georges Oudard[196], homme d'extrême droite (journaliste à *Candide, Je suis partout, L'Ordre* avant-guerre devenu dirigeant du RPF après 1947[197]), ne justifient pas le scepticisme de Dard[198] : leurs « renseignements très précis sur [l']organisation ainsi que sur [l']activité » de la synarchie parurent assez sérieux pour être joints à la rubrique « Sûreté nationale » du dossier de synarque et collaborationniste de Lehideux dans le long rapport de juillet 1945 que lui consacra l'équipe Vilatte de la PJ[199].

• *Un cas de figure : Du Moulin de Labarthète*

À trois mois de la Libération, Du Moulin de Labarthète avait offert aux prétendus « crédules » de nouvelles munitions, de meilleure qualité que ses mémoires tronqués de 1946 : l'article « La synarchie française » qu'il publia le 25 mai 1944 dans la revue helvétique *Le Curieux*, sous le pseudonyme de Philippe Magne. L'« attaché financier à Berne » depuis 1942[200], poste alors moins périlleux pour l'avenir que celui de secrétaire général de Pétain – qu'il continuait à exercer[201] –, décrivit avec une férocité jubilatoire le premier cercle, la strate inférieure et les instruments de « la synarchie » dans « les années 1937 et 1938 [de...] l'échec du Front populaire » : 1° les « deux chefs de la Banque Worms, Jacques Barnaud et Gabriel Le Roy Ladurie » ou le quarteron dirigeant, « Gabriel Le Roy Ladurie, le sphinx, l'augure, l'éminence grise de la Banque Worms, grand vieillard au masque sombre, mais d'humeur intrigante, qui ne quitte guère, pendant trois ans [1937-1940], les antichambres ministérielles », flanqué des « trois hommes, connus de longue date à Paris [,] Jacques Barnaud, François Lehideux et Pierre Pucheu », entrés au cabinet Darlan avec, « à un échelon inférieur, [...] leurs amis, deux publicistes, Paul Marion et Jacques Benoist-Méchin », nommés « secrétaires généraux adjoints à la vice-présidence du Conseil » ; 2° au-dessous des quatre premiers, « une sorte de maçonnerie blanche au langage ésotérique, au rituel compliqué [...] Sur des listes fantaisistes et généralement apocryphes, des hommes voisinèrent, qui ne se connaissaient qu'à peine et n'avaient sans doute jamais entendu parler de la synarchie, une quinzaine d'inspecteurs des Finances présents à Vichy, de frêles neveux des Deux Cents familles, quelques épaves aussi de ce "Brain Trust" de l'Économie nationale, qui rassembla en 1936, sous la présidence du socialiste Spinasse, un brelan de "polytechniciens de crise", d'agrégés faméliques, de jeunes espoirs monétaires des partis de gauche, dont le Russe Navachine avait, avant de mourir assassiné, soudé les antennes à celles de mathématiciens bourgeois plus évolués. Étrange constellation, qu'il serait sage de réduire au seul noyau de la "cellule Worms" et de ses satellites immédiats : Jean Bichelonne, Robert Gibrat, Jacques Guérard, Henry Dhavernas, Armand Petitjean et Robert Havard » ; 3° la troupe hétéroclite que l'« équipe » dirigeante avait réunie, mêlant transfuges de la gauche et ligueurs issus ou nom de la droite classique : les néo-socialistes de Marcel Déat, Renaudel et Adrien Marquet, chargés d'attirer les Jeunesses socialistes, Jacques Doriot de séduire « les communistes repentis de Saint-Denis et les électeurs désabusés de la Fédération républicaine », les Croix de Feu du colonel de La Rocque devenus « Parti social français » et « de récents adeptes du terrorisme dirigés par Deloncle, [qui] recrutaient [...] pour l'action directe, des "hommes de main", que le caractère secret de leurs attentats apparentait à l'ancienne Cagoule »[202].

Cet exposé mêlant vérités, omissions et mensonges fut avéré en septembre 1945 par le ministre de la Production industrielle Robert Lacoste, synarque qui, ayant beaucoup à cacher, se bornait à accabler son pair ex-cégétiste, René Belin, et le tuteur de celui-ci, Jacques Barnaud[203]. Synarque *et* cagoulard, Du Moulin, selon Lottman personnage « débonnaire qui doutait qu'il s'agît d'une conspiration »[204], avait beaucoup menti (par omission) sur lui-même. Chavin en avait fait un pilier du MSE. Les divers services lui donnèrent raison, classant l'intéressé après comme avant la Libération avec « Barnaud, Lehideux, Belin, Bichelonne, Lafond, Berthelot, Pucheu, [...] et Benoist-Méchin » parmi ceux qui « second[aient] » les deux « chefs », Le Roy Ladurie et son « bras droit » Bouthillier[205]. Directeur de la Banque d'Afrique occidentale, Du Moulin représentait, dans les intérêts coloniaux de la nébuleuse Worms-de Nervo, le second groupe. Depuis 1938 au moins, il administrait « la société des Ports coloniaux » dont, en 1929, le baron Léon de Nervo était vice-président, Robert Lemaignen, administrateur-délégué, Marcel Marceron, administrateur et Robert Fossorier, « secrétaire du Conseil » ; et, auprès de Lemaignen et Marceron, « la société des Messageries africaines »[206]. Son audace de 1944 contre « la bande » Worms et « Gabriel Le Roy Ladurie, [son] chef ténébreux mais véritable »[207] – fruit de rivalités internes que Kuisel a prises pour une croisade contre la synarchie – contrasta avec son mutisme sur le « groupe de Nervo », son véritable employeur.

Pierre Béteille, juge d'instruction chargé entre 1936 et 1939 de *toutes* les affaires des ligues « dissoutes » et du CSAR[208] et nommé après la Libération à la commission d'instruction pour la Haute Cour de Justice en charge des présidents du Conseil (Pétain, Laval, Flandin, Chautemps) et des secrétaires d'État à la présidence du Conseil (Benoist-Méchin, Moysset, de Brinon)[209], a consacré à Du Moulin une partie de son rapport destiné au procureur du procès Pétain, Mornet, « relations de Pétain avec le CSAR ». Le magistrat, qui avait beaucoup caché avant-guerre, et continua après la Libération, refusait de s'y prononcer sur les relations entre son champ strict et « la synarchie, cette société puissante et mystérieuse qui devait fournir les cadres de l'État vichyssois » : le CSAR, « si complaisamment subventionné par des industriels de la finance [quatre derniers mots ensuite rayés], n'était-il [...] que l'"aile marchante" de la synarchie [...] ? La réponse n'a pu être apportée avec certitude » (figure de rhétorique de la part de celui qui avait traité l'affaire Navachine prouvant le lien entre synarchie commanditaire et Cagoule exécutrice). À l'inverse, sur le CSAR, Béteille revendiqua pleine compétence. Il fit de Du Moulin de Labarthète, aux côtés de Raphaël Alibert, l'un de ses deux principaux « politiciens madrés », « viv[a]nt dans l'intimité de Pétain et le pouss[a]nt dans [la] voie » qu'ils avaient choisie : « Prendre le pouvoir par la force, [...] instaurer un dictateur militaire à l'espagnole, dont le chef sera[it] Pétain. »[210]

Les rapports de 1944-1945 se partageaient entre timides et audacieux. Les premiers, face à un dossier menacé par la réhabilitation rapide des élites « épurées », concluaient sur une hypothèse minimale : « Les faits établissent avec certitude la communauté de membres entre la Synarchie et la Cagoule. Toutefois, il ne paraît pas démontré que l'une soit l'instrument de l'autre. On ne saurait, quoi qu'il en soit, négliger l'importance de l'affiliation de Jean Coutrot à la Cagoule. »[211] D'autres étaient plus nets. L'antenne DGER de Marseille confirma le 20 décembre 1944 par la mention manuscrite, en marge : « Nous avons vu ceci à Alger », l'information du journal communiste niçois *Le Patriote*, selon lequel « l'instruction du procès du général Mario Roatta, chef de l'État-major italien a[vait] relevé l'existence d'une vaste organisation fasciste s'étendant sur toute l'Europe. L'organisation était en rapport avec les Cagoulards français »[212]. Un agent des RG accorda en juillet 1945 crédit à un informateur, « personne spécialisée depuis longtemps dans l'étude de la synarchie, et aussi, par alliance des faits, de la Cagoule » qui, ayant « l'habitude des recherches, et a[yant], ou a[yant] eu, des moyens d'investigations visiblement étendus », affirmait avoir « eu, depuis longtemps, la preuve, par différents canaux, du fait que la Cagoule était l'instrument de la Synarchie »[213]. Le « retour à la normale » et l'abandon de l'épuration ne bannirent pas toute audace. Le service X.P.2 des RG définit le 19 juin 1947 « le CSAR ou plus communément la Cagoule [comme l']organisme d'action [du] Mouvement synarchique d'empire [ou] synarchie »[214]. Peu avant, le rapport « sur la synarchie » de l'inspecteur de la PJ Vilatte, puisé, en quatorze ou quinze mois d'enquête, aux « nombreuses archives » de la Sûreté nationale et de la Préfecture de police », avait aligné 68 noms qui « auraient été, de près ou de loin, en rapport avec la Synarchie (MSE) » : il comptait, outre des « classiques » (le « groupe Worms », mentionné ès qualités, et nombre de ses leaders), une vingtaine d'inédits, dont les cagoulards notoires Groussard, Martin, Méténier, Ménétrel, Lavigne-Delleville (et Deloncle, cité depuis juin 1941) et (ou) les responsables du « Service des sociétés secrètes » (nid de cagoulards), tel son « chef [...] Bernard Faÿ » (ou moins fameux)[215].

Bref, les archives de la période étudiée par les censeurs du « mythe » de la synarchie (de 1941 à l'après-guerre) autorisent à poser la question des rapports, dans la décennie de la crise, entre, d'une part, « la-synarchie-qui-n'existe-pas » fondée en 1922 et, d'autre part, la Cagoule qui existe (*officiellement* depuis 1936, ses forces bien avant) mais, soit fut peu de chose, soit mourut en 1937. « Avant-guerre, la Cagoule a pu apparaître comme une menace sérieuse contre la République. En réalité, *tranche Henry Rousso,* elle a été un épiphénomène, certes bruyant, sanglant, fascinant même pour une frange réactionnaire, mais elle ne fut en rien, ni en 1936, encore moins sous l'Occupation, une organisation politique d'envergure. Apparemment, son parfum de romantisme noir ne s'est pourtant pas totalement évaporé » (comment peut-on avoir passé auprès de tant de gens intelligents et informés pour « une menace sérieuse contre la République » sans avoir été « en rien [...] une organisation politique d'envergure » ?). Olivier Dard décrète la Cagoule « mise au jour et décapitée quelques semaines » après son attentat du 11 septembre 1937 contre le siège de la CGPF[216].

Ces seuls fonds autorisent aussi à douter du bien-fondé de la remarque de 2003 de Jean-Pierre Azéma sur les manœuvres Pétain-Adrien Marquet du printemps 1940 : « Je ne crois pas qu'il y ait eu complot » en vue de détruire la République[217]. Les barrières de l'interdit étant levées, je vais tenter d'analyser les classes dirigeantes – leur couche supérieure, économique, souvent invisible ; leurs strates inférieures, apparentes détentrices du pouvoir politique, militaire, idéologique – et les décisions, intérieures et extérieures, qu'elles prirent au cours des années 1930. Il convient de comprendre quand, pourquoi et comment, de même que les ingrats privilégiés allemands choyés par la République de Weimar, elles luttèrent contre un système concédant une capacité de résistance excessive aux salariés[218]. Je m'interrogerai aussi sur leur contribution aux options extérieures, souvent imputées aux seuls politiques, qu'elles n'auraient fait que suivre[219].

La division entre spécialistes de politique intérieure et des relations internationales a brouillé la compréhension de la catastrophe de 1940. Les premiers ont parfois constaté les liens entre politique extérieure et enjeux intérieurs : Robert Paxton fixe à l'ère d'agitation sociale de 1936 l'octroi par la droite catholique de la priorité définitive à « l'ennemi intérieur [sur..] l'ennemi extérieur »[220]. Les seconds ont perçu que les conflits intérieurs avaient déterminé les clivages de politique extérieure : l'alliance de revers avec la Russie qui n'avait pas posé problème du temps des Tsars en posait depuis que les Soviets – « lumière venue de l'Est » pour la fraction la plus remuante des ouvriers – y avaient pris le pouvoir ; les décideurs lui préférèrent les régimes d'ordre fasciste et nazi mués en sauveteurs de la « civilisation »[221]. Michael Carley est à ma connaissance le premier historien à avoir traité le sujet du point de vue intérieur *et* extérieur : après avoir étudié le traumatisme infligé à la bourgeoisie française par la prise du pouvoir puis la victoire des Soviets, il a suivi pendant deux décennies les rapports économiques bilatéraux et montré que la volonté d'en découdre avec les ennemis de la propriété privée avait verrouillé les tractations diplomatiques et militaires[222].

J'emprunterai la même voie sur ces relations et sur celles qui en sont le « négatif », les franco-allemandes, dans leur dimension intérieure *et* extérieure. Car ce ne sont pas les cosaques, comme « les journalistes » évoqués par Marc Bloch en avaient convaincu la majorité de la population française, qui écrasèrent en moins de cinq jours le vainqueur de 1918, mais les troupes allemandes dont aucune partie n'était, à la différence de 1914, retenue à l'est de l'Europe. L'ouverture des archives jusqu'en 1939-1940 permet désormais d'aborder la question ouverte par John Gillingham : les classes dirigeantes françaises planifièrent-elles dans la décennie de la crise, comme leurs homologues belges guidées par la Banque nationale de Belgique, l'occupation prochaine de leur pays ?

Première Partie

Vers le choix de la défaite : des débuts de la crise aux élections de 1936

Chapitre 1

Crise intérieure et pressions internationales sur la France 1930-1932

Les choix internationaux de la France, comme de tous les pays, furent dictés par la gravité de la crise des années 1930, et par la réponse qu'y apportèrent les élites dirigeantes de l'économie et leur appareil politique et idéologique. Comment obtenir dans un contexte électoral et parlementaire défavorable la baisse drastique des salaires ? Quelles leçons tirer de l'exemple des pays où un rapport de forces mieux contrôlé autorisait sans péril la prise précoce de mesures radicales ?

La crise et les voies de l'austérité intérieure

Les débuts de la crise et des scandales financiers

Contre la thèse de la dépression « tardive »[1] s'inscrivent les fonds relatifs aux secteurs frappés depuis le printemps 1930. Le « malaise général, provoqué par [...] la crise économique », entraînait « la baisse assez considérable du fret » et suscitait partout « à peu près les mêmes plaintes : côté consommateur – les prix de détail ne suivent pas la baisse des prix de gros. Côté patrons – les transactions subissent un ralentissement grave : les produits ne se vendent pas. Côté main-d'œuvre – les heures de travail diminuent, le chômage croît ». La « réduction de salaires » était déjà élevée au printemps 1931 dans les secteurs où la main-d'œuvre était la plus faible et la moins organisée[2].

En France comme en Allemagne[3], les fractions les plus concentrées du capital purent alors pratiquer une politique de crédit liquidant les faibles. Au printemps 1930 s'imposa « une tactique des grandes banques, décidée avec les grosses affaires commerciales et industrielles, [...] vis[ant], par un refus systématique de crédits aux établissements moyens gênés, à une concentration bancaire, commerciale et industrielle ». Elle fut suivie d'effets si radicaux que Tardieu lui-même tenta d'en limiter la portée, en vain : ses « pressantes démarches auprès des grands établissements de crédit dont il conna[issai]t les intentions, [ne...] pu[rent]vaincre leur résistance ». Des « maisons de moyenne importance » s'effondrèrent, tels les Établissements de Béchade, à Bordeaux, « acculés à la faillite » par la Banque d'Indochine[4].

La Haute Banque, liée à la la Banque de France, avocat sonore d'une politique d'argent cher et de restriction des crédits, connut un sort moins cruel. La Banque de l'Union parisienne, grande banque d'affaires, au second rang derrière la Banque de Paris et des Pays-Bas, avait été fondée en 1904 par « un groupe financier » composé de « maisons de la Haute Banque protestante, notamment Hottinger et Cie, Mirabaud et Cie, de Neuflize et Cie, Vernes et Cie, Mallet Frères » et secondé par « la Société générale pour favoriser l'industrie nationale de Bruxelles » (Société générale de Belgique). Elle avait été renforcée en 1914 par la société Demachez et Cie, « banque privée du groupe industriel lorrain de Wendel » et, plus tard, par « l'appui des Schneider dont les intérêts [...étaient] représentés au conseil d'administration par M. de Neuflize ». Après avoir en 1932 absorbé le Crédit mobilier français, elle entra « dans une situation critique » que la Banque de France adoucit : elle lui donna « de l'ordre de 180 millions de fonds dénommés Fonds de soutien, grâce à l'influence [...] de certains membres de son conseil d'administration qui étaient en même temps régents [...] : MM. Hottinger, Vernes, Mirabaud, de Neuflize et Mallet »[5].

La gravité de la crise et la mise au pas des canards boiteux contribuèrent au krach de la Banque Oustric, qui ferma ses guichets le 3 novembre 1930 avec « une des plus vieilles banques françaises », la Banque Adam[6]. De ce « scandale plus grave que celui de Panama », selon la Sûreté générale[7], les répercussions industrielles furent considérables[8]. Fut impliquée, outre les milieux politiques (ministre des Finances puis garde des Sceaux Raoul Péret et président du Conseil Tardieu en tête[9]), la Banque de France, accusée d'avoir accepté « début [...] 1930 » d'escompter « 125 000 000 de traites non commerciales en faveur » du banquier pour le « renflouer », à la demande de Tardieu. Lequel vint « une seconde fois en aide à Oustric » en intervenant « auprès des pouvoirs judiciaires pour l'ouverture de l'inculpation contre X... », puis une troisième, en prononçant un « discours à la tribune de la Chambre par lequel il couvrit son Garde des Sceaux et présenta comme une introduction normale [en Bourse] celle de la Snia Viscosa »[10].

Le Comité des Forges dut voler au secours de Tardieu, mis en cause avec ses collaborateurs, Moysset, son ancien directeur de cabinet, Millot, attaché à son cabinet, qui « aurait touché en quelques mois la coquette somme de 120 000 francs », Goyard, sur lequel des dossiers compromettants avaient « été trouvés à la Banque Oustric » : « Nous n'avons pas besoin de rappeler dans quelles conditions il a été démontré qu'aucune de ces personnalités, et M. Moysset moins que tout autre, ne pouvait être mise en cause d'une façon quelconque » trancha son *Bulletin quotidien* en janvier 1931[11]. Le Comité des Forges profita cependant de ce dossier « mauvais pour les affaires, mauvais pour le régime, mauvais pour tout le monde »[12] pour lancer ses instruments à l'assaut de la République même. Mais les ligues, aussi impliquées que la gauche radicale – Georges Scapini fut accusé d'« interventions favorables à certaines affaires d'Oustric »[13] – furent discrètes sur les relations entre Oustric et le fascisme.

Oustric était en effet lié au banquier italien et « député fasciste » Riccardo Gualino, qui avait « joué dans [s]es affaires [...] un rôle de premier plan » : président de la Banque Oustric, il en possédait « un très gros paquet d'actions ».

Actionnaire principal de la Snia Viscosa, actionnaire de la Fiat et de la Banque italo-française, Gualino avait « été le principal commanditaire du mouvement fasciste au moment de la Marche sur Rome. » « La Banque Oustric patronn[ait depuis les années 1920] en France [...] la Snia Viscosa. » « Par ses émissions successives [,...] cette entreprise énorme, au capital de un milliard 250 millions de lires, [...] composée entièrement de dirigeants fascistes, [avait...] draîn[é] vers l'Italie des dizaines de millions. »[14] La droite et le centre s'entendirent discrètement, et la commission d'enquête dirigée par Louis Marin se montra plus clémente qu'elle ne l'avait promis : elle « céd[a] devant le Sénat »[15]. L'affaire s'acheva le 23 juillet 1931 sur un acquittement général par la Haute-Cour, sur lequel ironisa *L'Humanité* : « La juridiction suprême qui encourage la répression anticommuniste se contente de reprocher hypocritement les "pratiques déplorables" des politiciens au service d'Oustric » ; mais le 11, le conseil municipal a créé le poste de directeur général des « services spéciaux de protection et de sécurité de la région de Paris » pour Paul Guichard, antirouge aussi résolu que le préfet Jean Chiappe[16].

Le problème des salaires et la relance de la réforme de l'État

Les solutions gouvernementales du début des années 1930

Les insuffisances du régime dans la politique de déflation des salaires

La crise relança la campagne sur la baisse des salaires et charges pesant sur le capital et sur l'« assainissement financier », indispensables. La mise en œuvre de ce programme sembla compromise par l'échec électoral relatif d'avril 1928, bientôt atténué par un « gouvernement Poincaré », qui plut aux milieux financiers autant que celui de 1926 : « La Banque de France [lui...] aurait "forcé la main" [...] pour obtenir la convention stabilisatrice », qu'elle obtint au début de l'été 1928[17]. Bien que « plus de 3 millions de voix se [fussent...] portées sur les candidats des factions de désordre » – réalité dont « il serait singulièrement fâcheux et dangereux de méconnaître l'importance » –, « les élections d'avril » laissèrent aux affaires ce que la Sûreté nationale appelait « les républicains raisonnables » (lesquels, ajouta-t-elle, « feraient bien de tirer des faits ci-dessus les enseignements qu'ils comportent » en supprimant le « second tour de scrutin » à l'occasion duquel les gauches se regroupaient)[18]. Le parti radical socialiste-Janus se montrant raisonnable, l'ère Poincaré se maintint de fait.

Se succédèrent des formules gouvernementales et parlementaires droitières fondées sur l'austérité et l'assainissement financier et comblant la presse, générale ou financière. Elles s'appuyaient sur des tandems Tardieu, Maginot, Flandin, Piétri, Laval, Reynaud, favoris des « milieux financiers ». Elles intégraient les radicaux, dont le seul point original du programme, l'« école unique », était voué à l'échec par la pression cléricale, et qui se résignaient à leur destin, comme Herriot, sous le Cartel des Gauches, devant le comité exécutif de son parti : « Il n'y a rien à faire ! Nous sommes prisonniers des banques qui détiennent 50 milliards de bons à court terme. »[19]

La dictature bancaire triompha dans les formations de coalition auxquelles les mêmes radicaux participèrent jusqu'à janvier 1936 (puis au-delà, Front populaire inclus). Mais les intéressés jugeaient leur pouvoir trop menacé par les impératifs électoraux récurrents et par la sensibilité consécutive des parlementaires. Tout échec des attentes placées par les « organisations patronales » dans leurs agents politiques les mettait en fureur. Elles s'emportèrent en mai 1930 contre Tardieu qu'elles « avaient toujours soutenu jusqu'à présent » mais auquel elles reprochaient de n'avoir pu « empêcher [le...] glissement à gauche qu'indiquaient les votes des Assurances sociales et [...] la suppression des actions à vote plural »[20]. Le ministre du Budget, François Piétri, était pourtant un homme de confiance. Détenant « des intérêts considérables dans plusieurs affaires en Indochine », cet « homme de la Banque d'Indochine » était aussi lié au groupe Worms[21]. Il avait à l'été 1931 « taillé, sans pitié, férocement, dans les prévisions de dépenses des différents » ministères. Mais les financiers doutaient des « résultats de l'entreprise. On n'a pas d'exemple [...] d'un budget voté, à quelques mois du renouvellement de la Chambre, avec d'importantes réductions des prévisions »[22].

On avait en effet enregistré une forte baisse de salaires dans l'industrie dès 1930-1931, de 5 à 15 %[23], ce qui motiva l'interpellation de Daladier, à la séance de la Chambre du 26 mars 1931, « sur la question du salaire des mineurs ». Il dénonça avec fougue « l'oligarchie du sous-sol » dominant l'État et le cabinet Laval qui « subordonn[ait] les intérêts de l'industrie française et les intérêts généraux du pays à l'égoïsme des houillères du Nord et du Pas-de-Calais » dont les dirigeants avaient accumulé « trois milliards de réserves de bénéfices »[24]. Pis encore, la baisse, quotidiennement exigée, du traitement des fonctionnaires, bête noire du grand capital[25], demeurait en 1931 à l'état de projet. Radicaux et républicains socialistes juraient vouloir faire voter « en temps utile par la Chambre un budget bien équilibré ». Mais ils hésitaient toujours à passer à l'acte : la déflation, imposant « certains sacrifices » pour les « fonctionnaires et pensionnés », dresserait contre eux « une clientèle électorale [...] nombreuse [et...] remuante » confondue avec la leur[26].

Un État berger : de la BNC à la Banque de France

L'État français se montrait pourtant digne de la réputation de défenseur des intérêts de la grande bourgeoisie « en 1793, 1830, 1848 ou 1871 » que lui confère Robert Young en cherchant des antécédents aux années 1936-1939[27]. Elle avait été, Comités des houillères et des Forges en tête, cajolée par l'État en guerre puis vainqueur. Elle en avait reçu des privilèges qui emplirent la chronique de la police financière puisée au renseignement bancaire, riche en scandales tus ou éclatés[28]. Elle n'avait rien à envier à l'étatisation de l'économie allemande depuis l'ère Brüning, c'est-à-dire à sa socialisation des pertes. La générosité étatique avait à l'automne 1931 atteint un degré tel que « dans les milieux bancaires, on crai[gnai]t que la divulgation du montant des sommes avancées par le Trésor aux banques et à diverses entreprises privées n'accentu[ât] la défiance du public vis-à-vis des établissements de crédit, ce qui se traduirait par une reprise des retraits de fonds »[29]. Le dossier associe bénéficiaires et hommes politiques, parmi lesquels Flandin se distingua.

Sauveur de la Compagnie Aéropostale, en mars 1931[30], il réalisa à l'automne le sauvetage spectaculaire de la Banque nationale pour le commerce (BNC), future Banque nationale pour le commerce et l'industrie (BNCI). La Banque de France l'avait précédé, avançant début 1931 à l'établissement menacé des crédits « par centaines de millions ». Ces prêts furent avalisés ensuite par le Crédit lyonnais qui y acquit ainsi « la haute main » et y imposa Albert « Aupetit, ancien secrétaire général de la Banque de France » (un des organisateurs de la ruine du franc, sous le Cartel des Gauches « qu'il trait[ait] de "pourri" »), puis administrateur et directeur de la BNC[31]. La banque centrale n'avait donc pas eu besoin des interventions des « politiques » pour secourir cette consœur.

Mais la BNC était aussi chère à Flandin qui, « bien avant d'aller rue de Rivoli », avait « entretenu des relations très cordiales avec l'établissement [,...] assez prospère pour faciliter au député de l'Yonne, futur ministre, une opération importante : l'achat d'un journal ». Or, elle demeurait « mal en point » à l'automne 1931, malgré les bontés auxquelles s'étaient joints Théodore Steeg, Louis Germain-Martin, etc.[32]. Au soir de la déconfiture de sa protégée, le 24 septembre 1931, le ministre mobilisa la Banque de France et la Haute Banque parisienne : « Le gouvernement, *écrivit-il le 25 au gouverneur de la Banque de France, Clément Moret,* attache la plus grande importance à ce que les déposants, créanciers de la BNC ne soient pas mis en péril. » Mais « les principales banques de la place » répugnèrent à souffrir des pertes au profit de leur concurrente. Elles n'acceptèrent, dans des conditions très restrictives, de couvrir qu'« un montant maximum de pertes de 50 millions » : 50 chacun pour le Crédit lyonnais, la Société générale, la Banque de Paris et des Pays-Bas, 25 pour le Comptoir d'Escompte, 10 chacun pour le Crédit industriel, Lazard frères et le Crédit commercial – soit 205 millions et 11 % du trou : restaient 1 622 millions d'« engagements en succursales [...] – les pertes qui dépasseraient l'ensemble des garanties ainsi données devant être couvertes par l'État ». Chargé de couvrir 89 % du déficit via le Trésor, celui-ci confia à la Banque de France la mission d'« exercer un contrôle continu sur toutes les opérations de la BNC, de manière à sauvegarder, dans la gestion future de cette banque, les intérêts de l'État »[33].

Le sauvetage par Flandin de la BNC coûta donc fort cher au contribuable. Signe que le Comité des Forges l'appréciait, il trouva excellent cet usage des fonds du contribuable. L'exposé du ministre des Finances dans le débat sur la Trésorerie, fin novembre 1931, sur le légitime soutien gouvernemental à la BNC « a fait sur la Chambre la meilleure impression », écrivit son *Bulletin quotidien*[34]. L'empressement de Flandin et la ferveur de ses soutiens financiers finirent par le mettre « sur la sellette » : il fut très « attaqué » devant la Commission des Finances, même par « des membres de la majorité habituelle qui lui reprochaient de les avoir placés dans une situation délicate par ses initiatives [...] "illégales" [...] touchant les avances du Trésor »[35].

La Banque de France fit mieux. Ce héraut de la rigueur financière, qui pourfendait les dépenses funestes de l'État et le déficit budgétaire, comptait aussi sur le Trésor. Elle avait tué dans l'œuf la réforme fiscale du Cartel des Gauches, joué contre le franc et animé la spéculation qui avait fait flamber la livre sterling et le dollar. Elle tira de l'ère Poincaré, son œuvre, grande satisfaction, perceptible dans sa prose et sa presse. Elle n'en poursuivit pas moins les sorties d'or vers Londres pour amasser un « important portefeuille de livres sterling qui, à de certains moments, attei[gni]t plus de la moitié de l'encaisse-or de la Banque d'Angleterre »[36]. Ce paradis sterling s'effondra dans la tempête financière allemande de l'été 1931, menaçant la Banque d'Angleterre d'énormes pertes : 8 à 9 millions de livres « appartenant à une vingtaine de banques » immobilisés par « la fermeture de la Danat »[37] et 70 à 100 millions d'« engagements résultant pour les banques anglaises d'acceptations pour compte allemand ». Les énormes « retraits de capitaux étrangers » consécutifs provoquèrent l'effondrement de la livre à l'été[38], puis, en pleine panique, « la suspension du gold standard en Angleterre », le 20 septembre 1931. La dévaluation consécutive transforma des gains clandestins en pertes nécessitant sauvetage public.

Quoique demanderesse, la Banque de France ne perdit rien de sa superbe. Le président du Conseil Laval et son ministre des Finances Flandin ne prirent *aucune* initiative sans l'assentiment préalable de Moret. Quand Flandin s'y essaya, déclarant à Genève, le 18 septembre, à un journaliste du *Matin* que la Banque de France apporterait « tout le concours qui pourrait être nécessaire » à la Banque d'Angleterre, il fut prié par Laval « et le gouverneur de la Banque de France [...] de revenir sans délai à Paris ». La rue Radziwill (ou de la Vrillière) – siège de la banque – fléchit l'autorité de la gouvernante anglaise, routine de l'« assainissement financier » intérieur et de l'« apaisement » extérieur : « Toutes les créances que nous avons en livres sur l'Angleterre vont se trouver dépréciées » avec « des répercussions [...] très importantes » ailleurs car « nous avons des avoirs considérables dans des pays [...] créanciers, eux-mêmes, en livres, de l'Angleterre », gémit le gouverneur le 22 septembre devant son conseil général[39].

La Banque de France pria bientôt la Banque d'Angleterre et le cabinet britannique de prendre « des mesures [...] pour [...] conserver leur pleine valeur [à ses...] avoirs [...] à Londres », en vain[40] : la Banque d'Angleterre, répliqua Sir Robert Kindersley, chef de la Banque Lazard de Londres, éprouve « le regret le plus sincère et le plus sympathique qu'une institution qui nous a rendu tant de précieux services eût souffert si sévèrement de nos malheurs » ; mais elle vous prie de faire adresser vos « représentations [...] par votre ambassadeur au gouvernement du moment » (travailliste, d'où ce dédain), qui montra un cœur aussi sec[41]. La Banque de France, le soupçonnant, avait d'emblée songé à *son* État : « M. François de Wendel estime que, devant l'importance de la dévaluation de la livre, la banque sera certainement amenée, pour amortir ses pertes, à recourir aux moyens envisagés par M. le gouverneur qui obligeront le gouvernement à faire intervenir les Chambres. »[42]

Elle le fit avec l'audace et le succès habituels auprès de l'exécutif, mais rencontra des obstacles parlementaires qui aggravèrent son rejet du régime. « La banque » harcelait depuis octobre les Finances, leur « pos[ant] nettement la question de l'amortissement de la perte subie sur [s]es avoirs [...] à Londres ».

Bien que Flandin se fût encore fin octobre « montré très réservé »[43], elle finit par convaincre « l'État » d'assurer « une prompte solution, sous une forme qui permette de couvrir intégralement la perte subie », sous couvert de « l'intérêt général » et pas de « l'intéret des actionnaires »[44]. Elle obtint gain de cause fin novembre, au terme d'entretiens répétés avec Laval, Flandin et les services de son ministère « sur les modalités d'un projet de convention »[45], qu'elle rédigea en s'innocentant. L'État acceptait d'assurer « la couverture de la perte sur les avoirs en devises étrangères ayant cessé d'être convertibles en or » : il lui verserait donc « un bon du Trésor à échéance du 31 décembre 1945, date d'expiration du privilège, pour un montant égal à celui de la perte que fera[it] ressortir la réévaluation du portefeuille de devises, ce montant devant être modifié à la suite de chaque nouvelle réévaluation semestrielle ». Assurance tous risques, commenta Moret le 5 décembre : « Les termes en sont assez généraux pour s'appliquer aux avoirs possédés par la banque non seulement en livres sterling mais en toutes autres monnaies cessant d'être convertibles en or. »[46]

Cette garantie étatique contre toute perte subie provoqua les réticences – fugaces et vaines – des commissions des Finances parlementaires immédiatement saisies. « Certains [des] membres » de celle de la Chambre des Députés « soulev[èrent] la question des bénéfices réalisés par la banque sur le portefeuille de devises, allant même jusqu'à prétendre », s'indigna Moret le 10 décembre, « qu'ils auraient été suffisants pour couvrir la perte causée par les avoirs en livres sterling ». Même la docile commission du Sénat[47] osa faire « des difficultés ». Le conseil général s'indigna donc le 23, la Chambre ayant cédé entre-temps, « de voir remises en cause des modalités qui ont fait l'objet d'une étude approfondie et contradictoire entre le gouvernement et la banque, et qui ont reçu déjà la sanction de l'une des deux Chambres »[48].

La Banque de France acheva donc en apothéose l'an 1931 par la ponction sur le contribuable dans « l'intérêt [de ses...] actionnaires » (Rothschild). Le 31 décembre, elle opposa une fin de non-recevoir à l'État, qui prétendait négocier avec elle des « conventions secrètes analogues à celles du 11 décembre 1911 » sur l'octroi d'une avance de 2 900 millions en cas de mobilisation générale. Elle compléta son refus en rappelant le dilapidateur à ses devoirs : « Sans doute, la banque ne saurait méconnaître les devoirs qui lui incomberaient à l'heure du péril national ; elle n'a jamais, en pareille circonstance, marchandé son concours à l'État : mais celui-ci doit compter avant tout sur ses propres ressources et les ménager scrupuleusement dans les périodes de calme, afin de ne pas être pris au dépourvu, s'il se trouvait devant de graves responsabilités. » Si avance il y avait, « ce ne pourrait être que dans la limite des disponibilités du Trésor »[49].

La grande industrie fut, on le verra avec le cas « tchécoslovaque » de Schneider, aussi bien lotie. La crise pouvait donc occasionner des pertes limitées ou nulles, surtout si l'État en effaçait l'ardoise. Ainsi la Banque de France put-elle dès 1932 prévoir d'abaisser pour l'année suivante les « traitements » et « services de retraites et d'assistance » de tous ses agents, de 3 à 5 % en 1933, tandis que les « honoraires et indemnités du gouvernement de la banque » demeuraient fixés à un total de « 151 000 francs, sans changement »[50] et que le "dividende net de 100 francs par action [...] du deuxième semestre 1932" égala le précédent »[51].

Gouvernements sous contrôle, poussée fasciste et fondation des comités Coutrot

Des épisodes comme ceux d'octobre 1931 posaient cependant la question d'un avenir plus sûr du profit menacé. Les structures du régime, si souples fussent-elles, menaçaient toujours de « rem[ettre] en cause » le fruit des tractations entre grande banque ou grande industrie et État. L'ère Poincaré s'était maintenue sous Tardieu et Laval, et la suite radicale, avec Herriot, demeura douce. Mais la déception de ne pouvoir radicaliser suffisamment la politique suivie conduisit les privilégiés à relancer les projets de réforme de l'État et leurs instruments militants.

Affaiblis depuis le fiasco du Cartel des Gauches, les radicaux jouaient les otages consentants dans tous les gouvernements « modérés ». Impuissants à réaliser la moindre réforme, ils conservaient, à titre de boucs émissaires, leur utilité dans le cadre du régime existant. Mais la politique de rétention des crédits bancaires avait aussi de solides arrière-pensées politiques : au printemps 1930, sous un gouvernement Tardieu supposé convenir aux « milieux financiers », « certains » d'entre eux, selon les RG « favorables aux gauches », décelaient dans la « tactique » à la hussarde de « concentration bancaire, commerciale et industrielle » la recherche d'une catastrophe qui permettrait une ligne réorganisation politique radicale. Les « déconfitures retentissantes » attendues provoqueraient « du chômage, des baisses de prix de détail, des moindres rentrées d'impôts, enfin une crise économique générale qui désillusionnerait profondément ceux qui avaient au contraire annoncé une période de prospérité ». Bref, « les Marin, de Wendel, de Warren, poursuivaient, en réalité, avec [...] acharnement [...] une politique du pire qui devait amener au pouvoir un gouvernement de gauche. Ces messieurs [...] espéraient qu'un gouvernement radical socialiste se verrait rendu responsable de la crise imminente »[52].

Les mouvements fascistes continuaient donc à vilipender le régime et croiser le fer « contre le socialisme et le communisme montants »[53]. Taittinger demeura en 1930 richement doté par ses amis « industriels du Nord » et d'ailleurs, lorsque, en vue des élections de 1932, sa ligue se déguisa en « Parti républicain, national et social »[54]. Mais ce scrutin, après deux rudes années, risquait de ne pas reconduire les apôtres de l'« assainissement » et l'admiration des JP pour la « marche ascendante » d'Hitler[55] d'effrayer l'électeur. À l'automne 1931, sa ligue affronta « une situation financière particulièrement difficile [...]. Les bailleurs de fonds, grandes banques ou industriels, qui [lui] venaient jusqu'ici en aide [...] ont cessé leurs envois de fonds »[56]. La « politique du pire » pratiquée à la veille des élections du printemps 1932 ne fut pas décevante pour « ces messieurs ». Convaincu qu'il ne pouvait rien contre les banques, Herriot, de retour aux affaires pour un semestre après le nouveau succès électoral de la gauche de mai 1932, ne déçut pas. Toujours aussi haï de la droite, il offrit pourtant à la Banque de France des garanties absolues sur la question financière cruciale, la créance sur l'Allemagne, et endossa à l'égard du Reich des responsabilités écrasantes[57]. Ce bref passage suivi, à partir de la mi-décembre 1932, d'un bref cabinet Paul-Boncour, raviva cependant les inquiétudes fiscales de 1924-1926. « Le Comité des Forges » donna alors « des instructions aux directeurs des journaux qu'il contrôl[ait] ou qu'il subventionn[ait] pour qu'ils se préparent à entreprendre une campagne contre tout projet d'impôts nouveaux. Il leur a également demandé de critiquer sévèrement l'attitude des socialistes à l'égard du précédent ministère qui a empêché MM. [Maurice] Palmade et Germain-Martin d'appliquer les projets de redressement et de compression budgétaires qu'ils avaient mûrement étudiés. Les premiers articles qui seront publiés à ce sujet passeront dans *Le Temps, La Journée Industrielle*, et le *Bulletin quotidien de la Société d'Études et d'Informations économiques* »[58].

Aux mouvements fascistes s'ajoutèrent des instruments nouveaux de restructuration de ce mauvais État. Les RG jugeaient 1945 « de peu d'importance » le débat sur la date de création du MSE (1922), « puisqu'il ne sortit de son ésotérisme qu'en 1930 – jusque-là il n'avait groupé que quelques centaines d'affiliés, et encore… [,…] polytechniciens et inspecteurs des Finances »[59]. Bien que le « groupe de Nervo » dominât à l'origine le « Mouvement synarchique d'empire »[60], c'est la Banque Worms qui s'afficha dans le guidage des efforts imposés par la crise, avec pour leader le directeur général de l'établissement, Jacques Barnaud, et pour animateur l'industriel et ancien polytechnicien Jean Coutrot : le fleuron des comités de Jean Coutrot et de ceux que Kuisel a appelé les « planificateurs néo-libéraux » naquit en 1930-1931, avec X-Crise, qui eut Gérard Bardet pour secrétaire. Ce comité fondateur ou noyau des élites synarchiques et polytechniciennes visait à « l'étude de la crise mondiale […], dans ses causes et dans ses remèdes » : rebaptisé Centre polytechnicien d'études économiques (en 1931), il entama avec éclat ce que le rapport Chavin appelait l'« étrange activité » manifestée « depuis une dizaine d'années » par Jean Coutrot[61]. Le progressisme des « vues » de Coutrot et de son comité initial, qui a enchanté Kuisel, allait aboutir aux ultra-réactionnaires « 13 points fondamentaux [ou principes] et 598 propositions » du « pacte synarchique du MSE », présentés plus loin[62].

LIQUIDATION DU PLAN YOUNG ET APAISEMENT PRÉ-HITLÉRIEN, 1930-1932

Au premier rang des questions abordées par les synarques et leurs pairs figurait la question économique et financière allemande, traitée avec le soin que justifiait l'importance du Reich partenaire. Si désagréable fût-il, le plan Young annonçant l'agonie des réparations – qu'il avait fallu accepter des États-Unis comme naguère le plan Dawes – consolida les premiers acquis d'une collaboration économique confondue avec l'ère locarnienne.

De l'héritage locarnien aux débuts de la crise

Les acquis franco-allemands de la seconde moitié des années 1920

Tout, dans la sensibilité des élites économiques françaises aux desiderata allemands, ne relevait pas de la contrainte américaine. La collaboration économique franco-allemande avait commencé à se déployer dans les années 1920, sous l'égide du charbon et de l'acier (dynasties lorraines Wendel et Laurent à l'avant-garde).

François de Wendel présidait au printemps 1926 « les réunions, hebdomadaires, [...] des représentants des firmes métallurgiques françaises affiliées aux Cies des Forges d'Homécourt et de Redange et des représentants de firmes métallurgiques allemandes qui rayonnent dans la région de Knutange et le bassin minier de la Sarre ». Il s'agissait d'établir « un consortium qui engloberait toutes les grosses firmes de l'industrie du fer de France dans le but de préparer les accords commerciaux envisagés entre la France et l'Allemagne. [...] Les hauts directeurs des firmes industrielles souhaiteraient vivement réaliser une entente durable entre la France et l'Allemagne sur le terrain économique afin de lutter contre la concurrence anglo-américaine »[63]. Ces contacts aboutirent en septembre 1926 à la création : 1° du cartel international de l'acier consacrant l'hégémonie sidérurgique retrouvée du Reich ; 2° du « comité franco-allemand d'information et de documentation » (CFAID), à Luxembourg, « sur l'initiative de M. Mayrisch, le grand industriel luxembourgeois », président des ARBED (Aciéries Réunies de Burbach-Eich-Dudelange), formellement luxembourgeoises, de fait club de capitaux sidérurgiques « européens ».

Le comité était dominé, du côté français, par les chefs de la dynastie Laurent – Théodore et Charles (son président, ancien ambassadeur de France à Berlin de 1920 à 1923) –, par Schneider, propriétaire de l'Union européenne industrielle et financière (UEIF) qui détenait des parts de l'ARBED[64], et par le chef du Comité des houillères, Henri de Peyerimhoff, son vice-président. Auprès d'eux figuraient le président de Kuhlmann et président de la CGPF, René Duchemin, Pierre Lyautey, Jean Schlumberger, le comte Félix de Vogüe et Wladimir d'Ormesson, trésorier[65]. Ernest Mercier s'y agrégea, ainsi que (en 1927) le cartel de la chimie dominé en France par Kuhlmann[66].

Fondée en octobre 1926, la section française du CFAID s'installa 28 bis, avenue de l'Opéra, dans l'immeuble de la Banque des Pays du Nord, propriété des Schneider et des Laurent, présidée par Charles-Laurent[67]. D'Ormesson, auteur de *Confiance en l'Allemagne ?*, participait à la fin de la décennie à des discussions franco-allemandes sous l'égide de l'Église romaine, funestes à l'« indépendance » de l'Autriche et aux frontières polonaises, et approuvait les catholiques allemands indignés par « le caractère intolérable [...] de certaines clauses du traité de Versailles »[68]. Le comité, qui devait « favoriser tout effort d'information objective entre la France et l'Allemagne en conformité avec la Section allemande de Berlin », fut dirigé par l'« ancien chef de service de Presse » de l'*Auswärtiges Amt* [ministère des Affaires étrangères allemand], Gustav Krukenberg, puis depuis avril 1931, par le futur nazi Régis Hurault de Vibraye[69]. Franz von Papen se vantait « de son influence sur le groupe d'Ormesson en France et sur certains leaders industriels français de Lorraine et d'ailleurs »[70].

Le compromis sur le charbon et son transport progressa au même rythme, après que le fiasco « de l'occupation de la Ruhr » eut imposé « une formule commerciale qui, venant se substituer à la formule de contrainte, permettait d'assurer régulièrement l'approvisionnement en charbon du port de Strasbourg et de son hinterland ». Il bénéficia comme naguère à la « Compagnie générale pour la Navigation du Rhin », société d'économie mixte créée après-guerre pour recevoir de l'État français la « flotte importante [...] de remorqueurs rhénans » cédée par « l'Allemagne à la France » en vertu du traité de Versailles et que dirigeait depuis 1923 René de Peyrecave, son futur président. « Plusieurs années » de pourparlers entre pairs débouchèrent sur l'« accord "Importscharstrassburg" », dont « un des principaux négociateurs » fut René Mayer, « bras droit des Rothschild en France [,...] chef effectif de la Banque Rothschild à Paris », lié à Laval, qu'il accompagna à Moscou en 1935[71] : « Les producteurs de charbons de la Ruhr s'engageaient à livrer à des conditions déterminées un certain tonnage annuel de charbons à un organisme d'importation créé à Strasbourg et comprenant les représentants des différentes sociétés charbonnières françaises installées sur cette place ». Ainsi fut fondée en 1928 la « Compagnie générale charbonnière », « société anonyme française » officielle, de fait société mixte franco-allemande : « 51 % du capital était souscrit par les sociétés françaises importatrices de charbons et 49 % par les sociétés productrices allemandes » ; le CA était « composé par moitié par les représentants de ces deux groupes », mais « toutes les décisions importantes [ét]aient prises à la majorité des 2/3 », clause des statuts conférant aux « Allemands [...] un contrôle et un droit de veto sur toute la gestion de la société ». La conciliation étouffa la campagne d'alarme du journaliste alsacien Paul Bourson, un spécialiste, dont la « brochure "Ils reviennent" » dénonça cette offre « aux Allemands de reprendre pied en Alsace et d'y exercer à nouveau leur influence »[72].

Le « cartel provisoire franco-allemand du 15 novembre 1927 » signé par la Centrale des matières colorantes (Kuhlmann) et l'IG Farben dicta à la chimie une voie similaire : l'accord avait « pour but le contingentement de la production d'après les chiffres d'affaires respectifs des deux parties, la répartition des marchés, et la suppression de la concurrence ». « Contrôl[ant] 80 % de l'industrie chimique dans les deux pays », il ouvrit la voie au « cartel international qui d[evai]t assurer la régularité du marché » et « jeter les premières assises réelles du Cartel international de l'azote et des colorants »[73]. En août 1927, l'édifice avait progressé via « un accord commercial avec l'Allemagne » célébré par « les milieux du commerce » et la gauche gouvernementale comme « un véritable "Locarno" dans l'ordre économique ». Les « milieux modérés » ne le boudèrent que vu l'imminence des élections, et « le consortium des grandes banques » œuvra « à la cotation de certaines valeurs françaises à la Bourse de Berlin. » Les alliances et tentatives d'alliances de capitaux se succédèrent depuis l'« accord » des Galeries Lafayette, à l'automne 1927, « avec un important groupe financier de Berlin en vue de la création d'une succursale dans la capitale allemande »[74]. Les années suivantes n'arrêtèrent pas l'élan de « l'expansion économique française en Allemagne », et inversement[75]. Via la Banque des règlements internationaux (BRI), sise à Bâle, « les grandes banques » participèrent depuis 1929-1930 aux emprunts Young, dotés des privilèges de franchise fiscale totale et de règlement des intérêts en or[76], avec le même allant qu'aux Dawes. « Lazard » (« spécialisée depuis son ascension de 1924 dans les emprunts d'État » sur les marchés étrangers[77]) – « et Lyonnais » obtinrent la « gestion du service du nouvel emprunt allemand [...] 5 1/2 % 1930 »[78] : « Messieurs Lazard frères et Cie, *annonça la BRI au gouverneur Moreau en août,* participeront au service de l'amortissement de l'emprunt dans la proportion d'un tiers du total des fonds affectés à l'amortissement de la tranche française, cette proportion étant également celle qui fixe la distribution entre le Crédit lyonnais et la Banque Lazard frères et Cie des sommes affectées au paiement des intérêts sur les obligations »[79]. En pleine « restriction [intérieure] de crédits », leur « octroi [...] à l'étranger, notamment à l'Allemagne, [...] leur assur[ait] des bénéfices plus substantiels que l'escompte du papier de nos nationaux. »[80] Le Reich connut donc plus que jamais « l'enchevêtrement des intérêts financiers allemands et étrangers » faisant du « crédit étranger » – pas seulement américain – « une pièce essentielle indispensable [...] de l'économie nationale »[81].

Cette idylle relança le serpent de mer de la collaboration politico-militaire « franco-allemande », appât antisoviétique que brandissait depuis 1923 l'industriel Arnold Rechberg. « Aide de camp du Kronprinz pendant » la Grande Guerre, dont les biens en France avaient été « séquestrés en octobre 1914 », cet ultra-nationaliste antirusse et francophobe du clan Alfred Hugenberg-Paul von Hindenburg-Stahlhelm (Casque d'acier), associé aux cartels franco-allemands, se grima en francophile. Principal bailleur de fonds de « la vaste organisation nationaliste [...] Jungdo (Jungdeutsche Orden) », il était connu de la police « par sa campagne en faveur d'un rapprochement franco-allemand contre le gouvernement des Soviets », appuyée sur la grande presse. Il pressait la France de balayer son « alliance polonaise » ; il prétendait rechercher « un accord économique et militaire dirigé contre les Soviets et basé sur le retour à l'Allemagne du couloir de Dantzig et de la Silésie allemande », impliquant pour le « Reich l'autorisation de posséder des armements égaux aux nôtres ». Il avait fait publier à l'automne 1928 par la *Gazette de Voss* [*Vossischezeitung*] un plan d'« alliance politique et militaire » avec garantie réciproque des frontières d'Allemagne et de France « contre toute attaque d'un tiers » et fixation entre armées française et allemande du « rapport de 5 à 3 », 500 000 et 300 000 hommes de « même recrutement, même équipement, même armement. On créerait un haut État-major composé de généraux allemands et français, auquel seraient subordonnées les deux armées ». L'armée belge serait rattachée à cette « alliance militaire franco-allemande [...]. L'industrie française participerait à l'équipement de la nouvelle Allemagne dans une proportion allant du quart au tiers » pour l'armement ou la fourniture permanente, etc.

Toujours en liaison avec Leopold « von Hoesch, ambassadeur d'Allemagne à Paris », il y vint de janvier à mars 1929, rejoint fin mars par le général von Lippe, un des chefs du Jungdo chargé de « la répression [d'une récente] émeute ». Rechberg rencontra le président du Conseil Poincaré, « Scapini et Paul Reynaud, députés de la Seine, auxquels il aurait fait part de ses projets concernant un traité d'alliance militaire » et la « collaboration entre industriels français et allemands »[82]. L'entreprise reçut le soutien de Monzie, déjà gagné à la collaboration, et du maréchal Foch, auquel la haine des bolcheviques inspira cette interview au *Neues Wiener Journal* : « Je ne suis pas assez insensé pour croire qu'on pourra laisser une poignée de tyrans criminels (il s'agit des ouvriers et des paysans soviétiques, *commenta L'Humanité*) régner sur plus de la moitié du continent et sur des vastes territoires asiatiques. Mais on ne fera rien tant que la France et l'Allemagne ne seront pas unies. [...] Je vous prie de saluer de ma part le général [Max] Hoffmann, grand protagoniste de l'alliance militaire antibolcheviste. » On se revit en avril 1929, où Reynaud rencontra Rechberg à Berlin, puis en septembre pour discuter de projets « de communauté d'intérêts industriels » en Haute-Silésie, d'une révision de Versailles et d'une « coordination d'intérêts militaires » alarmant Moscou et le PCF[83]. En octobre, Rechberg confirma la manœuvre à propos de la frontière germano-polonaise. Reynaud nia mollement, concédant son appui à « une politique d'entente », qui n'était pas « une chasse gardée [des...] hommes de gauche »[84].

L'année avait été propice à l'expansion du *Deutschtum*, avec le concordat prussien du 14 juin, cadeau de la Curie pour la reconquête des zones perdues en 1918[85]. Le cabinet socialiste et pangermaniste Hermann Müller courut au secours des « minorités allemandes à l'étranger », Alsace-Lorraine incluse : à l'automne 1929, la « Ligue de Secours des Alsaciens-Lorrains du Reich », en plein tapage sur la « libération » prochaine de la Rhénanie, célèbrait en elle « une terre essentiellement allemande » et « le jour [qui...] viendra[it] fatalement, où le droit de disposer de lui-même sera[it]t accordé à ce pays »[86]. L'industrie et la banque – avec en tête la « Fédération des grands industriels de la Ruhr » (« Fédération pour la sauvegarde des intérêts économiques en Rhénanie et en Westphalie » abrégée en « union au long nom » [« *Langnamverein* »]) et Schacht –, maudirent le plan Young en soutenant droite classique et « radicale » (nazie) confondue. « Le peuple "bourgeois" grond[ait] d'une façon formidable contre la France. [...] Le temps travaill[ait] pour Hitler et Hugenberg. » Washington se réjouissait du veto allemand contre son propre Plan[87].

La crise renforça les projets continentaux, antisoviétiques certes, mais aussi antiaméricains, des cartels franco-allemands. En janvier 1930, de Peyerimhoff réclama « une entente européenne capable de concurrencer avantageusement la production américaine et » excluant « la Russie » : il « propos[a], dans ce but, l'organisation de syndicats, de trusts et de cartels internationaux susceptibles de créer d'immenses marchés où leur production massive trouverait un débouché sûr et régulier ». Rechberg lui fit écho en septembre sur « les avantages [...] de l'alliance industrielle franco-allemande », exalta les cartels sidérurgique et chimique et conclut : « Ou notre alliance industrielle finira par forcer l'alliance politique et militaire franco-allemande, ou les divergences politiques finiront par briser notre alliance industrielle et alors nous deviendrons les serfs des

Américains, si le bolchevisme ne triomphe pas encore avant et en France, et en Allemagne. »[88]

La tendance au compromis grandit avec la crise, industriels et banquiers jugeant vital le maintien des liens avec le partenaire allemand. Les réparations en nature avaient développé la présence allemande – matériel et spécialistes –, notamment dans les chantiers français de construction et de voirie. En janvier-février 1932, une campagne de presse française, à laquelle participa Paul Bourson, dénonça « le "camouflage" de firmes allemandes travaillant pour le compte des chemins de fer français », « dans la zone de fortifications de l'Est » et « dans le port de Strasbourg »[89].

Les formules successives élaborées pour les réparations, grande affaire de l'industrie lourde française, avaient forgé une coalition entre industriels et hauts fonctionnaires des ministères économiques, décrite par l'historien américain Gordon Dutter. En pleine ascension de la crise, la France obtint le 31 juillet 1930 à Essen des accords charbonniers entre l'Office du charbon allemand (*Kohlensyndicat* ou *KS*) et la Société d'importation de charbon et autres produits (SICAP) qui consolidèrent les relations bilatérales. Les industriels français dirigeant la SICAP avaient prié leur État de les aider à convaincre l'Office allemand de renoncer à ouvrir un comptoir de ventes à Strasbourg et de leur réserver l'exclusivité de ses exportations de coke, héritage des réparations mourantes. La SICAP était une société mixte française, dominée par une autre société mixte sous tutelle privée, la Compagnie générale pour la Navigation du Rhin (CGNR). Son codirecteur auprès de René de Peyrecave – futur président de la SICAP (automne 1933) puis « attaché à la direction » de Renault (en 1934) – et « agent de l'État », Étienne Moeneclaey, était aussi administrateur de la CGNR. L'État berger y payait cher sa présence impuissante : il détenait le tiers des actions et des administrateurs des deux sociétés sans y exercer de contrôle, mais avait doté la SICAP d'un capital de fonctionnement de 25 millions et lui avait concédé « le monopole sur la gestion des importations de charbon ». Il avait accepté, cadeau coûteux pour le contribuable, de verser au *KS* 1,20 mark par tonne de coke vendue, de traiter les affréteurs français et allemands sur un pied d'égalité et de garantir aux premiers le transport de 50 % des exportations allemandes de charbon en France[90]. Prévalut et prévaudrait le principe sacro-saint du maintien de cet accord assurant à l'industrie lourde française les contingents nécessaires de charbon allemand.

De l'évacuation anticipée de la Rhénanie au triomphe nazi de septembre 1930 : une France impuissante

Les grandes manœuvres économiques avaient préparé l'évacuation anticipée (juin 1930 au lieu de 1935) de la Rhénanie, condition du plan Young que la France avait acceptée fin août 1929 au terme d'une conférence de La Haye chaque jour menacée de rupture. Enrobé dans le sirop briandiste des « États-Unis d'Europe », cet engagement acheva la paralysie militaire inaugurée par le plan Dawes. Il impose « les plus gros sacrifices […] dans l'accord financier » et annonce, trancha Pertinax en juillet 1929, « une terrible offensive contre l'armée française et, sous prétexte du droit des minorités, contre les alliés de la France dans l'Europe centrale et l'Europe orientale »[91].

C'est que, loin de constituer « un signe de détente » ou de fonder « l'espoir d'une paix durable [,...] encore réel en 1929-1930 »[92], ce « sacrifice » intervenait à un stade avancé du réarmement allemand. Le ministre des Affaires étrangères de Brüning, Julius Curtius, en annonça les suites le 30 mai 1930 à Stuttgart, siège du *Deutsche Ausland Institut* [Institut allemand de l'étranger] dont il célébra l'objectif : « grouper tout le "*Volkstum*" *allemand du monde entier dans la conscience de son unité* [... A]ucun ministre allemand des Affaires étrangères ne pourra et ne voudra ignorer le fait qu'en Europe et en dehors des frontières du Reich allemand *vivent dans un état étranger comme minorités nationales, neuf à dix millions d'individus appartenant à la langue et au peuple (Volkskörper) allemands.* »[93]

Sur la Rhénanie non encore « libérée », mille signes révélèrent les plans *post Liberationem* : l'allégresse du « jour de la libération » et du départ des Français de Kehl, le 30 juin, exalté, entre autres, par les hitlériens ; la campagne de presse permanente sur la nécessaire égalité des armements des deux côtés de la frontière, « la parité entre les garnisons-frontières, pour que, par l'établissement de garnisons allemandes dans le pays frontière du Palatinat désarmé, ce dernier soit mis en sécurité » (*Pfaelzisch Rundschau* du 20 août) ; les fêtes militaires ininterrompues, dont le « meeting palatin des anciens guerriers » à Landau les 6-7 septembre, qui réunit entre 30 000 et 70 000 personnes, où le prince Rupprecht de Bavière, « à la tête de tout l'ancien État-major bavarois », glorifia « les fidèles Sarrois [...] encore soumis au knout français » et exalta le « devoir de mourir pour la patrie » assigné au « Palatinat libéré »[94]. Le président SPD du Reichstag Paul Löbe, héraut de l'Anschluss, annonça début octobre « qu'après le retrait complet de l'occupation, le gouvernement du Reich, au complet, ferait une visite dans les régions évacuées et que, naturellement, il n'oublierait pas de venir à Kehl »[95].

Dans les casernes libérées par les Français s'installèrent les forces militarisées « classiques » du Stahlhelm, qui « n'accepta[it] dans ses rangs que des Allemands de race et, par conséquent, pas de juifs », et « constitua[i]t les réserves instruites de l'armée active allemande » avec ses « 650 000 adhérents » ; s'y joignaient les formations nazies, les « corporations d'étudiants », les « gymnastes », les « sociétés de tir », tous résolus à en découdre avec le continent d'Est en Ouest. Interdit pendant l'occupation française, le Stahlhelm, esclave des « mots d'ordre du maréchal » Hindenburg et « véritable État dans l'État [...] en relations étroites avec le ministère de la Reichswehr », en « [recevait] des subsides importants » – comme du « gouvernement italien », via le directeur de la Dresdner Bank, Guttmann, frère de « la femme de M. Orsini Barone, ambassadeur italien »[96]. Pour son congrès de Coblence du 5 octobre 1930, 20 000 de ses membres, venus, surtout « par trains spéciaux », « de Prusse orientale, de Haute-Silésie et de Saxe », furent « logés dans des casernes vides » de Mayence. « Plus de 100 000 » hommes bafouèrent le pavillon français. « Partout, *raconta un communiste allemand infiltré,* nous avons été acclamés par la population rhénane qui nous appelait "les vieux soldats de l'Armée impériale" ; à tous les arrêts il était question du “Front Heil” et d'une lutte contre la Russie. Tous les groupements chantaient les hymnes patriotiques, surtout celui de “victorieusement nous voulons combattre la France” et “nous voulons mourir en héros”. À Bonn, les enfants nous ont acclamés ; sur tout le parcours les femmes nous offraient des cruches de vin, comme en 1914. Jamais nous n'avions tant bu de vin. Nous disparaissions sous les fleurs. »[97]

Partout se constituaient ou se réorganisaient sous la houlette des militaires de réserve des associations d'officiers (*Offiziersvereine*) et des sections du Stahlhelm, femmes comprises (l'« Association de la reine Louise de Prusse ») : entre août et novembre 1930, il en fut à Ludwigshafen créé 240 (dont 90 en trois semaines de novembre), avec « cours spéciaux [...] pour inculquer [à leurs...] chefs [...] l'esprit de l'organisation », qui se réunirent à Coblence le 14 septembre[98]. La réorganisation-étatisation des services de police à Kehl intensifia cette remilitarisation[99]. Hitler, posé en « futur sauveur de l'Allemagne », attira le samedi 8 novembre à Offenburg « une foule considérable venue de tous côtés de Bade, et même de plus loin », Suisse comprise. « Un chef de groupe hitlérien » y évoqua la récente « entrevue à Paris [d'...]un ex-officier allemand, membre influent de ce parti [,...] avec un groupement ou amicale d'anciens officiers français, afin d'essayer de rendre le parti d'Hitler favorable en France, en faisant miroiter une entente franco-allemande possible ». Ce meeting monstre, où s'affichèrent des « autonomistes de Strasbourg » tels Paul Schall et René Schlegel, préluda au triomphe municipal nazi de Bade (21 sièges, 10 au SPD, 5 au Zentrum) et à la pénétration nazie à Strasbourg[100].

« La propagande pangermaniste et revancharde » ne lâcherait plus jusqu'à l'Occupation l'Alsace-Lorraine, future « *forteresse d'Hitler* » (formule d'un chef SA le 25 octobre 1931)[101]. L'agitation était animée depuis 1923-1924 par le Berlinois Robert Ernst, originaire d'Alsace, chef recruteur notoire « de tout le mouvement autonomiste alsacien » alors dirigé entre autres par Karl Roos, des Flandres belges et de Bretagne[102]. Rédacteur de « la feuille irrédentiste » de Berlin *Elsäss-Lothringische Heimatstimmen* (« Les voix de la patrie d'Alsace-Lorraine »), Ernst était un pilier du *Hilfsbund* (Association de secours) des Alsaciens-Lorrains du Reich fondé en 1920, présidé par le conseiller ministériel Donnevert, et affilié au *Deutsche Schutzbund* (qui, créé à Berlin le 22 mai 1919, comptait en 1932 120 associations du Reich, d'Autriche et de Dantzig)[103]. Du côté catholique œuvraient le Vatican et l'évêque Georg Schreiber, secrétaire de l'« Association du Reich pour des Allemands catholiques à l'étranger » *(Reichsverband für die Katholischen Auslanddeutschen)* : grand expert de « l'expansion allemande à l'étranger », il « avait organisé avec les dirigeants du Heimatbund et du Parti autonomiste, en 1927, un service spécial de propagande dans les trois départements recouvrés »[104]. Sa propagande valait celle de Wilhelm Siebert dans le journal du Casque d'acier, *Stahlhelm*, sur les thèmes, rebattus depuis les années 1920, de la honte noire (« Des troupes noires sont aussi en garnison en Alsace – toujours prêtes pour être lancées sur la population en cas de révolte ») et du « sauvage fanatisme » déployé par l'occupant pour tenter de « faire de l'Alsacien un Français de la plus belle eau »[105]. En 1932 se multiplièrent les initiatives allemandes et les contacts franco-allemands à Strasbourg et dans toute la région[106].

La France renoua comme prévu avec la situation de 1924, et l'afflux à la frontière en juillet-août 1930 des Rhénans séparatistes de 1919 et 1923, « à la suite des manifestations organisées en Rhénanie après le départ de nos troupes le 30 juin, [...] à Kaiserlautern, à Mayence, à Wiesbaden et à Trêves ». Traités en « collabos », ils furent « en butte à de terribles représailles de la part des nationalistes allemands » – « violences [...] exercées sur eux et leurs familles [,...] boutiques [...] pillées et [...] habitations saccagées ». Contraints « de fuir en toute hâte », ils arrivèrent « à nos postes frontières » pour « la grande majorité [...] dans un état de misère extrême ». Ils furent traqués une fois en France par « des agents provocateurs » comme, peu après, les réfugiés de 1933. « La célébration » début février 1931 « à Pirmasens, de l'anniversaire du massacre de 30 séparatistes, brûlés vifs dans la mairie de la ville, en 1924, montr[a] suffisamment dans quelle voie les autorités palatines cherch[ai]ent à engager l'opinion publique »[107].

La bourrasque prévue depuis l'automne 1929 aux élections-pivot du 14 septembre 1930 du NSDAP, qui saisit l'héritage du Parti national allemand (deutsch-national) de Hugenberg voué à « une vraie débâcle », aggrava la tendance. La Banque de France fut aussi consciente que le grand capital allemand de la débilité du KPD (parti communiste allemand) qui, « malgré sa force numérique ne jou[ait] aucun rôle et n'a[vait] aucune influence sur la marche des affaires. Le danger communiste n'exist[ait] plus en Allemagne malgré les trois millions d'adhérents au parti ». Les privilégiés français ne redoutaient pas la poussée électorale des « racistes » : ils l'avaient encouragée, de même que leurs homologues étrangers – de Ford à Deterding[108], d'Ivar Kreuger à Skoda-Schneider[109] – et allemands. La campagne nazie avait été « largement financé[e] par les grands industriels [, qui...] espéraient que les racistes parviendraient à affaiblir le parti socialiste et à scinder les organisations ouvrières syndicales [...] et particulièrement par Kirdorf "Stahlverband", Siemens (Siemenswerke), Borsig, Nürnberg Augsburgsche Maschinenbaugesellschaft, Deschimag (Chantiers maritimes de Brême) et par la Dresdner Bank ». Ce renseignement d'octobre 1930 d'« un bon informateur » fut confirmé par maint autre avant février 1933[110], tels ceux de 1931 relatifs aux « sections d'assaut hitlériennes [et au] Casque d'acier viv[a]nt [également] des subventions des magnats de Dusseldorf et d'Essen, de l'Union agraire, des anciens princes et de quelques grands banquiers », impatients de fonder un « régime étatiste [qui ferait...] supporter leurs pertes aux contribuables »[111] ; ou au consensus « des hommes d'affaires », toutes appartenances politiques confondues – du Stahlhelm au parti démocrate –, sur la capacité d'Hitler à « arrêter le socialisme qui nous ronge et nous ruine »[112]. Soutenus à l'intérieur, les nazis l'étaient partout où les intérêts allemands étaient représentés : à Barcelone, le « groupe hitlérien [était...] bien aidé par la banque, les principales maisons de commerce et les firmes industrielles allemandes »[113].

Cette convergence contredit la thèse de Turner, aujourd'hui largement acceptée, de l'intérêt faible et tardif du *German Big Business* pour une solution nazie : « Les nazis n'ont jamais dépendu de gros contributeurs, car ils tiraient des sommes importantes des rassemblements et des petites contributions. »[114] La « redevance de 30 pfennigs par tonne vendue de houille ou d'acier [que...] la grosse industrie allemande [le *Kohlensyndicat* ou *KS*] vers[ait] à Hitler pour frais de propagande » depuis 1923 et l'occupation de la Ruhr – avérée malgré les démentis laborieux de Turner[115] – et « l'appui financier des grands industriels » (formule de juillet 1932 de la Sûreté générale, répétée mille fois), expliquent mieux les moyens illimités du NSDAP de 1930 à 1933 et ses succès consécutifs que la jolie thèse des ruisselets regroupés en fleuve impétueux[116]. En juillet 1945, le vice-président de la Reichsbank Emil Puhl estima devant des délégués de la Banque de France à « 1 % sur les salaires à l'origine » le soutien financier « des industriels » allemands au NSDAP[117].

Sans oublier, omission la plus stupéfiante de Turner, le symbole suprême du ralliement à l'hitlérisme de l'industrie lourde allemande, Hugenberg, ancien président du directoire de Krupp et chef du Parti national allemand : maître de la moitié de la grande presse écrite, il fut l'artisan de la marée nazie par l'écho quotidien offert aux hitlériens contre le plan Young et le « tribut » que celui-ci imposait à l'Allemagne martyre[118]. Il « peut », résuma le 1er mai 1933 un rapport français, « s'attribuer la gloire d'avoir fait du parti national-socialiste ce qu'il est. Car c'est sa presse, la presse du consortium Hugenberg, qui s'est faite, dans la lutte contre le plan Young, l'instrument de la propagande hitlérienne et qui a permis aux nationaux-socialistes de trouver l'audience du grand public. C'est elle, ainsi, qui a créé les bases du grand succès hitlérien du 14 septembre 1930, qui donna aux nationaux-socialistes 107 sièges, alors qu'ils n'en avaient auparavant qu'une dizaine »[119]. Puissance de la presse écrite à laquelle s'ajoutait celle, avec la société cinématographique UFA (*Universum Film AG*), des « actualités » que Hugenberg dressa en paragon de la réaction et « de la politique du pire » du grand patronat[120].

L'évacuation anticipée de la Rhénanie avait fouetté le bellicisme francophobe de ce dernier sans inquiéter ses partenaires français. La Banque de France connaissait les périls militaires menaçant les frontières orientales (l'État lui transmettait jusqu'aux budgets militaires annuels allemands, épluchés et réévalués par le Deuxième Bureau[121]). Son délégué à la BRI, le synarque Pierre Quesnay, premier directeur général de l'institution[122], balaya cependant en octobre 1930 le danger de guerre, hanté par le seul péril d'une explosion sociale : « Au lieu d'être hypnotisé sur des dangers de guerre qui n'existent pas, l'opinion publique française devrait être orientée dans les directions où il est possible d'apporter un peu de calme et de sang-froid tant à l'intérieur qu'au dehors. Plus je réfléchis à la situation, plus je suis convaincu que le danger actuel n'est pas un danger de guerre internationale, mais un immense danger social : l'Europe s'entendra, s'organisera, collaborera, ou notre présente civilisation disparaîtra. Dans le premier cas, nous sommes à Bâle l'instrument de coopération financière ; dans le second, ce n'est pas seulement nous qui sautons, mais c'est inévitablement une révolution mondiale à laquelle le dumping russe, le rapprochement des nationaux-socialistes et des communistes, l'isolement financier de la France se repliant sur elle-même, l'évolution des esprits depuis trois mois et bien d'autres éléments travaillent avec rapidité. »[123]

Le Figaro imputa la lapidation des « consulats français et yougoslave à Hambourg », le 19 décembre 1930, à des « bandes de jeunes gens probablement communistes ». Le socialiste Pierre Viénot, gendre du fondateur du cartel de l'acier Emil Mayrisch, donna à la propagande réconciliatrice née dans les milieux financiers « du Comité franco-allemand d'information » un masque pacifiste dans des conférences sur l'Allemagne au Musée social en novembre-décembre. Il battit des records le 10 décembre « en affirmant que le régime actuel de l'Allemagne ne [pouvait] être renversé. "Il n'y a pas de péril réactionnaire (mais il faut avouer que la démocratie parlementaire n'est pas l'idéal convoité et que le peuple et la jeunesse ne lui ont pas donné leur adhésion morale) [...T]outefois, [...] je crois qu'une agression n'est plus à craindre de nos anciens ennemis" »[124]. Même Edmond Vermeil, professeur à l'université de Strasbourg, pourfendeur du pangermanisme et gardien des traités, baissa alors la garde. Sa conférence du 26 janvier 1931, à la Fondation Carnegie de Paris, qui accueillait les germanophiles, s'aligna sur les tenants de l'entente à tout prix. Se félicitant des « plus grands progrès [...] réalisés avec le traité de commerce de 1927, les cartels internationaux, etc. », il se pencha sur « les problèmes intérieurs de l'Allemagne : problème des finances et des réparations, désarmement, couloir polonais, Anschluss, etc. La France doit donc souhaiter voir guéri ce pays en état de maladie ; elle doit aussi envisager les perspectives d'un avenir meilleur pour les deux nations, se défaire des solutions trop commodes et examiner si un rapprochement basé uniquement sur la raison ne serait pas préférable à l'état actuel »[125]. Tout en tonnant contre la politique d'abdication, les ligues laissèrent filtrer leur adhésion au compromis. Du programme d'avril 1929 des JP semblant également dressé contre « la menace allemande » et « l'impérialisme bolchevique » ne demeurait intact, début 1931, que le second volet : « Le député de Paris [Pierre Taittinger] s'étant prononcé dans *Le National* contre l'évacuation de la Rhénanie et la "politique d'abandon" vota, peu après, la ratification des accords de La Haye. »[126]

DE L'ÈRE LAVAL À LA CAPITULATION D'HERRIOT, 1931-1932

L'efficace pression anglo-américaine : le moratoire Hoover et ses suites

Dans la « détente » présumée, la pression américano-britannique[127] exerça la même influence que depuis l'automne 1923[128]. Paris prévoyait depuis un certain temps la « suspension » des réparations, que Schacht avait demandée en novembre 1930 dans une de ses habituelles tournées triomphales aux États-Unis, invoquant, l'effroyable péril d'« *une révolution mondiale [...] si on n'accord[ait] pas au Reich un moratorium* »[129]. Fruit « d'entretiens [tenus depuis lors] en dehors de la France, entre Berlin, Londres et Washington »[130], elle trouva son prétexte dans l'aggravation au printemps 1931 de la crise, devenue systémique avec « l'effondrement de la [Danat] » en juillet[131]. « Les États-Unis feraient l'impossible [,...] eu égard aux énormes intérêts américains engagés en Allemagne », pour sauver l'Allemagne et sa monnaie, en participant « à un nouveau crédit », annonça Moret à son conseil général du 9 juillet[132]. Ce « moratoire Hoover », renforcé par les bontés anglaises, cuirassa la capacité de résistance allemande.

Il permit à Berlin d'ignorer le (timide) chantage français : Paris conditionnait officiellement l'octroi de nouveaux crédits au Reich en déconfiture à sa renonciation à l'Anschluss économique avoué en mars 1931 et à l'égalité des droits en matière de réarmement. Brüning se dressa donc sur ses ergots en mimant un antinazisme sur lequel les services de renseignements français édifiaient leur État : en juin 1931, le chancelier déclara à l'Anglais Arthur Henderson qu'il aimerait mieux « démissionner qu'obtenir la participation française à l'octroi d'un crédit à Allemagne en échange de la suspension de la construction des croiseurs de poche » qui donnerait « à Hitler un argument décisif qui lui vaudrait des centaines de milliers de votes » ; il refuserait tout « marchandage » sur son « projet d'union douanière austro-allemande [,...] une question de principe »[133]. « Les divers services et catégories de police [avaient alors] reçu des ordres de ne pas contrecarrer l'action des organisations hitlériennes en cas de troubles communistes »[134] : les nazis, chéris de la Reichswehr pour leurs vertus extérieures, étaient requis comme force supplétive dans la guerre intérieure.

En juillet 1931, la faillite allemande tourna au cataclysme, avec la fuite éperdue des capitaux intérieurs. George Harrison, de la Federal Reserve Bank, dans un télégramme au gouverneur de la Banque d'Angleterre Montagu Norman, se dit « convaincu que l'aggravation des difficultés monétaires de l'Allemagne était due moins à des retraits de capitaux étrangers qu'à l'exportation de capitaux allemands, exportation qui aurait pu être restreinte par une politique de crédit plus ferme de la Reichsbank »[135]. Quoi qu'il en fût, « à l'ombre du plan Hoover les retraits continuèrent de plus belle ». Les banques suisses s'emplirent « par centaines de millions [de la...] saignée de capitaux » qu'infligeait à l'Allemagne le capital national et étranger[136] : en août-septembre 1931, elle se « vid[a] de sa substance », les 4,5 milliards « du produit de ses exportations [...] rest[ant] à l'étranger » ; l'hémorragie grandit à l'automne 1931, « les capitaux allemands » fuyant par la même voie « dans des proportions effrayantes »[137]. Brüning continuait à socialiser les pertes, « fourni[ssan]t les fonds de roulement », subventions, cadeaux fiscaux, etc. : « Toutes les dettes privées se trouvent assumées par l'État, détenteur de la caisse unique de toute l'économie allemande, et sur lequel pèse le problème de la gestion, *affirma en décembre un rapport financier*. La seule chose qui ne soit pas encore étatisée, ce sont les capitaux fugitifs qui se sont mis à l'abri d'une débâcle du mark dans les banques étrangères. [...T]oute négociation privée avec les industriels allemands devient aléatoire, ceux-ci étant obligés d'obtenir l'approbation de l'État allemand. C'est donc avec celui-ci qu'il importe de discuter. »[138] Une campagne de presse anglo-saxonne présentait alors la France comme responsable de la crise par ses exigences financières[139]. Des analystes américains sérieux incriminaient la stratégie d'endettement de l'Allemagne, qui « jou[ait] de la concurrence de ses créanciers et s'appu[yait] sur les uns pour se débarrasser des autres »[140].

« Les milieux financiers de Genève » avaient donné à Laval, peu avant la conférence de Londres de la fin juillet, des conseils de fermeté : « Le président du Conseil français doit tenir "bon" à Londres. [...] Il vaut mieux une Allemagne en faillite qu'une Allemagne faisant de nouvelles dupes » ; d'ailleurs, elle « cédera [...] si M. Laval se montre énergique. [...] On ne peut pas demander au monde entier d'accepter de vivre sous la perpétuelle menace de l'espèce de chantage économique que l'Allemagne pratique depuis la guerre qu'elle oublie avoir perdue [...]. Un gros crédit international [...] ne signifiera pas la fin de la crise allemande » qui a précédé « la fermeture des banques » et « a beaucoup empiré au cours de la récente panique avec l'exode des capitaux et les restrictions de crédit. L'octroi d'une grosse avance au gouvernement du Reich ou à la Reichsbank améliorerait la situation de la trésorerie de l'État mais n'aplanirait pas les difficultés des entreprises privées industrielles et commerciales. »[141]

Laval, mandaté par la Banque de France, « se montr[a peu] énergique », cédant à Washington sur le terrain allemand comme sur les autres, selon la tradition établie depuis la capitulation de Poincaré (novembre 1923). Du mal de la liquidation des réparations requise par les États-Unis pouvait comme naguère sortir un bien. La tutelle américaine sur la Banque de France (et les autres banques centrales associées) s'alourdirait du fait de la création de la BRI, instrument privilégié de gestion de la dette extérieure allemande : le gouverneur de la Banque de France (depuis octobre 1930) Clément Moret s'était d'emblée montré très critique à ce sujet[142]. Ce « gouvernement des banques » présentait cependant des avantages : « L'internationalisation du mur d'argent » donnerait à l'austérité intérieure le prétexte des contraintes extérieures, avait annoncé Jules Moch le 28 décembre 1929, comme ses collègues Georges Bonnet et René Brunet, à la deuxième séance de la Chambre des « interpellations relatives à la constitution éventuelle de la Banque des règlements internationaux »[143].

Le Comité des Forges avait admis les avantages intérieurs de la poigne anglo-saxonne en passant de la politique d'exécution au compromis[144]. Il usa pendant la crise de la pression anglo-saxonne en vue de l'abandon français des réparations (et trou budgétaire y afférent) pour imposer une austérité intérieure draconienne. La discipline ainsi requise aiderait, annonça fin juin son *Bulletin quotidien*, à liquider « l'État-providence », cause première des difficultés, « la campagne révisionniste entreprise par l'Allemagne, qui agit[ait] l'Europe depuis dix ans » ne venant qu'au second rang : « Nous ne prétendrons certes point que les frontières de 1919 aient été tracées au mieux de la sagesse et de la prévoyance économiques, ni que les réparations ne puissent être parfois gênantes pour ceux qui ont à en faire les frais. Mais le trouble économique européen n'est pas là. Il a deux causes profondes. La première, c'est la gangrène socialiste, comme le prouvent surabondamment les exemples allemand, autrichien, voire anglais. L'accroissement ininterrompu des charges sociales, le recours incessant à l'État-providence sont inconciliables avec une saine gestion financière et, partant, avec un retour à l'équilibre économique. »[145]

Le traitement économique et politique privilégié du Reich

La France face à son principal débiteur et partenaire commercial en 1931-1932

Les facteurs intérieurs de la capitulation face à l'Allemagne le disputaient donc à la pression extérieure lorsque Laval s'afficha en héritier de Briand (encore ministre des Affaires étrangères). L'initiative en revint non à lui-même mais à ses tuteurs bancaires, de même que le cabinet travailliste était suspendu aux consignes de Montagu Norman[146]. Le Reich obtint de *tous* ses créanciers des concessions majeures, Français compris, dont la crise n'avait pas arrêté les placements dans le Reich, plus rentables que les intérieurs[147] : début 1930, « les banques françaises, non contentes de placer à court terme dans de très bonnes conditions leurs disponibilités, seraient maintenant acheteuses de valeurs allemandes et les accords de La Haye ne feraient qu'accentuer des opérations portant déjà sur une grande échelle[148].

L'émotion devant la conclusion de « l'accord douanier austro-allemand » de mars 1931, étape publique majeure de la marche vers l'Anschluss, pesa moins lourd que la panique de l'été 1931, à la mesure des engagements de la Banque de France en Allemagne.

Répartition des avoirs de la Banque de France en Allemagne en juillet 1931 (en Reichsmarks)

Reichsbank	164 768,9
Commerz und Privat Bank	3 724 922,81
Darmstädterbank (garantie du Reich)	2 901 722,45
Deutsche und Diskonto Gesellschaft	5 569 993,95
Dresdner Bank	3 557 960
Mendelssohn & C°	3 300 076,40
Warburg & C°	3 050 994,65
Total	**22 270 508,45**

« 132 millions de francs » + « 5 105 000 marks d'acceptations, garanties par la Reichsbank », soit un total de 165 millions de francs de « créances sur l'Allemagne, non compris sa participation au crédit de 100 millions de dollars » – pour un quart du total, soit 25 millions de dollars octroyés du côté français, le 24 juin, à la Reichsbank[149] puis régulièrement prorogés « pour trois mois ». Qui a lu les PV du fébrile conseil général depuis lors et les (faux) débats sur le renouvellement (automatique) de ce « crédit international »[150] perçoit : 1° qu'aucune réalité politique ou militaire ne dissuaderait la rue Radziwill de céder au Reich ; 2° que son influence sur l'État bannirait toute « fermeté » en politique extérieure. Dans les négociations estivales, à Paris et à Bâle, Clément Moret ne morigéna même pas le vilain dépensier Luther et le menaça moins que Harrison, qui « ne croyait pas pouvoir préconiser de nouvelles ouvertures de crédit tant que la Reichsbank n'aurait pas fait un effort énergique pour rétablir la situation » : dans un « entretien [de...] plusieurs heures » le 10 juillet avec Luther, de retour de Londres, il se contenta de conseils politiques sur le modèle d'« union nationale » qu'avait en 1926 offert la France au monde[151].

La panique s'emballa ensuite au rythme « des ventes [...] désordonnées » qui menaçaient, au désespoir (déjà décrit) de la banque, de consommer « toute l'encaisse disponible de la Banque d'Angleterre »[152]. Tandis que la Haute Banque française, hantée par le péril d'« une crise internationale sans précédent » qui la « mettrait à mal [et...] dont les effets seraient catastrophiques »[153], maintenait sa ligne, Paris relança, sous la houlette du Comité des Forges, la collaboration économique compromise par la crise. Laval avait nommé Claude-Joseph Gignoux – agent direct des maîtres de forges et leur délégué de longue date à la *Journée industrielle*[154] – « sous-secrétaire d'État à la présidence du Conseil » et l'avait emmené à la conférence de Londres de juillet comme « conseiller technique »[155]. Début août 1931, son « collaborateur fidèle », André François-Poncet, fut choisi pour l'ambassade de France à Berlin[156] : étape clé de l'Apaisement et reflet de l'angoisse des Français du Cartel de l'acier, confrontés à la perte prochaine de la Sarre.

Le chef de la presse du Comité des Forges fut intronisé au cours du voyage à Berlin de Laval et Briand, les 27 et 28 septembre 1931 : Laval vint y « ratifier un accord franco-allemand qui a[vait] été préparé par M. François-Poncet et qui prévo[ya]it la constitution d'un important consortium économique destiné à établir un équilibre dans la situation respective des deux pays »[157]. L'« activité antérieure » du nouvel ambassadeur « dans les questions du charbon et du fer », commenta le *Berliner Tageblatt*, « indique assez le domaine [des...] premières tentatives de rapprochement »[158]. Laval et Briand ne recueillirent « que les applaudissements de commande de la *Reichsbanner* et de la Ligue des Droits de l'Homme »[159] (c'est-à-dire du SPD) », mais furent assurés de la flagornerie des presses française et allemande[160]. Début octobre, la création consécutive d'une « commission pour le rapprochement économique franco-allemand », présidée du côté français par Gignoux et avec pour secrétaire général Coulondre, directeur des affaires commerciales au Quai d'Orsay[161], accrut l'enthousiasme. Dans son *Bulletin* mensuel d'octobre 1931, le Comité des Forges célébra la « portée psychologique de l'événement » qui lui devait tout, la « réception cordiale, chaleureuse même » des Français par « l'Allemagne constitutionnelle » et « la courtoisie » de la presse allemande ; et annonça les meilleurs « résultats pratiques » : « La façon dont on a su faire appel dans les deux pays non seulement aux représentants qualifiés des grandes administrations, mais encore de la métallurgie, des houillères, de l'électricité, de l'industrie textile, de l'industrie chimique, du commerce, des transports, des banques, de l'économie générale, de l'agriculture et des organisations ouvrières, a montré, d'une façon assez nette, qu'on voyait grand et qu'on ne se bornerait pas, par exemple, à chercher les modifications possibles au traité de commerce franco-allemand de 1927 [...]. Certes les Allemands et les Français dont il s'agit avaient, en général, déjà de multiples occasions de se rencontrer. Mais jamais leur collaboration n'avait été envisagée dans un organisme d'une pareille envergure. »[162] Une décision plus discrète sur la Sarre – pivot de la mission de François-Poncet – intervint bientôt dans le cadre du cartel tripartite (Allemagne-Autriche-Tchécoslovaquie) du matériel de chemin de fer auquel appartenait Schneider via Skoda : à son renouvellement du 3 décembre 1931, « l'accord territorial » (*Territorial-Abkommen*) l'intégra au « marché intérieur allemand »[163].

Berlin annonça début janvier 1932, alors qu'on « évalu[ait] à environ 45 milliards de francs français les capitaux que les [...] industriels [allemands avaient] placés à l'étranger, notamment en Suisse et en Hollande »[164], qu'il n'y aurait plus de réparations. Le « sérieux appui » que Brüning et le grand capital allemand trouvèrent une fois de plus « chez les Anglais » n'était pas désintéressé : « La Grande-Bretagne ne manifeste pas un désir immodéré de voir les Allemands payer les sommes qui lui sont dues, car elle serait dans l'obligation à son tour de payer sans retard l'Oncle Sam », et ce « en dollars alors qu'elle ne recevrait du Reich que des versements en nature »[165]. Les créanciers français agirent de même. L'accord de prorogation des crédits bancaires à l'Allemagne, devenu « standstill agreement » (*Stillhaltung*), symbolisa la dictature du principal débiteur mondial sur ses créanciers[166] et le pouvoir de la Banque de France sur l'État, dont elle exigea un nouvel engagement.

« Il n'est pas impossible que le gouvernement du Reich fasse obstacle au remboursement, et que l'effondrement du mark s'ensuive : nous ne devons pas en prendre la responsabilité », déclara fin janvier au conseil général Moret, prétendant le ministre des Finances gagné à ses vues[167]. Or, Flandin, qui n'avait « pas été préalablement consulté sur la participation de la banque au crédit [...] à la Reichsbank, mais seulement quand les négociations étaient déjà engagées », jugeait « inadmissible » l'exigence de « la banque de [...] rejeter cette responsabilité sur l'État ». Il hésita, ce qui fit « vivement protest[er] » François de Wendel : « Vu le caractère essentiellement politique de cette opération » de renouvellement trimestriel « et l'importance du risque qu'elle comporte, la responsabilité n'en pouvait être assumée que par l'État », trancha le régent le 25 février. Le 27, Moret vit Flandin, le 28, le président du Conseil (Tardieu) ; l'État accepta alors la responsabilité « de cette opération »[168].

La banque avait pour sa part abdiqué devant « la manière forte » allemande. Sa conviction de tenir « en mains, non seulement le sort de la convention de crédit de réescompte à la Reichsbank mais aussi celui de l'accord de prorogation des crédits aux banques privées », ne résista pas en janvier aux menaces et cris, à Bâle, du « Dr Huelse », directeur allemand de la BRI. Cette manifestation d'autorité, évacuée du PV officiel du conseil général, fut rapportée par Michel Mitzakis, délégué par la Banque de France à Bâle, à son collègue Robert Lacour-Gayet, directeur du service des études économiques à Paris : « Le refus de la Banque de France entraînerait, d'après [Huelse], non seulement le moratoire général immédiat mais aussi le remplacement du président Luther par le dictateur à la monnaie, le Dr Schacht, dont le programme actuel n'est pas rassurant pour les créanciers du Reich. » Elle accepta donc[169].

Après avoir contraint l'État à la suivre, elle affecta selon l'usage d'agir sur ses instances, tout en préparant la nouvelle formule gouvernementale. Le 12 mai, François de Wendel annonça pour le Cartel des Gauches nouveau modèle un sort semblable au premier : il rappela « qu'après les élections de 1924, il s'[était] rendu auprès du président de la République pour lui exposer la situation. M. Millerand a[vait] fait alors appeler MM. Herriot et Moutet, qui [étaient] venus à la banque et [avaient] longuement conféré avec M. [le Gouverneur] Robineau. On pourrait, dans les circonstances actuelles, s'inspirer de ce précédent ». Ce qui fut fait. Le 23 mai, Moret vit Lebrun, qui jugeait « la demande de la banque [...] légitime » : il n'avait rien à refuser à de Wendel, qui pouvait confier à un « président de la République » si sûr le soin « d'assurer la continuité du pouvoir exécutif ». Le lendemain, après un long entretien avec Lebrun, Tardieu et Flandin, Herriot se déclara « favorable à un renouvellement pour trois mois ». « M. le baron [Édouard] de Rothschild crai[gnait encore] qu'une simple conversation avec un chef de parti, qui n'[était] pas encore chef d'orchestre, ne constitu[ât] pas pour la banque une garantie suffisante. » Il fut comme ses pairs, le 26, après une visite de Moret à Herriot, rassuré par le nouveau « chef d'orchestre » : le renouvellement « pour trois mois » du crédit à la Reichsbank, issu des « tractations entre la Reichsbank et les créanciers privés », ce qu'on cacherait au public, précisa Moret au banquier Félix Vernes, inquiet, « était indispensable » ; tout le cabinet en convenait[170]. On comprend donc la capitulation financière officielle de décembre, complétée par l'abdication militaire.

Paris face au Reich surarmé et nazifié

Les privilèges consentis au plus gros débiteur mirent à l'arrière-plan la course du réarmement clandestin. Malgré les gloses sur le « rempart d'airain contre la vague moscovite et le drapeau rouge de Moscou » (formule des anciens du 5e régiment d'infanterie de réserve bavarois, à la « soirée patriotique » du 24 janvier 1931), la France était visée. Les « leaders nationalistes Hugenberg, Seldte, et Hitler » scellèrent leur collaboration en rejouant la comédie des années 1920, des Heimwehren autrichiens et de l'Orgesch bavarois soi-disant purement contre-révolutionnaires. La coalition Deutsch-national-Stahlhelm-NSDAP créa début janvier 1931 dans le Palatinat des « organisations auto-protectrices dénommées Ortswehren » : elles prétendaient protéger « la propriété du paysan » des « menaces dirigées contre » elle en « réprim[ant] des désordres probables et inévitables ». Fondées par « les associations d'anciens combattants (*Kriegervereine*) [...] à proximité de la frontière » riche en « communes rurales » (offrant prétexte aux bontés pour le paysan) elles étaient armées, vêtues et entretenues par la Reichswehr ; confondues avec le NSDAP, elles clamaient les mêmes buts revanchards que les Heimwehren et l'Orgesch[171].

Après des mois de délire, « en Palatinat », d'innombrables « associations et groupements » militarisés pratiquant « des exercices militaires de campagne » et le « tir pour armes de guerre, avec installations perfectionnées »[172], le Stahlhelm frappa un grand coup. Les 30 et 31 mai 1931, à Breslau, « sur la frontière polonaise », 150 000 Casques d'acier défilèrent « cinq heures » en présence du Kronprinz, avec la complicité de l'État : presque tous avaient été acheminés par « cent trains spéciaux », en « accord [...] avec la Reichsbahn ». Cette « menace non déguisée contre la Pologne » – les « mitrailleurs [...] mettant en joue un ennemi invisible : la Pologne », sur ordre de Franz Seldte, « en qualité d'ancien officier-mitrailleur », en répondant « vu » à l'objectif désigné – valait avertissement à l'Europe entière. À commencer par les Français, analystes précis « de la vitalité extraordinaire de l'organisation » militarisée, remarquablement équipée, dotée de « 1 200 camions et 600 motocyclettes », et dont les « détachements [étaient] composés » non d'anciens combattants hors d'âge « mais en majorité de jeunes gens ». Elle était prête pour la suite : « La manière dont les mouvements de détail ont été exécutés tant dans les opérations de concentration que d'évacuation démontrent que le Stahlhelm possède des cadres subalternes dont l'expérience et l'éducation valent celle de son État-major et de ses soldats. »[173]

Fin 1931, tandis que les envoyés hitlériens à Paris juraient des excellentes intentions de leur chef, le renseignement local sur l'activisme nazi donna « l'impression que la paix sera[it] difficilement maintenue avec Hitler au pouvoir »[174]. Le 1er février 1932, un « article anonyme » de la *Revue des Deux Mondes* sur « les armements de l'Allemagne » notifia que la France savait tout, des fabrications aux effectifs presque sur pied de guerre, en passant par « la formation d'une aviation puissante ». Le service de renseignements de l'armée (SR) dressa en juin des « conséquences de l'évacuation des pays rhénans dans le domaine militaire allemand » un bilan, avoué partiellement dès 1931 par les « documents officiels publiés » de la Reichswehr, accablant pour la sécurité française. Tout avait crû à marches forcées : « modernisation » et notamment « motorisation » de l'équipement insensible aux aléas financiers ; « grande activité [...] suspecte et [...] inquiétante [des...] fabrications de guerre » dans « les usines de guerre allemandes, autorisées ou non, [...] profitant de l'absence de tout contrôle, et sous couvert de ventes à l'étranger (Chine, Japon, Russie, etc.) » ; effectifs, par la croissance énorme des « forces auxiliaires » armées par la Reichswehr : y compris, et sous sa houlette, « l'organisation, calquée sur celle d'une armée régulière, des SA hitlériennes groupées en régiments, brigades, divisions, comportant des unités de transport automobile, de transmissions, d'aviation, etc. » La fausse « dissolution des troupes d'assaut racistes » d'avril-mai 1932 ne perturba rien[175].

Dès leur réautorisation par « le cabinet des barons » de von Papen, successeur de Brüning tombé fin mai (aussi favorable « dans la coulisse » à la solution nazie[176]), les 400 000 hommes, qui ne s'étaient « pas dispersés pour si peu, [...] sortir[ent] dans la rue aussi nombreux et aussi disciplinés que par le passé [et...] revêtus d'uniformes flambant neufs ». Depuis septembre, ils eurent droit à « un stage de six semaines dans les formations de la Reichswehr »[177]. Le dimanche 4, 180 000 membres du Stahlhelm « en uniforme » défilèrent à Berlin au pas cadencé, sur fond de musique militaire, « devant les gouvernants du Reich et le Kronprinz » et une « foule innombrable » et délirante. Cérémonie conclue ainsi par le reporter de la radio nationale allemande : « L'esprit prussien ne veut pas une Allemagne telle qu'elle était autrefois et à plus forte raison une Allemagne telle qu'elle existe aujourd'hui, l'esprit prussien veut – comme le disait le Chef (der Führer) cet après-midi – l'esprit prussien veut – entendez-vous le pas cadencé des bataillons ? L'esprit prussien veut : *il faut que l'Allemagne soit tout entière.* [...] Traduction [...] littérale [de] *das ganze Deutschland muss es sein* » signifiant : « Il faut que soit réuni tout ce qui est allemand. »[178]

C'est dire où en était avant le 30 janvier 1933 l'œuvre qui allait en 1935 inspirer à l'État-major général la remarque qu'on n'avait rien à faire contre la remilitarisation officielle imminente de la Rhénanie puisqu'on n'avait rien fait contre l'officieuse. La France, militairement inerte, montra plus d'initiative politique, la certitude depuis l'automne 1930 (et surtout 1931) de la dictature hitlérienne n'inquiétant point, malgré des inconvénients reconnus. Dans un très long entretien du 10 juillet 1931, le gouverneur de la Banque de France incita (c'était inutile) le président de la Reichsbank, l'ex-chancelier Luther – un des leaders de l'expansion du *Deutschtum* –, à associer au cabinet le récent grand vainqueur, nazi, des législatives : « Il a rappelé qu'en France en 1926, toutes les mesures techniques étaient restées inopérantes, jusqu'au jour où la création du ministère d'Union nationale est venue attester la volonté du pays de se sauver par ses propres forces. Sans doute l'Union nationale serait difficile à réaliser en Allemagne, mais ce qui peut et doit être tenté de toute urgence, c'est un effort pour réaliser l'entente entre les gouvernements, entente qui ne saurait manquer d'avoir des effets considérables. » Ces arguments furent répétés à Luther par ses commensaux au déjeuner de midi avec « le baron [Georges] Brincard, le marquis de Vogüe, M. Moreau et M. Sergent », puis par le ministre des Finances auprès duquel Moret l'avait conduit[179].

La grande presse explicita aussitôt le sens d'union nationale et le choix de ses bailleurs de fonds en pratiquant des symétries entre extrêmes. Dans *La Liberté*, Camille Aymard envisagea le 14 juillet « deux hypothèses [...] : l'instauration d'une dictature hitlérienne ou une révolution communiste. La dictature hitlérienne ne pourrait se maintenir longtemps faute d'argent ; elle n'est pas à redouter. Par contre, les communistes pourraient résister assez longtemps grâce à l'appui de Moscou, et la paix serait menacée. Il importe donc de conserver notre calme et notre sang-froid »[180]. Les priorités socio-économiques expliquaient cette sérénité. L'admiration pour la ferme gestion allemande des rapports sociaux avait tôt fasciné le patronat. Le Redressement français d'Ernest Mercier avait dès 1926-1927 appelé à « la collaboration de l'Allemagne et de la France » et exalté la rationalisation allemande du travail : « Le texte de la conférence [...] sur les efforts tentés par l'Allemagne pour son redressement économique » prononcée le 6 décembre 1926 à Paris devant 700 personnes par l'ancien ministre de l'Économie nationale Julius Hirsch fut « édit[é] en brochure. » Mercier vanta ensuite souvent à travers la France ce modèle apte à « diminuer le chômage » et à faire collaborer les classes contre le « communisme, danger grandissant », dont la France devait « s'inspire[r en...] modifi[ant] ses méthodes »[181].

La crise venue, le Comité des Forges masqua *sa ligne* en réflexion sur le cas allemand, via son *Bulletin quotidien*. En janvier 1931, il tonna contre le KPD qui osait résister par la grève à l'inéluctable baisse des salaires ; s'emporta contre ses « importants progrès depuis quelques mois » entravant la capitulation des syndicats socialistes et catholiques, qui « auraient sans doute été plus raisonnables en d'autres circonstances ». Il fustigea un « gouvernement [...]

impuissant », incapable de « rétablir la liberté économique qui par le jeu naturel des forces rétablirait rapidement une situation normale », n'osant « agir en maître » et prenant « des demi-mesures qui ne résolv[ai]ent rien et mécontent[ai]ent tout le monde ». Il faut renouer ici et ailleurs, prescrivit-il fin juin, avec les méthodes « M. Baldwin et son parti » (conservateur), qui, en écrasant la grève générale britannique de mai 1926, avaient « servi l'ordre européen, en faisant triompher le principe d'ordre et d'autorité, en frappant à la fois tous les éléments subversifs, en montrant aux autres pays comment il faut déjouer les entreprises de dissolution sociale »[182].

La contrainte allemande sur les rétifs progressait alors vivement, avec baisse des salaires directs, effondrement des allocations de chômage et perspective d'un « service du travail obligatoire » d'un an pour tous les Allemands de 17 à 25 ans (trois mois de prison et la privation temporaire des droits civiques pour les réfractaires) qui fournirait aux entreprises, « pour un salaire de 0,40 mark par jour », de quasi-esclaves « logés et habillés » : ce projet de loi n° 2159 au « caractère militaire déguisé » déposé le 19 juin 1930 au Reichstag « par le parti économique et quelques propriétaires fonciers », soutenu par le NSDAP, le DNVP (de Hugenberg) et le *Zentrum* séduisait tous les partis, sauf le KPD : il avait en 1931, malgré un rejet officiel du SPD, « fait de sensibles progrès même dans certains milieux démocratiques et socialistes »[183]. Brüning n'avait cependant pas anéanti la résistance à la baisse nominale des salaires quand eut lieu le rassemblement de Bad-Harzburg (11 octobre 1931), où Schacht apporta son soutien public à la formule Hugenberg-Hitler-Seldte-Duesterberg d'« alliance de l'industrie, des banques et des princes de la maison de Hohenzollern »[184]. Le bulletin mensuel du Comité des Forges s'émerveilla bientôt des « décrets-lois Brüning [...] de pénitence » mais souligna leurs limites : d'« une hardiesse » remarquable, la méthode « a transformé en dix-huit mois les habitudes parlementaires du pays » sans que « l'opinion allemande, docile dans son ensemble » protestât ni qu'on eût « à toucher à un seul paragraphe de la Constitution [... L]e système Brüning [...] fonctionne avec une précision et une rigueur absolues [...] grâce au très commode article 48 de la Constitution de Weimar, on peut gouverner sans le Parlement et à part le vote du budget, mettre les députés en vacances pendant presque toute l'année ». Ce bijou avait autorisé dans la guerre contre les salaires des progrès nets mais précaires : avant de remettre le Parlement en vacances, Brüning a dû le 14 octobre s'« engag[er] vis-à-vis des socialistes qui l'[avaient] sauvé au Reichstag à ne pas faire de politique anti-ouvrière. [...] Il ne pourra [donc] pas toucher aux assurances sociales et aux contrats collectifs de travail sans l'autorisation des syndicats [ni...] se conformer aux injonctions de la Fédération industrielle [patronale] sous peine de manquer aux engagements qu'il vient de prendre ».

Ce sérieux « écueil pour le nouveau gouvernement » l'empêchant d'« abaisser encore le niveau des salaires » amenait le Comité des Forges à poser en termes salariaux la question de l'« union nationale » prescrite par Moret à Luther. Il fallait désormais choisir entre la ligne Brüning de déflation ouverte – 26 % de baisse du « salaire mensuel moyen d'un mineur [...] de la Ruhr [...] en quelques mois » – et celle « des partisans de l'inflation » qui ferait « fondre dans [l]es mains [du salarié] le produit de son salaire ». Sous couvert de critiquer « la dépréciation de la monnaie intérieure » que provoquerait la prétendue « autarchie » prônée par « les conjurés de Bad-Harzburg », le Comité laissait percer son intérêt pour l'« inflation fraîche et joyeuse » des (seuls) prix industriels[185], comme les gardiens du temple financier. Le 22 septembre 1931, au conseil général, en présence du chef du Comité des Forges François de Wendel, Moret conclut son analyse de la livre sterling en perdition sur une éventuelle abjuration provisoire de l'étalon-or : « La dévaluation est une solution facile, qui peut permettre de régler, au moins provisoirement, la question des salaires et celle des indemnités de chômage. S'il est difficile de réduire en valeur absolue salaires et indemnités, cette réduction jouera automatiquement, si on maintient la dépréciation de la devise. »[186] C'était démentir le caractère « technique » du culte du franc fort.

En 1931, le journaliste allemand Richard Lewinsohn, chef prestigieux de la rubrique économique de la *Vossischezeitung* (de 1925 à 1931), affirma que « les directeurs de la grosse maison d'armement Skoda, contrôlée par les Français » – c'est-à-dire Schneider-Creusot – finançaient Hitler. Le bruit insistant en courut à Prague, et Skoda démentit « ces absurdités » – formule de l'ambassadeur Charles-Roux – sans convaincre les Tchécoslovaques, les Américains et les Allemands[187]. À l'automne, « les milieux politiques et financiers » français prévoyaient à la fois « une nouvelle catastrophe financière » et « l'arrivée au pouvoir des "Hitlériens" ». Des « représentants d'Hitler à Paris » s'appliquèrent donc à les rassurer sur leur intention (sincère), une fois « *au pouvoir, de ne pas faire d'autre politique extérieure que celle de M. Brüning ! [et...] à démontrer que, seul, un gouvernement allemand solide p[ouvai]t sauver le Reich du marasme* »[188]. Ces sondages se poursuivirent en janvier 1932, où Hitler« envoy[a] deux émissaires à l'ambassade d'Allemagne à Paris pour y tâter le terrain en prévision d'une prise de pouvoir par son parti »[189]. Les sollicités furent réceptifs : la presse allemande révéla dès la fin 1931 que François-Poncet, auquel le général Kurt von Schleicher répétait que « l'avènement des Nazis [était] "fatal" », « s'efforçait tout particulièrement d'amener une entente avec les nationaux-socialistes »[190]. L'ambassadeur avéra ces bruits en mars 1932, déclarant à Tardieu que l'avènement des nazis n'empêcherait pas l'Allemagne d'entrer « dans la voie de l'entente et de la collaboration », vu « l'aggravation persistante de [s]a situation économique et financière, et le besoin qu'elle a[vait] et qu'elle aura[it] de plus en plus du concours de l'étranger, et particulièrement de la France »[191].

L'émissaire du Comité des Forges à Berlin offrit en avril-mai à Brüning pour prix « d'une annulation des réparations » un compromis qui vaudrait pour les nazis dont « l'association aux gouvernements de Prusse et du Reich » était alors discutée[192]. Offre concomitante de la réunion à Luxembourg (les 29 et 30 avril) des « grands capitalistes et des représentants éminents des milieux d'affaires » du « comité franco-allemand d'information et de documentation ». Siégèrent du côté français René Duchemin et Wladimir d'Ormesson, Louis Marlio, ancien haut fonctionnaire devenu grand industriel (président d'Alais, Froges et Camargue – Pechiney), et Jean Parmentier, « haut fonctionnaire, inspecteur des Finances et ancien directeur du Mouvement général des fonds », « représentant officieux du gouvernement Tardieu » (connu depuis 1929 au moins comme un des « anciens hauts fonctionnaires de l'État qui ont trouvé une situation dans les sociétés privées », siégeant « comme administrateur au Comptoir national d'escompte »[193]) : un condensé de la chimie, de la métallurgie (les non-ferreux s'ajoutant à l'acier), du charbon et de la banque. Du côté allemand, la chimie l'emportait, avec Carl Bosch (compagnon de cartel de Duchemin) et Hermann Bücher, conseiller de l'IG Farben jusqu'en 1928, puis président du conseil d'administration d'AEG, flanqués de leur féal du *Zentrum* Clemens Lammer[194], intime de Brüning « donc le pendant allemand de Parmentier ». Trois associés complétaient le tableau : Aloys Meyer, successeur d'Emil Mayrisch (mort en 1928) à la présidence des ARBED et du « Cartel de l'acier [et...] grand animateur de l'industrie métallurgique grand-ducale » surnommé « le Napoléon de l'industrie luxembourgeoise »[195], et les vrais dirigeants belges, Barbanson, de la Société générale de Belgique, et le haut fonctionnaire des Finances Camille Gutt, futur ministre des Finances. Les partenaires abordèrent tous les problèmes intérieurs et extérieurs, et passèrent accord sur les mêmes bases que François-Poncet (la portée polonaise et soviétique de leurs tractations est traitée au chapitre 2)[196].

L'offensive de charme parisienne des nazis coexista avec leur habituelle tactique à usage anglo-américain. Fustigeant les Français et leur « tribut » versaillais, les hitlériens au seuil du pouvoir se firent fin 1931-début 1932, sur la priorité absolue du règlement des dettes privées et l'abandon définitif des réparations, les perroquets de Gustav Krupp von Bohlen[197], Hitler en tête[198]. En « mission à Londres », Alfred Rosenberg, chouchou de la finance anglaise pro-nazie[199], certifia en décembre 1931 « aux banquiers de la Cité et à diverses personnalités politiques et financières de premier plan que le Reich payerait ses dettes commerciales mais se refuserait énergiquement à payer les dettes politiques »[200]. Le grand capital allemand et ses instruments jouaient sur du velours : le banquier américain Leon Fraser, vice-président d'origine de la BRI auprès de son compatriote Gates MacGarrah et son futur président, au printemps 1933[201], déclara à Mitzakis que « les Américains de la BRI et de la Federal [Reserve Bank] devaient favoriser le relèvement financier et économique de l'Allemagne car ils y avaient plus de huit milliards de marks de capitaux court et long termes engagés (le second créancier [...], la Suisse, en ayant moins de la moitié) ! »[202].

L'engagement allemand séduisait autant les créanciers français, tels Émile Moreau, passé en septembre 1930 du gouvernement de la Banque de France à la présidence de la Banque de Paris et des Pays-Bas, et les deux délégués du Crédit lyonnais, son président, le baron Georges Brincard, et le marquis Louis de Vogüe, par ailleurs président de la Compagnie internationale du canal de Suez, qui avaient d'emblée siégé comme « administrateurs français » au conseil de la BRI[203]. La Haute Banque afficha donc face aux événements imminents à Berlin une grande sérénité – hypothèse minimale, la correspondance Mitzakis ayant été expurgée entre fin 1932 et février 1933[204]. Les succès électoraux des nazis du printemps 1932, comme celui, « retentissant, d'Oldenburg, où ils ont obtenu leur première majorité absolue », et l'annonce d'un cabinet nazi après la chute de

Brüning ne l'émurent pas : « Homme de droite resté en bons termes avec le président du Reich », Luther, jugé plus sensible que Schacht aux créanciers étrangers, resterait à la Reichsbank à « 80 % de chances [...] à moins d'un gouvernement 100 % nazi »[205]. Le triomphe législatif nazi de juillet ne fit pas lever un cil à Quesnay, « passé [le 24 juillet] par l'Allemagne qui ne lui a pas donné l'impression d'être galvanisée par la dictature naissante, si ce n'est le grand déploiement de drapeaux hitlériens agités surtout dans les provinces ». Le coup d'État deutsch-national-nazi consécutif en Prusse pas davantage : « Les Allemands et étrangers [...], à leur retour d'Allemagne, [...] confirment que le gouvernement von Papen a rencontré moins de résistance à s'emparer du pouvoir en Prusse, sous la bénédiction du président Hindenburg, que le Duce pour renverser la monarchie parlementaire dans sa marche sur Rome. » L'inquiétude ne surgit que lorsque la marée nazie reflua début novembre : « L'augmentation des sièges communistes – portés à la centaine – est le seul fait vraiment saillant des élections, car le pourcentage des voix accordées aux députés nazis par rapport au total des suffrages exprimés est à peu près le même qu'en juillet dernier. » Mitzakis trépigna sur les suites, ainsi le 22 novembre : « Le Dr Huelse vient de téléphoner de Berlin que le Dr Schacht est très actif dans les négociations ministérielles en cours et qu'il ne serait pas impossible qu'il devînt même chancelier, car Hitler n'arrive pas à former un cabinet d'union sacrée. » L'apaisement, net le 6 décembre, fut complet à la fin du mois : « La BRI termine l'année dans le calme et avec un certain optimisme sur l'évolution de la situation européenne en 1933 » ; parmi les « situations préoccup[antes] » voire « toujours menaçantes », ne figurait plus l'Allemagne[206]. La correspondance de la Banque de France, pourtant tronquée, contredit la thèse turnerienne sur la (quasi) non-contribution du grand capital à la solution du 30 janvier 1933, œuvre, entre autres, du « banquier von Schroeder, de Cologne » qui avait « mis en rapports Hitler avec von Papen » et reçu début janvier le duo en vue de « préparer le terrain pour une entente de toutes les forces nationales »[207]. Elle souligne l'omniprésence dans le dossier des prêteurs internationaux impatients d'une stabilisation funeste aux salaires mais propice au remboursement du « Dawes » et du « Young ».

Toute la réorganisation politique de 1932-1933 s'était opérée sur fond de négociations sur le renouvellement du crédit à la Reichsbank et de tractations financières et commerciales. C'est au cours de l'été du déferlement nazi que Paris et Berlin négocièrent les trois accords qui aboutirent fin décembre 1932 : 1° l'avenant à la convention commerciale du 17 août 1927, paraphé le 21 décembre, et signé le 23 par François-Poncet et Koppe, directeur des Affaires étrangères, et Ernst Posse, directeur de l'économie nationale (futur dignitaire du *Militärbefehlshaber in Frankreich*), qui entrerait en vigueur au 1er février 1933 ; 2° l'accord sur les devises impliquant dépôt à la Reichsbank, au compte de l'Office franco-allemand des paiements commerciaux, des marks correspondant au surplus des exportations françaises vers l'Allemagne pour régler les exportations allemandes vers la France, signé le 24 décembre, pour entrer en vigueur au 1er janvier ; 3° l'arrangement sur le tourisme donnant droit aux

Allemands d'emporter en France 700 marks (au lieu de 200) par personne et par mois.

Paris jouerait « profil bas », commente Sylvain Schirmann, évoquant « les raisons politico-diplomatiques » de l'affaire, pour conserver les dividendes Dawes et Young et les droits de la SICAP[208]. Les Français n'avaient en effet jamais résisté au moindre chantage allemand, telle, en juillet 1932, la menace d'abandon « des prestations pour les grands travaux entrepris à Kembs, Dunkerque et sur les réseaux français », qui alarma « MM. de Peysert et Moeneclaey »[209]. Le but atteint, la presse financière (ici l'Agence Fournier), souligna l'« impression extrêmement favorable » se dégageant de ces conversations, après une année accablante sur l'inclination allemande au « rapprochement avec la France »[210].

L'avenir allemand semblait engageant. « Les grandes compagnies [d'assurance] françaises » menacées en 1932 de nationalisation s'étaient « empressées [,...] au moment où la question du monopole des assurances devait être soulevée par les socialistes devant la Commission des Finances, [...] de réassurer leurs risques de sinistres chez des compagnies d'assurance allemandes, suisses et anglaises. Elles voulaient faire échec au projet socialiste et dans le cas où il aurait été pris en considération, rendre son application impossible en raison de l'importance de la participation prise dans leurs entreprises par les sociétés étrangères ». Elles usèrent à cet effet du radical Édouard Pfeiffer, « administrateur de diverses sociétés industrielles » (telle la Société générale de courtage et d'assurance), qui « pass[ait] pour avoir des attaches solides dans les milieux d'assurances français et étrangers et tout particulièrement en Allemagne », via « des relations personnelles politiques et même de famille [...]. C'est par son intermédiaire que l'Union et les Assurances générales auraient réassuré leurs risques de sinistres à la Victoire de Berlin et la Compagnie suisse Winthertur ». Pfeiffer avait en 1932 « fait un assez long séjour à Berlin »[211]. Début janvier 1933, le conservateur Pertinax « lou[a] pour ses œuvres » passées, notamment en matière de commerce extérieur, « le régime dictatorial [qui avait en Allemagne] toute chance de persister [...] d'une façon ou d'une autre ». « Quand on réfléchit que de tels résultats furent obtenus à coups d'ordonnances faisant violence au corps de la nation, ligotant l'économie tout entière, amputant les salaires et les traitements, on ne peut se dérober à certaines comparaisons dont nous, Français, pourvus de ressources infiniment plus abondantes, n'avons pas à tirer vanité. »[212] Comment résister à l'attrait de cette amputation ?

La capitulation d'Herriot donna à l'Action française et aux JP prétexte à insulter le leader radical haï dans les manifestations des 13 et 14 décembre 1932, contre « le gouvernement [...] lâche et vendu », aux cris de « À bas l'Amérique ! À bas Herriot ! Pas un sou ! Herriot est un c... *(sic)* ! »[213] Elle respectait pourtant les priorités de deux de leurs grands donateurs, la Banque de France sur le Standstill Agreement et le Comité des Forges sur les droits de la SICAP et son avenir sarrois. C'est sous la pression de Berlin, Londres et Washington que le président du Conseil-ministre des Affaires étrangères avalisa sans « aucune compensation autre que verbale » la mort officielle des réparations (acquise à Lausanne dès juin-juillet) puis « l'égalité des droits » (*Gleichberechtigung*) à réarmement. Consacrée par l'accord du 10 décembre signé à Genève, l'obtention solennelle de celle-ci permit aux Allemands de « gagn[er] sur toute la ligne » (Duroselle). L'agrégé d'histoire Herriot, sensible à la question, croulait sous l'information quotidienne des services[214]. En plein débat public sur « le dossier constitué par le gouvernement français sur les armements secrets de l'Allemagne », il avait fin septembre dénoncé la militarisation de la jeunesse du Reich et son apprentissage de « la science du meurtre »[215]. Ce fort discours lui valut les foudres de la presse allemande, sur le thème, envahissant pendant la conférence genevoise, de l'Allemagne désarmée livrée à la France offensive et armée jusqu'aux dents[216]. Il est exclu qu'il n'ait pas compris que « la France avait perdu » et courait « à l'abîme »[217]. Un courrier transmis par l'intérieur fin octobre lui apprit ce que « cet excellent baron von Papen, galant gentilhomme, aux sentiments francophiles ! » et son successeur, « le bon Adolf »[218], feraient bientôt, à la SDN, de leur triomphe : avec un an d'avance sur le calendrier officiel, « la délégation allemande s'apprêt[ait à la mi-octobre] à quitter la SDN. Elle a retenu un fourgon aux Chemins de fer fédéraux, gare de Genève, et dimanche 16 octobre, *toutes [s]es archives [...]*, les machines à écrire, les machines à multiplier et les machines à calculer ont été embarquées pour l'Allemagne. À Genève, dans les milieux officieux, le départ des Allemands est imminent. Le personnel a déjà quitté ou va quitter incessamment Genève »[219].

Herriot ne pouvait plus, vu l'atteinte portée à l'édifice de Versailles, compter que sur « l'alliance de revers » avec l'Est européen.

Chapitre 2

La politique de revers dans les débuts de la crise 1930-1932

La crise posa avec acuité la question des rapports avec les « États successeurs » membres de la Petite Entente (Roumanie, Tchécoslovaquie, Yougoslavie) et avec la Pologne, aire où le grand capital français avait remplacé le germanique après la victoire. Écrasés par sa gravité, ces pays, pour la plupart agricoles (Tchécoslovaquie exclue), représentaient une affaire beaucoup moins bonne que naguère. Comment évoluerait dans ce contexte l'alliance politico-militaire avec la Petite Entente prétendument tournée contre la restauration des Habsbourg – en réalité contre la revanche du Reich – et, explicitement antiallemande, celle passée avec la Pologne ? L'aggravation de la crise en France ranima aussi la question des rapports commerciaux avec l'URSS, toujours sacrifiée jusqu'alors à la haine des Soviets. Parallèlement, l'aggravation du danger militaire allemand relança le projet d'une reconstitution de l'alliance d'avant 1914, qu'avait caressé Édouard Herriot à l'époque de sa reconnaissance officielle du régime bolchevique, en octobre 1924.

La présence en Europe centrale et orientale subordonnée aux relations avec le Reich : l'abandon des petits alliés

Des fleurons de la couronne…

Roger Mennevée avait depuis 1919 recensé dans la presse financière (presque aussi précise que les archives d'État) les fleurons de « l'expansionnisme industriel et financier français en Europe centrale et orientale ». Revenaient dans ses tableaux comme une litanie les noms des maîtres de forges – Charles-Laurent, Théodore Laurent, PDG de Marine-Homécourt et de la Banque des Pays du Nord, Paul Cavallier, PDG de Pont-à-Mousson, Eugène Schneider, président de « MM. Schneider & Cie » (Le Creusot), etc. –, et des autres industriels et banquiers qui avaient investi massivement dans ce fief naguère austro-allemand. Leurs placements, étendus jusque dans les fiefs germaniques maintenus malgré les traités – Hongrie et Autriche –, avaient depuis la victoire remis au capital financier français la succession des empires centraux vaincus en Tchécoslovaquie,

Roumanie, Yougoslavie, Pologne : banque, pétrole (surtout roumain), charbon, électricité, mines, métallurgie, chimie, textile, alimentation, import-export, etc., rien ne manquait à la nouvelle couronne[1].

Sur la Tchécoslovaquie – exemple utile à la compréhension de Munich – régnait une « oligarchie économique » confondue avec « un consortium de banques » françaises « plus vaste et plus puissant que dans l'ancienne Autriche » : il « gravit[ait] autour d'un grand astre : la *Zivnostenska Banka* qui poss[édait] tout et vers laquelle tout rev[enai]t automatiquement ». Banque de dépôts, d'affaires, holding, héritière des « grandes banques viennoises », elle formait « le réservoir où se dévers[ai]ent la plupart des capitaux disponibles et qui aliment[ait toute...] l'industrie tchécoslovaque » (sucre, alcool, charbon, industrie métallurgique et mécanique, pétrolière, électrique, chimique) et les assurances. Assurée en permanence du « concours entier du gouvernement tchécoslovaque [,...] cette puissance financière » appartenait au trio Schneider, Banque de l'Union parisienne (dont François Marsal, Eugène Schneider et Humbert de Wendel étaient les principaux administrateurs), Crédit lyonnais regroupé dans « l'Union européenne industrielle et financière [UEIF], chargée de gérer financièrement [s]es participations [...] dans l'Europe centrale et l'Europe orientale ». À la tête de la *Zivnostenska* avait été placé le Dr Jaroslav Preiss, son « directeur général et vice-président », qui était après-guerre, « au point de vue économique, la personnalité la plus puissante de la République tchécoslovaque » et le demeurait à la veille de la mort du pays. Les miettes qui lui avaient échappé enrichissaient le consortium français rival, « moins puissant », la Banque de Crédit de Prague du « groupe Société générale, Banque de Paris et des Pays-Bas, Crédit mobilier »[2].

Schneider avait d'ailleurs fait fixer la frontière polono-tchécoslovaque : il récusait la dissociation territoriale et douanière du territoire de Teschen, lui préférant « l'unité économique » entre le bassin houiller de Karwin, les fours à coke et les hauts-fourneaux ; le Quai d'Orsay le définit donc ainsi en 1919-1920, et le remit aux Tchécoslovaques, jugés plus sûrs que les Polonais, dont les mineurs s'agitaient. Schneider-UEIF y acquit la quasi-totalité du capital (autrichien) de la *Berg- und Hüttenwerkegesellschaft* (BuH), qui devint « Société des Mines et Forges de Mor. Ostrava ». Mais « le plus grand succès français » fut le contrôle par le « groupe Schneider » de Skoda – sis à Pilsen (Plzen, en territoire sudète) –[3], dont « MM. Schneider & Cie [av]aient repris, aussitôt après l'armistice du 11 novembre 1918, les parts allemandes et autrichiennes » (et hongroises). C'est « d'accord avec le gouvernement français » qu'Eugène Schneider avait « pris le contrôle de [...] ces établissements si importants pour les fabrications de guerre » et les constructions ferroviaires : il en acheta « après la guerre [...] 328 000 actions sur 625 000 », puis transféra « en partie la propriété de ces parts » (51 % du capital de Skoda) à l'UEIF[4]. L'UEIF nomma en février 1930 directeur général à Paris l'« ancien ingénieur des Mines » Aimé Lepercq, qui s'était dans la décennie passée « énergiquement » dépensé, « à Prague », pour « conserver à ce groupe le contrôle effectif de l'entreprise Skoda, tout en laissant aux Tchèques l'apparence de la direction »[5].

Schneider grossit promptement son trésor. Une note de l'UEIF du 1er octobre 1938 recensa 18 unités, autour du siège de Prague et des « établissements principaux » de Plzen (désormais Pilsen) de Skoda : mines (argile réfractaire, charbon, kaolin, lignite, etc.), usines d'aviation Avia, chantiers navals, automobiles ASAP (à Mlada-Boleslav), « usine à munitions », ateliers de chargement des projectiles avec polygone de tir, etc.[6] L'affaire prospéra sous la houlette directe d'Eugène Schneider, président de Skoda depuis 1921, efficacement représenté à Prague par Lepercq. Sa direction « apparen[t]e » revint à Karel Loevenstein, « directeur général de Skoda » et futur président de son CA : modèle du « vice-président tchécoslovaque [...que] le groupe Schneider [...] s'arrange[ait] généralement pour faire présider les assemblées générales » sans leur conférer le moindre pouvoir[7]. Skoda produisit des armements pour la Petite Entente et la Pologne (au moins jusqu'à la rupture, d'initiative officiellement polonaise, d'inspiration allemande, du tournant de 1934[8]), des automobiles, des navires, des moteurs d'avions, etc.[9]

Cette couronne somptueuse n'avait cependant pas, dès l'origine, barré la route à la coopération avec le Reich. L'Europe centrale et orientale connut le même mélange d'opposition et de compromis que celui pratiqué par les deux partenaires dans leur pays respectif depuis 1918-1919[10]. La grande banque et la grande industrie françaises exigeaient à tout propos le soutien de l'État contre la concurrence allemande. Mais elles s'« arrangeaient » avec celle-ci sans le consulter, quitte à crier au secours quand ces accords secrets se révélaient décevants. Kuhlmann, vainqueur chimique de la guerre, avait requis et obtenu l'appui étatique incarné par les clauses « chimiques » du traité de Versailles. Il s'en était passé pour signer en 1919 les accords secrets Patart-Frossard-Bosch (président de *Badische Anilin und Soda Fabrik*) puis en 1921 un accord de cartel avec le Syndicat allemand des Matières colorantes (*Interessengemeinschaft* ou *IG*) dominé par BASF, Höchst et Bayer. Il dut passer aux aveux, au moins partiels, quand les partenaires allemands les dénoncèrent pendant l'occupation de la Ruhr, ce revers imposant l'intervention du berger[11].

Dans la très française Tchécoslovaquie, comme dans le reste de l'Europe centrale et orientale, les intérêts austro-allemands progressèrent précocement. L'ère locarnienne des cartels internationaux, acier et chimie en tête, accéléra le processus. L'empire Schneider-Zivnostenska Banka, associé à l'empire financier Rothschild de la Kreditanstalt de Vienne, s'y intégra[12]. Cette poussée inquiétait l'ambassadeur Charles-Roux, avocat d'office de Schneider[13] : il s'émut en février 1928 de l'autorisation donnée par le ministère tchécoslovaque des PTT à la Siemens & Halske AG de Berlin « "pour des raisons techniques et économiques" [...d']entrer dans le groupement des sociétés tchécoslovaques de fabrication de câbles télégraphiques pour la fourniture à l'État de matériel télégraphique et téléphonique ». Déjà dotée d'« une succursale, la Prazska Siemens AG, qui n'a[vait] de tchèque que le nom » et avait « englobé la Frizik AG, la Fabrique de câbles de Bratislava, et la Kablo AG », la société Siemens « se trouver[ait donc] chargée, dès 1928, de la construction du câble téléphonique Prague-Pilsen-Nuremberg, puis en 1929 du câble Brno-Olomouc et des câbles Prague-Karlovy-Vary et Lovosice-Teplice-Karlovy-Vary ». Elle pourrait ainsi devenir « très rapidement maîtresse du marché tchécoslovaque » et acquérir « sur le réseau télégraphique et téléphonique souterrain de Tchécoslovaquie des moyens d'investigation et de contrôle » dangereux en « cas de mobilisation »[14].

…aux rivaux ou canards boiteux : une politique financière et commerciale impitoyable

Un avenir sombre pour Skoda

Les bijoux de l'empire perdirent leur éclat dans la crise, Skoda inclus, plus que ne l'estime Alice Teichova, selon laquelle la croissance continue de la société de 1921 à 1938 n'aurait connu « qu'une brève rupture » dans l'épouvantable année 1933. La tempête ébranla la société métallurgique, menacée en 1930-1931 de « plusieurs milliers » de licenciements[15]. Elle aiguisa la concurrence non seulement entre groupes tchécoslovaques dirigés par le grand capital français et groupements nationaux dans lesquels les intérêts germaniques gagnaient des points, mais aussi à l'intérieur même de la nébuleuse Schneider : la maison-mère tendit à sacrifier sa filiale en Tchécoslovaquie. On reparla fin 1929 de « plans de concentration de Skoda », qui entra en pourparlers avec d'autres groupes, comme la manufacture d'armes de Brno et la Ceskomoravska Kolben-Danek, entreprise automobile, secteur tôt frappé : l'usine de Mlada-Boleslaven ne produisait au tournant de 1929 que l'équivalent annuel de 6 000 véhicules pour une capacité de 25 000 et Schneider voulait en faire « un atelier de montage pour Citroën destiné surtout à l'exportation dans les Balkans »[16].

La concurrence, aussi féroce sur les marchés militaires, afficha le statut colonial de l'alliée tchécoslovaque et le soutien de l'État français, non à celle-ci mais à Schneider. Charles-Roux conta en avril 1930 comment Le Creusot avait évincé Skoda de marchés « deux fois en un an », en négligeant les rapports de forces puis en reniant sa signature. Il tenta d'abord de lui soustraire « une commande d'artillerie en Turquie » pour laquelle il « n'avait aucune chance » : son « obstination […] à la vouloir pour lui [la fit] all[er] finalement, au moins en majeure partie, à un établissement anglais et à une succursale de Krupp dans un État scandinave ». Puis, en dépit de l'accord bilatéral qui attribuait à la filiale tchécoslovaque « les fournitures de matériel de guerre en Roumanie », la maison-mère, secondée par les injonctions de Paris à Prague, lui rafla « une commande toute récente de matériel d'artillerie en Roumanie » (des canons de 105). « Le gouvernement français ayant fait valoir que, par suite de la participation prépondérante de la France à l'emprunt roumain, la commande en question devait revenir à l'industrie française, Le Creusot a invité Skoda à déroger à leur accord et à lui laisser faire la fourniture. » « Skoda s'est incliné de bonne grâce » (formule qu'un lecteur du Quai d'Orsay compléta, en marge, d'un point d'interrogation) mais, admit Charles-Roux, « la conservation ici de l[a…] position [d]es dirigeants du Creusot et de l'Union européenne et de la nôtre exigera plus de diplomatie et d'opportunisme que par le passé. »[17]

Depuis le début de 1930, une campagne de presse germanique posait en effet frontalement, au nom de l'indispensable *nostrification* de l'économie nationale, la question de la tutelle française sur la Tchécoslovaquie pillée et surexploitée, sur ses hommes d'affaires et ses politiciens, tels le ministre des Affaires étrangères Édouard Bénès et l'ambassadeur à Paris Stefan Osusky. La *Frankfurter Allgemeine Zeitung (FAZ)* se fit alors l'écho de rumeurs de vente de Skoda par Schneider-Creusot[18]. Ces rivalités avivées, exploitées par le Reich et les germanophiles de Tchécoslovaquie, amenèrent Charles-Roux à souligner en mars les périls des mœurs coloniales d'Eugène Schneider, dont « la politique ou [...] l'attitude [...] à l'égard des hommes d'affaires tchèques, de M. Preiss en particulier, n'a[vait] pas toujours été habile ». « Onze ans » après la guerre, on ne pouvait plus traiter les « deux éléments, français et indigène » si inégalement, le français conservant « la majorité des actions des grandes entreprises de ce pays », l'indigène étant réduit à la portion congrue, et violer le sage « principe : passe-moi la casse ; je te passerai le séné ». En avril, le banquier et industriel Preiss démissionna du CA de Skoda, invoquant sa charge de président de la Ceskomoravska, « concurrente de Skoda »[19].

En juillet, Lepercq, conversant avec le directeur-adjoint des Affaires politiques du Quai d'Orsay, André de Laboulaye, revendiqua avec morgue l'hégémonie intacte de Schneider. Le désaccord est ancien et sérieux avec Preiss, confirma-t-il, mais Schneider avait la force de : 1° contraindre l'intéressé « à conclure [...] une sorte de cartel de collaboration qui assurerait l'existence et le bon fonctionnement de la Ceskomoravska » très atteinte par la crise ; 2° balayer la vieille prétention de l'État tchécoslovaque (écartée dès 1919) à contrôler au moins une partie de Skoda : « Une tentative indirecte avait bien été faite il y a quelque temps pour faire absorber par Skoda les usines de Brno qui appartiennent au gouvernement de Prague, mais la direction des établissements Skoda a repoussé cette proposition en motivant son refus de telle manière qu'il est peu probable qu'elle soit renouvelée par le gouvernement actuel. D'ailleurs un contrat de monopole de fourniture de matériel de guerre [...] encore valable pour neuf ans [...] entre Skoda et le gouvernement tchécoslovaque [...] rend difficile à celui-ci une immixtion directe dans la direction des usines Skoda. » Sa réponse à une question de Laboulaye sur « l'entente » Skoda-Le Creusot « en matière de commandes » annonça d'autres occasions de lâchage que le risque de nationalisation : « M. Lepercq a reconnu que les usines Skoda étaient particulièrement mal placées en cas de conflit dans le centre de l'Europe puisqu'elles se trouvaient à 20 minutes d'avion de la frontière et pouvaient être aisément mises hors d'état de fonctionner [...]. Le Creusot se trouverait à même, en cas de destruction des usines Skoda, de fournir à la Roumanie ou à la Yougoslavie le matériel et les accessoires fabriqués par Skoda. » Prétexte à rappeler la récente « attribution au Creusot de la commande de [canons de] 105 par le gouvernement roumain [,...] l'entente » avec « Skoda éta[n]t assez flexible pour donner satisfaction au gouvernement français lorsque celui-ci exprimerait un désir »[20].

La crainte de la nationalisation taraudant Schneider, son diligent État se porta à son secours. Lepercq, venu en octobre 1931 tirer la manche à la direction politique du Quai d'Orsay pour défaut de paiement roumain de livraisons d'armements à Skoda, posa la question : « Il craint, s'il s'adresse au gouvernement tchèque, que celui-ci, qui a fait déjà de nombreuses tentatives pour acquérir la majorité du capital de Skoda, subordonne une tentative auprès de la Roumanie à des conditions susceptibles de menacer le caractère français de l'affaire. »[21] Schneider exploita bientôt les besoins tchécoslovaques de crédits (ou plutôt les siens propres) pour solliciter et obtenir un nouveau soutien de son État en forme de veto contre toute tentation nationalisatrice. Les Finances obtinrent donc du Conseil des ministres du 5 décembre la décision de « fournir [aux] établissements Skoda l'appui nécessaire, sans que cet appui puisse se traduire par une introduction dans l'affaire telle que : prise d'actions, etc. »[22].

La garantie de non-progression de la part tchécoslovaque (*a fortiori* de non-nationalisation) fut aussitôt acquise, via une représentation supérieure au CA de Skoda de l'État tchécoslovaque : celui-ci fut doté du « droit de transformer 100 000 obligations en 100 000 actions » mais sur le papier seulement car, expliqua Charles-Roux, ce « compromis satisfaisant [...] ne changerait pratiquement rien à ce qui est » : « Aux termes d'un contrat valable jusqu'au 1er janvier 1952 [,...] l'Union européenne aurait l'administration et la direction [de Skoda], le gouvernement se réservant la décision sur les questions de défense nationale. » Prague renâcla sans obtenir mieux qu'un entretien, vain, entre Bénès et Lepercq, le 19 décembre[23]. Lepercq put donc peu après savourer le triomphe de Schneider, en avouant « l'intention de l'Union européenne [...] de ne pas rembourser en 1932 la première tranche de 120 000 obligations afin de faire jouer le contrat de blocage jusqu'en 1952 et de bénéficier pendant 15 ans de la totalité du prêt [français] de 250 millions » obtenu « à un taux des plus modérés »[24].

Les rapports de forces intérieurs remirent pourtant sur le tapis l'épineuse question, avec des « projets de loi », tel celui de janvier 1932, menaçants « pour les sociétés françaises ou à capital français existant en Tchécoslovaquie » et suivis à la trace par Schneider et Paris[25]. La « rupture » aggravée avec Preiss fut signalée en mars 1932 par la dissolution de la société Motor, fondée en 1931 par Skoda et Ceskomoravska comme « organisme de vente en commun pour les automobiles fabriquées par ces deux maisons » et dont l'activité n'avait commencé que le 1er janvier 1932. Ce « signe d'un regain de l'hostilité » de Preiss contre Skoda[26] montra que Schneider et son délégué Lepercq se surestimaient. Ils continuèrent pourtant à diriger Skoda et une énorme nébuleuse bancaire et industrielle et à tuteurer Prague jusqu'à Munich : en peuplant les CA de Schneider de féaux, hommes politiques, anciens ministres, etc., qui rendaient de fiers « services » en persuadant l'État tchécoslovaque de surpayer son matériel de guerre[27]. La suite montrerait en revanche ce que valait la capacité de « décision [de Prague] sur les questions de défense nationale ».

Le rude traitement des « canards boiteux »

Dans tous les petits pays orientaux sous tutelle, les investissements initiaux perdirent en intérêt. La chute des cours et la politique commerciale des

« protégés » de la France transformèrent les titres et les banques ou entreprises correspondantes en pénibles « canards boiteux ». Les « protégés » subirent donc des conditions draconiennes épargnées au Reich dispensé de réparations et gratifié d'un *Standstill Agreement.* Ils durent rembourser en devises et en or leurs dettes, dont celles d'avant 1914 à la charge des « États successeurs », et accepter des « prêts liés » : les emprunts bancaires, draconiens, étaient subordonnés à la passation de commandes à l'industrie française à tarifs prohibitifs, alors que s'effondraient les cours de leurs matières premières industrielles et que le marché français se verrouillait à leurs produits agricoles également en chute libre, phénomène bouleversant leur société à majorité rurale.

La Banque de France montra la voie en 1931, inaugurant un feuilleton qui survécut à celui de la Reichsbank, avec la reconduction trimestrielle des crédits. La Pologne et les pays de la Petite Entente subirent des clauses-or les contraignant à une « politique de déflation impitoyable » bloquant les « opérations d'escompte les plus normales », funeste aux « trésoreries industrielles », Skoda inclus[28], jugée indispensable au règlement de la crise : comme dans le cas allemand, la pression extérieure en faveur de l'extrême rigueur cuirassa les classes dirigeantes « indigènes » contre les salaires.

Toutes les réunions du conseil général de la Banque de France sur les crédits anciens prolongés ou nouveaux consentis aux petits alliés en déconfiture (débiteurs de la France et de ses entreprises) se suivirent et se ressemblèrent depuis le 1er octobre 1931. La banque exigea mi-décembre la garantie étatique à propos du crédit à la Banque nationale de Roumanie : Édouard de Rothschild, René Laederich, François de Wendel, Félix Vernes et Maurice Hottinger, alarmés par les requêtes présentées « par des pays de plus en plus nombreux », revendiquèrent, avec l'approbation du gouverneur, « l'assurance [préalable] que l'opération correspond[ait] aux vues du gouvernement français »[29]. Le conseil général avait le 1er octobre approuvé unanimement le « nouveau crédit » de 125 millions de francs à la Banque nationale de Yougoslavie, dont 50 millions seraient « convertis en or et placés sous le dossier de la Banque nationale à la Banque de France » ; et le « crédit de réescompte » de 300 millions de francs à celle de Tchécoslovaquie « garanti par le gouvernement tchécoslovaque [...] intégralement converti en or, qui resterait déposé dans nos caves, à titre de gage négatif ». Huit jours après, ce fut au tour de la Pologne, qui réclamait 280 millions : « Le montant du crédit serait, pour la totalité – et non pour la moitié – converti en or et déposé dans nos caisses. [...] Cette exigence a donné lieu à de longues discussions mais a été finalement acceptée par la Banque de Pologne. »[30]

Ce fut pire encore à la mi-décembre 1931 pour la Roumanie confiée à ses tuteurs financiers, Charles Rist (puis Roger Auboin) et ses deux adjoints « inspecteurs de la Banque de France » : le dossier, accumulé depuis le 15 juin 1931, d'impayés des commandes de « matériel d'artillerie » du 17 mars 1930 à Skoda (1 024 978 000 couronnes tchécoslovaques à régler sur dix ans) illustrait sa ruine[31]. Sur les 250 millions réclamés, elle ne recevrait que 150 dans l'immédiat, le reste étant conditionné par la réalisation d'« une ou plusieurs opérations de crédit d'un montant suffisant » par « le gouvernement roumain ». Soumis à la clause de conversion à

100 % en or déposé à la Banque de France, celui-ci devrait informer son prêteur « de tout mouvement d'or et de tout engagement susceptible de diminuer le montant total de ses réserves d'or libre [...,] détenues en Roumanie ou à l'étranger. Toute infraction à cette clause entraînerait de plein droit la résiliation de la convention » et les sommes seraient immédiatement exigibles[32]. Depuis longtemps « MM. Rist et Auboin » prodiguaient « les avertissements les plus formels [...] aux industriels et commerçants français lorsqu'ils venaient en Roumanie pour passer des commandes sur le risque qu'ils couraient, s'ils obtenaient des commandes excédant les ressources budgétaires, de ne pas être payés à échéance »[33]. Au printemps suivant, Bucarest ne put « faire face à ses échéances de fin de mois par suite du refus des banques françaises de lui consentir de nouvelles ouvertures de crédit »[34].

L'emprunt de 600 millions requis à l'automne 1931 par Prague, « lié » à l'octroi du prêt de 250 millions à Skoda présenté plus haut, fut négocié « entre M. Lepercq et le ministre des Finances » Flandin, Rist et Auboin (pour la dette roumaine). Charles-Roux insista le 17 décembre sur son urgence « tant dans l'intérêt des finances tchécoslovaques que dans celui de Skoda » et sur le secret nécessaire « pour éviter au gouvernement tchécoslovaque des difficultés intérieures »[35]. Malgré la « résistance », prolongée début 1932, « de la commission des Finances et [de] certains parlementaires contre le principe de l'emprunt », les Finances avaient décidé, début décembre, que le contribuable français paierait aussi[36], peu après qu'Armand de Saint-Sauveur, au nom de l'UEIF, eut fait ainsi pression sur Flandin : Skoda devrait faute de ces fonds « licencier la plus grande partie de son personnel et [...] suspendre l'exécution de tout le programme d'armement des pays de la Petite Entente. [...O]n pourrait craindre qu'en échappant définitivement au contrôle et à l'influence française Skoda ne soit repris par un groupe dont les intérêts politiques seraient différents des nôtres, sinon complètement opposés »[37] – ce serait, en 1938, Krupp.

La conjoncture donna dans les protectorats européens de nouveaux pouvoirs aux hauts fonctionnaires des Finances et/ou délégués de la Banque de France. Jean Bolgert fut nommé par la Banque de France, après règlement « des emprunts serbes et yougoslaves en francs du 9 mars 1933 » signé « au nom du Comité de défense des porteurs français », « expert qualifié » sur « la situation de la Banque nationale » de Yougoslavie. Ses visites périodiques y renforceraient la mission permanente à Belgrade de l'inspecteur des Finances Gaudibert, doté des mêmes pouvoirs dictatoriaux que chez tous les petits alliés sur « la situation détaillée », intérieure et extérieure, de ladite banque et des « banques privées »[38]. Le synarque Roger Auboin, futur directeur général de la BRI[39] et féal de Georges Bonnet, avait été désigné en 1928 « par le groupe des banques d'émission (Banque de France, Banque d'Angleterre, Federal Reserve Board) pour exercer, dans l'application du plan de stabilisation de la monnaie roumaine, approuvé par ces banques, les fonctions de conseiller technique de la Banque nationale de la Roumanie ». Collaborateur de Charles Rist, responsable de ladite stabilisation, puis son successeur en 1929, « assisté de deux inspecteurs de la Banque de France », Auboin le demeura jusqu'en 1935[40].

Ces chiens de garde décrivirent le pillage que les banques et entreprises françaises pratiquaient aux dépens des contribuables « indigènes » (et français), les emprunts et marchés étant imposés à l'État yougoslave (et garantis par le français). Deux contrats franco-yougoslaves, bancaire et industriel, analysés en 1933-1934 par Bolgert résument une situation *générale*. Le premier concernait le « projet yougoslave d'avenant au contrat passé le 3 janvier 1932 avec la Société européenne de Crédit foncier et de Banque », supposée financer la ligne de chemin de fer Veles-Prilep. Belgrade avait requis après trois ans de calvaire usuraire cette révision « parfaitement équitable » qui laisserait « une marge de profit des plus confortables à la société » française. Celle-ci avait en pleine crise ajouté à ses « bénéfices normaux », de 17 %, « deux autres » : « un bénéfice de 12 % » obtenu sur le dos « des sous-entrepreneurs yougoslaves » et le « bénéfice de change » tiré de la dévaluation du dinar, suivie non d'une « hausse des prix intérieurs », mais d'une « baisse » (« pour *225* dinars de *travaux*, la société reçoit un effet de 100 frs, qui vaut actuellement 290 dinars. ») Ce vol était aggravé d'une stratégie d'endettement systématique au détriment de la Yougoslavie et d'un appel indu au contribuable français : la société, « financée par la Banque nationale du Commerce extérieur, Schneider, le Comptoir sidérurgique, Ericsson, la Banque Worms », etc., donc « en dehors de la Caisse des dépôts », avait fait « couvr[ir] 60 % du financement par une assurance crédit » dont « 60 % [des bons] ont été *escomptés par la Caisse des dépôts* »[41]. Aussi léonin, le contrat de travaux que prétendait en mai 1933 arracher à Belgrade la puissante Société des Batignolles (travaux publics) ne visait qu'à la « prémunir contre des retards de paiement éventuels de l'administration yougoslave » en introduisant le « Crédit foncier dans le cycle des opérations » : celui-ci « se substituer[ait] totalement à la société » qui, « ayant obtenu initialement les dinars qu'elle voulait, se désintéresser[ait] du dénouement de l'opération ». Il assurerait « la consolidation pure et simple d'une inflation » pour servir les seuls « intérêts de la société considérée »[42].

Comme l'a montré Emmanuel Jaslier pour la Yougoslavie « essentiellement exportatrice de produits agricoles et de matières premières et importatrice de produits fabriqués »[43], la rigueur financière envers un pays mis « à genoux [par] la crise », vidé de ses capitaux (étrangers et intérieurs), de ses devises et de son or, privé de 40 % de la valeur de ses exportations entre 1929 et 1932, généra « l'éphémère apogée de la présence française ». Sa dépendance financière exclusive ne lui ménageait alors pas d'autre issue[44]. Mais, acculées par le protectionnisme français renforcé par la crise, ses classes dirigeantes, hantées au surplus par les périls socio-politiques, se tournèrent bientôt vers les États ennemis, Allemagne en tête, Italie haïe comprise : le « clearing » assurant l'échange sans devises ni or des produits agricoles déprimés contre les coûteux biens industriels allemands protégés de l'effondrement par la cartellisation ouvrit la voie à l'hégémonie du Reich[45]. C'est en compagnie de ce dernier que, au fil de la crise, se dessina l'abandon des « canards boiteux » est-européens qu'achèverait l'Occupation. « Les groupes porteurs de titres d'emprunts de l'État roumain émis de 1890 à 1910 » avaient dû consentir « des amputations de 60 % de leur valeur » dans l'accord du 31 mai 1928 conclu par leur « Association des porteurs de fonds étrangers ». Pendant la crise, celle-ci opta pour la vente « à vil prix [à] un groupe de financiers allemands » : en fut chargée la Banque de Paris et des Pays-Bas, fort active en Roumanie, qui obtint de « l'État roumain » pour les porteurs français « une indemnité en titres du nouvel emprunt »[46].

Les aspects militaires et diplomatiques de l'abandon

Entre intérêt antibolchevique et désintérêt militaire français

La participation à la répression

Paris manifesta à ses petits alliés de l'Est soumis, Tchécoslovaquie exceptée, à des dictatures de droite, un soutien antibolchevique accru par la crise : soutenir le « cordon sanitaire » naguère édifié contre les Soviets et l'extension éventuelle de leur expérience constituait un soutien à soi-même. L'État français redoutait aussi la contamination intérieure, par les ressortissants de cette zone qui gagnaient volontiers la capitale, où ils trouvaient l'appui des « extrémistes » (synonyme d'extrême gauche). Sa correspondance dégage un entêtant parfum antisémite, chaque administration étant convaincue de l'équation juifs-bolcheviques étrangers : la prose diplomatique ne se distinguait pas de celle de la préfecture de police ou du Deuxième Bureau, surtout chez les agents en poste en Pologne et en Roumanie, champions de ce florilège[47]. La thèse qui s'impose sur cet ample sujet confirmerait les « origines républicaines » deVichy (Noiriel).

Sauf en Tchécoslovaquie, vitrine « démocratique » plus riante que jadis la Russie tsariste comme pivot de l'alliance de revers française, le « cordon sanitaire » alignait des modèles affligeants. Les agents diplomatiques et militaires sur place les décrivaient avec une franchise aussi brutale que la propagande bolchevique. Le Quai d'Orsay, comme les autres ministères, montrait une indifférence de plomb au sort des populations « protégées ». Mais ses rédacteurs s'autorisaient des élans récurrents sur les populations misérables, les élections truquées, la répression permanente, le paravent antirouge appliqué à des sujets dépourvus de tout lien avec Marx et ses héritiers (la moindre grève ou révolte étant imputée à Moscou) : cette prose s'apparentait au réquisitoire de Bolgert contre les entreprises françaises maîtresses de la Yougoslavie. Révélatrice de la géométrie variable des impératifs extérieurs de la patrie des Droits de l'Homme, la complaisance pour ces politiques de répression sauvage à Bucarest, Varsovie et Belgrade avait aussi des motivations intérieures : la crainte des effets néfastes de la présence en France d'ouvriers immigrés, polonais et yougoslaves surtout, soumis à l'influence combative du PCF et de la CGTU.

La Yougoslavie, « foyer latent de révolution » en dépit du régime de « terreur » contre-révolutionnaire institué depuis le coup d'État royal de janvier 1929, figurait dans le palmarès. Sa Légation yougoslave inondait l'Intérieur de notes contre les communistes yougoslaves vivant en France et aux colonies : comme requis, on interdisait leur propagande orale et écrite (journaux, tracts et toutes publications), on surveillait à l'intérieur des frontières et au-delà et on arrêtait le cas échéant les révolutionnaires yougoslaves et leurs amis français. Les échanges de renseignements ne tarissaient jamais entre les services compétents, policiers, militaires, et diplomatiques : leur efficacité contraste avec la paralysie qui verrouilla l'enquête sur l'assassinat du roi Alexandre (et de Barthou) et l'apparente impuissance de la France à contrôler les flux de Croates oustachis, remis aux bons soins de leurs bergers cléricaux ultra-droitiers avant comme après l'événement[48]. Ces priorités franco-yougoslaves ne résolurent pas le problème crucial de l'État yougoslave, celui de sa survie nationale, menacée par les œuvres conjuguées du séparatisme croate (secondairement slovène), de l'Italie, du Reich et du Vatican[49]. Pas plus que celui de la Roumanie, cible des mêmes, et de la Pologne, cible privilégiée des deux derniers.

Ces pratiques valaient pour la Pologne, dont les dirigeants avaient fourni aux Comités des houillères et des forges les contingents massifs de mineurs immigrés utiles à la reconstruction française des années 1920. Ainsi de Peyerimhoff avait-il usé *ad libitum*, depuis lors, des mineurs polonais, via la « Société générale d'immigration », société anonyme privée dont il était vice-président. À cette entreprise de « négriers » patronaux (de l'avis général, hauts fonctionnaires compris) l'État berger avait concédé le « quasi-monopole de recrutement collectif » de la main-d'œuvre étrangère. Il laissa aux bénéficiaires de l'afflux la liberté de réduire les effectifs avec une égale diligence quand « l'armée de réserve » des chômeurs enfla avec la crise[50]. Le pays laïque d'accueil avait accepté de confier ces travailleurs polonais issus des campagnes (et non juifs), pour leur éviter la contamination par les bolcheviques de la CGTU, à l'Église catholique *polonaise* (non française), dont la crise et les injonctions vaticanes accentuèrent la germanophilie. Contre les autres immigrés, à forte surreprésentation juive hors des grandes usines du Nord et de l'Est, la police, renseignée par ses services et ceux des deux autres ministères concernés, poursuivit une action antibolchevique née avec la résurrection de l'État polonais sous l'égide de la France. Le cas roumain n'a rien à envier aux deux précédents[51].

Pologne et Petite Entente perçues comme un néant

Ces soins intensifiés par la conjoncture contrastaient avec le peu de cas accordé par le tuteur à la valeur militaire supposée de la Petite Entente ou de l'alliance de 1921 avec la Pologne. Les petits alliés étaient jugés militairement peu fiables, voire ineptes, et leurs classes dirigeantes à peine capables, dans les cas polonais et roumain, d'écraser tout ou partie de leurs populations mécontentes. Comme du temps de la Pologne partagée, où la « Schlachta » – « nom de la classe dirigeante » polonaise – comptait sur les services du soldat prussien contre ses paysans : les « dirigeants de la nation polonaise, [...] classe privilégiée [à...] l'égoïsme immense [,...] n'ont en réalité d'attachement sincère ni pour leur patrie ni pour leur peuple. L'état idéal qu'ils rêvent, sans l'avouer, est l'état actuel de démembrement, mais avec d'étroites amitiés de cour, avec la faveur des souverains, avec la garantie que la force armée des puissants empires auxquels ils appartiennent serait à leur service pour réduire leurs populations en cas d'émeutes agraires déterminées par la misère ; des régiments polonais seraient douteux, les régiments allemands sont sûrs »[52].

Après-guerre, le soldat français avait remplacé le prussien. Mais, même à l'âge d'or présumé de la grande alliance antisoviétique (1920-1921), où la force militaire polonaise avait été présentée *ad usum populorum* (français et polonais) comme responsable du rejet des Soviets à 150 km à l'est de la Ligne Curzon, le renseignement militaire accablait l'armée polonaise. Un rapport de juin 1922 sur « la Pologne et la guerre » décrivit un pays rongé par la misère des paysans, « nettement hostiles aux Polonais [...] dans les régions annexées par le traité de

Riga [,...] également travaillés par des agents de propagande des Soviets, et [...] réellement disposés à accueillir l'Armée rouge comme une armée nationale russe et, pour eux, libératrice ». La Pologne était travaillée par la subversion d'un parti communiste « pas nombreux [, m]ais [...] fort par son organisation, par les éléments intellectuels qui le compos[ai]ent et par l'aide matérielle puissante que Moscou ne lui ménage[ait] pas ». Elle était affligée d'une armée dont les « officiers [étaient] nuls et haïs de leurs soldats », et les officiers supérieurs, aussi nuls et très corrompus, caractérisés par « un abaissement manifeste de l'esprit national et du moral professionnel ». Sauvée « en 1920 » de l'Armée rouge par « l'action rapide et énergique du commandement français », l'armée polonaise, qui avait, « pour ainsi dire, [alors] cessé d'exister », était, deux ans plus tard, dans une situation pire encore[53]. Les antibolcheviques délirants, tel le commissaire spécial d'Annemasse, Petit, s'obstinaient cependant au début de la décennie suivante à considérer « ce pays [comme...] le seul parmi les États limitrophes de la Russie soviétique [...] capable d'opposer à celle-ci une résistance sérieuse et de contrecarrer les plans agressifs du gouvernement soviétique et de la IIIe Internationale »[54]. Le cas de la Roumanie est identique, avec sa Bessarabie également conquise (en 1918) et conservée grâce au tuteur du « cordon sanitaire » (Paris ratifia l'opération en mars 1924, érigeant définitivement les Soviets, même chez leurs ennemis russes blancs, en « défenseurs du patrimoine national russe »[55]).

De la collaboration à la répression des ennemis intérieurs de chaque allié à l'aide militaire effective contre l'ennemi extérieur menaçant, il y avait une marge. La crise en fit un abîme. Les tractations financières d'octobre-novembre 1931 dévoilèrent l'avis de la Haute Banque française sur les prétentions militaires et les chances d'être défendu par la France du membre roumain de la Petite Entente. À la mi-octobre, Rist rappela à Laboulaye que, « pendant les années qu'il avait passées en Roumanie, comme d'ailleurs M. Auboin depuis, il n'avait cessé de mettre le ministère des Finances roumain en garde contre les dangers de se laisser entraîner à des dépenses [militaires] exagérées susceptibles de mettre en péril le budget du pays ». Farnier, « représentant de la Banque de France », parla plus clair à la réunion du 7 novembre convoquée par le Mouvement général des fonds sur la situation financière de la Roumanie et ses conséquences sur les commandes d'armement. Laboulaye montra son intérêt pour « la maison Schneider », mentionna la propriété française, pour « plus de moitié », de Skoda, et le risque de licenciement de « plusieurs milliers d'ouvriers ». Farnier, approuvé par tous, balaya la Petite Entente militaire, faisant « nettement [...] entendre qu'en aucun cas le concours qui lui était demandé en faveur de la Banque nationale de Roumanie ne pourrait être utilisé au règlement des commandes d'armement, commandes dont la Banque de France n'avait jamais [...] été informée et qu'elle jugeait tout à fait inopportunes au moment où elle donnait son patronage à la restauration des finances roumaines »[56].

La Tchécoslovaquie était pourvue, sur le papier, de ce qui ressemblait à une alliance militaire depuis 1924 et surtout 1925. Le traité d'alliance et d'amitié franco-tchécoslovaque en 8 articles signé par Poincaré et Bénès le 25 janvier 1924 (complété par leur « échange de lettres » sur la collaboration étroite des États-majors) prévoyait la concertation des deux pays sur les questions de sécurité et leur accord sur les mesures à prendre pour sauvegarder « leurs intérêts communs » au cas où ceux-ci seraient menacés (articles 1 et 2). Par leur accord de Locarno en 4 articles du 16 octobre 1925, signé par Briand et Bénès, la France et la Tchécoslovaquie s'engageaient, en cas de manquement allemand aux engagements intervenus ce jour (garantissant les frontières occidentales du Reich) à s'apporter « aide et assistance » mutuelles. Ce pacte court (4 articles) et précis (le premier article seul comptait, avec le quatrième, prévoyant sa ratification), était contraignant. Il avait en effet été volontairement soustrait, malgré ses politesses, à la SDN[57], c'est-à-dire à la norme de la « gouvernante anglaise » : la mise en vigueur de l'accord ne se référait pas à l'article 16 du Covenant relatif à la définition de l'agresseur. Car on savait celle-ci impossible dans des délais acceptables pour la sécurité des frontières vu les divergences entre membres de la SDN, à commencer par ses maîtres français et anglais, ce qui laisserait à l'agresseur toute liberté d'attaquer (à l'inverse, le recours du Quai d'Orsay à cette astuce paralyserait d'emblée le Pacte franco-soviétique de 1935).

La Tchécoslovaquie sembla donc une France militaire au petit pied, sous la tutelle du chef de la mission militaire française, le général Eugène Faucher, symbole de l'histoire de l'alliance militaire franco-tchécoslovaque entre la naissance de l'État fétiche et sa mort. Mais parallèlement à celles perçues dans l'empire Schneider, les alertes se succédèrent depuis la menace, au tournant de 1929, de retirer de Prague « un chef de mission investi de toute la confiance du gouvernement tchécoslovaque ». Il fut acquis en février 1930 que Faucher, cible privilégiée des pro-allemands, y resterait. Mais, les mois suivants le confirmèrent, ce maintien ne serait qu'un sursis : « La mission militaire française en Tchécoslovaquie [était] entrée dans une phase nouvelle et sans doute dernière de son existence. »[58]

Fut annoncée en mars 1932 la réduction du service militaire de 18 à 14 mois dans une Tchécoslovaquie cernée d'ennemis : « La Hongrie lui est hostile, l'Allemagne malveillante, l'Autriche peu sûre ; la Pologne est pleine de préventions et de susceptibilités envers elle ; la Roumanie seule lui est alliée, mais se trouve fort mal en point », rappela Charles-Roux en mai[59]. Tandis que la crise faisait exploser le budget militaire du Reich, « l'opposition allemande » accusait « le gouvernement d'obérer les finances de l'État et de faire payer à la fortune des industriels et des banquiers allemands de Tchécoslovaquie les frais d'entretien d'une armée dont le seul objectif était la guerre contre l'Allemagne »[60]. La collaboration des états-majors français et tchécoslovaque s'était bornée à un quasi-néant, comme la visite « incognito » en France des généraux Jan Syrovy, chef d'État-major général de l'armée, et Eugène Faucher, tous deux « en civil », fin janvier 1933 : ils devaient voir, « sous la conduite du général [Maurice] Gamelin, certains des abris fortifiés de nos frontières de l'Est », puis s'entretenir à Paris avec Weygand et l'État-major général[61].

Les signes politiques et territoriaux du désengagement français

Le message du désengagement français, très bien compris par le Reich, donna des ailes aux germanophiles de l'empire français d'Europe orientale, demeurés très influents. Chez le meilleur allié, tchécoslovaque, le banquier Preiss, « "roi sans couronne" de Bohême », affectait encore en mars 1929 de condamner publiquement les séparatistes des Sudètes : il « a fait les plus violents reproches » au sénateur chrétien-social le Dr Medinder pour « sa propagande ancienne à l'étranger et [...] son intervention à Genève en faveur des minorités allemandes des Sudètes »[62]. Mais Preiss s'était déjà découvert devant son milieu, fût-il français, avouant en octobre 1928 devant [Pierre] Cheysson, administrateur-délégué de l'UEIF, sa sérénité devant l'Anschluss : celui-ci ne perturberait pas le développement des entreprises et des banques tchécoslovaques, qui seraient « en mesure, quoi qu'il arrivât, de faire respecter par l'Allemagne leur prospérité et leur autonomie ». L'influence de ce « personnage considérable [...] politiquement et financièrement [,...] une des premières situations du pays », suggérait la représentativité « dans les milieux d'affaires » de son opinion sur ce qui demeurait « un danger mortel pour la Tchécoslovaquie » et transformerait en « vains mots [...] son indépendance et sa sécurité ». L'adjoint à l'attaché de l'Air français entendit des propos similaires d'un ancien haut fonctionnaire « fasciste » naguère lié à Bénès : « Tous les milieux politiques tchécoslovaques, à l'exception peut-être des communistes, considèrent l'Anschluss comme inévitable. Il est presque réalisé », on n'a « pas le droit de s'y opposer ». Il faut, avertit Charles-Roux-Cassandre, « prendre garde aux conclusions arbitraires que pourrait tirer la Tchécoslovaquie de notre rapprochement avec l'Allemagne et dans lesquelles peuvent trouver un auxiliaire la veulerie et l'aveuglement »[63]. Le masque de soutien de l'État national et d'ami de la France (et de Schneider) de Preiss, leader du parti national-démocrate, se lézarda avec sa démission du CA de Skoda. Charles-Roux admit que la France aurait désormais contre elle cet ennemi de l'Empire austro-hongrois sur sa fin, aucunement francophile, qu'il eût « mieux [valu] avoir pour soi que contre soi »[64].

En Pologne, le pire des quatre alliés, la Schlachta avait, sous le couvert de l'ancien socialiste Pilsudski, conservé tout son pouvoir, et les rapports de forces socio-économiques laissaient à l'alliance française des chances aussi précaires qu'elles l'avaient paru jusqu'à l'été 1918, époque du choix tardif du « maréchal » pour l'Entente. La grande propriété foncière, intégrée naguère aux empires centraux, l'était restée, à l'image du « prince Janusch Radziwill, un des propriétaires fonciers les plus importants non seulement de Pologne, mais de l'Europe entière et personnalité en vue de la politique polonaise ». Président de la Commission des affaires étrangères du Sejm (la Diète polonaise), il était « lié depuis longtemps avec les groupes influents des Junkers allemands » auxquels le rattachait toute son histoire familiale : né en 1880 à Berlin, fils du prince Ferdinand, président du groupe polonais du Reichstag, il avait fait ses études à l'université de Berlin, été « capitaine dans les cuirassiers de la garde impériale allemande » et « sous-secrétaire d'État dans le Conseil de la Régence de Pologne » installé par le Reich occupant « en 1917-1918 ». « Président du parti conservateur et de nombreuses organisations catholiques », il s'était « rallié avec son parti à Pilsudski en octobre 1926 » – date du coup d'État de ce dernier – « pour des considérations où [...] l'intérêt des grands propriétaires » était déterminant[65].

Rattaché à « la grande propriété foncière » allemande de Haute-Silésie (90 % du total pour « 10 % de la population environ »), Radziwill l'était aussi à l'industrie lourde, allemande à « 50 % des capitaux engagés ». Quand celle-ci fut, début 1933, « secourue » par un moratoire et de nouveaux crédits allemands, « certains membres de l'aristocratie, intéressés aux affaires silésiennes », furent à la Chambre accusés de bénéficier de cette manne ; « le ministre de l'Industrie » lui-même leur « reproch[a...] de ne pas faire en l'occurrence œuvre de bons Polonais ». La vive réaction du prince confirma qu'il faisait partie du lot. Le scandale était d'autant plus grand que ces apparentes victimes de la crise pillaient ainsi la Pologne pour la deuxième fois : elles avaient procédé à « des falsifications systématiques de bilans pour dissimuler les vrais bénéfices et par suite diminuer les impôts à payer. Les industriels allemands paient notamment des intérêts énormes pour des emprunts fictifs consentis par des banques allemandes : Deutsche Bank, Dresdner Bank, etc. Les industriels allemands qui sont en même temps actionnaires de ces banques récupèrent sous forme de dividendes les sommes énormes qu'ils paient comme intérêts »[66].

Paris, par les grâces faites au Reich et à l'Italie (dernier cas aux effets yougoslaves dévastateurs), encouragea dès le début des années 1930 « la veulerie et l'aveuglement » de ses alliés. Ces stigmates de l'« esprit de Locarno » et de la « réconciliation franco-allemande » tracassaient Charles-Roux encore à Prague. Ils cessèrent de l'alarmer après qu'il eut, en juin 1932, gagné le Vatican. Il adhéra depuis lors au club de ses prédécesseurs à Rome-Saint-Siège, cléricaux de toujours ou qui l'étaient devenus en y pénétrant. Aveugles et sourds (le plus souvent), ils n'aidaient guère les petits alliés de l'Est à résister au secrétaire d'État Pacelli affairé, « l'œil fixé sur Berlin », à préparer avec le Reich et pour lui la dévolution des futures dépouilles de la Tchécoslovaquie[67], de la Yougoslavie, de la Roumanie et de la Pologne. Charles-Roux estima promptement que son ancienne protégée ne pratiquait pas à l'égard du Saint-Siège les concessions sur la délimitation des diocèses, aux conséquences territoriales directes, qu'il jugeait désormais opportunes. Certes, Paris ne réclamait pas officiellement face à cet interlocuteur, connu de longue date comme un instrument du Reich, la rectification des frontières de ses alliés de l'Est : en août 1931, l'attaché d'ambassade au Vatican François Gentil rappela que « la seule idée de révision des traités mettait la paix en péril » à l'intime de Pacelli, Mgr Giuseppe Pizzardo, qui venait de minauder sur sa tendance à « taquiner » l'ambassadeur de Pologne « sur la question du couloir » de Dantzig[68].

Mais Laval allait alors plus loin que les délégués du Quai d'Orsay n'étaient instruits de le faire. Face à la campagne allemande, anglo-américaine et vaticane en cours sur le Corridor, il ne se montra, à la conférence de Londres en juillet 1931, pas plus ferme que sur les réparations. Il exposa au secrétaire d'État américain Henry Stimson, ravi, son inclination à faire payer par la Pologne sa volonté d'accord avec le Reich : « Le problème pendant qui résoudrait tout le reste était la question du corridor polonais », après quoi « la France n'aurait plus d'autre véritable ennui avec l'Allemagne »[69]. Hors PV officiel, il confia à Stimson, et le lui répéta pendant son voyage d'octobre à Washington, « que le corridor polonais était une monstruosité ». Il ne cherchait pas seulement à plaire à Washington et à Londres, qui estimaient cette frontière « indéfendable »[70]. Les milieux financiers français jugeaient alors inévitable « l'occupation [allemande] du couloir de Dantzig » : la Pologne ne pourrait « s'[y] opposer [...] en raison des appuis financiers qu'elle [était] obligée de solliciter pour éviter une débâcle »[71].

En avril-mai 1932, l'émissaire du Comité des Forges à Berlin François-Poncet offrit à Brüning et à ses successeurs un marché sacrifiant les frontières de l'« allié » polonais à un compromis franco-allemand : « En échange d'une annulation des réparations, l'Allemagne s'engagerait à ne pas poser pendant une période de sept ans de questions politiques telles que celle du Corridor, [...] mais les Français de Berlin pourraient se contenter de cinq ans. [...L] a promesse de ne pas soulever la question du Corridor implique qu'à la fin de cette période l'Allemagne serait libre de le faire »[72]. La réunion simultanée à Luxembourg, déjà citée, du « comité franco-allemand d'information et de documentation » (CFAID), raccourcit le délai. Les industriels allemands y exigèrent la récupération du Corridor et « de la partie polonaise de la Haute-Silésie ». Les Français « soulign[èr]ent l'opposition à laquelle se heurteraient de tels projets auprès de l'opinion publique » sans opposer « une fin de non-recevoir aux prétentions allemandes [...]. Au contraire, M. Parmentier demand[a] à ses interlocuteurs si l'Allemagne, une fois ces revendications satisfaites, serait prête à garantir la frontière orientale de la Pologne contre la Russie. Les délégués allemands approuv[èr]ent ». Les mêmes, délestés du publiciste Wladimir d'Ormesson – Duchemin étant devenu trois jours auparavant régent de la Banque de France[73] –, abdiquèrent toute réserve juste avant l'avènement d'Hitler : à la réunion suivante du CFAID, les 29 et 30 janvier 1933, ils souscrivirent à « un projet de rectification des frontières germano-polonaises » sur le modèle défini ci-dessus « moyennant des compensations plus ou moins hypothétiques » (plus que moins, selon les archives)[74].

Qui pouvait croire, depuis l'ère locarnienne, où la France avait consenti à la non-garantie des frontières orientales du Reich, à son engagement direct auprès de ses petits alliés ? Qui pouvait faire mine d'y croire à l'époque où cet éloignement officiel était aggravé par les conséquences de la crise ? Varsovie, d'ailleurs informée des tractations ci-dessus, savait que « la France » ne bougerait pas « pour défendre le couloir » : « On ne se fait pas d'illusions sur [son] intervention [...]. On prévoit, non sans amertume, [qu'elle ...] prêterait à la Pologne une aide diplomatique mais rien de plus et qu'elle n'interviendrait pas directement tant qu'il y aurait le moindre espoir d'éviter une conflagration générale. [...] L'histoire de 1866 et de 1870 va se répéter. »[75]

À titre de comparaison (et de critère du sérieux des « garanties » britanniques du territoire polonais du 31 mars 1939), rappelons les positions de Londres depuis le début de la décennie, tactiquement retranchées derrière la bonne à tout faire soviétique. Le financement précoce des hitlériens par « le "service secret" britannique » et la City aurait été motivé par la confiance qu'ils plaçaient dans leur capacité à régler le « problème russe » : « Une Ukraine "indépendante" et affranchie de la dictature bolchevique [...] servira[it] de territoire pour la colonisation allemande : 500 000 colons par an ! » L'Allemagne, gavée « d'un territoire pour la colonisation des débouchés pour son industrie et commerce, ne revendiquera[it] plus la restitution de ses anciennes colonies et, en général, n'aura[it] pas besoin d'autres moyens d'expansion. *Elle n'aura[it] pas besoin de flotte de guerre* – question particulièrement importante au point de vue britannique »[76]. L'argument reflétait surtout la complaisance du *Foreign Office* pour les appétits germaniques dans tout l'Est européen, Pologne antibolchevique incluse, aussi appuyée chez le secrétaire au *Foreign Office* Anthony Eden et Robert Vansittart (sous-secrétaire d'État permanent au *Foreign Office*) que chez les apaiseurs à la Chamberlain, Halifax et consorts. Ian Szembeck, sous-secrétaire d'État polonais aux Affaires étrangères, reçut « au *Foreign Office* » en janvier 1933 « un accueil glacial », se faisant « vivement conseill[er...] de chercher un compromis permettant de trouver une solution au problème du couloir polonais » : Vansittart lui annonça « que le gouvernement anglais et l'opinion publique ne s'opposeraient nullement à une demande du Reich concernant la révision de sa frontière orientale » que Londres estimait « nécessaire pour assurer la paix européenne ». Insistant sur la nécessité « que la Pologne acceptât un compromis que les puissances trouver[aie]nt peut-être », il lui demanda « si la Pologne accepterait de renoncer à sa situation prépondérante à Dantzig et à tous ses droits dans la ville libre » pour la rendre « absolument indépendante, et si elle consentirait à un condominium polono-allemand dans le couloir »[77].

La coupable Pologne ne l'était après tout pas plus que ses grands alliés présumés. À l'avènement d'Hitler, « nos amis yougoslaves, qui n'avaient vraiment pas besoin qu'on ajoutât à leur tourments » (formule d'un journaliste de *L'Ordre*), n'étaient pas seuls « en butte aux pires intrigues vaticanesques, ourdies contre leur unité ». Tous les protégés de Paris, négligés par leur tuteur, étaient visés[78].

Le fiasco des tentatives de séduction de l'URSS jusqu'à Herriot

Entre crise liquidant les marchés extérieurs et réarmement allemand accéléré, la France tourna les yeux vers le pivot de naguère de l'alliance de revers, sans jamais parvenir à les fixer. Elle ne résoudrait pas au bénéfice de la « sécurité » extérieure les contradictions entre la défense des frontières – supposant l'Allemagne *simultanément* aux prises avec les deux fronts de 1914 – et les haines de classe que la révolution bolchevique entretenait depuis sa naissance. Il est difficile de ne pas suivre sur cette voie l'historien canadien Michael Carley, qui en a fait un objet spécifique de son étude de l'incapacité des leaders de l'ancienne « Entente », France et Angleterre, à reconstituer l'alliance tripartite avec la Russie qui avait seule en 1914 évité au front occidental l'effondrement. À cette vieille thèse enterrée par les « révisions » récentes, la masse des archives consultables redonne « les joues roses ».

La crise des relations avec l'URSS

Après la brève embellie de la reconnaissance de l'URSS, en octobre 1924, par l'antiallemand Herriot, se dressa, sur le plan extérieur aussi, un « Mur d'argent » infranchissable. Insensibles en matière soviétique à la priorité d'ordinaire sacrée du profit, observe Carley, les « Deux Cents Familles » des « actionnaires les plus importants de la Banque de France » ne rêvaient qu'« idéologie : la peur du communisme prenait le pas sur les intérêts commerciaux et industriels français ». L'organisateur en chef du cordon sanitaire ne cessa, après « l'effondrement de la révolte de Kronstadt contre l'autorité soviétique en mars 1921 », de remâcher sa rancœur de « la défaite » politique essuyée : sévère, il est vrai, elle consacrait, outre son incapacité à renverser les bolcheviques, « la perte des 13 milliards de francs-or d'investissements français en Russie »[79]. Envers l'URSS se manifestaient non seulement de la terreur, mais aussi la haine et l'arrogance du colon (eût-il été chassé), illustrée par un propos de l'ambassadeur de France à Londres, Aimé de Fleuriau, en juin 1926. Il conseilla aux Britanniques, tentés par la rupture avec l'URSS (acquise en mai 1927) sous prétexte de la grève générale de mai 1926, de ne pas passer à l'acte. Le chantage suffisait aux peuples inférieurs et soumis : « Sur les Russes, comme sur les Turcs, les Chinois, les Orientaux en général, la menace dont l'exécution éventuelle n'est pas douteuse fait beaucoup plus d'effet que l'acte lui-même. »[80] Ce mélange de sentiments chauffés à blanc par l'impuissance à changer le cours de l'histoire de la Russie a nourri une correspondance considérable au Quai d'Orsay dans les années 1920, et aussi abondante dans la décennie suivante.

L'URSS avait montré dans les années 1920 une volonté obstinée de relations avec la France (et la Grande-Bretagne) qui la soustrairaient au tête-à-tête avec le Reich, dont elle n'ignorait pas les intentions territoriales à son égard[81]. Les rebuffades répétées ne l'avaient jamais découragée, tendance encore renforcée, au printemps 1927, par la stratégie britannique de rupture : l'ambassadeur à Paris Georgi Piatakoff avait reçu en mai pour « instructions formelles [de Moscou de...] faire des concessions en vue d'aboutir à un accord. La délégation russe serait prête à reconnaître les dettes de la France, sans demande de crédits. Les Soviets désirant à tout prix acquérir un appui amical en Europe feront l'impossible pour l'obtenir en donnant satisfaction à la France et cèderaient sur tous les points qui étaient encore litigieux »[82]. La Haute Banque, Banque de France en tête, et l'industrie, qui n'en voulaient point entendre parler, reçurent l'appui enflammé du radical Albert Sarraut, dont l'anticommunisme avait forgé la promotion : gouverneur général de l'Indochine, il avait « développ[é] la vente et le trafic de l'opium parmi les populations annamites » pour les empêcher (en vain) de céder à la tentation communiste ; il reçut ensuite le ministère de l'Intérieur pour « sa politique de salut public à l'égard des communistes » et « son énergie dans sa lutte contre le communisme », redoublée par les perspectives législatives de 1928[83].

Les milieux financiers lancèrent donc au printemps 1927, à la suite d'un article du *Figaro*, le 29 avril, pur faux sur « le péril communiste » d'un « plan de mobilisation, attribué [...] à Vaillant-Couturier », une campagne de presse à but électoral et soviétique[84]. Ils la relancèrent à l'automne « plus particulièrement dans *Le Figaro, L'Avenir, L'Écho de Paris, Le Matin, La Victoire,* etc., aux fins d'une rupture diplomatique avec les Soviets » et pour faire capoter le « Pacte de non-agression » franco-soviétique que sollicitait Moscou. Cette campagne abonda en bobards sur les Soviets et le PCF augurant l'ère du « Pacte franco-soviétique » *stricto sensu*. Entre autres, *Le Matin* « publi[a...] à plusieurs reprises des articles dénués de toute documentation sérieuse ou reposant sur des pièces fabriquées de toutes pièces par d'habiles faussaires »[85]. Cette campagne recueillit aussi les fonds de Sir Henry Deterding, héraut de l'anticommunisme pétrolier[86] lié à la Banque Lazard, devenue depuis avril 1926 « le représentant financier en France d[e son] groupe Royal Dutch [Shell] »[87]. La décennie s'acheva sur une sarabande aussi endiablée qu'à son début[88].

Campagne sur le dumping soviétique et veto commercial, 1930-1931

La virulence antisoviétique commune à tous les pays atteints par la crise, proportionnelle à la complaisance pour le Reich, trouva aliment dans la fermeture des marchés et l'effondrement des cours. Les États-Unis et l'Allemagne hurlèrent depuis 1930 à la concurrence déloyale de l'URSS dont « les navires [étaient...] chargés dans les ports septentrionaux exclusivement par des déportés et des détenus affamés qui sous la menace des baïonnettes [étaient] forcés de travailler jusqu'à 12 heures par jour »[89]. Le « dumping à la manière russe » n'était pas plus diabolique que celui des autres concurrents internationaux, Reich au premier chef[90]. Aucun d'entre eux, observe Carley, n'offrait, en échange de crédits, les privilèges commerciaux que l'URSS faisait vainement miroiter aux autorités françaises depuis 1927[91]. Bénès l'admit.

Au bout de deux ans de tapage, le comte François Dejean, successeur de Jean Herbette à Moscou, transmit pour usage interne la « longue étude » de François Conty, attaché d'ambassade (et son gérant entre le départ de Jean Herbette en mars 1931 et l'arrivée de Dejean en novembre). Ses 35 pages sur « le travail forcé et les travaux forcés en URSS » devaient en effet aider le gouvernement à préparer les élections de 1932 en « répond[ant] à la propagande exercée par les Soviets auprès du prolétariat français » par le descriptif du « régime de contrainte auquel [était] soumise la main-d'œuvre en URSS ». L'ambassadeur admit pourtant le caractère strictement intérieur de la « violente campagne contre le "travail forcé en URSS" [...] entreprise l'année dernière dans la presse étrangère », qui avait « fait plus de place à des digressions générales qu'à des arguments précis »[92]. Pas seulement « dans la presse étrangère », mais dans la française, que nourrissaient les ambassadeurs, avec au premier plan à Moscou Jean Herbette, et à Berlin, Pierre de Margerie, collectionneur de philippiques antibolcheviques échevelées[93]. Lilliput du commerce avec l'URSS (en 1929, 4,1 % contre 22,7 pour l'Allemagne, 14,3 pour la Grande-Bretagne et 12,1 pour les États-Unis), la France de Tardieu ou de Laval prit la tête de la croisade contre le « dumping » soviétique[94].

Herbette, journaliste au *Temps* depuis 1917, avait exprimé les avis changeants de ses mandants sur les relations avec l'URSS au début des années 1920 (parfois pour, finalement toujours contre). Obligé de Poincaré, symbole du veto contre l'URSS, il le lâcha à l'aube du succès électoral du Cartel des Gauches, le temps de se faire envoyer à Moscou par un Herriot en mal d'alliance de revers. Avocat lyrique de cette cause, l'ambassadeur de la reprise des relations diplomatiques (octobre 1924) estimait en avril 1925 qu'« il n'y a[vait] pas de temps à perdre pour travailler, entre la Russie et ceux de ses voisins qui nous intéress[ai]ent particulièrement, à cette détente sans laquelle l'Europe irait presque irrésistiblement à de nouveaux conflits et la France à de nouveaux deuils »[95]. La chute d'Herriot et le long retour aux affaires de Poincaré firent renouer Herbette avec la fièvre antisoviétique de la Triple Alliance des comités des Assurances, des Forges des houillères et des Forges, propriétaires du *Temps*. Son antisoviétisme, bouillant depuis le deuxième semestre 1927, fit de ses courriers des brûlots illisibles à force de surexcitation. Il fut peut-être aggravé par une mésaventure conjugale, Mme Herbette ayant pris « pour amant un agent influent du GPU » auprès duquel elle prétendit « rester à Moscou »[96] (projet auquel elle renonça).

Herbette donna une expression spectaculaire à l'antisoviétisme des décideurs français, tel le président du Conseil (novembre 1929-décembre 1930), son ami de lycée André Tardieu[97], « héritier présomptif de M. Poincaré, ministre jeune et ardent » également déchaîné contre les rouges de l'intérieur et de l'extérieur. Il avait mené l'assaut en 1929 comme ministre de l'Intérieur – poste qu'il tint à conserver à la tête du gouvernement –, multipliant les « arrestations préventives » de militants avec l'aide de la presse de droite qui sonnait le tocsin contre ces dangereux comploteurs[98]. Incarnation du veto contre les Soviets, il clama en décembre 1929 son « intention d'insister sur la reconnaissance de la dette russe par les Soviets »[99], routine du veto franco-anglais contre les échanges commerciaux[100]. Il les haïssait assez pour mépriser leur excellent pétrole bon marché, offert au surplus par « le Nephtsyndicat » à des conditions commerciales beaucoup plus favorables que celles des deux majors anglo-saxonnes : avec contrepartie de commandes soviétiques à la France. Veto non exclusivement idéologique, à en juger par son entretien de mai 1930 avec Deterding, venu lui conter « les démêlés de la Royal Dutch avec Moscou » et lui rappeler sa volonté « de voir les États du Vieux Continent rompre avec la Russie ». Tardieu n'y voyait rien à redire. Mais Deterding s'était aussi plaint que Moscou eût passé accord avec « la Standard Oil C° », contraignant son interlocuteur à « une réserve » inhabituelle : « la rivale [américaine] de la Royal Dutch ne fournissait-elle pas des fonds à *L'Écho national* [journal de Tardieu] ?.... »[101]

Le duo Tardieu-Deterding laissa libre cours aux fureurs d'Herbette, dans lesquelles son biographe Yves Denéchère voit « la condamnation d'un régime despotique »[102]. Le Quai d'Orsay, confronté à une offensive de charme soviétique intensifiée par la nomination aux Affaires étrangères de Litvinov, en juillet 1930, ne brida point ces élans. Contre la pression du ministère du Commerce et de certains industriels déçus de ne pouvoir vendre leurs produits privés de marchés capitalistes, il se retrancha derrière l'autre duo, décisif, Banque de France et Finances (représentées par Jean-Jacques Bizot, sous-directeur du Mouvement général des fonds, exécuteur depuis 1927, montre Carley, des basses œuvres antisoviétiques de Poincaré et de ses successeurs, et futur sous-gouverneur, en octobre 1937, de la banque centrale). Le Quai d'Orsay subordonna donc la signature d'un accord avec Moscou au règlement de la question des crédits, renvoyant les demandeurs au veto du « Mur d'Argent » contre tout escompte ou réescompte des traites soviétiques[103].

À Moscou, les philippiques d'Herbette contre le « dumping » soviétique comblaient tant les vœux du tandem financier couvert par le Quai d'Orsay que le ministère du Commerce institua le 3 octobre 1930 par décret « un régime de licences pour l'importation de certains produits soviétiques ». La motivation n'en était pas plus que pour Tardieu seulement idéologique, bien que l'économie se retranchât toujours derrière la crainte que la France ne devînt « le centre des menées communistes et des ténébreux agissements de Moscou »[104]. Une des plumes d'Herbette, parti de Moscou le 14 mars 1931, avoua le 26 qu'il s'était agi de « protéger l'agriculture française » et que le veto antisoviétique constituait la contrepartie de la collaboration franco-allemande : dans le cadre de leurs accords de cartel, Kuhlmann avait « obtenu de la société allemande IG [Farben] contre sa renonciation à exporter en URSS » une compensation – « une ristourne sur le total des opérations financées ».

Le gouvernement soviétique, après avoir vivement protesté contre cette « déclaration de guerre économique » (*Les Izvestia* du 5 octobre), répondit par diverses « représailles » : « Par le décret [commercial] du 20 octobre 1930 [répliquant au décret français du 3], par un refus de renouveler le contrat des compagnies françaises de navigation, par le procès du Parti industriel, à la suite duquel il a demandé le rappel de M. [Louis] Kieffer, attaché commercial adjoint à l'ambassade de France à Moscou, et il a notifié que M. [Guillaume] Georges-Picot ne pourrait plus occuper de poste en URSS, ces deux agents [français] ayant été soi-disant reconnus par la Cour Suprême de l'URSS complices des ingénieurs poursuivis pour sabotage. » Avec le décret « de rétorsion du 20 octobre », l'URSS « décida[i]t de ne plus passer de commandes en France »[105]. « Le procès du Parti industriel », annoncé une semaine après le décret et étiré jusqu'en avril 1931, fit trépigner Herbette d'indignation sur le « prétendu complot » dirigé de Paris avec l'aide de hauts cadres soviétiques de l'économie. Il y dénonça une nouvelle diversion des dirigeants soviétiques confrontés à la crise de l'économie, du ravitaillement et à « la colère populaire » ; il fustigea « les abominables traitements infligés aux accusés par le G.P.Ou ». Les journaux français, « avec *Le Matin* à leur tête », honorèrent leur réputation, Paris ayant comme Herbette (le 14 novembre) jugé qu'« il ne serait même pas inutile de faire dire par des voix autorisées qu'on ne saurait attribuer la moindre valeur à de prétendus aveux, ni à de prétendus témoignages, qui ont été ou qui seront obtenus par des méthodes secrètes, cruelles et réprouvées par la conscience de tous les peuples civilisés ».

L'URSS ne ménagea pas les révélations, troublantes par leur précision, sur cette énième opération destinée à chasser les bolcheviques, concoctée depuis 1928 avec la complicité de l'ambassadeur : les Français, guidés par Loucheur, Poincaré, Briand, l'État-major général et nombre d'officiers (nommément cités), appuyés sur les provocations militaires assignées aux pivots du cordon sanitaire (Roumanie et Pologne) que viendraient renforcer les Russes blancs, y avaient côtoyé les Britanniques : l'inévitable Deterding (dont « le groupe » devait « s'emparer de Bakou et de Grozny ») et les antibolcheviques de choc Winston Churchill et Stanley Baldwin[106]. Malgré les vociférations sus-mentionnées, la « protestation énergique » officielle en trois points et les brocards de Briand contre ces « allégations [...] risibles »[107], le Quai admit après coup que « la violente campagne qui présentait la France comme l'instigatrice d'une coalition contre l'URSS » avait porté, presque autant que la catastrophe commerciale générée par les représailles soviétiques du 20 octobre 1930[108].

La trêve sembla l'emporter, avec l'abrogation mutuelle, le 16 juillet 1931, des décrets français et soviétique des 3 et 20 octobre 1930. Mais, dans une atmosphère antisoviétique déchaînée, les conversations traînèrent, échouèrent au second semestre 1931 et furent interrompues jusqu'au retour d'Herriot – où leur reprise n'aboutit pas davantage[109]. Le veto ne caractérisait pas uniquement la grande banque. Schneider avait depuis le début des années 1920 passé avec Skoda « accord pour ne pas fournir d'armes à l'Union soviétique ». « Le bureau central de Paris exerçait une surveillance étroite » sur cet accord[110], que les aléas de la crise ne retouchèrent point. La pression de Schneider fut telle que Skoda, accablée par le défaut de paiement roumain de 90 millions à l'automne 1931, se vit interdire ce débouché : « Un membre de la mission commerciale des Soviets à Prague est venu dire au directeur des fabrications d'artillerie de Skoda que le gouvernement de l'URSS se rendrait volontiers acquéreur de ce matériel. [...] Mais je tiens de la direction des établissements Skoda, *câbla Charles-Roux le 9 décembre,* qu'en aucun cas elle ne vendra au gouvernement de l'URSS le matériel fabriqué pour la Roumanie. »[111] Schneider livrerait en revanche le champion révisionniste hongrois, via sa filiale « de matériel d'optique et de télémétrie, du matériel accessoire d'artillerie » – « livraison », murmura la direction d'Europe, « contraire aux dispositions du traité de Trianon et [...] inopportune, du point de vue politique »[112].

Ce rejet et ces faveurs respectifs ne devaient pas non plus tout à l'idéologie. L'industrie mécanique et métallurgique tchécoslovaque ou plutôt son maître français (Schneider-Skoda) s'engagea peu après la guerre auprès des groupes allemands (Borsig, Krupp, Rheinmetall, Ruhrstahl, Vereinigte Stahlwerke [Aciéries réunies]) dans des cartels internationaux tripartites. Les partenaires allemands dominants gratifièrent, avec l'aval français, la partie tchécoslovaque, flanquée en l'occurrence d'une Autriche soudée au Reich, du droit à 3/13 de la valeur des exportations concernées sur le marché européen (les intérêts allemands disposant des 10/13 restants). La sidérurgie allemande obtint, depuis le renouvellement des cartels de septembre 1926, la « priorité » voire l'exclusivité du marché soviétique, notamment pour le matériel de chemin de fer. En échange, le Lilliput tchécoslovaque (c'est-à-dire français) reçut « la préférence sur les marchés de Hongrie, de Roumanie, Bulgarie, Yougoslavie, Pologne et Turquie européenne »[113]. La Hongrie était donc ouverte à Schneider-Skoda, l'URSS lui était fermée par les accords de cartel. Encore pourrait-on arguer que Schneider, ayant d'emblée décidé de boycotter les Soviets, faisait à ses confrères allemands un cadeau fallacieux. Quoi qu'il en soit, la priorité « idéologique » n'est en l'état de la documentation consultée pas démontrée.

Rejet des avances diplomatiques soviétiques et campagnes politico-militaires contre l'URSS au début des années 1930

Les Soviétiques intensifièrent les avances au début de l'ère Litvinov, propositions de pacte avec la France et avec la Tchécoslovaquie, de pactes de non-agression avec les États voisins (Pays Baltes, Pologne, Roumanie – ces deux derniers États étant militairement liés par des accords strictement antisoviétiques) –, en tentant d'utiliser le truchement du tuteur français[114]. Ces offres donnèrent prétexte à la relance du vieux serpent de mer de « la collaboration militaire germano-soviétique » visant à rayer de la carte la Pologne, plan sur lequel les services spécialisés n'avaient, en 1931-1932, toujours rien découvert[115]. En mars 1933, époque où la question de cette « alliance » ne se posait plus, le Deuxième Bureau conclut l'énorme feuilleton : « On ne peut affirmer qu'il existe une alliance ou un accord militaire entre les deux pays et il est fort possible qu'un tel accord n'existe pas. »[116]

Quelques diplomates et autres agents de l'État, chefs d'orchestre d'un tapage quotidien de tous les milieux antisoviétiques, méritent mention particulière. Herbette expliquait que « le parti militaire » de Moscou, dirigé par Vorochilov, chef de l'Armée rouge, ne dénonçait les faux complots occidentaux qu'à usage intérieur, tout en préparant des plans de guerre contre la Pologne et la Roumanie aussi fous que ceux du Reich en 1914[117]. Thèse que les diplomates français les plus antibolcheviques en poste dans les pays voisins démentaient aussi régulièrement[118]. Thème universel, Herbette s'indignait de la « propagande communiste » et de l'influence idéologique du Komintern, à Moscou même et dans ses sections nationales, France métropolitaine et coloniale en tête, mais pas seule : il fulmina en août 1930 contre les mensonges sur le sort du « nègre » et des malheureux Américains diffusés aux ouvriers américains travaillant en URSS[119].

Parmi ses collègues, Pierre de Margerie, obsédé par le péril rouge russo-allemand et enthousiasmé par « la répression contre les menées communistes », exprimait sans fard ses hantises de classe. Il s'était enflammé pour la provocation sanglante organisée le 1er mai 1929 contre des militants KPD désarmés par le SPD, qui gouvernait doublement à Berlin (en Prusse, comme toujours jusqu'à juillet 1932, et dans le Reich, le cabinet Hermann Müller, le dernier à compter des ministres SPD, tombé fin mars 1930) : il imputa comme de coutume aux « ordres venus de Moscou » l'opération qui fit 25 morts, 60 blessés graves et « 200 blessés légers », presque tous parmi les conjurés présumés[120]. Jusqu'à son départ, Margerie clama sa haine contre « les éléments révolutionnaires, ceux de gauche surtout » (« ceux de droite » désignaient le NSDAP, qui le laissait de marbre[121]).

Face à la crise ravageuse menaçant de ranimer le faible KPD, il admirait le sens répressif allemand, origine de sa sympathie pour le SPD cogneur : « Le 19 janvier [1930] encore, à Chemnitz » (dans la Saxe rouge du textile), « quatre ouvriers sont morts à la suite d'une fusillade ; un pareil événement, qui soulèverait en France des tempêtes, est à peine commenté ici, où l'on a moins de respect administratif pour la vie humaine ». L'évolution antisoviétique de la politique du Reich, ce « tournant des relations germano-russes » tant attendu, l'enthousiasmait : « Il faut se féliciter de cet éveil tardif. » La déroute escomptée des rouges balaierait le compromis germano-soviétique, ouvrant la voie à l'accord franco-allemand : « L'éventualité de troubles sociaux dans le Reich est assurément regrettable ; mais elle constitue l'antidote le plus sûr contre les dangers éventuels de la politique de Rapallo, et mérite à ce titre toute notre attention. »[122] Cette frénésie, agréable au Deuxième Bureau, autre expert en antibolchevisme[123], n'empêchait pas Margerie d'admettre la vacuité de son propre thème de propagande roi des années 1920, celui de « l'alliance », *a fortiori* de « l'alliance militaire » germano-soviétique : il n'avait « jamais [...] partagé les inquiétudes, tout à fait excessives [...], que la "politique de Rapallo" a[vait] inspiré[es] à beaucoup d'Occidentaux » ; le Reich, droite et SPD réunis, avait toujours communié dans la haine antirusse et antibolchevique. Il reconnaissait aussi la dégradation des relations entre les deux pays décrite depuis la fin des années 1920 par toutes les administrations compétentes[124].

De Stockholm, l'ineffable Gaussen (ou son chargé d'affaires) traquait partout, Suède et Reich inclus (à l'heure où toutes les chancelleries annonçaient l'avènement imminent d'Hitler), la subversion, le terrorisme et la révolution imminente sous l'égide de Moscou, avec son arsenal et ses hommes de main ; lesquels étaient le plus souvent juifs, noms à l'appui quand le qualificatif « israélite allemand », « russe », etc.[125], n'était pas précisé. La masse de ses rapports, limitée ici à trois courriers, constitue le bêtisier record du Quai d'Orsay, qui le hisse au niveau des chefs-d'œuvre de l'Intérieur, tels ceux de Petit, spécialiste des « manœuvres extrémistes »[126], et du Deuxième Bureau. Fin septembre 1931, il connaissait de longue date « l'organisation de dépôts d'explosifs en France, en Belgique, en Pologne et en Roumanie [par...] la IIIe Internationale ». Un de ses agents, « également au service de l'Allemagne, Sladberg alias Slavetzky [,...] qui se trouv[ait] actuellement en Suède, aurait déclaré aux chefs du parti communiste suédois qu'il suffirait d'un ordre de la IIIe Internationale pour faire sauter les arsenaux, les dépôts de munitions et les ponts stratégiques en Pologne et en Roumanie ». Fin janvier 1932, « deux vapeurs » qui avaient « appareill[é] sous le pavillon de l'URSS mais battr[aie]nt plus tard pavillon suédois », envoyés « par le gouvernement des Soviets, en prévision d'une révolution communiste en Allemagne », avaient débarqué « à Hambourg et à Dantzig une cargaison de matériel de guerre (pièces de campagne, mitrailleuses, fusils, revolvers, munitions) et des équipes d'officiers et d'instructeurs rouges » aux noms à consonance juive. Mme Alexandra Kollontay, ambassadrice soviétique à Stockholm, avait tout supervisé. Quelques jours après, Gaussen annonça l'arrivée « ce printemps en France [d']un certain Ludwig Weingert », Allemand chargé « pour le compte des Soviets [de...] tâcher de faire sauter des usines métallurgiques et des fabriques chimiques travaillant pour la défense nationale », grâce à ses « accointances parmi les ouvriers affiliés au parti communiste travaillant dans les[dites] entreprises » ; cet « ex-officier de l'armée impériale, devenu commerçant après la guerre », étroitement lié à « la représentation commerciale des Soviets à Berlin et [...] à Stockholm », en ferait autant en Belgique. Il certifiait ses informations « de source extrêmement sérieuse » ou « de bonne source »[127].

L'URSS avait fini par s'alarmer des fulminations d'Herbette, qui annonça en janvier 1930 qu'elle « serait assez à l'aise pour frapper un coup en Bessarabie et en Bukovine », que l'état de l'Armée rouge rendait l'hypothèse vraisemblable et « que le régime communiste, obligé pour vivre d'entretenir constamment l'exaltation de ses adhérents, résistera[it] difficilement à la tentation de faire la guerre une fois qu'il s'en sera[it] assuré les moyens ». Le Vatican faisait écho aux « canards » roumains de cet ambassadeur devenu par son antisoviétisme un de ses favoris français : Pizzardo et Pacelli, chantres du grand Reich, mimèrent l'affolement (fin août) sur le risque d'« une agression brusquée de l'Armée rouge et [de...] l'occupation de la Bessarabie par la République des Soviets »[128]. L'URSS déclencha des campagnes de presse contre Herbette, qu'elle accusait « d'avoir sciemment contribué à gâter les rapports franco-soviétiques » par ses « fausses informations, notamment [sur...] l'éventualité d'une agression contre la Pologne, la Roumanie, les États Baltes ». Elle requit instamment son « rappel [,...] épilogue [souhaité] de tristes pages de l'histoire des relations franco-soviétiques »[129].

Elle finit par obtenir satisfaction, on l'a dit, à la mi-mars 1931, ce qui n'autorise pas à prêter au Quai d'Orsay de nouveaux sentiments. D'une part, il nomma Herbette en juin ambassadeur en jeune République espagnole car il avait déjà à Moscou montré grand intérêt pour « les agissements soviétiques » dans ce pays[130]. D'autre part, la plume du 26 mars déjà citée (Conty ?) conclut de façon inquiétante pour l'URSS un rapport économique (déjà présenté) prônant la rupture totale avec elle, par l'idée d'exploiter, pour en surmonter les effets, la conjoncture financière allemande : « Au moment où l'Allemagne solliciterait des facilités pour les paiements des annuités inconditionnelles du plan Young [,...n]e pourrait-on [...] l'autoriser à employer au financement de ses exportations en URSS une partie des sommes qu'elle doit et engager une conversation sur le problème russe entre elle et les bénéficiaires du plan Young ? Un des avantages à obtenir consisterait à recueillir l'adhésion de l'Allemagne à un accord assurant aux créanciers de la Russie tsariste l'égalité de traitement avec les créanciers de la Russie soviétique pour le jour où se poserait la question d'un règlement d'ensemble du problème russe. »[131] Ce « règlement d'ensemble du problème russe », bien loin des Pactes de non-agression que Litvinov proposait à tous, ressemblait à la coalition capitaliste que Moscou dénonçait depuis l'intervention militaire de 1918.

À Herbette succéda à l'ambassade en novembre 1931, après plusieurs mois de gestion de Conty, le comte François Dejean. Son antibolchevisme, solide, était moins incantatoire, et il ne rêvait pas d'en découdre. Entre-temps, de mai à août 1931, des pourparlers avaient repris en vue d'« un Pacte de non-agression et de conciliation qui respecterait les engagements antérieurs des deux pays » et serait lié aux « Pactes de non-agression conclus simultanément par le gouvernement soviétique avec » la Pologne, les Pays Baltes et la Roumanie. L'affaire est contée par une note du 4 février 1932 de la sous-direction d'Europe du Quai d'Orsay riche en mensonges par omission, qui avoue cependant l'essentiel : *son* veto. Parmi les « mobiles des Pactes de non-agression » de la France et de ses alliés de l'Est, elle balayait le « cinquième argument » avancé, « l'affirmation publique que, dans le domaine politique, l'URSS n'a[vait] pas besoin de l'Allemagne ». Elle dédaignait autant le sixième et dernier, « présenter le Pacte de non-agression franco-soviétique comme un prélude nécessaire pour faciliter la négociation d'accords ultérieurs d'ordre commercial et financier destinés à assurer le règlement des créances françaises sur l'URSS ».

Aux « mobiles français » pour conclure, présentés comme quasi nuls, la diplomatie française ajouta une hypocrisie qui durerait jusqu'en août 1939 : elle se retrancha derrière les Roumains et surtout les Polonais (dont on a vu à quel point Paris leur subordonnait sa politique extérieure). Philippe Berthelot, secrétaire général du Quai d'Orsay, lié au grand capital (on prévoyait à l'été 1930 sa démission imminente pour « consacrer son activité à d'importantes affaires financières »[132]), avait été au printemps 1918, rappelle Carley, un des cerveaux de « la politique française d'intervention contre les bolcheviques ». Il parapha avec l'ambassadeur Valerian Dovgalevski, le 10 août 1931, « un projet commun [d']accord. Mais cet accord n'engageait que les négociateurs, et [Berthelot] précisa à l'ambassadeur de l'URSS que le projet élaboré ne serait soumis à l'examen du gouvernement français, dont la liberté d'appréciation restait entière, qu'au moment où l'URSS se serait mise d'accord sur un texte analogue avec la Pologne. Celle-ci avait d'ailleurs été tenue régulièrement au courant des conversations franco-soviétiques »[133]. C'était bafouer Moscou en clamant la valeur nulle de ce paraphe.

Simultanément flambait la littérature antibolchevique. Léon Noël, directeur de la Sûreté générale de Laval, adressa le 19 août 1931 au Quai d'Orsay, qu'il rejoindrait, des textes du genre de celui-ci, puisé à « une information » de l'orfèvre d'Annemasse Petit : « On constaterait en ce moment un renforcement du nombre et de l'activité des agents plus ou moins secrets du gouvernement soviétique et du Komintern. Parmi les nouveaux agents des bureaux commerciaux de l'URSS en Allemagne figureraient plusieurs chefs militaires bolchevistes. Il serait possible qu'il en fût *(sic)* de même en France. Ces agents provocateurs et terroristes, pourvus de sommes considérables, arriveraient à Paris. Enfin Staline et ses amis [le mot fut rayé et remplacé par : collaborateurs] compteraient fermement que le gouvernement et les milieux d'affaires français, une fois pris "dans l'engrenage" des "rapports cordiaux" avec les Soviets, accorderaient de nouvelles facilités aux agents du Komintern qui prépareraient la révolution de notre pays. » Ce document du 19 août fut agréé par son destinataire, le Quai d'Orsay, qui le transforma le 28, avec l'option « Staline et ses collaborateurs », en « note pour le Bureau du Contrôle des étrangers ». Petit en remit une couche, se citant au mot près (avec l'option « Staline et ses amis ») dans une nouvelle note, le 19 novembre, sur l'« action du Komintern en Europe » : il redoutait que des relations normalisées avec la France ne permissent au « grand État-major de la Révolution » de « désagrég[er le] gendarme [français] de l'Europe »[134].

Un texte de six pages des Colonies avait en août dressé un tableau effarant de « l'activité des Soviets », surtout « en Indochine » – terre de révolte depuis février 1930[135]. Des « noirs ou jaunes [,...] préalablement choisis pour leur intelligence, leur bonne santé et leur foi communiste » étaient « achemin[és par...] le Parti communiste français [...] avec ou sans passeport vers la capitale de l'URSS ». Ils recevaient pendant « un à trois ans suivant les cas » dans les « quatre écoles révolutionnaires » de Moscou une formation spécifique, avant d'être renvoyés « vers leur pays d'origine pour y devenir les chefs de file avertis et écoutés [du...] mouvement antifrançais [...]. Le plus important d'entre eux, reconnu comme le chef incontesté [de celui-ci, était] Nguyen Ai Quoc [Ho Chi

Minh], arrêté le 6 juin dernier à Hong Kong par les autorités anglaises » (tous les détails étaient fournis, des établissements aux cours dispensés, en passant par la liste, avec lieux et dates, des autres militants indochinois arrêtés entre novembre 1930 et juin 1931). Bref, concluait la lettre du ministre à son confrère des Affaires étrangères, « il y a lieu de lier aux négociations actuellement en cours avec le gouvernement de l'URSS la question de l'activité des Soviets dans notre colonie d'Extrême-Orient ». Son lecteur approbateur du Quai commenta : « Le Pacte de non-agression doit empêcher de telles propagandes. »[136]

Les Izvestia ironisèrent alors et dans les mois suivants du fiasco – Tardieu ayant succédé (en février 1932) à Laval – sur la propagande antisoviétique française et « la dictature » prétendue des dirigeants roumains sur la France. Au printemps 1932, Paris invoqua en effet le veto de Bucarest, sous couvert bessarabien. Mais, répliqua l'organe soviétique officiel le 5 avril, l'« influence » des « vassa[ux] de la France n'est pas telle qu'elle puisse soumettre à sa volonté l'impérialisme français. L'épouvantail roumain est mis en avant pour dissimuler des facteurs plus influents », la « partie de la clique militaire française avec le général Weygand »[137]. Dejean cautionna le 7 mai cette analyse en termes plus choisis, jugeant « regrettable que les pactes laborieusement négociés entre l'Union [Soviétique] et les Pays Baltes, ainsi que la Pologne dussent échouer au port du fait de l'intransigeance roumaine » : il fallait pour « sortir de l'impasse [...reprendre l]es pourparlers dans des conditions de sincérité telles du côté de Bucarest qu'ils puissent aboutir à un résultat positif », d'autant plus qu'on était « du côté soviétique [...] animé du désir d'aboutir ». « Le gouvernement roumain » pour sa part clamait devant les Polonais et les Finlandais « que la France non seulement ne l'encourage[ait] pas à conclure, mais sembl[ait] préférer qu'il ne concl[ût] pas ». Le chargé d'affaires à Moscou Jean Payart, diplomate lucide dont la sensibilité au danger allemand atténuait alors l'antisoviétisme, affecta en octobre de croire que le ministre des Affaires étrangères roumain Nicolas Titulesco ne cédait qu'« aux intrigues allemandes qui se f[aisaie]nt jour tant à Bucarest qu'à Varsovie en vue de faire échec aux *systèmes* de pactes orientaux conclus sous l'égide de la France »[138].

Le tumulte auprès de « l'opinion publique » avait comme à l'ordinaire été orchestré par « les riches magnats comme Coty » dans *L'Ami du Peuple* « et Wendel » dans la presse du Comité des Forges. La contre-offensive avait été menée au nom des glorieuses alliances polonaise et roumaine et des intérêts des « petits porteurs » crucifiés par les bolcheviques. Le « projet de traité de non-agression franco-soviétique », fut mué en « convention de conciliation », en huit articles, le 15 décembre 1931, mais il n'y eut pas plus de « Pacte de non-agression » que de traité de commerce. Litvinov et Moscou attendirent une fois de plus les élections[139]. Les projets franco-allemands du grand capital excluaient un accord franco-soviétique, comme l'affirmèrent à Luxembourg ses représentants au CFAID fin avril 1932. On a évoqué la demande adressée par « M. Parmentier » aux Allemands de « garantir la frontière orientale de la Pologne contre la Russie » pour compenser « la violation allemande de ses frontières occidentales ». Les participants parlèrent de l'URSS à deux autres titres. Barbanson « soulign[a] la nécessité d'un accord entre la France et l'Allemagne pour faire face au péril qui mena[çait] la société tout entière ». L'accord sur le commerce international serait conclu au détriment des bolcheviques et des peuples d'Extrême-Orient : « Il serait opportun d'envisager la constitution d'un front unique par tous les pays civilisés vis-à-vis de ce qu'on peut considérer comme des pays non civilisés, c'est-à-dire la Russie, la Chine et les Indes. »[140]

Le maigre bilan d'Herriot : le traité d'amitié de novembre 1932

La recherche d'une d'alliance de revers

Jean-Baptiste Duroselle a naguère crédité Herriot, revenu à la tête du gouvernement et des Affaires étrangères entre juin et décembre 1932, de l'« apport positif [d'…] un accord franco-soviétique »[141]. Ayant beaucoup cédé au Reich, Herriot tenta en effet de relancer les négociations en vue d'un accord économique et de l'alliance de revers. Sur la première question, à la tardive reprise des conversations, en septembre, il se heurta au même « Mur d'argent » que sur la question allemande. Mais le Mur proscrivait ici tout compromis, et Bizot lança aussitôt le même veto que naguère. Les propositions soviétiques, en échange de crédits français, de garantie d'achats en France (dont 400 millions de francs de produits sidérurgiques), furent encore améliorées en octobre par le négociateur soviétique Gurevitch. Elles parurent alléchantes au ministre du Commerce (Julien Durand), qui argua le 25 octobre auprès de celui des Finances (Germain-Martin) « que les commandes soviétiques soulageraient la détresse de l'industrie métallurgique française et réduiraient le chômage ». Le « Mur d'argent » ayant tranché, les négociations entrèrent dans l'impasse. Son veto fut réaffirmé le 9 janvier 1933, moins d'un mois après la chute d'Herriot, au cours d'une réunion interministérielle « dans le bureau de M. Coulondre » par le représentant de la Banque de France et par Bizot, qui entonna le refrain de « la confiscation des dépôts de [s]a banque à Moscou après la révolution d'octobre »[142]. Herriot, qui avait souscrit à la mort des réparations, avait simultanément échoué à ranimer le commerce franco-soviétique.

Le tambour journalistique avait repris sur ce terrain comme sur celui des Pactes de non-agression, alors même que Moscou avait franchi, début août 1932, une étape décisive de son orientation antiallemande. Le tournant frappa Londres et Paris. Dans la *Krasnaïa Gazeta*, « principal organe de l'Armée rouge, » l'article de V. Kaisarov du 3 août « intitulé “La puissance militaire de l'Allemagne” » affirma « que les conditions réelles des armements allemands [étaient] très supérieures aux conditions apparentes ». Il conclut que l'« importance [de la Reichswehr était] très grande et du même ordre que celle de l'armée française ». Kaisarov décrivait avec précision la violation des interdits du traité de Versailles, de l'artillerie aux blindés, de « l'aviation militaire » aux « armements chimiques », le tout sous la houlette d'un État-major intact[143]. Le démenti officiel du journal, le 20 août, sur « cet article [qui] n'a[vait] été publié que par malentendu, sans autorisation de la rédaction et […] dans ses grandes lignes […] erroné » ne dupa personne.

Le *Times* du 6 août avait noté « le changement de ton de Moscou », observant que « la presse soviétique a[vait] jusqu'ici représenté l'Allemagne comme complètement désarmée et victime de la France, de la Grande-Bretagne et des autres "Puissances militaristes" ». Charles-Jean Tripier avait, à Riga, le 8, souligné le « fait sensationnel » que constituait l'article, signe d'une réflexion « en prévision d'un éloignement possible de l'Allemagne »[144]. Les mois suivants confirmèrent le tournant, visible partout, de Varsovie (« j'ai remarqué avec quelle insistance [...] le ministre des Soviets me dit du mal de l'Allemagne actuelle et blâme sa politique dans presque tous les domaines », rapporta le 7 décembre Jules Laroche), à l'Internationale communiste : les résolutions du 1er janvier 1933 de sa conférence d'Essen laissèrent percer « de légers symptômes » d'un abandon de la « collusion soviéto-germano-italienne » ou « germano-soviétique »[145].

Jean Payart, se portant garant de la sincérité de Litvinov, s'était irrité le 19 octobre 1932 du tapage idéologique en France (qu'entretenait l'appareil dirigeant de son ministère) et de la caution qu'il donnait aux Soviets. « Les articles parus dans certains journaux français (notamment *L'Écho de Paris* et *Le Journal des Débats*) sont mis en vedette par la presse soviétique. Outre qu'ils témoignent d'une incompréhension totale de la situation telle qu'elle se présente effectivement, ils sont d'autant plus regrettables qu'ils fournissent l'amorce d'une campagne destinée à rendre à l'État-major et à la propagande soviétiques la plate-forme dont nous devons précisément tendre à les priver. La presse soviétique y trouve la possibilité de mettre en doute notre sincérité en opposant aux manifestations pacifiques du gouvernement français "la volonté d'intervention" du Comité des Forges, que l'on représente systématiquement ici pour les besoins de la cause comme un État dominant l'État. »[146]

Le même Payart tint bientôt compte de ladite campagne ou obéit aux consignes de son département, et sa prose s'en ressentit : il renchérit en novembre avec Dejean sur la « collaboration militaire » ou « la collusion germano-soviétique » inchangée, attestée par « la mission de Toukhatchevski en Allemagne » en septembre-octobre, puis par la présence d'une mission allemande aux manœuvres du Caucase[147]. Herriot signa pourtant avec Dovgalevski, le 29 novembre 1932, le fameux « Pacte de non-agression », complété par un Pacte polono-soviétique. Il produisit grand effet à Berlin et y relança la campagne traditionnelle sur « l'encerclement » du Reich par la France que l'ère Barthou porterait aux cimes. Les journaux « avaient, dans leurs premiers commentaires, [sur...] mot d'ordre [...] de la Wilhelmstrasse » (siège des Affaires étrangères), œuvré à « tranquilliser l'opinion publique allemande et à atténuer la portée [...] des Pactes franco-russe et russo-polonais ». Ils abdiquèrent début décembre cet « optimisme de commande », traduisant « une sorte de malaise [et ...] l'inquiétude que provoqu[ait] ce changement de politique [soviétique] dont on n'aper[cevai]t encore qu'imparfaitement les conséquences lointaines ». Les instruments du « ministère de la Reichswehr », telle la *Berliner Börsenzeitung*, y dénoncèrent « un progrès dans la politique d'encerclement et d'asservissement que la France [menait] contre l'Allemagne »[148].

Les limites du « Pacte de non-agression » du 29 novembre 1932

Moscou comprit n'avoir noirci qu'un chiffon de papier, et l'avoua après la chute d'Herriot, qui fut remplacé à la présidence du Conseil (jusqu'au 28 janvier 1933) et aux Affaires étrangères (jusqu'au 27 janvier 1934) par Paul-Boncour. Molotov releva le 23 janvier 1933, devant le comité central exécutif de l'URSS, que le pacte avec la France n'était toujours pas ratifié et que l'échec du soviéto-roumain, sur intervention de Titulesco, illustrait la dépendance des petits pays vis-à-vis « d'autres États plus forts [...]. Cette nouvelle attaque oblique contre la France » fit grincer Dejean[149], mais elle était fondée. Herriot, privé des appuis politiques et économiques solides à son alliance de revers, entravé par une politique allemande antagonique, n'avait signé qu'un texte sans portée. Du côté financier, son soutien s'était borné à celui d'Horace Finaly, directeur général de Paribas et outsider du monde de la finance, favorable à la reconnaissance des Soviets sous le Cartel des Gauches. Ce soutien avait valu à Herriot les accusations de la droite d'avoir touché « à titre de gratification pour la reconnaissance du gouvernement des Soviets et pour la nomination de M. [Leonid] Krassine à l'ambassade des Soviets en France [...] plus de 900 000 francs payés en un chèque tiré sur la Banque de Paris et des Pays-Bas »[150]. Finaly, ennemi juré de Caillaux, était isolé depuis 1926, où « une cabale » conduite « par certains actionnaires » avait failli le « destituer »[151]. Il continua à soutenir Herriot[152], avant d'accorder un soutien similaire à Blum. Il ne pesait rien.

Les milieux dirigeants, presse à l'appui, soulignèrent l'intérêt unique du Pacte, qui consacrait le succès des efforts de l'équipe Quai d'Orsay-Herbette-colonies contre l'influence du Komintern en France, ligne où excellerait Laval : il s'agissait d'affaiblir, grâce à la clause de non-immixtion de chaque signataire dans les affaires intérieures de l'autre, le parti communiste pâlot, que la crise risquait de requinquer. Ses militants se moquaient autant que les magnats des clauses supposées paralyser la propagande du PCF et calmer l'antisoviétisme des maîtres de l'économie. « L'instituteur [Virgile] Barel, secrétaire du rayon des Alpes-Maritimes », se montra aussitôt après « la signature du Pacte de non-agression » présomptueux sur les perspectives d'un tel apaisement : il brocarda devant ses camarades la soi-disant « suppression de la propagande soviétique en France et aux colonies, ce traité ne releva[n]t que de la diplomatie [...L]a politique du gouvernement soviétique était de se rapprocher autant que possible de la bourgeoisie française, qui, attendu l'accord économique, ne se représentera[it] plus le bolchevik comme "l'Homme au couteau entre les dents". La facilité des relations entre les deux pays permettra[it] une propagande plus facile, les Soviets n'admettant jamais un abandon quelconque de leurs principes révolutionnaires. »[153]

La suite démontrerait, après une trêve incomplète, que « la bourgeoisie française » ne renoncerait jamais à se représenter « le bolchevik comme "l'Homme au couteau entre les dents" » – et le Reich comme son protecteur contre ce monstre.

Chapitre 3

Modèle socio-économique allemand et réorganisations intérieures 1933-1936

AVANT MÊME LE FRONT POPULAIRE, la crise aiguisa les tensions et accéléra la mise au point des projets de bouleversements politiques intérieurs que les élites économiques françaises jugeaient indispensables. Ils furent considérés comme assurés au tournant de 1933. Les débuts de « la seconde vague » du fascisme français (Soucy) générèrent des projets de « réforme de l'État ». Les objectifs de leurs artisans financiers et les actes des instruments politiques de ces derniers infirment l'hypothèse du « choc » d'une droite saisie de nausée par la pourriture du régime républicain, réagissant à chaud aux horreurs révélées par l'affaire Stavisky. Les archives donnent au « 6 février » une autre signification que celle décrite par « les historiens du consensus ». Les premières réalisations suivant ce coup d'essai furent impressionnantes. Doumergue et ses successeurs renouèrent sous la férule de la Banque de France avec les « pleins pouvoirs » financiers et les décrets-lois d'assainissement financier à la Poincaré. Cette politique, par la méthode et le contenu, souffre la comparaison avec celle de la République de Weimar finissante.

Simultanément, les effets de la conjoncture firent depuis le début 1934 sortir la population ouvrière d'une longue léthargie politique et sociale. Ces développements, que l'Allemagne n'avait pas connus, menacèrent à court terme la déflation salariale. L'impuissance politique relative qui en résulta pour les élites financières, conjuguée à la poursuite de la crise, aiguisa leur impatience et leur fascination pour le modèle allemand.

MODÈLE HITLÉRIEN ET ASSAINISSEMENT FINANCIER INTÉRIEUR

Les vertus du règlement allemand de la question sociale et économique

La fascination des milieux financiers français pour la poigne appliquée en Allemagne à la levée des obstacles au profit s'accrut à la mesure de l'efficacité démontrée par les nouveaux maîtres politiques que s'étaient choisis leurs homologues allemands.

François-Poncet, après avoir été une des chevilles ouvrières du compromis franco-allemand préalable au triomphe nazi du 30 janvier 1933, s'inquiéta du « gauchisme » social des SA : il tremblait que des « Chemises brunes [...], un milieu en pleine fermentation, [...] l'anarchie [pût] sortir à tout instant »[1]. Son inquiétude, qui ne serait bannie qu'avec la Nuit des Longs Couteaux, était cependant tempérée. Il écrivit le 5 mai que « la réorganisation du régime syndical » (entreprise dès la liquidation des « syndicats libres ») « ne fera[it] qu'affirmer l'évolution vers la gauche du mouvement national-socialiste ». Il se démentit aussitôt en observant que le projet hitlérien de collaboration de classes avait rencontré la surprenante « docilité [des...] masses populaires », ne provoquant « aucune protestation », et que Krupp von Bohlen avait été chargé de réorganiser toutes les associations patronales sur le modèle italien. Il ne regrettait pas la solution qu'il avait présentée à la partie française depuis son arrivée à Berlin sous un jour engageant. Le 9 mai, il affirma contre toute vraisemblance militaire que l'absence d'« une rigoureuse discipline » des artisans de « la Révolution hitlérienne », la « confusion [intérieure] inouïe » qui en résultait et la nécessité pour « Hitler et ses lieutenants » de rappeler « souvent au respect des lois et des règlements » pouvaient rassurer la France : « Ce ne sont pas là des circonstances qui disposent M. Hitler à envisager sans trouble l'hypothèse d'un conflit armé avec les nations voisines. »[2]

François-Poncet déployait à Berlin des trésors de séduction, décrivant à ses interlocuteurs la tentation qu'éprouvaient les Français pour leur formule. Il termina le 24 novembre 1933 un entretien de « presque une heure et demie » avec Hitler et Constantin von Neurath en leur annonçant « l'avenir des gouvernements français ». Le panorama qu'il dressa révélait une connaissance de la situation politique égale à celle dont il jouissait quand il dirigeait la presse du Comité des Forges et son information sur les plans qui allaient aboutir au 6 février 1934 : « Dans quelque temps M. Daladier ou peut-être M. Tardieu serait à nouveau à la tête du gouvernement, mais il faudrait d'abord en passer par un ou deux ministères de courte durée pour créer les conditions préalables à un gouvernement fort en France. » Le 5 décembre, devant le secrétaire d'État Bernhard von Bülow, il parla de « gouvernement très fort »[3].

La Banque de France exaltait l'assainissement financier intérieur, funeste non seulement aux salaires mais au réarmement. Elle tolérait mieux l'inflation allemande qui « contrôlait » les salaires, provoquant la chute du pouvoir d'achat jugée nécessaire à la sortie de crise. Elle donna donc, comme l'ensemble des banques centrales partenaires réunies le 9 octobre 1933 au conseil de la BRI de Bâle, quitus à cette économie de guerre inflationniste. Le conseil renonça en effet aux droits de contrôle direct sur les décisions de la Reichsbank que lui avait conférés l'annexe V, a) des accords de La Haye. Schacht, à nouveau à la tête de la Reichsbank, lui avait soumis en vertu de ce texte les nouveaux « statuts de la Reichsbank » – toute modification de ceux-ci entrant dans ses compétences.

Un seul point intéressait le conseil de la BRI, la compatibilité de ce projet allemand « avec le plan Young », qui ne lui inspira qu'un murmure : il était pour lui « malaisé de trancher » sur cette « question embarrassante ». Il ne trouva rien à redire non plus à la faculté donnée à la Reichsbank « d'acheter sur le marché libre des valeurs de l'État » qui seraient incluses « au même titre que le portefeuille commercial, dans la couverture de la circulation. C'est là évidemment le point le plus délicat, car une pareille faculté pourrait ouvrir la porte à l'inflation ». Schacht fit valoir, entre autres, « que le gouvernement allemand [était] aussi résolu que la Reichsbank à éviter l'inflation et à maintenir la stabilité monétaire ». Le Conseil de la BRI déclara « ne pouv[oir s']opposer » à ces changements « que s'il les jugeait incompatibles avec le plan Young ». Ne les jugeant pas « incompatibles », ce temple, international, de l'austérité et de la déflation se « born[a...], sans prendre parti, à déclarer qu'il n'y avait pas lieu de faire jouer la procédure prévue l'annexe V a des accords de La Haye »[4]. Il y avait donc une bonne inflation, comme l'avait concédé en septembre 1931 Moret, apôtre de fraîche date de la dévaluation, fatale aux « salaires et [aux...] indemnités de chômage »[5].

Affluèrent dans les mois suivants de tous les services français des renseignements sur la classe ouvrière allemande écrasée, résumés par la formule « d'un étudiant de Karlsruhe » : « L'ouvrier ne dit rien, mais constate que le chômage ne diminue que parce qu'il est astreint à des travaux qu'il n'aurait jamais voulu exécuter auparavant et à des salaires inférieurs. S'il proteste, on le raye des listes d'allocations. »[6] La dictature d'Hitler, après celle de Brüning et consorts « louée » par Pertinax, promettait un règlement définitif de « la question des salaires »[7].

De l'ère des scandales financiers au retour de Laval

Les espérances des milieux financiers dans les expériences autoritaires

La déception du patronat à l'égard de ses favoris politiques contribua à l'ascension de Daladier, que le Comité des Forges fit précocement sonder : Jean Montigny, député radical de la Sarthe et « avocat de l'Union des Mines », servit dès 1929 « d'agent de liaison entre » son ami et François de Wendel[8], et sa démission en février 1931 du parti puis son acceptation des « offres considérables de la compagnie d'assurance L'Union »[9] ne perturbèrent pas leurs relations. Or, en juin 1933, le Comité national d'entente économique fut déçu de Tardieu et de « ses principaux collaborateurs », tel « M. Paul Reynaud ». Le groupement patronal rêvait d'un « chef du gouvernement [...] muni de pouvoirs étendus, entouré uniquement de quelques collaborateurs compétents et énergiques pour réaliser de larges réformes et les économies indispensables ». Il voyait « en M. Daladier » (président du Conseil depuis février 1933) « l'homme de la situation. » En novembre 1933, ayant cessé de présider le gouvernement mais resté ministre de la Guerre, Daladier se targua d'avoir « l'armée à sa dévotion », le chef d'État-major Weygand compris, notoire pour sa « haine de la République »[10], avec lequel il était « au mieux ». Il promit de gouverner « à coups de décrets sans trop s'occuper des Chambres », bref, d'établir « une véritable dictature. [...] M. Daladier, avec M. Flandin aux Finances, exercerait le pouvoir à la manière forte avec des concours qui iraient depuis certains néo-socialistes fascisants jusqu'aux tenants du Comité des Forges »[11] : ce rapport des RG recoupe la liste, citée plus loin, des 29 parlementaires qui optèrent avec Eugène Frot pour l'assassinat du régime, tenté le 6 février suivant.

Le plan que François-Poncet annonça en novembre-décembre 1933 à Hitler s'accompagna d'offensives idéologico-financières. Le Comité des Forges franchit alors l'avant-dernière étape de son contrôle total du *Temps* : ayant « rachet[é] à la Société des Houillères de France toutes les actions qu'elle possédait de la société qui exploit[ait] le journal », il était « maintenant détenteur de 80 % des actions de cette société ». Il fit aussi « savoir à M. Louis Thomas, rédacteur en chef du *Jour*, qu'il était disposé, le cas échéant, à apporter son concours financier à M. Léon Bailby dans le cas où celui-ci voudrait entreprendre une campagne en faveur d'un rapprochement avec l'Allemagne ». Le contrôle de l'Agence économique et financière de Robert Bollack, également liée à la Banque Lazard[12], date de la même époque[13]. À l'automne 1934, la cession par « le Consortium des grandes Compagnies d'assurance » de ses parts de la société d'exploitation du *Temps* – le « quart du capital social » – remit au Comité des Forges la totalité des actions[14].

L'arme financière prit la forme habituelle d'une spéculation contre le franc, via des exportations massives d'or depuis la fin octobre 1933, très accélérées par les mesures monétaires américaines[15]. Le 30 novembre, au conseil général de la Banque de France, François de Wendel et Édouard de Rothschild soulignèrent « la condition première de toute amélioration [...,] un redressement de la situation politique et financière, [...] que des palliatifs tels que l'emprunt ne peuvent que retarder »[16]. Les « milieux financiers » parl[èrent] beaucoup de M. Bonnet », favori[17] qui dut attendre. Après le 6 février, Doumergue et son ministre des Finances (Germain-Martin) reçurent du héraut de l'assainissement financier les consignes rituelles : Moret annonça le 8 « une amélioration de la situation politique en France [qui] détermine[rait] un revirement dans les dispositions des spéculateurs ou des exportateurs de capitaux »[18]. Il ne se produisit point : « La Banque Lazard et la Banque de Paris et des Pays-Bas » allaient, relevèrent les RG fin mars, « transférer dans leurs agences de Hollande la plus grande partie de leur trésorerie, en raison de l'agitation [des...] partis politiques »[19]. Les gouvernements à poigne annoncés par François-Poncet à Hitler et Neurath en novembre-décembre 1933 installés après le 6 février 1934 remplirent pourtant leur office. Ils prirent comme convenu les décrets d'assainissement financier et de baisse des salaires et des traitements dont le cas de la Banque de France atteste l'efficacité : baisse continue des salaires et des effectifs (qui, entre 1926 et 1935 chutèrent « d'environ 30 % »[20]) ; maintien des positions de la direction et des actionnaires de 1933 à 1934 et hausse du dividende de 8 % en 1935[21]. Moret se félicita, le 24 mai 1934, du « redressement qui s'[étai]t produit dans la situation politique » et consentit, le 31, « à seconder utilement la politique d'assainissement et de déflation que pratiqu[ait] le gouvernement » par l'« abaissement de taux [de l'escompte] » qu'il refusait aux cabinets mal-aimés[22]. Dans son rapport sur le budget de 1936, Jacques de Neuflize apprécia « les heureux allègements fiscaux » de « la réforme de 1934 »[23].

Ces améliorations ne suffisaient cependant point. Tout en défendant au sein du gouvernement de la banque le franc fort, le régent Wendel faisait soutenir la solution de rechange « de la dévaluation du franc » par sa presse. À l'été 1934, *L'Agence économique et financière* accueillit à cet effet son champion Paul Reynaud : après avoir refusé des « campagnes [...] susceptibles d'avoir une fâcheuse répercussion sur les cours de notre marché », elle dut « s'incliner devant la pression du Comité des Forges dont les attaches avec M. Bollack », dirigeant de l'Agefi, n'étaient « un secret pour personne. [...] Les campagnes de M. Reynaud » étaient donc menées « en plein accord avec le Comité des Forges », désormais résolu à « rallier à la thèse du député de Paris la plupart des plus importants groupements économiques du pays »[24].

Le successeur de Doumergue déçut aussi. En novembre 1934, « le Comité des Forges [ét]ait fort monté contre M. Flandin qui, dans ses discours récents, s'[était] montré partisan du maintien des taux actuels des salaires des ouvriers métallurgistes, alors que [lui-même] tent[ait] d'en obtenir la diminution ». « Le groupe de Wendel » dut contenir son ire vu ses urgences sarroises coûteuses pour le Trésor, mais il « déclencher[ait] par "représailles" après le plébiscite de la Sarre une campagne de presse contre le gouvernement par le canal de M. Tardieu ». En février 1935 (affaire sarroise faite), les banques provoquèrent l'effondrement des cours de celle de Paris et des Pays-Bas, « valeur vedette », pour marquer leur « très vif mécontentement » contre les pertes que leur vaudrait la renonciation (provisoire) du cabinet Flandin « à la politique d'emprunts qui constituaient pour [elles...] une source de bénéfices appréciables. Le bruit [courait en effet] que M. Flandin avait contracté au cours de son voyage à Londres un emprunt de 5 milliards, disaient les uns, de 10 milliards, suivant les autres, au taux de 2 %, alors que les banques exigent 3 % » : cette décision « les priverait d'une commission de 1,5 pour mille, soit 75 ou 150 millions suivant son importance »[25].

La conjoncture électorale de mai 1935 fut accablante, avec la « première victoire retentissante sur le "fascisme" » enregistrée aux municipales, où Paul Rivet battit, dans le Ve arrondissement de Paris, Georges Lebecq, « un des "héros" du 6 février »[26]. Elle compromettait les projets du ministre des Finances Germain-Martin de « nouvelles diminutions des traitements, salaires et pensions diverses », anciens combattants compris, « fortement inspiré[s] du programme déflationniste exposé au congrès de la Fédération républicaine à Nice par M. de Wendel ». Le mécontentement y afférent inaugura la relance de l'exportation des capitaux et des ventes massives de francs. S'y associèrent comme de coutume « la Banque d'Angleterre, la Midland Bank et la Westminsterbank » et leurs consœurs américaines, « en prévision d'une dévaluation du franc [...] inévitable, au plus tard en septembre 1935 »[27].

La Banque de France n'en exigea pas moins l'application immédiate du plan financier. Au conseil général du 23 mai, le gouverneur (depuis janvier), ancien directeur de la Caisse des dépôts et consignations, Jean Tannery [synarque[28] et Action française « représentant à Paris du duc de Guise »[29]] lut la lettre du jour de Germain-Martin : le ministre des Finances y annonçait sa demande des pleins pouvoirs financiers, « notamment pour assurer la défense du franc, la sauvegarde du crédit public et, par la réalisation d'économies massives, le redressement du budget de l'État et de la situation financière des grands réseaux » ; et sollicitait « des établissements financiers » un milliard d'avances pour le Trésor « pour faire face à ses échéances jusqu'à la rentrée des Chambres ». Tannery, ayant souligné « que l'engagement [de...] la banque à cet égard serait [strictement] subordonné à la » demande et à l'obtention des « pleins pouvoirs financiers », fut unanimement approuvé « après un échange de vues » où intervinrent Rothschild, Wendel, Hottinger et Pierre Fournier[30].

La conjoncture sociale, si propice au « front commun » depuis 1934, et la colère des anciens combattants promis à de nouvelles coupes des pensions firent rechigner la Chambre : même la commission des Finances critiqua Germain-Martin « guid[é] par de hauts fonctionnaires de son administration qui subiss[ai]ent par trop l'influence de la Haute Banque et de l'Industrie »[31]. Épisode du feuilleton des séances extraordinaires de son conseil général, la Banque de France interdit à l'État, quotidiennement chapitré, de dévoiler au public l'identité des naufrageurs du franc. Le 31 mai, arc-bouté contre « toute mesure, [...] tout geste susceptible de donner l'impression qu'il [était] porté atteinte à liberté du commerce de l'or, [Jean Tannery fit ...] ressortir très vigoureusement auprès de M. Germain-Martin et de M. le président de la République le danger d'une idée [...] émise, la nuit dernière, à la Chambre : à savoir d'exiger des acheteurs de lingots la justification de leur identité ». Ce veto fut renouvelé le 11 juin au ministre des Finances du nouveau cabinet (Laval), Marcel Régnier[32].

Laval, qui avait été porté sur les fonts baptismaux par la Banque de France, constitua aussitôt « à la présidence du Conseil [un...] comité technique » en forme de club synarchique : il « compren[ait] MM. Dautry, directeur des chemins de fer de l'État, Jacques Rueff, directeur-adjoint du Mouvement général des fonds au ministère des Finances [,...] C.J. Gignoux, journaliste et économiste » et le directeur du budget Yves Bouthillier, signe de la primauté accordée aux intérêts financiers[33]. Le nouveau cabinet inspira à sa marraine « un sentiment persistant de confiance ». Les sorties d'or ayant repris leur cours depuis la fin juillet (après un timide retour depuis la mi-juin), le gouverneur argua qu'elles avaient « des causes étrangères à la situation intrinsèque du franc »[34]. On régla entre amis les problèmes financiers et industriels : mi-juillet, Édouard de Rothschild donna « un dîner d'une vingtaine de couverts sous la présidence de M. Laval », avec « d'une part, certains hauts fonctionnaires du ministère des Finances et le régent de la Banque de France, et, d'autre part, les directeurs des grandes compagnies ferroviaires et des représentants du Conseil supérieur des Chemins de fer » : on y régla des différends sur le financement des « projets [ferroviaires] de M. Dautry »[35].

« Les mesures de redressement financier que le gouvernement [venait] d'adopter » par « décrets-lois » reçurent au conseil général du 18 juillet le satisfecit que méritait leur rédaction par la banque même. Le chirurgien Laval obtint donc les moyens d'escompte nécessaires pour améliorer « la situation de la Trésorerie, qui restera[it] précaire jusqu'au moment où les mesures d'assainissement budgétaire récemment arrêtées aur[aie]nt produit leur plein effet de Trésorerie » – procédure dont le renouvellement, en août, serait réexaminé sur résultat[36]. On lui consentit des baisses régulières du taux de l'escompte comme à la énième séance en ce sens, le 8 août (désormais à 3 %) « étant donné le devoir qui s'impos[ait] à la banque de seconder, dans la mesure du possible, les efforts des pouvoirs publics pour améliorer la situation économique »[37]. Fin septembre, la prorogation de ce concours, « une nécessité », fut approuvée par le conseil unanime avec la même ferveur, « la banque [devant] aider de tous ses moyens l'État à faire face aux insuffisances temporaires de la Trésorerie »[38].

Des acquis fragiles et menacés

Mais l'idole fut ébranlée par la « reprise des inquiétudes d'ordre politique » qui relancèrent les sorties d'or et « prélèvements de thésaurisation intérieure », et les hausses de taux y afférentes[39]. Outre que le programme économique de « retour à la confiance » était jugé trop mou, les satisfactions acquises depuis Doumergue étaient menacées par l'opposition grandissante à l'austérité, fondement du Front populaire augurant un fiasco électoral de la droite déflationniste. Fin juillet 1935, Laval, entonnant auprès de l'ambassadeur d'Allemagne à Paris Roland Köster le refrain du « danger du bolchevisme », lui annonça le triomphe de sa ligne : il prendrait des décrets-lois économiques de plus en plus sévères avec le soutien de « l'opinion publique [qui] forcerait simplement le parlement à suivre la ligne qu'il avait indiquée » ; il laisserait ce gêneur en vacances « jusqu'à la seconde moitié de novembre », c'est-à-dire « après que les divers comités financiers auraient achevé leurs travaux. [...] Il se référait » dans sa tâche « à la vision d'homme d'État du Führer et chancelier et sollicitait sa collaboration »[40].

C'était alors prêter à Hitler et à lui-même plus de pouvoir qu'ils n'en avaient en France. Le distingué professeur des Facultés de droit (de Paris), élu et vice-président de l'Alliance démocratique « modérée » (de Paul Reynaud) Joseph-Barthélémy[41], donna « avis » favorable « aux pleins pouvoirs » et aux décrets-lois consécutifs : le « jurisconsulte éminent » invoqua le précédent créé par Poincaré en 1926, où la même procédure n'avait pas été soumise à « l'approbation du Parlement »[42]. Le soutien de ce « farouche réactionnaire » organisateur, bien avant le déchaînement fasciste éthiopien de 1935-1936, de l'agitation des Camelots du roi contre le professeur de Droit Gaston Jèze[43], Croix de Feu[44] et instrument de la Haute Banque et du trio Comité des Forges-Comité des houillères-Comité des Assurances, qui l'avait nommé administrateur du *Temps* en 1931[45], ne garantissait pas la survie politique de Laval.

L'ÈRE DES COMPLOTS

Financement et activités des mouvements fascistes

Le fourmillement des ligues fascistes à l'ère des Croix de Feu

Disposer de Doumergue, Tardieu, Flandin et Laval au gouvernement ne dispensait pas, à l'heure des périls, d'user d'autres instruments, anciens ou formellement nouveaux, pour préparer l'avenir. La fureur se déploya dès le début de 1933 contre la « République judéo-maçonnique pourrie »[46]. Henry Coston, par ailleurs chéri de Berlin, fut alors « financé par plusieurs entreprises commerciales [françaises] pour étendre son action antijuive » contre « MM. Bader [président des Galeries Lafayette], Finaly et L[ouis] Louis-Dreyfus »[47]. Que ces ligues prétendissent établir une dictature fasciste, ni le modèle qu'elles s'étaient choisi – italien d'emblée, de plus en plus hitlérien depuis 1933 –, ni leurs méthodes n'en faisaient douter la police. Leurs bailleurs de fonds principaux demeuraient les mêmes que naguère, les grands patrons de l'industrie, du commerce et de la banque. Ils ne mettaient pas tous leurs œufs dans le même panier, diversifiaient les investissements et, quand un mouvement l'emportait sur ses concurrents, sautaient d'un favori à l'autre.

L'infatigable François Coty, après avoir financé l'Action française, le Faisceau, les Jeunesses patriotes et les Croix de Feu, lança en juin 1933 la « Solidarité française ». Son fils Roland, qui y était déjà engagé, fut davantage sollicité après la mort, en juillet 1934, de son père. Il montra moins d'allant pour cette pétaudière « menacée de désagrégation », déchirée entre des chefs puisant à qui mieux mieux dans des tiroirs de plus en plus vides. Mais il continua, ainsi en août 1934, à « vers[er] dans la caisse du groupement »[48]. En 1935, les Croix de Feu débauchèrent ses militants, provoquant l'« irritation très vive » de Jean Renaud. À l'automne, sur fond de rumeurs de « dissolution » prochaine des ligues, la SF subissait toujours les départs vers les Croix de Feu de « militants écœurés de l'apathie et du manque de direction »[49].

Ernest Mercier fut déçu par son Redressement français, mastodonte impuissant des élections de 1928, auquel survécut la *Vague Rouge*, qui demeurait en 1930 (revue et brochures) « la première [des…] publications anticommunistes » de Paris[50]. L'agonisant attira dans ses conférences et ses *Cahiers du Redressement français* fascinés par le Reich Pétain, qui y noua avec Raphaël Alibert des relations durables, Louis Franchet d'Esperey, Wladimir d'Ormesson, André Siegfried, etc. Il dura jusqu'à novembre 1935[51], mais Mercier finança entre-temps d'autres ligues que cette matrice (parmi tant d'autres) de la Cagoule, particulièrement les Croix de Feu. Le magnat de l'électricité y adhéra d'ailleurs jusqu'à la brouille de janvier 1936, où le colonel de La Rocque, sensible à la conjoncture, hésita à vanter la baisse des salaires de 20 % que son donateur venait d'imposer à ses salariés[52]. Mercier finançait aussi la droite ou le centre « républicain », octroyant à Laurent-Eynac, fréquent ministre de l'Air que l'industrie aéronautique entretenait aussi[53], l'« indemnité importante […] de conseiller technique de la Compagnie française des pétroles ». En mars 1936, « l'ouverture de la période électorale » lui fit « augmenter d'une façon importante sa dernière mensualité »[54].

Le Comité des Forges en général et François de Wendel en particulier dominaient le paysage des ligues et des « modérés » présumés. Leader incontesté du 7, rue de Madrid et régent de la Banque de France, le chef de la dynastie finançait alors (et le fit jusqu'au bout), presque tous les hommes et mouvements. « M. François de Wendel », résumèrent les RG en juillet 1935, « soutient M. Laval de toute son influence. Il considère que le président du Conseil est le dernier atout du régime tel qu'il existe et qu'en cas d'échec de l'œuvre actuellement entreprise la partie se jouera inévitablement, sans doute par la violence, entre le Front populaire d'une part, le Front national et les Croix de Feu, d'autre part. M. de Wendel ne néglige pas cette hypothèse. En même temps qu'il donne son appui à M. Laval, il aide financièrement le colonel de La Rocque, car il s'oppose de toute son énergie à une arrivée au pouvoir du Front populaire, dont il redoute les projets d'étatisation. Mais, si M. de Wendel considère que les Croix de Feu, disciplinés et bien organisés, représentent la seule force capable de tenir tête à un mouvement de gauche, il n'en a pas moins des doutes quant aux qualités d'homme d'État du colonel de La Rocque et il se demande si celui-ci serait en mesure de résoudre les problèmes difficiles qui se poseraient après l'instauration d'un régime dictatorial. C'est pourquoi on prête à M. de Wendel l'intention d'agir pour faire substituer au chef des Croix de Feu, le moment venu, un homme disposant d'un grand prestige dans le pays et ayant eu également la faveur de l'Armée ». Sur le « crétin que l'on mènera[it...] » (Thiers) (comme sur Laval) le « Comité national d'entente économique » de Nicolle joua les perroquets de son grand bailleur de fonds : de La Rocque était « surtout [...] un organisateur et un "entraîneur" », mais manquait des « aptitudes suffisantes pour occuper une place de premier plan dans la conduite des affaires publiques » : il constituait un instrument utile pour « appuyer une action déclenchée en vue d'un redressement national, sans pour cela [pouvoir] prétendre à présider personnellement aux destinées du pays »[55]. Sous le militaire « prestigieux », on aura reconnu Pétain, solution envisagée dès 1934 et traitée plus loin.

Les Croix de Feu demeuraient cependant en 1935 les favoris de la banque et de l'industrie, tels « Béghin, de Peyerimhoff, de Wendel, Finaly ». En juin, « les banquiers Ernest Mallet, Pierre Mirabaud et Jacques de Neuflize, les industriels François de Wendel, [André] Schwob d'Héricourt et [Marius-Paul] Otto, de la Havraise d'électricité » s'étaient engagés à financer la « création d'un grand journal quotidien [...] qui serait l'organe officiel de Croix de Feu », remplaçant *Le Flambeau* (la grande presse de droite, que ce projet inquiétait, le mit promptement en échec : il reviendrait au jour en 1937). Début juillet « la Banque Mallet Frères et Cie, [...] qui administr[ait] les plus grosses fortunes nobiliaires de France, notamment celle de la famille de Guise, de la duchesse d'Uzès, de la famille de Luynes », se montra très généreuse[56]. « Trois gérants » au moins de la Banque de Neuflize, dont « Christian Monnier, Philippe Cruse et Josselyn Costa comte de Saint-Génix de Beauregard », étaient encore en 1951 « connus [...] pour avoir été membres du Parti social français ». Le second avait été également « membre du comité directeur du Parti républicain et social de la réconciliation française » (Jeunesses patriotes de Taittinger)[57]. La Banque Vernes ne faisait pas moins, et Jacques Vernes était classé « sympathisant des partis de droite, notamment du PSF » ou d'« extrême droite »[58]. En mars 1936, la « caisse spéciale de 15 millions » que de La Rocque « compt[ait] utiliser au second tour [...] pour soutenir les candidats » à sa convenance provenait « surtout [...] des dons parfois très importants [...] adressés par des grands groupements économiques et par des particuliers »[59]. La liste est inépuisable.

De la Rocque concéda à la conjoncture un « gauchissement » qui motiva son insistance, depuis 1935, sur les « œuvres sociales : dispensaires, soupes populaires, vestiaires ». Cette orientation antirouge avait « l'appui [...] des milieux commerciaux et industriels »[60], mais provoquait, quand elle s'accompagnait d'envolées sur les privilèges du grand capital, des frottements : en juillet 1935, des « propos tenus au cours d'une réunion publique par le colonel [...] sur la Haute Banque » irritèrent vivement « MM. Mercier et de Wendel ». Mais le « froid » avec le second fut vite « aplani » et il « continu[a] à soutenir les Croix de Feu »[61].

De la Rocque touchait en outre les « fonds secrets » des ministères. Au « procès de La Rocque contre divers » intenté par le colonel en novembre 1937 à ses rivaux alors inculpés pour l'opération de la Cagoule du 16 courant (Pozzo di Borgo, Edmond Duseigneur, etc.), il fut question de ceux que Laval lui avait remis : il les estimait à « la moitié de ce que lui donnait M. Tardieu" »[62]. Les distributeurs bénéficiaient parfois d'un retour d'ascenseur de fonds étatiques. Le général Victor Denain, grand ami de l'Italie fasciste (comme Pétain)[63] et ministre de l'Air en 1934-1935 (sous les gouvernements Doumergue, Flandin, Bouisson et Laval), fut « de plus en plus impopulaire [...] dans les milieux » aéronautiques : « on [lui] reproch[ait] un certain despotisme et un favoritisme par trop flagrant dont jouiss[ai]ent certains industriels »[64], parmi lesquels Raoul Dautry, président du conseil de direction de la Compagnie générale Aéropostale. Alors ennemi de toute « réduction du budget de l'aviation », Dautry avait soutenu la « grande réunion publique » convoquée salle Bullier le 27 janvier 1933, présidée par le maréchal Franchet-d'Espérey et promue par *La Liberté, L'Écho de Paris, L'Ami du Peuple, L'Action française*, l'hebdomadaire *Les Ailes*, etc.[65] Protecteur notoire des Croix de Feu, Denain leur rendit fier service à l'été 1935 tout en assurant un marché d'État aux constructeurs. Il décida, au motif de développer l'aviation, d'octroyer des subventions de 40 % du montant des appareils aux groupes d'aviation privée, c'est-à-dire aux Croix de Feu de de La Rocque et Jean Mermoz. En juin 1935, après « des progrès marqués dans le personnel de l'aviation commerciale et militaire », le « groupe aéronautique des Croix de Feu » comptait 1 200 membres environ, dont « 50 % du personnel navigant » d'Air-France et « une bonne partie des officiers et sous-officiers du 34e d'aviation du Bourget » (« le personnel restant à terre » les appréciait « beaucoup moins »)[66].

Des hommes et des mouvements interchangeables

Les mouvements et leurs membres pratiquaient la même confusion des genres que naguère, et le feraient plus encore après mai 1936. Des passerelles permanentes menaient d'un groupe à l'autre ; des liens organiques les rattachaient à la droite dite « républicaine », Alliance démocratique et Fédération républicaine. L'Action française avait servi de creuset général et les Croix de Feu accueillirent presque tout le monde.

Effectifs des ligues à l'été 1935[67]

		Seine	France
Action française		9 500	70 000, dont
Ligueurs	6 500		
Dames	1 600		
Camelots du roi	1 000		
Étudiants	400		
Jeunesses patriotes		8 900	100 000
Adhérents	6 000		
Dames	500		
Groupes mobiles	1 800		
Phalanges	600		
Solidarité française		2 000	60 000 (dont 20 000 cotisants)
Croix de Feu		45 000 (dont 1 500 dispos)	100 000
Fils de CF & Volontaires Nationaux		12 000	60 000
Regroupement national		15 000	80 000
	« Plusieurs milliers de candidatures […] encore soumises à enquête »		Total 240 000 (dont 40 000 en Afrique du Nord)
Francistes (de Bucard)		1 000	6 500 (en majorité en Alsace-Lorraine et dans la région de l'Est[68])

La synarchie, reconstituée par divers services de police depuis 1941, apparaît comme la force politique déterminante des complots d'après 1934 et surtout 1936.

Parmi ses instruments figuraient les discrets « comités » fondés par Jean Coutrot depuis 1930-1933, période d'activité déjà intense. Ce « mode [privilégié] de pénétration et de recrutement » des élites en vue de l'élaboration des projets de « réforme de l'État » inaugura une phase nouvelle dans l'activité politique de la Banque Worms et de sa nébuleuse (la phase décisive suivrait le succès électoral du Front populaire)[69]. En la riche année 1933, « la Banque Worms [...] finan[ça] notamment [l'association] Travail et Nation, le mouvement du colonel de La Rocque, le *Courrier Royal* par l'intermédiaire de Navachine, les Jeunesses radicales, etc. » Elle participa à la « création du journal *La République* dirigé par le synarchiste Émile Roche (dont le secrétaire sera[it] plus tard Armand Mora) avec une équipe de rédacteurs du MSE, financé par le Comité des Forges et le Textile du Nord »[70]. « Travail et Nation, filiale de la synarchie »[71], qui groupa des synarques tels que « Gibrat, Guérard, Bardet, Marion, Lehideux, Bichelonne, Benoist-Méchin, Pucheu, Du Moulin de Labarthète »[72], « fourni[rait] les premiers cadres PPF »[73]. C'est également « en 1933 » que Pierre Nicolle réalisa, « en collaboration avec Alibert [une] étude [sur] l'organisation décentralisatrice de la production dans le système corporatif » ; elle constituait l'amorce d'un plan de « décentralisation provinciale, seule façon de mettre fin à une opposition systématique des fonctionnaires qui opposent une force d'inertie à la volonté du gouvernement créant ainsi du mécontentement dans les masses »[74], plan qui fut « inclus dès 1934 » dans le « programme de régionalisme » de la synarchie[75].

« Au lendemain du 6 février 1934 », Jean Coutrot réorganisa le vieux Comité national de l'organisation française (CNOF), création patronale de 1920 financée « par des groupes de financiers et d'industriels »[76]. C'est alors que le « sujet suisse » Georges Guillaume « appar[u]t en France [...] aux côtés de Jean Coutrot », devenant « depuis cette date, selon toute probabilité, agent de liaison international du MSE et dirigeant occulte du groupe »[77].

Parmi les membres dirigeants de la synarchie, on retiendra ici : 1° un homme de la gauche radicale, aussi lié à la synarchie et au CSAR (l'affaire Navachine en témoigne) que ceux de la seconde catégorie ; 2° des éléments patronaux de l'ensemble Banques Worms-Lehideux-d'Indochine qui fréquentèrent d'autres ligues, surtout les Croix de Feu, avant de servir de piliers au PPF de Jacques Doriot, projet déjà fort avancé en 1935, et au CSAR.

1° À la première catégorie appartient Anatole de Monzie (60 ans en 1936), sénateur radical du Lot (ou député selon les époques) lié de longue date à Hippolyte Worms : « sous-secrétaire d'État à la Marine marchande », il avait « par arrêté d'octobre 1917 » fait nommer « dans les comités consultatifs d'armateurs constitués par le gouvernement » sa banque et sa société d'armement naval « chargée du transport du charbon d'Angleterre en France »[78]. On avait pressenti pour remplacer Herbette à Moscou[79] ce « conseil de nombreuses familles bourgeoises »[80] et riche avocat d'affaires qui touchait en 1929-1930 « une indemnité annuelle de 250 000 francs [de] la Compagnie industrielle des pétroles » et « fut avec Georges Bonnet nommé au printemps 1936 conseiller juridique du « groupe Unilever »[81]. Ministre des Finances du Cartel des Gauches et président de la conférence franco-soviétique de 1925 à 1927, il était encore tenu pour soviétophile en 1935[82]. Mais son antibolchevisme (germanophile) avait alarmé les deux premiers ambassadeurs soviétiques à Paris, Krassine et Rakovsky (1924-1928)[83]. Ministre omniprésent depuis les années 1920, Monzie occupa souvent l'éducation nationale dans les cabinets radicaux suivant les élections de 1932. Ce double stigmate de gauche lui valut longtemps les insultes des ligues, selon lesquelles « la scandaleuse présence du bolchevisant de Monzie à l'éducation nationale n'a[vait] que trop duré »[84]. Les RG désignèrent Monzie au fil de l'enquête sur la synarchie comme une de ses « personnalités importantes » justifiant « dossier spécial »[85].

2° Dans la seconde catégorie entrent des délégués du grand capital enclins au coup de poing ou de feu contre l'ennemi intérieur, dont le rôle financier, essentiel, se doubla d'action directe.

L'« homme de sang »[86] Pierre Pucheu, fut « délégué [...] des Croix de Feu » avant d'en être « radié pour faute contre l'honneur »[87]. L'ingénieur de l'école des Mines Yves Paringaux, son fidèle ami, frère du « secrétaire général pour le compte de Worms » de la société Japy, un des fleurons de la banque[88], était « un ancien militant actif des Volontaires Nationaux » (Croix de Feu)[89].

Jacques Guérard, un des deux « grands fonctionnaires de la Banque Worms », avec Gabriel Le Roy Ladurie, classé par le « rapport Chavin » juste au-dessous de ses « deux gérants : Hypolite Worms, Jacques Barnaud »[90], roi des assurances Worms et futur président de leur comité d'organisation en 1940, fut un « homme de sang » comparable à Pucheu[91]. François Lehideux, vice-président de la CGPF d'avant et après l'été 1936[92], fils du banquier Jacques, lié à la Banque Worms et à Gabriel Le Roy Ladurie, neveu par alliance de Renault, entra aux Usines de Boulogne-Billancourt en 1930 comme administrateur directeur et administrateur-délégué « avec la responsabilité plus particulière des questions sociales » : ce fut pour y mener la guerre sociale, en vue de laquelle il fonda en 1935 « le club des agents de maîtrise, techniciens et employés ». « Chargé de mission auprès du ministère du Travail, comme représentant du patronat français », il était, comme son père Jacques, « Croix de Feu en 1936 », et lui-même « en relations étroites avec le colonel de La Rocque »[93].

Gabriel Le Roy Ladurie « (de la Banque Worms) était très bien avec M. Paul Reynaud » – on y reviendra –, et en « rapports très étroits avec le colonel de La Rocque ». Son frère Jacques joua un rôle « très actif dans le Front national paysan constitué en juillet 1934, avec Dorgères »[94]. Gabriel « fut, plusieurs fois, invité en Allemagne. Admirateur de la Jeunesse hitlérienne et de ses disciplines, il devint l'argentier de nos fascistes en herbe. Étaient enrôlés dans son affaire à des titres divers : Barnaud (directeur), Pucheu, Guérard, Marion qui, tous seraient de l'usurpation de Bordeaux et de Vichy »[95].

Le haut fonctionnaire et banquier Henry Du Moulin de Labarthète, inspecteur des Finances, chef adjoint de cabinet de Paul Reynaud aux Finances en 1930-1931, aux Colonies en 1931-1932, puis placé « en service détaché auprès de la Banque occidentale française »[96], fut, selon le juge Béteille « un des organisateurs [...] et un des principaux responsables de l'émeute du 6 février 1934 »[97]. La commission d'enquête parlementaire sur l'événement lut pendant l'audition du comte Louis de Gueydon, dit Vinceguide, membre de la Solidarité française et futur cagoulard[98], la lettre dans laquelle Du Moulin, dispensé de se présenter devant les députés, revendiquait sa présence « dans les rangs des patriotes (conseillers municipaux de Paris et JP) au barrage du Pont de Solférino » : il y admettait son intention d'« exercer [...] au Palais-Bourbon », avec ses amis, « par le seul effet d'une poussée de masse [...], après les discriminations nécessaires (je connaissais dans l'ancienne Chambre, au moins de vue, 370 députés sur 610) de solides représailles (solides mais non sanglantes) sur les élus d'un suffrage qui [menait] la France à la guerre et à la ruine »[99].

Pertinax prête, surtout à partir de 1935, un rôle décisif au président de la Banque d'Indochine Paul Baudouin. L'X inspecteur des Finances de 1921 avait été couvé par « la république des camarades et de la ploutocratie » : « Chef de cabinet de divers ministres des Finances, notamment de MM. Clémentel, de Monzie, Caillaux, etc. », il fut en 1926 (à 32 ans), à sa sortie du cabinet de Paul Doumer, recommandé par Caillaux au président de la Banque d'Indochine, René Thion de la Chaume, pour le poste de « directeur adjoint de [l'établissement], dont il devint directeur général en 1930 ». Léon Blum, qu'il fascinait, l'avait aidé à entrer à la Trésorerie, marchepied pour sa carrière bancaire. Baudouin renia pourtant vite le système qui l'avait tant choyé par « haine de la démocratie et du régime représentatif, interprétation optimiste de la doctrine fasciste et même de la doctrine hitlérienne dans leurs conséquences internationales ». Il fut en ce sens chauffé à blanc par l'ultra R.P. Gillet, supérieur général des Dominicains et créature de Pacelli, secrétaire d'État du Vatican, que son mentor clérical présenta au banquier lors d'une de ses virées d'affaires romaines. Baudouin passait pour « le patron intellectuel » du groupe Le Roy Ladurie-Barnaud (son camarade de l'X et de l'inspection des Finances), groupe dont « Georges Bonnet était l'ami, l'auxiliaire apprécié » : Pertinax achève dans *Les fossoyeurs*, en présentant Baudouin, de décrire, sans la nommer, la synarchie[100].

L'ère des réalisations, de 1933 aux législatives du printemps 1936

De 1933 à l'année phare 1934

Le sens du 6 février : vers le « régime très autoritaire » (François-Poncet)

La République subit depuis 1933 des coups de boutoir continus, première phase de sa liquidation qui culmina dans l'affaire Stavisky (sur laquelle la correspondance policière, pourtant lacunaire, infirme la thèse des erreurs et concours de circonstances répétés récemment soutenue[101]) puis les émeutes du 6 février 1934. Colère des « réformateurs » de l'État, indignés par la pourriture de la République radicale ou tentative de coup d'État ?

La promiscuité entre certains chefs du bal du 6 février, censeurs des radicaux, et le généreux Stavisky exclurait déjà l'indignation sincère. Pierre Taittinger, habitué des scandales financiers, gagna bien le 11 décembre 1934 son procès en diffamation contre le *Populaire*, qui l'avait en mai accusé « d'avoir touché dans l'affaire Stavisky deux chèques, l'un de 5 000, l'autre de 2 500 francs ». Il réussit à faire établir par « la Commission d'enquête [parlementaire...] que ces sommes ne venaient pas de Stavisky et étaient destinées aux œuvres sociales des Jeunesses patriotes »[102]. Mais il entretenait avec l'escroc des rapports tels que, le 25 janvier 1934, de « retour d'un voyage en Afrique, » il fulmina contre « l'initiative prise pendant son absence par le colonel de Massignac de faire participer les Jeunesses patriotes à la manifestation organisée [...] une quinzaine de jours [auparavant] par l'Action française »[103]. La vertueuse indignation de « l'Hôtel de Ville » jurait avec l'attitude habituelle des suzerains de ce fief de la droite parisienne et de la corruption politique et journalistique : le tableau policier de ce « vaste champ de foire, où tout s'achète et se vend », ferait taxer *Le Canard enchaîné* de timidité[104].

La documentation ultérieure révèle, contre les « historiens du consensus », que l'événement marqua la première grande tentative fasciste de prise du pouvoir (la deuxième étant celle de la Cagoule en novembre 1937, la troisième – la bonne –, celle qui suivit la défaite). Un des policiers chargés après la Libération des enquêtes sur la synarchie cita en mars 1946 l'extrait, obscur pour un novice, du document remis en mai 1941 par Charles Vioud à Pétain, « brochure ronéotypée d'une soixantaine de pages » : « La période préparatoire de la révolution synarchique est une phase de la révolution invisible en ordre dispersé, orientant des associés venus de tous les horizons politiques et de toutes les catégories sociales ; la fin de cette période ne sera atteinte qu'après étude de la conjoncture révolutionnaire, vérifiée par de prudents essais d'action à découvert ». L'enquêteur en fournit l'explication suivante : « Nous avons eu, en France, le 6 février 1934 et l'affaire de la Cagoule en 1937. »[105] Le *rapport général de la Commission d'enquête* parlementaire qui siégea du 24 février au 8 mai 1934, intitulé *Événements du 6 février 1934,* est également instructif.

« La seconde vague du fascisme français » (Robert Soucy) se déploya dès le début de 1933, festival recensé par les RG en un style éclairé par : 1° Taittinger, le 3 février 1933, devant 400 cadres des JP réunis salle des Centraux, rue Jean Goujon : « Si Blum un ce ces matins, arrivait au pouvoir, cela signifierait pour vous : mobilisation, et nous serions avec d'autres avec lesquels nous ne sommes pas toujours d'accord ; le rapprochement se fait en ce moment par le haut en attendant qu'il se fasse par le bas. Quand je parle de gens résolus, je veux dire qu'il n'est pas nécessaire d'être plusieurs centaines, plusieurs milliers, pour réussir un coup de force. L'homme qui le premier, donnera un coup de poing sur la table à l'Hôtel de Ville ou au Palais-Bourbon, sera le chef » ; 2° Genellis, le 6 février 1933, devant les JP du IXe arrondissement : « L'ordre d'alerte peut être donné d'un instant à l'autre. Il faut que vous soyez prêts à descendre dans la rue, armés. [...] C'est le commandant Floquet qui donnera les directives du mouvement et des opérations. En tant que délégué à l'organisation pour le département de la Seine, je fais partie de son État-major, comme adjoint et je vous le dis tout de suite, je préfère avoir avec moi cinq cents types décidés, armés que quatre ou cinq fois plus d'hommes hésitants et qui se sentiront timides dès qu'ils verront la police. [...T]outes les Ligues Patriotes seront réunies en un seul front unique pour lutter. Leurs États-majors se sont concertés, et il est probable qu'il y aura un commandement unique. » (Légitimement) sûr de la présence des RG à cette réunion, Genellis refusa d'« en dire davantage »[106].

« Dès le second semestre de 1933, des projets d'émeute, dirigés contre le Parlement, [furent] établis par [Alfred] Lambert-Ribot [vice-président délégué du Comité des Forges et de l'Union des industries métallurgiques et minières (UIMM)], Pierre Guimier et Chiappe. Pour des raisons techniques, ils ne [fure]nt mis à exécution que le 6 février 1934 »[107]. François-Poncet, qui annonça en novembre-décembre à Hitler et consorts « un gouvernement fort » puis « très fort »[108], en était assurément informé. Différée ou pas, l'émeute fut précédée d'une agitation continue, début janvier 1934, des mouvements fascistes, ligues et Fédération ou « Ligue des contribuables », machine de guerre fondée en 1933 par Lemaigre-Dubreuil contre toute réforme fiscale, « le gouvernement né du second Cartel des Gauches ayant augmenté les impôts pour résoudre la crise financière »[109]). Les RG y décelèrent « un mouvement que prépareraient Croix de Feu et Anciens combattants pour instituer un dictateur, un gouvernement fasciste »[110]. Les organisations patronales se tenaient au premier rang, fondant la remarque de Charles Rappoport à une réunion du 21 février sur le sens du 6 : « "expression du mur d'argent" telle qu'il s'en est déjà produit en 1926. » Début janvier, le Comité national d'entente économique décida de lancer « une campagne de réunions dans tout le pays à partir du 15 ». Vers la mi-janvier, « les dirigeants de l'Association nationale d'expansion économique et de l'Union des industries exportatrices, après entente avec l'Association des Croix de Feu et des Jeunesses patriotes, [résolurent] d'adresser au président de la République une pétition pour demander la dissolution du Parlement »[111].

Ces « manifestations réactionnaires » furent gérées par l'autorité policière avec « une carence complaisante » contrastant avec son ardeur antirouge. Ce jugement de la CGT apparaît modéré à la lecture : 1° des échanges épistolaires entre Paul Guichard, directeur général de la police municipale, et Lebecq, un des chefs de la droite au conseil municipal de Paris ; 2° du PV de la commission d'enquête sur le 6 février. Lebecq avisa Guichard, le 30 janvier, de son intention d'organiser, l'après-midi du dimanche 4 février, une énième manifestation, lui en précisant l'itinéraire (celui du 6, avec dislocation à la Concorde). J'ai fait valoir, écrivit Guichard à Jean Chiappe, que cet itinéraire avait « toujours été interdit », et lui en ai proposé un autre, « le matin. J'ai d'ailleurs signalé à titre tout à fait personnel à M. Lebecq que depuis quelque temps les agents étaient très pris et qu'ils auraient vraiment escompté un peu de repos dimanche après-midi, mais j'ai ajouté que cela ne pouvait pas être invoqué comme raison et que c'est à lui seul que je l'indiquais. M. Lebecq m'a répondu très courtoisement qu'il n'était pas possible de prendre d'autres dispositions que celles qui avaient été prises et que sauf avis contraire sa manifestation aurait lieu dans les conditions qu'il m'indiquait »[112]. Bref, les ligues dictaient leur loi à la Préfecture de police.

De l'énorme compte rendu de la commission d'enquête imprimée, précisé par l'exemplaire ronéoté des fonds de la Préfecture de police, j'extrais quelques éléments corroborant la thèse de la participation au complot des ligues, Croix de Feu inclus[113]. Le 6 février révélait « une action commune pour atteindre un but commun », déclara le successeur de Chiappe, Adrien Bonnefoy-Sibour. Daladier, dictateur pressenti des semaines précédentes et Premier ministre démissionnaire, déclara devant ses pairs que les appels, articles, etc., préparatoires au 6 février « constitu[ai]ent de véritables provocations aux attroupements et à l'émeute. Les itinéraires étaient réglés à l'avance dans l'espace et le temps, tous convergeant vers la Chambre avec un mot d'ordre : la Chambre. Il est insoutenable que ce soit un effet du hasard. Il est impossible que des précisions aussi nettes n'aient pas été l'objet d'un concert préalable. Je n'en ai pas la preuve, mais ayant lu les textes, je conclus qu'il est impossible qu'une organisation aussi méthodique soit le produit du hasard ou d'un miracle ».

Daladier cita à l'appui de sa thèse les titres des journaux depuis le 5 – *Aujourd'hui, L'Action française, L'Écho de Paris, Le Figaro, Le Journal, L'Ami du Peuple, Le Matin* – et des 5 et 6, où « *Le Petit Parisien* donn[a] des indications précises sur les lieux de convocation. La Chambre des Députés, avec l'Élysée et l'Intérieur, étaient l'objectif de tous les manifestants ». Dans *Solidarité française*, Fromentin avait ordonné l'afflux « face à la tranchée du Palais-Bourbon qu'il fa[llai]t nettoyer ! » Il s'agissait d'« imposer la dissolution et un gouvernement provisoire, il est impossible de se méprendre » sur le sens du tract distribué au soir du 6 février place de l'Hôtel de Ville et au quartier Latin[114]. « L'appel des Croix de Feu et leur télégramme : "premier objectif atteint" » étaient aussi explicites[115]. Yves Le Trocquer rapporta le propos de son collègue Charles Joly, qui le confirma une semaine plus tard. Joly, ayant mis en garde un conseiller municipal partant pour la manifestation : « Vous allez [...] rencontrer des becs de gaz », s'entendit répondre : « Jamais de la vie, [...] il n'y a pas plus de becs de gaz que de barrages d'agents pour nous résister, nous passerons, car nous avons décidé de passer. Vous ne savez pas jusqu'à quel point "ils" sont organisés. Tout est réglé comme un mouvement d'horlogerie. »[116] Perrier, directeur des RG, fut embarrassé face à Vincent Auriol, Paul Perrin, Jammy-Schmidt, Louis Lallemant : il oscilla entre démenti et reconnaissance de l'activité militaire des ligues, de leurs achats d'armes et des liens organiques entre elles, Croix de Feu, Action française, Jeunesses patriotes et Solidarité française en tête[117].

Ces liens organiques ressortaient des textes originaux. Ce télégramme de De La Rocque du 7 février, fut envoyé 129 fois : « N° 30509YV. Paris, 7 février 1934, 16 h 10. Ministère démissionnaire. Premier objectif atteint. Suspension manœuvres jusqu'à nouvel avis. État alerte maintenu. Recevrez instructions. » Le rapport du commissaire spécial de Cherbourg établit la qualité de l'orchestration de l'événement par les organisations centrales parisiennes et leur concertation avec la province. Les Croix de Feu de la région n'ont pas reçu de convocation « pour renforcer les manifestations [...]. Par contre, une liaison étroite s'est établie à Cherbourg entre les dirigeants de divers groupements : Action française, Jeunesses patriotes, Croix de Feu, Solidarité française, pendant les journées des 6 et 7 février. Les Croix de Feu, en liaison avec les groupes ci-dessus désignés, ont tenu une permanence pendant deux jours et deux nuits. Le président, le capitaine Ranzani, officier intelligent et plein d'audace, ne s'est pas couché pendant ces deux nuits. Il n'a quitté son poste qu'après avoir reçu des instructions télégraphiques de Paris. Des renseignements qui m'ont été fournis, il résulte qu'en cas de succès du mouvement à Paris, l'association des Croix de Feu devait prendre le pouvoir. Des instructions devaient être transmises immédiatement aux sections de province qui avaient, au préalable, établi une liste de personnes à arrêter. Cette liste existait pour Cherbourg »[118].

Le rôle majeur de Chiappe dans l'opération ressort autant des témoignages de Chautemps et de Daladier que de son audition. Le « refus brutal » de sa promotion-sanction, « la Résidence générale du Maroc », signifié à Daladier sur « un ton d'irritation extrêmement violent » (« "Jamais ! Je refuse ! Vous me déshonorez" »), fut suivi de menace : « Vous me trouverez dans la rue ! » Se targuant d'avoir « appliqué pendant sept ans des méthodes humanitaires » dont les militants communistes avaient tâté, Chiappe avoua le chantage qu'il avait exercé pour bloquer « le remaniement envisagé de la Préfecture de police ». Il avait bien déclaré : « La police ne pourrait plus assurer la sécurité de la rue, ni la liberté des délibérations de la Chambre. »[119] La commission d'enquête fut plus claire sur les responsabilités d'Eugène Frot, ministre de l'Intérieur, et ses discussions antérieures au 6 février en vue de liquider le régime parlementaire avec de La Rocque, le Comité des Forges et Pierre Nicolle, émissaire de la CGPF. Daladier fut-il évincé des préparatifs du tournant de 1933 ? L'hypothèse est douteuse, vu les révélations d'alors de François-Poncet à Hitler à son sujet. Quoi qu'il en soit, l'association au complot de son ami Frot, « grisé de ses succès et, *selon ses amis et rivaux de l'Alliance démocratique,* se croyant déjà désigné pour être le Mussolini français », ne fait aucun doute[120].

En janvier 1934, Frot sollicita de La Rocque « à plusieurs reprises » via des intermédiaires de participer à « une équipe ministérielle [groupant des] hommes politiques des néo-socialistes à la droite [...] en vue de la constitution d'un gouvernement futur ». Le colonel déclara s'être soustrait à ses invitations et refusa de citer ses interlocuteurs (dont Pierre Nicolle). De Kerillis, qui témoigna après lui, évoqua les « relations [de Frot] avec des ligues de droite [...] M. Frot avait cherché à se créer des relations dans les milieux d'Action française, d'anciens combattants, de Jeunesses patriotes et [...] était devenu "persona grata" au journal *Le Matin* »[121]. Frot admit ses conciliabules avec Nicolle (sans le nommer), ses relations avec l'Action française (notamment Pierre Gaxotte), Georges Suarez, *Le Matin*, Maurice Bunau-Varilla et Sir Henry Deterding[122]. Gaston Le Provost de Launay alla plus loin : Frot lui avait confié avoir eu des contacts très poussés « avec les représentants du Comité des Forges et [...] ceux de la grande industrie électrique » pour achever « le régime parlementaire [qui] était à bout ». Il fut plus précis dans ses échanges avec plusieurs parlementaires de la commission.

Pierre Nicolle, qui se présenta comme « secrétaire général [du] groupement de Salut économique » (où il représentait la CGPF), décrivit le même type de contacts, notamment en janvier 1934, au service des mêmes objectifs. Il confirma l'implication directe des Croix de Feu dans les tractations antérieures sur « un programme complètement national qui [leur] aurait donné satisfaction ». Il admit avoir eu « souvent » avec leur chef des contacts, que de La Rocque reconnut, en les atténuant (« J'ai connu M. Nicolle, mais sans avoir avec lui des relations d'association. ») Il fournit la liste, dont « l'original » manuscrit de Frot se trouvait « dans [s]on bureau », des parlementaires décidés à tuer le parlement : 25 députés, Félix Aulois, Horace de Carbuccia, Antoine Cayrel, Henry Clerc, Louis Deschizeaux – administrateur de *Paris-Midi* et homme de Jean Prouvost[123] –, Pierre Dignac, René Dommange, Jean Goy, Gaston Henry-Haye,

Philippe Henriot, Louis Jacquinot, Léon Martinaud-Deplat, Adrien Marquet, Guy Menant, Barthélémy Montagnon, Jean Montigny, le marquis Marie-Guislain de Moustier, vice-président des Mines de Marles (très lié à Pozzo di Borgo et Ybarnégaray), Louis Nicolle, administrateur des mines d'Ostricourt, Jean Parmentier, Georges Scapini, Louis Sellier, transfuge du PCF depuis 1929[124], l'industriel Émile Taudière, Xavier Vallat, Alfred Wallach et Jean Ybarnégaray, et quatre sénateurs (Belmont, Hachette, Ordinaire, Auray). S'y côtoyaient, appartenant éventuellement à plusieurs des catégories ici définies, des synarques (un quart du lot[125]), des membres des partis « républicains » de droite (Alliance démocratique), Louis Jacquinot, par ailleurs Croix de Feu – membre du « groupe de jeunes » d'Edmond Barrachin et Sarret, dit « Le redressement national »[126] –, et Alfred Wallach), des ligueurs notoires (vichystes, dont trois membres du Conseil national de Pétain auprès de Frot[127]).

Face à la commission d'enquête, Philippe Henriot reconnut avoir reçu « plusieurs fois la visite de M. Nicolle » ; il déclara à la lecture de la liste avoir entendu « des noms dont [il n'avait] jamais entendu parler » ; il fut frappé de la même amnésie sur les militaires impliqués dans ces plans : « On m'a dit : il y a des généraux avec nous. On ne m'a pas donné de noms. »[128] Henry-Haye se déclara « aussi surpris que [le président Bonnevay] de voir [s]on nom sur [la] liste » de l'équipe Frot. Martinaud-Deplat ironisa sans nier : « En somme, un gouvernement d'Union nationale composé d'hommes d'Union nationale de 60 à 75 ans, c'est une trêve ; mais un gouvernement d'Union nationale composé d'hommes d'Union nationale de 35 à 45 ans, c'est un complot. »[129] L'audition du général Paul Lavigne-Delleville, Action française et futur chef cagoulard[130], lié à la Ligue des Droits du Religieux Ancien Combattant (DRAC), laissa, par ses aveux et démentis, filtrer les buts des obsédés de l'établissement de l'ordre militaire. Ramadier lut la prose du « journal *Forces* de Mme Hanau » sur les « réunions secrètes » tenues avec le DRAC « au siège de la SOCF [Société des officiers de complément], 3, rue des Pyramides, [...] depuis le 15 décembre [1933...] pour préparer l'action civique des A.C. [Anciens combattants] ». On y avait mis au point « l'action nécessaire dans le but de renverser la République » sans omettre de « pendre les députés, [et leur] crever la panse, etc. ». On y avait présenté le « programme de la constitution établie [...] par Dom Moreau », président du DRAC : « Suppression du suffrage universel ; organisation de la nation par profession ; remise en avant des forces de la famille et de l'autorité morale. » On continua après le 6 février, ainsi dans un dîner, le 10, au restaurant Robert où, concéda Lavigne-Delleville, on « a peut-être [...] parlé d'une autre organisation du suffrage universel »[131].

Vincent Auriol, suivi d'autres parlementaires, mit sur le gril de La Rocque, alors que son second Pozzo di Borgo avait choisi de tout nier. Le chef des Croix de Feu se défendit sans répit d'être fasciste ; mais il démentit mal les informations sur ses financements patronaux (via Pierre Nicolle, Kuhlmann, Ernest Mercier, « individuellement Croix de Feu »), sur ses contacts répétés avec l'Action française en général et l'amiral Zéphirin Schwerer en particulier, et sur ses projets funestes au régime républicain[132]. Taittinger, dont la collaboration avec l'Action française était aussi intime[133], perdit de sa superbe quand Auriol le confronta aux « préparatifs » révélés par « le bulletin des Jeunesses patriotes de la région méditerranéenne en décembre [1933] », qui proclamait : « Le “fascisme” est pour fin janvier [...D]ans un mois, les chefs des Jeunesses patriotes sauront prendre leurs responsabilités [...]. Les parlementaires tremblent déjà. La révolution nationale gronde, mais nous n'avons encore rien vu. On s'expliquera dans un mois. » « Vous aviez donc décidé quelque chose pour fin janvier ?... », insista le député socialiste[134]. Lebecq minimisa les avertissements de la presse de son Union nationale des combattants, le 1er février : « Ce sera pour nous comme une répétition d'une relève avant le Jour J et l'heure H » ; ou le sens de sa lettre à Frot : « Nous ferons le travail de nettoyage sans avertissement préalable. » Mais il avoua l'objectif « de remplacer un ministère des partisans par un ministère de Salut public »[135].

Le comportement, avant et après le 6 février, d'Albert Lebrun offre sur le rôle du Comité des Forges des indications aussi précieuses que les confidences de Frot aux parlementaires et de François-Poncet à Berlin. Le président de la République afficha fin janvier son impatience de « faire appel à un autre que M. Chautemps et [de] conseiller à ce nouveau président du Conseil de s'entourer autant que possible de ministres nouveaux ». Il se montra « très accablé par les événements de février », si « déprimé » par leur issue que les milieux politiques bruissèrent dans les semaines suivantes de « sa démission » imminente[136]. Renouvelé à son poste en 1939, il seconderait la débâcle des « fossoyeurs ».

Après le 6 février

La correspondance consultée n'explique pas dans quelles circonstances Daladier, pressenti en 1933 par le Comité des Forges pour la dictature, fut classé pour un certain temps parmi ses ennemis jurés et érigé en bête noire des ligues. Ce qui précède écarte l'hypothèse de sa timidité devant les coups de menton de la droite factieuse, version qui triompha, ce qui autorisa son rétablissement tactique de « gauche » de 1934 à 1936. Daladier n'aurait pas résisté plus de quelques minutes à la pression d'Ybarnégaray, entré en force le 7 février dans une salle du ministère des Affaires étrangères où étaient réunis Cot, Jean Hérard, Martinaud-Deplat, La Chambre et Mistler, tout près de celle où se trouvaient le président du Conseil et Herriot. Ce champion de l'agitation sur l'affaire Stavisky aurait menacé les premiers de « guerre civile » immédiate si le ministère refusait de démissionner. Cot, La Chambre et Jean Mistler « se refusèrent à partager ce point de vue. Cependant quelques instants plus tard, M. Daladier décidait que le cabinet était démissionnaire. »

La solution Doumergue, « combinaison de l'Élysée », avait été peaufinée par Lebrun fin janvier[137]. Elle fut au lendemain du 6 prônée par les conjurés en compagnie d'un comploteur avéré de la phase suivante, Pierre Laval. Il signa, avec deux autres sénateurs (Paul Strauss, Charles Deloncle), trente députés, dont Pierre Taittinger, Paul Reynaud, Louis Rollin, Marcel Héraud, René Dommange, Édouard Soulier, Henry-Paté, Charles de Lasteyrie, Georges Scapini, Joseph Danais, Jean Fernand-Laurent, Edmond Bloud, Jean Goy, cinquante-cinq conseillers municipaux, dont Jean de Castellane, Gaston Le Provost de Launay, et huit conseillers généraux, l'« Appel au peuple de

Paris » : il se félicitait de la démission de Daladier et appelait à constituer « un gouvernement de Salut public »[138], transition vers les buts visés.

« En se retirant, *observa le député communiste Jacques Duclos,* cette vague fasciste a laissé au pouvoir un gouvernement bien typique qui sert de couverture à la préparation au fascisme. » De La Rocque clama par un « ordre du jour » qu'avait été franchie une première étape, avec le cabinet Doumergue, « pansement provisoire sur la gangrène ». Gaston Bergery, lors d'une audition précise sur l'armement et les projets de ligues, annonça la suite : « En bon militaire qu'il est, ayant obtenu un bon résultat, [le colonel] entend se réorganiser sur la première position conquise. Nous avons tous fait cela pendant la guerre. La trêve d'Union nationale est utilisée pour préparer cette seconde attaque. [...L]a Commission [doit...] appuyer les démarches [...] déjà faites pour demander le désarmement de ces organisations armées. Si vous ne le faites pas, vous assumerez de lourdes responsabilités. »[139] Jean Goy, très applaudi le 26 février au cercle d'études politique de l'Alliance démocratique, avait inscrit le 6 dans le face-à-face entre « armée[s] de l'ordre et [...] du désordre [... S]i nous n'avions pas manifesté, le gouvernement Daladier serait peut-être encore au pouvoir. Nous avons abouti au renversement de ce cabinet et à la constitution d'un ministère d'Union nationale [...] Nous vaincrons par n'importe quel moyen ; le salut n'est peut-être pas pour demain, mais pour après-demain »[140].

Le caractère provisoire de la trêve fut démontré par la virulence des amis de Chiappe, bientôt regroupés en « Front national » (prédécesseur direct de la Cagoule) dont le banquier synarque Du Moulin fut logiquement institué « trésorier »[141]. Dès mars 1934, commerçants, industriels et contribuables furent excités « contre les impôts » et le régime républicain et invités au « coup de balai » par les « politiciens » qui les dirigaient, de Nicolle, du Salut économique, à Varinot, vice-président de la Ligue des contribuables de la Seine. On avait l'embarras du choix « pour se rendre compte de ce travail d'excitation ». Les ligueurs, élus ou non, exigeaient « la mort de la maçonnerie, la dissolution de cette Chambre discréditée, le retour d'un Parlement sur des bases entièrement nouvelles, la liquidation de la légende de Genève » (Ybarnégaray, le 2 juin). « Pour en finir », prévint Henriot le 2 mai, on « n'hésite[ra] pas devant le coup d'État, pour se soustraire aux méthodes anciennes d'un gouvernement livré à une majorité parlementaire qui n'a pas changé ». Tout en louant Doumergue, il menaça sans répit, tonnant contre « les métèques soi-disant opprimés ou victimes de dictature amenés par la politique de gauche » : « Nous triompherons facilement des hordes de barbares et nous purifierons l'air empesté. » (fin octobre)[142].

Les enragés avaient l'imprimatur de la Fédération nationale catholique (FNC) de de Castelnau, aussi violente que les ligues contre la franc-maçonnerie et la Ligue des Droits de l'Homme, avant, pendant et après l'affaire Stavisky : sa fougue est incompatible avec la thèse récente de son appartenance à la « droite réformiste »[143], d'ailleurs elle-même introuvable. La droite « modérée » marchait en effet du même pas, avec l'Alliance démocratique de Flandin, Joseph-Barthélémy, déjà cité, Paul Reynaud et (depuis 1930) André Tardieu[144] et la Fédération républicaine de Louis Marin et François de Wendel. Le 2 mars 1934,

Reynaud, dont le biographe admet « la sympathie [...] tout acquise aux émeutiers parisiens », mais qu'il innocente de toute tentation fasciste[145], célébra, dans une conférence sur « la Jeunesse et la Politique », « la grande espérance qu'a[vait] fait naître la journée du 6 février » : elle ressemblait à celle qu'avaient donnée Mussolini et Hitler à leur jeunesse avec laquelle ils étaient « en étroite communion d'idées ». Il annonça la suite : « La date du 6 février doit ouvrir un nouveau chapitre dans notre histoire, puisqu'on a pu constater ce jour-là que les manifestants étaient prêts à mourir pour que la France "ait un visage plus propre". » Moins lyrique, il prescrivit aussi la « modification de la constitution de 1875 », la « dissolution », la suppression du « droit de grève pour les fonctionnaires ». Il conclut sur « [s]on programme [...] constructif, plus compliqué peut-être qu'un coup d'État mais par conséquent plus beau, plus noble car le tempérament national français ne veut pas de dictature » : « L'entente entre les patrons des industries qui deviendraient des arbitres et apporteraient, par corporation, une aide précieuse au gouvernement. »[146] Henry-Haye pérorait sur « une réforme des institutions » qui « réduir[ait] le nombre des parlementaires, d'un tiers au moins ». Il avait mis son parti fantôme au service de Doumergue[147], dans l'attente d'autres champions.

Les « modérés » se disputaient en outre les orateurs des ligues. Au cercle d'études politique de l'Alliance démocratique, le 29 mai, à la Mutualité « sous la présidence de M. Charles Trochu, secrétaire général du Front national », était prévu Ybarnégaray (finalement « retenu en province »). René Dommange, député du VIIe arrondissement, y fut exalté « comme un des rares hommes "qui se soit dégagé de l'atmosphère pestilentielle du Parlement" ». Le meeting donna lieu aux débordements habituels des ligues. « Les amis de M. Marin entend[ai]ent [aussi] continuer la campagne [de...] MM. Ybarnégaray et Henriot [...]. La Fédération républicaine, loin d'engager ses [deux] amis [...] à se modérer comme le désirait M. Doumergue, prépar[ait], grâce à ses fédérations de province, de nouvelles réunions de propagande où se fer[aien]t entendre les orateurs les plus ardents » : à Strasbourg, le 24 juin, le trio Vallat-Ybarnégaray-Henriot célébra, avec une représentation nationale, Paris inclus, la récente affiliation de l'ultra-droitière APNA (Action populaire nationale d'Alsace)[148]. La victoire mutilée de février serait suivie de triomphes plus définitifs.

En attendant, le réveil de la classe ouvrière française inspirait au patronat un vif intérêt pour les avantages immédiats des Croix de Feu. La correspondance d'avril-mai 1934 révèle l'étroite collaboration, connue de Paul Vaillant-Couturier, entre la Préfecture de police, les grandes entreprises publiques et privées de services publics de Paris et de sa banlieue (eaux, gaz, électricité, transports en commun, engrais et voirie) – via leur « Union civique » – et les Croix de Feu, chargés par la police et le patronat d'envoyer « des sections aux abords des établissements » concernés « pour intervenir afin de protéger la liberté du travail en cas d'incident »[149]. L'armement et les menaces des ligueurs n'alarmaient pas davantage Doumergue : il « n'avait, *selon Taittinger,* aucun désir de s'en prendre aux Ligues [qui...] faisaient contrepoids aux organisations du Front commun et de l'union socialo-communiste dont les menées révolutionnaires pouvaient devenir inquiétantes ». « Ne plus parler que de désarmement c'est ne plus parler de rien, *plastronnait l'Action française.* Il va de soi, en effet, qu'il pourrait y avoir perquisition sur perquisition, soit au siège de la ligue, soit chez ses principaux membres, soit dans un entrepôt quelconque nous appartenant ou loué par un des nôtres, on ne découvrira aucun dépôt d'armes de quelque importance et capable de provoquer sérieusement des poursuites. »[150]

Entassées, les armes devaient être utilisées contre l'ennemi intérieur avec l'acharnement dont le Reich avait donné l'exemple depuis l'aube de la République de Weimar. Des « renseignements tirés des combats livrés pour la répression des troubles intérieurs en Allemagne » au lendemain de la guerre, issus d'une « brochure allemande sans nom d'auteur ni date » avaient été collectés par les Jeunesses patriotes pour la formation de leurs militants. Ce descriptif documenté de la guerre au canon et à la mitrailleuse, à conduire selon une règle absolue – ne jamais négocier « avec les rebelles » –, éclaire la « modération » que les « historiens du consensus » prêtent aux « autoritaires » pas fascistes[151].

Du Plan du 9 juillet 1934 au triomphe de la « politique du pire »

Les comités synarchiques participèrent au foisonnement des plans de « réforme de l'État » qui devraient suivre l'« expérience Doumergue ». Les RG font de la « publication du fameux Plan du 9 juillet par Jules Romains, l'ami intime de Georges Bonnet [,...] signé de synarchistes notoires dont Louis Vallon, Branger, Roger de Saivre, etc. », un jalon important de cette « année *d'activité fébrile* de tous les grands agents du CSAR » (rappelons que ses forces actives précédèrent sa création officielle de 1936). Ils relèvent que « Jean Coutrot et ses collaborateurs se trouvent dans tous les "planismes" depuis 1934 : Plan de la CGT (René Belin) ; Comité du Plan (Édouard Chaux) ; Plan du 9 juillet 1934 (Jacques Branger), etc. »[152].

L'opération, initiative apparente de jeunes gens pressés de secouer le cocotier (dont Gérard Bardet et Bertrand de Maudhuy, « récemment entré à la Banque Worms »)[153], fut lancée le 12 mars 1934, « au cours d'une réunion organisée à la Sorbonne par M. Jules Romains pour l'étude du sujet "Où va la France ?" ». Elle prit quatre mois après tournure définitive avec la formation du « groupe » et du « Plan du 9 juillet ». Son secrétaire, Jean Thomas, évoqua le 29 octobre « la collaboration qui n'a[vait] cessé d'exister entre les gens de droite et ceux de gauche entrés dans ce mouvement de collaboration qui [avait...] permis la mise au point du Plan du 9 juillet, lequel a[vait] connu dans la presse le succès que l'on sait ». Jules Romains, chef public de l'entreprise, la rattacha aux leçons tirées de l'échec des « événements de février » : il s'agissait d'« éviter la guerre civile » et de « démontrer qu'une révolution marxiste n'[était] pas possible en France car, à son avis, toute la petite bourgeoisie réagirait. D'autre part, il met[tait] au défi les partis de droite de réussir une dictature » car « ils auraient vite contre eux les faubourgs et la province [:...] la solution aux difficultés de l'heure réside donc dans notre mouvement du 9 juillet qui a vu des hommes, se plaçant au-dessus des partis politiques, réussir dans une collaboration étroite à mettre sur pied un programme minimum d'action ».

Louis Vallon, « membre du parti néo-socialiste » et du « groupe du 9 juillet », « expliqu[a] que les hommes de sa génération ne cro[ya]ient plus au programme des vieux partis et n'accept[ai]ent plus de servir de troupes aux vieux politiciens parlementaires. Il ne se montr[ait] pas très enthousiasmé par la réforme constitutionnelle proposée par M. Doumergue, "qui [était…] un vieil homme". Ce qu'il voudrait, c'est un bon nettoyage un peu partout, même dans la presse. "Si, dit-il en terminant, certaines dures opérations de police sont nécessaires, nous les accomplirons, car il est des maisons, entre autres celle de l'Agence Havas, qui ont besoin d'être visitées de la cave au grenier" ». Jacques Kayser, du parti radical socialiste, Armand Hoog, membre du comité central des Jeunes équipes – secrétaire général du Parti agraire – et « Jean Coutrot, du "Centre polytechnicien d'études" », firent chorus : « Il faut en finir avec les vieilles formules politiques et les luttes de partis. Seule, l'union des hommes courageux de toutes tendances peut arriver à dénouer la crise, aussi bien morale qu'économique, qui nous accable. » Marcel Déat et Alfred Fabre-Luce motivèrent leur adhésion « aux idées maîtresses du "Plan" ». Jules Romains annonça la prochaine réunion, le 3 décembre 1934, à la Sorbonne, « sous les auspices de la "Nouvelle École de la Paix" »[154].

Simultanément commença la campagne en faveur de Pétain. Philippe Henriot en appela en octobre à « un gouvernement qui gouverne » (« Il nous faut une autorité ») et loua le « courage du maréchal Pétain qui, ne connaissant pas les compromissions de couloirs, di[sai]t carrément au Pays le péril qui le mena[çait] »[155]. Certains radicaux mirent alors en question non seulement « les projets […] d'esprit fasciste » de Doumergue, mais les intentions plus radicales de Pétain : « En relations avec toutes les organisations de droite d'anciens combattants et même avec certaines ligues politiques d'Union nationale », le maréchal songeait à « se poser, avec l'armée et les anciens combattants en gardien sévère de l'ordre » avec « le concours du gouverneur militaire de Paris, le général [Henri] Gouraud ». Socialistes et communistes alertaient « tous leurs groupes » contre « les menées fascistes en préparation et […] le rôle que serait disposé à jouer le maréchal Pétain », leur « recommand[a]nt « une vigilance très active »[156].

Dans sa déposition au procès Pétain, Georges Loustaunau-Lacau admit les précoces « relations d'avant-guerre » de Pétain et Laval, tout en les prétendant « beaucoup moins importantes qu'on ne l'a dit » : « Un jour, dans une réception au Quai d'Orsay, en 1934, M. Doumergue avait dit au maréchal Pétain, en lui montrant Laval qui était dans l'embrasure d'une fenêtre : la République est pourrie ; ils n'ont plus personne, mais il y a encore celui-là. Aucun doute sur le fait que M. Laval voulait se servir un jour ou l'autre d'un képi glorieux pour coiffer une de ses combinaisons politiques. Aucun doute non plus que le maréchal Pétain voyait dans cet homme à l'intelligence féline un conseiller pour certaines heures. »[157] Leurs relations furent dès lors régulières : dans un de ses multiples entretiens de 1935 avec les Allemands – ici, le journaliste et espion Friedrich Sieburg –, Laval s'enthousiasma quand cet agent nazi, auquel il venait de redire que la réalisation d'un « accord franco-allemand » constituait son « but suprême », lui proposa l'envoi à Berlin « en signe d'amitié » du « maréchal Pétain »[158].

Le trio Laval-de Brinon-Pétain, révélèrent les gaullistes en février 1943, s'était noué sous le dernier ministère républicain de Laval. Celui-ci « accueillit volontiers le porte-parole d'Hitler, porte-parole et porte-monnaie [de Brinon]. Les deux complices ont été vus ensemble et photographiés à Genève, en 1935, au moment où Laval, déjà payé par Mussolini, poignardait la Société des Nations. Mais Laval veut bien toucher de l'Allemagne aussi, pourquoi pas, et c'est lui qui donne à Brinon l'idée lumineuse de Pétain, le dessus de cheminée indispensable. […] Le plan fut exécuté en cinq ans, affreux plan quinquennal dont il ne faut pas dire qu'il réussit grâce à la défaite, mais qu'il réussit en ce qu'il amena la défaite ; la défaite, c'était le but et non pas le moyen »[159].

Dans son ouvrage de guerre tiré de « cahiers de notes » et du « journal tenu depuis 1934 avec plus d'assiduité qu'auparavant », Pertinax date de la même époque le « programme » de Laval : « Constituer un cabinet autoritaire sous l'égide de Pétain » après avoir « gagn[é] les élections législatives de mai 1936, terrass[é] le "front populaire", assembl[é] autour de lui des hommes politiques de toute origine politique ou sociale. » Laval faisait alors des confidences à « certains visiteurs » sur le « parti anticapitaliste » qui assurerait cet objectif. Au plan supposé prévoir « quelques mesures dirigées contre les ploutocrates »[160] était attelé le ploutocrate François de Wendel qui, tout en poussant encore de La Rocque, projetait à l'été 1935 de lui substituer un képi prestigieux[161]. Les ligueurs, militaires et civils, faisaient escorte. Le 20 novembre 1935, salle Gaveau, Weygand partagea sa conférence sur « l'instruction et l'éducation modernes de la jeunesse » entre dénonciation des instituteurs et du « monstrueux » SNI qui pourrissaient la jeunesse arrachée à l'excellent enseignement des « religieux », et dithyrambes sur le « maréchal Pétain, l'un des plus grands éducateurs d'hommes de notre temps »[162]. Taittinger avait hâte, en mars 1936, de goûter « les bienfaits de l'Union sacrée » sous l'égide « des hommes qui méritent d'être suivis », à prendre « dans le Parlement ou en dehors, par exemple le maréchal Pétain, […] pour l'intérêt supérieur du pays »[163]. Jean-Maurice Hermann, spécialiste des ligues et du fascisme au *Populaire*, n'exagérait pas en accusant « de La Rocque, "ami d'Hitler à Paris", [de faire] annoncer à ses hommes la prochaine chute du cabinet Sarraut au profit d'un gouvernement "Laval-Pétain-Casimir [de la Rocque]" »[164].

Le patronat préparait la réorganisation de la droite sous la houlette de Laval, auquel Doriot fut tôt lié. En délicatesse avec le PCF au début de 1930[165], l'ex-leader de la lutte « anti » (antimilitariste et anti-impérialiste) fut en 1933 avec « Déat [et] Bergery » un des « trois hommes politiques […] lancés et épaulés par le haut patronat »[166]. Protégé notoire de Laval dès 1934, en rébellion contre son parti, le maire de Saint-Denis présida en décembre au Palais d'Orsay la cérémonie organisée pour la nomination de chevalier de la Légion d'Honneur de Loras, secrétaire général de la mairie : les RG y virent « le secrétaire particulier de M. Pierre Laval et plusieurs commerçants et industriels dyonisiens ». Au printemps 1935, Doriot « bénéfici[ait] de l'appui puissant [du…] sénateur-maire d'Aubervilliers » et envoyait dans la circonscription de son « protect[eur] » des fidèles chargés, « par leurs interruptions et leurs cris, d'empêcher les leaders communistes de se faire entendre »[167]. En juillet, à la Ferté-sous-Jouarre, le synarque de « Maudhuy, ancien chef des Volontaires Nationaux », discuta avec le synarque[168] Bergery et avec Doriot « du regroupement de diverses forces nationales et sociales, qui se sent[ai]ent mal à l'aise dans les organisations existantes ou qui se trouv[ai]ent en marge de ces organisations »[169].

Laval protégeait alors les ligues des curiosités policières et les aidait à « parer à [leur] dissolution éventuelle [...] par le Parlement » : ainsi « M. Taittinger et ses amis » purent-ils en août « fonder la Ligue nationale populaire et le Parti populaire de France » présidé par Roger de Saivre, au « but identique »[170]. Le président du Conseil préparait aussi les législatives avec « M. Trochu et ses amis du Front national », qui le prièrent à l'automne 1935 « de ne pas inscrire [...] de candidats trop connus comme francs-maçons »[171]. Les Croix de Feu, dont le « programme [,...] court, [... tenait] dans cette devise : "Patrie, Famille, Travail" », n'étaient pas les derniers à flirter lui. « Nous devons reconnaître », déclara Charles Vallin à Magic City, le 21 décembre, que Laval « a fait tout ce qu'il pouvait pour nous empêcher de prendre part à une expédition » anti-italienne « où nous avions tout à perdre et rien à gagner »[172]. « De La Rocque soutenait et a soutenu jusqu'à sa chute le gouvernement Laval et avait avec le président du Conseil des contacts assez fréquents », résumèrent les RG[173]. Les JP, dont « la commission ouvrière [avait] fait paraître [en 1934] un programme [sur] les droits et les devoirs respectifs du capital et du Travail [...] sous le nom de Charte nationale du travail », l'appréciaient autant : « M. Laval [,...] à l'amitié de qui je reste fidèle, *déclara Taittinger en novembre 1935,* n'a pas toutes les idées qui sont les vôtres, mais c'est un homme de bon sens et de bonne volonté, qui, par surcroît, a le sens des événements qui dominent la politique extérieure. » [174]

Soustraire les ligues aux protestations de la gauche s'avérait d'autant plus délicat que les intéressées accumulaient les armes contre le péril rouge présumé, sous la houlette fébrile de Trochu[175]. Les RG décrivaient (ici à la Solidarité française) les « exercices de tirs » organisés sous la houlette du « nommé [Jacques] Renouvin »[176] et les conférences « sur les gaz » de Moreau de février 1935 au « siège des groupes de protection de la Solidarité française », 70, rue des Archives, devant la « quarantaine de miliciens en tenue » de sa section spéciale, en présence de son chef, Lelong, et du colonel Sallerin, et autres douceurs. Moreau, « un violent [,...] se vant[ait] d'avoir plusieurs revolvers à son domicile et recommand[ait] fréquemment aux membres de la section spéciale [venant...] à la Maison Bleue d'être armés afin de pouvoir [...] répondre à une agression communiste ». Aidé de « 2 ou 3 jeunes gens », il initiait au printemps 1935 son public hebdomadaire à la manipulation et à la composition des produits chimiques à utiliser « au cours de manifestations » ou « pour troubler des réunions adverses ». Les adhérents subissaient un « entraînement militaire » régulier.

Le 12 mars, le chef SF Jacques Fromentin présenta les méthodes à l'italienne et les cibles de notre « section spéciale reconnaissable à [s]a chemise bleue foncée [et...] composée de braves, en ayant "plein le buffet", qui ont juré sur le drapeau du groupement d'exécuter sans discussion les ordres que nous croirons devoir leur donner et, au besoin, de mourir pour les mener à bien. La première mission de ces braves consistera à châtier les instituteurs rouges dont la liste vient d'être établie par nos soins. Ils devront s'en rendre maîtres, les déculotter, leur passer le postérieur au minium et leur faire ingurgiter dix grammes de ricin… pour commencer ». Le propos ne fut « qu'imparfaitement » reproduit par l'organe du groupe, *La Lumière* : « "Nous tenons une liste à jour des instituteurs francs-maçons et anticléricaux. Tous sont surveillés par nous." »[177] La « surveillance » de la SF, liée comme toutes ses pareilles à l'Action française, s'exerça bientôt. Dans la nuit du 23 au 24 septembre 1935, les « miliciens de [s]a section spéciale », qui s'en étaient déjà pris à « l'instituteur communiste Le Corre », organisèrent « sur ordre de leur chefs d'"essai de mobilisation de nuit" […] une expédition punitive contre le "quartier juif du IIIe arrondissement" ». Comme huit jours auparavant, où « des vendeurs de journaux […] d'extrême gauche » avaient infligé une raclée aux « miliciens » venus les attaquer, « les juifs, armés de gourdins et de matraques, ont repoussé les assaillants »[178].

La protection étatique n'en souffrit point, et, à l'époque du débat parlementaire sur les Ligues, les enquêtes traînaient autant que sur les cadres nazis en France. En octobre 1935, Taittinger et Jean Renaud, toujours rassurés sur Laval, redoutaient « la pression de ses ministres radicaux ». Ils conseillaient donc « à leurs amis […] une certaine prudence […], car il n'[était] pas impossible que des perquisitions soient faites, un jour ou l'autre, au siège des ligues et chez leurs principaux dirigeants. Aussi, des mesures [étaient-] elles prises chez les Jeunesses patriotes et à la Solidarité française pour que dans ce cas rien ne soit trouvé qui puisse servir de prétexte à des poursuites. On [y] dit même […] pour rassurer les adhérents, que les listes où sont inscrits les membres, les donateurs, les souscripteurs sont à l'abri, ainsi que les états précisant les ressources et la situation financière de la ligue ; enfin les fonds eux-mêmes seraient en lieu sûr ». En novembre, au lendemain d'un article du *Populaire* livrant noms et adresses des membres de la SF, ses « dirigeants » purent en effet « mettre provisoirement en lieu sûr, […] chez eux [ou…] chez des personnes amies, [les…] dossiers contenant des papiers importants, des listes de chefs, militants, miliciens qu['ils…] désir[ai]ent mettre à l'abri dans la crainte de perquisitions »[179].

De toutes les ligues affluaient des consignes de planque des armes, telles en décembre celles des JP (Parti national populaire) à leurs militants de section : « Prenez vos précautions à votre domicile, en cas de perquisition au sujet des armes. Sachez qu'on ne peut perquisitionner chez vous en votre absence, et pour ceux qui sont mariés, si la femme ouvre la porte, elle a le droit de faire retourner ceux qui viennent faire les recherches. […E]lle peut, ou vous le pouvez en arrivant chez vous, planquer l'arme que vous êtes susceptible d'avoir. Je vous rappelle, d'autre part, que Taittinger ne veut plus s'occuper de ceux qui seront arrêtés sur la voie publique ou qui viendront aux réunions avec des armes sur eux. »[180] La correspondance des autres ligues, aussi liées à l'Action française que la Solidarité française[181], rend un son identique, Croix de Feu inclus[182].

La prévision simultanée de la déroute électorale de la droite en 1936 incita à promouvoir les droitiers de la gauche, radicale et néo. Le synarque radical Émile

Roche[183] jouait à l'été 1935 les Saint-Bernard du cabinet Laval en péril. « D'accord avec MM. Albert Milhaud et Pfeiffer, » il menait « active campagne au sein du parti radical contre l'adhésion de ce parti au Front populaire », comptant sur « 60 à 80 députés radicaux [...] susceptibles d'être détournés de l'alliance avec les communistes ». « Le patronage de MM. Laval, Herriot, Flandin et Marin » permettrait aux radicaux de « se raccrocher sans arrière-pensée au bloc de l'ordre », voire « d'entraîner l'adhésion de certains éléments de gauche nationaux qui suivent des hommes tels que MM. Paul Perrin, Montagnon, Frossard, etc. »[184]. « Dans les milieux parlementaires et d'affaires l'atmosphère rest[ait cependant] pessimiste. » « La vague de protestations contre la folle politique de déflation » des décrets-lois Laval du 16 juillet 1935, pris après la mise du « Parlement en vacances », ne l'améliora pas[185].

Les services que pouvait rendre la gauche compréhensive n'en apparurent que plus précieux. Le « courant modérateur » des socialistes demeurés sensibles à « l'influence [de...] M. Frossard », tels « MM. Moutet, Morizet, Barthélémy et Fiancette », « mett[a]nt en garde » les fonctionnaires frappés par les décrets-lois « contre des "gestes inconsidérés" », inspirait espoir[186]. Camille Chautemps, protecteur des ligues, de Chiappe et de la liberté des agents nazis mais pas des juifs étrangers réfugiés à Paris[187], fut, avant de devenir, au carrefour de la synarchie et de la Cagoule, un auxiliaire de l'opération de 1940, un acteur majeur de la droite radicale. Les RG rapportèrent à l'été 1935 ses « pourparlers » avec Louis Malvy et Joseph Caillaux et ses intrigues auprès d'Émile Roche : il « déplo[yait...] dans la coulisse, une activité de première importance, pour empêcher qu'au prochain congrès radical-socialiste, il ne se produise un glissement trop accentué vers le Front populaire »[188].

Il valait mieux compter, à court terme, sur les multiples associations patronales, *toutes* contrôlées par la CGPF et unies en « Comité national d'entente économique ». Présidé par l'inévitable Pierre Nicolle, celui-ci devait faire avancer « la réforme de l'État [, ...] à réaliser en premier lieu [,...] et celle de l'économie nationale » accablée par les errements fiscaux. Ce club du grand capital français regroupait « les grandes organisations économiques, industrielles, immobilières et agricoles de France » : tels la chambre syndicale des propriétés immobilières de la Ville de Paris (de Trutié de Varreux), l'Union de la Propriété bâtie de France (de Charles Ramarony), la Fédération nationale des syndicats de contribuables (de Large), le Comité de Salut économique (de Nicolle), la Confédération des Groupements commerciaux et industriels de France (de Victor Constant), l'Union nationale du Commerce et de l'industrie (?), le Comité central des associations agricoles (de [Jacques] Le Roy Ladurie), le Comité des Commerçants, industriels et artisans (de Georges Mauss), la Fédération nationale des contribuables (de Lemaigre-Dubreuil), « etc. ». À son assemblée extraordinaire du 18 juillet 1935, son comité de direction exulta devant les « courageuses [...] dispositions » des décrets-lois Laval qui « constituaient un arrêt indispensable dans l'habituelle exagération des dépenses publiques » ; mais il était déçu « que cette déflation budgétaire [n'eût pas été...] complétée par un allègement général et indispensable de la fiscalité » pesant sur le capital[189].

Début août 1935, Mercier présenta « à un groupe d'amis » sa conception de la politique du pire contrôlée, se déclarant à l'unisson de François de Wendel. « Il était loin, dans les circonstances présentes, d'être opposé à l'accession des gauches au pouvoir. "Cette expérience, aurait-il dit en substance, montrera au peuple que les socialo-communistes sont incapables de gouverner au mieux des intérêts de la masse et l'effondrement de l'idéal Blum-Cachin doit logiquement s'ensuivre. [Elle...] est susceptible d'être quelque peu dangereuse pour nous, mais comme elle est indiscutablement nécessaire pour consacrer l'anéantissement du péril révolutionnaire, les droites se doivent de l'accepter, d'autant mieux que les circonstances les servent. En effet, les gauches sont en période d'organisation, elles n'ont pas de programme réel et de nombreux points de détail sont encore à régler. Mieux vaut donc les laisser faire maintenant, que d'attendre qu'elles soient fortes et unies..." »[190] En attendant la liquidation programmée « du péril révolutionnaire » via la division des gauches, on s'apprêtait à réorganiser la droite, remise en ordre dont le résultat des élections attesterait l'urgence. Tardieu, qui conservait de solides appuis industriels (début mars 1936, Louis-Dreyfus lui offrit un poste de direction important à *L'Intransigeant*), prévoyait à la veille des législatives sa prise du pouvoir après « l'expérience "Front populaire" » : elle « durera deux ans au plus, à condition qu'elle ne soit pas contrariée dès son début par de graves événements d'ordre extérieur. J'ai décidé de suivre attentivement dans l'ombre l'évolution de cette expérience qui, à n'en pas douter, doit immanquablement se retourner contre ceux qui la réclament aujourd'hui. [...L]es gauches seront effondrées avant deux ans et c'est alors, mais alors seulement que je reprendrai mon activité politique »[191].

La « politique du pire » eut sa contrepartie financière, la fuite des capitaux qui entraîna des sorties d'or de 15 827 millions pour la seule année 1935[192]. Le veto de la Banque de France contre l'octroi d'avances au Trésor, pivot d'une tactique éprouvée depuis 1926, plaça « le gouvernement français » sous la tutelle directe d'« un groupe de banques anglaises organisé par MM. Lazard frères and C° » et de Montagu Norman : c'est avec le gouverneur de la Banque d'Angleterre que Tannery discuta lors d'une réunion à Bâle (à la BRI) en février 1936 les conditions du crédit de 40 millions de livres sterling auquel la Banque de France « refus[a...] catégoriquement [sa...] garantie »[193].

Chapitre 4

L'Allemagne en France : les débuts glorieux de la Cinquième Colonne 1933-1936

LES CLASSES DIRIGEANTES ne se contentèrent pas de lorgner vers le modèle allemand économique et politique de règlement de la crise. Elles laissèrent certains des agents de ce règlement se maintenir ou affluer en France, s'y ménager des positions décisives dans la perspective de l'occupation.

Les fonds du Quai d'Orsay, ouverts depuis longtemps, montrent que les pays étrangers furent détruits de l'intérieur avant d'être dépecés, avec l'aval de leurs élites, plus hantées par les conséquences socio-politiques de la crise que par les menaces contre les frontières nationales. Ils donnent parfois des indications précieuses sur la situation interne de la France[1]. Les fonds de l'Intérieur et de la Guerre décrivent plus précisément l'assujettissement d'une « grande puissance » aux mêmes normes que les « petits États », de la Belgique à la Yougoslavie.

L'APPAREIL NAZI EN FRANCE

Le règne français du deux poids, deux mesures

Paris avait suivi avec attention une présence nazie accrue depuis la fin de 1931, où régna la certitude « que les nationaux-socialistes s'empare[raie]nt à bref délai de la direction des affaires de l'État ». En 1932, Hitler « dispos[ait] de délégués établis à demeure dans les principaux pays étrangers », et Paris fut bien représenté[2]. On connut vite la « circulaire secrète » du 24 juin 1933 de l'*Auswärtiges Amt* aux ambassades et légations allemandes annonçant l'établissement d'« agences à l'étranger [par] la police secrète d'État de Berlin » (*Geheime Staaspolizei*, dont l'abréviation, Gestapo, ne devint courante qu'en 1934). Fonctionnant sous le couvert du ministère avec des agents dotés du statut diplomatique et (ou) de « bureaux [...] à l'intérieur des bâtiments diplomatiques », elles existaient « déjà à Paris, Strasbourg, Metz, Zurich, Bâle, Vienne, Salzbourg, Innsbruck, Prague, Karlsbad, Varsovie, Posen, Dantzig, Copenhague, Amsterdam, Bruxelles, Anvers, Londres, Rome et Moscou »[3]. La correspondance policière converge donc avec l'excellent réseau d'information des publicistes antinazis qui dénonçaient « les véritables gaz asphyxiants moraux que [...] le ministère de la Propagande et la Gestapo [voulaient] faire répandre sur la

France [...]. Le but de la propagande allemande en France qui touche non seulement les anciens combattants, les journaux, les partis politiques, etc., [...] œuvre des Abetz, Ribbentrop, Oberlindober, etc., est d'amener la ruine de la République, d'empoisonner l'atmosphère européenne et de détruire le système des alliances de la France »[4].

Les agents nazis nagèrent depuis février 1933 comme des poissons dans l'eau parisienne que nombre d'entre eux fréquentaient depuis les années 1920. Ils étaient connus de la Préfecture de police et de l'Intérieur pour leur adhésion ancienne ou leur ralliement récent au nazisme. Aucune différence de statut ne les distingua des agents de l'Italie fasciste auxquels on avait laissé toute liberté pour traquer les antifascistes réfugiés : l'*Opera volontaria repressione antifascista* (OVRA), installée en France aussitôt après sa réorganisation « internationale » de 1929-1930, y comptait en novembre 1937 « cinq mille agents dispersés »[5]. Toutes les organisations fascistes, tel le « Fascio de Paris », jouissaient de privilèges équivalents[6]. Les mêmes fonds d'archives prouvent la différence de traitement des responsables fascistes et nazis œuvrant en France et des militants « extrémistes » (de gauche), toujours soupçonnés du pire, poursuivis, raflés, expulsés[7], etc.

Les victimes entrantes à partir de 1933 ne jouirent pas d'un statut très supérieur, la police se souciant surtout des « dangers » politique et social que ferait naître leur afflux. Fin 1931, la Préfecture de police de Jean Chiappe, héraut de l'équation juif-bolchevique, avait redouté que l'afflux de juifs « menacés dans leur vie et dans leurs biens » et contraints à la fuite ne renouvelât les problèmes suscités à l'été 1930 par les « séparatistes rhénans ». « Se demand[ant] si une immigration massive chez nous des juifs du Reich ne présente[rait] pas des dangers au double point de vue national et social », elle avait ainsi prévu de contenir l'afflux « d'israélites arrivant en foule sur notre territoire » aux frontières de l'Est puis ailleurs : « Ceux qui justifieraient de ressources suffisantes pour vivre seraient laissés libres de s'établir où ils le désireraient. Leur arrivée serait seulement signalée au préfet intéressé en vue de leur surveillance. Quant aux réfugiés privés de ressources, il serait peu souhaitable de les voir se fixer dans les grands centres et surtout à Paris où ils viendraient grossir le nombre des sans-travail, et où leur présence ne pourrait de toute façon que constituer un danger social. » Les « préfets des départements frontières [...] les diriger[aient] sur les régions où le chômage se fait le moins sentir, et [devraient] prévoir, à proximité de la frontière, l'installation où ils pourraient séjourner en attendant qu'ils soient mis en route » vers d'autres lieux[8].

Début mai 1933, le directeur de la Sûreté générale ordonna à ses subordonnés locaux « de rappeler aux [...] réfugiés allemands [...] en France [...] que, s'il leur a[vait] été volontiers donné asile sur notre territoire, c'est à la condition formelle qu'ils s'abstiendr[aie]nt de toute activité politique. Tout manquement à cette clause sera[it] immédiatement sanctionné par une expulsion de notre territoire ». Mainte initiative confirma cette rigueur, comme, en mai 1933, l'interdiction de vente à « la "criée" [...] dans les rues de Paris » de la feuille anti-hitlérienne *Die Aktion* signifiée par Chiappe à « un groupe d'une trentaine de vendeurs, [...] tous réfugiés israélites allemands », et l'arrêté du ministre de l'Intérieur Chautemps interdisant « sur toute l'étendue du territoire français » la diffusion du « journal étranger [...] *Foroïs* publié à Paris en langue judéo-allemande » – adjectif malveillant désignant le yiddish[9]. En octobre, le Secours Rouge International critiqua « l'expulsion de cinq travailleurs juifs du XIXe arrondissement [,...] chassés de France par MM. Chautemps et Chiappe pour avoir fréquenté les organisations révolutionnaires de leur quartier. Une telle mesure [...] n'aurait pas été prise si ces émigrés avaient fréquenté les organisations de droite telles que les Jeunesses patriotes »[10].

A. Mallet, contrôleur général des Affaires d'Alsace et Lorraine, dressa en août 1933 un bilan de l'action des « commissaires spéciaux aux frontières, [...] conformément aux instructions de MM. les préfets, [...] suivant les directives pratiques d'application que je leur ai transmises » : il est éloquent sur les « nombreux refoulements » et « arrêtés d'expulsion » contre des « émigrants fugitifs », dont « plusieurs [...] ont été déférés aux tribunaux pour délits divers (usage de fausses pièces d'identité, en particulier) ». Mallet montra la même efficacité que ses collègues dans la répression inchangée de la propagande subversive, faisant « refouler sur l'expéditeur un envoi de 1 200 brochures » en allemand, « imprimées à Bâle (Suisse) [...] : "L'héritage de Lénine à toutes les femmes du monde", adressées de Moscou au nommé Wodli, Georges, secrétaire du Syndicat unitaire des cheminots d'Alsace et de Lorraine », de Strasbourg, pour motif de « diffusion [...] dangereuse pour l'ordre public »[11].

Le 3 décembre, Chiappe plastronna, à l'indignation de *L'Humanité* (« Jean-Fesse Chiappe déclare la guerre [...] à nos camarades allemands, qui, obligés de quitter l'Allemagne devant la hache du bourreau et le martyre des camps de concentration, n'auraient sous le gouvernement des "gauches" qu'à se taire... ») : « Le nombre de réfugiés allemands ne dépasse pas 7 200 s'ajoutant aux 3 000 de leurs compatriotes qui résidaient déjà à Paris avant leur arrivée. *Il n'en sera d'ailleurs plus admis ni à Paris ni en province.* Il va sans dire que je ne tolérerai aucune intrusion de ces Allemands dans notre politique, pas plus que leur participation sous une forme quelconque à l'affreuse campagne des objecteurs de conscience. Pas davantage n'accepterai-je qu'ils manifestent ou complotent chez nous contre le gouvernement actuel de l'Allemagne. Quiconque parmi eux serait tenté de le faire serait rejeté dans les 24 heures hors de nos frontières. »[12] Son successeur pratiqua la même politique, décrite le 26 février 1935 par le journal communiste suisse *Basler Vorwärts* sous le titre « La préfecture de Strasbourg livre à Hitler des [dizaines de] candidats à la mort. »[13]

Cette fermeté était épargnée aux nazis, que les services dépolitisaient pour les besoins de la cause. Les autorités reconnaissaient l'appartenance de l'individu, mais affirmaient, fût-il un chef nazi, qu'il « observ[ait] dans notre pays une attitude correcte au point de vue politique » – jugement porté sur un des « membres les plus influents de la section locale du parti national-socialiste ouvrier allemand », Werner von Schnitzler[14]. Comme dans le cas italien, le renseignement policier révèle une information remarquable et le comportement général de l'appareil d'État (pas du seul Quai d'Orsay) une timidité révélatrice de l'Apaisement envers les agents de l'ennemi reconnus comme tels. L'inscription de l'industriel Julius Westrick, éminent nazi, « proposée le 29 mai 1935 », a été effectuée « le 30 novembre 1937 au Carnet B spécial de ma Préfecture », rapporta le préfet de police le 2 décembre[15].

Un des nombreux courriers du ministre des Affaires étrangères – Laval en l'occurrence, mais rien ne changea après lui – appela l'Intérieur à la prudence envers le Reich. La Place Beauvau était confrontée à l'activisme de trois « agents de la propagande hitlérienne [...] en relations avec les leaders de la Solidarité française » : Julius Westrick, Hans Busch, « directeur général de la Société Siemens-France », également affecté par le NSDAP à la conquête de « l'industrie » et des industriels français, et le journaliste Michael Reinartz, « membre de la Gestapo et militant actif du mouvement hitlérien en France ». L'Intérieur s'interrogea le 9 janvier 1935 sur « l'opportunité » de leur expulsion, question à laquelle Laval mit plus d'un mois à répondre. Muet sur Busch, il admit que les deux autres, vu « les moyens dont ils dispos[ai]ent, [devaient] compter parmi les principaux agents entretenus en France par les services allemands d'information et de propagande ». C'était un motif supplémentaire pour ne pas agir, outre que « – et il peut y avoir intérêt à le rappeler à cette occasion – le fait pour un ressortissant allemand d'avoir des convictions nationales-socialistes ou d'être ouvertement rallié au régime au pouvoir en Allemagne ne saurait être un motif suffisant à mon avis pour prendre à son égard une mesure de rigueur » : « Il conviendrait [donc] de les soumettre à une discrète mais stricte surveillance qui permettrait peut-être de relever contre eux des faits précis et susceptibles de provoquer à leur égard une mesure d'expulsion contre laquelle le gouvernement du Reich ne serait pas fondé à protester. »[16]

Les mêmes, entourés de bien d'autres, continuèrent à agir en étant « discrètement » surveillés, et les ministres des Affaires étrangères à avoir peur de leur ombre allemande. Flandin, statuant en avril 1936 sur sept, dont les trois précédents, n'eut rien à dire sur six d'entre eux. Il jugea, pour ne pas irriter « le gouvernement du Reich [,...] préférable de surseoir à l'éloignement de M. Reinartz de notre territoire » : on continuerait à « soumettre » cet individu au bilan chargé « à une surveillance discrète »[17]. Les ministres de la période suivante, ceux du Front populaire inclus, ne seraient pas plus vigilants.

Le Reich à Paris

Berlin put donc aisément installer ou réorganiser ses services de propagande, d'action (en vue d'assassinat) et de renseignements dans tous les groupes et lieux de représentation allemande, existants ou créés alors. Ses agents devaient assurer l'espionnage économique, déjà renforcé à l'ère Brüning, « sous le couvert de demandes de renseignements commerciaux et financiers adressés à des agences françaises »[18], policier et politique, à des fins françaises, mais aussi allemandes : la traque des réfugiés. Sillonnant l'Europe à conquérir, les intéressés étaient parfois contraints par l'indiscrétion de leurs pratiques, dénoncées par les antifascistes, de quitter une cible pour en gagner une autre. Ils pouvaient trouver havre en France, mais devaient parfois rejoindre d'autres États aveugles et sourds – et réciproquement.

Le jeune « fonctionnaire du ministère de la Propagande du Reich », mari de l'ancienne secrétaire de Göbbels, chef du réseau d'espionnage allemand français à Berlin, Arthur Schmoltz (31 ans en 1935), organisa « d'accord avec le général Erich von Kuehlenthal, attaché militaire allemand en France [...] un service d'espionnage concernant notre pays ». Il arriva à Paris le 11 mars 1934, avec épouse et « passeport diplomatique », d'Espagne où « ses agissements lui auraient valu d'être expulsé ». Le pays récepteur affectant d'ignorer ce qui s'était passé dans l'expulseur, Schmoltz, « bien connu de nos services », venait remplacer deux « attachés d'ambassade » : 1° le « conseiller Hans Bidder », directeur des « services spéciaux [chargés] de recueillir des renseignements militaires, industriels, financiers » et « de la Gestapo » ; 2° le baron Günther von Dinklage, nommé en juin 1934 à des « missions spéciales », « homme de confiance spécial du ministère de la Propagande » et de « la Gestapo », qui se vantait à son chef Rudolf Diehls de lui avoir « remis [...] une liste aussi exacte que possible des adresses des émigrants qui pren[ai]ent part à l'action de boycottage » et de « lui fournir des renseignements précis sur le travail d'excitation auquel se livr[ai]ent à l'étranger les membres du KPD [,...] particulièrement en France »[19]. Installé le 1er juin 1934 au consulat d'Allemagne, Schmoltz, « chef de la Gestapo » en France, était, rappela fin 1935 « la direction » des RG, « un informateur de premier ordre [,...] centralis[ant] tous les renseignements d'ordre politique, économique, financier et autres, qu'il [pouvait] recueillir personnellement ou qui lui [étaient] fournis par [s]es nombreux agents [...] en France »[20].

Les services de la police criminelle et de la « police secrète d'État » étaient solidement représentés à Paris dès 1933. En septembre 1934, où s'imposa l'abréviation, la Gestapo manifesta « une activité toute spéciale » dans « la réorganisation totale » qui suivit le séjour à Paris, du 22 au 25 août, d'« un certain nombre de [ses] policiers berlinois ». Se distinguaient les commissaires de police Wien et Dehnicke, au « rôle important », de Francfort-sur-le-Main, Pollack, de Berlin, « envoyés en mission spéciale en France » ; Dietrich et Röhr, « rattachés à l'ambassade d'Allemagne » et protégés par leur statut diplomatique ; « plusieurs agents secrets de la Gestapo dont le Dr Kuznecz [...], spécialiste des services de radio à l'ambassade d'Allemagne, Fritz Hohemann et Muller », chef des « services de police » de l'ambassade, etc. Le contrôle des agents de la Gestapo de Paris était assuré sur place « par des policiers détachés de Berlin [...] renouvelés tous les mois [pour...] éviter un contrôle » français[21].

La géographie officielle ou officieuse de l'hitlérisme parisien était connue par le menu, avec les domiciles privés, qui abritaient un ballet permanent de réunions, des 850 Allemands délégués par le Reich : ambassade, 78, rue de Lille ; consulat, 2, rue Huysmans ; cinéma de la Plaine Monceau, 5, rue de Chazelles ; hôtel d'Iéna, 24, rue d'Iéna ; hôtel Ambassador ; restaurant Poccardi ; Coq d'or, rue Montmartre ; Taverne parisienne, faubourg Montmartre ; Taverne de Paris, place Clichy ; Taverne d'Hauteville, 5, rue d'Hauteville, « lieu des réunions des organisations hitlériennes de Paris, jusqu'à l'ouverture de la Maison allemande, en janvier 1936 », 3, rue Roquépine[22], etc. L'Église évangélique allemande du pasteur Erich Dahlgrün, 25, rue Blanche, dirigée par un conseil présidé par Hermann Eberhardt, était un lieu privilégié des réunions des « nazis de Paris

[...] dirigées par des représentants officiels de l'ambassade d'Allemagne et animées par des militants éprouvés », avec « les agents secrets de la Gestapo à Paris [pour...] "observateurs" »[23]. La Fédération des employés de commerce allemands (*Deutscher Handlungsgehilfen Verband [DEV]*), installée le 1er décembre 1931 36, rue Laffite, logeait aussi « l'association Lobeda, chorale du Front allemand à Paris », où l'on chantait des « chants nationaux-socialistes » du style du n° 14 : je dois abandonner « mon pays, [...] je laisse mon père et ma mère car l'ennemi ne nous laisse aucun repos, demain nous allons en France. Ô, France, que vas-tu voir quand tu apercevras les Allemands, car les Allemands tirent bien, attention à toi, sang français »[24]. L'« Association allemande de secours » siégeait 1, rue Huysmans, « dans une dépendance du consulat d'Allemagne », la Chambre de commerce allemande de Paris, rue de la Baume, etc.

Les 400 membres de « la Fédération des employés allemands » étaient dirigés depuis 1929 par Werner Woelcker, qui dut quitter Paris en janvier 1932 après une interview retentissante accordée à Henri Danjou dans *Voilà* : « Je ne suis pas hitlérien, mais nationaliste. Cependant Hitler est nécessaire à l'Allemagne comme Mussolini l'a été à l'Italie. Nous ne reconnaissons pas la responsabilité de la guerre ; nous ne voulons pas supporter pendant soixante ans le châtiment d'un conflit dont ne nous sommes pas la cause et que nous n'avons pas connu. Nous voulons la paix, vous ne pensez qu'à la guerre. Vos réparations, si vous les voulez, c'est à Berlin qu'il vous faut venir les chercher. » Le nazi Johannes Appel, « arrivé en France le 5 janvier 1931 », lui succéda à la tête du « groupe national-socialiste le plus important en France », dont le mensuel « "L'Allemand en France" ("Der Deutsche in Frankreich") [servait] d'organe à tous les nationaux-socialistes domiciliés » là.

La fédération fournissait à Berlin « des informations économiques sur l'activité des principales firmes françaises par l'intermédiaire de ses employés et de ses représentants de commerce ». La police détenait en décembre 1934 un questionnaire très précis de 23 entrées à ses membres, sur les activités économiques allemandes en France. Werner Spiecker, « employé officiellement par l'IG Farben [, qui était] en réalité un fonctionnaire du NSDAP à Paris que l'IG Farben a[vait] l'amabilité de payer depuis 1933, date de son arrivée dans la capitale », jouait un rôle essentiel « d'espionnage économique » : il « assur[ait] la liaison entre le groupe local du parti nazi à Paris et la Fédération », dont « de très nombreux membres [étaient] particulièrement bien introduits dans la grosse industrie française ». Quand il fut expulsé, en septembre 1935, il alla « occuper un poste important à Berlin, au siège » de l'IG Farben et « au comité directeur du parti nazi, section de l'étranger, groupe de l'Ouest ». La Gestapo, non limitée au renseignement politique, envoya au printemps de 1935 « en France, en Belgique et en Hollande, 250 agents spécialement chargés de surveiller les champs d'aviation, les banques et les bourses »[25].

À plus haut niveau sociologique, œuvrait aux mêmes objectifs la Chambre de commerce allemande de Paris fondée au printemps 1930, futur haut lieu de l'Occupation. Elle avait pour secrétaire le Dr Hermann Eberhardt, nazi notoire dont le dîner début janvier 1932 avec « Alfred Rosenberg, rédacteur en chef du

Völkische Beobachter [...] et bras droit d'Hitler », sanctionnait des liens noués « depuis longtemps ». « Surnommé dans les milieux hitlériens "Vaterland Seele" (l'âme du pays) », « représentant officiel du Front du travail » depuis 1933, ce « directeur de l'agence générale des établissements allemands Otto Wolff, de Cologne » était « chargé de l'organisation des réunions hitlériennes à Paris, de diriger la propagande et de centraliser les rapports d'information concernant l'activité économique de notre pays. C'est la chambre de commerce qui se charge[ait] de diffuser les factums de la propagande hitlérienne »[26]. L'institution était dirigée « effectivement » par « Siemens et l'IG Farben ». Elle était animée par « le directeur de l'IG Farben » à Paris, le Dr Hans Kramer[27], membre comme Werner von Schnitzler de la « "cellule nazie" » siégeant au consulat général, « composée d'une cinquantaine de membres et chargée de diriger et de contrôler les autres organisations » ; par Jahn, représentant de la Lufthansa à Paris ; et par Karhweg, sous-directeur de Siemens-France. « La représentation en France de l'IG Farben, 48 bis, avenue Hoche, et celle de la Tobis [société de production cinématographique], 44, avenue des Champs-Élysées entret[enaient] des relations étroites avec le ministère de la Reichswehr. »

L'attaché allemand auprès de la Chambre de commerce internationale (CCI) – base essentielle de collaboration franco-allemande –, le Dr Helmut Schwindt, installé au siège de la Tobis, était lié « à la section économique de l'ambassade d'Allemagne à Paris, à la Fédération des employés allemands, au groupe local du NSDAP à Paris et finalement à Sir Henry Deterding »[28]. Nazi notoire, le chef non allemand de la croisade antisoviétique était devenu « conseiller du Chancelier allemand dans la politique de conquête des pétroles de l'Europe centrale et orientale qui s'imposait au Reich ». Il avait obtenu en février 1935 « un accord [...] avec le gouvernement hitlérien [...] assurant à la Royal Dutch le quasi-monopole du pétrole en Allemagne, contre des crédits [...] de 800 millions de marks »[29].

« Le sous-groupe » de la CCI, l'*Internationale Behältbüro*, « s'occupait uniquement d'affaires d'espionnage militaire. [...] Créé par le gouvernement fasciste italien, il travaill[ait désormais] sous la direction de représentants allemands soutenus financièrement par le gouvernement du IIIe Reich et diverses firmes spécialisées dans les industries de guerre, par la Reichsbahn (chemins de fer allemands) et les maisons d'expéditions et de déménagements internationales comme Schenker et Cie ». Schenker, géant économique et expert en espionnage, était une « filiale de la Reichsbahngesellschaft » [société des chemins de fer allemands], dont l'antenne française avait été fondée le 3 décembre 1923 pour 99 ans[30]. Possédant dès les années 1920 « plus de 175 comptoirs en Europe, dont 75 en Allemagne », la société établissait « des statistiques sur les voies de chemins de fer, les quais d'embarquement, la statistique de wagons en souffrance, les principales gares de triage, d'embranchement, etc., bref, tout ce qui concerne l'organisation en temps de guerre, la mobilisation et le ravitaillement des armées ». Son activité et sa corruption étaient spectaculaires à Paris et à Prague[31]. La collaboration de l'IG Farben avec l'appareil policier et d'espionnage, née avec le groupe, renforcée en 1931, avait entraîné la nomination à la tête de ses services de police et « d'espionnage économique » d'anciens fonctionnaires réputés « de la sûreté allemande », en contact avec la police d'active[32].

La conquête de la France supposait aussi une action dans les universités. 160 « étudiants », en 1934 « qui n'étudi[ai]ent pas, mais qui observ[ai]ent beaucoup », étaient des « agitateurs nationaux-socialistes accomplis ». SS ou SA, ils étaient, sous la houlette de Helmuth Hoffmann, présumé « étudiant en sciences politiques à l'université [,...] groupés en cellules et groupes locaux ». Ils étaient chargés d'« organiser des conférences et des discussions non seulement avec les étudiants français, mais aussi avec les étudiants étrangers, et de prôner naturellement le IIIe Reich et les avantages du national-socialisme ». À leurs auditeurs, « des intellectuels et étudiants français connus pour leurs tendances nationalistes ou antisémites », ils vantaient la disparition du chômage, mais cachaient « la baisse du standard de la vie et de la diminution des revenus de toute sorte ». Ils présentaient « le service obligatoire comme un moyen d'assurer la paix et non pas comme une importante étape vers une nouvelle guerre. Les camps de travail pour les étudiants dev[enai]ent des lieux destinés à augmenter la camaraderie. L'antisémitisme n'[était], d'après eux, qu'une douce réaction contre les juifs qui [avaie]nt entraîné l'Allemagne dans le malheur. On n'oubli[ait] pas d'ajouter qu'en France, les juifs [étaient] les maîtres. La politique pacifiste d'Hitler, dis[aient-ils], n'a qu'un seul ennemi : la Russie des Soviets, qui laisse mourir de faim des millions d'enfants, de femmes et d'hommes tous les ans ». Auxiliaires de la Gestapo pour traquer les « émigrés parisiens », qui les démasquèrent parfois, ils effectuaient un « travail [...] d'autant plus intéressant [...] qu'il ne coût[ait] rien »[33].

Rudolf Schleier, « homme de confiance de [Ernst Wilhelm] Bohle » et « du Front du travail allemand », « chargé d'affaires pour l'organisation du parti nazi à l'étranger », « attaché [...] à la "section France" du ministère de la Propagande à Berlin » – et futur « ministre » adjoint d'Abetz à Paris sous l'Occupation –, chapeautait le tout. L'« envoyé [...] en mission [du] parti hitlérien » vint à Paris en janvier, avril, mai, juin, juillet, septembre 1933 ; en mars, juillet-août, septembre, décembre 1934, depuis 1935, « tous les mois »[34].

La traque des réfugiés

Les réfugiés allemands affluèrent dès la mi-mars, davantage après le « boycott » antisémite du 1er avril et plus encore depuis juillet, avec des Rhénans « suspects de francophilie » persécutés « dès les premiers jours de mars 1933 » (« 200 à peine » sur 2 800 fin juillet). On approchait les 20 000 à la mi-octobre. Le ministre des Affaires étrangères (Paul-Boncour), informé du caractère tactique « sarrois » de l'accalmie, écrivit alors que « les Israélites d'Allemagne ne paraissaient plus courir de risques immédiats »[35].

Les émigrés trouvèrent à Paris un lot d'agents nazis assignés à leur assassinat ou, plus rarement, à leur noyautage ou à leur conquête. Ces pratiques, générales depuis mai-juin, étaient connues des autorités françaises avec une précision attestée par les listes d'« agents de la police allemande [ayant] mission d'enquêter sur les Allemands réfugiés à l'étranger »[36]. Avaient contribué à ces recensements les exilés menacés, tel le socialiste juif Berthold Jakob : « réfugié avant l'arrivée de M. Hitler au pouvoir, [il avait] publié des renseignements sur la République de Weimar et créé le Unabhängiger Zeitungsdienst » (service de presse indépendant). A. Mallet annonça début juillet un prochain attentat nazi contre lui[37].

Paris n'ignorait donc rien, à l'été 1933, du sort promis aux « adversaires condamnés à mort par la Vehme » (Sainte-Vehme, groupe terroriste d'extrême droite auteur de la plupart des assassinats politiques sous la République de Weimar) et à « la plupart des personnalités allemandes [...] récemment privées par décret de leur nationalité [...] Les condamnations prononcées doivent, suivant les possibilités, être exécutées, même à l'étranger. À Paris notamment et dans les autres centres de l'étranger où les émigrés d'Allemagne se trouvent en plus grand nombre, des observateurs au service du Parti national-socialiste seraient déjà postés. Ces agents ne seraient toutefois pas chargés d'immoler les victimes : une telle tâche serait réservée, en ce qui concerne du moins les Allemands réfugiés en France, à un groupe de terroristes d'environ 40 hommes qui auraient été spécialement préparés à cette besogne dans le Palatinat. [C]es séides [...], préalablement renseignés par les observateurs déjà à l'œuvre dans notre pays, n'attendraient que les circonstances favorables, notamment l'entrée en contact avec leurs futures victimes, pour accomplir leur mission. [...] Les observateurs en question se retrouveraient à l'ambassade et au consulat général d'Allemagne, ainsi qu'au siège d'une société allemande de bienfaisance [*Deutscher Hilfsverein*], 1, rue Huysmans, et dans un certain café sis au n° 61 ou 62 de la rue d'Hauteville »[38].

L'association était officiellement chargée de l'application du décret Goering de l'hiver 1933-34 sur le droit au retour des émigrés d'Allemagne, « à la condition qu'ils prouvent à l'étranger leur loyalisme envers le IIIe Reich par une propagande active contre les histoires de persécutions par les hitlériens en Allemagne ». De fait, elle s'occupait de recrutement, poussant « les jeunes Allemands résidant en France et n'ayant pas de situation à s'engager dans les camps de travail » où se faisait « une intense préparation militaire et d'espionnage ». Officine « patronnée par l'industriel sarrois [Hermann] Röchling », elle « serv[ait aussi] de pépinière d'agents à la Gestapo », « de couverture aux services officiels pour de nombreuses besognes (propagande en Sarre, etc.) », et « rétribu[ait] les services des agents et informateurs de la Gestapo [...] à Paris ». Son fichier était « complété par » celui de Schmoltz qui « comport[ait] tous les noms des Allemands émigrés en France » : il était rempli « par les renseignements fournis par ses agents lâchés tous les jours dans Paris », via la surveillance des hôtels et cafés, et « les perquisitions qui ressembl[ai]ent à des cambriolages dans les rédactions des journaux hostiles à Hitler »[39]. La France était aussi bien renseignée sur le terrorisme nazi, régi par des règles et des hommes « en tous points analogues à [ceux] de 1920 et de 1923 » [putschs respectifs de Kapp et d'Hitler], dans la Sarre, qu'elle gérait encore[40].

Ces services étaient également liés à la « Uschla, tribunal du parti national-socialiste », siégeant à Munich, 4, Karolinen Platz. Son fonctionnement fut éclairé en décembre 1935 par la publication à Zurich de l'ouvrage *Mord Zentrale X* (centrale d'assassinat) « dénonçant les méthodes occultes de la Gestapo », et à l'été 1936 par « les documents secrets saisis par le gouvernement catalan dans l'immeuble du Front du travail allemand de Barcelone ». Selon les « renseignements [...d']un bon correspondant », l'Uschla [*Untersuchungs- und Schlichtungsausschuss*, comité d'enquête et de conciliation], auxiliaire de la Gestapo, fut d'abord « présidée par le major Walter Buch, dont le nom a[vait] été mêlé à tous les meurtres commis depuis la guerre par la Sainte-Vehme. Il a[vait] pris une part importante aux exécutions du 30 juin 1934 [et...] été [...] en rapport avec certains dirigeants croates ayant participé au drame de Marseille » du 9 octobre. Buch avait créé à Nuremberg « un service secret baptisé IE [...] organisé suivant les principes stricts des sociétés secrètes ». « Contrôl[ant] toutes les organisations du IIIe Reich et du NSDAP tant à l'intérieur du Reich qu'à l'étranger », l'IE assumait « des missions trop compromettantes ou trop délicates pour être confiées aux agents de la Gestapo ». Elles incluaient l'assassinat politique, tels la tentative d'enlèvement du Dr Otto Strasser par « le Dr Wenzel Heindt, [...] un des principaux agents de la Gestapo », et l'assassinat dans la nuit du 23 au 24 janvier 1935 par Gest Schuert et Hans Muller, qui s'enfuirent « en automobile après leur forfait », de l'ingénieur Rudolf Formis, résistant antihitlérien « grand spécialiste des ondes courtes »[41]. Les détails de la traque parvinrent à tous les services, Quai d'Orsay compris, qui décrivait les méthodes pratiquées hors de France par la Gestapo, dont les astuces « de soi-disant réfugiés catholiques et communistes » destinées à piéger les réfugiés allemands aux Pays-Bas et à pratiquer de gros coups de filet[42].

On a déjà souligné le rôle du gestapiste Arthur Schmoltz, chargé de « surveiller [...] les faits et gestes des réfugiés israélites et des émigrés politiques ressortissants allemands »[43]. Ce mouchardage revenait souvent aux journalistes, du genre de l'« informateur [des] autorités hitlériennes » Michael Reinartz, « journaliste professionnel, correspondant de la grande presse gouvernementale allemande, notamment de *Germania*, *Der Deutsch* de Berlin et *Der Deutscher Beobachter* de Cologne [et ...] membre actif de l'association professionnelle de la Presse étrangère à Paris »[44]. Mais tout nazi était utilisable : Julius Westrick, « agent de la Gestapo et collaborateur du *Hafendienstsamt* (Service des Ports de Berlin) », harcelait les réfugiés politiques allemands « sous le couvert de son titre de directeur de la *N.S. Volkswohl Fahrt* (société de bienfaisance du Parti national-socialiste allemand) »[45]. Ludwig Peters, « hitlérien convaincu, affect[ait] une certaine indépendance d'allure, ce qui le rend[ait] sympathique dans les milieux de réfugiés » : il pouvait « ainsi, plus aisément, se renseigner et informer les services officiels du Reich, avec lesquels il entret[enai]t une correspondance suivie par l'intermédiaire du Dr Schmoltz »[46].

L'organisation d'« un mouvement important de fausse émigration [...] de l'Allemagne vers la France, l'Espagne et d'autres pays [,...] tentative organisée du parti national-socialiste pour saboter les organismes anti-hitlériens », est avérée en 1934. « Les faux réfugiés en question seraient recrutés en Allemagne parmi les classes jeunes. En récompense de leurs services on les dispenserait du service du travail obligatoire sans autre rémunération. Ils sont pourvus en général de documents de vrais réfugiés, au fond il s'agirait de d'agents provocateurs et d'espions. »[47] Le Reich utilisait d'autres truchements, tel « l'ex-avocat Frey, de Berlin », qui ouvrit au début de 1934 « une "officine de naturalisation" [...] entièrement d'accord avec les bureaux de la rue de Lille et de la rue Huysmans » : c'était la condition mise pour l'autoriser, après qu'il eut quitté l'Allemagne (dès 1933) à exporter ses capitaux. Ces faux réfugiés permettaient « de conserver à l'étranger des éléments sûrs, à même de renseigner sur place et sans beaucoup de frais, sur les événements politiques, économiques, boursiers, etc., notamment en période de tension ». Solution idéale si les intéressés pouvaient « acquérir une nouvelle nationalité, celle d'un pays neutre par exemple »[48].

Le Reich usa enfin, toujours au vu et au su des autorités françaises, de réfugiés manipulés ou « retournés » – les plus vulnérables ou les moins antinazis –, par la corruption et le chantage moral au sort de leurs familles restées dans le Reich. Ainsi fut enlevé à Bâle, le 9 mars 1935, le réfugié antinazi à Paris Berthold Jakob (transféré à Berlin et interné à la prison de Moabit) « par l'intermédiaire de Hans Wesemann », ancien démocrate retourné par les nazis. L'affaire « provoqu[a] une certaine nervosité dans la presse française ». L'incendiaire Schleier joua ensuite les pompiers pour apaiser le scandale éclaboussant l'ambassade d'Allemagne : « Le rapporteur pour la France des organisations hitlériennes » consacra une partie de son voyage de mars-avril 1935, en « accord avec l'ambassadeur » Roland Köster, à organiser le retour « en Allemagne [des] meneurs les plus remuants, notamment ceux dont les noms [avaient] été cités dans les journaux ». La montagne accoucha d'une souris, tous les agents (moins deux) étant maintenus[49].

Fut suivie avec précision l'opération tentée depuis 1934 sur le *Pariser Tageblatt*, fondé et dirigé à Paris par Georg Bernhard (ancien rédacteur en chef de la *Vossischezeitung*, organe du parti démocrate, ancien « président de la Fédération allemande des grands magasins de nouveautés [et ...] de la Fédération nationale de la presse allemande ») et par des collègues allemands, « tous [...] réfugiés ». Les nazis de Paris, ambassade en tête, s'acharnèrent à prendre le contrôle financier de ce journal très bien informé sur le Reich, non seulement pour « saper son influence dans les milieux émigrés allemands, politiques ou israélites », mais surtout pour lever un obstacle à leur campagne de séduction des *Français*. Échouant en 1934, ils envisagèrent « la création à Paris d'un journal qui s'intitulerait *Organe des réfugiés* pour contrebattre l'influence du *Pariser Tageblatt*, mais qui s'ingénierait, sous une forme déguisée, à préconiser un rapprochement franco-allemand ». Leurs échecs réitérés de 1935 inspirèrent à Schleier et Schmoltz un plan de remplacement[50].

Le succès vint parce que Wladimir Poliakoff, propriétaire du journal, avait besoin d'argent et que, anticommuniste, il s'opposait à la ligne « Front populaire » de la plupart de ses collaborateurs. Les nazis l'avaient contacté depuis le début de 1935, quand il était encore l'éditeur du journal sarrois *Freiheit* [Liberté][51]. Début juin 1936, Schmoltz, « profit[ant] de l'absence de Paris de Georg Bernhard », offrit à son rival décisionnaire « le prix inespéré de 500 000 francs ». Triomphe opportun : le Reich, qui trouvait dans les élites françaises ulcérées par la victoire électorale des gueux un écho grandissant, pourrait faire du « principal organe [...d]es émigrés allemands [...] un nouvel instrument de la propagande hitlérienne dans notre pays ». La victoire était d'autant plus éclatante que le *Pariser Tageblatt* conserverait une façade d'opposition. À coup sûr, il « ne reproduira[it] plus sous une forme sensationnelle les révélations sur les préparatifs d'armement du Reich ou sur les méfaits de la Gestapo [...] dont l'effet inquiétait tant Berlin ». Poliakoff, maintenu « en place », « expliquera[it] que l'expérience lui a[vait] montré que le régime hitlérien "avait du bon" », tactique qu'amorça sa déclaration du numéro du 12 juin : il démentit les « calomnies » de « l'ancienne rédaction du *Pariser Tageblatt* », qui « rest[ait] comme par le passé l'organe de lutte contre l'hitlérisme, pour la liberté et les Droits de l'Homme ». « Les réfugiés allemands » de Paris furent accablés du succès d'« une nouvelle manœuvre de la Gestapo destinée à dissocier les milieux d'émigrés ». Les vainqueurs bombèrent le torse : Schleier ricana sur « ce journal [sans] aucun intérêt » ; Schmoltz déclara son ambassade « complètement étrangère à cette affaire », assura n'avoir « jamais reçu » et ne pas même connaître « le nommé Poliakoff » et ironisa sur « une histoire d'escroquerie ou de provocation entre émigrés »[52].

L'indifférence ou la complaisance que suscita à Paris la traque nazie – « prélude » aux persécutions aujourd'hui éclairé par les travaux de Vicky Caron sur les juifs allemands réfugiés[53] – révèle dans ce domaine aussi des « origines républicaines » (Noiriel) à Vichy : y a-t-il différence de nature entre l'article 19 de l'armistice stipulant la livraison au Reich des réfugiés allemands et la liberté que la république finissante accorda sur le sol national aux persécuteurs hitlériens entre 1933 et la débâcle ?

Le rôle stratégique des journalistes

La presse et ses rédacteurs offraient aussi un instrument privilégié de la conquête des futurs occupés. « Le bastion le plus important » en était à Paris « le *Deutsches Nachrichten Büro* » (bureau d'information allemand), 10, rue Saint-Marc, confié au « journaliste allemand de Paris le plus influent », Nikolaus von Grothe. Il était affecté à « la haute surveillance » de ses collègues, « groupés dans l'Association des journalistes allemands [...] dirigée par un homme de confiance spécialement envoyé par le ministère de la Propagande du Reich, le fameux Dr Herbert », correspondant à Paris du *Völkische Beobachter*[54]. On bornera la liste à quatre noms.

Les journalistes hitlériens de Paris avaient souvent servi la presse libérale et « juive » de Weimar avant de rallier le nazisme, troquant un antibolchevisme débridé pour un autre, à défaut d'avoir toujours été antisémites. L'« agent de la Gestapo » Kurt Ihlefeld, correspondant de *l'Angriff* depuis sa fusion avec le *Völkische Beobachter* « et de sept journaux provinciaux allemands », avait « un bureau personnel au consulat d'Allemagne »[55]. Cet ancien secrétaire général de l'Association des correspondants de journaux allemands, fondée le 25 octobre 1926 par Paul Bloch, avait été correspondant avant 1933 des journaux « démocrates » des éditions « juives » Mosse, *Berliner Tageblatt* et

Achtuhrabendblatt[56], dont il avait « été le secrétaire jusqu'au début de 1932 ». Attaché d'ambassade dans Paris occupé, il s'impatienterait à l'été 1940 de « voir les Français prendre nettement position contre les juifs »[57].

Le ralliement spectaculaire au nazisme de son compère Paul Scheffer prolongea un anticommunisme d'origine. Marié à « une princesse Wolkonsky », correspondant du *Berliner Tageblatt* « plus de deux ans » à Moscou, il en fut expulsé fin 1929 pour sa virulence. L'antisoviétique passionné Pierre de Margerie appréciait ses philippiques contre ce système de misère, de famine et de barbarie, la collusion entre Armée rouge et Reichswehr ou « l'activité révolutionnaire des Soviets sur le territoire du Reich ». Il apprécia autant ses écrits sur « les relations germano-russes » postérieurs à son expulsion, rédigés « loin de la menace bolchevique »[58]. Transféré début 1930 à Washington, Scheffer y acquit sur les mêmes bases une éminente « situation [...] attestée par la collaboration qu'il apport[ait] à la revue *Foreign Affairs* »[59]. Il mit ces compétences au service des hitlériens dès leur arrivée au pouvoir. Après aryanisation immédiate (mars-avril 1933) des biens de la famille Lachmann Mosse et reprise en décembre 1934 « par la banque du *Deutsche Arbeitsfront* » (Front allemand du Travail) des journaux des éditions Mosse « menacés de disparaître »[60], notamment du *Berliner Tageblatt*, Paul Scheffer en devint rédacteur en chef. Il y succédait au juif Theodor Wolff chassé en mars 1933, puis à Félix Pinner. Il entretient « des relations très étroites et presque quotidiennes avec les principaux hauts fonctionnaires de l'Office des Affaires étrangères », rapporta le chargé d'affaires français à Berlin Pierre Arnal en mai 1935. Spécialiste du péril soviétique accablant l'Europe et le monde et de la dénonciation des Pactes franco-soviétique et tchéco-soviétique[61], Scheffer travaillait « au SR allemand », dans des conditions éclairées par les révélations, aux procès de Moscou, de Tchernov, qui déclara le 2 mars 1938 avoir eu « une série d'entrevues périodiques avec » lui[62].

Friedrich Sieburg, correspondant de la *Frankfurter Allgemeine Zeitung* à Paris depuis mai 1926, poursuivit après 1933 la campagne sur le « rapprochement des deux pays » par la presse et le livre – *Dieu est-il français ?*, paru fin 1931 – qui lui avait valu des succès weimariens. Publiquement antinazi en janvier 1933, il passa « avec armes et bagages dans le camp d'Hitler » à l'automne. La « subite [...] conversion » nazie de cet « ami des juifs quand il espérait pouvoir en tirer quelque chose [...] surpri[t] son entourage ». Cet « ex-social-démocrate » était en janvier 1934 un familier de l'ambassade et de la Gestapo, dont l'agent Dinklage requérait les services (d'information). En mars, chargé par Berlin d'« une mission de propagande » (des conférences sur la France à Vienne puis Budapest), il passait pour « un des propagandistes les plus avertis et les plus dévoués à la cause d'Hitler ». Sieburg s'afficha dès lors en homme de confiance de Ribbentrop (nommé le 17 octobre 1934 par Hitler « responsable des affaires des communautés nationales allemandes en Europe » et membre du Conseil des *Volksdeutsche* (Allemands de souche) avec Ernst Wilhelm Bohle, chef de l'organisation du NSDAP pour l'étranger, et adjoint de Rudolf Hess avec pouvoirs plénipotentiaires[63]) et en intime d'Abetz[64].

L'Autrichien d'origine Friedrich Hirth, yougoslave (ou tchécoslovaque ?) depuis 1918, arrivé à Paris le 29 juillet 1919, était le « correspondant de nombreux journaux allemands » nationalistes. Pivot de l'ambassade d'Allemagne, trafiquant d'armes pendant la guerre du Rif, il avait en 1928 « livré aux services allemands des renseignements concernant l'aviation française » qui lui avaient valu « une prime de 250 000 francs » et qu'il avait obtenus « grâce aux relations » nouées « avec M. Laurent-Eynac, à l'époque ministre de l'Air », via sa femme française, « veuve d'un officier aviateur français, Marius Rouget », et maîtresse du ministre. « Passé au service des hitlériens peu après l'avènement d'Hitler », il agit d'autant plus tranquillement que, « agent double » depuis les années 1920, il touchait 70 à 80 000 francs mensuels du Quai d'Orsay. Lié à Sieburg, Hirth était connu en 1934 comme « agent de l'homme de confiance du chancelier Hitler, M. Joachim von Ribbentrop ». Il devait « gagner des journalistes français à la thèse allemande sur le droit du peuple autrichien à disposer de lui-même ». « Très connu dans les milieux de presse, [il] fréquent[ait] les couloirs de la Chambre et s'intéress[ait] à toutes les questions de notre politique intérieure et extérieure. On le rencontr[ait] parfois avec M. de Brinon, rédacteur de *L'Information*, et avec le marquis de Polignac qui le recevrait même parfois à son domicile. »[65] « Hirth, qui passait pour avoir l'oreille du Dr Schacht, ministre de l'Économie du Reich », était, malgré ses dénégations répétées, « un agent hitlérien chargé de faire des rapports sur les individus ressortissants allemands résidant en France »[66].

L'essor nazi en France

Les gains s'étendirent vite au reste du pays, où les services français suivirent à la trace un personnel allemand très divers : membres du corps diplomatique, ambassadeur et consul en tête, responsables d'associations, fonctionnaires de la Gestapo et agents des services spéciaux, industriels et banquiers installés sur place ou en fréquents voyages, journalistes ou chefs de groupes de presse, fonctionnaires du NSDAP grimés ou non en professionnels, etc. Le chef de la capitale Arthur Schmoltz « particip[ait] avec les autres dirigeants d'organisations hitlériennes en France, à des conférences de propagande nationale-socialiste en province »[67]. La coordination de « la propagande en France », au coût mensuel de 10 millions à l'été 1934[68], revint à Abetz. Ce journaliste spécialiste du « rapprochement franco-allemand » devint l'homme de confiance de Ribbentrop, qui le fit adhérer au NSDAP et le « charg[ea dès 1933] du secteur français » c'est-à-dire de « diriger le travail de la Cinquième Colonne en France ». « Otto Abetz fit [alors] un troisième voyage à Paris en même temps que Ribbentrop », appuyant son « action […] en faveur de son maître Hitler […] dans les milieux d'étudiants où il commençait à être connu ». « Membre du bureau Ribbentrop » et principal émissaire de ce dernier en France, il ne cessa depuis lors les navettes Paris-Berlin[69].

L'Alsace-Lorraine

Dans les départements recouvrés, en Alsace surtout, furent accomplis des progrès spectaculaires, avec l'appui inchangé des organisations catholiques et du Vatican[70]. Strasbourg et Metz, on l'a vu, figuraient auprès de Paris dans les premières « agences à l'étranger » de la Gestapo, signe d'une priorité égale à celle des capitales et pays les plus exposés. Berlin avouait d'ailleurs son plan alsacien avec une audace telle qu'un Strasbourgeois adressa au « chef de la Sûreté, Paris », la coupure d'un journal de Berlin du 4 juillet avec ce commentaire : « C'est incroyable que des employés et des agents de la police politique allemands soient en action sur le territoire français ! Est-ce qu'il faut accepter tout ? »[71] L'activité allemande en Alsace-Lorraine se traduisait par des « missions » permanentes, dont Paris jugeait le dossier « insuffisant pour motiver une intervention judiciaire », et par une activité autonomiste plus débridée que jamais[72].

« Depuis l'avènement d'Hitler une nuée d'agents s'était abattue sur l'Alsace-Lorraine [...] souvent en qualité de voyageurs de commerce qui ne font soi-disant pas de politique. Ils font des offres, ils parlent d'affaires, puis, petit à petit, passent à la politique. » « L'assaut de la propagande [allemande] en Alsace-Lorraine », livré « jusqu'aux plus petites localités », demeurait centré sur deux *leitmotive* : la pauvre Allemagne désarmée face à la France féroce et menaçante et l'antisémitisme. Berlin y affecta l'envoi gratuit, par milliers d'exemplaires, du bi-mensuel *Weltdienst* [service mondial] du lieutenant-colonel Fleischhaueren. Dotés « de fonds considérables », toujours animés par Karl Roos, « agent subventionné de l'Association pour le Deutschtum à l'étranger en Alsace », « les autonomistes hitlériens » conservaient leur « excellent camouflage [...] derrière le mouvement autonomiste » : déguisés en « bons Français qui lutt[ai]ent pour leur Patrie alsacienne [,...] ne parl[a]nt pas d'une séparation d'avec la France, ni d'une union avec l'Allemagne », ils restaient « tous groupés autour de l'*Elsass-Lothringer Zeitung* », calqué sur la presse nazie.

Le journal était dirigé désormais par Robert Ernst qui, grâce à une « révolution de palais », remplaça Donnevert en mai-juin 1933 à la tête du *Bund* (jusqu'alors *Hilfsbund*) *der Elsass-Lothringer im Reich*. Ainsi devint-il « chef pour toute l'Allemagne des organisations d'Alsaciens-Lorrains dans le IIIe Reich ». Il fut simultanément promu directeur du *Deutsche Schutzbund* (Union de défense allemande) et du *Verein für Deutschtum im Ausland* (VDA) (Association pour le Deutschtum à l'étranger), appuyés sur une série d'institutions et publications, comme le vieil *Elsäss-Lothringische Heimatstimmen* (Les voix de la patrie d'Alsace-Lorraine). Ernst se flatta au congrès du nouveau *Bund* de diriger « toute la propagande allemande pour les minorités nationales à l'étranger ». « Chef de propagande à l'Ouest (Alsace-Lorraine, Eupen et Malmédy, Flandres, Bretagne, etc.) », il concentrait « dans ses mains toute l'action d'agitation des deux plus vastes organismes de propagande germanique à l'étranger, qui dispos[ai]ent de plusieurs millions de marks de revenus et touch[ai]ent des subventions importantes du Reich ». A. Mallet, observateur régional privilégié, prévit « une recrudescence de la propagande germanique en Alsace et en Lorraine dans tous les milieux et sous toutes les formes »[73].

L'avocat autonomiste de Mulhouse Julien Kraehling, « président de la section [locale] de l'Union populaire républicaine », servit de truchement précoce pour distribuer les fonds de la propagande allemande et « d'industriels de la région de Mulhouse » à d'autres organes de presse : *La Presse*, renflouée, ressurgit en 1934 sous la direction d'Alexis Caille, avec pour collaborateur Georges Suarez[74]. Papen mettait la main à la pâte alsacienne : le 15 août 1933, « une personne très sûre » rapporta sa venue à la frontière et l'envoi de ses consignes écrites à son agent Ebel, directeur de l'agence de Lauterburg de la maison de transports allemande Seegmuller[75]. Schacht aussi, qui visita Colmar fin avril 1935, « accompagné de quatre autres Allemands, dont deux dames », pour motif « purement touristique », assura-t-il « à la frontière »[76]. À partir de 1936, l'IE « déplo[ya] une grande activité [...] en Alsace-Lorraine ». Buch fut chargé d'y contrôler l'« organisme très compliqué » reliant « le bureau central [de] Paris, dirigé par M. Schleier », où étaient « immatriculés [...] les nationaux-socialistes allemands résidant dans les départements recouvrés [...,] camouflés pour ne pas attirer l'attention des autorités françaises en Front du travail », au NSDAP d'Alsace qui en recevait « des sommes importantes officiellement destinées à des œuvres de bienfaisance », en fait à la « propagande hitlérienne [...] dans les milieux autonomistes »[77].

Quand s'installa le cabinet Blum, « la Gestapo compt[...]ait, dans la seule région de Forbach, environ 300 informateurs, tant français qu'allemands, répartis en trois sections [...] : 1° Renseignements militaires ; 2° Trafic des devises ; 3° Activité politique : surveillance des agissements des émigrés politiques, encouragement des menées autonomistes et germanophiles »[78].

Du reste de la France aux colonies

L'autonomisme, soutenu depuis la fin de la guerre entre autres par Robert Ernst, prospéra à partir de février 1933. « En relations avec le mouvement autonomiste d'Alsace-Lorraine, le Partitu Corsu Autonomiste (Parti autonomiste de Corse) [et] le mouvement autonomiste breton » dépendaient d'un « comité central des Minorités nationales en France (CCMNF) [...] créé sous l'influence du parti national-socialiste. » « Le Parti national breton » (PNB) figurait au second rang des visées avec un « centre pour la propagande national-socialiste en Bretagne [...] à Rennes [...] baptisé Roazon ». Siège de l'imprimerie de *Breiz Atao* (Bretons toujours), « organe officiel de la "Nation Bretonne" », le groupe était dirigé par le nazi Ernst Fritsch auxquels succédèrent, après son exécution lors de la Nuit des Longs Couteaux (30 juin 1934), « une kyrielle d'Allemands [...] amis de Göbbels et de Goering ». L'un d'eux, Friedrich Schmitz, adressait ses directives à Rennes de Munich, siège de « *L'éveil des Celtes* (*Erwachenden Kelten*) ». Rudolf Schleier consacrait au PNB une part notable de ses « fréquents voyages dans notre pays » et se « rend[it] à plusieurs reprises à Rennes et à Brest » pendant son séjour en France de mars-avril 1935.

« La carte de membre du parti autonomiste breton port[ait] deux croix gammées sur fond rouge » et ses « buts » furent définis par *Breiz Ata* le 17 juin 1934 : « Combattons pour que lors de la prochaine guerre la Bretagne devienne libre et indépendante. La France cherche la guerre, attention Bretons... Rompons les chaînes qui nous lient à la France. » Le PNB était doté d'une « organisation terroriste, [...] "Gwenn ha Du" », dont un tract « relat[ait] tout au long les sabotages [qu'elle avait...] commis ». « L'étroite liaison [...] entre les séparatistes bretons et l'Allemagne » se lisait sur « la carte géographique de "la nation bretonne" circul[ant] dans toute l'Allemagne comme carte postale ainsi que [dans les] brochures relatant la lutte pour la liberté nationale des Bretons sur un ton dépassant en animosité celui de l'*Elsass-Lothringer Zeitung* ou de l'*Angriff* et que le Dr Göbbels ne se permettrait nulle part ailleurs. » « La propagande escomptée par les attentats de Rennes et d'Ingrandes n'a pas donné de résultats tangibles et durables », écrivit le préfet d'Ille-et-Vilaine en février 1933, pendant le congrès de Rennes du PNB qui révéla le « peu d'empressement [des...] sympathisants »[79].

La présence nazie était perceptible hors des « marches » françaises depuis le début des années 1930[80]. Lönning, « chef de cellule [du NSDAP], homme de confiance de la Gestapo, [...] président de l'association » du Secours d'Hiver, « téléphoniste au central téléphonique de l'ambassade d'Allemagne de Paris, rue de Lille où il [était] chargé d'un service d'espionnage et de la surveillance des conversations téléphoniques », couvrit la France d'antennes. Il eut pour principal adjoint Spiecker, dirigeant « du groupe local » du NSDAP », qui « organis[a] géographiquement » dès 1933 avec Horst Wulff (expulsé en mars 1934) « tous les groupes locaux nazis en France et form[a] les cellules ». Schleier, « déguis[é] en représentant en vins » et souvent « accompagné par le Dr Schmoltz », inspectait tous les centres : Rouen et Pont de l'Arche, siège d'« un important groupe local » fréquenté par des agents aussi importants que Schmoltz, Spiecker, Appel et Boris von Kirsten, « homme de confiance spécial » de Schleier[81]. Des groupes existaient à Dunkerque, Roubaix, Tourcoing, Metz, « en relations avec l'industriel sarrois Hermann Röchling », Lyon, Grenoble, Marseille, Nice, Toulouse, Bordeaux, centre très actif. En mars 1935, Schleier « visit[a] quatorze points d'appui du NSDAP et du Front du travail allemand en France »[82]. Le mensuel *Der Deutsche in Frankreich* rendait compte de leur croissance.

« La découverte des différents cas d'espionnage (Mlle Lydia Oswald) à Brest, (Nikolachessik) à Toulon, (August Schopp) à Metz, (Joseph Lorbach) à Sarreguemines, (Sophie Drozdt) à Saint-Avold et toute une série d'autres », von Bernhuber à Paris, Paul Rolland, pilote de l'armée à Toulon, fournisseur de « documents à une espionne allemande », et Burg à Marseille, ne fut pas « porté[e] à la connaissance du grand public ». Elle révéla cependant dès 1934-1935 « l'intensité de l'espionnage hitlérien en France ».

L'intérêt pour l'Afrique du Nord, vieux « champ de travail de prédilection des services spéciaux allemands », s'affichait au Maroc, où le capitaine Liegent et le professeur Bertelomen œuvraient auprès du consul d'Allemagne à Tanger W. Wangenheim. Günther von Dinklage séjournait souvent au Maghreb, où il créa « des organisations systématiques de pogroms contre les Juifs. La propagande antijuive [était] considérée comme une des meilleures armes de la propagande national-socialiste dans les colonies françaises. Le service de l'étranger du NSDAP a[vait] fait publier, depuis juin 1934, plus de soixante tracts ou brochures antisémitiques en langue arabe, [...] répandus en Afrique du Nord française ». Les colons étaient également visés. L'édition française du *Weltdienst*, diffusée « gratuitement en Afrique du Nord », absorba une part des « gros fonds consacrés » par le ministère de Göbbels à l'ensemble Maghreb-Égypte-Palestine : « 3 360 000 marks (20 160 000 francs) », en deux ans, « pour la rémunération de ses agents et de sa propagande ». On vit Dinklage en Algérie en 1934 pendant les pogroms de Constantine et d'Alger qui ravirent la presse hitlérienne[83].

La conquête des élites françaises

Ses bases antisémites et antibolcheviques

Conquérir la bourgeoisie française obsédée par le « rapprochement franco-allemand » fut tâche aisée. Début janvier 1933 Hurault de Vibraye s'extasia devant le « Cercle d'études et d'action de la Jeune République » sur le mouvement hitlérien et la Reichswehr, « véritable et légale armature du Reich, armée sûre et perfectionnée », et s'affirma convaincu « de voir la transformation morale de l'Allemagne suivie inévitablement par la France ». La Confédération nationale des Anciens Combattants et son président Joseph Granier mandatèrent une délégation pour remettre l'emblème du « 2e bataillon du 3e régiment de la garde » prussienne déposé aux Invalides « au maréchal Hindenburg, ainsi qu'aux anciens combattants allemands [... L]e bureau central de la Fédération nationale des Combattants républicains » loua « un geste d'une haute portée morale qui contribuerait certainement au rapprochement du peuple français et du peuple allemand »[84].

Ce « rapprochement » fut facilité par un antisémitisme si notoire que Berlin considérait la création d'« un mouvement antisémite » comme la clé de la conquête idéologique de la France[85]. À l'heure du boycott des juifs du Reich (1er avril 1933) et face à l'afflux des victimes vers la France, la droite classique ne se distinguait guère de la ligueuse. La première pratiqua l'indignation publique, au meeting du Trocadéro convoqué le 10 mai 1933, jour du grand autodafé de Berlin, par « le Comité français pour la protection des intellectuels juifs persécutés ». D'éminentes personnalités se groupèrent autour du grand rabbin de France Israël Lévy, Léon Bérard, maint délégué de l'église catholique, dont le chanoine Desgranges, des délégués du DRAC, Claude Farrère, François Piétri, etc. Ce dernier prononça devant « environ 4 500 personnes » un discours antiraciste et pour « les hommes libres » ainsi conclu : « La pensée du monde [...] est hostile » à ces « gouvernants » coupables de « la plus scandaleuse entreprise » jamais tentée « contre les droits de citoyens [...] ; la postérité ne leur pardonnera pas. » Entre deux lamentations, Jean Desgranges suggéra les arrière-pensées de ces nouveaux croisés de la liberté, craignant « que cette manifestation constitu[ât] un péril pour ceux que l'on veut aider »[86]. Ce vernis recouvrait l'unité de *la* droite dans l'équation juif-bolchevique et son souci à la fois de ne pas fâcher le Reich par le boycott commercial que prônait la gauche et de ne pas gêner la mobilisation contre le régime.

« Il y a unanimité dans les ligues, partis et groupes nationaux pour condamner les excès hitlériens contre les juifs, mais cette unanimité se retrouve aussi, *assurèrent les RG le 3 avril*, pour conseiller aux Français de ne pas se mêler de cette affaire-là qui pourrait, si nous intervenions, nous créer de nouvelles complications avec l'Allemagne. Que ce soit à l'Alliance démocratique, à la Fédération républicaine, au Parti démocrate populaire, aux Jeunesses patriotes ou à l'Action française, l'impression est la même : "le boycottage des commerçants, industriels, médecins, avocats, etc. juifs est déjà excessif, s'il est commandé, imposé ; mais que dire des violences contre les personnes ! C'est de la pure sauvagerie ; l'Allemagne hitlérienne agit en brute. Toutefois est-ce une question intérieure dans laquelle nous n'avons pas à intervenir ; pas plus que nous ne sommes intervenus quand les gouvernements de quelques autres pays s'en prenaient violemment à certains de leurs nationaux. Devons-nous même nous associer publiquement aux meetings et manifestations de protestation organisée à Paris ? Non, car ces démonstrations sont l'œuvre de groupements plus ou moins d'extrême gauche, révolutionnaires en majorité et qui, multipliant les excitations, sont heureux de profiter de cette affaire d'Allemagne pour créer une nouvelle agitation chez nous, au risque de nous valoir certaines représentations du gouvernement allemand et de son ambassadeur. Pourquoi, au moment où l'on parle tant de paix et de rapprochement franco-allemand, conseiller ou approuver le boycottage en France des courtiers, représentants et commerçants allemands ? Laissons les juifs français venger ainsi les juifs allemands, mais n'allons pas plus loin, et gardons-nous de tomber dans un piège. Au surplus, dit-on généralement dans tous les groupes de l'opposition, nous avons actuellement des sujets de manifestations plus intéressantes : au lieu de meetings en faveur des juifs allemands, occupons-nous plutôt, s'il le faut, d'appuyer par des manifestations publiques les protestations des agriculteurs, des commerçants, des anciens combattants et des contribuables. Pas de diversion ! D'ailleurs cette agitation juive anti-hitlérienne, comme l'agitation hitlérienne antijuive, tout cela va bientôt tomber". »[87]

Le 1er avril, date symbolique, la CGPF enjoignit l'État de freiner l'afflux des « Israélites allemands [qui,…] devant la menace hitlérienne, [s'étaient] réfugiés en France, principalement dans les départements de l'Est », dans une lettre aux accents antisémites : « Une partie des proscrits manifestent l'intention d'installer des usines ou des ateliers dans notre pays, […] d'autres louent des boutiques et y vendent les marchandises les plus diverses. La Confédération attire l'attention du gouvernement sur la concurrence des émigrés, qui, étant donné la crise actuelle, n'est pas sans provoquer vivement les industriels et les commerçants français. Elle demande que les pouvoirs publics exercent un contrôle strict sur les réfugiés et veillent à ce que l'installation de nombreux commerces et industries, localisés dans une même région, ne portent pas préjudice aux entreprises qui y fonctionnent actuellement. » Suivait une opposition avec d'autres réfugiés, dignes de compassion, invitant à abandonner ces juifs riches à leur sort : « Après l'évacuation de Mayence en 1930, un certain nombre de Rhénans, fuyant les mauvais traitements ou même le massacre, ont cherché un refuge sur notre territoire et sont établis dans nos départements de l'Est. Mais il s'agissait de gens de condition modeste, en général et, comme ils avaient des titres de reconnaissance – leurs épreuves n'ayant d'autre cause que leur francophilie –, il était naturel de les secourir, d'abord, de leur donner le moyen de vivre en France, en leur procurant du travail, ensuite. C'est ce qui a été fait, dans toute la mesure du possible. »[88]

Berlin avait donc raison d'espérer « provoquer [...] un certain mécontentement dans la population indigène contre ces éléments juifs étrangers et, par là, faciliter l'adoption des idées fascistes par les habitants de notre région de l'Est ». L'« agitation juive anti-hitlérienne » ne cédant pas plus que « l'agitation hitlérienne antijuive », la droite classique éleva le ton. En août, *Le Figaro* s'alarma de l'« afflux subit de plusieurs milliers d'individus : Israélites, communistes, socialistes, "républicains" de diverses colorations [allaient] devenir une véritable plaie pour les honnêtes commerçants français »[89].

L'appareil d'État, entre sarcasme et haine, était à l'unisson. La prose policière de l'ère Chiappe révèle une fraction de l'administration mûre pour l'antisémitisme radical bien avant juin ou octobre 1940[90]. En témoignent des rapports : 1° des RG d'octobre 1933 sur la « véritable colonie judéo-allemande » des émigrés qui « se signalent au public par leur type sémite, parfois très marqué, par leur langue et par leurs journaux en allemand ou yiddish, et ceci d'autant plus qu'ils ont toujours tendance à se grouper et à se retrouver aux mêmes endroits » ; 2° de la sous-direction des étrangers et passeports (noyau de la « direction des étrangers et des Affaires juives » ou « Service juif » de Jean François et André Tulard[91]) du 10 novembre 1933. Présenté comme « une étude d'ensemble des réfugiés israélites d'Allemagne » rédigée « d'un point de vue plutôt subjectif », ce texte jugeait débonnaires et opportunément ciblées les persécutions nazies : « Faut-il dire que l'exclusion fut prononcée contre tous les juifs sans distinction d'origine ou de sentiments ? Certes, non ! À l'heure actuelle, il reste encore des juifs en Allemagne et qui se portent bien – nos consuls sont là pour le dire. [...L]'installation d'un trop grand nombre de réfugiés juifs dans nos grands centres ne laisse pas d'être inquiétante pour l'avenir, des mécontentements de toutes sortes peuvent se manifester : à gauche, des employés sans travail, par l'intermédiaire de certains syndicats, peuvent faire entendre bruyamment leurs voix ; au centre, des commerçants à bout de patience peuvent faire intervenir énergiquement leur chambre syndicale ; à droite, les nationalistes peuvent, de leur côté, réagir du point de vue sécurité du pays », etc.[92]

La virulence antibolchevique empruntait la même voie. Début janvier 1933, le Deuxième Bureau, émoustillé par « la répression du communisme sous toutes ses formes d'activité » depuis Brüning et surtout depuis le coup d'État en Prusse, admirait l'« action de la police politique prussienne [...] complétée par celle du service des renseignements nazi » appuyé « dans toute ville ou même village d'Allemagne » sur des mouchards « collabor[ant...] de la manière la plus étroite ». Harcelé par les interdictions réitérées de sa presse, de ses publications et de toutes ses organisations, surtout ses ligues « contre l'impérialisme », de Berlin, et « contre la guerre », de Hambourg, le KPD en était réduit à la « propagande clandestine » par « appareils duplicateurs » : il est « déjà difficile, en Allemagne, de se procurer les innombrables brochures et journaux communistes que l'on peut acheter ouvertement, en France par exemple, avec une très grande facilité ». On s'engageait, fin 1932, vers « la répression internationale du communisme », à l'instigation du « chef de la police politique prussienne [...] La France et l'Angleterre auraient détaché un commissaire de police à Berlin, et inversement, un commissaire de police allemand aurait été détaché à Paris et à Londres »[93].

On pouvait dans l'armée suivre le même modèle. Pétain, ministre de la Guerre, soumit le 26 mars 1934 au général chef d'État-major général (Weygand) « les idées maîtresses qui d[evaie]nt inspirer l'organisation de la défense nationale et auxquelles il y aurait intérêt à donner une certaine divulgation, sous une forme à déterminer ». La seule mesure précise prévoyait de régler leur compte aux instituteurs et de s'aligner sur les exemples allemand et italien pour assurer « la "formation de la race" [,...] trop négligée. La jeunesse et l'enfant ne sont pas éduqués en vue de leurs devoirs : c'est à quoi il faut remédier d'abord, par une meilleure préparation prémilitaire de la jeunesse et par un système d'instruction primaire assurant à l'enfant la santé du corps et de l'esprit. Il faudrait, à ce double point de vue, s'inspirer de ce qui se passe en Allemagne et en Italie »[94]. Simultanément, pour ne pas indisposer le Reich, l'État-major, sous le couvert de Pétain, pria « la direction de la Sûreté générale [...] de vouloir bien rechercher, notamment parmi les réfugiés allemands de Paris », des candidats « non israélites » aptes à occuper « trois places d'officiers de police [...] vacantes à Sarrebruck ». Le Deuxième Bureau transmettrait « cette liste aux autorités qualifiées ». Malgré son désir de complaire à « l'État-major de l'Armée Deuxième Bureau SCR [service central de renseignements] [qui] attach[ait] à cette affaire une importance particulière », l'Intérieur n'avait pas en mai trouvé dans la capitale les oiseaux rares « non israélites d'outre-Rhin ». Il les rechercherait en Alsace-Lorraine[95] (j'ignore l'issue de cette « importante » mission).

L'action auprès des « anciens combattants », 1933-1935

Ces dispositions à la tête de l'armée étaient d'autant plus précieuses pour le Reich que planait le péril d'une résurgence de l'alliance de revers, conjoncture qui généra dès 1933 l'offensive de charme des « anciens combattants » : ils sollicitèrent au printemps des visas pour pèlerinage des membres du « Volksbund Deutsche Kriegsgräberfürsorge » (Union allemande pour les sépultures de guerre) aux « sépultures militaires de Verdun » et d'ailleurs et aux « anciens champs de bataille ». Les visas furent accordés dans l'urgence, voire « d'extrême urgence » par le Quai d'Orsay : le gérant du consulat de Karlsruhe, Xavier Gauthier, pria en juin de « ramener à 10 jours le délai de préavis fixé actuellement à 15 jours » pour ne pas entamer « les ressources précieuses que notre pays retir[ait] du tourisme étranger »[96]. Depuis l'été fleurit ce « tourisme » militaire, taxé par les autorités de « la correction la plus parfaite »[97], mine pour l'espionnage. En juin 1935, un incident survenu avec deux faux

« photographes » allemands « chargés, avec l'autorisation du gouvernement français, d'une mission de documentation sur les anciens champs de bataille » fournit aux « milieux parlementaires de droite » l'occasion « de mettre en regard du libéralisme du gouvernement français les précautions draconiennes de l'Allemagne pour protéger ses secrets militaires ». Leur émoi n'alla même pas jusqu'à l'interpellation de ce dernier[98].

À l'ère Barthou, l'imminence d'un Pacte franco-soviétique alarmant Berlin, le tandem Abetz-Luchaire fut « à l'origine des premiers contacts entre Anciens combattants français et allemands »[99]. Abetz fut « délégué de la Jeunesse allemande [à...] la réunion des États généraux de la Jeunesse » tenue à Paris du 24 au 26 juin 1934. Le 8 juillet, au congrès nazi de Königsberg, Hess chargea la communauté des anciens combattants de réaliser l'entente franco-allemande[100]. Le plébiscite sarrois justifia bientôt, avec la question franco-soviétique, une présence allemande continue à Paris. Les mouvements d'anciens combattants furent flagornés sans répit depuis septembre par la clique d'Hans Oberlindober, chef SA au palmarès impressionnant de victimes (« plus de trois mille antifascistes » allemands[101]), « Reichsleiter de la NSDAP – un des plus hauts grades dans le Parti – » et chef de l'« organisation nazie des victimes de guerre » (*N.S. Kriegsopferversorgung, NSKV*). Du côté français, dans ce qui ne fut pas « l'histoire désolante d'une bonne volonté naïve prise au piège de la propagande hitlérienne »[102], dominèrent deux noms : Jean Goy, « député de la Seine, maire du Perreux », dirigeant de l'Union nationale des combattants (UNC), « ancien président de l'Union de la Sarre » et factieux notoire de 1934 ; Robert Monnier, conseiller municipal de droite des Ternes depuis 1929, avocat d'« un plan de réforme de l'État dans un sens très autoritaire et [de] la réunion d'une Constituante » et « président de l'Union des Officiers de Complément » : ancien chef de cabinet de Paul Tirard, haut-commissaire à Coblence (et très grand capitaliste), il avait « des attaches avec la Banque Mirabaud ». Les compères, impliqués dans mainte concussion, avaient « des intérêts communs dans certaines entreprises industrielles »[103]. Oberlindober et Alfred Dick, chef du service de presse, flanqués d'Abetz, furent omniprésents à Paris, sous la houlette de Luchaire, depuis fin d'octobre. Ils banquetèrent « au Palais d'Orsay, » où ils posèrent « nettement la question de la Sarre » en excluant tout « *statu quo* » ; Goy, Lebecq et Charles Galland, qu'ils invitèrent en Allemagne, les reçurent à l'UNC[104]. Les réunions, auxquelles participa « l'attaché du ministère de la Propagande M. Schmoltz », associèrent deux membres de l'Union fédérale des Combattants : René Cassin, bientôt critique, et Henri Pichot, qui eut début décembre avec Ribbentrop et Oberlindober « un long entretien »[105]. Hôte habituel d'Abetz et (comme Brinon) « ami personnel » de Daladier, Pichot, qu'Antoine Prost croit (comme Jules Romains) « d'une honnêteté totale », fut dès lors érigé par les RG et les fonds allemands en pantin du Reich[106].

Goy et Monnier furent reçus le 1er novembre par Hitler, dont « les remarques firent sur eux la plus grande impression ». Ils offrirent à Oberlindober de créer « une forme d'union, y compris du point de vue de l'organisation, avec les anciens combattants allemands » : le chef nazi imputa « en partie » leur proposition au souci de « l'Union fédérale », dont « le siège central à Paris » avait l'allure d'« une baraque », de profiter « des équipements et des moyens » de la *NSKV*. « Les conversations de Paris et de Berlin, *conclut-il*, ont considérablement contribué à créer une des relations de confiance mutuelle entre les organisations françaises d'anciens combattants et la NSKV. » Les Français prirent contact avec le Kyffhäuserverband et le Stahlhelm[107], et leur banquet commun précisa « ce que pens[ait] l'entourage d'Hitler du peuple polonais » : « Ces salauds! (Mistpack) *(sic)* [...] cette race inférieure, sans culture !" » hurla « à une heure assez avancée de la soirée [...] le général Reinhardt, chef du Kyffhäuserverband (l'organisation la plus importante d'anciens combattants d'Outre-Rhin) »[108]. L'affaire, vite connue, incita Köster à mettre en garde l'*Auswärtiges Amt* contre des « mouvements prématurés » susceptibles de provoquer en France une agitation qui ruinerait les progrès en cours[109].

Le duo revint de Berlin vibrant d'admiration. Goy, fort applaudi, commenta le 21 novembre à l'AG de la section de Vincennes de l'UNC son entretien du 1er avec Hitler : « Toutes ces déclarations faites par le chef du gouvernement du Reich constituent l'engagement formel que j'avais toujours recherché. Elles engagent les responsabilités de l'Allemagne. [...] On traite directement avec l'Italie, avec les Russes, avec l'Angleterre, avec des alliés qui nous ont trahis. Pourquoi ne pas agir de même avec un ancien ennemi, si les éléments qui le composent sont fermement attachés à la cause de la paix. Je pose la question ?... [...]. J'affirme qu'il est plus facile de traiter avec un homme car on n'a devant soi que deux mains et deux yeux à surveiller, que de traiter à la SDN où l'on a à contrôler les deux mains et les deux yeux de plus de quarante représentants des nations, et c'est trop ! » Monnier, aussi fêté, déclara au Club du Faubourg le 30 novembre : certes, il y avait *Mein Kampf*, « mais il [préférerait] avoir en face de soi un homme comme lui au lieu d'un autre qui finassait toujours pour nous mieux tromper (cette allusion à Stresemann est longuement applaudie). Allons-nous reprendre [...] comme avant-guerre, une politique d'alliances et de force qui nous conduira à la guerre ? Ayons donc une politique basée sur l'angle français, sans chercher le jeu des pactes" »[110]. Le tapage autour de ce séjour berlinois suscita une « émotion » durable, menaçant le cabinet[111] sans empêcher Oberlindober de revenir en novembre à Paris, avec « Miedbrod, attaché personnel de Franz Seldte, ministre du Travail du Reich et chef du Stahlhelm », et Abetz. Le trio s'entretint « avec [...] entre autres Goy, Pichot, et André Neau, président de la "Confédération française des A.C. " »[112].

Henry Franklin-Bouillon, ardent nationaliste de « l'Union pour la nation »[113] et détenteur de « documents accablants » sur les corrompus Goy et Monnier, organisa contre eux à la Commission des affaires étrangères de la Chambre la fronde d'une droite encore germanophobe[114]. L'Association républicaine des Anciens Combattants (ARAC) (communiste) fustigea la complicité de Goy et « de l'incendiaire du Reichstag, de l'assassin de tant de travailleurs, du barbare fasciste qui promène sa torche dans les bibliothèques, du sadique qui, dans les camps de concentration et dans les prisons, torture de nombreux anciens combattants allemands, coupables d'avoir défendu la paix et la liberté ». Elle demanda si on n'avait « pas discuté plutôt au cours de l'entrevue de Berlin de l'aide qu'Hitler pourrait donner aux incendiaires du 6 février. » Elle rappela les liens entre les milieux financiers, la droite et Goy, « stipendié […] en 1920 […] par les de Wendel français et les Röchling allemands[,…] l'homme des Taittinger, […] l'homme du 6 février. Ce jour-là il a échoué, mais son grand espoir c'est de réussir demain. Aussi c'est pour aller serrer la main de l'homme du 30 juin [la Nuit des Longs Couteaux] qu'il est allé à Berlin »[115].

Début décembre se révélèrent de nouvelles complaisances germanophiles. « Trois lettres » des chefs nazis d'anciens combattants invitèrent « les principaux leaders du mouvement ancien combattant français » à une rencontre à Berlin « du 16 au 23 décembre » : à Jean Desbons, ex-président des Anciens Prisonniers de guerre, président de la Fédération interalliée des Anciens Combattants, passé de l'hostilité au soutien du « rapprochement franco-allemand » ; à Pichot, Lebecq, président de l'UNC, et Olivier, secrétaire général de la *Semaine du Combattant.* S'y joignit Georges Scapini, « au titre de président des Aveugles de Guerre », qui discutait déjà en 1932 de ses voyages en Allemagne avec ses amis, Charles Favre-Gilly, président des JP du Rhône, Philippe Henriot, etc.[116]

Ribbentrop lui-même fit « à Paris des visites » répétées, rencontrant Laval, ce qui agaça Mussolini[117]. Le 1er décembre, on le vit avec Goy et Scapini, et le 2, par le truchement de Bunau-Varilla et de Brinon, « agents actifs d'une politique de rapprochement avec l'Allemagne », il eut « une entrevue avec M. Laval », qui l'autorisa à prolonger son séjour[118]. Les « amis » français de Ribbentrop annoncèrent, tel Pichot, qu'il reviendrait bientôt avec Rudolf Hess : le « bras droit d'Hitler », leur nouvelle idole, veillerait aux « relations [à…] établir par-dessus la frontière entre les associations d'anciens soldats de France et d'Allemagne » via « la création d'un "secrétariat franco-allemand" […] chargé de l'examen des litiges » bilatéraux, « et en premier lieu » du sarrois[119]. Mais, la nouvelle ébranlant « le gouvernement français », François-Poncet pria Berlin, le 10 décembre, de mieux « choisir le moment [de ces …] voyages de bonne volonté »[120]. Goy et consorts décidèrent donc « de décliner l'invitation » à Berlin des 20-23 « et de la reporter [en…] février prochain après » règlement de « la question de la Sarre ». La Rocque qui, « par l'intermédiaire de Rudolf Hess », avait accepté une « "prise de contact" » avec Hitler et entamé des échanges de lettres en vue du « rapprochement des anciens combattants français et allemands », posa alors « des conditions pour poursuivre les pourparlers » : ceux-ci seraient « suspendus » dans l'attente de « la prochaine venue en France de Rudolf Hess »[121]. Pour torpiller la tentative des antinazis français de faire connaître *Mein Kampf,* dont Hitler continuait à interdire, par voie de justice, la traduction, les pronazis français participèrent à la campagne d'annonce qu'« Hitler songerait à modifier son livre […] en supprimant les termes injurieux et agressifs à l'égard de notre pays et à en donner une traduction française » : Goy promit d'en « rédiger une préface dans laquelle il expliquerait le changement profond qui s'[était] produit dans les sentiments du Führer pour la France » : l'ouvrage toiletté, édité à Paris, serait diffusé « après le plébiscite sarrois »[122] (il ne le serait jamais, sous divers prétextes, Hitler et les siens ne voulant pas toucher à ce môle).

« Les conversations […] interrompues par l'affaire de la Sarre » reprirent début mars 1935 avec les mêmes interlocuteurs français. Le voyage d'Oberlindober et de « trois autres délégués » installés du 6 au 10 à l'hôtel Bristol avait « été préparé par MM. Jean Luchaire, directeur de *Notre Temps*, Bertrand de Jouvenel, rédacteur du même journal, et Robert Monnier ». Les « envoyés extraordinaires du gouvernement allemand [devaient] amener un relâchement dans les relations franco-soviétiques en faisant savoir qu'ils n'[avaient] aucune visée à l'Ouest, mais qu'il [fallait] se défendre à l'Est – contre le communisme ». On discuta du prochain voyage parisien de Hess[123], élans à nouveau douchés par la proclamation du réarmement allemand, le 16 mars : Georges Lebecq dut le 19 notifier par « lettre ouverte » à Oberlindober que « la détermination brutale d[u] gouvernement » allemand l'avait rendu « inutile »[124].

Les effusions reprirent en avril, avec la mission à Paris d'Abetz et Karl von Mansfeld, « homme de confiance » de Hess, sous couvert « de sonder l'opinion française avant la conférence de Stresa ». Monnier fit avec Brinon et Charles Mauvray partie du lot des « hommes politiques et [...] journalistes français » rencontrés[125]. En mai-juin, Oberlindober prépara « une reprise des pourparlers avec MM. Lebecq et Henri Pichot [...]. M. Scapini, favorable à de nouvelles négociations, insisterait pour qu'elles fussent commencées dès juin ». Une nouvelle invitation d'Oberlindober à Paris fut portée à Berlin en juin, par des « membres de la Fédération interalliée des anciens combattants [FIDAC], présidée par Jean Desbons ». Oberlindober et Dick revinrent à Paris les 1er et 2 juillet, suivant de peu Abetz[126]. La délégation, complétée de deux autres nazis (non identifiés) s'installa comme à l'habitude au Bristol. Elle œuvra avec ses hôtes au « rapprochement des anciens combattants français et allemands » par un dîner le premier jour « au Pré Catelan » et un déjeuner le lendemain « au restaurant Le Doyen, avenue des Champs-Élysées »[127]. À la mi-juillet, Georges Suarez se déclara « d'accord avec M. Scapini [pour...] organiser parmi les anciens combattants un référendum sur la nécessité d'une collaboration franco-allemande ». Début août, fut annoncé le prochain voyage « en Allemagne [d']un groupe d'Anciens combattants français », dirigé par Pichot et René Cassin, à l'« invitation de M. Oberlindober », pour « jeter les bases d'un rapprochement franco-allemand »[128]. L'automne 1935 fut propice aux mondanités, décrites plus loin dans le cadre du Comité France-Allemagne. Les négociations « suspendues » avec La Rocque furent reprises : la *National Zeitung* de Bâle annonça le 9 septembre que le Croix de Feu Pollier préparait à Berlin avec l'entourage de Hess « une rencontre entre anciens combattants français et allemands ». Le PCF la fustigea, *L'Action française*, naguère si véhémente contre le Reich – énergie qui lui avait valu l'excommunication –, critiqua mollement ces « bêtises »[129].

La conquête des milieux financiers et ses instruments

Les premiers acquis de la conquête des milieux financiers, contemporains du Cartel de l'acier, étaient symbolisés par un de ses artisans, le socialiste Pierre Viénot, gendre d'Emil Mayrisch, son fondateur. Viénot avait participé avec Pierre Brossolette, Bertrand de Jouvenel (fils d'Henry), Jean Luchaire, Drieu la Rochelle, Alexandre Marc, Alfred Silbert, André Weil-Curiel, Roger de Saivre,

André Masson, au deuxième congrès du *Sohlbergkreis* [cercle de Sohlberg], tenu en août 1931 à Rethel, animé du côté allemand par Abetz, « accompagné de 50 jeunes Allemands ». Au motif d'œuvrer au « rapprochement des [deux] jeunesses », Jouvenel et Luchaire avaient accueilli « à Paris pour la première fois » en 1930 ce publiciste allemand spécialisé depuis 1923 dans les « articles sur le rapprochement franco-allemand dans des revues locales ». Tardieu soutint l'entreprise en 1931 en mettant à leur disposition l'école d'agriculture de Rethel pour « créer un camp mixte franco-allemand » ; « Otto Abetz et ses 50 compatriotes furent reçus officiellement par M. [Paul] Marchandeau » (député radical, alors sous-secrétaire d'État à la présidence du Conseil). L'opération[130] avait une base économique.

La mission sarroise de l'été 1933 de von Papen « à Paris » pour « chercher le plus vite possible le moyen de se rapprocher de la France » se fit via la mouvance radicale-socialiste de la *République* et via les catholiques[131]. Le 6 décembre, le journaliste Émile Buré déduisit que Papen avait avec bonheur « "travaill[é]" les salons bien-pensants » et que « la germanophilie change[ait] de camp » de déclarations d'Ybarnégaray. À la Commission des affaires étrangères de la Chambre réunie pour interroger le ministre, Paul-Boncour, sur l'entrevue François-Poncet-Hitler du 24 novembre, le député d'extrême droite préconisa d'« engager avec le chancelier Hitler des conversations directes en vue d'une entente, mais à trois conditions ». La première dévoilait des plans de dictature : « 1° Qu'il y ait en France un gouvernement qui représente la France et qui ne soit pas un gouvernement de parti », d'« Union nationale et [...] fort ». Les deux autres respiraient l'insincérité : « 2° Une armée française reconstituée dans son prestige et dans sa force ; 3° Le resserrement des liens qui nous unissent à la Pologne et à la Petite Entente »[132]. On pouvait pareillement interpréter la prose estivale, dans *Le Figaro*, de Wladimir d'Ormesson[133], que von Papen se targuait de fort bien connaître. Début 1933, la Chambre de commerce internationale, que l'industriel et ministre Clémentel avait fondée en 1920 (après avoir créé la CGPF) apparaissait comme « une véritable Société des Nations des hommes d'affaires »[134] que les Allemands ne quitteraient pas.

Peu avant de devenir le sous-secrétaire d'État aux Affaires étrangères de Blum, Pierre Viénot fut signalé par le président du Conseil-ministre de l'Intérieur (Albert Sarraut) comme une des personnalités liées aux « nombreux agents » allemands « chargé[s] de mission à l'étranger [...] pour influencer l'opinion dans un sens favorable aux propositions du Führer et recueillir en même temps des informations » : le « député des Ardennes » accueillait chez lui, « 5, rue Cognacq Jay (VIIe) », un de ces individus, Max Claus, directeur des *Nouvelles d'Allemagne*[135]. Autour de Viénot et des milieux proches du « comité franco-allemand d'information et de documentation » (dont Wladimir d'Ormesson, on l'a vu) gravitaient, souvent depuis longtemps, plusieurs planificateurs économiques allemands de l'occupation de la France. Parmi eux figurait l'« hitlérien notoire » Werner von Schnitzler, « administrateur-délégué de la succursale de l'IG Farben à Paris » et frère du chef des colorants du groupe allemand (Georg) , installé à Paris depuis septembre 1927. Membre avec Kramer (IG Farben) de la « "cellule nazie" » dirigeante, il était en 1933 et demeura jusqu'en décembre 1936 vice-président de « l'Association allemande de secours ».

Celle-ci était présidée par Ernst Röchling, « administrateur-délégué de la Lorsar (Société anonyme de vente des aciers fins de Lorraine et Sarre) » fondée à Paris. Installé ici en décembre 1932, Ernst était le frère d'Hermann, chef de la dynastie sidérurgique et leader nazi de la Sarre[136] – tous deux futurs maîtres industriels de la France occupée et aryanisée[137]. De 1926 à juin 1933, August Thyssen, frère de Fritz, autre chef de dynastie sidérurgique, s'était affairé (avec Fritz) à créer une « entente industrielle franco-allemande » sur le modèle du Cartel de l'acier. Il fut secondé par son secrétaire, le comte Eduard Oppersdorff, « apparenté par sa mère aux Radziwill, grand aristocrate » appauvri par « l'après-guerre », et par Pierre Hamp, « bien connu et estimé dans les milieux financiers et industriels français », fort attaché « à la politique de rapprochement franco-allemand »[138].

Après le départ officiel d'August de Paris, le 23 juin 1933, un fils Thyssen, toujours aidé par Oppersdorff, prit le relais. Le souci des affaires se doublait d'objectifs politiques et mondains plus tapageurs. En janvier 1934, le ministre de l'Intérieur demanda au préfet de police d'enquêter et de l'informer « dans le plus bref délai possible » sur « le fils Thyssen, ami intime du chancelier Hitler, [qui] se rend[ait] fréquemment à Paris, où il donn[ait] à l'hôtel *Claridge* des soirées, fréquentées par certains éléments français (journalistes, industriels et financiers) ». Quand il séjournait à Paris, « il descend[ait] en général chez [...] le comte Oppersdorff, représentant de la Banque Kuhn, Loeb and C° de New York », qui n'était « pas étranger à l'activité hitlérienne de Thyssen et [...] donnerait assez souvent des soirées à l'hôtel Scribe en faveur d'Hitler »[139]. Cette agitation laissant la préfecture de glace, l'instruction finit dans un tiroir. Renouvelée « d'urgence » le 11 juin 1934, elle fut suivie le 30 juillet d'un courrier démentant les réceptions au Scribe et muet sur le Claridge[140].

Julius Westrick représentait à Paris divers *Konzerne*, délégué après 1925 de Hochtief AG, société de matériaux de construction « faisant partie du consortium Hugo Stinnes, réalisé pour s'occuper des prestations en nature et la reconstruction des régions dévastées » de la France, administrateur-délégué de la société allemande Ultraphone, etc. Installé depuis le 15 juillet 1931 à l'hôtel Iéna, il y recevait « des visites de compatriotes décorés de la croix gammée »[141]. Ces émissaires jouèrent un rôle majeur dans les mondanités bilatérales, Westrick en tête, « homme de confiance du clan Hess-von Ribbentrop-Rosenberg », « agent à Paris » du factotum de Ribbentrop, Abetz, qu'« il accompagn[ait] toujours [...] lors de ses séjours à Paris », et pivot des relations entre les précédents et « les milieux français [...] favorables au rapprochement franco-allemand »[142]. Quand Ribbentrop vint à Paris en 1933 avec Abetz, il « était déjà introduit dans la haute société française par les Polignac »[143]. Au printemps 1934, les RG rapportèrent des contacts d'agents allemands avec « le cabinet Sancier » et la Banque Mirabaud[144]. Abetz et Ribbentrop s'affichèrent avec Schmoltz le 19 décembre « dans un des plus brillants salons de la société parisienne, celui de la comtesse de Chabrillan » : ils y rencontrèrent « un public d'élite » (très six-févriériste), Piétri, Georges Rivollet, Paul Valéry, le duc de

Montebello, Émile Borel, Jacques Bainville, Le Provost de Launay, André de Fouquières, le ministre du Japon Osusyu, Théodore Lescouve, Édouard Bonnefous, Gaston Rageot, Bertrand d'Aramond, Charles Serrus, Michel Missoffe, la princesse Galitzine, la marquise Jeanne de Crussol (maîtresse de Daladier) « et divers journalistes »[145].

En janvier 1935, le triomphe plébiscitaire d'Hitler (du 13) fut fêté dignement. Le comte Thierry de Ludre, « lié avec l'ancien chancelier von Papen, qui lui aurait rendu visite à plusieurs reprises à Paris », et pion d'Abetz pour la conquête de l'aristocratie, partit le 11 « à Berlin en vue d'y étudier les répercussions du plébiscite sarrois » et de préparer des « conversations directes entre les [deux] gouvernements ». Le 19, « au domicile parisien du banquier Eliat », on commenta « entre Français et Allemands » – « hautes personnalités de l'ambassade d'Allemagne, le général von Kuhn, attaché militaire ; [Dirk] Forster, le chef de cabinet de l'ambassadeur ; le ministre de Roumanie ; M. [Jean] de Castellane, etc. » – l'octroi aux partants de près d'un milliard d'indemnisation pour les mines de la Sarre. Le 22, « la soirée de gala » pour la première de *Morgen Rot*, film produit par l'UFA de Hugenberg, réunit auprès des dignitaires de l'ambassade d'Allemagne une « liste de personnalités » françaises, à forte proportion d'aristocrates et/ou de six-févriéristes : Alphonse Dunant, ministre de Suisse et Mme, Laurent-Eynac et Mme, de Monzie et Mme, le comte [Fortuné] d'Andigné, le comte Étienne de Beaumont, de Crozefon, Mlle Yvonne Citroën, Louis Chatain, Henry de Fouquières, la princesse de Faucigny-Lucinge, le marquis de Faremont, Jean Goy, Jean Galtier-Boissière, Jacques Simon, chef de cabinet du préfet de police (et futur préfet), la comtesse de Lodière, de Poligny, le colonel Yves Picot, Carlo Rim, Jean de Rovera, Rivollet, Mme Titayna[146], sœur d'Alfred Sauvy, journaliste à *Paris-Soir*, que son interview enthousiaste d'Hitler, le 26 janvier 1936, poserait en hitlérienne notoire, etc.[147].

La suite de 1935 fut aussi glorieuse. Westrick organisa « le voyage gratuit de personnalités françaises » pour « les régates de Kiel », dont le journaliste Didier-Poulain[148]. Début juillet, Jean de Castellane, vedette des mondanités franco-allemandes et président de la Fédération de la Natation, adressa au *Reichsportsführer* [ministre des sports du Reich] Hans von Tschammer und Osten ce télégramme brûlant : « Nous avons été très heureux de recevoir équipe allemande de natation. Athlètes allemands ont obtenu très beau succès dont nous les félicitons. Je tiens à vous dire que la plus franche et la plus affectueuse camaraderie nous unit à eux. Nous avons été spécialement et profondément touchés de leur geste si noble envers le souvenir du Soldat inconnu à l'Arc de Triomphe. Espère vous rencontrer bientôt. Vous envoie l'assurance de mes sentiments cordialement dévoués. »[149]

L'automne flamboya avec, sous Laval, la fondation du « comité France-Allemagne », clône de la *Deutsch-Französische Gesellschaft* (DFG, société germano-française) du bureau pour l'étranger du NSDAP. Abetz, à Paris en novembre, prépara au Claridge cette prétendue « société de coopération intellectuelle, groupant l'élite de nos deux pays », avec André Lichtenberger, Fernand Billet, Paul Morand, Jules Romains, Bertrand de Jouvenel, Jean Luchaire et l'évêque *in partibus* Mgr Jean Mayol de Luppé[150]. Fut donnée « une réception en l'honneur du président du Comité olympique du Reich, le baron von Tschammer und Osten, venu à Paris pour inviter officiellement les organisations sportives françaises aux Jeux Olympiques ». « Le Baron Pierre de Coubertin » conçut pour cette vaste opération de propagande nazie un intérêt si vif que, au « congrès commun sur les questions culturelles » des deux comités tenu en juillet 1938 à Baden-Baden, les participants inaugurèrent « un monument érigé par la [DFG] à la mémoire du promoteur [français] des Jeux Olympiques » mort l'année précédente[151]. Pichot, Goy et Brinon jouèrent également un rôle décisif.

« Le Comité France-Allemagne était une vitrine de notables que ne déparait aucune personnalité sulfureuse et qui, politiquement, *écrit Philippe Burrin,* avait son point d'équilibre dans un centre droit de bon aloi » : les archives infirment cet avis et le distinguo de leurs « motivations diverses, mêlant à doses variables pacifisme, germanophilie, philonazisme »[152]. L'enfant fut déclaré le 1er janvier 1936, avec pour siège le 94, bd Flandrin et un comité directeur présidé par le commandant L'Hôpital. Des trois vice-présidents, Fernand de Brinon n'a plus à être présenté. Les deux autres, Gustave Bonvoisin et le professeur Ernest Fourneau, le seront plus loin. Le comité avait pour « secrétaires généraux : Jean Goy, Henri Pichot ; secrétaire : Yvon Gouet ; trésorier : [le] comte [Jean] de Chappedelaine[153] ; assesseurs : [le] commandant Langeron et Régis de Vibraye »[154]. Il s'installa bientôt au 16 bis, avenue Bosquet, où le rejoignit son prédécesseur direct, le « Comité franco-allemand d'information et de documentation » (devenu « société d'études franco-allemandes »[155]). Westrick « fréquent[ait] » le siège du CFAID autant que « la Maison allemande, 3, rue Roquépine »[156]. Il y a donc lieu d'ajouter aux membres du comité France-Allemagne ceux du « Comité franco-allemand », artisan majeur du « rapprochement franco-allemand » ; et de comparer l'ensemble à l'*Anglo-German Fellowship*, qui groupait la fine fleur de l'industrie et de la *City*, hérauts de l'Apaisement économique ayant le *Times* pour porte-parole[157].

Les banquets développèrent entre les palaces de Paris et les agents nazis les plus huppés, qui y résidaient à chaque séjour, des liens que l'Occupation porterait à l'apogée. C'est avec « l'un des dirigeants » du George V que fut préparé celui « offert par le comité France-Allemagne » naissant le 29 novembre 1935, temps fort des tournées parisiennes d'Abetz et Ribbentrop[158]. On y vit le ministre von Tschammer und Osten, Maximilien von Cassel, vice-président de la section de Berlin de la *DFG*, Hans Oberlindober, Friedrich Grimm, député du Reichstag, « chargé des intérêts des industriels Krupp d'Essen » et « conseiller privé » d'Hitler[159], et le lieutenant-colonel Achim von Arnim, président de la section de Berlin de la *DFG* et de la délégation allemande. Le Deuxième Bureau connaissait ce professeur de *Wehrwissenschaft* (science militaire) à la *Technische Hochschule* (Institut polytechnique) de Berlin. Un informateur l'avait entendu en juin 1935 rappeler au « cercle restreint [de...] ses élèves » la priorité du règlement de comptes avec l'ennemi héréditaire. Arnim haïssait la France autant que les Soviets ou « peuples de l'Est, insuffisamment cultivés [et] incapables de régler leur propre existence [:...] "sous prétexte de protéger sa sécurité, [elle] prépare [...], de concert avec les Soviets, la guerre contre l'Allemagne. Nous connaissons très exactement les plans français et nous ne serons pas pris au dépourvu. La France est notre plus terrible ennemie et l'Allemagne ne pourra faire des projets d'avenir que le jour où cette France sera battue et détruite" »[160].

En octobre 1935, l'ancien ministre de l'Intérieur Wilhelm Frick fut « envoyé à Paris par l'Automobile Club de Berlin pour élaborer un rapport sur les principales améliorations apportées aux voitures [...] présentées au Salon. Sa femme, qui l'accompagnait, [...] entr[a] en relations avec un certain nombre de personnalités françaises et étrangères auprès desquelles elle insist[a...] sur l'intérêt que présenterait la réalisation d'un accord de la France et de l'Italie avec l'Allemagne ». Les RG communiquèrent début décembre « une nouvelle liste de personnes [ayant] eu des conversations avec M. von Tschammer und Osten et les délégués allemands qui l'accompagnaient : général Detroyat, père de Michel Detroyat ; Jean Borotra ; Guy de Wendel, sénateur ; marquis [Melchior] de Polignac ; Mme Boas de Jouvenel ; et un certain nombre de journalistes présentés par M. de Brinon »[161]. On festoya à nouveau en février 1936, au banquet de l'hôtel Kaiserhof, à Berlin[162].

Peu avant son séjour de novembre 1935, Ribbentrop chargea Abetz « de le précéder à Paris pour lui ménager des entrevues particulières avec un certain nombre de personnalités françaises avec lesquelles il désirerait procéder à des échanges de vues » : il verrait notamment Paul-Boncour, Guy de Wendel, Hennessy, Flandin et le général Pouderoux[163], « ancien colonel du régiment de sapeurs pompiers de Paris ». « L'Allemand [parisien] Robert Batschari » certifia dès 1934 pouvoir le compter avec Ybarnégaray parmi les « républicains nationaux » disposés à « la collaboration » pour « fonder à Paris un parti [...] en faveur d'un rapprochement franco-allemand » (Hitler reçut en effet à Berlin en décembre 1934 Pouderoux, venu au congrès de l'« Action internationale des nationalistes »[164]). Début avril 1936, Abetz revint à Paris, au Bristol, faubourg Saint-Honoré[165] : il en avait fait depuis 1934 son « siège habituel », le préférant à l'hôtel de l'Odéon car « situé dans un point plus central de ses relations ». Ribbentrop et les « anciens combattants » l'appréciaient beaucoup[166], sans préjudice « de l'hôtel Lutétia »[167], également fréquenté par Grimm[168].

La moisson de Westrick et Abetz *et alii* était riche quand les RG dressèrent, entre novembre 1935 et mai 1936, le bilan partiel de leurs périples mondains, ensemble (Abetz vint à Paris en novembre, en décembre 1935, en avril, en mai 1936) ou non. Outre des nobles désargentés ou « criblé[s] de dettes », croisés antijudéo-maçonniques transformés en laquais – tels Maxime Serpeille de Gobineau et le comte Armand de Chastenet de Puységur –, Abetz et son *alter ego* (ou celui-ci tout seul, et souvent) rencontraient des gens de bon aloi : l'ambassadeur Joseph Noullens ; le couple de « sympathisants hitlériens » déjà notoires, le synarque[169] Gustave Bonvoisin, directeur du « Comité central des Assurances sociales et du Comité central des Allocations familiales », et Mme, qui recevaient le couple Abetz lors de ses séjours parisiens, comme en décembre 1935, et Westrick régulièrement ; Jacques Bréguet, « frère du constructeur d'avions » ; l'avocat Pierre Wolf ; Pierre Gide, avocat à la Cour d'Appel de Paris, « conseiller juridique lors de l'accord franco-allemand des potasses » de Lugano signé en 1926 (futur truchement de la collaboration économique d'Occupation) ; le Finlandais naturalisé français Frithiof d'Ornhjelm, qui préparait début mai 1936 le mariage de sa fille, « ancienne secrétaire de M. Pierre Comert, chef du service de presse au ministère des Affaires étrangères », avec l'attaché d'ambassade Raoul Bertrand, secrétaire de François-Poncet, etc.[170] Grimm était intime de l'avocat Marcel Ribardière, qui avait été « invité par le gouvernement du Reich au congrès des jurisconsultes allemands » de 1935 à Munich[171].

Les milieux financiers italiens bénéficiaient des mêmes égards, dont témoigna la tournée française du 25 juin au 3 juillet 1935, avec le comte Giuseppe Volpi, ministre italien du Trésor, d'« une cinquantaine d'industriels italiens » invités d'Ernest Mercier : conduits « par sept ou huit industriels français », dont Louis Renault, ils furent reçus par François de Wendel « dans son château de Joeuf », à Reims « par le marquis et la marquise de Polignac » et « chez le baron Édouard de Rothschild »[172].

Le financement allemand des ligues

L'Italie continua en 1933 et au-delà à « arroser » les ligues et à les recevoir en Italie, des Jeunesses patriotes à la Solidarité française[173]. Elle s'acquit ainsi l'enthousiasme éthiopien des « fidèles adeptes et soutiens du fascisme italien »[174] : « les nationaux » menèrent en 1935 une inlassable « campagne dans leurs journaux (*Action française, National, Ami du Peuple, Solidarité française*) et par tracts et affiches, en faveur d'une neutralité absolue dans le cas d'une guerre entre l'Italie et l'Angleterre, ou entre l'Allemagne et la Russie ». À la veille de l'assaut italien, « Trochu, conseiller municipal de Paris et secrétaire général du Front national », se fit, auprès de « Jean Renaud, Bucard, [Maurice] Pujo, [...] Taittinger, Philippe Henriot et autres », « le promoteur d'un projet tendant à constituer d'accord avec l'ambassade d'Italie une légion latine qui se rendrait en Éthiopie, pour combattre aux côtés des Italiens » ; il se targuait d'avoir « déjà reçu 3 000 signatures de volontaires »[175]. La manne se déversa pendant la guerre et après, mais l'Allemagne occupait depuis 1933 dans ces amours mêlées une part grandissante, bien connue de *L'Humanité* et de Paul Vaillant-Couturier[176]. Le Front national se montrerait en 1936 aussi zélé dans « le concours apporté [...] au général Franco »[177].

Les francistes, « aux effectifs squelettiques », de Marcel Bucard et Robert Jurquet de la Salle (« délégué aux relations extérieures » du parti), aussi entichés de Mussolini et financés par lui que les autres ligueurs, franchirent l'étape allemande à leur naissance, à l'automne 1933[178]. En juin 1934, les RG savaient tout de leur « collusion » avec « le fascisme italien[179] et le nazisme allemand » : Bucard fut vu en compagnie du nazi von Krug avant d'être connu avec les hommes de son groupe comme contact régulier de Westrick. Il était aussi stipendié par le fils de Primo de Rivera. Sa forte présence « dans les territoires limitrophes de la frontière du Nord-Est » constituait la condition de sa subvention « par l'étranger ne fût-ce que pour le retour de la Sarre à l'Allemagne ». L'ancien militant des organisations catholiques, considéré en novembre 1934 par « les milieux allemands de Paris » comme ayant préparé « l'entrevue Hitler-Goy-Monnier », touchait « d'importantes subventions de M. Fabre-Luce »[180] : le Reich les faisait verser par le baron français Robert (cousin d'Alfred) Fabre-Luce, « fixé définitivement » à Berlin en 1933, fondateur-président en juillet de « L'Alliance raciste européenne » *(Bund Völkischer Europäer)*. Organisation dont le vice-président était « le fameux comte [Ernst] von Reventlow »[181], chef des services secrets depuis Weimar, « partisan de première heure d'Hitler » et « l'une des meilleures têtes du Parti national-socialiste »[182].

La Solidarité française afficha dès 1933 une violence antisémite et une obscénité suggérant l'emprise, non de ses seuls financiers français (dont François Coty, « les maisons Potin et Damoy », « MM. Fleury et Michon, gros commerçants en porc », etc.) et italiens, mais du Reich[183]. En témoigne une réunion commune du 28 juin avec les JP, ses compagnons habituels, présidée par le général Henri Niessel et où François Coty, frappé par « une extinction de voix », fit lire par Guillaume d'Ornano sa « déclaration » d'appel à l'action : saugrenue, elle exaltait la Suisse libre et neutre et la Belgique, « ce modèle des patries », devant « quatre mille personnes » trépignant sur « l'invasion judéo-germanique [...] en voie de transformer notre pays en un ghetto international » (Jacques Fromentin) et « la clique judéo-maçonnique de la Léon Blumerie » (Jean Renaud). À l'automne, le groupe tabassa des « réfugiés juifs allemands », tandis que ses orateurs se déchaînaient contre les « juifs allemands » qui « pren[ai]ent votre place » (Delamain) ou les « deux millions de métèques [qui] travaill[ai]ent chez nous pendant que trois cent mille chôm[ai]ent. Que l'on foute trois cent mille métèques à la porte ! » (Pannetier)[184].

Le 24 juillet, Jean Renaud exalta dans une interview à la *Deutsche Allgemeine Zeitung* le récent discours de Königsberg de Hess, « base [...] d'une entente franco-allemande [...] constituée par la lutte commune contre le bolchevisme ». Ce discours valait reconnaissance de dette, au moment où la mort de François Coty « priv[ait le mouvement] de son principal soutien financier »[185]. Fin novembre furent signalés le prochain voyage de Jean Renaud « en Allemagne d'où il d[evai]t envoyer des articles au sujet de l'entrevue Hitler-Goy-Monnier » et le récent « court séjour à Berlin » de Georges Perrier, autre dirigeant de la SF et de divers groupes fascistes (« Union des Nationaux contre la Révolution judéo-maçonnique », etc.) : il y avait contacté « la rédaction de la *Deutsche Allgemeine Zeitung* et », par son intermédiaire, « diverses personnalités du national-socialisme allemand et de la Reichswehr »[186].

Un mois plus tard, « Henry Coston et Pierre Logeois, leaders du Parti socialiste national de France », eurent « à Berlin [...] des entretiens avec des chefs du NSDAP » dont ils « sollicit[èrent] un appui financier important en faveur du parti et de son journal *Le Siècle Nouveau*[187]. Coston avait en 1932 fondé une fugace mouture des Francistes (morte en 1933) alors « en rivalité avec » ceux de Bucard, en compagnie de [Pierre ou François] Clémenti[188], financé par Berlin depuis début 1933 au plus tard via « le baron Fabre-Luce »[189]. Ils furent précocement liés à Louis Darquier de Pellepoix[190], membre de l'Action française et président de l'Association des Blessés et Victimes du 6 février (1934)[191], en contact permanent, comme Charles des Isnards, avec les Croix de Feu[192]. Cette promiscuité suggère que Darquier, secrétaire général du journal *Le Jour* élu conseiller municipal des Ternes aux élections de mai 1935 sur la liste du Front national, qui « depuis 1934, [se fit...] surtout [...] remarquer par son action antijuive »[193], émargeait au budget nazi avant le Front populaire.

En janvier 1935, les dirigeants du Parti agraire de Dorgères, son secrétaire général Jean Achard (synarque et futur ministre du Ravitaillement de Vichy) et Michel Augé-Laribe furent reçus à Berlin, notamment le 20 au ministère de l'Agriculture, par Mainberg « deuxième chef du paysannat allemand ». « La législation agraire allemande retenait l'attention des paysans français qui la considèrent d'un œil favorable », déclarèrent-ils[194].

Dès mai 1935, du groupe d'Action française de Nice, auquel appartenaient le Dr Jean-Louis Faraut, « grand admirateur d'Hitler », et Joseph Darnand, entrepreneur de transports et pilier des trafics d'armes avec l'Italie, naquit un rameau qui se confondit bientôt avec la Cagoule proprement dite : Faraut fonda le 24 mai, entre deux (incessants) voyages « à Berlin », « une société secrète » dite « des Chevaliers du glaive ». Ayant pour « but avoué [...] de provoquer des incidents contre les juifs et les francs-maçons », elle était clandestinement « subventionné[e] par les services de propagande allemands »[195]. Au fil des ans, la Sûreté nationale n'ignora rien des « relations [de Faraut], tant avec Himmler de la Gestapo, qu'avec Göbbels »[196].

Les Jeunesses patriotes déclarèrent à l'automne leur double foi. Le 10 septembre 1935, salle Wagram, eut lieu une manifestation d'amitié franco-italienne « sous le patronage du Comité France-Italie avec le concours du Front national », dominée par les JP, la SF et Philippe Henriot : elle fit couler le dithyrambe sur Mussolini et l'Italie, déversa le fiel sur l'Angleterre et des tombereaux d'injures sur les francs-maçons et les juifs, dont Jean-Pierre « Maxence, du Bureau politique de la Solidarité française [...] demand[a] l'extermination »[197]. Pierre Taittinger s'appliqua le 10 novembre, au congrès de son « Mouvement national populaire », « à démontrer la supériorité de réalisation économique [des] régimes » fasciste et nazi. Il fut plus explicite le lendemain : « Prenons exemple sur l'Allemagne qui, avec le régime hitlérien, a opéré un véritable redressement national et a réussi depuis à remporter dans sa situation extérieure, une véritable revanche. Par la force de leur action, par la puissance de leur rayonnement, les nazis sont parvenus à étouffer cette force formidable que représentaient les Casques d'acier. Ce qu'ils ont réussi en Allemagne, nous pouvons le réussir ici, lorsque nous aurons amené à nous la masse de nos sympathisants et celle de nos adversaires que nous aurons convertis. » En mars 1936, ses apparitions publiques trahissaient des liens allemands, ainsi au meeting de la SF à la salle Wagram le 20 présidé par Charles Trochu, avec Léon Degrelle, chef de Rex, et Georges Oltramare, président du Front national suisse[198].

On ne peut donc le soupçonner d'avoir antidaté son ralliement au Reich lorsque, en juillet 1941, président du comité France-Allemagne, il assura de son loyalisme le conseiller allemand Brust, chargé des services du roulage, en en sollicitant « un permis de circuler pour [s]a voiture » : j'ai été « directeur du journal *Le National* et d'autres journaux tant à Paris qu'en province Vendée, Charente, etc. [qui] ont servi la cause de la collaboration depuis 1936. J'ai reçu cette même année les Jeunesses hitlériennes en ma maison de campagne de Champagne où je les ai transportées en autocar. D'autre part, un banquet a été offert à Rambouillet en présence de M. Lebrun. J'ai collaboré activement et étroitement au comité France-Allemagne pour étendre les bonnes relations entre nos deux pays »[199].

En novembre 1935, Doriot avoua sa dépendance allemande par une interview « à des journalistes allemands » et des déclarations en faveur d'« un rapprochement franco-allemand [qui] serait un gage précieux pour cette paix et [qu'on ne devait pas] refuser sous prétexte que c'est Hitler qui [était] au pouvoir »[200]. Jean-Maurice Hermann démontra en mars 1936 la source nazie de la production idéologique des Croix de Feu d'Alger. Ce centre de ralliement des gros colons et de leurs obligés venait de diffuser ce tract : « Sais-tu que le juif violente ton enfant, abuse de ta femme, de ta sœur et de ta fiancée ? Sais-tu qu'il assassine tes parents, qu'il vole ton bien, qu'il tourne en dérision ton honneur, qu'il détruit ta culture, qu'il empoisonne ta race ? Sais-tu que le juif te vole, te traite comme une bête ? Sais-tu que les médecins juifs t'assassinent lentement, que les avocats juifs ne défendent pas ton droit, que les magasins juifs vendent des marchandises gâtées, que les boucheries juives sont plus sales que des écuries ? Nous demandons donc que les Français qui ont des relations avec des juifs soient punis de réclusion, que leurs biens soient confisqués et qu'ils soient expulsés du pays. En cas de récidive qu'ils soient punis de mort. Les descendants de ces unions doivent être stérilisés. Le juif vit du mensonge et meurt de la vérité. Et les francs-maçons sont leurs instruments. » C'était le texte d'une affiche allemande que *La Dépêche d'Alger*, organe Croix de Feu, avait citée dans une dépêche du 29 juin 1935 en provenance de Berlin, et traduite le 30 « mot pour mot » (« seul le mot Français » avait remplacé « le mot Allemands »).

Spécificité algérienne ? Depuis février 1936, « des délégués [...] Croix de Feu » sillonnaient les « cafés de la région parisienne fréquentés par des indigènes nord-africains » pour leur exposer « que le groupement [...] était l'adversaire des juifs ainsi que de leurs alliés marxistes [,...] que les indigènes nord-africains pouvaient compter sur l'entière bienveillance [des...] Croix de Feu et qu'ils pourraient profiter des avantages offerts par les œuvres d'assistance patronnées par leur association »[201]. Disparaissait ici le distinguo public entre les vilains juifs rouges-métèques et les bons juifs, bourgeois et français, du genre des 1 200 présents au service religieux convoqué le dimanche 14 juin 1936 en l'honneur des morts de guerre par les Croix de Feu à la synagogue du « rabbin Kaplan », 10, rue de la Victoire (dont 700 Croix de Feu, de La Rocque lui-même, « un membre de la famille Rothschild » et l'avocat Edmond Bloch). Jacob Kaplan, qui en était membre, y loua les Croix de Feu et « leur respect de toutes les confessions, leur aversion envers les doctrines de haine qui menacent de diviser les Français ». L'antisémitisme d'Occupation de De La Rocque ne fut donc pas conjoncturel[202].

Artistes et intellectuels

À la conquête des artistes s'attela la puissante UFA de Hugenberg, aussi soucieuse que le cinéma américain de son expansion européenne : elle requérait « libre circulation des films dans les pays européens, suppression des contingentements de films, financement par une caisse internationale de compensation des salles de cinéma déficitaires, échange d'artistes, introduction de films d'enseignement étranger dans les écoles »[203]. L'UFA devait encore traiter avec les juifs – via tel émigré juif allemand privilégié[204] – qu'elle dépouillerait avec des complices français six ans plus tard. De Rovera, « agent de publicité » de sa « filiale française », l'Alliance cinématographique européenne, publiait depuis 1933, dans sa revue spécialisée *Comoedia*, son supplément mensuel, *L'Alliance*. « Une délégation » vint à Paris en « voyage d'études » en mars 1935, où fut annoncé le « grand congrès international cinématographique [de…] Berlin du 25 avril au 1er mai prochain, sous le patronage du *Reichsverband Deutscher Filmtheater* » (union du Reich du cinéma allemand). Avaient déjà accepté l'invitation « plus de 800 délégués […] de Belgique, Danemark, Angleterre, France, Grèce, Hollande, Italie, Yougoslavie, Norvège, Autriche, Pologne, Roumanie, Suède, Suisse, Tchécoslovaquie, Espagne, Turquie et Hongrie » ; participeraient « à la principale séance » Goering, Göbbels, Schacht « et probablement » Hitler[205]. Audit congrès, « MM. Delac, Henry Clerc et Châtaignier, de la délégation française », firent partie des « nombreux membres des délégations étrangères […] reçus par le Dr Göbbels. » « M. Charles Caled, dit Charles Delac, président de la chambre syndicale de la cinématographie française » , adhéra à « un comité international […] chargé de préparer la prochaine conférence » prévue « en Italie et d'intervenir auprès des principaux gouvernements européens en vue d'accroître la liberté du commerce des films ». Il fut « invité à revenir à Berlin en août » suivant, avec « une délégation de cinéastes »[206].

Un an plus tard, le « comité central de boycottage des produits et services allemands » tout juste fondé releva les preuves de la complaisance allemande des « maisons Gaumont-Franco-Film-Aubert et Pathé », dont « les contribuables et épargnants français » épongeaient la « déconfiture ». « Dans les salles du circuit Gaumont, sont trop souvent projetés des films allemands ou tournés en langue française à Berlin. […P]rès de la moitié des actualités présentées au public ont trait aux événements d'Allemagne, et deviennent ainsi les meilleurs instruments d'une propagande hitlérienne d'autant plus abondante qu'elle s'exerce gratuitement » (Goering « présidant à l'ouverture du premier tronçon de l'autostrade qui doit relier Stettin à Berlin », etc.). « Le circuit Pathé, dont l'épargne française fait également les frais aujourd'hui, propage, de même, certains films allemands. »[207]

Parmi les intellectuels le plus tôt gagnés figura Louis Farigoule, Jules Romains en littérature, cible logique du Reich comme « pacifiste » notoire. Membre du comité d'honneur de la Ligue internationale des combattants de la Paix, il présida « le 14 juin 1934 dans les locaux de l'École normale supérieure une conférence faite par [Carl] von Nabersberg, chef des Jeunesses hitlériennes de Paris »[208]. En novembre, il fit en Allemagne un séjour préparé par Régis de Vibraye et de Rovera, et rencontra le directeur de l'UFA en vue de « la mise à l'écran d'un [de ses] roman[s] ». Le 3 décembre à la Sorbonne, « retour d'Allemagne », il se posa à la réunion du « groupe du 9 juillet [...], sous les auspices de la "Nouvelle École de la Paix" » en avocat sarrois du Reich[209]. Nombre d'« indices » attestaient alors l'achat nazi du « seul » écrivain français dont les « pièces [étaient] traduites et jouées en Allemagne » et qui pouvait y « faire [...] des conférences payées ». Romains bénéficiait d'« une dérogation extraordinaire, voire même invraisemblable, le permis d'exporter en devises, sans aucune limitation de plafond, les sommes » rémunérant « ses diverses activités ». Il inondait la presse (dont *L'Œuvre*) et des revues de ses louanges d'Hitler, « allant même jusqu'à affirmer qu'il n'y avait pas d'antisémitisme en Allemagne, que tout ce qu'on avait dit à ce sujet était fable et légende... ». En janvier 1935, sa brochure *Le couple France-Allemagne*, « composée [...] au retour [de son] voyage en Allemagne [, fit...] l'inventaire des "fautes passées" et conclut que la seule vie de salut qui s'offr[ait] à la France [était] la réconciliation avec l'Allemagne .» Ce « plaidoyer en faveur de l'entente des deux races latine et germanique » était calqué sur « l'opinion allemande à ce sujet ». « Rudolf Schleier entret[enait avec lui...] des rapports [aussi] suivis [qu']avec » Jean Luchaire et Louis Thomas[210].

La conquête de la presse

L'Italie ne perdit point en 1933 son droit à corrompre les journalistes et les journaux : Pierre Guimier, de l'Agence Havas, « un de ses meilleurs auxiliaires », *La Liberté* de Camille Aymard, *L'Intransigeant* de Louis-Dreyfus, *La Victoire* de Gustave Hervé, « *Le Matin* [de Bunau-Varilla], *La Volonté* de Dubarry, *L'Homme libre* de Lautier, *Le Petit Bleu* de feu Oulman et [...] *La Revue de France* dirigée par Raymond Recouly, plus un certain nombre de revues de second ordre [...]. Certains organes de province sont plus ou moins copieusement "arrosés" plus particulièrement dans les régions dites "terrae irredentae" telles la Savoie, le Comté de Nice et la Corse »[211]. Convaincre ces publicistes des grandeurs de l'impérialisme italien en Éthiopie coûta cher.

« Avant le voyage de M. Laval à Rome », de janvier 1935, l'État italien « avait versé des subventions très importantes » – plus d'« un million et demi » – « à la grande presse d'information française en vue d'orienter sa politique en faveur de l'Italie. [...] *Le Journal* », géant de la presse parisienne (27 % du lectorat)[212], « en a[vait] été l'un des principaux bénéficiaires ». On parla en février d'« une somme de 10 millions » distraite par Rome du « prêt de 500 millions consenti récemment par le gouvernement français à l'Italie [...] pour être distribuée à la presse française [...]. Le baron [Pompeo] Aloisi aurait été [...] chargé de subventionner sur ce même budget les journalistes français accrédités à Genève. [...L]e Quai d'Orsay aurait demandé à la presse, par l'intermédiaire des journalistes accrédités auprès de lui, d'éviter la publication d'informations ou articles défavorables au gouvernement italien »[213]. Mussolini avait ordonné « que tous les francs français détenus par le trésor italien [fuss]ent spécialement affectés aux besoins de la propagande italienne en France et plus particulièrement aux subventions versées à la presse » : touchèrent (entre autres) Pierre Bermond, directeur de *L'Ami du Peuple*, et, « au titre du budget de publicité [, le] poste de Radio-Cité » de Louis-Dreyfus[214]. La guerre éthiopienne grossit la manne[215], mais, depuis 1933, la concurrence allemande faisait battre de nouveaux records à « l'abominable vénalité de la presse française ».

L'appareil de sa conquête avait été mis en place entre cabinets Papen et Schleicher via le « service international » de Berlin, « organisation nouvelle du service de propagande allemand ». L'agence adressa le 27 juillet 1932 « à un certain nombre de journaux français » des offres d'envoi gratuit du « service de nos informations générales », c'est-à-dire « d'articles rédigés en Allemagne, par des Allemands ou des germanophiles ». Leur reproduction s'accompagnerait de la mention : « de notre correspondant particulier à Berlin. » Cette « méthode d'infiltration allemande d'une grande habileté et très étendue » avait déjà « port[é] ses fruits notamment en Italie et en Angleterre ». Berlin s'efforçait ainsi d'« atteindre les milieux parlementaires français et [...] de se procurer certaines informations de couloirs par l'intermédiaire d'auxiliaires choisis parmi les journalistes douteux, genre Dr Friedrich Hirth, [Robert] Monnier, Robert Dell, de Marmande, Deleplanque, etc. ». En décembre, la police pensa que la récente disparition du service cachait son absorption par « par un autre organisme »[216].

À l'automne 1933, en pleine offensive de charme « sarroise », l'information filtra sur le tas d'or dépensé par Berlin pour que la presse de chaque pays menacé empêchât son opinion publique de connaître les plans de guerre allemands. Émile Buré tonna en novembre contre la presse achetée, citant la récente remarque d'« un ministre, dans un salon, qu'il entrait beaucoup d'argent italien et même allemand en France, actuellement ». Il montra l'Allemagne prête « à consentir des "sacrifices financiers considérables" pour être en mesure, au moment psychologique, "d'exercer sur les gouvernements une pression" efficace, irrésistible ». Un journaliste allemand, ancien pacifiste réfugié à Paris, annonça alors que le régime calquait sa propagande à l'étranger sur sa tactique de conquête du pouvoir : « De Berlin, on "arrose" dur, et il est remarquable que de divers côtés, à l'étranger, on réclame une entente avec l'Allemagne. [...] Hitler cherche à "avoir" les pays étrangers, comme il "a eu" les partis et les groupes allemands : l'un après l'autre. De même qu'il a successivement en Allemagne, détruit le communisme, abattu les juifs, écarté les socialistes après avoir obtenu leur adhésion, étouffé le catholicisme sous le concordat et embrigadé de force les nationalistes, de même à l'extérieur il usera de moyens appropriés auprès de chacun des États voisins pour se concilier leurs faveurs, jusqu'au moment où il se sentira assez solide pour parler haut. Déjà un accord est conclu avec la Pologne ; l'Angleterre hésite, et en France des voix s'élèvent pour demander que l'on "cause" avec l'Allemagne... »[217] Les groupes de presse, celui du Comité des Forges à leur tête, organisaient en effet « une campagne en faveur d'un rapprochement » franco-allemand[218].

Début 1935, les antinazis dressèrent ce constat : « *Le Petit Parisien* a raison quand il déclare que le rôle des Abetz et compagnie est de troubler l'atmosphère et de cacher le jeu de la propagande allemande. Émile Buré n'a pas tort non plus quand il écrit que le mark d'Hitler roule en France. Les milieux bien informés disent que l'Allemagne a déjà dépensé plus de vingt millions pour sa propagande nationale-socialiste en France. Différents journaux français et belges prétendent que le NSDAP entretient plus de vingt revues mensuelles en France non compris les quotidiens, une nouvelle agence de presse française et une ligue antisémite. »[219] En mai, Forster, conseiller à l'ambassade allemande, fit « sonder certains journaux en vue de connaître leurs dispositions pour une campagne favorable à une collaboration franco-allemande », dont *L'Œuvre, L'Ère Nouvelle, L'Information* et *Le Matin.* Il fit inviter « par leurs confrères d'Outre-Rhin [...] plusieurs journalistes », Geneviève Tabouis, Brinon, Frédéric Lefèvre, etc., « au congrès de la presse allemande » d'août à Berlin[220].

Ainsi grandit l'étoile du synarque[221] Jean Luchaire, corrompu par le « ministère de l'Intérieur », fief radical qui lui allouait, vu sa « teinte radicale », « quelques milliers de francs chaque mois »[222], le Quai d'Orsay, Horace Finaly *et alii*, et Berlin[223], depuis aussi longtemps : en avril 1929, Schacht se vantait « dans les couloirs du Reichstag » de compter son journal *La Volonté* parmi les deux (avec *L'Ère Nouvelle*) inconditionnels « des suggestions allemandes à la conférence des Experts » du plan Young[224]. Luchaire fut avec Bertrand de Jouvenel le stipendié précoce d'Abetz, qui avoua après-guerre avoir été par eux « présenté à Pierre Laval » et introduit « dans les milieux de presse »[225]. En 1931, Abetz avait en France rencontré « la secrétaire de Jean Luchaire, Mlle Suzanne Debroukeyre, qu'il épousa l'année suivante », et d'autres journalistes compréhensifs, « Auboin, Suarez et Jacques Chabannes, collaborateurs de Luchaire, et Jules Sauerwein [...,] collaborateur de *Paris-Soir* [qui] se rendit en Allemagne et fit un reportage intitulé “Trois hommes en Allemagne” reproduit par la plupart des journaux allemands et qui eut un grand retentissement en Europe »[226].

Notre Temps, fondé dans les années 1920 par le trio Jouvenel, Luchaire (directeur), Chabannes (rédacteur en chef[227]), « suspend[it...] sa publication » à l'été 1934. Barthou éliminé, Berlin le fit « largement subventionn[er] par les services allemands de propagande de Paris » : « Comme auparavant M. Luchaire [y...] soutiendra[it] une politique de collaboration et de rapprochement avec l'Allemagne. » Ce champion de la corruption journalistique n'en avait pas moins « du temps de M. Barthou [...] touché de grosses subventions des Affaires étrangères pour *Notre Temps* »[228]. Début 1935, Jean Luchaire était avec Régis de Vibraye, Charles Rousseau, Alfred Fabre-Luce et Gustave Hervé un des piliers français de l'hitlérienne « Action internationale des nationalistes » tout juste fondée à Zurich et soutenue par la « Société d'études franco-allemandes », nouvel avatar du CFAID[229]. Luchaire fut déçu en mai 1935 « de son voyage en Allemagne ». Ne trouvant pas « en matière financière tout l'appui sur lequel il comptait » malgré les « encouragements [de...] M. Baldur von Schirach, chef des Jeunesses hitlériennes », il songea à « accepter dans *Notre Temps* des articles favorables au rapprochement franco-soviétique. » La bouderie fut brève : début juin, il préparait avec Chabannes la prochaine mission à Paris de Schirach et ses adjoints Friedhelm Kemper et Walter von Brauchitsch pour « rencontrer plusieurs chefs d'organisations de la jeunesse française »[230].

J'ai déjà cité le compère en synarchie et journalisme de Luchaire, Bertrand de Jouvenel, complice aussi précoce d'Abetz et source d'une importante littérature policière (j'ai recensé une quarantaine de fichiers). Notoire pour ses « relations avec des militants hitlériens », Jouvenel était un habitué de la « Maison brune » de Paris (dite « Maison allemande ») : il vint y participer aux cérémonies d'intronisation du nouvel ambassadeur, le comte Johannes von Welczeck, successeur le 22 avril 1936 de Köster mort le 31 décembre 1935[231].

De Brinon, repoussoir de la corporation, appartenait aux milieux financiers. « Fils naturel d'un Rothschild », il aurait eu pour « père "légal" [...] le directeur d'un hara [des...] Rothschild, ce qui expliquerait la protection dont a[vait] toujours bénéficié ce journaliste depuis le début de sa carrière »[232]. Son second mariage avec une riche héritière juive, Lisette Franck (il « n'avait pas encore joué sur le cheval antisémite »), élargit ses « amitiés dans la banque et dans la presse » : sa femme était « liée en particulier avec les dirigeants de la Banque Lazard frères, propriétaires du journal *L'Information* » dont il « devint correspondant diplomatique ». Il aurait aussi frayé avec les grands gangsters et trafiquants liés à Jean Chiappe (« Élie Heliopoulos, propriétaire d'une écurie de courses, bookmaker professionnel, et [...] trafiquant de cocaïne » associé à Nicolas « Zographos, roi du baccara et lui-même commanditaire » de Chiappe et de son gendre, le synarque[233] Horace de Carbuccia[234]). Brinon, « un des membres les plus influents du Comité France-Allemagne » dès sa naissance, en « rapports fréquents avec des personnalités allemandes », rencontra au début de la décennie le futur ambassadeur du Reich à Londres puis ministre des Affaires étrangères : « Des groupes financiers [allemands non...] judéo-ploutocrates finançaient l'encore obscur Ribbentrop et faisaient au même moment de ce voyageur en vins de Champagne un diplomate. Nos deux hommes, payés par la même caisse, eurent de fréquentes entrevues qui aboutirent au troisième mariage de Fernand de Brinon, celui qu'il contracta avec le IIIe Reich [...] dès l'accession d'Hitler au pouvoir ».

Ces contacts précoces aboutirent à l'interview que lui accorda Hitler, suivie de sept articles depuis le 11 novembre 1933 : « M. Hitler et la paix. Comment j'ai été reçu par le chancelier. » Cette « interview sensationnelle » aurait rapporté gros à Brinon et aux directeurs du *Matin* et de *L'Illustration* qui, l'ayant reproduite, furent « appointés depuis par l'Allemagne qui leur fai[sai]t verser leur salaire par Ribbentrop ». Chargé par ce dernier « d'organiser la Cinquième Colonne en France », Brinon « n'a pas volé son argent. Entre autres réalisations, citons le comité France-Allemagne, dans lequel il attira tout ce que Paris contenait de plus faisandé dans la politique, dans les lettres ou dans la haute bourgeoisie. Il eut aussi le talent d'y faire paraître des écrivains ou des artistes attirés sincèrement par l'idée d'un rapprochement des peuples. Il organisa des expositions, des conférences, des voyages en Allemagne, distribuant la flatterie et l'argent avec une générosité sans égale ». La Sûreté générale soulignait en avril 1935 ses « relations avec M. von Ribbentrop, un des principaux conseillers politiques du chancelier Hitler [et...] avec M. Herschel, correspondant du *Völkische Beobachter* à Paris »[235].

Le synarque Alfred Fabre-Luce[236], mari de Charlotte de Faucigny-Lucinge, fonda fin mars 1933 l'hebdomadaire *Le Pamphlet* financé par Berlin en vue du « rapprochement franco-allemand »[237]. Membre de l'« Action internationale des nationalistes » de Zurich, il publiait sous pseudonyme (Jacques Sindral), notamment dans *La droite nouvelle* de son cousin Robert Fabre-Luce, chef de l'« Alliance raciste européenne »[238]. Abetz le plaça sur sa liste des « journalistes et écrivains » connus ou intimes « dès 1930 » : « Jean Luchaire, Jacques Chabannes, Guy Crouzet, Robert Lange, Horace de Carbuccia, Philippe Lamour, Pertinax, Geneviève Tabouis, Wladimir d'Ormesson, Bertrand de Jouvenel, Jean Fontenoy, Alexandre Marc, Fernand de Brinon, Pierre Lazareff, Gabriel Monod[239], Marcel Bucard, Pierre Brossolette, Henri de Montherlant, Pierre Drieu la Rochelle, Louis Bertrand, Abel Bonnard, Henri Bordeaux, Pierre Benoît, Jules Romains, Alphonse de Châteaubriant, Jean Giraudoux, Benoist-Méchin, Saint-Exupéry, André Germain, Alfred Fabre-Luce, Pierre Brasillach, Thierry Maulnier. »[240]

Dans le même registre se situait le vieux Maurice Bunau-Varilla, orfèvre avant 1914 en « coup[s] de bourse [...] rapport[ant...] plusieurs millions »[241]. Depuis les années 1920 bénéficiaire, avec son journal *Le Matin*, du « gros budget allemand [...] partagé entre les "cinq grands" [de la presse parisienne] pour aider au rapprochement franco-allemand »[242], il soutint sans transition le Reich nazi. Il « a[vait] des attaches très intimes avec le *Deutsches Nachrichten Burö* et M. von Grothe » et Léon Blum surnommait son quotidien « l'édition parisienne de l'Angriff »[243]. Ses collaborateurs le valaient, tel Jules Sauerwein, chargé de la politique extérieure, qui n'avait cessé, surtout avant les élections, d'alarmer le lecteur sur les périls bolcheviques ou germano-bolcheviques[244]. Lié de longue date aux agents du Reich, comme August Thyssen[245], Sauerwein s'aboucha en 1931 ou 1932 avec Abetz : il passa depuis lors pour son agent et celui de « de son maître » Ribbentrop, avec lequel il se « brouill[a] momentanément » à l'été 1935, « probablement pour des questions d'argent »[246].

On pourrait dresser le même portrait allemand ou germano-italien de quelques stars de la corruption intérieure et étrangère de la presse, sélection (injuste) d'un annuaire téléphonique : 1° Léon Bailby était si attaché à Rome qu'Aloisi lui fit « remettre [...] un certain nombre de notes confidentielles » sur les entretiens Laval-Mussolini de janvier 1935. À l'été 1936, les RG déduisirent sa « collusion très étroite [avec...] les gouvernements du Reich et d'Italie » du fait que « des milliers d'exemplaires du *Jour* [étaient] expédiés en Allemagne par la valise diplomatique », même « procédé » que celui « utilisé par l'hebdomadaire fasciste *Candide* »[247]. 2° Pierre Guimier, féal de Mussolini, fut tenté par la manne allemande au tournant de 1934. La fabrique de lessive Persil, propriété de Henkel de Dusseldorf, remit alors « à l'Agence de l'Avenir, filiale d'Havas, un budget de publicité de 780 000 francs (affichage). [...] Une telle somme », sans rapport avec « l'importance de la firme Persil en France », désignait Berlin, qui voulait « s'assurer l'appui ou au moins la neutralité d'Havas pour les pourparlers [attendus...] entre la France et l'Allemagne après le plébiscite sarrois »[248]. 3° Georges Suarez, autre docteur ès « latinité », « rédacteur au *Temps* », spécialiste des « questions financières et parfois de la politique étrangère », avait en septembre 1925 « accompagné M. de Monzie [...] en Allemagne ». Il devint « le directeur politique » de l'hebdomadaire de Carbuccia, *Gringoire*, fondé à l'automne 1928 avec une équipe issue de *l'Action française*[249]. Il annonça la couleur dans sa conférence du 1er mars 1933 « sous les auspices de la Tribune libre : Université Orient-Occident » sur les thèmes : « "Le rapprochement franco-allemand n'est possible qu'avec une Allemagne de droite" – "L'Allemagne va-t-elle à la révolution ou à la restauration monarchique ?" » Les RG en retinrent l'éloge de Papen, « actuellement le seul homme d'État allemand qui soit vraiment un diplomate latin », et de « Goering, ancien aviateur et dangereux voisin, mais empreint lui aussi de latinité et animé d'un esprit weimarien » ; l'appui à « la révision du traité de Versailles qui cont[enait...] une chose monstrueuse : le couloir polonais », sur lequel il précéda Déat : « Savoyard, [il] affirm[a] que pas un seul paysan de la Savoie n'accepterait un conflit avec l'Allemagne ayant pour cause le couloir de Dantzig. » Il conclut sur l'urgente « réconciliation, non pas avec les hommes d'État d'outre-Rhin, mais avec l'Allemagne, quelle que soit la forme son gouvernement »[250]. En décembre 1934, il ne put « placer sa copie, [...] un reportage en Europe centrale [...] favorable à un rapprochement franco-allemand », qu'à *La Presse* et au *Matin*. Même *Le Petit Parisien* et *Le Petit Journal* le refusèrent[251].

La fraction radicale-socialiste gravitant autour de *La République* offrit un autre filon, exploité par Papen dès sa mission de « rapprochement » de 1933. En août, le « pacifiste » Jacques Kayser clamait comme Londres : « En face d'une Allemagne désarmée, le désarmement était une obligation morale. En face d'une Allemagne réarmée, le désarmement reste toujours une obligation morale, mais il devient aussi une nécessité pour la défense de la nation et de la paix. »[252] Édouard Pfeiffer, secrétaire général de *La République* et « créature des compagnies d'assurance françaises », devint aussi celle du IIIe Reich. Le « nouvel essor [de...] l'organe du parti radical », après « une crise financière telle que ses dirigeants avaient envisagé sa transformation en hebdomadaire », fut en février 1933 imputé par « les milieux particulièrement bien informés » à des fonds peu « mystérieux » : Pfeiffer avait acquis au journal « d'importants concours financiers des grandes loges maçonniques allemandes pour provoquer dans le pays un mouvement favorable au rapprochement franco-allemand »[253].

Pourrissant la presse installée, Berlin forgea aussi ses propres outils, étape vers l'opération Inter-France. L'Agence Prima, dite « agence française d'information et d'illustration », fut fondée le 1er septembre 1934 et dirigée « par le publiciste Paul Ferdonnet ». Ce collaborateur de la *Liberté* « douteux, bluffeur, infatué de sa personne et dénué de scrupules » était « devenu en 1928 directeur du bureau de la presse nationale de France à Berlin », où il résidait « la plupart du temps ». Son agence, « considérée dans les milieux de presse comme étant exclusivement un instrument de la propagande hitlérienne en France », fut en juin 1935, « à la suite [...] de discussions intérieures et par manque d'argent », cédée à Pierre Mouton. Canaille désargentée comme « son ami Ferdonnet », le synarque Mouton[254] voguait entre droites classique et fasciste. Responsable de la publicité du *Figaro*, il quitta ce quotidien en 1933 pour diriger un bi-mensuel de la « Solidarité française », *L'Action nouvelle* de Clément Curières de Castelnau,

« neveu du général ». Lié à François Coty et à son *Ami du Peuple*, Mouton devint en 1934 secrétaire de rédaction de la SF. « Se trouva[n]t dans une situation fort obérée », il sollicita Berlin dès 1933. Stipendié par Achille Corcoral, « directeur [français] de la filiale parisienne de la compagnie d'assurances allemande "Victoria" » et « agent allemand [...] de longue date », Mouton rapportait à Arthur Schmoltz : on le vit en compagnie de ce dernier passer le pont de Kehl le 6 septembre 1935 dans un véhicule de l'ambassade d'Allemagne[255].

Des cadres politiques à l'appareil d'État français

Le Reich s'assura enfin au sommet de la vie politique et de l'État des appuis sur lesquels Abetz eut en 1945 la mémoire défaillante : il ne situa qu'en 1935 « des conversations » de politique extérieure « d'un caractère approfondi avec les ministres Édouard Herriot, Georges Bonnet, [Auguste] Champetier de Ribes, Anatole de Monzie et Paul Reynaud, avec les sénateurs Henry de Jouvenel et [Gaston] Henry-Haye et avec les députés Pierre Viénot, Alexandre Ranzy et Pierre Taittinger »[256]. Plus nombreux, contactés souvent avant 1935, sans répit après, tels Laval, Flandin, Chautemps, Delbos, Piétri, Henry Lémery, Charles Pomaret, Lucien Lamoureux, héros des archives allemandes (et américaines), la plupart des intéressés formèrent la clique « pacifiste » de l'ère Daladier-Bonnet.

La chronologie des attaches allemandes de Taittinger a été traitée plus haut. De Monzie, lié au Reich bien avant 1935 et protecteur de Georges Suarez[257], promouvait à la fin des années 1920 les plans de « collaboration économique [et militaire] franco-allemande » de Rechberg[258]. Il louait l'Apaisement avec les « pacifistes » à la Jacques Kayser et Gaston Bergery indignés de la « politique de force » de Versailles contre le Reich désarmé[259]. En mai 1934, une espionne allemande, Emma Lips, qui avait « des relations surtout dans les milieux politiques français [,...] se vant[ait de ses...] rapports avec » lui. En janvier 1935 « le Dr Eberhardt, de la Chambre de commerce allemande de Paris, [...] nazi fervent [...], se réclam[ait] à tout propos de relations d'amitié avec MM. de Monzie, le député Clerc et de Castellane, ancien président du Conseil municipal »[260]. Henry-Haye n'avoua au *Populaire* qu'en novembre 1936 avoir au titre du Comité France-Allemagne « rencontré M. Abetz [...] six mois » auparavant et « vu le Dr Grimm, député au Reichstag ». « J'espère bien, *insista-t-il,* avoir de nouveaux et fréquents rapports avec tous les hommes de bonne volonté, quelle que soit leur nationalité, qui s'affirmeront décidés à collaborer à une meilleure entente internationale. » Le quotidien socialiste affirmait plus anciens ses rapports avec ces nazis[261]. Henry de Jouvenel, hérault de l'Italie et du Pacte à Quatre[262], « rencontr[a] au domicile de M. Jean Luchaire [...] M. von Ribbentrop » venu « à Paris » en novembre 1934. Son interview « sur les rapports franco-allemands » au journaliste allemand Wilhelm Duesberg, début décembre, fut interprétée « dans les milieux de la presse parisienne [...] comme un acte de candidature [...] à la succession éventuelle de M. François-Poncet à Berlin »[263] (offre de services prématurée).

Le Reich trouva aussi des auxiliaires dès 1933 dans l'appareil d'État, ministères vitaux pour la sauvegarde nationale inclus. En novembre 1933, « deux agents [...] au Quai d'Orsay » – non identifiés – mirent « entre les mains » de Göbbels en « quelques jours [...] la liste des visiteurs et le compte rendu, presque sténographique », d'un long entretien entre Paul-Boncour et « une délégation » sarroise « sur les mesures à prendre en Sarre en faveur de la France »[264]. Schmidt, « inspecteur supérieur (*Ober-Inspektor*) » à l'ambassade allemande, « chargé de recueillir des informations intéressant la politique française », était, fin 1934, « bien renseigné et disposa[i]t d'antennes dans la plupart de nos ministères ». Le journaliste Michael Reinartz « se préva[lait] d'entretenir des rapports d'amitié avec un "haut fonctionnaire du ministère des Affaires étrangères français [...]" » et « échang[ait] une correspondance suivie avec [Joseph] Burckel, le commissaire du Reich pour la Sarre » [265].

L'Allemagne nazie recevait à l'automne 1936, via son ambassade, des correspondances militaires ultra secrètes[266]. J'ignore depuis quand, mais la découverte française, après mai 1945, d'originaux et de copies dans les archives de l'*Auswärtiges Amt* « établi[t], sans discussion, qu'une "fuite" importante existait à l'époque à Paris probablement au ministère de la Guerre français. Cette "fuite" devait faciliter singulièrement le travail du service de renseignements allemand et serait de nature à expliquer bien des points restés obscurs »[267]. Les vues de l'État-major sur la politique intérieure et extérieure du pays, abordées plus loin, rendent vraisemblables plusieurs noms, que ces sources militaires ne précisent pas.

Chapitre 5

Apaisement contre alliance de revers 1933-1936

La crise provoqua la radicalisation des élites et accrut leur fascination pour l'Allemagne bien avant que « ceux d'en bas » ne se missent en grève générale. La même observation vaut pour la politique extérieure qu'elles réussirent à imposer, bien que des tendances contraires l'eussent perturbée, certains dirigeants politiques demeurant sensibles au danger allemand. Le souci de protection des frontières nationales coûta donc la vie à Barthou, dans des circonstances éclairées par les archives françaises et allemandes. L'événement remit à l'automne 1934 l'Apaisement lavalien sur les rails.

L'amorce contrastée d'une réaction antiallemande, 1933-1934

Certitude de la guerre et comportement français

Les indices d'une guerre imminente, pas seulement contre l'Est

Aucun plan allemand contre l'Europe, et « l'ennemi héréditaire » en particulier, ne fut depuis février 1933 ignoré des dirigeants français. La Sûreté générale résuma début juillet une correspondance foisonnante à l'Intérieur, au Quai d'Orsay et à la Guerre. « Une carte géographique, répandue à profusion dans le Reich, représente une grande Allemagne qui englobe, outre l'État actuel, non seulement l'Autriche, le pays des Sudètes, la Haute-Silésie, Memel, le Corridor polonais, Eupen-Malmédy, l'Alsace et le Tyrol du Sud, mais encore une partie de la Suisse, de la Belgique et de la Hollande. Pour les racistes, l'Alemanité *(sic)* est un monde de cent millions d'habitants. Faire de ce monde un État, telle est leur vue finale. Les mesures prises actuellement dans le Reich marquent seulement des étapes vers la réalisation de ce but, proclamé par les deux premiers paragraphes du programme national-socialiste. Les dirigeants – et sans doute aussi la très grande majorité du peuple allemand – ne se font pas d'illusions : l'accomplissement d'un tel programme ne pourra se faire sans guerre. »[1]

Les pas de géant du réarmement

Tous les types d'archives convergent, avec une précision supérieure à ce qu'en juge Peter Jackson, sur l'ampleur du réarmement et sur ses cibles, occidentales autant qu'orientales. Du côté occidental, la France pouvait être fixée sur les intentions du Reich en observant la Rhénanie. La « zone démilitarisée » devint dès février 1933 un repaire de la provocation contre la « démilitarisation » : le 3, le commissaire spécial de Wissembourg (C. Kieffer) déduisit du grouillement des « associations comme les troupes d'assaut, les *Casques d'acier*, les sociétés de tir, etc. [,...] que l'Allemagne s'achemin[ait] tout doucement vers la création de milices pour lesquelles elle trouvera[it] les cadres dans la Reichswehr et les Schupos »[2]. Ce fut un festival : incidents de Huningue du 19 février, évoqués ailleurs ; installation trois semaines plus tard de 500 SA dans une caserne de Kehl, ridiculisée par la Wilhelmstrasse au motif que les troupes d'assaut hitlériennes n'étaient que « des organisations politiques » (argument que Paris agréa en mars après « un simple entretien » François-Poncet-*Auswärtiges Amt* sur les nécessaires « rapports de bon voisinage »[3]) ; exercices militaires en Bade, avec distribution de masques à gaz pour les cheminots organisée par la Reichsbahn ; tournées d'inspection à Kehl des fortifications « démolies peu avant l'évacuation » par des officiers de la Reichswehr ; mobilisation permanente des SA et SS, pas seulement pour aider la police à arrêter « sur une très grande échelle » les communistes badois et à les interner en camps de concentration (Heuberg), etc.[4]

La France n'avait pas motif à contester les excellentes informations des exilés sur « la mobilisation secrète de la Reichswehr ». La réalité éclata dès mars 1933, avec le rappel immédiat de « près d'un millier d'anciens officiers » et le rappel imminent de « six mille environ [provenant...] des sections d'assaut hitlériennes et du Casque d'acier ». Les observations directes dans le Palatinat annonçaient le rétablissement du service militaire obligatoire : « On ne se gêne même plus et les procédés de camouflage paraissent être devenus inutiles. »[5] Paris apprit en avril qu'« une chaire de la science militaire à l'école technique supérieure de Berlin [serait...] occupée pour le semestre d'été 1933 » ; « qu'à Nuremberg, on construi[sai]t une école de protection aérienne et contre les gaz » qui serait achevée début mai ; que les usines exécutant des commandes pour l'armée, telles « les usines Daimler-Benz à Gaggenau, fabrique d'automobiles, travaill[ai]ent jour et nuit » avec un « personnel [...] soigneusement choisi [dont] les éléments communistes et socialistes [avaient été] éliminés ». Toutes les usines susceptibles de produire pour l'armée furent recensées dès 1933, industrie de consommation comprise : une société de Stuttgart d'« environ 400 ouvriers » travaillait en octobre comme « pendant la guerre, [...] jour et nuit », pour exécuter « une commande de trois millions de paires de bottes pour l'Armée » ; « d'autres fabriques de cuir » produisaient des « ceinturons, cartouchières, etc. » ; « le port de Karlsruhe » effectuait « une importante manutention de peaux »[6].

Bref, Paris croula depuis février 1933, à flots continus, sous les renseignements relatifs à « la préparation militaire de l'Allemagne » qui la visait, des camps de travail au *Wehrsport*. « Un voyage à Heidelberg-Bruchsal-Darmstadt ressemble plutôt à un passage dans un immense camp militaire, *écrivit le commissaire spécial de Strasbourg fin juillet*. Partout des colonnes en marche, soit de travailleurs volontaires, soit des SA et SS, soit encore des Jeunesses hitlériennes. Partout l'équipement militaire fait disparaître la tenue bourgeoise parmi les hommes. Et les dirigeants jugent en ce moment leurs troupes si perfectionnées dans l'art militaire, que les hommes au-dessus de 25 ans peuvent porter le revolver, attribut de leur virilité militaire. Une discipline de fer maintient l'ordre, et la peur des peines élevées en cas d'insurrection fait avorter plus d'un mouvement. »[7]

Depuis 1933 s'entassaient les fiches sur la construction aéronautique, la formation des spécialistes, l'aménagement des terrains d'aviation, les préparatifs de la guerre aérienne. Le camouflage de la reconstitution du ministère de l'Air, via la division du travail entre ministère de l'Air de Goering et la section aéronautique de celui de la Reichswehr, fut observé jusqu'à l'automne 1934. Ensuite, « les autorités [allemandes] ne cr[ur]ent plus utile d'observer ces mesures de précaution »[8]. En septembre 1934, tous les témoins voyaient en l'Allemagne « un vaste camp militaire »[9]. On apprit en juin 1935 que « les fabriques de guerre de l'IG Farben » dotées par l'État de 300 millions de marks pour l'année – plus de 10 fois l'investissement antérieur (25-30) – pourraient « construire des usines [...] lui permett[a]nt de doubler sa production »[10].

L'agressivité allemande jusqu'aux marches de la France

Depuis le triomphe hitlérien du 31 juillet 1932 en Prusse, les services spéciaux avaient relevé l'agitation allemande autour de la frontière. Début septembre, le commissaire de police de Cernay décrivit « l'attitude de plus en plus arrogante de nombreux touristes allemands », qui provoquerait « des incidents aussi importants que regrettables » : munis de fanions, croix gammée et divers insignes, ils sillonnaient la ville « tous les dimanches, se dirigeant plus particulièrement vers les champs de bataille du Vieil-Armand ». Côté allemand, « tout le long de la frontière du secteur » badois, « des cris et des chants belliqueux, "Siegreich wollen wir Frankreich schlagen – Nous voulons battre la France victorieusement – et Heil Hitler !, ont été entendus à plusieurs reprises par des promeneurs de la rive gauche ». Deux cheminots français furent menacés par trois personnes dans une barque, hurlant : « Heil Hitler ! À bas la France. Vos fortifications, vous les avez construites avec notre argent. Prochainement Hitler sera au pouvoir alors gare à vous ; nous reviendrons bientôt. » La liste des insultes et menaces enfla dans les mois suivants[11].

Depuis février 1933 coexistaient avec « les apaisements donnés par Hitler [sur] la volonté de paix du Reich »[12] les discours des siens aussi explicites contre la France que contre l'Est polonais et soviétique. Le « programme officiel » extérieur du NSDAP « répandu à des millions d'exemplaires dans le Reich, au cours des dernières années », plus que tout autre à l'origine de son succès électoral, fut martelé. « Les revendications territoriales, à peine voilées », du ministre de l'Intérieur Wilhelm Frick « englob[ai]ent les territoires d'Alsace et de Lorraine ». « Nous ne renonçons », clama le député Gotfried Feder, « à aucun Allemand, qu'il se trouve en Tchécoslovaquie (Sudètes), en *Alsace-Lorraine,* en Pologne, dans la colonie de la SDN qu'est l'Autriche, ou dans les pays successeurs de l'ancienne Monarchie danubienne ». À Berlin, à « la fête costumée » du 19 mars au Sportspalast, qui groupa « plus de 8 000 personnes [,...] étaient représentées par des délégations la plupart des provinces "irrédimées", dont les pays de Memel, de Dantzig, de Schleswig-Holstein, d'Eupen-Malmédy et d'Alsace-Lorraine »[13]. En avril fut distribuée « dans de nombreuses écoles allemandes une brochure intitulée "Das Diktat von Versailles" dans laquelle figur[ai]ent outre les arguments usuels dirigés contre les dispositions financières du traité de paix, une photographie de la cathédrale de Strasbourg avec cette légende significative : "Jeunes gens et jeunes filles allemands n'oubliez jamais ceci : l'Alsace est un pays foncièrement allemand, on nous a volé ses richesses foncières (potasse, etc.)". »

Le recueil de 1923 des « chansons patriotiques et guerrières » du NSDAP, *Deutschland Erwache* (Allemagne, réveille-toi), « vieux refrains militaires de la Prusse [...] d'avant 1840, dirigés contre la France [...], adaptés, avec quelques variantes, aux événements » en était à l'été 1933 à sa 27e édition (et 325 000 exemplaires). « Leur lecture prouve », conclut Mallet, « que dans son essence le NSDAP est foncièrement francophobe, qu'il entretient l'esprit guerrier des nouvelles générations avec l'idée de revanche. Invariablement dans ces chansons, sous une forme ou sous une autre, la France » – qualifiée dans le *Schlageter Lied* de « bête sauvage (wildes Schwein), avec ses hordes blanches et noires » – « est visée et le *Deutschland Erwache* est avant tout un cri de guerre (*Feldgeschrei*) ». « Strassburg » revenait comme une litanie[14].

Dans les « départements recouvrés » ou à leurs frontières, les Allemands – excepté la minuscule minorité communiste « offr[a]nt une résistance passive, mais inutile en face de la force »[15] – suivirent l'exemple venu de haut. Insultes et menaces, proférées depuis le Reich ou en territoire français, furent recensées par tous les policiers « spéciaux », sur le modèle de « l'incident de Huningue » : le 19 février, « sur la rive badoise du Rhin », près du pont de bateaux, « environ 300 hommes » défilèrent aux cris de « Heil Hitler ! » et insultèrent les Français, causant une « émotion [...] assez vive ». De partout provenait le refrain sur ces « beuglements » : « Les SA sont à la frontière française, Victoire ! Vive Hitler ! Que la France crève ! »[16] Les maîtres conduisaient sur la rive droite du Rhin les écoliers en « uniforme de la Jeunesse hitlérienne », portant « des drapeaux à la croix gammée » : ils alternaient chants guerriers et « provocations à nos soldats qui gard[ai]ent les forts », traités de « filous, cochons, sales Français, etc. [,...] mots » criés « en chœur et en français »[17]. La Sarre s'engouffra dans la nazification sous l'égide d'Hermann Röchling et de l'Église romaine. L'Anschluss progressa au même rythme[18].

Vigilance populaire et stratégie d'étouffement

Dans les zones frontières grandirent en proportion de l'agressivité allemande les réactions populaires que l'appareil d'État endormit ou réprima. Le préfet du Haut-Rhin pria dès l'incident de Huningue le commissaire spécial de « calmer les personnes [...] "parlant de se défendre à coups de fusil" ». En mars, celui de Moselle révéla la vigueur de l'antifascisme populaire dont le PCF prenait la tête et des efforts étatiques d'étouffement. « Le récit des violences commises par les bandes hitlériennes sur certaines personnalités, comme le député socialiste de Cologne, M. Sollmann », avait paru dans les *Neueste Nachrichten*, le *Freies Journal* et surtout *L'Humanité d'Alsace et Lorraine*, qui « se distingu[ait] par la violence des attaques des nouveaux maîtres de l'Allemagne, couramment appelés par elle assassins, meurtriers, brutes, etc. » *L'Humanité* mobilisait sans répit : appel « à participer au congrès contre la guerre et la Terreur blanche » du 2 avril à Strasbourg ; publication du télégramme « à l'ambassadeur d'Allemagne » d'« un groupe de cheminots du réseau Alsace-Lorraine », au nom du Secours Rouge International, contre « "le régime de terreur régnant dans le pays" *(sic)* » (le *(sic)* appartient au préfet), etc. Ces nouvelles indignaient une opinion rivée aux événements « avec un intérêt d'autant plus grand que la connaissance généralisée de l'allemand » lui donnait ici accès direct à la presse et à la radio. Les « allocutions enflammées inspirées par un dangereux esprit de violence » du ministre Wilhelm Frick « écoutées en Moselle par un nombre considérable d'auditeurs de TSF ne [faisaient] qu'attiser les craintes ».

C'est ce qu'il s'agissait de censurer. « Des journaux de Paris [...] affichés inopportunément par certains dépositaires, entretiennent un fâcheux état d'esprit, contre lequel j'ai cru de mon devoir de réagir, *rapporta le préfet de Moselle.* J'ai obtenu des dépositaires qu'aucune publicité spéciale ne fût faite au profit de certaines feuilles alarmistes. À l'occasion de certaines manifestations et cérémonies publiques, [...j'ai] recommand[é] une appréciation moins outrancière des événements et [...] engag[é] nos compatriotes à faire preuve de sang-froid et de confiance dans le gouvernement du pays. »[19] A. Mallet montra à Strasbourg le même talent, malgré l'impossibilité d'agir « auprès de tous les journaux individuellement ». Ses « mise[s] au point, auprès de l'Agence Havas par exemple », visaient à tuer dans l'œuf ou démentir des « articles sans pondération ou de tendance systématique » sur les vilenies allemandes, l'espionnage, etc. risquant de faire « entrer spontanément [...] des particuliers [...] en conflit violent avec des Allemands en diverses circonstances ou » de les inciter à « riposter aux manifestations racistes ». Tâche difficile, admit-il en mai : « Je redoute pour les dimanches de l'été qui vient le contact, aux frontières, entre des Allemands entrant régulièrement en France et certains de nos compatriotes qui se croient provoqués. Un service d'ordre va devenir nécessaire à tous les passages de la frontière. »

La Préfecture de police redoutait aussi « une démonstration[...] des éléments révolutionnaires [,...] les communistes parisiens [ayant] reçu des nouvelles alarmantes de leurs camarades incarcérés en Allemagne [,...] menacés d'être pendus à la suite de condamnations pour leur activité révolutionnaire ». L'antibolchevisme paralysait l'antinazisme des fonctionnaires d'autorité, et les deux exemples de l'Intérieur ici choisis valent pour le Quai d'Orsay et la Guerre. A. Mallet, suivant à la trace les antinazis de Strasbourg, concéda en mai que depuis février les « publications communistes combatt[ai]ent presque exclusivement le fascisme hitlérien. [Elles...] n'en restent pas moins des organes de la lutte des classes, de la révolution et de la dictature prolétarienne. [...] On se trouve donc en présence d'une recrudescence d'activité extrémiste, sous le couvert de propagande antihitlérienne. [...L]'action antihitlérienne est surtout menée par les communistes orthodoxes qui, en même temps, l'exploitent à des fins révolutionnaires », etc.[20]

En août, la grève, durement réprimée, de Strasbourg – « répression » que Mallet jugeait « salutaire » – lui fit ériger « les agitateurs de Paris » et locaux en ennemis aussi dangereux que le Reich et ses « hommes de confiance » autonomistes. Il avait pourtant admis que dans ce mouvement « d'ordre uniquement corporatif à l'origine […] ni la main de Moscou ni celle des communistes allemands réfugiés n'a[vaient] été retrouvée »[21]. L'obsessionnel Petit, dont Mallet jugea délirant un courrier sur « l'activité de communistes allemands en Alsace », était fasciné par « le nettoyage antimarxiste » auquel se livrait « le nouveau régime ». Il rêvait de proscrire l'entrée de cette racaille : « Il y a de sérieuses raisons pour mettre en garde les gouvernements qui autorisent l'établissement de communistes expulsés d'Allemagne, contre toute négligence à l'égard de ceux-ci. »[22]

L'éteignoir s'imposa avec peine dans les « départements recouvrés ». Le 14 avril, un chauffeur de taxi de Metz mit son poing dans la figure d'un avocat allemand venu parader avec son « automobile portant à la vitre arrière un drapeau hitlérien » : il allégua n'avoir « pu se contenir devant l'attitude provocante de cet étranger ». Une kyrielle d'incidents suivirent en Moselle. La population réagissait aussi en Alsace, soumise aux provocations permanentes d'Allemands qui « quitt[ai]ent les magasins en déclarant qu'avant six mois ils reviendr[aie]nt et que les Alsaciens apprendr[aie]nt à les connaître. À Colmar, un de ces Allemands fut littéralement jeté à la porte d'un magasin après avoir osé dire : “Vous attendez certainement que nous revenions avec des mitrailleuses ?” »[23]. En juin, les représentations des troupes de Karlsruhe et Fribourg-en-Brisgau au théâtre de Strasbourg suscitèrent des « incidents », puis « la fermeture du Théâtre par l'autorité municipale [autonomiste]. La population voulait avant tout protester contre la présence […] d'une troupe allemande comprenant plusieurs hitlériens de marque »[24].

Les dockers se montrèrent précocement combatifs. Peu après la proclamation (en avril 1933) du « drapeau à croix gammée […] comme emblème national » et son apposition consécutive sur les navires allemands, ceux de Rouen le 23 mai, protestèrent[25]. À Dunkerque, le 5 juin, ceux de la CGTU convainquirent « une trentaine de chômeurs » convoqués pour briser la grève du déchargement de se joindre aux grévistes. Tout le groupe s'éloigna des quais pour rejoindre, au chant de l'Internationale, « la salle l'Avenir ». L'affaire dura plusieurs jours, et les ouvriers, d'abord en butte aux ricanements des officiers, obtinrent que les navires allemands quittassent le port « sans pavillon à croix gammée »[26]. Tous les ports connurent des événements similaires, de la manifestation au refus des « dockers, bien que dûment informés que ce pavillon était officiel, […] de procéder au déchargement de la cargaison ». Le veto ouvrier fut suivi de succès[27]. En octobre 1933 le directeur de la Sûreté générale, Georges Thomé, s'alarma de la part que pourrait prendre ce « boycottage du déchargement des navires allemands » aux « manifestations hostiles à l'égard du gouvernement allemand » qu'organiseraient « les groupements extrémistes […] devant les consulats allemands […] dans le cas où les inculpés du procès de Leipzig seraient condamnés ». Il enjoignit donc les préfets « de prendre toutes mesures utiles pour assurer, le cas échéant, la protection des consulats allemands et le maintien de l'ordre dans les ports ». Les dockers, aidés de pêcheurs à terre (à Douarnenez), continuèrent à « manifester leur indignation contre le pavillon à croix gammée » et les autorités policières à prendre « toutes les mesures nécessaires [...] pour maintenir la liberté du travail »[28]. Les préfets reçurent donc « les instructions voulues [concernant...] la surveillance de l'agitation communiste prévue lors du jugement du procès de Leipzig »[29]. À la mi-décembre, la police triompha : « Même si [Georges] Dimitroff, [Blagoi] Popoff, [Ernst] Torgler et [Vassil] Taneff étaient condamnés à mort, les groupements révolutionnaires sont impuissants à organiser aujourd'hui une démonstration ayant l'ampleur et le caractère de violence de celle qui a marqué en août 1927 l'exécution de Sacco et Vanzetti »[30] : mais elle recensa le 19, « environ douze mille personnes » au meeting du comité pour les emprisonnés, à Luna-Park, où elle n'en escomptait que 5 000[31].

Le peuple réagissait ailleurs. Devant les actualités d'une salle de cinéma de Paris, le 10 septembre, l'approbation bruyante et les « applaudissements » par « deux spectateurs » des « paroles du Führer » au congrès de Nuremberg, sur la récupération impérative de tous les territoires allemands « provoquèrent les protestations des autres spectateurs qui les malmenèrent quelque peu »[32]. Le commissaire spécial de Châlons-sur-Marne rapporta, après l'annonce (le 14 octobre) du retrait du Reich de la SDN et de la conférence du Désarmement, les critiques contre « le manque d'énergie dont les différents gouvernements ont fait preuve vis-à-vis de l'Allemagne et qui a permis à celle-ci d'obtenir des concessions inespérées. Dans les divers milieux, il est estimé que les satisfactions données à notre voisine l'ont encouragée à transgresser continuellement les clauses principales du traité de Versailles concernant son désarmement. Qu'en ce moment, le chancelier veut avoir les mains libres pour réarmer à sa guise et préparer peut-être une nouvelle agression »[33]. Le mécontentement persista. En mars 1935, quand le Reich rafla les stocks de laine peignée et de déchets de coton de la région de Roubaix-Tourcoing, « la population » s'émut fort de « ces importantes commandes [,...] compr[it] difficilement que des industriels français puissent vendre des fournitures de guerre aux Allemands » et porta « de vives critiques » contre leur inclination à satisfaire ces « besoins militaires »[34].

La censure de ces élans demeura prioritaire. Le Quai d'Orsay et l'Intérieur empêchèrent régulièrement les communistes d'entraver le déroulement des manifestations sportives franco-allemandes, ainsi les 17 et 24 mars, un match de football « en présence de l'ambassadeur d'Allemagne et d'un nombreux public allemand » : la police « veill[a] à ce que les athlètes allemands trouv[ass]ent à Paris un accueil courtois » et « à ce qu'aucune manifestation hostile ne [vînt] troubler l'ordre d'une réunion sportive suivie avec un grand intérêt à la fois en France et en Allemagne »[35]. La Préfecture chanta victoire après avoir permis la tenue de la réunion annuelle, les 16 et 17 mars, du groupe de Paris des Allemands à l'étranger (« plus de 300 assistants »), « belle manifestation [achevée...] par de la musique et des chants, [...] digne en tous points de ses buts, malgré une manifestation communiste qui avorta grâce aux excellentes mesures prises par la police »[36]. Les préfets durent casser les délibérations antinazies des élus comme, en mai, celle du conseil municipal d'Halluin « contre la politique allemande et les “crimes nazis” » demandant la « “libération de tous les emprisonnés antifascistes qui se meurent dans les prisons et camps de représailles d’Allemagne torturés par Gestapo”. Je prononce [son] annulation [...] comme portant sur un objet étranger aux attributions du conseil municipal, en vertu des dispositions des articles 63 et 64 de la loi du 5 avril 1884 », annonça aussitôt le préfet du Nord[37]. Les voisins de la Taverne d’Hauteville, siège de la réunion hebdomadaire des nazis, entendaient leurs discours provocateurs salués de tonnerres d’applaudissements, tels ceux du 14 juillet du « dirigeant du bureau politique des races du NSDAP », le Dr Gross, et du conseiller municipal de Berlin Johannes Engel (« La dégénérescence du peuple français est inévitable. L’Allemagne, grâce à la force et à la pureté de sa race, que nous lui avons rendue, sera dans trente ans la maîtresse de toute l’Europe » ; « nous ne demandons pas aux Français de nous aimer. Nous ne les aimons pas non plus »). Excédés, rejoints en septembre par « les groupements antifascistes de la région parisienne », ils injurièrent les nazis et leur lancèrent « des projectiles » : Roger Roudillon, peintre en bâtiment de Stains et distributeur de « tracts antihitlériens », y gagna un stage au commissariat de police de la Porte Saint-Denis[38].

Le camp de la conciliation avec le Reich

Le sens du Pacte à Quatre

Les sphères élevées de la société étaient beaucoup mieux disposées. Sous Paul-Boncour, le Pacte à Quatre, concocté par Rome sous la correction de Berlin, fit figure de concession majeure à une Italie plus francophobe que jamais[39] et au Reich. Légitimement considéré par l’URSS « réduite à la défensive diplomatique sur tous les fronts, [et] devenue par nécessité essentiellement antirévisionniste » comme « l’amorce d’un nouveau “Drang nach Osten” »[40], l’accord fut signé à la mi-juin 1933 dans « l’ambiance nettement défavorable aux Soviets » de la conférence économique mondiale de Londres (mai-juillet). Hugenberg, ministre du Commerce et de l’Agriculture, y pria (le 14 juin) le monde civilisé « de rendre à l’Allemagne ses anciennes colonies africaines et de donner à son “peuple sans espace” [...] des territoires pour y établir le peuple et y édifier de grands travaux de paix ». Il revendiqua ainsi l’Ukraine : « La cause essentielle de la situation présente (crise économique) réside dans le manque de puissance d’achat. La guerre, la révolution et la décomposition intérieure ont commencé ce processus en Russie et dans de vastes régions de l’Est européen. Ce processus destructeur se poursuit encore et c’est lui qu’il s’agit d’arrêter. »[41] L’événement quadripartite maintenait les contradictions entre signataires, de l’avis de l’Internationale communiste – « Mussolini l’interprétant ouvertement comme un instrument de révision du traité de Versailles, l’Allemagne comme un moyen de réarmer et la France comme un moyen de maîtriser l’Allemagne ». Mais on pouvait y voir aussi « un premier pas vers la réalisation du front unique des puissances européennes contre l’Union soviétique [,...] un moyen que les puissances impérialistes ont trouvé pour apaiser l'Allemagne par des concessions de peu d'importance en vue de l'entraîner dans le front unique »[42].

Si Paul-Boncour avait des projets dignes de ceux d'Herriot, il était aussi incapable de les réaliser. Daladier, apprécié pour son programme financier, avait également été investi pour réaliser l'apaisement du Reich dont rêvait le Comité des Forges. « M. Daladier », rappelèrent les RG après sa chute, « était, et est encore, partisan d'entretiens directs avec l'Allemagne dans le cadre du Pacte à Quatre tandis que M. Paul-Boncour fonde toute sa politique de sécurité sur l'entente avec les petites nations du centre de l'Europe qui gravitent autour de la France. [...] La politique de M. Daladier à l'égard de l'Allemagne rencontre celle qu'inspirent MM. Tardieu, Reynaud et M. de Wendel »[43]. Le Comité des Forges pouvait compter aussi sur Albert Lebrun, qui tenta en 1933 le forcing contre la « politique étrangère [de...] M. Paul Boncour » : le président de la République multiplia les « interventions personnelles » dont « les principaux chefs de service du Quai d'Orsay se plaign[ai]ent »[44]. Si la Sûreté générale ne se trompait pas sur Paul-Boncour, selon elle « l'un des gros commanditaires de la société allemande de radiophonie Telefunken », il y avait autre motif à fermeté limitée[45].

Motifs et modalités du rapprochement franco-allemand

Les réactions à la nazification du patronat allemand

Les capitalistes allemands, IG Farben incluse, « protest[èrent] contre la propagande faite dans les pays étrangers au sujet des mesures appliquées contre les juifs en Allemagne ». Ils inondèrent leurs homologues français de lettres, tracts et brochures démentant les nouveaux « mensonges sur les atrocités » allemandes, à commencer par la « politique à l'égard des juifs » du nouveau régime[46]. Le tract (« Pour la vérité, la liberté et le droit ! ») envoyé en mars 1933 « à un industriel du Havre par M. Reiho, qui dirige[ait] à Hambourg un magasin public de bois exotiques », ressemble à tous les autres et dispense de commentaire. Il justifiait « la détention préventive [...] de meneurs communistes et socialistes [...] convaincus d'avoir commis des actes de haute trahison » ou soustraits « à la vindicte publique, aux actes de violence de quelques jeunes écervelés, étant donné que l'abus de leur ancien pouvoir leur a attiré la haine populaire. Mais aucun de ces individus n'a eu à se plaindre de mauvais traitements et tous auront l'occasion de se justifier au cours d'un procès en règle [...L]es quelques rares victimes l'ont été sans exception de crimes communistes ou étaient elles-mêmes des communistes tués par un adversaire en état de légitime défense. Aucune révolution au monde n'a eu à déplorer moins de victimes que la révolte nationale du peuple allemand au 5 mars 1933, et jusqu'à cette date, voire plus tard encore, les déplorables victimes appartenaient quasi toutes aux partis actuellement au gouvernement. En particulier c'est un vulgaire mensonge que de prétendre que les juifs soient l'objet d'une persécution quelconque en Allemagne ou que leur sécurité physique y soit menacée. Les quatre cinquièmes de la nation allemande ont exprimé, le 23 mars 1933, leur confiance entière dans le gouvernement actuel et ont corroboré cette déclaration de confiance en accordant au gouvernement des pleins pouvoirs tels que jamais gouvernement du Reich n'en posséda. Il est urgent que la presse de tous les pays se rallie à la vérité et à la justice, pour mettre fin à une propagande haineuse et mensongère contre l'Allemagne et son gouvernement, dans l'intérêt [...] de la pacification du monde »[47].

Certains sollicités, que la géographie avait mis en mesure en 1914 de juger des « mensonges » allégués, s'indignèrent de cette « propagande hitlérienne ». Joseph Kappler, représentant à Mulhouse de la maison allemande Moritz Jahr de Gera (Thuringe, machines pour industrie textile), invoqua son « souvenir des violences commises par les troupes allemandes durant la dernière guerre » pour refuser de placer pareille marchandise. Il fut aussitôt licencié[48]. L'Association charbonnière de Lille-Roubaix-Tourcoing, Assochar, accusa réception de la lettre de la Keram technische Industrie GmbH, de Cobourg, « sur la situation faite aux juifs en Allemagne » : « Permettez-nous de nous étonner que nos bonnes relations d'affaires vous servent de prétexte à une propagande politique qui n'est pas de mise dans les rapports commerciaux. Nous savons à quoi nous en tenir sur ce qui peut se passer en Allemagne ; nous en avons eu une certaine expérience au cours de la guerre 1914-1918, et dans l'intérêt même de nos rapports, il vaut mieux que toute allusion à ces événements et à ces méthodes soit exclue de nos relations. Vous le comprendrez aisément. » Assochar ne rompit pas pour autant[49].

Les entreprises ne refusèrent pas non plus de signer le certificat exigé depuis août 1933 des sociétés de Kehl en rapport avec la douane allemande, telles les « firmes françaises (expéditions-navigation) » qui y possédaient « des succursales [...] dirigées par des Français » : « Je déclare par la présente : je ne connais pas de circonstances qui me permettent de croire que je ne suis pas de descendance aryenne ou que l'un de mes descendants ait appartenu à la religion juive. Je n'ignore pas que je m'expose à être poursuivi si cette déclaration ne correspond pas à la vérité. Kehl, le ... 1933. » Les firmes de Strasbourg, « priées de fournir la même attestation [sur] leurs employés », s'y plièrent, telle « la maison Brucker [...], pour éviter des difficultés avec les autorités allemandes »[50]. On peut situer les premiers jalons de fait de l'annexion de l'Alsace et du statut des juifs français à l'été *1933* de la République : des entrepreneurs français d'Alsace ou d'ailleurs obéirent à la réglementation allemande, rédigèrent et remplirent, pour continuer leurs affaires à Kehl, les premiers « questionnaires juifs » (concernant eux-mêmes et leur personnel allemand). Nouvelle confirmation spectaculaire des « origines républicaines de Vichy ».

Les priorités économiques françaises

Le grand capital avait donné le ton. En cadeau de joyeux avènement, la Banque de France renouvela en février 1933 le crédit à la Reichsbank au taux d'intérêt réduit à 4 % (au lieu de 5 %). Elle renonça même à son commentaire habituel sur le devoir pour l'emprunteur de se conduire selon les attentes du prêteur[51]. L'accord SICAP du 10 mars 1933 reconduisit l'accord charbonnier d'Essen de 1930[52]. Contribution au réarmement accéléré, l'acier « sarrois » fut livré plus massivement que jamais, avec falsification des livraisons au Reich – un jeu d'enfant dans le cadre du Cartel de l'acier : d'énormes fraudes (fiscales) ressortaient de la discordance entre les statistiques respectives du Comité des Forges (minorant les chiffres) et des chemins de fer sarrois relatives aux expéditions de deux sociétés sidérurgiques à majorité française (Völklingen et Neunkirchen).

Note sur les ventes et expéditions des usines de Völklingen et Neunkirchen en 1933 (en milliers de tonnes)[53]

	Statistiques du Comité des Forges	Statistiques des chemins de fer sarrois
France	160,3	274,2
Sarre	38,7	134,4
Allemagne	241,6	279,4
Étranger	183	118,3

S'était également imposée la hantise de maintenir le service de « la tranche française des emprunts Dawes et Young », que Schacht, « promu […] dictateur aux changes et aux transferts », menaçait de supprimer dans les premiers mois de 1933[54]. Après cette dure épreuve nerveuse, Mitzakis respira le 16 mai à l'annonce du règlement du « coupon Young […] dans le sens le plus favorable aux intérêts des porteurs français ». Il trembla le 18 devant le chantage du moratoire des transferts extérieurs que brandit Schacht en convoquant à Berlin le 26 les banquiers centraux créanciers[55]. Il fut pris de panique début juin 1933, époque où la Banque de France détenait 36,2 % des ressources de la BRI : la rumeur courut d'une suspension de « tous paiements extérieurs […] pour trois mois à partir du 1er juillet ». Il continuait cependant à espérer que l'Allemagne exclurait du « moratoire général le service des deux emprunts, qui constitu[ai]ent pour le marché de Paris la plus importante créance privée française sur l'Allemagne »[56]. Effrayée par l'éventuelle « cessation *totale* de transferts et de paiements pour le Young », la Haute Banque était tétanisée : « Le Crédit lyonnais et la Maison Lazard », responsables de la « gestion du service du nouvel emprunt allemand […] 5 1/2 % 1930 »[57], « ont approuvé, *avertit Mitzakis le 22 juin,* le principe d'une protestation, mais ils ont incité le directeur général [Quesnay] à formuler ladite protestation de façon platonique ! *(sic)* afin de ne pas compromettre le service des intérêts du Young »[58].

Schacht renonça à la douche froide après cette rude alerte, dictant aux milieux financiers la ligne de compromis à tout prix qui fonde la thèse de Sylvain Schirmann d'un « Apaisement économique » *français* indépendant de la « gouvernante anglaise »[59]. Rassuré, le Comité des Forges procéda en septembre 1933 via le Crédit lyonnais à « l'achat d'une importante tranche d'obligations Young » : il en avait juste avant, « pour pouvoir traiter l'affaire à son avantage, […] fait vendre un gros paquet […] afin de provoquer une baisse des cours »[60]. Le Reich méritait cette confiance. Le 26 juillet 1934 – lendemain de l'assassinat de Dollfuss –, Clément Moret célébra au conseil général l'accord franco-allemand imminent sur « les emprunts Dawes et Young ». Il se félicita que Berlin eût consenti « pour la tranche française » des clauses « plus libérales que celles des accords intervenus entre l'Allemagne et l'Angleterre », tel le versement mensuel, et non « semestriel », des « sommes nécessaires au service des emprunts ». Berlin n'avait cédé que contre l'assurance d'obtenir les livraisons nécessaires au réarmement : « La réalisation définitive de [cet] accord financier [...] rest[ait] subordonnée à la conclusion de l'accord commercial. »[61]

L'accord de clearing fut signé le 28 juillet 1934 au prix de concessions françaises. Paris, au « grand mécontentement [...] des milieux commerçants des trois départements recouvrés », ferma les yeux sur la création « en prévision du plébiscite » par les firmes allemandes, sarroises surtout, « dans les villes frontières françaises [de] sièges sociaux fictifs ». La manœuvre leur garantirait le maintien du marché français : en cas de vote en faveur du *statu quo* leur seraient conservés les privilèges concédés par le traité de Versailles, « c'est-à-dire qu'elles écouler[aie]nt leurs marchandises en Allemagne et en France » ; en cas de succès allemand, « les commerçants sarrois fer[aie]nt valoir alors leurs droits en France puisqu'ils y [étaient] inscrits au registre de commerce depuis un certain temps déjà, en se faisant même, au besoin, passer pour réfugiés politiques » ; « leur maison "française" ne sera[it] qu'une succursale de la maison-mère qui continuera[it] à fonctionner en Allemagne ». Ces pratiques bénéficièrent de moins de publicité[62] que la concurrence des juifs allemands réfugiés contre le commerce français.

Le disputait au dossier bancaire de « la tranche française » du « Dawes et [du] Young » l'obsession du Comité des Forges, arracher avant le plébiscite l'accord le plus favorable à ses énormes intérêts dans une Sarre bientôt allemande. L'État berger l'avait beaucoup gâté, concédant en 1924 aux sociétés sidérurgiques privées lorraines des baux à long terme sur l'exploitation du charbon de la Warndt. « L'avenir de ces concessions » dominait la négociation franco-allemande attendue[63], avec celui des intérêts français dans les quatre premières « des cinq aciéries sarroises ». « Deux [étaient] aux mains de groupements sidérurgiques français connus et puissants » : 1° la SA des Aciéries et usines à tubes de la Sarre (capital, 50 millions de francs, siège social, 6, rue Daru, Paris VIIIe ; deux usines, à Bous et Burbach (pilier de l'ARBED[64]), fondée « en 1920 par un groupe français pour le rachat de ces usines appartenant aux Mannesmann » et présidée par Marcel Champin ; 2° la SA des Forges et Aciéries de Dillingen (siège social et usines à Dillingen, capital, 70,060 millions de francs), « contrôlée par un groupe français qui » en possédait « 60 % des actions » (depuis la victoire : les Laurent ne détenaient que 42 % en 1914 des *Dillinger Hüttenwerke* de la famille Stumm). Des « capitaux français importants » participaient à la troisième, la *Neunkirchen Eisenwerk AG*, (siège social et usines à Neunkirchen, SA au capital de 160 millions de francs), fondée « en 1920 pour l'exploitation des usines *Gebrüder Stumm* » (frères Stumm).

La quatrième, fief des Röchling, la *Röchling'sche Eisen und Stahlwerke AG* et sa filiale *Edelstahlwerke Röchling AG* (siège à Völklingen) « sans aucune participation française », avait conclu « des accords précis avec des firmes françaises, en particulier sur le commerce des produits dits "aciers fins" »[65] – dans le cadre de la société Lorsar, déjà citée. Fondée en octobre 1921, propriété exclusive des Röchling « à l'origine » (avec des « souscripteurs [...] prête-noms »), elle s'était entrouverte aux intérêts français en 1932, en cédant « la moitié de ses actions à la Société lorraine minière et métallurgique ». Elle fut « mise en liquidation judiciaire » en février 1933, où ses « intérêts dans la Lorsar » furent « repris par les Aciéries de Longwy ». La Lorsar, « dont trois administrateurs sur sept » étaient allemands et « apparentés à Röchling (Hermann) », incarnait la fraude douanière : servant « uniquement à écouler dans notre pays toutes catégories d'aciers fins produits ou usinés en Sarre [,...] elle fai[sai]t une concurrence redoutable à notre métallurgie [...] en raison des bas prix consentis aux clients français [...] et, depuis sa fondation, son chiffre d'affaires n'aurait cessé de prospérer »[66].

Le Reich était « disposé à faire des concessions économiques à la France » vu l'importance des enjeux sarrois. Il chargea donc à l'été 1933 von Papen d'une « mission [...] à Paris, que M. André François-Poncet [...] approuv[ait] et favoris[ait] avec une satisfaction bien naturelle »[67]. Tomba à la mi-octobre un rideau de fumée. Hitler, interviewé par (l'hitlérien britannique[68]) Ward Price, du *Daily Mail*, déclara à propos des camps de travail : « "La jeunesse allemande ne reçoit aucune instruction militaire, ni dans les camps de travail, ni dans la SA ou autres formations, qui puisse lui donner l'idée de s'en servir un jour", etc. » Le Reich suspendit et différa « toute activité compromettante des formations hitlériennes à la frontière franco-allemande ». Tandis que la police fourbissait l'étape suivante contre les séparatistes rhénans par sa « révision des listes » des militants et de toute personne ayant « entretenu des relations amicales avec les autorités françaises d'occupation », le *Gauführer* reçut des « dirigeants nazis » le « mot d'ordre [...] de faire cesser [l]es exactions » contre les intéressés « aussi longtemps que la Sarre serait occupée. Aussitôt qu['elle...] sera[it] revenue au Reich, rien ne s'opposera[it] plus au règlement des comptes et les traîtres pourr[aie]nt être châtiés, sans crainte de représailles de la part des Français »[69].

François-Poncet s'enflammait pour la future « collaboration franco-allemande [dans] les mines de la Sarre », région « si étroitement liée à la Lorraine économiquement », comme il le répéta à Hitler et Neurath le 24 novembre 1933. Le « gouvernement fort » annoncé alors ou le « très fort » du 5 décembre serait « seul [...] capable d'entrer en négociations [...] sur la question de la Sarre » sur les bases requises : « annulation du plébiscite et retour anticipé de la Sarre »[70]. Non content de son délégué à demeure, le Comité des Forges envoya peu après à Berlin « pour trouver un terrain d'entente à propos [de ses...] importants intérêts » sarrois le « directeur du *Temps* » depuis 1931, Jacques Chastenet de Castaing. Ce directeur de l'Union des Mines et représentant du Comité des houillères, « diplomate et financier spécialisé dans les questions de politique extérieure », fut reçu par Hitler le 13 décembre au soir. Il eut, lors d'un déjeuner de 22 couverts offert le même jour par François-Poncet « en l'honneur de M. Göbbels », un long entretien « avec le ministre de la Propagande du Reich ».

Le Temps ne lui donna « pas le moindre écho », mais la modification consécutive de sa « ligne [sur] les conversations franco-allemandes » fut très commentée. On en « conclu[t] que M. Göbbels avait su convaincre M. Chastenet de la légitimité de sa cause. Les organes de gauche ont insisté sur la gravité de ces entretiens directs entre le chancelier ou son lieutenant le plus actif et le représentant du Comité des Forges et du Comité des houillères, organisme dont M. François-Poncet fut lui-même l'homme de confiance avant son entrée dans la vie publique ». Comme « les milieux agissants de la *Petite Entente* », les RG virent dans le silence du *Temps* sur l'escapade de Chastenet et dans ses articles, comme celui « intitulé "France et Allemagne" » du 18 décembre (anonyme mais de lui), confirmation que le Comité des Forges prônait « ces entretiens directs avec Hitler qui, depuis plusieurs semaines, constitu[ai]ent le fond de tous les "papiers" sur la politique extérieure » du *Temps* et d'autres « grands journaux français »[71]. On annonça vers la mi-mai 1934 que Schacht viendrait à Paris en fin de mois pour « une entrevue avec le sénateur Guy de Wendel, avec lequel il jetterait les premières bases d'un accord relatif aux affaires dans lesquelles la famille Wendel a[vait] des intérêt communs avec la société allemande Krupp »[72].

Ce compromis excluait toute menace de boycott qui, rappela fermement le ministre des Affaires étrangères à celui de l'Intérieur en septembre 1934, « serait contraire à l'esprit et à la lettre du dernier arrangement commercial franco-allemand [et…] regrettable du point de vue politique »[73].

Vers la résurrection de l'alliance de revers franco-russe

Les aléas de l'alliance de revers du côté des petits alliés de l'Est

Abandon français, dépendance croissante à l'égard du Reich

Ce qui a été dit plus haut dispense de développements sur l'abandon des « canards boiteux » de l'Est, les conséquences de l'aggravation du protectionnisme français et le durcissement des conditions financières imposées à ces emprunteurs et mauvais payeurs, Banque de France en tête[74]. La sévérité de Bolgert sur le pillage de la Yougoslavie n'avait qu'un intérêt documentaire, la lucidité sur les misères que l'impérialisme français infligeait aux « indigènes » écorchés n'empêchant pas ses mandants d'en revenir à l'essentiel : « *La seule question qui se pose est de savoir dans quelle mesure le régime en vigueur peut être amélioré au profit des créanciers étrangers* », trancha-t-il en août 1935. « La seule conclusion qui puisse être formulée, selon nous, est que les porteurs de fonds consolidés, bien que nantis de leur gage, ont un intérêt majeur à connaître, avant de conclure un nouvel arrangement, par quelles mesures le gouvernement royal yougoslave compte achever le rétablissement de l'équilibre budgétaire et pourvoir aux besoins de la trésorerie de l'État. »[75]

La rigueur déflationniste française valut au Reich des gains énormes, analysés par Nicole Jordan pour les « deux cas d'étude » yougoslave et roumain et, pour le yougoslave, par Emmanuel Jaslier[76]. Le commerce, via le clearing autorisant des tractations sans devises ni or, et la propagande germaniques progressèrent de pair. Le Reich évita habilement en Roumanie l'attaque frontale contre l'alliance française, mais se lamenta sur la France « livrée pieds et poings liés au bolchevisme et aux juifs », thème porteur. Il se fit l'ami de la culture, voie privilégiée de la politique dont Paris se préoccupait peu : dès 1933, « le film allemand en Yougoslavie », comme ailleurs, « constitu[ait] le principal élément pour la diffusion des idées germaniques dans le pays ». « Les milieux intellectuels yougoslaves se demand[ai]ent si la France ne pourrait envoyer plus souvent des films français »[77], en vain. Dans ce fief de Göbbels, Rosenberg, Ernst Röhm et, après l'exécution de celui-ci, Goering, « la propagande allemande », forte au début de la décennie, flamba depuis 1933, « le tout sous le contrôle de M. [Franz] Neuhausen, le directeur bien connu de la Lufthansa à Belgrade » (chef du pillage d'Occupation des matières premières)[78].

« L'exception tchécoslovaque » fut comme les autres satellites soumise à rude traitement commercial, financier et monétaire[79]. Schneider, comme prévu par l'accord du tournant de 1931, conserva la majorité de Skoda, 51 %, et la tutelle sur la société et le pays. La concurrence sur les marchés s'aiguisa, malgré les compromis passés qui laissaient, ainsi à l'automne 1935, la main au plus puissant : « 1° interdiction à Skoda de vendre en France ; interdiction au Creusot de vendre en Tchécoslovaquie ; 2° marchés entièrement réservés à Skoda : Yougoslavie et Roumanie, marché entièrement réservé au Creusot : Pologne. 3° […] négociations spéciales » pour « les affaires dans les autres pays » (Le Creusot venait de bénéficier d'un récent marché bulgare)[80]. Fin 1933, le Reich avançait partout, Yougoslavie incluse, où s'« observ[ait] une recrudescence sérieuse d'activité de la part des agents allemands », acharnés à « gagner du terrain malgré les solides positions de la France »[81].

Dans la francophobe Pologne, où la crise était comme ailleurs gravissime (« mines et forges » connurent en 1932 un effondrement « de 50 % »), les gains allemands s'affichèrent précocement. Le capital français dominait encore l'économie, comme le montrèrent en janvier 1933 les pourparlers de routine « à Varsovie », aux ministères des Finances et des Communications, avec « les représentants de la Banque des Pays du Nord et de la maison Schneider »[82]. Mais le grignotage de ses positions, entamé avant la crise, l'avait souvent eu pour complice actif. Kuhlmann avait passé en 1929 avec l'IG Farben un accord secret sous couvert suisse pour fonder la « Société des établissements chimiques de Winnica » (colorants) : cette société mixte, que l'IGF récupérerait à 100 % sous l'Occupation, combattrait le protectionnisme polonais, objectif renforcé par la crise[83]. En novembre 1933, une délégation polonaise de l'industrie lourde de Haute-Silésie alla discuter à Berlin avec ses homologues de la Fédération de l'industrie allemande (*Reichsstand der deutschen Industrie*) et Rosenberg, chef de l'office des affaires extérieures du NSDAP, « considéré comme le véritable ministre des Affaires étrangères du Reich » sous Neurath[84] : on traita des liens entre cartels allemand et polonais de l'acier ; de la « fourniture régulière de minerai de fer polonais et de zinc à l'industrie allemande » ; du cartel « de vente […] sur les marchés européens » ; d'« une politique industrielle commune à l'égard de l'URSS ». « Il faut noter, *releva l'informateur,* qu'une grande partie de l'industrie lourde de Haute-Silésie est entre les mains de l'industrie lourde française, notamment de la firme Schneider, du Creusot. »[85] Les négociateurs français du CFAID qui avaient de 1931 à 1933 bradé aux Allemands le corridor de Dantzig et la Haute-Silésie se montraient enclins à l'abdication dans leur empire est-européen.

Les réalisations suivirent, avec des achats de matériel de chemin de fer annoncés en février 1934[86] ou le projet, à l'automne, de création par Krupp d'« une usine pour la fabrication de matériel de guerre » (canons lourds notamment)[87]. Les autres clients en pâtirent, français et italiens, tels, dans l'automobile, Saurer et Fiat[88]. Fin 1934, l'Autriche de Schuschnigg se réjouit de la dégradation continue des relations franco-polonaises : réactions vives à la brutalité des expulsions et autres mesures françaises contre « la main-d'œuvre étrangère » (les mineurs massivement importés des années 1920) ; conflit avec les usines françaises d'électricité que la municipalité de Varsovie poursuivait en justice pour annuler leur concession exorbitante ; énorme scandale « de l'affaire Zyrardow », société textile « reprise en 1920, après accord avec le gouvernement polonais, par le groupe français de M. Boussac » convaincu d'« intérêts usuraires, détournement de bénéfices au profit du Comptoir [...] de l'industrie cotonnière (groupe Boussac) en France »[89], « pratiques frauduleuses, falsifications de bilans, fausses déclarations d'impôts, etc. »[90].

Ses conséquences politico-diplomatiques : les cas polonais et tchécoslovaque

On ne traitera ici que des deux cas extrêmes des petits alliés de l'Est, décisifs pour la connaissance de la stratégie française à l'égard du Reich et de l'URSS : ceux de la Pologne, que les archives françaises excluent comme alliée en 1933 (au plus tard), et de la fidèle Tchécoslovaquie, condamnée bien avant 1938.

• *La Pologne ennemie*

La gallophobie polonaise était incarnée par un trio infernal. Radziwill, « président de la Commission des affaires étrangères de la diète, franchement francophobe, [...] ne fai[sai]t aucun effort pour le cacher ». Pilsudski n'avait jamais « pardonn[é] à la France républicaine son alliance avec le Tsarisme », ne l'avait « donc jamais aimée et [ne l'] n'aim[ait] pas ». Josef Beck, son ministre des Affaires étrangères depuis 1932 et successeur en mai 1935, son âme damnée « depuis le coup d'État de mai 1926 », était de (vieille) notoriété publique[91] « à la solde de l'Allemagne » et « encore plus francophobe que le maréchal »[92]. Il avait, sous Brüning ou von Schleicher, « conclu un accord secret avec » Berlin par lequel il s'engageait « à ne pas s'opposer à l'Anschluss »[93].

Varsovie couvrit d'abord sa germanophilie de prétextes, les manquements français (incontestables) et un « rapprochement » (fallacieux) avec Moscou salué à l'été 1933 par la suppression *officielle* des subventions versées « depuis 1921 » à tous les groupes ukrainiens, celui de Petlioura inclus. En août, se décrétant « grande puissance appelée à remplacer la Russie dans le concert européen » et « la seule grande puissance slave d'Europe », elle déchaîna « une explosion de mécontentement contre la France » : l'ayant exclue du Pacte à Quatre, celle-ci avait violé « le traité d'alliance par lequel » elle s'était « engagée à ne pas conclure d'accord politique sans s'être concertée préalablement avec la Pologne »[94]. L'accord cheminait avec le Reich, qui l'appâta en lui promettant monts et merveilles de l'Ukraine aux Pays Baltes et à la Tchécoslovaquie, tout en maintenant le silence ou le veto sur ses territoires de 1918 confirmés par Versailles. Début janvier 1934, le chef de la section orientale du ministère des Affaires étrangères Schätzel concéda devant un informateur des Français le caractère grossier de cette tactique : « Ce que les Allemands nous proposent (une partie de la Lettonie et de l'Ukraine et la Lituanie) ne leur appartient pas et il faut le conquérir. Mais ils se gardent bien de nous garantir ce que nous possédons déjà » ; et, lorsque nous les prions de « garantir la Poméranie, dont 90 % de la population est polonaise, ou la Haute-Silésie, ils se dérobent ou refusent ». L'intéressé ne dit mot du corridor, alors que « la Pologne » avait déjà, au su de « tous les hommes politiques de Varsovie [,...] cédé [...] la ville libre de Dantzig [...] à l'Allemagne ». Il fut loquace sur l'Ukraine : la collaboration proposée par Hitler « n'aurait pour nous que des inconvénients. [...L]'annexion d'une partie de l'Ukraine augmentera encore de six millions le nombre des Ukrainiens en Pologne, ce qui compliquera encore la question ukrainienne. Nous serons ensuite complètement isolés à la merci de l'Allemagne. La rupture avec la Russie, blanche ou rouge, sera définitive et dans un avenir plus ou moins proche, ce sera la guerre inévitable. Enfin, le peuple polonais déteste les Allemands, mais il ne nourrit aucun sentiment hostile envers les Russes »[95].

Schätzel mentait comme Hitler, qui, même après la déclaration de guerre, continua à clamer son désintérêt pour l'Alsace-Lorraine si encombrante à l'ère du Reichsland[96]. En juillet 1933, Beck, « en excellents termes personnels avec Hitler », était prêt « à un arrangement pour le Couloir » contre « une solution satisfaisante du côté de l'Ukraine »[97]. L'engagement sur le corridor constitua la condition allemande expresse de la signature de l'accord bilatéral de janvier 1934, malgré les dénégations officielles[98] : il fournit *une* des clés du veto contre la pénétration en territoire polonais de l'Armée rouge, qui l'eût violé. La promesse allemande de 1933 de conquête commune de l'Ukraine soviétique au bénéfice essentiel de la Pologne[99] était en revanche une grosse ficelle, comme l'entretien allemand de sa haine recuite (depuis 1918-1920) contre Prague qui lui avait « volé » Teschen, en Haute-Silésie.

Varsovie le savait, mais préféra « sacrifier [ses] intérêts à [ses] passions »[100]. Pilsudski s'engagea deux semaines après « la déclaration germano-polonaise » (du 14 novembre 1933) à « placer les relations germano-polonaises sur une base amicale ». Il minauda devant l'ambassadeur allemand Hans Adolf von Moltke sur « les grandes difficultés que placerait la germanophobie millénaire du peuple polonais sur la voie de la mise en œuvre de cette politique » et la bravoure qu'exigerait de lui cet exploit. Tous deux évoquèrent l'action nécessaire sur la presse pour laquelle Pilsudski éprouvait « un mépris sans limite » en concédant son « utilité pour influencer les organisations politiques »[101]. Le 26 janvier 1934 fut signée la « déclaration de non-agression et d'amitié », indûment qualifiée de « traité germano-polonais »[102] : elle était rigoureusement vide mais excluait toute alliance française.

Conclu pour dix ans par Neurath et l'ambassadeur à Berlin Jozef Lipski et renouvelable, le texte en fut rédigé par le directeur du département juridique de l'*Auswärtiges Ant*, Friedrich Gaus, qui en évinça tout ce qui ressemblait à « une renonciation de la révision de Versailles ». Lipski « déclara sans hésitation et de façon assez emphatique » que son pays ne songeait aucunement « à faire reconnaître Versailles une fois de plus » ; et il consentit aisément à s'abstenir de toute critique du « traitement des juifs en Allemagne », question relevant des « affaires intérieures ». La formule choisie sur les « questions intérieures de l'un des deux États n'excluait pas la question des minorités [allemandes] d'une éventuelle discussion diplomatique »[103].

Mais surtout, le Reich n'avait traité que pour rompre « les obligations [...] envers la France » qu'avait imposées à la Pologne « l'alliance » franco-polonaise[104] et préparer la remilitarisation de la Rhénanie sans risquer un soutien polonais à une réplique française[105]. Gaus avait court-circuité tout « contre-projet » polonais et signifié, contre les coquetteries de Lipski sur les obligations de son pays envers la SDN, la France et la Roumanie, qu'on ne pourrait opposer à l'accord « les traités de la Pologne avec la France et la Roumanie » ni « le Pacte de non-agression polono-russe » : formellement maintenus, ils seraient dépouillés de « toute nature agressive à l'égard de l'Allemagne »[106]. La correspondance « technique » admit la liquidation de l'alliance franco-polonaise, mais le Deuxième Bureau entretint avec des sources « tendancieuses » le mythe que Paris conservait à Varsovie des amis sûrs : le général Wladyslaw Sikorski, ennemi du « clan Beck » en « bonnes relations [...] avec le maréchal Foch, avec le maréchal Pétain, avec le général Weygand », et le maréchal Edward Rydz-Smigly, inspecteur général de l'armée, grand officier de la Légion d'Honneur depuis le « 30 octobre 1928 »[107]. Cette ruse permit jusqu'en août 1939 aux ennemis de l'alliance franco-russe de dresser contre elle la momie polonaise.

Varsovie acheva le 26 janvier 1934 le suicide entamé par la signature le 19 février 1925 du concordat par lequel le Vatican ouvrit les vannes à la récupération allemande des territoires perdus[108]. Son emballement germanophile fut immédiat. Le 24 février, échangeant les instruments de ratification, Beck et Moltke conclurent aussi un « gentleman's agreement » des « bureaux de presse » des deux ministères des Affaires étrangères : il « mettr[ait] fin à la guerre de propagande qui dur[ait] sans interruption depuis 15 ans dans le domaine de la presse, du cinéma, de la radio ». Cette « collaboration étroite » fut aussi spectaculaire[109] en politique extérieure. Varsovie, insatisfaite de ses gains galiciens de 1920-1921, s'engouffra dans l'idylle ukrainienne avec Berlin. Semblèrent se réconcilier à l'été 1934 les vieux ennemis jurés, les Ukrainiens stipendiés par Berlin (l'UVO d'Evhen Konovaletz) et par les Polonais (l'UNDO de Dimitri Levitzki). « Cette politique », déclara en juillet à Vienne Levitzki après « des conversations à Berlin avec les hommes de confiance d'Hitler (Rosenberg, Göbbels et Hess) et à Varsovie avec M. Beck [...,] est menée en plein accord avec Varsovie et Berlin et a pour but de préparer et de seconder la politique polono-allemande qui vise à séparer dans un délai de trois ou quatre ans l'Ukraine de l'URSS. [...L]'Ukraine séparée de l'Union soviétique formera un État indépendant sous le protectorat de la Pologne et de l'Allemagne. La Galicie orientale restera partie intégrante de la Pologne mais recevra une autonomie provinciale »[110]. L'attaché militaire lituanien, le colonel Skucas, confirma en août. Le chef des attachés militaires soviétiques, Hecker, se dit en octobre à des hôtes français certain que les Polonais, « décidément incorrigibles », avaient « fricoté avec l'Allemagne » pour « quelque compensation à l'Est en échange du couloir »[111].

« L'agitation antitchèque [, qui] pri[t] une réelle intensité seulement depuis la conclusion de l'accord de 1934 »[112], se mêla toujours à la francophobie : à la veille de la réception de Barthou à Varsovie fut brutalement interdit le départ de l'équipe polonaise de football pour Prague[113]. Renouvelant leur adhésion de 1932 à l'Anschluss, Pilsudski et Beck avaient déjà souscrit à la liquidation du voisin haï contre l'aumône (provisoire) de Teschen : le nonce apostolique à Vienne [Enrico Sibilia] certifia « *sous serment* » à « un diplomate ami » en août 1934 « qu'il existait un accord secret laissant les mains libres à l'Allemagne, non seulement contre l'Autriche, mais aussi contre la Tchécoslovaquie ; en échange de quoi l'Allemagne reconnaissait les revendications de la Pologne sur la Silésie tchécoslovaque et des parties de la Moravie septentrionale »[114].

Le fiasco de l'étape polonaise – 22-25 avril 1934 – de « la tournée [printanière] des petits alliés » de Barthou[115] fut auguré par la longue « réserve absolue [de] la *Gazeta Polska* » gouvernementale, qui ne se « décid[a] à publier un article de bienvenue » que le 18. Il fut confirmé par le refus de Pilsudski, « particulièrement réticent et "désireux de ne pas prendre d'initiative" », d'aborder « le fond de la question [de ...] la convention militaire » franco-polonaise[116]. La Pologne boycotta le « pacte oriental » antiallemand devenu au fil de l'année une affaire Barthou-Litvinov, invoquant divers prétextes : 1° il « augmenterait les possibilités d'intervention de l'URSS dans les affaires internationales de l'Europe » ; « 2° la Pologne a[vait] déjà obtenu des garanties suffisantes pour sa sécurité ; 3° [il l']obligerait [...] à des interventions dangereuses dont elle ne tirerait aucun avantage »[117]. Berlin entretenait ses ardeurs en se faisant régulièrement confirmer – ainsi le 27 août 1934 dans un entretien Hitler-Lipski – son veto. Neurath invita alors Beck à préparer dans « sa maison de campagne » la réunion du début septembre de la SDN : son hôte, en route vers Genève, l'assura qu'il ne céderait « à aucune pression de la France et de la Russie », resterait « résolument » fidèle à l'« utile politique [de] l'accord germano-polonais du 26 janvier » et « ne ferait pas secret à Genève » de son hostilité au pacte oriental[118].

Beck tint parole, menaçant à Genève de « quitter la SDN » si son Conseil critiquait son traitement des « minorités » en « refus[ant] de supprimer » le traité du 28 juin 1919 sur leur « protection »[119]. De toutes les puissances sollicitées d'adhérer à un « pacte oriental » d'assistance mutuelle, la Pologne fut la seule à rejeter l'offre franco-soviétique : elle argua dans sa réponse officielle à Barthou, le 27 septembre, du « traité germano-polonais » et de l'efficacité des seuls pactes bilatéraux ; elle rejeta toute « nouvelle obligation » envers la Tchécoslovaquie, pays « danubien » non concerné par « le pacte oriental »[120].

• *L'attente vaine de la fidèle alliée tchécoslovaque*

Négatif de la Pologne, la Tchécoslovaquie amorça au printemps de 1933 un réveil défensif (budget inclus) auquel Bénès prit une part déterminante. Dans sa mobilisation, rien ne semblait devoir être oublié, à commencer par les Sokols, organisation de masse : ses 5 à 600 000 membres « ne se cantonn[aie]nt plus désormais exclusivement dans leurs tâches d'éducation civique et d'entraînement sportif ; ils organis[ai]ent, par leurs propres moyens, un commencement de préparation militaire »[121]. L'aéronautique, dont le développement tisserait des liens avec l'URSS, dominait « le réveil de l'opinion publique tchécoslovaque » et les campagnes de presse. On parla en novembre de projet de « prolongation de la durée du service militaire » avec retour aux 18 mois, voire à « deux ans »[122].

Une note de la sous-direction des Unions « pour le secrétaire général » du Quai d'Orsay (Alexis Léger), le 30 novembre 1933, laissa espérer le succès des négociations « touch[a]nt à nos intérêts politiques et militaires en Europe centrale et Orientale » entre le ministre de l'Air Pierre Cot et Prague. 1° Elle « donn[ait] un avis favorable [à...] l'adoption de types uniques pour [les] aviations commerciale et militaire » des deux pays. « En entrant dans cette voie, nous donnons de plus en plus à la Tchécoslovaquie un rôle industriel prépondérant, tant au point de vue commercial qu'au point de vue militaire, vis-à-vis des autres membres de la Petite Entente » ; on allait aussi « rendre, en commençant par la Tchécoslovaquie, les avions identiques et interchangeables entre la Petite Entente et nous. » 2° Le service « approuv[ait] le projet tchécoslovaque, ligne C [...] Paris-Prague-Czernowitz-Moscou » pour « la création d'une ligne commerciale d'aviation Paris-Moscou », qui lèverait l'hypothèque du veto polonais contre le passage par Varsovie. Cot et Osusky sollicitaient « l'avis du secrétaire général, aujourd'hui si possible »[123]. Ils ne l'obtinrent pas. Le 7 décembre, Cot, soutenu par Faucher, inaugura sa vaine croisade pour l'accord tripartite France-Tchécoslovaquie-URSS qui durerait jusqu'à son renvoi pré-munichois, priant encore Paul-Boncour de « vouloir bien donner à notre ministre à Prague toutes les instructions [...] utiles »[124]. Les plans de Schneider excluaient qu'on donnât « de plus en plus à la Tchécoslovaquie un rôle industriel prépondérant ».

L'année Barthou coïncida avec l'avancée des projets défensifs antérieurs, au moins sur le papier et dans le discours parlementaire. On perçut un effort pour rallier la Petite Entente à l'avis de Bénès, vieux partisan d'un appui sur l'URSS : les pactes de non-agression proposés depuis avril 1933 par celle-ci supposaient au minimum sa reconnaissance officielle[125]. « La découverte à Prague » d'« une grave affaire d'espionnage » touchant l'ensemble de l'Est allié à la France montra toutes les cibles logées à la même enseigne : on révéla début avril 1934, mais après plusieurs semaines de secret révélateur d'hésitations, que « la maison allemande de transports internationaux [Schenker] fourni[ssait] au ministère de la Reichswehr des renseignements importants sur les expéditions à destination ou en provenance des usines d'armes et arsenaux de Tchécoslovaquie [,...] signal[ant] systématiquement les livraisons faites à la Pologne, à la Roumanie, à la Tchécoslovaquie »[126].

Barthou s'intéressant à la défense tchécoslovaque, l'ambassadeur Léon Noël, ancien chef de la Sûreté générale « lavalien » en diable, vanta en mai-juin le « gros effort de redressement [...] poursui[vi...] discrètement, mais avec méthode, grâce au concours et aux conseils de notre mission militaire » et ses « résultats importants [...] en voie de réalisation » sous l'œil vigilant de Thomas Masaryk et Bénès : budget en hausse pour les armements (2,063 milliards de couronnes prévus en 1934-1935 pour développer l'aviation et construire des chars de combat) ; aménagements dans les industries de guerre « en vue de la mobilisation » ; rétablissement et renforcement des « grandes manœuvres » prévues en septembre et demandes parlementaires de « construction de fortifications aux frontières allemande et hongroise »[127]. Pendant son voyage triomphal, Gamelin, câbla Noël le 30 septembre, a « assisté du 20 au 23 » aux grandes manœuvres, qui l'ont « très favorablement impressionné »[128].

L'État-major tchécoslovaque ne se leurrait pourtant pas sur la France de la Ligne Maginot : Faucher apprit début 1934 que « beaucoup d'officiers critiqueraient vivement l'insuffisance de notre effort militaire ». Le général Blaha, chef de cabinet militaire du président Masaryk, l'avoua après la mort de Barthou devant les intellectuels de gauche du club *Pritemnost* (Temps présent) : la Tchécoslovaquie doit surtout compter sur le « service de deux ans [... Son] alliée [française] dispose d'une armée solide mais, surtout avec le service d'un an et la double incorporation, à caractère nettement défensif, elle est enfermée derrière son cordon de forteresses d'où, du moins au début, elle ne semble pas devoir sortir. L'Allemagne avec une force armée avouée ou non très nombreuse, bien exercée et fortement encadrée, remarquable instrument offensif, est prête à se jeter sur ses voisins les plus faibles, les Tchécoslovaques, même si ceux-ci sont unis aux Polonais »[129].

Ces réflexes de survie avaient dès 1933 fait fondre sur Prague les foudres hitlériennes. L'élan national des Sokols valut à ces associations « païennes », dans le cadre d'un assaut germano-vatican général, une agressivité particulière[130]. La presse pro-nazie étrangère, flagornée par l'allemande, fustigeait un pays armé jusqu'aux dents menaçant tous ses voisins, *Daily Mail* de Lord Rothermere en tête : « La Tchécoslovaquie n'étant entourée que de pays désarmés, son armée est le type de l'armée d'agression et elle met en danger la paix européenne. »[131] Les hitlériens français s'illustrèrent dès 1933-1934, inaugurant une campagne dont témoigne la lettre adressée le 9 juillet 1934 à un général (non identifié) par le lieutenant-colonel Flipo, chef d'État-major du général Faucher, contre les attaques de *La France militaire* (qui avait pour secrétaire général le fasciste Jean-Paul Ferrandi[132]). Un « article fantaisiste » du 5 prétendant « que presque 50 % d'officiers étrangers serv[ai]ent dans l'armée tchécoslovaque », Flipo priait son destinataire « de faire les représentations nécessaires à la F.M. qui a[vait] déjà plusieurs gaffes analogues à son actif. Nous l'avions déjà voici quelque temps invitée à contrôler ses informations sur la Tchécoslovaquie auprès de notre mission. Elle n'en a tenu aucun compte. [...D]es informations de ce genre sont peu nombreuses sur d'autres armées qui sont pourtant dans le même cas que la Tchécoslovaquie (Pologne, Roumanie, Yougoslavie) tandis que périodiquement les lecteurs de la F.M. apprennent que le corps d'officiers de l'armée tchécoslovaque n'est qu'un ramassis d'individus appartenant aux nationalités les plus diverses »[133].

La relance de l'alliance de revers russe

La sensibilité au péril allemand et à la puissance militaire soviétique

Quelques politiciens d'envergure postulaient la communauté d'intérêts *militaires* franco-soviétiques. Herriot était considéré par les Allemands, avec Monzie à l'origine, comme la cheville ouvrière du projet d'alliance[134]. Paul-Boncour se heurtait à Daladier et Lebrun, mais le Pacte à Quatre et le dossier tchécoslovaque contredisent « sa politique de sécurité »[135]. On doit cependant lui concéder l'envoi à Moscou de Charles Alphand, arrivé le 3 juin 1933[136] : convaincu que la France ne serait sauvée que par une alliance de revers du type de 1914, l'ambassadeur s'unit, contre une politique dilatoire, au chargé d'affaires Jean Payart, formel sur le ralliement de l'URSS à la sécurité collective[137].

Ce porte-parole d'une nouvelle ligne crut, sous Barthou plus que sous le ministre qui l'y avait nommé, au succès de sa mission, et affirma jusqu'à la veille de l'attentat de Marseille sa confiance dans son ministre et celle que lui accordait Litvinov : « On est très satisfait à Moscou, *lui écrivit-il le 8 octobre 1934,* de la tournure qu'ont prise les événements à Genève et particulièrement obligé à Votre Excellence de l'aide prépondérante qu'elle a prêtée à la délégation soviétique. On se rend compte que cette première étape franchie, il reste à accomplir le travail le plus délicat pour l'organisation de la paix à laquelle l'URSS continue à vouloir travailler en plein accord avec la France. »[138]

Une atmosphère nouvelle s'était en effet esquissée. En mars 1934, Barthou décida de subventionner la presse anti-Apaisement, idée de Bénès longtemps repoussée, en fondant « une agence de presse qui servirait la propagande française à l'étranger » auprès des « journaux de l'Europe centrale et des Pays du Nord ». Créée « sur le modèle de la maison Ullstein de Berlin » liquidée par aryanisation, elle serait « subventionnée par les Affaires étrangères » et dirigée par Albert Mousset, de l'Information. En mai, Léon Rénier sollicita de « la présidence du Conseil et [d]u ministère des Affaires étrangères une importante augmentation des subventions qui lui [étaient] accordées afin de permettre à l'Agence Havas de soutenir les journaux tchécoslovaques, polonais, roumains et italiens favorables à la politique de M. Louis Barthou ». En juin-juillet, Barthou prescrivit à ses amis « une campagne très active [...] pour faire obtenir la présidence de la Commission des affaires étrangères au Sénat à M. Paul-Boncour », contre André Tardieu, pivot de l'opposition à « sa politique extérieure » – en vain[139]. Initiative constituant à ma connaissance un cas unique dans les annales 1933-1939, il mit veto écrit, le 12 mai, à l'excursion des anciens du 105e RI allemand à Strasbourg, garnison d'avant 1918, qui devait suivre la fête militaire de Kehl (30 juin-2 juillet) : à ce projet, qui nourrit la correspondance depuis février, « les Autorités françaises s'opposeraient, le cas échéant, de la manière la plus formelle ». Il qualifia le 30 mai, à la conférence du désarmement, « la Prusse [de...] pays où la guerre était une industrie nationale »[140].

Barthou affirma certes « son très ardent désir de conclure un accord avec l'Allemagne » et sa conviction de la « sincérité du chancelier » en disant à Ribbentrop, le 15 juin 1934, souhaiter un entretien secret avec Hitler. Mais il faisait devant les Allemands moins de ronds de jambe que ses pairs ou François-Poncet et montrait de la réserve en parlant des Soviets : branché par Ribbentrop sur « l'infection bolchevique », il esquiva pour passer à la Sarre[141]. La haine mortelle que lui voua le Reich offre un critère sûr du changement qu'il visait, comme l'« immense prestige » qu'il acquit à Moscou[142] : le « pacte oriental » serait complété d'« un accord entre la France et l'URSS », qui entrerait à la SDN selon des modalités discutées fin août dans « un échange de vues » avec Litvinov[143]. Daladier fournit en 1939 une autre version du « changement », se vantant d'avoir « forcé l'Union soviétique à [y] entrer en informant l'ambassadeur soviétique à Paris de son intention de passer accord avec Hitler »[144].

Depuis 1933 se dessinait une alliance militaire, « collaboration technique » proposée en juillet-août par Klement Vorochilov, commissaire à la guerre, puis par son adjoint Mikhail Toukhatchevski au colonel Edmond Mendras, premier attaché militaire à Moscou de l'ère soviétique arrivé en avril[145]. Pierre Cot quitta l'URSS, après une mission aéronautique en septembre 1933, aussi enthousiaste qu'Herriot (venu passer « six jours en Ukraine et dans le Caucase du Nord »[146]) : il avait « vu s'ouvrir devant lui des portes jusqu'ici jalousement fermées aux étrangers, comme celles de l'usine 24 (fabrique de moteurs d'aviation) et surtout de cette fameuse usine 22 à Fili près de Moscou (fabrique d'avions, 10 000 ouvriers), que des informateurs tendancieux nous présentèrent si longtemps comme le cheval de Troie de la collusion germano-russe ». Les choses vues et les « renseignements recueillis [...] en parcourant ces usines jaillies de terre et en mal de constante gestation stupéfièrent [...] des personnalités [françaises] d'une compétence universellement reconnue » : « Le directeur technique de notre aviation », Albert Caquot, « estime que la production de l'industrie aéronautique soviétique est actuellement quadruple de la nôtre et qu'elle est organisée pour pouvoir, si besoin est, rendre encore cinq fois plus, soit au total une production vingt fois supérieure à la nôtre »[147].

Alphand, ravi des voyages de septembre de « MM. Herriot et Cot », pressa Barthou de s'engager dans un vaste « programme [...] utile pour les deux pays et *immédiatement réalisable* » aux « fins [...] essentiellement politiques » : « 1° à titre préliminaire : adhésion au pacte de définition de l'agresseur, geste symbolique du rapprochement politique et satisfaction personnelle pour M. Litvinov ; conclusion de l'accord commercial ; 2° envoi d'une mission d'étude composée de fonctionnaires français de premier plan pour l'organisation d'une collaboration technique et même militaire, spécialement en matière de transports : aviation, chemins de fer, routes, navigation maritime et fluviale ; 3° examen de possibilités d'accords tendant à la neutralité bienveillante avec fourniture de matériel et produits utiles à la défense nationale. »[148]

La Guerre semblait bouger aussi. Mendras, son délégué à Moscou, d'un classique antisoviétisme « intérieur », était ébloui « par la puissance et le caractère ultra-moderne des » usines de guerre, par l'aviation et l'armée. Après avoir visité mainte installation et assisté aux « manœuvres de septembre 1933 » dans la région d'Orel, il loua la qualité des soldats, leur « mépris du feu » et l'excellent esprit critique du commandant, qui avait « distribué très judicieusement l'éloge et le blâme »[149]. Il conclut en décembre à « l'indiscutable valeur » de l'armée des Soviets, « certainement à la base du redressement diplomatique qu'ils ont opéré depuis un an » : c'« est la partie la plus saine de la nation, celle où se sont concentrées les valeurs permanentes de l'Empire russe. M. Vorochilov, énergique, intelligent, honnête, très populaire, jouit ici d'une autorité exceptionnelle et pourrait être de taille à faire face un jour aux plus lourdes responsabilités »[150]. Il établit en octobre ce diagnostic et ce pronostic : « Au point de vue politique, personne aujourd'hui ne conteste plus la solidité du régime. L'industrie a réalisé des progrès éclatants. L'agriculture est encore en situation difficile, mais elle a résisté à une crise terrible, et le danger d'un désastre est maintenant écarté. Financièrement, [est...] écart[é]e nettement l'éventualité d'une faillite, annoncée pour cette année par certains experts. [...] Tout ceci permet d'affirmer qu'une collaboration économique avec l'Union pourrait n'être pas sans profit, mais aussi et surtout que l'attitude de ce pays devant la menace d'un conflit européen aurait un poids considérable. Pour déterminer cette attitude dans un sens favorable à notre sécurité, nous ne devons donc pas hésiter à consentir certains sacrifices, fût-ce même d'ordre financier. Mais ceci soulève un problème qui me dépasse et dont la solution mérite d'être mûrement réfléchie. Mon souci immédiat, c'est de ne pas laisser passer l'heure favorable. Économiquement et militairement, on nous fait entendre ici que la place de l'Allemagne est à prendre. Après six mois de séjour passés à étudier le pays, tout bien pesé, j'estime en conscience que le moment est venu pour notre Armée de chercher à resserrer ses liens avec l'Armée rouge. » Il faudrait à bref délai inviter « une personnalité soviétique qualifiée (qui pourrait être Toukhatchevski) à rendre la visite » du ministre de l'Air, puis organiser des « stages d'officiers des deux armées dans des écoles ou des unités à déterminer »[151].

« La solution » fut un veto, prévisible dès 1934, où le changement de cap de Barthou laissa de glace son collègue de la Guerre, Pétain. Sensible au froid, Mendras bouda ce qu'il avait adoré, hésitant entre le maintien et l'abandon de sa ligne. Fin juin, il proposa d'« asseoir notre situation en Russie par des contacts prudemment gradués et, sans nous lier par des engagements positifs, [de] prendre la place laissée libre par l'Allemagne »[152]. Le 15 juillet, cet officier qui avait connu l'ancienne armée et observé « l'isolement où les événements de 1905 avaient réduit les officiers tsaristes » décrivit une Armée rouge attachée à « tout un peuple [,...] l'incarnation vivante de la patrie, la chose de tous ». Avec un lyrisme sur lesquels un communiste soviétique ou français n'eût pas surenchéri, il érigea la Russie en « très grande *nation*, douée d'un potentiel plus extensif qu'intensif certes, mais néanmoins formidable et qui surmontera[it] toutes les épreuves »[153]. Le 5 octobre, il balaya l'argument courant « que la propagande communiste [fût] un obstacle sérieux à un accord avec l'URSS » par celui de la priorité absolue accordée à la défense du territoire. Mais il chipota sur cette armée si « supérieure [...] à l'armée tsariste » (« que ferait-elle sur les champs de bataille ? »), et exclut « un accord militaire avec la Russie » sous divers prétextes :

1° celui, *inédit*, que « le ferment [en avait ...] disparu du jour où la France a[vait] récupéré l'Alsace-Lorraine et où la Russie a[vait] renoncé aux Détroits » ; 2° le risque d'aggraver « la défection latente de la Pologne » et l'impossibilité, vu le caractère définitif de la « neutralité [...] malveillante [de] l'Angleterre [...] à l'égard des Russes, [...] de concevoir que nous puissions faire un geste militaire quelconque pour venir au secours de la Russie »[154]. Le risque polonais était dépassé depuis un an. J'exposerai plus loin la certitude française d'une aide militaire britannique *nulle*.

L'efficace opposition franco-allemande à l'alliance de revers : du veto à l'assassinat de Barthou

À Moscou, l'influence des milieux favorables à Rapallo s'était évanouie, plaçant Litvinov « au sommet de son influence »[155]. Celle des ennemis de l'alliance soviétique l'emportait dans les élites françaises, clé du retournement de Mendras.

La presse de droite, guidée par *Le Temps*, montra en août 1933, au vif contentement de Berlin, sa répugnance à l'annonce des voyages de Cot et d'Herriot en URSS. Inspirée par « la Wilhelmstrasse [,...] l'officieuse *Correspondance diplomatique et politique* » et la *Berliner Börsenzeitung* se réjouirent de l'« éditorial du *Temps* » du 29 août « met[tant] ses lecteurs en garde contre des illusions »[156]. La campagne s'amplifia en septembre, ridiculisant le naïf Herriot comme l'historiographie française brocarde aujourd'hui le « surprenant [...] aveuglement de certains Occidentaux » devant la « famine » ukrainienne organisée par Staline. Je ne traiterai pas de la question de savoir si la « famine » en fut une, à but « génocidaire » ou non, ou une disette, mais : 1° son chiffrage par le démographe Alain Blum à « six millions de décès »[157] – celui des campagnes de presse nazies et germano-américaines de 1933-1935[158] –, repris sans critique par des historiens français[159], provient d'une manipulation[160] ; 2° l'affaire dut beaucoup à la campagne germano-vaticano-polonaise lancée après la signature, le 20 juillet, du concordat du Reich : une clause secrète, qui prévoyait la « catholicisation » de l'Ukraine quand l'armée allemande l'occuperait, préparait l'assaut militaire[161]. « Les récits les plus alarmants sur le développement de la famine en Russie » visaient à « contrecarrer le rapprochement franco-soviétique », admit François-Poncet[162].

Le maintien à Berlin du mandataire du Comité des Forges et ami de Laval conserva aux ennemis du « pacte oriental » un atout maître qui neutralisa Alphand – et Barthou. Après le discours de son ministre de tutelle le 15 juillet à Bayonne, explicite sur le sens du « pacte oriental », François-Poncet rassura le Reich : bien loin d'une « politique d'encerclement de l'Allemagne », c'était « à peine plus qu'une table des matières » dit-il le 23 à Bernhard von Bülow[163]. Intimidé par la campagne de presse lancée par Göbbels après la Nuit des Longs Couteaux sur sa complicité dans le « complot » allégué des « traîtres » de la clique Röhm-Schleicher, il passa l'été 1934 à s'enquérir de la « confiance du gouvernement allemand » et à supplier qu'Hitler le reçut pour lui permettre de faire justice de ces calomnies. Après sa visite du 23 juillet, Bülow rappela à Neurath qu'on ne trouverait jamais « meilleur représentant » français ; il serait d'ailleurs encore plus « utile » après avoir « vécu ces expériences et perdu du prestige »[164]. L'estimant cuit à point après ses pénitences d'août, Berlin lui laissa en fin de mois, avant la réunion de Genève dominée par l'entrée de l'URSS à la SDN, espérer le pardon : « Le chancelier du Reich [était] prêt à [le] recevoir à tout moment. »[165]

L'empressement de François-Poncet faisait écho à ceux des milieux financiers. Le synarque et autre proche de Laval Albert-Buisson[166], « président de la Banque nationale pour le commerce et l'industrie », alla à Berlin fin mai 1934, époque du propos de Barthou sur la guerre, industrie prussienne. Le 1er juin, Ribbentrop le présenta à Hitler comme « intime de Barthou et [...] de Doumergue [,...] un des principaux confidents du cabinet français [...] disposant d'une influence considérable sur les membres dirigeants du gouvernement ». Ribbentrop lui fit miroiter une séance d'autojustification devant le ministre de la Guerre Werner von Blomberg, si « offensé », puis il l'en priva : le banquier n'en soulignerait que mieux de retour à Paris quelle « mauvaise impression le discours de Barthou avait faite ici »[167]. C'est en effet « après un dîner » chez Bunau-Varilla qu'eut lieu le 16 juin l'entretien Ribbentrop-Barthou. Le 20 août, les RG en annoncèrent un autre[168].

En juin-juillet, l'ambassadeur Köster se félicita de la campagne antisoviétique du gouverneur de la Banque de France : maintenant son veto contre tout crédit à l'URSS pour financer ses commandes à l'industrie française, Moret clamait le « grand scepticisme des milieux d'affaires français concernant un *rapprochement* franco-soviétique ». Berlin pouvait aussi compter sur le forcing contre « l'alliance franco-russe » des « milieux militaires, particulièrement du général Weygand », et de « nombre de sénateurs ». Köster s'emploierait d'ailleurs à aggraver, en discutant avec l'influent président de la Commission des affaires étrangères du Sénat, Henry Bérenger, les « relations exceptionnellement mauvaises » de celui-ci « avec Barthou »[169]. Il perçut en juillet l'isolement croissant du ministre, que lui confirmèrent le 20 à un déjeuner deux « sénateurs très influents de la commission de l'armée et un député [de celle] des affaires étrangères de la Chambre »[170].

La haine et la peur allemandes grandirent en août-septembre, où Barthou et ses amis haussèrent le ton sur la Sarre. Le « mémorandum Barthou » adressé le 31 août au secrétaire général de la SDN (depuis 1933), l'inspecteur des Finances Joseph Avenol, prescrivait « une étude préalable des questions qui seraient soulevées après le plébiscite » : éventualité d'un second plébiscite, définition du *statu quo*, extension de la garantie aux personnes privées du droit de vote, question juive[171]. Barthou voulait en outre user de « tous les moyens à la disposition » du gouvernement français et encourageait « la propagande en faveur du *statu quo* en Sarre » : convaincu que laisser ici libre cours au Reich ferait « de l'Anschluss de l'Autriche une question de mois », il prétendait « transformer la Sarre en une structure similaire à Dantzig »[172]. La négociation s'annonçait rude. Röchling soutint en juillet, avant le débat sur les chiffres, que « les mines de charbon » avaient perdu de leur valeur, vu la dépréciation générale « depuis 1920 de toute la propriété industrielle et particulièrement de celle des mines » et les carences d'investissement d'un État français inapte à les

« maintenir à leur niveau économique » : « Il faudrait déduire du prix de rachat [c]es lourdes pertes. »[173]

Le 20 septembre, Köster dressa un bilan contrasté. Barthou, « parrain qui avait [le 17] tenu l'enfant soviétique sur les fonds baptismaux » de Genève, ulcérait les milieux dirigeants français qui, « effrayés de leur propre courage » antiallemand, se complaisaient dans la terreur « des buts de révolution mondiale de la IIIe Internationale et de l'agitation subversive bolchevique ». « Le gouvernement français et la majorité de l'opinion publique s'obstinaient à jouer la carte russe, malgré la puissante opposition formée par tous les partis de droite et une partie de l'État-major général » et le veto contre « tout octroi de crédit à l'URSS » de l'administration des Finances tuteurée par « le gouverneur de la Banque de France ». « Les adversaires politiques de M. Barthou », en progrès, pouvaient se réjouir de l'étroitesse de sa victoire, mais c'est sur Herriot que la France, obsédée par sa « sécurité contre l'Allemagne » et sceptique sur « l'alliance avec la Pologne », tendait à s'aligner « malgré tous ses bons scrupules bourgeois et son rejet du communisme ». Köster redoutait que l'objectif de Barthou – la « création d'un élément de sécurité nouveau et considérable contre l'Allemagne » – ne finît par s'imposer « même [à ses] adversaires »[174].

Le 9 octobre à Marseille l'obstacle fut levé dans des conditions justifiant examen. Début avril, Geneviève Tabouis, « l'une des principales informatrices du Quai d'Orsay », commentant la tentative d'assassinat de Dollfuss (réussie le 25 juillet) et l'attentat contre Ion Duca en Roumanie, « signal[a] l'activité actuelle de l'ambassade du Reich qui n'a[vait] jamais entretenu autant de correspondants dans les milieux politiques français » et ajouta « que M. Doumergue lui-même pourrait être menacé »[175]. Fin août, la Sûreté nationale apprit du Quai que « des attentats auraient été décidés contre les "principaux défenseurs de l'indépendance autrichienne" : M. Mussolini et M. Barthou ». Il étaient préparés par « des terroristes, vraisemblablement "nazistes" », précisa le directeur des RG[176].

Le 25 septembre, Laval, ministre des Colonies du cabinet Doumergue, offrit ses services au baron Friedrich von der Ropp, « chef du "Commando chrétien" [*Christliche Kampfschar*] » : à l'émissaire de Berlin venu à Paris il « exprima sa préoccupation sur les développements politiques » en cours, son « désaccord sur la politique extérieure de Barthou » et sa hâte d'« un accord direct franco-allemand ». Cet entretien emplit dix pages (7-17) d'un rapport divisé en « trois parties : "La situation générale", "Détails particuliers sur Pierre Laval" et "La conversation avec Laval" ». L'importance évidente de ce rapport, que von der Ropp avait remis à Ribbentrop, rend choquante sa non-publication par l'équipe rédactrice des archives allemandes. Que dit, promit et fit Laval le 25 septembre pour que le 10 octobre, Barthou à peine froid, von der Ropp se précipitât à l'*Auswärtiges Amt* voir Emil von Rintelen et demander « que l'Allemagne s'efforçât de faire nommer M. Laval au ministère des Affaires étrangères » : il allait inviter à Berlin « son ami » René (ou Jules) Vallet pour que cet « intime de Laval » fît à son retour « savoir à Paris à quel point nous tenions à ce que M. Laval devînt ministre des Affaires étrangères ». Rintelen observa « qu'une tentative pour influencer » ainsi cette « nomination [...] risquait de ne pas aboutir au résultat souhaité »[177]. Peut-être recourut-on à une autre « manière », mais on obtint le « résultat souhaité ».

Le 6 octobre, un autre intime de Laval, François Piétri, ministre de la Marine, reçut d'un certain Lepage, auditeur involontaire la veille au soir d'« une conversation […] boulevard Barbès », le télégramme suivant, transmis par le capitaine de frégate Gabriel Auphan, chef adjoint de son cabinet militaire, au directeur de la Sûreté nationale le 7 (délai surprenant) : « M. le ministre, [comme vous devez] aller à Marseille mardi, je vous demande de faire bien attention à vous car il doit y *avoir un attentat ce jour-là contre vous* par un inconnu. »[178] Cette « lettre anonyme » fut, aussi le 7 « communiquée à M. Sisteron », de la Préfecture de police, qui assura (le 9, après coup) la Sûreté nationale « que son adjoint M. Dupin, parti pour Marseille, était chargé d'aviser le préfet des Bouches-du-Rhône ». J'ignore quand Dupin y arriva, mais cette information n'avait pas alerté davantage que les renseignements concordants tirés de « plusieurs » mois de surveillance policière « sur l'activité des éléments révolutionnaires » (vocable groupant alors oustachis et communistes) « en prévision du voyage en France du roi Alexandre Ier » et ceux du Quai d'Orsay accumulés depuis 1933[179]. « Les documents apportés par la presse et le cinéma sur le service de police de Marseille [,…] accablants pour les responsables directs », révélèrent « une carence gouvernementale dans bien des domaines »[180]. Fin novembre, Laval exigea donc que fût « rigoureusement interdite la projection des scènes de l'attentat et de l'agonie du Roi ainsi que de M. le président Barthou ». La population ne pourrait voir que « les bandes » relatives aux obsèques[181].

Si Laval, avec Piétri, fut complice, c'est le Reich qui organisa l'opération. Les trois pays sur lesquels furent braqués les projecteurs jouèrent un rôle auxiliaire : la Hongrie, centre d'accueil habituel des sicaires du Reich et de l'Italie avec son camp d'entraînement de Janka Pusta[182] ; l'Autriche, féal dont l'union avec le Reich ne datait pas d'Hitler mais de l'Anschluss diplomatico-militaire secret de mars 1926[183] ; l'Italie, où résidaient les tuteurs de la partie croate de l'attentat, Ante Pavelitch et Eugen Kvaternik – que Rome n'extrada pas –, et où ces terroristes disposaient de camps d'entraînement, notamment dans les Abruzzes (« plusieurs camps […] non loin de Rome »), près de Parme, à Lipari et à Bologne[184]. « Le service d'information militaire (SIM) [,…] organisation officielle terroriste en rapport étroit avec les dirigeants fascistes et singulièrement le comte Ciano, qui avait pour but de seconder, même par le crime, les intérêts fascistes à l'étranger », ne fut, selon Béteille, « pas […] étranger […] à l'assassinat » de Marseille[185].

Mais l'Italie, que le chef de l'oustacha, Pavelitch, quittait parfois pour l'Allemagne, n'avait servi que d'étape. L'organisation croate vouée à l'assassinat politique[186], qui était « à la veille d'une liquidation en mai 1933 », fut « renflouée mystérieusement peu après, alors que Pavelitch s'était installé à Berlin ». Y fut aussitôt « tirée à l'imprimerie située Wilhelmstrasse 100 à Nowanes près de Potsdam », où était « éditée bien entendu sans le nom de l'imprimeur, toute la littérature nazie pour l'étranger, et en toutes langues », la feuille de Pavelitch *Nezavisna Hrvatska Drzava* (Puissance indépendante croate),

« soi-disant imprimée à Zagreb ». Son rédacteur en chef, Branimir Jelitch, entretenait « des relations étroites avec le chef [nazi] des séparatistes ukrainiens à Berlin, Konovaletz ». *Nezavisna Hrvatska Drzava*, qui appelait quotidiennement au meurtre d'Alexandre, fut « éditée à Berlin jusqu'en mai » 1934. « En raison d'une démarche du gouvernement de Belgrade, l'impression » en fut alors, sur intervention de Röhm « auprès d'Hitler », transférée « à Dantzig »[187].

Les assassins oustachis, dont Röhm « réorganis[ait] l'action » en avril 1934, en lien avec leurs chefs hébergés à Berlin ou financés, ailleurs, par le Reich, étaient venus de Munich[188]. L'énorme correspondance sur la participation allemande au forfait[189] cadre avec le témoignage du comte Ottmar von Lamberg. Cet ancien nazi autrichien réfugié à Bratislava déclara « que l'attentat de Marseille [av]ait été fomenté dès mai 1934 par des milieux croates réfugiés en Hongrie mais soutenus par une association militaire de ce pays et surtout par les émissaires de la Maison brune de Munich ». Parmi eux agissait « le comte Bossi-Fredregotti, Autrichien du sud, naturalisé allemand, homme de liaison [...] avec les organisations terroristes de l'Europe centrale [,...] bien connu aussi dans certains milieux italiens [,...] un des principaux instigateurs des attentats commis en 1934 en Roumanie, Yougoslavie, en Autriche et à Marseille ». Anton Bossi-Fredregotti, « mêlé aux préparatifs de l'attentat en juillet dernier contre le chancelier Dollfuss », regagna après l'attentat de Marseille « Munich où il ne quitt[ait] pas la Maison brune »[190]. La Sûreté générale avéra le jugement de Lamberg sur ce « collaborateur immédiat de [Theo] Habicht, chef des nazis autrichiens, réfugié dans le Reich [et] chargé par celui-ci de la liaison avec les organisations terroristes de l'Europe centrale »[191] et des préparatifs de l'Anschluss[192]. Le rôle de Berlin était notoire : Navachine « lui-même croyait que [Paul] Gorguloff et les assassins croates de Barthou et d'Alexandre Ier avaient été dirigés par des cercles terroristes allemands »[193].

L'ÈRE LAVAL D'OCTOBRE 1934 AUX LÉGISLATIVES DE 1936

Jean-Baptiste Duroselle évoquait en 1983 les « petits pas » de Laval vers le futur Axe et vers l'URSS[194]. Les « pas » de géant du côté germano-italien contrastèrent avec la paralysie à l'Est.

L'Apaisement envers Rome et Berlin

La Sarre, symbole de la priorité des affaires

La priorité des accords financiers et industriels franco-allemands

Le chargé d'affaires allemand à Paris Forster dressa fin octobre en zombies les principaux ministres du cabinet privé de Barthou. Effarés des progrès du réarmement allemand mais s'interdisant « toute initiative en politique étrangère », « Laval, Pétain, Piétri, Flandin, Herriot » n'envisageaient même pas « d'agir contre l'Allemagne par la force des armes, surtout compte tenu des répercussions de l'assassinat de Marseille ». Sur la Sarre, les difficultés étaient aplanies : plus question de « refuser de restituer le territoire ou de préparer la moindre mesure militaire liée à une telle menace. [...] L'entourage immédiat de Laval » avait confirmé l'abandon de la campagne en faveur du *statu quo*, désormais présenté comme « pas si populaire que ça en France » et « de nature à porter atteinte aux relations franco-allemandes pour les années à venir ». Paris conduirait sa « propagande et le plébiscite de façon à ne pas couper les ponts qui mèneraient à de fructueuses discussions franco-allemandes sur le problème de la Sarre après le plébiscite »[195].

Forster disait vrai. Le prouvèrent aussitôt les efforts de François-Poncet pour étouffer toute polémique, via Havas, avec la presse allemande déchaînée contre l'agressivité militaire française à la frontière[196] ; puis l'entretien Laval-Köster si « amical et cordial » du 6 novembre 1934, suivi de bien d'autres : entre autres douceurs, Laval lui dit « qu'à son avis, la Sarre était 100 % allemande et qu'il ne désirait personnellement rien plus sincèrement que de voir rendu ce territoire à l'Allemagne ». Il démentit tous « préparatifs militaires sous la forme de mouvements de troupes » : Pétain, avec lequel « il avait eu ce matin une conversation détaillée à ce sujet, le lui avait pleinement confirmé ». Il s'engagea à convoquer dès que Köster aurait franchi sa porte « les journalistes pour leur communiquer les instructions appropriées » à la « détente de l'atmosphère » franco-allemande. Il lui annonça « de grands changements à l'intérieur du gouvernement au plus tard mardi, avec un nouveau cabinet de trêve politique (*Burgfriedens*), dans lequel il jouerait probablement un rôle qui affecterait les problèmes concernant l'Allemagne et la France »[197]. L'équipe « Flandin-Laval » succéda en effet le 8 novembre au cabinet Doumergue, et François-Poncet certifia à Berlin ses bonnes intentions et sa solidité : la Chambre devrait le faire « durer longtemps », sous peine de dissolution[198]. Le général Louis Maurin, successeur de Pétain nommé « sur sa recommandation spéciale », rassura fin novembre Köster « en tant que membre du cabinet responsable de la sécurité et des affaires militaires de la France » : nul ne pouvait douter « de la bonne foi de l'actuel gouvernement français sur la question de la Sarre, [...] de sa sympathie pour le point de vue allemand [,...] du respect de l'armée française pour l'armée allemande » et de sa hâte de conclure « un *modus vivendi* raisonnable entre les deux pays »[199].

Entre deux voyages à Berlin, Goy, député de la Seine et membre de la Commission des affaires étrangères de la Chambre, discuta début novembre avec Pétain des « motifs des mesures militaires [françaises] prises en liaison avec le territoire de la Sarre ». Celui-ci le chargea de transmettre l'engagement français, avec « sa parole d'honneur, comme le chancelier du Reich l'avait fait aux anciens combattants français au nom de l'Allemagne [,...] qu'il n'était pas question d'intervention armée française dans la Sarre, tant que le plébiscite se déroulerait *légalement* » (astuce qui serait renouvelée en 1938 contre Prague). Goy précisa à Pétain que, « vu l'impression profonde que les déclarations du chancelier avaient produite et de la confiance établie pendant la visite à Berlin, les associations françaises d'anciens combattants soutiendraient dans la campagne à venir un accord franco-allemand et un accord loyal sur la question de la Sarre »[200].

Flandin, aussi empressé que Laval, prôna devant Köster la prudence, sous peine d'aggraver « les grandes difficultés qu'il devait surmonter à l'intérieur pour emprunter le [nouveau] cours de politique extérieure ». Berlin faciliterait sa tâche en calmant les clameurs sur « la déconfiture ou l'humiliation de la France » ou en cessant de confier la diffusion du verbe du Führer et des siens « au discours ou à la plume de nationaux français que l'opinion française ne tenait pas pour compétents ». Les « meilleures intentions » que lui-même revendiquait[201] reflétaient l'impatience de la réunion à Rome du « comité des trois pour la préparation du plébiscite » groupant politiques et industriels, dont Hermann Röchling[202]. Pour plaire au Reich, Paris, à la fureur du négoce alsacien, faisait l'aveugle devant l'afflux en Sarre des produits allemands qui gagneraient la France en franchise douanière[203].

Tout prouvait – une circulaire le notifia le 21 novembre aux postes de Londres, Paris, Berne et Genève – qu'« il fallait prendre au sérieux [...] les déclarations de Laval sur [...] le changement de la politique française de la Sarre » : Berlin lâcherait donc du lest à Rome sur le commerce, la finance et les mines[204]. Flandin abdiqua « mauvaise humeur » et conseils tactiques[205] devant le directeur de la Deutsche Bank et de la Diskonto-Gesellschaft, Kurt Weigelt, son « vieux collègue et ami », et successeur à la présidence de la Chambre de commerce internationale, venu présider à Paris la conférence de sa commission du trafic aérien. Il loua la politique sarroise d'Hitler qui, « confondu avec l'Allemagne même, avait maîtrisé ce problème difficile avec calme, discipline et dignité » : le Führer avait à nouveau mis en échec « les activités contre l'Allemagne [des] *émigrés* » qui comptaient exploiter cette « question compliquée ». Cette flagornerie confirmait la fébrilité sur les mines de la Warndt[206], « principal souci » des Français, qui réclamèrent « obstinément » à Rome 300 millions sur « un chiffre [total] de 1 200 » (dont 900 pour « la circulation des francs en Sarre »)[207]. « Le groupe de Wendel accept[a donc] l'invitation » lancée autour du 20 novembre par Otto Wolff, administrateur de la *Neunkirchen Eisenwerk AG*, au nom de son « groupe d'industriels allemands », de discuter « à la fin de ce mois à Sarrebruck [...de] l'attitude que devr[aie]nt observer les industriels sarrois à l'occasion du prochain plébiscite »[208].

« La France », câbla l'*Associated Press* le 26 novembre, « s'est virtuellement retirée de la lutte pour la Sarre, rendant ainsi probable une grande victoire nazie en janvier. [...] Laval et Hitler seraient parvenus à un accord selon lequel la France s'abstiendrait d'appuyer la cause hostile aux nazis et ne parlerait plus d'envoyer des troupes françaises dans la Sarre. En retour, les nazis accepteraient de négocier dans un bref délai un accord financier concernant les mines sarroises. Laval aurait fait savoir à Berlin et aux antinazis de la Sarre qu'il ne voulait plus combattre en faveur du maintien du *statu quo*, défendu par son prédécesseur Barthou »[209]. Le Reich se félicita de « l'attitude considérablement plus sobre de la presse française », qui, avant comme après la mort de Barthou, avait satisfait les attentes des tuteurs français et allemands[210]. Laval ordonna fin novembre « à la station radiophonique de Strasbourg de s'abstenir de propagande sur le problème de la Sarre ». Il remit alors à Köster et Aschmann (« conseiller privé » et « directeur du bureau de presse » venant à Paris « tous les deux mois » pour organiser « la propagande allemande ») « une déclaration sur les chances d'établir une trêve radiophonique », puis, le 3 décembre, un accord écrit contre les polémiques de presse. Berlin le viola : la sienne continua à tonner contre la France surarmée acharnée à en découdre avec Allemands et Sarrois[211]. L'accord du même jour « sur le prix des mines » enterra le « mémorandum Barthou » : prolongeant pour cinq ans « les concessions accordées aux sociétés minières françaises dans les mines de la Warndt », il statuait « sur les méthodes de paiement fondées sur l'utilisation de la monnaie en circulation dans la Sarre [,...] les livraisons de charbon [et...] les autres questions financières en discussion (dettes commerciales de la Sarre à l'égard de la France et ses emprunts étrangers) ». La France avait abandonné à leur sort (comme les séparatistes rhénans en 1924[212]) « les *émigrés* qui port[ai]ent l'essentiel de la responsabilité d'avoir empoisonné l'atmosphère dans la Sarre » : elle acceptait l'exclusion du plébiscite de ceux, qui, au jour de sa tenue, « n'auraient pas été domiciliés dans la Sarre depuis plus de trois ans ». Elle lâchait les juifs devant le veto allemand contre une « clause de protection spéciale des minorités dans la Sarre » : Berlin avait consenti à y différer « l'application de [sa] législation aryenne un an après la réintégration »[213]. Le 4 décembre Hitler exalta ce « net succès » devant ses ministres convoqués à la chancellerie : à nouveau « grande puissance », l'Allemagne avait acquis « la première reconnaissance internationale de [s]a reconstruction intérieure » et « les Français avaient définitivement laissé passer l'occasion d'une guerre préventive »[214].

Vainement sollicité de couvrir d'un manteau de légalité ses pratiques préélectorales en Sarre, le régime hitlérien prépara son plébiscite triomphal en usant d'une terreur intacte[215]. François-Poncet vint gémir le 1er décembre : des groupes d'une quarantaine d'hommes de main, entraînés à Döberitz et Münster selon la méthode éprouvée du camp hongrois de Janka Pusta, étaient lâchés sur la Sarre, avec « des passeports volés aux communistes qui étaient détenus en camps de concentration »[216]. La grande presse ne s'en émut pas plus que du reste. Comme maint confrère, « M. Gabriel Perreux, président du Syndicat français de la presse étrangère et rédacteur à *Paris-Soir*, [...] tout acquis à la politique de rapprochement franco-allemand [,...] se serait rendu, plusieurs fois ces derniers temps, à l'ambassade d'Allemagne ». Laquelle avait « chargé les journalistes allemands accrédités à Paris de se livrer discrètement à des enquêtes sur l'évolution de l'opinion dans les associations françaises d'Anciens combattants en vue de publier des articles destinés à favoriser le rapprochement franco-allemand »[217]. Le 3 décembre, retour d'Allemagne, à la nouvelle réunion du « groupe du 9 juillet » à la Sorbonne, Jules Romains loua le « courageux » Goy si « calomni[é] » et ferrailla contre Barthou et « le plébiscite de la Sarre » si « humili[ant] » pour les Allemands, auquel il aurait préféré « un accord franco-allemand plébiscité par le peuple sarrois » : mes « entretiens avec Rosenberg et Göbbels [...] m'ont fait entrevoir que les Allemands avaient le sentiment d'être un peuple humilié, sentiment renforcé ces derniers temps par la politique de Barthou qui courait sans cesse, vérifiant les barreaux de leurs grilles et renforçant au besoin, les cadenas, par l'encerclement de l'Allemagne » ; ils m'« ont donné leur parole d'honneur qu'il n'y aurait pas de putsch et que les SA seraient démobilisés sur une profondeur de 40 km autour de la Sarre [... –] concessions [...] très appréciables ». Les autres synarques montrèrent la même émotion sarroise, tels Bertrand de Jouvenel et Marcel Déat[218], qui inaugura son refus de mourir (pour Dantzig) en déclarant avoir « toujours pensé que le charbon de la Sarre ne valait pas une goutte de sang français »[219].

Affaire faite, ces féaux célébrèrent le triomphe plébiscitaire. Jouvenel, président du comité d'entente de la Jeunesse française pour le rapprochement franco-allemand, télégraphia le 13 janvier 1935 à Carl Nabersberg, chef de la section étrangère de la Jeunesse hitlérienne : « Je me réjouis que ce jour voie la solution de la dernière question territoriale qui sépare nos deux pays. Je souhaite que la collaboration franco-allemande ressemble à notre amitié". » Il reçut une « réponse téléphonique » aussi lyrique[220].

La relance des affaires

Le commerce entretint l'amitié, des métaux et de la sidérurgie au textile, durement frappé par la dévaluation de la livre sterling de septembre 1931 qui augmenta ses prix « de 30 à 35 %, peut-être davantage »[221]. L'explosion de février-mars 1935 des achats allemands de laine peignée, déchets de coton et lins (Agache) liée à la remilitarisation enfiévra le patronat de la région de Roubaix-Tourcoing. L'Allemagne avait « besoin, à tout prix, de draps pour habiller ses hommes et [son...] stock de coton [était] nettement insuffisant pour la fabrication de [se]s explosifs ». Elle rafla donc tous les stocks disponibles en vue de « livraison immédiate » et « sans discuter les prix »[222]. L'ire populaire ayant contraint l'État à décréter fin mars l'interdiction provisoire de « toute exportation des produits nécessaires à la défense nationale, laine et cotons compris », les industriels le prièrent « de rapporter le décret de prohibition ». En attendant, ils le bafouèrent : des dizaines de camions et de wagons franchissaient la frontière avec l'aval dudit État, qui n'avait donné aux douanes aucune instruction pour l'appliquer[223].

La fête sarroise post-plébiscitaire fut aussi débridée, et « le trafic [...] très intense sur toute la frontière franco-sarroise [...], notamment pour les denrées alimentaires (graisses comestibles, cafés, épices) et les céréales »[224]. Depuis février s'était constitué 202, rue de Rivoli un « Syndicat commercial franco-allemand », dit « "syndicat du troc (syndicat des opérations de compensation)" ». Cet « organisme de compensation pour l'échange avec l'Extrême-Orient de produits industriels allemands » avait été créé à l'initiative de Nucky Weismann, secrétaire de Schacht, toujours président de la Reichsbank et nommé ministre de l'Économie nationale du Reich après la Nuit des Longs Couteaux (30 juin 1934). Il associait « avec l'agrément des autorités officielles du Reich [...] des hommes d'affaires berlinois », trois banquiers, Paul Oppenheimer, Arthur Bleichroeder et le Dr Weissmann, « représentant en Europe de la Banque Lee Higginson & C° de New York, [et...] des personnalités françaises » du genre émigrés de Coblence : son président, le comte Louis Froidefond de Farges ; de la Flocellière (Vendée), « colonel en retraite et membre de l'Action française », qui pratiquait « l'achat et la vente de terrains et d'immeubles pour le compte d'Allemands réfugiés ; son voisin, marquis de Hillerin de Boitissandeau,

« membre influent de l'Action française, ancien officier de cavalerie, démissionnaire à l'époque des inventaires, [...] propriétaire foncier dont les ressources [avaient] considérablement diminué suite à de sérieux embarras financiers » ; le comte parisien Guy de Charnacé, « représentant de la Banque Islin de New York », en « relations d'affaires avec M. Achille Fould, député, ancien ministre ». Les partenaires avaient choisi pour vice-président l'archiduc François-Joseph de Habsbourg-Lorraine, qui « s'occup[ait] d'affaires ».

Fin avril 1935, à Londres, Froidefond de Farges « engage[a] des pourparlers au nom du syndicat commercial franco-allemand » (formé depuis février) « pour la fourniture de denrées coloniales (notamment riz, cacao, poivre, coton) à l'Allemagne » avec le Dr Schmitt, du ministère de la Reichswehr, le Dr Clausemeyer, du ministère des Finances, Hamer, sénateur de Batavia, E. Bohle, Gauleiter du NSDAP (*Auslandsabteilung*, section de l'étranger), de Hambourg. On se revit à Paris, Berlin ou Londres, et les négociations pour achat de riz indochinois s'étendirent : en mai, « des émissaires de l'*Arbeitgemeinschaft deutscher Reismuhlen* (communauté de travail des rizeries allemandes), de Hambourg » vinrent solliciter à Paris « diverses firmes d'exportation et notamment [...] la Compagnie franco-indochinoise, 25, rue du général Foy »[225]. En octobre, « les présidents de l'association des industries métallurgiques de Berlin et de la Foire de Leipzig [firent] demander à M. Hennessy de mettre à la disposition de leurs groupements une rubrique du *Quotidien* pour y mener une campagne en faveur d'échanges entre l'Allemagne et les colonies françaises. Ils lui off[rirent] en retour de le faire participer aux bénéfices des sociétés dont ils envisage[ai]nt la fondation pour favoriser ces opérations »[226].

L'allant vendeur du Comité des Forges depuis 1933 mit *L'Humanité* en verve : son affiche « Ça recommence » et sa rubrique « La trahison du fer », avant les législatives de 1936, comparèrent les ventes en cours au compromis sur le non-bombardement de Briey de la Grande Guerre. L'assailli répliqua par la même voie « que les Allemands n'[avaient] pas fabriqué une tonne de fonte à Briey pendant toute la guerre » ; ironisa sur le silence du journal sur les livraisons de manganèse de « la Russie des Soviets [...] en 1935 à l'Allemagne ». Bien que la minorant, il n'osa nier sa fourniture de minerai de fer, qui ne serait entré « que pour 4,3 % dans la production allemande de métal, Sarre exclue, et 12 % avec la Sarre »[227].

La voie ouverte par Laval à l'expansion allemande et italienne

La France entre conquête de l'Éthiopie et remilitarisation de la Rhénanie

« Les mains libres en Éthiopie » laissées à Mussolini par Laval, à Rome, en janvier 1935 furent comprises « dans les couloirs de la Chambre » comme signifiant abandon de « la position prise par M. Barthou et [retour] au système des concessions continuelles »[228]. La conférence franco-anglo-italienne d'avril 1935, à Stresa, prétendu « front antiallemand » et anti-Anschluss contre lequel tonna habilement la presse du Reich[229], fut un mirage[230]. En août, Laval, face à un « Conseil [des ministres...] très divisé et flottant », jura qu'il « ne consentira[it] jamais à des sanctions contre l'Italie »[231]. « En privé, la France avait dit à Mussolini : "Tout ça est juste à usage de l'opinion publique, nous vous laisserons en réalité obtenir le pétrole et tous les autres approvisionnements dont vous aurez besoin". » Cette option, dont Daladier déplora devant Sumner Welles en 1940 le caractère clandestin[232], était calquée sur celle de la Banque d'Indochine et de son président Paul Baudouin, administrateur d'une foule de sociétés financières et industrielles (surtout en Indochine), grand synarque au rôle décisif dans l'assassinat de la République et la défaite. Les RG rappelaient encore en 1960 que ce mentor de Laval et Bonnet avait, « de 1935 à 1940, été mêlé à d'importantes négociations financières avec l'Italie, notamment à propos du chemin de fer franco-éthiopien de Djibouti à Addis-Abeba. À cette occasion, il eut, en juin 1935, un entretien de plus d'une heure avec Mussolini »[233].

Juste avant l'attaque italienne, Baudouin intervint auprès de Laval pour que son « projet d'entente » avec l'Italie remis aux bons soins du résident général Henri Ponsot ne sacrifiât pas « les intérêts de plusieurs sociétés françaises en Éthiopie » précieux à la Banque d'Indochine[234]. Ces douceurs couvraient aussi des ménagements envers Berlin. En octobre-novembre 1935, la Banque de France s'opposa aux « sanctions contre l'Italie » en invoquant les règles de la BRI qui, cantonnée à « la sphère de neutralité politique », œuvrait « dans le domaine purement financier et commercial ». Schacht avait soufflé l'argument des « *motifs d'ordre juridique* » et « *purement bancaire* » de cette « attitude »[235] aux gouverneurs des Banques de France (alors Tannery) et d'Angleterre (Montagu Norman) dans un entretien bâlois, début octobre[236].

L'Italie, sous la houlette de Ciano, était déjà alignée sur l'Allemagne. Sa « ligne antifrançaise poursuivie délibérément [...] avec la pleine approbation de Mussolini » rassérénait Ulrich von Hassel, toujours méfiant envers le vieil ennemi italien[237]. Bénès comprit en décembre 1935 que la « cession importante de territoire éthiopien à l'Italie » avec quitus de la SDN mijotée par Laval et Sir Samuel Hoare constituerait un fâcheux « précédent [qui pourrait] par la suite être invoqué contre l'intégrité territoriale de la Tchécoslovaquie »[238]. La droite cajolée par Mussolini fit du prétendu « Bloc » ou « Front de Stresa » une icône de l'« alliance » avec l'Italie (antienne des rapports des RG de 1935 à 1939)[239].

Du côté allemand, litige économique réglé en Sarre, Laval délaissa ses aspects militaires. Le bruit avait couru après le plébiscite que René Massigli, alors directeur adjoint des Affaires politiques et commerciales du Quai d'Orsay, comptait régler « avant la réintégration de la Sarre, la question de sa démilitarisation », très « embarrassante »[240]. Le tandem Laval-François-Poncet l'évinça donc des nouvelles « conversations de Rome » et, le 16 janvier, l'ambassadeur rassura Berlin : Laval ne soutiendrait pas des « demandes aussi ridicules » et « des plans émanant indubitablement de l'État-major général » ; le 17, l'ambassadeur dit avoir avisé par télégramme Laval des « dangers de discuter la démilitarisation de la Sarre » ; on ne demanderait pas non plus « la démolition des installations militaires » françaises[241]. Fin janvier, il était acquis que Laval « abandonnerait le point de vue négatif de [la] note du 17 avril » 1934 sur la sécurité adressée à Londres par Barthou. Le serpent de mer de « la démilitarisation du territoire de la Sarre » ressurgit dans les entretiens Forster-

Massigli du 21 février 1935 ; il sombra le 28 dans un échange de notes l'assimilant au régime de la Rhénanie (articles 42 et 43 du traité de Versailles)[242], lui-même agonisant.

Début mars, « plusieurs députés alsaciens et lorrains inquiets de la propagande autonomiste agressive faite dans nos départements recouvrés [...] accus[èr]ent les pouvoirs publics de faire montre "d'indifférence" en face d'une situation "qui [pouvait] devenir dangereuse au moment où certains éléments, manifestement en relations avec l'Allemagne, lan[çai]ent l'idée d'un plébiscite en Alsace" ». Ils allaient « demander au gouvernement les mesures qu'il compt[ait] prendre pour mettre fin à une semblable agitation »[243]. Le cabinet Flandin ne s'en alarma point, pas plus que de la proclamation officielle, le 16, du réarmement allemand : résurrection d'« une force militaire aérienne » connue de longue date, rappela Pertinax ; rétablissement du service militaire obligatoire ; armée portée à 36 divisions. Paris émit par note « la protestation la plus formelle » contre « des décisions unilatérales prises en violation d'engagements internationaux »[244] et laissa faire. La méthode fournirait à l'État-major un argument rhénan puis général : puisqu'on avait tout toléré sans ciller avant la remilitarisation officielle, il serait absurde de changer de cap.

Laval ne cessait de donner des preuves de sa recherche « d'accord et d'harmonie » avec l'Allemagne, en commençant par recenser « toutes les précautions » prises pour réduire au néant « le traité franco-soviétique » à peine signé. Après leur longue conversation à Cracovie, le 18 mai 1935, aux obsèques de Pilsudski, fasciné par « la vision politique et la sincérité [du] général Goering », il lui promit « de faire au gouvernement allemand dès son retour à Paris des propositions de traité de non-agression et de consultation » sur la base souhaitée par Neurath. La crise ministérielle qui aboutit le 1er juin au remplacement de Flandin par Fernand Bouisson l'en avait empêché, dit-il le 3 à Köster, auquel il fit cependant valoir le néant dont « les Russes avaient bien dû se contenter »[245]. Pour s'obstiner dans cette voie, le tandem Laval-François-Poncet dut ravaler l'humiliation de l'accord naval anglo-allemand du 18 juin, par lequel : 1° Londres, s'associant à la violation de Versailles, concédait à Berlin sans en avoir avisé Paris une flotte de guerre égale à 35 % de la sienne ; 2° le Reich, selon la formule de von Arnim devant ses élèves officiers de la *Technische Hochschule* de Berlin, mettait en œuvre son « but principal [,...] séparer l'Angleterre de la France, en un mot [...] isoler la France »[246] (3° le récent allié présumé de la France était visé, le Reich obtenant « les mains libres » en Baltique contre l'URSS (Finkel et Leibovitz) : début 1937, « la flotte allemande a[vait] acquis des moyens suffisants pour bloquer la flotte russe, non seulement dans la Baltique, mais même dans le Golfe de Finlande »[247]).

En rage contre Londres, le duo continua à flagorner Berlin, en respectant le code idéologique requis. Laval a dû faire mine de se tourner vers Moscou, expliqua François-Poncet à Neurath le 25 juin, « pour affaiblir sérieusement le puissant groupe parlementaire de Paris constitué de communistes, de marxistes, de francs-maçons et de juifs » ; le traité serait « caduc si un pacte oriental sur le modèle allemand [,...] même sans *assistance mutuelle* [,...] voyait le jour ». Et il déplora les faveurs allemandes pour Londres alors que Paris se montrait si méritant[248]. Laval entonnait aussi volontiers le refrain sur « le danger du bolchevisme » et le soin qu'il en prenait. Il annonça fin juillet 1935 à Köster que le *Front populaire* mourrait d'un rapprochement franco-allemand : « Les socialistes et les radicaux-socialistes désiraient ardemment la paix. Dès que l'Allemagne aurait fait une déclaration en ce sens, les communistes français devraient céder ou se retirer du *Front* dans l'isolement. »[249]

Aux nouvelles demandes de « négociations » de François-Poncet, Berlin répondit par la décision « de suspendre les discussions pendant les vacances, c'est-à-dire jusqu'en octobre »[250]. L'ambassadeur revint à la charge fin août, avec un projet de « pacte danubien » à mettre au point dans « une conférence danubienne » permettant « un *rapprochement* considérable entre l'Allemagne et la France » : antagonique avec celui du 2 mai, il avait tout pour plaire, « puisque aucun sacrifice d'aucune sorte n'était requis de l'Allemagne, que les Russes n'étaient pas invités à se joindre au pacte et que les points à discuter concordaient tous avec les déclarations faites dans le passé à de très diverses occasions par le Führer et chancelier »[251]. Berlin, qui avait annoncé via Neurath « le crépuscule des Dieux des pactes collectifs »[252], brocardait ces offres mais avait tout motif de croire à la loyauté de Laval, que lui confirmait régulièrement l'allié italien[253]. De Brinon fut mandaté par Laval à Berlin pour préparer « une conversation utile » avec Hitler qui, le 18 octobre, déblatéra sur les Soviets acharnés à « susciter du trouble en Europe ». Brinon profita de l'occasion pour solliciter une nouvelle « visite à Paris de M. von Ribbentrop », qui n'intéressait pas Berlin[254]. Quand la chute de Laval fut, « malgré sa dextérité », certaine, « un membre très influent du cabinet » (qui ?) vint passer avec Köster l'après-midi du 13 décembre pour jurer que sa politique lui survivrait (le feuilleton de ses déclarations d'amour au Reich se poursuivit)[255].

Berlin préparait alors la nouvelle étape de la sujétion de l'ennemi héréditaire, annoncée par des flots de renseignement depuis 1935 : la Chambre de commerce d'Aix-la-Chapelle fut en septembre « avisée par Berlin, qu['en...] janvier et février 1936, les grandes casernes d'Aix-la-Chapelle, Eschwiller, Neuss, Crefeld et Duren ser[aie]nt occupées par les troupes » et que « le transfert de leurs occupants actuels serait déjà commencé »[256]. Berlin lança « une campagne de presse » contre la violation du traité de Locarno « par la France, ou par la France et la Grande-Bretagne réunies » pour « pouvoir, *dit François-Poncet à von Bülow le 13 janvier 1936*, occuper la Rhénanie » : il venait quémander un sursis en arguant de l'intérêt allemand à ne pas rendre « plus difficiles [à Laval] sa vie et la poursuite de ses objectifs internationaux »[257]. En vain, vu la certitude allemande de l'impunité.

L'État-major avait peaufiné en vue de l'événement des conditions *irréalisables* aux « possibilités d'action de la France » (le Quai d'Orsay procéderait ainsi envers Prague). « Trois conditions » doivent être, exposa-t-il le 11 février, « *simultanément* » réunies : la « remilitarisation de la zone rhénane » doit : « 1° être flagrante, ce qui peut se traduire : manifeste, incontestable ; 2° constituer un acte d'agression non provoqué ; 3° nécessiter une action immédiate du fait d'un *rassemblement de forces armées en zone démilitarisée* » (hypothèse exclue par le Deuxième Bureau). La remilitarisation avait en outre déjà eu lieu, « notamment par l'introduction de 30 000 policiers militarisés de Landespolizei. Mais le fait que cette situation a été tolérée semble interdire de s'en prévaloir pour engager une action tardive, pour ces infractions, ou de nouvelles infractions similaires. Par contre, une remilitarisation ouverte et totale de la Rhénanie, comportant l'installation dans les garnisons d'unités de la Wehrmacht de toutes armes, constituerait indubitablement une violation flagrante réunissant toutes les conditions voulues pour justifier de notre part une action de force immédiate, et nous valoir l'aide militaire des puissances garantes : Belgique, Italie, Angleterre »[258].

La remilitarisation de la Rhénanie du 7 mars 1936 prit pour prétexte la ratification de l'accord franco-soviétique, votée le 27 février par la Chambre des Députés et imminente au Sénat : la Commission des affaires étrangères de celui-ci l'accepta le 4 mars[259], jour où, « à la suite d'une entrevue [...] avec un émissaire de M. von Ribbentrop, M. François de Wendel s'engag[ea] à subventionner une campagne de presse notamment dans *Le Jour*, *Le Matin*, *L'Écho de Paris*, et *Le Temps* en faveur d'un rapprochement franco-allemand »[260]. L'opération allemande étant « ouverte et totale », l'État-major changea d'argument. Les Allemands apprirent « d'informateurs français fiables » (ici Brinon) « que c'était grâce à [lui] qu'il n'y avait pas eu de mobilisation » : les généraux Maurin et Gamelin avait argué auprès des politiques que la préparation et la force militaires françaises étaient si supérieures à celles du Reich qu'il n'était nul besoin « de frapper » ; or, on ne pouvait « mobiliser une armée que si on [y] était résolu ». « Trois ou quatre ministres » dirigés par « l'influent ministre des Postes Mandel » avaient « exigé fermement la mobilisation immédiate de l'armée française ». Leurs arguments de « la violation flagrante » de l'article 2 du pacte de Locarno et de la faiblesse militaire du Reich l'empêchant pour l'heure « de mener avec succès une guerre contre de puissants adversaires » n'avaient pas pesé lourd.

La mollesse du cabinet Sarraut (successeur de Laval) devant cette atteinte aux « intérêts vitaux » de la France et à « sa position de Grande Puissance en Europe »[261] dut aussi beaucoup au souci de ne pas indisposer le partenaire économique. Le 6 mars, le ministre des Affaires étrangères Flandin annonça à l'ambassade d'Allemagne « qu'il ne serait pas à Paris » le lendemain. Sa « protestation solennelle » fut transmise le 7 par François-Poncet, qui confia à un diplomate yougoslave l'hostilité de Paris aux « sanctions économiques contre l'Allemagne [,...] difficilement praticables ». « Les antisanctionnistes », issus des « milieux commerciaux et industriels », estiment « comme dans le cas de l'Italie » en conquête abyssinienne, confirma Forster le 13, « que le dommage causé par les sanctions à leur propre économie sera supérieur à la pression exercée sur le pays soumis à ces sanctions » : ils s'opposent à l'« embargo sur les matières premières [...], à la fermeture des ports britanniques et français aux navires allemands, à l'embargo sur l'importation des marchandises allemandes et au boycott touristique ». Les « milieux officiels » partagent leurs vues, contre « la majorité de l'opinion » favorable « au genre de sanctions appliquées à l'Italie ».

L'ambassadeur allemand à Londres von Hoesch attribua à la seule « imminence des élections » le tardif (8 mars) mouvement de menton de Sarraut sur le refus de la France de voir Strasbourg à portée des canons allemands[262].

François-Poncet jura peu après à Bülow que « Sarraut et Flandin avaient voulu continuer la politique de Laval, et [que] Sarraut lui-même était convaincu d'avoir été plus conciliant envers l'Allemagne que quiconque avant lui ». Forster prétendit le trio du Quai d'Orsay « Léger-Massigli-Comert » tenté par « l'intransigeance », mais classa Paul-Boncour parmi les « partisans des négociations », camp plus peuplé : Brinon assura Hoesch que pour Laval, « l'avance de l'Allemagne dans la zone démilitarisée [...] devrait servir de point de départ à d'amples négociations » et que le « célèbre député de droite Ybarnégaray » lui avait confié la veille un avis identique. Marcel Déat, ministre de l'Air, proposa au Reich d'étendre à ses « voisins orientaux (Tchécoslovaquie, Autriche, Pologne) [...] le Pacte de non-agression » qu'il venait de liquider à l'Ouest : on userait du truchement d'« une des puissances de Locarno non impliquées directement dans le litige [,...] la Belgique ou la Grande-Bretagne », pour passer un accord qui « éviterait des négociations franco-allemandes directes » délicates[263]. Début avril, François-Poncet présenta à Bülow le projet des deux « mémoranda français » de réponse au « plan de paix » allemand du 31 mars, dont (selon Forster) Sarraut avait rayé « en plusieurs endroits, des passages » trop durs : « Il ne fallait pas prendre trop au sérieux la critique française ; [...] il serait plus sage de laisser les Français donner libre cours à leur fureur » pour apaiser l'émoi pré-électoral du « Français moyen »[264].

Berlin n'avait pas davantage risqué du côté anglais à agir en Rhénanie, où Eden ne vit pas « un cas d'action agressive flagrante », ni à tonner contre le Pacte franco-soviétique haï, comme Barthou, du *Foreign Office*[265]. « L'opinion publique britannique » chauffée par sa presse, se « moquait comme d'une guigne que les Allemands occupassent leur propre territoire avec des forces militaires ». « Un célèbre parlementaire » britannique, comme maint confrère, dit à Hoesch : « Une politique francophile n'a aucune chance. Tout le pays est pro-allemand. » « Toutes les relations mondaines de l'ambassade d'Allemagne jusqu'au sommet de la société » fulminèrent « contre les méthodes de chantage des Français et contre la conduite des bellicistes britanniques » à la Winston Churchill. Les « vieux et fidèles amis » du Reich, et solides francophobes, avaient promis de « faire tout leur possible pour imposer une attitude éclairée sur la politique allemande » : Lord Londonderry, secrétaire britannique à l'Air entre 1931 et 1935, auteur d'une « lettre entièrement pro-allemande » publiée par le *Times* du 12 mars, Lord Lothian, Lloyd George, Lord Snowden, « et bien d'autres ».

L'engagement fut tenu, à la grande satisfaction, provisoire, d'Hoesch qui, fort de son passé de troisième secrétaire d'ambassade à Londres en 1914, redoutait la suite : « l'opinion publique » y était envers le Reich « aussi favorablement disposée que, en juillet 1914, envers les Empires centraux » et aussi hostile à la Serbie, qui méritait « un châtiment exemplaire [pour] l'assassinat de Sarajevo ». « Digne[s] de mention particulière » étaient : 1° « l'attitude de la City qui, en dépit des influences juives, s'était fermement opposée au bellicisme » ; 2° le banquet, où s'étaient pressés « deux fois plus d'hôtes britanniques que prévu », offert par l'*Anglo-German Fellowship* « en l'honneur du banquier allemand » Dr Otto Fischer (chef du *Reichsgruppe* n° 10 banque et crédit) et « présidé par Mr [Frank Cyril] Tiarks », directeur de la Banque d'Angleterre et de la Banque

J. Henry von Schroeder & C°[266] (filiale de la Banque Stein de Cologne du baron Kurt von Schroeder, pivot des rapports de capitaux germano-américains, membre du CA de la BRI, acteur du 30 janvier 1933 et commandant SS[267]).

La passivité militaire de la France s'accompagna de la volonté affichée de recourir à l'« aide » britannique, inaccessible depuis 1919 mais clamée « d'importance décisive »[268] : Gamelin, à la conférence du ministère de la Guerre du 29 juillet 1935, « appel[a...] l'attention [des participants...] sur la faiblesse actuelle de l'armée anglaise dont l'apport immédiat, et même après plusieurs mois de guerre, serait presque nul »[269]. La tactique, qui permettait de faire porter le chapeau des capitulations successives à la gouvernante anglaise, serait pratiquée jusqu'à la débâcle. L'épisode rhénan n'en constitua pas moins une étape décisive de la réduction à l'impuissance militaire. « Les milieux politiques et militaires dirigeants » français, trancha Forster fin mars, étaient pleinement « conscients » que le coup rhénan, « avant-dernier lien dans la chaîne des *faits accomplis* constituant l'étape préparatoire de la future action unilatérale allemande sur la frontière de l'Est [,...] serait décisif pour l'avenir et aussi pour l'honneur de la France »[270]. Face au succès allemand acquis « à un coût nul », la France « a compris de plus en plus, à partir du 7 mars, à quel point [s]a protestation faible et creuse contre la remilitarisation de la Rhénanie avait atteint [son] prestige et l'avait ébranlé jusqu'en ses racines », conclut Welczeck de l'an 1936[271].

Le sabotage patronal du réarmement

Acteurs de premier plan de la déroute de 1935-1936, les élites économiques, obsédées par la nécessité de vendre au Reich les produits nécessaires à son réarmement, ne voulaient rien savoir de celui de leur pays contre cet ennemi. Les deux premières décennies du siècle avaient montré un patronat moins pacifiste que le Renault « briandiste » d'Emmanuel Chadeau[272]. Sa « grève des capitaux » continue depuis 1934-1935 constitue la première étape d'un réarmement indigent décrit par Robert Frank dans une thèse faisant la part belle aux exigences du profit : or, l'industrie le jugeait malingre, comparé à celui tiré de surexploitation des salariés allemands depuis 1930[273].

Le « Journal de marche du ministère de la Guerre, 7 juin 1935-25 janvier 1936 » (cabinet Laval) de Jean Fabry montre à quel degré de sabotage du réarmement le patronat était parvenu avant la victoire électorale de la gauche et la loi des quarante heures. La répugnance à produire prend d'autant plus de relief qu'elle est décrite par une des créatures de Laval et Piétri dans un texte par ailleurs vidé de pièces décisives : Fabry recevait chaque jour des personnalités de la droite patronale et politique, François-Poncet, Chiappe, Bunau-Varilla, Pétain, Piétri, Louis-Dreyfus, Bouisson, Renault, etc. ; ces entretiens n'ont laissé aucune trace, de même que les notes du « dossier secret et personnel » annexées au « journal ».

Du début à la fin de son poste, Jean Fabry dévida la litanie, entamée le 15 juin 1935 par le général Darius Paul Bloch (frère du fabricant d'avions Marcel Bloch, futur Dassault), de l'obsolescence du matériel français : « Nous avons le matériel nécessaire pour quatre à six mois de guerre mais le matériel est périmé surtout les chars Renault (3 000 chars légers sans protection suffisante). » Renault, détenteur du monopole « de la construction des chars », répugnait à produire : « Les industriels et en particulier Renault » demeurant libres de livrer ou non, ils « échelonn[ai]ent les fabrications d'après leurs propres besoins », provoquant un « retard [systématique] dans les fabrications d'armement » ; il fallait « "concurrencer" Renault » qui « démarr[ait] lentement et [...] retard[ait] la sortie du matériel ». Schneider ne valait pas mieux selon Bloch (3 octobre) : « On ne peut pas actuellement commander plus de 4 groupes 105 L. à Schneider, [...] aucune commande ne peut être faite de 155 L 25 km, car ce canon n'est pas au point », etc. « Les expériences Brandt continuent, mais l'augmentation de portée escomptée n'est encore qu'un espoir. Les avis sont partagés pour savoir s'il faut dès maintenant réserver des crédits pour la construction des obus Brandt encore à l'étude. »[274]

L'État-major, qui argua en mars 1936 de la supériorité de l'armée française pour la laisser l'arme au pied, la déclarait débile en petit comité : « Notre artillerie, *fut-il établi le 11 septembre 1935 en présence de Gamelin et Bloch,* dispose d'un énorme matériel nettement inférieur au matériel allemand, et [...] nous n'avons pas pris jusqu'ici de mesures pour remédier à cette infériorité. » Le lendemain, « le général [Odilon] Piquendar expos[a] que l'artillerie lourde de corps d'armée n'exist[ait] pas. Le ministre [fit] connaître qu'il fa[llai]t y remédier sans retard ». Le 3 octobre, Bloch décrivit l'infériorité générale de « notre artillerie par rapport au matériel allemand et [de] nos approvisionnement en munitions ». Fabry conclut « que nous av[i]ons un retard de deux ans [...] sur les chars B et sur les AMC »[275]. Redoutant la conjoncture sociopolitique, qui « pos[ait] à nouveau la question de la nationalisation de fabrications de guerre », il reçut Louis Renault. L'entretien le retourna, et il admit la légitimité de ses plaintes sur les conditions déplorables d'exploitation de sa main-d'œuvre : « Les industriels ont tendance à retarder l'exécution des commandes pour ne pas embaucher de personnel supplémentaire et utiliser à plein pendant longtemps leur personnel habituel. » Pierre Cot, ministre de l'Air, « envisage[ait en janvier 1936...] l'expropriation » pour acquérir « le contrôle des industries privées travaillant » – si mal – « pour la Défense nationale »[276].

En revanche, l'institution veillait *quasi quotidiennement* à la bonne marche de la garde mobile et à la progression de ses effectifs en vue de régler son compte à la classe ouvrière, prioritairement en région parisienne. Fabry choisit le 3 juillet 1935 le général André Prételat pour remplacer le gouverneur de la place de Paris Henri Gouraud, qu'il jugeait trop vieux et malade pour affronter les « événements qui pourraient [y] survenir » : « La transformation de la situation politique de la banlieue rend[ait] beaucoup plus délicate la préparation de la mise en œuvre du plan de protection. » On comparera l'absence, prolongée jusqu'à la défaite, de tout plan militaire à « l'établissement d'un plan de protection tenant compte à la fois de l'éventualité d'un mouvement insurrectionnel et de la mobilisation ». Fabry, après avoir reçu le nouveau gouverneur, y consacra la conférence journalière du 2 août avec les généraux Ménard et Odilon Piquendar, « qui [devaient] avoir dans l'après-midi une conférence avec M. Guichard au sujet de l'emploi de la Garde républicaine de Paris » (Paul

Guichard, protecteur des factieux, avait survécu, à la tête de la police municipale, au départ de son ami Chiappe).

« Le plan de protection de la région parisienne » fut sans cesse depuis août, chiffres à l'appui, confronté à l'avancée de sa réalisation, sur le modèle des prescriptions du 10 septembre : « Il est indispensable de prévoir un renforcement de 4 à 5 000 hommes de la garnison de Paris, de sortir de la zone rouge cinq à six centres de mobilisation, de garder les armes encore stockées dans cette zone et de modifier le plan de mobilisation en ce qui concerne les lieux de réunion des réservistes. » « L'étude du plan de protection est activement poussée », fut-il constaté le 26 octobre[277]. L'humeur frondeuse de la classe ouvrière contraignait à la prudence, à laquelle sacrifia même Yves Bouthillier, qui conseilla en janvier 1936 d'« attendre les élections » pour procéder au « licenciement du personnel civil » du ministère ; « les crédits nécessaires ser[aie]nt accordés par décret pendant l'intersession »[278].

Le « pacte oriental » mort-né

Tout démontra, après la mort de Barthou, l'abandon de la recherche d'une alliance de revers : à commencer par l'enquête sur l'attentat de Marseille, dont le sabotage acheva de fixer les petits alliés de la France sur la réalité de sa politique extérieure.

Les « petits alliés » après l'attentat de Marseille

Du côté de la Petite Entente

Compte tenu de ce qui précède, on négligera les détails de cette enquête, surveillée comme le lait sur le feu par Alexis Léger, secrétaire général du Quai d'Orsay depuis 1933, et par Laval : ils prièrent la police de « tenir confidentiellement mais très rapidement [le Quai] au courant de l'orientation et du résultat des recherches sur tous les points susceptibles d'engager même de manière indirecte la responsabilité de gouvernements étrangers »[279]. La Petite Entente fut contrainte par Paris à l'étouffement. « La chose est si énorme qu'il ne reste qu'à la taire et à ensevelir les preuves dans les archives, du moment qu'on ne veut pas faire la guerre », commenta le ministre des Affaires étrangères roumain Titulesco, qui n'osa viser que « le propre gendre de M. Mussolini » (Ciano)[280]. Il connaissait comme ses pairs le motif *allemand* de l'ensevelissement : « À la réunion de la Petite Entente tenue à Belgrade à l'occasion des obsèques du roi Alexandre, les Français [dirent à ses] représentants que la France désirait le retour du territoire de la Sarre à l'Allemagne, et serait alors disposée à régler en termes amicaux les questions financières y afférentes. »[281]

De Belgrade, l'ambassadeur de France Paul-Émile Naggiar transmit sans trêve la colère contre la France de la population yougoslave, avec les accents dont userait Faucher pour la tchécoslovaque en septembre 1938. Ire populaire sincère[282], hypocrite du côté officiel : Belgrade, aussi bien informée que Paris, se laissa tenter par les appâts que tendait Goering, star des obsèques d'Alexandre et successeur de Röhm dans la conquête du pays, et s'acharna sur la culpabilité italienne sans vouloir se pencher sur l'allemande[283]. Les relations avec la France se gâtèrent encore avec le remplacement au printemps 1935 de Naggiar (parti pour Prague) par l'ultra Robert de Dampierre (lié aux de Fels et à l'Action française). L'italophilie spectaculaire et la propagande en faveur de « la restauration des Habsbourg » du nouvel ambassadeur facilitèrent « grandement [...] la politique des Allemands »[284]. Les progrès de la pénétration économique du Reich le disputaient à ceux de la propagande, avec ses ambitions, partagées par la Royal Dutch de Deterding, sur « les concessions pétrolifères en Yougoslavie »[285]. Dans un pays ravagé par la crise, « les progrès du communisme », réels, et combattus avec une coopération française intacte, sinon accrue, furent grossis à plaisir par un gouvernement aux abois. Outre que la terreur antirouge présentait des avantages intérieurs, elle offrait un prétexte « à rejeter l'idée d'un rapprochement avec les Soviets »[286].

Le rapprochement germano-yougoslave aigrit les critiques contre les manquements (réels) de la France « à propos des commandes d'armements et l'on object[a] que la Bulgarie elle-même a[vait] été mieux traitée que la Yougoslavie ». En avril 1936, un avocat français, retour de voyage, se dit « vivement impressionné par la propagande allemande en Yougoslavie [et...] par l'activité des Russes blancs, tous au service de la propagande nazie. La situation intérieure [...] lui a semblé absolument intenable et le gouvernement est dans une situation plus que difficile. La situation de la France et son influence diminuent à Belgrade où l'on entend très souvent des propos haineux et malveillants à l'égard de notre pays »[287]. Tandis que le séparatisme croate défiait impunément l'État[288], Belgrade donnait à Berlin des gages d'un antibolchevisme aussi sûr que le polonais, via l'ambassadeur Nastasijevic, informateur de choix sur la Petite Entente : à sa dernière réunion, confia-t-il en septembre 1935 au consul d'Allemagne à Genève, Bénès et Titulesco avaient réclamé « avec la dernière énergie [...] la reprise des relations entre la Yougoslavie et la Russie », mais « le prince régent avait sèchement refusé de discuter de la question [...I]l n'y avait pas de danger que la Yougoslavie se permît de se mettre à la remorque de la Russie »[289].

À la veille des législatives de 1936, un hebdomadaire antifasciste allemand de Paris décrivit les succès de « la propagande allemande à Belgrade » dirigée par Neuhausen, « à la fois directeur de la Lufthansa à Belgrade, chef de l'Office du tourisme allemand et Gauführer des groupements nazis en Yougoslavie ». Neuhausen « répanda[i]t l'argent à pleines mains » et devait à « l'amitié » de l'armée une « situation [...] "inébranlable" ». « La Yougoslavie [était...] littéralement inondée de brochures et de tracts en faveur du tourisme allemand », présents jusque « dans les salles d'attente des médecins, des dentistes, etc. » ; de la grande presse allemande, gratuite pour « les intellectuels », comme « deux publications » sur les Balkans ; d'« ouvrages allemands [...] à très bas prix » et partout exposés par les libraires auxquels « les Allemands laiss[ai]ent [...] un bénéfice de 25 à 30 % (contre les 5 % des « Messageries Hachette » dotées du « monopole de la diffusion des livres et journaux français »). Le Reich offrait visa et transport ferroviaire aux « étudiants [yougoslaves] ayant obtenu une bourse pour l'étranger », qui préféraient donc ses universités. « La propagande antisémite déferl[ait] sur le pays où la classe moyenne » se confondait avec « les juifs », propice à « l'expansion du Reich », comme « les “comités antimarxistes” » fondés « sous l'impulsion des éléments allemands » : Belgrade les voyait « d'un assez bon œil vu leur objectif officiel de « lutte contre le bolchevisme », mais ils visaient à « abattre les juifs » qui « boycott[ai]ent les produits allemands » au bénéfice des « marchandises françaises »[290]. La Roumanie était logée à la même enseigne[291].

Naggiar transmit la déception de Prague après y avoir rejoint son nouveau poste. Rien n'autorise à douter de la sincérité de la « douleur indignée » de Bénès devant l'attentat de Marseille[292], qui mettait aussi son pays en première ligne. Mais il fut ligoté, comme toute la Petite Entente, par la stratégie française d'enterrement et s'y rallia activement. Il tenta d'abord de contourner le sabotage français en sollicitant « une accusation commune » des « trois États de la Petite Entente [...] contre la Hongrie », que la campagne de presse tchécoslovaque embarrassa fort[293]. Il capitula dans les deux semaines devant Laval, « les deux hommes d'État s'étant mis d'accord sur la nécessité de faire cesser toute polémique au sujet des responsabilités encourues par le gouvernement hongrois et des sanctions que ces dernières pourraient éventuellement entraîner ». Sa docilité lui attira les félicitations (le 22 octobre) du très apaiseur Sir John Simon : « Le *Foreign Office* rend hommage à la modération de forme qui caractérise le manifeste de la Petite Entente et l'attribue à l'influence personnelle exercée par M. Bénès. » Éloge aussi embarrassant que la tendance « de la presse parisienne et du *Temps* en particulier » à l'ériger en laquais en « insist[ant...] trop [...] sur le fait que nous comptions sur lui pour donner de bons conseils à ses alliés » de la Petite Entente : « M. Bénès sera toujours plus à l'aise pour défendre vis-à-vis de ses collègues de la Petite Entente les vues de la France, qui sont aussi les siennes, si nos journaux évitent de lui attribuer trop ouvertement ce rôle de modérateur et de conseiller », conseilla Léon Noël[294].

L'ambassadeur fut chargé de s'« assurer que M. Bénès ne s'exprimerait qu'avec toute la prudence nécessaire sur les conséquences politiques du drame de Marseille » : « Il s'y est engagé », assura-t-il le 4 novembre[295]. Docile en effet à toute injonction de Paris, Bénès biaisa, comptant sur Moscou pour échapper aux griffes du Reich. À sa pression sur le reste de la Petite Entente pour la reconnaissance de l'URSS s'ajouta depuis l'été 1934 son enthousiasme pour l'alliance[296]. Il se dit le 7 janvier 1935 soucieux « de garder le contact avec l'URSS et de ne rien entreprendre [...] qui [pût], en lui portant ombrage, [l']inciter [...] à modifier, de nouveau, l'orientation de la sa politique extérieure »[297]. L'exaltation de la « grandiose manifestation d'amitié » tchéco-soviétique, aussi inconvenante aux yeux du Quai d'Orsay que « la tendance nettement russophile de la politique de M. Bénès », accompagna le « voyage d'études » de trois semaines (décembre-janvier) d'éminents « journalistes tchécoslovaques en URSS »[298].

En février, Köster prévit la conclusion du Pacte tchéco-soviétique vu son intérêt aéronautique[299]. En avril, Prague motiva des plans de collaboration par « la valeur actuelle de l'aéronautique soviétique et le fonctionnement de ses usines »[300]. Son instinct de survie fut avivé par le retard systématique des industriels français « dans l'exécution des marchés » militaires, « en particulier pour les produits semi-manufacturés en aluminium ou à alliages dérivés »[301]. La suite se confond avec la signature et les suites du pacte avec l'URSS.

La frénésie allemande de la Pologne

La Pologne n'avait pas attendu l'attentat de Marseille pour s'éloigner de Paris, mais l'ère Laval bannit toute pudeur. À la mi-novembre 1934, où « drapeaux du IIIe Reich et drapeaux polonais se mélang[èr]ent harmonieusement » au cours d'une « fête sportive » en Haute-Silésie, elle laissa le champ libre aux « minorités allemandes ». L'Association de Défense des marches de l'Ouest, chargée de propagande « antiallemande », venait d'être transformée en « Association polonaise de l'Ouest » et de transférer son siège de Poznan à Varsovie. Kudlicki, son directeur, mit les points sur les i : « Jusqu'ici, [elle] s'était principalement donné pour tâche de combattre les influences allemandes dans les provinces de l'Ouest, mais cette méthode négative ne répondait plus désormais aux circonstances nouvelles. »[302] En 1935, malgré les déceptions de l'idylle avec un Reich aussi féroce sur le commerce que sur Dantzig, la rupture progressa entre la France et son « client insolvable »[303]. Sur fond de flatterie de ses préjugés antibolcheviques, du genre des propos sur le « danger russe [...] plus proche que la menace allemande » du général Casimir Sosnkowski, inspecteur d'armée, chez l'attaché militaire français Charles d'Arbonneau, le 22 janvier : « Aucune politique vis-à-vis de la Russie ne peut être envisagée et examinée sainement si l'on ne se place pas d'abord sur le plan social [...A]ucune alliance, aucune coopération n'est possible entre un État qui se déclare toujours partisan des principes de propriété de famille, de religion et la Russie des Soviets qui renie ces mêmes principes : "Croire que mille, deux mille, trois mille avions soviétiques iront bombarder Berlin pour aider les bourgeois français, c'est illusion, c'est folie !" », etc.[304]

On ne peut certes imputer la francophobie, la russophobie, la tchécophobie et la germanophilie de Varsovie à la mort de Pilsudski (en mai 1935). Mais celle-ci libéra encore les deux hérauts du Reich, Beck et Radziwill, dont le journal *Czas*, de Cracovie, suggérait en juin 1935 à Hitler de « déclarer : "Nous voulons nous occuper nous-mêmes de l'organisation de l'Est européen, en collaboration avec la Pologne". »[305] Achim von Arnim se félicita devant ses étudiants de la recherche de « notre amitié » par la Pologne qui, ne pouvant « se battre seule contre les Soviets » sans notre « appui », était « notre alliée naturelle à l'Est »[306]. Celle-ci recevait sans répit les nazis et déléguait Beck à Berlin. Début juillet, il supprima avant d'y retourner le « comité juif du boycottage économique anti-hitlérien » dont « l'action [...] gênait considérablement la diffusion des films allemands en Pologne »[307], et Radziwill déclara : « Les moyens de notre politique extérieure, ce sont nos relations avec l'Allemagne [...L]'intégrité de la France est une chose et l'intégrité des innombrables clients de la France qui ne sont pas tous sympathiques à la Pologne une autre chose. »[308]

On ne s'entendait que pour taper sur les rouges et les juifs et, à l'extérieur, sur les Soviets, les Français, les Tchécoslovaques et les Roumains. L'idylle ukrainienne, au service de laquelle Varsovie finançait désormais l'organe russe blanc entretenu par Berlin et par Deterding, *La Renaissance*, reçut de nouveaux moyens germano-polonais[309]. En septembre, « le directeur général des chemins de fer du Reich, [Julius] Dorpmüller », vint « étudier la réalisation d'une étroite coopération entre les chemins de fer polonais et allemands » ; « MM. [Gustav] Krupp et [Albert] Voegler et les représentants du ministère polonais des transports » négocièrent la fourniture « à la Pologne de matériel de chemin de fer » pour développer et améliorer « ses réseaux »[310]. On préparait aussi l'assaut militaire : « L'Allemagne et la Pologne ont organisé en territoire ukrainien soviétique plusieurs bandes qui seraient chargées, au début d'une guerre, de détruire certains points importants du réseau ferroviaire de l'URSS. »[311]

La Tchécoslovaquie constituait l'autre cible des deux « alliés ». Bénès s'efforçait en pure perte depuis 1920 de « régler pacifiquement [...] le conflit de Teschen » qui était, sous l'œil allemand, « prolongé, grossi, aggravé volontairement par Varsovie » car il « constitu[ait...] un des aspects de [s]a politique générale »[312]. Des deux rencontres du 3 juillet 1935 à Berlin de Beck avec Hitler, Goering et Ribbentrop « plusieurs heures » durant, filtra la certitude d'« un accord militaire dirigé contre la Tchécoslovaquie en préparation entre l'Allemagne, la Pologne et la Hongrie ». Le « *traité* [...] pour attaquer et se partager » la victime, que venait de suggérer la visite à Varsovie « du chef d'État-major hongrois », fut ensuite avéré[313]. En janvier 1936, Beck stigmatisa devant la Commission des affaires étrangères du Sejm « l'état d'exception » imposé aux Polonais martyrs de Teschen, que les consuls polonais agitaient de « manière [...] absolument inadmissible »[314]. Paris sut aussi qu'il encourageait la Pologne de l'Ouest sur la voie de la « neutralité » allemande : au cours de son voyage à Bruxelles de février, il conseilla formellement au président du Conseil flamand Paul van Zeeland, alors lui-même fort attiré par le Reich, « l'abandon de l'alliance française, la dénonciation du traité militaire et l'entrée de la Belgique dans une union d'États neutres groupés autour de la Pologne »[315] ; et il ordonna à sa légation à Bruxelles d'« entre[r] en relations avec les milieux flamingants afin de les inviter à s'opposer au plan de fortifications proposé par M. [Albert] Devèze, ministre de la Défense nationale, et à pousser le gouvernement belge à dénoncer le Pacte franco-belge de 1920 »[316].

Alors même que le chantage sur le corridor de Dantzig orchestré par Goering reprenait son essor, Beck, parfait auxiliaire de la remilitarisation de la Rhénanie, démentit ses propos officiels sur ses « obligations » envers la France en félicitant le Reich de son admirable « décision audacieuse ». Fin mars à Londres, il pria (inutilement) le *Foreign Office* de résister à toute demande de sanctions contre « la dénonciation du traité de Locarno » et, sur le chemin du retour, rendit compte à Berlin[317]. En février, le général Akhimoff, sous-chef du renseignement de l'Armée rouge, arrivant de Bucarest puis Prague, avait averti le colonel Maurice Gauché contre la Pologne liguée avec l'Allemagne pour « attaquer [...] et [...] partager » la Russie. Le chef du Deuxième Bureau en conclut : « Pour la France, l'alliance polonaise est incompatible avec l'alliance russe, il faut choisir », « conclusion »[318] absurde, vu, outre la francophobie de la Pologne, sa nullité admise par les attachés militaires *idéologiquement* polonophiles : durable

« faiblesse » de l'industrie de guerre, privée de stocks ; armée médiocre ; « peu de moyens, d'énormes lacunes à combler, peu de ressources locales, d'énormes besoins que seul le concours étranger peut aider à satisfaire » ; aéronautique pire[319]. Ce désastre ne fit pas briller l'étoile de l'alliance russe.

Vers les « chef[s] d'œuvre du galimatias »[320], octobre 1934-mai 1935

Le veto germanophile des décideurs français

« Les hautes sphères » soviétiques redoutèrent « à la nouvelle de l'attentat de Marseille […] que la direction de notre politique extérieure ne passât aux mains d'un partisan plus ou moins avoué d'une entente directe avec l'Allemagne, qui, en isolant la Russie communiste, l'exposerait aux pires dangers »[321]. Tout leur donna raison.

La Banque de France reprit contre tout rapprochement avec l'URSS la guérilla dont Köster s'était félicité sous Barthou. L'attentat de Marseille la laissa de marbre. Au conseil général du 11 octobre (et après), son mutisme trancha avec « les sentiments d'horreur et d'affliction qui [avaie]nt étreint [s]es membres […] à la nouvelle de l'odieux attentat qui a[vait] mis la France en deuil », l'assassinat du richisssime « sénateur et ancien ministre »[322] Paul Doumer en mai 1932[323] : tant d'émoi devait tout au fait que le crime, commis « entre deux tours de scrutins électoraux » par le Russe blanc Gorguloff inspiré par les hitlériens[324], avait été, comme celui de Barthou, imputé aux Soviets et avait « jet[é] la suspicion sur la IIIe Internationale, bien innocente en l'espèce »[325]. L'indifférence à la mort de Barthou contrasta aussi avec le lyrisme épistolaire anglophile ultérieur du gouverneur qui déclara partager, le 4 mai 1935, pour le jubilé du couronnement de George V, les « sentiments d'allégresse et de déférent hommage […] éprouvés par la Banque d'Angleterre à l'égard de ce souverain »[326].

Le 8 novembre 1934, la banque signifia longuement (en 5 p.) au ministre des Finances son veto à la récente offre des « Soviets » (ainsi dénommés) de « faire traiter à l'avenir en France les minerais d'or antérieurement traités en Allemagne », en « subordonn[ant] cette opération » à l'assurance « d'être garantis contre toute saisie de l'or » qu'ils enverraient : la banque « dépossédée, depuis la Révolution russe, d'un contingent d'or d'environ 260 millions de francs actuels », ne pouvait « laisser sans sanction, par suite [d'un tel] désistement […], une atteinte aussi grave que celle qui a été portée par la banque des Soviets, au contrat de dépôt d'or intervenu entre » les deux « banques d'émission », tenues par la règle absolue de respect d'un « contrat de bonne foi […I]l serait du plus déplorable effet que la Banque de France, par son inaction ou son renoncement, parût sanctionner la mainmise d'un gouvernement sur les dépôts d'or confiés à une banque centrale ». Elle ne saurait donc « renoncer aux droits qu['elle] aurait l'occasion d'exercer sur les dépôts d'or éventuellement constitués en France par l'Union des Républiques socialistes soviétiques ». Fermeté saluée par le conseil unanime[327].

Le cabinet Flandin ne manquait alors pas une occasion, en pleine idylle sarroise, d'entretenir Berlin ou son représentant à Paris du « pacte oriental » de

Barthou, qui au minimum changerait de sens[328]. Léon Archimbaud, député radical socialiste rapporteur du budget de la guerre à la Chambre des Députés, y ayant le 23 novembre 1934 présenté le Pacte franco-soviétique comme imminent[329], Maurin, ministre de la Guerre, rassura Köster : ces « déclarations », qui l'avaient « douloureusement surpris et embarrassé lui-même et les autres membres du cabinet présents à cette séance parlementaire, étaient à tous égards une pure fabrication ». Le « *rapprochement* » franco-soviétique « dans le domaine économique n'avait rien à voir avec l'établissement de relations militaires [,...] projets que pour sa part [...] il trouvait illogiques. La situation actuelle ne pouvait se comparer à celle d'avant 1914, puisque la Russie n'était plus un voisin immédiat de l'Allemagne, et que, surtout, la condition préliminaire d'une alliance franco-russe devrait être l'approbation par la Pologne de l'entrée des troupes russes, qu'on pouvait difficilement escompter »[330].

Les rédacteurs des archives publiées allemandes disent n'avoir pas trouvé trace de « l'entrevue Laval-von Ribbentrop » à Paris, dans la nuit » du 2 décembre. Géraud-Pertinax l'opposa le lendemain à celle d'août avec Barthou, sans « aucune importance » vu « la fermeté et [...] la continuité de la politique française » : « La visite faite à M. Laval a pour but d'appuyer et d'étendre la campagne de presse et le mouvement déjà amorcé parmi les anciens combattants pour une entente directe franco-allemande. Ce mouvement est dirigé contre une entente franco-russe et l'augmentation de la puissance militaire de la France. »[331] Le 4 décembre, flanqué d'Alexis Léger, Laval glosa devant Köster sur son accord avec « les idées sur le pacte oriental de Barthou », qui rêvait d'intégrer le Reich à un grandiose « Locarno oriental ». L'ambassadeur d'Allemagne fut frappé par le contraste avec un entretien antérieur où Barthou et Léger avaient affirmé qu'un rejet allemand « contraindrait la France à conclure avec la Russie » : le projet dont Laval ferait mine d'assumer l'héritage en le subordonnant au caprice polonais (autre preuve de son abandon) n'aurait que les « apparences extérieures » d'un Pacte franco-soviétique[332]. L'UNC lança en effet alors une campagne pour « l'amélioration des relations franco-polonaises » préparée depuis octobre-novembre par Goy et Lebecq « avec les émissaires officieux allemands » venus à Paris : « *Le Jour* publierait bientôt une série d'articles » montrant « que l'amélioration des relations franco-allemandes [devait] être la conséquence d'une meilleure compréhension franco-polonaise » et « mett[an]t en lumière les désillusions que les Français [devaient] attendre de la collaboration franco-russe. On insisterait sur l'aide que les organismes soviétiques [avaie]nt apportée aux révolutionnaires espagnols dans leur lutte récente contre le gouvernement régulier de leur pays »[333].

C'est dire la valeur du « protocole franco-soviétique signé par Laval et Litvinov » le 5 décembre à Genève, stipulant « information mutuelle sur toute discussion bilatérale » éventuelle d'un partenaire. Sur instruction de Laval, François-Poncet annonça le 7 à Neurath que « le gouvernement français, [qui] avait certaines objections contre une alliance franco-soviétique et préférerait éviter de se retrouver seul avec les Russes », reprendrait avec le Reich les « négociations sur le pacte oriental »[334]. Puis on enfonça le clou. Laval fit des discours explicites, tel celui au Sénat le 18 décembre, largement consacré à l'Italie, au Reich et à la Pologne, salué d'une « motion votée à l'unanimité et par acclamation ». Le 20, François-Poncet, déçu de son accueil si froid, se lamenta des vociférations de Rosenberg rappelant l'actualité de *Mein Kampf* et pria Berlin « soit de retirer [ce *best seller*] du commerce soit au moins de l'assortir de notes convenables ». Venu surtout faire allégeance, il invoqua la difficulté de sacrifier officiellement le Pacte franco-soviétique et la « politique d'encerclement [à] un *rapprochement* franco-allemand si chaleureusement soutenu » : « Laval ne pouvait procéder que très lentement [,...] avec précaution, pas à pas » ; toute « démarche imprudente » permettrait à « une opposition très puissante et violente » de le mettre en « échec », voire de le renverser[335]. Le retour au « Pacte à Quatre » et au « *rapprochement* franco-allemand concret et véritable » dont François-Poncet et Laval se portaient garants[336] excluait l'alliance de revers.

Un net changement de ton entre Charles Alphand et son nouveau ministre filtre d'une correspondance largement vidée après le 9 octobre 1934. Fin janvier 1935, dans le discours de politique étrangère de Molotov au congrès des Soviets, « le passage relatif à la France a moins d'ampleur que celui de l'an dernier où l'on [Staline et Litvinov] se félicitait d'un rapprochement », releva l'ambassadeur. « Ainsi se manifestent très nettement les craintes que j'ai signalées à Votre Excellence de voir se réveiller les tendances du Pacte à Quatre qui, en touchant à l'Ouest et au Sud l'expansionnisme allemand, le rejetterait vers l'Est. Les bruits qui courent sur les ambitions allemandes concernant Memel et Dantzig paraissent corroborer ces inquiétudes. »[337] L'attaché militaire Mendras, qui avait déjà abdiqué avant la mort de Barthou, quitta Moscou le 25 novembre 1934. Son successeur, le lieutenant-colonel Simon, fut d'emblée au diapason du tandem Affaires étrangères (Laval)-Guerre (Pétain-Maurin). Toukhatchevski avait osé (au dîner de départ de Mendras le 17) lui dire « avec une insistance presque déplacée : “vous avez peur de l'Allemagne”. Je me suis aussitôt élevé vigoureusement contre cette affirmation qui, malgré sa concision, voulait visiblement insinuer que la France a besoin d'aide et que l'Union soviétique pourrait être d'un réel secours ». Simon avait été aussi agacé par les conseils de Vorochilov, le 23 : « En présence du danger formidable qui existe en Europe centrale, il est de l'intérêt bien compris de la France et de l'URSS de faire front en cherchant à s'appuyer sur une Entente balkanique assurant le flanc sud. Il a ensuite fait un éloge dithyrambique de M. Barthou, mais a paru redouter un accroissement d'influence des fascistes français qui déjà prennent contact avec leurs collègues allemands » ; il a souligné « la scrupuleuse neutralité » soviétique « à l'égard de la politique intérieure des autres pays »[338]. La conclusion que Simon avait tirée des manœuvres de septembre de l'Armée rouge, accusée d'ignorer « la puissance du feu » – « mépris du feu » loué par Mendras en 1933 – et autres avis similaires[339] ne pouvaient que plaire à sa hiérarchie.

Cette hostilité lui convint autant quand Gamelin remplaça en janvier 1935 à la tête de l'État-major Weygand, ennemi frénétique des Soviets, des rouges, de la République et des Anglais[340]. En mars, une note technique avait examiné « les questions intéressant du point de vue militaire la coordination des efforts français et soviétique », c'est-à-dire « l'appui que l'Union soviétique serait susceptible d'accorder à la France et ses alliés, a. *sur terre* : par des actions de force en direction soit de la Prusse orientale, soit de la Silésie ; b. *dans les airs* : par le bombardement de centres allemands tant en Prusse orientale qu'en Silésie et en Saxe ; c. *sur mer* : par les entraves apportées au ravitaillement de l'Allemagne grâce à l'action des sous-marins et à la création de champs de mines ». Un plan d'opérations secteur par secteur, proche de ceux que solliciterait en vain Vorochilov des Anglo-Français en août 1939 détaillait en 7 pages cet « appui ». Lequel serait efficace (autre indice de la valeur de l'« alliance » polonaise) surtout si, des trois hypothèses envisagées, Pologne : 1° « alliée de la France contre l'Allemagne », 2° « neutre », 3° « alliée de l'Allemagne », l'emportait la troisième : c'est d'une Pologne ennemie qu'on utiliserait au mieux *tout* le territoire[341].

Le veto de la Guerre s'exprima en avril 1935 dans les 21 pages d'une note de l'État-major « sur les avantages et les inconvénients de l'alliance russe », exposant le fond de l'affaire : pas question de « nous lier à un gouvernement qui nous a trahis en pleine guerre, a ruiné nos petits épargnants, dont la doctrine tend à saper nos institutions, et en particulier notre institution militaire, et dont il est notoire que la francophilie est toute d'opportunisme ». L'État-major couvrait ses haines d'arguments militaires, contredits par tel rapport ébloui par « la valeur de l'aviation soviétique », conviction française qui, selon Köster, survécut à Barthou[342]. La « valeur intrinsèque de l'Armée rouge » (86 DI, 19 DC, 3 000 avions et 1 800 chars environ, etc.), était ainsi décrite (contre toutes les notes « techniques ») : « Un quart des troupes de très bonne valeur ; la moitié [...] de moyenne valeur ; un quart de valeur inconnue, mais très vraisemblablement faible. Au bout d'environ deux mois d'opérations, quand il faudra réparer les pertes en cadres et en hommes, la valeur de cette armée tombera bien au-dessous de sa valeur initiale, et la fidélité au régime de l'armée sera plus que douteuse, quand des paysans quelconques auront remplacé les communistes éprouvés tombés sur les champs de bataille. »

Les « avantages » étaient trop mineurs pour qu'on s'y attardât, les « inconvénients » énormes. Militaires : « Nous [serons] entraîn[és] inéluctablement – car nous ne manquerons pas à nos engagements – dans le conflit qui, dans l'Est européen, semble devoir tôt ou tard opposer Germains et Slaves », sans aide soviétique efficace : « Nous apporterions certainement plus que nous ne recevrions dans un contrat conclu avec un partenaire peu sûr, qui pourrait nous entraîner dans une aventure et nous abandonner. » Mais surtout « politiques » : la France y perdrait ses deux grands alliés : 1° la Pologne, dont l'alliance russe pouvait « provoquer la défection », alors que « l'alliance » franco-polonaise, « répondant [...] aux sentiments profonds des deux peuples, doit prendre le pas [...] sur l'alliance russe [tant] au point de vue politique [que...] militaire » ; 2° l'Angleterre, pivot de « la défense de l'Europe occidentale » avec « la Belgique, la France, l'Italie et la Tchécoslovaquie ».

Le veto final contre cette « alliance [...] peu tentante » qui ne devait « en aucun cas [...] nous enlever le bénéfice de nos alliances antérieures ou de Locarno » était catégorique : « Le maintien ou la rénovation de l'alliance polonaise prime la conclusion d'une alliance russe ; le manque de confiance en l'URSS, le souci légitime d'éviter à la France une nouvelle guerre que ne nécessiteraient pas ses intérêts vitaux, nous détournent de l'alliance projetée » ; il faut se résoudre « ou bien à [y] renoncer [...], ou bien à ne la contracter que dans des termes assez généraux pour que nous *conservions entièrement notre libre arbitre le moment venu*, pour intervenir ou non, *en évitant toute convention militaire* »[343].

Vers la signature des chiffons de papier

Laval signerait donc un chiffon de papier, et seulement parce que, écrivit Köster en février 1935, la poussée communiste dans sa circonscription de « banlieue rouge » (Aubervilliers) avait placé son renouvellement sénatorial de l'automne « plus ou moins dans les mains du gouvernement soviétique ». Il demeurait en avril le chef de l'opposition à une « alliance militaire », grosse cohorte hétéroclite des « ennemis doctrinaux de la Russie soviétique », de « la majorité absolue de la gauche », des titulaires d'emprunts russes victimes de « lourdes pertes », de ceux qui remâchaient l'effondrement militaire de 1917 et des « *petits rentiers* et paysans » effrayés par le « *Front commun* [...] socialo-communiste » et surtout son « aile communiste [...] renforcée par la crise économique grandissante ». Tous comptaient sur Laval, « le meilleur porte-parole », pour trouver un *modus vivendi* avec le Reich malgré la « sérieuse menace » que « l'action allemande du 16 mars » faisait peser sur la France.

La presse donnerait de la voix, plus haute à mesure que se rapprocheraient les élections locales. Les sénateurs hostiles clamaient leur veto, comme Lémery (de la Martinique) le 17 avril dans le *Journal de Genève*, en pleine session du conseil de la SDN. Plus discrète, la commission sénatoriale des Affaires étrangères (dirigée par un autre antisoviétique notoire, Henry Bérenger), avait « pressé Laval de montrer de la prudence et la plus grande réserve avec la Russie et de ne pas accepter d'accords susceptibles d'entrer en conflit avec le Covenant de la Société des Nations »[344]. Les ligues fascistes offraient une version plus vulgaire du veto avec Jean Renaud le 2 avril, à Vincennes : en « "politique extérieure, [...] il faut être fort, entamer des pourparlers avec Hitler, employer le même ton que lui, frapper sur la table aussi fort que lui et, s'il ne veut pas céder, lui dire merde". Il s'insurge contre les alliances signées ou devant l'être avec la Russie. "Herriot-tonneau, gorgé de caviar [,...] est revenu enchanté de son voyage en URSS. Il ne voit donc pas, cet âne, que lesdits Soviétiques veulent à nouveau contracter un emprunt en France. Je suis officier supérieur, mais si un jour la France décide de se porter au secours de la Russie attaquée, je commanderai à mes hommes de ne pas marcher" »[345].

La répugnance de Laval, doublée de dédain envers Litvinov à Genève, « provoqu[a] de violentes discussions entre lui et les représentants de la Petite Entente, en particulier MM. Titulesco et Bénès », qui invoquèrent « sa faiblesse et l'impossibilité de se fier à sa parole ». Le conseil de cabinet français du 20 avril avait forgé un mort-né : rejet de l'« assistance automatique » ; maintien du pacte « dans les limites du Covenant de la Société des Nations » (l'article 16 du pacte de la SDN). Laval tenta même à Genève d'obtenir de Litvinov, qui refusa, une clause « faisant à la France obligation de ne fournir son assistance que si les puissances garantes de Locarno étaient unanimes à reconnaître que c'était l'Allemagne qui avait provoqué une guerre avec la Russie ». Ayant accepté à la mi-mars l'invitation officielle de Moscou pour avril, Laval ne cessa de différer son voyage, contrariant fort Alphand. Le 19 avril, il le reporta encore après les municipales (5 et 12 mai). Ces délais répétés, comme « le fait que Litvinov, au contraire de ses intentions initiales, n'ait pas fait de voyage à Paris, indique », conclut Köster, « que la politique extérieure française est en fait en voie d'abandonner la base qu'avaient créée Barthou et Herriot »[346]. Malgré le non de Litvinov au veto locarnien, la référence au Covenant du projet français – chassée des accords franco-tchécoslovaques de 1924-1925 – confiait à Londres la définition de l'agresseur, c'est-à-dire le sort d'un texte haï du *Foreign Office.* Sir Orme Sargent, son sous-secrétaire permanent et antibolchevique forcené, avait rédigé en janvier 1935 « un long mémorandum » contre le « pacte oriental » agréant l'expansion du Reich à l'Est. Il pria en avril l'ambassadeur à Paris, Sir George R. Clerk, de « rappeler au gouvernement français de ne pas aller au-delà de ses obligations de Locarno dans tout pacte avec la Russie »[347].

Sa signature, le 2 mai 1935, fut précédée d'une opération Laval de séduction à l'égard de Varsovie et de manœuvres germano-polonaises révélant sa vacuité. Après s'être agité depuis le 1er avril pour obtenir que Laval passât par Varsovie avant d'aller Moscou en présentant (le 3) cette visite « comme un événement de première importance », Beck admit (le 4) qu'il voulait uniquement éviter au « gouvernement polonais [d'être mis] en demeure d'accepter des décisions prises à Moscou ». Début mai, tout annonça un accueil sinistre et négligent[348]. Si l'argument de Beck de l'« état de santé » de Pilsudski l'empêchant de recevoir Laval ne fut pas « diplomatique », le commentaire du 10 mai de la *Berliner Börsenzeitung* – « le maréchal était mécontent de la signature du l'accord franco-soviétique et [...] il voulait se soustraire à l'avance à toute pression du côté français » – valait pour son successeur. Pilsudski mourut (issue attendue depuis longtemps) d'une crise d'urémie le 12 mai. L'accueil polonais, le 10, fut glacial et la population absente[349]. « Regrettable » initiative simultanée, admit l'attaché militaire à Varsovie, « une délégation de quatre officiers supérieurs polonais » quitta le 11 mai Varsovie pour « un séjour à Berlin et à Dresde, une visite de centres d'instruction militaire et une visite à Kiel »[350]. Laval n'en donna pas moins à Beck des assurances destinées à Berlin : « La France n'a pas l'intention d'accorder à la Russie des crédits pour des buts stratégiques [. Elle] ne cherche pas à contrecarrer, en faveur de la Russie, la politique de la Pologne dans les Pays Baltes », etc.[351].

À Moscou du 13 au 15 mai, « l'affabilité des autorités soviétiques [et] l'empressement tout à fait inaccoutumé de la foule russe » tranchèrent sur le blizzard polonais. Devant Molotov et Staline le 14, Laval consentit à des « conversations entre États-majors » au cours d'un échange rapporté le 16 à Flandin : « M. Staline s'est déclaré en plein accord avec nous sur l'interprétation pacifique que, dans mon toast, j'ai tenu à donner au Pacte franco-soviétique. Il a précisé cependant que dans l'éventualité où la paix ne pourrait être sauvegardée, ce pacte présenterait bien en fait des analogies avec des alliances : en conséquence, pour lui assurer toute sa portée pacifique, il convient de prévoir le pire et d'envisager dès maintenant les dispositions techniques propres à lui donner son plein effet [passage encadré par son lecteur de deux traits crayon en marge]. J'en ai convenu, tout en indiquant que les conversations entre États-majors ne trouveraient leur pleine utilité qu'après conclusion de l'accord entre l'URSS et la Tchécoslovaquie. M. Litvinov m'ayant alors informé de l'accord réalisé entre M. Bénès et lui, je me suis déclaré prêt à proposer au gouvernement l'organisation[352] de ces conversations entre États-majors dans les conditions de discrétion habituelles. »[353]

Le Reich se réjouit et l'URSS s'inquiéta des grimaces du Comité des Forges. La presse allemande rapporta « les avertissements publiés par le *Journal des Débats* » et la différence de ton de Litvinov et de Laval au banquet du 15 mai : « Les paroles [du premier...] nettement dirigées contre l'Allemagne » prouvent que « la Russie des Soviets reste toujours animée de la même haine et cherche à faire pression sur ses hôtes pour les entraîner dans le sillage de sa politique » ; l'« appel [du second] à "tous les gouvernements, sans distinction", [...] son affirmation que la paix est indivisible et que, pour être réelle, elle doit être générale », montrent sa « bonne volonté [...] envers l'Allemagne »[354]. Moscou, qui tenait « chèrement à l'opinion » du *Temps*, journal « le plus lu à l'étranger [,...] remarqu[a], avec quelque regret, certaines réserves dans [s]es éditoriaux »[355].

Cette ligne émascula le « Pacte d'assistance mutuelle » tchéco-soviétique signé à Prague le 16 mai qui, enchaînant Prague à Paris, fut calqué sur « le Pacte franco-soviétique » et « recevrait son application dans les mêmes cas que » celui-ci. C'est en effet le Quai d'Orsay qui le rédigea, récrivant tous les amendements proposés par Litvinov que Bénès lui transmettait sur-le-champ[356]. Le paravent polonais acheva l'enterrement, Bénès tentant, sous la même pression, pour la énième fois d'apaiser sa voisine : arguant « que la disparition de Pilsudski facilitera[it] le rapprochement » des deux pays, il arracha dès le 16 mai aux Soviétiques, qui ne cédèrent « qu'après de laborieux pourparlers [,...] une clause spéciale, stipulant que l'URSS et la Tchécoslovaquie ne demander[aie]nt pas l'assistance mutuelle réciproque dans le cas d'une guerre entre la Tchécoslovaquie et la Pologne ou entre l'URSS et la Pologne. M. Bénès tenait absolument à cette clause pour que la Pologne ne [pût] pas croire que le Pacte soviéto-tchécoslovaque la vis[ait] particulièrement »[357]. La presse allemande « attribu[a légitimement] cette restriction au conseil donné par la France à son alliée tchèque ». Elle y vit « un résultat de la visite de M. Laval à Varsovie et une preuve du désir de Paris de ménager les susceptibilités polonaises ». Elle dauba sur le texte piteux que Bénès venait « de signer »[358].

Les lendemains des pactes à l'Est

Le Reich assuré du néant du Pacte franco-soviétique

L'URSS demanda du 2 mai 1935 à la signature du Pacte de non-agression germano-soviétique (sauf entre octobre 1938 et la mi-mars 1939) que le texte fût complété par une alliance militaire. L'attaché militaire soviétique à Paris, le général de division Semen Ventzov, annonça au retour de Laval de Moscou « que, comme suite aux récents accords, l'État-major de l'armée soviétique était disposé à entrer en relations avec l'État-major français »[359]. Laval viola d'emblée la promesse d'organiser au plus tôt ces conversations[360].

À une date inconnue, le ministre de la Guerre Maurin prit acte du silence du Quai d'Orsay[361] sur sa lettre du 29 mai associant veto et consigne d'enterrement : « L'on devra d'abord trancher la question de principe elle-même. Un accord politique d'assistance n'implique pas obligatoirement une collaboration militaire dès le temps de paix », ainsi pour le pacte de Locarno. « Or, avant d'organiser une collaboration plus ou moins intime entre notre Armée et l'Armée rouge, il y a lieu de mesurer les répercussions de tout ordre que paraît entraîner cette coopération. » Si on l'accepte, « il conviendra de fixer son degré d'importance, lequel pourra varier depuis une simple liaison d'échange de renseignements jusqu'à l'étude de plans de campagne concertés » supposant échange préalable entre nos ministères. « Dans l'affirmative, j'attacherai du prix à savoir jusqu'à quel degré vous jugez conforme aux nécessités politiques d'établir cette liaison. »[362] Une « note sur les relations militaires avec l'URSS » du 27 juin balaya ces simagrées : « En tous cas, si cette liaison » (bornée « depuis le printemps 1933 [à...] la création de postes d'attachés militaires à Paris et à Moscou [et à l]'échange d'officiers stagaires ») « devait se resserrer, il conviendrait de ne pas la pousser trop loin tant pour des raisons d'ordre moral que pour des raisons d'ordre purement militaire. L'Armée rouge a, en effet, beaucoup à apprendre de nous, qui n'avons d'intérêt qu'à connaître simplement sa situation matérielle et sa valeur morale »[363].

Au « déjeuner à l'ambassade de l'URSS » auquel le nouveau ministre de la Guerre Jean Fabry fut invité le 1er juillet 1935, « la conversation port[a] sur l'exécution de la convention Staline-Laval. On trouve en URSS que M. Laval met beaucoup de temps à tenir sa promesse d'établir entre les chefs militaires et les E.M. des deux pays des relations plus étroites ; le mot convention militaire n'est pas prononcé, mais il est visiblement dans l'esprit de l'ambassadeur [,...] préoccupé par la nécessité de réaliser une entente russo-roumaine analogue à l'entente russo-tchécoslovaque devant aboutir à l'établissement d'une convention militaire avec la Roumanie »[364]. Paris continuait à assurer Berlin qu'il n'en serait rien. On entendrait, annonça le *Temps* du 3 juin, l'argument « juridique » allemand de « contradiction » entre l'accord du 2 mai et l'ensemble des pactes SDN, Kellogg et de Locarno[365]. Les conciliabules achevèrent de rassurer le Reich. « La France », dit Léger à Köster le 24 juillet, « n'accepterait en aucun cas d'apporter la moindre garantie aux Pays Baltes »[366], frontière comparable pour l'URSS à la Belgique pour la France. Laval fit du pacte « le sujet principal » de *tous* ses entretiens avec les Allemands, qui exigeaient son abrogation. Son rejet de ce « fait accompli qu'il ne pouvait pas désavouer » servait de caution suprême à ses serments germanophiles[367]. Je veux, dit-il en présence de Léger début septembre à l'ambassadeur d'Italie Vittorio Cerrutti, « dissoudre le système français d'alliances ou les alliances individuelles dans le Pacte oriental, qui débarrasserait les alliances en question, et en particulier l'alliance franco-russe, de toute pointe contre l'Allemagne »[368].

Laval brandissait pour preuve de sa sincérité le report de la ratification, et suppliait, « à des fins particulièrement intérieures », via François-Poncet, que

Berlin lui fournît « un "document diplomatique" » attestant l'excellence des rapports franco-allemands et déniant toute intention allemande « d'attaquer la Russie ». « Un tel document », rappela-t-il à Köster à la mi-novembre, lui « serait très utile (!!) *(sic)* alors qu'allait se tenir au parlement le débat sur la ratification du Pacte franco-russe » : « il n'avait cessé de déclarer que l'Allemagne se désintéressait de la Russie » ; mais l'opinion s'obstinait à s'inquiéter des « observations concernant la France contenues dans le livre *Mein Kampf* » qui, venait de rappeler Goering (le 26 octobre à la conférence à Breslau du NSDAP), formaient « la base de la politique du national-socialisme ». Pas question, trancha Gerhard Köpke, si souhaitable que fût « le maintien [de Laval] au Quai d'Orsay ». Bülow proposa, pour conserver les faveurs du ministre en sursis, de lui concéder une déclaration « en termes larges et vagues » sur « le désir d'accord avec la France, *la Grande-Bretagne et l'Italie* », couplée avec la condamnation du Pacte franco-soviétique « mena[çant] Locarno ». Hitler mit tout le monde d'accord « en déclarant une fois de plus » à François-Poncet le 21 novembre « qu'un *rapprochement* entre l'Allemagne et la France sur la base du Pacte d'assistance russo-français était hors de question »[369].

Au nazi Sieburg, « longuement » reçu avec Pierre Cathala le 26 novembre, « malgré les très lourdes charges de son emploi du temps », Laval promit de « reconnaître formellement le réarmement allemand » et de jeter aux orties son pacte signé pour cinq ans seulement en « *contrepartie* d'une garantie allemande » de même durée du « *statu quo* en Europe centrale »[370]. Il venait de jurer à Cerrutti que la France ne combattrait pas le Reich s'il attaquait l'URSS, intention aussi inquiétante pour les voisins (non nommés) puisque, après une glose sur le peuple français « qui ne combattrait que pour la défense de son propre territoire », il avait ajouté : « Cela ne signifie pas que nous ne tiendrons pas notre parole s'il y avait une attaque contre les pays avec lesquels nous avons des traités qui nous contraignent à assumer des obligations en cas d'attaque. Mais, puisque le peuple français ne veut pas courir le risque de devoir se battre pour défendre d'autres peuples, je dois agir de façon à obtenir l'assurance que l'Allemagne n'a pas d'intentions agressives. » Il abandonna *tout* l'Est européen devant Köster le 18 décembre, affirmant « que l'armée française ne devrait être utilisée que pour la défense du sol français, et en aucun cas au-delà des propres frontières de la France »[371]. Le « membre très influent du cabinet » (anonyme) venu voir Köster le 13 décembre souligna : 1° le refus de se battre d'un « peuple français opposé en toutes circonstances à une action militaire au-delà de ses frontières et demandant plus que tout la paix et la mise à l'écart des conflits internationaux » ; 2° le risque de chute de « la Petite Entente et plus généralement des États balkanique, Turquie comprise, […] sous l'influence de la Russie », ce qui imposait « de surveiller étroitement la politique extérieure de la Russie dans un proche avenir »[372].

Laval n'avait rien à redouter de la rue Saint-Dominique. Ayant dû accueillir aux « manœuvres motorisées » françaises de septembre 1935 une délégation « russe », avec trois autres, l'État-major de l'armée épancha sa bile. Le commandant Malraison, « spécialiste » proclamé de l'Armée rouge[373], loua le 9 septembre les autres missions : « cordialité et bonhommie » des Belges ;

« officiers [italiens] particulièrement choisis, grande délicatesse et chaude cordialité » ; « officiers [polonais] aimables, très corrects et suffisamment ouverts ». Il éreinta les Soviétiques, « gens frustes, ne s'intéressant qu'aux petits détails, dirigés par un chef de mission à l'esprit critique très développé, orgueilleux, exigeant, jamais satisfait, curieux jusqu'à l'indiscrétion et donnant l'impression qu'il passait une inspection détaillée de l'armement et de l'instruction de l'armée française ». Le rapport du 21 septembre de Malraison, acmé d'un lot abondant, s'achevait ainsi : « Les deux anciens officiers tsaristes, intelligents mais bridés par les conceptions soviétiques et les souvenirs de la guerre civile. Hautains, peu communicatifs, le silence cache quelquefois des connaissances sérieuses, mais bien souvent aussi du vide. L'attaché militaire, bolchevik insinuant, flatteur jusqu'à la flagornerie, d'un orgueil et d'une prétention sans bornes, de valeur militaire inconnue, mais de valeur politique certaine. Les quatre officiers nouveau style, braves gens, sentant le manque d'instruction générale (M. Belov, commandant un régiment de cavalerie à Moscou, était laveur de vaisselle sur un bateau), répétant des phrases apprises par cœur. Incapables d'émettre une idée générale et peut-être même de comprendre un ensemble, mais s'intéressant au moindre boulon, à la plus petite tringle d'acier. De bons élèves qui font, avec conviction, tout ce qu'ils peuvent [... U]n point commun [...] chez tous [...] : un immense orgueil et une grande foi en la doctrine soviétique. Peut-être cette foi peut-elle, dans une certaine mesure, remplacer l'instruction, dans le sens profond du mot. »[374]

Vers l'abandon français de la Tchécoslovaquie

C'est donc trois ans avant l'accession de Bonnet aux Affaires étrangères que la Tchécoslovaquie devint, sous prétexte de soumission à « l'influence de la Russie », la proie des complices français du Reich et de ses auxiliaires. À Cracovie, le 18 mai 1935, aux obsèques de Pilsudski, Goering affirma à Laval que « la Tchécoslovaquie avait préparé un grand nombre de terrains pour les avions soviétiques sur son territoire »[375]. Le 2 juin, le comte hongrois Stephen Bethlen dénonça le retour des « pactes d'assistance mutuelle signés par la France et ses alliés » renouant avec les « traités militaires d'avant-guerre [, visant au...] maintien des "diktats" de 1919 et à l'encerclement de l'Allemagne » et « donn[ant] à l'URSS la maîtrise du bassin danubien. La Tchécoslovaquie se trouve désormais sous protectorat russe et devient une base pour les forces aériennes (sinon terrestres) soviétiques qui se trouvent ainsi à 30 km de la capitale hongroise et au cœur du bassin danubien »[376]. Le 3 juillet 1935 à Berlin devant Hitler, Neurath, Goering et Ribbentrop, Beck entendit le refrain habituel d'Hitler et Goering sur les bases aériennes fleurissant « sous la surveillance d'officiers russes » en Lituanie et en Tchécoslovaquie[377]. Londres et Paris apprirent aussitôt qu'on avait « discut[é] "l'équipement et l'organisation par les soins de l'URSS de 30 aérodromes en Tchécoslovaquie et les projets analogues de l'aviation russe en Lituanie" ». La Pologne diffuserait[378] ce *leitmotiv.* Ce gros mensonge arrangeait les « apaiseurs », horripilés par le philosoviétisme de Prague.

Car Bénès était allé début juin à Moscou pour « l'échange des ratifications » (acquis le 9), osant presser Paris d'en faire autant et impatient d'ouvrir les discussions d'État-major. « Je suis plus que content » dit-il à Alphand le 11. « "Nous avons causé avec la plus grande franchise, abordant les questions les plus délicates ; aucune divergence de vues n'est apparue entre nous. J'emporte la meilleure impression de la compréhension, de la fermeté et de la sincérité parfois brutale des personnalités soviétiques avec qui j'ai parlé (ce sont les mêmes qui vous ont approché, *précisa Alphand à Laval*). J'ai évoqué ici [...] la communauté de race qui nous rapproche des Russes et, comme je parle leur langue, nos conversations ont pu revêtir un caractère direct et intime. Quel que soit leur amour des réalités concrètes et leur matérialisme théorique pour la conduite des affaires, les Soviets sont plus sentimentaux qu'ils ne veulent le laisser paraître. J'ai l'idée qu'un vif courant de sympathie s'est établi entre nous et j'en suis très satisfait dans l'intérêt de la paix européenne". [...] M. Bénès m'a demandé de dire à Votre Excellence qu'il était d'accord avec M. Litvinov pour estimer qu'il était très désirable que l'échange des ratifications du Pacte franco-soviétique pût avoir lieu aussitôt que possible. Ce serait le meilleur moyen de mettre fin aux intrigues. J'ai indiqué que votre intention était bien de soumettre d'urgence au Parlement le traité et que les événements intérieurs vous en avaient empêché. M. Bénès le sait bien mais il espère que la discussion pourra avoir lieu à la Chambre avant la séparation. » Il a « eu une excellente impression des chefs militaires avec qui il s'est entretenu. "Ces gens n'ont pas peur de l'Allemagne, dit-il, s'il le fallait ils se battraient avec acharnement". On a envisagé l'échange d'officiers et leur participation aux manœuvres dans des conditions analogues sans doute à celles prévues pour nos officiers ». Bénès s'affirmait « toujours persuadé que Moscou ne soutiendra[it] aucune agitation communiste dans les pays amis ». La « satisfaction [de Litvinov fut] égale à » la sienne, et Varsovie déversa sur lui son venin habituel[379].

Revenu à Prague après environ deux semaines à Moscou, Bénès se plia aux censures françaises. Il assura Naggiar, successeur de Léon Noël, s'être « dans toutes ses conversations avec les Russes et notamment avec M. Staline et M. Vorochilov [,...] les deux véritables dirigeants de la politique soviétique [,] constamment maintenu sur le terrain qui avait été circonscrit par avance entre Votre Excellence [Laval] et lui-même »[380]. Laval fit donc valoir à Köster le 27 juillet 1935 que le Pacte tchéco-soviétique ne valait que ce que valait l'autre et « que la politique extérieure de la Tchécoslovaquie était liée, à présent comme auparavant, à celle de la France pour le meilleur et pour le pire »[381].

L'inquiétude de Prague aiguisant cependant sa tentation pour l'aide que l'URSS ne demandait qu'à fournir, Göbbels cogna sans risque, vu les dispositions françaises, contre ce pacte qui « ser[vai]t de prétexte aux affirmations les plus fantaisistes sur l'encerclement de l'Allemagne et d'argument essentiel contre la négociation du pacte de l'Est ». Tout fit ventre dans « l'offensive allemande »[382], à commencer par la présence d'une « délégation militaire soviétique aux manœuvres tchécoslovaques » des 19 août-6 septembre et l'invitation réciproque « aux prochaines manœuvres de l'armée russe » dont Bénès fit devant Naggiar le simple pendant de « l'envoi d'une mission analogue du côté français. "Dans ce domaine, a-t-il répété, nous entendons agir d'accord avec vous et nous ferons ce que vous ferez" »[383]. L'importance de cette propagande ressortit de la septième des douze instructions adressées début octobre par Göbbels « à la presse allemande » : « La présence d'officiers soviétiques aux manœuvres tchécoslovaques n'a pas été suffisamment soulignée. Il faut faire ressortir les dangers de l'alliance entre l'URSS et la Tchécoslovaquie. »[384] Prague s'imposa donc en « bastion » de « l'Est européen » et « du bolchevisme »[385], intoxication qui accrut sa timidité sans anéantir encore ses précautions.

Kamil Krofta, intime de Bénès et son successeur aux Affaires étrangères, raconta à son ami Peters, député du parti de Konrad Henlein et membre de la même loge maçonnique que lui (qui courut avertir Berlin), que le 6 mars 1936, lui-même, Bénès et des officiers d'État-major avaient « rejeté » l'offre d'un commissaire ou d'un officier soviétique d'« alliance militaire » comportant « le transfert immédiat de cadres de l'aviation russe » (la confidence fut transmise à Londres, qui pria Flandin – lequel s'en empressa –, de dissuader Prague de renouveler ce genre d'entretiens)[386]. Une « convention » militaire générale en 9 points avait cependant bien été signée le 1er mars, à Moscou, non par des sous-fifres mais par Bogdan Pavlu, ambassadeur tchécoslovaque à Moscou, Nikolaï Krestinski et Vorochilov, pour une durée non limitée (9) : entre autres, elle rendait « les aérodromes tchécoslovaques existant ou à venir [...] toujours accessibles à des missions compétentes soviétiques qui pourr[aie]nt y proposer l'établissement d'installations spéciales nécessaires aux types d'avions et aux servants spécialisés dont ne dispose pas l'aéronautique tchécoslovaque ». Prague n'avait pas tout dit au « gouvernement français », n'en livrant « à [son] appréciation » que « le principe [et] les lignes directrices » (mais ce serait assez pour bloquer cette convention salvatrice)[387].

Bénès, obstiné dans la béatitude publique jusqu'à Munich, eut confirmation six jours plus tard que la France ne lèverait pas le petit doigt pour son pays. De l'importante correspondance sur son accablement se détache ce qu'en dit « Heidrich, [son] collaborateur intime [...] et chef de la section de la SDN au ministère des Affaires étrangères » : « Le système de sécurité collective n'existe pas ; ce sont des mots vides de sens. Le pacte de la SDN est petit à petit détruit par la politique italophile de la France. Le traité de Locarno qui protégeait la Tchécoslovaquie est répudié par l'Allemagne. On ne s'occupe pas de la Tchécoslovaquie qui pourtant est la clé de voûte de l'ordre et du *statu quo* en Europe centrale. » Son gouvernement se sent « très menacé, car pour la Tchécoslovaquie le danger allemand et la menace nazie sont aussi importants que pour l'Autriche. La population allemande de la Bohême est gagnée aux idées nazies. Le gouvernement tchécoslovaque est suffisamment fort pour lutter contre le mouvement nazi en Bohême mais ne peut pas songer à s'affronter avec le Reich. Il n'y a donc rien d'étonnant à ce que certains partis et hommes d'État tchécoslovaques se prononcent pour un arrangement avec le Reich. Le président du Conseil [Milan] Hodza lui-même est favorable à une entente directe avec Hitler d'autant plus que le gouvernement du Reich a fait des avances dans ce sens à Prague »[388]. Ce propos, qui honore l'intelligence de Bénès (tout en révélant son inclination à capituler), me dispensera de citer la correspondance française et étrangère de 1936-1938 le posant en imbécile : il savait que son pays se noierait sans la bouée de sauvetage soviétique.

Faucher passerait ses dernières années à Prague à démentir les mensonges du type de ceux d'avril 1936 de l'attaché militaire hongrois, le colonel Hennyey – dont l'État avait signé le « traité » tripartite de dépeçage –, à son confrère britannique qui les répandait (en toute connaissance de cause) : sur le « personnel russe, officiers et sous-officiers », affecté à « l'entretien » de quatre aérodromes en plein développement ; les « officiers russes [...] vus [...] sur de nombreux terrains » (9 étaient cités, dont Olomouc et Brunn, carte des « aérodromes en question » à l'appui) ; la construction du « nouvel aérodrome civil de Prague-Ruzyn [...] aux frais de la Russie et pour son usage » ; la certitude de « l'État-major hongrois [...] que le plan russe [était] d'établir des communications » URSS-Tchécoslovaquie « à travers la Bukovine, que la Roumanie y consent[ît] ou non » ; « l'exploitation à plein [par] la Russie [de...] ses rapports avec la Tchécoslovaquie pour poursuivre son objectif : la diffusion du bolchevisme », etc.[389]. Le thème de la plate-forme aéronautique « serv[an]t de base d'attaque à l'URSS » avec sa « trentaine d'aérodromes [...] à la disposition de l'Armée rouge » et son plan de « 36 nouveaux aérodromes, [...] sorte de porte-avions russe ancré, au cœur de l'Europe, à moins de 300 km de Berlin [,...] aux ordres de l'ennemi de toute civilisation occidentale, du bolchevisme asiatique » (*Lokal Anzeiger* du 19 juin 1936) constitua un des deux volets majeurs de la campagne « destinée à justifier, au préalable, une agression éventuelle du Reich contre la Tchécoslovaquie » : le second brodait sur « la situation [...] absolument tragique et intenable [...] faite par les autorités tchèques à la minorité sudète »[390].

Le reste des pays de la Petite Entente, Roumanie et Yougoslavie, s'effondrait sous les coups de boutoir de la crise, qui hissèrent au pouvoir les ultra-réactionnaires « agrariens ». « Suppôts principaux de l'expansion économique et politique de l'Allemagne hitlérienne dans ces pays », ils proscrivaient toute « collaboration avec la France, la Petite Entente et l'URSS »[391]. Après le 7 mars 1936, chacun sut l'alliance morte. Bénès jugeait, avec la Yougoslavie et la Roumanie presque tombées aux mains du Reich, « la situation de la Petite Entente [...] extrêmement grave »[392]. « Les milieux politiques et militaires dirigeants » français savaient, rapporta Forster fin mars, que l'achèvement de la remilitarisation allemande permis par la réussite du coup rhénan « aggraverait considérablement », vu les perspectives de « la question des fortifications, la situation militaire en cas de guerre à la frontière orientale de l'Allemagne » ; ils considéraient « la construction d'une ligne allemande de fortifications non seulement comme un sérieux obstacle à l'exécution par la France de ses obligations d'alliance en cas de guerre à l'Est, mais aussi comme imposant fondamentalement des limitations à sa position de Grande Puissance européenne » (Laval le serinait dès novembre-décembre 1935).

La réunion à Paris, le 3 avril 1936, des chefs de mission français en poste en Europe centrale et orientale confirma l'effet de « l'attitude de faiblesse française » sur les États concernés : ceux-ci n'avaient pas même été consultés sur la réplique (par note) des puissances de Locarno au coup du 7 mars, grande affaire des semaines suivantes. La remarque de François-Poncet à Bülow, le 8 avril, que « la construction de fortifications sur la frontière du Rhin » vaudrait aveu des « plans [allemands] d'agression à l'Est » annonça l'étape suivante de la capitulation[393]. Le 9, l'attaché militaire allemand (von Kuehlenthal) et le chargé d'affaires en France (Forster) saluèrent dans l'allégresse le suicide de l'ennemi. La France savait sa Ligne Maginot condamnée à mort, puisque le « rempart [d'…]une Ligne Maginot allemande » la séparerait bientôt de « ses satellites orientaux » : réduite au sort de « l'Espagne […] recluse depuis des siècles par les Pyrénées », elle les abandonnerait quand « la faim d'espace » du Reich les ferait, « tôt ou tard », tomber. « La France craint que non seulement son adversaire allemand ne triomphe, mais que toute l'Europe, et en particulier ses alliés, ne perde confiance dans [s]a puissance […], et que ce qui serait perdu en un instant, toute l'éternité ne puisse le restaurer. » Mais elle maintiendra « sa politique de demi-solutions » dans une atmosphère de tension : elle a le 7 mars 1936 abdiqué « ses intérêts à l'Est » et choisi le repli sur « son empire colonial »[394] – prélude aux « mains libres à l'Est » de Bonnet et au « repli impérial » de Flandin (porte-voix de la synarchie ultramarine).

La France et la ratification du Pacte franco-soviétique

En France même, une troupe fournie tapait à bras raccourcis contre le Pacte franco-soviétique depuis mai 1935. À « gauche », Gaston Bergery, dans *La Flèche*, financée par Lemaigre-Dubreuil, enfourcha, la semaine de la signature, les chevaux du pacifisme et de la lutte des classes contre la capitulation chauvine du PCF. Il souligna la « contradiction avec la politique du désarmement et [de] ses conséquences pour la paix européenne », décrétant l'« opposition "criminelle" » audit désarmement « à l'origine du réarmement de l'Allemagne » : « Elle a entraîné nécessairement, en France, d'une part, l'augmentation de la durée du service militaire et du budget de la guerre, et, d'autre part, la recherche des alliances, "la rechute dans l'ornière des coalitions" », avec pour conséquence « la guerre. Il regrett[ait] de voir les mêmes foules crier : "à bas les deux ans!" et se féliciter en même temps de la conclusion du Pacte franco-soviétique […]. "Ce ne sera plus la guerre du droit, ce sera la guerre de la liberté, menée sous les auspices du général Weygand et des établissements Schneider, avec le concours de Mussolini". Cette contradiction fondamentale n'est même pas comprise par les communistes qui vont répétant : "à bas le militarisme français et vive le traité d'assistance mutuelle franco-soviétique". »[395] Début juillet 1935, *Le Quotidien*, *L'Ère Nouvelle* et *La Victoire* annoncèrent une conférence de Doriot « sur "la scandaleuse alliance de la Russie bolcheviste et de la France capitaliste", sous la présidence de M. Hennessy, ambassadeur de France ». L'orateur, « retourné […] contre Moscou et, à ce titre, soutenu par industriels et banquiers »[396], était à l'automne devenu « en quelque sorte le champion de la lutte contre l'alliance militaire franco-soviétique »[397]. Laval définissait « devant certains visiteurs » la partie extérieure de son programme : « Le rapprochement franco-allemand contre les pactes, le réseau de pactes qui nous entraînera à la guerre ! », auquel il préférait « le Pacte à Quatre »[398]. Bertrand de Jouvenel, à l'instigation d'Abetz, réalisa « la fameuse interview d'Hitler […] qui parut dans le journal [de Jean Prouvost] *Paris-Midi*, le jour même où l'on discutait à la Chambre le Pacte franco-soviétique » – le 27 février 1936[399]. Il avait comme « son ami Bergery » multiplié les conférences sur « ce pacte » dont il ne voyait « pas très bien la pressante utilité », en déclarant la Russie protégée, thèse à l'appui de laquelle Laval sollicitait vainement Berlin : « La Russie étant membre de la Société des Nations, sa défense par les autres nations, si elle était attaquée, s'imposerait automatiquement. » S'affirmant toujours aussi « germanophile convaincu » après la remilitarisation de la Rhénanie, Jouvenel continua à mettre en garde ses auditoires – « 800 personnes environ » au théâtre des Ambassadeurs, le 14 mars 1936 –, contre les fâcheuses « conséquences » de la ratification du Pacte[400] au Sénat, le lendemain.

Les ligues insultaient les bellicistes judéo-maçonniques et métèques « "échappés de ghettos révolutionnaires" » : « Pour la Russie, pas un sou pas un homme ! », hurla Jean Renaud le 23 septembre 1935, le soir où ses hommes attaquèrent les juifs du Marais. « Il faut que ces émigrés qui viennent chez nous soient soumis aux règles qui régissent les étrangers. S'ils ne veulent pas s'y soumettre, qu'ils s'en aillent. [...] Les Français ne marcheront pas. Il ne faut pas que la guerre, cette chose abominable, revienne, pour vous, les poilus morts et pour nous, les soldats vivants. Pour que vive la France : À bas la guerre !" » La collaboration des « nationaux », désormais pacifistes, s'affichait contre « le pacte infâme qui nous a liés à Moscou » (tract « À bas la guerre ! » de la Solidarité française) autant que dans l'assaut contre l'ennemi intérieur : c'est l'Action française qui apporta fin septembre au siège de la SF le tract intitulé « Assassins. Appel nominal des parlementaires maçons qui veulent la guerre – comme en 1792 ! »[401] Marcel Bucard insulta le 13 mars 1936 la « "France-Madelon" à laquelle chacun p[ouvai]t venir taper sur les fesses et qui accept[ait] de se prostituer à la "bête rouge" » : « Si l'Allemagne rénovée est un danger pour la France "crétinisée", elle ne saurait être qu'une alliée précieuse pour une France refrancisée dans la croisade qu'il faut mener contre le bolchevisme menaçant. Car l'ennemi ce n'est pas l'hitlérisme, c'est le communisme. Soldats de Verdun, ayant conservé précieusement l'âme du Poilu, nous sommes capables de parler à Hitler et d'arrêter l'irréparable. Mais pour cela, il faut que soit abattue l'hydre aux neuf cents têtes glapissantes du parlementarisme et que le pacte sanglant avec les Soviets soit déchiré." »[402]

En public, les Croix de Feu jouaient la partition de l'entre-deux « indépendant » qui leur valait, dans la division du travail entre ligues, une réputation de modération. Le 23 février 1936 à Magic City, « fai[sant]t la critique du Pacte franco-soviétique [, de La Rocque] déclar[a] que si la Russie [était] terrible pour son envahisseur, elle [était] décevante pour ceux qui f[aisaien]t appel à son aide. Il préconis[a], au nom d'un égoïsme sacré, une politique extérieure française pour les Français et exige[a] qu'on ne demand[ât] jamais des instructions ou de l'argent à Berlin, à Moscou, à Londres ou à Rome »[403]. De Kerillis, « en très bonnes relations avec » lui, le jugeait plus berlinois : il « inculque » aux Croix de Feu, confia-t-il en novembre 1935 à « un groupe d'amis [,...] l'horreur de l'alliance avec les Soviets et tend à leur faire appuyer la politique de ceux qui voient, dans un rapprochement avec l'Allemagne, sous certaines conditions, le véritable gage de la paix »[404].

La droite classique, aussi bruyante contre le bellicisme des « chef[s] moscovite[s] » (PCF) enchaînés au pacte que discrète sur la remilitarisation de la Rhénanie, en rajoutait parfois : l'Alliance démocratique dut « pousser » Pierre Taittinger « à intervenir à la Chambre contre la ratification du Pacte franco-soviétique ». Le chef des Jeunesses patriotes, qui voulait « conserver la présidence de la commission des Colonies [,...] ménage[ait] les susceptibilités de commissaires radicaux auxquels il est redevable de son élection »[405]. Les obligés politiques de la Banque de France transmirent, à leur poste parlementaire, son veto intact : quelques jours avant la ratification par le Sénat, « la commission des Finances » fut saisie d'« une proposition de résolution de M. de Lasteyrie et de plusieurs de ses collègues, tendant à n'accorder à l'URSS aucune ouverture de crédit, aval, escompte ou réescompte de traites, tant que le gouvernement n'aura[it] pas négocié et conclu des accords sur l'indemnisation des sinistrés et des porteurs des emprunts russes émis en France »[406].

Placé à la tête de la campagne contre la ratification, l'État-major donna à ses homologues polonais – Gamelin, début février, à Sosnkowski, en voyage « privé » à Paris – « dans le domaine des relations avec les Soviets [...] les apaisements souhaités » : la ratification ne retoucherait pas ce néant[407] ; il signait encore fin février des notes affirmant « utile [...], du point de vue supérieur de la défense, de la différer » : elle déplairait au Reich, qui « effectu[erait] immédiatement et totalement [...] la réoccupation envisagée » de la Rhénanie et « marquerait un nouveau pas dans la voie d[u...] leur rapprochement [de...] l'Allemagne et la Pologne » : le général Paul-Henry Gérodias, sous-chef d'État-Major (Deuxième Bureau, service des renseignements), remit une de ces notes le 26 au directeur politique du Quai d'Orsay, Paul Bargeton[408], qui détestait le pacte autant que lui.

L'échange des instruments de ratification eut lieu le 27 mars 1936 à Paris (près de dix mois après Prague). « Bien que j'aie eu l'occasion ces temps derniers de rencontrer de nombreux militaires soviétiques, » observa Simon début avril, « aucun d'eux n'a fait la moindre allusion au pacte. J'en ai été d'autant plus surpris que l'an dernier il m'en était parlé à tout propos et même hors de propos »[409]. L'État-major avait sur-le-champ rejeté l'offre du 25 mars de Ventzov d'accueillir en URSS « de “petites missions visant un point précis” plutôt que des officiers stagiaires dans un régiment ». « Seuls des stages de longue durée dans un corps de troupe permettent d'acquérir une vue profonde sur la valeur d'une armée », répliqua-t-il. « Seuls le parachutisme et le franchissement des cours d'eau constituent des points sur lesquels nous pourrions apprendre des Russes quelque chose. [...] La proposition de l'attaché militaire soviétique ne profiterait qu'aux seuls Soviétiques qui pourraient ainsi ne montrer que les points forts de leur armée. [Lesquels] nous sont connus, on les étale soit devant la presse, soit au cours des manœuvres et des revues. Pour nous il est indispensable de connaître les points faibles, et ils sont nombreux, si nous ne voulons pas nous faire une idée fausse du potentiel militaire soviétique. » Malraison avait « interrogé tous les directeurs d'armes » : ils avaient « unanimement [...] repoussé l'idée » de Ventzov ; et ceux de l'infanterie et des chars, de la cavalerie et de l'artillerie avaient « déclaré : – être suffisamment orientés sur ce qui se pass[ait] dans l'Armée rouge grâce aux rapports des stagiaires de 1934 et 1935 ; – n'avoir rien à apprendre de cette armée »[410]. Le général factieux Niessel exposa début avril dans *Le Figaro* « pourquoi une guerre entre les Soviets et l'Allemagne [était] impossible, ces deux pays n'ayant pas de frontière commune et aucun des États qui les sépar[ai]ent ne voulant laisser passer sur son territoire les armées soviétiques ». Varsovie applaudit[411] ce thème lavalien.

Deuxième Partie

L'appui sur l'ennemi extérieur contre l'ennemi intérieur : de l'été 1936 à la défaite

Chapitre 6

La priorité de l'ennemi intérieur : une stratégie de guerre civile 1936-1939

EN MARS 1936, BRINON ANNONÇA aux Allemands (comme François-Poncet depuis l'automne 1933) l'imminence d'« un nouveau gouvernement d'Union nationale » qui « aurait l'avantage de mettre au pouvoir des éléments de droite »[1]. On entra avec la campagne électorale et ses suites dans une phase où la quête des « négociations » avec le Reich se confondit avec la guerre conduite à l'intérieur contre les victimes de la crise.

DU FRONT POPULAIRE À LA REVANCHE PATRONALE

Le pouvoir intact des milieux financiers : de l'été 1936 à novembre 1938

Le Front populaire n'égratigna pas le grand capital, demeuré d'emblée assez serein pour crier à l'assassinat sur le ton d'un Chiappe en campagne électorale (partielle à Paris) en juillet 1936 : « Il ne peut comprendre que les radicaux, descendants des Jacobins, respectueux du droit et de la propriété demeurent avec les révolutionnaires à la solde de Moscou [...I]l ne veut pas non plus que les Français soient asservis comme les paysans russes et qu'ils aillent se faire tuer pour un Staline [...L]es ordres [de...] grèves avec occupation des usines [...] sont venus directement de Moscou [...L]e gouvernement de Front populaire recherche la disparition des classes moyennes ».[2] Les jeux étaient faits avant l'annonce de la « Pause » de février 1937 ou de la « fin de la semaine des deux dimanches » de novembre 1938.

La gauche, pas seulement communiste, avait avant les élections dénoncé la dictature exercée depuis sa naissance par la Banque de France, « "citadelle des féodaux modernes" », sur l'État. Elle avait publiquement requis la destruction de « ce bastion qui, depuis un siècle [...] toujours géré par les mêmes familles [,...] met[tait], quand il le v[oulai]t, un gouvernement dans l'impossibilité de gouverner »[3]. Malgré le succès du thème, la « citadelle » se sentit assez solide pour prescrire en avril-mai 1936 avec son autorité habituelle le renforcement de l'austérité financière et autres « conditions » aux avances éventuelles à fournir à l'État impécunieux et dilapidateur[4]. Non sans parer aux risques éventuels : « À la veille du premier tour [,...] dans le but de provoquer une revalorisation de ses actions et pour paralyser le cas échéant le projet de nationalisation que comport[ait] le programme du Front populaire, le Conseil de Régence de la Banque de France envisag[ea] de distribuer une partie de ses réserves à ses actionnaires. »[5]

La banque s'assura, selon l'usage, de la sagesse financière, notoire, du président du Conseil pressenti (Léon Blum) et de son ministre des Finances (Vincent Auriol) en entrant en « conversations avec le nouveau gouvernement ou avec des personnalités d'ores et déjà qualifiées pour le représenter ». Édouard de Rothschild et François de Wendel y jouèrent leur rôle coutumier[6]. La banque fut peu atteinte par le changement de gouverneur, auquel on prêtait des « sympathies marquées pour la nouvelle majorité de gauche » : nommé par décret du 6 juin, Émile Labeyrie remplaça Jean Tannery, aussitôt accueilli à la Banque de l'Union parisienne, éminente banque d'affaires qu'il présida l'année suivante[7] ; elle fut moins touchée encore par son changement de statut (par la loi du 24 juillet 1936[8]) dont ses « régents [...], appuyés par M. de Wendel, » prièrent « leurs amis du Sénat » de « prolonge[r] au Luxembourg, par la voie des amendements, le débat »[9]. Le conseil général d'une grosse vingtaine de membres, où prirent place trois délégués du menu peuple – deux « confédérés » de la CGT, Francis Million et Léon Jouhaux, et René Luche, « élu du personnel » – servit de potiche. Les séances de cette ancienne chambre d'enregistrement (mais des Pairs) s'espacèrent : ses pouvoirs furent transférés au « comité permanent » créé par l'article III de la loi du 24 juillet, où Jouhaux fut également neutralisé par six autres membres classiques[10].

La Haute Banque s'arc-bouta contre la « réforme » avec une audace égale. « Les banquiers Mirabaud, Mallet, de Rothschild, Lazard et Lowenbach, ces deux derniers agissant pour le compte des frères de Wendel, ont, *rapportèrent les RG le 22 juillet 1936,* fait acheter, ces temps derniers, à leurs clients dont ils gèrent les portefeuilles, de nombreuses actions de la Banque de France. Ils comptent leur faire poursuivre ces opérations de façon à pouvoir, le cas échéant, faire échec à certains projets gouvernementaux concernant la réorganisation des services de la Banque de France en se faisant donner des pouvoirs pour les représenter aux assemblées générales. »[11] Comme sous le Cartel des Gauches, une « déclaration [de guerre] des régents » fut lue le 30 juillet par Ernest Mallet, et signée par ce dernier, « le baron [Édouard] de Rothschild, François de Wendel, le marquis [Louis] de Vogüe, le baron [Maurice] Hottinger, Jacques de Neuflize, Robert Darblay, Camille Poulenc, René Duchemin, Maurice Tinardon, Pierre Mirabaud et David David-Weil ». Démentant « avoir, sous l'influence de préoccupations politiques, approuvé d'importantes avances par la voie d'escompte de bons du Trésor », ils revendiquaient avoir versé « pour plus de 75 % » de leurs crédits « aux moyens et petits commerçants, industriels et agriculteurs » ; se proclamaient garants de « la défense de l'épargne [et de] la monnaie » et avocats des « 41 000 actionnaires de la Banque de France [...] dépossédés de leurs droits » par une « loi [qui], en portant atteinte aux droits des actionnaires, risqu[ait] de compromettre du même coup l'intérêt général ». Ils annoncèrent le pire : « Nous envisageons donc les temps qui viennent avec une grande appréhension. Les espérances d'une manne généreuse distribuée à tous venants par la Banque de France, la confusion entre le crédit et la subvention, l'équivoque de promesses irréalisables, constituent une menace redoutable. Dans l'intérêt du pays, nous souhaitons ardemment que la nouvelle direction de la banque réussisse à ne pas être submergée par le flot des revendications des parties prenantes, et que du tumulte actuel il sorte le moins de mal possible pour notre monnaie et pour l'économie de la France. » Labeyrie invoqua en vain « les graves conséquences qu'une pareille publication risqu[ait] d'avoir [...sur] le crédit public »[12] : c'était précisément son objectif.

Évincés, les régents continuèrent après ce coup d'éclat à régir la banque « réformée », via l'alliance établie en son conseil général entre les délégués du grand capital (déguisés, sauf Lemaigre-Dubreuil, en délégués du petit commerce et de l'artisanat, tel Georges Mauss, président de la fédération des Commerçants détaillants) et *tous* ceux de l'appareil d'État qui n'avaient rien à refuser à ceux qu'ils rejoindraient dans les grandes banques. Ils firent plébisciter le synarque et cagoulard Lemaigre-Dubreuil[13], « administrateur adjoint de la Royal Dutch en France, directeur-propriétaire des huiles Lesieur, président de la Fédération des contribuables de France », lié à « Mercier, de Wendel, [et ...] au groupe Ansaldo-Goering »[14] : l'assemblée générale des actionnaires du 15 octobre 1936 lui confia par 608 voix sur 790 (record absolu) un mandat prévu jusqu'en janvier 1939[15]. Les syndicalistes, timides ou absents, demeuraient cois sur les questions financières au conseil général ou au comité permanent. À l'inverse, ce « représentant des actionnaires » transforma le conseil général en tribune contre le Front populaire : les effets de sa sarabande furent démultipliés par l'écho quotidien qu'en livrait la presse à son service (révélations, interviews, etc.). Le délégué des anciens régents, informé par des agents de la Banque et du Trésor[16], mena le bal depuis le 3 décembre 1936, où il exigea l'entrée « au comité permanent [d']un représentant des actionnaires ». Il dénonça sans répit les manipulations de la banque soviétisée sur les « avances à l'État » (inusable refrain, depuis le Cartel des Gauches, contre les cabinets parias). Ses provocations revêtirent contre la Banque d'Espagne une violence inouïe[17].

La puissance intacte de la banque centrale fut également révélée : 1° par l'adoption rapide de la solution qui l'avait dès 1931 tentée pour rogner le salaire réel si la déflation des salaires nominaux s'avérait impossible : la dévaluation du 25 septembre 1936, sous l'égide des États-Unis et de la Grande-Bretagne, et les engagements pris à l'occasion achevèrent de rassurer le capital national et international sur les limites des réformes de Léon Blum, et « la déclaration franco-anglo-américaine » simultanée constitua « une des bases essentielles de la politique étrangère du gouvernement de Front populaire »[18] ; 2° par la licence offerte à l'exportation des capitaux officialisée « le 16 décembre [par] des déclarations très nettes [de Vincent Auriol] écartant toute mesure de contrôle [des changes] ou de restriction, promettant formellement aux capitaux une entière liberté de mouvements et faisant largement appel à la confiance » ; 3° par l'émission d'un emprunt[19].

La grande industrie se montra aussi active. À sa tête, le Comité des Forges, résolu à « faire échec à la nationalisation des industries de guerre », intervint

« auprès d'un certain nombre de sénateurs pour les amener à se prononcer contre les projets qui pourraient être votés à ce sujet par la Chambre. La manœuvre se complèterait par la mise sur le marché d'un certain nombre de titres de sociétés intéressées à la fabrication du matériel de guerre, notamment de la Cie des Mines, Fonderies et Forges d'Alais et de la Compagnie des forges et aciéries de la Marine et d'Homécourt »[20]. De son efficacité témoignèrent la timide loi de nationalisation des industries de guerre présentée au Parlement à l'été 1936 par Daladier puis les décrets de 1936-1937 et leur application, plus anodins encore[21]. Enhardis, « les Schneider du Creusot, les Brandt se pourvurent en Conseil d'État » contre « les décrets de nationalisation et de contrôle » et boycottèrent le réarmement[22].

Bref, la « Pause » avant commencé bien avant sa naissance officielle, le discours du 24 février 1937 à Saint-Nazaire : Blum sembla y équilibrer le « soutien qu'il avait le droit d'espérer [du ...] "capital" » par la menace du « contrôle des changes » (« je ne veux pas penser [...] aux mesures que nous serions obligés de prendre si ce soutien continuait à nous être refusé ») ; mais aucun capitaliste ne croyait à ce loup-garou depuis septembre 1936. Par les « mesures » prises le 5 mars 1937, « M. Blum se rendit aux oligarchies financières » (A. Werth) : « abolition de la législation contre les "profiteurs d'or" ; nomination d'un nouveau comité d'égalisation des changes comprenant M. [Charles] Rist » et exigeant la réduction des dépenses par la réduction des « grands travaux publics [...] ; engagement de réduire le déficit du Trésor de 32 à 26 milliards et [lancement d']un emprunt de garantie des changes fixé à 10 milliards par le Sénat quelques jours plus tard », aux « termes [...] trop généreux [et qui] fut souscrit en deux jours » ; sérénité devant la baudruche du « contrôle des changes » : « Pendant ces quelques jours, non seulement les gros capitalistes achetèrent des livres et des francs belges, mais encore tous ceux qui pouvaient en obtenir. »[23] L'envoi de Georges Bonnet comme ambassadeur aux États-Unis, ne signifia pas, comme le crut Werth, la mise à l'écart d'un opposant gênant. La mission du « favori » de la Haute Banque, notamment celle d'Indochine[24], et de l'industrie (intime du « collaborationniste industriel convaincu » Marcel Boussac[25]) marquait une nouvelle concession au capital anglo-américain et français : il allait négocier à Washington « un nouvel aménagement de la parité-or du franc » – une seconde dévaluation[26].

Suivirent les fastes de la pause, dont les réunions de la Banque de France dressent le meilleur tableau. La guérilla s'amplifia au printemps 1937, contre le statut du personnel et son insupportable coût : le directeur du Mouvement général des fonds mis à la tête du Crédit national en novembre 1936 (où lui succéda au MGF le synarque Jacques Rueff)[27], le synarque Wilfrid Baumgartner, inspecteur des Finances de la promotion 1925, membre de « la société secrète fasciste F. 1950 »[28], futur chef « du Crédit national et gendre d'Ernest Mercier »[29], et autres membres « classiques » du conseil général rallièrent ouvertement Lemaigre-Dubreuil[30]. Dans la semaine suivant la chute de Blum (22 juin) et la formation du cabinet Chautemps, qui mit aux Finances Georges Bonnet, les masques tombèrent : le conseil général renoua avec l'ancien sur le « plan de redressement financier du gouvernement » prévoyant « la lutte contre la spéculation par des mesures rigoureuses, sans contrôle des changes »[31]. À Labeyrie, condamné pour avoir incarné l'ère Blum et en sursis pour quatre semaines, succéda Pierre Fournier, installé le 21 juillet 1937 avec Jules Guiraud et Yves Bréart de Boisanger pour premier et second sous-gouverneurs[32].

La vindicte contre les folies du salaire et du traitement contrasta : 1° avec le décret-loi du 30 juillet 1937 qui levait le décret du 31 décembre 1936 interdisant au gouverneur et aux sous-gouverneurs « de prêter leur concours à des entreprises privées pendant les trois années qui suiv[ai]ent la cessation de leurs fonctions » et les autorisait à « cumuler pendant ces trois années le traitement afférent à un emploi public avec les émoluments [...] servis par la banque »[33] ; 2° avec le règlement du dossier de l'énorme pension de l'ancien gouverneur Clément Moret, dossier étiré de janvier 1935, où lui fut accordée « une rente viagère de 200 000 francs, réversible pour moitié sur la tête de Mme Moret », à décembre 1938 : le budget lui prévit une « pension exceptionnelle » requérant crédit de 200 000 francs contre lequel vota le pourtant timide délégué des salariés Luche[34]. Le même osa révéler au conseil général du 13 janvier 1938 la spéculation des capitaux qui troublait moins la banque que le niveau des salaires et les 40 heures. Il chiffra les demandes d'escompte à fins spéculatives déposées dans la seule semaine écoulée par Guaranty Trust à 105,4 millions, par la *Lloyds Bank* à 118,6, par la Westminsterbank à 53,4, par Worms (non chiffré), et par cinq banques d'affaires ou de crédit, mais établit entre elles « une distinction » indulgente pour ces dernières.

	Achat de change	**Escompte**
Banque de Paris	75,6	196,7
Crédit commercial de France	31,9	123,3
Société générale	76,8	30,3
Union parisienne	10,9	48,8
Crédit lyonnais	80,1	86,8

« Il est grave et pénible de voir des banques comme Lehideux, la Lloyds Bank, Dreyfus, Seligmann, procéder à des achats de devises qui ne semblent pas justifiés », se lamenta Luche. Jugeant « curieux [...] qu'on ne puisse rien faire pour l'en empêcher », il invoqua « la nécessité d'un redressement ». Pierre Fournier qualifia ces « observations [de] très intéressantes » avant de noyer le poisson en accusant les seules officines louches : « Ce qu'il y a de particulièrement délicat dans la situation actuelle, c'est que nous nous trouvons en présence moins d'un mouvement spéculatif que de demandes de change émanant d'à peu près tout le monde [...]. Nous avons demandé aux banques d'exercer de leur côté un contrôle sur les opérations de leur clientèle ; lorsqu'il nous apparaît qu'elles ne tiennent pas suffisamment compte des consignes données, nous les convoquons et nous leur faisons les observations nécessaires. M. le gouverneur croit qu'il est difficile d'aller plus loin ; il n'a d'ailleurs pas l'impression que, dans l'ensemble, il y ait des abus. » Fournier, appuyé par Rueff, sollicita de Luche des sources que celui-ci, renvoyant au gouvernement, refusait de découvrir. Fournier y puisa prétexte à ne rien faire : « Tant qu'il n'est pas saisi d'un document, il lui est difficile d'agir. [...N]ous sommes désarmés à l'égard des "margoulins" qui se livrent au commerce de l'or. Rien dans la loi actuelle n'interdit ce commerce. » Jouhaux protesta : « Il est indispensable de faire quelque chose ; d'une façon ou d'une autre, il faut agir. Sinon, il y a un certain nombre de membres du conseil général qui ne pourront accepter plus longtemps la responsabilité de la situation présente. » Il étalait son impuissance[35] avant que l'échec de la grève ouvrière du 30 novembre ne permît de se débarrasser de lui (dans la semaine qui suivrait)[36].

Le Front populaire était entré en agonie en mars 1938, où la Banque de France imposa sa ligne à la faveur de la « demand[e d'un] nouveau concours » : elle exigea des « pouvoirs publics [...] la mise en œuvre d'un programme d'ensemble, dont il [leur] appart[enait] définir les conditions, mais dont le conseil général de la banque a estimé qu'il avait l'impérieux devoir de souligner auprès [du ministre des Finances] l'urgente nécessité ». La formule, encore durcie après discussion dominée par Lemaigre-Dubreuil (« un programme général d'assainissement économique et d'équilibre financier devant permettre au Trésor de limiter dans le présent et de proscrire à l'avenir l'appel aux avances de la banque »), recueillit l'unanimité, Jouhaux et Million compris[37]. Jacques Rueff put le 12 avril louer le programme d'assainissement financier du « nouveau cabinet » (Daladier) et accepter le principe d'« une avance » de 10 milliards subordonnée à une demande de « pleins pouvoirs ». Il prendrait, assura Fournier le 14, « les dispositions les plus énergiques » pour rétablir « un équilibre sévère du budget ». Enchanté, le 5 mai, de ce « changement profond de politique », Fournier admit le 5 juin le caractère purement spéculatif du retour (exalté par la presse) des capitaux : ils « restent liquides, sous forme soit de billets, soit de dépôts bancaires, et ne se portent pas vers les investissements »[38]. La banque se réjouit, le 12 novembre, de la présentation du « plan de redressement économique et financier » de Reynaud : le synarque syndical Million se tut ; Jouhaux, à la veille du sinistre congrès de la CGT, était absent. Elle fut lyrique, le 1er décembre après la défaite de la « tentative de grève générale du 30 novembre ». Fournier avait « prévenu personnellement le ministère de l'Intérieur et la Sûreté nationale de la nécessité de protéger notre usine » de fabrication de billets de Clermont-Ferrand « et d'en surveiller les abords » de la situation à l'usine : le « personnel de la banque », à l'« attitude parfaite » (« il n'a été constaté qu'une absence »), était menacé par les ouvriers grévistes du pneumatique (Michelin et Bergougnan)[39].

La mise du fascisme français en ordre de bataille, des anciens aux nouveaux

Depuis le printemps 1936 les Français furent soumis au feu roulant de la propagande organisée sur le péril rouge et la submersion par le PCF de la débile

SFIO. Le rapport de forces n'alarmait pourtant point, et la tactique de division de la gauche paya dès la fin des grèves. Les milieux financiers accablaient le cabinet « socialiste » mais plaçaient de grands espoirs en son anticommunisme : dès juillet, « la Confédération générale du patronat français, le Comité des Forges et le Comité des houillères m[ire]ent [...] au point un programme commun de campagne de presse et de pression parlementaire afin d'amener le gouvernement à se séparer, avant octobre, de l'emprise communiste. En contrepartie, ces comités [lui] offriraient en sous-main leur appui officieux »[40]. Ceux qu'ébranle la thèse d'un Blum déchiré admettront que son impuissance face au Reich, « le tragique de sa position » extérieure, déplorés le 20 mai 1937 devant l'ambassadeur américain William Bullitt[41], lui-même parangon d'Apaisement antibolchevique[42], couvraient des *pratiques* : la collaboration anticommuniste avec les grands intérêts et la capitulation devant eux. L'ambassadeur Welczeck, un expert, clama fin décembre 1936 que « le danger d'une révolution communiste », auquel « les milieux bien informés n'avaient jamais cru », était « banni »[43]. Ce qui suit éclaire leur assurance.

La stratégie de conquête de la gauche : la synarchie sort des locaux de la Banque Worms

Une des armes les plus efficaces du noyau dirigeant de la synarchie fut la conquête de certains milieux du Front populaire aussi hantés que lui par la radicalisation des salariés. La division de la gauche, auxquels maints radicaux et des socialistes s'étaient associés avant le printemps 1936, s'avéra aisée. La synarchie y affecta les « comités » Coutrot, qui déployèrent « une activité à la fois colossale par son ampleur et ahurissante par sa diversité »[44].

La conjoncture incita Coutrot à développer les « groupes [qui] avaient pour but d'attirer à la synarchie des personnalités du monde, des sciences, comme celles de la politique et des affaires. Tous n'étaient pas synarques, mais tous étaient utilisés ou utilisables en quelque mesure par le MSE, souvent à leur insu. Le recruteur principal de la synarchie »[45] créa de 1936 à 1938 de nouveaux comités ou dynamisa les anciens, tel le Comité national de l'organisation française (CNOF) : « Ces groupements multiples, divers, formés toujours des mêmes personnages dans les comités directeurs, n'avaient qu'un seul but » : « pénétrer dans les milieux les plus divers (médicaux, industriels, syndicaux, universitaires, etc.) en vue d'y observer les individus, de les choisir, de les circonvenir, puis de les affilier »[46].

Ils demeurèrent peuplés de synarques classiques, de droite, inspecteurs des Finances et anciens élèves de l'X. Le Centre d'études des problèmes humains (CEPH) fut fondé en juillet 1936, avec au comité exécutif le professeur Henri Focillon, Jean Coutrot, Alexis Carrel, Aldous Huxley, Georges Guillaume ; pour « membres conseillers » Gérard Bardet, Jacques Branger, René Gillouin, Raoul Husson, le Dr Martigny, Jean Milhaud, Alfred Sauvy, Jean Ullmo, René Capitant, Robert Lacoste et André Siegfried ; et pour secrétaire administratif Paul Rivoire[47]. En août 1941, les RG soulignèrent l'importance de ce comité, qui accueillait la synarchie dans « un local dépendant de la Banque Worms », rue Tronchet ; et le rôle des trois responsables de ses « importantes ramifications à l'étranger, notamment aux États-Unis (Dr Alexis Carrel), en Angleterre (Aldous Huxley), Suisse, Suède et Afrique du Sud. L'agent de liaison en serait l'économiste suisse Georges Guillaume, personnage d'importance internationale, figure énigmatique et redoutable »[48]. L'Institut de Psychologie appliquée (IPSA) fut créé au même siège en 1938, avec pour « membres conseillers » les docteurs André Arthus et Held, Bardet, Coutrot, Focillon, Guillaume, Paul Planus, etc.[49]

Deux autres groupements, le vieux Comité national de l'organisation française (CNOF), alors rénové, et le Centre d'organisation scientifique du Travail (COST) de Spinasse, accueillirent les forces radicales et socialistes. Officiellement vouée au succès des « réformes » du Front populaire, cette gauche sous tutelle financière s'employa à les miner. Le CNOF reçut depuis 1937 « l'appui officiel des pouvoirs publics » : il fut patronné « par six hommes politiques français : MM. Chautemps, Marchandeau, [Albert] Sarraut, de Monzie, Pomaret, Patenôtre », groupe dit « des "Six" ». Il organisa depuis lors « des Journées d'études des administrations publiques par lesquelles les institutions républicaines [étaient] sapées dans les milieux des fonctionnaires ». L'initiative fut ensuite annuelle et tenue à la Sorbonne[50]. Décisif, le COST fut par décret Blum-Spinasse du 25 novembre 1937 « institué au ministère de l'Économie nationale », avec pour président le ministre et pour vice-président Coutrot[51].

Charles Spinasse, symbole du choix par le grand capital d'hommes clés au sein de la gauche, rendit grand service. Figurant en mai 1924 « comme *industriel* [...] sur la liste du Cartel des Gauches », il avait été élu député de Corrèze, puis réélu en mai 1936. Droitier de la SFIO, « très ami avec Léon Blum », il avait « financé diverses entreprises de presse de tendance du Parti socialiste ». Professeur au Conservatoire national des Arts et Métiers, il « *s'intéress[ait] particulièrement aux questions financières* » et « *pass[ait] pour avoir des intérêts et des amitiés dans de gros cercles capitalistes* ». Lié à Coutrot au début des années 1930, pressenti comme ministre du Front commun dès 1935, il obtint de Blum l'Économie nationale. Il prit aussitôt pour chargé de mission Édouard Chaux, « un des promoteurs du MSE », et recruta Coutrot : l'industriel, « dirigeant de la maison Gau et Blancan à Paris, où il avait des intérêts par alliance en 1936, abandonn[a alors] son activité industrielle pour l'action administrative » et « devint rapidement [le] conseiller écouté » du ministre[52]. Alfred Sauvy, un « des synarchistes notoires » des comités Coutrot, abandonna en 1937 la sous-direction de la Statistique générale de la France pour rejoindre Spinasse (dernière étape avant le cabinet Reynaud en novembre 1938).

L'appareil d'État pullula dès lors de synarques, évolution constante jusqu'à la défaite : Coutrot, mis en mesure de « noyaute[r] les grandes administrations publiques », transforma à un rythme accéléré « la haute administration française en un cancer greffé sur les flancs de la IIIe République, et qui devait préparer son effondrement à la première circonstance née des conjonctures européennes »[53]. Olivier Dard constate ce noyautage dans un paragraphe intitulé « l'appel massif aux technocrates [par les gouvernants] à la veille de la guerre » : ainsi Henri Queuille, inamovible ministre de l'Agriculture, brusquement nommé « en 1937 » aux travaux publics « dans le cabinet Chautemps », s'y entoura-t-il, non de ses collaborateurs habituels, mais « d'autres noms [...] plus inattendus : Paul Devinat, expert bien connu en matière de rationalisation, Jean Filippi, et enfin, Jean Bichelonne ». L'historien du « mythe de la synarchie » cite là deux synarques notoires ; le troisième l'était aussi : « Devinat Paul, inspecteur général de l'enseignement technique », figurait sur le carnet de Navachine et parmi les « amis de la victime » auditionnés (au moins deux fois) juste après son exécution, les 2 et 15 février 1937[54] ; il figure sur la « liste » des 364 de 1943[55].

Sur l'objectif et les activités des comités Coutrot, « secrets ou non, ayant fonctionné avant 1939 », la police recueillit « des renseignements étendus ». La note la plus précise consultée concerne la « société secrète fasciste appelée France 1950 (ou F. 1950) », classée avec « Atelier 38 » d'Édouard Chaux parmi les « groupes secrets de hauts fonctionnaires » : un des sept éléments de la sixième composante des « centres de pullulation anciens et actuels » (« organismes de propagande, mouvements, ligues »)[56]. « France 1950 » fut fondée en mars 1937 par « l'ancien polytechnicien Francis Hekking, alors secrétaire permanent du COST de Jean Coutrot au ministère de l'Économie nationale (Spinasse), l'ingénieur conseil en organisation Paul Planus, le R.P. jésuite Joseph Dillard, alors professeur au collège libre d'Évreux, devenu peu après directeur de l'Action populaire, 15, rue de Paris à Vanves. [...] Son but apparent était l'étude des améliorations à apporter [...] aux institutions politiques françaises. Son but secret était la critique des institutions républicaines ; la réforme de ces institutions dans un sens fasciste sous couleur d'études "objectives" ; la pénétration dans les plus hautes sphères gouvernementales et administratives pour l'utilisation systématique du lien personnel ; enfin l'affiliation à la synarchie ». F. 1950 était subdivisée en huit équipes travaillant « séparément », dotées chacune de trois chefs « présidant à tour de rôle les séances de travail, [d']un rapporteur et [d']un membre désigné pour faire partie du comité exécutif du groupement ». Aux séances tenues par équipe s'ajoutaient « de temps à autre des réunions communes de toutes les équipes » auxquelles étaient invitées « différentes personnalités [...] sous le prétexte de consulter leur compétence [, e]n réalité pour les approcher, les circonvenir, les gagner peu à peu, et si possible les affilier ».

Un tableau du 17 avril 1937, reproduit *selon l'original*, lui attribue les « cadres directeurs » suivants :

Équipes	Chefs	Rapporteurs	Membre de l'exécutif
I. Cour d'hon. (cour d'honneur ?)	Dautry [Raoul] Liochon Dillard [R.P.]	Gouttet	Aubert J.
II. Div. MIA.[57]	Giraudoux [Jean ?] Monod G. [Gabriel ?] de Lanux [Pierre][58]	Philippe Ph.	Paraf Y.
III. Réal. Soc. [réalisations sociales ?]	Belin [René] Dautry [Raoul] Vialatte	Hibout P.	Maurette

IV. Réal. Écon. [réalisations économiques ?]	De Freycinet Million [Francis] Dillard [R.P.]	Marjolin [Robert ?[59]]	Adam J.H.
V. Réal. Fin. [réalisations financières ?]	Baumgartner [Wilfrid] Auboin [Roger] Seynes-Larlanque	de Vicose C.	Quesnay [Pierre][60]
VI. U.L. CP SP	Sirol[61] Boutteville (Roger)[62] Laffitte		Sirwin
VII. Réf. État [réforme de l'État ?]	Lucius [Jacques[63]] Milhaud [Jean] Lacoste [Robert]	Hekking [Francis]	Planus [Paul]
VIII. Act. ext. Fr. (action ?, activité ? extérieure France)	Siegfried [André[64]] de Tarbé [Tarbé de Saint-Hardouin Jacques[65]] Joxe (Louis ?[66])	Berthaut P.	Vasseur P.

Étaient recensés comme membres de F. 1950 : Alheinc, directeur de la Banque de l'Union parisienne ; Max Bonnafous ; René Carmille, contrôleur général de l'Armée ; Marcel Delauney ; Auguste Detoeuf ; Pierre Dieterlin ; Raymond Dreux ; Duchesne ; Périer de Féral ; Pierre Forgeot ; Haour ; Robert Hiéguet ; [Michel] Mitzakis ; le lieutenant de Montjamont ; Roger Nathan ; Patouillet ; Roger Picard ; Poniatowski ; J.-H. Ricard ; Ruffenach ; Sauvy ; Schwob ; Terray ; Christian Valensi ; le capitaine Vallerie ; Verchaly. Le siège du groupement, 2, rue Lord Byron[67], était celui du « groupe de Nervo »[68].

Délégués du grand capital et de « gauche » nouèrent des contacts cruciaux dans la stratégie de destruction du régime : « En 1936 grâce à ses "colloques autour d'une petite table", Jean Rivain », intime de Jean Coutrot et « considéré comme le "sergent recruteur" de la synarchie et le pilier des groupes [,] a permis à des hommes comme Spinasse, Lacoste, de la Fédération des fonctionnaires, de se rencontrer avec Mercier de l'électricité, avec des financiers et des polytechniciens parmi lesquels figurait Coutrot »[69]. Pilier des comités Coutrot, Alfred Sauvy, « X 1920 », apparaît comme un des « principaux affiliés » sur *toutes* les listes de la synarchie depuis juin 1941. Il fut un des cinq « recruteur[s] principa[ux] dans l'administration » (un des six « centres de pullulation anciens et actuels » du rapport Chavin[70]) – qui comptait elle-même quatre secteurs : « inspecteur général » de la SGF, Sauvy dirigea le groupe « inspection des Finances, direction du contrôle des assurances privées, SNCF, Statistique générale de la France » ; les autres étaient respectivement dirigés par Coutrot et Branger (Services de l'économie nationale), de Monzie (Direction des Musées nationaux, enseignement technique, Conservatoire des Arts et Métiers, Centre de synthèse, comité national des émissions) et Émile Belime (Office du Niger).

L'homme de Reynaud et de Bouthillier (leur chef de cabinet puis « chargé de mission »[71] aux Finances), icône de l'après-guerre érigée en critique scientifique des 40 heures, assura donc pour la synarchie le recrutement des confédérés de la CGT, plus nombreux dans la fonction publique que dans la classe ouvrière. C'est en leur sein que la synarchie trouva des adversaires de la « lutte des classes » convaincus du caractère sacré du profit, de l'inéluctabilité du sacrifice du salaire et estimés aptes à y rallier leurs mandants. Adhésion précieuse alors que, dans une CGT en forte croissance, les confédérés étaient affaiblis par la poussée unitaire qui précéda, accompagna et suivit les grèves du printemps 1936 : la hantise de leur éviction des postes de commande fouetta leur antibolchevisme[72]. Le haut patronat tabla sur ce ressentiment pour entretenir la flamme des « cadres du syndicalisme » CGT synarques, tels René Belin, Georges Dumoulin, Robert Lacoste, Francis Million et Marcel Roy[73]. Il les traita généreusement, affectant à Belin un rôle central dans l'objectif de scission syndicale et d'abdication nationale qui lui vaudrait à Vichy un poste ministériel.

Belin reçut, pour la partie intérieure de sa mission, l'appui de Jouhaux, « toujours » (depuis les années 1920) hanté par la priorité de « contrecarrer les tentatives faites par les communistes pour s'emparer des leviers de commande du mouvement syndical »[74]. Son hégémonie sur la CGT réunifiée étant menacée, le secrétaire général donna à son lieutenant et successeur pressenti toute liberté pour tailler des croupières à l'ennemi bolchevique appuyé sur l'hebdomadaire *La Vie Ouvrière*. Sans s'associer publiquement à la création de la tendance et de l'hebdomadaire *Syndicats* dirigés par Belin, Jouhaux lui ouvrit dès le congrès de réunification de Toulouse (mars 1936) la « caisse noire » vouée à la croisade anti« unitaires » ; il lui désigna après ses propres tournées provinciales les militants disposés à servir cette cause[75]. Le patronat synarchique (Auguste Detoeuf *et alii*) fit mine de s'émerveiller des géniales conférences de Belin et acheta ses services : au plus tard fin 1935, époque où celui-ci, interrogé sur l'assassinat de Navachine, situa le début de ses relations avec l'économiste et synarque russe[76]. Selon Robert Lacoste, féroce en septembre 1945 pour son vieux rival mais muet sur leur communauté synarchique[77], Barnaud remettait « régulièrement au journal *Syndicats*, dirigé par Belin, les subventions [...] reçues par Raymond Froideval [et...] destinées à alimenter la campagne pro-munichoise dans la CGT et surtout à réduire à l'impuissance, par la calomnie, la tendance confédérale patriote et antiallemande que dirigeaient Léon Jouhaux, Louis Saillant et moi-même »[78]. Il était notoire en 1940-1941 « que René Belin, ancien secrétaire général adjoint de la CGT, et membre du gouvernement, touchait, dès avant les hostilités, une mensualité chez Worms & Cie »[79]. Pierre Nicolle, qui partageait le mépris de classe de Charles Rist pour « le fonctionnaire des PTT devenu fonctionnaire cégétiste et doublure de Jouhaux », évoqua le 10 août 1940 « ceux qui depuis des mois » – c'étaient des années – « l'entret[enai]ent »[80].

La conquête « des cadres du syndicalisme » forma un des trois volets de l'influence de la synarchie dans des « milieux libéraux divers ». Les deux autres visaient : 1° la maçonnerie (26 élus, dont Jeanne Canudo, Navachine et Émile Roche) ; 2° le secteur « presse et littérature », de 33 membres (dont Roche, encore, Robert Aron, Gaston Bergery, Émile Buré[81] ; Horace de Carbuccia, Pierre Drieu la Rochelle, Alfred Fabre-Luce, Bertrand de Jouvenel, Jean Rivain et Émile Schreiber (des *Échos*)[82]. Aron, par ailleurs « phare[...] de l'Ordre Nouveau », est aujourd'hui mué comme ses pairs fascistes en « non-conformiste »[83], « appellation savante pour qualifier cette génération d'intellectuels » selon Grégory Cingal, l'archiviste qui a classé son fonds (F delta 1832) déposé à la BDIC. Doté après guerre d'un rôle académique ultérieur comparable à celui de son pair Sauvy, gratifié par ses amis, quand les archives étaient verrouillées, de sources non identifiées pour écrire son histoire du Vichy « bouclier [...] qui fit longtemps autorité », il revendiqua en 1963 le « souci presque religieux d'apaiser, de réconcilier, de cicatriser les blessures que l'Histoire inflige[ait] à la société ». Avant guerre, ce « jeune homme en colère vitupéra[i]t "le cancer américain" » et la « décadence de la nation française », appelant à « "la révolution nécessaire" et à "la dictature de la liberté" ». Le fonds versé compte donc peu « de pièces et documents » sur son « entre-deux-guerres tumultueuse »[84].

Les publications synarchiques devaient aussi conquérir *toute* la gauche anticommuniste. Lemaigre-Dubreuil continua à entretenir *La Flèche* où Bergery éreintait le Pacte franco-soviétique sur une base de « gauche », impératif aiguisé par la victoire du Front populaire. « Même l'anticapitalisme de *La Flèche* était pour la synarchie un moyen de pénétration utilisable ! »[85] Il y eut aussi des créations, tels les *Nouveaux Cahiers*, dont le premier numéro parut le 15 mars 1937. Fondée par Jacques Barnaud, la « petite revue jaune » attira bien des « collaborations » : Guillaume de Tarde, Boris Souvarine, Bertrand de Maudhuy, Drieu la Rochelle, Lucien Laurat, Auguste Detoeuf, Jean Coutrot, Bernard de Plas et maints rédacteurs étirés « des frontières de l'Action française à la banlieue du bergerysme en passant par les radicaux émancipés, les francs-tireurs de la *Nouvelle Revue française*, les dominicains à l'écoute des hommes de talent [...] qui s'entend[ire]nt sur les lignes essentielles d'un "pragmatisme" français » funeste au Front populaire[86]. Figuraient parmi les « principaux collaborateurs » (outre Barnaud et Detoeuf), Pierre de Lanux, Raoul Dautry et Bertrand de Jouvenel[87].

A posteriori, les responsables des *Nouveaux Cahiers*, les industriels Auguste Detoeuf et André Isambert, amis « depuis 1930 environ » de Barnaud et de Coutrot, reconnurent l'essentiel. La revue, à laquelle Barnaud « collabor[a] avec nous jusqu'à la guerre » devait, admit Detoeuf, œuvrer à « la disparition de l'esprit de classe [et au...] développement de la pensée individuelle, de l'esprit de vérité, de l'esprit d'information sincère, contre l'esprit de parti et l'esprit de propagande ». « Après les élections de 1936, notre groupe cherch[a] », déclara Isambert, « à travailler à l'apaisement politique en faisant aboutir les réformes constructives qu'il avait étudiées et en établissant des contacts directs et confiants entre des hommes choisis dans les divers milieux pour leur bonne foi et leur désintéressement. Nous nous tînmes donc en dehors de toute préoccupation politique, de toute ambition personnelle ; nous ouvrîmes des discussions hebdomadaires que nous décidâmes, après six mois, de publier pour suivre nos contacts avec ceux qui avaient nos mêmes soucis intellectuels et moraux, à Paris et en province. Ce furent les *Nouveaux Cahiers*. Notre public se recruta principalement parmi des intellectuels de gauche, des membres du corps enseignant, des fonctionnaires, de jeunes industriels et ingénieurs, des syndicalistes ouvriers. Le Comité de vigilance des Intellectuels antifascistes nous fournit un assez grand nombre d'adhérents. Les *Nouveaux Cahiers* organisèrent à Pontigny, chez Paul Desjardins, les réunions franco-suédoises où les chefs des confédérations ouvrières et patronales suédoises vinrent exposer ensemble la manière dont le syndicalisme s'était développé chez eux, parvenant à régler les conflits et à établir des réglementations avec une intervention minima de l'État. Plusieurs secrétaires de la CGT et des patrons français assistèrent à ces réunions »[88].

« Dans ce cadre bourgeois [des] réceptions grandioses de M. Desjardins », commenta le synarque et ancien chef du Faisceau Georges Valois[89] en octobre 1938 au Club du Faubourg, « les militants des syndicats révolutionnaires perdent leurs moyens devant la grandeur du lieu et les attentions dont ils sont l'objet de la part des dirigeants patronaux. [...C]es rencontres sont très dangereuses car les militants se trouvent en état de nette infériorité au sujet de la tenue, du langage et des mœurs mondaines. À cette réunion, [...] se trouvaient le Jouhaux suédois, les représentants du Comité des Forges et le Mercier suédois ; du côté français, les syndicalistes réformistes [Robert] Lacoste, [Georges] Lefranc[90] et quelques militants de la CGT, non communistes. On a montré [...] aux représentants français la bonne entente qui existait entre les syndicalistes et le patronat suédois, confirmée par une promenade à l'abbaye de Vézelay au cours de laquelle les Français ont pu voir le délégué ouvrier suédois donnant le bras à la déléguée du patronat et trinquant avec elle. [...D]ans son ensemble la CGT était d'accord pour organiser un rapprochement entre la classe ouvrière et le patronat afin d'établir une paix sociale et de préparer la guerre internationale qui est inévitable »[91] – antiphrase désignant la guerre sociale et la quête d'accord avec le Reich.

C'est dans cette période que furent adoptés les « 13 points fondamentaux et les 598 propositions » du « pacte synarchique du MSE », œuvre de Coutrot selon Chavin, qui l'avait reçu « d'un familier » de l'industriel (son beau-frère Henri Brulé, selon Kuisel, synarque assassiné après lui[92]) : « La lecture attentive de ce document permet d'y retrouver à chaque page la terminologie spéciale de M. Jean Coutrot, ainsi que les formes verbales qui particularisent ses écrits de façon si caractéristique. De toute évidence, Jean Coutrot a collaboré à la rédaction du document s'il ne l'a pas lui-même assuré en entier. »[93] La note des RG puisée à l'« étude [...] de mai 1941 » compara minutieusement, en son « paragraphe 8 », le « Document doré ou Pacte synarchique avec les principaux écrits de Jean Coutrot et avec son activité avant la guerre de 1939-1940 »[94]. Chavin résuma en juin 1941 le « document fondamental [de ...] plus de cent pages, format in-8 [...] reliure de grand luxe » : « Le but déclaré est "d'instaurer dans l'empire français un régime synarchique approprié" (page VI du document) » et sa « proposition n° 80 élève un violent réquisitoire » (précisé plus loin) « contre le parlementarisme français, ce "pot-pourri politique issu de la constitution de 1875" »[95].

Bien loin du progressisme de Coutrot (Kuisel), l'« exemplaire du pacte synarchique d'empire » conservé aux Archives nationales requérait une foule de « réformes » socio-économiques sur fond de haine de la démocratie et du peuple égale à celle des fascismes étrangers. La démocratie (« le parlementarisme français, ce pot-pourri politique issu de la constitution de 1875 ») était ainsi décrite : « – régime d'importation étrangère aussi inadaptable aux pays de France que le soviétisme, le fascisme [évidemment présent pour équilibrer le reste] ou le marxisme ; – régime de représentation amorphe de citoyens abstraits par des élus compétents ; – régime non d'idées mais d'opinions vagues ou sectaires fabriquées pour des électeurs ignorants de la chose politique par des comités et des meneurs irresponsables ; – régime de duperie dont le jeu même coupe électeurs et élus des réalités concrètes qu'il s'agirait justement de représenter, d'ordonner et de coordonner ; – régime de fausse démocratie qui fait de chaque parti, par surenchère électorale, une faction démagogique ; – régime d'anarchie larvée qui accentue le défaut de civisme du génie français ; – régime de verbiage idéologique qui obscurcit le sens réaliste du génie français ; – régime de mensonge seulement favorable au règne ou à l'instauration nouvelle d'oligarchies masquées derrière un pseudo-pouvoir partisan (argent ou sectes) ; – régime de corruption qui détourne au profit de ces coalitions d'intérêts inavouables, argent ou sectes, le seul pouvoir effectif de la bureaucratie irresponsable, impuissante dans tout ce qui peut avoir quelque caractère de grandeur, en dépit des efforts d'une élite de fonctionnaires ; – régime de parasitisme et de laisser-aller qui a détendu tous les ressorts de l'État jusqu'à mettre en péril des destinées françaises ; – régime d'impéritie gouvernementale et de routine, incapable d'ailleurs de se rénover lui-même, non plus que d'offrir au peuple les ressources politiques et les instruments civiques nécessaires au redressement révolutionnaire imposé par les bouleversements mondiaux » (proposition 80, dont Chavin avait cité ces deux derniers paragraphes). « Le peuple » était également honni : « Dans le peuple, la loi ontologique est l'anarchie spirituelle, tempérée par l'instinct grégaire, l'esprit d'imitation et l'inertie des mœurs, c'est-à-dire d'un mot la faiblesse » (proposition 38). « Le devoir primordial de l'État est d'ordonner les institutions et d'arbitrer les conflits entre les plus forts et les plus faibles des appétits égoïstes du peuple, afin d'assurer dans toutes les catégories sociales une satisfaction équilibrée des besoins concrets de chacun » (proposition 108). « La multitude est sans pensée réelle : le peuple en masse n'a que des besoins et des instincts » (proposition 377).

Quant aux « réformes », elles n'avaient pas pour trait essentiel le « système *d'ententes* volontaires ou de contrats collectifs pour chaque branche d'industrie qui régulerait à la fois la production et les conditions de travail » qui a séduit Kuisel[96]. Annoncées par l'exergue exaltant la « Révolution [,...] action implacable régie par une loi de fer », elles annonçaient Vichy : elles précisaient, entre autres, sous le vernis de « la socialisation des moyens de production » (proposition 110), que « le rôle de l'État politique ne d[evai]t jamais être : a) de propriété économique (sol, sous-sol, sources d'énergie, matières premières, instruments de production ou de distribution, entreprises de services matériels payants, capital financier, etc.) ; b) de gestion directe de l'un quelconque de ces éléments de la vie économique du peuple dans l'un ou l'autre des pays de l'Empire » (lui étaient aussi soustraites « éducation, culture, instruction [...] dans un sens quelconque, et à quelque degré que ce soit » [proposition 314]).

Éclairantes sur les rapports entre synarchie et Reich étaient les propositions 49 à 51 relatives aux guerres intérieure – violence nécessaire – et extérieure – violence inutile. « La guerre civile, le coup d'État, l'insurrection, le terrorisme, l'émeute, la grève, l'agitation, la revendication, etc., sont des corruptions plus ou moins violentes, des faits anarchiques d'inadaptation » (49). « La guerre militaire [...] est une autre de ces corruptions moins violentes ou non-adaptation à la vie réelle des sociétés humaines. [...] Le remède et seul palliatif réel à la guerre militaire est la révolution synarchiste menée à la fois de chaque côté des frontières » (50-51)[97].

La violence des intentions, éclatant sous « le camouflage doctrinal [de] l'humanisme [...] baign[ant] tous les chapitres du Pacte synarchique »[98], cadre mieux avec l'autre composante « populaire » présumée de l'offensive, appuyée sur Doriot, traitée plus loin.

Guerre sociale et ligues

Effectif des Ligues en France en juillet 1936[99]

	Seine	France
Action française	1 500	
Dames et jeunes filles	5 000	50 000
Parti républicain, national et social (Taittinger)		
Adhérents	4 500	
Dames	500	
Commissaires	1 000	70 000
Parti du Rassemblement populaire français (Jean Renaud)		
Adhérents	700	
Jeunesses	600	
Sections féminines	250	
Parti social français (EVC, La Rocque)		
Adhérents	35 000	150 000
Mouvement social français	25 000	200 000
Enfants moins de 16 ans	5 000	60 000
Parti populaire français (EVC, Doriot)	5-6 000	49 500
Ligue des Patriotes	Un millier	3-4 000
Rassemblement antisoviétique (ex-francistes de Bucard, EVC)	600	4 000

Fédération nationale des contribuables (de Lemaigre-Dubreuil, Dorgères, délégué)	1 500	75 000
Parti agraire et paysan français (de Pierre Gavrau)		25 000
Parti républicain social agraire et jeunesses agraires (de Noilhan)		20 000
Ligues des paysans et groupes assimilés (d'Halluin, dit Dorgères)		50 000

Des « modérés » aux ligues

Les rapports policiers quotidiens soulignent la fusion des discours et pratiques des droites « modérée » et « radicale ». Un gros dossier de l'Action catholique (AC) de Moselle entre 1933 et 1938 montre que le Comité des Forges ne jouait pas au grand écart en finançant ses partis et les ligues. L'AC était le fief des Wendel, des Seillière et de leurs délégués politiques, tel le député de Metz Robert Schuman. François Roth en fait un « modéré », mais sans citer la prose de l'ultra-clérical et germanophile « parlementaire catholique mosellan », partisan ouvert ou dissimulé, selon la conjoncture, de l'autonomisme alsacien, « très discret sur ses amis et contacts allemands » d'avant et « après 1933 », membre des très fascistes DRAC et FNC, féal des Wendel (ce que nie l'auteur) et du Vatican (ce qu'il ne nie pas). Cet avocat inconditionnel des États « révisionnistes » (Hongrie) et des séparatistes croates, qui procéda à « la destruction volontaire de ses papiers en septembre 1940 »[100], avait fait depuis les années 1920 « de la lutte anti-maçonnique un des premiers points de son programme » avec la croisade contre l'école laïque : il fallait « abolir certaines lois infâmes, puis [...] rétablir en droit les libertés religieuses [seulement...] tolérées en marge de la loi », clama-t-il le 10 mars 1935 à l'assemblée générale annuelle dont il était l'assesseur avec Guy de Wendel et que présidait l'évêque de Metz Jean-Baptiste Pelt, à l'Hôtel des Mines.
Le public d'un parti voué « d'abord [à] produire des chefs »[101] adorait Philippe Henriot, qui s'entraîna au maniement des foules en maudissant « l'école unique et gratuite » : il semait son tableau du démon d'aveux sociologiques sur la bonne école des riches, « l'enseignement libre » de la « sélection », et la mauvaise des pauvres « entraîn[ant...] de nombreux inconvénients, en raison de l'encombrement des classes par une foule d'élèves mauvais ou médiocres, dont la présence nui[sai]t aux progrès des bons sujets »[102].

Le discours de l'AC gagna depuis 1936 en hargne attisée par les conférences de Mgr Michel d'Herbigny sur les horreurs soviétiques et l'impératif de « mettre tout en œuvre pour ne pas se laisser gagner, en France, par la propagande communiste ». Cette obsession gommait le distinguo entre modérés introuvables et fascistes authentiques (Philippe Henriot, Ybarnégaray, François Valentin, etc.), organiquement associés à ce vieil outil politique de la sidérurgie lorraine : où classer la « grande réunion de propagande des membres du canton de Sarreguemines et des cantons limitrophes » du 22 novembre 1936, dont les leaders de l'union des syndicats chrétiens du Bas-Rhin firent trépigner le public

« contre la prorogation scolaire illégale et indésirable en Alsace-Lorraine », « le caractère sectaire et révolutionnaire de la CGT » et « les attaques bolchevistes en Espagne contre la vieille civilisation chrétienne » ? Tout devait être fait, selon la « résolution votée à l'unanimité » des 2 500 participants « décidés à appliquer les directives de la Papauté », pour « défendre la cause de la chrétienté » en Espagne et « s'engager à lutter, d'une manière générale, contre l'action du Front populaire »[103].

Chaque séance (la correspondance s'interrompt au 17 mai 1938) avait stigmatisé le communisme français et soviétique. L'Allemagne fut évoquée *une fois*, sans être nommée, le 20 mars 1938, à « une grande réunion de propagande » à Puttelange : Straub, conseiller général de Sarralbe, membre du parti chrétien-social de Lorraine, définit l'Anschluss comme un mauvais coup contre la malheureuse « Autriche [...] catholique », à laquelle « la moindre aide a[vait] été refusée [...] par le gouvernement français composé de juifs venant de Jéricho et de communistes qui réclam[ai]ent pour les gouvernementaux d'Espagne une action énergique » ; Straub « démontr[a] que là aussi où plusieurs centaines de milliers de catholiques [avaie]nt été martyrisés et 16 000 prêtres tués, le communisme cherch[ait] à exterminer le catholicisme, la politique de la main tendue [n'était...] qu'un prétexte pour dissoudre l'action catholique ». Le préfet ne retint du meeting, auquel assistait l'abbé Goldschmidt, « autonomiste notoire », que sa croisade contre le PCF et sa politique de « rapprochement avec les éléments catholiques »[104].

Ces partis « modérés » mobilisant moins que naguère, le fascisme constitua entre 1936 et 1939 un volet majeur de la guerre patronale. Les ligues, placées par le mouvement social de 1936 dans des rapports de concurrence nouveaux, demeurèrent l'instrument majeur des tâches de court terme (lutte et provocations contre grèves et grévistes, lock-out) et de la déstabilisation du régime[105]. Contraintes à la réorganisation vu l'ampleur de l'échec, rassurées par « le nouveau décret [cosmétique] sur la dissolution des ligues » des 18 et 23 juin 1936, elles s'étaient « préparé[e]s de longue date », Croix de Feu et JP en tête, aux formules de remplacement[106]. L'Intérieur, sous Blum (Roger Salengro puis Marx Dormoy) comme avant et après, ne voulut rien voir. Les communistes préconisèrent vainement « un coup de bistouri [...] pour débrider certains abcès », les « postes les plus importants [des...] services techniques [et...] directions centrales » étant envahis par « les hommes placés par Tardieu, Doumergue, Laval, Fabry ou Maurin »[107]. Confirmées par les RG mais aussi vaines furent les informations de *L'Humanité*[108] et de Jean-Maurice Hermann, qui conta aux enquêteurs comment Sivry, de la section du XVIIe arrondissement du PSF, avait « après la dissolution » des Croix de Feu réparti les « mitrailleuses lourdes et [...] fusils-mitrailleurs » : les armes se trouvaient « soit à leur domicile personnel, soit chez des membres de leurs familles » ou « démontées [,...] cachées sous des gros meubles, soit sous des parquets, dans des endroits aménagés spécialement par un ouvrier menuiser »[109].

Les ligues (Croix de Feu ici) ne faisaient « plus [...] usage en aucune circonstance d'ordres écrits qui pourraient tomber dans les mains de la police ». Fin juillet 1936, structure intacte, l'activité n'était réduite qu'« en raison [...] des vacances ». Le 8 octobre, on « trouv[a] chez un sieur Desobliaud » (PSF) « un plan d'organisation des liaisons dans la région parisienne, postérieur à la dissolution des anciens groupements, et dans lequel il [était] question de postes de commandement, d'adresses à tenir secrètes, de codes secrets pour authentifier des ordres donnés »[110]. « Le Parti social français ex-C.F. arme actuellement, *rapportèrent les RG le 3,* de pistolets automatiques ses adhérents surtout ceux du département de la Seine et de la capitale ; ces armes sont apportées aux domiciles des intéressés par de petites camionnettes appartenant à des commerçants, membres de ce parti et placées dans des emballages de comestibles ou de choses à usage ménager, tels que paquets de sucre, paquets de bougies, paquets de biscuits, etc., etc. Dans chaque section une maison ou tout au moins un appartement est transformé actuellement en fortin afin de s'y réfugier et livrer combat en cas de besoin. Les armes stockées ne se trouvent pas dans ces fortins. En banlieue parisienne un nombre assez important de villas sont armées et servent de dépôts. En grande banlieue, voire même et surtout aux environs de Chartres et du Mans, il se trouverait depuis quelque temps d'importants dépôts. » Charles Meyer, directeur de la PJ, rapportant au procureur de la République plusieurs cas d'arrestations de Croix de Feu armés, demanda en septembre « si l'ensemble de ces faits p[ouvai]t constituer une présomption suffisante d'infraction à la loi du 10 janvier 1936 ». Non, répondit en janvier 1937 le directeur des RG : « Il n'a pas été possible d'établir l'existence d'immeubles ou d'appartements transformés en fortins. On n'apprend pas non plus que des dépôts d'armes existent dans la banlieue parisienne et les nombreuses enquêtes effectuées dans le but de les découvrir sont demeurées sans résultat. »[111] Ils foisonnaient[112].

La réorganisation des Croix de Feu

Le second de De la Rocque, Joseph Pozzo di Borgo, pressé d'en découdre, brûlait dès 1935 de s'allier avec Tardieu et Chiappe en faisant « une scission »[113]. Il agit « au début de 1936 » en créant le premier morceau officiel de la Cagoule : « l'Union des comités d'action défensive (UCAD) » présidée par « le général Duseigneur, et dont lui-même fut nommé vice-président, avec pour secrétaire général Guy de Douville-Maillefeu », secrétaire de Duseigneur[114]. L'Action française fulminait en juin 1936 contre le « traître » de La Rocque et exigeait son remplacement par Tardieu ou « plutôt [...] le général Weygand »[115]. La « modération » des Croix de Feu (désormais PSF) était alors illustrée par leurs « délégués à la propagande » : Cintrat fut applaudi à tout rompre fin octobre 1936 en insultant « Blum, cet embusqué à 42 ans, ce juif international, cette ordure [...]. Nous n'avons pas peur de la guerre civile, mais nous l'avons en horreur [...]. Mais si ces fripouilles descendent dans la rue y poursuivre leur œuvre de dévastation, alors nous serons deux : eux et nous ; ils auront le choix des armes, car nous emploierons celles dont ils se serviront. [...] Si réclamer une France propre et forte, demander que les fonctionnaires obéissent à l'État et non que l'État leur obéisse, que la Justice soit intègre [...], si s'enthousiasmer pour les Cadets de l'Alcazar, se réjouir des succès de Franco, être bon Français et n'avoir qu'un seul drapeau, celui de Verdun, si tout cela c'est être fasciste, alors je le suis" »[116].

Les alliances de De La Rocque établissent autant son appartenance au fascisme. Fin juin, « un émissaire direct du colonel [...] venu transmettre les dernières nouvelles et les instructions » décrivit « la collaboration » avec Taittinger, le Front paysan d'Henri Dorgères et Doriot, qui « fera[it] partie, ouvertement ou non, du groupe parlementaire. Son élection a été dans une large mesure assurée par les Croix de Feu qui non seulement ont voté pour lui, mais lui ont fourni à l'occasion des gardes du corps. Doriot représente actuellement le rempart contre le communisme moscoutaire et le trait d'union avec la classe ouvrière »[117]. À l'été 1936, la concurrence du PPF, sur une base de plus en plus droitière, incita de La Rocque à « donner au Parti une tendance à gauche » et donc à ne pas « adhérer [...] au Front national » (de Trochu et consorts) ; mais il exclut de combattre « le parti Doriot »[118].

Les Croix de Feu boudés, tant par leurs bailleurs de fonds que par leurs militants, nombreux dès l'été 1936 aux meetings de Doriot[119], demeuraient indispensables. Les militants apprirent fin juin « qu'un gros industriel a[vait] "largement ouvert les écluses de son coffre-fort pour subventionner le parti, comme jadis l'entreprise Fiat pour Mussolini" » (Renault ?)[120]. Leurs « syndicats professionnels français » (SPF) devaient en effet « procurer aux patrons une main-d'œuvre moins revendicative que » la cégétiste et « tenter de noyauter les "syndicats rouges", tout en se livrant à de la propagande contre ceux-ci » et en « surveill[ant] leurs agissements »[121]. « L'Union fédérale de la région parisienne » naquit officiellement le 25 juillet, mais sa floraison nationale, de la petite à la grande entreprise, remonte à juin. Bien que les nombreux dossiers par entreprise aient été vidés, le volume « syndicats professionnels français, ex-Croix de Feu », des archives de la Préfecture de police atteste leur rôle décisif d'exécutants[122] – et l'hégémonie, dans la marée patronale et ligueuse de l'été, de la Confédération générale (désormais) du *patronat* français confiée à l'idéologue Claude-Joseph Gignoux[123].

Le 17 juin 1936, de la Rocque annonça à Magic City « déjà 900 syndicats formés », dont « le but n'[était] pas de diffuser la haine contre les patrons, mais au contraire de collaborer avec eux ». Ils se posaient en valeurs sûres dans les grands magasins, repaire des ligues. En juin 1936, au « magasin du Louvre » (Taittinger), 175 Croix de Feu et Volontaires Nationaux firent échouer la consigne de grève des militants cégétistes[124]. À l'automne, l'Intérieur apprit « que "presque chaque jour, en ce moment, le colonel de La Rocque [pénétrait] aux caves de la Samaritaine, situées au coin de la rue [...] et du boulevard de Bercy" » : les trois dirigeants de la Samaritaine, Gabriel Cognacq, Georges Renaud et Pierre Berthoz, membres du PSF, comptaient sur lui pour casser les grèves. Leurs provocations (suppression de « certains avantages ou indemnités » légalement non obligatoires) en ayant provoqué une en février 1937, Cognacq « insult[a] plusieurs de ses employés et, s'entêtant à refuser toute entente », déclara : « "Je m'en fous, mes magasins peuvent brûler, j'en ai assez pour moi et je ne me soumettrai pas aux exigences des délégués syndicaux." Il avait même envisagé [...] de faire intervenir cinq mille membres du [PSF] pour faire évacuer par la force les magasins occupés. »[125] Le royaliste « et [...] toujours [...] anticommuniste » Jules Verger, président de la société électrique Verger et Delporte et « ami personnel » de Pétain[126], prétendu « petit patron » (synarque et futur responsable du « comité d'organisation des entreprises d'équipement électrique »[127]), fut loué par Taittinger pour avoir « su tenir tête à la CGT et lui a[voir] démontré son impuissance »[128] : via le PSF, le PPF ou les deux ?

Chez Renault, en septembre 1936, « les "groupes mobiles de propagande" du Parti social français », nouveau nom des « "dispos" de l'ex-mouvement Croix de Feu, [...] se t[enai]ent prêts à agir pour empêcher l'occupation par tous les moyens. [...] Dans certains ateliers », leurs membres « n'hésit[ai]ent pas à sortir de leurs poches les armes qu'ils poss[é]d[ai]ent et à déclarer "qu'ils saur[aie]nt s'en servir" si le Front populaire décid[ait] l'occupation de l'usine » (Billancourt)[129]. Une note du 18 janvier 1937 du directeur des RG au préfet de police – expurgée le 26, pour le ministre (Marx Dormoy), de *tous* ses passages relatifs à « la direction de la firme Renault » (ici en italique) – exposa les vieux dessous de l'affaire. « Le recrutement pour le Parti social français était organisé [...] *en accord d'ailleurs avec la direction de ces établissements* » par un « chef de groupe à l'atelier d'outillage pour l'aviation (usine O), rue du Point du Jour », Victor Pallu, « ancien entrepreneur de serrurerie [...] en faillite [...E]ntré aux usines Renault le 7 mai 1935, il a manifesté dès le début une très grande activité en faveur de l'ex-mouvement Croix de Feu. Depuis la dissolution de celui-ci il a continué et même intensifié sa propagande pour le recrutement en faveur du Parti social français. *Il est d'ailleurs considéré comme l'homme de confiance de la direction de la firme Renault qui l'aurait embauché spécialement à cet effet.* [...] Pallu, qui avait dans son entourage tous pouvoirs pour faire diminuer les [salaires des] ouvriers, pouvait à condition d'obtenir leur adhésion au Parti social français leur faire accorder non seulement leur ancien salaire mais une augmentation »[130]. La pression fut efficace. En mars 1938, Ybarnégaray imputa l'absence récente de grève chez Renault (à la différence de Citroën) « à l'influence des 8 000 ouvriers du parti qui [y] travaill[ai]ent ». Le Juzot, « chargé de la propagande ouvrière » aux SPF, se contenta de 5 000 (2 000 à la Samaritaine) à un cours d'information pour les Équipes volantes de propagande, le 1er juin – où il annonça la prochaine scission de la CGT par « un groupe des Amis de Syndicats » (de Belin)[131].

Des perquisitions faites le 8 octobre 1936 dressèrent de La Rocque « contre le gouvernement à la solde et aux ordres de la CGT et de Moscou » : on « trouv[a] chez [lui] et chez M. Sépulchre [...] des projets d'intervention éventuelle dans le Midi en cas de grève des vendangeurs, avec organisation de groupes de protection comprenant des équipes légères et des équipes lourdes ayant voitures et camions à leur disposition ». Ces praticiens de la guerre sociale disposaient « chez un sieur Caffarel, [...] chef de service des transports [qui...] exploit[ait] à Auteuil un grand garage », de réserves de carburant « sur simple présentation d'un bon ». « Chez M. [Édouard] Carvallo, secrétaire particulier du colonel de La Rocque, [on...] trouv[a] un rapport du 18 juillet 1936 sur l'organisation agricole en cas de grève des moissons dans la région de Versailles, Rambouillet, Montfort-l'Amaury » : étaient « prévu[s] des postes formés par des groupes de deux ou trois mains [groupement militarisé] comme autrefois, surveillance de jour et de nuit avec moyens de défense et ravitaillement », etc.

Comme dans toutes les ligues, telles les JP[132], un « service de renseignements du » PSF rédigeait via ses « agents d'usine » sur le PCF, ses militants, ses « organisations filiales », son rôle dans les grèves, son développement et ses capacités électorales, ses éventuels conflits avec radicaux et socialistes, des « fiches » et rapports documentés : chaque antenne locale (ici, la « centrale d'Argenteuil », chargée de la « Fédération Nord de l'Île-de-France ») les envoyait au centre « au moins deux fois par semaine »[133]. Le militant local ou l'électeur était touché par la vente du *Flambeau* : « Chaque crieur est accompagné par une escorte de plusieurs jeunes gens, ordres formels de sévir contre toutes personnes opposées à leurs doctrines. Ils ont également mission de suivre celles-ci jusqu'à leur domicile, s'ils peuvent savoir l'étage, ils prennent des renseignements auprès de la concierge, s'ils parviennent à obtenir l'identité de la personne visée, immédiatement celle-ci est inscrite au livre noir, et le dossier est transmis au quartier général. »[134]

Les SPF ne suffirent cependant pas, « dans la région parisienne tout au moins, où la plus grande partie des travailleurs [était] résolument antifasciste », même dans des secteurs naguère sûrs : « Dans certains établissements bancaires [...], les employés bien qu'[y] ayant adhéré [...] après avoir été personnellement sollicités, n'ont pas hésité à voter en faveur des candidats cégétistes à l'occasion de l'élection des délégués du personnel » à l'automne 1936. Ces carences suscitèrent de nouveaux rivaux, des centaines d'adhérents se tournant vers les « syndicats chrétiens de la rue Cadet (tout en restant affiliés au [PSF]) » – la CFTC de Jules Zirnheld – « dont l'activité toujours en éveil [était] encouragée fortement, depuis quelques mois, par le clergé et les évêques »[135]. De La Rocque passa vers la mi-septembre accord avec ses rivaux, Jacques Doriot et Henri Dorgères, « pour conjuguer les efforts de leurs groupements respectifs dans leur propagande contre le communisme. Doriot aurait accepté de limiter son action dans les centres ouvriers alors que Dorgères la poursuivait presque uniquement dans les populations rurales. [...D]e La Rocque [...] coordonner[ait] l'action de ces divers groupements en cas d'agitation révolutionnaire tout en leur laissant une autonomie complète ». En octobre, il s'allia avec Jean Goy « pour une unité d'action contre la propagande communiste », malgré les « réserves [d']un certain nombre de présidents de sections de l'UNC qui s'étaient toujours opposés jusqu'ici à une liaison avec [ce] groupement politique », par crainte d'absorption progressive[136].

Les gros financements de l'heure, Cagoule-Doriot, aigrirent de la Rocque : quand, en novembre 1936, Peyerimhoff lui fit « demander [...] si les grands groupements économiques pouvaient compter sur le concours des membres du Parti social français en cas d'agitation sociale provoquée par le Parti communiste [, il...] lui aurait fait répondre par Mermoz qu'il avait donné des instructions à ses chefs de groupes pour qu'ils évitent en ce moment de prendre une part directe à toute agitation et qu'en tout cas, il ne voulait pas faire figure de défenseur des grands groupements patronaux »[137]. Boudeur, mais réaliste, il renforça cependant bientôt ses liens avec le PPF. Après « une très longue entrevue » avec Doriot, fin décembre, « la liaison [fut...] définitivement mise au point. [...L]es deux chefs seraient [...] tombés d'accord sur la nécessité d'établir un plan d'action commune en cas de putsch communiste et ce serait Doriot qui, en raison de ses connaissances particulières des milieux d'extrême gauche, aurait été chargé de dresser ce plan qui [serait...] soumis, courant janvier prochain, à l'approbation des bureaux politiques des deux partis » (et probablement lié aux événements de Clichy décrits ci-dessous). On passa contrat « avec le studio *Technisonor*, 60, rue François Ier pour l'enregistrement sur disques de la plupart des discours » de leurs chefs[138].

L'ère Doriot n'avait pas anéanti le PSF : la « Confédération des syndicats professionnels français » fut fondée et déclarée les 9 et 11 janvier 1937[139] ; en février, « la situation financière du PSF [était] prospère et les subventions [...] nombreuses »[140]. La brouille récurrente, révélée par le refus du colonel « d'adhérer au Front de la Liberté », s'aggrava cependant au printemps, où les alliés forcés s'entre-déchirèrent. L'Action française accusait (légitimement) de La Rocque « de vouloir torpiller Doriot » : discret en public « parce qu'il a[vait] besoin des voix PSF pour assurer son élection à Saint-Denis », le chef du PPF déclarait en privé son rival « allié à l'Intérieur et aux Loges »[141]. Son « gros échec » électoral du 20 juin fit exploser sa rage et la campagne anti-de La Rocque du « Front de la Liberté », dirigée par Philippe Henriot sur la base d'« arguments [...] fournis par MM. Pozzo di Borgo et de Maudhuy ». Mais il rendit couleur au PSF, qui se targua de « compte[r seul] comme grand parti capable de barrer la route au communisme »[142]. Le « traître », exclu des préparatifs de la Cagoule et du PPF, conserva donc ses droits au pactole : « La campagne menée par *Choc* contre le colonel de La Rocque » (entre autres « accus[é] d'avoir touché de l'argent des fonds secrets des mains d'André Tardieu de 1926 à 1932 »[143]) coûta au colonel Guillaume, éminent cagoulard et directeur de l'hebdomadaire qui accueillait régulièrement les articles de Duseigneur[144], la suspension de « bon nombre de contrats de publicité » : à la mi-octobre 1937, « l'industriel Louis Renault » lui dit faire « passer son amitié pour de La Rocque avant les affaires »[145].

Depuis l'été 1937, l'incapacité à vaincre le Front populaire transforma cependant en pétaudière les ligues, qui s'accusaient mutuellement de servir l'adversaire tout en sollicitant des bailleurs de fonds déçus. De La Rocque menaça même en septembre – deux mois avant le grand coup de la Cagoule – son rival scissionniste soutenu par Tardieu de « livrer à la publicité les plans de coups de force, d'action armée que lui [avaie]nt soumis M. Pozzo di Borgo et ses amis quand il dirigeait les Croix de Feu, plans qu'il a[vait] refusé d'exécuter mais qu'il a[vait] conservés avec des lettres et divers documents concernant ce complot »[146]. Il n'en fit rien. Ayant subi l'hémorragie du PPF et de la Cagoule, il fut partagé en novembre 1937 entre la « véritable satisfaction » de « l'arrestation de M. Deloncle », ancien « président de la 7e section des Croix de Feu », et la crainte « que les listes d'adhérents du CSAR, maintenant saisies et déchiffrées, ne révèlent qu'un certain nombre de PSF adhéraient à l'association incriminée »[147]. En mai 1938, serein sur les projets d'un Daladier en quête d'« apaisement général des esprits » à droite, le PSF craignait moins que jamais l'avenir. En janvier 1939, Daladier maintenant « l'union de tous les Français » possédants, tout allait aussi bien. En juin, « les investigations » conduites dans les trois sièges sur les biens des anciennes associations Croix de Feu « demeur[èrent] vaines, aucun groupement ni aucune section du Parti social français n'ayant été reconstitués, aux adresses précitées »[148].

Le PPF

De l'été 1936 à l'été 1937, le Parti populaire français de Doriot, réélu député de Saint-Denis en mai 1936 contre Fernand Grenier, surpassa tous ses rivaux. Officiellement fondé le 27 juin 1936 à la conférence du « rayon dit majoritaire de Saint-Denis (dissidents communistes) », il groupa autour de ces derniers une masse de « Croix de Feu, Volontaires Nationaux, Action française, etc. »[149]. La fée Worms fournit à *son* parti, outre d'anciens communistes émargeant à son budget idéologique (Paul Marion, qui « formait le lien [...] avec Doriot et ses bandes »[150] ; Victor Arrighi) et autres idéologues (Benoist-Méchin, Bertrand de Jouvenel), son haut personnel financier *stricto sensu* : le directeur général de la Banque Worms, Gabriel Le Roy Ladurie, « en rapport avec M. [André] Masson, trésorier du Parti populaire français », et Pierre Pucheu, qui « servi[t] d'intermédiaire auprès de Jacques Doriot pour des subventions versées à celui-ci par des groupes d'industriels », étaient tous deux affiliés au PPF « contre le Front populaire rouge »[151]: l'« homme de sang » Pucheu fit « circuler parmi [...] les Doriotistes les subventions de la Banque Worms »[152]. Yves Paringaux[153] et Bertrand de Maudhuy l'accompagnèrent à la direction du PPF[154]. Par ses fonctions chez Renault depuis 1935 et ses liens avec la Banque Worms, le synarque, Croix de Feu et cagoulard François Lehideux fraya avec le PPF : « Après les grèves de juin [,...] il port[a] plainte au nom de la société Renault contre l'occupation de l'usine et les déprédations [...] commises »[155] et usa du PPF (et du PSF) pour la reconquête de Boulogne-Billancourt.

D'autres bonnes fées s'empressèrent autour du berceau du parti Worms : Billiet et le synarque Fougère, présidents respectifs de l'Union des intérêts économiques et de l'Association nationale d'expansion économique, le directeur de l'hebdomadaire *Cyrano*, le synarque « de Peyerimhoff, du Comité central des houillères », qui signa « un chèque important pour les besoins de [s]a propagande », etc.[156]. Vioud, entré en 1935 « en relations avec Jacques Doriot qu'il avait connu au PC [,...] assura, comme démarcheur financier, la liaison entre Doriot [...] et les services financiers du général [Marcel] Bourgeois (Comité des Industries chimiques de France) »[157]. C'est au PPF naissant que la CGPF recourut pour relayer les Croix de Feu décevants : « Sur l'intervention de MM. Duchemin et de Wendel, [elle] étudi[a début juillet 1936] diverses propositions [...] en vue de la constitution de nouveaux syndicats corporatifs pouvant intéresser les paysans, les travailleurs des chemins de fer, les intellectuels et les ouvriers de toutes professions et destinés à noyauter ceux affiliés à la CGT. [Ils] seraient substitués à ceux que le colonel de La Rocque avait fondés tout récemment, les grandes organisations économiques estimant maintenant que ceux-ci ne [pouvaient] plus leur être d'aucune utilité. La [CGPF, ...] à la recherche d'hommes de tout premier plan pour prendre la tête de ce mouvement, a fait demander des conseils à ce sujet à M. Jacques Doriot. »[158]

La manne fut nationale. Partout se créaient des permanences, Marseille, Toulon, ville et campagne, Lyon, Reims, Bordeaux, etc.[159], financées par industriels et banquiers : « Charles Brandt, industriel, installé d'abord à Sarrebruck, puis à Metz et [fin 1936] à Paris, entret[enai]t avec les dirigeants du [PPF], et particulièrement avec Doriot, des relations très étroites et très suivies. Il serait un des principaux bailleurs de fonds de cette organisation et son représentant le plus actif dans le sud-ouest de la France serait un entrepreneur de travaux publics de Bordeaux, nommé Jean Le Can, à qui il aurait fait ouvrir un compte créditeur de 3 millions à la Banque de Paris et des Pays-Bas, avenue de l'Opéra. »[160]

Le PPF fit donc rude concurrence financière aux ligues rivales, siphonnant en outre leurs effectifs. En septembre 1936, le Parti républicain, national et social (JP) enregistra de « nombreuses démissions » à son profit, dont « 50 % environ des anciens phalangeards ». En février 1937, « un certain nombre de bailleurs de fonds [aya]nt cessé leurs versements », le « déficit [atteignit] 300 000 francs environ ». L'allié des JP, le « parti du Rassemblement populaire français » de Jean Renaud (Solidarité française), était « en pleine déliquescence »[161]. Taittinger en oubliait, en meeting, les paravents : « Il nous faut des moyens ; [...] donnez-les nous, car c'est de cette façon que vous garderez vos hôtels, vos maisons, vos propriétés, vos titres en banque, menacés par le Front populaire. »[162] Des Croix de Feu transféraient leurs fonds : « l'industriel Jean Ayral, 27, avenue Émile Deschanel, [...] l'un des principaux animateurs de la compagnie des Lampes Mazda, 29, rue de Lisbonne », versa en janvier 1937 « une subvention de 100 000 frs à Jacques Doriot pour la caisse de propagande du Parti. [...M]embre du Parti social français », ex-Croix de Feu, « mais trouvant que [La Rocque] n'est pas assez agissant, il s'est tourné vers Doriot qu'il considère "comme un animateur de premier plan" ». Le discours de Doriot en février sur « le communisme à l'œuvre en France » lui rallia « le Cercle des chambres syndicales de France, 12, rue Marignan »[163].

Mai 1937 consacra son triomphe et la « régression constante » des rivaux[164]. Le 4, Louis Marin, l'homme de François de Wendel, lui annonça pour « vendredi prochain, au meeting du Vel d'Hiv, [...] l'adhésion de la Fédération républicaine au Front de la Liberté », gage de « subventions régulières du Comité des Forges ». Kerillis signa aussitôt après « le contrat qui [...] rend[ait Doriot] propriétaire de la majorité des actions du journal *La Liberté* ». Doriot avait à la mi-mai reçu « les capitaux nécessaires à la transformation et à la publication de son journal [...d']un groupe américain, comprenant notamment M. Gordon Benett » et « l'industriel [Henry] Ford dont on connaît les démêlés avec ses ouvriers » (antisémite de choc et bailleur de fonds d'Hitler[165]) : il nomma aussitôt « des chefs de service et de rubriques [...] n'ayant qu'une compétence relative en matière de presse », Paul Marion, Marcel Maurice Lebrun, Henri Barbé, Victor Arrighi, Jean Abremski, Paul Teulade, Marcel Marschall, Yves Paringaux et Claude Popelin[166]. Vinrent ensuite « une somme importante de Pozzo di Borgo » (truchement des fonds d'Hennessy) ; « des sommes importantes des deux industriels M. Watine et [Alphonse] Tiberghien, ainsi que de la baronne de Rochetaillée », etc. Fin mai, ayant nommé plusieurs « gros bailleurs de fonds du PPF » entretenant *La Liberté* (« un groupe de grands lainiers du Nord et la maison Violet Frères (Byrrh) de Thuir (Pyrénées-Orientales) [et] d'autres importants souscripteurs », de « la métallurgie »), le leader de droite Désiré Ferry interpréta le conflit la Rocque-Doriot : « Doriot a enlevé et continue d'enlever au colonel de gros bailleurs de fonds. [...C]es gros capitalistes estiment maintenant que Doriot, avec son rassemblement général dans le Front de la Liberté et sa propagande anticommuniste dans les milieux ouvriers, est mieux leur homme que le colonel qui s'efforce de faire bande à part avec son PSF et qui – malgré son inaction [...] – effraie un peu les masses, en grande majorité antifascistes et hostiles à l'agitation militarisée des ex-Croix de Feu. »[167]

Au meeting du 29 mai du PRNS qui fonda ledit « Front » devant « environ 3 600 personnes » réparties entre salles Wagram et Pleyel, *toute* la droite ligueuse flagorna Doriot, naguère ennemi, au « courage » et « mérite » accrus d'autant (Fernand-Laurent). Le PPF attirait alors largement l'« attention » et les « ressources financières appréciables » que la CGPF consacrait aux « prochaines campagnes des renouvellements électifs » (auprès des « mouvements organisés par les associations de petits et moyens commerçants, d'artisans, les divers groupements agricoles et notamment des comités de défense paysanne affiliés à la Ligue des Paysans de France d[e] M. d'Halluin, dit Dorgères »)[168]. Pour freiner l'hémorragie de son parti et de la Solidarité française alliée, Taittinger s'était rallié dès l'été 1936 à l'alliance avec Doriot et Pozzo di Borgo[169].

L'échec de juin 1937 aux législatives de Saint-Denis contre le *PCF*, dont Doriot se consola par un séjour à Berlin[170], amorça les difficultés. François de Wendel adressa griefs et menaces : ayant « assuré l'échéance de fin juin de "La Liberté" », il avisa Doriot « qu'à l'avenir il n'apporterait plus son concours au quotidien ». En octobre, il le convoqua, imputant « son [propre] échec aux élections cantonales [...] à la négligence des membres du [PPF], qu'il accuse de n'avoir pas suffisamment soutenu sa candidature. Il a ajouté qu'il ne trouve pas là la récompense des "efforts" qu'il n'a cessé de faire en faveur du Parti, et qu'il a décidé, en conséquence, de se montrer moins généreux à l'avenir... »[171]. Les rivaux reprirent couleur : « Sur l'intervention du sénateur Lémery, le groupement des producteurs d'huiles d'arachides de Bordeaux » décida en août 1937 « de verser au parti [de Taittinger] une subvention d'un million de francs échelonnés en dix mensualités »[172].

Mi-septembre, Doriot, « pour faire face aux frais d'exploitation de *La Liberté* », envoya « plusieurs de ses amis » quémander auprès de Ferry « certains des concours financiers dont il disposait lorsqu'il dirigeait la feuille en question ». En novembre, Jean Le Can « accus[a] Doriot, Barbé et Marion, d'avoir soustrait des caisses de *La Liberté* des sommes importantes "soi-disant utilisées pour les besoins de la propagande du [PPF]" ». Il mit « Doriot en demeure de fournir, dans un court délai, à la commission de contrôle du journal, toutes justifications à cet égard ». Il exigea restitution « sans tarder » des 75 000 francs qu'il avait « avancé[s] l'année dernière » pour acheter la voiture « offerte » à Doriot par ses « collaborateurs » pour « sa fête [...], faute de quoi "il n'hésiterait pas à se servir lui-même sur le montant des prochains contrats de publicité qu'il compt[ait] traiter pour le compte de *La Liberté*..." ». La rupture, consommée en mars 1938[173], dura jusqu'à l'Occupation[174].

La Cagoule rivale et alliée avait stipendié Doriot avant juin 1937, où Pozzo di Borgo lui versait des sommes considérables pour son journal[175] qu'entretenait aussi Hennessy[176]. Ses tracas, de novembre 1937 à mars 1938, imposèrent à la Cagoule nouveau recours à Doriot, lequel ne pardonnait pas à Marx Dormoy sa révocation de maire de Saint-Denis, provisoire (le temps de l'enquête administrative sur sa gestion financière) et le « dossier de l'affaire de Clichy ». Il fut donc fin 1937 chargé de « "soulever [s]es auditeurs contre Dormoy", en s'étendant longuement sur "les sévices" dont [avaie]nt été l'objet à la Sûreté nationale les *principaux* inculpés dans l'affaire du CSAR »[177]. Mme Pozzo di Borgo lui signa début mars 1938 « un chèque de 500 000 francs pour la caisse de propagande du Parti » : il l'avait assurée que son mari devait sa « liberté provisoire » aux « campagnes » du PPF, de *La Liberté* et à son « activité » en sa faveur[178]. Les fonds allemands firent le reste.

La Cagoule, bras armé de la synarchie : ses soutiens civils et militaires et ses œuvres

• *La Cagoule et ses sources*

Sur la Cagoule, la police sut presque tout depuis les perquisitions du 16 septembre 1937, ordonnées dans l'enquête sur des trafics d'armes avérés depuis 1936 et sur le récent attentat de l'Étoile. Celle effectuée au domicile d'Aristide Corre, dit Dagore, collaborateur d'Henri Deloncle, frère d'Eugène, lui livra « la liste des membres de l'association avec leur affectation et leur numéro matricule ». « La majorité des archives de la Cagoule [furent...] découvertes dans un local, 78, rue de Provence à Paris », qu'Henri, « archiviste [,...] avait loué sous le nom de Grosset [...] à la Caisse hypothécaire fluviale et maritime » : sa « documentation très copieuse et riche d'intérêt » comportait « des relevés de comptes rédigés par [Gabriel] Jeantet, [Armand] Crespin et Eugène Deloncle », et révélait entre autres les liaisons avec la province « par correspondance chiffrée », service dirigé par Desoliers[179].

L'historien, moins chanceux, est cependant éclairé sur la soustraction ultérieure systématique des fonds. 1° La police, déjà très informée depuis 1936 sur ce club de notables, montra une prudence extrême dans ses deux perquisitions chez Eugène Deloncle, 2, avenue Rodin (XVIe arrondissement) : le 16 septembre 1937, du commissaire principal Charles Badin (où furent « saisis et placés sous seize scellés un pistolet, des matraques et divers documents »), et le 20 novembre, du commissaire Émile Jobard, « opération dont il n'a pu être retrouvé trace (les dossiers des "cagoulards" ont été enlevés par les Allemands), mais dont se souvient parfaitement l'inspecteur principal Defre, du service, qui y assistait. Rien n'aurait été saisi »[180]. 2° Une partie des fonds de l'enquête, m'a-t-on dit aux archives de la Préfecture de police, a disparu dans deux péniches évacuées en 1940 sur le Tarn-et-Garonne devant l'avance allemande. Fondée ou non, la thèse fut diffusée : le cas Henri Vogel, examiné en 1948, « figure dans l'affaire du CSAR, sous le numéro 951 page 153 n° 65, mais le dossier concernant cette affaire a été chargé sur une péniche avant l'arrivée des Allemands et n'est jamais rentré à ces archives. De ce fait, il n'a pu être consulté »[181]. 3° Bien des pièces des « archives de Deloncle » disparurent en 1944-1945 : une perquisition allemande eut lieu « dans l'appartement » familial, 7, rue Lesueur, le 7 janvier 1944, après qu'Eugène eut été « abattu par des policiers allemands en civil » : revenus là « seuls[,] ils y ont pris ce qu'ils ont voulu », déclara à la police « la concierge de l'immeuble, Mme Bollac ». Après la Libération, leur succédèrent de « prétendus FFI » qui « fouill[èrent] partout », emportant « au moins deux valises pleines », puis « le major Hadley de l'Intelligence Service, attaché [aux] renseignements américains », qui l'occupa d'août 1944 à octobre 1945. « Il paraît bien invraisemblable dans ces conditions que des documents importants aient pu subsister après des curiosités aussi répétées et aussi prolongées. »[182] Le ministre de l'Intérieur socialiste André Tixier protesta fort mais tard (mi-décembre 1945), quand la presse de gauche dénonça les « négligences et omissions » policières, contre l'oubli complet par « la Sûreté nationale [de] l'affaire de la Cagoule [après] la Libération. C'est une faute grave. C'est à [elle] qu'il appartenait de reprendre cette affaire »[183]. Elle ne la reprit point, mais la correspondance 1936-1945 classée permet d'appréhender l'« organisme d'action » du « Mouvement synarchique d'empire [ou] synarchie »[184].

Première mouture de l'Organisation secrète d'action révolutionnaire (OSAR) puis Comité secret d'action révolutionnaire (CSAR), le « Front national révolutionnaire et social » (siège, 31, rue Caumartin) fut déclaré à la Préfecture de police le 18 mai 1936. Il était lié à « l'Union des comités d'action défensive (UCAD) » présidée par l'ex-général d'aviation Édouard Duseigneur, « ancien chef des services militaires du cabinet du ministre Laurent-Eynac »[185], avec pour vice-président Pozzo di Borgo. L'UCAD fut fondée « au début de 1936 », mais « déclarée à la Préfecture de police le 1er décembre ». Divisée « en six sections [...] à Paris » et « un certain nombre de groupements » en province, elle se composait de « trois sociétés » dirigées par des cagoulards avérés : Raymond Lainey, pour « le Centre d'information et de coopération, 74, rue Saint-Lazare » ; Armand Crespin, pour « le Cercle d'études nationales, 22 bis, bld Voltaire » ; Robert Jurquet de la Salle, pour « le Comité de rassemblement antisoviétique, 23, rue d'Amsterdam » (CRAS)[186]. Sans préjudice d'évidents surgeons : « l'Office national anticommuniste » (OFINAC) fut célébré par Pozzo di Borgo, entre législatives et grèves, auprès des milieux d'affaires en guerre contre leurs salariés[187] ; « le Club national [,...] destiné à réunir les éléments de droite les plus ardents, susceptibles en cas de troubles de servir d'entraîneurs », fut fondé en septembre 1936, 12, rue Laugier, par l'antisémite franco-allemand Louis Darquier[188].

Le CSAR (Cagoule *stricto sensu*), « organisation secrète », avait en réalité été créé « à peu près » en même temps que l'UCAD, « organisation régulière »[189], par une « trentaine d'adhérents » de « la 17e équipe des Camelots du roi [...] du XVIe arrondissement », démissionnaires « en bloc » le 9 décembre 1935, pour « divergences doctrinales et procédurières avec les dirigeants d'Action française » : « Eugène Deloncle, secondé par Filiol Jean et Corre Aristide [,...] Bouvyer Jean-Marie, Bernollin Michel, Corrèze Jacques, Puireux René, [son fils[190]] Puireux Robert, Chéron Raymond, Derville Francis, Jakubiez [Fernand], de Douville-Maillefeu [Guy], Jeantet Claude, Crespin Armand, etc. » (cœur de l'équipe des tueurs). Sous couvert de « défense contre le danger communiste [,...] but avoué de la Cagoule [,...] le but poursuivi était tout autre. Il s'agissait d'organiser secrètement un fort contingent d'hommes décidés, de les armer et de profiter d'un moment de trouble pour descendre dans la rue et prendre en mains le pouvoir ». Le Dr Félix Martin, scissionniste de 1935 et « l'un des fondateurs » de [...] la Cagoule [,...] en dirigea le service de renseignements », deuxième des « quatre bureaux » de son « État-major » calqués « sur l'armée » et centre nerveux des crimes[191] : c'est du sicaire en chef de la Cagoule que Kuisel a fait un « Auguste Blanqui du XXe siècle » lâchant l'Action française pour cause de légalisme[192] – infamie *post mortem* pour « l'Enfermé » qui avait voué au peuple sa vie de prisons.

La police connut au plus tard les 24 et 27 novembre 1937, en écoutant Duseigneur puis son secrétaire Douville-Maillefeu, la « liaison » et les « relations très étroites » entre CSAR et UCAD, « de nombreux membres faisant partie à la fois des deux organismes, et armements communs ». La « réunion secrète [...] organisée » par Maurice Cochinaire, avec « Eugène Deloncle, Pozzo di Borgo, Méténier et Charles Tenaille » à l'hôtel Thiers de Nancy, le 18 juillet 1937, à 8 heures du matin, écartait tout doute. « Les membres de l'OSAR devaient déclencher les opérations et les membres de l'UCAD devaient soutenir leur effort », révéla le cagoulard Jean Georges Wiart, ancien de la 17e section d'Action française (« témoin » très déjà bavard le 23 janvier), le 23 février 1938, pendant son audition très précise sur l'opération de novembre 1937[193].

La Cagoule était formée de diverses pièces dans la jonction desquelles l'armée joua un rôle décisif, gigantesque pieuvre dont le « dossier [...] n'est pas encore vraiment clos aujourd'hui » (litote d'Élisabeth du Réau)[194]. *Tous* les dirigeants politiques la connurent. À droite, base de son recrutement, ils démentirent, accusant ou ridiculisant la gauche adepte de la théorie du « complot ». La gauche gouvernementale, quand elle réagit, n'osa ou ne put laver les écuries d'Augias (Marx Dormoy), laissa faire (Blum) ou protégea les conjurés (Chautemps et Daladier). La gauche socialiste et le PCF, accompagnés depuis 1938 de Kerillis, dont la germanophobie tarit les fonds patronaux, s'époumonèrent à dénoncer l'assassinat de la République concocté avec l'Axe. Ce qui suit met l'accent sur les bailleurs de fonds et soutiens, nationaux et étrangers, d'un groupement associant *toutes* les ligues (et de leur émanation, le Front national de Trochu), PSF et Action française en tête, « Ligue des contribuables » de Lemaigre-Dubreuil incluse[195]. Elle fut le vivier de Vichy, dynastie Alibert – Raphaël, que J.-M. Berlière en exclut[196], et son fils Jacques[197] –, Bernard Faÿ[198], Laval, Joseph-Barthélémy, passé des Croix de Feu à la Cagoule[199], le Dr Ménétrel, Pétain, Weygand, le poulain de ce dernier, le général Alphonse Georges, etc.

À la tête de ces « hommes [...] connus pour leurs opinions violemment antirépublicaines, membres de l'Action française, du francisme, de la Solidarité française, doriotistes, etc.) », trône, rappela à la veille du procès Pétain le juge

Béteille, « un comité dont l'action est occulte, [et qui] n'est en rapport qu'avec les commandants de brigade et de régiment. On y trouve Duseigneur, Deloncle, des hommes tels que Méténier, un docteur Martin, Filiol, Jeantet et des personnalités politiques équivoques, telles qu'Alibert (qui figure sur la liste des adhérents du CSAR), [...] en relation avec Deloncle, et chez lequel une perquisition a été effectuée en 1937, au cours de l'information. [...] Les buts de cette [...] vaste organisation paramilitaire [...] sont représentés à la masse des adhérents comme purement défensifs. On s'arme en prévision d'un putsch communiste, et tous les plans de propagande consistent à faire croire aux troupes qu'un putsch communiste est en préparation. Une presse bien en mains suffit à créer, à cet égard, le climat psychologique nécessaire. Mais en fait, il s'agit de prendre le pouvoir par la force, d'instaurer un dictateur militaire à l'espagnole, dont le chef sera Pétain ». Objectif pour lequel « Deloncle, Duseigneur et leurs officiers » n'agissaient pas « de leur initiative »[200].

• *La Cagoule « civile » : le rôle dirigeant du grand patronat*

Le patronat s'intéressa au financement de la Cagoule, mais ne s'en contenta pas. Sa contribution, éclairée par Philippe Bourdrel, ne relève pas des « petits ruisseaux » à la Turner et s'inscrit dans le contexte de la naissance des « syndicats » Croix de Feu et PPF. Georges Loustanau-Lacau, éminent cagoulard militaire, prêta à Eugène Deloncle devant le juge Robert Lévy, en 1946, un culot phénoménal pour « tap[er] tous les industriels de Paris »[201], culot égal au sien : « Les relations de Loustaunau-Lacau dans le haut patronat sont immenses. Nous le voyons faire des démarches par l'intermédiaire de Lehideux et de Duvernois, des usines Renault, auprès du syndicat des patronats. Il voit Georges Philippar des Messageries maritimes ; il est en relations suivies avec la Banque d'Alsace-Lorraine dont l'un de ses collaborateurs, de la Rodière, vice-président de La Spirale à Paris, est administrateur. Il est en contact permanent avec la chambre syndicale de l'automobile et celle de l'accessoire. Il peut toucher les usines Renault, toujours par l'intermédiaire de Lehideux et de [Henri] Duvernois ; la maison Peugeot (par Boissière), Citroën, [Léon] Guillet, etc. Il est également en relations avec M. [Gabriel] Cognacq de la Samaritaine, M. [Pierre] Laguionie du Printemps et avec le Bon Marché. La lutte anticommuniste entreprise par Loustanau-Lacau constitue une "police d'assurance" au service du haut patronat et [il] entend se faire payer et se fait payer » : auprès de lui comme des militaires, cette tire-lire automatique fut « une sorte d'enseigne qui couvri[t] toutes ses autres activités »[202]. « Industriels, banques, assurances, compagnies du gaz et de l'électricité à Paris et en province » n'avaient rien à refuser à la Cagoule : à sa « création [...], en 1936, les usines étaient occupées et leurs dirigeants craignaient par-dessus tout le communisme. Une propagande discrète et une prospection très bien organisée par la Cagoule lui permirent de récolter des fonds très importants en faisant miroiter aux chefs d'industrie qu'il s'agissait de s'organiser contre le communisme. C'est surtout et presque uniquement en se servant de l'UCAD que des fonds importants furent versés. [...] M. [Pierre] Michelin fils, tué dans un accident d'automobile en 1937, versa 7 à 8 millions à la Cagoule, par l'intermédiaire de Méténier »[203]. Louis de Gueydon, chef cagoulard « très exalté », confia au cagoulard Henri de Heurtemont « que ce groupement recevait de nombreuses subventions de particuliers et principalement de la région lyonnaise, c'est ainsi qu'en 1936 le total des subventions aurait atteint 80 millions. Le groupe Pechiney y aurait participé dans une large mesure »[204].

« La très grande majorité des donateurs ignora la Cagoule et versa uniquement dans le but de lutter contre le communisme », conclut un rapport des RG de 1945. Plus audacieux, les fonds contemporains décrivent un patronat armé jusqu'aux dents et militant[205]. On pourrait emplir un gros livre des récits d'armes « cachées jusque dans une cave à pommes de terre », déplacées au gré des perquisitions prévisibles ou annoncées par une police complice. Marcel Wiriath, directeur général adjoint du Crédit lyonnais depuis novembre 1931 et mari de Mlle Yvonne Fayard, fille de l'éditeur (entre autres de *Candide* et de *Je suis partout*) Arthème Fayard (protecteur attitré de l'Action française qui en peupla ses publications[206]), était un militant d'Action française assez éminent pour rendre visite à Charles Maurras en prison (en octobre 1936)[207]. Le jeune Wiriath accompagna « au lendemain des premières perquisitions chez les membres du CSAR [...] son beau-frère Jean Fayard aux environs de Deauville et de Bièvres dans deux maisons que possédait son beau-père afin de faire disparaître quelques armes qui s'y trouvaient cachées »[208].

Ce n'étaient pas de vieilles pétoires, mais des arsenaux que les enquêteurs découvrirent avant et après la tentative de putsch du 16 novembre 1937, du genre « des armes et munitions saisies 90, bld Picpus » chez le garagiste Gaston Jeanniot, ancien Croix de Feu que le courtier en grains Pierre Proust avait fait adhérer à la Cagoule, trésor « provenant d'un vol commis à la caserne Théremin d'Hame à Laon » le 18 juin 1937[209] ; ou du « dépôt d'armes et de munitions dans la cave d'un immeuble » d'Edmond Volle, entrepreneur de travaux publics, à Villemomble[210]. « Un informateur du service » recensa le 22 novembre des dépôts et trafics d'armes avec noms et adresses[211]. Jean Gradis, fondé de pouvoirs de la Banque Neuflize, PSF passé à la Cagoule, participa au sabotage des avions de Toussus-le-Noble[212].

Les grands donateurs ne finançaient pas un fantasme antibolchevique mais, en lien direct avec la synarchie, un « mouvement [...] appuyé par tous les ennemis de la République, par tous ceux qui affichent leur sympathie pour le gouvernement fasciste et hitlérien »[213]. Sur la liste Vilatte de 68 noms liés à « la synarchie » figuraient, on l'a dit, des cagoulards notoires et Pierre Jolly[214], secrétaire général de la chambre de commerce de Paris et directeur de ses services économiques et juridiques. L'enquête sur l'assassinat de Navachine révéla sa double appartenance : « Le document n° 3086 du 18 mai 1937 » signalait « activité dangereuse [...] dans les milieux de droite » de ce « très intrigant [...] F. M. *(sic)* ami de Navachine », par ailleurs lié à « Rist » – le neveu du banquier Charles Rist, Olivier, ancien PSF inscrit sur les « listes d'affiliés au CSAR saisies au domicile du nommé Corre » [en 1937]. Olivier Rist, auditionné, relia les deux groupements dont, comme Jolly, il nia faire partie : c'était une « sorte de franc-maçonnerie blanche » – termes mêmes par lesquels Du Moulin de Labarthète avait en 1944 désigné la synarchie[215] et dont avait usé la police avant de la nommer en 1941 – « qui avait pour objet l'intervention d'un groupe d'autodéfense en cas de putsch communiste » –, définition du volet cagoulard. Jolly figurait sur « le carnet d'adresses du sieur Navachine » avec « la mention "interroger A et Ch. de C. ». Les enquêteurs y « déchiffr[èrent] [...] Ch. de C. = Chambre de commerce » et la recherche par Navachine (harcelé par un cagoulard dans les semaines précédant son assassinat) de « renseignements à recueillir à ce siège par des représentants de l'organisation du CSAR »[216].

Joseph Pozzo di Borgo, un des 364 synarques de la liste de 1943 (entre Claude Popelin, hôte de celle du 25 juin 1942, et Pierre Pucheu, pilier du rapport Chavin[217]), fut aussi une clé de voûte de la Cagoule. « Très riche » propriétaire à Paris (« de nombreux immeubles, dont certains en copropriété avec le marquis de Montcalm ») et en Corse, marié à une grosse héritière américaine, Valérie Norrie, ce rentier à vie « antisémite et antimaçonnique notoire »[218] était lié aux Chiappe : le « père de l'ex-préfet de police, avocat à Ajaccio, était le conseiller des membres de la famille Pozzo di Borgo et le gérant de leurs biens en Corse ». « Dévoré d'ambition et désireux de jouer un rôle à tout prix », il puisait (comme Taittinger) dans la caisse de ses pairs : intime de Jean Fraissinet (la duchesse fut la marraine d'un bateau de la compagnie, le *Sampiero Corse*, lancé en 1934 avec cérémonie et discours des deux hommes), il avait soutenu « après l'invalidation de Jean Chiappe » à Ajaccio aux législatives de 1936 « la candidature » de l'armateur, qui « finan[çait son] activité politique [...], succédant ainsi à M. François Coty »[219]. L'ancien second de De La Rocque, « un des principaux animateurs des mouvements révolutionnaires d'extrême droite », avait début 1936 rompu avec le colonel pour fonder avec Duseigneur l'UCAD, modèle des passages du PSF à la Cagoule qui peuplent les dossiers nominaux de l'enquête de novembre 1937[220]. Il finançait Darquier de Pellepoix, irrité depuis 1935 comme lui des « méthodes temporisatrices » et de « l'inertie des Croix de Feu »[221] : « Le Rassemblement antijuif de France » fondé en juin 1937 par cet autre cagoulard et son journal durent beaucoup « à la générosité du duc Pozzo di Borgo »[222].

Le président de la CGPF Gignoux, un « des hommes de Deloncle » (RG), s'appuyait alors sur le colonel Michel Alerme, futur chef d'Occupation de la cagoularde agence Inter-France : ancien membre de « l'État-major, attaché par la suite au cabinet du président Clemenceau », homme de Tardieu dans les années 1920, Alerme devint « vers 1937 le conseiller le plus écouté des caisses patronales aux côtés du sénateur [synarque] Taudière, et un des plus grands animateurs du mouvement politique des plus importantes compagnies d'assurances »[223]. S'y distinguait le très politique Jacques Guérard, « désigné [...] au début de 1938 [...] pour présider une des plus importantes compagnies d'assurance de la place de Paris, La Préservatrice », que « le groupe Worms, l'un des éléments les plus importants de la synarchie, [...] venait de renflouer »[224]. Son ami intime[225] Pucheu versait aux « cagoulards [comme aux...] doriotistes les subventions de la Banque Worms » et « fut impliqué dans la Cagoule »[226]. La maison Violet Frères (Byrrh), donatrice de Doriot, arrosait aussi la Cagoule et les coûteux cagoulards Jeantet : le fils aîné, Louis, frère de Gabriel et de Claude – trio passé de l'Action française à la Cagoule –, était le gendre du riche patron de la société d'apéritif ; la famille Violet consacrait une fraction de son énorme fortune (un « revenu annuel avoué [...] de 35 à 40 millions ») à l'entretien, via Louis, des deux cadets[227].

Le synarque Ernest Mercier, partisan en 1935 avec François de Wendel de la « politique du pire », entretenait Dorgères (comme « la Fédération nationale des contribuables présidée par M. Lemaigre-Dubreuil » et divers[228]), et finançait la Cagoule : selon l'ami de Navachine Jérémie Rabinovitch, il « fourni[ssait...], entre autres, [s]es fonds [...à] une vaste organisation ayant pour but une action politico-militaire afin d'instaurer un régime dictatorial », dirigée par « le général Weygand. [...] Les troupes [en étaient] recrutées parmi la bourgeoisie moyenne (tendance Croix de Feu) [...] M. Bastide (68, rue Mazarine, Dan. 76-14) [,...] un des agents principaux de l'organisation [,...] serait en rapports avec l'Italie par le truchement de [son parrain] M. Wytenhove, administrateur-délégué de la société de Saint-Gobain pour l'Italie, résidant à Milan » – « ancien président de la chambre de commerce » de la ville[229] ; « l'organisation posséderait dès à présent des fonds et des dépôts d'armes fort importants »[230]. Les Wendel et leurs pairs du Comité des Forges « finan[çaient également] l'organisation de la ligue nationale secrète » via Charles Decker (ou, Deckère), « directeur des établissements des Petits-fils de François de Wendel, demeurant à Hayange (Moselle) ». « Centralis[ant] les opérations de chargement dans la Moselle pour sept maîtres de forges [,...] les principaux de France », « Wendel d'Hayange, UCPMI (baron Petiet[231]), Aciéries de Longwy, Châtillon-Commentry, Aciéries de Pompey et autres », Decker « tous les mercredis remettait au sieur Raveau, rue Miromesnil, les fonds nécessaires à l'organisation ». Émile Raveau, « directeur de la Ligue des automoteurs », du 66, puis 65, rue de Miromesnil, était « en affaire depuis 1932 » avec Eugène Deloncle[232].

Ni Mercier ni Wendel ni le « gros capitaliste » Lemaigre-Dubreuil qui, « appartenant à la Cagoule, [...] faisait équipe avec » eux, ne se bornaient à l'entretenir[233]. Monarchiste et synarque[234], le troisième, « bailleur de fonds du Comité secret d'action révolutionnaire » de Deloncle, l'avait lié à sa « Ligue des contribuables [pour...] contrecarrer les lois sociales du Front populaire »[235]. Son secrétaire, Jean Rigault, « créateur en France du CSAR, a[vait] passé les leviers de commande [...] à M. Deloncle, après avoir organisé les attentats de la rue de Presbourg et de Bagnoles-de-l'Orne »[236]. Adepte de la ligne « que le meilleur gagne », Lemaigre-Dubreuil stipendiait tout et son (apparent) contraire. Versant à « la Cagoule [...] une part importante de ses fonds », il finança « en 1937 *L'Insurgé* », hebdomadaire aux rédacteurs cagoulards (tel l'Action française Talagrand dit Thierry Maulnier, devenu Solidarité française et ami d'Abetz[237]), qui, dans « les quelques mois de sa vie éphémère, entretint une polémique violente avec » son homologue « de gauche, *La Flèche*, de Gaston Bergery » avant d'apprendre « un beau jour » qu'ils émargeaient à la même caisse[238]. C'est sans doute lui que désignait Pertinax dans le « grand notable de l'industrie [...] au même carrefour des affaires et de la politique » que l'équipe Worms liée (via Pucheu) à la Cagoule[239].

L'appui militant durable de Lehideux exclut un rôle de donateur ignare : « François Lehideux, [...] qui subventionnait le CSAR par une contribution personnelle et au moyen de collectes qu'il effectuait parmi les industriels, apport[ait sous l'Occupation] son appui financier au MSR »[240]. Eugène Schueller, souvent présenté comme responsable du MSR, mais fugace et à peine collaborationniste, jura en juin 1947 n'y avoir jamais adhéré : Eugène Deloncle s'était « servi de [s]on nom [...] sans [l]e consulter » ; il n'avait « jamais appartenu au CSAR » non plus et ne l'avait pas « financé »[241]. Le patron de l'Oréal, qui restait en avril 1942 « l'un des dirigeants du » MSR, avait, comme tous ses notables, « appartenu au CSAR » et l'avait « financé » : « son nom [fut] trouvé sur une liste saisie au cours de la perquisition effectuée [...] le 23 juin 1939 [...] chez M. [Pierre ou François] Clémenti »[242], également adhérent du CRAS (carte « n° 5015 »), étoile de la nébuleuse[243].

L'unanimité cagoularde ou/et synarchique ligota les réticents, tel le banquier d'origine hongroise Horace Finaly, haï comme juif et qui, lié à Herriot et à Blum, passait pour « soutien financier du Front populaire »[244]. Financier de ligues diverses depuis les années 1920, dont les Jeunesses patriotes[245] et les Croix de Feu[246], Finaly détestait l'Action française antisémite[247]. « Lambert-Ribot oblige[a] les grandes banques juives à appuyer le mouvement » et le força à « participer au financement de l'émeute [du 6 février...] dirigée contre les intérêts qu'il représentait »[248]. Ses réserves, qui grandirent en 1936, en font le *seul* représentant bancaire d'un courant anticagoulard et anti-hitlérien. Après la remilitarisation de la Rhénanie, von Stauss, directeur de la Deutsche Diskonto Bank, vint à Paris discuter des « besoins financiers du Reich et [des] conditions offertes par le Dr Schacht pour le remboursement de créances gelées aux groupes qui consentiraient des crédits à l'Allemagne ». Quand on aborda « la politique », Finaly déclara « qu'il désapprouvait vivement le coup de force de M. Hitler en Rhénanie »[249].

À la chute du cabinet Blum, en juin 1937, Émile Moreau, « "étrangleur" du cabinet Herriot en 1926 » auquel Finaly avait en septembre 1930 offert la présidence de la Banque de Paris et des Pays-Bas à son départ de la Banque de France[250], arracha de son bienfaiteur sa démission après un harcèlement quasi public depuis 1934. Jean-Maurice Hermann – modèle d'information sur la Cagoule – prêta au « remplacement du magnat capitaliste Finaly par le magnat capitaliste Moreau », pilier de l'Action française, « un sens très net : la Haute Banque, adversaire de toujours de notre action, va encore davantage si possible s'orienter vers le fascisme »[251]. Selon une note de 1943 sur le « rôle du patronat dans la genèse et la conduite de la guerre actuelle », cette expulsion leva « le dernier obstacle au contrôle presque total de la presse française par les trusts » favorables à l'Axe[252].

La pieuvre était nationale, colonies incluses. Michelin, sa vedette parisienne et provinciale, y avait en partie affecté son encadrement, dont les ingénieurs Pierre Locuty, 27 ans, et Marcel Georges Mouget, passé, pour les mêmes œuvres, du service de Michelin (jusqu'au 31 août 1937) à celui de Louis Renault[253]. La bourgeoisie petite et moyenne de Clermont-Ferrand issue du PSF y jouait le même rôle qu'ailleurs, comme l'atteste le dossier de novembre 1937 de Roger Mandereau, précis sur les armes et munitions et leur usage par ce pseudo « groupement d'auto-défense » anticommuniste[254]. Dès les premières perquisitions, la police repéra « les principaux groupements [du CSAR] en province » : « Les Enfants d'Auvergne à Clermont-Ferrand [...] de loin le plus actif [...] sous l'impulsion de Méténier, bras droit de Deloncle. [Son] chef [...], M. Mouget Marcel, directeur de fabrications aux usines Michelin à Clermont-Ferrand, était entouré des nommés Vauclard Gustave, Vogel Henri, van de Kerkove [André], Locuty Pierre et Mandereau [Roger], Chanche, etc. » Parmi les groupes plus « connus » figuraient aussi « le Nord patriotique à Lille ; les Lyonnais réveillés à Lyon ; les Chevaliers du glaive à Nice ; le Cercle bleu, blanc, rouge à Nancy ; [ceux] de Marseille [et...] de Dieppe [...]. Bien que dépendant du siège central à Paris, [ils] conservaient leur autonomie, sauf pour celui de Clermont-Ferrand ». Celui de Nice, – directement fondé, en mai 1935, sous l'égide d'Himmler et Göbbels[255] – « ressort nettement » par la notoriété « de son chef Joseph Darnand, [...] du docteur [Jean-Louis] Faraut et de [Marie-Charles] Juif »[256]. Darnand, pivot des trafics d'armes avec l'Italie, souvent cité dans « la procédure italienne » de l'automne 1944 « contre les membres du service d'information militaire (SIM) » de Ciano, déploya là-bas « avant la guerre » une bonne partie de « son activité en faveur du CSAR »[257].

Un rapport d'enquête rédigé trois jours après le coup parisien de novembre 1937 décrivit l'organisation à Lyon : ses fondateurs (« Lelong et Raymond Padrier des Essarts, membres influents de la Solidarité française, secondés par le vicomte de Boisjolin, rédacteur à la *Libre Parole*, et Fabre, rédacteur au *Jour* ») ; ses membres tout juste arrêtés, des acheteurs et dépositaires d'armes et munitions et son « principal financier » : Folinger, « président du Comité industriel et commercial (CIC) et du Comité de défense paysanne (CDF) [,...] constitués dans le seul but de financer la Cagoule »[258]. Roger Parlange, ancien secrétaire de Dorgères, « agent électoral de M. Darquier de Pellepoix », demanda le 20 novembre à la PJ « cinquante mille francs » pour lui « fournir des renseignements [sur] l'affaire du CSAR » : il était venu souvent à Lyon pour « propos[er] à des éléments d'extrême droite de cette ville de leur vendre des armes, des mitraillettes en particulier »[259].

Le maigre dossier du cagoulard d'Alger Jacques Lefebvre des Noettes, richissime « propriétaire d'une exploitation dans la région de Blida [...] officier de réserve [...suivant] assidûment les cours de perfectionnement du 5e chasseurs d'Afrique [,...] réactionnaire très influent [...] représent[ant] plutôt une puissance occulte », est complété par celui de ses pairs du « département d'Oran ». Cette « liste » de dix-sept membres du CSAR « saisie au cours d'une perquisition » et transmise en janvier 1938 au gouverneur général de l'Algérie montre la fluidité des ligues : la Cagoule provenait le plus souvent du PSF et de l'Action française (sans préjudice d'autres ligues). Elle unissait le gros patronat de la colonie, industriel, financier, négociant ou agricole, et ses obligés, avocats (José Berenguer) et publicistes. Tous fascistes, frénétiquement antisémites, organisateurs éventuels de pogroms (Jean-Maurice Hermann avait montré les liens allemands du PSF en 1935), ils avaient « participé à toutes les manifestations dites "nationales" dirigées contre le Front populaire » : le « courtier en vins » PSF Clément Christol ; le « négociant en bestiaux » Édouard Chanut, « tour à tour chef d'équipe et meneur dans toutes les manifestations politiques de droite [,...] prototype de l'antisémite irréductible [,...] fidèle lieutenant de feu le docteur [Jules] Molle, maire et député antijuif d'Oran » ; Alexandre Caizergues, « gros propriétaire viticulteur », franquiste comme tous, finança dès 1936 cette entreprise : « Un des principaux dirigeants de la politique antimarxiste pratiquée à Sidi Bel Abbes [,...] antisémite notoire, membre des “Unions latines”, admirateur passionné du général Franco, il a participé effectivement à toutes les manifestations de Sidi Bel Abbès dirigées contre le Front populaire. » Possesseur d'« un avion particulier avec lequel [...] il peut décoller de sa ferme [,...] il s'est rendu souvent à Melilla au cours de ces deux dernières années »[260] : Melilla, « vieille possession espagnole » au Maroc, nid d'espions allemands – en 1935 « plus de cent dix », déguisés en « représentants de commerce » –, était depuis le putsch une base d'aviation allemande[261].

• *Financements et achats d'armes italiens, allemands et franquistes*

Grâce aux trafics d'armes effectués à grande échelle depuis « juin 1936 »[262], les « troupes [...] réparties en sections, compagnies, régiments et brigades » furent, selon Béteille, surarmées : « Des dépôts mobilisateurs existent dans chaque quartier de Paris (le jour où l'ordre lui en sera donné, chaque compagnie retrouvera ses armes et ses équipements). Ces dépôts sont soigneusement dissimulés dans des caves, dont seul le chef connaît les emplacements. Tout est prêt pour le coup de force. L'armement est sélectionné. Chaque section est munie de mitrailleuses, de fusils-mitrailleurs, de grenades, de munitions en quantité (certains dépôts recèlent jusqu'à 100 000 cartouches). Les mitrailleurs fantassins grenadiers ont subi une préparation minutieuse, un entraînement sévère. Les cadres sont expérimentés. Les précautions ont été prises pour que les chefs d'unité ne soient connus que de leurs subalternes immédiats. La masse les ignore. »[263]

Nice fut une plaque tournante du trafic d'armes et du financement italiens avérés, admet Olivier Dard[264]. Les armes italiennes irriguèrent la Cagoule nationale bien avant les visites respectives à Rome : 1° en août 1936, de Pozzo di Borgo, venu réclamer au « ministre des Affaires étrangères » (Ciano) pour « son propre mouvement » l'exclusivité des fonds jusqu'alors versés à la Rocque, qui n'était « digne d'aucune confiance » (ce voyage fut suivi d'autres, ainsi à Venise le 28 juillet 1937, retenu « sous le nom de Pierre Latte »)[265] ; 2° en octobre 1936, de Duseigneur et Deloncle à Mussolini, voyage reconnu par le premier le 24 novembre 1937, où il refusa par ailleurs de « dire [quoi que ce soit] de la société secrète »[266].

Deux anciens Camelots du roi passés aux Chevaliers du Glaive (niçois) de Faraut et Darnand, Léon Gabriel Jean-Baptiste et Marie-Charles Juif, furent « en juin 1936 » chargés par « le cagoulard Crespin, mandaté par Deloncle », d'acheter en Belgique « des armes et des munitions à un nommé Froment [,...] ami intime de Degrelle et chef des rexistes d'Anvers, [...] administrateur de la société anonyme d'armes et matériel militaires (ARMAT), 24, place de Meir à Anvers ». Ils firent la navette entre Anvers et Liège et voyagèrent beaucoup en Italie, ainsi du 22 septembre au 5 octobre 1936, « à Milan, Rome et Gênes », achetant du matériel « à la maison Beretta. Les fusils automatiques de cette marque [...] introduits frauduleusement en France par [Philippe] Fournier, Darnand, Faraud, etc. [...] découverts dans les dépôts de la Cagoule » en provenaient. Les compères firent « des dépenses somptuaires » (cafés, restaurants, voitures de luxe, bijoux, etc.) et leurs chefs, ayant appris qu'ils « major[aient à cet effet] le prix des armes », les tuèrent. Jean-Baptiste fut « assassiné à coups de couteau » à Paris, le 26 octobre 1936, après que Corrèze l'eut conduit auprès de Deloncle puis emmené dans sa voiture. Nul ne le revit. À la mi-décembre, Juif se fit couper la gorge en Italie : Gabriel Jeantet vint avec Hallumie à Nice préparer le crime avec Darnand, l'homme « des contacts [...] entre les cagoulards français », Jeantet, Méténier, Tenaille Charles, etc., « et les fascistes italiens ». Ses assassins volèrent sa serviette « renfermant des documents importants concernant la Cagoule » ; son cadavre fut découvert à Corrialo en Italie (province d'Imperia) le 8 février 1937. Vu les « attaches de la Cagoule avec les fascistes italiens, on n'est pas surpris que ce soient des fonctionnaires spéciaux qui aient été chargés de l'enquête », sur laquelle Rome se tut obstinément. Le premier assassinat permit à la police de « découvrir toute l'affaire » : elle trouva dans une consigne de gare la valise de Jean-Baptiste, expédiée de Milan à Bruxelles le 18 octobre 1936, au contenu explicite sur le trafic d'armes. « Après la disparition de Juif et de Jean-Baptiste, les rapports commerciaux avec Froment (ARMAT) furent repris par [Gabriel] Jeantet » qui lui « passa [...] les commandes suivantes »[267].

L'Italie servit aussi le reste de la Cagoule. « Pour s'approvisionner », les chefs des Enfants d'Auvergne, « Vauclard, van de Kerkove, Vogel et Locuty, mandatés par Mouget, se rendirent en juillet 1937 à Chambéry où ils reçurent des armes provenant d'Italie (fusils Beretta et cartouches) ». La Sûreté nationale savait tout des exploits de Gabriel Jeantet, jeune militant de l'Action française qu'elle suivait patiemment depuis les années 1920 : « Une note de nos services » du 14 février 1937 requit sur ses activités « une enquête approfondie » ; fin juillet, elle le présenta comme « pouvant se livrer au trafic d'armes au bénéfice de groupements politiques de droite »[268]. Au fil des forfaits accomplis, tels les « attentats de l'Étoile, le 11 septembre 1937 », auxquels participa Locuty, on trouva « des armes et munitions [...] chez 23 cagoulards : des grenades, explosifs, bombes, [...] abandonnés un peu partout, dès que la police commença ses investigations. Des explosifs en quantités importantes furent découverts au domicile de Méténier, à Clermont-Ferrand »[269].

« En revanche, les relations avec l'Allemagne sont beaucoup moins certaines », estime Olivier Dard[270]. « Toutes les armes automatiques mises à la disposition de ces formations – et on les compte par centaines », précisa Béteille –, « sont d'origine allemande ou italienne, et ce sont des armes réglementaires de l'armée allemande et de l'armée italienne, mitrailleuses Schmeisser et fusils-mitrailleurs Beretta, que la guerre va révéler aux combattants français, les grenades, dont on découvrira des milliers de stockées, sont de type italien »[271]. « Les contacts avec les nazis d'Allemagne ne font guère de doute. Différents membres de la Cagoule : Juif, Jean-Baptiste, Faraut, etc., assistaient aux congrès nazis de Nuremberg. » « Les mitraillettes Schmeisser, bien que montées à Liège, étaient fabriquées en Allemagne par la maison Haenel & Suhl à

Berlin. Il a été découvert dans les archives de la Cagoule une note écrite par Jeantet Claude ainsi conçue : Ernest Heymann, Grossadmiral Prinz Heinrichstrasse 18 Berlin W. 36 téléphone 211050 C.C. Haenel Waffensfabrik Suhl Telefon 2383-2384, et une autre portant des numéros de chèques émis en livres. Les investigations permirent d'établir que [l'Allemand] Ernest Heymann, [...] demeurant Cappar Theyrsstrasse 14 A à Berlin, était le représentant de la firme maison Haenel & Suhl à Berlin, fabricants de mitraillettes Schmeisser, type des armes retrouvées dans les dépôts de la Cagoule [; et] que M. Heymann a été le bénéficiaire des trois chèques dont les numéros figuraient dans les archives de la Cagoule d'un montant total de 14 656 livres, soit au cours du change 1 881 727 francs. » Les RG connurent tout des livraisons de matériel allemand, commencées en 1936 sur commande de Jean-Baptiste et Juif, puis de leurs successeurs, Jakubiez et Claude Jeantet, via la Belgique et la Suisse, notamment des mitraillettes Schmeisser, des pistolets Pieper et des munitions[272]. Gabriel Jeantet avait avec le Reich des contacts anciens. Selon une source qui déclencha en 1938 une enquête molle, la société « France-Expansion », « agence de renseignements commerciaux » (32, avenue de l'Opéra) » dont il avait été rédacteur de mars à juillet 1930, était liée à « la succursale à Paris de l'agence allemande *Verband der Credit Reform* de Leipzig » : « Posséda[n]t, dans ses archives, des documents relatifs aux Deuxième Bureau, [...] sous le couvert d'enquêtes commerciales, elle entretenait avec l'Allemagne des relations d'un autre but. »[273]

Le sanctuaire franquiste fut aussi précieux pour fournir des armes aux putschistes français *et inversement* que pour préparer le complot Laval-Pétain-la Rocque-Doriot. Le 21 janvier 1937, Deloncle, Duseigneur et Roger Orain – un des deux chefs de la Cagoule (Front national) de Bordeaux – rendirent « visite à Franco ». « La découverte » des archives d'Henri Deloncle (78, rue de Provence) montra « qu'un véritable système de renseignements [...] fonctionnait au profit de l'armée nationaliste espagnole. L'intermédiaire était le commandant [Julian] Troncoso, commandant militaire d'Irun ». Centre d'accueil durable, depuis 1937, de « quelques inculpés de la Cagoule [...] (Filiol, [Charles] Huguet, [Henri-Philippe] Roidot, Corre) », l'Espagne franquiste leur prodigua « une large hospitalité et [...] ne voulut fournir aucun renseignement à l'encontre des intéressés ». Elle approvisionnait les conjurés : « au cours d'une perquisition dans le garage du Sieur [Gaston] Jeanniot, 92, bld de Picpus à Paris, il fut découvert un important dépôt d'armes et de munitions. Parmi ces dernières, trois caisses en bois zinguées renfermant des cartouches provenant d'Espagne et portant [d]es indications » précises. Il existait d'autres circuits espagnols. « La découverte de documents, chez [Jean] Fautre, 1, bld de Courcelles, ne laiss[a] aucun doute sur les relations étroites [...] entre la Cagoule et certaines autorités militaires espagnoles. »[274] Loustaunau-Lacau reçut « 4 millions de francs [...] pour acheter des armes à l'Espagne nationaliste » (qu'il « dilapid[a] »)[275].

Ce trafic alimenta le sabotage, dans la nuit du 28 au 29 août 1937, de quatre avions américains garés « au camp d'aviation de Toussus-le-Noble » avant leur départ pour l'Espagne républicaine : on y vit des sicaires notoires, « Filiol, Corrèze, Langlois, Métivier, [François-Maurice] Duclos, Fauran, Blot et

Tastemain » ; « des documents classés aux archives de la Cagoule, rue de Provence, chez Deloncle Henri » et des aveux livrèrent le reste de l'information[276]. Franco, résuma Béteille, « ne marchandera pas ces complaisances. On retrouvera dans les dépôts du CSAR des armes et munitions d'origine espagnole. Quand il s'agira de légitimer la provenance des mitrailleuses volées dans des casernes françaises et dont des perquisitions amenèrent la découverte dans des dépôts d'armes du CSAR, le gouvernement [franquiste] fournira opportunément des certificats d'origine, destinés à expliquer la détention de ces mitrailleuses, représentées comme trouvées sur le champ de bataille et provenant de l'Armée rouge. Pour expliquer la disparition inquiétante d'un affilié du CSAR compromis et dont on a des raisons de penser qu'il a été assassiné par ses chefs, un certificat de décès opportun sera produit, là encore, par des services administratifs espagnols »[277] (cette escroquerie couvrit l'assassinat de Jean-Baptiste[278]).

Les cagoulards français avaient d'emblée soutenu le putsch espagnol. Marx Dormoy adressa le 1er septembre 1937 à Chautemps ces « renseignements sur le concours apporté par le Front national français au général Franco » : « Charles Trochu, secrétaire général du Front national, conseiller municipal du XVIe arrondissement à Paris, [...] est à la tête du mouvement mais laisse toute initiative » à ses amis, tel son « secrétaire particulier, un sieur Percheron qui se rend fréquemment en Espagne. Le quartier général de la Légion française se trouve à Saragosse, où des officiers de réserve français s'occupent de l'instruction. Plusieurs milliers de volontaires français auraient été instruits à Saragosse avant de renforcer les armées de Franco. À Bordeaux, c'est M. [Félix] Ponteau, secrétaire régional du Front national, qui détient les capitaux mis à sa disposition par son parti pour intensifier le trafic des armes et le recrutement des légionnaires », sur le quartier général du Front national à Saint-Jean-de-Luz, etc. « M. Ponteau, conseiller municipal de Ciboure, père du secrétaire régional à Bordeaux, [...] est chargé des relations directes avec Franco. Journellement un nommé Bernadet Jean et sa femme, propriétaires du Grand Garage à Ciboure, passent des armes ou des volontaires en Espagne. Le passage de la frontière se fait avec la complicité d'un lieutenant de gardes mobiles » en poste « à Saint-Pée (Basses-Pyrénées) »[279]. Le cagoulard Jacques Percheron fut arrêté le 18 décembre 1937 (après la tentative parisienne) pour « association de malfaiteurs et détention d'armes de guerre » : il était en contact permanent « ces derniers mois » avec Frederico Diez de Isasi, « secrétaire d'ambassade en disponibilité, [qui ...] dirigea[i]t, à son domicile, 158, boulevard Malesherbes, soi-disant [formule du successeur de Dormoy, Sarraut] en liaison avec M. [José-Maria] Quiñones de Leon, ancien ambassadeur d'Espagne en France, un bureau de renseignements et une officine de faux passeports, au profit des rebelles espagnols [,...] en raison de l'activité que tous deux déplo[ya]ient pour la cause du général Franco »[280].

• *La Cagoule « militaire »*

« Un système de prospection minutieux a permis un recrutement efficace parmi les officiers de carrière [...L]a Cagoule militaire est, *trancha Béteille en*

1945, indispensable à la réussite des projets du CSAR, car, quels que soient leur dévouement et les qualités de leur armement, ce ne sont pas les 20 000 hommes de Deloncle qui pourront longtemps assurer la maîtrise de Paris. »[281] L'armée cagoularde prit pour paravent les bontés de Daladier et ses propres « bobards » sur les intentions meurtrières des communistes contre lesquelles elle n'aurait fait que se défendre. Des historiens lui ont donné quitus, tel Martin Alexander qui, confiant dans les écrits *a posteriori* de son héros Gamelin, la crédite sous le Front populaire d'un anticommunisme républicain et innocente l'État-major : « Des plans précis contre le régime n'ont pas existé dans le haut commandement » ; « l'armée est demeurée isolée des désordres socio-politiques de 1935-7 »[282]. Nicole Jordan, préférant les archives originales, critique ce « tableau [erroné] des relations placides entre les officiers français et le gouvernement Blum »[283].

L'État-major, repaire antirépublicain décrit jusqu'en 1914 par William Serman, masqua par son tumulte sur l'antimilitarisme rouge (écho de l'antienne des ligues sur l'« armement de la gauche ») son implication dans la subversion, son abandon de la défense du territoire, son veto contre l'alliance soviétique, sa guerre contre les gueux métropolitains et colonisés et son verrouillage contre toute percée démocratique dans l'armée[284]. La correspondance policière accrédite le propos tenu à Pertinax, « le 22 novembre 1935, [par] un officier d'État-major, proche des grands chefs : « Depuis 1932 ou 1933 » – donc dès le « pacte d'amitié » d'Herriot –, « il n'existe plus de propagande soviétique dans l'armée française. Tout ce que l'on raconte là-dessus c'est de la blague" »[285]. Les RG constatèrent le 28 novembre 1935 la fin de l'« action antimilitariste » du PCF « depuis qu'il pratiqu[ait] la politique du Front populaire. Le mot d'ordre de désagrégation de l'armée "bourgeoise" a été abandonné, tout au moins pour le moment. La propagande du Parti tend maintenant à gagner au Front populaire la sympathie des troupes et même celle des chefs. Cette tactique a pour but [...] de concilier à un gouvernement de Front populaire la bienveillance et au besoin le soutien de la force armée, et [...] d'opposer les gradés "républicains" à leurs collègues dont les sympathies sont acquises aux organisations de droite »[286].

L'État-major le sachant, il faut réduire à ce qu'il fut l'argument dont les adjoints de Gamelin – Schweisguth, Georges, féal de Weygand, et Gérodias –, usaient à satiété : un *mensonge* couvrant les plans subversifs censés contrer des plans communistes imaginaires. Il est *exclu :* 1° « que l'entourage de Gamelin ait cru que *L'Humanité* recevait de grosses subventions allemandes [et] que l'infiltration des cellules communistes ait préoccupé le gouvernement » ; 2° que « les éléments de l'appareil d'État considérés comme les plus fiables par l'État-major général – les services de sécurité, Pétain, Daladier et le président Lebrun » (soit cagoulards, soit protecteurs de la Cagoule) – aient « pris au sérieux [l]es rapports » des généraux Georges d'octobre 1936 sur les grèves insurrectionnelles imminentes et Gérodias de novembre sur une grève de Renault bientôt généralisée et planifiant « l'assassinat des chefs de l'armée »[287].

Au rang des « bobards » forgés à la chaîne par l'État-major figura dignement à la fin du printemps 1937 le « "document espagnol" sur la préparation d'un putsch communiste en Espagne » et « dans les casernes » de France. « Représenté comme une instruction d'origine communiste sur les modalités d'occupation des casernes par des éléments extrémistes [et] l'assassinat des officiers », il comportait des phrases du genre : « Le plus sûr moyen pour que les officiers d'active ne s'opposent pas à une révolution est de les tuer d'abord. » Avec l'accord de Pétain et « toute l'attention des services du ministère de la Guerre » [de Daladier], Gérodias le fit « ronéotyp[er] et envoy[er] à des centaines d'exemplaires dans toute l'armée » : cette « imposture », faux grossier « forg[é] de toutes pièces [par l']officier de l'État-major de Pétain » Loustaunau-Lacau, ne fut que la « réplique sur le plan militaire des attentats de l'Étoile sur le plan civil »[288].

Commandant du 24e bataillon de chasseurs à pied – première affectation du lieutenant Pétain à sa sortie de Saint-Cyr en 1878 – que le maréchal avait nommé à son état-major à la Guerre en 1934[289], le chef cagoulard Loustaunau-Lacau jura au procès Pétain que ceci n'avait « absolument rien [...] à voir avec la Cagoule » : aurait été visée « une entreprise de démoralisation systématique [...] menée par le Parti communiste contre le moral de l'armée », pour « ruiner la confiance des soldats dans leurs chefs ». Mais il avoua avoir été soutenu par « les grands chefs de notre armée [...] parfaitement au courant de notre action ; le général [Alphonse] Georges m'en exprima même un jour sa satisfaction ». Il s'enferra dans ses mensonges, prétendant Pétain non informé après avoir avoué que le maréchal avait « remis lui-même à l'officier du 2e Bureau » (Gérodias) le « document en présence du commandant [Léon] Bonhomme » et de lui-même[290]. Daladier mentit aussi effrontément : j'ai découvert (quand ?) « un incident que j'ai jugé très grave et qui m'a déterminé à prendre des sanctions » contre l'officier d'État-major de Pétain Loustaunau-Lacau, qui avait « porté à l'État-major général de l'armée », où il fut reçu par le général Gérodias, le document précité ; « je fus stupéfait de cette lecture » et de cette « entrée de la politique [...] dans les casernes » ; je dus donc sanctionner le chant de l'Internationale, priver Gérodias de « ses fonctions », le renvoyer « dans une brigade d'infanterie » et mettre Loustanau-Lacau « en disponibilité »[291] (c'est en décembre 1937 qu'Henri Dentz, qui le valait largement, remplaça Gérodias et « le 15 février 1938 » que Loustaunau-Lacau fut mis « en non-activité »[292]). Gamelin, qui affectait l'effroi devant le « "document espagnol" », frayait avec ses véritables auteurs. Il participa fin mai 1937 à « une réunion très importante *(importantisima)* » chez « un intime de Doumergue » avec des cagoulards avérés, probables ou sympathisants : militaires – les généraux Georges et (Raymond) Poupinel, « commandant en chef de la place d'Oran » (haut lieu de la Cagoule coloniale, on l'a vu) – et civils, présumés chefs « républicains » – André Tardieu, « le ministre du Travail [Ludovic-Oscar] Frossard » et Georges Bonnet, « ex-ministre et actuel ambassadeur aux États-Unis » : le chef d'état-major général y étudia avec eux les moyens d'« aider militairement Franco »[293].

C'est une mouture du « document espagnol » que le ministre de l'Intérieur (Dormoy) transmit sur le mode euphémique au préfet de police le 10 novembre 1937. Comportant des informations de mai-juin[294], « remis à [s]es services par un informateur éprouvé [,...] distribué à certaines personnes susceptibles d'adhérer à des groupements politiques d'extrême droite », ce long rapport sur les communistes et progressistes dans l'armée dénonçait Pierre Cot et l'Espagne républicaine, et alignait des listes de noms et de biographies. Nouvel épisode du vieux feuilleton du flicage qui avait donné lieu à échanges de services avec les ligues : la section de renseignements des JP créée le 1er octobre 1929 dénonçait les sous-officiers de gauche ayant réussi à s'insérer dans les unités aux officiers, qui rendaient la pareille[295].

« Couvert » par la défense contre les hordes rouges, le secteur le plus pénétré par la Cagoule a échappé aux archives classées. Assez d'éléments ont cependant subsisté pour que l'historien ne borne pas les cagoulards à des sous-fifres prétendument neutralisés après novembre 1937 ou aux « officiers de réserve français ». Le timide rapport de synthèse de 1945 des RG mentionna le général Paul Lavigne-Delville, « tout au moins un sympathisant » (chef cagoulard passé en 1940 à la tête du MSR[296]), l'adhésion « en septembre 1936 » sous la pression du duo Deloncle-Duseigneur du maréchal Franchet d'Esperey (comploteur patenté de l'après-guerre) et le veto « en juin 1937 » du général [André] Prételat contre l'offre faite par Deloncle de « concours des cagoulards » à l'armée. Puis il déposa une bombe : « Plusieurs informations sérieuses, et plusieurs membres de la Cagoule ne le cachèrent pas, donnaient le maréchal Pétain comme le chef idéologique de cette association occulte. Il aurait été tenu au courant de l'activité de la Cagoule par son officier d'ordonnance, le capitaine Bonhomme », lui-même « ami très intime du commandant Loustaunau-Lacau dit L.L., ami de Deloncle et chef du secteur militaire de la Cagoule. Lorsque cette affaire fut dévoilée, Loustaunau-Lacau dut quitter l'armée et fonda un journal hebdomadaire intitulé *Barrage*. Loustaunau-Lacau avait reçu mission de Deloncle d'effectuer des démarches en vue de faire construire des abris bétonnés pour mitrailleuses de chaque côté de l'Élysée. Il ne réussit pas cette affaire qui coûta plus d'un million et demi à la Cagoule. On dit que Loustaunau-Lacau empocha cet argent. Une chose est certaine c'est que, depuis cette affaire, Deloncle fut très froid avec son ami. Le nom de M. Laval fut cité également comme homme politique de la Cagoule. L'enquête ne paraît pas avoir été poussée sur les relations de Pétain, Laval et la Cagoule »[297]. « Malgré certaines accusations portées pendant et immédiatement après la guerre, jamais on n'a pu prouver l'existence du moindre lien entre Pétain et la Cagoule ou ses principaux activistes avant la guerre », conclut un biographe[298]. Béteille fit en 1945 de Pétain, outre « le chef de l'État néo-fasciste en projet », l'acteur crucial de la conjuration comme chef du CSAR[299].

Deux de ses intimes lui servirent de lieutenants, l'un pour la Cagoule civile, l'autre pour la militaire. Homme clé de la liaison entre Cagoule « civile » et « militaire », pourvu d'une biographe indulgente (sur son antisémitisme morbide) ou aveugle (sur son rôle dans la Cagoule)[300], le jeune médecin Bernard Ménétrel (30 ans en 1936), « appartenait aux cadres de la Cagoule »[301]. « Intime du maréchal qui le considérait un peu comme son enfant », son « éminence grise » avant la défaite, il protégea les pires tueurs, avant la guerre et sous Vichy, où il usa à leur service « des fonds secrets dont [il] avait la libre disposition » : « très lié avec Méténier », il protégeait Gabriel Jeantet, Jacques Bernonville et Filiol[302]. Une note de 1945 accusant la Cagoule « militaire » et son chef Pétain de haute trahison précoce rappela que « Ménétrel, conseiller intime, inséparable de Pétain, [était] le gendre de [Célestin] Montcocol, entrepreneur de travaux publics, financier de la Cagoule »[303]. Vilatte le classa parmi les 68 personnes « de près ou de loin, en rapport avec la Synarchie (MSE) »[304].

Sur l'identité cagoularde de Loustaunau-Lacau et ses liens avec Pétain, la correspondance balaie le distinguo « de nature et d'objectif » entre « les deux réseaux » de la Cagoule et des « cellules Corvignolles » anticommunistes de l'armée[305]. Selon une « source indirecte » d'août 1943, « on commença [en 1934] la formation dans l'armée de cellules contre le communisme. Plus tard, cela se fit sous la direction même du maréchal Pétain, qui chargea un des ses élèves de l'école de guerre, le commandant Loustaunau-Lacau, de [leur] organisation [...]. Loustaunau-Lacau ayant été dénoncé et obligé de démissionner fut remplacé par le colonel Groussard, ancien élève de Pétain, qui, avec Deloncle et un ancien chef de l'Action française, le Dr Martin, fonda ce qui fut appelé la Cagoule, qui eut un immense succès dans l'armée, avec des douzaines de généraux, dont [Alphonse] Georges et [Henri] Giraud, et des milliers d'officiers »[306]. Selon la source la plus précise (1944), Loustaunau-Lacau, « chef de brigade » du CSAR « sous le pseudonyme de Loustalot-Lacau ou ELLE », fut « mêlé à la plupart des complots qui se sont tramés durant ces dix dernières années tant à Paris qu'à Vichy ». « Il organis[a] clandestinement, à la suite du 6 février 1934, un "réseau de surveillance des casernes et de protection des troupes contre la propagande communiste" » qui se fondit avec la Cagoule[307]. C'est lui qui, aidé de Franchet d'Esperey, confirma Béteille en 1945, créa le faux « "service secret de protection" [...] présenté comme un réseau d'information », le « réseau secret [...] Corvignolles [...] group[ant] les officiers, soi-disant anticommunistes, sur lesquels on p[ouvai]t compter »[308].

Loustaunau-Lacau déclara « en 1942 » être « dès 1936 [...] entré en relations avec le maréchal Pétain » (dont il appartenait à l'État-major depuis les années 1920) « en vue de faire du "prosélytisme dans l'armée pour la Cagoule" » et avoir été « à la suite de son arrestation, [...] désavoué par lui. Pourtant ses relations avec Pétain n'en ont pas moins continué comme par le passé » : il demeura « "à la tête d'un service de renseignements" calqué sur celui de l'armée et qui comprenait d'ailleurs de nombreux officiers en activité ou de complément » ; il fut chargé, « une fois les chefs de l'OSARN en fuite ou arrêtés, en tout cas identifiés par la police ou mis hors de combat, de réorganiser la Cagoule », mission qui lui donna « parmi ses collaborateurs [...] figure de patron »[309]. Après son départ officiel de l'armée, il fonda en mai 1938 (avec Lavigne-Delville[310]) la société d'études et de diffusion La Spirale, SARL chargée de la publication des revues mensuelles *Notre Prestige* et *Barrage* qui fusionnèrent ensuite » (le 1er novembre) en bi-mensuel, *L'Ordre national* ; il publia dans la presse du Sud-Ouest « sous le pseudonyme de Navarre » (son futur « nom de guerre »). Il créa et présida à l'automne l'Union militaire française (nouvelle pièce de la Cagoule), sur laquelle se « greff[a] La Spirale : « Se donn[ant] comme but principal la lutte contre le communisme [,...] composée en majeure partie d'éléments transfuges d'organisations d'extrême droite dissoutes en 1936, [...] elle group[ait] aussi un certain nombre d'officiers de réserve et même en activité. » Loustaunau-Lacau et la Cagoule étaient liés à Friedrich Hirth, « agent de la Gestapo » rattaché à Alfred Rosenberg au moins depuis 1936 : Hirth publia dans *Notre Prestige* un article le 1er août 1938 puis collabora « à l'Union militaire française »[311].

Au second semestre 1938 « fut conclu entre » celle-ci et le PPF « un pacte anticommuniste »[312], dont Gilbert Stiebel, PPF (« rédacteur au journal *La Liberté* ») et « représentant de la maison d'éditions La Spirale », fut l'instrument en Algérie : un des nombreux signes de la collaboration originelle Cagoule-PPF[313]. C'est son antisoviétisme délirant, après comme avant Munich, qui valut à Loustaunau-Lacau son audience dans l'armée et, selon la Sûreté générale, assura le succès du plan de « coup de force » : Loustaunau-Lacau « s'oppose par tous les moyens à l'alliance franco-russe, en montrant aux masses la fragilité du colosse bolchevique. Il essaie d'impressionner l'État-major de l'armée par des chiffres dérisoires donnés par Markoff » – Russe blanc rallié au Reich depuis les années 1920[314] et « notoirement un agent de l'Allemagne » – « sur le potentiel de l'Armée rouge. Il déclare qu'il a le moyen de toucher rapidement le Conseil supérieur de la Guerre (probablement par l'intermédiaire du maréchal Pétain). Au début de 1939, Loustanau-Lacau se met en relations avec une société d'édition suisse qui vient de réaliser pour le compte d'un service de propagande non identifié, probablement la Gestapo, un film intitulé *La peste rouge*, qui retrace l'histoire du bolchevisme dans le monde, avec beaucoup d'horribles détails. Le film est introduit en France en fraude » (il l'avait déjà été en 1938[315]) « et représenté au cours d'une conférence que Loustanau-Lacau donne en province ». Initiative dont rendent compte ses liens d'« avant la guerre » (date non précisée) avec les « autorités hitlériennes [...] pour combattre le communisme » : il « avait vu Rudolf Hess et si le contact n'avait pas été pris avec Hitler en personne, c'était parce que l'argent nécessaire au voyage avait fait défaut »[316].

Bref, dès 1936, l'État-major était envahi par la Cagoule (hypothèse minimale, le reste éventuel étant informé), comme le corps des officiers décrit par le conservateur Pertinax : des « émigrés de Coblentz [...] lecteurs de *Gringoire* et de *Je suis partout* et autres feuilles du même genre qui, dans leurs récriminations incessantes contre les Soviets et contre Léon Blum, regardaient volontiers Hitler et Mussolini comme des piliers de la société traditionnelle »[317]. Devant François-Poncet, le 2 septembre 1936, Hitler, dans un flot de mensonges sur l'Espagne et sa « profonde inquiétude » devant le péril rouge en France, eut un élan de sincérité sur la hiérarchie militaire française : « Ce pays aurait-il encore la clairvoyance et l'énergie nécessaires pour tenir tête au communisme ? Comment se comporterait son armée, si elle avait à intervenir ? Les officiers français feraient honnêtement leur devoir, comme les officiers espagnols. Mais la troupe, tirerait-elle sur les masses révolutionnaires ? »[318]

Jérémie Rabinovitch, qui attribua début 1938 la direction de la Cagoule à Weygand, était près de la vérité : Pozzo di Borgo avait en juin ou juillet 1936 prié le général factieux « d'accepter la présidence d'honneur du groupement qu'il constitu[ait] actuellement avec un certain nombre de dissidents de l'ex-Mouvement Croix-de-Feu »[319]. « Un informateur » de l'Intérieur rappela en novembre 1937 l'avoir informé sur les « accointances [...] à Versailles depuis 1936 [du...] colonel La Rocque de Séverac [...] dans les régiments » et sur les rendez-vous nocturnes du « général Weygand et [de] M. Chiappe [...] dans un souterrain [de...] l'hôtel particulier » de la rue Lepic contigu à la maison de son propre informateur[320]. Les RG alignèrent des listes, avec le vieux vice-amiral Lucien Lacaze (76 ans en 1936), Action française « très lié avec l'amiral Schwerer », qui fut, « en 1936 [...] élu président du Comité d'entraide des grandes associations pour l'union nationale, [...] en relations avec le Comité secret d'action révolutionnaire sympathisant du Parti social français »[321] ; ou les frères d'Astier de la Vigerie, Emmanuel « et son frère Henri », présents en 1936 « sur la liste [de cagoulards] remise à Jean Rigault, secrétaire de Lemaigre-Dubreuil », par « le général Duseigneur ». La liste, qui fut ensuite « caché[e] au siège de la Fédération nationale des contribuables », citait « de nombreux officiers [...], notamment les généraux Nahoule, Vuillemin, Béthouart, les amiraux Marquis, Laborde, Fenard »[322] ; elle se confondait probablement avec le « Comité de défense des patriotes emprisonnés » (les cagoulards) d'après novembre 1937[323]. « Une note annexée à la procédure » italienne de l'automne 1944 contre le SIM de Ciano attribuait à la Cagoule militaire, « organisation autonome », « 12 000 officiers » sur un total de « 120 000 hommes pour toute la France, répartis en 40 légions »[324].

Inamovible ministre de la Guerre de juin 1936 au 18 mai 1940 et président du Conseil depuis avril 1938, Daladier œuvra à l'assassinat de la république et à « la défaite » plus que ne l'admettent son empathique biographe et ses mensonges au procès Pétain[325]. Son programme dictatorial supposant (dès 1933) une « armée à sa dévotion »[326], il s'arc-bouta à l'été 1936 contre la « démocratisation de l'armée », déclarant « impossible de remplacer les chefs militaires de droite par des officiers de gauche ». Dormoy l'informa de l'enquête de 1937 sur la Cagoule mettant « en cause [...] de très nombreux officiers [...], y compris le commandant Loustalot [Loustaunau-Lacau], officier d'ordonnance de Pétain » : « Estima[nt] que, si l'on ébruitait l'affaire, ce serait dangereux pour l'armée », il couvrit Pétain et les siens[327]. Son ministre de l'Intérieur (Albert Sarraut – aussi complaisant que lui) l'avisa en octobre 1938 (en pleins préparatifs de guerre contre les ouvriers) que la Cagoule militaire organisait elle-même les présumés « vols » d'armes et munitions qui avaient lieu dans les dépôts de l'armée : « Les armes saisies dans les dépôts de l'organisation secrète [étaient] entreposées dans les établissements militaires de Vincennes », affectation du capitaine d'artillerie cagoulard Paul Cahier, beau-frère d'Eugène Deloncle[328]. « En juillet 1939 – résuma après coup un rapport de police minimaliste –, l'enquête sur la Cagoule est terminée, et les résultats en sont portés au président Daladier : ils révèlent l'existence d'un complot contre la sûreté de la République française, complot ayant le maréchal Pétain à sa tête, ce dernier appuyé par la moitié du Conseil supérieur de la Guerre. Daladier, neutralisé par certaines influences, n'agit pas et le pays sera lancé dans la guerre un mois plus tard, en gardant à la tête de ses armées une conjuration sélectionnée de longue main et dont les plans ont été minutieusement étudiés. »[329] L'avocat présumé de la « défense nationale » l'abandonna *en toute connaissance de cause* à un État-major factieux qui ne préparait pas la guerre contre l'Allemagne mais contre son propre peuple.

• *La Cagoule, ses plans et ses œuvres*

La Cagoule, connue surtout pour ses crimes, fut associée au plan gouvernemental Pétain-Laval bâti en 1934-1935, en liaison directe avec les puissances fascistes et Franco.

– *Le choix résolu en faveur de Pétain depuis la victoire du Front populaire*

À la veille du deuxième tour des élections, Pétain se rappela au bon souvenir de ses protecteurs. Il éreinta le Pacte franco-soviétique : « En tendant la main à Moscou, nous avons tendu la main au communisme et nous avons amené à lui quantité de braves gens de chez nous qui, jusqu'alors, s'en défendaient. Nous avons fait entrer le communisme dans le cercle des doctrines avouables. Nous aurons vraisemblablement l'occasion de le regretter. » Il loua les Croix de Feu, « un des éléments les plus sains de ce pays », et offrit ses services : « Nous sommes comme des marins sans pilote, sans gouvernail. C'est contre cela qu'il faut lutter. C'est cela qu'il faut trouver : une mystique. [...H]ors de cela, point de salut », glose suivie du mot d'ordre de « Rassemblement National »[330]. À l'été 1936, les rivalités des ligues sur le choix de Doriot comme « chef » relancèrent l'affaire : on avait besoin d'un « grand chef », unanimement accepté, à la différence de « tous les noms proposés jusqu'à présent », d'où le choix « du maréchal Pétain »[331]. La cohorte dominée par Alibert, Du Moulin de Labarthète, Laval, Deloncle, Loustaunau-Lacau et Franchet d'Esperey s'unit sur Pétain parce que, selon Béteille, « seul [...] par sa popularité [il pouvait] faire accepter le nouveau régime à la grande masse des Français et parce que son âge avancé [était] de nature à calmer momentanément les impatiences des ambitieux avides de lui succéder ». « Des éléments concordants » avaient filtré en 1944 de « la procédure italienne » contre le SIM de Ciano, livrés par le colonel de carabiniers Emanuele Santo, « un [de ses] chefs ». « Les cagoulards français constituaient une association clandestine qui s'inspirait des principes fascistes et qui aboutissait à la personne du maréchal Pétain et de Darlan », déclara Santo le 17 septembre à Rome. Il avoua aussi avoir rencontré, « avant le meurtre [le 9 juin 1937] des frères Rosselli, Méténier, ancien officier ingénieur », à Nice puis à la frontière française, puis « un autre citoyen français » (non nommé). Les deux hommes « prépar[aient] les moyens propres à permettre en France de la part des "cagoulards" un mouvement insurrectionnel et l'instauration d'un régime totalitaire à caractère militaire du modèle fasciste, qui aurait adhéré à l'union de la France aux puissances fascistes (Allemagne, Italie, Espagne) avec orientation antibritannique. À cet effet, les "cagoulards" [...] avaient noué des contacts également en Allemagne. Par l'union aux États totalitaires ils entendaient dire quelque chose de plus que l'alliance pure et simple, une sorte d'ordre nouveau consistant en un bloc antibritannique. Les chefs du mouvement étaient le maréchal Pétain, que les cagoulards qualifiaient de chef spirituel, et l'amiral Darlan dont au début ils faisaient grand mystère » (Santo ne confondait pas, comme l'a cru Bourdrel, l'amiral cité par Béteille avec Darnand, confusion impossible vu l'intimité avec les fascistes italiens du chef cagoulard niçois des trafics d'armes[332]). « Lors d'une « entrevue ultérieure [...] entre les émissaires français et [Filippo] Anfuso à San Remo, en présence de [Emanuele] Santo et de [Roberto] Navale », les premiers exposèrent à nouveau « leur programme en manifestant des idées insurrectionnelles ». « Une note annexée à la procédure » italienne donnait « des précisions sur l'organisation [,...] mouvement d'action anticommuniste décidé à conquérir le pouvoir, et constitué par deux organisations parallèles : l'une civile, qui [...] aboutit à l'ingénieur du génie naval de Ire classe, Eugène Deloncle, l'autre militaire, qui, sous les auspices du maréchal Pétain, aboutit au maréchal Franchet d'Esperey »[333]. Ces aveux complétèrent les « révélations malheureusement incomplètes du procès de Riom » suggérant la « trahison [d']une partie du haut commandement » et l'existence « dans l'armée [d']un véritable complot en vue de renverser la République à la faveur d'un armistice prématuré »[334].

Laval s'entoura dès 1935-1936 de cagoulards qu'il promut à nouveau à Vichy, parfois aux mêmes fonctions : il avait en 1935 offert à Claude Jeantet « un poste important au ministère des Affaires étrangères (service de la presse) »[335], qu'il lui rendrait à l'été 1940 (chef de la presse étrangère)[336]. En 1937, ses confidences à Franco, initiées début avril « par l'intermédiaire » d'un intime (anonyme) et poursuivies, décrivirent le complot. Invoquant selon l'usage « l'imminence d'un mouvement communiste », il se dit « en contact avec Doriot, le colonel de La Rocque et le maréchal Pétain » pour placer cette équipe au pouvoir. On avait informé Blum : « M. Laval était d'avis que le sauvetage de la France reposait sur un gouvernement Pétain et que le maréchal était déterminé à assumer cette responsabilité, mais que le président Blum, qu'il comparait à Alcalà Zamora et avec lequel ils travaillaient secrètement à cette fin, ne semblait pas enclin à l'accepter. » Laval annonça la chute du « gouvernement Blum [...] vers la fin juillet ou début août, quand la France devrait demander un crédit [que...] les milieux financiers refuseraient d'accorder »[337]. L'organisation de « la fusillade de Clichy » de mars rend certaine l'association du Reich à ce plan[338].

L'affaire progresse, rapporta Franco à l'ambassadeur du Reich, le général Wilhelm Faupel, début mai : « Un *rapprochement* entre Laval et Lebrun [...] avait été amorcé », sous couvert de croisade anticommuniste, délicate « tant que Blum serait Premier ministre [...]. Laval semblait réussir à gagner à ses vues non seulement la droite mais aussi des fractions de la gauche. Sur la base de plusieurs rapports qu'il avait reçus, Franco n'excluait pas que Laval devînt un jour Premier ministre »[339]. Courant mai, l'Union nationale des combattants s'appliqua, « avec l'appui de MM. Chiappe, Fernand-Laurent et Taittinger », à « rassembler, sous l'étiquette Front Anciens combattants, toutes les associations à tendance de droite » sous la présidence de Pétain[340]. En août, Franco, toujours informé par son agent auprès de Laval, avertit Faupel : Laval comptait sur l'« épreuve de force pour le Front populaire » des cantonales du « 10 octobre [...] Lebrun était indécis sur ce qu'il fallait faire et caressait l'idée de nommer Daladier Premier ministre. » L'agent « avait aussi parlé récemment à Pétain », qui « lui a[vait] répondu qu'il se mettrait lui-même à la disposition de toute personnalité politique qu'il croyait en mesure de sauver la France »[341].

Laval avait été pessimiste sur le sursis du cabinet, qui tomba dès le 22 juin 1937. À Blum succéda Chautemps qui – comme l'homme des banques (nommé aux Finances) Georges Bonnet, alarmé par « la politique financière du ministère » – intriguait depuis l'été 1936 « en plein accord avec la plupart de ses collègues du Sénat » : il s'efforçait de former « une majorité tendant à la constitution d'un nouveau gouvernement de gauche susceptible de se passer de l'appui des communistes ». Début septembre 1936, Chautemps avait « déjà eu, à ce sujet, de nombreuses conversations avec MM. Jeanneney, Flandin, Petsche et Marchandeau [,...] décidés, si le besoin s'en faisait sentir, à seconder ses efforts ». À la fin du mois, on ne parlait que d'équipe Chautemps après la chute imminente de Blum[342]. Moscou, informée, mentionna en décembre « les efforts désespérés consentis pour affaiblir la France à l'intérieur par la désagrégation du Front populaire et le remplacement [de Blum] par un leader radical connu pour son penchant pour l'Allemagne hitlérienne »[343]. Au « procès de La Rocque contre divers » de novembre 1937, le colonel déclara que « la générale Palud [avait] rencontré Mme Chautemps et l'[avait] mise au courant de certains faits se rapportant à l'affaire des cagoulards »[344].

L'année 1938 fut riche en manœuvres de Pétain et des ligues. Dans leur croisade de mars contre un nouveau cabinet Blum, ils recoururent à Taittinger, qui prévit « une vaste manifestation [...] devant le domicile du maréchal Pétain » en faveur « d'un ministère d'Union nationale présidé par [lui]. Déjà des appels dans ce sens ont été lancés ces jours-ci dans la presse de droite et plus particulièrement dans le *National* ». Au printemps, Pétain renvoya l'ascenseur en soutenant « l'élection de Charles Maurras [...] à l'Académie française ». En novembre continua la « campagne » de « quelques groupements politiques ou d'anciens combattants en faveur d'un gouvernement de Salut public [...] présidé par le maréchal Pétain », voire par Weygand si le premier se récusait « en raison de son âge »[345]. Chautemps prépara dès son nouveau cabinet (de janvier) sa chute au profit d'une formule plus à droite, annonçant la suite le 21 février à Bullitt : « La France n'était pas encore suffisamment alarmée et secouée pour rendre possible la formation d'un vrai gouvernement national. »[346] Son implication précoce dans le complot (suivie d'une mission américaine sous Vichy) exclut sa naïveté à l'heure de « la négociation de l'armistice »[347]. Chiappe préparait son avenir politique avec Rome et Mussolini, qui lui « aurait déclaré » février 1938 : « "J'en ai fini avec la France." »[348]

– Organisation de la révolte patronale

L'offensive patronale tous azimuts, où la Cagoule trouva sa place, « alarm[a] et secou[a] » les Français. La CGPF, réorganisée pour réaliser « une unité de front » en « Confédération générale du patronat français » au terme de ses réunions des 21-23 juillet 1936, dirigea le bal directement ou via ses organisations[349]. Auprès du synarcho-cagoulard Paul Brenot, « créature d['Auguste] Detoeuf »[350], président d'honneur du « Comité de prévoyance et d'action sociales » créé en 1936 par la CGPF et présidé par l'ancien ministre des Finances Germain-Martin[351], le cagoulard Pierre Nicolle[352] s'imposa comme porte-parole. Il fut chargé au printemps 1936 d'organiser la révolte avec les leaders des groupes industriels déguisés en délégués de la boutique et de l'échoppe. La contre-offensive grandit au fil des réunions de juin, couronnées le 2 juillet par la « réunion extraordinaire 19, rue Blanche, dans la grande salle de la Société des Ingénieurs civils », « avec [...] environ cinq cents [...] présidents des groupements parisiens de défense commerciale et industrielle ». Nicolle « reproch[a…] aux représentants des industries "abritées" d'avoir accepté trop facilement les accords Matignon et d'avoir ainsi exposé les autres branches industrielles et commerciales à des difficultés dont les conséquences [étaient] incalculables ». Il appela les intéressés « à s'organiser corporativement et à unir leurs efforts pour triompher des nouvelles difficultés faites au patronat et permettre à l'économie nationale de reprendre sa place dans la vie du pays, en dehors de toute ingérence étatiste et collectiviste ». L'ordre du jour contre « les récentes atteintes portées à la propriété privée et à la liberté individuelle » et contre « l'ingérence d'un étatisme incompétent et ruineux et de tout esprit de lutte de classes » fut « adopté à l'unanimité, moins six voix »[353]. Le cagoulard Lemaigre-Dubreuil fustigeait Vincent Auriol, protecteur des « industries "abritées" » et bourreau des « moyennes et petites industries », pratiquait le chantage au « refus de l'impôt » et appelait « chacun » au « devoir de prendre ses responsabilités en vue d'écarter le collectivisme [venu] de Moscou. Nous ne pouvons pas, nous, Français, nous plier comme des moujiks aux formules socialo-marxistes […] antifrançaises" »[354].

La brochure éditée en avril 1938 par Nicolle, « distribuée » par son Comité de Salut économique « et par des militants des organismes patronaux affiliés à la CGPF » illustre cette révolte des « petits » patrons guidée par les grands : intitulé « 13 petites histoires de mon ami François Français moyen dédiées à Son Excellence ministre des Loisirs de la IIIe République » (accompagnées de 13 dessins de Delongraye), ce monument de démagogie, échelonné entre le 1er août 1937 et le 2 mars 1938, tonnait contre « les 40 heures » transformant « la France [en…] esclave des industries étrangères », « la soviétisation de vos entreprises », l'« affreuse propagande de luttes de classes » et les nouveaux rois (ouvriers) fainéants qui prétendaient « gagner plus en travaillant moins »[355].

– Agression contre les grévistes

Les exécutants accomplirent des tâches moins idéologiques, *tous* mouvements réunis, souvent sans distinction, PPF en tête. Alexis Barbot, « chef de groupe » de la Cagoule et « contremaître aux usines Renault (atelier des tanks) », était « en 1937 signalé comme pouvant disposer des deux tiers de ses ouvriers comme hommes de main pouvant servir aux cagoulards »[356]. Les enquêtes sur la Cagoule montrent une croisade antigréviste organiquement liée au complot antirépublicain. Avant les attentats de septembre 1937, Henri Vogel et Marcel-Georges Mouget, « ingénieurs connus dans l'affaire du CSAR », s'étaient entraînés dès la grève de juin 1936 au combat quotidien des usines Michelin de Clermont-Ferrand[357]. Le cagoulard Louis de Gueydon avait confié à Henri de Heurtemont, qui lui fut confronté en février 1938, « que son groupement était lié à l'assassinat de l'économiste russe » Navachine et que « son équipe de briseurs de grève » et son « équipe de tueurs » ne faisaient qu'une[358]. Corrèze, discret sur la Cagoule, étalait ses haines sociales : il se vantait depuis 1936 auprès de ses collègues du magasin parisien de meubles et décorations « au Bûcheron », rue de Rivoli, « de faire le briseur de grève et l'agent provocateur, dans les manifestations ouvrières ». « Au moment d'une grève des transports, Corrèze s'est plaint à moi », raconta l'un d'entre eux, « d'être très fatigué pour avoir manipulé, au cours de la nuit précédente, des pots de lait car il y avait une grève aux établissements Maggi, je crois »[359]. Les « groupes d'auto-défense » qu'Édouard Soulebeau se targuait auprès des patrons de pouvoir « en commun accord avec Doriot » créer « à l'intérieur des usines » avec « 10 % du personnel et recruté parmi les gens sûrs et résolus » visaient « les dispositions à prendre en vue d'une réoccupation généralisée des usines »[360]. Elles allaient jusqu'au crime : le 4 juin 1937 Louise Renault, mère de onze enfants, fut tuée à l'issue d'une réunion de grévistes de Seine-et-Oise par « des coups de revolver [...] tirés par des individus se trouvant dans [la] voiture [...] immatriculée n° 5949 R.F. 3 » du synarque Marion, rédacteur en chef de *La Liberté*, « l'un des plus fidèles partisans et l'un des principaux lieutenants » de Doriot[361].

– De l'assassinat...

Le plan de liquidation du régime emprunta des formes diverses : assassinat « interne », crapuleux ou politique, assassinat politique assigné par les commanditaires français ou étrangers, provocations inscrites dans une stratégie de la tension permanente évoquant la tactique de la « loge P2 » (*Propaganda Due*, culminant dans l'attentat à la gare de Bologne le 2 août 1980[362]), tentative de putsch du 16 novembre 1937 et ses suites.

Deux projets d'assassinat de la Cagoule avortèrent pour des raisons que j'ignore. Bête noire avec Léon Blum des ligues tempêtant contre « ces deux juifs qui se [tenaient]comme les doigts d'une même main crochue »[363], Horace Finaly fut une cible précoce : en octobre 1936, Louis de Gueydon confia à un certain Tremblay la mission de « découvrir le propriétaire d'une villa à Neuilly », sise 75, boulevard Victor, « d'indiquer les moyens d'accès de cette propriété » – celle de Finaly – puis « de la faire sauter » (la note remise à l'exécutant portait un nom en majuscules, Allais, pseudonyme de Gueydon)[364].

Maurice Thorez était au nombre « des personnalités politiques ou des communistes » que les tueurs prévoyaient d'amener à la villa « La Fûtaie » de Rueil. Choisie pour son isolement parfait, « éloignée de toute habitation, entourée d'un jardin », elle fut louée à son propriétaire, Malvant, sur la recommandation de Moreau de la Meuse, son compagnon depuis une dizaine d'années de « conseils d'administration de sociétés immobilières », par Corre dit Dagore (mué en Lenoir). Le « sous-sol constitué de trois grands locaux vides éclairés par des soupiraux », accessible par l'intérieur et par l'arrière de la villa, en fut aménagé en prison souterraine pour « torturer » et « faire parler [...] les otages ». « De nombreux cagoulards vinrent [en] visiter [l]es travaux, notamment Harispe, Jakubiez, Corrèze, Corre, Chéron ». Découverte par la police au bout de « trois jours [de ...] recherches », tant « l'entrée [en] était habilement dissimulée », la prison est décrite par le rapport des RG de 1945. On découvrit « les factures des matériaux employés à [s]a construction [...] au domicile [d'Antoine] Laromiguière-Lafon, 10, rue Jean Beausir à Paris », et la mention « achats de briques, ciment, ferraille » pour « la Fûtaie » dans le carnet trouvé sur Jakubiez à son arrestation au retour d'un voyage en Suisse[365]. En février 1938, le cagoulard Louis Bonnafous avoua avoir dû adhérer au PCF pour se « renseigner sur Thorez, de manière à ce que nous puissions nous emparer de lui ». Méfiant, le militant chargé d'enquêter sur lui après son adhésion fit échouer le projet[366].

Certains assassinats méritent simple mention, tel celui, interne, mi-crapuleux mi-politique, de Laetitia Toureaux qui, selon M. Berlière, ne fut commis ni par Filiol ni par la Cagoule[367]. Cagoularde soupçonnée d'« indiscrétions », notamment d'« espionnage pour le compte de l'Intelligence Service », elle fut l'objet d'« un crime [...] "parfait" » : après avoir été « prise en filature pendant plusieurs semaines par [le cagoulard] André Tenaille », elle fut tuée au couteau Laguiole dans le métro, le dimanche 16 mai 1937 par Jean Filiol, qu'« elle n'avait jamais vu », dépêché par son amant Gabriel Jeantet[368]. Un crime politique « décidé par le comte Ciano » symbolisa la collaboration de la Cagoule avec ses complices et financiers étrangers : Carlo Rosselli et son frère Sabatino furent « tués pour rendre service à l'Italie » (Locuty). Furent impliqués, de la traque à la tuerie du 9 juin 1937 à Bagnoles-de-l'Orne, Jean-Marie Bouvyer, dont les aveux de novembre 1937 éclaircirent le dossier, Jacques Fauran, Tenaille, « les nommés [Robert] Puireux[369], Filiol et Jakubiez » qui, blessé dans la tuerie, « se fit soigner par le docteur [Marcel] Blondin-Walter, cagoulard connu »[370]. Gabriel Jeantet se « vant[a] à Vichy d'être l'un des auteurs de l'assassinat ». « Le prix de ce crime », commis « pour complaire au gouvernement italien » et à sa demande, fut « la livraison de fusils-mitrailleurs Beretta »[371].

La correspondance consultée n'autorise pas à statuer sur l'affirmation de « certains cagoulards [...] que le leader communiste Vaillant-Couturier », mort brutalement en octobre 1937, « aurait été empoisonné par la Cagoule ». Mais elle atteste[372] que le centralien Henri-Philippe Roidot avait « eu l'idée d'avoir recours aux bacilles pour supprimer les ennemis de la Cagoule »[373]. Elle souligne l'importance politique de l'assassinat du synarque franc-maçon (comme nombre de ses amis radicaux) Navachine. « Crime soviétique », clamèrent les Russes blancs, la droite et l'extrême droite françaises, cagoulards en tête[374]. Navachine fut filé sur ordre du Dr Félix Martin, chef du Deuxième Bureau de « l'État-major » de la Cagoule « affecté aux filatures, exécutions, attentats »[375], « par André Tenaille, Jean-Marie Bouvyer et Francis Derville (qui se « présent[a] à son domicile et [fut] vu rôdant dans le quartier »)[376]. Il fut assassiné le 25 janvier 1937 par une équipe incluant Bouvyer et Filiol, avec un pistolet automatique 5 mm et demi-Walter 22 long rifle portant des douilles de marque Imperial Chemical I, arme cagoularde non vendue « en France »[377]. « Les causes de ce crime, *jugèrent les RG en 1945,* ne sont jamais apparues nettement. Les dirigeants de la Cagoule en ont gardé soigneusement le secret. »[378] Les enquêteurs de 1937 n'en jugeaient pas ainsi.

Ils firent en effet défiler les synarques dont les noms meublaient le « répertoire, manuscrit, couverture rouge » de Navachine retrouvé par eux, et d'autres, signalés par certains de ces « témoins », décideurs compris (abordés avec une extrême prudence) : Gabriel Le Roy Ladurie, qui « entretenait des relations suivies avec le sieur Navachine »[379], Henri Ardant, Louis Eugène Doignon[380], Hippolyte Worms[381], René Belin, Émile Roche, Francis Delaisi, Édouard Pfeiffer, etc.[382]. En octobre 1937, « les milieux cagoulards » imputèrent le forfait au noyau dirigeant de la synarchie : Navachine, membre comme Lemaigre-

Dubreuil « d'un Comité secret économique, composé de 30 membres [,...] a été exécuté parce qu'il aurait commis certaines indiscrétions » ; Lemaigre-Dubreuil n'ignore « aucune des raisons de cette exécution »[383]. Les trente comptaient forcément parmi les 46 « affiliés les plus importants » de Chavin, informé que le MSE avait fait supprimer Navachine (comme plus tard « Coutrot et son secrétaire ») pour ses « indiscrétions [...]. Conseiller écouté de M. Spinasse, il contrecarrait les plans du groupe [...] et en surveillait étroitement le développement et l'action souterraine »[384]. Les « témoins » liés à la Banque Worms et la note d'octobre 1937 donnèrent à la police des lumières sur la synarchie avant le tumulte de 1941. N'ouvrit-elle aucun dossier sur ce « comité secret » auquel appartenait le chef du groupe Lesieur, personnalité de la Banque de France et ligueur notoire ? C'est improbable.

La partie classée de l'enquête de 1937-1938 livre deux motifs.

1° Navachine se heurta depuis 1934 à « l'Association générale des producteurs de blé [de...] 1 200 adhérents représentant tous les gros producteurs de Seine-et-Oise et de Seine-et-Marne ». Mue par « la vengeance et la crainte de l'avenir », ayant pour « porte-parole » Pierre Proust, elle groupait « les Dorgères, [Adolphe] Pointier, Pierre Halle, Rémy Gousseau et autres, tous extrémistes de droite », et les sucriers liés aux maisons Lebaudy (Édouard Machavoine et Charles Baudouin, « homme de confiance de Jean Lebaudy – [qui] se dit ami de von Ribbentrop ») et Saint-Louis de Marseille (Jean Wiart et Pradel). Ses adhérents, dont « l'influence [...] s'exerçait depuis dix ans au sein des ministères », eurent à se plaindre de l'action de Navachine contre leurs fraudes et escroqueries à la loi du 11 juillet 1933 sur le prix du blé. « En 1936, après deux ans et demi de lutte, la Première Chambre de la Cour d'appel de Paris, sur la plainte des quatorze protestataires, dans une vingtaine de procès soumis à son appréciation, estima [...] que c'était d'une manière irrégulière et illicite que [c]es organisations [...] avaient appliqué les cours de compensation à la Bourse de commerce de Paris et en méconnaissance complète de la loi. » Elle condamna « les Grands Moulins de Paris et autres à rapporter 35 millions de bénéfices indûment encaissées sur les vendeurs. Or, c'est grâce à Dimitri Navachine, [avocat...] des protestataires, que la fraude fut dévoilée [:...] la thèse qu'il soutint fit toucher terre à ces puissantes organisations ». Peu avant sa mort, « les personnages les plus violents de la Bourse de commerce, appartenant aux formations extrémistes de droite [,...] se réunissaient dans un angle de la Bourse et discutaient ensemble [...c]haque jour [...]. Proust, actuellement arrêté dans l'affaire du complot, s'y montrait le plus violent »[385]. Entre l'automne 1937, où Proust, « impliqué dans l'affaire du CSAR », fut convaincu d'en être « un des chefs », et janvier 1938, les enquêteurs apprirent que la « "section terroriste" dirigée par les Deloncle, Méténier, Filiol et Martin » avait été mandatée contre Navachine par ces hommes, tous cagoulards. On comptait parmi eux le « courtier des Grands Moulins de Paris [...] Lebecq, président des Anciens combattants, conseiller municipal de Paris, ami de Deloncle, Duseigneur, Pozzo di Borgo, [Maurice] Genay et autres »[386].

2° Navachine aurait aussi payé son soutien du Pacte franco-soviétique, sa crainte du Reich et son action en faveur de l'un et contre l'autre. Boris

Gourevitch, son « ami intime », assimila dès janvier 1937 son assassinat à celui, certain, du capitaine René Domejean, « un officier de l'État-major général de l'armée spécialiste », et de sa femme : on les avait « trouvés noyés près de Mantes dans la Seine » en juin 1934, peu après que Louis Joxe, chef de cabinet de Pierre Cot, eut chargé Domejean de « mettre en ordre [...] des documents concernant le réarmement aérien de l'Allemagne » (documents que Justin Godart, président du « Comité pour la défense des droits des israélites en Europe centrale et orientale » auquel adhérait Navachine, avait reçus en décembre 1933 « d'un émigré allemand en signe de sa reconnaissance à la France »[387]). Le synarque Paul Devinat, auditionné en février 1937, qualifia sans argumenter de « débordement d'imagination » la thèse de Gourevitch « d'une vengeance possible de la Gestapo »[388].

Jérémie Rabinovitch, aussi précis que celui-ci, la confirma en 1937 et en 1938. Il avait connu en mars 1936, puis fréquenté au Grand Pavois « le baron Lacger », monarchiste qui avait « montré intérêt un intérêt particulier » pour Navachine, qu'il voulait rencontrer pour lui « faire admettre [...] une synthèse royalo-communiste en France avec l'aide de Moscou [,...] en insistant sur l'influence que ce dernier exerçait notamment dans les milieux mondains de gauche ». Navachine ayant refusé, Lacger revint souvent à la charge, dont « une dizaine de jours avant [son] assassinat ». Le prétexte, stupide, et le personnage, cagoulard – un fondateur du CRAS[389] – lié à Westrick, fleurent le traquenard. Étrangement bavard, Bertrand de Lacger avait avoué à Rabinovitch « entreten[ir] des rapports très étroits avec [le] fils d'un administrateur-délégué de la Société Dollfus-Mieg », Engles, « qui travaill[ait] à la société de défense des contribuables, 76, rue de Prony » ; voir souvent « au Grand Pavois » Faucigny-Lucinge et Jurquet de la Salle, qu'il rencontrait aussi à son « bureau de la rue d'Amsterdam, où le comte de la Salle jouait un rôle prépondérant dans une organisation politique » (le CRAS[390]) ; il lui avait « également parlé à plusieurs reprises d'un nommé Westrick, dont le désir était de se mettre en rapport avec les milieux monarchistes français pour une action anticommuniste » et qui y fut « introduit [...] par une Mme de Pierrefeu ». « Peu de temps avant l'assassinat de Navachine », le cagoulard Bastide, « une [des] relations » de Rabinovitch, lui avait « conseillé très amicalement de cesser tout rapport avec [Lacger], ainsi qu'avec son entourage, car d'après [s]es renseignements très précis [...], ces gens, trafiquants d'armes, formaient en plus un groupe terroriste ».

« Il est très possible que Westrick, [...] le chef de la Gestapo en France, [...] ait fait supprimer Navachine, dont l'hostilité pour l'Allemagne était bien connue », conclut Rabinovitch. La Cagoule et son tuteur allemand se seraient ainsi débarrassés d'un partisan du « rapprochement avec l'URSS », considéré « dans les milieux monarchistes comme l'œil de Moscou à Paris »[391]. Témoignage d'autant plus troublant que : 1° Lemaigre-Dubreuil dirigeait la Fédération des contribuables et qu'un chœur cagoulard l'accusait d'avoir ordonné pour la synarchie l'exécution de Navachine[392] ; 2° le couple Pierrefeu liait Cagoule, synarchie et Reich : Jean « de Pierrefeu, écrivain, journaliste » et « de Pierrefeu, Mme, sa femme » étaient synarques[393], lui, membre du Comité

France-Allemagne, elle, agent de Westrick « pour son activité occulte dans les milieux royalistes de Paris »[394].

– ... *à la stratégie de la tension permanente et du putsch en 1937*

La Cagoule se livra depuis mars 1937 à des provocations plus vastes, pour accélérer la chute préparée de Blum[395]. Dans la nuit du 16 mars à Clichy, fief socialiste, des tirs sur une « contre-manifestation » antifasciste convoquée contre la tenue (provocation d'origine) d'une réunion du PSF au cinéma Olympia firent cinq morts et près de 350 blessés, dont André Blumel, secrétaire de Blum, sincère homme de gauche, frappé à la tête[396]. Les « événements » suivirent de près la « Pause », premier triomphe des élites économiques depuis mai 1936[397]. Les militants du Secours Rouge International dénoncèrent « la complicité d'anciennes créatures du chiappisme, toujours en place, vivant de la République qu'[elles voulaient] détruire » : seul le directeur de la Police municipale de Paris Marchand, qui avait posé « sur son bureau comme presse-papier une "tête de mort" [l]'apparent[ant] bien avec les dissous à la tête de mort », avait pu donner à la police ordre de tirer[398].

Fut chargé du forfait le CRAS (Comité de rassemblement antisoviétique), morceau de l'UCAD fondé en juin 1936 dirigé par Robert Jurquet de la Salle, « membre du comité directeur de [l'UCAD...] inscrit sur les listes de la Cagoule sous l'indicatif 1er R. matricule 17 »[399]. Le CRAS avait agi sur ordre supérieur. Dans la journée du 16 mars 1937, « un conseil » de l'UCAD eut lieu « à l'hôtel Ritz, sous la présidence de M. Pozzo di Borgo », un des faits prouvant que « plusieurs membres de [...] cette organisation [...av]aient joué un certain rôle dans l'émeute de Clichy »[400]. Les enquêteurs déduisirent dès le 17 mars de l'afflux des témoignages l'action coordonnée de la Cagoule (CRAS), du PSF et du PPF : les deux partis (dont les chefs se concertaient depuis décembre sur « un plan d'action commune » à soumettre « à l'approbation [de leurs] bureaux politiques »[401]), avaient dépêché des « agents provocateurs »[402]. Un gardien de la paix placé à côté d'un groupe avait entendu « une phrase prononcée distinctement par un jeune homme à l'adresse de ses compagnons qui l'écoutaient attentivement [...] : "Vous savez que nous sommes sept mille Volontaires Nationaux [PSF] alertés pour nous rendre à Clichy, à Asnières et aux abords de la salle Wagram, dans le but de protéger nos réunions, avec comme mission de nous mêler à la foule dans le but de créer des incidents, et de "casser la gueule aux rouges" et à la police, s'il le faut [...] Nous sommes porteurs d'insignes du Front populaire pour ne pas être reconnus »[403].

Aliane Mokrane et Lucien Dannecker, ex-francistes apparentés aux « groupes d'hommes de main entretenus et appointés par le CRAS » souvent « en même temps membres du PPF, voire d'Action française », furent arrêtés le 24 mars : ils s'étaient, « armés de matraques, [...] attaqués à un groupe d'ouvriers tailleurs, en grève, aux abords de la Maison Chatard, boulevard Sébastopol ». Ils furent aussitôt convaincus d'avoir, dirigés par le cagoulard Daniel « Vauquelin, [...] chef de l'équipe des hommes de main du CRAS », participé à la tuerie de Clichy. Des militants notoires du PSF furent identifiés : 1° Gustave Salles, qui fit dans ses « deux transferts » intervenus après son interrogatoire à Clichy disparaître la « carte du PSF » qu'il avait auparavant tendue aux policiers en ajoutant : « Vous voyez bien que je ne viens pas causer du désordre puisque je suis du PSF. » 2° René Stober, employé de banque, « chef d'une EVP [équipe volante de propagande] du PSF, [...] habituellement vêtu avec une certaine recherche ; ce soir-là, il avait été vu [...] portant des vêtements usagés, et coiffé d'une casquette » et accusé par « certaines personnes [...] d'avoir arboré une cravate rouge, et les insignes d'un groupement du Front populaire »[404].

La réponse laconique et tardive (4 juin) du préfet de police à la question posée le 1er avril par Marx Dormoy, à la suite d'informations de Jean-Maurice Hermann – « est-il exact que quelques jours avant les incidents de Clichy le Parti populaire français avait groupé à Asnières certains éléments, dits "de choc" ? » –, admit le rôle du PPF : le 11 mars, « environ 1 400 » de ses militants, mobilisés par un gros effort « de propagande » (envoi de « 6 000 cartes » aux adhérents « de Courbevoie, Clichy, Levallois, Neuilly, La Garenne-Colombes et Asnières »), s'étaient réunis à la section d'Asnières pour entendre Doriot. Curieuse initiative pour un cercle « de formation assez récente » ayant organisé « deux réunions » de « 25 personnes au plus »[405].

Les hommes du CRAS Roger, Daniel Vauquelin (pseudonyme roturier du marquis des Yveteaux), « extrêmement violent », et « son lieutenant », le synarque[406] Robert de Jurquet de la Salle, « chefs les plus actifs de la Ligue franciste » passés au PPF (le premier depuis 1937)[407], chargés de la coordination de l'affaire, étaient des spécialistes de la provocation. Ils avaient « pour mission », selon l'inspecteur principal adjoint Gripois, de venir « par petits paquets de quatre ou cinq hommes, qui se mêl[ai]ent ici et là à la foule des manifestants », de les attaquer, de « frapper les personnes [...] à leurs côtés, et parfois même [de] tirer avec leurs revolvers ». En cas d'intervention de la police, « ces provocateurs [avaie]nt l'ordre de laisser continuer la bagarre, puis de fuir ». « Vauquelin et ses hommes de main » avaient provoqué la « violente bagarre à Dugny les Amiens (Somme) », à l'origine de « nombreux [...] blessés », dont l'instruction était en cours au tribunal de première instance d'Amiens. « Sous couvert de combattre la propagande communiste les dirigeants du CRAS n'[avaient] en fait pour dessein que de nuire au gouvernement actuel ». Selon « des informateurs généralement bien informés, » ils « seraient à la solde d[u...] gouvernement allemand [,] qui fournirait à l'organisation [...] une partie importante des subsides dont elle dispose »[408]. L'enquête sur le coup de novembre révéla que le cagoulard « Jacques Corrèze, en fuite, [...], s'était vanté » à des collègues du « Bûcheron » « d'avoir été présent à Clichy », « fait de la provocation le soir des événements » et « encouragé les manifestants à lapider le service d'ordre en criant à ces manifestants "Allez ! Tirez dans le tas" ou une expression similaire »[409].

Le CRAS fut dissous et intégré à l'UCAD de Duseigneur via de Jurquet de la Salle, après l'alerte donnée par une enquête, avortée comme les suivantes[410]. Marx Dormoy, ministre de l'Intérieur depuis fin novembre 1936 et « grand propriétaire » de Montluçon, dont il était maire[411], ne s'émut guère. À la réunion de la délégation des gauches du 19 mars, il répondit à la demande de Morizet « de procéder à l'épuration de la police [...] que cela était déjà fait ». Le requérant réclamant la vraie « dissolution des ligues », Dormoy ajouta « qu'il ne disposait d'aucun moyen légal pour les dissoudre. Il a demandé au surplus qu'on administre la preuve que ces associations sont constituées d'une façon illégale. On lui a alors fourni [...] une série d'articles du *Populaire*, mais [il a...] répondu que ces articles ne constituaient pas une preuve et que c'était insuffisant pour justifier la mesure réclamée »[412].

La Cagoule, la bride sur le cou, put à défaut d'opérations générales entretenir dans les mois suivants la tension avec les méfaits décrits ci-dessus (assassinats, sabotage de Toussus-le-Noble), la pose de bombes depuis le 7 mars[413] et, moins de deux semaines après Toussus, les « attentats de l'Étoile » perpétrés par l'équipe de Locuty (venu exprès de Clermont-Ferrand), Filiol, Méténier et Moreau de la Meuse[414]. « Deux violentes explosions », le 11 septembre 1937 « vers 22 heures », suivirent la remise par deux pseudo livreurs d'« une caissette de bois blanc » de 50x30x25 cm aux concierges des immeubles du « siège de la Confédération générale du patronat français, 4, rue de Presbourg, XVIe », où furent tués « deux gardiens de la paix », et du « groupe des industries métallurgiques de la région parisienne, 45, rue Boissière, XVIe » où « les dégâts [furent] purement matériels »[415]. Le conseiller municipal parisien Maurice de Fontenay en accusa aussitôt, comme des forfaits antérieurs, les « terroristes anarchistes étrangers » par lettre au préfet de police accompagnée de son « projet de plan [pour] le prochain statut des étrangers ». La droite, classique et extrême, accabla le PCF[416].

« Les milieux politiques et syndicalistes de gauche et d'extrême gauche » ignoraient tout, mais soupçonnèrent « l'œuvre des groupements de droite » soucieux, avant les cantonales, d'« alimenter la campagne de presse [...] qui vis[ait] à séparer les radicaux socialistes de leurs alliés du Front populaire » ; ou, « thèse [qui fit] des progrès » au matin du 12 septembre, « une nouvelle affaire d'incendie du Reichstag [,...] une nouvelle tentative du fascisme étranger pour fomenter des troubles, voire des convulsions dans notre pays ». Daniel « Guérin, dans *L'Œuvre* » dénonça les complicités entre la Cagoule et l'Axe : « L'heure est venue de réagir "contre les agents fascistes étrangers qui, cet été, ont impunément assassiné chez nous (Bagnoles-de-l'Orne), ou joué de la machine infernale (Villeneuve sur Lot, tunnel de Cerbère, Toussus-Paris). Et aussi contre ceux qui, plus ou moins ouvertement, pour des raisons de sordide politique réactionnaire, encouragent ces agressions antifrançaises". » *Le Peuple* (organe de la CGT) et *L'Humanité* désignèrent les « organisations patronales », puis « les militants [communistes] abandonn[èr]ent la première impression qui leur avait fait croire [à...] une provocation patronale »[417].

Ils eurent tort, bien que le président de la CGPF Gignoux et « M. le baron Petiet », du Comité des Forges et trésorier de la CGPF, eussent proposé à l'architecte en chef de la Préfecture de police, le 12 septembre, de prendre « le temps nécessaire pour ses investigations et ses recherches »[418] : Gignoux était un « des hommes de Deloncle » ; Petiet un bailleur de fonds de la Cagoule, au nom du Comité des Forges[419]. Gabriel Jeantet retrouva ce même jour « sur le quai de la gare de Lausanne un sieur Daussin qui s'occuperait de syndicats patronaux [siégeant] rue de Courcelles à Paris », pour rendre compte : les deux hommes « parl[èrent...] des attentats de l'Étoile » de la veille pendant leur retour vers Paris. La commission rogatoire du juge d'instruction René Barrué en vue de vérifier cet épisode de la carrière cagoularde de Jeantet attendit janvier 1940[420]. Elle s'imposait pourtant d'emblée, vu la notoriété de Daussin en 1936-1937. « Bien connu pour ses opinions politiques d'extrême droite », Action française, André Daussin appartenait au « syndicat des Industries mécaniques de France », pilier de l'UIMM, « aussi puissant que le Comité des Forges ». Il était « depuis plusieurs années » secrétaire de son « Union nationale intersyndicale des marques collectives dite Unis-France », sise au siège dudit syndicat, 92, rue Courcelles, et « administrée par un comité supérieur composé d'importants industriels » et présidé par (le synarque) Henri « Harlé, de la Maison Sautter-Harlé, 26, avenue de Suffren »[421].

Deux semaines après les « attentats de l'Étoile », le général Prételat, dont Corrèze avait été le « chauffeur militaire » en 1933-1934 « grâce à l'entremise de Deloncle »[422], et qui avait rejeté en juin l'offre de ce dernier d'adhérer à la Cagoule, en reçut « une leçon ou un avertissement » : Deloncle « fit déposer le 27 septembre 1937 devant la porte de [son] appartement [...], 16, rue Dupont des Loges, trois pétards de cavalerie, enveloppés dans un journal, amorcés par un détonateur et un cordeau bickford ». Le dispositif, puissant mais désamorcé (on ignorait pourquoi), fut identifié au lendemain du « coup » de novembre, le 17, par la perquisition chez Gaston Juchereau, 37, rue Ribéra : la police trouva « un lot important d'armes et d'engins explosifs », dont « quatre pétards "de cavalerie" identiques »[423].

Peu après que Franchet d'Esperey et Pétain, impatients, eussent fulminé contre la « trahison » de De La Rocque[424], fut tenté le putsch de la nuit du 16 au 17 novembre. Béteille, qui ordonna l'enquête consécutive, considérait l'entreprise, décrite avec minutie par Wiart[425], comme l'application de « la tactique [...] suivie pour la prise du pouvoir. Elle est minutieusement étudiée et les plans, ordres de mission, directives saisies au cours des perquisitions ne laissent aucun doute à cet égard. L'occupation de Paris est le premier but à atteindre. Le mouvement doit se déclencher de nuit. S'emparer par surprise du Palais de l'Élysée, du Sénat en suivant un itinéraire minutieusement étudié et jalonné, occuper les ministères par divers moyens (en employant notamment des complices déguisés en gardes mobiles), saboter les centrales télégraphiques et électriques, neutraliser les postes de police, les centres vitaux, suivant une technique qui a fait ses preuves à l'étranger et a été soigneusement étudiée. Cette première occupation en surface réalisée, attendre l'intervention de l'armée dont on escompte les complicités, grâce à un noyautage savant des cadres de certaines unités, tel est le programme. En fait les troupes du CSAR sont des troupes de choc qui doivent commencer l'insurrection, ouvrir les hostilités, allumer la guerre civile, grâce au dévouement aveugle de 20 000 adhérents fanatisés rassemblés à Paris. Mais ensuite, il est prévu que la liquidation de l'opération, sa stabilisation tactique, en quelque sorte, devra être assurée par l'armée »[426].

L'épisode permit, tant par les aveux circonstanciés des cagoulards, Deloncle inclus, que par les armes et munitions découvertes, de compléter *toutes* les enquêtes ouvertes sur les trafics, attentats et crimes antérieurs : furent ainsi élucidés les dossiers Rosselli, Navachine et autres assassinats, Prételat, attentats de l'Étoile, etc.[427] L'« informateur » déjà cité sur les activités nocturnes de La

Rocque, Weygand et Chiappe « cri[a] gare » à propos d'« une affaire de complot contre la sûreté de l'État des plus sérieux » cheminant « depuis au moins depuis le 6 février » : « J'ai ouvert les yeux à M. Thomé [directeur de la Sûreté nationale] en 1935 », mais « l'on n'a pas agi. Il n'y a pas de régime républicain qui puisse se maintenir à l'heure actuelle sans avoir en mains tous les leviers de commande sans blancs, sans douteux, sans d'autres que des hommes sûrs vraiment républicains. Est-ce qu'Hitler et Mussolini tolèrent des rouges chez eux, ils gouvernent blanc et ils tuent les rouges, c'est logique [...] Je vous donne les moyens de mettre bas de suite le promoteur, l'animateur de toutes ces menées révolutionnaires, en constituant pénalement le complot contre la sûreté de l'État. Le gouvernement veut-il agir à la manière forte, ou laisser dire à des tas de petits bourgeois que c'est une comédie policière ? »[428]. La police découvrit ensuite « le plan du ministère de l'Intérieur et du palais de l'Élysée », avec maints « documents manuscrits paraissant se rapporter à une organisation militaire »[429], mais « le gouvernement » continua à « laisser dire ».

– Un infatigable complot franco-germano-italien

L'organisation, malgré son apparente « décapitation » (recherche de l'équipe Deloncle et arrestation de gros gibier, avec Pozzo di Borgo et Duseigneur[430]), conserva donc sa tête et l'essentiel du reste. Comme tous les membres de la Cagoule issus des ligues (PSF, Action française, Solidarité française, francistes, etc.), Jacques Doriot « engage[a] » après le coup de novembre les chefs PPF à tous les échelons « à faire disparaître momentanément tous documents en votre possession concernant le parti, surtout ceux présentant un caractère particulier. Il ne faut pas que l'on trouve chez vous des papiers pouvant être utilisés contre nous par le gouvernement »[431]. Les armes avaient emprunté la même voie. Avant la mi-décembre, les cagoulards se flattèrent de n'avoir plus rien à craindre d'une gauche compréhensive. L'entrepreneur de travaux publics « Deleaume, [...] membre du comité directeur de l'association des Camarades du Feu fondée par Pozzo di Borgo », déclara le 12 « à l'un de ses amis : "l'affaire du complot ne donnera plus rien maintenant ! Les dépôts d'armes ont été déménagés et sont désormais en lieux sûrs. De plus, nous ne risquons plus rien ! Nous avons des intelligences au sein du gouvernement et Daladier nous couvre » ; « notre ami Vernin, » cagoulard et « membre du conseil d'administration des Camarades du Feu [,...] est un ancien ami de collège de Marx Dormoy et il a de fréquents entretiens avec le ministre de l'Intérieur »[432].

La propagande en faveur des cagoulards revint au « Comité de défense des patriotes emprisonnés » groupant l'extrême droite, « conseillers municipaux » parisiens en tête (des Isnards, Fayot, Lebecq, Goy, Darquier de Pellepoix, etc.). Il appela à un « grand meeting de protestation » prévu le 14 janvier 1938 contre « les emprisonneurs », « titres de guerre. Néant » – Camille Chautemps, Léon Blum, Marx Dormoy, Vincent Auriol – et pour soutenir lesdits « patriotes » aux imposants « titres de guerre » – Duseigneur, duc Pozzo di Borgo, Eugène Deloncle, commandant Le Maresquier, Moreau de la Meuse, Henri Anseaux, Jeanniot, Edmond Volle, Méténier, Mohamed El Maadi, Légion d'Honneur, Croix de Guerre, etc.[433]. Les cagoulards furent « particulièrement satisfaits » d'annuler, sous prétexte d'interdiction officielle, « cette réunion [qui] n'était plus possible en raison de la nature des faits révélés par la presse, au sujet de l'activité de certains membres de l'OSAR »[434]. On ne se borna pas à ce tapage. « Yves Paringaux, sur l'ordre de Jacques Doriot, procède actuellement, *notèrent les RG le 3 décembre 1937,* à la constitution d'équipes spéciales, composées, chacune, de trois ou quatre hommes sûrs » : ceux-ci seront chargés « d'engager des conversations au sujet de l'affaire du complot et de prendre la défense de Pozzo di Borgo et du général Duseigneur qu'ils devront notamment représenter comme de bons Français, dignitaires de la Légion d'Honneur, braves combattants de la Grande Guerre, poursuivis comme des malfaiteurs parce qu'ils ont voulu sauver le pays des griffes de la IIIe Internationale… Les membres de ces équipes qui seront, autant que faire se pourra, suivis, à distance, par des renforts de S.O. [service d'ordre], ne devront pas reculer à provoquer des incidents, au besoin violents, avec leurs contradicteurs »[435].

La police avait depuis la mi-septembre 1937 procédé à vingt perquisitions[436] et débusqué des arsenaux[437]. Malgré ses amitiés cagoulardes, Marx Dormoy diligenta l'enquête plus que ne le supportaient les puissants soutiens de la Cagoule. Sa circulaire du 4 décembre aux préfets prescrivit « la plus grande vigilance » sur « l'existence et l'activité de groupements subversifs, dont les buts ne vis[ai]ent rien moins qu'à attenter aux institutions légales du pays » et une action policière « exerc[é]e avec toute la diligence désirable »[438]. La hiérarchie chiappiste de la Préfecture de police n'en eut cure : sur tel dossier de collaboration cagoulards-franquistes, « M. Dormoy avait demandé de faire une perquisition, qui n'a jamais été faite »[439]. Daladier l'avait prié fin 1937 de lâcher une enquête « dangereu[se] pour l'armée », décidant de couvrir tout et tous[440], à commencer par le dossier Pétain, qu'il brûla en la compagnie du Maréchal[441].

Dormoy s'exécuta – le peu qui nous a été livré sur l'armée l'atteste –, mais le tandem Chautemps-Bonnet annonça le décès prochain du Front populaire[442]. Le volet « social » de ces intrigues, la hargne anti-ouvrière de Chautemps, enthousiasma les élites françaises et étrangères presque autant que celui de Daladier un an après : le *New York Herald Tribune* loua fin décembre « le second Briand » affrontant « la grève parisienne des services publics [avec…] la même énergie que M. Briand en octobre 1910, lors de la grève des chemins de fer » ; sa réussite en ferait « un réel homme d'État, et il faut bien espérer qu'il réussira car un échec serait chose sérieuse »[443]. L'opération aboutit le 18 janvier 1938 à la formation du second cabinet, radical, de Chautemps, dont furent évincés : 1° Marx Dormoy, pour « excès de zèle dans la conduite de son enquête sur la Cagoule », au profit d'Albert Sarraut[444] ; 2° le radical Pierre Cot : remplacé à l'Air, fief de Vuillemin, par le docile synarque[445] Guy La Chambre, le champion de l'alliance de revers fut neutralisé au Commerce, étape vers son départ définitif d'avril 1938. Censeur des faux « patriotes […] qui [n'étaient…] que des "factieux" »[446], ce paria était haï de l'État-major cagoulard. Alexander souscrit aux vilenies de Gamelin contre Cot, mais (confiant en ses écrits *a posteriori*) le crédite de n'avoir rien tenté contre ce ministre inepte et nuisible : Cot aurait seulement payé un individualisme brouillon lui faisant « néglig[er] de se rendre indispensable à son Premier ministre »[447] ; 3° Vincent Auriol, alors à la Justice, hostile à l'octroi du « régime politique » aux cagoulards emprisonnés[448].

« Avec [l]es deux agents du CSAR [Chautemps et Sarraut] au pouvoir, le dossier de l'affaire [fu]t rapidement expurgé, et les principaux inculpés remis en liberté, sauf toutefois Deloncle qui avait trop parlé à l'instruction »[449]. Pozzo di Borgo, aussi muet qu'en 1934[450], avait en prison librement donné ses « mots d'ordre » et correspondu avec les siens via sa femme et le cagoulard Jean Camilli, « membre très actif de l'Action française et du Parti social français », en déplacement permanent[451]. Il se maintint aussi « en relation étroite avec Doriot »[452]. « Assez déprimé », il commença début février 1938 « à manifester quelque ressentiment contre "certaines personnalités qui l'abandonneraient à son sort" »[453]. Sa « mise en liberté provisoire » le 5 mars l'empêcha d'y céder. Les « militants bien informés » de gauche venaient de « reproch[er au gouvernement] son manque de fermeté dans la conduite de l'instruction judiciaire sur l'affaire des "Cagoulards" » ; ils prévirent « que la formation actuelle du Front populaire [serait...] mise à une très rude épreuve par cette "capitulation [...] devant les chefs du fascisme menaçant" »[454]. La surveillance de Pozzo di Borgo tiendrait de la farce, pronostiqua le directeur de la PJ, « vu la configuration de son hôtel particulier du 51, rue de l'Université, ses « deux voitures puissantes, une Buick et une Renault de 20 HP, toutes deux garées dans [s]a cour [...] avec d'autres voitures appartenant aux membres de sa famille », et ses séjours prévus dans son « château de Dangu [...] dans l'Eure » et « une propriété [...] en Corse [,...] d'autant plus que, se sachant surveillé [il] ne manquera pas de s'ingénier à échapper à tout contrôle » : c'est ce qu'il fit[455].

Ni cette étape marquante de la liquidation du Front populaire ni son agonie, d'avril à novembre 1938, ne ralentirent les préparatifs. Nicole Jordan, sans soutenir la thèse de la conjuration franco-allemande, a retenu des archives Schweisguth (adjoint direct de Gamelin) qu'« à Paris, l'attaché militaire allemand prêchait l'antibolchevisme à l'État-major »[456]. Kerillis dénonça en février 1938 la « conjuration étrangère » dans sa « Lettre aux industriels » quémandant les cinq millions dont son veto contre le Reich et son soutien du Pacte franco-soviétique privaient *L'Époque* : « De bon Français, qui croyaient s'armer contre le péril communiste, sont tombés dans les filets d'agents italo-allemands qui leur ont fourni des mitrailleuses et des grenades afin de déclencher dans notre pays une guerre civile sanglante. Vous imaginez où nous menaient les insensés qui faisaient sauter les immeubles de la rue de Presbourg et qui déposaient des pétards de mélinite [...] chez le général Prételat. »[457] En mars, époque du « cabinet [éclair] de M. Blum », *Choc* publia « copie d'une lettre » au président de la République (Lebrun) « intitulée "Appelez Pétain" » : son auteur, le commandant Sicé (un des deux « anciens lieutenants » de De La Rocque[458]), publierait dans « un petit journal [...] une liste des personnalités de droite [en] approuvant les termes »[459].

Marcel Mouget, « membre influent du CSAR », avait fait proroger son passeport le « 11 mars 1937, sous le n° 121, à destination de l'Allemagne », mais, argua la police de Clermont-Ferrand en janvier 1938, « il n'a pas été possible de savoir les raisons pour lesquelles Mouget s['y] serait rendu »[460]. Rabinovitch informa la police début 1938 sur Le Grand Pavois et ses relations avec les agents hitlériens : entre autres, le « chef de la Gestapo » en France

Westrick « fournissait l'aide du côté allemand » aux cagoulards[461]. La police y trouva confirmation de sources sur les rapports nazis-Cagoule glanées en novembre 1937. Le nazi « Fress, représentant à Paris de la Brasserie Dortmunder Aktiengesellschaft Brauerai » et « propriétaire-administrateur de la Brasserie des Nations à l'Exposition » (internationale), conservait ici « le montant considérable de ses recettes » : cette pratique « contraire aux usages de la Reichsbank » de transfert « en Allemagne » s'expliquait par l'intérêt qu'il portait aux cagoulards – comme « son ami, l'avocat allemand Dietz », membre de la Gestapo[462]. Les RG de Modane mentionnèrent le 12 décembre 1937 de récentes réunions « dans une ville du Piémont, de même qu'à Nice » des « cagoulards que l'on appelle, ici, les "fascistes français" » : ils « auraient reçu des fonds du gouvernement italien » pour « l'action à opposer au mouvement communiste, prévu pour le 14 courant, en France » (paravent routinier)[463].

La multiplicité et le niveau des rédacteurs interdisent le scepticisme sur l'entreprise conduite avec les fascistes italiens, les nazis et les franquistes, déjà éclairée par les trafics d'armes. Fin « décembre [1937], de nombreux agents italiens » membres de l'OVRA « sont entrés en France se dirigeant plus spécialement sur Paris et Marseille pour y fomenter, à la faveur des troubles sociaux, des attentats terroristes ». Dans la nuit du 23 au 24 décembre, « un camion militaire bâché a transporté à Piena (poste-frontière face à Breil) 26 hommes âgés de 25 ans environ [...] entrés en France. Vers la même époque, le même camion militaire a transporté de la gare de Bordighera à Piena des caisses renfermant des bombes à mains [qui ...] seraient actuellement en France ». « Les agents de l'OVRA auraient pour mission principale de travailler en collaboration étroite avec les membres du CSAR dans le but de susciter des désordres et des émeutes », précisa une note de février 1938. Roberto Farinacci, chef fasciste du courant nazi, « se serait déplacé en France et en Espagne dès avril 1937 pour subventionner certains groupements hostiles au Front populaire. Cette affaire aurait été montée avec soin par un ancien ministre d'Italie en Abyssinie, le comte Vinci, [...] véritable agent provocateur » selon « certains réfugiés politiques »[464].

Pierre Moitessier, successeur de Thomé à la direction de la Sûreté nationale, déduisit en mars 1938 « de renseignements provenant de source sûre que le Comité secret d'action révolutionnaire [...] préparerait très activement un putsch qui serait appuyé par l'Allemagne, l'Italie et l'Espagne nationaliste, et dont la réalisation est prévue à une date très prochaine »[465]. En mars-avril, le préfet de police et le ministre de l'Intérieur s'entretinrent des liens Cagoule-armée : « Le capitaine Genay – connu comme ayant pris une part active au fonctionnement du CSAR – serait entré en relations avec un certain nombre d'officiers, dont un, attaché à l'État-major, au ministère de la Guerre, plus spécialement chargé des sociétés de préparation militaire, le commandant Léandri, pour organiser un corps franc susceptible d'être utilisé dans un but d'autodéfense. » L'enquête fut bridée : elle eût touché d'éminents cagoulards avec Maurice Genay et les militaires membres de son association qui avait (presque) changé trois fois de nom depuis sa fondation en janvier 1935 (« les nettoyeurs de tranchées et corps francs » ; en janvier 1937, « la Fédération interalliée des Corps francs », « tout récemment [...] l'Association des Corps francs et Combattants d'élite »). Genay lui-même avait parcouru depuis 1925 l'éventail fasciste, passant des Jeunesses patriotes aux Croix de Feu avant de rejoindre « Les Corps francs » et le CSAR[466]. À la mi-juin, les RG tiraient d'« une information de source très sérieuse » la conviction « que le groupement dit CSAR ou OSARN continu[ait] la préparation du putsch. La fraction de ce groupement actuellement compromise dans l'affaire en cours serait négligée et laissée sans ressources. L'autre fraction aurait à sa disposition de très fortes sommes d'argent et achèterait des armes et munitions à l'étranger. Elle pourrait disposer le cas échéant, de l'armement non découvert. Cette fraction serait très active et les nouveaux chefs très énergiques. On fait ressortir le sérieux et la gravité de ce mouvement qui pourrait être déclenché prochainement »[467].

Le 24 juin 1938, Lucien Sampaix opposa les Duseigneur, les Deloncle, « les colonels et commandants, les comtes et les vicomtes, les Moreau de la Meuse, les Dugé de Bernonville et les Jurquet de la Salle », privilégiés admis « au régime politique », aux « escarpes de la bande et [aux] bas exécutants : les Filiol et les Locuty » maintenus au « droit commun ». Il fustigea l'aveuglement policier volontaire sur les dépôts d'armes bourrés de « matériel de guerre fourni par Hitler et Mussolini [,...] sur le laboratoire où le docteur Martin préparait bacilles et poisons [...] et la cellule de mort de Rueil ». Il démentit ceux qui affectaient de croire que « Duseigneur, Pozzo di Borgo et leurs amis [menaient] une action politique normale [...] Allons donc ! Depuis quand, en France, est-il normal de pratiquer la politique à coups de bombes, de poignard et de poison [...] On veut étouffer le complot pour éviter de frapper les chefs et de découvrir publiquement les bailleurs de fonds »[468]. Fin juillet, quand Pozzo di Borgo participa à « des manœuvres dans une région frontière » (à Châteauroux, dans l'armée de l'Air) et fut « attaché à un état-major comme officier du chiffre », *L'Humanité* dénonça la promotion d'un « agent de l'étranger [...]. La République, bonne fille, confie ses secrets militaires à ses pires adversaires et elle donne l'uniforme d'officier à ceux qui ne devraient recevoir d'elle, pour le moins, que la tenue du bagnard »[469]. Dans les mois précédant la déclaration de guerre, non-lieux et libérations se succédèrent : le 27 avril 1939, « la chambre des mises en accusation [...] décid[a] la mise en liberté des nommés Méténier, Bouvyer et Farron, inculpés dans l'affaire du CSAR »[470]. Pozzo di Borgo bénéficia début juillet « d'une ordonnance de non-lieu dans [cette] affaire »[471].

Le sursis de la IIIe République après la défaite ouvrière

Le « Munich intérieur »[472] : Daladier héros des droites

Dès l'été 1938, le rapport de forces apparut assez favorable pour ne susciter aucune réaction ouvrière sérieuse au coup de grâce requis par la Banque de France et la CGPF contre la durée du travail. On frapperait fort, tant on était sûr, confia le 23 août le ministre de l'Air La Chambre à Bullitt, « que les propositions de Daladier sur la loi des 40 heures ne susciteraient pas de soulèvement ouvrier grave et ne provoqueraient pas la chute du gouvernement »[473]. Avant l'exécution qu'exigeait quotidiennement le grand capital, l'intéressé dut cependant attendre son double triomphe parlementaire du 4 octobre : ratification de Munich, contre le seul PCF et le « célèbre Kerillis », et vote du décret des pleins pouvoirs, clé du « problème le plus urgent du moment, c'est-à-dire la réhabilitation des finances ». « La promesse de Daladier de ne pas toucher au principe de la semaine de 40 heures » offrit à la SFIO prétexte à s'abstenir[474]. Si la Chambre répugnait aux décrets-lois, déclara Bonnet, le 21 octobre, au conseiller d'ambassade américain Edwin Wilson, « Daladier pourrait demander la dissolution et se tourner vers le pays sur son programme de réhabilitation de la France »[475].

L'assassinat des 40 heures fut en deux semaines perpétré « avec une certaine fébrilité » par « l'équipe permanente » de synarques de Paul Reynaud, nommé le 1er novembre aux Finances. Vilatte inclut le ministre dans sa liste de 68 synarcho-cagoulards, thèse plus vraisemblable que sa soumission à une mégère entourée de synarques, sa maîtresse Hélène de Portes[476], ou sa naïveté (« Paul Reynaud, parfois, accueille sans méfiance [...] Gabriel Le Roy Ladurie »[477]). Son cabinet, dominé par des piliers des comités Coutrot et de « France 1950 », comptait cinq des « affiliés les plus importants » des 46 du rapport Chavin : Georges Assémat, chef de cabinet, dont Vichy ferait le « directeur de la Caisse nationale des marchés de l'État en 1940 » ; Alfred Sauvy, membre du cabinet ; Yves Bouthillier, secrétaire général ; Paul Baudouin ; Jacques Rueff. Au vivier synarchique des futurs collaborateurs de De Gaulle (dont Sauvy et Rueff ne seraient pas exclus) appartenaient aussi : Gaston Palewski, « directeur de cabinet [...], que François-Poncet avait fait entrer à la rédaction du bulletin quotidien du Comité des Forges » ; l'adjoint de Rueff, l'inspecteur des Finances Maurice Couve de Murville, membre de « la vieille garde de Coutrot »[478] ; le jeune conseiller d'État Michel Debré, X-Crise, qui forgea avec Sauvy, l'ex-collaborateur de Spinasse, les textes enterrant 1936. L'« équipe » avait pour conseillers permanents les grands patrons « François de Wendel, Peyerimhoff, Gignoux, Lambert-Ribot, Lehideux »[479].

Sauvy, un des « affiliés les plus importants » de la synarchie, son « recruteur principal dans l'administration », praticien de la baisse des salaires, deviendrait l'« expert » des néfastes 40 heures[480] et se dirait en 1975 devant le comité d'histoire de la Seconde Guerre mondiale surpris de sa nomination[481] – nouvelle preuve des périls d'une « histoire orale » non contrôlée. « L'inspection des Finances et l'École polytechnique se partage[ai]ent les principaux postes au sein du cabinet », relève cependant Thibaut Tellier. Citant tous les noms, il souligne : 1° le poids, « au-delà de son équipe au sens strict du terme [,...] de plusieurs personnalités » issues « du monde de la finance » : André Istel, chef de « la Banque Neuflize-Schlumberger aux États-Unis, banque où Paul Reynaud a[vait] ses comptes » (selon les RG, une des plus « grandes banques privées spécialisées dans la gestion des grosses fortunes de la haute bourgeoisie » avant-guerre[482]) ; Paul Baudouin, que Reynaud fréquentait depuis sa nomination aux Colonies (1931) et qui fit la navette dans le bureau du ministre à l'heure des décrets-lois ; Bouthillier, homme de Laval, doté du « poste [...] stratégique [...] de secrétaire général du ministère » ; 2° les « liens les plus directs » de Reynaud « avec certains dirigeants de la Banque Worms », dont Gabriel Le Roy Ladurie[483].

Comme le congrès de Marseille du parti radical des 26-28 octobre, celui de l'Alliance démocratique, des 12-14 novembre annonça la victoire patronale, le sauvetage de la France « dans l'ordre et le travail » (Léon Barety), le retour « à la saine tradition de M. Poincaré [qui] s'[était] adressé en 1928 aux impôts indirects » (Étienne Fougère) et la casse des 40 heures, source de tous les maux (intervenants unanimes, Flandin en tête). Ventenant, qui avait « assist[é] au congrès » radical, avait été « particulièrement frappé par la véritable vague de fond anticommuniste et même à vrai dire anti-Front populaire qui a[vait] soulevé la presque unanimité des militants »[484]. Le Reich exultait aussi « de l'orientation qu'entendait prendre la politique française, aussi bien à l'intérieur » (« rupture avec les communistes et fin du Front populaire » ; « reconnaissance de la nécessité de renforcer l'autorité de l'État et d'adapter le libéralisme et l'individualisme aux nécessités de la situation créée par l'existence de régimes autoritaires ») « qu'à l'extérieur »[485].

L'échec, préparé avec Jouhaux et Belin, de la grève générale de novembre 1938 chez Renault et ailleurs[486] et la gravité de la défaite ouvrière consécutive accentuèrent l'éclipse de Doriot. Il ne suspendit ni ses activités stipendiées, même françaises, ni sa collaboration cagoularde avec le PSF, Loustaunau-Lacau et Pétain, qui « assist[a] à une réunion du PPF le 25 janvier 1939 »[487]. La neutralisation des vaincus dispensait cependant le patronat d'un financement massif. La crise du PPF, privé d'argent comme le NSDAP après son échec électoral de novembre 1932, se traduisit par la fuite spectaculaire de la clique dirigeante Worms : Paul Marion, Victor Arrighi, Bertrand de Jouvenel, Robert Loustau, Victor Arrighi, Yves Paringaux, Pierre Pucheu, etc. Leur brusque allergie aux « revendications italiennes touchant la Corse et la Tunisie » soutenues par les « directives » de Doriot – et objet des tractations simultanées du chef synarque Paul Baudouin –, leur permit de lâcher le navire en perdition, au motif que leur ex-chef avait « été "arrosé" par le gouvernement de Rome »[488]. La débandade fit suspendre le 8 mai 1939 « par la direction des PTT pour [...] non-paiement des dernières quittances » les lignes téléphoniques du siège du PPF, 10, rue des Pyramides[489].

Le triomphe favorisa toutes les audaces, même publiques – Georges Claude lança « aux ouvriers dans *Le Petit Parisien*, au lendemain de la grève [, un...] appel leur demandant d'allonger leur journée de 20 % pour le même gain, ce qui entraînera[it]l'abaissement du prix de la vie, apportera[it] du travail et le mieux être pour tous les citoyens »[490]. La CGPF hissa Daladier dans son panthéon entre Poincaré et Pétain, prescrivant à *tous* ses organismes le dithyrambe à la présidence du Conseil : furent votés « à l'unanimité et sans discussion » des ordres du jour louant Daladier « des mesures énergiques adoptées [...] à l'effet d'assurer le respect de nos lois et de s'opposer aux meneurs désirant entraîner dans une voie illégale les travailleurs [,...] les sanctions nécessaires prises à l'égard des fauteurs de désordre et de ceux qui ont cru devoir suivre [leurs] directives » et « remerci[ant] M. Daladier et ses collaborateurs, MM. de Monzie et Pomaret pour leur fermeté [,...]réconfort moral pour la presque totalité des citoyens brimés dans leurs sentiments d'ordre et de respect des lois par une infime minorité d'agitateurs [...] regrettablement inspiré[s] des manœuvres *(sic)* [reçues...] de l'étranger »[491].

La droite ligueuse (comme la classique) se pâmait devant « un homme qui a[vait] parlé avec une énergie et une force auxquelles nous n'étions plus habitués à la Chambre depuis deux ans » (Charles des Isnards). Elle se félicita de « l'emploi des bombes lacrymogènes » par la police et de la présence « à Billancourt, derrière le service d'ordre [...], à peine dissimulés, des mitrailleuses et des tanks [dont] on ne sait pas s'ils ne seraient pas entrés en action » (André Masson)[492]. La défaite ouvrière affaiblit les ligues, comme en 1926-1927 après « l'arrivée de M. Poincaré [...], le président du Conseil étant par sa personnalité une garantie contre le communisme »[493], sans arrêter le complot. La Chambre, docile, renouait avec l'ère Poincaré et Doumergue-Laval, mais la droite unifiée, redoutant cet ectoplasme imprévisible, entreprit dès l'annonce des décrets-lois rayant les acquis sociaux du Front populaire de différer les législatives prévues pour 1940. « Il doit être bien entendu », déclara sous un tonnerre d'applaudissements Tixier-Vignancourt au congrès national de l'Alliance démocratique, « qu'il n'y aura pas d'élection dans dix-sept mois, et que nous ne recommencerons pas l'expérience Laval qui aurait réussi s'il n'y avait pas eu les élections de mai 1936. Le redressement de la France sera long et difficile. Ne l'interrompons pas par des luttes partisanes que ne manqueraient pas de réveiller les élections législatives. C'est en 1942 qu'avec sa majorité fidèle le gouvernement pourra prendre les mesures susceptibles de parfaire le relèvement du pays ». Il « a fort bien posé le problème », renchérit Étienne Fougère, qui compara la situation à celles de 1926 et 1934 et exclut tout scrutin avant trois ans : il fallait faire « ce que n'a[vait] pas osé faire M. Laval. Il aurait dû établir le mandat de six ans ; il ne l'a pas fait et cela a causé sa chute »[494]. En décembre André Masson, des JP, exalta l'« ère nouvelle » et prédit l'avenir : « Ce qu'il faut maintenant c'est se servir de cette situation, et tout d'abord demander la dissolution du parti communiste. Pour cela rien n'est plus facile, un beau jour le ministre de l'Intérieur convoque le préfet de police avec ses commissaires et quelques jours après nous voyons 250 chefs communistes arrêtés. Le lendemain matin paraît le décret de dissolution et avec quelques gardes mobiles dans la rue, le tour est joué. » Suivra « une révolution nationale qui chassera les marxistes et réalisera l'union sacrée de tous les nationaux »[495].

L'intensification de la campagne en faveur de Pétain en 1938-1939

Les tractations allemandes sur ladite « révolution » sont absentes des archives publiées, mais la filière italienne est avérée : un certain Borra, l'ambassadeur à Paris Raffaele Guariglia et son second, Mirko Giobbe, « directeur de l'Italie nouvelle et de l'Agence transalpine » « l'Abetz italien à Paris », hyperactif « à partir de Munich ». Le 26 janvier 1939, Borra vint voir Giobbe, porteur « de la part de Laval » de « propositions très explicites en vue d'aider au renversement du régime républicain et au retournement des alliances » : Laval voulait savoir « si Giobbe était prêt à donner tout son appui à cette politique et notamment à servir d'intermédiaire entre [lui-même] et le gouvernement italien » ; il « était appuyé par une haute personnalité militaire, 50 % de l'état-major et une bonne partie du parlement. L'objectif immédiat de ce complot consistait à faire élire Fernand Bouisson à la présidence de la République au mois d'avril suivant » (plan condamné par la réélection de Lebrun). Giobbe accepta aussitôt[496].

L'évolution de la question espagnole offrit de nouveaux moyens aux conjurés. Loustaunau-Lacau, « resté en contact permanent avec ses anciens collègues » du CSAR « après [s]a désintégration » officielle, hantait les « réunions [tenues...] chez Lémery, sénateur de la Martinique » : s'y côtoyaient « le colonel Thierry, Alibert, le colonel Heurteaux, le colonel Groussard, Deloncle, Léon Bailby, Mme Lesieurmanset, etc. C'est au cours de l'une de ces réunions qu'il aurait été décidé d'envoyer Pétain à Burgos ». Le maréchal, nommé ambassadeur auprès de Franco vainqueur, se rendit régulièrement, « venant de Burgos », chez son ami Lémery « à Pau », pour préparer « la révolution nationale »[497]. Sa nomination fit exulter l'Action française[498] comme toutes les ligues. Au théâtre Marigny, le 3 mars 1939, Ybarnégaray loua « ce choix » avec réticence, « car ce vieux soldat auréolé d'une gloire militaire immortelle, constitue une réserve à laquelle on ne doit faire appel qu'à la dernière heure ! Cependant le geste de la France ira droit au cœur de l'Espagne et facilitera une tâche où les écueils ne manqueront pas »[499]. Le 29 mars, salle Wagram, une réunion du « mouvement de l'Ordre national » et du PPF avec Abel Bonnard, Doriot, Duthil, Paul Chack, qui maudit comme d'autres « les pestes rouge et [...] juive », etc., délira sur la victoire de Franco et le nouvel ambassadeur. Très applaudi, Loustaunau-Lacau, organisateur du meeting où « l'ambassadeur d'Espagne [José-Felice Lequerica avait] délégué un de ses attachés, le Dr [Pedro] Abadal », annonça la « création d'une société franco-espagnole de pensée et d'action », et se félicita « du choix du maréchal Pétain » : « Nul n'était plus qualifié que lui. "On va le chercher [...] chaque fois qu'un péril grave nous menace, rappelons-nous 1917 et 1934. En somme c'est la "Bouée nationale" [...I]l s'acquittera facilement de sa tâche en raison des amitiés qu'il compte dans les rangs nationalistes". » Pétain abrégerait la cure de flatteries à Daladier : pour son « appel à l'union des Français, nous sommes d'accord avec lui, mais s'il s'agit de s'unir avec la minorité juive ou avec les communistes, nous répondons : jamais. Si la France ne change pas de personnel politique, elle sera tôt ou tard perdue. La IVe République, type Daladier, est enceinte de la Ve, mais nous serons là pour l'accouchement. *Arriba Francia*" »[500]. Le chef cagoulard menait alors dans *L'Ordre national* « vive campagne pour sauver la paix », faisait « diverses conférences » (à Bordeaux le 13 avril, à Orléans le 8 mai, « Aux portes de la guerre », diffusée en brochure). Il éreintait Kerillis, qui dénonçait dans *L'Époque* ses liens avec le Reich, se disant le 2 mai 1939 prêt à « soutenir une conférence contradictoire avec Thorez, mais non avec [...c]e roi des idiots »[501].

« À la veille de la guerre » – le 28 août 1939 –, Lémery, conjuré permanent, publia dans le *Petit Bleu* « un article qui laissait vraiment entrevoir le bout de l'oreille, puisqu'il invitait M. Daladier à céder la place [à ...] Pétain. "Il est presque inconcevable que personne ne songe à prononcer certains noms entourés du respect universel. Cette consigne de silence n'est pas dictée par le sentiment patriotique qui devrait seul, aujourd'hui, être pris en considération. Je pense à l'illustre soldat dont la raison lucide nous sauva et dont les conseils, à l'heure où la guerre menace, seraient d'un prix inestimable. Il aurait pu les donner comme membre du Conseil supérieur de la Défense nationale, mais le Conseil n'a pas été réuni. Si l'on n'a pas songé à le convoquer dans la conjoncture présente, quand le fera-t-on et à quoi sert-il ? Pense-t-on que si le maréchal von Hindenburg vivait encore, l'Allemagne le tiendrait à l'écart des plus graves délibérations de ses dirigeants ? À une nation en armes, il faut un commandement, un organe d'action dont la haute conscience, la compétence, le dévouement intégral à la Patrie soient de vivantes garanties que l'héroïsme et l'esprit de sacrifice du peuple tout entier ne seront pas dépensés en vain. M. Daladier a certes, sa place, dans un tel gouvernement. Qui peut penser que le vainqueur de Verdun n'y a pas aussi la sienne : la première ?" »[502].

Le nouveau poste de Pétain, « le drapeau et le paravent [de...] la Cagoule »[503], favorisa ses tractations avec l'ennemi. Alibert fit en novembre 1942 au sidérurgiste Louis Vergniaud (Jacob Holtzer) de Saint-Étienne (Unieux), son ancien collègue « au conseil d'État » en voyage à Paris, « le récit d'un complot du CSAR qui devait aboutir, avec l'aide d'Hitler, à renverser le gouvernement républicain. Le maréchal Pétain avait communiqué avec Hitler pendant son ambassade à Madrid par l'intermédiaire du général Franco »[504]. « Leur intention était de prendre le pouvoir pour instituer un régime sur le modèle de Franco [...] avec l'appui d'Hitler et en profitant de la menace de guerre que celui-ci ne pouvait manquer un jour ou l'autre de faire peser sur la France. »[505] Cette attente avait valu à Berlin d'immenses égards.

Un Reich quasiment maître chez lui

Si l'impudeur de la présence allemande en France grandit avec l'agonie du Front populaire, elle avait à peine souffert de son printemps. Blum ne chassa pas les réfugiés juifs affluant sur son territoire national, mais borna là son courage. En vertu de l'accord de Genève du 4 juillet 1936, la France s'engagea « à accorder l'autorisation de séjour aux réfugiés d'Allemagne [...] *actuellement* sur [son] sol ». À son échéance (5 août), le ministre de l'Intérieur socialiste Roger Salengro décida par la circulaire 312 « de surseoir à toute mesure de refoulement ou d'expulsion » de réfugié allemand « arrivé en France entre le 30 janvier 1933 et le 5 août 1936 ». Il annula simultanément la circulaire 306 du 28 mai 1936, interdisant ainsi toute nouvelle entrée, qui serait au-delà du 5 août frappée d'expulsion[506]. En quête d'accord franco-allemand, le cabinet Blum renonça à arracher aux griffes du Reich les réfugiés, dont la persécution s'était poursuivie au vu et au su de la Préfecture de police.

À l'ère Chautemps – avec le successeur socialiste de Salengro, Marx Dormoy, jusqu'en janvier 1938 –, la France fit encore moins que l'Angleterre. L'intervention, en août 1937, de la police de Londres contre « l'organisation national-socialiste chargée de surveiller l'activité des réfugiés politiques allemands » n'eut pas d'équivalent parisien. À Paris, œuvraient l'employé au consulat Hoffmann et le journaliste Wendling qui se réunissaient « fréquemment à la Maison Brune, rue Roquépine, mais » avaient mis leurs « archives [...] en sécurité au consulat ». La Préfecture de police savait qu'il *existait* et non « existerait à Paris une organisation hitlérienne chargée de surveiller les réfugiés politiques allemands semblable à celle contre laquelle les autorités anglaises sont intervenues à Londres ». Elle sabota l'affaire, glosant sur un chef nazi parti de Paris pour ne pas s'occuper de son successeur assuré. Sa fausse enquête s'étira sur des mois. Les RG écrivirent fin décembre 1937 qu'Helmuth Hoffmann avait quitté Paris le 1er octobre pour le consulat de Londres et qu'ils n'avaient rien trouvé sur Wendling : « en mai 1936 », le Deuxième Bureau avait signalé « l'Association allemande de secours » du consulat « comme faisant surveiller discrètement les réfugiés » en France, « mais, depuis [lors], elle n'a[vait] pas attiré l'attention en ce sens »[507].

La conquête de la France

Le modèle occidental

La conquête allemande rencontra donc, même en 1936-1937, peu de résistance et, en politique extérieure, moins encore. La France subit le sort de l'Europe *occidentale* dont la Belgique fixa le cadre : « le grand capital » y planifiait l'attitude que lui assigneraient la présence des troupes allemandes et sa propre place « dans le nouvel ordre nazi »[508].

De la Belgique...

Début septembre 1936, quand le catholique wallon Degrelle prépara en accord avec les bailleurs de fonds italiens sa visite à Berlin, ses appuis intérieurs dépassaient son assise électorale « dans la petite bourgeoisie et les travailleurs chrétiens ». La haute société et l'appareil de répression avaient basculé en sa faveur : il a, nota le conseiller de Légation allemand à Bruxelles, « été reçu plusieurs fois par le roi et a le soutien d'une majorité influente à la cour ; il a entièrement à ses côtés la *gendarmerie* militairement puissante et politiquement fiable et a également conquis une large partie de l'armée [...I]l dispose depuis quelque temps de l'appui de l'industrie. Il a passé avec les nationalistes flamands un accord lui assurant leur soutien sur la base de la monarchie, d'un régime autoritaire et d'une séparation considérable des deux sections [wallone et flamande] du pays ». Quand Degrelle vint à Berlin, vers le 20 octobre 1936, Göbbels lui présenta le plan prévu pour la Belgique et ses modalités – entre autres, « l'arrestation et l'internement des opposants politiques sous prétexte de conspiration bolchevique » – et lui-même fit valoir l'ampleur et le haut niveau de ses appuis militaires et policiers[509].

Les élites belges, de Paul van Zeeland au roi, étaient comme les diplomates[510] informées du financement allemand du mouvement rexiste : Bruxelles en détient, admettait Welczeck, « des preuves incontestables ». Degrelle, dont Göbbels, Abetz et son « bureau Ribbentrop » s'occupaient aussi depuis Paris, Berlin, Cologne (vieux centre catholique du *Deutschtum* à l'Ouest) et son

Gauleiter, et sur place[511], était d'ailleurs lié à la Cagoule, par les livraisons d'armes (via Froment) et la fréquentation des factieux et antisémites français. Entre des voyages à Rome et à Berlin, Degrelle fut invité à la réunion, le 2 octobre 1936, du tout jeune « Club national » de Darquier (mais « cette réunion fut interdite et M. Degrelle refoulé à la frontière »)[512]. Le « gouvernement belge », que la violence antibolchevique des rexistes et cagoulards séduisait, refusa « en 1937 [...] d'exécuter des commissions rogatoires [...] vis[ant] une organisation dont le but a[vait] été ou [était] de renverser le gouvernement français » : « son ministre des Affaires étrangères [argua] que la convention d'extradition franco-belge du 15 août 1874 "ne saurait jouer car il s'agi[ssai]t d'une affaire politique" »[513].

... à l'Angleterre

À Londres, le IIIe Reich ne manquait pas de parrains prestigieux. Depuis sa fondation à Zurich en mai 1933, l'« Action internationale des nationalistes », groupe fasciste et nazi, était financé, outre par Fritz Thyssen ; par Randolph Hearst, bénéficiaire d'un retour sur investissement (« les services allemands de propagande verseraient chaque années 50 millions de "fonds de publicité" [à son] consortium »[514]) ; par Lord Rothermere, « possesseur d'une très grande fortune, très probablement une des plus grosses d'Angleterre » et « successeur de « son frère », l'ex-Lord Northcliffe, « à la tête » d'un empire de presse (l'*Anglo-Foreign Newspapers* lié à l'*Associated Newspapers* ou « groupe Northcliffe ») dominé par « le *Daily Mail*, le *Daily Telegraph*, le *Daily Mirror* et l'*Evening News* [...] dont il [était] à la fois directeur et propriétaire » ; et par Sir Henry Deterding, chef de la Royal Dutch, qui rêvait de récupérer son pétrole caucasien perdu et de « couper la Perse de l'URSS »[515] (comme naguère de l'Empire russe). Les hitlériens disposaient à Londres d'anciens émissaires chargés d'ancrer des sympathies non exclusivement idéologiques, tels Alfred Rosenberg, la princesse (autrichienne) Stéphanie de Hohenlohe et Ribbentrop.

Rosenberg, habitué d'avant 1933, avait eu depuis l'avènement du régime hitlérien « de nombreuses entrevues avec d'éminentes personnalités britanniques, notamment avec MM. Baldwin, actuellement [avril 1937] Premier ministre, Sir [Oswald] Mosley, ex-député, Lord Lloyd, membre de la Chambre des Lords, Lord Rothermere, Sir Montagu Norman, gouverneur de la Banque d'Angleterre, le major Elliot, membre de la Chambre des Communes, Lord Beaverbrook, etc. » Il acquit « de puissantes relations » et l'amitié « des Anglais francophobes, tels que Lord Beaverbrook, » propriétaire de l'autre empire de presse national, le *London Express Newspapers Lted* centré sur le *Daily Express*, le *Sunday Express* et l'*Evening Standard*, « Lord Rothermere et Sir [Henry] Deterding, [...] maintenant retiré à Berlin »[516].

En offrant à Stéphanie de Hohenlohe, richissime héritière qui avait redoré le blason d'une famille aristocratique autrichienne et juive d'honneur (statut d'exception), « le château de Leopoldskron, près de Salzburg », volé au grand metteur en scène juif Max Reinhardt, Hitler rémunéra à la fois les services rendus en septembre 1938 « dans le conflit germano-tchèque » et son action britannique. « Sa notoire intimité avec Lord Rothermere, propriétaire du *Daily*

Mail, a[vait] beaucoup contribué à faire de ce grand quotidien l'un des avocats les plus convaincus des revendications territoriales magyares. » Elle était « devenue [...] depuis l'avènement du IIIe Reich [...] un des agents les plus en vue de la propagande national-socialiste à l'étranger, et en Angleterre en particulier ». « Maîtresse de l'aide de camp et homme de confiance » d'Hitler, le capitaine Fritz Wiedemann, chargé de mainte mission britannique, cette hôtesse des « grands salons de Londres » leur avait présenté Ribbentrop « lors du premier voyage de celui-ci en Angleterre »[517].

Dès 1935, peu après que Ribbentrop eut négocié le pacte naval anglo-allemand (18 juin) et plus d'un an avant sa nomination d'ambassadeur à Londres (août 1936), « la sympathie pour l'Allemagne hitlérienne [...] dans l'aristocratie londonienne » était générale[518]. Les pivots capitalistiques du *Times* (dominé par le major Astor)[519] faisaient de « fréquents voyages à Berlin » : Lady Astor, signataire en octobre 1932 de la pétition pour MacDonald et le roi « réclamant le droit au réarmement pour l'Allemagne » ; Lord Lothian (déjà rencontré) ; Mrs Freeman-Metford, fille de Lord Reddesdale, qui y rencontrait « MM. von Ribbentrop et Streicher » et avait « même vu [...] Hitler ». On citait parmi ces visiteurs « une artiste américaine de grande beauté, Mrs Simpson, née Eliot, répandue dans la haute société de Londres [...P]résentée au prince de Galles [, elle] serait un agent politique de l'Allemagne [et...] se déplacerait fréquemment entre Berlin et Londres »[520]. Mrs Wallis Simpson et son futur mari payèrent au bout d'un an et demi des effusions germanophiles outrepassant les convenances de l'Apaisement. C'est pour ce motif, et non pour refus de son union avec une divorcée, qu'Édouard VIII dut abdiquer le 10 décembre 1936 – sanction, commenta le *Journal de Moscou* du 22, des « manœuvres de M. von Ribbentrop, qui tendaient à introduire l'influence hitlérienne à la cour anglaise par l'intermédiaire de Mrs Simpson, stylée par ledit M. Ribbentrop et son prédécesseur M. Hoesch »[521]. Lords Rothermere et Beaverbrook en furent aussi affectés que Berlin, mais leur presse dut au moment suprême renoncer à défendre les martyrs[522].

Le couple princier organisa ses noces en 1937 au château de Candé (près de Tours), propriété du « grand spécialiste de l'organisation industrielle » Charles Bedaux, « un des membres les plus influents du groupe "synarchie" », intime de Goering, agent de Berlin ou plutôt « agent double »[523]. Le voyage triomphal du « duc et [de] la duchesse » à Berlin en octobre 1937 afficha la couleur. Les « milieux anti-hitlériens » de Paris ne furent pas surpris qu'ils y fussent « follement acclamés et que le duc [eût] lui-même salué à l'hitlérienne les foules devant lesquelles il s'[était] trouvé » : « L'ambassadeur d'Allemagne à Londres, M. von Ribbentrop, avait depuis longtemps ses entrées auprès de la duchesse de Windsor. »[524]

Pendant leurs séjours parisiens de 1937 (depuis octobre, retour de Berlin)-1938 et de 1939, où les RG les suivirent de janvier à juillet, Édouard de Windsor et Mme rencontrèrent tout ce que la haute société comptait de germanophiles que l'Occupation rendrait notoires. On retrouvera de septembre 1939 à mai 1940 parmi leurs habitués les intermédiaires des tractations de « paix » : le 10 février 1939, dîner chez le comte et la comtesse Jean de Castellane (allemande et « tante de l'ambassadeur von Welczeck »[525]) ; le 31 mars, dîner en leur hôtel particulier avec « dix invités », dont l'ambassadeur des États-Unis (Bullitt), le colonel et Mme Charles Lindbergh, le prince et la princesse de Faucigny-Lucinge, le marquis et la marquise de Polignac, la comtesse de Montgomery et Pierre Lyautey ; le 19 mai, dîner de « seize couverts », dont Léon Bérard, Bullitt, les couples Bonnet, Piétri, de Castellane et Faucigny-Lucinge ; 1er juillet, invitation par Welczeck au dîner de l'ambassade allemande[526].

Les élites financières françaises

La victoire du Front populaire et ses suites accentuèrent la germanophilie des élites économiques, dont les outrances idéologiques couvraient de puissants intérêts. Je me bornerai à cinq cas *significatifs*.

Pierre Amidieu du Clos, protecteur après la défaite du Reich des intérêts en France d'Allgemeine Elektrizitätsgesellschaft (AEG)[527], présidait sa filiale française. Ce « député de droite de Meurthe-et-Moselle, “ingénieur des Arts et Manufactures, maître de forges, conseiller du commerce extérieur de la France”, maire de Longwy, ancien combattant », vint fin août 1936, escorté par le baron Auguste Jacquinot, membre du CA d'AEG Luxembourg, voir le ministre allemand dans le duché. « Il a dépeint la situation intérieure de la France sous les couleurs les plus sombres, l'a définie comme désespérée et m'a dit, entre autres choses, que si un plébiscite était organisé en Alsace-Lorraine aujourd'hui sur la question de la réunion à l'Allemagne, au moins 90 % de la population, accablée par les événements en France, voterait en sa faveur. » Il partageait l'avis du député de Moselle Édouard Moncelle, qui « avait eu une violente altercation avec un ministre français, auquel il avait ainsi présenté le dilemme d'aujourd'hui de la France : pour Staline ou pour Hitler. Aujourd'hui tout Français à tendances patriotiques, selon du Clos, ne pourrait que voter pour ce dernier, car l'actuel gouvernement se précipitait irrémédiablement vers le chaos. Du Clos a parlé dans les termes les plus élogieux de l'Allemagne actuelle et déclaré que le sauvetage de la France ne pourrait venir que d'Hitler. Tous les efforts faits dans ce sens seraient soutenus par la majorité du peuple français »[528].

La haine contre l'ennemi intérieur et l'amour pour l'extérieur, érigé en rempart, s'exprimaient parfois devant les ouvriers. Georges Lang, imprimeur des ligues[529], protecteur du PPF, ami de Doriot, Laval et Abetz, chassait avec Goering (comme Halifax). « Patron antisocial » enragé par 1936, où il empêcha les grèves, plus encore en 1937, où il n'y parvint pas, il clamait sa hâte qu'Hitler vînt « mettre de l'ordre en France » ou « dans la maison » : « Cela ne fera pas de mal à certains ! »[530] « Président d'un syndicat de l'imprimerie formellement opposé au désordre marxiste, *notèrent les RG en août 1940,* il a fait partie, comme secrétaire général, des délégations patronales qui ont rédigé les contrats collectifs en 1937 et 1938. [...P]artisan de l'entente avec le gouvernement nazi, il a fait partie du Comité France-Allemagne, et a envoyé son fils en stage à Berlin, en 1937. »[531]

Les trois suivants, membres de l'Alliance démocratique, illustrent la fusion des droites en temps de crise. L'avocat Jean-Charles Legrand, fils de Charles, grand industriel et ancien président de la chambre de commerce de Paris, neveu de l'industriel Victor, ancien président du tribunal de commerce de la Seine, avait été le collaborateur juridique des cabinets de Millerand et de Flandin. Avocat d'affaires à la « clientèle assez importante », il fut suspendu pour « un an » en juin 1937 par le Conseil de l'ordre des avocats du barreau de Paris, puis radié le 11 janvier 1938. Taraudé par « de gros besoins d'argent », il entama à l'été 1937 une carrière au PSF, dont le congrès de novembre l'élit président des « jeunesses républicaines ». Il en démissionna le 7 décembre pour créer un « Front de la Jeunesse » nazi[532]. Il couvrit dès lors ses besoins d'argent et ceux de son hebdomadaire *Le Défi* en fulminant contre les francs-maçons, « tous les immondes Youpins et enjuivés qui nous mènent », approuvé par *l'Action française* et son « ami Darquier de Pellepoix », et contre « ce Bénès [...] pour [qui...] la France n'a[vait] pas à se battre »[533]. Une enquête de juillet 1939 montra les liens de son « Front » avec Abetz, le Reich (où les adhérents allaient souvent), le PPF, Coston et le Comité France-Allemagne[534].

Pierre Béranger, vice-président et trésorier de l'Alliance démocratique de 1928 à de 1940, député de l'Eure depuis 1937, vice-président de la commission de l'Air de la Chambre, dénonça au congrès de son parti de novembre 1938 « les dangers de la nationalisation des fabrications » : il était entre autres « conseiller économique de la Société nationale de constructions aéronautiques du Centre [...] et l'un des gérants de la Société Diot et Cie » de courtage d'assurances[535]. Lié au Reich « depuis plus de 15 ans [...] contre nos adversaires » – il s'en vanta sous l'Occupation à un responsable allemand[536] –, il soutint l'affiche munichoise du 28 septembre 1938 de Flandin[537], son « ami intime, qu'il suivait aveuglément dans sa politique de collaboration avec l'Allemagne ». « Membre du Comité France-Allemagne, [...] il était en étroites relations avec les personnalités de l'ambassade d'Allemagne et [...] les recevait souvent à son domicile. »[538]

Le président du parti, l'anglophile de blanchisserie Flandin (qui s'habillait et faisait laver ses chemises à Londres), s'engouffra dans une collaboration dont l'étape décisive fut, d'après son comparse Georges Portmann, franchie à l'automne 1937, lors « d'un voyage d'enquête [...] à Berlin »[539]. Il était, comme nombre de ses pairs, tel Joseph Caillaux[540], lié à Berlin, mais j'ignore quand commencèrent ses contacts réguliers de 1939 avec soit un « agent secret allemand », soit « un informateur de l'ambassade » d'Allemagne[541]. Admettons l'origine intérieure de son banal antisémitisme de classe ou d'une anglophobie balayant une anglophilie spectaculaire. Sa vassalité allemande transparaît cependant dans sa philippique du 6 juin 1939 contre « le parti de la guerre britannique », américain et juif acharné à imposer ses vues à « tous les Français détenteurs de la moindre propriété – si petite soit-elle –, qui ont le désir sincère d'éviter si possible la guerre avec l'Allemagne ». L'« informateur » cita Flandin en ces termes : « Comme facteur particulièrement important [de la question de Dantzig, il] a distingué la juiverie internationale, qui aujourd'hui non seulement voulait déclencher une guerre punitive contre l'Allemagne et l'Italie, mais dont les organisations s'efforçaient d'accuser l'Europe entière de tolérer la persécution des juifs et de [la] punir par une guerre générale. La juiverie internationale partait de la conviction que la puissance décisive était l'argent et que la mobilisation de l'argent de Wall Street, qui appartenait en majorité aux juifs d'Amérique et d'Europe, réaliserait l'espoir messianique d'une domination mondiale du sémitisme. On pouvait donc dire que les buts originaux des juifs, qui, jusqu'à il y a quelques semaines, avaient soutenu une guerre limitée à l'annihilation des États totalitaires, s'étaient maintenant élargis à une guerre générale illimitée. De l'effondrement général ils espéraient la renaissance et la prédominance de la juiverie. »[542] Hors des tréteaux, le « modéré » Flandin s'alignait donc sur les cris de Maurras contre « la puissante clique juive de Londres »[543]. Il s'y obstinerait très au-delà du délai respecté par les personnalités naguère atlantiques, déclarant le 15 novembre 1944 à Dijon : « Dès 1936, les forces occultes se mettaient en action pour provoquer en Europe un conflit d'où résulterait la domination judéo-maçonnique. »[544]

Ces dispositions expliquent les succès mondains d'Abetz, fulgurants depuis 1936-1937. « Rechercha[n]t tout particulièrement la compagnie de Mmes de Fels, de Montgomery, de Noailles, d'Arcourt (ou Harcourt ?) et Mme Bousquet [,...] il fut également l'invité des Carbuccia et de Jeanne de Crussol. Minou de Montgomery, qui vivait dans l'entourage de P.R. (*sic*) [Paul Reynaud ?], paraissait la plus sensible aux avances faites par Otto Abetz. Héritière de l'apéritif Noilly-Prat, sa fortune lui permettait de donner de brillantes réceptions, car elle avait le désir de jouer un rôle politique (les ambassadeurs Bullitt (USA), Carcano (Argentine), [Julian] Lukasiewicz (Pologne) comptaient parmi les invités les plus assidus). » Abetz « prépara pour Mmes de Montgomery et d'Arcourt un voyage en Allemagne en transmettant à cette dernière une invitation de Goering pour le congrès international de vénerie à Berlin » (contemporain du voyage d'Halifax de novembre 1937 ?) : « La comtesse de Montgomery, qui fut longtemps [...] la maîtresse de l'éditeur Prouvost, de *Paris-Soir* », y fut « pendant trois jours l'invitée [de...] Goering. »[545] « Abetz fréquentait également Thierry de Ludre qu'il invita à passer des vacances dans son château aux environs de Nancy. Le chef de la Cinquième Colonne en France introduisit dans notre pays Mme Hamel, propriétaire de la compagnie de navigation sur le Rhin, et, séparément, ils continuèrent leur propagande dans les milieux aristocratiques de la capitale. Lorsque von Ribbentrop et von Papen vinrent à Paris (respectivement au Bristol et au Lancaster), de brillantes réceptions furent organisées en leur honneur. MM. Melchior de Polignac, Jean de Castellane (marié à une Allemande), l'écrivain André Germain [,...] très empressés auprès des deux hommes d'État allemands [,...] organisèrent la rencontre Bunau-Varilla-Abetz et von Ribbentrop. » (laquelle ?)

Le Comité France-Allemagne connut alors son zénith. Y brillaient, du côté allemand, Abetz, Sieburg, qui « obtenait [également] de gros succès féminins dans les salons de la capitale », et Julius Westrick, « membre du comité directeur de la Société franco-allemande de Berlin » et correspondant du comité parisien « chargé en l'absence d'Abetz, d'entretenir la flamme sacrée chez les partisans du rapprochement franco-allemand »[546]. Friedrich Sieburg, « espion nazi fourrageant la société parisienne »[547], était, constata Schacht en visite officielle fin mai 1937, « le seul journaliste allemand ayant accès aux bureaux officiels français et jouissant d'une confiance totale ». Le président de la Reichsbank fut reçu « en tant que représentant du Führer chancelier » avec une extrême « courtoisie ». François-Poncet qui avait à Berlin préparé le voyage assista aux festivités, dont un déjeuner au Comité France-Allemagne avec « discours impromptu » de Schacht[548].

Le 21 avril 1937, date du transfert du siège du comité 15, rue de Vézelay, son « comité d'honneur » comprenait, sans préjudice d'anciens membres comme Castellane – éminent adhérent de la Cagoule et de son successeur d'Occupation, le MSR[549] –, « Noullens ; Pierre Benoit ; Louis Bertrand ; le duc de Broglie ; le Dr Georges Bruardel ; le marquis de Chambrun ; Henri Lichtenberger ; Jean Montigny ; Jules Romains ; Florent Schmitt ». « Son conseil d'administration » groupait « J. Baréty ; Pierre Béranger ; Donnedieu de Vabres ; Pierre Drieu la Rochelle ; Étienne Fougère ; Ernest Fourneau ; Gebrias de Fradaigne ; Eugène Frot ; Léon Jareau ; Yvon Gouet ; Éric Haguenin ; d'Hauteport ; Henry-Haye ; Jacques Baumel ; Bertrand de Jouvenel ; André Langeron ; Pierre Leroy ; René Margot Noblemaire ; Jacques Menier ; Minotte ; de Mousac ; Paul Minuch ; Léon Noël ; L. Pagès ; Henri Pichot ; Jean de Pierrefeu ; Robert de Pierret ; François Piétri ; le marquis de Polignac ; Charles de Pomaret ; J.M. Renaitour ; J. Renouvin ; Émile Roche ; Georges Scapini ; R. Vallery-Radot ; Régis de Vibraye ; Paul Weiss ». Son comité directeur, riche en synarques et cagoulards[550], fut remanié en plein Munich intérieur, le 29 novembre 1938, et présidé par Georges Scapini[551]. Il comptait aussi Raoul Dautry, familier de grands hitlériens installés à Paris avant et pendant l'Occupation, tel Friedrich Grimm. Mais, nommé en novembre 1944 par de Gaulle ministre de la Reconstruction, l'intéressé vit son nom miraculeusement effacé par la direction des RG des documents de la procédure des (éventuels) procès pour trahison-collaboration[552].

Membres officiels ou non dudit comité, les hommes politiques discutaient avec leurs hôtes allemands du péril rouge. Blum, plus mesuré que ses successeurs, aborda la question en recevant Schacht « à l'heure du thé », fin mai 1937 : le président de la Reichsbank se plaignant que la presse française le présentât comme venant « mendier une aide en France », Blum opposa les « journaux irresponsables » de France à la presse allemande contrôlée par l'État. Schacht, qui se félicita de « l'impression vraiment extraordinaire produite sur les Français par le pavillon allemand de l'Exposition universelle de Paris », avait été informé (il ne dit pas par qui) de l'absence de risque sérieux de troubles communistes pendant sa visite[553]. Quelques mois plus tard, le marteau-pilon supplanta l'allusion.

Début novembre 1937, à Paris, « le serpent » de Vienne[554] Papen, coqueluche de la droite catholique et sidérurgique, reçut de ses hôtes, de la gauche anticommuniste (Chautemps et Bonnet) à la droite classique, des informations proches de celles que diffusait François-Poncet à Berlin depuis 1933 sur l'acheminement vers le modèle allemand. Papen apprit du « ministre des Finances » à un déjeuner chez « des amis à Versailles » la mort imminente du Front populaire : Bonnet, après le congrès radical socialiste de Lille, « m'a dit que la chose décisive [...] était que le parti [...], qui avait toujours été le grand lieu de rassemblement de la classe moyenne française, subissait une évolution significative à droite » ; on ne pouvait encore « mettre fin à la coalition gouvernementale actuelle, mais la grande majorité de ses membres se tournaient vigoureusement contre les tendances bolchevistes et socialistes des partenaires de la coalition. Le parti était résolu en toutes circonstances à soutenir son œuvre [...] de restauration de la confiance financière dans le pays ».

« Pas plus d'une heure après ce déjeuner », Chautemps téléphona à Papen, l'invitant secrètement « dans son appartement privé du boulevard Raspail ». Pendant « environ deux heures », il lui « parl[a] avec une fierté particulière de la restauration de conditions politiques intérieures saines en France. La révolution, a-t-il dit, avait au moins été chassée des rues. Il ne nierait pas que des conflits pussent encore avoir lieu, car il y avait un nombre extraordinaire de Russes et d'Espagnols bolchevistes en France qui compliquaient les choses, pas seulement à l'intérieur mais aussi au Maroc, en empoisonnant les esprits des indigènes. Mais [...] si on en arrivait aux chocs frontaux, on pouvait compter pleinement et complètement sur la police et l'armée. L'armée tirerait. En tout cas, l'image du déclin imminent et de la dissolution intérieure politique en France que les gens hors de France avaient pris l'habitude de se forger était fausse ». Papen discuta aussi de cette « évolution à droite [...] avec des hommes d'État de la droite française tels que les anciens ministres Piétri, Champetier de Ribes, Reynaud, et avec des sénateurs de droite, avec Lucien Romier, le directeur politique du *Figaro*, et avec le directeur de politique étrangère du *Temps*, [...] rencontré chez [...] Welczeck ». Le chef du département politique de l'*Auswärtiges Amt*, Ernst Heinrich von Weiszäcker, déduisit du rapport Papen et de ceux reçus « d'autres sources [que...] l'Allemagne était très à la mode à Paris en ce moment »[555].

Attirant les élites françaises, économiques comprises, le Comité France-Allemagne demeurait le grand ordonnateur des mondanités. Ses « modérés » participaient aux cérémonies allemandes de Paris où l'on communiait contre les Soviets : Fourneau assista à la grande fête de la moisson d'octobre 1936, où les orateurs nazis prétendirent que leur « seul ennemi [était...] à l'Est. C'est la Russie soviétique et si nous armons c'est que nous connaissons ses intentions à notre égard »[556]. Le 21 octobre 1937, le célèbre juriste nazi et futur chef du gouvernement général de Pologne, Hans Frank, fut accueilli en grande pompe par le sénateur-maire de Versailles Henry-Haye, membre du « comité d'honneur » du CFA. Cette longue visite manque à sa « notice biographique » des archives classées du fonds municipal, qui mentionne les « amis américains » du futur ambassadeur à Washington de Vichy[557] mais omet ses amis allemands. Un des hôtes, Marcel Ribardière, résuma pour Chautemps – prévu au déjeuner en l'honneur de Frank à son domicile parisien, 22, rue de Montpensier, le lendemain 22 octobre – « la discussion extrêmement intéressante » qui avait duré « de longues heures au cours du déjeuner [...] et de la visite de Versailles » : on avait traité du communisme français, neutralisé par « la prospérité, la bonhomie et l'esprit de travail français [qui avaient] prodigieusement impressionné » Frank, « des revendications coloniales » allemandes et des « discordances [...] entre les théories de *Mein Kampf* et les affirmations actuelles provenant de tous côtés »[558]. Berlin tenait, parmi « les nombreux amis d'Abetz », Henry-Haye pour un des plus insignes : Ribbentrop et Welczeck recoururent à lui en juillet 1939 pour tenter de soustraire Abetz à l'interdiction du territoire français[559].

Le Comité brilla de ses derniers feux publics peu avant l'occupation allemande de Prague, avec le séjour à Paris du « troisième fils du Kaiser, le prince August Wilhelm de Prusse, délégué du parti national-socialiste, [...] accompagné [...] par quelques membres du parti ». Il présida le dimanche 12 mars 1939, la cérémonie (annuelle) de la colonie hitlérienne de Paris au cimetière d'Ivry, pour la fête des Héros de la Guerre 14-18. Il fut l'hôte d'honneur, le 13, d'« un banquet offert par le Comité France-Allemagne au restaurant Korany, rue Pierre Charron », en présence de « M. de Castellane et Fernand de Brinon, vice-président du[dit] Comité »[560].

Celui-ci s'était renforcé depuis mai 1936 d'un autre groupement élitiste qui ne mérite pas davantage l'étiquette « centre droit de bon aloi »[561]. Le club du Grand Pavois (devenu le 11 avril 1941 « cercle France-Europe »), lié au CFA et à la Cagoule via le CRAS, fut fondé le 8 mai (et ses statuts déposés le 10 juin, sous le n° 17362) pour « favoriser le développement de la propagande en vue du rapprochement » franco-allemand, et installé 52, avenue des Champs-Élysées. L'adhésion aux trois organisations était fréquente[562]. La correspondance de 1937 à 1945 converge sur ce cercle des « milieux d'extrême droite », « anti-Front populaire et de tendance Action française »[563], que Lacger présenta à Rabinovitch comme « le plus antisémite de Paris, et en liaison avec des émissaires allemands et italiens »[564]. Le second d'Abetz, Julius Westrick, truchement de Berlin auprès de la Cagoule, faisait la pluie et le beau temps dans ce « cercle de jeux des Champs-Élysées » fréquenté par « des personnes des partis de droite et d'extrême droite [...] fonctionn[ant] sous l'égide hitlérienne ». Ses membres assistèrent « en 1938 [...] au déjeuner donné » par le CFA « en l'honneur du professeur von Arnim, président de [s]a section allemande »[565].

Aux côtés de Westrick, les chefs hitlériens de Paris intensifièrent leurs activités depuis l'été 1936. Werner von Schnitzler, « conseiller occulte » de l'ambassade sur la presse, se maintenait « en relations étroites avec MM. de Margerie, ancien ambassadeur de France à Berlin, [...] membre du conseil d'administration du Crédit lyonnais, et Jean de Castellane, député du Cantal et ancien président du Conseil municipal de Paris ». Schnitzler « servi[t] de correspondant secret sur l'activité intérieure de notre pays » à Papen, qu'il logea « lors de son séjour à Paris » de novembre 1937[566]. Sa femme, « hitlérien[ne aussi] notoire », membre « du Secours d'Hiver à l'étranger [... et d]es services de renseignements de la Maison Brune, rue Roquépine », « poursuiva[i]t avec assiduité sa tâche d'ambassadrice mondaine » : elle devait « établir une liaison entre l'Allemagne et la France, au moyen de réceptions, manifestations littéraires et garden-parties [...pour] faire mieux connaître à l'élite parisienne l'élite allemande ». En novembre 1938 elle s'affairait à « un projet de coopération franco-allemande dans le domaine intellectuel, conviant soit dans son salon, soit dans une salle spécialisée, certaines personnalités du monde littéraire et scientifique, tant du côté allemand que du côté français » : agréé « à Paris », il devait encore « recevoir l'agrément des autorités nazies »[567].

L'Autrichien d'origine Karl Schaefer, « intrigant et beau parleur, fréquentant la haute société où il se fai[sai]t passer comme étant d'excellente famille autrichienne qui aurait de grosses influences en Europe centrale, [...] bénéficia[it...] d'un sérieux crédit auprès de personnalités politiques et du monde des affaires ». Il était lié à « M. Peugeot François, député du Doubs [depuis 1936] et industriel bien connu » – gérant de la société des Fils de *Peugeot* frères – « qui le reçut par la suite fréquemment à son domicile parisien 1, avenue Paul Doumer. Ces relations devenues plus intimes firent que Schaefer acquit droit de cité chez les époux Peugeot tant à Paris que dans leur propriété en province »[568].

Les ligues et la presse

Les ligues connurent entre le Front populaire et sa mort une ère de gloire allemande reflétée par leur virulence antisémite. Julius Westrick, chargé de cette propagande en liaison « avec de nombreux journalistes de droite »[569], puisait dans un riche vivier dominé par Darquier. Stipendié comme son complice Degrelle par le Reich (dont Göbbels) et l'Italie, « en relations suivies avec l'Internationale antisémite [de...] Genève » d'Otto Grutzner[570], cet habitué du congrès de Nuremberg, objet de dossiers fournis « à la Sûreté nationale [,...] à la Police criminelle [et] à la Police générale », remerciait souvent ses maîtres. Il rendit hommage à Hitler en décembre 1938 devant son « Rassemblement antijuif [,...] non [...] parce qu'il [était] national-socialiste, mais parce qu'il [était] le seul homme d'État qui ait compris le problème juif. C'est d'ailleurs avec le minimum de sacrifices qu'il lutte contre la domination juive, car si les juifs se sont enrichis il faut leur faire rendre gorge. [...P]our que la France puisse rester elle-même, il faut qu'elle soit forte. Si elle est corrompue par l'élément juif, elle sera comme l'Autriche car si l'Anschluss a eu lieu, c'est parce que l'élément juif avait corrompu la race. [...] Staline est prêt à laisser l'Ukraine prendre son autonomie sous l'égide de l'Allemagne plutôt que de risquer la guerre. [...] Notre faiblesse » pour les revendications coloniales de Italie « vient de l'invasion et de la spéculation juives qu'il faut combattre jusqu'à la victoire »[571]. Coston et Clémenti faisaient aussi bien. Henry Coston, ex-dirigeant franciste, « bien connu pour ses sentiments germanophiles », avait installé 12, rue Laugier, siège du Club national de Darquier, son « centre de documentation et de propagande, [...] antimaçonnique et surtout antijuive, créé au début de 1936 »[572]. Pierre [ou François] Clémenti, entretenu depuis 1932 ou 1933 par « le baron Fabre-Luce », demeura soumis au « colonel » Ulrich Fleschhauer et à Muller, chefs du Service mondial de la lutte antisémite « contre l'impérialisme d'Israël », d'Erfurt, à Georges de Pottere, de Salzburg, et à O. Farmer, de Munich[573].

Les ligues étaient plus que jamais germaniques. Le PPF fut chéri du Reich autant que du patronat et « on put voir avant la séance » de son congrès fondateur, le 28 juin 1936, « le député maire de Saint-Denis s'entretenir confidentiellement mais avec un ton familier avec Friedrich Sieburg », venu avec « un attaché de l'ambassade d'Allemagne. Ces personnages prirent congé de leur hôte vingt minutes avant l'ouverture de la séance ». Doriot, qui faisait « à M. Sieburg [...] de fréquentes visites »[574], fréquentait aussi Friedrich Hirth, aperçu le 30 juillet 1936 à la réunion, qu'il présidait, du PPF au Vel d'Hiv (il « chargea deux de ses collaborateurs de rechercher dans la presse allemande » les articles sur l'événement[575]). Sa dépendance s'affichait par ses insultes publiques contre le PCF accusé de transformer « la France [en...] soldat de Staline », qui « nous pouss[ait] à la guerre »[576]. « Les dirigeants communistes » apprirent en avril 1937 que Doriot accordait « protection » à une prétendue « employée du service municipal de l'hygiène ». Devenue Mme Pleuchot par « mariage blanc », cette espionne allemande, Golke Elfriede, communiquait par « télégrammes chiffrés [...] avec la direction du Parti national-socialiste de Berlin » : « [s]es voyages en Allemagne et [s]a présence à la mairie de Saint-Denis » valaient à son protecteur les « articles particulièrement élogieux » des journaux berlinois[577].

Tous les « nouveaux partis » de « la droite radicale » étaient unis, résuma Welczeck en février 1937, par « leur emprunt de divers points au programme du national-socialisme ». Il avait beau jeu d'hésiter à leur fournir « un soutien matériel dont la provenance ne pourrait demeurer longtemps secrète » : ils le recevaient directement du NSDAP. Les rédacteurs des archives publiées ont rogné la correspondance de l'ambassadeur de février 1937, mais selon leur note sur ses rapports « non publiés » des 16 et 18, Me Robert Castille (frais émoulu des étudiants d'Action française et persécuteur du professeur Gaston Jèze, avocat de l'Éthiopie)[578], Darquier de Pellepoix, du « Club national », Claude Reyss, secrétaire de Jean Renaud de la SF récemment devenue « Rassemblement populaire français », et Marcel Bucard, chef franciste, rencontraient Eugen Feihl, attaché de presse à l'ambassade, et les autorités nazies, dont Rudolf Hess[579]. Berlin veillait à l'usage des fonds : des Allemands assistaient aux meetings hurlants où Vauquelin, Bucard, Jacques Ditte et consorts prônaient « le meurtre pour supprimer les principaux chefs du Front populaire [qui] "par ordre de Moscou, ne pens[ai]ent qu'à mener la France à la guerre contre l'Allemagne et même l'Italie" »[580].

Le discours public des Jeunesses patriotes se ressentait d'une sujétion allemande également antérieure au Front populaire. À une réunion pro-franquiste du 20 novembre 1937, Taittinger ridiculisa la fable de la Cagoule : « La police, [qui...] qui a forgé de toutes pièces cette histoire [,...] découvre dans un local des bombes qui y avaient été apportées la veille » ; puis il avoua le modèle suivi : « Ayons le goût du risque raisonnable ; ne nous travestissons pas en francs-tireurs. Notre politique nous commande d'accorder nos sympathies aux hommes d'ordre. Ce n'est pas à dire qu'il faille pratiquer une politique allemande ou italienne, mais nous devons éviter les inimitiés avec ces hommes d'ordre. » Émile Bergeron fustigea en janvier 1938 ce « cabinet [...] essentiellement franc-maçonnique » et Jean « Zay, de race juive, qui n'est pas français et ne s'appelle pas Zay mais Ezüs. Et dire que cet homme sans diplômes est à la direction de l'enseignement français. Il a mis en carte les écoliers à partir de l'âge de 11 ans et organise ainsi la soviétisation. [...] Les bureaux des ministères sont infestés de juifs placés là par Léon Blum qui n'a jamais eu de terre française à la semelle de ses souliers »[581]. Je néglige ici d'autres chefs stipendiés par Berlin qui louaient les hommes de main nécessaires à la Cagoule, au PPF, etc.[582]

Dans la conquête de la presse, le Reich entra avec le patronat français dans une surenchère n'excluant pas les missions communes. Les journalistes stipendiés avant mai 1936 le restèrent, telles les quatre vedettes de la Sûreté générale (ici en mars 1938). « Ceux qui ont préconisé avec le plus d'insistance, depuis l'avènement du IIIe Reich, un rapprochement franco-allemand appartiennent à ce groupe de jeunes intellectuels de *Notre Temps* et des *Cahiers de la Jeunesse*, Luchaire, Bertrand de Jouvenel, Fabre-Luce. Ces deux derniers sont aujourd'hui des militants du PPF et continuent tant par la plume que par la parole, à militer en ce sens. » Le trio comptait parmi les principaux interlocuteurs des « quatre ou cinq [...] journalistes allemands de Paris » habitués des « débats parlementaires », dont Kurt Ihlefeld, Krug von Nidda et Friedrich Sieburg[583]. Alfred Fabre-Luce, rédacteur de *La Liberté*, avait en octobre 1936 créé *L'Assaut*, dont le numéro spécial de février 1937 énonça ce programme : « Lutter contre les influences étrangères, la démagogie inflationniste et l'abaissement de nos mœurs politiques, favoriser la constitution d'un gouvernement d'union sociale représentant l'ensemble de la nation ; préserver notre pays de la guerre en cherchant des formes de conciliation internationale. »[584]

Au sommet trônait « le journaliste français [...] dans les meilleurs termes » avec ses confrères allemands, « M. de Brinon, de *L'Information* et du *Matin*, et dont l'action "pro-nazie" a été maintes fois soulignée »[585]. Ami de Daladier, Brinon servait aussi de béquille allemande à Laval. Se définissant en mars 1937 comme « sénateur "en chômage" », Laval se plaignit « d'autant plus » au conseiller du département de la presse de la Wilhelmstrasse, Braun von Stumm, de ne pouvoir jouer les commis-voyageurs du Reich : « Son apparence physique était trop bien connue et on dirait encore contre lui en France qu'il conspirait avec les "fascistes allemands". » Ses fréquents entretiens à Paris, avec (le 14 mai) ou sans de Brinon compensèrent ces voyages impossibles, confiés à Brinon[586]. Manque à la liste le PPF (et synarque) Benoist-Méchin, « en rapport avec Friedrich Sieburg » (dont il deviendrait le secrétaire[587]), « avec le conseiller d'ambassade Faser Karl, [...] attaché de presse à l'ambassade d'Allemagne, et avec Otto Abetz »[588].

Le 10 juin 1937, le bureau extérieur du NSDAP se réunit à la *Deutsch-Französische Gesellschaft* pour créer une « commission de presse franco-allemande ». Le ministère de Göbbels y délégua une brochette de journalistes allemands qu'il dispenserait des « campagnes de presse contre la France » ; le reste de « la presse allemande » continuerait à éreinter « les tendances bolchevistes et les germanophobes traditionnels », mais épargnerait « la droite du Front populaire ». Abetz annonça « que Fernand de Brinon dirigerait l'affaire du côté français et qu'Émile Roche de *La République*, Raymond Recouly de *Gringoire* et Georges Blond de *Candide* et leurs amis collaboreraient »[589].

« L'hebdomadaire français *Je suis partout* [, qui] entr[ait] tout à fait dans les vues des principes hitlériens »[590] ne vivait pas seulement de fonds patronaux *français* (Arthème Fayard puis « André Nicolas, un industriel de Lyon, André Lang, l'imprimeur, et Charles Lesca, riche héritier de conserveries de viandes en Argentine »)[591]. Le général Faucher débusqua en juillet 1936 dans son association « à la propagande contre la Tchécoslovaquie » de Berlin, Varsovie et

Budapest la matière « fournie par une officine étrangère » : trois articles du 11, bourrés de « renseignements d'ordre militaire [...] faux », groupés « sous le titre général "Les Soviets veulent-ils faire éclater la guerre sur le territoire tchécoslovaque ?" [... V]isiblement » mal traduits du journal *Magyarsag*, ils reproduisaient « la terminologie géographique magyare fort peu familière aux Français » : « Kosice (en allemand Kaschau) est appelé Kassa. Quel est le journaliste français qui connaît la ville de Poszony (Bratislava, en allemand Pressburg) ? [...L]'auteur de l'un des articles » était sans doute « l'auteur même de l'article du Magyarsag. [...] *Je suis partout* est entré dans le circuit de [la] presse étrangère » ennemie[592].

Un tableau gaulliste (juillet 1941) du contrôle acquis par Abetz sur la presse française entre 1937 et 1939 éclaire « les épisodes [...] mal connus » de la vente, à l'été 1937, du *Petit Journal*, propriété depuis août 1934 de Raymond Patenôtre (associé avec Prouvost-Béghin depuis 1932). Laval s'intéressa au rachat, réalisé par la Banque de Neuflize, qui constitua pour acquérir 64 % des actions (20 millions) une « Société indépendante de Presse » groupant des financiers PSF. La Rocque dirigea à dater du 14 juillet le journal, désormais organe du PSF, dont le déficit demeura « considérable »[593]. Selon la note de 1937 d'« un organe technique de presse », « cette société » à trois administrateurs, André-Léon-Marie Portier, Maurice Roland-Gosselin et Marcel-Michel Bertolus, « assur[a] *officiellement* la mainmise du [PSF...] sur le *Petit Journal* [...] M. Roland-Gosselin, administrateur d'immeubles et cousin germain de l'archevêque de Versailles, et M. Portier, l'expert bien connu en antiquités chinoises, [prirent] la part la plus active aux négociations. M. [Philippe] Cruse, de la Banque de Neuflize, [...] donn[a] quelques "conseils techniques" », jurant « que c'était à titre strictement personnel qu'il avait été amené à prendre des intérêts" »[594].

Abetz participa à l'opération aidé de Chautemps et de Laval, qui avait « placé comme secrétaire de rédaction un ami personnel, auvergnat comme lui » (Alfred Mallet, son « homme de confiance »[595], « en relations suivies avec des journalistes allemands » depuis les années 1920[596]) : « Chautemps, *rapporta le SR gaulliste en 1941*, toujours dans la coulisse, conseille à Patenôtre, [...] en difficultés d'argent (sa mère refusait d'avancer des fonds) d'accepter la passation de sa direction pour une somme importante. Abetz, d'accord avec Chautemps et Laval, et quelques autres sommités radicales, propose le colonel de La Rocque. Avec celui-là on sera tranquille. Il n'a pas un sou et on le tient bien, car il reçoit ses fonds partie des commanditaires d'Abetz, partie du ministère de l'Intérieur. Grâce à lui, Abetz endiguera le mouvement belliqueux qui monte en France et le dérivera en quelque parade à l'Arc de Triomphe ou en quelques haines politiques intérieures. » Ce rapport impute aussi à Abetz l'entretien de *Gringoire* (d'Horace de Carbuccia) « dont les rédacteurs, tels que [Pierre] Bonnardi, Henri Béraud, [vivaient...] sur un pied de 3 à 500 000 frs par an » ; l'octroi de subventions au « *Figaro* à tel point que le gouvernement, sur le vu de certains chèques venus de Düsseldorf, mena[ça] le directeur roumain d'expulsion, mais M. Abetz a[vait] de telles relations que l'affaire tomb[a] » ; la dépossession de l'antifasciste Lucien Vogel, créateur et propriétaire des hebdomadaires « *Vu* et *Lu* [...] en difficultés pécunaires » : « La rédaction [en revint] à l'auvergnat ami de M. Laval, » alors en conflit avec La Rocque ; Doriot acquit ainsi « un journal du soir, dont Abetz [était] le commanditaire par interposition. »[597] On avait annoncé en octobre 1936 la vente de *Vu* et *Lu* « à un groupe de droite dont aurait fait partie Pierre Laval »[598].

L'Intransigeant subit un sort semblable. Fin 1936, le groupe Prouvost-Béghin le racheta au groupe Louis-Dreyfus pour « 30 millions » et « le laissa s'éteindre tout doucement » face à *Paris-Soir* en le mettant, orienté de plus en plus à droite, « entre les mains du colonel Fabry »[599]. « Fin 1938 », il le vendit « pour 5 millions » à Marcel Ribardière, intime de Friedrich Grimm. Ribardière comptait pour éponger ses 3 millions de déficit annuel « sur l'appui d'un des frères Peugeot », cagoulard qui se tua « dans un accident d'automobile ». « Les amis de M. François Piétri » fournirent des fonds, faisant « engage[r] comme rédacteur M. Alfred Mallet, homme de confiance de M. Pierre Laval ». Göbbels contribua aussi, via « le professeur Grimm » et « un autre émissaire nazi » (anonyme) et, en juin 1939, le Japon[600]. La presse Prouvost maintenue se germanisa aussi. Friedrich Faber, corrupteur (avec Abetz) grimé comme Schmoltz avant lui en « conseiller de l'ambassade d'Allemagne », se tenait en « liaison », via « un certain Nourry », avec « l'Agence France-Presse, avenue des Champs-Élysées ». Mi-avril 1939, cette « filiale du trust *Paris-Soir* » aux « attaches [notoires] avec les services allemands de propagande » allait « commencer une campagne pour la "stabilisation" de la politique internationale et contre les manœuvres de Moscou »[601].

Ayant avec divers groupes et journaux participé à « la campagne électorale » de 1936, avec « des affiches préconisant un rapprochement franco-allemand », l'agence Prima fut réorganisée en juin. On y délégua un faux « commanditaire », l'Italien Ruggero Vasari, lié « au journal italien la *Stampa* » : il devait « masquer [s]es relations [...] avec les milieux nationaux-socialistes allemands [...] qui, malgré les précautions prises par Mouton, commen[çai]ent à être connues dans les milieux de presse parisiens ». Officiellement dissoute en septembre 1936 par Paul Ferdonnet, demeuré son « propriétaire et directeur »[602], Prima fut remaniée et agrandie en octobre, après les « entretiens » à Berlin de Mouton, accompagné de son comparse Arthur Schmoltz, « avec M. von Sturm, adjoint au directeur du service de presse [...] des Affaires étrangères, dont il aurait obtenu une sensible augmentation des subventions qui lui étaient allouées ». Rebaptisée Prima-Presse en novembre 1936[603], l'agence d'« informations financières et politiques » traduites de l'allemand, 20-22, rue Richer, avait pour rédacteur en chef Mouton et avait « des correspondants à Genève, Rome, Berlin et Londres ». Elle absorba en 1937 l'Agence Presse-Informations, fondée le 1er juillet 1928 par son propriétaire directeur Francis Gélinet, clône de Mouton et Ferdonnet « toujours à l'affût de combinaisons plus ou moins douteuses susceptibles de lui procurer de l'argent » et sans « scrupule ». Elle se porta mieux que le « parti Jeune France », qui eut Guy des Cars pour secrétaire général, autre enfant nazi que Mouton déclara le 2 septembre 1936[604].

D'une autre ampleur fut l'agence cagoularde Inter-France, pièce majeure du plan Laval-Pétain, symbole de l'union des droites et de la collaboration avec

Berlin, Rome et Franco. Son ère fondatrice éclaire son rôle ultérieur de pivot de la presse collaborationniste et d'officine nazie d'espionnage en France et dans l'empire[605]. « L'agence nationale d'information de presse et de documentation politique, dite Inter-France », du 146, bd Haussmann, liée aux « milieux pro-fascistes et anticommunistes », fut *officiellement* créée en janvier 1938 par « deux ex-militants » d'Action française : Jacques, dit Dominique, Sordet, « critique musical de *L'Action française* pendant de longues années », et Marc Pradelle », son « directeur-adjoint », venu de *L'Avenir du Loir-et-Cher* (Blois). Elle fut peuplée de ligueurs, PSF compris (Jean Rollet), Claude Jeantet, André Delavenne, « fort lié avec son beau-frère [et...] par lui [avec ...] Pierre Gillet et Daniel Serruys, ce dernier se rattachant à la maison Lazard et à la Banque Worms où il jouait un rôle important » (éminent synarque[606]), Xavier de Magallon, marquis d'Argens, « ami personnel de Maurras », Lucien Rebatet, Georges Vigne « et d'autres collaborateurs subalternes ». Dans ce club cagoulard se distingua Claude Jeantet, frère aîné de Gabriel et protégé de Laval, « membre du bureau politique du PPF » depuis 1936. Secrétaire général, de 1930 à 1935, de l'hebdomadaire *Candide* puis de *Je suis partout*, « auquel il collabor[a] dès la fondation », il dirigea depuis 1932 « la représentation diplomatique de différents journaux parisiens », *Le Petit Journal* de 1932 à 1937, l'Agence Fournier de 1934 à 1939, *La Liberté* et *L'Émancipation nationale* de 1937 à 1939, Inter-France dès l'origine.

Propriété apparente de Dominique Sordet jusqu'en octobre 1938, Inter-France fut alors « transformée en société anonyme » où entra « un consortium de journaux de province » qui acquit 178 des 250 actions à 500 francs d'un capital de 125 000 francs (officiellement 72 pour Sordet)[607]. Le cagoulard Sordet, « ancien officier de carrière (démissionnaire) [...] rayé des cadres de l'armée en 1937 »[608], exalta l'entreprise lancée en fait à l'été 1936 contre « le gouvernement Léon Blum » aux « Journées Inter-France » des 10-12 octobre 1942, devant un parterre allemand et synarcho-cagoulard (Bichelonne, Barnaud, Darquier, Brinon, etc.) : il évoqua les fonds réunis « au début de 1937 [par] des groupements d'industriels de province », ne citant « que trois d'entre eux : de Revel, Georges-René Laederich et Georges Marignier [avec lesquels] nous menâmes à bien [...] la campagne d'affichage des élections cantonales de 1937 ». Les « commanditaires principaux [,...] gros industriels ou commerçants », animaient une nébuleuse patronale catholique : « Bernard de Revel, de Marseille (cousin de Dominique Sordet), Roque, de Lyon [...], Philippar, de Bordeaux, Fraissinet, de Marseille, le grand armateur propriétaire de *Marseille-Matin* et de *Marseille-Soir* » (protecteur de Pozzo di Borgo).

Ses permanentes « campagnes de presse contre le communisme » – « publication d'articles ou manifestes repris par la presse de droite, [...] édition de tracts ou factums que les journaux adhérents ou sympathisants encart[ai]ent à l'intention de leurs lecteurs » – valurent « à Inter-France l'amitié de la plupart des parlementaires modérés, de l'Alliance démocratique – groupe Flandin – et de la Fédération républicaine – groupe Marin ». L'agence y gagna « des commanditaires et des appuis nouveaux, ceux de Laederich, du syndicat cotonnier des Vosges, de certains banquiers amis de Flandin, de certains industriels amis de Laval, même d'amis personnels de celui-ci, comme Marinier, maire de Joze dans le Puy-de-Dôme »[609]. Elle comptait au printemps 1939 « une vingtaine » d'employés, « publi[ait] un bulletin » homonyme à « deux éditions », hebdomadaire et quotidienne », et « aliment[ait] près de 450 journaux de droite auxquels elle assur[ait] un service régulier d'informations de presse et de documentation politique »[610].

« Les dirigeants de l'agence l'orientèrent suivant les tendances de Laval, Flandin, Piétri, Bonnet, partisans d'une entente avec l'Allemagne et l'Italie » : ces « quatre hommes politiques [...] furent, avec leurs amis, les inspirateurs de la politique extérieure d'Inter-France » et « charg[èrent à cet effet] de la rubrique de politique étrangère [...] Claude Jeantet, qui avait toujours défendu cette thèse »[611]. Inter-France entretint avec le Reich une intimité aussi précoce qu'avec Franco : elle fut d'emblée « souvent citée dans les journaux allemands, en particulier dans les journaux du consortium Scherl tels que le *Lokal Anzeiger* et le *Nachtausgbe.* Le Comité France-Allemagne lui faisait parvenir régulièrement ses communiqués ». Sous l'Occupation, les Allemands s'uniraient aux « groupe[s propriétaires] Laval-Buisson et [...] Lejeune-Patenôtre »[612].

Nul n'a mieux décrit qu'Alexander Werth la *Gleichshaltung* (l'alignement nazi), éclatant à l'automne 1938, d'une presse gavée des « fonds secrets » de « divers intérêts financiers et industriels », de l'État français et du Reich. « Kerillis, invoquant une haute autorité américaine », fixait l'apport allemand récent à 2 millions de livres[613].

La Gestapo installée en ses murs

Les centres nazis prospérèrent depuis 1936, quoiqu'il demeurât délicat au printemps 1937 de créer une « Maison allemande » à Lyon, Nice, Cannes, les Allemands « étant beaucoup [plus] nombreux dans le nord de la France que dans le Sud-Est »[614]. Jusqu'en juin 1938, où il fut « appelé à d'autres fonctions en Hollande », Rudolf Schleier régna à Paris et sillonna la France : entre le 30 avril et le 7 mai 1938, présentant « son successeur Geiger », il anima des meetings à Paris, Nice, Bordeaux, Lyon, Lille. En cette année de triomphe la police observa l'intensification de « l'activité des associations allemandes en France »[615].

Les dirigeants français n'ignoraient rien de l'action de la Gestapo et du NSDAP sur leur sol (et sur celui de leurs voisins, Belgique et Suisse singulièrement). François-Poncet conclut ainsi un rapport de mars 1937 sur le congrès annuel, à Stuttgart, du congrès des Allemands de l'étranger où Ernst Wilhelm Bohle, chef de l'organisation, avait seriné à usage étranger les « "dix commandements" [...] des "règles de conduite" sur l'attitude à observer à l'égard des pays dans lesquels » œuvraient les agents nazis : « "Obéis aux lois de l'État dont tu es l'hôte" et "Laisse aux habitants de la nation qui t'a accueilli le soin de diriger la politique de leur pays" » : « les dirigeants du Reich, pour rassurer les gouvernements étrangers » que risquait d'alerter l'exemple notoire depuis 1931 de l'activisme de Wilhelm Gustloff en Suisse, « s'appliquent à développer le thème que l'existence de "colonies nationales-socialistes" ne ferait courir aucun risque aux États qui les abritent ou qui les tolèrent, car leurs membres respecteraient scrupuleusement les règles de la courtoisie internationale. Ils espèrent sans doute que ces assurances renouvelées leur permettront d'intensifier la propagande pangermaniste au dehors sans alerter la méfiance de l'étranger et que, derrière ce "paravent de correction", ils pourront perfectionner le réseau, aux mailles chaque jour plus serrées, des points d'observations et des postes d'écoute allemands à travers le monde »[616].

La France subit comme toute l'Europe menacée les répercussions de la réorganisation, en juillet 1937, « en étroite relation avec [...] la Gestapo et avec le centre d'espionnage du ministère de la Guerre du Reich » du général Walter Nikolai, des trois services de la direction de la propagande à l'étranger. « L'Office de politique étrangère du parti national-socialiste », dirigé par Rosenberg et Bohle (simultanément secrétaire d'État pour les Allemands à l'étranger dépendant de l'*Auswärtiges Amt*) à Berlin, devait « activer la propagande nationale-socialiste à l'étranger [,...] surveiller les étrangers [...] adversaires intentionnels du national-socialisme, les citoyens de l'État allemand et les émigrés de l'étranger et [...] les combattre jusqu'à la destruction totale » le cas échéant (d'où la nécessité de « dresse[r] un casier sur tous les citoyens allemands vivant à l'étranger et sur tous les émigrés »). « La liaison des Allemands de l'étranger » du Dr Steinacher, à Stuttgart, était chargée « de fonder, de diriger et de surveiller les organisations du parti national-socialiste [et...] de s'occuper des écoles allemandes [...] à l'étranger ». « L'institut allemand de l'étranger » du Dr Stehlin, à Hambourg, devait « diriger l'espionnage de l'économie ».

Paris vit alors partir Schmoltz, « remplacé par l'agent principal de Hollande, un certain Friedrich Faber », bien connu des « autorités françaises » : « Vieux membre du parti national-socialiste, il a dirigé pendant l'occupation de la Ruhr par l'armée française *une organisation secrète allemande de terrorisme*, qui a commis des attentats avec des matières explosives. Il appartenait aussi à une organisation allemande secrète destinée à commettre des meurtres, qui avait à tuer, dans les années 1923 et jusqu'en 1926, des adversaires politiques et qui d'ailleurs les a tués. »[617] Carl Boemelburg, « commissaire à la direction de la *Police criminelle de Berlin* et membre de la *suite du ministre nazi des Affaires étrangères von Ribbentrop* en 1939 » (au lourd palmarès postérieur[618]) arriva en France le 3 décembre 1938 et y resta sous prétexte d'enquête sur « le meurtre de von Rath ». Il rendit visite à la Sûreté nationale le 25 janvier 1939, se disant chargé d'« assurer à Paris, à l'ambassade d'Allemagne ou au consulat, une liaison permanente, plus étroite entre les polices allemande et française ». Lors d'« une nouvelle visite [, il...] précis[a] qu'il resterait à Paris à titre privé tout en travaillant à l'ambassade ou au consulat [...]. On lui a fait alors remarquer, très courtoisement, que ces déclarations n'avaient plus le même sens que celles de sa première visite. Boemelburg a donné l'impression qu'il cherchait à s'installer à Paris afin de se livrer à des vérifications, surveillances, enquêtes et d'exercer un contrôle sur les ressortissants et émigrés allemands de la capitale et qu'il serait rejoint, par la suite, par d'autres fonctionnaires de la police allemande. Il aurait, en somme, créé en France un centre officieux de la Gestapo. M. le ministre des Affaires étrangères ayant effectué une démarche auprès de l'ambassadeur d'Allemagne, le commissaire Boemelburg aurait cessé ses fonctions et regagné Berlin »[619]. Si c'était vrai, l'interruption précéda son retour dans Paris occupé.

Tous les journalistes allemands en France étaient membres de la Gestapo ou liés à elle, mais son « agent » Friedrich Hirth bénéficiait de vieux privilèges que rien ne découragea. Le ministre des Affaires étrangères du Front populaire Yvon Delbos réduisit sa mensualité de 70-80 000 francs « à 50 000 francs », que lui versait son chef de cabinet Henri Laugier. La suppression des mensualités « sur ordre de M. [Charles] Rochat », successeur de Laugier « tombé en disgrâce », après un séjour à Berlin de juillet 1937 où Hirth « aurait eu une entrevue avec diverses personnalités hitlériennes » dont Schacht, Abetz et Rosenberg, est une légende : l'Intérieur aurait envisagé de l'expulser, « mais un service du ministère des Affaires étrangères intervint » contre son expulsion en arguant « que Hirth avait rendu et continuait à rendre des services ». Il demeurait fin 1938 « agent double »[620].

La guerre d'Espagne avait fourni aux hitlériens occasion d'espionnage supplémentaire « sur le ravitaillement par la France des gouvernementaux espagnols » : en novembre 1936, la France accueillit Franz Mandes, « un agent très actif de la Gestapo, [...] chargé d'enquêter à Bordeaux, Marseille et Perpignan », et Friedrich Schoz, mandaté en Algérie, tous deux « hébergés à leur passage à Paris par le Docteur Schmoltz »[621]. Décrit par le renseignement extérieur et par les sessions de liaison Guerre-Quai d'Orsay[622], l'assaut imminent contre « l'Ouest » s'accompagna du renforcement de la protection diplomatique des agents de l'Axe Rome-Berlin : depuis novembre 1938, « les militants italiens et allemands préposés à la direction des organisations fascistes et hitlériennes fonctionnant » en France étaient « des fonctionnaires d'État nantis de passeports diplomatiques ou de récépissés spéciaux », tels « les Allemands Ehrich et Geiger, chef et chef-adjoint des organisations hitlériennes, » pseudo « secrétaires d'ambassade à l'ambassade d'Allemagne, et [...] Pera Vincenzo, vice-inspecteur et vice-secrétaire du Fascio de Paris »[623]. Le Fascio de Paris, « fermé » le 5 mai 1939, fut transféré à l'ambassade et au consulat général. L'inscription « consulat général d'Italie » sur tous les sièges de ses filiales conféra à ses « dirigeants [...] l'immunité diplomatique dans leurs locaux »[624].

Les Allemands subirent quelques brimades et expulsions depuis un début de 1939 timide puis, en avril, entendirent des rumeurs, sans suite, de « réglementation par décret des organisations étrangères fonctionnant sur notre territoire »[625]. Leurs forces sur place n'en souffrirent guère. En mai, le Deuxième Bureau signala : « 1° que la Gestapo et l'OVRA auraient renforcé leurs cadres en France, notamment à Paris aux abords des ministères de la Défense nationale ; 2° que l'État-major de ces organisations serait en résidence dans des hôtels aux environs de l'ancien hôtel Majestic, avenue Kléber ; 3° que les tractations se feraient [...] dans les halls du Grand Hôtel, de l'hôtel du Quai d'Orsay ou au Café de la Paix. » Fin juin, la Préfecture de police évalua à « 5 300 membres environ » les effectifs du Front du travail allemand « pour l'ensemble du territoire français, dont 2 150 pour la région parisienne », et à 2 500 ceux de l'Union allemande[626]. Ces effectifs intacts donneraient toute leur mesure entre septembre 1939 et mai-juin 1940.

Chapitre 7

Le test de la guerre d'Espagne, été 1936-mars 1939

La guerre d'Espagne fit triompher le « jeu d'ombres » d'une politique extérieure devenue comme folle, œuvre de décideurs aveugles et sourds prenant un ennemi pour un allié, et inversement. Leurs objectifs intérieurs simultanés excluent la folie ou la naïveté.

Des débuts franco-allemands engageants

François-Poncet inaugura début mai 1936 son retour à Berlin, après des vacances françaises et un second tour consacrant la victoire du Front populaire, en assurant Neurath « qu'il ne serait pas impossible de parvenir à un accord avec un gouvernement de gauche en France [, qui …] trouverait plus facile d'oublier le passé que n'avaient pu le faire les gouvernements bourgeois »[1]. Tout le démontra. Paris demanda bientôt à Berlin de différer après la Pentecôte (31 mai) sa réponse au « questionnaire britannique » sur la succession du défunt traité de Locarno pour que Léon Blum ne fût « pas obligé de se prononcer sur la question dans sa déclaration gouvernementale »[2].

En juin, « les milieux associés au gouvernement Blum » et « ceux de la droite » accueillirent à Paris l'ambassadeur Welczeck avec « plus d'attention et plus d'amitié » que les dictatures de droite hongroise à Budapest en 1923 et espagnole à Madrid en 1926 (ses deux postes antérieurs). Cette unanimité révélait un « *mot d'ordre* » commun, nota l'arrivant, ancien « représentant de l'industrie et de l'agriculture de la Haute-Silésie », hobereau et châtelain de cette région dévolue à la Pologne, principal propriétaire (avec son pair le comte Larisch) des mines de charbon d'Ostrau (en territoire tchécoslovaque de Teschen) et ennemi juré de ces deux pays et de leur protecteur français. La haute société l'assaillit, le contraignant à sélectionner « les invitations du "Faubourg" » (Saint-Honoré). Les ministres et « amis du Premier ministre » lui répétèrent à l'envi « que [Blum] aussi, en dépit de tous les obstacles doctrinaux et intérieurs, voudrait un *rapprochement* avec » Berlin. Leur souci d'entente avec Londres, passant par l'engagement de ne prendre sans son aval « aucune initiative importante *vis-à-vis* de l'Allemagne », offrait une garantie supplémentaire[3]. Le ministre des Affaires étrangères, le radical Yvon Delbos, fut encore plus engageant dans une « conversation confidentielle » fin juin, à Genève, avec l'homme de Göbbels, Paul Scheffer. Le 23 juin, la déclaration de politique étrangère du cabinet, analysée en neuf points par Rintelen, confirma les appels du pied : le paragraphe sur l'Allemagne précisait que « la gauche a[vait] l'intention de continuer à rechercher un accord franco-allemand » et « omettait complètement les sujets délicats comme la fortification de la Rhénanie ». La correspondance environnante est de la même farine[4].

La suite confirma ces bonnes intentions, recensées à l'intention des Allemands par Pierre Viénot, qui poursuivit, comme sous-secrétaire d'État aux Affaires étrangères, sa vieille quête d'un « accord franco-allemand » : il expliqua le 2 juillet au Dr Clauss, de l'agence de presse *Dienst aus Deutschland*, quel sens favorable il fallait donner au discours de Blum, la veille, devant la SDN[5]. Ce bon vouloir résista aux vociférations du président du Sénat de Dantzig, Arthur Karl Greiser, venu exiger le 4 juillet, à la SDN, la récupération de la ville par le Reich. La provocation, que François-Poncet, en visite à Neurath le 7, se dit « disposé à ne pas prendre [...] trop au tragique »[6], avait été organisée : Greiser, faisant étape à Berlin avant Genève, y avait reçu ordre « de marcher à fond et de poser hardiment et même insolemment la question de la révision ». Son « langage [...] n'est qu'un avant-goût de celui que le national-socialisme se réserve de faire entendre à l'Europe », annonça le Deuxième Bureau[7]. Les bontés françaises survécurent aussi à la guerre d'Espagne, déclenchée peu après.

Le lâchage de la République espagnole : la faute à qui ?

Selon Duroselle, c'est sous « l'influence anglaise » que Léon Blum abandonna l'Espagne républicaine, retour de Londres, où l'avait accompagné Yvon Delbos à une énième réunion, les 23 et 24 juillet, sur le défunt Locarno que les Apaiseurs prétendaient ressusciter. « Les 24 et 25, tout change » : Blum, d'emblée soucieux d'« aider [l']homologue espagnol [du] Front populaire français », y aurait renoncé, « déchiré ». Ainsi serait né un des dossiers limitant « l'élan imprimé par Léon Blum » à la « politique de Delbos »[8].

La réunion cachait, rapporta le 27 l'ambassadeur américain à Paris, Jesse Isidore Straus, un assaut anglais contre Madrid. Londres apprit « d'un contact de presse fiable », qui le tenait lui-même « d'un membre du Conseil supérieur de la guerre français », que « certains membres du cabinet [...], en particulier Cot, ministre de l'Air », avaient avec l'« approbation tacite [de Blum...] décidé le 21 juillet d'agréer une demande de l'Espagne et [de lui] envoyer des armes et munitions requises d'urgence » (encore mieux servi, Berlin fut avisé par « un membre du cabinet » (anonyme) que Paris s'était « déclaré disposé à fournir le gouvernement espagnol en quantités considérables de matériel de guerre au cours des prochains jours. Environ 30 bombardiers, plusieurs milliers de bombes, un nombre considérable de canons de 75 mm, [étaient] concernés »[9]). Après avoir été chapitré par le *Foreign Office*, l'ambassadeur de France Corbin « téléphona personnellement [le 22] à Blum, attira son attention sur l'extrême contrariété du gouvernement britannique [...et l']incita à venir discuter de la situation avec [le Premier ministre] Baldwin et [le secrétaire au *Foreign Office*] Eden ».

Blum décida donc « brusque[ment…] de se rendre à Londres » sous prétexte de participer « aux conversations tripartites qui s'y tenaient alors ». Eden le mit très fermement en garde contre « les graves conséquences internationales qui pourraient résulter d'un soutien français actif au gouvernement de Madrid. [S]es craintes […] étaient renforcées par un rapport des services de renseignements militaire français indiquant un certain mouvement de troupes allemandes vers la frontière française de l'Est. Puis [il] exposa nettement qu'il considérait que toute assistance prêtée par le gouvernement français au gouvernement espagnol pourrait créer une situation internationale extrêmement critique vu l'attitude de l'Italie et de l'Allemagne sur la question ». Rentré à Paris, Blum convoqua le conseil de cabinet du 25 juillet où « le point de vue britannique fut énergiquement porté à l'attention de ses collègues extrémistes, en particulier Cot. Après un long débat, les éléments les plus modérés, Blum, Daladier et Delbos, partisans d'une politique de stricte neutralité, l'emportèrent » : unanime, le cabinet trancha « contre la fourniture d'armes au gouvernement de Madrid et contre l'intervention dans les affaires intérieures d'une autre nation »[10].

Le soutien britannique aux putschistes de Franco n'attendit certes pas le successeur (en mai 1937) de Baldwin, Chamberlain. « L'Angleterre […] approvisionne les Blancs en munitions via Gibraltar », rapporta le chargé d'affaires allemand à Alicante en octobre 1936, « et le commandant du croiseur britannique ici nous a récemment informés sur les livraisons d'armes soviétiques au gouvernement rouge, ce qu'il n'a certainement pas pu faire sans instructions »[11]. Les écrasantes pressions politiques et militaires de Londres sur Paris sont avérées, alors comme avant et après juillet 1936[12]. Le récit américain balaie le mythe d'un Blum « dans l'"angoisse et les déchirements" »[13], mais mérite complément. Les injonctions de la « gouvernante anglaise » offraient des atouts tactiques aussi grands que, pour Londres, la thèse de l'invention par Blum de la « non-intervention »[14]. Car c'est pour des raisons *françaises* que la décision en fut prise.

De l'idéologie antibolchevique et chrétienne…

Motivations idéologiques ? Les hurlements de la droite unanime contre l'« intervention » française passent pour la clé de la renonciation du « gouvernement Blum [à…] vendre du matériel de guerre à un gouvernement étranger », décision pourtant « légale » selon un diplomate américain[15]. Je ne mentionne que pour mémoire, vu ce qui précède, ce tapage censé avoir fondé la crainte de Léon Blum d'une guerre civile, que seul l'abandon de l'Espagne républicaine aurait évitée. Duroselle reconnaissait « fragile » cette « hypothèse »[16], pourtant aussi récurrente que les mythes des affres de Blum et de la « guerre d'idées »[17].

L'idéologie de tréteaux de l'affaire éthiopienne resservit. Les fascistes soudoyés par Rome et Berlin tinrent un discours hitlérien, celui du tract de Marcel Bucard, bourré de caractères en majuscule et en gras, tiré à 100 000 exemplaires dans la nuit du 25-26 juillet – juste après, précisément, que le trio « Blum, Daladier et Delbos » eut abandonné Madrid à son sort germano-italien : « Misérables ! Le gouvernement français donne l'ordre de livrer, sans délai, des munitions au Frente popular. » Cet « envoi d'armes destiné à tuer mes malheureux compatriotes » coûte des millions « payés par les sacrifices et les ruines de nos concitoyens écrasés d'impôts, pour instaurer à l'étranger les pouvoirs soviétiques ? Si vous voulez que les Soviets encerclent la France et l'étranglent à son tour, dites-le franchement ! Vous vous immiscez dans les affaires d'Espagne, vous donnez des instruments de mort, contre les défenseurs de la Patrie espagnole, à vos complices de Moscou. "Qu'est-ce que vous ferez si Mussolini ou Hitler, vous imitant, fournissent, eux aussi, des armes au camp adverse ?" »[18].

Entre deux bordées d'injures de meetings, les intellectuels de la droite unifiée revendiquaient le monopole de l'intelligence et de la civilisation. Fin 1937 fut fondé le « Comité intellectuel de l'amitié entre la France et l'Espagne », présidé par Paul Claudel (vice-président : professeur Charles Richet) et siégeant au domicile de son secrétaire Jean Legendre. « Il se propos[ait] de lutter pour le rétablissement de l'ordre en Espagne, pour la continuation du respect du droit international moderne, de l'autorité et de la liberté des hommes. [Il avait] lancé récemment un manifeste adressé "aux intellectuels espagnols" » ainsi conclu : « Nous ne pouvons faire autrement que de souhaiter le triomphe, en Espagne, de ce qui représente actuellement la civilisation, l'ordre et la justice contre la violence ; la tradition contre la destruction ; les garanties de la personne contre l'arbitraire. » L'initiative recueillit 138 signatures (dont neuf académiciens), liste cagoularde où se retrouverait, sauf exceptions (tels de Kerillis, alors aussi enthousiaste qu'à l'ère éthiopienne[19], et Max Jacob), la fine fleur de la collaboration[20].

Les ligues, où se retrouvaient les mêmes, s'étaient enflammées dès 1936 pour ce parangon de la civilisation chrétienne qui, juraient-elle, adorait la France mais pas son gouvernement. En janvier 1937, Jean Louis Tixier-Vignancourt, député d'Orthez, dit aux JP « la confiance qu'il a[vait] en la victoire prochaine des armées du général Franco »[21]. En mars, Philippe Henriot attribua son récent « rapide voyage en Espagne » franquiste au souci de « vérifier si c'[était] l'Allemagne qui anim[ait] le mouvement national espagnol » et certifia l'indépendance à l'égard d'Hitler de son héros, dans le « regard "doux et pénétrant" » duquel il avait « "trouvé [...] plus de charme, plus de force" » que chez Mussolini – qu'il ne connaissait qu'en photo – « et une sereine certitude ». Acclamé par la salle debout, il conclut sur l'espoir « que le peuple de France saura[it] trouver comme les Espagnols et les Italiens un chef jeune pour rendre au pays sa véritable physionomie, sa civilisation et sa religion ». Fin mars 1938, il s'indigna des « monstrueuses [...] fausses nouvelles publiées sur [...] l'Espagne nationale [...]. C'est Franco qui défend son pays contre les rouges et ce ne sont pas Hitler et Mussolini »[22]. En octobre, les JP s'apprêtaient à lui « envoyer [...] un message » qu'ils avaient rédigé avec « l'ex-ambassadeur d'Espagne, M. Quiñones de Léon ». Il comportait « – affirmation de solidarité à l'égard des rebelles espagnols ; – vœu en faveur du triomphe de ces derniers ; – souhait qu'après la victoire le général espagnol saura[it] empêcher toute ingérence étrangère ». C'est à peine si le rejet, début novembre, du discours de Trochu par Taittinger, qui lui reprochait son « état d'ébriété à l'occasion de la [récente] remise à Magic City d'une couronne civique à Charles Maurras », gâta le meeting du PRNS « en faveur des nationalistes espagnols » le 20 novembre, à la salle Pleyel. Un auditoire incandescent applaudit à tout rompre Charles des Isnards, Roger de Saivre, Pierre Héricourt, Philippe Henriot et Taittinger (cité ici) : « Pourquoi ces messieurs du Front populaire sont-ils maintenant moins arrogants ? C'est parce que dans leurs meetings des trous se font, que des places sont inoccupées. C'est parce que la Navarre est la Vendée espagnole. C'est parce que le drapeau rouge et or vole de clocher en clocher. C'est parce que Madrid prise, ce sera Paris sauvé. Rendons hommage aux nationaux espagnols, nos frères. »[23] Après quoi Taittinger lut la lettre de Franco, hommage à « la vraie France, et les vrais Français n'ont aucune raison de se méfier de l'Espagne nationale, car ils ont les mêmes buts, les mêmes idéals : ils défendent tous les deux les mêmes principes sacrés de notre civilisation européenne si sérieusement menacée ». « L'orchestre jou[a] la Marche de la Légion espagnole que les assistants écout[èrent…] debout, le bras tendu ». La séance s'acheva sur « un film de propagande des nationalistes espagnols, représentant l'entrée des troupes du général Franco à Santander [et] d'autres films documentaires sur l'Espagne nationaliste »[24].

À la réunion du Front de la Liberté à Neuilly, le 9 novembre, présidée par Kerillis, Taittinger bannit ses attaches allemandes au profit des italiennes : « Notre pays est le dépotoir de toute la lie étrangère. Actuellement, 30 % des malades à Paris dans nos hôpitaux sont étrangers. Il y a certains quartiers où on cause toutes les langues, sauf le français. Demain, lorsque le succès de celui qui veut libérer l'Espagne de la férule rouge sera assuré, nous allons recevoir des centaines de milliers d'Espagnols qui, chez nous, formeront les brigades de la révolution de la Russie. Déjà, les maires ont reçu des circulaires leur demandant combien ils pourront recevoir de ces réfugiés. Nous avions déjà les israélites allemands, les révolutionnaires italiens, maintenant va venir le tour des anarchistes espagnols. Enfin, il est regrettable que la France ne surveille pas mieux ses intérêts, qu'à l'exemple de l'Angleterre, elle n'envoie un représentant à Salamanque et ne renoue pas de bonnes relations avec notre sœur latine l'Italie. Mussolini et d'Annunzio ont été, pendant la guerre, les premiers à dénoncer la Triplice et à pousser l'Italie à se ranger aux côtés des alliés. […] Mussolini préférerait encore parler librement et amicalement avec la France que d'être le deuxième germanisant en Europe. »[25]

« Dire que c'est pour ces vaincus en débandade qu'on voudrait envoyer les Français à cette guerre, laquelle, n'en doutons pas, déclencherait un conflit général et ce, pour faire plaisir aux moujiks des Soviets » gratifiés d'un « Pacte franco-soviétique "qui […] ne signifie exactement rien et qui éloigne de nous des pays comme la Pologne, la Roumanie et la Yougoslavie" », déclara fin mars 1938 Ybarnégaray, leader du PSF que La Rocque pressentait pour sa succession[26]. En novembre fut diffusé le film « suisse » (œuvre de la Gestapo[27]) *La peste rouge*, qui emplit presque la salle du Normandie. Truffé de vues à « l'effet […] saisissant », il accumulait les énormités (« erreurs et [...] maladresses » selon les RG) pour « un public d'extrême droite » convaincu d'avance : l'Espagne y « occupe une grande place », via « des massacres de prêtres, des destructions d'églises, des mutilations et des tortures rouges, avant l'assassinat de Calvo Sotelo, [...] la révolte de Franco [apparaissant...] comme la réponse à ces atrocités » ; il attribue au PC, « inexistant pratiquement » début 1936, 47 % des électeurs, et le tout à l'avenant[28].

L'hommage à la francophilie franquiste culmina à l'ère de la reconnaissance, le 3 mars 1939 au théâtre Marigny dans un dithyrambe à Léon Bérard, « pour l'heureuse issue de [l]a mission » du négociateur des accords avec Francisco Jordana, ministre des Affaires étrangères de Franco. À la cérémonie, dominée par le PSF, Ybarnégaray surenchérit contre les vaincus sur *Je suis partout* et *Gringoire*, et frôla les records sur Franco et le nouveau pape : « Le sauveur, ce sera Franco, homme de raison et de justice, grand soldat valeureux et noble... c'est aussi vers Dieu que nous tendons nos âmes [...] nous a-t-il entendus ? Oui, je le crois, car hier, nous est venu un merveilleux rayon du ciel... Pacelli ! Quelle émotion ! Pacelli sur le trône de Saint-Pierre ! Choisi par son père spirituel... Nous savons qu'il continuera à travailler pour la Paix, qu'il y emploiera toute sa vie, toute son âme illuminée par la Foi et que nos deux nations, l'Espagne martyre et la France fidèle, uniront leurs efforts vers l'Idéal ! » Fin mars, Ybarnégaray dénonça « l'intolérable menace que constitu[ait] dans les circonstances actuelles la présence dans notre pays de 4 millions d'étrangers et en particulier de 250 000 miliciens espagnols, qui, depuis quelques jours, [avaient] organisé leur fuite des camps de concentration et s'infiltr[aie]ent dans le pays » ; et il exigea des « mesures urgentes et d'extrême rigueur [du] gouvernement [...] pour débarrasser le sol national de cette plaie et de ce danger ». En juin, il vénéra ses deux idoles : « À Burgos notre Grand Maréchal accomplit une œuvre de grand intérêt pour notre pays et d'ici six mois, si l'on respecte les accords Bérard ce ne sera plus une nation neutre mais une nation amie qui sera de l'autre côté des Pyrénées. »[29]

... aux réalités économiques : l'étranglement français de l'Espagne

Intérêts français et République espagnole

Les archives éclairent le poids des intérêts français dans la prise de décision assumée par les gouvernants du Front populaire, « modéré » Blum en tête, accessible aux pressions des milieux représentés par les ministres radicaux et Viénot. L'avis de Laurence Collier, chef de la section Nord du *Foreign Office*, sur les élites britanniques franquistes, valait pour eux : « Les gens semblent perdre toute considération pour les intérêts de leur pays, dès qu'ils s'opposent à ceux de leur Église ou de leur classe, quand il s'agit d'affaires espagnoles. »[30]

La Haute Banque avoua son antipathie pour la République espagnole en 1935 et la manifesta dès le succès électoral (février 1936) du Front populaire.

L'audace du peuple espagnol réduisit à néant les effets de la décision du nouveau régime qui, en 1931, année de sa naissance, « crai[gna]nt beaucoup l'emprise de la haute finance anglo-saxonne »[31], avait confié une partie de ses réserves d'or à la Banque de France : deux versements successifs d'un total de près de 53 tonnes d'or fin furent effectués les 20 juin et 15 septembre 1931 « dans les serres de la succursale de la Banque de France à Mont-de-Marsan », environ 75 en y incluant près de 22 tonnes « en dépôt à Londres ». Plus de 40 demeuraient « à Mont-de-Marsan » quand il fut décidé, en 1938-1939, de donner à Franco « l'or de la Banque d'Espagne »[32]. Aucun partenaire de la banque centrale n'avait offert pareilles cautions commerciales.

La Banque d'Espagne avait depuis le 18 juin 1931 sollicité et obtenu des avances régulières, garanties par ses énormes dépôts de dollars et d'or fin. La procédure nourrit l'épais feuilleton espagnol de la rubrique « avances sur lingots et monnaies » de la Banque de France : 30 entrées sur un total de 52 entre la date précitée et le 20 décembre 1934[33]. La République fut investie depuis le 19 novembre 1933 par la droite de Gil Robles, victorieuse aux élections. Elle fit écraser en octobre 1934 les mineurs des Asturies par les généraux Manuel Goded et Franco[34]. La Banque de France se réjouit donc que « 1933, l'année de la socialisation » (?), fût rachetée par « 1934 [,...] celle de la réaction contre les excès de la démagogie ». L'alarme la saisit au printemps 1935, devant l'union des « groupes parlementaires de la gauche républicaine, de l'Union républicaine et de la Gauche catalane [...] pour faire opposition » à un gouvernement qu'elle jugeait excellent : que pèseraient les « conceptions [...] parfaitement orthodoxes » du ministre des Finances enclin à « supprim[er] progressivement les restrictions et les entraves à la circulation des capitaux », alors « que le cabinet Lerroux [...] orienté "à droite" » était confronté à une « Espagne [...] indiscutable[ment...] orientée "à gauche" » ? « Ce divorce latent entre le peuple et ses chefs », créant une « situation [politique...] assez instable »[35], entraîna la (courte) victoire redoutée du Front populaire, le 16 février 1936.

Le 12 mars, le conseil général unanime accueillit ce revers en rejetant une « nouvelle avance sur or demandée par la Banque d'Espagne » avec l'habillage technique habituel : « Il y a quelques jours, il eût paru possible de lui donner satisfaction. Mais devant la perspective de nouvelles sorties d'or, M. le gouverneur croit qu'il ne serait pas opportun d'accueillir une opération qui aurait pour résultat d'augmenter, au profit de l'étranger, le volume des francs en circulation sans accroissement correspondant de l'encaisse. »[36] Ainsi commença l'affaire de « l'or espagnol », incompatible avec la thèse de la « gouvernante anglaise » : ce sont ses intérêts qui conduisirent la Banque de France *puis* l'État français à détester la République tentée de « donner satisfaction à l'opinion publique » ; et à lui préférer un régime installé par les États fascistes italien et allemand et disposé comme eux à ne pas « sacrifier à la démagogie » séduisant (presque) tous « les pouvoirs publics [...] en période de crise »[37].

Des milieux financiers alignés sur cette position on retiendra ici deux exemples significatifs. L'inspecteur des Finances, élu et ministre de tous les cabinets d'avant Front populaire, le synarque François Piétri, fut un pivot du soutien de Franco et de l'association des franquistes aux complots de l'équipe

Laval-Pétain jusqu'à la défaite incluse. Cet affairiste, comme Laval et Flandin, détenait d'énormes intérêts financiers, de Thomson-Houston à Pennaroya, des sociétés cinématographiques (Gaumont et Pathé) aux banques (à peu près toutes, auxquelles il imposa, pour renflouer des groupes amis, comme au Crédit du Nord, des pertes retentissantes). Traficoteur en bourse, Piétri, aux côtés de Laval, tirait les ficelles de la presse via les « budgets de publicité » ou l'actionnariat (au *Jour*)[38]. Il était aussi actionnaire et « administrateur à la société espagnole Asturienne des Mines qui contrôl[ait] la totalité de la production du sous-sol espagnol », abritait « de gros intérêts belges et français et a[vait] des ramifications dans la finance et l'industrie anglaises » – tous également antirépublicains[39].

Le très riche industriel Jean Chatain avait les mêmes motifs de redouter que l'Espagne récupérât ses richesses nationales : « Entrepreneur de travaux publics », il avait « notamment construit des chemins de fer en Espagne » et dirigeait « une grosse affaire française de potasse en Espagne ». « Ami personnel de Pétain, très lié avec de Monzie », marié à « la sœur de Mme Salazar », il intrigua sans répit au profit des franquistes sous couvert de « relations dans les deux clans ». « La Banque de la Cité à Paris », qu'il administrait, collectait, comme le siège parisien de « la banque extérieure d'Espagne, rue Réaumur, [...] les dépôts des franquistes »[40]. C'est « en collaboration avec » lui que « Loustanau-Lacau essa[ya] de mettre sur pied le syndicat d'échange franco-espagnol destiné à rétablir des relations normales et la péninsule Ibérique. Grâce à Chatain, Loustanau-Lacau [fut] le représentant attitré des nationalistes espagnols. Le 1er juillet 1938 il se m[i]t en rapport avec un officier du service des poudres [...] à Strasbourg [...] pour lui proposer l'achat de 100 tonnes de pyrites [...d']Espagne du Nord, alors sous le contrôle » franquiste[41].

Le cas français confirme l'analyse de Douglas Little sur les motifs *économiques*, quoiqu'enrobés d'idéologie antirouge, de la décision anglo-américaine de confier à l'Axe l'écrasement de la République espagnole. Londres et Washington craignaient toute menace contre leurs investissements dans une Espagne dont le pan moderne de l'économie était aussi étranger que le russe d'avant 1917 : anciens et énormes du côté britannique au début des années 1920, ils enflèrent du côté américain depuis 1924, où ITT contrôla à 100 % le téléphone en créant la CNTE, Compagnie nationale téléphonique espagnole n'ayant de national ou espagnol que l'adjectif. Little attribue trois origines à la « neutralité malveillante » qui affama et fit agoniser « pendant trois ans » la république : 1° l'obsession du bolchevisme, invoquée dans un pays rongé par la misère paysanne où le communisme était quasi absent en 1936[42] : relancée par la conjoncture, elle couvrit le veto à toute réforme socio-économique ; 2° le souci de conserver la liberté d'investissement qu'avaient assurée le roi et Primo de Rivera, gavés de commissions par les groupes étrangers pour violer la législation : « La loi Cierva de 1925 pour la protection de l'industrie » limitait à 25 % la « propriété étrangère dans les sociétés minières », borne dont les sociétés britanniques s'étaient jouées comme le ferait à partir de l'été 1936, contre elles, le Reich[43]. Le dictateur corrompu fut adoré des investisseurs étrangers de 1923 à 1929, après quoi les différends commerciaux, le déficit budgétaire abyssal et l'agitation sociale troublèrent l'idylle ; 3° les exigences commerciales, qui n'avaient attendu ni la République ni le Front populaire mais furent durcies (Washington franchit les records de la caricature), ligotant le pays dominé[44].

Les archives allemandes ajoutent au tableau les tractations sur les actifs miniers anglais confisqués par Franco, la « firme britannique Rio Tinto Company » (cuivre) en tête. Les sociétés lésées, discrètement indemnisées par Franco, « demandèrent à leur gouvernement de ne pas intervenir ». Elles préférèrent négocier avec le Reich, aidées par le *Board of Trade*, dont le délégué, Magowan, invoqua début février 1937 à Berlin l'excellence des relations du Rio Tinto avec les Usines de cuivre de Duisburg (*Duisburger Kupferhütter*) de l'IG Farben, la Bieber-Hamburger et la Metallgesellschaft et dit vouloir les préserver « par tous les moyens ». Les 13 et 14 juillet, les agents de la Rio Tinto, Buchanan et Robbins, tinrent à Berlin des conversations respectivement « animée mais amicale [...] avec les acheteurs allemands [de leur...] minerai de cuivre », puis « très amicale » avec la société Rowak, reine des minerais en zone franquiste : c'était la deuxième étape de tractations entamées « récemment » à Londres avec la *Duisburger Kupferhütter* et, « au nom de tous les acheteurs allemands » de pyrites, les Drs Rudolf Kissel et von Bodelschwingk[45]. Les capitaux français rêvaient du même compromis.

Du diktat commercial à la « reprise » du commerce avec Franco

La haute fonction publique leur facilita la tâche, prônant un lâchage de la République aux abois qui ne visait pas seulement les armes, mais tout commerce. Le veto, immédiat, fut paré d'arguments techniques. Réunie le 13 août 1936, « la commission de l'assurance-crédit » éleva de « graves objections, des points de vue juridique, économique et financier » à la demande, présentée par la Société européenne d'études et d'entreprises (24, rue de Penthièvre), d'une garantie étatique « pour la fourniture » à Madrid « de produits pharmaceutiques, d'instruments médicaux, de voitures d'ambulance, etc. » Collaborateur de Blum, Jules Moch avait argué que « le président du Conseil souhaitait que la demande de garantie précitée fût examinée dans un esprit de large bienveillance ». La commission noircit sept pages de motifs de rejet de ce contrat portant sur 75 millions francs actuels, « soit environ 90 à 95 intérêts compris » : « Improvisé dans des conditions que la commission juge anormales [,...] il dénote des lacunes et des traces d'improvisation évidentes [...] Il n'est donc pas possible d'émettre un avis favorable à la demande », sachant que, « en ce qui concerne les arguments d'ordre politique et humanitaire » éventuels, « la commission estime qu'il n'est pas de son ressort de formuler un jugement sur ces considérations ».

La vindicte éclatait sous la technicité : « La prise en charge d'un risque aussi aléatoire, gageant le Trésor français pour 70 millions de francs, ne saurait être considérée comme un acte de prudente gestion », car « la guerre civile qui déchire présentement l'Espagne constitue un risque politique certain et d'une gravité exceptionnelle »[46]. J'ignore si cet « avis défavorable », « consultatif », triompha. Mais, au 10 septembre, l'avis favorable de Blum, invoquant « des considérations à la fois d'humanité et de politique » et la nécessité « de faire un effort en vue d'assurer l'envoi à l'Espagne de produits pharmaceutiques indispensables », était resté sans effet : l'Espagne, par ailleurs privée d'armes et avions, n'avait pas reçu les « produits pharmaceutiques, [...] etc. » demandés[47].

La mauvaise conscience pesa peu face au comité de non-intervention fondé *uniquement* (on y reviendra) pour paralyser l'Espagne républicaine et ses partisans (anglais et français) et rendre invincibles ses agresseurs. À l'époque même où Blum déplorait les misères qu'*il* lui avait infligées, la procédure mise au point à Londres avait abouti à la priver du moindre produit d'usage civil, comme l'écrivit, indigné, le responsable de « la société Transports et douanes Julien Cruzel, de Cerbère », début mai 1937. « La commission de non-intervention arrête à Cerbère les camions Ford vides, non blindés (origine américaine), sous prétexte qu'ils sont renforcés et que, de ce fait, ils peuvent servir à transporter des munitions. Motif puéril. Ces camions pourraient aussi bien transporter du minerai, des cailloux, etc. Ils sont en réalité destinés à l'évacuation de la population civile de Madrid. La commission a outrepassé ses droits en donnant l'ordre à la douane de retenir ces camions. En outre la note du Quai d'Orsay du 13 avril dernier spécifie les catégories de marchandises prohibées par le comité de Londres. Y sont compris les chars et les véhicules blindés. Or, il ne s'agit ni de chars ni de véhicules blindés. Le lieutenant-colonel Palm qui a dicté ces ordres a donc commis deux abus de pouvoir : 1° celui d'interdire la sortie de véhicules non compris dans les articles prohibés à la sortie de France par le comité de Londres ; 2° celui de dicter des ordres à la douane française. Nous ne sommes pas à l'abri du renouvellement de ces incidents qui commencent à provoquer à la frontière une certaine effervescence. La majorité des membres du comité de non-intervention est composée d'Anglo-Saxons dont les sentiments germanophiles ne font pas de doute. »[48]

Peu avant la chute (le 22 juin 1937) de Blum, à la veille de la prise germano-italo-franquiste de Bilbao, port vital pour les intérêts miniers anglais, que le gouvernement basque avait respectés[49], ce dernier fit charger sur deux vapeurs sous pavillon britannique « des titres, valeurs et objets précieux déposés soit dans les banques de Saint-Sébastien et transférés ensuite à Bilbao, soit directement dans les banques de cette dernière ville. » Bilbao étant tombée (le 19), la catastrophe annoncée par Goering pour la sidérurgie anglaise, dépendante de « minerais de fer basques » aux qualités spécifiques, se produisit : une mission « de la Rowak » s'attela à la remise en route des « mines, hauts-fourneaux et aciéries [de ses] environs » au profit du Reich, avec l'appui des « propriétaires basques »[50]. L'ambassade britannique à Paris fut cependant chargée par le *Foreign Office* de protester contre la saisie républicaine, soutenue par les dockers français, qui refusaient tout acte au service des zones « nationalistes » : ceux de La Pallice, où avaient débarqué les navires, opposèrent, en accord avec « les représentants du gouvernement basque et le consul d'Espagne à Bordeaux », une grève aux déchargements requis par les Anglais. Le cabinet clama en juillet sa fermeté : Delbos, resté au Quai d'Orsay, pria Chautemps « de rappeler à l'ambassade d'Espagne ce qu'a[vait] d'inadmissible l'action de représentants espagnols signalée par le préfet de la Charente à l'occasion d'une affaire dont les tribunaux français [étaient] saisis [et...], au cas où les dockers persisteraient dans leur attitude, d'envisager le déchargement des deux vapeurs [...] par tout autre moyen »[51].

Le patronat affichait pour Franco une passion commerciale qui offrait prétexte à requérir de l'État répression contre l'ennemi intérieur. Delbos, antirépublicain d'emblée, tenta donc en février 1937 « d'engager des conversations avec le gouvernement nationaliste pour reprendre les relations commerciales » via « un consul de France aux sympathies franquistes notoires » : les franquistes lui répondirent « qu'il ne pouvait [en] être question [...] aussi longtemps que des hommes et du matériel pour les rouges passeraient par la frontière française »[52]. Le grand patronat britannique se déclara en octobre 1937 : « La Fédération des industries britanniques a décidé de se réinstaller en Espagne blanche [...]. Diverses banques anglaises ouvriraient à Franco un crédit de plusieurs millions de livres. »[53] La CGPF jugea peu après la conjoncture mûre pour le forcing. « Les délégués du syndicat des dockers » demandaient avant manipulation des produits livrés au Maroc français par les « Raffineries de Soufre Réunies » preuve de leur « consommation sur place de la Résidence générale », prétendant les empêcher de gagner le Maroc espagnol, zone franquiste. Le 12 novembre, le président de la CGPF C.J. Gignoux requit donc de Chautemps intervention policière contre « cette exigence [...] inadmissible » et, « l'intransigeance des dockers persist[ant...] d'une façon absolue [,...] insist[a] à nouveau » le 16 décembre – pour « qu'une rapide intervention [pût] mettre un terme aux entraves ainsi apportées à la liberté du commerce international ». Ses adhérents harcelèrent aussi le président du Conseil, décrétant vitales pour les « intérêts français [...] la reprise des relations commerciales avec la zone [...] nationaliste » et « une entente commerciale tenant compte de la réalité des situations existant en Espagne ». Le dossier, lacunaire, ne précise pas comment fut surmontée cette « situation [d'une...] particulière gravité »[54] et décrit mal le (non) commerce avec l'Espagne républicaine.

Mais tout corrobore l'affirmation de Werth que « la frontière pyrénéenne fut rigoureusement fermée durant la plus grande partie de 1937 »[55]. Le 20 janvier, Blum en annonça à l'ambassadeur américain Bullitt le bouclage via un prochain « accord pour fermer toutes les frontières de l'Espagne à de nouvelles livraisons de matériel de guerre et de "volontaires" » : il motiva par l'abandon soviétique et allemand du « soutien des gouvernements rivaux en Espagne »[56] cette acceptation des exigences franquistes. Welczeck admit en juillet le respect du bouclage : « L'ouverture de la frontière terrestre avec l'Espagne du Nord au transport des armes et munitions modifierait certainement la situation en faveur des rouges. »[57] Le 6 octobre devant le chargé d'affaires Wilson, Delbos se flatta d'avoir à Genève déclaré au délégué permanent de l'Italie à la SDN, Renato Bova-Scoppa, « qu'en interdisant non seulement les livraisons en provenance de France mais même les livraisons effectuées sur le sol français, la France s'était faite doublement complice de l'Italie dans la guerre de cette dernière contre le gouvernement de Valence » ; l'Américain lui ayant demandé si Londres « accepterait que la France ouvrît sa frontière ou autorisât le transit de munitions pour l'Espagne à travers la France », Delbos lui répondit « en riant » qu'il traitait l'affaire « en très étroite liaison avec les Britanniques et que les deux gouvernements "concertaient" très soigneusement leur action » espagnole. « L'ouverture de la frontière, *dit Chautemps le 7 octobre,* aurait peu d'effet sur le cours des événements, parce qu'il n'y avait pas de quantités appréciables d'armes et munitions provenant de sociétés privées françaises ; et que le gouvernement, outre que, pour des raisons évidentes, il n'avait pas envie d'envoyer lui-même des armes à l'Espagne, ne pouvait en aucun cas priver la France des armes dont avait besoin la défense nationale. » Il s'y avoua le 22 « personnellement totalement opposé »[58]. Peu avant que la pression anglaise n'offrît à Paris motif au verrouillage officiel de la frontière (le 13 juin 1938), la CGPF était passée de la consigne de liberté commerciale à celle de « nomination d'un représentant de la France auprès des autorités de Burgos »[59].

En octobre 1938, en plein fiasco militaire, Franco prodigua donc à des « intermédiaires » de l'État « des promesses concernant la future activité commerciale française en Espagne »[60]. À l'heure de sa victoire, les hauts fonctionnaires, pressés par la banque et l'industrie, prônèrent achats, ventes, investissements et garanties d'État naguère « pas possible[s] ». Une note du 11 mars 1939 sur « les relations commerciales franco-espagnoles », classée dans un dossier significativement intitulé « reprise des relations avec l'Espagne, 1939 », proposa que « *la France offr[ît] à l'Espagne* un débouché de 160 000 tonnes d'oranges, soit le double de ses ventes en France pendant l'année 1938 ». Elle rêvait d'aider les Allemands à reconstruire le pays ravagé : « Le choix le plus hardi, mais non pas le moins efficace, consisterait à prendre les devants pour définir les règles d'une collaboration commune avec l'Allemagne en vue d'aider au relèvement économique de l'Espagne [dans...] les secteurs suivants : chemins de fer, barrages d'irrigation de force électrique, industries chimiques d'engrais, textiles » ; on y consacrerait plus de « 300 millions de francs »[61].

Ce rêve éveillé esquivait la question des mines, un des deux buts de guerre allemands en Espagne (avec le contrôle de la Méditerranée). Berlin avait notifié à Franco dès le début de leur association que la présence minière allemande en Espagne exclurait Grande-Bretagne et France : aucune concurrence ne serait tolérée contre « la firme Hisma Ltda (contraction de Compagnie hispano-marocaine de transports) » fondée début juillet 1936 par l'industriel allemand Johannes Bernhardt, féal de Goering et cheville ouvrière du putsch, qui fut bientôt complétée par « la Rowak (*Rohstoffe-und-Waren-Einkaufgesellschaft) » (société d'achat de matières premières et marchandises)* de Goering[62]. L'administration, du Quai d'Orsay au Deuxième Bureau, le sut au plus tard début *1937*[63]. L'auteur (très franquiste) d'un rapport militaire *significatif* concéda alors l'éviction du capitalisme français des zones conquises : exécution sans attendre « l'après-guerre » des « menaces contre les intérêts français [...] : réquisition, par exemple, de certaines industries exploitées par des sociétés françaises, suivie à peu près fatalement de leur cession aux Allemands [...]. Tout ce qui est français est devenu suspect. Divers représentants de sociétés françaises ont été malmenés [...]. L'influence allemande est telle aujourd'hui qu'un ingénieur d'une société française n'a pas pu pénétrer au Maroc [espagnol] pour y effectuer une visite de mine », etc.[64]. Le SR évaluait en mars à « 25-30 000 hommes [...] les effectifs allemands en Espagne » surtout regroupés « dans la région sub-pyrénéenne » où le Reich voulait « développer son influence (octroi de concessions minières ou commerciales – implantation de techniciens –, développement des organisations existantes). Le minerai de fer sert de monnaie pour le paiement du matériel cédé ». Berlin et Rome exigent, confirma le SR fin mars, « le monopole de l'aménagement économique du Maroc espagnol », et Franco a cédé annuellement aux Allemands « 500 000 tonnes de minerai du Rif à titre gratuit et 300 000 tonnes payables soit en numéraire, soit en produits manufacturés »[65].

Deux ans de guerre et d'échecs militaires de Franco portèrent l'influence du Reich à son zénith et lui garantirent « la sauvegarde du "butin de guerre" »[66]. Sa mainmise sur les mines liquida la loi franquiste du 7 juin 1938 limitant la propriété étrangère à 40 % du capital. La question, qui traînait depuis 1937, fut la « condition absolue » en novembre 1938 d'un nouvel effort militaire allemand en faveur d'une armée franquiste en déroute depuis septembre : le 19 novembre, par « décision secrète » du conseil des ministres, Franco consentit à quatre des cinq sociétés du groupe allemand Montana (issu de l'Hisma-Rowak) un dépassement de 35 % (75 % du capital), de 20 % (60 %) à la cinquième, et 100 % du capital à « la société minière [allemande] de Mauritanie », à Tétouan (Maroc espagnol)[67].

À l'époque de la victoire, le conseiller de légation à Paris Karl von Campe suggéra de ne pas doucher l'élan post-munichois des Français enclins à prêter les fonds dont manquait le Reich dans le cadre d'une « coopération franco-allemande dans la reconstruction de l'Espagne » : « L'Allemagne a à offrir ses bonnes relations avec le gouvernement Franco, ses techniciens déjà installés sur place et les organismes existants ; la France, quant à elle, mettrait à disposition des crédits à long terme en devises et, si nécessaire, de la main-d'œuvre aussi. Nous avons intérêt à [lui] présenter une proposition convenable car, depuis la chute de Barcelone [26 janvier 1939], les milieux économiques français exercent une pression de plus en plus grande en faveur d'une reprise rapide des relations normales avec l'Espagne. Les milieux économiques et financiers brûlent de jouer dans la reconstruction de l'Espagne le rôle qui, à leur avis, leur revient nécessairement en raison de la fluidité du marché du capital français et de leurs liens personnels et familiaux à travers la frontière. Le gouvernement hésite à faire une nouvelle et brusque *volte-face* mais il ne cherche au fond qu'une bonne excuse pour pouvoir reprendre les relations sans subir une trop grande perte de prestige. Une proposition allemande de coopération franco-allemande dans la reconstruction de l'Espagne et ensuite l'intérêt économique pratique et les liens des milieux économiques et financiers français avec une Espagne nationaliste offriraient, outre de grands avantages économiques, l'avantage politique de hâter la reconnaissance de l'Espagne nationaliste par la France. »[68] L'offre fleurait le *window dressing*, comme le confirma un mois plus tard le veto de Berlin : « Il n'y a pas de raison de faire des consortiums avec les Français en Espagne, l'Allemagne étant économiquement et financièrement capable de réaliser ces entreprises toute seule. [Elle] se ferait un énorme tort politique si elle aidait une fois de plus à rendre le cas français présentable en Espagne. »[69] Elle menait en effet depuis janvier combat quotidien pour obtenir sur les dossiers financiers et commerciaux et « la participation à la reconstruction de l'Espagne » l'hégémonie que justifiait sa contribution décisive à la victoire[70].

La réunion du 13 mars 1939 sur les « affaires d'Espagne » des hauts fonctionnaires de divers ministères présidée par le secrétaire général de la présidence du Conseil, Yves Chataigneau, n'en discuta pas moins des conditions de la reprise du commerce que réclamait le grand capital français. Antoine Delenda, chef des relations commerciales au Quai d'Orsay, donna le ton par son programme et sa hâte à « gage[r] le Trésor français » de centaines de millions, alors que « l'assurance-crédit » avait été refusée en août 1936 à 70 millions de contrats pharmaceutiques et sanitaires. Il était saisi « de nombreuses demandes tendant à obtenir la garantie de l'État pour des contrats qui seraient réalisés avec l'Espagne franquiste. Les principales demandes sont les suivantes : la maison Louis-Dreyfus propose de vendre du riz indochinois pour 140 millions ; les Manufactures de Senones (Boussac) désireraient exporter pour 20 millions de coton ; la Banque nationale du commerce extérieur envisagerait une opération triangulaire avec l'Argentine portant sur 100 millions de francs ; [...] M. Delenda précise qu'actuellement les seules relations prévues avec l'Espagne sont des relations de compensation avec échanges à 100 % de marchandises. Si une suite favorable devait être donnée à ces demandes de garantie, il faudrait ouvrir un crédit au gouvernement espagnol. De toute façon, un accord provisoire avec l'Espagne ne présente actuellement aucun inconvénient. Les agrumes algériens ne viendront sur le marché que dans quelques années. Pour un ou deux ans, il faut s'attendre à une insuffisance de production des oranges à la fois en Espagne et en Afrique du Nord. En outre, les contrats de fournitures de pyrites ou de minerais conclus pour une assez longue période par les industries chimiques françaises leur interdisent pour le moment de se fournir abondamment en Espagne. Enfin, il ne faut pas envisager ce que le gouvernement français essaierait de faire en se servant de l'or, de la flotte ou des armes livrés par les Républicains, ces questions demeurant entièrement réservées. M. Delenda estime que le plus expédient serait de fixer, d'accord avec le gouvernement espagnol, un crédit global sans indiquer de façon plus précise les bénéficiaires. Le gouvernement espagnol passerait lui-même les contrats et choisirait entre les offres qui lui sont faites ».

On ne divergea que sur les modalités de l'octroi, inconditionnel ou subordonné à des « négociations générales » (Guillaume Guindey, des Finances). Chataigneau soutint la première thèse, « se demand[ant] si, en différant encore, les Français ne risqu[ai]ent pas d'être devancés par des étrangers qui se trouver[aie]nt alors déjà placés partout ». Un seul, Sicard, s'intéressa au « recouvrement des dommages aux intérêts français [,...] insist[ant] pour que le gouvernement n'abandonn[ât] pas le gage constitué par l'or espagnol »[71]. La Banque de France avait depuis deux ans jugé cette précaution inutile.

La Banque de France et l'or espagnol

Les débuts de l'étranglement, 1936-1937

Sa contribution à l'assassinat de la République, saisissable par bribes dans les fonds de 1936-1937, ressort mieux des PV du comité permanent et du conseil général depuis la fin mars 1938 : l'agonie du Front populaire libéra, avec son énergie franquiste, certains aveux. Les archives allemandes éclairent utilement le dossier.

Alors que le gouverneur en titre de la Banque d'Espagne (depuis mars 1936), Luis Nicolau d'Olwer, était demeuré fidèle à la République, le gouverneur Labeyrie accepta de recevoir, le 3 août 1936, un délégué autoproclamé de ladite banque et président du « comité de défense nationale » (de Burgos) (la « Junte » putschiste), le général Miguel Cabanellas[72] : celui-ci exigea que la Banque de France interdît aux autorités légales espagnoles tout « prélèvement des sommes ou valeurs » sur le compte-or appartenant à son « comité ». Labeyrie n'avisa ses instances légales de direction ni de l'entretien ni de ses suites. Le harcèlement ne cessa plus depuis le télégramme du « conseil général de la Banque d'Espagne » de Burgos du 25 août protestant « contre les sorties d'or, propriété de la banque, ordonnées par le gouvernement de Madrid », les « spoliations manifestes », etc. Le 26 octobre, Labeyrie reçut un « exploit » signé de Proux, au nom de Pedro Pan y Gomez, « premier sous-gouverneur de la Banque d'Espagne installé à Burgos se déclarant qualifié pour représenter la Banque d'Espagne ». Il le communiqua le 29 au ministre des Finances (Vincent Auriol) en lui demandant instruction : « Toutes les opérations sur or réalisées actuellement par la Banque de France étant [...] faites pour le compte du Trésor public, je crois devoir vous prier de bien vouloir me faire connaître si vous partagez ma manière de voir, ou si, au contraire vous estimez soit que des changements doivent être apportés à notre façon d'opérer, soit que toutes opérations doivent cesser avec la Banque d'Espagne. Dans le premier cas, je me proposerais de ne donner aucune suite à l'assignation reçue. »[73]

Entre-temps, Franco sollicita l'appui du Reich, jugé assez influent à Paris pour faire avancer la question : « Les représentants du gouvernement de Burgos, *rapporta Forster le 1er octobre 1936,* ne trouvent pas une oreille attentive, même dans les milieux de droite qui sont leurs amis. Le souci de voir envoyer le plus possible d'or espagnol en France prédomine évidemment chez eux aussi. » Franco souligna l'intérêt direct dans le règlement de l'affaire en sa faveur de son grand fournisseur d'armements allemand (qui requérait paiement en or ou en devises des dettes franquistes) : ne pas obtenir cet or l'empêcherait « de nouer toute relation fructueuse financière et commerciale avec des pays amis ». La pression britannique serait utile : « Le gouvernement de Burgos prie instamment le gouvernement allemand de rechercher comment parer à ces inconvénients et éventuellement d'entrer en communication à ce sujet avec le gouvernement britannique. »[74]

Le délégué plébiscité (15 octobre) de la Haute Banque, Lemaigre-Dubreuil, fournit l'aide que les putschistes attendaient de « leurs amis » français. À peine installé au conseil général, il y lança l'assaut en dénonçant la violation de la non-intervention par la Banque de France soviétisée, usant de l'or espagnol pour permettre aux républicains d'enrichir les Soviets qui les armaient. L'Espagne, déjà privée de commerce avec la France, devait perdre aussi le droit à disposer de l'or en dépôt pour régler ses dettes à l'égard des États fournisseurs (étape qui serait franchie avec le cabinet Chautemps). La presse, guidée par Lemaigre-Dubreuil, mena campagne d'affolement, violant le « secret des délibérations » que Labeyrie avait le 18 août 1936, au premier conseil général de la banque réformée, érigé en règle d'airain contre les éventuelles « indiscrétion[s] » d'une CGT dotée de strapontins[75].

Simultanément, le Quai d'Orsay sonna l'hallali contre les achats républicains, tuteuré par les Finances, quoique la correspondance lacunaire citée le 8 avril 1938 au CG par Boisanger ne permette pas de trancher sur la duplicité ou la capitulation d'Auriol. Delbos l'ayant pressé, le 8 novembre 1936, d'enquêter sur la légalité des envois d'or espagnol vers la France et « les conséquences éventuelles qu['ils] pourraient entraîner », Auriol s'esquiva le 21 : « La question [...] ne doit pas être envisagée du point de vue financier [mais] constitue [...] un problème politique dont la solution doit [...] dépendre dans une large mesure de l'examen juridique auquel vous jugerez sans doute utile de faire procéder d'urgence. »[76] Le récit de Boisanger gomme un an de tractations secrètes (27 novembre 1936-16 novembre 1937), qui facilitèrent les provocations de Lemaigre-Dubreuil évoquées au conseil du 11 décembre 1936 : Labeyrie y cita son interview dans *Le Jour* du 4 (« Je crains que la Banque de France ne vienne de se prêter à une opération dont les conséquences peuvent être très graves. Elle aurait reçu de l'or espagnol pour en livrer la contrepartie en billets français aux Soviets ») ; puis l'article du *Journal* du 8 : «"Le mystère de l'or espagnol – Ce que nous dit M. Lemaigre-Dubreuil". [... L]a banque se livrerait à des opérations suspectes, sur lesquelles le gouverneur refuserait tout renseignement. »[77]

Traité avec égards, Lemaigre-Dubreuil continua de plus belle, n'ayant que faire des réponses que le gouverneur donna le 17 décembre 1936 au comité permanent puis le 7 janvier 1937 au conseil général, sur la parfaite légalité des « ordres de versement et de prélèvement » d'un or espagnol déposé « dans nos caisses [...] depuis 1931 »[78]. L'Espagne put en effet en user pour effectuer ses achats à l'étranger jusqu'à la fin mars 1937, au terme de deux mois d'agitation anglo-allemande au comité de non-intervention pour y mettre fin. Le Reich, premier intéressé, indiqua à Franco la marche à suivre : « Il fallait, avant tout », prescrivit son ambassadeur Faupel le 20 février, « dire aux Français que toute tentative de reprise des relations commerciales serait dérisoire tant que l'or de la Banque d'Espagne envoyé en France par les rouges ne serait pas rendu au gouvernement nationaliste »[79]. Le 13 janvier, au comité de Londres, le délégué allemand lia « la question du rappel des volontaires » – dernière lubie de l'ectoplasme – « à l'or espagnol, emporté par le gouvernement de Valence ». Il serina l'argument jusqu'à la fin mars. En janvier, le délégué suédois avait « soutenu que les exportations d'or ne pourraient être discutées sans que soit interdite en même temps la confiscation des exportations de cuivre en faveur de l'Allemagne »[80].

Les Allemands gonflèrent leur part du cuivre espagnol au fil de l'avance de leurs troupes et des succès de leurs armements, mais la « Pause » française arracha aux républicains l'usage de leur or. La correspondance officielle de la Banque de France est muette sur les tenants et aboutissants de l'interdit qui triompha alors que la loi du 9 mars 1937 avait libéré « l'importation d'or ». L'inspecteur général de la Banque de France Gérard Cornu masque la responsabilité de son employeur (même quand elle est attestée par les PV des instances théoriques de direction) et livre, sans références, des bribes impliquant la gouvernante anglaise : une lettre de Delbos à Auriol, le 20 mars 1937, invoquant l'opposition britannique aux transferts de « réserves métalliques [espagnoles] à l'étranger » qui pourraient être contestés « quelle que soit l'issue de la guerre civile » (non, seulement si Franco l'emportait) ; une lettre d'Auriol à Labeyrie, le 9 avril, requérant précision sur les opérations de la Banque de France sur l'or espagnol pour la réunion du comité de Londres prévue le 13. « Du 25 juillet 1936 au 26 mars 1937, date du dernier envoi, la Banque de France reçut 181,8 tonnes » d'or pour le compte de celle d'Espagne, « les livraisons s'effectuant soit par petites quantités [...] plusieurs fois par semaine, aux aéroports de Paris ou de Toulouse, soit, à trois reprises, en octobre, novembre et décembre, par quantités massives que des cargos espagnols apportèrent à Marseille »[81].

L'étranglement financier des républicains prit donc un tour décisif juste après, d'une part, la « Pause » et, d'autre part, un nouveau revers militaire cuisant de Franco et de ses alliés, mi-mars 1937, à Guadalajara, où les troupes italiennes furent taillées en pièces[82]. La pression ne cessa plus. Labeyrie signa le 1er juillet, trois semaines avant son éviction (sanction de sa tiédeur pour les franquistes ?), une lettre notifiant à Nicolau d'Olwer la décision de la Banque de France d'obtenir de celle d'Espagne le remboursement immédiat des « avances sur or qu'[elle lui] avait libéralement accordées, après la réforme monétaire de 1928 » : il n'était désormais « plus possible de prolonger ces exceptions » aux règles établies en 1935 (« ne plus accorder d'avances nouvelles ») et 1936 (exiger remboursement immédiat des « soldes » des avances). Le 29 septembre, l'Espagne républicaine remboursa une avance d'un milliard 115 millions, soit 1 123 497 516 francs 15 avec les intérêts, « par la cession au Fonds de stabilisation des changes français » de 34 387 kgs 2 616 d'or fin (plus de 12,4 tonnes « pris sur le dépôt de Mont-de-Marsan » ; le reste sur celui de Londres). Il restait alors à Mont-de-Marsan 1 479 millions (40 229,4 158 kg) : la Banque de France s'assurait une part des fonds avant d'en remettre le solde à Franco[83].

Sa correspondance est quasi muette jusqu'en novembre 1937 où, d'après les exposés, lacunaires mais complémentaires, de Boisanger (1938) et de Cornu (1999), le plan de « restitution » (à Franco) accompagna l'interdiction signifiée sous tous les prétextes possibles à la Banque d'Espagne d'user de son or. Le 14 novembre, la Banque d'Espagne, transférée depuis le début du mois à Barcelone, sollicita une vente d'or pour « un montant » de 300 millions de francs destiné à la Banque commerciale pour l'Europe du Nord. Suivirent le 16 un veto du conseil des ministres contre ce règlement commercial au bénéfice des Soviets et une lettre de Pierre Fournier posant au ministre des Finances Bonnet la question de « la restitution éventuelle de l'or » espagnol déposé à la Banque de France.

Une partition bien au point fut exécutée par les Finances et le Quai d'Orsay, qui rédigea deux lettres, les 19 et 26, sur les enquêtes indispensables des juristes des services concernés, l'attente indispensable des pièces à fournir par la Banque d'Espagne, etc. Jean-Jacques Bizot, spécialiste du veto contre les rapports économiques avec l'URSS, désormais sous-gouverneur de la Banque de France, fut chargé de faire patienter la délégation espagnole venue du 25 novembre au 6 décembre à Paris pour tenter de lever le veto. Visite vaine préalable à nouveau coup. Le 6 décembre, jour du départ des banquiers espagnols, Bonnet adressa à Fournier une lettre que la Banque de France avait elle-même rédigée : elle le priait « de demander à la Banque d'Espagne l'engagement que les crédits en francs mis à sa disposition ne ser[aie]nt utilisés qu'à des paiements à des créanciers français »[84]. Le 21 décembre, Pierre Fournier annonça cette nouvelle condition au gouverneur de la Banque d'Espagne arrivé à Paris le 18 (en pleine bataille de Teruel). Luis Nicolau d'Olwer la rejeta, rétorquant qu'il « demanderait sans doute, dans un proche avenir, le retrait de l'or actuellement déposé sous son dossier », ce qu'il fit le 29, à son retour à Madrid. Mis au pied du mur, Fournier usa le 22 d'une nouvelle parade : il adressa aux Finances une lettre invoquant l'urgence d'« "un avis de la chancellerie [...] avant toute opération" », compte tenu « de la plainte déposée en 1936 par M. Pan y Gomez ». Cette tactique judiciaire durerait presque jusqu'à la dépossession de la République (les PV officiels étant muets sur les liens de la Banque de France avec la Justice).

La démarche espagnole officielle eut lieu le 24 janvier 1938 – le temps que « la résistance des rouges », en net progrès, infligeât avec « la bataille de Teruel » un nouveau revers à l'Axe, et rendît à la gauche de « nombreux pays l'espoir d'une victoire rouge »[85]. Une note au ministère des Finances français signée de l'ambassadeur Ossorio Gallardo demanda le rapatriement des 40 229,4 158 kg d'or fin « en territoire national » ; la République offrait cependant de « laisser en dépôt » en France 100 millions d'or « à titre de garantie du règlement des créances françaises immobilisées en Espagne ». Paul Marchandeau prit dans le second cabinet Chautemps liquidateur de Dormoy le relais de Bonnet, et, sur injonction des Finances, les Relations commerciales du Quai d'Orsay exigèrent le 7 février un dépôt d'un montant double (200 millions), « mieux en rapport avec le montant des créances françaises ». La République aux abois financiers accepta ce nouveau diktat par courrier du 22 février de Nicolau d'Olwer[86].

Entre cabinets Chautemps et Blum, la tactique judiciaire prit son envol. Les plaintes de 1936-1937 de Burgos avaient suivi leur cours, mais Fournier invoqua le 3 mars 1938 dans une lettre aux Finances un « fait nouveau » (vieux de sept mois) « susceptible d'entraîner un nouvel examen de la question » : une procédure de l'équipe bancaire de Burgos « du 7 août » 1937 et ses suites avaient donné au président du Tribunal civil de la Seine l'occasion de renvoyer, par ordonnance du 18 novembre 1937, les parties espagnoles dos à dos. Cette situation méritait désormais toute l'attention du gouverneur et posait la question de la légitimité des plaintes de Burgos depuis celle de Pan y Gomez, qui « appar[aissai]t comme une défense d'opérer quelque dessaisissement que ce soit »[87]. La Banque de France entra ainsi dans l'ère du suivisme judiciaire, prélude à l'estoc final.

Pendant plus d'un an, tout en négociant avec ses amis franquistes, elle se déclara suspendue aux ordres des tribunaux, puis de l'État. À partir de mars 1938, elle fut à l'origine d'une montagne d'études de juristes qui conclurent à son obligation de ne rien faire, « plusieurs empêchements » risquant de « l'exposer éventuellement à payer deux fois » : confrontée aux « deux tronçons » de la Banque d'Espagne, Barcelone et Burgos, la Banque de France devait attendre, trancha le 10 son avocat, Léon Desforges, la seule décision possible, celle que prendraient les « tribunaux civils français »[88].

Une césure Blum-Paul-Boncour (13 mars-8 avril 1938) ?

On put croire la tactique entravée par le retour de Léon Blum, président du Conseil et ministre du Trésor. Le 26 mars eut lieu à la chancellerie « une réunion [...] d'urgence » de « conseillers juridiques des différents ministères » avec « un représentant de la Banque de France » (non nommé par Cornu) : elle repoussa les revendications de Pan y Gomez. Blum prescrivit le 30 mars à Pierre Fournier « la restitution de l'or que vous conservez en dépôt » pour le compte de la Banque d'Espagne représentée par Nicolau d'Olwer. Affolé, le gouverneur lui « répond[it] qu'il devait, avant toute mesure d'exécution, saisir le conseil général », qu'il convoqua aussitôt pour le 31 à 10 heures. « Dans la soirée », Blum lui-même le rassura : il l'avisa « que le ministre des Affaires étrangères estimait que certains points n'étaient pas suffisamment éclaircis et qu'il y avait lieu de procéder à un nouvel examen de la question ». Fournier « contremand[a] la réunion du conseil général », mais réunit « à cette même heure » le comité permanent : ses membres (Jouhaux absent) furent « unanimes à estimer qu'avant toute décision, il conviendrait de recueillir, sur certains points de droit, l'avis d'un jurisconsulte qualifié »[89].

Le professeur Georges Ripert, doyen de la Faculté de droit de Paris et « membre du comité juridique consultatif de la banque », émit le 1er avril, « sur la question de compétence », le 4 avril, « sur le fond », deux avis *formels* sur le devoir de la Banque de France « de restituer le dépôt d'or au gouverneur de la Banque d'Espagne ». L'alerte, d'apparence sérieuse, était à ces deux dates déjà surmontée, les ministres supposés pro-républicains, Marc Rucard (justice) et Paul-Boncour (affaires étrangères) ayant fait volte-face les 22 et 29 mars : « Je ne peux que partager la manière de voir des conseils juridiques de la Banque de France qui estiment que les tribunaux judiciaires sont seuls compétents pour se prononcer sur la valeur de l'acte extra-judiciaire notifié à la Banque de France », écrivit le premier ; le second sembla soutenir la République (« le gouvernement français ne reconnaît pas d'autre gouvernement de l'Espagne que le gouvernement de Barcelone et [...] en conséquence, il ne reconnaît pas force de droit à l'arrêté pris à Burgos le 14 janvier dernier ») ; puis il s'aligna sur le Quai d'Orsay : un gouvernement espagnol pourrait contester « la valeur de certains actes du gouvernement actuel de Barcelone [...L]a Banque de France serait [donc] exposée à voir les tribunaux espagnols prononcer que lesdits paiements ne sont pas libératoires [et...] resterait tenue vis-à-vis de la Banque d'Espagne. Une telle décision serait évidemment exécutoire sur [s]es avoirs » éventuels en Espagne et « pourrait éventuellement être rendue exécutoire dans les pays tiers ».

« Ces deux lettres [, qui sont...] d'avis qu'il y a un doute sérieux sur le pouvoir de représentation du réclamant [,...] modifient complètement la position de la question et par conséquent mes conclusions », trancha Ripert le 6 avril : la restitution s'avérait donc impossible avant le jugement des « tribunaux français ». Ce retournement, juridiquement incompréhensible, ne peut s'expliquer que par la nature des relations entre Ripert et la Banque de France, absentes de ces archives sélectives. Le même jour, le Quai d'Orsay notifia que « le conseil de direction de [son] Office des biens et intérêts privés », réuni le 5 avril, avait demandé à l'État de « garantir le règlement des réparations » dues aux créanciers français lésés ; il avait décidé en conséquence « que les dépôts d'or effectués dans les banques françaises par le gouvernement espagnol devaient être surveillés de façon à prévenir toute tentative de sortie hors de France ». Au conseil général du 8 avril, Jacques Rueff concéda que ce document impromptu était sans « valeur juridique quelconque », mais les jeux étaient faits.

Pierre Fournier, muni du troisième avis de Ripert – le bon –, avait en effet le 6 couru chez Blum pour l'aviser « que ses conseils juridiques lui déconseillaient [...] la restitution de l'or à la Banque d'Espagne [...] et que le ministre des Affaires étrangères faisait des réserves ». Blum accepta sur-le-champ « de procéder à un nouvel examen de la question »[90]. Au conseil général du lendemain, Million demanda à Fournier : qui décide, le gouvernement ou le conseil général ? Il reçut une réponse dont le lecteur devra se souvenir, car la Banque de France changea ensuite d'avis : le conseil général, « car seule la responsabilité de la banque est en jeu [...I]l s'agit d'une opération privée, pour laquelle nous pouvons être actionnés devant les tribunaux » et il n'existe pas de garantie d'État « contre les risques » éventuels courus « à cette occasion »[91].

On ne perçoit donc aucune fermeté en ce cabinet Blum-Paul-Boncour haï du *Foreign Office* et de l'ambassadeur Phipps qui s'activèrent à sa chute. Seulement beaucoup de bruit – sur les dangers dont son énergie eût menacé l'Apaisement espagnol (et tchécoslovaque) – pour rien[92]. Le sursaut de mars-avril 1938, fallacieux, achève de démentir la conclusion de Cornu « que, si le gouvernement Blum et le gouverneur Labeyrie étaient demeurés un peu plus de temps en fonction, l'or eût été restitué sans problème à la Banque de Valence »[93].

La phase finale de la spoliation de la République espagnole, 1938-1939

Londres obtint sans peine, le 8 avril 1938, le « gouvernement français [...] fort et impartial [...] soutenu par toutes les classes de la population [et...] représentant tous les groupes politiques du pays » que réclamait sa presse[94] : ces deux formules respectives, à traduire par bourgeoisie et droite, désignaient le cabinet Daladier, qui leva pour la Banque de France tout obstacle espagnol. Jouhaux demeura ferme ce jour-là : « Il n'y a en Espagne qu'un seul gouvernement régulier : celui de Barcelone. Il n'y en a pas d'autre. Toute action engagée au nom d'un autre gouvernement espagnol doit être considérée comme irrecevable. » Il se rallia au conseil général extraordinaire du lendemain à Pierre Fournier. Le gouverneur, affectant d'attendre la décision de justice, fut paré d'un halo de modération objective par Lemaigre-Dubreuil, qui exigeait « que la Banque déclin[ât] formellement la compétence du juge des référés ». L'approbation unanime du « texte des conclusions » de Desforges à déposer « cet après-midi à l'audience des référés »[95] ouvrit la voie à la dépossession de la République.

Le 13 avril, « Maillefaud, président du tribunal civil de la Seine », en plaçant les adversaires dos à dos, commença à démontrer que la Banque de France n'avait rien à redouter des « tribunaux français », auxquels elle avait déclaré se remettre entièrement. Le magistrat avait agréé les assignations en référé : 1° de la Banque d'Espagne contre celle de Burgos et contre la Banque de France pour tenter d'obtenir levée de l'« obstacle au retrait de l'or déposé dans les caisses de cette dernière » et 2° de celle de Burgos. « Il rendit [donc] une ordonnance « renvoya[n]t les parties à se pourvoir au principal ». « La Cour d'appel confirm[a] par l'arrêt du 6 juillet 1938 » l'ordonnance contre laquelle la Banque de Barcelone s'était pourvue en appel, arguant que « la Banque d'Espagne, société par actions, n'[était] pas une banque d'État ». La « position [...] de la Banque de France a[vait] certainement joué un rôle déterminant », admet Cornu. Entre-temps, le 27 juin 1938, Bonnet, à nouveau ministre des Finances, avait adressé à l'ambassade d'Espagne une note annulant « la proposition » de février « acceptée par les Espagnols » : elle triplait en les portant à 600 millions les fonds espagnols bloqués en France, « 200 pour garantir la liquidation des crédits commerciaux, 400 » pour le « règlement des créances françaises immobilisées en Espagne » (exigence évidente de la Banque de France même). La République espagnole céda le 5 juillet « avec une visible amertume » et « en subordonnant son accord au fait de disposer "à très bref délai de l'or conservé par la Banque de France" »[96]. Nouvelle humiliation que l'arrêt du lendemain, cité plus haut, transforma en perspective de perte du tout.

Les tribulations judiciaires de l'or espagnol furent évoquées d'avril à juillet au conseil général[97], lacunaire mais explicite. Lemaigre-Dubreuil, acharné à exciter les actionnaires, proposa le 23 juin de supprimer le dividende jusqu'au règlement de la question. Il fut fait état le 30 juin d'une lettre du 9, lettre de la Banque d'Espagne (Burgos), dont les treize membres signataires (dont deux marquis, trois comtes, deux ducs, tel celui d'Albe) se proclamaient « majorité absolue du conseil d'administration » et seuls compétents pour traiter en son nom[98]. Le 7 juillet, Jouhaux protesta contre la « position politique » de Desforges, qui invoquait la note du 6 avril sans « valeur juridique » (Rueff) de l'Office des biens et intérêts privés ; il contesta l'escalade du Quai d'Orsay sur les « indemnités dues à des ressortissants français. Il y a là une série de manœuvres qui donnent à cette affaire un caractère politique »[99].

Le silence s'abattit ensuite au conseil général sur « l'or espagnol » jusqu'au 2 février 1939 et, au comité permanent, du 21 juillet 1938 – où Fournier annonça les audiences des 25 janvier et 1er février 1939 du procès entre les deux banques d'Espagne – jusqu'au 26 janvier 1939 : « la banque », affirma alors le gouverneur, « s'en rapporte purement et simplement à la justice »[100]. Entre-temps – en septembre 1938 –, alors que l'offensive militaire de l'Axe « au-delà de l'Èbre, près de Gandesa », avait échoué et que se multipliaient « les scènes violentes entre Franco et ses généraux », le dossier enchanta le Reich : « l'Espagne rouge » croupissait dans la misère due au « manque d'or pour payer les achats de matériel de guerre et de ravitaillement ». Il y eut en octobre un « échange de vues entre le gouvernement de Burgos et le gouvernement français » : Franco voulait – il le dit à l'ambassadeur Eberhard von Stohrer, successeur de Faupel parti fin août 1937 – « convaincre les Français de ne plus s'intéresser aux rouges et de garantir [s]a victoire complète [...] par des mesures appropriées, en échange de quoi l'Espagne accepterait de rétablir les relations comme le souhaitaient de larges milieux en France »[101]. Les « mesures appropriées » visaient l'or, clé des accords Bérard-Jordana de février 1939.

Du Commandeur juridique dont il s'était déclaré depuis mars 1938 l'exécutant, Fournier avoua le 23 mars 1939 se moquer, au comité permanent délesté du représentant de la CGT mais qu'avait rejoint Lemaigre-Dubreuil[102] : « Il ne sera pas rendu de jugement ; lorsque le gouvernement nationaliste sera maître de l'Espagne tout entière, la Banque de Burgos et celle de Valence se confondront et l'instance tombera d'elle-même », répondit-il à Baumgartner qui lui « demand[ait] où en [était] le procès relatif à l'or déposé par la Banque d'Espagne ». « Un jugement entraînerait le paiement de droits extrêmement élevés, *ajouta-t-il le 30.* On ne peut encore savoir quelle procédure sera adoptée pour mettre fin au litige ; en tout cas, la Banque de France n'a pas d'initiative à prendre : elle ne peut que se maintenir sur le terrain juridique où elle s'est placée. »[103]

Ce terrain sûr fut sécurisé encore par l'emballement franquiste du duo Daladier-Bonnet, qui délégua chez Franco[104] Léon Bérard, riche avocat d'affaires des compagnies d'assurances[105] et auxiliaire de Laval dont il avait participé à tous les cabinets depuis 1931[106]. Les négociations, les 3, 6 et 18, puis les accords Bérard-Jordana du 25 février 1939 prévirent entre autres, outre la reconnaissance *de jure* de Franco (officielle le 27), la remise des « 7,5 millions de £ d'or [...] refusés au gouvernement républicain » (Werth) depuis 1937[107]. C'était le pivot d'un texte si ignominieux que le tandem Daladier-Bonnet ne le communiqua pas officiellement au conseil des ministres : je n'ai connu, rappela le 6 juin 1939 Reynaud, celui des Finances, à Bonnet, que par votre lettre 869 du 29 avril cet engagement du « gouvernement français [...] à s'employer par tous les moyens qui relèvent de son pouvoir à assurer à la nation espagnole le retour de [...] l'or déposé à la Banque de France, dans les délais les plus brefs »[108].

On pourrait arrêter là le récit, la remise de l'or à Franco n'ayant été différée jusqu'à l'été que par souci des rapports de forces intérieurs. Mais la tactique de la Banque de France, à laquelle ce délai permit de transférer sur le seul État français la responsabilité de *son* vieux projet, mérite examen. Elle négocia avec la Haute Banque franquiste, comme l'attestent les entretiens des 17 et 20 mars 1939 de Jean-Jacques Bizot avec ses délégués aristocrates, qu'il préférait aux républicains espagnols et aux Soviétiques. Le 17 mars, le sous-gouverneur reçut promptement (deux jours après envoi de sa demande) et « aimablement » (sous couvert d'obéir aux « Affaires étrangères ») Valentin Ruiz Senez, représentant de la Banque d'Espagne auprès de la Banque d'État du Maroc. L'Espagnol s'enquit au nom du sous-gouverneur César A. de Arruche des « intentions de la Banque de France

[sur] l'or de la Banque d'Espagne ». Il invoqua « l'accord franco-espagnol récemment intervenu, dont l'article 1er stipulerait qu'"une des premières obligations du gouvernement [français] serait de faire usage de tous les moyens qu'il possède pour accélérer l'envoi de cet or à Burgos" ».

Ruiz Senez revint le 20 en compagnie d'Arruche et du marquis d'Amurrio, administrateur de la Banque d'Espagne, chez Bizot, qui mâtina la tactique juridique de propos plus nets : « J'ai indiqué à ces Messieurs que les événements nous avaient rendu difficile de prendre l'attache du gouvernement. La Banque de France ne pourra évidemment fixer son attitude : 1° qu'une fois la question de droit réglée par le tribunal ; 2° et lorsqu'en outre elle aura l'accord du gouvernement à la restitution. Ces Messieurs paraissent l'avoir bien compris. Ils nous demandent seulement de hâter les décisions du gouvernement. Leur ambassadeur verra de son côté, sur mon conseil, les Affaires étrangères » (une semaine plus tard, Franco adhéra au pacte anti-Komintern et signa un « traité d'amitié » avec le Reich)[109].

Une abondante littérature, sélective et toujours muette sur avril 1938-début 1939, ressurgit au conseil entre les 1er juin et 3 août 1939. Du résumé des audiences de justice depuis les 25 janvier et 1er février et des notes « juridiques » ressortirent, d'une part, la ferme démonstration par ses juristes et avocats que la Banque de France devait au gouvernement « légal » de Franco ce qu'elle avait dénié à celui de la République, et, d'autre part, l'hypocrisie de la banque, qui affecta d'obéir à une injonction étatique[110].

La note de Jacques Bouteron, son directeur du contentieux, pour Pierre Fournier, le 24 mai 1939, offre un modèle de l'argumentation « juridique » choisie. « Puisque l'autorité du gouvernement du général Franco, reconnu par la France, paraît bien maintenant s'étendre en fait à toute l'Espagne, [...] il ne peut plus être question d'une solution judiciaire dans cette affaire et [...] la Banque de France ne saurait faire autre chose que d'accepter le désistement auquel se prépare la Banque d'Espagne (Burgos). » S'il avait été légitime de soumettre le droit de la Banque d'Espagne de Valence sur son or à la décision de la justice française, il fallait désormais abandonner ce raisonnement : « De même que la Banque de France estimait que le gouverneur nommé par le gouvernement de Barcelone, autrefois seul reconnu par la France, devait obtenir une décision de justice avant d'effectuer le retrait, le gouverneur de la Banque d'Espagne nommé par le gouvernement de Burgos, maintenant seul reconnu par la France, est à son tour dans la nécessité d'obtenir une telle décision. La situation de ce nouveau gouverneur n'est pas la même que celle du gouverneur autrefois nommé par Barcelone. Cet ancien gouverneur était en conflit avec les membres de son conseil général nommés par les actionnaires et avec l'assemblée générale de ceux-ci. En fait, il n'exerçait son autorité que sur un certain nombre des établissements de la Banque d'Espagne. En face de lui se dressait une autre fraction de la Banque d'Espagne plus importante quant au nombre des comptoirs qu'elle comprenait. Rien de pareil maintenant. Le gouvernement de Burgos, non seulement le gouvernement espagnol reconnu par la France mais le seul gouvernement existant désormais en Espagne et étendant son autorité à tout le pays, est aujourd'hui en accord avec le conseil général nommé par les actionnaires, et il n'est pas question à notre connaissance qu'une assemblée de ceux-ci discute ses pouvoirs de quelque manière que ce soit. La Banque de France n'a plus aucune raison juridique valable de refuser d'opérer son dessaisissement aux mains du gouverneur de la Banque d'Espagne. [...] Le procès lui-même, théoriquement encore pendant devant le Tribunal civil de la Seine, n'est plus en réalité un obstacle au retrait de l'or, car [...] le défendeur principal, la Banque d'Espagne, anciennement à Barcelone, n'a plus aucune existence ni de droit, ni de fait et a complètement disparu. »[111]

Il fallait, conclut Fournier le 8 juin, d'un exposé aligné sur la note Bouteron, esquiver (solution qu'il avait exigée le 2, par écrit, du ministre des Finances) procès et jugement, sous peine de devoir payer « un droit d'enregistrement d'environ 41 » millions de francs (87 selon Albert Wahl, doyen de la Faculté de droit de Lille, seul opposé à l'automaticité de la remise aux franquistes au « comité consultatif juridique » où il côtoyait Ripert, passé avec armes et bagages de ce côté, Joseph Hamel et Roger Picard, professeurs de la Faculté de droit de Paris, et Marcilhacy, avocat au Conseil d'État et à la Cour de Cassation). Nos bontés, déclara le gouverneur, justifient l'acceptation de « la Banque d'Espagne (la seule Banque d'Espagne) [...] de payer les frais du procès » et la garantie, notifiée par ses « représentants » la veille, de son « désistement », qui « ne permettr[ait] plus à qui que ce soit de rechercher aucune responsabilité quelconque de la Banque de France pour la remise immédiate du dépôt qu'elle dét[enai]t à vue à la disposition de la Banque d'Espagne ». Le comité juridique n'étant cependant pas parvenu, le 30 mai, à l'unanimité sur la capacité du désistement franquiste à libérer la banque des frais et responsabilités, l'État recueillait le brûlot des « 40 229 kgs d'or » (hissés à la valeur de 1,7 milliard par les dévaluations). Fournier, après avoir dit qu'« aucun accord diplomatique » ne pouvait « tranch[er...] un litige intéressant deux sociétés privées », changea de registre : il proposa à l'État d'invoquer « des raisons diplomatiques supérieures » et exigea sa « couverture totale et absolue », bien qu'il ne fût « pas en général partisan de [telles] formules [...]. Mais, dans les circonstances extérieures actuelles, si le gouvernement considérait que la prompte restitution de l'or serait de nature à faire disparaître certaines difficultés, l'intérêt national en jeu l'emporterait de beaucoup sur les inconvénients éventuels ». Les deux délégués des actionnaires, éblouis par Ripert, « l'un des spécialistes les plus autorisés en matière de procédure civile et commerciale »[112], surenchérirent sur les garanties. Fournier annonça que, « au moment où il restituera[it] l'or », il se ferait « donner décharge dans des termes assez larges pour exclure toute possibilité de discussion entre les deux banques »[113].

Dans les semaines suivantes, conseil général et comité permanent mobilisèrent sur le dossier l'équipe Daladier-Bonnet, relayée et stimulée sur place par le tandem envoyé en Espagne en mars-avril 1939 : Pétain et l'attaché financier que Reynaud lui avait nommé, Du Moulin, mis en congé de son poste de « directeur de la Banque de l'Afrique occidentale »[114] pour remettre l'or espagnol à Franco. Le désistement de la Banque d'Espagne fut reçu le 17 juin. Le 29, cinq jours après que « le conseil des ministres [...eut] décidé de faire le nécessaire pour que l'or [fût] restitué, nonobstant toute opposition, à la Banque d'Espagne », Fournier « discut[a] » avec le ministre des Finances (Reynaud) « la forme sous laquelle la banque sera[it] dégagée par l'État de toute responsabilité et couverte de tous risques pouvant résulter de la restitution de l'or » : il avait « fait préparer » pour le « soumettre au ministre un avant-projet de convention » à ratifier « par décret-loi ».

C'est sans surprise, l'ayant dictée, qu'il reçut de Reynaud la lettre datée du 30 juin qu'il lut au conseil général du jour : le conseil des ministres du 24 ayant été « conduit à la conclusion que l'intérêt national exigeait la restitution immédiate de l'or et [ayant...] décidé de prendre toutes dispositions utiles en vue de cette restitution [...], le gouvernement est prêt à couvrir la Banque de France contre les risques de responsabilités qui pourraient éventuellement pour elle. À cet effet serait conclue entre l'État et l'institut d'émission une convention [...] ratifiée par décret-loi ». Le « projet ci-joint de convention » (œuvre de la banque aussi) prévoyait en 4 articles la restitution du « reliquat existant à ce jour du dépôt d'or constitué, en juin 1931, par la Banque d'Espagne » (1) ; « dès que possible après la signature du décret-loi approuvant la présente convention » (2) ; les détails (huit lignes) de la garantie étatique contre toute poursuite « devant une juridiction française, étrangère et internationale » et pour tout motif (3) ; en cas d'application de ladite garantie, « le remboursement du préjudice subi par la banque [...] par le débit du compte courant du Trésor public » (alimenté par le contribuable) (4). Fournier fut autorisé « à l'unanimité à signer la convention »[115] qu'il avait lui-même rédigée.

« L'Association des créanciers français de la Banque d'Espagne » républicaine rejoignit aussitôt le camp des vaincus. Elle fut créée le 23 juin 1939 après plusieurs mois de vaines démarches, telle, en mars, la demande à Chataigneau du « Comité d'assistance des Français rapatriés d'Espagne », « d'intervenir auprès du gouvernement pour qu'aucune décision définitive ne [fût] prise tant qu'un accord de principe n'aura[it] pas été réalisé avec le gouvernement Franco au sujet de l'indemnisation des dommages »[116]. Elle assigna le 13 juillet la Banque de France pour en obtenir « le paiement des billets dont ses membres [étaient] porteurs ». Ceux-ci, spoliés par le décret Franco du 12 novembre 1936 rayant d'un trait de plume la monnaie républicaine, rendu exécutoire par sa victoire, furent privés de la « garantie » or, en mains françaises, gageant leurs billets. Leur créance, d'un montant estimé de 200 millions de francs (naguère, contre la République, triplé, voire sextuplé), n'intéressait plus la Banque de France. « Il paraît [...] difficile, *déclara Fournier le 30 juin,* d'admettre que les porteurs de billets d'une banque d'émission puissent demander à un tribunal étranger d'imposer à cette banque le non-respect des lois de son pays. »[117]

L'État le suivit, ne prélevant même pas sur l'or arraché à la République espagnole de quoi indemniser ses créanciers nationaux jugés naguère si prioritaires : le 19 juillet, la Première Chambre du tribunal de la Seine annonça la teneur du jugement, renvoyé sous huitaine (au 26[118]), par ses « conclusions » sur l'unité de la Banque d'Espagne et l'« intervention [...] irrecevable » des porteurs français de billets[119]. Roger Stéphane avait relevé le 8 que la Banque de France et son État traitaient les Français spoliés par Franco à une autre aune que ceux frappés par la révolution bolchevique en octobre 1917 (« les mêmes qui n'ont toujours pas pardonné aux Soviets de n'avoir pas payé les dettes du tsar prennent aujourd'hui le parti de Franco »)[120]. Le 20 juillet, Fournier présenta à son comité permanent, qui l'approuva « unanime », la teneur de la « quittance donnant à la Banque de France décharge pleine et entière » : elle avait la veille été signée « après de longues et laborieuses négociations » par la Banque d'Espagne, qui en outre « nous a[vait] versé 5 millions pour droits de garde et a[vait] payé les frais du procès ».

Tout le dépôt de « la succursale de Mont-de-Marsan », « un poids d'or fin de 40 229 kgs, 415 grammes, 8 décigrammes », réparti en « 667 sacoches complètes de 40 000 dollars et 7 sacoches incomplètes » et une trentaine de « pièces écartées de la vérification », devait revenir à Franco[121]. Tout lui revint en vertu d'un « décret-loi » du 1er juillet 1939 en trois articles, signé Albert Lebrun, Daladier, Bonnet et Reynaud, qui, précisa ce dernier dans sa lettre du 6 juillet à Fournier, « n'a pas été publié au *Journal Officiel.* » Il ne le serait jamais. Fournier le confirma à Luche, qui lui « demand[ait] si l'or sera[it] restitué sans que le décret-loi ait été publié » : « Certains décrets-lois ne [le] sont pas [...] ; tel est le cas notamment de ceux qui intéressent la défense nationale. »[122] Le conseil général du 3 août, écho du comité permanent du 27 juillet, ne dit mot de l'opération finale, qui avait eu lieu le 28, au départ de Mont-de-Marsan. L'industriel Krug imputa au CP l'absence de « hâte » finale de la Banque d'Espagne au sort imminent notoire de l'or : satisfaire les « réclamations de la part de l'Allemagne et de l'Italie » pour paiement de leurs fournitures. Fournier mentit, en le niant[123].

La France républicaine consentit à Franco ce qu'elle avait refusé à la République espagnole assaillie par l'Axe et spolia ses propres ressortissants, punis pour avoir osé commercer avec ce régime légal. Cet or, la Haute Banque et l'État le savaient, irriguerait l'économie de guerre des deux pays, et le Reich plus que l'Italie. Décision conforme aux opérations antérieure et simultanée étudiées au chapitre suivant (relatives au vol allemand de l'or autrichien puis de l'or tchécoslovaque). Le « précédent [...] espagnol »[124] fut une des « affaires retentissantes » qu'évoqua en octobre 1940 au moment de recommencer René Villard, sous-gouverneur de la Banque de France[125] : la Banque de France allait, par deux accords d'octobre et décembre 1940, céder à la Reichsbank, sans mandat, les 200 tonnes d'or que lui avait, entre novembre 1939 et mai-juin 1940, confiées la Banque nationale de Belgique (décision qui ne pouvait arguer du caractère « rouge » de sa victime)[126]. L'économiste de la Banque de France en poste à la BRI, Rodenbach, rappela dans un rapport de juillet 1942, avec une hargne intacte, les motifs de la forfaiture de février-juillet 1939. Tonnant contre le « gouvernement rouge » ou « régime rouge » espagnol, qu'il opposait au bon « gouvernement national », il justifia la remise de son or à Franco et la liquidation de la monnaie républicaine : « Une opération spoliatrice de cette taille était évidemment nécessaire [...] Le prétexte de l'illégalité de l'émission a pu être utilisé pour rétablir une situation monétaire bien compromise. La base juridique de la répudiation des engagements d'un gouvernement précédent serait à discuter. Mais la nécessité justifie les moyens. »[127] En juin 1945, déposant devant la commission d'instruction près la

Haute Cour de Justice présidée par le procureur général Pierre Bouchardon (en vue du procès Pétain), Daladier, interrogé par Me Marcel Willard, battit sur l'affaire des records de mensonges et de contradictions ; il invoqua finalement l'imprécision de sa « mémoire »[128].

La France, l'Espagne et l'Axe Rome-Berlin

Un des temps forts de l'Apaisement

Montrer que les maîtres de l'économie fixèrent le sort de l'Espagne ne dispense pas d'étudier le comportement des dirigeants politiques français. La question Blum a été traitée à propos des aspects économiques du dossier espagnol. La sphère politique infirme autant la vision d'un sage plaçant « au premier plan l'intérêt de la France » et qui, ayant su « ne pas raviver des divisions », aurait aidé les républicains sous couvert officiel de non-intervention[129]. Ses successeurs balayèrent l'ambiguïté de sa politique en optant clairement pour Franco.

Évacuons d'emblée la question de la non-perception des enjeux. Les élans franquistes, distingués (Quai d'Orsay) ou lyriques (armée cagoularde), ne reposèrent jamais sur l'ignorance. La France fut aussi informée sur les œuvres des protecteurs de Franco que sur les menaces pesant sur ses frontières occidentales. Au pire à quelques jours près, on en savait autant au Deuxième Bureau de l'anti« rouge » frénétique Gauché ou dans les services d'Alexis Léger que si on disposait des échanges entre Berlin (ou Rome) et ses représentants en Espagne. Pas un des périls que faisait courir à la France en général, à sa frontière pyrénéenne et à son Empire en particulier, la mainmise germano-italienne « sur les point essentiels qui commandent les routes méditerranéennes de la France et de l'Afrique »[130] ne leur échappa de 1936 à 1939. Les progrès constants de « la propagande allemande au Maroc espagnol » emplirent les « synthèses de renseignements [militaires] intéressant l'Afrique du Nord »[131]. Le bottin relatif à l'aide « essentielle » de Rome et surtout de Berlin, avant[132] et après le putsch, est aussi fourni que les archives allemandes ; photos, plans, cartes sur leurs installations à l'appui. À l'été 1937, l'État-major savait que les Allemands, par ailleurs recensés, au « contingent » près de « techniciens [et] militaires de carrière [,...] fourni[ss]aient [...] la presque totalité des munitions nécessaires aux armées Franco »[133]. En décembre 1938, alors que la situation militaire leur demeurait défavorable, Gauché admit la validité d'une note du SR, embarrassante vu son goût pour les putschistes : les « 4 000 soldats » italiens d'infanterie arrivés les 20-23 novembre à Pampelune avec leur matériel et « une soixantaine de chars » s'étaient « dirigés [...] vers la frontière française », de même que « 200 militaires allemands, officiers et troupe, accompagnant de l'artillerie de campagne »[134].

Paris fut d'emblée si bien renseigné sur les œuvres de « l'Allemagne, [de] l'Italie et [du] Portugal » de Salazar que le Deuxième Bureau craignait en octobre 1936 « que les diverses nations ne commen[çass]ent à "ouvrir leurs dossiers" [sur les...] importations de matériel de guerre à la frontière hispano-portugaise »[135]. Ces activités concernaient aussi la France et ses ressortissants : en mars 1938, « une quinzaine d'agents, rétribués par [le...] commandant de l'armée italienne » qui dirigeait « à l'ambassade d'Italie, le service de l'OVRA » et venait « d'être renforcé de deux agents importants, [...] sont partis pour la frontière des Pyrénées pour surveiller les mouvements éventuels de troupes françaises, les passages d'armes et de volontaires à destination de l'Espagne. Le port de Marseille est surveillé par une trentaine d'agents »[136]. Bref, les autorités n'ignoraient rien des œuvres terroristes du service d'information militaire (SIM) de Ciano, qui « provoqu[a], notamment en France, des attentats, en faisant détruire des navires de ravitaillement destinés à l'Espagne républicaine, en favorisant l'action de Franco », etc.[137].

Les classes dirigeantes françaises préféraient reproduire les articles de la presse allemande concoctés par Göbbels, ainsi, en avril 1937, sur « l'existence d'une République soviétique dans le Midi de la France, avec pour capitale Perpignan »[138]. Devant témoins de haut rang, Delbos consentait des aveux sélectifs, accablant Rome et épargnant Berlin. Ainsi commenta-t-il pour le chargé d'affaires américain Wilson, en mars 1937, « l'"abominable" intervention armée du gouvernement italien en Espagne [...] en divisions régulièrement constituées » et « les nouvelles troupes régulières débarquées (27 000) depuis l'adoption le 20 février » (par le comité de non-intervention) « de l'interdiction des volontaires ». Selon la coutume, il ne dit mot du Reich[139]. Le Deuxième Bureau avait, un mois avant l'Anschluss, révélé l'accord des « États-majors allemand et autrichien [...] pour faire passer sur le territoire autrichien des troupes allemandes qui se rendraient prochainement en Italie et seraient, de ce pays, envoyées en Espagne »[140].

Le mythe des « déchirements » pro-républicains de Blum

Franco, qui comptait sur le Reich pour obtenir le quitus de la France, calculait juste. Le Front populaire se montra en son premier été fort apaisant, le socialiste Blum autant que le radical Delbos : les Allemands unanimes en convinrent au point d'oublier la judéité du premier. Début août 1936, Welczeck n'imputait pas les angoisses de Blum au scrupule pro-républicain mais à la puissance de sa gauche : sa recherche d'« un *modus vivendi* avec l'Allemagne » était démontrée par « les déclarations officielles et semi-officielles du gouvernement à [son] attention [...], en dépit de l'agitation croissante des partisans d'extrême gauche du gouvernement »[141]. Delbos manda l'ambassadeur allemand le 10 août pour lui « déclar[er] que les gardes-frontières français avaient reçu les instructions les plus strictes en vue de mettre fin à tout trafic d'armes » ; et lui « dire combien la réception compréhensive de la proposition française de neutralité avait été appréciée et quelle importance était attachée à la collaboration franco-allemande pour isoler la conflagration espagnole. La France verrait dans cette collaboration un signe favorable pour les futures négociations sur les questions d'intérêt commun pour nos nations dont le règlement était, sans aucun doute, vivement désiré par les deux gouvernements »[142].

Inversement, Paris harcela les républicains pour les empêcher d'informer l'opinion française sur la « non-intervention » du Reich. La correspondance ressemble à celle de l'ère Laval concernant « l'enquête » sur l'attentat de Marseille. Un Junker allemand ayant, en route vers les putschistes, malencontreusement atterri à Madrid le 9 août 1936, les gouvernementaux prétendirent, après avoir au bout de quelques jours cédé aux pressions françaises en acceptant d'en relâcher l'équipage, retenir l'appareil. Le chargé d'affaires français à Madrid dit à son homologue Voelckers avoir reçu instruction « de faire pression sur le gouvernement espagnol pour lui faire agréer [la] demande » allemande de récupérer l'avion, « car la France était grandement intéressée à régler cette affaire pour ne pas retarder la signature de l'accord de neutralité ». Il m'a dit, rapporta Voelckers le 15 août, « que la décision du conseil des ministres était l'ultime concession que le gouvernement [espagnol] avait pu obtenir des comités rouges qui le contrôl[ai]ent ». On passa bientôt au stade des « représentations les plus sévères des Français » aux Espagnols (en vain d'ailleurs)[143].

François-Poncet ne cessait depuis début août de protester du respect français absolu de la « non-intervention » et d'assurer Berlin que cette astuce ne l'entraverait pas. Fin août, il avisa par téléphone l'*Auswärtiges Amt* du « plan français » de surveillance des obligations de non-intervention, comportant « des obligations plus modestes qu'il ne l'avait cru ». Les hauts fonctionnaires allemands jugèrent en effet les notes françaises des 27 et 28 août si anodines qu'il semblait « très difficile et d'ailleurs peut-être pas nécessaire de prendre une position complètement négative sur la question. [...] Je ne crois pas que le plan puisse entraîner pour nous quelque danger que ce soit, *observa le sous-secrétaire d'État Dieckhoff.* Le mot "contrôle" n'apparaît pas [...] ; selon l'explication de François-Poncet, il s'agit d'abord d'échange d'informations et de coordination »[144]. Le 3 septembre, le chargé d'affaires français à Berlin Albert Lamarle (François-Poncet venait de partir « en cure à Vichy pour plusieurs semaines ») certifia le caractère d'ectoplasme du futur « comité de non-intervention » au sous-directeur du département politique Weiszäcker, presque dans les mêmes termes que son collègue britannique Basile Newton la veille à Hans Heinrich Dieckhoff : « Aucune difficulté ne serait soulevée à Paris si nous [Reich] pouvions faire une sorte de proposition pratique correspondant aux intérêts allemands pour [s]a procédure et [ses] fonctions » ; d'après Lamarle, « il pourrait peut-être suffire d'établir un bureau (dont il n'a rien dit de la composition) à l'intérieur du *Foreign Office* à Londres et de réaliser par son intermédiaire l'échange nécessaire d'informations et d'opinions sans sessions formelles du corps diplomatique, voire sans sessions du tout »[145].

Londres et Paris le juraient sans répit (j'arrête ici la liste), ce néant n'avait été inventé que pour neutraliser leurs gauches respectives, dangereusement influentes sur l'opinion. « Les ministres modérés, particulièrement Blum et Delbos, *câbla Welczeck le 21 août,* croient qu'ils ne pourront l'emporter contre les interventionnistes imbibés d'idéologie Front populaire que s'ils peuvent trouver à très bref délai un soutien dans une obligation internationale relative à l'embargo sur les armes. S[’il...] ne se matérialise pas ces jours-ci, Blum et Delbos craignent de ne plus pouvoir résister à la pression intérieure grandissante et de devoir donner un appui illimité au gouvernement espagnol. Les livraisons et la marée des volontaires du front rouge prendraient alors des proportions dont les conséquences de politique étrangère seraient incalculables. » Ces « modérés » ne retrouveraient leur liberté de mouvement « que si l'Angleterre voulait et pouvait exercer [...] sur leur gouvernement [...] une pression assez forte pour que le soutien français à l'Espagne rouge cess[ât] immédiatement [...]. Ce n'est que si les Britanniques parlent sérieusement avec les Français que Blum et Delbos réussiront à tenir leurs collègues en laisse [...]. La clé de l'affaire est donc à Londres », affirma Welczeck le 2 septembre[146]. Ce jour-là, Hitler dit à François-Poncet « qu'il était disposé à tenir compte de [s]es pressantes instances et à soumettre à un nouvel examen la question de la participation allemande à la commission de Londres »[147].

Berlin, ayant obtenu du *Foreign Office* satisfaction de toutes ses conditions, consentit le 5 septembre 1936 à rejoindre cette ombre : « Le comité, *fit valoir Gaus,* n'exercerait pas de pouvoirs de contrôle [,...] ne prendrait pas de décisions à la majorité » et devrait « borner ses discussions à l'exécution de l'embargo sur les armes et aux questions directement liées, tels le recrutement de volontaires et la collecte d'argent », à l'exclusion de « tout autre problème ». Bref, il ne traiterait que des questions permettant de ligoter la République espagnole et les rouges de chaque pays (et bientôt l'URSS). Lamarle téléphona ses remerciements en minaudant comme François-Poncet[148]. La première réunion du « comité de non-intervention », le 9 septembre, « a laissé l'impression, *résuma le chargé d'affaires à Londres Otto Christian von Bismarck,* que pour la France et la Grande-Bretagne [...] il s'agit beaucoup moins de prendre immédiatement des initiatives véritables que de pacifier la colère des partis de gauche des deux pays par la seule création dudit comité »[149].

Le 28, le secrétaire général du Quai d'Orsay Alexis Léger exposa la nature du péril espagnol au sous-chef d'État-major, retour des grandes manœuvres en URSS, le général Victor-Henri Schweisguth, ennemi juré du Pacte franco-soviétique : « M. Léger me parle [...] des inconvénients d'ordre psychologique du rapprochement avec le communisme russe, de la trame que celui-ci étend à l'heure actuelle sur tous les pays. Il va avoir dans les quinze jours prochains à jouer une partie décisive. Si l'ambassade soviétique qui s'est installée au Palace Hôtel à Madrid est obligée de vider les lieux, ce sera le commencement de la régression du flot bolchevique. Les Soviets vont tout faire pour l'éviter. Déjà ils placent une "bombe" en proposant de rompre le Pacte de non-intervention, ce que la diplomatie française va chercher à éviter. »[150]

Tout le Quai d'Orsay emboîta le pas à son chef, appréciant la contribution de l'Axe à la liquidation du péril rouge en Espagne. « L'intérêt commun » germano-italien contre « le démembrement de l'Espagne, pour son intégrité territoriale », donc contre l'existence d'« une République bolchevique en Catalogne [,...] concorde avec notre intérêt », jugea fin octobre l'ambassadeur au Vatican Charles-Roux. Massigli, directeur des Affaires politiques, fut aussi complaisant sur ce dossier que sur le tchécoslovaque[151]. Les ministres pro-républicains étaient ligotés, à commencer par celui de l'Air : Blum rassura en octobre le sénateur (cagoulard) Lémery sur l'inanité des pouvoirs de Pierre Cot tant à propos des ventes de matériel militaire à Espagne que des menaces de nationalisations aéronautiques destinées à vaincre la vieille hostilité au réarmement des constructeurs[152].

La suite légitima le cynisme et l'optimisme allemands sur Blum et accrut pour celui-ci l'utilité de la « gouvernante anglaise ». En novembre, l'amélioration de la situation des républicains due « au soutien moral et matériel venu de l'extérieur, surtout de Russie soviétique mais peut-être aussi de France », l'amena, « sous la pression des IIe et IIIe Internationales », à envisager, sur les tréteaux, de reconsidérer la « non-intervention » bafouée par l'Italie et le Reich : il la subordonna devant le comité national de la SFIO le 8, à un « accord avec le gouvernement britannique », « déclaration incomplètement communiquée à la presse » et sans péril vu sa connaissance des intentions anglaises[153]. Blum continua donc à abandonner la République espagnole au Quai d'Orsay (comme aux régents de la Banque de France). François-Poncet accompagna le 5 décembre chez Neurath son homologue britannique, Eric Phipps (aussi franquiste que pro-allemand, muté à Paris en avril 1937), démarche éclairant l'alignement affiché sur Londres : tous deux lui proposèrent « une intensification des mesures de non-intervention » ; puis ils le laissèrent sans réplique dénoncer les « hordes anarcho-bolchevistes » lâchées sur l'Espagne et avertir que Berlin « ne tolérerait pas l'établissement d'un nouveau centre bolchevique en Espagne à cause du danger qu'il impliquait pour l'ensemble de l'Europe » – double *leitmotiv* permanent. À Londres, Eden déclara à Ribbentrop, qui lui avait joué la même scène, « qu'il ne voulait pas non plus d'un État communiste là-bas »[154].

Le 26 décembre, en pleine « situation extrêmement sérieuse et dangereuse » pour Franco[155], Londres et Paris décidèrent de tordre le cou aux Brigades internationales par un plan d'interdiction des « volontaires » qui gênerait l'Axe aussi peu que le « comité de non-intervention »[156]. Allant aussitôt présenter l'aide-mémoire y afférent à Friedrich Gaus, François-Poncet l'assura que l'Espagne ne gâterait plus les relations avec Berlin : « L'aile communiste de la majorité parlementaire française », avait pu en août entraver « la poursuite des discussions » économiques Blum-Schacht ; elle était « désormais maîtrisée », et « le gouvernement français capable de poursuivre une politique plus positive visant à un accord avec Allemagne ». Déclaration d'autant plus significative que, avoua-t-il, Paris savait tout : « D'après les rapports reçus par son gouvernement, des forces allemandes très considérables combattaient aux côtés de Franco et [...] ces volontaires avaient un caractère très spécial en ce qu'ils provenaient évidemment de formations militaires allemandes. » « Ces allusions et accusations », l'interrompit Gaus, « ne figuraient heureusement pas dans le texte de l'*aide-mémoire* »[157].

François-Poncet n'en rajoutait pas. Plus les républicains résistaient, démentant les rodomontades des putschistes sur la prise imminente de Madrid, plus les « modérés » flattaient Berlin. Le 10 décembre, dans un entretien « d'une heure » avec l'espion Friedrich Sieburg, Delbos plaisanta sur le sort de l'Espagne, sollicitant l'intéressé, comme il le faisait avec tous les Allemands, d'user de son influence pour modérer « les revendications de Franco ». Le 11, il convoqua Forster pour lui confier son espoir, qu'il répéta maintes fois et « solennellement », que l'affaire espagnole « form[erait] le point de départ d'une nouvelle collaboration germano-française ». L'attaché allemand interpréta ainsi sa remarque que « la collaboration allemande aurait d'autant plus de valeur que l'Allemagne n'avait pas de frontière commune avec l'Espagne comme la France, et sentait donc moins la chaleur de la conflagration [:...] la France, comme voisine des deux parties, aimerait se tenir à l'avenir plus à l'arrière-plan et laisser les choses se faire pratiquement avec l'influence de l'Allemagne et de l'Italie sur Franco et de la Russie sur les rouges » (le traitement de l'URSS sur le terrain espagnol exclut la passivité franco-anglaise sur le deuxième terme de l'alternative). Paris lâchait l'Espagne[158].

Devant Welczeck qu'il avait invité chez lui, au soir du 23, Delbos célébra « la création d'une atmosphère de paix, sans laquelle la tendre petite plante de l'accord [franco-allemand] ne pouvait prospérer ». Il plaça l'Espagne en tête du « *modus procedendi* » (avant trois autres « conditions » aussi fantaisistes : « 2. Création d'une atmosphère conduisant à la paix ; 3. Discussion et satisfaction des vœux allemands et [...] règlement des questions de Locarno ; 4. Limitation des armements ») : « 1. Collaboration en isolant et éteignant la conflagration espagnole [...]. La question espagnole lui apparaissait la plus aiguë, car l'envoi de nouveaux transports de troupes » (objet des rapports quotidiens de ses services et du Deuxième Bureau) « conduirait nécessairement à la guerre ». Comme Eden, il jugeait l'« inquiétude [allemande] d'une victoire communiste en Espagne [...] compréhensible et justifiée ». Welczeck le quitta convaincu de l'innocuité française[159], qu'illustrait le consul de France « à Tétouan ». « "Le mouvement militaire n'a pas de caractère monarchiste ou fasciste, *assurait celui-ci en août 1936.* C'est exclusivement la réaction des éléments sains de l'Espagne contre la dictature communiste mais le gouvernement militaire ne poursuivra pas une politique sociale rétrograde..." Le général Franco fait une impression de jeunesse et de sérieux. Il parle le français et a déclaré qu'il aimait notre pays où il a suivi à plusieurs reprises des cours d'État-major. »[160]

Blum oscillait entre aveuglement affecté, duplicité et complaisance. « C'était vraiment un miracle – probablement dû surtout au Pacte de non-intervention – que la conflagration espagnole eût été jusqu'ici maintenue sous contrôle », déclara-t-il à Welczeck le 14 décembre ; « mais ce serait vraiment jouer avec le feu si tous les efforts n'étaient pas faits pour empêcher la poursuite du combat entre idéologies dans l'arène espagnole. Pour commencer, toute entrée de combattants et de matériel de guerre devait être effectivement empêchée plus efficacement que jusqu'ici ». Suivit un éloge de la méthode utilisée « à Londres [,...] une "assurance incendie" certes coûteuse, mais bien meilleur marché qu'une conflagration mondiale. Pour montrer la bonne volonté de la France, il était même prêt à envisager l'idée de mettre la frontière française des Pyrénées sous contrôle international. Puisqu'il y avait des indications de lassitude de la bataille des deux côtés, il croyait que si la conflagration était effectivement isolée, elle mourrait d'elle-même – ce que [l'ambassadeur] contesta ». Blum avait peu avant envoyé à Ciano « un émissaire » (« juif », précisa son confrère à Rome von Hassel) : il devait transmettre « son souhait de parvenir à un accord amical avec l'Italie comme avec l'Allemagne, plus particulièrement sur la question espagnole »[161]. Il se dit à Bullitt en janvier 1937 « en complet accord avec le point de vue de François-Poncet sur le *rapprochement* entre la France et l'Allemagne » offert sur ce terrain[162].

Ces amabilités espagnoles, feuilleton des fonds allemands et américains, valurent à Blum et Delbos les « vives attaques de l'extrême gauche » et l'enthousiasme de Welczeck : « Blum et Delbos qui, contre la volonté de leurs collègues de la gauche radicale, n'ont pu, au début de la rébellion de Franco, empêcher l'envoi d'une forte armée de Front rouge que grâce à la conclusion du Pacte de non-intervention, ont, malgré la très vive opposition issue du même bord et les efforts contraires, particulièrement intenses, de la mission soviétique [à Paris], entrepris de parvenir à un accord avec l'Allemagne. » Berlin avait tout « intérêt à maintenir à la barre ces deux hommes si clairvoyants et si honnêtes », et enclins à « collaborer avec nous sur la question espagnole et restaurer l'atmosphère de confiance »[163]. Ménagés, les Allemands étaient aussi informés. François-Poncet leur téléphonait sans cesse. Welczeck, qui avait été le 23 juillet 1936 renseigné par « un membre du cabinet », l'était aussi « de bonne source par le Quai d'Orsay »[164]. S'il ne cita pas son informateur, ses courriers et ceux de son adjoint Forster désignent notamment Viénot, qui communiquait par la voie professionnelle ou mondaine à l'ambassade les sources reçues par la France sur l'engagement militaire allemand en Espagne au tournant de 1936[165].

C'est l'époque où « l'arrivée de renforts italiens considérables », d'« instructeurs allemands » chargés d'entraîner les « unités de la Phalange » et autres « transports de troupes » allemandes, tant en Espagne qu'au Maroc espagnol, améliora « la situation militaire » de Franco[166]. Et où l'Axe décida (28 janvier), « puisque Franco avait été désormais amplement fourni en hommes et en armes », de « soutenir » par le verbe « la proposition britannique d'interdire l'entrée des volontaires en Espagne »[167]. Le tabou marocain, « particulièrement sensible pour France », fut violé en janvier, ce qui ne fit dévier ni Léger ni le cabinet, toujours aussi empressé[168] – pas plus que le contentieux minier n'entama l'Apaisement anglais. Delbos avait entonné en décembre 1936 le refrain de l'appel au Reich raisonnable pour modérer l'insupportable Italie, obstinée à conserver ses « volontaires ». En février-mars 1937, il en fit un *leitmotiv* – à l'usage des Allemands et des Américains (devant lesquels il laissait libre cours à son anglophobie) – et un motif à inviter Welczeck[169]. L'attaché Ernst Woermann câbla fin février que Paris préférait la présence italienne dans les « mers espagnoles » à celle de l'URSS, « traitée avec ironie » au comité de non-intervention : « Les Italiens étaient fermement déterminés à ne pas admettre les Russes dans la Méditerranée. Dans les conversations privées, les Français ont clairement indiqué qu'ils étaient opposés à la surveillance du Maroc par les navires soviétiques. »[170] Delbos devisait simultanément avec le très antibolchevique ambassadeur américain Bullitt sur les objectifs de « révolution mondiale de Staline » ; sur son abandon du gouvernement de Valence qui, en cas de succès, « n'établirait pas d'État communiste et [auquel] le gouvernement soviétique préférerait Franco, cible de sa propagande bien plus facile qu'un gouvernement démocratique décent » ; sur ses tourments avec « le mouvement trotskiste », qui « le calmeraient pour un moment », etc.[171].

Londres battit des records de cécité sur le bombardement du 26 avril 1937 de Guernica par « des avions allemands au service des nationalistes espagnols » : Eden, parfaitement informé, évasif aux Communes le 3 mai, déclara à Ribbentrop le 5 n'avoir toujours aucune certitude vu le caractère contradictoire des rapports reçus et sollicita son autorisation sur une éventuelle « enquête internationale sur l'incident »[172]. Paris fit moins encore : aucun courrier allemand ne mentionne une éventuelle réaction. En revanche, François-Poncet de retour de Paris au matin du 31 mai, appela « d'urgence » Neurath, « exprima ses regrets sincères pour les marins allemands tués sur le cuirassé de poche *Deutschland* » au large d'Ibiza (le 26 mai), lui « demand[a] les détails de l'incident », discuta des exigences du Reich pour son retour au comité de non-intervention (qu'il avait quitté en refusant tout débat sur le crime de Guernica), congratula l'Allemagne « pour [sa] réserve » dans l'affaire, etc. Sir Nevile Henderson, successeur de Phipps depuis avril 1937 et champion incontesté de la servilité germanophile, se réjouit en outre que le Reich ne fît « pas aux rouges le plaisir de transformer le conflit en Espagne en une guerre mondiale ». Tous les apaiseurs versèrent des larmes, secrétaire au *Foreign Office* Eden et secrétaire d'État américain Hull compris[173].

Paris et Londres montrèrent en juin autant d'indulgence pour la guerre sous-marine de l'Axe funeste aux bâtiments français et anglais, dans le cadre d'un « Pacte à Quatre » : « Les quatre grandes puissances » n'avaient que faire des Soviets, quotidiennement bafoués par Eden, à la satisfaction de Delbos[174]. Mais à la veille de la chute de Blum, « le gouvernement français » étant jugé rétif, Berlin opta pour « une pression à appliquer directement » sur lui par Neurath « via François-Poncet » et par Welczeck à Paris[175].

Du tandem Chautemps-Delbos au tandem Daladier-Bonnet

Bien que Welczeck eût fin décembre 1936 redouté « la chute du cabinet » Blum-Delbos si coopératif[176], les prétendants à la succession promettaient mieux. Mi-mars 1937, Laval exprima au conseiller Braun von Stumm toute « la confiance qu'il éprouvait pour l'Allemagne » : elle l'amenait « à n'avoir aucune objection à ce qu'on se débarrassât de la marée rouge en Espagne avec l'assistance de l'Allemagne »[177]. En avril, il offrit à l'« agent de Franco » (auquel il révéla son complot en France) un soutien direct ainsi rapporté : « Il a proposé d'envoyer des journalistes qui, parce qu'ils appartiennent à la gauche, pourraient travailler pour nous en Espagne, et demandé que nous acceptions l'offre d'une station de radio extrêmement puissante qui, établie à Saint-Sébastien à la disposition du gouvernement espagnol, pourrait conduire en France une grande campagne de propagande en faveur de la cause espagnole nationaliste. »[178] Inter-France, via son « bulletin toucha[n]t environ 250 journaux tant à Paris qu'en province », s'exécuta depuis janvier 1938 avec une ardeur qui la montra « acquise à la propagande en France du gouvernement nationaliste espagnol »[179].

Pour Laval, il fallut attendre, mais Berlin n'eut pas à regretter le tandem Chautemps-Delbos (avec Blum pour vice-président du Conseil), qui le pria de respecter les intérêts français en Méditerranée. Chautemps invita début juillet Herbert Stenger et Alfred Leitgen (adjoint de Rudolf Hess). Welczeck, qui pria

« les deux Allemands » d'accepter l'invitation, rapporta, aussitôt informé, l'entrevue du 4 tenue « en présence du comte Brinon, vice-président de France-Allemagne », avec pour interprète « M. Abetz du Dienststelle Ribbentrop » : Chautemps avait répété « que pour lui les points de vue idéologiques ne constitueraient jamais une raison pour s'opposer à un *rapprochement* [...]. M. Leitgen n'ayant pas entendu les derniers mots adressés à M. Abetz, j'ai invité le comte de Brinon à me rendre visite, et il les a répétés ainsi : "Je vous prie de dire à ces Messieurs que nous nous laissons guider en Espagne non pas par des motifs idéologiques mais par des intérêts vitaux. L'Espagne est notre voisine et la Méditerranée est la ligne de vie vers notre empire africain. Je considère comme acquis que les autorités en Allemagne comprendront cela." »[180]

L'Italie eut droit aux mêmes douceurs : en août-septembre 1937, ses « sous-marins [...] opérant en Méditerranée » envoyèrent par le fond quantité de navires, britanniques surtout, sans que les Apaiseurs, Eden en tête, osassent seulement leur attribuer une nationalité[181]. Chautemps, qui en octobre se flattait toujours « en riant d'être le seul membre pro-italien de son gouvernement », avait « avant de partir en vacances » confié à Delbos et Blum « son intention de parvenir à un accord avec l'Italie ». Delbos choisit cette conjoncture sous-marine pour dire aux Américains sa sérénité sur la victoire probable du protégé de l'Axe : « Quelque intense que fût actuellement le besoin de Franco du soutien militaire allemand et italien, une fois qu'il aurait gagné la guerre, il aurait besoin aussi impérieusement du soutien financier britannique et français [et...] serait disposé à renvoyer les Allemands et les Italiens d'Espagne en échange d'argent français et britannique. »[182] Le franquisme affiché par Londres, qui « venait de nommer des représentants auprès du gouvernement Franco », avait compromis le vieil argument de Blum subordonnant l'aide aux républicains au quitus de la gouvernante anglaise. Ses collègues radicaux comptaient pourtant sur sa capacité « à répondre aux « questions très embarrassantes » du comité national de son parti prévu le 6 novembre 1937 et à « calmer l'orage sans difficulté »[183] (ils avaient raison).

Berlin se félicitait alors de la loyauté franco-anglaise au comité de non-intervention, instrument précieux contre l'URSS et les gauches vernaculaires : cette machine à « gagner du temps et favoriser le sort militaire de Franco » servait aussi de tribune pour dénoncer le mauvais vouloir des Soviets et leur « faire porter la responsabilité d'une éventuelle débâcle de la non-intervention », avec la complicité « des Britanniques et des Français »[184]. Discutant avec Papen, début novembre, Chautemps esquiva le dossier allemand en Espagne pour s'appesantir sur les œuvres de l'Italie et de l'Angleterre : il « souligna le fait qu'il souhaitait vivement un accord pour régler les intérêts en conflit de l'Allemagne et France. La question espagnole lui donnait moins la migraine qu'avant parce qu'il espérait que quand Franco serait fermement établi, les Italiens tiendraient leur promesse sur l'occupation des Îles Baléares. L'Angleterre jouerait le rôle principal en Espagne dans l'avenir parce qu'elle était le seul prêteur d'argent du continent en position de soutenir Franco »[185]. Le 27 novembre, Litvinov, « retour de la conférence de Bruxelles » où, du 3 au 24, la SDN n'avait pas agréé la plainte de la Chine contre l'agression du Japon, « critiqu[a] très vive[ment] l'attitude des puissances démocratiques "auxquelles des preuves palpables d'une agression comme l'intervention en Espagne et les opérations guerrières du Japon en Chine ne suffis[ai]ent pas pour entamer une action énergique" »[186].

Le 29 novembre, Chautemps eut un éclair de franchise devant les Anglais, au cours d'entretiens surtout voués à la liquidation de la Tchécoslovaquie : « La guerre civile d'Espagne » déclenchée par l'Allemagne, avoua-t-il, « montre ce que peut être, si l'on peut dire, la technique d'une guerre civile extérieure ». Puis Français et Anglais surenchérirent dans le mensonge, avec un avantage net pour les seconds : « Depuis le milieu du mois dernier environ, les deux partis qui se combattent en Espagne n'[o]nt reçu aucune aide de l'étranger, les envois ayant cessé simultanément de part et d'autre », osa dire Eden ; « M. Neville Chamberlain doute, pour sa part, que l'Italie ait véritablement l'intention de procéder à une agression dans la Méditerranée. » L'échange préluda à l'aveu du soutien apporté à Franco, ballet dont je retiens la partie française : « M. Chautemps [...] constate [...] que la Grande-Bretagne et la France n'ont qu'à se féliciter d'avoir adopté une politique qui leur a permis de maintenir la paix en Europe et de franchir une année difficile. [...] M. Delbos souligne que, tout en conservant sa sympathie pour le régime républicain en Espagne, la France n'éprouve aucune hostilité préconçue à l'égard du général Franco, dans la mesure où celui-ci ne reçoit pas d'aide étrangère. Si un succès des nationalistes devait être dû à des raisons purement espagnoles, la France n'aurait point de raison de sentir ses intérêts menacés, comme elle le fait quand ce succès paraît dû à l'immixtion des Allemands et des Italiens. »[187] Le « réalisme total » revendiqué par Chautemps grandit au fil des mois[188]. Delbos plus hypocrite, joua la « dépression aiguë » devant Bullitt le 21 février 1938, passant de l'idiotie apparente (sa « proposition [...] d'arrêter le bombardement des populations civiles en Espagne pourra[it] conduire à des négociations avec Allemagne pour généraliser l'application de ce principe en temps de guerre ») aux lamentations sur une « situation [...] encore plus tragique » que celle de l'Autriche et de la Tchécoslovaquie, mais insoluble à cause de Londres : « Si la France intervenait en Espagne aujourd'hui, l'Angleterre ne la soutiendrait pas et [elle] serait abandonnée pour combattre l'Allemagne et l'Italie. Le maximum qu'on puisse faire serait d'envoyer du matériel de guerre supplémentaire au gouvernement espagnol »[189] – bavardage antagonique avec le bouclage de la frontière.

Le 18 mars, trois jours après un piteux comité permanent de la Défense nationale (CPDN), Bonnet confirma à Wilson que le duo Blum-Paul-Boncour n'en ferait rien : « Il y avait peu de danger de voir le gouvernement français s'embarquer dans la dangereuse aventure d'une intervention ouverte en Espagne. Le conflit espagnol touche à sa fin et il ne reste plus de temps à l'actuel gouvernement même s'il le voulait pour envoyer des hommes et des munitions en quantité suffisante pour sauver le gouvernement espagnol. »[190] L'« agent notoire des milieux dirigeants de l'économie » placé par eux aux Affaires étrangères dans le cabinet Daladier d'avril[191] sembla négliger l'Espagne, « l'issue du conflit [...] ne laissant plus de doute », au profit du « problème crucial », le sacrifice de la Tchécoslovaquie[192]. Mais, à « l'exemple de l'Angleterre », il discuta aussitôt avec Burgos de « la nomination d'un agent diplomatique français en

Espagne nationaliste » (information allemande « de source sûre »)[193]. Le 16 juin, devant Welczeck, les pertes des Brigades internationales le mirent en verve : « Les communistes de la banlieue rouge de Paris, dont la grande majorité sont étrangers, avaient fourni un gros contingent des volontaires pour la guerre civile espagnole. D'après les rapports qu'il recevait, près de 80 % de ces volontaires avaient été tués ou étaient morts, de sorte que cette banlieue était par bonheur désormais beaucoup moins peuplée. »[194] Le 9 août, il convoqua Welczeck pour disculper de toute sympathie pour « les rouges » Chautemps, accusé par une campagne de presse italo-française d'avoir négocié des livraisons d'armes par la frontière des Pyrénées et l'envoi de 8 000 volontaires « à l'Espagne rouge » par le territoire français. Lui-même, Bonnet, résistait à « toutes les persécutions venues de gauche et autres difficultés intérieures. Il adhérait fermement à la politique de non-intervention, et accueillerait avec plaisir tout *régime d'ordre* en Espagne »[195].

L'heure était résolument germano-franquiste. Le 20 janvier 1939, l'ambassadeur Coulondre, aussi timide à Berlin (depuis novembre 1938) qu'il avait été arrogant à Moscou, ne broncha pas quand Weiszäcker ridiculisa l'« intention de prolonger par des injections françaises la maladie politique de l'Espagne qui avait déjà assez duré ». Puis il avoua que « l'attitude correcte actuelle de la France dans la guerre d'Espagne était, entre autres, dictée par la prise en compte des relations franco-allemandes ». Bonnet s'aplatit davantage devant Welczeck le 24 sur sa hâte de voir « la victoire de Franco » et « de rétablir [avec lui] les relations diplomatiques »[196]. Ribbentrop, à Varsovie fin janvier 1939, conversa avec l'ambassadeur de France Léon Noël, auquel Bonnet avait « donné instruction [...] de présenter ses respects au ministre des Affaires étrangères du Reich ». « Faisant allusion à la chute de Barcelone », il lui conseilla : « Hâtez-vous d'envoyer un représentant à Franco. »[197]

Les 2 et 3 février, le président de la Banque d'Indochine Paul Baudouin rencontra Ciano à Rome. C'était quelques semaines après que le ministre des Affaires étrangères italien eut bafoué le retour, en novembre 1938, d'un ambassadeur de France (François-Poncet) en revendiquant la Corse, Nice et Tunis, le 30, via « la Chambre des Députés de Rome », puis en dénonçant les accords Gamelin-Badoglio de 1935. C'était à peine un mois après le voyage « triomphal » de Daladier en Corse puis en Tunisie destiné à masquer « l'humiliation de Munich » et l'aplatissement devant le Reich derrière une fermeté verbale contre Rome[198]. Baudouin et Ciano traitèrent entre autres de l'Espagne, que Paris lâcha officiellement après le simulacre de sursaut parlementaire préalable à la chute (le 26 janvier) de Barcelone[199]. Simultanément commencèrent les entretiens Bérard-Jordana dont les Allemands furent informés dès la première « visite » du Français, intime de Laval et familier de Pétain, le 4 février[200]. Jordana décrivit à l'ambassadeur d'Allemagne Stohrer la signature de l'accord comme un « succès complet » pour Franco : acquis « sans prendre aucun engagement ni accepter aucune condition », il comportait, outre la clause sur l'or déjà citée, la restitution « des œuvres d'art, des navires et des armes » détenus en France[201].

Un État-major factieux et franquiste

L'antifasciste Blumel, chef de cabinet de Blum, crut (ou fit semblant de croire) que la catastrophe militaire que faisait planer le putsch franquiste sur « les intérêts vitaux [de...] la France continentale », menacée dans ses « communications avec le réservoir en hommes et en produits alimentaires d'Afrique du Nord », dicterait à ses officiers supérieurs le sacrifice de leurs préjugés sociaux à la défense nationale. « Le haut commandement de l'armée, de la marine et de l'air français, particulièrement la marine, était très préoccupé du combat espagnol et souhaitait ardemment le succès du gouvernement de Madrid, *dit ce socialiste de gauche à Wilson le 19 août 1936*. Ces officiers [,...] par tradition et éducation conservateurs, dans leur majorité instinctivement hostiles aux objectifs du gouvernement Blum en France, ne pouvaient être soupçonnés de la moindre sympathie naturelle pour les efforts du gouvernement espagnol en vue d'écraser la révolte militaire. » Or, loin de soutenir « ses confrères en Espagne, le haut commandement militaire et naval, pour des raisons de nature technique liées au problème de la sécurité française, était corps et âme favorable au triomphe final du gouvernement espagnol »[202].

La rupture de « la ligne de vie vers notre empire africain » (Chautemps) n'était pas la priorité de l'État-major général[203]. Le sort qu'il réserva à Pierre Cot, ministre de l'Air dont « la sympathie agissante » pour la République espagnole égalait l'ardeur à renouer l'alliance *militaire* de revers, illustre l'erreur (ou le mensonge) de Blumel (le chapitre suivant traitera des aspects non espagnols de la question). Bête noire de la droite et des ligues, le ministre de Blum et Chautemps (jusqu'en janvier 1938) était honni de l'État-major cagoulard. Ayant le 29 juillet 1936, au CPDN, sollicité l'examen du problème crucial des communications maritimes désormais menacées par l'Axe, il s'entendit répondre qu'il n'était pas de la compétence de cette instance : « C'[était] un problème de gouvernement. »[204] Cot ne put jamais, malgré ses efforts et engagements répétés, « obtenir du gouvernement français que celui-ci particip[ât] matériellement à la lutte du gouvernement espagnol contre les rebelles »[205]. L'État-major ne faisait mine d'envisager une aide militaire que pour la récuser, tel Gamelin, au nom de « la nécessité d'être *très prudent* » : « la faiblesse de nos disponibilités nous interdi[t] toute opération offensive en Espagne », certifia en septembre 1937 celui qui participait en mai à une réunion cagoularde « pour aider militairement Franco »[206]. Dans ses meetings et ceux du Front de la Liberté (présidé ici par Kerillis, le 9 novembre 1937), Doriot n'en faisait pas moins conspuer le ministre antifasciste impotent « comme "traître à la patrie" [pour] avoir livré des avions français aux républicains espagnols »[207].

D'autres priorités taraudaient l'État-major qui, comme la Banque de France, s'était peu avant les législatives de 1936 extasié sur les orientations espagnoles droitières de 1933-1934 et inquiété de leur précarité. Il rendit fin 1935 hommage à Gil Robles, chef de la droite unifiée qui avait compris « que pour rétablir un ordre politique et social solide dans la Nation, il fallait d'abord créer une force nationale » : les difficultés enregistrées lors de « la révolte des Asturies » dictaient « la réorganisation de l'armée », car en octobre 1934, « les cadres et la troupe chargée de maintenir puis de rétablir l'ordre firent preuve de la plus grande inertie [...]. Seule la bravoure du général Lopez Ochoa suivi de quelques centaines d'hommes et le dévouement de la Garde civile dont l'héroïsme compensa en partie l'insuffisance numérique permirent d'attendre l'arrivée des troupes d'Afrique, bataillons de la Légion étrangère de tirailleurs marocains qui mirent fin à la rébellion avec une brutalité efficace » – plus de 2 000 morts. Mais les obstacles demeuraient : « L'appel à des troupes indigènes pour le maintien de l'ordre » imposé par « la désorganisation devenue évidente de l'Armée », devenue le jouet des politiciens et riche en « cadres démagogues », avait provoqué la « stupeur » de l'opinion[208].

L'État-major opta donc dès *juillet* 1936 pour Franco, fournisseur d'armes simultané du *CSAR* puis hôte prévenant en 1937 des cagoulards en fuite. Le Deuxième Bureau, centre commun du renseignement technique et des brûlots idéologiques, divisa d'emblée les Espagnols en « gouvernementaux » et « nationaux » (adjectifs désignant *ses* partis français). Il s'alarma le 29 juillet 1936 de la soviétisation de la Catalogne, décrétée « tout entière [...] organisée, dès à présent, *d'une manière très analogue au système soviétique* [...]. En cas de victoire nationaliste, on pourrait voir se créer sur le littoral méditerranéen une sorte de Portugal rouge englobant la Catalogne et la province de Valence, s'étendant de Cerbère à Alicante » (l'avant-veille, la soviétisation s'était bornée au désarmement immédiat des franquistes : « Dès que les soldats ont été en contact avec la foule, ils se sont rendus. »)[209]

Début août 1936, les amiraux François Darlan et Jean Decoux, chefs d'État-major de la Marine, allèrent à Londres recevoir du chef (depuis 1933) de la Marine (*First Sea Lord*), l'amiral Alfred Chatfield, des prescriptions assurant à l'armée française une couverture aussi utile que celle que Blum avait dix jours avant recueillie de la gouvernante anglaise. Chatfield argua des Soviétiques seuls, alors absents de cette guerre, pour légitimer « le maintien de notre actuelle politique de neutralité... Je veux dire une stricte neutralité, c'est-à-dire une situation dans laquelle les Russes ne fournissent d'aide aux communistes ni officiellement ni officieusement. En aucun cas nous ne devons faire quoi que ce soit pour encourager le communisme en Espagne »[210]. Consignes inutiles vu l'impatience de s'aligner sur Londres.

Parmi les « très nombreux officiers étrangers (active ou réserve) » venus appuyer « les phalangistes », on comptait à la mi-octobre 1936 « environ 180 Français »[211]. L'État-major adorait broder avec son homologue britannique sur deux thèmes qui durèrent autant que la guerre d'Espagne : la certitude d'une victoire rapide de Franco et les horreurs rouges (*leitmotiv* également cultivé sur le terrain tchécoslovaque). En témoigne la « conversation [d'alors] entre le lieutenant-colonel Rivet et un officier de l'Intelligence Service » dont « la première partie » (non jointe) « port[ait] sur l'activité communiste en France » et « la seconde » sur « la politique générale » : « L'URSS, *concluent-ils,* est hors d'état de prêter son concours efficace à un allié occidental, mais cherche à exploiter toutes les difficultés ou la défaite de cet allié pour fomenter un bouleversement général européen. »[212]

Le Deuxième Bureau savait tout des forces de l'Axe en Espagne et en Méditerranée (Maroc en tête), où « les avions envoyés d'Italie et d'Allemagne [étaient] *toujours* pilotés par des officiers italiens et allemands, *vêtus en officiers espagnols* ». Il n'en appréciait pas moins le tableau par la « presse allemande » de la pieuvre rouge au Maroc (« le centre de propagande communiste, que le Komintern avait mis en place à Tétouan, ayant été dissous par le général Franco, les agents communistes se sont repliés sur la zone française d'où ils exercent leur propagande aussi bien en zone française qu'en zone espagnole. Ils disposeraient de fonds importants et s'efforceraient de soulever les indigènes contre les puissances protectrices »[213]). Une « synthèse de renseignements » d'octobre 1936 sur la poussée « allemande au Maroc espagnol » s'acheva ainsi : « La situation internationale peut évoluer dangereusement après la chute de Madrid quand la question de la reconnaissance du gouvernement Franco se posera et quand il s'agira de régler le sort définitif de la Catalogne, déjà ravitaillée [...] par des convois maritimes russes » ; si elle « se proclame État indépendant soviétique [,...] nul ne peut prévoir quelles seraient alors les répercussions d'un événement politique aussi grave »[214].

L'État-major pratiqua envers les « rouges » espagnols la même ligne qu'envers l'URSS ou l'allié tchécoslovaque, truffant d'arguments « techniques » son parti pris idéologique, arguant, tel Gamelin en septembre 1937, de « la nécessité d'être *très prudent* » ; il fallait « au minimum – pour une *opération à l'ouest* 5 à 6 divisions ; – pour une *opération à l'est* 6 à 9 divisions [... L]a faiblesse de nos disponibilités nous interdi[t] toute opération offensive en Espagne », etc.[215]. Le veto invoquait les tares des gouvernementaux et de leurs défenseurs étrangers : le chien à noyer devant être accusé de la rage, on le convainquit de l'ineptie propre aux manants. L'armée contredit donc ses propres rapports techniques qui décrivaient comme les fonds allemands les qualités des combattants républicains, espagnols, étrangers des Brigades internationales, soviétiques : « Les volontaires étrangers ont pour une large part contribué aux échecs nationalistes sur le front espagnol et tout particulièrement dans la région de Madrid ; leur rôle ne saurait être minimisé. » Son information confirmait la qualité de l'Armée rouge, tant sur les hommes que sur les matériels, aviation et chars surtout[216]. Gamelin, Gauché *et alii* lui préféraient ces « renseignements [allégués] de très bonne source [:...] les officiers soviétiques combattants en Espagne sont ignorants, même du point de vue militaire. Les techniciens ne possèdent que des connaissances élémentaires, mais ils sont tous communistes convaincus. Le matériel russe ne peut soutenir la comparaison avec le matériel français. Les chars sont de fabrication défectueuse, mal protégés et peu résistants. Quant aux canons lourds, ils sont très inférieurs aux nôtres »[217].

L'État-major enterra donc le rapport du « général [Paul] Armengaud » revenu « de Valence » en 1937 avec « une excellente impression tant de l'armée de Terre que de l'armée de l'Air » : il estimait que « les avions de chasse des républicains », de fabrication soviétique, « surclass[ai]ent nettement ceux de Franco »[218] ; il en allait de même pour les « tanks légers »[219]. Daladier reconnut le sérieux, confirmé par la période suivante, de cette étude en vantant, à Londres, le 25 avril 1938, la qualité des 800 avions que l'Armée rouge avait soustraits à sa flotte de 5 000 appareils pour les mettre au service de l'Espagne[220]. L'État-major, auquel Daladier, à Paris, ne s'opposait jamais, écarta les rapports érigeant les « gouvernementaux » en héritiers de l'an II, telle cette note de « 1938-1939 [...]

sur l'armée républicaine de Catalogne » : « Les chefs. Ce sont des jeunes, ardents, énergiques, inexpérimentés, véritables aventuriers ayant une âme de guérilleros, qui savent se faire obéir et sont assoiffés de gloire. La troupe constitue une masse vigoureuse, en haillons, mal nourrie, ardente à la tâche et soucieuse de s'instruire. En résumé : après la déroute d'Aragon en mars et avril l'armée de Catalogne a été reprise en main et réorganisée. Elle a réalisé sur le terrain un système fortifié qui paraît solide, bien conçu et adapté au terrain. Vigoureusement dirigée, elle donne une impression d'ordre, paraît ardente et capable d'une certaine résistance. »[221]

L'État-major dut, pour balayer ces avis vérifiés par les échecs militaires, prolongés jusqu'à l'automne 1938 inclus, de la coalition Axe-Franco, noyer aussi ses propres chiens, leurs auteurs. Les militaires français affirmant que les intérêts vitaux de la France la plaçaient d'office dans le camp républicain ou que celui-ci combattait bien étaient taxés de sympathies subversives, entravés et persécutés, qu'ils fussent évincés ou laissés en poste dans l'impuissance. Ils n'avaient pas l'oreille de Gauché, complice des Anglais dans la chasse aux rouges[222]. Le lieutenant-colonel Vincent fit en août 1937 à Casablanca une conférence pouvant « se résumer comme suit : danger pour la France de ne pas soutenir les gouvernementaux ». Une « note du Deuxième Bureau » (désignant toujours les commentaires de son chef Gauché) y associa cette mise en garde : « Vincent a servi dans l'armée gouvernementale et combattu à Madrid. Ses opinions, fatalement entachées d'une certaine partialité, ne doivent être admises qu'avec les plus grandes réserves. »[223]

Les chefs cagoulards lui préféraient Cavaillon, sous-chef d'État-major de l'armée de l'Air, qui assurait pour son arme la liaison Guerre-Quai d'Orsay. Il fit, le 29 avril 1938, devant ce haut lieu du consensus des deux ministères dans l'abdication, un compte rendu assurant « la guerre [...] gagnée pour Franco » : il le tenait des confidences de l'attaché militaire anglais à Paris [Frederick Beaumont-Nesbitt] « après [son] voyage chez les nationalistes ». Il n'avait, comme son chef, Joseph Vuillemin, rien à dire contre le Reich, admirait Franco et, solide tradition, méprisait l'Italie : « Excellente attitude de la troupe [franquiste] contrastant avec la mauvaise tenue et l'air chétif des contingents italiens dont les officiers se rendent insupportables par leur arrogance aux officiers espagnols qui ne les saluent plus. » Il transmit le 4 mai avec le même allant le rapport de l'attaché de l'Air français à Lisbonne émerveillé, à son passage « en Espagne nationaliste pour rejoindre son poste », par « l'ordre et le travail » y régnant : « Dans l'aviation des terrains ultra-modernes ont été établis et le matériel, financé par le cuivre et les pyrites espagnols, est excellent. »[224] Gauché, à la chute de Barcelone, avéra ce texte « transmis au Deuxième Bureau » par « le général [Louis-André] Jouart », franquiste notoire et cagoulard probable[225], qui l'attribuait à « une excellente source (ingénieur rentrant de Barcelone). Parmi les miliciens gouvernementaux, réfugiés en France, se trouvent des groupes organisés qui, paraît-il, ont reçu des ordres formels pour créer en France une agitation communiste et anti-italienne. La majorité de ces miliciens réfugiés représente la lie de la force gouvernementale ; ils ont fui par peur de représailles, n'ayant pas la conscience nette »[226].

Pour convaincre les politiques de l'excellence de Franco, l'État-major leur fournit des informations aussi fausses que celles qu'il diffusa en 1938 sur Prague ou l'aviation soviétique et française (rappelons, pour ne pas l'accabler indûment seul, que les intéressés disposaient d'un égal accès aux sources sincères qui peuplent les fonds du SHAT). Franco se flattait auprès de Faupel des complicités qu'il s'était ménagées dans l'armée française : il « m'a informé » hier, rapporta l'ambassadeur d'Allemagne le 21 février 1937, que l'État-major général français avait préparé un rapport de situation – évidemment sur la base des rapports d'agents à Séville [base franquiste] – et le soumettait au gouvernement français. [Il] présentait les perspectives de succès militaire des rouges comme actuellement absolument nulles ». Franco lui dit en août recevoir des plans militaires français de ses agents : l'un d'entre eux lui en remettrait un « dans quelques jours »[227], service rendu par les cagoulards à la Jacques Percheron[228].

Comme ses amis civils, l'État-major mua donc en alliés les féaux du Reich : il comptait début 1937 sur « les éléments francophiles du gouvernement » de Franco, dont l'influence nous dictait « de faire litière de notre amour-propre et de prendre contact, par des moyens différents de ceux employés jusqu'à présent, avant qu'il ne [fût] trop tard » avec Burgos[229]. Il fit en octobre valoir que Franco avait « donn[é] l'assurance à une très haute personnalité militaire française [qui ?] que l'intégrité du territoire espagnol serait assurée », assurance renouvelée en mars 1938 au complaisant « consul de France à Saint-Sébastien » avec promesse « que les forces étrangères [en Espagne] ne seraient pas renforcées »[230].

La réaction française à la victoire de l'Axe Rome-Berlin

Le Reich en gloire espagnole

Le mythe résista au déchaînement francophobe notoire des franquistes, les plans de la coalition Pétain-Laval-Doriot-la Rocque exigeant renoncement à toute fierté nationale et oubli des conséquences d'un succès décisif de l'Axe. Les archives allemandes enregistrent, entre les regrets réitérés jusqu'à l'automne 1938 sur l'échec d'une agression présentée au début comme une promenade de santé, des accents de triomphe sur sa portée militaire générale. Cette guerre longue, susceptible « d'entretenir la tension en Méditerranée » (Hitler, le 5 novembre 1937[231]), donnait un objectif commun à l'Allemagne et à l'Italie, défini par Hassel : « Exclure toute amitié franco-espagnole et empêcher ainsi les transports d'Afrique du Nord passant par l'Espagne vers la France. »[232]

Ayant défini, sans doute comme la plupart de mes collègues du secondaire et du supérieur, la guerre d'Espagne comme le « terrain d'essai » de la Seconde Guerre mondiale, je regrette d'avoir dû attendre les recherches relatives au présent ouvrage pour en trouver la démonstration la plus convaincante que puisse contenir *un* document : le rapport du général von Reichenau, spécialiste des blindés et futur chef de la guerre à l'Est, « Pourquoi nous avons aidé Franco ». La France connut (j'ignore quand) ce cri de triomphe poussé au printemps ou à l'été 1938, époque où le camp de la « non-intervention » subissait l'assaut, non plus des sous-marins italiens, mais des avions de l'Axe.

« Grosse émotion causée par les attaques aériennes contre des navires britanniques dans les ports espagnols. Le *Foreign Office* se bornera à avertir que les navires qui fréquentent les ports espagnols le font à leurs risques et périls. Cette position n'est pas très reluisante aux yeux du public anglais mais il n'y en a pas d'autre possible », résuma le 15 juin Émile Charvériat, directeur adjoint des Affaires politiques et commerciales du Quai d'Orsay (second de Massigli)[233].

Rien ne manquait à l'analyse technique de Reichenau admettant une infériorité initiale par rapport à la France et à l'URSS. L'aviation allemande avait considérablement progressé contre la française qui, refusant de s'entraîner au combat de la guerre future, avait perdu sa supériorité : « Jusqu'en 1936, l'aviation était jusqu'à un certain point le talon d'Achille de notre défense nationale et [...] d'un sursaut nous nous sommes trouvés, en 1937, à la tête de toutes les aviations [...]. La supériorité de nos avions est reconnue, aujourd'hui, même par des experts qui, comme le général Armengaud [...], estimaient [...] les avions russes [...] supérieurs aux nôtres [...]. Les expériences pratiques des aviateurs que nous avons envoyés en Espagne [...] nous ont permis de développer d'un seul coup la préparation de nos pilotes. » Nous produisons désormais des « avions capables de descendre en vrille [à ...] 600 kms/heure. Nos pilotes entraînés en Espagne sont les meilleurs et les plus habiles [, ce qui ...] nous donne un avantage énorme sur notre ennemi de demain. Nous pouvons [d'autant mieux le] dire, aujourd'hui, [...] que nous avons toujours reconnu, franchement, les excellentes qualités, indiscutables, des aviateurs français. Mais il leur manque l'expérience pratique du combat. Nos équipages spéciaux d'aviateurs de combat en piqué [...] assurent à notre armée de l'Air, qui achève de renaître, une valeur militaire très spéciale ».

Tout avait marché du même pas. La DCA avait été « perfectionnée à un tel point, même avant la guerre d'Espagne, qu'elle servait de modèle au monde ». Le Reich avait abandonné sa tactique de « la campagne d'Abyssinie » du tank léger, efficace « en raison du manque total d'armes de défense chez les Abyssins », mais inadapté en Espagne, au profit « des machines lourdes et blindées [,...] immensément supérieures. Au début nous avons payé cher notre erreur, parce que nos chars d'assaut légers ne résistaient pas même au feu des mitrailleuses et étaient incapables de doubler les obstacles un peu sérieux. C'est ce qui nous a menés au type lourd et bien blindé que nous employons aujourd'hui avec un plein succès en Espagne. [...] Le canon antitanks allemand de 3,7 employé en Espagne depuis le commencement des hostilités [était] le meilleur du monde ». L'Espagne avait confirmé l'infanterie, « primordial[e] dans le potentiel de guerre allemand [, en...] reine des batailles et la mitrailleuse maniée par les fantassins [en...] reine de toutes les armes. Il suffit de rappeler ce que furent les mitrailleuses lourdes qui maintinrent les troupes nationalistes devant Madrid ». L'expérience du « matériel de l'armée motorisée [avait...] révélé des problèmes d'une portée insoupçonnable [...] Nous avons pu nous rendre compte que dans une guerre moderne les pièces de rechange et l'essence peuvent jouer un rôle plus important que celui des munitions ». Nous avons perçu l'importance de « l'instruction technique des conducteurs », condition de la destruction des routes d'un ennemi qui avait tenu le Reich en respect : « Les troupes rouges improvisées ont su, à ce point de vue, faire des choses étonnantes ; un adversaire bien entraîné pourrait ainsi nous créer d'énormes difficultés » ; il fallait en tenir compte pour pouvoir « faire de l'automobile l'instrument essentiel de la guerre moderne ». La « direction des opérations » s'était enrichie de l'étude des « grandes possibilités de succès offertes par l'emploi de masses d'avions, de tanks ou d'artillerie ». Le front espagnol avait donné au « service de renseignements » l'atout de la Cinquième Colonne : le terme ne figure pas mais, observait Reichenau, « les frontières sont, en beaucoup d'endroits, un centre de travail excellent pour recevoir les renseignements et les transmettre. Il est plus facile d'introduire des Espagnols en territoire ennemi que d'envoyer des Allemands à l'étranger. Nous avons pu travailler systématiquement à augmenter nos connaissances en ce qui concerne l'estimation des inventions de l'adversaire, le développement des moyens d'observation et le perfectionnement des méthodes de transmission des renseignements ».

Par les « succès » remportés « sur des terrains différents : technique militaire, stratégie et politique extérieure », le Reich avait, dans ce qui n'était pas « une guerre de second ordre », annulé les gains de ses vainqueurs de 1918, qu'il pourrait écraser bientôt. « Deux années d'expérience de la guerre ont été plus utiles au développement de notre défense nationale (qui n'était pas encore au point), à la valeur combative de notre armée et aussi à la puissance militaire du peuple allemand qu'auraient pu l'être dix ans d'instruction en temps de paix. » Le Reich s'était doté de l'entraînement qui lui avait manqué « pendant la préparation de la guerre 1914-1918. Il appartient de façon impérative, à une préparation de guerre consciencieuse et systématique, de s'introduire dans le camp adverse, par ses lignes de communications maritimes et terrestres, ses voies commerciales, en un mot, en tous lieux où il dispose de forces avec lesquelles on doit compter en cas d'hostilités. Un État tel que le nôtre qui ne peut acquérir directement de point d'appui doit remplir ce vide par une politique d'alliances. Nous avons accompli cela par la création de l'Axe Rome-Berlin, ainsi que par nos aides au général Franco ».

Tout était prêt pour le règlement de comptes imminent. « Nous nous sommes établis sur les lignes stratégiques vitales de la France et de l'Angleterre. C'est là que réside la signification suprême de notre intervention en Espagne. [...] Grâce à nos positions en Espagne, nous sommes dans une situation favorable dans l'un des points vitaux de [la Méditerranée,] cette région stratégique [...]. L'Espagne et l'Axe Rome-Berlin nous ont donné la possibilité de participer à cette lutte historique. [...C]'est dans ce but que nous avons aidé le général Franco à installer des batteries à longue portée près d'Algesiras et sur la côte africaine près de Ceuta, en face de Gibraltar. Ces batteries pourront rendre de grands services quand il s'agira de couper la ligne vitale franco-anglaise. » La défaite dans « la guerre mondiale » était surmontée. « Grâce aux événements d'Espagne et à notre situation dans ce pays et en Méditerranée, nous avons lézardé le système de Versailles en Europe. Nous l'avons miné avec de la dynamite. [...] Le centre d'équilibre s'est déplacé vers nous ; de Londres et de Paris, il est venu se fixer à Berlin. Dans les milieux politiques de l'Europe occidentale, on s'est déjà rendu compte de cela et leur état d'âme se résume dans la phrase résignée écrite récemment dans *Le Temps* : "Le cœur de l'Europe ne bat plus à Paris, mais à Berlin". »[234]

Toutes les chancelleries partageaient ce constat. Les Allemands avaient reçu des démocraties le temps de surmonter les défauts de « leurs avions de chasse et tanks légers », qu'il leur fallait, estimait en avril 1937 l'ambassadeur de Belgique à Paris, « un ou deux ans pour corriger »[235]. Le Deuxième Bureau décrivait la paralysie de l'empire en Méditerranée et la situation « à notre frontière pyrénéenne occidentale » grouillant depuis 1936-1937 d'Allemands affairés à « la reconnaissance de passages, l'organisation de bases aériennes, l'équipement téléphonique de la région »[236]. L'État-major, qui avait d'emblée décrit les menaces méditerranéennes que ferait courir à la France la victoire espagnole de l'Axe[237], dressa après l'Anschluss le bilan de cette nouvelle catastrophe.

« L'intervention [de...] l'Espagne », observa Gamelin dans une note du 14 mars 1938 « sur les conséquences de l'Anschluss », « pourrait ouvrir deux fronts : Pyrénées et Maroc, avec toutes les conséquences du point de vue aérien et surtout naval ». Sa note 11/DN du 15, « relative aux conséquences stratégiques d'un succès du général Franco », recensa les « bases navales » ouvertes à l'Axe, jalonnant l'empire africain français : elles « constitueraient des bases d'action pour des forces navales ou aériennes dont l'objectif serait la destruction de notre commerce, ainsi que l'attaque de nos transports de troupes ou d'intérêt national. Cette menace serait particulièrement dangereuse pour nos communications maritimes en Méditerranée tant avec l'Afrique du Nord qu'avec le Levant ; elle affecterait également nos communications atlantiques (Maroc à Amérique) et nos liaisons impériales à destination des territoires d'outre-mer, en particulier de l'AOF et de l'AEF ». La situation dictait, conclut Gamelin, « notre action diplomatique et morale afin d'empêcher *l'intervention directe* du général Franco aux côtés de nos ennemis [ou] d'éviter même la *neutralité hostile* de l'Espagne mettant toutes ses bases à la libre disposition de nos ennemis »[238].

La course à l'abîme : du faux sursaut à la capitulation (mars 1938-mars 1939)

Le 15 mars eut aussi lieu « à l'Hôtel Matignon » un CPDN limpide sur la « *politique générale* »[239] du nouveau cabinet. Blum, escorté de Paul-Boncour, laissa militaires et civils légitimer *sa* ligne de juillet 1936 et répéter que la France ne pouvait pas en Espagne agir plus qu'en Tchécoslovaquie. On en retiendra le festival des prétextes à « non-intervention » qui suivit « la question » de Blum : « Comment pourrions-nous intervenir en Espagne ? » On pourrait arguer auprès de Franco : « "Si, dans les 24 heures, vous n'avez pas renoncé à l'appui des forces étrangères, la France reprend sa liberté d'action, et se réserve de prendre elle-même toutes mesures d'intervention qu'elle jugera utiles." Ce serait [...] une manœuvre du même ordre que celle que le chancelier Hitler vient de tenter et réussir en Autriche. » Gamelin objecta la différence des « conditions » : l'armée française n'avait que 400 000 hommes, les Allemands 900 000. « Si nous voulions jouer un pareil jeu il nous faudrait disposer d'un million d'hommes, c'est-à-dire disposer des forces de couverture » ; on ne pouvait envisager pareille hypothèse « que dans le cadre de notre dispositif général, car – contrairement à ce qui existe pour le Nord-Est et le Sud-Est – nous n'avons pas prévu pour le Sud-Ouest de mobilisation séparée. Si nous voulons déployer notre aviation il faut mobiliser des réservistes et mettre le guet en place, *ajouta Vuillemin.* Ces mesures nous amènent à dévoiler notre dispositif et ne se comprennent que si l'on est bien décidé à aller, le cas échéant, jusqu'au bout, c'est-à-dire jusqu'à la guerre ». « Toute opération en Espagne nécessiterait la mise en jeu de la couverture » (précisément exclue), résuma Blum.

Plus loin, Paul-Boncour évoqua une éventuelle « opération sur les Baléares ». Cette « opération de grande envergure », répliqua Darlan, « nécessiterait des forces terrestres de la valeur d'une division ». César Campinchi (présumé ferme), Guy La Chambre (synarque successeur de Cot) et les militaires cagoulards firent chorus sur l'aviation française, nulle. Campinchi « demand[a], étant donnée la faiblesse de notre aviation, quelle serait la conséquence sur la conduite de la guerre d'une maîtrise totale de l'Air par l'Allemagne ». Vuillemin « estim[a] qu'en quinze jours notre aviation serait anéantie ». Pétain fit « remarquer qu'en aviation c'est moins les forces initiales que le potentiel de construction qui compte. Et ce potentiel nous ne l'avons pas. [...À] la fin de la dernière guerre, *exposa La Chambre,* on pouvait construire 3 000 avions par mois [,...] très simples », contre actuellement « 30 par mois, bientôt [...] 60 », car « les avions modernes sont très compliqués et les ingénieurs ne se sont pas efforcés d'en faciliter la production en grande série ». Pétain revint à la charge : « Notre principal adversaire éventuel » en sort « 250 par mois » d'après « une estimation modeste ».

Paul-Boncour s'interrogea ensuite sur « les conséquences d'un succès total du général Franco et de sa collusion avec l'Allemagne et l'Italie ». Gamelin lut alors « intégralement » sa note 11/DN. Daladier, après avoir « déclar[é] qu'il faudrait être aveugle pour ne pas voir que l'intervention en Espagne déclencherait la guerre générale », brandit l'éteignoir britannique : impossible d'intervenir sans l'Angleterre. Léger traduisit : « Il ne saurait s'agir de notre part que de mesures de réaction et pas de gestes préventifs. L'Angleterre se séparera de nous si nous abandonnons la non-intervention sans un élément nouveau. » L'aide clandestine pointa le nez avec Blum, qui « demand[a] si l'on ne pourrait, sans intervenir militairement, intensifier l'aide fournie à l'Espagne ». Pas question, trancha Gamelin : « Cette mesure aurait pour conséquence de désarmer les forces françaises pour un résultat aléatoire, les forces gouvernementales étant tout à fait inaptes à la manœuvre. » Blum se consola en arguant que « le général Franco n'a[vait] plus besoin de l'aide militaire étrangère » : propos antagonique avec « un échange de vues » préalable à la réunion entre *lui-même,* Pétain, Gamelin et Darlan « sur les débarquements annoncés de troupes allemandes en Espagne ».

Les militaires versèrent alors dans le franquisme ouvert. Gamelin « demand[a] s'il n'y aurait pas un moyen diplomatique de [...] séparer [l'Espagne franquiste] de l'Allemagne et de l'Italie ». « Le général Franco aura besoin de l'argent anglais pour refaire l'Espagne et [...] l'Angleterre spécule sur une évolution xénophobe espagnole qui doit détacher Franco de l'Allemagne et de l'Italie », ajouta Pétain. Paul-Boncour les démentit faiblement : « Une telle évolution, si elle est possible, s'étend sur un espace de temps trop long pour que, dans l'urgence actuelle, nous en puissions attendre les résultats. » Blum, Daladier, Léger jouèrent enfin à se faire peur, les deux derniers certifiant au premier qu'une intervention française constituerait pour « l'Allemagne et [...] l'Italie [...] un *casus belli* » (« sans aucun doute », appuya Léger). Daladier fit endosser la capitulation à Moscou : « Une telle intervention, non motivée par des faits nouveaux, risquerait de nous laisser seuls en face de l'Allemagne et de l'Italie avec le médiocre concours d'une Russie lointaine et affaiblie et sans être du tout assurés du concours de la Grande-Bretagne. »[240] Le chef d'État-major de l'armée Louis Colson, muet le 15, exclut par écrit le 16 toutes « opérations offensives en Espagne »[241].

Entre cette séance, funeste à la thèse de l'intermède « résistant » Blum-Paul-Boncour, et la victoire de l'Axe, décideurs militaires et civils reçurent par flots des rapports accablants. On comparera le discours de Serrano-Suñer, ministre de l'Intérieur (et beau-frère) de Franco, le 18 juillet 1938, à la caserne des Regulares (Maures) d'Alcazrquivir (Maroc espagnol) aux trémolos de la droite sur le grand chef espagnol qui aimait tant « les bons Français » : « “Une domination française pesait sur l'Espagne, une déformation française (*afrancesamiento*) dans les esprits et les mœurs...” À ce moment tout le monde (le public était des militaires) se mit à crier : “Meure la France ! À bas la France ! Vive l'Allemagne ! Vive la guerre ! Allons les chercher (*a por ellos*) A France A France *(sic)* !”. Ce scandale dura près de dix minutes tandis que le haut-commissaire et agent hitlérien Juan Beigbeder, qui présidait, souriait et faisait des signes d'approbation en disant en même temps : “Calme, calme, tout sera fait” (“*todo se andard*”). Le public était en sa grande majorité composé d'officiers, de soldats et de Maures, et l'acte se célébrait en présence de hauts officiers » franquistes[242].

À la mi-septembre, une longue note anonyme sur la Tchécoslovaquie rédigée dans l'entourage de Gamelin balaya la « neutralité » de Franco que Paris et Londres postulaient alors (comme prétexte à abandonner Prague). « En Espagne il est plus que possible, presque probable que Franco l'emporte l'an prochain. Sans doute on caresse l'espoir de détacher Franco des pays qui lui auront fourni une aide décisive. S'il ne s'agissait que de reconnaissance à l'égard des sauveurs, la chose serait possible. Mais il est évident que dans le cas d'un conflit européen la chute d'Hitler et de Mussolini aurait des répercussions rapides en Espagne, et que la dictature franquiste aurait très peu de chance de survivre à un tel événement. C'est prêter à Franco une forte dose d'aveuglement que de croire qu'il ne s'en rendra pas compte. Il faut donc envisager qu'en cas de guerre franco-allemande il prêtera son territoire comme base d'opérations contre nous. »[243] « La politique inspirée des doctrines hitlériennes de M. Serrano-Suñer, [son] ministre de l'Intérieur [,...] de plus en plus impopulaire [,...] provoquerait des réactions violentes conduisant à des représailles sévères », transmit le SR en décembre[244].

À l'époque de la chute de Barcelone, l'influence allemande submergeait l'Espagne. « Une réorganisation méthodique des territoires sur le plan administratif et policier [...par] des spécialistes allemands » avait suivi « l'avance des nationalistes » : « De 60 000 à 70 000 hommes sûrs [...] recrutés dans les armées franquistes pour former la police [...] seraient encadrés par

30 000 membres des SS. » « Le capitaine Walther Heldorff, un des lieutenants les plus écoutés de M. Hitler », doté du « commandement de la Gestapo en Espagne franquiste » pour s'être « "distingué" lors des récents pogroms en Allemagne » (la Nuit de Cristal) », avait déjà « fourni [...] de précieux renseignements » sur « l'importance de l'appui que la nouvelle Espagne pourrait apporter au Reich, au cas d'un conflit armé avec la France. [...] Du point de vue militaire, notamment aérien, les services de la Gestapo estiment suffisant un effectif de 250 000 Espagnols et 100 000 Italiens dirigés par des officiers et sous-officiers allemands »[245].

Dans la négociation Bérard-Jordana, Paris avait décidé de livrer à Franco le matériel de guerre républicain encore en mains françaises : « Les autorités gouvernementales [républicaines] ont demandé les dispositions à prendre pour réexporter le matériel de guerre en France », annonça Charvériat le 8 février 1939 à la « liaison hebdomadaire » Guerre-Quai d'Orsay ; « *a priori*, la réponse est négative ; ce matériel est un gage pour les règlements ultérieurs avec le futur État espagnol »[246]. Ni ces bontés militaires, ni l'assentiment à la remise de l'or de la Banque d'Espagne ni la décision d'envoyer Pétain comme ambassadeur n'amadouèrent Franco. Devant le même auditoire, Charvériat décrivit une semaine après la mort de la Tchécoslovaquie les dispositions du francophile présumé : « Hostilité hargneuse de Franco qui oppose à la réception de notre ambassadeur des marchandages dans lesquels nous voulons pas entrer au sujet de la flotte de Bizerte. D'autre part, les négociations avec Madrid n'avancent pas : on dirait que Franco pour éviter une entrée des troupes italiennes à Madrid veut traîner les affaires en longueur. En tout cas, son adresse de félicitations au Reich pour l'annexion de Prague est peu heureuse. »[247]

Stohrer transmettait alors à Berlin la presse franquiste, monceaux de griefs et d'insultes – sur le modèle, connu de Paris, de la prose d'*Arriba España* (de Séville) contre « les reptiles venimeux du Quai d'Orsay »[248] –, précisant que « la radio nationaliste attaqu[ait] la France plus violemment encore ». Pétain, arrivé à la mi-mars 1939, piaffait d'être reçu à Burgos. Il fut isolé « une semaine » à Saint-Sébastien, avant de pouvoir présenter, le 24, ses lettres de créance : il s'agissait, expliqua Jordana à Stohrer, « d'exercer une pression sur la France pour qu'elle remît la flotte rouge » sans délai. « Les journaux français » motivèrent ces rebuffades par « l'interruption des communications entre Saint-Sébastien et Burgos, ce qui était entièrement faux ». « La pression [...] réussit » : Paris, annonça Jordana à Stohrer après la cérémonie du 24, va rendre dans la semaine à venir « les navires de guerre rouges qui avaient trouvé refuge à Bizerte ». On en avait donc discuté, malgré les accents de dignité de Charvériat, le 22, devant témoins militaires. Londres remit le 26 « le célèbre destroyer rouge *José Luis Diaz* qui s'était souvent rendu à Gibraltar »[249]. La réception du 24 de Pétain à Burgos (décrite en termes identiques en 1945 par Armand Gazel, son conseiller diplomatique à l'ambassade de Saint-Sébastien, en 1943 par Pertinax et par le courrier allemand contemporain) avait été « de glace » : face à un Franco silencieux, dont « les attentions [...] allaient ostensiblement à l'ambassadeur d'Allemagne », on entendit « après la remise des lettres, [...] un monologue du maréchal Pétain »[250].

Le 27 mars, à la veille de l'entrée des troupes franquistes à Madrid, Jordana signa secrètement (secret révélé le 4 avril par l'*Evening Standard*[251]) avec l'Allemand Stohrer, l'Italien Viola di Campalto et le Japonais Yano le pacte anti-Komintern. Le 31, Jordana et Stohrer signèrent « le traité d'amitié » bilatéral valable cinq ans et reconductible[252]. Franco démentait ainsi les bavardages de la presse et du gouvernement français sur son autonomie à l'égard de l'Axe. Il démontrait la sincérité de l'argument qu'il avait depuis janvier invoqué face au Reich qui le pressait de consentir ces signatures symboliques : impossible avant la reconnaissance *de jure* par Londres et Paris, sauf à les inciter à fournir « un nouveau soutien aux rouges »[253]. Le Deuxième Bureau décrivit le 6 avril les conséquences militaires pour la France de « l'emprise allemande et italienne [qui] s'exer[çait] de plus en plus [dans une] Espagne [où...] l'activité de la Gestapo [...] échapp[ait] entièrement au contrôle espagnol »[254]. Fin juin, un responsable du service des études de la Banque de France jugea pourtant excessive la critique de Robert Lazurick, dans *La Justice*, contre la remise de l'or espagnol à Franco, « adversaire des démocraties occidentales [ayant] lié son sort à celui de l'Axe » : « La suite des événements a tout de même montré que Franco n'était pas complètement inféodé à l'Axe. L'or espagnol est peut-être pour quelque chose dans cet effet positif des accords Bérard-Jordana. »[255]

Pétain ravala aussi les humiliations dont le 24 mars 1939 lui avait infligé la démonstration *publique*. Multipliant « les avances de caractère diplomatique », il rencontra « un accueil extrêmement froid » de Franco, qui le recevait « debout derrière son bureau et ne le raccompagnait jamais jusqu'à la porte »[256]. Porte-voix de son mentor et attaché financier Du Moulin, il pria le Quai d'Orsay « à de nombreuses reprises », notamment les 16 et 20 juin, d'« accélérer la restitution des avoirs espagnols et *rendre l'or sans délai* »[257]. Refusant d'irriter Franco par l'allusion à un manquement à sa « neutralité », telle la présence des « sous-marins allemands [...] dans les eaux de la péninsule », il aurait fait à « son conseiller diplomatique » réticent, Gazel, une guerre d'usure : « Je suis ici », arguait-il, « pour créer une bonne atmosphère ».[258] « Le maréchal Pétain, qui faisait là-bas, *déclara Bonnet en juillet,* un travail admirable », certifiait « la neutralité de l'Espagne en cas de guerre » – sans oser promettre que « les Espagnols ne donneraient pas de façon déguisée des bases pour les sous-marins italiens et allemands »[259].

Le garant quotidien de la « neutralité » de Franco était un inconnu de 40 ans, attaché de l'Air à Saint-Sébastien puis à Madrid du chef de la Cagoule, le colonel André de Gorostarzu. Équivalent militaire du financier Du Moulin, agent aussi décisif des plans fascistes, cet apparent « technicien » reçut du grand synarcho-cagoulard en octobre 1946 l'hommage suprême : le banquier le présenta aux enquêteurs des RG comme la seule « réelle personnalité [...du] cabinet militaire » de Pétain depuis l'été 1940[260], ne disant mot de son rôle antérieur. Le délégué des De Nervo et le militaire membre d'une lignée riche en jésuites dirigeaient les conjurés de la cour d'Espagne de Pétain, cohorte dans laquelle l'historien français Michel Catala n'a vu qu'« une équipe de qualité » au service d'une ligne antiallemande[261]. Le groupe entretenait avec le clan franquiste des relations infiniment meilleures que celles décrites en 1945 par Gazel. Franco haïssait la France et sa population, mais pas ses pairs et soutiens putschistes, dont il avait accueilli dans sa zone une partie des fugitifs de novembre 1937. L'entourage de Pétain avait un besoin impérieux de l'allié Franco pour parachever la mise à mort de la République et son effondrement militaire. Quant aux gouvernements « républicains » français, ils avaient, en capitulant sur le front espagnol, achevé de ruiner la position extérieure du pays.

Chapitre 8

La France entre enterrement du Pacte franco-soviétique et lâchage de la Tchécoslovaquie 1936-1937

L'URSS servit de prétexte à l'étranglement de la République espagnole et à deux autres options fatales à la sécurité des frontières françaises : le sabotage obstiné du Pacte franco-soviétique, auquel l'épuration du haut État-major de l'Armée rouge offrit depuis juin 1937 un nouvel alibi ; la préparation de l'assassinat de l'allié tchécoslovaque qui connut un tournant décisif fin novembre 1937. Dans ce domaine non plus ne put être perçu le moindre « élan imprimé par Léon Blum » à la « politique de Delbos »[1] qui, à tous égards, traça la voie à l'équipe Daladier-Bonnet.

Avances au Reich et enterrement du Pacte franco-soviétique entre Blum et Bonnet

De l'aplatissement politique…

Les amabilités espagnoles envers Berlin avaient accompagné des avances générales qu'illustra l'excellent accueil, du 25 au 27 août 1936 à Paris, réservé par Blum à Schacht. Le président du Conseil se posa le 26 août en « marxiste et juif » convaincu qu'« on ne pouvait rien faire si l'on considérait les barrières idéologiques comme insurmontables » ; il fit miroiter au président de la Reichsbank « la récupération par l'Allemagne des zones coloniales de matières premières »[2]. François-Poncet fut chargé d'élever la barre : il fit valoir à Hitler, au cours de leur entretien du 2 septembre, à quel point la réplique de Blum à Thorez, justifiant la recherche de collaboration et de « réconciliation » avec Berlin contre les critiques du leader communiste à l'égard de la réception de Schacht[3], « prouvait » que « le gouvernement français » n'était pas « à la remorque du parti communiste […]. Socialisme et communisme étaient bien loin de s'identifier. Ils étaient souvent en conflit ». Berlin accueillit ces « dispositions conciliantes »[4] « par un silence complet et même, en partie, en les ridiculisant publiquement », se lamenta Léger fin 1936 « devant une personnalité allemande »[5]. François-Poncet préféra imputer le fiasco des

« discussions entre le président Schacht et M. Blum [...] à l'influence négative de la fraction communiste de la majorité parlementaire française »[6].

Blum ne cessait de gémir auprès des Allemands de leur rejet de « cette méthode officieuse de négociation » : il vint, « nerveux et épuisé », rappeler à Welczeck le 14 décembre 1936 sa déception de l'abandon des « négociations qui avaient commencé dans une telle atmosphère de confiance et avec une telle perspective de succès »[7]. Les Français « n'ont cessé et continuent de montrer leur volonté de négocier dans le but de réaliser un accord », résuma l'ambassadeur le 26, « malgré toutes les claques qu'ils ont reçues dans la figure au cours de l'année écoulée ». François-Poncet lui donna aussitôt raison en annonçant au directeur du département juridique Gaus la neutralisation du PCF : « Le gouvernement français était venu à bout des tendances de gauche du Parlement et était en mesure de poursuivre une politique plus positive visant à un accord avec Allemagne. » Le 28, lisant par téléphone à Goering ses vœux de fin d'année, il le « supplia » de l'aider en incitant ses « collègues » à « faire lever la graine semée par le Dr Schacht [et...] arroser et entretenir avec soin, enfin, les pousses prometteuses »[8] (poésie végétale dont Delbos usait aussi lyriquement[9]).

Blum adressa début février 1937 un de ses proches au baron Kurt von Lersner, ancien président de la délégation allemande à Versailles et vieil « homme de confiance » de von Papen : le messager demanda, selon Welczeck, « 1) quelles étaient nos revendications coloniales concrètes, 2) quel geste (par exemple sur la politique commerciale ou dans un autre domaine) M. Blum pourrait faire à l'égard de M. Schacht pour lui faire une faveur et renforcer sa position personnelle. » Blum conviait aussi Welczeck, pour scruter avec lui « les passages des discours du Führer d'intérêt particulier pour la France », comme celui du 30 janvier 1937. Il n'y en avait aucun, et « les claques » à venir s'annonçaient dignes de celles de 1936. François-Poncet alla donc confier le 8 février, neuf et quatre jours après des discours d'Hitler et Göbbels visant personnellement Blum (en sus du bolchevisme), « la déception » de la France d'avoir été « presque complètement ignorée » d'Hitler, alors même que le président du Conseil avait prononcé le 24 janvier à un banquet de leaders du Front populaire un « discours sensible et intelligent » sur le « rapprochement nécessaire »[10]. Le feuilleton des visites suppliantes des ministres et de l'ambassadeur ne connut pas de trêve, résistant aux (hypocrites) mises en garde britanniques[11].

Le ministre des Affaires étrangères de Blum en poste jusqu'à la nomination de Bonnet (moins l'intermède Paul-Boncour dans l'équipe Blum de mars-avril 1938) fit aussi bien que le symbole de Munich. Outre le lyrisme végétal, Delbos prisait l'émotion de l'ancien combattant (valeur sûre, aussi, de Daladier jusqu'à septembre 1939 et au-delà) : « Fils de paysans, il appartenait aux classes moyennes, et en tant que tel il croyait pouvoir parler pour presque tout le peuple français en transmettant le désir honnête de parvenir – maintenant ou jamais – à un accord avec Allemagne », dit-il à Welczeck le 23 décembre 1936[12]. Il affirmait alors Paris prêt à discuter des « souhaits et besoins précis [du Reich en...] matières premières, colonies et crédits », et à tout lui céder en échange

« d'un seul service » : une déclaration avec les mots « désirs de paix » ou « paix »[13].

Chautemps prit en juin 1937 le relais de Blum dans la quête de l'accord, en en rajoutant sur le partant et sur Delbos. Recevant le 4 juillet, à sa demande, Stenger et Leitgen (adjoint de Rudolf Hess) « en présence du comte Brinon, vice-président de France-Allemagne », avec pour interprète « M. Abetz du Dienststelle Ribbentrop », il leur répéta plusieurs fois « que pour lui les points de vue idéologiques ne constitueraient jamais une raison pour s'opposer à un *rapprochement* ». Chautemps manifestait tant d'ardeur à « rencontrer un [...] des ministres du Parti [nazi] » que Welczeck proposa quinze jours après de lui envoyer, sous couvert de l'Exposition internationale, Rudolf Hess pour « discuter avec lui de la possibilité d'un accord franco-allemand »[14]. À l'automne, le président du Conseil philosopha sur la mort de la SDN qui contraignait Paris et Londres à s'entendre avec Berlin (et Rome). Le 4 décembre, il ironisa devant Bullitt sur l'outil défunt de l'hégémonie versaillaise : Delbos, Paul-Boncour et Herriot « se prosternaient devant l'autel de la SDN [...] sans comprendre encore que leur dieu était mort » ; lui-même pensait comme Chamberlain que Berlin « avait entièrement raison de demander l'élimination de l'article 16 [du] Covenant [...]. Il était absurde de prévoir [...] des sanctions militaires alors qu'à chaque éventuelle demande à ce sujet, les Français et les Anglais, regardant de tous côtés, se voyaient seuls les armes à la main, les autres ne tenant que des papiers noircis de vœux pieux »[15].

Le 17 décembre, Flandin loua devant A.J. Drexler Biddle, ambassadeur américain à Varsovie en séjour à Paris, « le réalisme et le courage du Premier ministre Chamberlain, qui avait compris que la SDN était incapable pour le moment d'assurer la sécurité de ses membres. [...] La vraie question en jeu était désormais la modification du Covenant, la modération dans la mise en œuvre des règles gouvernant les relations internationales et le regroupement des éléments de force potentielle en vue d'une "nouvelle donne (*new deal*)" pour l'Europe ». Il se félicita que la France eût renoncé au rôle ingrat de « flic de l'Europe » et qu'elle fût « sur le point d'adopter une politique affrontant les réalités et s'ajustant aux circonstances »[16]. Chautemps, « complètement réaliste », se flatta en février 1938 « de remuer ciel et terre pour parvenir à un accord avec les Allemands dans l'espoir d'obtenir l'assurance d'au moins quelques années de paix »[17]. Biddle avait conclu du « récent voyage de Delbos en Europe orientale et centrale », explicite sur l'abandon de la Petite Entente, que « la France ferait le maximum pour améliorer les relations franco-allemandes »[18].

... à l'obsession de la collaboration économique

Cette docilité ne se retranchait pas seulement derrière le péril rouge. Même si Berlin ne voulait pas « discuter des questions politiques », répétèrent à Welczeck début février 1937 les hôtes d'un dîner offert en son honneur par le ministère du Commerce, le ministre lui-même, Paul Bastid, qu'il voyait très souvent, et le commissaire de l'exposition internationale, Edmond Labbé, « il fallait tout tenter pour retrouver des relations normales, au moins dans le domaine de la politique commerciale »[19]. Le 20 février, Delbos s'enflamma devant Bullitt sur la collaboration économique et coloniale projetée. S'en prenant à Londres, toujours soucieux de séparer Paris de Berlin, il affirma disposer du « soutien de principe » de Blum pour « envoyer Charles Rist représenter la France dans les négociations » avec le Reich, qu'avait entamées unilatéralement le Britannique Frederick William Leith-Ross. Des contacts Schacht-François-Poncet avaient préparé le dossier. « Il trouvait personnellement très injuste de demander à l'Allemagne d'arrêter son réarmement et de donner à ses usines des orientations pacifiques si les nations du monde n'étaient pas disposées à lui laisser des débouchés à ses productions de paix. » Aussi généreux sur le terrain colonial (mais hypocrite), il déclara que Blum et lui-même, en secret vis-à-vis de leurs collègues, « avaient en tête la création de consortiums pour développer des zones d'Afrique » : l'Allemagne leur prêterait ses « machines », la France, l'Angleterre et les États-Unis, « l'argent » nécessaire. On rendrait à l'Allemagne « pour couronner le tout, les Camerouns. Puis toutes les colonies africaines, sauf l'Afrique du Nord française et l'Afrique du Sud britannique, seraient mises dans un pot commun : les colonies britanniques, françaises, belges, portugaises et allemandes seraient exploitées par des consortiums internationaux qui favoriseraient dans une mesure considérable l'utilisation de produits allemands ». Ainsi « seraient mobilisées en Afrique les énergies du monde civilisé pour les cinquante prochaines années ». Bullitt noya cet intarissable élan dans le ridicule : « Je lui ai demandé s'il avait d'autres plans pour dissuader l'Allemagne de faire la guerre et il m'a répondu que non. »[20]

Le radical Bastid, ancien président de la Commission des affaires étrangères de la Chambre, avait compté en mai 1935 parmi les partisans publics du Pacte franco-soviétique (comme Monzie et Delbos)[21]. Devenu depuis juin 1936 champion de la relance du commerce avec le Reich, but de sa rencontre avec Schacht le 15 septembre à Berlin[22], il fit tout, début 1937, pour anticiper l'accord commercial général qui tardait. Il accorda son appui à Jean-Baptiste Lebas, député-maire socialiste de Roubaix, qui se démenait au service des industriels de sa circonscription pour leur assurer les marchés allemands de laine peignée via des accords de compensation privés[23]. Blum, toujours saisi du sens « tragique » de son impuissance, se dit le 20 mai disposé à sacrifier au maintien de « la paix pour le monde » en discutant bientôt avec Schacht « la question » de la « restitution à l'Allemagne d'une partie [de ses...] anciennes colonies » – plaisanterie dont Londres ne voulait pas entendre parler[24].

En promettant monts et merveilles aux Allemands avides de matières premières coloniales au nom de la paix reconnue impossible, Delbos et Blum faisaient écho à l'oligarchie industrielle et financière : le directeur général d'Alsthom, le synarque Auguste Detoeuf, proposa au congrès de l'économie mondiale, début mai 1937, non des cessions de colonies françaises, mais « la création de sociétés multinationales pour leur exploitation ». Gordon Dutter attribue « l'initiative de la réconciliation économique entre la France et l'Allemagne », spectaculaire depuis le second semestre 1937, « non pas aux gouvernements mais aux milieux industriels des deux pays ». L'enthousiasme du patronat français, chambre de commerce de Paris en tête, fut reflété par sa presse. « Le gouvernement [Blum] consulta la CGPF sur les moyens d'améliorer l'accord de transfert franco-allemand afin qu'il pût mieux servir les accords privés entre les industries des deux pays. » La nouvelle visite de Schacht à Paris fut précédée d'entretiens entre les directeurs généraux du Crédit lyonnais (banque reine, avec Lazard, du « Young ») et de la Deutsche Diskonto Bank, Strauss. Lequel rencontra aussi « les représentants des grandes industries exportatrices »[25].

Au terme de mois de suppliques et peu après que Delbos eut (à Londres, pendant les cérémonies du couronnement) appelé Ribbentrop (en sa résidence) à « un accord entre France et Allemagne avec une chaleur presque exagérée » et l'eut invité à Paris, pour juin, à l'exposition internationale et surtout à « une conversation franche »[26], Schacht revint à Paris. François-Poncet présenta à Bullitt la visite, prévue du 25 au 29 mai 1937, « comme un écran de fumée derrière lequel Hitler attendrait le moment propice pour mettre la main sur l'Autriche et la Tchécoslovaquie »[27]. Blum accueillit le président de la Reichsbank « à l'heure du thé » pour « une conversation politique [...] avec lui-même et Léger » après son déjeuner et son discours au Comité France-Allemagne (rapporté par François-Poncet, son cicérone). Après avoir accusé les Anglais d'avoir provoqué l'échec d'août 1936, Blum déplora le mépris envers la France « de la presse allemande et des ministres allemands ». Puis il fustigea (*leitmotiv* de Delbos, Chautemps, Sarraut, etc.) « les journaux [français] irresponsables » qu'il opposa à la presse allemande sous contrôle total de son gouvernement[28]. Schacht le décrivit à Bullitt « extrêmement raisonnable sur la question coloniale »[29].

Entre deux faux-semblants coloniaux (Paris répugnant autant que Londres au partage), on parla de choses sérieuses. Blum et Vincent Auriol résistèrent comme des beaux diables à la prétention de Schacht d'obtenir « une réduction du taux d'intérêt sur les emprunts Dawes et Young de 7 à 5 % », réduction que le président de la Reichsbank jurait avoir obtenue de « Morgan et Compagnie » : on a failli, confia Blum à Bullitt en lui demandant si la banque de New York avait bien accepté pareille concession, « en venir aux insultes ». Après quoi Schacht déclara que l'Allemagne ne passerait pas accord commercial avec la France, qui « avait déjà subi deux dévaluations et qui allait dévaluer à nouveau »[30]. En juin le « pacte occidental » demeurait un fantôme, mais la collaboration économique avançait. On signa le 10 juillet 1937 des traités de commerce et de paiement valables jusqu'au 30 juin 1939 et jugés par les Allemands eux-mêmes surtout favorables au Reich. L'accord de transfert régit le sort du tabou suprême, « le service des emprunts Dawes et Young » (objet d'un accord portant sur 130 millions de marks)[31].

Gordon Dutter n'a pu trouver trace de cet accord « non publié », mais a décrit la frénésie dans l'application du traité de commerce du 10 juillet 1937 : depuis février, les Finances avaient agréé (via Hervé Alphand, directeur des accords commerciaux au ministère du Commerce) un accord (industriel privé) provisoire « augmentant les exportations de minerai de fer français de 515 000 tonnes par mois (chiffre de janvier) à 620 000 pour mars et avril en échange d'un maintien des exportations mensuelles de coke allemand à leur niveau de janvier de 271 000 tonnes ». La SICAP, encore moins « réformée » que la Banque de France par Auriol, protégée par les Finances et par le sous-secrétaire d'État aux Travaux publics, Paul Ramadier, vit encore, à l'échéance de l'ancien « accord SICAP », en février 1937, croître ses privilèges. Les bénéfices de cet organisme contrôlé par l'industrie lourde, qui gérait les échanges minerai de fer-coke, explosèrent avant même la signature officielle de juillet : il en accumula plus de 800 millions de livres sterling « entre mars et juin ».

« Un protocole confidentiel à l'accord commercial du 10 juillet fixa » les chiffres mensuels respectifs à 601 000 et 275 000 tonnes. Entre 1935 et 1937, l'exportation française de minerai de fer vers le Reich augmenta de près de 14 %. L'industrie lourde avait choisi de dépendre exclusivement du Reich pour sa fourniture en coke, le chiffre ci-dessus couvrant « la quasi-totalité [de ses] besoins ». Cette option lésait tous les alliés politico-militaires de la France : le resserrement des liens franco-allemands fut acquis, constate Dutter, « au détriment de la Belgique, de la Grande-Bretagne, de la Tchécoslovaquie et de l'URSS, dont chacune avait, en cette époque de pénurie de minerai, du coke à échanger contre du fer ». Sylvain Schirmann voit dans ces relations financières et commerciales la clé d'un apaisement français sans rapport avec la « gouvernante anglaise »[32].

L'empressement auprès du nouveau « flic de l'Europe » – succédant à ceux de Versailles, qui prétendaient abdiquer – excluait que la France discutât la « "nouvelle donne" pour l'Europe »[33] avec Moscou.

Le Pacte franco-soviétique entre Blum et les débuts de l'ère Bonnet

Une césure Blum ?

Tout, sauf le Pacte franco-soviétique

Parallèlement aux grâces faites à Berlin se multiplièrent dès mai-juin 1936 les signes du maintien au rencart de l'alliance soviétique, à laquelle la « gouvernante anglaise » fournit la même couverture qu'à propos de l'Espagne. Encore convient-il d'examiner la thèse, encore récemment soutenue (avec nuance) par Nicole Jordan[34], de la volonté de Blum de résurrection du pacte. Elle a été puisée, comme celle de ses « déchirements » ou des infléchissements espagnols, dans des propos du genre de ceux tenus le 20 mai 1937 devant l'apaiseur Bullitt (ennemi du pacte à l'égal de Londres) : vu la similitude « tragique » de la situation avec celle d'« avant 1914 », Blum « ne voyait rien de mieux que de recréer l'ancienne entente étroite entre l'Angleterre, la France et la Russie. Litvinov lui avait demandé de faire le maximum pour parvenir à un *rapprochement* avec l'Angleterre ». Blum percevait là « la seule chance de sauver la paix en Europe et c'est pourquoi il le soutenait ». Bullitt répliqua que « convaincre l'actuel gouvernement britannique de nouer des relations étroites avec l'Union soviétique ne serait pas facile, surtout vu les récentes condamnations à l'exil et les exécutions »[35].

Blum avait en réalité abandonné ce projet allégué, outre à la gouvernante anglaise, aux services français empressés à l'étouffer, Quai d'Orsay et armée (comme il avait remis aux mêmes et à la Banque de France le sort de l'Espagne et de son or). L'artisan de sa chute imminente, Laval, n'était pas seul à consacrer l'essentiel de ses fréquents entretiens avec les délégués du Reich à son objectif, affirmé depuis 1934, de réduire à néant le Pacte franco-soviétique[36]. Berlin constata la continuité de l'ère Blum avec l'époque Laval-Flandin (l'impuissant Pierre Cot excepté). Rintelen releva avec « une attention particulière », dans la déclaration gouvernementale du 23 juin 1936, le rappel, allant « à l'encontre de la rédaction du Pacte franco-russe », que les pactes, « ouverts à tous », ne pourraient « entrer en jeu que sur décision prise par le conseil de la Société des Nations » ; ce passage était « aussi en contradiction avec l'interprétation officielle française antérieure de l'article 16, paragraphe 1, du Covenant » de la SDN[37]. Le 2 juillet, Viénot en confirma et en précisa pour Clauss le sens, semblable à celui du discours prononcé la veille par Blum à la SDN : « Dès la tenue de conversations avec l'Allemagne, la France mettrait tous ses soins à laisser les relations franco-russes, qui n'étaient pas "l'axe de la politique français", se retirer progressivement à l'arrière-plan. »[38]

François-Poncet put donc continuer (avant son départ pour sa cure estivale à Vichy) à déclarer « solennellement qu'il n'y avait pas de liens militaires spéciaux entre la France et l'Union soviétique » ; et à supplier ses interlocuteurs de ne pas « forcer le gouvernement français maintenant, par avance, à renoncer expressément [aux...] liens avec l'Est », ce que ne supporterait pas la population française en l'absence d'accord franco-allemand. Neurath jugea son propos sincère : « À mon avis, nous n'avons pas besoin de soulever la question de l'alliance franco-soviétique, mais nous pouvons d'abord négocier sur le pacte occidental. »[39] Le 2 septembre 1936, François-Poncet laissa Hitler gloser sur « l'Europe [...] rongée par le bolchevisme », exalter sa résolution à « défendre » avec Mussolini « la civilisation et les traditions du continent contre les entreprises des rouges » et éreinter « le Pacte franco-russe [qui] était à cet égard une erreur, une faute épouvantable »[40].

Le partisan de l'alliance paralysé depuis la mort de Barthou, Charles Alphand, quitta Moscou en novembre 1936. Il fut remplacé par le très antisoviétique Coulondre, chargé lors de la remise de ses lettres de créance à Litvinov (le 11) de brandir le prétexte intérieur à tuer l'alliance, « le développement des événements depuis les élections : la fermentation sociale, les grèves, les occupations d'usines » montraient l'intervention de l'URSS « dans nos affaires intérieures ». « L'agitation idéologique ne se limite pas à la France », mais alarme l'Angleterre, la Belgique (Coulondre osa lui imputer la récente proclamation – le 14 octobre – de la neutralité belge[41]) et la Petite Entente. Elle ébranle le pacte chez tous les alliés groupés contre « la menace allemande » et « porterait en elle la condamnation de l'entente franco-soviétique [...L]'opinion française [...] se demande aujourd'hui [si le traité] n'est pas devenu un pacte de parti jouant pour le communisme ». Coulondre alla jusqu'à affecter l'angoisse du « noyautage » allemand des « cellules communistes françaises »[42].

L'impuissance de Pierre Cot

La marginalisation de Pierre Cot, à laquelle Blum œuvra comme ses collègues et l'État-major, infirme à elle seule toute « césure ». Martin Alexander, aligné sur son héros Gamelin, procureur de Cot, apprécie aussi le réquisitoire des autres ennemis de l'engagement espagnol et de l'alliance russe, Alexis Léger, l'ambassadeur Phipps – ennemi juré du Front populaire –, Guy La Chambre (à Riom), les factieux Weygand et Niessel, etc. : Cot aurait « fait des ravages dans l'aviation française » et l'aurait « sabotée »[43]. Selon Nicole Jordan, qui préfère les archives originales aux plaidoyers *pro domo* et *a posteriori* de Gamelin, l'État-major – Gamelin et son adjoint Schweisguth en tête – harcela ce champion du Pacte franco-soviétique. À la naissance du gouvernement Blum, l'armée jugeait encore prudent, au cas où Cot aurait trouvé des alliés parmi ses collègues, d'éviter l'assaut frontal. Elle se retrancha donc derrière le Quai d'Orsay, explicite, et s'inventa des alliances, Italie, Pologne, Angleterre : tout, sauf Moscou. « Depuis la fin de 1936 », elle infligea à Cot « une série de défaites », illustrées par le « néant diplomatique » des « négociations franco-soviétiques » étirées de janvier à avril 1937. Daladier, protecteur attitré de l'État-major cagoulard, lui apporta un appui décisif[44].

Le simple examen des séances du CPDN innocente Cot du sabotage de l'aviation française, dont il affirmait depuis 1933 la croissance subordonnée à la collaboration technique avec l'URSS, et révèle son isolement total sur le Pacte franco-soviétique. Il confirme que les malheurs de la défense nationale vinrent d'un « assainissement financier » dont les motifs demeuraient les mêmes que naguère. Il accable les politiques, Blum compris ; et les chefs de l'armée française, dont la sottise apparente est incompatible avec les notes quotidiennes des services, tant sur la valeur de l'Armée rouge que sur les prétendues alliances autres que la soviétique. Le 26 juin 1936, Cot y proposa non seulement de créer un front interallié, mais aussi d'envoyer « une mission aux manœuvres d'automne soviétiques, politiquement sensibles, puisque prévues près de la frontière polonaise ». Gamelin mit son veto au nom de l'alliance polonaise[45].

Le 29 juillet, Cot sauta sur le constat de Daladier – « que notre attitude du 7 mars, lors de la réoccupation de la Rhénanie par l'Allemagne, a[vait] ébranlé la Petite Entente » – pour prôner « une coopération industrielle avec l'URSS [qui] s'impos[ait] de plus en plus » (Pétain approuva). Suivit un développement sur la collaboration aéronautique avec Moscou, qu'il présenta comme le seul moyen de parer à l'infériorité française, codifiée par la fixation du « plafond [...de] 1 500 avions de première ligne prévus dans nos programmes d'armement » : que ferait-on face à « l'Allemagne [qui] en aura[it] à ce moment 2 500 à 3 000 » et qui concentrerait son « action offensive (bombardement) [...] au sud et à l'est » de l'Europe et « la plus grande partie de son aviation défensive (chasse) » contre la France ? Seules « des collaborations internationales » permettraient de régler le problème « [d]es bases et [d]es appareils », que devraient fournir les ensembles respectifs Tchécoslovaquie-Roumanie et Angleterre-URSS. Le directeur des constructions aéronautiques jugeait « la situation actuelle de la Grande-Bretagne [...] peu brillante ». L'URSS était en revanche prometteuse, à condition que la France eût la volonté de « remplacer par la technique française [les] techniciens allemands et américains [...]. On tient un pays lorsqu'on y est entré au point de vue commercial ». Ce problème relevant du « conseil des ministres », Cot le lui poserait.

Pétain monta un ballet avec le général Bertrand Pujo : l'interrogeant sur « le rayon d'action de l'aviation soviétique », il conclut de sa réponse « que ce rayon d'action [était] insuffisant pour permettre à la Russie d'aller attaquer l'Allemagne par-dessus la Pologne ». Les autres arguments de Cot se heurtèrent au même mur, tel son tableau prophétique « des situations comparées de l'aviation en France et en Allemagne » : vu la construction des fortifications allemandes (depuis la remilitarisation de la Rhénanie), « les armées de Terre seront bloquées et [...] l'armée de l'Air pourra seule mener une action offensive ». Nous disposons « actuellement de notre côté [d']une légère marge de supériorité, dès 1937, la situation sera renversée, et en 1938 la puissance aéronautique allemande sera double de la nôtre. Comme [...] nous ne sommes pas sûrs de l'Italie, nous pourrons nous trouver dans deux ans en face d'une aéronautique dont la force sera peut-être trois ou quatre fois la nôtre ». Gamelin lui répondit qu'il s'exagérait la puissance des fortifications allemandes et « que la place rest[ait] libre pour la manœuvre et le mouvement par la Belgique et la Hollande » et via Genève[46] – gros mensonge, on le verra.

Moscou comprit les choses aussi bien que Berlin. En septembre 1936, « le secrétaire personnel de M. Litvinov [se plaignit] amèrement de la mauvaise volonté de l'État-major général français qui, par haine du communisme, refus[ait] obstinément de se prêter à des conversations militaires franco-soviétiques et donn[ait] ses préférences à des combinaisons politiques excluant l'URSS »[47]. Le 5 octobre à Genève, Blum promit à Litvinov « que des conversations [seraient] ouvertes d'ici deux ou trois semaines entre les États-majors français et soviétique »[48]. Il mentait, une semaine après les ricanements d'Alexis Léger devant Schweisguth sur la nullité de l'Armée rouge et l'astuce française : « Selon lui le Quai d'Orsay n'a jamais été partisan du rapprochement avec la Russie que pour éviter la continuation ou la reprise de la politique de Rapallo qui conserve de nombreux adeptes dans les milieux politiques et militaires allemands. [Léger] a vu avec étonnement la Guerre trouver des avantages *positifs* à ce rapprochement »[49]. C'était huit jours avant le veto renouvelé *ad usum* des Affaires étrangères par Daladier contre l'Arlésienne des « conversations d'État-major » : « Dans les circonstances actuelles, [...] susceptibles d'alarmer certaines puissances amies et de fournir à l'Allemagne le prétexte facile d'une tentative d'encerclement, [elles] présenteraient à mon sens de graves inconvénients. »[50] L'inamovible ministre de la Guerre qui, au procès Pétain, accabla le vieux maréchal, participa activement au sabotage avant d'en prendre la tête comme président du Conseil[51]. Daladier, aligné sur l'État-major jusqu'en 1940, était si acquis aux « conceptions de M. Laval en matière de politique étrangère [en faveur d']une collaboration franco-italo-allemande » que leur ami commun de Brinon œuvrait au printemps 1936 « à une entente entre les deux hommes »[52]. La même initiative et le même désert respectifs caractérisèrent toutes les séances du CPDN auxquelles Cot participa sous Blum (et au-delà)[53].

L'ère Blum n'avait pas ôté une virgule à la « vieille idée favorite [de...] M. François-Poncet » : « On pourrait dans la mesure du possible simplement ignorer l'existence du Pacte franco-soviétique ; plus vite serait conclu un Pacte entre les quatre puissances occidentales, plus l'influence soviétique en France s'affaiblirait. »[54] Delbos fut aussi loquace que son ambassadeur sur l'innocuité du pacte mort-né[55]. Le silence passif de Blum sur la question, qui avait pour contrepartie sa quête active d'accord franco-allemand, couvrit un bilan aussi sinistre que celui des gouvernements suivants. Les prétendues « négociations franco-soviétiques » de janvier à avril 1937 aboutirent à un fiasco. Schweisguth l'annonça le 19 mars à l'attaché militaire soviétique successeur (depuis novembre 1936) de Ventzov[56], le général Arkadi Semenov, qui devait rejoindre Moscou pour deux semaines. Il conclut ainsi l'entretien au cours duquel il avait rejeté toutes les requêtes de Semenov, y compris celle, vieille de plus d'un mois (17 février), d'envoi en stage (français) de 80 officiers d'artillerie soviétiques : « "Les nouvelles questions posées entrent dans le vif de la technique. Il ne pourra y être répondu que si les deux gouvernements décident de l'ouverture des conversations d'état-major." Le général Schweisguth a souligné une fois de plus qu'une coopération terrestre paraissait extrêmement difficile et qu'elle dépendait au surplus de divers facteurs politiques (roumains, polonais, turcs, baltes) dont l'examen relève de la diplomatie. »[57] Il n'en est pas question, avait tranché Gauché, le 15 mars : Moscou veut « forcer le gouvernement français à prendre nettement position sur l'opportunité d'un accord militaire franco-soviétique [...et] ruiner toute tentative d'accord occidental pour autant naturellement que cet accord soit possible » ; « une acceptation » serait insupportable à Varsovie et Berlin[58].

Semenov, de retour à Paris début avril, apprit donc que l'URSS se verrait refuser, pour secourir la France et la Tchécoslovaquie en guerre, la condition *sine qua non* de son intervention contre le Reich : l'autorisation par la Pologne et la Roumanie du passage de son armée sur leur sol[59]. Au grand plaisir de Berlin, la célébration du « second anniversaire de la signature du Pacte franco-soviétique d'assistance mutuelle » fut à Moscou morose : la presse donna libre cours à sa « déception du cours des relations franco-soviétiques ». Litvinov, de passage à Paris le 19 mai (étape suivant le couronnement à Londres), essuya de Delbos et de Blum « un refus poli » à une énième demande de « convention militaire »[60].

Le tandem Chautemps-Delbos

L'ère Chautemps accrut le bénéfice allemand et le déficit soviétique. Neville Chamberlain, peu avant de recevoir les dirigeants français, se targua auprès d'« un membre influent de l'aile droite du parti conservateur, Sir Edward Grigg, ancien gouverneur du Kenya », de l'agonie du Pacte franco-soviétique : « Il ne tolérerait point que Moscou vînt réduire à néant tous les efforts dépensés à Londres pour maintenir la politique de non-intervention [;...] si le gouvernement de Moscou se refusait à toute coopération sincère, l'on devrait se résoudre "à l'écarter poliment", ce qui serait d'ailleurs pour la France "une façon élégante" de détendre les liens qui l'unissent à la Russie. "C'est à ce prix que deviendra possible [...] entre l'Angleterre, la France et l'Allemagne cette entente

[...] seule capable d'assurer la paix et qui peut d'ailleurs être conclue avec ou sans l'Italie." »[61]

Le 22 novembre, devant Bullitt, Delbos ne motiva l'impossibilité de lâcher « le traité d'assistance mutuelle avec l'Union soviétique » que par « l'état de l'opinion publique française [et...] la certitude d'un renversement du gouvernement par les communistes »[62]. Début décembre, Chautemps ne lui avoua pas plus que Delbos leur abandon commun de la Tchécoslovaquie à Londres, mais il fut franc du côté soviétique : il donnerait aux Allemands toute garantie, « leur dir[ait] franchement sa propre répugnance pour l'Union soviétique et le bolchevisme, » bien qu'il ne pût « formellement abandonner le pacte d'assistance mutuelle avec l'Union soviétique ». Sa sortie contre la défunte SDN déjà citée fut aussi antisoviétique : le non-enterrement officiel de l'article 16 du Covenant ne visait qu'à maintenir le fantôme forgé par l'équipe Laval-Quai d'Orsay en 1935, la priorité sur le Pacte franco-soviétique de la SDN qui en annulait l'entrée en vigueur[63]. Le 17 décembre, Flandin, exaltant la « "nouvelle donne" pour l'Europe », brocarda « l'axe des "gauches" française et britannique qui visait l'effondrement des structures économiques pour obtenir la chute des régimes totalitaires » : jugement explicite sur le pacte[64].

L'URSS fut spectaculairement exclue du voyage qu'effectua en Europe orientale Delbos début décembre 1937, sur apparent mandat britannique, après les entretiens de Londres. Varsovie s'imposa les 6-7 en étape antibolchevique, d'ailleurs avouée au chargé d'affaires soviétique : Beck, lui dit Delbos, « redoutait les machinations de la IIIe Internationale » ; lui-même était convaincu « que si la IIIe Internationale "fichait la paix" à la Pologne, on pouvait s'attendre à ce que l'attitude de [celle-ci] à l'égard des Soviets s'améliorât substantiellement ». Les dirigeants polonais clamèrent donc qu'ils préféraient de beaucoup ces « conversations Beck-Delbos » aux entretiens « Beck-Barthou » de 1934 : on avait devisé de tout, même des remèdes au « problème » de la surpopulation polonaise, abordé « en général, et non limité aux excédents juifs »[65]. Litvinov, interviewé, réagit : imputant l'« isolement » de l'URSS au fait que « tout se pass[ait] en France comme s'il n'y avait plus de Pacte franco-soviétique », il avertit (avéré par l'attaché militaire Augustin-Antoine Palasse le citant) qu'il « ne saurait se prolonger, même s'il fallait envisager un accord avec l'Allemagne »[66].

Les efforts de Pierre Cot avaient été aussi vains sous Chautemps que sous Blum. À la dernière séance du CPDN qui l'accueillit, le 8 décembre 1937, Cassandre rencontra un écho aussi nul qu'à l'ordinaire. « Nous finirons par avoir l'aviation la plus faible parce que nous avons les moyens les plus faibles. » L'Allemagne produit 300 appareils de guerre par mois, l'Angleterre 175-200, « nous : 50 », et ce alors que « la production coûte encore moins cher en France qu'ailleurs. Mais à l'heure actuelle l'armée de l'Air britannique a trois fois plus de crédits que nous. Si nous continuons ainsi, nous risquons une catastrophe au point de vue aérien ». En 1940, la France n'aura que 2 500 appareils « dont 1/5 seulement d'avions modernes » ; l'Angleterre, hors avions de la Marine, à peu près autant, mais « le 1/3, voire la moitié, seront modernes, l'Allemagne aura 3 ou 4 000 appareils dont la moitié modernes »[67]. Son éviction définitive de l'Air, en janvier 1938 (l'intermède Blum de mars ne lui laissa que le Commerce, où on l'avait coincé en janvier) ne tarit pas les flots de haine contre l'avocat de la République espagnole, de la Tchécoslovaquie et du Pacte franco-soviétique. La presse alignée sur l'Axe, extrême droite en tête, l'insultait à jets continus : en mars 1938, *Gringoire, Le Jour* et *Le National* préparaient une nouvelle « campagne » sur son scandaleux enrichissement ministériel sous l'égide de « l'animateur » François Hulot, « secrétaire du bureau politique de M. Taittinger »[68]. Sans doute pour garantir dans le nouveau cabinet imminent son absence, qui n'arrêta pas l'assaut contre la tête de Turc de la propagande sur l'impossible guerre perdue d'avance : « Il ne nous reste plus pour nous défendre que les avions de Pierre Cot : or, on s'aperçoit aujourd'hui de leur utilité, c'est-à-dire rien », trancha Labry, président de section du Parti républicain, national et social (JP), le 21 octobre 1938[69].

Le veto économique et militaire contre l'alliance franco-soviétique

Le veto de Schneider et consorts

On rappellera pour mémoire l'opposition inchangée de la Banque de France et de ses mandants à toute relation financière de droit commun. Les contacts se bornèrent à un « accord de commerce "provisoire" [,...] renouvelé chaque année sur une modeste échelle ». Le respect par « le gouvernement soviétique [...] des termes de l'accord entre 1935 et 1937 » puis en 1938-1939 fut aussi vain que ses avances politiques et militaires[70]. Moscou espérait contourner le veto industriel français par des commandes de matériels à Prague, et Pierre Cot n'avait cessé d'évoquer l'indispensable « collaboration technique » avec l'industrie soviétique. Le Comité des Forges, en l'occurrence Schneider, ôta à cette attente toute chance de réalisation, et pas seulement par idéologie.

L'industrie française installée en Tchécoslovaquie avait accepté dans ses accords de cartel avec le Reich son exclusion du marché soviétique au profit de son partenaire. La seconde moitié des années 1930 accentua la mainmise allemande sur le marché intérieur et extérieur de ce pays, tutelle aux conséquences directes sur l'éventuelle alliance franco-soviétique : les interdits visaient des industries d'intérêt militaire, métallurgie du fer et des non-ferreux, mécanique, électricité et chimie, transformée en fief IG Farben depuis 1933 par son intégration dans les cartels internationaux. La révision de 1937 de « la convention générale Schneider-Skoda de 1922 » maintint « la stricte interdiction des exportations susceptibles d'être classées comme armes vers l'Union soviétique ». L'*Union européenne industrielle et financière* dirigée par Lepercq veilla comme naguère à ce que Christophe Rochette, directeur général de Skoda, appliquât la consigne et rapportât à ce sujet[71].

Quand les Soviétiques étaient autorisés à voir des usines, la coalition Schneider-État sous couvert de l'armée s'arrangeait pour ne rien leur montrer d'important, usant de la même tactique dilatoire que pour les stages militaires techniques[72]. Gérodias, en février 1936, n'émit pas d'objections conre la visite aux établissements Schneider du Havre de Toukhatchevski, alors en mission en France[73], car ce dernier n'y verrait que des broutilles : le sous-chef d'État-major de l'armée maintenait « les réserves d'usage [sur] les études et fabrications entreprises pour le compte du gouvernement français ». En août, une mission soviétique devait voir chez Schneider des presses hydrauliques allemandes Schloemann ; après correspondance depuis juin de la société française avec ce fournisseur, le lieutenant-colonel Gérin, chef des études techniques à la direction de la fabrication des armements, prescrivit : « Prévoir, en accord avec les établissements Schneider, cette visite aux usines du Creusot, où la limitation et la surveillance de la visite paraissent particulièrement faciles. »[74]

Le veto de Schneider demeura aussi intangible que son pouvoir sur l'industrie de guerre nationalisée – nationalisation aussi cosmétique que le nouveau statut de la Banque de France, qui eut l'avantage de remettre la responsabilité du veto à l'État. Le bilan de plusieurs années fut dressé le 2 juillet 1938 par l'ingénieur Hromadko, président de Skoda, retour d'URSS, au ministère de la Défense nationale tchécoslovaque : l'URSS a « à plusieurs reprises » adressé des « demandes [...] au gouvernement français pour obtenir la collaboration de la France à la réalisation de son programme de constructions navales ». Ces multiples « tentatives » sont demeurées sans « aucun résultat » ; les négociations « se poursuivent si péniblement que le gouvernement de l'URSS a l'impression que les autorités françaises ne sont pas disposées à la collaboration ». Vu la nationalisation des industries de guerre, l'URSS « ne peut s'adresser directement à la firme Schneider. [Elle] connaît l'étroite liaison » entre les firmes Schneider et Skoda considérées « comme n'en faisant qu'une seule » ; elle demande donc à Skoda « de lui servir d'intermédiaire » pour nouer avec Schneider et savoir ce que la société « serait disposée à fournir à l'URSS » pour « l'équipement des navires de guerre » et la DCA marine[75]. Le 25 avril, Vorochilov, commissaire du Peuple à la guerre, commentant pour l'attaché militaire Augustin-Antoine Palasse le refus de livraison « du canon de 23 », fit « allusion aux établissements Schneider, producteurs de certain matériel d'artillerie lourde en service dans [l']armée » française. Puis il requit en matière aéronautique une « collaboration technique [...] "cinq kopeks pour cinq kopeks" [c'est-à-dire...] donnant donnant » : la coopération avait en ce domaine suivi la même voie[76].

Le feuilleton dura jusqu'en août 1939 comme en témoigne, en février, une énième et vaine démarche soviétique sur la « possibilité d'une collaboration avec l'industrie soviétique » : la remise d'un aide-mémoire au chargé d'affaires français à Moscou par Vladimir Potemkine, suppléant de Litvinov, sur les commandes soviétiques de matériel de guerre en France qui « n'[avaie]nt pas encore reçu satisfaction ». Potemkine « a déclaré, *rapporta Palasse à Daladier,* qu'il était partisan d'une collaboration technique plus étroite avec la France dans le domaine industriel, particulièrement dans celui des industries de guerre. Cette collaboration est restée peu importante jusqu'à ce jour, en raison des difficultés rencontrées auprès des maisons françaises, alors que les transactions se sont avérées plus faciles avec les firmes industrielles de certains pays, tels que l'Angleterre et les États-Unis, qui ne sont cependant liés à l'URSS par aucun pacte »[77].

L'industrie n'avait guère à redouter la pression de l'État « nationalisateur », Guerre en tête. Le chouchou de 1933 et 1938 du Comité des Forges, Daladier, s'était pour tuer dans l'œuf tout projet franco-soviétique sans avoir à l'assumer retranché derrière le veto de l'État-major ou du secrétaire général de la Guerre, le contrôleur général Robert Jacomet, féal de la grande industrie avant, pendant et après la guerre[78]. La méthode est éclairée par un courrier adressé à celui-ci fin mai 1938 par le général Jules Decamp, chef de cabinet du ministre : les Soviétiques pouvant « nous fournir un nombre élevé d'avions de chasses moyennant, à charge de réciprocité, une aide technique, ainsi que la livraison de prototypes et, peut-être, de matériel d'artillerie », Jacomet était prié de donner son « avis sur l'intérêt militaire que pourrait présenter une collaboration franco-soviétique dans ce domaine et de [lui] indiquer les prototypes ainsi que les matériels de toute nature dont la livraison à l'URSS pourrait être envisagée ». L'interrogé fit la réponse attendue : « Il semble qu'en l'état actuel des choses il y ait lieu de répondre négativement pour tout ce qui concerne des fournitures de matériel. Quant à *l'intérêt militaire* d'une collaboration franco-soviétique, et à la *livraison de prototypes*, ces questions ne paraissent pas être de la compétence du secrétariat général. »[79] Fin juillet, Faucher, qui avait déjà sollicité Gamelin et Colson « pendant [s]on récent séjour à Paris », demanda à son « ami » Dentz de l'aider à convaincre l'État-major de l'urgence « d'une collaboration industrielle avec l'URSS » : elle pouvait commencer « dès maintenant » si Schneider soutenait l'URSS dans « la réalisation de son programme naval »[80]. Dentz, féroce ennemi de l'alliance (et futur artisan de la livraison de la Syrie au Reich[81]), enterra la requête.

L'obsession antisoviétique de l'État-major

Les rapports de l'État-major sur l'URSS et son armée

La violence du rejet du pacte par l'État-major éclate dans toute sa littérature, mêlant la demi-vérité et le mensonge attestés par la confrontation au renseignement « technique ». Il ne se trompa pas sur l'URSS, il *mentit* comme sur l'Espagne républicaine et la Tchécoslovaquie, muant en repoussoir toute information positive. Sont significatifs de cette manipulation les rapports qu'il tira des relations imposées par le Pacte franco-soviétique et par l'empressement de Moscou, tels ceux de Schweisguth et du chef d'État-major de l'aviation Vuillemin sur les manœuvres de Minsk (Russie blanche) des 6-20 septembre 1936.

Vorochilov-Cassandre leur dit le 19 à Moscou plus qu'ils n'en pouvaient supporter. Le commissaire du Peuple argua que, en dépit du délire antisoviétique du récent congrès de Nuremberg, le Reich visait la France autant que la Tchécoslovaquie et l'Est en général : ces « paroles [...] ne sont qu'un masque "destiné à cacher le véritable projet qui" est d'attaquer la France [...]. L'Allemagne cherchera [...] probablement à isoler et à attaquer la France pour se débarrasser d'elle d'abord ». Il mit en garde contre son retard « la France [qui] avait perdu "12 à 15 ans" et [...] ne devait pas à l'heure actuelle relâcher son effort militaire » (en mars, après sa « visit[e...d]es centres d'instruction, dépôts et ateliers militaires d'armements terrestres et aériens » français, Toukhatchevski s'était déclaré « désappointé de constater le grand retard dans lequel se trouv[ait] la France au point de vue armement moderne comparativement à l'Allemagne par exemple, dont tout le matériel [était] neuf et renouvelé, tandis que le [français] dat[ait] en grande partie de 1917 et 1918 »[82]). « Sceptique sur l'efficacité de l'obstacle de rails », Vorochilov réduisit la Ligne Maginot à un mirage : « En URSS, quatre et cinq rangs de rails fixés dans du béton ont été brisés comme verre par les gros chars modernes » (il dit, précisa Vuillemin, avoir « vu, de ses propres yeux, des champs de rails, enfoncés dans 3 m de béton et hauts de 1 m 50, casser comme des allumettes sous le choc des chars »[83]). Il anéantit l'alliance « de l'Angleterre » invoquée avec emphase par Schweisguth : « La France ne devait pas trop compter sur l'Angleterre qui, après son échec d'Abyssinie, n'est pas en situation d'intervenir actuellement en Espagne où ses intérêts sont également menacés. [...I]l ne suffit pas que les Anglais veuillent défendre leurs intérêts ; il faut encore qu'ils le puissent. »

Schweisguth « répliqu[a...] que la France comptait d'abord sur elle-même et que ni le gouvernement actuel ni le haut commandement n'avaient l'intention de relâcher l'effort militaire, au contraire », que « le Rhin », sur 175 km, et « la fortification », sur la même distance, pareraient à tout ; et que « si l'offensive allemande se trouv[ait] rejetée une fois de plus sur la Belgique, nous [étions] assurés que la signature de l'Angleterre se trouvera[it] d'accord avec son intérêt vital qui ne [pouvait] permettre l'occupation par l'Allemagne de la Belgique et du nord de la France. Quant à savoir si l'effort allemand visera[it] d'abord l'Est ou l'Ouest c'[était] encore actuellement la grande inconnue »[84].

Dans son rapport d'ensemble du 5 octobre, Schweisguth concéda à l'Armée rouge des qualités : elle « apparaît forte, pourvue d'un matériel abondant et moderne, animée d'un esprit offensif, au moins dans les cadres ». Qualités jugées vaines : elle est « insuffisamment préparée à une guerre contre une grande puissance européenne. Ses conditions d'emploi contre l'Allemagne restent très problématiques ». Dispensant les *mensonges avérés*[85] (grandioses sur le Reich), il conclut aux desseins sournois du « gouvernement soviétique » qui ne visait par « son rapprochement avec la France » qu'à reporter sur elle le poids de la guerre en mijotant, indemne, la révolution mondiale : « Envisageant deux hypothèses de conflit, il veut se trouver dans chacune d'elles dans la situation la plus favorable.

1° Dans le cas où elle serait attaquée par l'Allemagne, l'URSS voudrait avoir à ses côtés une France puissante et fidèle », d'où les conseils de Toukhatchevski « à Paris, le 15 février dernier », puis de Vorochilov « le 19 septembre » de renforcement militaire français. « Le gouvernement soviétique semble rechercher entre les deux armées une coopération toujours plus grande, [...sous] la forme d'une véritable alliance militaire.

2° Mais l'URSS préférerait naturellement de beaucoup que l'orage éclate sur la France, et il semble que depuis quelque temps ce soit surtout cette carte qu'elle joue, tout en continuant à agir en apparence comme si elle appliquait loyalement le Pacte franco-soviétique, afin de pouvoir revenir, le cas échéant, au premier tableau. Une guerre entre la France et l'Allemagne aurait non seulement l'avantage de laisser, faute de frontière commune, presque toutes les forces soviétiques en dehors du conflit, mais encore de faire de l'URSS à l'instar des États-Unis en 1918 l'arbitre de la situation en face d'une Europe épuisée par une lutte que Vorochilov prévoit sans merci. Pour réaliser ce dernier projet, il faut tenter à la fois la France et l'Allemagne :

a) *tenter l'Allemagne*, en lui montrant dans sa voisine de l'Ouest une proie facile, que défendrait mal une armée minée par l'indiscipline et ce peut être là la raison de l'action dissolvante, que la IIIe Internationale, d'après des renseignements tout récents, s'efforce de continuer actuellement dans nos troupes.

b) *tenter la France* :

– en exploitant les affaires d'Espagne et en la poussant vis-à-vis de l'Allemagne à des gestes dangereux qu'autoriserait la soi-disant insuffisance de préparation actuelle du Reich ;

– en lui montrant qu'elle serait plus tard inéluctablement la première victime de l'Allemagne si elle ne s'efforce pas, dès maintenant, de l'intimider par une politique intransigeante ;

– en la persuadant enfin des dangers qu'offrirait pour elle toute tentative de rapprochement entre les deux nations.

Ces invites paraissent par surcroît être destinées à vaincre de notre part toute hésitation à contracter avec l'URSS une alliance militaire formelle, à nous en faire apprécier l'importance et peut-être à légitimer à notre égard certaines exigences. Elles ne s'embarrassent pas de l'exploitation possible par le Reich du prétexte d'encerclement que pourrait lui fournir l'entrée en conversation des États-majors français et soviétique. Le présent rapport ne peut qu'émettre des hypothèses », conclut-il, prétendant « le gouvernement [...] seul [...] en mesure de percer à jour les véritables intentions de l'URSS et de résoudre un problème qui intéresse au plus haut degré la sécurité du pays et la sauvegarde de la paix »[86].

Vuillemin loua l'aviation soviétique pour l'enterrer aussitôt. « La mission militaire française en URSS [qui] a été particulièrement bien reçue par les autorités russes [...] a pu se rendre compte : 1° que la Russie s'équipait industriellement avec une très grande rapidité et qu'elle était, d'ores et déjà, en mesure de fabriquer du matériel aérien de qualité, en très grande série ; 2° que son aviation militaire disposait d'un personnel d'exécution de tout premier ordre ; 3° mais, malheureusement, que les cadres supérieurs ne possédaient pas une doctrine d'emploi de la valeur de celle du haut commandement militaire des puissances occidentales. »[87]

Schweisguth reçut simultanément le « travail » – reflet de la masse des rapports « techniques » du temps – qu'il avait requis sur la « situation militaire » soviétique. Il était élogieux, sauf sur la Marine, « plutôt négligée », « la situation géographique actuelle [de l'URSS...] lui interdi[sant] une politique navale de quelque envergure ». « Tout en recherchant des alliances contre l'Allemagne, l'URSS a fait depuis 1932 un très gros effort de réarmement » : ses effectifs du temps de paix sont passés de 562 000 en 1932 à 1,3 million fin 1936 ; elle a construit « depuis quatre ans [...] près de 1 500 chars et 2 000 avions, de types modernes et de construction presque entièrement russe. [La] réorganisation complète et [la] large extension de l'industrie de guerre [...] ont permis la réalisation rapide du programme ci-dessus ». L'Armée rouge « représente une masse d'hommes considérable [,...] bien armée et épaulée par une industrie de guerre adaptée à ses besoins » : surtout le « matériel blindé, de types très modernes, et souvent employé en masse », et l'aviation, dont « les qualités [du] matériel, le cran [du] personnel, la hardiesse [des] méthodes de combat ont retenu l'attention »[88].

La majorité des officiers supérieurs envoyés en URSS, « émigrés de Coblentz » lecteurs de la presse fasciste[89], en rapportaient des textes calqués sur les philippiques de Gamelin, Colson, Dentz, Schweisguth, Vuillemin, Gauché (habitué du démenti des descriptifs formels du « SR » sur la qualité de l'Armée rouge ou de l'armée républicaine espagnole)[90], etc. Relève aussi du chapitre sur « l'ennemi intérieur » ce florilège digne de Malraison, dont l'inanité ressort de la comparaison des comportements nationaux respectifs dans la Seconde Guerre mondiale. Y explosaient la haine, l'arrogance coloniale et le mépris social pour les moujiks maintenus ou devenus prolétaires, « masses naïves » émerveillées par « l'impression d'égalité [via...] l'accès de tous aux différentes écoles » et les réalisations collectives – « le club luxueux, le métro-propagande, les gigantesques édifices publics »[91]. La phobie antislave et surtout antisémite y occupait une grande part, comme « la question juive » dans le rapport d'octobre 1936 du capitaine Sauzey, tableau type du judéo-bolchevique dont un lecteur de l'État-major signala l'intérêt en l'encadrant de rouge. « Les israélites, malgré leur soin minutieux de se tenir en coulisse et de pousser au premier plan des Russes morts ou vivants (Lénine, Staline), [...] sont aux points vitaux de système et le contrôlent d'une façon absolue. L'intelligence du Plan, c'est à eux qu'on la doit. Staline ne serait qu'un exécutant. » Suivait un développement sur les trois millions de juifs retranchés derrière l'Internationale ou le patriotisme populaire « puéril », ayant souvent « pris des noms russes pour mieux se fondre dans la foule [, ...qui] les reconnaît et les respecte. Ils sont au pouvoir et toutes les places réclamant de l'intelligence sont leurs. Depuis 1917, la Russie est devenue le grand champ d'expérience israélite. Maîtres dans l'art de créer des courants sociaux, de les orienter et de les exploiter, ils ont fait supprimer les classes dirigeantes et pensantes. Maintenant ils dirigent une masse fruste et craintive qui obéit dans la peur en chantant par ordre sa satisfaction. Ils admettent pour les besoins de leur cause et la réalisation de leur plan la naissance d'un corps d'ingénieurs et de techniciens, mais le droit de penser ne leur est pas accordé pour cela et le monopole de la pensée reste leur apanage ». Il n'y a pas « de question russe ; il n'y a, pour qui veut bien étudier un ensemble et ne pas se laisser obnubiler par des premiers plans, que la réussite, la survie et le désir de rayonnement mondial de la première grande entreprise officielle israélite »[92].

Pantin des juifs, « le peuple russe, versatile, impulsif et muet » était aussi inapte au métier des armes – « les 4/5 [des] officiers supérieurs et généraux sont d'anciens ouvriers d'usine »[93] – qu'à l'industrie en dépit du « grand effort fait par le gouvernement des Soviets, [...] conduit avec une incohérence certaine qui cadre mal avec notre esprit latin »[94]. « La méfiance, l'imprécision, l'inexactitude, la sympathie en surface et la versatilité » caractérisant l'Armée rouge excluaient toute « collaboration [...]. La valeur des officiers constitue l'une des grandes faiblesses de l'arme des chars soviétiques. [...D]es officiers français stagiaires dans le milieu cadres de l'Armée rouge ont peine à prendre au sérieux les kommandirs soviétiques. [L'officier ...] n'est tactiquement qu'un exécutant appliquant aveuglément des schémas gabarits quels que soient l'ennemi, la situation ou le terrain qu'il ne sait discerner. Il n'a pas d'initiative [...] Le calque remplace le cerveau [...L]es tankistes soviétiques possèdent une excellente instruction individuelle [, mais ...] l'instruction collective [,...] reflet immédiat des hérésies d'ordre tactique que commet et entretient le commandement [,...] est notoirement médiocre » ; la « déficience du renseignement » est avérée ; « l'utilisation de la grande unité mécanique [russe]du type russe, telle que nous l'avons vue et étudiée, ne saurait être valable sur un front de l'Europe occidentale »[95]. Le commandant Donzeau, attaché de l'Air à Moscou depuis février 1934, qui truffait des rapports élogieux sur la qualité de l'aviation soviétique de commentaires haineux, exulta en janvier 1938 devant l'échec du défi industriel et militaire de « ce pays que le marquis de Custine appelait l'empire de la peur et la nation des muets », aux « directeur[s] rouge[s choisis...] parmi des "activistes" ignares, qui ne p[ouvaie]ent loger dans leur cerveau obtus que les seules consignes du parti » et manquaient de « l'indépendance que seules des connaissances approfondies de leur métier pourraient leur assurer »[96].

L'État-major, le complot Toukhatchevski et ses suites françaises

L'arrestation de Toukhatchevski (le 26 mai) et surtout la sentence de mort et l'exécution du maréchal et de sept généraux d'État-major, le 12 juin 1937, revêtirent le vieux veto français d'un nouvel habit. Au printemps avaient enflé sur les neuf officiers supérieurs impliqués et la disgrâce de Toukhatchevski de vieilles rumeurs[97]. Nées « du procès et de l'exécution de Zinoviev, Kamenev et consorts en août 1936 », elles s'étaient nourries des poursuites contre le « Centre parallèle trotskiste » et, en janvier-février 1937, de son procès, marqué notamment par les aveux de Karl Radek[98]. Le nouveau prétexte à refus surgit en mai : « Dans le cas où des conversations militaires devraient s'engager avec l'E.M. soviétique il conviendrait d'attendre que la vague d'épuration qui sévit en URSS soit passée. »[99] Selon Duroselle, « la purge militaire et l'exécution du maréchal Toukhatchevski [...] mirent fin à toute négociation sérieuse ». Jonathan Haslam y voit « un alibi utile » aux ennemis de l'alliance et Carley décrit la *Schadenfreude* (joie mauvaise) de ceux qui haïssaient les condamnés à mort, anciens « révolutionnaires bolcheviques », autant que leurs accusateurs[100]. Cette thèse, conclusion inévitable de la lecture des fonds depuis 1933, est insuffisante.

Car le renseignement diplomatique (très épuré) et militaire français conclut, comme les deux diplomates britanniques cités par Haslam, Walker et Vereker, à « la culpabilité [...] prouvée » de Toukhatchevski dans un complot à fort contenu séparatiste ukrainien préparé avec l'État-major de la Wehrmacht en compagnie des sept inculpés et d'un huitième, suicidé en mai, Ian Gamarnik. Haslam a-t-il hésité à soulever le couvercle de la boîte de Pandore, tabou de l'après-stalinisme qui réhabilita Toukhatchevski ? Pourquoi érige-t-il le *Foreign*

Office, dont il n'a jusqu'au chapitre concerné (le 8e de 12) pas contesté la fiabilité des délégués à Moscou, en organisme « désespérément amateur » ? : Londres n'y aurait envoyé que des diplomates mal informés, ne restant « jamais plus de deux ans au maximum », par opposition « aux Français, Italiens et Allemands » et aux « anciennes générations de spécialistes [britanniques] de la Russie qui y avaient vécu pendant des années et avaient pris épouses russes ». Haslam accrédite les dénégations de l'ambassadeur allemand à Moscou, Friedrich Werner von der Schulenburg, sans préciser que : 1° le démenti n'en est pas un, l'ambassadeur invoquant simplement le scepticisme « du corps diplomatique ici sur la véracité des accusations et du verdict » ; 2° les archives publiées allemandes ont retenu cet *unique* courrier, du 14 juin, d'une pile : les rédacteurs admettent leur carence (aussi grave que sur le rôle de Laval dans l'attentat de Marseille) en signalant six câbles Schulenburg entre les 5 mai et 12 juin, dont ils n'ont publié *aucun*. Pourquoi accorder crédit aux mémoires de 1981 d'un diplomate allemand (Hans von Herwarth) certifiant Toukhatchevski francophile et aux rapports dubitatifs des 14 et 30 juin 1937 des attachés militaires britanniques, le colonel R.C. Firebrace (dont il n'a jamais parlé), brusquement taxé « d'un solide bon sens », et français, Simon[101], miroir, certes, des préventions de l'État-major, mais pas si sceptique[102] ?

Les rapports des « amateurs » du *Foreign Office* (15 et 17 juillet) rendent le même son que les notes militaires françaises qui affluèrent depuis la mi-juin et furent corroborées par des courriers diplomatiques presque tous soustraits au classement (dans un volume « relations Allemagne-URSS », *deux* subsistent d'un dossier qui fit couler des flots d'encre[103]). L'État-major français fut *convaincu* de la culpabilité des condamnés, affirmation qui, risquant de provoquer les cris d'orfraie des soviétologues[104], mérite démonstration. J'écarte, au profit du renseignement militaire *stricto sensu*, le compte rendu, pourtant éclairant, des procès de 1937-1938 : l'abondance et la cohérence des récits rendent improbable le par cœur forcé ; les éventuelles tortures infligées aux accusés n'infirment pas les recoupements qui impressionnèrent les diplomates contemporains[105].

Le lot classé par le SHAT (maigre échantillon de ce que reçut le Deuxième Bureau) provient de nombreuses capitales, Moscou, Varsovie, Vienne, Londres, Berlin, Riga, Kaunas, Oslo, Helsinki, Tallinn, Rome, Tokyo, etc. En convergèrent des rapports, de plus en plus précis et qualifiés de « *très bonne source* », confirmant depuis la mi-juin « l'hypothèse d'un complot encouragé par l'État-major allemand »[106]. Le 1er juillet, l'attaché militaire français à Londres reproduisit, avec l'article du correspondant diplomatique de l'*Evening Standard* du 28 juin, un avis général : « L'âme de ce complot aurait été le général [August] Kork, vieux révolutionnaire, commandant de la garnison de Leningrad. Toukhatchevski aurait été intimement associé aux tractations de Kork. Sa liaison avec l'armée allemande aurait été amplement prouvée et à Berlin beaucoup de gens étaient au courant de ce qui se préparait. » Le général Vitovt Putna, attaché militaire soviétique à Londres – après l'avoir été à Berlin –, « aurait servi d'agent de liaison : on l'aurait envoyé à Londres parce qu'on estimait que c'était l'endroit le meilleur pour entretenir des relations avec des éléments allemands sans attirer l'attention de la police secrète moscovite. Pendant son séjour à Londres, Putna aurait été en relations étroites avec au moins un officier en service actif de l'armée allemande »[107]. Une lettre adressée « peu de temps avant son arrestation » par Toukhatchevski à Vorochilov (en mai 1937) fut authentifiée par le Deuxième Bureau en février 1938 par son contenu et par le fait que « le crédit du maréchal sembl[ait] avoir baissé depuis quelques mois » : elle révèle qu'après avoir un moment accompagné les conjurés, Vorochilov fit volte-face et les abandonna[108].

Les renseignements venus de Moscou, d'origine soviétique ou non, étaient jugés fiables, selon une « information du 15 juillet » présentant « trois versions de l'affaire Toukhatchevski émanant de trois sources différentes et dont chacune [était] considérée comme excellente » : a) « une note envoyée le 21 juin par le ministre des Affaires étrangères de Vienne à son ministre à Berlin » ; b) les « indications d'une personnalité soviétique », le 28 juin, riches sur la composante ukrainienne du « complot [...] découvert par la Guépéou », et c) celles du 10 juillet, de M. Potemkine, ambassadeur à Paris. Les trois étaient « d'accord sur un point : conspiration militaire – plus ou moins avancée – contre Staline. Elles ne concord[ai]ent pas [sur] les liens entre les conspirateurs et l'État-major allemand. Sur ce point, la vérité paraît être que l'État-major avait connaissance de la conspiration et avait encouragé au moins certains des principaux conjurés ».

Selon la note autrichienne, le *Foreign Office*, tenté par les vertus antisoviétiques des mains allemandes libres à l'Est, avait tout suivi et laissé faire : « L'on savait depuis longtemps, dans certains milieux anglais particulièrement au courant des questions orientales, que l'attaché militaire de l'URSS, le général Putna, a[vait] fréquemment négocié à Londres avec certains émissaires des cercles politiques et militaires allemands. » On disait à Londres n'avoir « pu savoir avec une certitude complète si et dans quelle mesure les contacts du général Putna recevaient ou non l'approbation du gouvernement de M. Staline [...]. En dehors de cette préhistoire assez confuse, les spécialistes des questions orientales à Londres tiennent maintenant pour à peu près certain qu'il a existé un plan d'une très grande portée, établi d'accord entre les cerveaux politiques de l'Armée rouge et de l'armée allemande, pour instituer, en Russie, une dictature militaire et pour faire collaborer ce nouveau régime avec la politique militaire du Reich »[109].

L'information s'en était largement répandue depuis septembre 1936. L'attaché militaire français à Riga, le colonel Jean Ganeval, avait le 22 décembre recensé « des rapports [...] datant de plusieurs mois déjà, du haut commandement des armées baltiques, relatives à la possibilité d'un rapprochement germano-soviétique »[110]. Goering avait montré en septembre devant son ami suédois Axel « Wenner-Gren, un des directeurs de Böfors », une étonnante assurance ukrainienne : « La guerre russo-allemande est [...] inévitable et peut-être plus tôt qu'on ne croit. M. Wenner-Gren ayant alors demandé quelle serait l'occasion du conflit, le général aurait répondu que c'était là une question secondaire. Développant le thème, il aurait ajouté notamment que l'Allemagne avait absolument besoin de l'Ukraine et comme M. Wenner-Gren faisait observer que l'Ukraine était fort peuplée et ne pourrait permettre l'établissement de beaucoup de colons allemands, le général a répliqué qu'il y avait de la place ailleurs en Russie et que les habitants de l'Ukraine pourraient en être expulsés. » Audace forcément liée à ces tractations, dont Goering ne dit rien ou que son complice tut en rapportant cette « longue conversation » à un Français[111]. Le Deuxième Bureau releva en avril 1937 parmi cinq éléments recensés depuis novembre 1936 « surtout à Berlin [,...] surtout [...] dans les milieux militaires et économiques du Reich, mais » aussi chez « certains dirigeants de la politique allemande et même quelques chefs militaires soviétiques », l'entretien de Goering, le 19 novembre, avec le pronazi « Ward Price, correspondant du *Daily Mail* », sur « une coopération avec [...] l'armée russe »[112].

Le 19 février 1937, Anthony Joseph Drexel Biddle Jr, ambassadeur à Oslo, cita son « télégramme du 19 décembre 1936 » identifiant « quatre sources distinctes » et « fiables » venues depuis le début du mois « de milieux élevés britanniques, finlandais, polonais et allemands » sur « les conversations germano-russes en cours prévoyant une coopération au prix de la neutralisation des fronts polonais et japonais [...]. Milieux britanniques inquiets que ceci ne conduise à la guerre en donnant les mains libres à l'Allemagne ». Appréhendé alors, l'objet intérieur des « conversations », le renversement du gouvernement soviétique, fut bientôt connu, notamment « des principaux armateurs suédois et norvégiens ». À une de leurs réunions, « à Oslo » début 1937, leur « principal représentant suédois » conseilla de laisser le Reich libre de débarrasser tout le monde des Soviets : « L'Allemagne se tournerait vers la Russie d'une manière ou d'une autre, une fois convaincue que l'Angleterre ne voudrait ou ne pourrait rien faire pour elle. Ses renseignements l'amenaient d'ailleurs à croire que le gouvernement de Staline était si instable qu'une révolution paralysant un front de défense uni pourrait se produire presque instantanément en cas d'attaque allemande contre la Russie. Bien que l'Allemagne ne puisse jamais absorber la Russie à long terme, ses efforts initiaux aboutiraient sans doute à l'occupation de l'Ukraine, au minimum, sans combats intenses, et offrirait à l'Allemagne l'occasion de réorganiser la Russie selon des principes différents. Il a ajouté qu'après tout il vaudrait mieux laisser les choses se faire. »[113] J'ai appris « de la meilleure source, *rappela Coulondre en décembre 1937,* qu'[en]avril, l'intermédiaire allemand qui préparait le terrain pour un accord germano-tchèque fit savoir à Prague que le projet devait être momentanément abandonné par suite des pourparlers engagés entre l'Allemagne et l'URSS »[114].

Aucun rapport contemporain ne mentionne l'argument auquel Blum recourut en 1947 pour justifier (sans convaincre Nicole Jordan) de brusques doutes de 1937 sur l'alliance franco-soviétique, et qu'on trouve dans les mémoires de Coulondre (1950), de Bénès (1954) et de l'agent de renseignement allemand Walter Schellenberg (1956) (où Haslam relève des « erreurs élémentaires ») : pour perdre Toukhatchevski et faire décapiter l'Armée rouge, le chef SS Heydrich aurait organisé à l'intention de Bénès des fuites de bobards que celui-ci se serait empressé, en janvier 1937, de transmettre à Moscou[115]. Ce n'est pas Bénès, mais le chef du Deuxième Bureau estonien, retour « de Berlin le 25 janvier 1937 », qui informa l'attaché militaire français à Moscou Simon de la conviction allemande « qu'une fois les juifs éliminés du pouvoir soviétique, celui-ci tombera[it] aux mains des militaires »[116]. Sceptique le 30 juin selon Haslam, Simon mentionna cependant « le bruit, [...] recueilli de sources très différentes, d'après lequel l'affaire d'espionnage Toukhatchevski aurait "été découverte par les services de renseignements français qui auraient informé les autorités soviétiques" »[117]. Potemkine ne mentait donc pas en déclarant en juillet 1937 « à une haute personnalité française » : en février, « un membre de votre gouvernement, me prenant à part et déclarant me parler d'homme à homme, m'a dit : "Suivant des renseignements recueillis par le Deuxième Bureau de notre État-major, le haut commandement allemand a des contacts secrets avec certains chefs de l'Armée rouge. L'objet des transactions serait la préparation d'un coup d'État militaire en URSS et la conclusion ultérieure d'une alliance germano-soviétique." »[118].

Ces tractations, excluant tout Pacte franco-soviétique[119], mettaient la France en première ligne. François-Poncet, « donn[a] au commandant de Mierry, le 24 juillet 1937, le renseignement suivant qu'il tenait d'un Autrichien bien informé : "Les milieux de la Reichswehr parlent ouvertement des informations que le maréchal Toukhatchevski a données à l'État-major allemand sur tout ce qu'il savait de la Ligne Maginot." »[120]. Le 15 décembre, Coulondre, convaincu par Potemkine « que son gouvernement avait la preuve formelle de la collusion de Trotski avec la Gestapo », certifia la résolution de Staline à « se mettre à l'alignement de la France et de l'Angleterre » : la prouvaient ses efforts pour « enrayer, par une impitoyable répression, toute tendance à pactiser avec l'adversaire éventuel de l'extérieur ». Potemkine réaffirma fortement la « fidélité [de son gouvernement] à l'entente avec la France »[121], mais celle-ci risquait gros : son entêtement dans la tactique dilatoire, affaiblissant l'équipe au pouvoir, obligerait tôt ou tard Moscou à composer avec Berlin.

Énième échantillon d'un *leitmotiv*, depuis 1933, des diplomates et militaires en poste à Moscou, cet avertissement de Coulondre sera comparé à la thèse de la « bombe » de l'annonce du Pacte germano-soviétique. « Un succès de l'opposition entraînerait un renversement de la politique extérieure de l'URSS. La première conclusion à [en] tirer [...] est [...] que nous avons intérêt au maintien du régime actuel quelle que soit la répugnance que puissent nous inspirer les méthodes de gouvernement : notre entente avec les Bolcheviks n'a pas été davantage commandée par des raisons de sentiment que celle avec les Tsars. La deuxième est que le Pacte d'assistance franco-soviétique sert de frein [...à la] tendance à faire à tout prix la paix avec Hitler [...] et que s'il venait à ne plus jouer, ce pays glisserait inéluctablement vers l'Allemagne. [...L]e problème qui se pose actuellement est moins celui de savoir s'il faut être avec l'URSS mais bien avec qui sera l'URSS ; car dans l'état où elle se trouve, elle n'est pas en mesure de supporter l'isolement, c'est-à-dire d'affronter seule l'Allemagne et le Japon. [...] Pour la France, pour les démocraties occidentales, l'URSS se présente, en cas de conflit, comme une puissance d'adossement, dont le concours actif, sans être négligeable, serait cependant limité à tout le moins par ses possibilités de mobilisation et de transport. À l'Allemagne, au contraire, elle offrirait le réservoir inépuisable de ses matières premières, et ses ressources en blé, tout ce pour quoi le Reich, en prévision d'une guerre, impose les plus dures privations à sa population, et dont quelques colonies ne suffiraient pas à la pourvoir. Il n'est pas besoin d'avoir vécu longtemps en URSS pour se rendre compte que ce pays, qu'à travers les siècles les Allemands ont toujours cherché à exploiter, est encore tout imprégné de l'influence germanique. Le jour où l'URSS serait entrée dans l'orbite allemande, il ne suffirait plus des voyages de nobles Lords britanniques » (allusion au voyage de novembre d'Halifax à Berlin) « pour obtenir de M. Hitler qu'il renonce à établir son hégémonie sur l'Europe »[122].

L'État-major fut donc en mai-juin 1937 confronté à un plan dont la réalisation eût assuré « un succès [...] colossal [...] à la politique militaire allemande »[123]. Gamelin pérorait devant Bullitt sur les garanties mutuelles qu'offrait la défensive franco-allemande : la France ne pourrait, vu l'énormité du coût, attaquer le Reich sur « la ligne du Rhin, entièrement fortifiée de la Suisse à Karlsruhe », ni, bientôt, sur « la ligne de 150 km entre Karlsruhe et le Luxembourg » en cours de fortification ; mais sa propre « position défensive » la rendait invincible : « En cas d'invasion allemande [...], Roubaix, Tourcoing et Valenciennes s'avéreraient presque imprenables. »[124] L'État-major, décrétant l'URSS inutile, 1° démentit sa conviction en recopiant les insultes antisoviétiques de la Wehrmacht ; 2° persécuta le successeur de Simon, le colonel Palasse qui, arrivé à Moscou en novembre 1937, osa juger l'Armée rouge améliorée par « l'épuration » et pressa Paris de conclure alliance.

Enrageant de son échec, l'État-major de la Wehrmacht avait depuis le procès puis l'exécution des huit chefs militaires soviétiques mené campagne sur les mensonges de Moscou, la nullité de l'Armée rouge privée de ses leaders et l'effondrement de l'URSS, que Toukhatchevski, nouvelle icône, aurait portée à bout de bras depuis 1917. Il était techniquement normal que le Deuxième Bureau traduisît sa revue officieuse *Deutsche Wehr* (Défense allemande), affectée à l'intoxication. Il était anormal qu'il s'alignât sur ces articles allemands, du genre de la « lettre de Moscou » parue le 9 septembre attribuant à des sources anonymes ce tableau des officiers nommés « après la chute de Toukhatchevski » : « Le fait que les maréchaux Vorochilov, [Vassili] Blücher et [Semen] Boudienny ne répondent en aucune façon à la conception européenne qu'on se fait d'un maréchal ne trouble aucunement les milieux gravitant autour de [Lazare] Kaganovitch ; la chose principale est qu'ils soient fidèles » ; selon « un diplomate étranger [,...] au cours des derniers mois Staline a tellement abattu et miné la direction de l'Armée rouge qu'on ne peut plus parler d'une direction au sens européen du mot et qu'une telle armée sans chef échouerait complètement en cas de guerre. [...] Un officier d'E.M. d'un grade élevé disait récemment que la nouvelle direction était encore plus mauvaise que la direction de l'armée tsariste et que déjà la mobilisation mènerait à un échec. Il n'exagérait pas ».

L'État-major, y trouvant l'écho de ses haines, jugea en octobre cette prose digne d'« attention [...] malgré le caractère ordinairement tendancieux des nouvelles répandues par la presse allemande sur la situation de l'URSS ». Elle recoupait, argua-t-il, les sources du Deuxième Bureau, lequel copiait la *Deutsche Wehr* jusque dans l'orthographe allemande (ici en italique) des noms russes :

« On est revenu à la même situation qu'au lendemain de la Révolution [;…] on se trouve, au vrai sens du mot, devant le vide : on n'a plus de chefs. » Toukhatchevski, lui, avait « rehaussé la qualité des commandants » ; « établi […] les plans de mobilisation » ; « conseill[é] *Worochilov* dans toutes les questions importantes » ; assuré « l'approvisionnement de l'Armée rouge ». Son « départ a eu également des *répercussions désastreuses sur l'activité de l'industrie de guerre* » et provoqué « la baisse effroyable de sa production ». Les nouveaux nommés étaient un troupeau d'ânes : « *On ne rencontre même pas un seul chef qui, en Europe occidentale, serait considéré comme de capacité moyenne.* » Alexandre Jegorov, « son successeur », et le nouveau chef d'État-major *[Boris] Schaposchnikov* n'arrivent pas à la cheville de Toukhatchevski ; « *Budienny*, ancien maréchal des Logis de l'armée tsariste, […] sans doute un bon connaisseur en chevaux, […] n'a certainement pas inventé la poudre [;…] il est [si] absolument inapte [à ses nouvelles] fonctions […] de commandant en chef de la région militaire de Moscou [… qu']un diplomate étranger » a pris sa nomination pour « une plaisanterie » ; quant à Pavel Dybenko, commandant en chef de celle de Leningrad, « au Kremlin, certaines personnes le tiennent pour plus incapable encore que *Budienny* »[125].

L'État-major contre son attaché militaire Palasse, 1937-1938

L'État-major adora en 1937-1938 le discours sur la « situation lamentable […] rend[ant] l'Armée rouge à peu près inutilisable actuellement » et sur le fiasco d'une politique fébrile de recrutement et de formation « de cadres nouveaux […L]e désastre causé par l'épuration nécessitera vraisemblablement plusieurs années pour panser les plaies les plus graves »[126]. Il dut, le colonel Palasse entravant le sabotage du Pacte franco-soviétique (et l'assassinat de Prague), assigner contre ce dernier (et Faucher) Dentz à une croisade ne reculant devant rien, de l'usage du faux à la pratique criminelle de la « découverte » des informateurs.

Le successeur de Simon déplut d'emblée en accréditant (le 14 décembre) la thèse du complot, en légitimant sa répression, en jugeant « la situation [de] l'économie soviétique […] infiniment supérieure à celle qu'a[vait] connue le pays de 1928 à 1933 » et en concluant « qu'une volonté intelligente présid[ait] à ses destinées ». Dentz le démentit aussitôt avec hargne : il situa « les causes initiales de l'épuration […] dans les plans conçus par le Kremlin pour débarrasser M. Staline de tous ceux qui [étaie]nt capables de lui disputer le pouvoir », tout en admettant le « complot militaire » ; il qualifia d'aberration le concept même d'« industrie soviétique » puisqu'elle devait tout « au concours de l'étranger » via « des techniciens, des licences de fabrication et du matériel », et qu'avant-guerre « la presque totalité du personnel directeur et technique de l'industrie russe était composée d'étrangers. Les autochtones, quand on avait recours à leurs services, démontraient en peu de temps leur incurie et leur incapacité ». Une couche chiffrée enjolivait la déduction : le matériel de construction de la route Moscou-Kiev était paralysé, des tracteurs aux pelles mécaniques, des dragues aux camions (dont, « sur 397 […], 382 étaient hors d'usage ») ; les avions des « quatre groupes de bombardement de la 4e brigade » étaient cloués au sol. Dentz dénonça donc « chez cet officier supérieur une tendance à se laisser gagner par les théories soviétiques – [due…] à une connaissance insuffisante des méthodes pratiquées par le Kremlin – et une appréciation inexacte des facteurs caractérisant l'économie de l'URSS ». La perfidie finale versait dans l'antinomie : il « ne parle pas le russe et […] il arrive à une époque où le monde soviétique devient de plus en plus hermétique »[127] (pourquoi envoyait-on en URSS des délégués ignorant la langue russe que, vu les circonstances, il ne servait à rien de pratiquer ?). Il tança aussi Coulondre, coupable d'avoir dans sa dépêche du 15 décembre 1937 cautionné les analyses de l'attaché militaire, alors que « les études récentes entreprises à l'État-major de l'armée [avaie]nt montré que le concours à attendre de l'Armée rouge était minime, tant pour des raisons politiques (hostilité de la Pologne et de la Roumanie) que pour des raisons techniques ou géographiques »[128].

Palasse s'entêta cependant. Entre autres, il signala le 16 février 1938 l'amélioration permanent du réseau ferré occidental, « la partie la plus importante pour nous, au cas d'un conflit européen ». Il décrivit le 7 mars sans sarcasmes le procès du « bloc antisoviétique des droitiers et trotskistes ». Il analysa le 22 mars « la situation morale » exceptionnelle « de ce pays » : immense popularité de Staline ; « sentiment de la patrie » universel, jeunesse comprise, mêlant pacifisme proclamé et détermination à écraser « l'ennemi […] nommément désigné » (« dans un film récent *Esli zavtra voïna* (Si la guerre avait lieu demain) on représentait la violation de la frontière russe par un adversaire à croix gammée et parlant allemand ») ; patriotisme entretenu par une propagande visant à donner au pays une « confiance inébranlable dans [s]a force défensive » ; propagande intelligente et efficace via le cinéma surtout : « La majeure partie des films représentent la guerre, ses rudes contingences et exaltent l'action future des troupes rouges. » Bref, « la menace de guerre créée par l'Anschluss [avait…] trouvé […] ce pays […] prêt à toute éventualité »[129].

Paris entrait alors, Anschluss accompli, dans la phase ultime de l'abandon de Prague, abandon *militairement* indéfendable si Palasse évaluait bien l'Armée rouge, mais que Dentz clamait fatal[130]. La proclamation de la nullité militaire de l'URSS devint donc obsessionnelle, parallèlement à la dépréciation de l'obstiné Palasse. Dentz (ou un de ses pairs) fit rédiger le 2 avril par Daladier, toujours ministre de la Guerre (et bientôt président du Conseil), une lettre à celui des Affaires étrangères sur le départ (Delbos) l'interrogeant sur la valeur, sur laquelle divergeaient « les opinions tchèques et polonaises », d'une armée « envelopp[é]e, chaque jour davantage, dans un manteau de mystère »[131]. Le 7 avril, récusant le courrier de Palasse du 22 mars ne contenant « aucune information d'ordre militaire », Dentz l'enjoignit « de bien vouloir faire connaître, par prochain courrier, son opinion – accompagnée de toutes justifications utiles – sur le haut commandement de l'armée soviétique »[132]. La réponse – les rapports des 18 et 19 avril, également adressés, selon l'usage, à Coulondre – fit bouillir le donneur d'ordre.

Dans le premier, Palasse évaluait les effectifs : « Un peu moins de cent divisions d'infanterie rapidement mobilisables, une trentaine de divisions de cavalerie dont une partie groupées en corps de cavalerie, 5 à 8 000 chars de combat, dont une partie groupés en corps mécanisés. Aviation (pour mémoire) » ; renforcement possible « en quelques mois d'environ 80 divisions d'infanterie (moins bonnes, armement moins moderne) ». Il donnait sur le reste des indications flatteuses, précisées dans son rapport du 19, que « D » (Dentz) crayonna et souligna, ridiculisant maints passages par des lazzi reproduits ici en italique. Palasse évoquait la difficulté de sa mission, « en pleine terreur révolutionnaire [...] rendant à peu près impossible toute relation avec les personnalités militaires soviétiques (*et avant ?)* » et entravée, « ainsi [qu'il l'avait] signalé à diverses reprises », par « les relations générales entre les deux pays (*trop confiantes*) », commenta Dentz. N'ayant « pas assisté encore aux manœuvres de l'Armée rouge », il ne pouvait trancher sur son « haut commandement ». Mais il estimait ses « personnalités [...] susceptibles de tenir les hautes fonctions qu'elles occup[ai]ent », tant les nouveaux nommés que la poignée des anciens : « Le chef du commissariat du Peuple à la Défense (maréchal Vorochilov), l'État-major de l'armée (général Chapochnikov et sous-chef général [Kirill] Meretskov) et le commandant de l'armée autonome d'Extrême-Orient (maréchal Blücher). » « *Vorochilov ?* » ricana Dentz, qui trouva aussi risible le conseil d'attendre ces manœuvres pour juger aussi « les autres commandants d'okrougs, peu connus *(?)* ». Parmi « certains indices de nature apaisante », notait Palasse, « aux manœuvres de Russie blanche exécutées après les premières épurations » (novembre 1937), « le commandement soviétique a su mouvoir une quantité déjà importante de troupes, dont une notable partie motorisée, dans des conditions satisfaisantes ». « *Après de nombreuses répétitions* », ajouta Dentz. « La discipline dans l'armée resterait intacte » : « *voir presse qui dit le contraire* », corrigea le censeur. « L'URSS dispose, sur son territoire, de toutes les matières premières qui lui sont nécessaires *(et les importations ?)*. Elle fabrique du caoutchouc synthétique *(très insuffisant)*. » Ses « réserves d'hommes instruits sont estimées à un minimum de 10 millions. Le nombre des réserves sûres tend à croître, les difficultés rencontrées à l'origine (1928-1934) dans la soviétisation des campagnes paraissent s'atténuer *(?)* ».

Curieusement, Dentz ne brocarda pas les passages relatifs à l'amélioration des transports et du « déploiement de l'Armée rouge » : « renforcement sensible de l'Okroug de Kiev » ; progrès militaire et industriel de la Sibérie « tendent de plus en plus à affranchir [l']armée [d'Extrême-Orient] de la communication par un Transsibérien, d'ailleurs sérieusement amélioré ». « L'Armée rouge représente, *concluait Palasse,* une force importante susceptible : – de protéger les frontières de son pays, tant contre ses voisins de l'Ouest, qu'à l'Est contre un Japon que la guerre de Chine affaiblit chaque jour ; – d'exécuter une offensive brutale et limitée, sur une direction judicieusement choisie. Enfin au cas d'une neutralité bienveillante, l'URSS peut aider des puissances amies par des fournitures importantes de matières premières et de matériels de guerre. »[133]

Le sous-chef d'État-major invoqua contre ces éloges des 18 et 19 avril 1938 une dépêche de Coulondre du 15 courant érigeant l'ambassadeur, non en avocat du pacte (thèse de Michael Carley) mais en adepte du double jeu : il y rejetait l'alliance qu'il avait prônée le 15 décembre 1937 et que semblaient légitimer ses premiers paragraphes[134]. Il y décrivait une mobilisation industrielle totale, sous l'égide d'« un État qui dispose de toutes les matières premières, sous réserve du caoutchouc, et dont les industries dites de guerre, notamment l'industrie métallurgique, peuvent, à l'exception des produits chimiques, être comparées, par leur production actuelle, à celles des pays les plus industrialisés, de l'Allemagne ». Il jugeait le régime solide : « Les masses ouvrières parmi lesquelles se recrutent essentiellement les troupes paraissent encore animées d'un certain idéal révolutionnaire, d'ailleurs soigneusement entretenu, [...] susceptible de contribuer à leur valeur combative notamment. » L'Armée rouge bénéficiait d'un énorme « effort budgétaire » (1,3 milliard de roubles en 1931, 5,03 en 1934, 4,6 en 1936, 22,4 milliards en 1937) ; « suivant les renseignements recueillis par cette ambassade, l'URSS disposerait actuellement d'un minimum de 5 000 chars d'assaut, et [...] les usines d'aviation produiraient environ 6 000 avions par an ».

Trois pages sur cinq décrivaient ensuite les pieds d'argile du colosse, plaçant Coulondre, ne serait-ce que par le mensonge sur les livraisons tchécoslovaques d'artillerie et la médiocrité soviétique en Espagne, parmi les adversaires du Pacte franco-soviétique. Un lecteur – Bonnet ? Léger ? « le général Georges » ? – souligna d'abondance (sauf le passage sur l'URSS condamnée à mort par sa paysannerie en uniforme) ces « deux correctifs, l'un et l'autre essentiels, [...à] apport[er] aux données » ci-dessus pour « se faire une idée exacte de la puissance militaire de l'URSS » (soulignements ici en italique).

« Essentiellement orientée, depuis des années, vers la préparation de la défense nationale, l'économie soviétique est, en fait, une *économie de guerre*. Les forces du pays sont, d'ores et déjà, tendues à l'extrême limite, les cadres sont utilisés à plein, l'industrie, de création récente et assez artificiellement développée, est *très près de son plafond de production*. On se trouve ainsi en présence d'une mobilisation dès le temps de paix, et les forces militaires soviétiques ne pourraient être accrues en temps de guerre que dans une faible proportion, alors que celles des pays de vieille industrialisation se multiplieraient par des coefficients énormes. [...L]a plus grande partie du matériel militaire russe a été établie d'après des prototypes étrangers ; les moteurs d'avions viennent de France et des États-Unis, l'artillerie lourde est d'origine allemande et elle est actuellement reconstituée d'après des modèles tchécoslovaques » (ceux de Schneider, qui ne livrait rien ?). « Il est donc à craindre qu'au cours d'un conflit de longue durée, le matériel soviétique ne soit bientôt surclassé par celui des armées adverses.

La crise politique actuelle a encore accentué cette lourde infériorité du potentiel militaire soviétique. L'épuration forcenée pratiquée depuis un an a privé l'URSS d'une bonne part de ses *constructeurs*, de ses *ingénieurs*, de ses *techniciens*, en même temps qu'elle a provoqué une *véritable fuite devant les responsabilités*. Elle a ainsi encore réduit l'élasticité déjà très faible de la production et les possibilités d'accélération du rythme des fabrications. En frappant l'armée au moins aussi durement que l'industrie, elle l'a en outre privée d'*une partie de ses cadres*, au point que l'on assiste depuis un an à un véritable décalage des emplois, de nombreux officiers exerçant des commandements supérieurs à leur grade ou franchissant plusieurs grades. Or on pouvait déjà craindre en temps normal une certaine insuffisance des cadres, en raison de leur formation assez sommaire.

L'expérience de la guerre espagnole a montré, suivant les indications recueillies sur place par le conseiller de cette ambassade, que les officiers soviétiques attachés à des schémas tactiques rigides étaient *le plus souvent incapables de les adapter aux conditions du moment.* L'épuration n'a malheureusement pas épargné le haut commandement. Ainsi – et c'est là, à la vérité, un des effets les plus redoutables de la crise –, on évalue à plus de *65 %* le nombre des officiers généraux éliminés ; depuis [...] juin [1937], les commandements de circonscriptions militaires les plus importants de la frontière occidentale ont changé deux fois de titulaires. *De ce fait, une grave inconnue pèse sur la valeur actuelle du commandement* [paragraphe encadré].

Il est possible, comme l'a observé M. Bénès, que le régime stalinien sorte renforcé de la crise actuelle, dans ce sens que plus personne n'ose pour le moment, lever la tête ; un mouvement insurrectionnel n'est guère à craindre, au moins en temps de paix, *mais le pays a subi une telle saignée qu'il ne peut ne pas en être affaibli. Rien n'indique d'ailleurs que l'épuration soit sur sa fin. L'opposition traquée, est plus diffuse, plus larvée, mais peut-être plus étendue qu'auparavant* ; le dernier procès [de mars 1938] a fait apparaître la gravité des mouvements séparatistes dans les républiques périphériques ; les jeunesses communistes, qui constituent l'élément de base des contingents militaires, sont patriotes et, semble-t-il, encore dévouées au régime, mais l'armée laisserait derrière elle, le jour où elle irait à la frontière, une énorme masse, surtout paysanne, dont les sentiments sont beaucoup moins sûrs, et sur laquelle devrait être prélevée une proportion croissante d'effectifs de remplacement : autant de facteurs qui pourraient peser assez sérieusement sur les destins du régime et du pays en cas de guerre et qui ne sont peut-être pas étrangers à la volonté de paix du Kremlin ; ils donnent en tout cas toute leur valeur aux nombreux indices qui semblent révéler que l'URSS se prépare surtout pour une guerre défensive. Ce n'est certes pas à dire que l'Armée rouge, forte de ses préparations et ses importants stockages en matière auxquels elle s'est livrée dans cette période de pré-mobilisation soit incapable d'un puissant effort offensif. Mais [...] cet effort offensif ne pourrait être vraisemblablement que limité dans le temps. »[135] L'habile adverbe « vraisemblablement », disculpant Coulondre le cas échéant, serait rayé par Dentz.

Palasse horripilait aussi Daladier, qui chargea Dentz de rédiger pour le nouveau ministre des Affaires étrangères Georges Bonnet, héraut notoire du compromis avec le Reich sur le dos de l'Est, une « note sur la valeur de l'armée russe en avril 1938 ». Daladier la lui présenta (en mai ?) comme « un tableau objectif des forces militaires russes », l'annexant à une lettre dans laquelle il déchirait le « manteau de mystère » de l'Armée rouge : il y balayait « l'opinion tchèque » sur sa valeur, « entachée de partialité », sauf celle de l'antisoviétique Krofta, qui avait « exprimé l'idée que, même si nous n'y ajoutions pas foi, l'intérêt de la France et de la Tchécoslovaquie était de répéter que la Russie était forte » ; le ministre de la Guerre lui préférait « l'opinion polonaise [,...] plus proche de la réalité » quoique « non absolument dénuée de partialité ». La correspondance de la Guerre de 1937-1938, tous services confondus[136], établit en imposture cette note dont j'épargne au lecteur la liste des contradictions internes.

Dentz consacrait trois pages sur six à un éloge de l'Armée rouge en progrès continu depuis 1918, louange aussi inédite que celle dans laquelle l'État-major de la Wehrmacht se complaisait depuis juin 1937. Elle avait en « mai 1937 [...] atteint le point culminant de sa puissance » par « la valeur de ses cadres », « ses unités [dotées] d'un matériel moderne toujours plus nombreux », ses puissants effectifs (87 D.I., qu'il omit de répartir entre Ouest et Est). L'armée « avec laquelle il fallait compter en Europe orientale aussi bien qu'en Extrême-Orient » (I), agonisait dans la suite du texte (II) « depuis l'arrestation du maréchal Toukhatchevski et de ses collaborateurs » : privée de « près des trois quarts de ses officiers généraux », « hécatombe [...] irréparable dans un pays où l'instruction secondaire est encore si peu répandue », le reste ayant perdu toute autorité, soumise à « l'autorité de [...] commissaires désignés par le parti communiste [, elle...] perd ainsi en valeur militaire ce qu'elle gagne en fidélité au dictateur. Elle n'est plus aujourd'hui qu'un vaste corps décapité ».

Ses « possibilités [...] en cas de conflit » (III) étaient donc minimes. « En Extrême-Orient », peut-être moins atteinte par la répression puisqu'on avait à sa tête maintenu Blücher, elle « ne sembl[ait] pas pouvoir [...] vivre des ressources locales » et « le temps travaillerait pour les Japonais ». « En Europe », Dentz (muet sur l'Extrême-Orient) lui allouait 52 D.I., auxquelles ne pourraient s'ajouter en cas de guerre qu'« une quarantaine de divisions, au maximum ». L'URSS faisait donc pâle figure auprès de ses « voisins [...] de l'Europe orientale », capables de « mettre sur pied un nombre de grandes divisions sensiblement égal à celui de l'Armée rouge (Pologne : 50 ; Roumanie : 30 ; Pays Baltes : 9) quoique moins bien dotées en engins blindés » (qu'il avait décrétés nuls en Espagne), « en armes antichars et en aviation que les grandes unités russes. [...S]i on tient compte de l'état de décomposition actuel de l'armée soviétique, on est fondé à croire qu'elle aurait les plus grandes difficultés à surmonter les épreuves d'un échec militaire. Le redressement d'une situation nécessite, en effet, des États-majors aux réflexes rapides, des moyens de transports abondants et des troupes au moral indéfectible, conditions que l'on ne rencontre plus dans l'armée russe. Et puis, les vides seraient difficiles à combler en raison même de la structure de l'État soviétique, qui interdit d'armer toutes les réserves. Ces faiblesses n'ont vraisemblablement pas échappé au dictateur et l'on sait qu'il compte sur le déclenchement d'un mouvement révolutionnaire dans les pays qui attaqueraient la Russie, pour faciliter la tâche de l'Armée rouge.

IV. Conclusion. [...L]'armée soviétique n'est plus ce qu'elle était il y a un an et un conflit armé pourrait avoir pour elle des conséquences incalculables. Le gouvernement du Kremlin ne peut plus se flatter aujourd'hui de disposer d'un excédent de forces et c'est pourquoi on est fondé à penser qu'il se préoccupe d'assurer la sécurité du pays par des moyens extra-militaires »[137].

Le 19 mai, au retour à Moscou de Palasse, d'un « séjour à Paris » (9-14 mai) où il ne lui avait parlé de rien[138], Dentz lança à la liaison Quai d'Orsay-Guerre l'assaut contre Prague, à l'« opinion favorable » erronée « sur la valeur de [l']armée » rouge, en censurant « le rapport de M. Coulondre du 15 avril »[139].

Le *30 mai* – dans l'atmosphère de représailles qui suivit la mobilisation tchécoslovaque du 21, sujet d'alarme pour les Apaiseurs autant que pour Berlin –, il attaqua Palasse de front. Il incrimina son rapport du *18 avril* « quant au détail des informations », de source douteuse sur les effectifs (« un document » erroné « fourni [...] par l'attaché militaire d'un pays ami » – britannique, Firebrace), les armements et les manœuvres de l'Armée rouge et « quant aux conclusions d'ensemble » ; il leur opposa celles de Coulondre qu'il tronqua à nouveau : « L'URSS se prépare surtout pour une guerre défensive et [...] un effort offensif de sa part ne pourrait être que limité dans le temps » (« vraisemblablement » avait disparu) ; il menaça : « L'attention du colonel Palasse est attirée sur le fait que ses rapports ne sont pas sans influence sur l'orientation éventuelle de la politique française ; ils ne sauraient donc contenir des informations non recoupées ou insuffisamment étayées sur des faits, ni des opinions qui ne seraient pas le fruit d'observations probantes. L'État-major de l'armée attend donc de lui des conclusions objectives et motivées. »[140]

Palasse réagit fermement le 14 juin à la déloyauté de Dentz, silencieux à Paris, à ses mensonges sur l'Armée rouge, à la désignation des informateurs violant tous les principes du renseignement. 1° Il revendiqua son « plein accord » avec « [s]on ambassadeur », dont « la lettre n° 121 du 15 avril 1938 », transmise selon les normes, ne pouvait « être séparée du rapport dont elle était la transmission. La lettre n° 121 et le rapport n° 458 form[ai]ent un tout » : « J'ai repris [...] presque exactement », lui avait confirmé par écrit Coulondre, les « termes [...de] votre conclusion sur les possibilités défensive et offensive de l'Armée soviétique, [...] parce qu'ils constituaient une sorte de slogan qui traduisait bien ma pensée. » 2° Ses sources, excellentes, lui décrivaient une Armée rouge « en augmentation continuelle », passée selon Firebrace « au cours des dernières semaines écoulées [...] de 97 à 105 [divisions] au minimum. Il ne m'a pas paru possible de vous laisser ignorer les bruits persistants et d'ailleurs vraisemblables d'une augmentation continue de l'Armée rouge, conduisant à une sorte de mobilisation en temps de paix » ; selon « un autre attaché militaire, que je vous ai cité à mon passage à Paris » (le tchécoslovaque), « a) l'Armée rouge pourrait disposer, sur le front ouest, dans un délai de trois à quatre semaines après la mobilisation, de 120 divisions, dont une vingtaine de cavalerie » ; b) dans l'année suivant « la mobilisation », elle « prévoit la mise sur pied de 250 divisions », renseignements « donnés lors d'une conversation entre les chefs d'État-major des deux pays intéressés. 3° Il pria Dentz « d'éviter de découvrir [s]es informateurs ». 4° Il s'obstina à réclamer une coopération militaire maintenant « les échanges d'officiers stagiaires entre les deux armées » et préparant la guerre avec l'Allemagne : « Une collaboration éventuelle avec l'armée soviétique résultant du Pacte franco-soviétique devrait comporter, au cas de guerre, pour présenter un maximum de chances de succès : le détachement auprès de l'Armée rouge d'une solide mission d'officiers français, dont les condition de recrutement et de fonctionnement seraient à étudier soigneusement dès le temps de paix. [...] À la suite d'une conversation récente avec M. Litvinov », conclut-il, Coulondre a « exposé à son département » les risques du veto, ceux « d'une entente entre l'URSS et l'Allemagne, au cas où nous nous éloignerions du Pacte franco-soviétique. Cette entente équivaudrait pour l'Allemagne à la conquête de la liberté des mers »[141].

Dentz, affairé à une urgence tchécoslovaque ôtant à Moscou tout intérêt, continua – ou Gauché ou un autre, le 23 juin – à décrire le désastre : « Poursuite de l'épuration » aux conséquences épouvantables sur le commandement, « abaissement considérable du niveau de la culture militaire des officiers », « désorganisation des unités », « disparition de la discipline », etc.[142]. Il ne répondit à Palasse que le *2 août*, pour stigmatiser à nouveau sa « tendance à sous-estimer les faiblesses de l'armée soviétique » et recenser ses errements depuis avril. Il ridiculisa ses propos sur le « haut commandement » en citant la production de la *Deutsche Wehr*, recopiée telle quelle par Malraison : son porte-plume chargé de réfuter « l'opinion sujette à caution [rayé, remplacé par : quelque peu superficielle] » de Palasse sur les nouveaux « généraux tenus en mésestime par Toukhatchevski et consorts et jugés de ce fait fidèles à Staline », avait oublié de traduire l'allemand des noms, par exemple Oka Gorodoviko*w*, tout récemment promu du sous-commandement en chef de l'Asie centrale au poste d'inspecteur de cavalerie, ainsi gratifié : « Ex-sous-officier de cavalerie de l'armée impériale, à peu près analphabète en 1929 [...] Avait produit sur les officiers italiens l'impression d'un rustre très borné. Avait été très mal jugé par Toukhatchevski qui [...] le jugea[i]t inutilisable en Russie d'Europe. Semble être resté au niveau intellectuel d'un sous-officier de cavalerie de l'ancienne armée. »[143] Dentz francisa juste les noms : « De tels jugements sont-ils possibles quand on songe aux hécatombes de cadres faites par l'épuration et qui ont amené à des postes élevés des chefs à peu près analphabétiques *(sic)* comme, par exemple, le commandant de corps d'armée Gorodikov ? D'ailleurs, il ne vous a certainement pas échappé que la littérature militaire soviétique est d'une médiocrité qui confine à la puérilité. » Le même jour, Dentz exclut toute « initiative » française sur « l'échange de stagiaires avec l'armée soviétique » : ces échanges, « du point de vue militaire, [...] n'ont présenté qu'un infime intérêt pour nous » vu les « très grandes faiblesses [de l'armée rouge] dans le domaine de la doctrine de guerre aussi bien que dans l'emploi des armes. Nos missions et nos stagiaires n'ont jamais assisté qu'à des scénarios longuement répétés avant la présentation et dont le déroulement était d'ailleurs bien loin de déceler une connaissance exacte des réalités du combat moderne ». Il accusa Palasse d'avoir « agi de sa propre autorité. Cet officier supérieur voudra bien, à l'avenir, rendre compte des directives qu'il reçoit de l'ambassadeur de France à Moscou »[144]. « Nous pourrions avoir à [...] regretter ultérieurement » ce veto, commenta le harcelé le 8 août[145].

J'ignore le motif de son maintien à Moscou (jusqu'au printemps 1940) et l'identité de son probable protecteur. Mais il y demeura inébranlable dans l'éloge d'une Armée rouge présentant pour la France plus que l'intérêt indirect concédé par Coulondre de « puissance d'adossement » au « concours actif [...] limité »[146]. Contre l'État-major, il recensait mois par mois, au fil de voyages fréquents où il *voyait* ce dont il parlait (son descriptif précis des transports en constant développement en fait foi), les progrès fulgurants de l'économie et de l'armée[147]. L'attaché de l'Air, le lieutenant-colonel Charles-Antoine Luguet (successeur de Donzeau et futur officier FFL[148]), démentait aussi Dentz sur l'aviation paralytique : il avait vu à son défilé à la revue du 7 novembre 1938 des « troupes parfaitement disciplinées et bien équipées. La partie matériels d'artillerie motorisés, chars de combat, fait impression par la puissance et la qualité apparentes du matériel. Toutes les formations étaient pleines, ne laissant aucune place vide par panne »[149]. Cette confiance dans l'Armée rouge se renforça à l'été 1938 des informations sur ses succès contre les Japonais : à partir du 9 août, elle s'imposa dans « le conflit nippo-soviétique du Lac Hassan »[150], écrivit Palasse, confirmé par les diplomates français en Chine[151] et l'Allemand Schulenburg[152].

Ces rapports, sans influence sur la politique française, attestent cependant la présence dans l'appareil militaire d'éléments lucides (comme maint attaché au « SR »[153]) et courageux.

Le succédané à l'alliance russe : des ennemis ou des fantômes

« Les fossoyeurs » durent trouver motif officiel légitime au sabotage de la défense de leur pays et de la seule alliance qui lui eût évité la défaite. Ils s'extasièrent donc sur les initiatives de Roosevelt, louèrent avec Delbos et Chautemps son « merveilleux » discours de Chicago du 5 octobre 1937 sur « la mise en quarantaine de l'agresseur », d'effet militaire nul[154], et portèrent aux nues des ennemis mués en amis et des « alliés » fantômes.

De l'Italie à la Belgique

Mentionnons pour mémoire la première catégorie, étendue de l'Italie fasciste, favorite de l'État-major cagoulard, à la Belgique « neutre » dont la ferveur pronazie des élites frôla ou battit les records de l'Europe occidentale. L'État-major n'aima pas moins l'Italie, après que (son « SR » l'en avisa promptement) Goering eut proclamé le décès du « front de Stresa » (mort-né) sur l'autel de « l'accord austro-allemand » du 11 juillet 1936 ouvrant la dernière ligne droite à l'Anschluss[155] : Mussolini avait avalisé cette éviction définitive d'Autriche en remerciement des « services rendus par le Reich à l'Italie pendant les sanctions [, par] ressentiment contre les grandes puissances sanctionnistes [et par] crainte de la puissance militaire allemande »[156]. Charles-Roux, dont l'indulgence pour le Quirinal et le Saint-Siège avait depuis 1935 viré à l'aveuglement (volontaire), recouvra la vue fin juillet 1936 pour écrire que « l'épisode » de Stresa n'avait été « qu'une concession exceptionnelle » de l'Italie « vite mentalement rayée [,...] due au désir d'acquérir la bienveillance des puissances occidentales pour son entreprise d'Abyssinie »[157]. « La conquête italienne de l'Éthiopie », due aux seules « baïonnettes allemandes » (formule *a posteriori* d'« un officier de l'État-major allemand »[158]), définissait « l'indépendance » de Rome.

Comme les politiques et les financiers, l'État-major déguisa en allié, jusqu'à la déclaration de guerre et au-delà, cet ennemi transformé par la guerre d'Espagne en péril mortel. D'un monceau de sottises se détache la note, Anschluss à peine accompli, du colonel Louis Buisson. Le chef adjoint du cabinet de Daladier prétendait, « sur le seul terrain militaire, [y] démontrer : 1° qu'actuellement la France [était] dans *l'impossibilité* de s'opposer à la marche envahissante de l'Allemagne en Europe centrale ; 2° que la seule solution résid[ait] dans l'alliance France-Italie [, qui était] du point de vue militaire la paix de l'Europe assurée »[159].

La Belgique s'autoproclama « neutre » le 14 octobre 1936, affaire germano-catholique remontant à l'avant-guerre précédent, ravivée depuis les années 1920, où Moscou n'avait aucune part. Mimant la cécité et la surdité, représentée à Berlin par le vicomte Jacques Davignon, aussi sidérurgique et aplati que François-Poncet, elle ne cessa plus de dauber devant ses interlocuteurs allemands sur le « pacte occidental » mort-né[160]. Son abdication face au Reich fut confirmée le 24 avril 1937 par sa réponse négative à une note franco-anglaise de ce jour. Son ministre des Affaires étrangères Paul-Henri Spaak téléphona aussitôt au ministre d'Allemagne, le baron von Richthofen : soulignant sa fierté que Bruxelles se fût « libérée de toutes ses obligations antérieures » à l'égard de la France et de la Grande-Bretagne, il lui demanda si Berlin était content. Otto Christian von Bismarck, désormais chef de la section européenne de la Wilhelmstrasse, vérifia auprès de Davignon que l'engagement de la Belgique à se « défendre contre *tout* agresseur » signifiait qu'elle « allait désormais fortifier sa frontière méridionale » : elle se prémunirait bien *contre la France*, lui confirma l'ambassadeur[161]. Tous les décideurs français le savaient, tel Gamelin, qui avoua à Bullitt le 20 mai 1937 que « la France ne pouvait plus envisager de faire traverser la Belgique par ses troupes ou de baser ses avions sur le territoire belge pour une attaque sur la Ruhr. Au surplus, les conversations entre les États-majors généraux français et belge ayant cessé, on ne disposait plus d'élément sûr pour des préparatifs de soutien de la Belgique en cas d'attaque allemande »[162]. L'État-major la classa donc en février 1938 avec les nombreux États (francophobes) « désireux de rester neutres », Pays-Bas, États Baltes et scandinaves[163].

Gamelin affecta cependant l'ignorance, effleura ou évacua la question dans toutes les réunions du CPDN de 1936-1938 où il rejetait par ailleurs l'alliance russe. Fin juillet 1936, il répliqua à l'argument de Cot sur le verrou des fortifications allemandes « que la place rest[ait] libre pour la manœuvre et le mouvement par la Belgique et la Hollande ». Fin 1937, Cot encore présent, le chef d'État-major général contourna l'obstacle (qu'il reconnut) : il évoqua le 8 novembre les « garanties [offertes] à la Belgique » par l'Allemagne qui « se fortifi[ait] face à la France » ; le 3 décembre, il versa dans l'accablement, genre qu'il prisait fort : « Avec la Belgique, nous avons des accords précis, mais que valent-ils aujourd'hui ? » Il s'arrêta là. Le 15 mars 1938, débarrassé de Cot, il dit « envisager la solution d'une manœuvre par la Belgique autorisée et couverte par l'article 16 du pacte. »[164] L'avant-veille, le colonel Buisson, lyrique, avait invoqué son expérience de « chef du 3e Bureau de l'État-major de l'armée à Paris et à Bruxelles » pour se porter garant du loyalisme belge : « La Belgique est plus qu'une amie ; c'est l'alliée fidèle restée aux côtés de la France dans les bons et mauvais jours d'après-guerre. Elle a amélioré son armée, fortifié ses frontières, complété son armement et travaillé intimement avec notre Grand État-major pour asseoir son plan de mobilisation et d'opérations. »[165]

Grande-Bretagne et Pologne : le fantôme et l'ennemi

Grande-Bretagne et Pologne, « alliées » officielles, furent invoquées sans répit contre l'Armée rouge taxée de ruine. Concernant la première, la situation était pire que ne l'avait dit Vorochilov à Schweisguth et à Vuillemin en septembre 1936. Gamelin prit acte le 15 février 1937 que « l'appui terrestre de la Grande-Bretagne [était...] réduit à presque rien »[166]. Ce qui n'empêcha pas l'État-major d'invoquer en mai le droit britannique à récuser « des accords d'État-major » franco-soviétiques : ils « feraient perdre [au] Pacte franco-soviétique [que] *l'Angleterre* a[vait] admis, non sans quelques critiques, [...] *parce qu'il était ouvert à tous* [,...] ce caractère général en lui donnant plus expressément la marque d'un instrument d'action militaire concertée entre la France et l'URSS contre le Reich »[167]. Le reste, maritime et colonial, dont l'État-major ferait jusqu'en 1940 grand cas pour n'avoir pas à soulever *la* question des frontières françaises de l'Est, ne valait pas mieux.

Le 3 mai 1938, Bonnet, chantre de l'immense alliance britannique par opposition au nabot tchécoslovaque, se dit à Edwin Wilson « enchanté » des tout récents « entretiens de Londres » : on était parvenu à « l'accord le plus complet sur la collaboration » militaire toutes armes ; bientôt s'ouvriraient « des conversations d'États-majors généraux »[168]. Massigli traduisit en bon français le lendemain, à la réunion de liaison : « Les entretiens de Londres ont montré le souci constant des Anglais de rester sur le plan de Locarno et par suite de ne rien conclure qui puisse être envisagé comme dirigé contre l'Italie en même temps que contre l'Allemagne. Ils ont reflété la répugnance de l'amirauté à se lier et sur terre un désir de concours médiocre et réticent. C'est en matière d'aviation qu'on a[vait] été le plus près d'un résultat tangible », auquel on n'était pas parvenu non plus. « Sur terre = contacts entre les États-majors mais par l'intermédiaire des attachés militaires ; étude de l'éventualité de l'envoi en France d'un corps expéditionnaire mais sans engagement politique. Sur mer = encore plus de réticence ; contacts possibles mais rien à faire avant le voyage d'Hitler à Rome. » Bref, « il n'y a pas à envisager un grand plan d'ensemble. La tactique consiste à faire sortir concrètement les questions les unes des autres. En tout cas, aucun engagement ne devra paraître dirigé contre l'Italie »[169].

Sur la Pologne, l'intoxication de l'État-major, doté jusqu'à la catastrophe d'attachés militaires à sa convenance *politique* (quoique concédant la *nullité* militaire de leur poste), atteignit les sommets. Paris n'ignorait rien des œuvres du petit télégraphiste de Berlin : pour l'épisode genevois de la provocation de Greiser, le 4 juillet 1936 à Genève, Beck avait, « dès l'origine, [...] laissé carte blanche aux Allemands » contre la promesse de Memel ; le lendemain, « à Berlin », il « s'était arrêté [...] *en grand secret* » chez Goering, entretien ainsi compris : « Memel va faire l'objet d'une monnaie d'échange entre l'Allemagne et la Pologne ; Dantzig reviendra à l'Allemagne et la Pologne occupera Memel. Ce sera ensuite le tour de la Tchécoslovaquie de devenir la victime, par absorption, du bloc polono-allemand. »[170]

Mais l'atout de la clique Beck, sa croisade contre le Pacte franco-soviétique, justifiait de grimer un ennemi inepte en précieux allié. L'État-major forgea donc des faux sur la puissance militaire et la fidélité de la Pologne à la France. Au

CPDN du 26 juin, Gamelin répondit à la proposition de Cot d'envoyer « une mission aux manœuvres d'automne soviétiques, politiquement sensibles, puisque prévues près de la frontière polonaise » : « Le problème français dépend essentiellement des alliances et... la Pologne pourra venir au secours de la Tchécoslovaquie plus vite que quiconque. »[171] L'« étude [de l'État-major] sur l'établissement des plans de défense nationale dans les différentes hypothèses de conflit » servit d'étai : les dix tableaux de son annexe (« hypothèses détaillées de conflit à envisager ») certifiaient indispensable l'aide polonaise[172].

C'était une escroquerie, qu'avéra la visite de Gamelin à Varsovie, du 12 au 17 août 1936. Conclue « sans résultats concrets » ni « décisions », elle avait permis au chef d'État-major général de constater « les graves déficiences de l'équipement technique de l'armée » polonaise. Beck afficha son dédain, se dispensant des obligations mondaines, telle la réception chez le maréchal Rydz-Smigly, inspecteur général de l'armée, pauvre en personnalités polonaises et vide du corps diplomatique qu'on n'y avait pas convié. Mais Gamelin apprécia ce qu'on lui servit sur « la croissance du danger communiste à travers le monde et en particulier en Pologne »[173]. Il lui présenta ses excuses à propos du Pacte franco-soviétique sur lequel, jura-t-il, il n'agissait qu'en accord avec elle[174] : on appréciait tant qu'elle « repr[ît] à son compte tous les arguments de Berlin, à savoir que chez nous on vo[ya]it trop de poings fermés et une tentative d'emprise du communisme trop évidente »[175].

Les « émigrés de Coblenz » adoraient se faire tancer sur leurs communistes et leur infâme alliance. Dubicz, conseiller d'ambassade de Pologne à Istanbul, houspilla « un officier du service » français pour la mutation de la France en officine soviétique : on ne peut plus vous donner de « renseignements qui risqueraient d'être transmis au représentant soviétique à Paris. Vos rapports avec les Soviets sont en effet devenus trop étroits [...]. Vous livrez tout à Moscou, même les secrets de votre armement : votre canon antiaérien de 100 et votre nouveau canon destiné aux avions vont aider nos ennemis à nous massacrer ; ce n'est donc pas le moment de parler d'amitié. Vous vous rendez compte d'ailleurs que toute votre ambassade est mise à l'écart ici ; votre orientation politique, votre acharnement à protéger la canaille d'Espagne rencontrent la réprobation unanime, sauf celle des Soviets. On se tait dès qu'on approche un Français et vos amis anglais, eux-mêmes, ne vous épargnent pas. Il est certes très heureux que le général Gamelin se soit rendu à Varsovie, car l'armée française possède encore l'affection des Polonais, mais cette tentative de rapprochement ne servira à rien, car votre État-major n'a plus aucune influence dans les affaires intérieures et extérieures de la France. [...L]'accord franco-soviétique est plus solide que jamais et reste un acte inamical à l'égard de la Pologne »[176].

Suivit début septembre 1936 la farce des accords de Rambouillet, promesse française de « prêts liés » de 2 milliards sur quatre ans (800 millions d'achats en France, 1,2 milliard pour le développement de l'industrie de guerre), au terme d'une visite de Rydz-Smigly érigée en gage de l'alliance franco-polonaise. Le ministère des Finances, glacial envers ce canard boiteux, consentit cependant l'assurance-crédit (qu'il avait refusée aux médicaments de la République espagnole) aux grands intérêts financiers français qui le dominaient encore.

Ceux-ci avaient exercé sur l'État leur pression habituelle, chef du Comité des houillères en tête, auquel les dirigeants polonais avaient longtemps livré les mineurs indispensables. Après son « séjour à Varsovie » d'avril 1937, de Peyerimhoff se « charg[ea encore], à la demande du gouvernement polonais, d'un certain nombre de missions en France » : notamment « de procurer à celui-ci un prêt de 5 millions pour l'aménagement de nouvelles voies ferrées dans la région de Varsovie »[177]. La Pologne, toujours plus dépendante du Reich, n'en dépenserait les fonds ni en France ni en Tchécoslovaquie.

Une note « sur l'exécution des accords de Rambouillet » de l'attaché militaire à Varsovie, le général Félix Musse, dressa fin juin 1937 le bilan : « Aucune commande n'a encore été passée dans aucun domaine », alors que Varsovie a obtenu en février puis mai un total de 540 millions de francs de prêts, sous forme d'« obligations de la Compagnie franco-polonaise des chemins de fer »[178]. Les Polonais s'en étaient par avance vantés auprès du camp germanique, tel le ministre de Pologne à Budapest : « Le voyage du général Rydz-Smigly en France n'avait qu'un but : contracter un emprunt. Rien ne serait changé à la situation ni à la politique de M. Beck. Les relations polono-tchécoslovaques sont sans changement et le gouvernement polonais ne ferait rien pour les améliorer. »[179] Le Deuxième Bureau résuma en octobre 1936 : Beck a complété son « entente avec l'Allemagne [d']un accord avec la Hongrie dirigé contre la Tchécoslovaquie » ; « la Pologne, peu sûre pour ses alliés successifs, est inféodée à l'Allemagne »[180].

Son inféodation crût au fil des mois, bien que les Allemands l'eussent avisée qu'ils ne lui feraient pas plus de cadeau sur l'Ukraine que sur Dantzig et le Corridor. Varsovie fit donc au printemps 1937 quelque publicité aux « fascistes ukrainiens travaillant sous la direction de nationaux-socialistes allemands », prétendant découvrir en Volhynie « une organisation terroriste dite Unakor (organisation populaire ukrainienne) ». L'équipe Beck s'obstina pourtant dans la thèse de « la communauté des intérêts allemands et polonais »[181] et « march[a] » résolument avec les Allemands sans rien ignorer de leur haine pour les Polonais[182]. Au congrès de Nuremberg de septembre 1937, des « dirigeants nazis » dirent « le Reich [...] *assuré* en cas de conflit de l'appui militaire de la Pologne »[183]. En novembre, Beck annonça à Bullitt « avec une intensité passionnée que si la Tchécoslovaquie accordait l'autonomie aux Allemands de Bohême, la Pologne demanderait aussitôt l'autonomie pour les trois cent mille Polonais du district de Teschen »[184].

Les champions français de l'abandon du Pacte franco-soviétique et de la Tchécoslovaquie flattèrent plus que jamais leur fantôme. Ils associèrent à ces effusions la Roumanie, d'où Nicolas Titulesco, partisan tardif d'un rapprochement avec l'URSS, avait été, à la faveur de ses vacances d'août 1936, évincé des Affaires étrangères – défaite de Moscou[185], victoire de Berlin, de Varsovie, « de la Cour et de l'État-major » roumains[186]. L'État-major avait en mai 1937 invoqué contre « des accords d'État-major » franco-soviétiques le veto anglais ; il s'était aussi retranché derrière celui, insurmontable, de la « *Pologne* et [de la] *Roumanie* », si « liées à la France » et dont les « hauts commandements et États-majors entret[enaie]ent avec [leurs homologues] français des relations cordiales et confiantes »[187]. Il mentait sur la Roumanie, dont la peur de l'Allemagne atténuait l'antisoviétisme : Victor Antonescu, successeur de Titulesco, venait de demander à Beck, en visite à Bucarest, que « les obligations résultant de [leur] traité d'assistance mutuelle [...] dirigé, en fait, contre l'URSS [,...] ne vis[ass]ent plus seulement [celle-ci] mais l'ensemble des États susceptibles de menacer les deux pays ». Le chien de garde du Reich avait éconduit le ministre des Affaires étrangères roumain[188].

De Peyerimhoff compléta son appel à l'effort financier (du contribuable) pour la Pologne par son préalable idéologique et politique, l'octroi de « subventions à certains journaux [français] soutenus par le Comité des houillères »[189]. Gauché argua, contre les stages « dans l'artillerie française [...] de 80 officiers [soviétiques] environ », qu'« une acceptation risqu[ait] d'avoir pour conséquence immédiate [...] l'éloignement de la Pologne »[190]. L'alliance polonaise exige l'abandon du Pacte franco-soviétique, décréta Dentz en rejetant le « rapport » Coulondre du 15 décembre 1937 : « Notre ambassadeur estime "qu'il s'agit moins celui de savoir s'il faut être avec l'URSS mais bien avec qui sera l'URSS". Cette considération, qui paraît déterminante à première vue, perd de sa valeur quand on envisage les incidences qu'aurait sur nos relations avec les voisins occidentaux de l'URSS une rupture avec le Kremlin. En définitive, l'alliance avec la Russie n'a pour nous d'autre utilité que celle d'écarter d'elle l'Allemagne mais c'est au prix d'un affaiblissement de nos alliances nouées dans l'Europe orientale », Pologne et Roumanie[191]. La momie polonaise n'aiderait qu'à tuer Prague.

VERS L'ABANDON DÉFINITIF DE LA TCHÉCOSLOVAQUIE (1936-FIN 1937)

Le lâchage de la Petite Entente devant l'expansion du Reich en Europe centrale et orientale, qui avait éclaté aux yeux du monde en mars 1936, trouva nouvel aliment dans le gauchissement de l'électorat français. Le pivot tchécoslovaque de cette alliance sacrifia sa survie nationale à sa fidélité à la France. Les archives alourdissent encore le passif de Bonnet, mais n'en font pas le seul artisan d'une ligne qui unifia la quasi-totalité des élites, économiques, politiques et militaires françaises, chefs du « premier » Front populaire inclus.

La Tchécoslovaquie condamnée à mort

L'hypocrisie de 1936-1937

L'État-major se complut contre Prague depuis l'été 1936 dans le discours antibolchevique en provenance de l'Axe ou de Londres tenu sur les terrains espagnol et soviétique, du style : « Le gouvernement tchécoslovaque tolérerait l'établissement en Slovaquie et en Russie subcarpathique d'écoles d'agitateurs communistes destinés à opérer en Pologne et en Hongrie. »[192] « Une conversation entre le lieutenant-colonel Rivet et un officier de l'Intelligence

Service », mi-octobre 1936, traita de la question des Sudètes sous l'angle « des sujets allemands dans la Tchécoslovaquie menacée de sombrer dans le bolchevisme »[193]. L'État-major s'exprimait donc comme la presse contre laquelle Faucher ferrailla vainement jusqu'à Munich.

L'attaché militaire dut continuer à démentir l'intoxication sur les « bases aériennes » acquises à l'URSS et à dénoncer « la campagne antitchécoslovaque » conduite par « la presse allemande, magyare et polonaise, et même une partie de la presse française »[194]. Le bulletin de presse du ministère des Affaires étrangères tchécoslovaque du 24 juillet 1936 s'émut dans sa revue de la presse hongroise des louanges de *Magyarsag* et de divers journaux hongrois du récent article de *Je suis partout*, « l'hebdomadaire français le plus répandu », injurieux contre « la Petite Entente [...] en décomposition », les « francs-maçons de Prague », « la fragile Tchécoslovaquie [...] menacée de décomposition [et] ne conserv[ant] plus une vague influence que là où l'on accepte encore des enveloppes garnies d'argent [,...] militairement et politiquement » morte, etc. « La plupart des renseignements d'ordre militaire contenus dans ces articles en cause sont faux », assura Faucher, et *Je suis partout* confirme son alignement sur « la propagande [mensongère] menée depuis quelques mois par [les] presse[s] allemande, [...] magyare et une partie de la presse polonaise contre la Tchécoslovaquie [qui] dépasse [...] tout ce que l'on avait pu observer jusqu'ici. »[195]

L'agression contre l'Espagne rendit obsédant le refrain du Reich sur « l'armée tchèque [...] avant-garde des "hordes soviétiques" » et la Tchécoslovaquie base de départ des « *avions de bombardements moscovites au-dessus de Berlin* ». « Les tragiques événements dont l'Espagne est le théâtre peuvent se produire, demain au cœur de l'Europe », aboya en novembre 1936 « l'organe officiel des SS », *Schwartze Korps*. « En concluant un traité d'alliance militaire avec la Tchécoslovaquie et en aménageant sur son territoire des bases de départ et des dépôts de munitions pour l'aviation soviétique, la Tchécoslovaquie a rapproché de 1 300 km environ les avions de chasse et de bombardement soviétiques et les a installés à proximité immédiats des centres de la culture européenne. » « Les arguments et les prétendus faits invoqués », commenta François-Poncet, « ne sont pas nouveaux. Mais ils sont rassemblés et ordonnés de façon à constituer un véritable réquisitoire contre les dirigeants de Prague et à les dénoncer comme conspirant, de concert avec les Soviets, contre la sécurité du Reich et contre la civilisation européenne »[196]. L'audace grandit en proportion de la timidité de Prague, qui invita depuis 1936 comme tous leurs confrères étrangers « les attachés militaires allemands » (qui s'en abstinrent obstinément) à « visiter tous les aérodromes, afin de se rendre compte du peu de fondement de [ces] accusations »[197].

En mai 1936, l'accord tchéco-soviétique du 1er mars était toujours bloqué à Paris. Contre Charles Alphand, qui le soutenait en affectant de le juger « mort-né[...] du fait même d'autres accords internationaux »[198], Simon prônait toujours le veto : « Ce document dont le détail me paraît comporter des stipulations menaçantes pour la paix, nécessite, *écrivit l'attaché militaire le 7 mai au général Maurin,* un examen d'autant plus minutieux qu'il ne cadre pas avec les obligations contractées par la France dans la convention militaire qui nous lie à la Pologne. [...] Ses signataires, prenant leurs désirs pour des réalités, chercheraient à nous entraîner dans un conflit qui n'entrait certainement pas dans les vues du gouvernement français, lorsque celui-ci conclut avec l'URSS un Pacte de non-agression. »[199] Blum, arrivé aux affaires, ne changea rien, enchaînant Pierre Cot à sa fonction de Cassandre.

Le 19 novembre – une semaine après que Forster eut transmis à Neurath le dossier, communiqué par son éminente taupe française à la Guerre[200] –, le ministre de l'Air invoqua à l'usage de Daladier : 1° la décision prise, à la réunion du 6 à Matignon, de sonder « le gouvernement de l'URSS [...] sur la nature et l'importance des appuis de divers ordres qu['il] serait décidé à apporter en cas de conflit, à la France et à ses alliés de l'Europe centrale et orientale » ; d'engager « les conversations [...] avec les gouvernements de la Petite Entente en vue de la réalisation d'un système d'assistance mutuelle aérienne » ; 2° l'urgence de « ces conversations [vu...] la gravité de la situation internationale » et l'impératif, pour toute « action aérienne sérieuse contre les centres industriels, psychologiques et militaires de l'Allemagne, [d'...]une collaboration [...] permettant d'utiliser, dans les premiers jours de la guerre, le territoire de la Tchécoslovaquie ». Dans « le secret le plus absolu afin de ne provoquer de réactions d'aucune sorte [,...un] inspecteur général » partirait le 1er décembre en « mission secrète à Moscou », où le seconderait l'attaché de l'Air [Donzeau]. Il y interrogerait Moscou sur ses « possibilités d'appui » en cas d'attaque allemande contre a) la France seule, b) la Tchécoslovaquie seule, c) les deux pays. Le programme militaire et économique de la mission à laquelle Cot proposait d'associer une délégation de « l'armée de Terre »[201] rejoignit la pile du tiroir – avorton des « plans d'opérations » que Vorochilov réclamerait aux Anglo-Français en août 1939.

« À Genève » le 3 octobre 1936, Litvinov avait offert une fois de plus à Krofta de dissocier les deux pactes de mai 1935 pour rendre inconditionnelle l'alliance soviéto-tchécoslovaque. Mon « gouvernement estime, *lui déclara le Soviétique,* après tout ce qui s'est passé à Genève, qu'il ne peut plus compter sur l'aide de la France en cas de conflit avec l'Allemagne. L'URSS se voit donc forcée de chercher des amitiés et des alliés ailleurs ; il a ajouté qu'il serait peut-être plus prudent de ne plus lier le Pacte soviéto-tchécoslovaque d'assistance mutuelle au Pacte franco-soviétique et d'envisager la possibilité de son application même si ce dernier ne jouait pas. M. Krofta a répondu que, vu l'alliance franco-tchécoslovaque, cela lui paraît impossible, le pacte entre l'URSS et la Tchécoslovaquie n'étant qu'une conséquence du Pacte franco-soviétique. Si le pacte entre la France et l'URSS devenait caduc pour une raison quelconque, le pacte entre la Tchécoslovaquie et les Soviets le deviendrait automatiquement aussi »[202].

Prague renonça donc à se défendre peu avant que Delbos et Blum n'en exigeassent des « concessions » à l'« autonomie » des Sudètes. Cette ligne consistant à arracher son consentement à la mort, attribuée au tandem Daladier-Bonnet de 1938, fut amorcée début 1937 par le duo précédent, qui en avisa Bullitt. Gamelin annonça plus brutalement la couleur. Blum et Delbos évoquèrent, par opposition à l'Anschluss imminent contre lequel Paris ne ferait rien, le devoir d'entrer en guerre pour « protéger » l'alliée en cas d'invasion allemande. C'était une clause de style. Le 23 février 1937, Blum dit compter sur « les concessions tchèques [...] pour apaiser les Allemands de Bohême ». Delbos se flatta le 22 avril d'avoir poussé Bénès, intimidé par Berlin (Léger lui fit donc porter le chapeau des avances), à « chercher à établir des relations plus amicales avec l'Allemagne »[203]. Le 30, devant Bullitt et Phipps, Delbos imputa à « la nouvelle politique de la Belgique la réduction sensible de la capacité de la France de venir au secours de la Tchécoslovaquie » : elle dépendrait désormais de l'engagement britannique « d'entrer en guerre pour la Tchécoslovaquie en cas d'attaque allemande ». Phipps répliqua que son « gouvernement [...] ne ferait pas une telle promesse à l'avance, mais agirait comme il jugerait bon ». En fait, avoua Delbos le 6 mai, Phipps « lui avait clairement expliqué que la Grande-Bretagne ne garantirait ni la Tchécoslovaquie ni l'Autriche, pour ne pas parler de la Roumanie ». Delbos, conclut Bullitt, se retranchera derrière Bruxelles et Londres pour lâcher la Tchécoslovaquie. Gamelin aussi[204], qui déclara le 20 mai que la position belge avait « gravement diminué la capacité de la France à venir à l'aide de la Tchécoslovaquie ou de tout autre État d'Europe orientale ou centrale ». Herriot fut au diapason : « La France, avec seulement 40 millions d'habitants, ne pouvait plus se considérer comme une grande puissance disposant de forces militaires et de ressources humaines suffisantes pour maintenir sa position en Europe centrale et orientale et apporter un soutien efficace à ses alliés dans ces régions. »[205]

Les rapports rédigés ou collectés par Faucher soulignaient pourtant la valeur militaire exceptionnelle de la Tchécoslovaquie. Selon celui de mars 1937 destiné à Cot – sauvé d'une épuration de l'année comparable à celle des fonds du Quai d'Orsay de 1934-1939[206] –, l'aviation avait un commandement « assez ordinaire aux échelons supérieurs », mais un « personnel [de] grande valeur » (« excellent moral [du] personnel navigant, personnel technique : excellent à tous égards »). « Matériel très satisfaisant pour la chasse, la reconnaissance et l'observation ; nettement insuffisant pour le bombardement. Un gros effort sera fait en 1937 pour augmenter le nombre des unités de chasse et pour améliorer en nombre et en qualité les unités de bombardement. *En résumé*, aviation militaire en plein essor, dont le développement a été retardé par des considérations budgétaires et qui n'est pas encore en mesure d'utiliser à plein les possibilités [...] offertes par une situation géographique particulièrement favorable » (Banque de France et budget tchécoslovaque ne faisaient qu'un). « Constitue néanmoins dès maintenant une force non négligeable pour la défense nationale. » L'armée de Terre, malgré le problème « des minorités » allemandes, était en « progrès constant, particulièrement dans l'ordre matériel ». Pourvue de « l'adhésion manifeste de la population [,...] l'armée ts *(sic)* » – Faucher cédait alors à la manie, qu'il ne supporterait plus en 1938, de qualifier l'État ou son appareil de « tchèque » – pourrait « jouer très honorablement son rôle en cas de guerre. Mais [...] son rendement dépendrait pour une large part des conditions générales dans lesquelles elle serait engagée »[207], autrement dit de ses alliés.

La Petite Entente, comme son (ancien) tuteur français, s'effondrait. Les efforts inouïs déployés sur tous les plans par le Reich depuis la mort du roi

Alexandre aboutirent à un éloignement de la France consacré fin mars 1937 par le traité italo-yougoslave. De ce nouveau « revers grave » pour les alliances à l'Est « la presse française, à l'exception de *L'Humanité* », donna, Pertinax inclus, sur « *mot d'ordre* du Quai d'Orsay » une image « optimiste »[208]. À la réunion de Belgrade, le 1er avril, Prague se montra « intéressée par la proposition de transformer les obligations de défense contre la Hongrie en pacte d'assistance mutuelle général », la Roumanie, « moins », la Yougoslavie, « pas du tout ». Le ministre de Yougoslavie à Paris Bozidar Puritch mit le 8 avril les points sur les i devant Wilson, tout en minimisant les engagements yougoslaves du récent accord avec Rome qui avait aidé à « briser [...] la Petite Entente » (Ciano)[209]. Belgrade avait rejeté l'offre (creuse) française de « pacte d'assistance mutuelle [...] contre une agression » allemande : « Pourquoi la Petite Entente accepterait-elle de devenir le cobaye sur lequel la France testerait une injection de sérum d'assistance mutuelle ? » ; « les Serbes », malgré leur slavisme pro-russe, « étaient résolus à ne rien avoir à faire avec le gouvernement bolchevique »[210].

Beck n'alla à Bucarest en avril 1937 que « pour s'assurer que la Roumanie continuait à estimer comme il convenait la menace bolchevique et donc à renforcer le flanc de la Pologne contre les Soviets »[211] : Titulesco, en voyage à Paris début mai 1937, confirma, pièces diplomatiques à l'appui, que l'auxiliaire polonais du Reich avait « tenté de persuader le gouvernement roumain de prendre une position antitchèque ». Delbos prétendit le diplomate roumain « excessif et déchaîné »[212], bien qu'il connût parfaitement « l'action [du ...] gouvernement polonais pour dissocier la Petite Entente et notamment pour détourner la Roumanie de la Tchécoslovaquie ». Litvinov s'en était le 9 février « plaint en des termes très vifs » et précis. Les informations affluèrent : Beck s'arc-boutait contre le souhait de Bucarest « de se rapprocher de l'URSS et de conclure un pacte d'assistance mutuelle avec la Tchécoslovaquie » et prêchait« une entente » Roumanie-Hongrie et Yougoslavie-Hongrie[213] (le troisième dépeceur). Pour faire bonne mesure, Delbos, Chautemps et Gamelin contestaient en chœur la capacité et la résolution de Moscou à aider Prague[214].

Vers la décision française de novembre 1937

Les ministres radicaux auxquels Blum avait toujours laissé les coudées franches n'avaient pas eu besoin de la « gouvernante anglaise » pour abandonner Prague. Mais le *Foreign Office*, fin novembre 1937 à Londres, prêta la main à l'abdication décisive qui suivit de peu la visite berlinoise (à prétexte cynégétique) d'Halifax, qu'Ernst Eisenlohr, ambassadeur du Reich à Prague, définirait bientôt comme l'événement majeur de 1937 « pour la politique extérieure tchécoslovaque en général, et pour les relations germano-tchécoslovaques en particulier »[215]. Le sous-secrétaire d'État et Lord du Sceau privé manifestait, selon *tous* les diplomates allemands en poste à Londres, « une compréhension particulière du point de vue allemand »[216]. « Une campagne de presse [du...] *Times* en faveur des revendications coloniales de l'Allemagne » (monument d'hypocrisie) « ouverte le 7 octobre 1937 » avait préparé l'opération, initiative conjointe du « cercle » dirigeant du journal (Geoffrey Dawson, la famille Astor et Lord Lothian) avec lequel « le germanophile notoire » Halifax était « en relations fréquentes » et du *Foreign Office*[217]. Émoustillé, l'invité britannique alla entretenir le 15 novembre Ribbentrop (ambassadeur depuis 1936) de « son admiration pour le travail d'Hitler » et des deux prochaines étapes du *Drang nach Osten* : mentionnant « brièvement la question autrichienne et tchèque », il s'étendit sur l'entente anglo-allemande, impérative car « un conflit entre les deux pays, quelle qu'en soit l'issue, signifierait la fin de la civilisation ». Hitler joua donc sur du velours en évoquant devant Halifax à Berlin le 19 novembre « l'accord » sur la Tchécoslovaquie et l'Autriche « accessible dans le cadre d'une attitude raisonnable »[218].

Les apaiseurs français faisaient alors autant pour « rétablir à la Wilhelmstrasse une atmosphère aussi arrogante qu'avant la guerre »[219]. L'attestèrent les entretiens parisiens de Papen avec Bonnet et Chautemps, début novembre, rapportés à Berlin par le « serpent » triomphant. Les deux Français l'écoutèrent invoquer les besoins légitimes du Reich en Europe et exiger que la France, rassurée sur ses frontières de l'Est, « renonçât à la politique d'équilibre de puissance et arrêtât de taxer toute extension de l'influence allemande dans la région du Danube de menace contre les intérêts français ». Bonnet se dit d'accord si la France « était informée des buts ultimes de l'Allemagne dans la[dite] région » et récusa « résolument » toute « objection » française contre l'éventuel « développement de l'accord [austro-allemand] du 11 juillet 1936 [...]. Mais, il ne faudrait pas chercher à obtenir tout progrès dans cette direction par surprise. Sur la Tchécoslovaquie, *précisa Papen,* j'ai parlé d'une large autonomie pour les minorités. Il n'y a pas non plus émis d'objection ». Bonnet ajouta des douceurs coloniales : « la satisfaction des demandes allemandes lui semblait entièrement possible sur la question » comme au « gouvernement britannique ». Chautemps les esquivait désormais, mais imita Bonnet sur le reste : Papen fut « sidéré de constater qu['il...] envisageait une réorientation de la politique française en Europe centrale entièrement ouverte à la discussion – toujours à condition que les buts ultimes de l'Allemagne en Europe centrale fussent connus »[220].

Neurath reçut d'aussi bonnes nouvelles de Forster le 16 novembre. À la mi-septembre, on avait demandé à Blum, à Prague (où il assistait aux obsèques de Thomas Masaryk), « si la France considérerait une attaque directe ou indirecte contre la Tchécoslovaquie comme un *casus foederis* ». Il fit état de « sa conviction personnelle [en ce sens], incluant expressément le cas d'une insurrection armée de la part d'Henlein », mais déclara « ne pouvoir naturellement pas lier le gouvernement français. Le gouvernement tchèque devrait officiellement poser la question pour en discuter à Paris. C'est ce que fit M. Krofta », qui s'y rendit (le 21 septembre). Delbos lui « confirma [cette] réponse », allant plus loin au congrès radical socialiste de Lille, fin octobre. « Alors qu'avait circulé la rumeur » de son imminente déclaration « nette et sensationnelle sur les relations franco-tchèques », il fut filandreux. « "La France, ainsi liée sous des modalités diverses à un certain nombre de pays, entend donner l'exemple de la loyauté la plus scrupuleuse. En toutes circonstances, quelle que soit la forme de l'agression, si l'agression est certaine, elle tiendra ses engagements envers eux. Elle les a tenus aussi, elle les tiendra avec tous dans le domaine des accords limités dont je parlais tout à l'heure, comme elle les tiendra envers la Société des Nations." La formulation n'a donc pas été aussi sensationnelle que prévu. M. Delbos n'a pas nommément désigné la Tchécoslovaquie, bien qu'il ne pût y avoir de doute que c'est essentiellement elle qu'il avait à l'esprit. Il n'a pas non plus établi sans équivoque ce que devait être la nature de l'attaque de nature à mettre en œuvre les obligations pesant sur la France du fait de ses alliances. La déclaration mentionne, d'une part, toute forme d'attaque, et affirme, d'autre part, que l'attaque doit être claire. [...L]es journalistes français avaient en outre reçu l'instruction du département de presse du Quai d'Orsay de ne pas [la...] traiter d'une façon susceptible d'attirer l'attention. En fait, [...] la presse n'a pas fait de commentaire, l'organe semi-officiel du ministère des Affaires étrangères, le *Petit Parisien*, n'a même pas reproduit le texte. »[221]

Le 26 novembre, « Delbos et Léger », sachant que l'invitation à Londres visait à rallier Paris aux bontés du *Foreign Office* pour le Reich, en informèrent l'agent nazi Sieburg dans « une conversation détaillée ». Certes, rapporta Welczeck, « la France ne pouvait naturellement pas déclarer son désintérêt pour les changements territoriaux » en Europe centrale, mais « elle n'avait pas d'objection essentielle à une nouvelle assimilation de certaines institutions intérieures de l'Autriche à celles de l'Allemagne. La question tchèque était plus difficile et compliquée, mais une discussion sur la protection des Allemands des Sudètes dans le cadre de l'État tchèque était possible. D'une autre source incontestable, j'ai appris que, pour le Quai d'Orsay, le traitement de la question tchèque jouera un rôle important à Londres et déterminera le caractère et la signification du voyage imminent de Delbos en Europe centrale. [...L]e Quai d'Orsay et le ministre des Affaires étrangères se sont personnellement prononcés pour l'exécution des obligations de traités, alors que le Premier ministre s'est montré plus irrésolu. Dans le cabinet et en dehors, des objections se sont élevées contre le voyage de Chautemps à Londres, car on craignait qu'il ne fût trop mou précisément sur la question tchécoslovaque »[222].

Chautemps y lâcha en effet tout sans état d'âme, auprès d'un Delbos plus maniéré, face à Eden, « apaiseur pessimiste » allègre, et Halifax et Chamberlain, « apaiseurs optimistes »[223] conformes à leur réputation. Aucun des délégués du *Foreign Office* et du Quai d'Orsay, comptant deux non-apaiseurs allégués, Vansittart – « extrêmement disposé à soutenir les vœux d'autonomie des Allemands des Sudètes »[224] – et Massigli, ne s'opposa au destin des deux prochaines cibles du Reich. Ressortent de ce chef-d'œuvre diplomatique de plus de cinquante pages deux données essentielles ici.

Au matin du 29 novembre, après l'aimable présentation par Halifax de son séjour berlinois et des revendications du Reich en Europe centrale et en Afrique, Chamberlain testa son propos sur le nabot dont on ignorait la situation géographique et plaignit les Sudètes : « Un fort courant se manifeste pour que la Grande-Bretagne ne coure à aucun prix le risque d'être engagée dans une guerre pour la Tchécoslovaquie, pays éloigné avec lequel l'Angleterre n'a que peu en commun. En même temps, l'opinion approuverait tout ce qu'il serait possible de faire pour aboutir à un règlement européen sans risque de guerre [: elle...]estime que les Allemands des Sudètes n'ont pas été justement traités par le gouvernement tchèque. » Eden appuya Chamberlain en tout et posa Konrad Henlein en « modéré » face à « ses extrémistes ».

Delbos fit des façons : « La France a donné des conseils répétés à la Tchécoslovaquie pour que celle-ci retire aux Allemands tout prétexte à se plaindre ; encore faudrait-il donner le même conseil aux Allemands et faire un effort des deux côtés. Les Tchèques ont certainement intérêt à réaliser certaines réformes pour obtenir une détente. Mais si l'Allemagne souhaite en réalité l'absorption de l'Autriche et de la Tchécoslovaquie, il en résulterait un bouleversement du statut de l'Europe, et l'hégémonie de l'Allemagne, dont l'appétit serait aiguisé pour d'autres conquêtes. » Après quoi il rejoignit Eden sur le terrain des « griefs [...] justifiés » des Sudètes, adoptant la thèse du « problème d'ordre intérieur ». La tactique juridique adoucirait l'opération, argua Chautemps : « Chaque problème considéré isolément, prend un aspect précis et brutal, et [...] l'on tend alors à envisager les questions en termes de forces et de solutions brutales. L'abandon d'une nation faible cause naturellement un sentiment de révolte. Mais il n'est pas nécessaire de considérer la question d'une façon si directe et si crue. » Puis il annonça que Berlin userait contre Prague de « la technique [de] guerre civile extérieure » appliquée à « la guerre civile d'Espagne ». Nul ne contesta en fin de matinée l'énoncé par d'Eden du « premier objectif », augurant la mission Runciman et Munich : « Chercher à savoir quel est le maximum des concessions envisagées par M. Bénès [...], le but final restant d'obtenir de l'Allemagne, dans les négociations futures, des garanties territoriales en faveur de la Tchécoslovaquie. »

L'après-midi, Delbos requit de Londres un semblant d'appui pour contrebattre la thèse « de concessions sans contrepartie » et pousser les Tchèques à « faire preuve de bonne volonté ». On « ne pourra[it] guère aller plus loin, ni donner d'assurance en ce qui concerne le cas d'une agression », répliqua Chamberlain. Après quelques dossiers bénins, on en revint aux colonies, question décisive parce qu'elle révèle la *duplicité* des élites – pas leurs erreurs d'interprétation ou leur naïveté – et abat le mythe de la « gouvernante anglaise ». Londres et Paris avaient menti à Berlin en se clamant prêts à partager les prébendes de la « Préférence impériale ». Les Anglais, invoquant « M. Schacht » et « M. Hitler », confirmèrent que les « concessions coloniales », comme avant 1914, ne toucheraient que leurs amis, qui devraient céder « le Togo et le Cameroun » (français) « le Congo belge et [...] l'Angola » (portugais) ; eux-mêmes ne lâcheraient aucune de leurs colonies ex-allemandes, « stratégiques » (Phipps avait en mai averti Delbos, « curieux de savoir si la Grande-Bretagne était disposée comme la France à faire des concessions à l'Allemagne dans le domaine colonial [,...] que la France ferait ce qu'elle voudrait mais que la Grande-Bretagne ne donnerait pas à l'Allemagne un pouce de territoire de l'Empire britannique, territoire sous mandat compris »[225]). Priés de sacrifier le leur à la « paix européenne », Chautemps et Delbos, intarissables, montrèrent des crocs de tigres[226]. La « gouvernante anglaise » ne gouvernait plus.

Delbos, contrairement à ce qu'a cru Duroselle, ne « décida » pas « d'imiter Barthou » en faisant, juste après, « la tournée des alliés »[227] : il laissa sur sa « visite [...] à Prague », pure « conséquence [de celle d']Halifax à Berlin »[228], gouverner Eden. Lequel espérait que le Français « ne se bornera[it] pas seulement à dire aux Tchèques : "Ne faites rien qui puisse servir aux Allemands de prétexte", mais qu'il ira[it] plus loin, et leur dira[it] : "Faites ce que vous pouvez pour les Allemands des Sudètes." »[229]. Delbos voulut faire halte le 3 décembre à Berlin, en gare de Silésie, pour rencontrer Neurath, qui savait tout de la « réunion de Londres ». Flanqué de de François-Poncet, il fut prolixe dans cet « entretien d'environ dix minutes » : on avait fait des « progrès résolus [...] vers la normalisation des relations entre Angleterre, France et Allemagne », sans songer à « bloquer à nouveau le développement le l'Allemagne » ; ce n'était aucunement le but de sa mission « à Varsovie et dans les capitales de la Petite Entente », au contraire, « la reconnaissance de la nécessité d'arriver à un accord avec l'Allemagne ayant cette année progressé en France » au point de caractériser « toute la nation ». Il suivit Neurath sur « le manque de discipline prédominant dans la presse des pays démocratiques compromettant les négociations entre États » et les mesures à prendre contre ses « conjectures et mensonges malveillants », « et dit qu'on préparait en France aussi une loi pour réprimer ces dénigrements »[230].

Pendant le séjour à Prague, à la mi-décembre, si les toasts du banquet du 16 échangés avec Krofta « ne s'élevèrent pas au-dessus des déclarations conventionnelles », les développements allemands furent chaleureux. Milan Hodza, Premier ministre, qui informa de tout, selon l'habitude, l'ambassadeur d'Allemagne, y situa son pays « au point de contact entre Allemands et Slaves » et dit rêver, « pour ces grandes races, d'une vie amicale côte à côte ». Delbos eut après dîner « une longue conversation avec trois députés du parti allemand des Sudètes qui lui avaient été présentés par le chef du département d'Allemagne du ministère des Affaires étrangères » tchécoslovaque. Lyrique avec Eisenlohr, il prouva le sérieux de son engagement sur la presse. Il m'a confié, rapporta l'ambassadeur, « son souhait de parvenir à une *détente* (en français et italique dans le texte) entre France et Allemagne » imposant recours aux « anciens combattants des deux pays. [...] Les Français et les Allemands étaient les meilleurs soldats du monde ; s'ils se mettaient d'accord, ils feraient la plus grande impression sur quiconque ». Il m'a annoncé « l'arrivée aujourd'hui à Berlin d'un fonctionnaire français venu discuter les possibilités de combattre l'influence pernicieuse de la presse ».

Les rédacteurs des archives publiées ont évincé « la discussion politique décisive entre Delbos et Bénès » prévue « à Lany » le 17 décembre sans autre témoin « que Hodza » (qui conterait tout à Eisenlohr) « et Krofta »[231]. Mais du bilan dressé par Eisenlohr en janvier 1938 de « la politique extérieure de la Tchécoslovaquie en 1937 » ressort le contraste entre les visites de Delbos et de Barthou (d'avril 1934). Prague ne croyait plus à « l'aide militaire française », craignant, « si elle venait, qu'elle ne vînt trop tard. » Mais Paris lui avait interdit le recours à celle de Moscou, renforçant la campagne d'intimidation des pays fascistes vieille de deux ans. Les rapports avec l'URSS s'étaient dégradés : « La propagande antibolchevique déployée par l'Allemagne et l'Italie » avait impressionné Prague et « suscité sa répugnance à apparaître main dans la main avec un allié si compromettant. »[232]

Chapitre 9

La France de l'Anschluss à Munich mars-septembre 1938

En 1938, de l'agonie de la Tchécoslovaquie à son dépècement planifié par sa principale alliée retranchée derrière sa « gouvernante anglaise », fut levé l'avant-dernier obstacle sur la route de l'attaque allemande et de la liquidation du régime républicain.

En cette étape décisive précédant la catastrophe de juin 1940, les forces économiques dirigeant la France optèrent définitivement pour la cession au Reich des bijoux orientaux de la couronne de Versailles, lâchant en ce sens la bride à leurs hommes politiques et publicistes. Le loup-garou bolchevique donna aux aveugles présumés réponse à tout : il maquilla la fascination pour le modèle socio-économique allemand et l'obsession d'un accord laissant au Reich « les mains libres à l'Est » en souci d'empêcher la Russie des Soviets de déclencher une conflagration favorisant le plan de « révolution mondiale de Staline »[1].

Politiques et militaires de l'Anschluss à l'agonie de la Tchécoslovaquie

L'année d'agonie de l'alliée s'ouvrit sur l'assentiment donné à l'Anschluss. L'annexion allemande de l'Autriche avait été définie depuis 1918 par les diplomates et les militaires comme synonyme de la mort immédiate d'une Tchécoslovaquie encerclée et, à bref délai, de tout l'édifice de Versailles[2]. Elle relevait désormais de la formalité.

L'Anschluss, avant-dernière étape

Bertrand de Jouvenel avait annoncé au théâtre des ambassadeurs à la mi-mars 1936 : « Pourquoi nous battrions-nous pour Vienne alors que nous ne nous sommes pas battus pour Kehl ! »[3] Comme ce stipendié de Berlin, le Front populaire enracina Hitler dans la sérénité, qu'il avoua à Schuschnigg avant le 12 mars 1938 : « Il y aura un peu de bruit, ein wenig Geschrei, et ce sera tout. »[4] Delbos avait confirmé à Bullit le 20 février *1937* que la France ne bougerait pas puisqu'elle « n'avait pas d'obligations à protéger l'Autriche », mais seulement « le territoire d'un allié ». Lors d'un déjeuner à trois, le 23, Blum lui répéta que « la France ne ferait pas la guerre pour empêcher l'occupation de l'Autriche »[5]. Delbos se censura moins le 30 avril avec Phipps, récemment arrivé à Paris : ils déclarèrent en chœur à Bullitt « qu'Hitler pourrait désormais se saisir de l'Autriche au moment qu'il choisirait sans créer de complications internationales. » Seul devant l'Américain, Delbos fut pire le 6 mai[6]. Blum couvrit le 20 mai sa passivité de grandiloquence sur la similitude « tragique » de la situation avec celle d'« avant 1914 »[7]. Le Reich, on le sait, fut avisé début novembre, via Papen, de la compréhension de Bonnet et Chautemps, et le 26, via Sieburg, de celle de « Delbos et Léger » sur l'« évolution » de l'accord du 11 juillet 1936. Le 29 novembre 1937 à Londres, on liquida prestement la question : à l'hypocrite Delbos, invoquant les « déclarations [...] faites au profit de l'Autriche » à Stresa, Eden rétorqua : « Personne n'a d'engagements spéciaux vis-à-vis de l'Autriche, à laquelle l'on se trouve lié surtout par le désir général de préserver la paix. »[8]

Début janvier 1938, la conjoncture française était berlinoise au possible : « La presse du IIIe Reich », rapportèrent les RG, « considère la nomination de M. Henry-Haye, sénateur-maire de Versailles, à la Commission des affaires étrangères du Sénat, comme une grande victoire de l'idée du rapprochement franco-allemand »[9]. En février, Chautemps, qui « considérait la position de l'Autriche comme désespérée [,] ne voyait aucun moyen d'empêcher Hitler de [l']avaler dans un avenir relativement proche ». Mais, soucieux de se couvrir, il enjoignit Corbin, via Delbos, de proposer à Eden, le 18, « une démarche conjointe des gouvernements français et britannique réaffirmant leur intérêt pour l'indépendance de l'Autriche » et annonçant « que toute action future bouleversant le *statu quo* en Europe centrale se heurterait à [leur] opposition unie et ferme. »

C'était, expliqua-t-il à Bullitt le 21, « pour des raisons purement intérieures » : il fallait « que Delbos pût se présenter aux partis du Front populaire avec l'instruction et leur montrer que la France avait tenté de faire quelque chose. Il n'avait jamais caressé l'illusion que l'Angleterre pût se joindre à la France dans une telle *démarche* ». Delbos tint le même discours en larmoyant. Déprimé, au bord de la démission, il était opposé à cette politique, mais « à défaut d'une meilleure », c'était la seule possible : « la France était isolée ». Daladier, convaincu « qu'il n'y avait rien à faire pour sauver l'Autriche », mentit sur la Tchécoslovaquie (« si l'Allemagne [l']attaquait, il ordonnerait immédiatement la mobilisation française ») puis avoua presque en concluant : « L'État-major général était d'avis qu'un soldat derrière de bonnes fortifications sur la défensive valait quatre assaillants. »[10] Le dossier « politique de défense » mêle les renseignements heure par heure sur les événements austro-allemands des 11 et 12 mars et les réactions d'un non-gouvernement (suicidé dans ce but) à la chute de ce pivot territorial de Versailles. Réunis à Matignon, le 11 à 16 heures, Chautemps, Delbos, Bonnet, Daladier, terrés derrière la « gouvernante anglaise » en vacances, donnèrent la mesure de leur abdication : « Décidons appliquer mesures militaires complètes prévues notes État-major de l'armée, à condition trouver collaboration britannique, d'ailleurs déjà demandée par Affaires étrangères. À 16 h 45, Léger téléphone réponse de Londres : le gouvernement britannique a déjà fait savoir à Vienne qu'il ne pouvait conseiller au gouvernement autrichien de pousser la résistance au point de déterminer des conséquences contre lesquelles il ne pourrait le garantir. »[11] Gamelin énonça le 14 mars, parmi « les [sept] plus graves conséquences [...] stratégique[s] de l'Anschluss », la première, la mort de « la Tchécoslovaquie [qui] se trouv[ait], d'emblée, entièrement encerclée » – nouveau prétexte à gloser sur « la disparition au moins momentanée de la force russe »[12].

Le nouveau cabinet (Blum) sollicita de Londres une discussion *bilatérale* sur l'URSS, qu'on n'avait pas consultée sur l'Anschluss. Litvinov proposa pourtant le 17 mars à ses alliés présumé (la France) et potentiel (l'Angleterre) une réunion pour examiner la situation européenne résultant de l'annexion et les moyens de résister à une nouvelle agression. La France attendit le veto anglais qui, arrivé une semaine plus tard, la disculpa[13]. Le 18 mars, Bonnet avait annoncé sa tactique de la « gouvernante anglaise » à Wilson, qui lui demandait si la France aiderait la Tchécoslovaquie attaquée : « assurément », répondit-il, « si la Grande-Bretagne [lui] promettait [...] un soutien immédiat » ; dans le cas contraire, « il serait suicidaire pour la France de s'embarquer seule dans une guerre contre l'Allemagne et l'Italie sur le simple espoir que les Russes enverraient quelques avions ». Naturellement, « il devrait publiquement déclarer le contraire, exactement comme [bien] d'autres ministres [...] partageant sa conviction que dans les circonstances actuelles une politique de prudence était la seule concevable pour la France »[14].

Le triomphe une fois acquis – selon Reichenau, « principalement grâce aux expériences faites en Espagne »[15] –, le Reich ne censura plus, devant les Apaiseurs, les étapes suivantes. En octobre 1937, Goering avait annoncé à un Bullitt complaisant la volonté allemande d'« annexer, purement et simplement l'Autriche », puis « les Allemands des Sudètes », avec « peut-être des stades intermédiaires ». « Quelques mois plus tard » – sans doute avant l'Anschluss –, le même déclara à François-Poncet « qu'il faudrait, un jour ou l'autre, "opérer l'appendice tchèque". Le mot [fit] fortune et on le rép[éta juste après l'Anschluss] parmi les officiers allemands »[16]. Début mai, il déclara au ministre de Suède à Berlin, propos immédiatement connus du SR, « que l'affaire tchécoslovaque se déroulerait comme l'affaire autrichienne » et « que les Tchèques vivant sur le territoire des Allemands des Sudètes devraient quitter ce territoire et seraient refoulés sur la partie de la Bohême qui formerait l'État tchèque proprement dit. Le gouvernement du Reich » procéderait ainsi : « Annexion par l'Allemagne de la région des Sudètes, y compris Bratislava ; rattachement à la Hongrie de la partie de la Slovaquie peuplée par des Hongrois ; annexion de la région de Teschen par la Pologne ; constitution, avec le reste du pays, d'un État purement slave indépendant mais faisant une politique pro-allemande. Seule une attitude extrêmement ferme de la France et de l'Angleterre pourrait sauver la Tchécoslovaquie. »[17] Berlin ne courait donc aucun risque.

Paris et Londres contre Prague

Français et Anglais firent de leurs efforts conjugués un rouleau compresseur d'autant plus efficace que les élites tchécoslovaques, peu après l'Anschluss, admirent préférer l'assaut allemand au sauvetage soviétique. Paris et Londres redoutaient cependant que ne ressurgît le vieux trait de caractère de Bénès, tant manifesté depuis 1935 : l'hésitation entre l'attachement à sa nation et sa fidélité à la France. Jugeant intolérables les sursauts de la victime promise au bourreau, Paris ne fit pas de quartier.

À Prague après l'Anschluss, des élites rassurantes, un peuple inquiétant

« Bouleversé par l'Anschluss, qui signifi[ait] pour lui la fin de toute la politique défendue depuis 20 ans », Bénès avait perdu espoir sans gagner en combativité : il se dit en avril prêt au compromis « jusqu'aux dernières limites des concessions compatibles avec l'existence de l'État tchécoslovaque »[18]. Berlin, déjà servi par Hodza, considérait Bénès lui-même comme mûr pour la capitulation : Eisenlohr conseillait en janvier 1938 à son département de l'attendrir encore en l'humiliant : « Nous devrions l'encourager, mais ne pas trop lui faciliter les efforts »[19] (comme à François-Poncet après la Nuit des Longs Couteaux).

Bénès reflétait les sentiments des « milieux industriels tchèques [qui] considér[aie]nt un accord avec l'Allemagne comme essentiel »[20]. « Un informateur compétent et généralement bien renseigné » décrivit le 13 avril un pays coupé en deux : « En Tchécoslovaquie dans la haute et moyenne bourgeoisie, industriels, banquiers, commerçants, intellectuels, règne une véritable panique et les bruits les plus invraisemblables trouvent foi. Les ouvriers et la petite bourgeoisie conservent une attitude beaucoup plus ferme et tranquille. Ce n'est pas seulement parce que, comme un directeur d'une grande banque l'a affirmé à l'informateur, les ouvriers et la petite bourgeoisie n'ont rien à perdre d'une invasion allemande, mais surtout et parce que dans les masses de la population on ne croit pas à l'imminence d'une invasion. Les masses sont absolument convaincues que les grandes puissances occidentales et l'URSS ne permettront pas à Hitler d'annexer les Sudètes [...L]es autorités tchécoslovaques elles-mêmes cultivent parmi la population une foi naïve et une admiration sans limites pour la force de l'armée soviétique. Les journaux ont l'ordre de s'abstenir de toute critique du régime soviétique et d'exalter l'Armée rouge » : on projette « dans les deux plus grands cinémas de Prague un film guerrier et patriotique russe, *Nous jurons* », qui connaît « un succès énorme, et la parade des avions victorieux est accueillie par un tonnerre d'applaudissements »[21].

Chez les possédants régnait la fébrilité. « Les juifs, [...] sans aucune exception [...] fermement convaincus que les Sudètes seront annexées par le Reich [...], ont commencé déjà à liquider leur affaires et leurs biens, vendent tout pour avoir de l'argent liquide et émigrent en masse de la Bohême des Sudètes [...]. Mais les industriels, banquiers et commerçants tchèques (aryens) sont aussi pris de panique. C'est parmi la haute bourgeoisie et les intellectuels que le défaitisme est le plus fort. Toutes les conversations que j'ai eues avec des banquiers, des industriels et des intellectuels » révèlent « un pessimisme poussé à l'extrême » : ils arguent que leur pays est isolé, qu'il « ne peut compter précisément sur aucune aide, que l'URSS, même si elle le voulait, ne pourrait pas venir en aide à la Tchécoslovaquie, que la France ne mobiliserait pas à cause de [s]a situation intérieure [...] et qu'il serait plus que naïf de compter sur l'aide de la Grande-

Bretagne. Dans ces milieux on est donc d'avis que le gouvernement doit négocier avec Berlin et [...] changer sa politique extérieure ». La Banque nationale[22] dirigeait les capitulards et Preiss pressait le mouvement : il « a dit à l'informateur que la Tchécoslovaquie ne pourra garder son indépendance que si elle arrive à gagner l'amitié et les sympathies de tous ses voisins et en particulier du Reich. [...N]ous ne pouvons plus nous permettre le luxe de n'avoir sur nos frontières que des adversaires », clamait Preiss depuis l'Anschluss. « Il faut compter avec les réalités telles qu'elles sont et le plus grand danger pour notre État consiste à nous bercer d'illusions comme notre pacte avec les Soviets ou la conviction que la France déclarera la guerre à l'Allemagne pour nous sauver et que nous entraînerons l'Europe dans une guerre généralisée. Ce sont des illusions extrêmement dangereuses. Il ne nous reste qu'un seul moyen de salut : négocier avec le Reich et faire la même politique que font la Yougoslavie et même la Pologne. Il faut cesser de crier sur tous les toits que nous constituons une barrière contre l'expansion allemande. Il faut adapter en un mot notre politique extérieure à la situation réelle et cesser de faire la politique qui ne correspond ni à nos moyens ni surtout à notre position géographique. »

Fin avril, l'entretien d'un excellent informateur (le même sans doute) avec le ministre de la Justice socialiste, Derer, qu'il connaissait « de longue date », lui confirma l'influence de Preiss et la « très forte campagne en faveur d'un accord avec le Reich [...d]es agrariens, [d]es banquiers et [d]es industriels [, qui...] pourraient réussir à imposer leur volonté ». Derer « craint que la Tchécoslovaquie ne soit poussée à se soumettre au Reich et à conclure avec lui un arrangement. Tout dernièrement Ribbentrop a de nouveau parlé avec le ministre tchécoslovaque Mastny de la possibilité d'une entente entre le Reich et la Tchécoslovaquie. Si Prague prenait l'engagement de rompre le pacte avec l'URSS et d'observer une neutralité bienveillante en cas de guerre entre l'Allemagne et une autre puissance européenne, le Reich garantirait l'intégrité territoriale et se contenterait d'une autonomie provinciale pour les Sudètes. "Bénès, m'a dit M. Derer, ne conclura jamais un tel accord. Mais il peut être amené à démissionner et son remplaçant le ferait." »[23].

Allemands et Français convergeaient sur cette soumission et sur le patriotisme du peuple, partisan d'une « politique de fermeté », comme le rapporta Friedrich Bürger, délégué à Berlin de Konrad Henlein, à la mi-août : « On entend même des voix pour demander une dictature. L'humeur est résolument belliqueuse et une partie importante de l'opinion tchèque serait ravie qu'on en soit déjà à l'affrontement armé. Il y a des références continuelles aux rôles joués par la Belgique et la Serbie en 1914. »[24] Cette détermination populaire plongeait le gouvernement dans l'effroi. Depuis le printemps le loyal Faucher s'alarmait de son « extrême prudence », qui avait « fait naître un état d'esprit inquiétant dans les régions frontières : le parti Henlein se comporte comme s'il était sur le point d'être le maître dans le territoire qu'il revendique, les social-démocrates allemands et les Tchèques ont l'impression d'être abandonnés »[25].

La pression gouvernementale franco-anglaise

La radicalisation populaire du pays inquiétait, mais la docilité de ses chefs autorisait un traitement à la prussienne, qui leur assouplirait encore l'échine. Le « ferme » Massigli, directeur des Affaires politiques du Quai d'Orsay, présent à Londres fin novembre, attela après l'Anschluss ses services à la gestion de la phase suivante. Il approuva le 29 mars 1938 une note relative à la position française dans « le cas particulier d'un soulèvement des Sudètes appuyé par l'Allemagne ». Le texte recensait les circonstances – *toutes* – « qui ne suffirai[en]t pas à faire jouer l'obligation d'assistance » à Prague : 1° « un soulèvement purement intérieur, sans appui allemand » ; 2° « l'arrivée d'armes ou de volontaires en provenance d'Allemagne pour aider les insurgés » ; 3° on s'accommoderait même d'une agression ouverte : « Si des troupes allemandes venaient assister les rebelles, il y aurait, de la part de l'Allemagne, recours aux armes contre la Tchécoslovaquie. [Mais...] le traité vise le "recours aux armes", employant ainsi une formule plus souple que celle de recours à la guerre », etc.[26]. Le lendemain, ce maître d'œuvre ironisa à la réunion Guerre-Affaires étrangères : « Le gouvernement T.S. (*sic*) ne semble pas avoir trouvé la formule qui pourrait arranger les choses. » Le rôle de Massigli dans la mise à mort de l'alliée, révélé par ces réunions de liaison hebdomadaires qui en scandèrent les étapes[27], infirme la thèse de sa « sympathie pour la Tchécoslovaquie et [de] sa condamnation de l'accord de Munich ». Il le dresse en complice, non en adversaire de Bonnet[28].

Ce dernier, nommé à la mi-avril aux Affaires étrangères pour traiter « le problème crucial » de l'heure[29], convoqua Welczeck peu après pour lui recommander une autre tactique que l'autrichienne. Il énonça la ligne franco-anglaise appliquée jusqu'à Munich : on tordrait le bras à l'État tchécoslovaque pour arracher son assentiment à la crucifixion en dispensant la Wehrmacht d'un assaut préalable. Il est « allé, *rapporta l'ambassadeur d'Allemagne,* jusqu'à exprimer son admiration pour l'essor et les réalisations de la nouvelle armée qui, après l'incorporation de l'Autriche, avait devant elle un programme de reconstruction si splendide et si divers. Bien que cette incorporation soit arrivée peu opportunément pour toutes les puissances soucieuses du maintien du *statu quo*, les gens en France avaient accepté le changement. Mais la position était différente à l'égard d'une action violente contre la Tchécoslovaquie, qui ferait intervenir le traité d'alliance. Il nous a suppliés avec la plus grande ardeur de ne pas contraindre la France, qui a toujours honoré ses obligations en tant qu'alliée, à prendre les armes à cause d'un acte de violence en faveur des Allemands des Sudètes ». La France et l'Angleterre se mettraient « avec la meilleure volonté à notre disposition en tant que médiatrices, et exerceraient leur influence jusqu'au dernier degré en vue d'amener le gouvernement de Prague à adopter une attitude conciliante jusqu'aux extrêmes limites des possibilités ; car il considérait tout accord comme meilleur que la guerre mondiale, qui ferait périr toute l'Europe et ferait sombrer vainqueurs et vaincus victimes du communisme mondial. Les gens en France et en Grande-Bretagne étaient convaincus que le problème des Allemands des Sudètes devait être résolu et voyaient dans cette crise une occasion de parvenir à un accord avec l'Allemagne qui assurerait finalement la paix de l'Europe. On espérait déjà que les conversations seraient ouvertes avec nous dans l'avenir immédiat »[30].

L'affaire se retranchait en effet derrière la croisade commune contre le bolchevisme. Le compte rendu allemand des conversations franco-allemandes, tant à Berlin qu'à Paris, sur l'abandon nécessaire de Prague, suppôt du judéo-bolchevisme et de la franc-maçonnerie, n'a pas d'équivalent dans les fonds classés du Quai d'Orsay. Il décrit la surenchère des leaders politiques radicaux et de la droite classique à laquelle s'associèrent Coulondre et François-Poncet. L'alignement sur Berlin de ce dernier, collaborateur rêvé de Bonnet, ulcérait Faucher : le général critiqua le 2 juillet son courrier du 5 mai reprenant complaisamment les accusations, fausses, sur l'aviation soviétique à Prague, les commandes tchécoslovaques en URSS, etc., et désignant, à l'allemande aussi, le gouvernement « tchécoslovaque » comme « tchèque »[31].

La marée n'épargna qu'une poignée de « résistants » français gouvernementaux, voire moins : un seul, selon les archives allemandes publiées (dont Georges Mandel est absent), le ministre radical et « juif » Jean Zay, outré par l'obscénité de la presse française depuis avril et dont Welczeck attesta la loyauté envers Prague[32]. On bornera ce festival à un échantillon de la prose des « durs » présumés Daladier et Reynaud. Celui-ci, ministre de la Justice, rendant le 11 mai à Welczeck « sa visite inaugurale », le félicita de l'Anschluss, ajoutant qu'il avait toujours critiqué « les clauses territoriales et de nationalités des traités de paix de Trianon et de Saint-Germain ». Certes, une aide allemande aux Sudètes risquait de précipiter l'Europe dans « la catastrophe dont l'Europe ne se relèverait, jamais, sauf peut-être la Russie, lointaine et qui vivait déjà sous le communisme. Tout devait être fait pour éviter la destruction du Vieux Monde civilisé. Lui personnellement – il parlait à présent en vieil ami et non en membre du cabinet – était convaincu que l'attraction magnétique pour le IIIe Reich qui s'exerçait sur ces zones frontières peuplées d'Allemands des Sudètes deviendrait si forte que quelque chose de radical, ou au minimum de très de grande envergure, devrait être fait pour empêcher le maintien d'un abcès de fixation permanent, alors que les îlots allemands isolés en territoire purement tchèque pourraient peut-être être enlevés par réinstallation ». Welczeck « saisit l'expression "radical" » pour prôner la seule solution à « une maladie si aiguë [,...] l'amputation. À l'inverse de ce que j'attendais, Paul Reynaud n'a guère protesté, se contentant d'observer qu'il ne serait pas facile de trouver un bon chirurgien pour traiter ce cas »[33].

Dans la deuxième quinzaine de mai, on put croire à la résistance de la victime. Contre la multiplication des provocations du Reich et l'accumulation de ses troupes aux frontières, le ministre de la Défense nationale ordonna le 20 (enfin, soupira Faucher, inquiet de la pusillanimité de Prague) un rappel de réservistes qui suscita « empressement remarquable » des requis ; il évoqua le service militaire à trois ans[34]. Ce sursaut de l'assaillie et de son président (Bénès), perceptible dans le peuple français aussi, déchaîna « les fossoyeurs ». Ayant invité Welczeck le 22 au « soir [...] dans sa résidence privée [...] pour parler franchement comme un ancien combattant à son camarade allemand », Daladier sanglota sur les horreurs des tranchées et s'affirma résolu contre une guerre qui

« signifierait la destruction complète de la civilisation européenne. Dans les zones de bataille, dévastées et vidées d'hommes, les hordes cosaques et mongoles se déverseraient, menant Europe à une nouvelle "culture". Il fallait empêcher cela, même si cela entraînait de grands sacrifices ». Puis, invoquant son « angoisse devant le développement des affaires en Tchécoslovaquie », il fit état des multiples et « fermes représentations » adressées à Prague par Paris et Londres et broda sur son « dilemme » : « Si [Berlin] attaqu[ait] la Tchécoslovaquie, les Français devraient combattre s'ils ne voulaient pas être déshonorés. [...] Daladier a été particulièrement impressionné, *releva Welczeck,* par mon allusion à un groupe de bellicistes à Prague, soutenu par les éléments russophiles et la juiverie internationale – Daladier est antisémite – qui avaient même envoyé des *agents provocateurs* (en français dans le texte) dans les zones habitées par les Allemands des Sudètes, pour provoquer des incidents. La discussion a duré environ une heure et demie. » Daladier le remercia de son exposé qui lui avait beaucoup appris. « Comme ancien soldat il ne souhaitait rien plus ardemment que la compréhension mutuelle de toutes les nations » ; il le répéta sur tous les tons[35].

Le 24 mai, Bonnet, aussi indécent devant Bullitt qu'avec les Allemands, fulmina contre la mobilisation des 20-21 mai, « provocation inutile contre l'Allemagne » – thèse aujourd'hui cautionnée par ceux qui négligent les archives[36]. Il loua les si raisonnables Hodza et Krofta et stigmatisa Bénès, qui « avait eu plus constamment tort en politique extérieure que tous les autres hommes d'État d'Europe ». Lui-même avait avisé l'ambassadeur tchécoslovaque Osusky, parti ce même jour pour Prague, « que si Bénès refusait de faire assez de concessions pour apaiser les Sudètes et garantir la paix dans cette partie de l'Europe pour deux ou trois ans, la France saurait qui voulait mettre le feu à l'Europe et ne se laisserait pas entraîner dans la guerre pour faire plaisir à Bénès » ; on pouvait compter sur Osusky pour donner ces bons conseils à Bénès, qu'il haïssait. Bonnet s'inquiéta enfin de la résignation grandissante à la guerre en France : « Les communistes influencés par les juifs de toutes les classes, qui ne rêvent unanimement que de guerre contre Hitler, exploiteront à fond cet état d'esprit. »[37]

Paris exerçait dans la coulisse des pressions aussi écrasantes que Londres, surtout contre le rétablissement du service militaire à trois ans[38], rassurant au jour le jour Berlin sur les progrès de ses œuvres. François-Poncet dégagea la voie pour Munich le 23 juin devant Ribbentrop, désormais ministre des Affaires étrangères, qui l'avait reçu à sa demande : Prague « réduisait à présent considérablement ses mesures militaires », et Paris faisait, avec succès, tout « pour inciter le gouvernement tchèque *(sic)* à trouver une solution du problème des Allemands des Sudètes dans une conférence des Grandes puissances »[39]. L'équipe Daladier-Bonnet, qui avait depuis l'Anschluss ordonné (comme les financiers) à la presse de proclamer la caducité des traités de 1924-1925, remit cependant à la « gouvernante anglaise » la charge publique du forfait[40].

D'une allégresse germanophile anglaise dont l'impudeur mériterait un livre se détacha la mission Runciman, étirée jusqu'à la mi-septembre. Cette « immixtion [anglaise] dans les affaires intérieures de la Tchécoslovaquie » fut annoncée à Bonnet fin juin[41]. Lord William Strang, héraut de l'Apaisement du *Foreign*

Office, avait rédigé, « retour de mission en Allemagne et en Tchécoslovaquie », un rapport déchaîné contre Bénès et « son attitude imprudente mais jugeant excellent "le programme [allemand] de Carlsbad" endossé par Henlein »[42]. Bonnet y trouva motif à confirmer à Moscou son néant : l'ambassadeur soviétique à Paris Iakov Souritz vint vainement « à deux reprises [...] lui conseiller fermement de prendre position contre l'envoi de Runciman à Prague »[43]. L'opération décidée par « Chamberlain et Lord Halifax » pour « ramener les Tchèques à la raison et les faire changer de politique »[44] fut publiquement annoncée[45] après un mois de pressions qu'Henderson et Bonnet firent valoir aux Allemands, écrasantes et efficaces[46] : le 27 juillet, Bénès en commenta l'annonce à Eisenlohr en termes si pitoyables que l'ambassadeur « recommand[a à Ribbentrop] de battre le fer pendant qu'il [était] chaud »[47].

Walter Runciman, secrétaire du *Board of Trade*, était lié aux grands intérêts financiers britanniques aussi obsédés d'accord économique avec le Reich qu'hostiles au commerce avec l'URSS[48]. Ce féal de Chamberlain et Halifax fut malgré leurs démentis mandaté par eux, avec la caution d'Eden. L'ancien secrétaire au *Foreign Office*, toujours résolu à liquider la Tchécoslovaquie, considérait comme « une initiative excellente » la mission de ce vieux champion (moins un intermède *public* 1914-18) du camp germanophile. Y appartenaient aussi les accompagnateurs de Runciman, issus de la City ou liés à elle, le richissime R.J. Stopford et Frank T.A. Ashton-Gwatkin, chef au *Foreign Office* des « relations économiques, [...] spécialisé depuis plusieurs années dans les questions commerciales et financières »[49]. Ashton-Gwatkin, qui, selon Herbert von Dirksen, ambassadeur d'Allemagne à Londres, « comprenait pleinement nos revendications économiques dans les Balkans », négocierait tous les contrats anglo-allemands de la collaboration économique *post* Munich[50]. Runciman était assez germanophile pour que Berlin l'estimât « impartial et bien qualifié pour la mission » et qu'Hodza vît en lui « un allié contre les esprits étroits »[51]. L'équipe britannique, arrivée le 3 août, s'entendit à merveille avec la clique d'Henlein. Elle épancha auprès des leaders du parti allemand des Sudètes son antisémitisme contre « les juifs de Tchécoslovaquie », bien pires que « les juifs britanniques » (Geoffrey Peto, secrétaire de Runciman). Elle devisa avec eux du péril rouge en banquetant, comme Lady Runciman, qui « comprenait remarquablement les Allemands des Sudètes et parlait de l'influence bolchevique en Tchécoslovaquie »[52].

Pour interdire à la Tchécoslovaquie de se battre, le duo Bonnet-Daladier ajouta aux « vives pressions » exercées par « la mission de Lord Runciman » des mesures destinées à neutraliser son ambassadeur à Prague, Victor de Lacroix, trop tchécophile à son goût[53]. Ami et ancien sous-secrétaire d'État aux Finances de Bonnet, René Brunet fut chargé de contacts (avérés en juillet) avec Ernst Kundt, adjoint d'Henlein. Piaffant d'aller « à Prague [...] travailler avec Lord Runciman comme médiateur français », il y parvint mi-septembre, avec « pour instructions » de « Daladier et Bonnet » d'y discuter avec le chef du parti allemand des Sudètes les détails des opérations[54]. Lacroix reçut au surplus des instructions de harcèlement, qu'il appliqua à la lettre et qui aboutirent en août. Le 18, il confirma à Krofta le veto français contre l'entrée en vigueur des trois ans, vu « l'impression psychologique qu'une telle décision pourrait éventuellement produire dans l'atmosphère internationale actuelle ». Bonnet annonça le 22 au *Foreign Office* la victoire commune, la suspension de « la décision ». Krofta assura Lacroix le 24 que le conseil des ministres du lendemain « tiendrait [...] grandement compte de nos observations et qu'"on trouverait probablement le moyen de maintenir pour un certain temps la classe sous les drapeaux sans recourir formellement à une prolongation du service" »[55]. La honte française du forfait perpétré fournit une hypothèse plausible à la disparition des fonds classés entre ce document et le suivant, du 12 avril 1939, date à laquelle la question tchécoslovaque avait cessé de se poser.

Les archives allemandes, explicites, transforment en loque, fin août, un Bénès conduit à brûler ce qu'il avait adoré : les 24 et 25, dans ses conférences au château de Prague, il prétendit vouloir « résoudre le problème des nationalités par des moyens progressifs et ne craindre que deux choses, une guerre et le bolchevisme » ; puis il condamna « la République [qui n'était] pas une démocratie modèle, mais une dictature de la majorité gouvernementale sur l'opposition et de la majorité de la nation sur les autres groupes nationaux »[56]. Quatre semaines de « pression quotidienne » furent exercées « sur Bénès » par Runciman « pour le pousser à accepter un accord sur des bases généreuses » – celle des huit points de Karlsbad du tandem Berlin-Henlein[57] – et secrètement, par Paris. À leur terme, Prague, lestée du « nouveau gouvernement » à l'échine assouplie constitué par Bénès[58], avait capitulé.

Bonnet l'annonça à Welczeck, le 2 septembre, dans un entretien célébrant Hitler, qu'il présenta comme son idole et celle de Daladier. L'essentiel était acquis, quoiqu'il minaudât encore sur le « solennel traité d'alliance » franco-tchécoslovaque, son exécution si nécessaire, le sens français des engagements, etc. « En France et en Grande-Bretagne, assura-t-il, rien n'était plus ardemment souhaité que la paix. La pression exercée sur le gouvernement de Prague était beaucoup plus grande qu'on ne le supposait. Même s'il autorisait la Grande-Bretagne à en prendre la tête, l'influence française n'en était pas moins énergique ni permanente. Il ne se passait guère de jour sans qu'il téléphonât à Prague. Nous pouvions compter sur cette pression pour que le gouvernement tchécoslovaque fût contraint d'accepter le verdict de Runciman qui, selon toute probabilité, signifierait la réalisation de 70, 80 ou 90 % des demandes des Allemands des Sudètes. »[59]

Le 7 septembre, « l'entourage du Premier ministre » Chamberlain, via le *Times*, planta le poignard en conseillant de « faire de la Tchécoslovaquie un État plus homogène par la sécession de cette frange de populations étrangères qui sont contiguës à la nation à laquelle elles sont unies par la race [...L]es avantages pour [elle] de devenir un État homogène pourraient l'emporter sur les inconvénients évidents de la perte du district frontière des Sudètes ». Daladier convoqua ce jour-là le chargé d'affaires allemand Curt Braüer pour l'assurer de son « complet accord sur nos demandes, [... de s]a non-opposition à leur réalisation par des moyens pacifiques » et de sa « compréhension et son respect particuliers pour le Führer ». Il agrémenta l'entretien du refrain, entonné « très emphatiquement », des « conséquences terribles et calamiteuses d'une guerre européenne » démontrées par les exemples espagnol et chinois : à son terme « se déclencherait une révolution tant chez les vainqueurs que chez les vaincus, aussi sûrement en France qu'en Allemagne et en Italie. La Russie soviétique ne laisserait pas passer l'occasion de porter la révolution mondiale dans nos pays, après l'affaiblissement du continent européen »[60]. Prose incompatible avec la thèse, soutenue par sa bienveilante biographe, de ses affres et de sa combativité sur la question tchécoslovaque[61].

Du 12 septembre, date du discours codé d'Hitler à Nuremberg, jusqu'à Munich, Paris laissa Chamberlain et consorts – dont l'ambassadeur à Berlin Nevile Henderson, franchement nazi[62] – présenter à Hitler les « plans » d'anéantissement de la Tchécoslovaquie[63]. D'abord le 15 septembre, à Berchtesgaden, en compagnie de piliers de l'Apaisement, son conseiller Sir Horace Wilson et Sir Orme Sargent. Chamberlain dit « reconnaître le principe du détachement des Sudètes », et compléta le propos en mentionnant l'abandon impératif de toute alliance conclue par Prague avec Moscou. Il supplia Hitler de lui consentir les « quelques jours nécessaires aux délibérations du cabinet britannique » sur la « réalisation » de ces objectifs. Hitler accepta donc de lui fixer un nouveau rendez-vous « à Cologne ou Godesberg » pour conclure un accord « par des moyens pacifiques »[64].

Un nouveau sursaut populaire de bravoure et d'indignation menaça alors gravement le Reich et son Parti allemand des Sudètes. Les principaux chefs de celui-ci, saisis de « panique complète », Henlein compris, détalèrent dans les jours qui suivirent : leur fuite éperdue suscita une immense « crise de confiance » de leur base[65]. Ce réveil national accompagnait l'entassement des troupes ennemies aux frontières : Faucher alerta Daladier et Gamelin le 17 septembre sur la menace d'« intervention allemande à très brève échéance », qui fut confirmée par le « renseignement militaire »[66]. Le gouvernement tchécoslovaque dut donc décréter la « mobilisation totale », mais il se garda de l'appliquer. Bénès lui préférait la supplication impuissante : « Pour se conformer à l'esprit des conseils donnés par la France et l'Angleterre et pour éviter tout ce qui peut être interprété comme provocation, les mesures militaires ont été aussi réduites que possible. Mais on est ainsi exposé à une infériorité initiale qui peut avoir de très graves conséquences. Cette situation ne peut se prolonger. » La mobilisation s'impose, ajouta le 18 septembre Faucher à l'intention de Daladier et Gamelin, dès « demain lundi [19] ou au plus tard mardi [20...]. Le président Bénès serait désireux d'avoir votre avis immédiatement et vous demande de faire ressortir auprès du gouvernement les raisons impérieuses d'ordre militaire qui obligent à prendre la décision susvisée »[67].

La France et l'Angleterre rédigèrent le même jour, à Londres, la « communication » en huit points qu'elles remirent le 19 septembre à Bénès : elle exigeait le « transfert immédiat au Reich des territoires sudètes » (1) « comptant plus de 50 % d'habitants allemands » (3), « directement » de préférence « ou par plébiscite » (2). Prague devait répondre à l'ultimatum, baptisé « sacrifice [...] du gouvernement tchécoslovaque à la cause de la paix » (7), « au plus tard mercredi [21 septembre] », date de reprise « de la conversation entre le Premier ministre et M. Hitler [...], et plus tôt si possible ». (8) « La garantie internationale des nouvelles frontières de l'État tchécoslovaque contre une agression non provoquée » remplacerait « les traités existants qui entraîn[ai]ent des obligations réciproques de caractère militaire »[68] : les Pactes franco-tchécoslovaques de 1924-1925 et soviéto-tchécoslovaque de 1935. Cette « garantie » ne valait pas même le papier sur lequel elle avait été écrite : « Le 18 septembre, M. Chamberlain pos[a] comme condition de la garantie que l'Angleterre donnerait à la Tchécoslovaquie la rupture de son alliance avec la Russie »[69] ; Bonnet rappela en décembre à Ribbentrop qu'il n'avait fait « miroiter [...] à la Tchécoslovaquie [...] des perspectives de garantie nouvelle » que pour arracher son « accord à la cession du territoire » des Sudètes[70].

L'ultimatum franco-anglais s'accompagna de nouvelles pressions écrasantes. De Prague, Andor Hencke signala le 19 septembre « que l'attitude anglo-française affaiblissait la volonté de résistance, [...] encore manifeste hier »[71]. Elle aboutit, le 20, au « dramatique [...] conseil de cabinet » dont « plusieurs ministres sortirent en pleurs », qui accepta la cession. Cette capitulation animée par le chef du parti agrarien Rudolf Beran suscita « une intense amertume de la population contre la France, source immédiate d'altercations avec des ressortissants français »[72]. Rendue publique le 21, cette décision liquidait l'alliée de la France, Massigli en convint cyniquement à la réunion de liaison de ce jour, à titre d'« avis personnel » : « La question des Sudètes est largement dépassée ; il s'agit maintenant de la destruction de la Tchécoslovaquie et de son dépècement et Hitler veut un gros succès militaire et politique. »[73] La Wehrmacht ayant franchi la frontière à Eger, François-Poncet supplia Berlin le 22 septembre de « tout faire pour éviter des incidents qui mettraient le gouvernement français en position extrêmement difficile tant à l'égard de sa propre opinion publique que d'autres gouvernements »[74].

Les 22 et 23 à Godesberg, Chamberlain acheva son œuvre avec Hitler, comme prévu le 15, au prix de simagrées sur l'exigence d'évacuation tchèque et d'occupation immédiate allemande des zones cédées. Vite balayées au profit d'« un accord complet » sur le « mémorandum allemand »[75], ces coquetteries jouèrent pendant quelques jours les serpents de mer. Prague devait en effet céder sans combat « son potentiel industriel [et] d'importantes voies de communication » et souscrire à « l'abandon quasi total de son système de fortifications et, en particulier, de ses fortifications lourdes (ligne Trutnov-Zamberk-Oravska-Ostrava) »[76]. Paris grimaça donc sur fond officiel, depuis le 24, de mobilisation[77]. Daladier s'autorisa à Londres, le 25, une séance de fermeté qui impressionnerait un lecteur privé des archives françaises, américaines et allemandes. Donnant aux Anglais prétexte à prôner, en en assumant la responsabilité exclusive, la ligne capitularde qui lui servait de couverture, il recensa tous les éléments militant en faveur du soutien à la Tchécoslovaquie : c'étaient les arguments, puissance aéronautique soviétique incluse (« 5 000 avions »), qu'il avait lui-même rejetés de longue date[78].

Chamberlain multiplia jusqu'à Munich les mesures publiques de fermeté, qui inclurent : 1° un « communiqué » franco-anglais et une déclaration officielle d'Halifax, le 26, au terme des entretiens franco-anglais ouverts la veille, annonçant la résistance de la France soutenue par la Grande-Bretagne face à une attaque allemande contre la Tchécoslovaquie ; 2° la distribution de masques à gaz et le creusement de tranchées à Londres. Ces gesticulations cosmétiques devaient tout, avait-il avisé Berlin le 25 au soir, à ses « difficultés [intérieures] grandissantes » : « Le Führer ne devrait tenir aucun compte des rapports publiés à l'occasion des actuelles négociations avec les Français et les Tchèques à moins qu'ils ne proviennent directement de lui-même. Tout message de presse ou autre publié préalablement devrait être considéré comme pure conjecture. »[79]

Parmi les stipulations concoctées par le tandem Hitler-Chamberlain, la date-limite du 1er octobre et la livraison au Reich des installations militaires « intactes en l'état » posaient problème officiel : « Les fortifications tchèques » ressemblant comme des sœurs à la Ligne Maginot, Berlin saurait bientôt tout des « plans restés secrets et [d]es détails techniques des fortifications Maginot »[80] (il est douteux, vu ses sources d'information à la Guerre et au Quai d'Orsay qu'il les ait ignorés). Brinon tenait à la minute Braüer informé des agissements : 1° de ses amis ministres – Bonnet, Monzie et Pomaret – pour obtenir l'adhésion du cabinet à la cession du territoire des Sudètes « *selon les dispositions envisagées par les conversations* Chamberlain-Hitler » ; 2° des « milieux de la Chambre et du Sénat » les plus fébriles, « groupe Flandin » en tête. Tous suppliaient les Allemands de mieux dissimuler leurs préparatifs militaires, pour « leur faciliter la tâche, si peu que ce fût » : le Parlement pourrait se rallier « à la mobilisation générale et à l'aide à la Tchécoslovaquie [...] si aucune solution n'était trouvée avant le 1er octobre [...M]algré une forte aversion naturelle pour l'idée de la guerre, la population s'y accoutumait de plus en plus, surtout parce que la classe ouvrière avait pour des raisons idéologiques été poussée contre le régime allemand »[81].

Les responsabilités écrasantes de l'État-major

La complicité de l'État-major avec Berlin contre Prague

L'État-major, dont la hargne contre le Pacte franco-soviétique couvrit surtout, en 1938, la décision de liquider Prague, joua ici comme dans les dossiers espagnol et soviétique un rôle essentiel. Dentz « expos[a] » le 30 mars, à la réunion de liaison où fut soulevée « la question de l'aide russe à la Tchécoslovaquie, [...] les impossibilités matérielles et politiques auxquelles elle se heurterait même au point de vue aviation, et en faisant même abstraction de l'état actuel de l'armée russe »[82]. Il trahit son « ami » Faucher, l'esquivant quand il vint en juillet à Paris plaider la cause de la Tchécoslovaquie et de « la collaboration avec l'URSS » qui exigeait l'aval, exclu, de Schneider[83]. Il verrouilla toute coopération, tant militaire qu'industrielle, tâche facilitée par la soumission de Prague à l'autorisation préalable française, mais parfois compliquée par ses soubresauts de survie. Dentz fut l'agent d'une double tactique : traquer pour l'entraver la collaboration militaire clandestine Prague-Moscou et amuser le tapis sur la contribution française à une « collaboration » future[84].

Il prépara en août une réunion franco-tchécoslovaque, dont il discuta avec Massigli le 27, censée « traiter des rapports militaires entre URSS et Tchécoslovaquie et du rétablissement du service de 3 ans en Tchécoslovaquie », second point de l'ordre du jour ensuite remplacé par la formule vague : « des mesures de sécurité militaire à prendre par la Tchécoslovaquie. » C'est le 30 août qu'eut lieu à l'État-major de l'armée la rencontre avec les généraux Faucher, Fiala (représentants de l'État-major tchécoslovaque), Dentz, Gaucher et le commandant Alfred de Vitrolles, chef du Deuxième Bureau de l'armée de l'Air, sur *l'étude* de « la valeur de l'aide militaire » soviétique. Ce qui sortit de cette mascarade permit d'attendre la mort : « I. Il est décidé que » les deux États-majors « établiront séparément une synthèse des renseignements en leur possession sur le potentiel militaire et aérien de l'URSS et sur les modalités d'exécution suivant lesquelles le concours des forces de l'URSS pourrait se manifester. Le plan de cette étude, discuté à la réunion, sera établi par le Deuxième Bureau et expédié à Prague par la valise du 5 septembre. L'étude du Deuxième Bureau devra être établie et expédiée à Prague avant le 19, délai extrême. L'État-major tchécoslovaque adressera, de même, son étude dans les mêmes délais. II. Les deux États-majors compareront alors leurs points de vue respectifs. Si des différences apparaissent, elles seront éclaircies au cours d'une réunion ultérieure. III. Il est entendu qu'il ne s'agit que d'une étude *militaire*, commune aux deux États-majors français et tchécoslovaque et à eux seuls, dont, par suite, *le secret doit être rigoureusement gardé.* »[85]

Faucher avait en juillet « parlé [de...] la collaboration avec l'URSS [...] au général Gamelin et au général Colson »[86], qui lui préféraient le Reich. Pour y faire barrage dans l'aviation, arme décisive de la guerre imminente, on recourut au chef d'État-major général de l'armée de l'Air, Vuillemin. Au début de l'été, le Reich invita à Berlin ce cagoulard notoire, thuriféraire de l'aviation allemande et contempteur des aviations française, tchécoslovaque et soviétique, sous prétexte de rendre la visite à Paris de 1937 de son homologue allemand, le général Erhard Milch. Massigli argua le 2 juillet « que étant donné la personnalité du général Vuillemin cette question [était] une affaire de gouvernement »[87]. L'« affaire » fut brève, puisque Bonnet, le 12 juillet, assura Berlin du « succès » de son appui à la visite[88], qui eut lieu autour du 20 août. Vuillemin revint enthousiaste de son entretien avec Hitler et Goering, et « très profondément impressionné par ce qu'il avait vu de l'aviation allemande, au sommet de son efficacité ». Bonnet pria Welczeck le 2 septembre « d'adresser les remerciements les plus chaleureux du gouvernement français au Führer », à Goering et à Ribbentrop « pour la réception cordiale du général Vuillemin, qui avait fait excellente impression ici »[89]. Je n'en ai pas trouvé dans les fonds français[90] et allemands consultés récit fiable, mais Vuillemin discuta avec Goering et Hitler de l'attitude française en cas de guerre germano-tchécoslovaque. Il aurait, selon « un agent secret des milieux proches du Quai d'Orsay », répliqué à Goering, qui la prétendait mineure, qu'elle « ne pourrait être localisée et conduirait inévitablement à une guerre franco-allemande. "Je ne suis pas diplomate [...S]i vous attaquez la Tchécoslovaquie, nous vous attaquerons [:...] mon État-major général et moi-même, conformément à notre devoir, sommes préparés à une guerre avec l'Allemagne." ». Mais, l'agent français se contredit en affirmant que « rien d'important » n'aurait marqué ce « simple échange de courtoisies réciproques » ; Havas fut contraint de démentir « des conversations aériennes »[91], et surtout, la fermeté est antagonique avec les assurances données peu après aux Allemands par les confrères de Vuillemin que la France ne bougerait pas – pièce de choix éclairant le chef d'« intelligence avec l'ennemi » dont on souhaiterait avoir l'équivalent en 1939-1940.

Colson, chef d'État-major de l'armée (et premier ministre de la Guerre de Pétain), requit du Reich, comme la clique « pacifiste » civile, silence sur ses préparatifs militaires et lui garantit la passivité française. Au soir du 2 septembre, il rendit à l'attaché militaire allemand Kuehlenthal une visite « privée » – motivée par sa « confiance en [lui] en tant qu'ami » – pour gémir sur l'ennui que lui valaient les nombreux rapports reçus « sur les activités militaires de l'Allemagne » qui massait des troupes « à [s]a frontière occidentale » : il subissait pressions et griefs « de certains groupes » qui lui demandaient « quelles mesures prenait » la France ; « viendrait un moment où [celle-ci] serait forcée de répondre à [l']action [allemande] coup pour coup », il le déplorait vivement. Colson et l'État-major, se réjouit Welczeck le 3, montrent un « calme parfait » confrontés aux rapports sur le renforcement militaire allemand face à Strasbourg (déploiement d'artillerie et de tanks près de Kehl) et près de Bâle, qui alarmait la population de Strasbourg et de Haute-Alsace. Mais ils craignent d'être « à cause de la mentalité de la population française de la frontière soumis à une pression politique » qui obligerait le ministère de la Guerre à « ordonner des contre-mesures susceptibles, vu la proximité des fortifications modernes à la frontière, de se transformer en sources de danger ». Le 5 septembre, Colson rassura Kuehlenthal sur les prétendues contre-mesures « annoncées cet après-midi par Havas ». Elles étaient conformes à ce qu'il lui avait dit depuis le 2 : « rien de plus » qu'un maigre rappel de réservistes « dans le but de tranquilliser la population [...]. J'ai tiré de la conversation l'impression que dans l'avenir immédiat rien de plus ne serait fait »[92].

Le chef suprême de l'armée, Gamelin, le lui confirma, l'invitant « dans son bureau » au matin du 11 septembre. « En raison de notre familiarité mutuelle et de la camaraderie militaire qu'il avait toujours encouragée », rapporta Kuehlenthal, « il tenait à me dire que les mesures militaires déjà ordonnées par la France, dont [...] Colson m'avait informé, devraient être intensifiées. Pour autant, ces mesures n'auraient rien à voir avec celles que l'Allemagne avait mises en œuvre ». Daladier partageait ses vues, et ces broutilles étaient limitées « au premier degré de la tension (mesures d'urgence du premier stade) [...] : interdiction générale des permissions, rappel des hommes en permission, licenciement des dépôts et centres d'entraînement navals, et autres mesures préparatoires » ; Gamelin « m'a dit expressément qu'aucun effectif en *disponibilité* ou aucune classe d'âge complète n'avait été appelé(e) »[93].

Pétain apporta sa pièce à l'édifice militaire en exaltant la formidable défensive française qui pulvériserait l'offensive allemande, bréviaire de l'État-major général de l'armée (Gamelin inclus, qui vanta à Bullitt le 20 mai les villes du Nord « imprenables »[94]). Il honora d'une longue préface le livre du général de réserve Louis Chauvineau, ancien professeur à l'École de Guerre [1908-1910], paru en 1938, *Une invasion est-elle possible ?*, qui « reflét[ait] l'état d'esprit de ce milieu ». « Ce fait » revêt, jugea Marc Bloch, « une réelle importance », vus l'habituelle

« prudence du maréchal, le secret dont il aime entourer ses initiatives, [et son…] peu de goût […] pour les responsabilités hautement assumées »[95]. Pétain y encensait le champion des « fronts continus » défensifs qui se gaussait des « chars […] vite démodés et difficiles à améliorer » et des « avions [,…] engins encore énigmatiques » (armes qui, le Deuxième Bureau l'assurait chaque jour faisaient la force du Reich) ; il préférait à « une offensive stratégique » mortifère « la défensive […] si puissante », « tâche la plus pressante au début des hostilités », arguant que « la nation a[vait] le temps de s'armer pour résister d'abord, pour passer à l'attaque ensuite »[96] ; il cautionnait l'appel à dénoncer les « alliances devenues dangereuses » et à renoncer aux « guerres de coalition » au service de « nations éloignées » dans le cadre de la SDN ou d'« un pacte de sécurité collective ». « [D]e telles lignes écrites en 1938, l'année de l'annexion de l'Autriche et de l'accord de Munich », commenta Marc Bloch en 1944, « priva[ie]nt la France d'alliés, lui interdisa[ie]nt toute tentative de contact avec les États-Unis et bien entendu la Russie [… E]lles aboutiss[ai]ent à laisser carte blanche à l'Allemagne dans toute l'Europe orientale en donnant à la France pour seule sécurité la théorie des fronts continus et un armement toujours plus poussé. C'est précisément ce que souhaitait l'Allemagne, c'est ce qu'elle a tenté de nous imposer jusqu'au bout, c'est le système qui, en détruisant la Tchécoslovaquie et en dispersant toutes les amitiés réunies par la France en 1918, a permis à l'Allemagne de nous écraser seuls et à coup sûr ». Dans cette ode à la guerre que la France ne ferait pas contre une Allemagne offensive qui, elle, la lui ferait – « document de tout premier ordre […] dans l'instruction du procès de la vaste entreprise de trahison » –, Pétain s'était mis « au service d'une manœuvre politique destinée à aider l'ennemi et […rendu] coupable d'une véritable trahison »[97].

Une décision militairement criminelle et ses paravents roumain et polonais

L'adhésion de l'État-major à la remise de la Tchécoslovaquie au Reich le conduisit à s'engager, comme dans les cas espagnol et soviétique, dans une croisade d'intoxication sur son faible intérêt militaire, contredite, selon l'usage, par le renseignement.

Car il apprit vite les « graves divergences […] au sein du haut commandement allemand » entre, d'une part, Goering, partisan de l'assaut « dès le printemps 1938 [,…] en liaison avec l'Italie », et d'autre part, Werner von Blomberg, ministre de la Guerre, et Werner von Fritsch, commandant en chef de l'armée, qui jugeaient « le réarmement allemand encore insuffisant pour se lancer dans une aventure incertaine »[98] (et avaient, le 5 novembre 1937, alerté Hitler sur « la force des fortifications tchèques » (en zone sudète) « qui avaient désormais acquis une structure de Ligne Maginot et entraveraient gravement notre attaque »[99]). L'État-major français n'ignora rien, au fil des mois, des hésitations de la Wehrmacht, voire des « chefs nazis » conscients de l'impossibilité du « recours à la force en Tchécoslovaquie », puis, le 21 mai, quand Prague résista, de la reculade allemande. La féroce « campagne antitchèque » prétendant la « sécurité » du Reich menacée – « attitude de gens qui déclarent enragé le chien qu'ils veulent abattre » – ne battit son plein qu'à l'été[100], quand l'Apaisement franco-anglais eut cassé les digues militaires qui avaient prouvé leur efficacité : la liaison hebdomadaire Guerre-Affaires étrangères, qui battit des records de bassesse, offre à cet égard un acte d'accusation accablant[101].

Le 8 septembre, le SR savait « le haut commandement [...] opposé à une guerre [que...] la majorité écrasante de la population allemande craindrait [...] et ne [...] voudrait pas » : il « aurait poussé Hitler à décliner l'offre d'une alliance militaire italienne, à laquelle il n'attache pas une grande valeur. [...] Il pense d'ailleurs qu'il faudrait au moins trois mois et de gros sacrifices pour briser la résistance tchèque. Les fortifications [allemandes] ne ser[aie]nt vraisemblablement pas finies avant le 1er octobre »[102] : les 8 et 9 septembre, à la conférence militaire de Nuremberg sur « le plan "Vert" opérationnel », les généraux Walter von Brauchitsch, Franz Halder et Wilhelm Keitel s'accordèrent en effet sur la puissance des Tchécoslovaques et Hitler lui-même admit le risque de voir « les unités [...] saignées à blanc » comme à « Verdun !! *(sic)* »[103]. Fin septembre, dans la « foule [...] silencieuse et morne » qui suivit à Berlin « le grand défilé de chars », des propos pacifistes furent tenus « tout haut », chacun percevant « qu'une guerre engagée par l'Allemagne [...] aurait signifié l'effondrement immédiat du Führer »[104].

Les rapports rédigés ou collectés par Faucher et par l'État-major soulignaient la valeur militaire exceptionnelle du dernier rempart de la France contre l'assaut. Septembre regorgea d'informations sur le trésor qu'elle allait céder au Reich, montagne dont j'extrais deux notes d'État-major. Celle du 9, « sur l'intérêt que présent[ait] pour la France du point de vue militaire le maintien de la Tchécoslovaquie », rappelait : 1° son rôle d'« obstacle au Drang nach Osten » : s'il est levé, l'Allemagne peut « s'emparer des richesses agricoles et industrielles de la Hongrie et de la Roumanie » et s'ouvrir la voie « vers les portes de la mer Noire [, ce qui] lui permettrait de construire une "carte de guerre" initiale particulièrement favorable » ; 2° l'importance de « l'armée tchécoslovaque sur l'échiquier militaire européen » : remarquable, « seule en Europe centrale à mériter le nom d'armée occidentale, elle dispose à la fois de personnel instruit et de matériel moderne construit en territoire national » (les 17 DI évoquées ici étaient 34 selon d'autres documents ; la mort du pays accroîtrait les estimations). « D'où affaiblissement correspondant des forces allemandes sur le front occidental, sécurité plus grande pour la mise en garde française et terme gagné pour la constitution d'une coalition. En même temps difficultés plus grandes pour l'Allemagne d'extension de sa manœuvre à l'Ouest vers la Suisse, la Belgique ou la Hollande et la création d'autres théâtres excentriques (Espagne, colonies, etc.). [...] La Tchécoslovaquie menace l'Allemagne par la plate-forme de son aviation », qu'on pourra renforcer par des « unités dont l'entrée en action doit être d'ailleurs minutieusement préparée pour qu'on puisse en espérer un minimum d'efficacité. En tout cas, *concluait le texte,* le maintien d'une puissance tchécoslovaque est d'un intérêt primordial pour la France, comme pour la Petite Entente, nous pouvons même dire pour la Pologne »[105].

Avertissement de Cassandre le plus saisissant, à ma connaissance, sur le sort de la France en mai-juin 1940, la longue note du 15 septembre issue des bureaux de Gamelin envisageait comme « la pire des éventualités à redouter [...] un abandon franc ou déguisé de la Tchécoslovaquie qui permettrait à Hitler d'atteindre le but immédiat qu'il poursuit et de pouvoir en 1939 ou 1940 engager contre la France et l'Angleterre une guerre qu'il aurait des chances sérieuses de gagner ». Exposant sur 13 pages en quoi cette option constituait « une erreur colossale », elle s'achevait ainsi : « Une telle annexion sera et ne peut être qu'une préface [...] à une guerre qui deviendra inévitable, et au bout des horreurs de laquelle la France courra le plus grand risque de connaître la défaite, le démembrement et la vassalisation de ce qui subsistera du territoire national comme État en apparence indépendant. »[106] L'affaire tout juste classée, « un des meilleurs connaisseurs du problème tchécoslovaque » (anonyme) cautionna « la quasi-certitude [tchécoslovaque] fondée sur les dires de bon nombre d'Allemands et des Tchèques les mieux disposés pour l'Allemagne, que le Reich était hors d'état de soutenir une guerre européenne » avec ses 32 divisions aux frontières contraintes à se mesurer à « 35 divisions tchécoslovaques, retranchées dans des lignes solides [;...] qu'une attitude résolue de la France aurait entraîné automatiquement celle de la Russie et assuré la neutralité [...] de toutes les puissances voisines, Pologne comprise [...] Hitler aurait été alors trop heureux de saisir toute porte de sortie qu'on aurait bien voulu lui offrir »[107].

La tendance française à l'autoflagellation libéra vite les langues sur l'ampleur des pertes consenties. Massigli, le 19 octobre 1938, prétendit « les Allemands [...] étonnés de la puissance des fortifications cédées par les Tchèques qui leur auraient ménagé, disent-ils, un nouveau Verdun »[108]. Une note technique du 1er décembre 1938 relative aux « essais de résistance effectués par les Allemands sur les fortifications tchécoslovaques » (par tirs d'obus, « bombardements par avion » et chars), confirma qu'elles étaient inexpugnables[109] et que si elle avait dû livrer combat, la Wehrmacht eût été « saignée à blanc » (Hitler l'avait avoué à ses généraux). La « note sur les conséquences militaires de la disparition de la Tchécoslovaquie » datée de son lendemain (16 mars 1939) rappela qu'à Munich, après que « *la mobilisation de septembre 1938 [eut] prouvé* que l'armée tchèque possédait un armement excellent, dont la qualité était universellement reconnue, *en majeure partie moderne, et complet* », le Reich avait acquis « *la neutralisation de 40 divisions tchécoslovaques*; ce qui lui libérait une force à peu près équivalente »[110].

L'État-major avait donné au forfait français l'habituelle justification roumaine et polonaise : impossible de contrarier ces alliés décisifs en sollicitant leur autorisation à l'entrée sur leur territoire de l'Armée rouge. L'argument roumain est mensonger. Le ministre des Affaires étrangères Nicolas Comnen avoua en juin 1938 au ministre du Reich à Bucarest juger « le sort de la Tchécoslovaquie *d'un intérêt vital pour la Roumanie* » : celle-ci, avec ses « nombreux allogènes, voyait dans les exigences imposées à Prague concernant les minorités, *un précédent inquiétant* »[111]. Elle observa donc une neutralité de fait, malgré la germanophilie du « roi Carol » : elle « avait peur d'être la suivante sur la liste, une fois que le cas de la Tchécoslovaquie aurait été réglé par Allemagne », dit Litvinov à l'ambassadeur allemand Schulenburg fin août[112]. Bucarest fermait les yeux sur le survol de son territoire, d'ailleurs « autorisé par le droit international ». Le 19 septembre, Schulenburg évoqua même un accord autorisant survol et transport de troupes contre renonciation soviétique à la Bessarabie « pendant 25 ans »[113]. Paris était parfaitement informé : « Il semble que 300 à 400 avions russes soient déjà en Tchécoslovaquie, *annonça Massigli le 28 septembre.* La Roumanie a laissé faire. »[114]

L'argument polonais est absurde. Le « vautour attendant le morceau », Beck, « inquiet d'arriver trop tard sur la scène », n'osa se déclarer qu'entre l'entretien de Berchtesgaden du 15 septembre et l'ultimatum franco-anglais du 18, en revendiquant les 1 269 km^2 et les 300 000 habitants du « territoire de Teschen »[115]. Paris le savait aussi bien que Berlin. Beck avait déclaré à la mi-mai aux ambassadeurs d'Angleterre et de France à Varsovie : « 1° que la Pologne n'avait aucune visée sur la République voisine ; 2° qu'il refusait de prendre à son compte » les propos de « la presse polonaise sur un partage prochain de la Tchécoslovaquie ; 3° qu'aucune concentration de troupes polonaises ne s'était produite ; 4° qu'il était prêt, enfin, à collaborer avec les Puissances occidentales pour le maintien de la paix. » Il ajouta à l'usage français « que la Pologne n'avait d'accord dirigé contre personne et affirma[...] de nouveau sa fidélité à l'alliance franco-polonaise ». Il ricanait de l'hypothèse d'« une agression allemande en Bohême », disant « redoute[r] simplement que des événements d'ordre intérieur ne précipit[ass]ent les choses ». Le « SR » français, qui connaissait depuis 1935 « le plan de partage » tripartite et suivait à la trace en 1938 les indices de la participation polonaise à la curée, démentit aussitôt Beck : la Pologne occuperait « Teschen et quelques terres irrédentes de Slovaquie dès l'entrée en Bohême des Allemands sous le prétexte de s'opposer sans autres visées à l'expansion allemande »[116].

La duplicité française atteignit ici des sommets. Le 20 mai, Gauché avalisa, sous couvert de l'attaché militaire à Varsovie, Musse, ennemi aussi virulent que lui de Prague et Moscou, les mensonges de Beck. « Le parti du gouvernement polonais est pris maintenant », avait écrit Musse, « *il n'y a pas lieu d'attendre de lui une intervention active sous quelque forme* que ce soit en faveur de la *Tchécoslovaquie.* M. Beck ne prendrait, sans doute, aucune initiative hostile à ce pays mais suivrait de près les événements avec le souci de ne pas laisser échapper le profit qu'il pourrait en tirer, sans se dissimuler d'ailleurs, le danger créé par l'expansion du IIIe Reich »[117]. Le 26 septembre, Daladier soigna sa réputation, confiant à Bullitt sa haine pour le « vautour » polonais : « Il espérait vivre assez pour faire payer à la Pologne son attitude de rapace en proposant à la Tchécoslovaquie un nouveau partage de la Pologne. »[118] Le ministre de la Guerre laissait simultanément l'État-major français flatter la « hyène »[119]. « Après avoir tant cédé à l'Allemagne, nous refusons à la Pologne une satisfaction bien modeste », or, il importe, argua Musse le 21 septembre, de « rectifier au plus tôt notre attitude à l'égard des revendications polonaises. La Pologne [...] peut être demain, un élément des plus importants pour la reconstruction de notre politique européenne. C'est une carte que nous ne devons pas laisser échapper »[120].

Ce fut la ligne gouvernementale. « Les Français pressent Prague de montrer la plus grande considération pour les souhaits des Polonais », plastronna Beck le

26 septembre devant l'ambassadeur allemand Moltke ; lui-même n'attendait pas des Tchèques « des négociations » (« il était trop tard »), mais « une capitulation sans condition ». « Les ambassadeurs français et britannique à Varsovie avaient fait des *démarches* pour que Prague reconnût la légitimité des revendications polonaises », confirma Hencke le 27[121]. « Le ministre de Pologne [Casimir] Papée remit [ce jour-là] un ultimatum à Prague exigeant l'évacuation de la zone de Teschen dans les 48 heures, faute de quoi l'armée polonaise se mettrait en marche. »[122] Une semaine auparavant, le délégué polonais à Genève avait qualifié le butin imminent de « réparation d'une faute criminelle commise par Bénès en 1920 »[123].

L'honneur intact du général Faucher

Dans une lettre confidentielle à Daladier, le 22 septembre, Faucher, impuissant à sauver l'honneur de son pays, fustigea son indignité avec une émotion dont sa démission du lendemain atteste la sincérité. « Les interventions de la France et de la Grande-Bretagne à Prague ont produit dans le pays et en particulier dans les milieux militaires une violente indignation qui s'est encore accrue lorsque a été connue l'acceptation de l'ultimatum par le gouvernement tchécoslovaque. L'inspecteur général, le chef d'État-major général m'ont fait part de leurs sentiments en termes clairs bien que mesurés, parce qu'ils savent la peine immense que j'éprouve avec eux. D'autres officiers m'ont écrit ou sont venus me voir spontanément. Pour tous, la France est la principale coupable : c'était l'Alliée. L'offre de la garantie des nouvelles frontières est jugée avec une ironie sévère.

L'armée tchécoslovaque savait les terribles épreuves qui l'attendaient en cas de conflit, mais elle était prête à tous les sacrifices. Il est compréhensible qu'elle éprouve aujourd'hui une immense indignation d'avoir à déposer les armes sans avoir tiré un coup de fusil. La perte des frontières historiques et naturelles par la cession de régions où habite d'ailleurs une minorité tchèque importante, la livraison sans combat de la presque totalité du système fortifié qui venait d'être édifié avec tant d'ardeur et au prix de tant de sacrifices rendent toute défense impossible et portent à la nation tchécoslovaque un coup moral terrible. Désormais la nation tchécoslovaque sera indépendante dans la mesure où le Reich le permettra. On n'admet point l'argument que l'on ne pouvait, en vérité, contester aux Allemands de Tchécoslovaquie le droit de disposer d'eux-mêmes. Ce droit, comme tous les droits, est limité par les droits des autres. La nation tchécoslovaque aussi a le droit à l'existence et elle ne peut vraiment vivre sans les territoires qu'on lui enlève. Allemands de Tchécoslovaquie et Tchèques ont vécu pendant plus de mille ans dans le cadre d'une même unité politique. Ils pouvaient encore y vivre en bonne harmonie si les excitations de l'extérieur avaient cessé.

Il existait en Tchécoslovaquie des sentiments anciens, profonds, touchants, d'amour et d'admiration pour la France. Je connais assez le pays pour l'affirmer en me basant sur autre chose que sur des propos ou des manifestations attribuables à la simple politesse. À ces sentiments succèdent la haine et le mépris : nous avons trahi avec cette circonstance aggravante que nous avons essayé de camoufler la trahison. “Vous aurez peut-être un jour contre vous des canons de Skoda et des soldats tchécoslovaques”, m'a dit un ami de longue date. Déjà, on ne salue plus les officiers français et pour éviter tout incident, le personnel de la mission ne sort plus qu'en civil. Un officier est venu rendre à la mission, croix de chevalier de la Légion d'Honneur et croix de Guerre. Il ne sera pas le seul, certainement, à faire ce geste. J'apprends à l'instant, *précisa une note,* que l'Association des anciens légionnaires de France allait décider le renvoi des décorations françaises à la légation et que la décision n'a été ajournée que grâce à l'intervention énergique d'un ami dévoué. La vie des Français en Tchécoslovaquie sera désormais infiniment pénible. Il est certain que toutes les institutions culturelles françaises créées après la guerre vont disparaître ou ne vont plus vivre que d'une vie misérable. Elles seront remplacées par autre chose. Mais d'autres conséquences, d'une portée beaucoup plus générale et bien plus graves encore vont suivre inévitablement. »[124]

Faucher démissionna le 23 septembre, jour où un « journaliste français arrivant de Prague par avion » décrivit des « manifestations antifrançaises très violentes » : « drapeaux français brûlés dans les rues » et attaque du « car d'Air-France [...] dans la rue »[125]. Le général invoqua pour cause « *principale* » de sa décision, dont il différa ensuite l'effet jusqu'à la mi-décembre[126], la violation de la parole donnée : « Je ne puis approuver qu'on ne tienne pas les engagements ou ce qui est plus grave qu'on les tourne. »[127] Le 6 octobre, dans une lettre plus rude que celle du 22 septembre et adhérant à l'argumentation tchécoslovaque sur « la trahison de la France », il écrivit à Daladier : « Je ne puis oublier d'ailleurs que vous m'avez vous-même une fois, M. le président, chargé d'apporter au président Bénès l'assurance qu'une attaque dirigée contre la Tchécoslovaquie déclencherait l'entrée en ligne immédiate des forces françaises. Le souvenir de cette mission n'a pas peu contribué à ma détermination de vous demander de me relever de mes fonctions. »[128]

Gamelin aggrava le 28 septembre son déshonneur d'un courrier courroucé à l'homme d'honneur : « Je [...] suis certain qu[e les Tchécoslovaques] se rendront compte des efforts que fait la France pour les sauver. Je vous inflige le blâme du chef d'État-major général et vous invite à continuer à faire votre devoir de général français. »[129] Faucher ajouterait à son honneur de l'avant-guerre celui de la résistance et de la déportation[130].

L'OPTION DES GRANDS INTÉRÊTS FRANÇAIS DE L'ANSCHLUSS À MUNICH

Comité des Forges et Banque de France : le dossier économique

L'excellente bibliographie anglophone impute l'Apaisement à la terreur de l'URSS et aux haines sociales intérieures ou coloniales des « élites » françaises et anglaises[131]. L'informateur des Français spécialiste « du problème tchécoslovaque » déjà cité balaya après Munich « les accusations de “bolchevisme” avec lesquelles Berlin, Varsovie, Budapest et Rome [avaie]nt finalement causé [l]a perte [de] la Tchécoslovaquie [...] L'affaire est donc claire, la cause, jugée » pour les Tchèques : « C'est la campagne systématique contre un pseudo-bolchevisme à Prague et la peur d'un effondrement du nazisme allemand au profit du communisme beaucoup plus que des intérêts nationaux qui ont dicté les décisions de Munich et assuré finalement le triomphe pacifique de l'Allemagne. »[132]

Motivée ou non par l'obsession antibolchevique, la fascination exercée par le Reich sur le grand capital français et la part prise par ce dernier dans les capitulations extérieures de 1938 méritent étude. Car, à l'inverse de ce qu'a cru Jean-Baptiste Duroselle, l'économie devança la politique[133]. Les reculades de la France furent inspirées comme naguère par le Comité des Forges (Schneider et les exportateurs de minerai de fer lorrain), accompagné du Comité des houillères (partie au SICAP), et par la Haute Banque, Banque de France en tête. *Aucune* archive originale n'étaie la thèse d'une fracture entre « partisans d'une collaboration économique avec l'Allemagne » et « adeptes de la fermeté », tels Schneider et Wendel[134]. Les premiers jouirent du monopole, « vision réaliste des barons du fer » contrainte au secret, selon Jean-Marie Moine, par « le nationalisme de boutefeu revanchard, cocardier et caricatural [...] d'une opinion très montée contre le Reich »[135].

L'évaluation du rôle pré-munichois de Schneider, maître de la Tchécoslovaquie jusque dans le tracé de ses frontières de 1919-1920, est entravée par les lacunes des fonds diplomatiques, qui ont été vidés sur Skoda[136]. Les échos qui fusèrent depuis octobre 1938 des négociations privées, malgré des consignes de secret absolu, suggèrent des tractations antérieures et excluent toute « résistance »[137]. Alice Teichova conteste l'hypothèse de l'historien marxiste tchécoslovaque Vaclav Kral que le lâchage industriel et financier du « canard boiteux » tchécoslovaque précéda et dicta Munich[138]. Mais elle admet le considérable renforcement, dans les années 1930, des groupes allemands au sein des cartels internationaux, miniers, métallurgiques, mécaniques, électriques et chimiques dominant l'économie tchécoslovaque. À leur sommet se dressaient la métallurgie et mécanique, fief de Schneider, et la chimie, dominée par la société tchécoslovaque Spolek, que l'IG Farben avait mise en orbite allemande, liquidant du même coup l'exportation chimique tchécoslovaque[139].

Gauché évoqua en mai 1938 un enjeu majeur du dossier, l'intégration dans les « prévisions » de l'Allemagne « des moyens puissants » que lui donnerait « la firme Skoda, après absorption espérée d'une partie de la Bohême »[140]. Il est exclu que Schneider, partenaire, dans les cartels métallurgiques, des groupes allemands qui avaient interdit le marché soviétique à Skoda, ait cessé de traiter avec eux en cette année cruciale. Par ailleurs, toutes les décisions françaises sur la Tchécoslovaquie (frontières, emprunts, lutte contre les risques de nationalisation, politique commerciale, etc.) avaient été prises en liaison avec Schneider et sur sa pression. Il est donc aussi invraisemblable que l'État français ait lâché la Tchécoslovaquie contre l'avis du groupe qui y régnait depuis les origines. Le seul matériel d'artillerie Schneider impossible à « enlever [...] d'ici le 10 octobre » et situé dans « le territoire à évacuer avant » cette date atteignait « 2 milliards de couronnes »[141]. Le 5 octobre, Massigli admit devant les militaires que les intérêts en jeu guidaient la politique française et se négociaient avec les dépeceurs : « Il importe de poser attentivement les bases de la politique à suivre avec la Pologne chez qui nous avons des intérêts industriels qui représentent 10 milliards en investissements de capital. Rien que dans la région de Teschen passée aux Polonais, nos intérêts industriels représentent 400 millions. »[142]

Sur le rapport entre la vente du minerai de fer français et le sort de l'Europe centrale le terrain est mieux balisé. L'élan commercial antérieur s'intensifia en 1938, où les importations allemandes de fer français quintuplèrent par rapport à 1933 et triplèrent par rapport à 1937. Le Comité des Forges, dont les ventes représentaient le tiers en valeur des exportations françaises totales en Allemagne[143], seconda le réarmement de celle-ci en proscrivant la publicité sur son corollaire, l'expansion territoriale. Cette stratégie corrobore, contre l'historiographie indulgente, « les accusations de Kerillis » sur le « rôle décisif » de François de Wendel non seulement « dans la capitulation de Munich » mais aussi dans celle de mars 1938[144].

« L'État français » s'y plia. « La politique la plus avantageuse aux firmes les plus puissantes n'était pas nécessairement la politique la plus prudente pour [lui], *observa après coup un analyste britannique.* Pour des raisons stratégiques, il était important d'encourager la production dans le centre et dans l'ouest de la France, où les conditions étaient en général moins favorables, mais le Comité [des Forges] dans son ensemble manifesta à cet égard une certaine indifférence. Certains aspects du réarmement allemand étaient également favorables aux producteurs de fer de Lorraine, et l'Allemagne continua à être un débouché important du minerai de fer de Lorraine jusqu'au déclenchement de la guerre, la menace d'interruption de ce trafic en 1938 avant Munich ayant considérablement embarrassé le gouvernement français. »[145] « En raison de la disette en minerais » bridant leur industrie, les Allemands ne peuvent conduire une éventuelle guerre « au-delà de quelques semaines, leur annexion de l'Autriche a été basée sur un énorme bluff ; un coup de canon eût tout arrêté », trancha le SR en avril. Le service transmit le 30 juin la récente remarque du général allemand Georg Thomas, chef des services économiques du ministère de la Guerre, que le niveau très insuffisant « des stocks de matières premières » interdisait d'entrer « dans un conflit de longue durée »[146].

La France sidérurgique montra à grossir ces réserves un allant embarrassant pour l'État. « À l'occasion des conventions commerciales en cours, *murmura Massigli le 13 juillet,* on pourrait réduire nos exportations de minerai de fer sur l'Allemagne qui utilise notre fer pour s'armer et construire des fortifications. » Pas question, répliqua Dentz, « il en résultera une diminution des fournitures de coke dont notre industrie métallurgique a besoin »[147]. De fait, l'envol des exportations françaises de fer au premier semestre accompagna une baisse de l'importation française de coke[148], un des multiples indices du non-réarmement français. Simultanément, « notre industrie métallurgique » entretenait avec l'allemande des rapports intimes dans les havres fiscaux neutres, suisse, néerlandais, etc. On conclut de nombreux accords de licence, prolongés alors ou sous l'Occupation par des mariages de capitaux, tel celui que signèrent à

Amsterdam le 10 décembre 1937 pour dix ans le métallurgiste allemand Heinrich Koppers, d'Essen, et la Compagnie générale de construction de fours de Montrouge qui regroupait la fine fleur des Comités des Forges et des houillères[149].

Le commerce des non-ferreux (dominé par la bauxite et l'alumine indispensables à l'aviation), des phosphates, du caoutchouc, du bois « servant à l'édification des fortifications et la fabrication des fusils », notamment les tropicaux, okoumé et acajou (origine du contre-plaqué utilisé dans les avions), etc., allait au même rythme. Il ne souffrit pas des « interdits » d'exportation française de 1938 invoqués par Sylvain Schirmann, mais systématiquement violés, prouve Gordon Dutter. Celui d'exportation de l'acajou d'Afrique équatoriale, en mai 1938, fut tourné par le gouverneur général, qui l'autorisa « vers d'autres pays européens ». Les compagnies coloniales, après avoir franchi cette étape intermédiaire, « réexpédiaient le bois vers l'Allemagne ». Tous les produits coloniaux profitaient de la fébrilité acheteuse du Reich. « La maison Rothschild régla ses dettes aux sociétés allemandes en caoutchouc [...] Michelin troqua du caoutchouc d'Indochine contre des tracteurs allemands. » Les achats de bauxite (métropolitaine) empruntaient des voies similaires. La commission interministérielle de compensation dominée par la chambre de commerce de Paris – avec pour délégué Pierre Jolly[150] – et par les hauts fonctionnaires des ministères économiques (Finances surtout), organisait ces opérations[151].

La Haute Banque et, en son nom, la Banque de France ne se tinrent pas en retrait. Les positions qu'elles prirent en mars 1938 révèlent : 1° leur initiative dans la politique des « mains libres » allemandes en Europe centrale ; 2° leurs négociations, avec ou sans la « gouvernante anglaise », avec leurs homologues allemandes. Georg Thomas déplorait « une [autre] lacune grave dans la préparation de l'Allemagne à la guerre : l'insuffisance du *Trésor de guerre* (or et devises) », dont l'accroissement supposait celui « des exportations »[152]. Le réarmement à marches forcées, raréfiant celles-ci, empêchait la reconstitution des réserves monétaires vidées par la crise : fin 1937, le Reich détenait 47 millions de dollars de « réserves d'or visibles » (la France 2 566, le Royaume-Uni 2 689, les États-Unis 12 760[153]).

Les Banques d'Angleterre et de France offrirent donc à la Reichsbank, à l'*Auswärtiges Amt*, à l'administration du « Plan de quatre ans » de Goering, à la Wehrmacht et au *Reichssicherheitsamt* (office central de sécurité d'Himmler et Heydrich) une partie des moyens nécessaires pour préparer la guerre que le Reich n'était alors en mesure ni de livrer ni de gagner. La BRI fut le truchement de la légalisation de ces transferts. Le banquier Marcel van Zeeland, frère de l'ancien Premier ministre belge (Paul), avait en janvier 1938, dans son rapport sur le commerce international et les questions monétaires calqué sur les desiderata du Trésor britannique et du *Foreign Office*, exprimé le souhait que ce club bancaire devînt « l'instrument d'apaisement » et de « resserrement de la confiance entre les démocraties parlementaires [...] et les dictatures fascistes ». L'origine anglaise du texte explique la prompte réalisation de cet objectif[154].

Sylvain Schirmann décrit à propos de l'Anschluss une Banque de France à la traîne d'une Banque d'Angleterre avant-gardiste de l'Apaisement rendant

« intenable [...] la position française » de fermeté. On ne trouve pourtant trace dans les fonds de la rue Radziwill ni d'une « fermeté » avant « alignement sur Londres » imposé par l'acceptation britannique, le 30 juin 1938, d'une réduction des taux d'intérêt du Dawes (de 7 à 5 %) et du Young (de 5,5 à 4,5 %), ni d'une quelconque « résistance » au Reich[155] : les deux instituts d'émission soutenaient également la remise de la Banque nationale d'Autriche à la Reichsbank.

L'affaire a suscité « ces jours derniers », écrivit le 18 mars 1938 Auboin au gouverneur Fournier, « différentes conversations au comité de direction [de la BRI] sur les conséquences possibles de l'incorporation de l'Autriche au Reich ». « La décision [de la Reichsbank] de liquider la Banque nationale d'Autriche » n'étant pas contestée, il ne restait à en discuter que deux « conséquences », qui imposaient entente avec Berlin. 1° Il fallait régler une question d'argent aussi importante pour « l'épargne française [...] que le Dawes et le Young » (S. Schirmann), « l'emprunt autrichien 1930 ». La BRI, son « trustee [,...] a déjà encaissé trois mensualités pendant le premier trimestre [1938], et une quatrième est actuellement à notre compte à la Banque nationale d'Autriche. Nous avons donc entre les mains la moitié du coupon semestriel. Tout dépend naturellement de la décision qui sera prise par les autorités allemandes en ce qui concerne le service futur de cet emprunt ». Johan Willem Beyen, le président (néerlandais) de la BRI, voulait convaincre le président de la Reichsbank Schacht, maître de la poursuite des règlements, d'« assurer le service du prochain coupon et [de] négocier immédiatement une conversion comme il avait d'ailleurs été envisagé précédemment au service de l'Autriche ». Le risque politique d'une telle publicité faisait hésiter Auboin : « Il serait sans doute un peu délicat de poser immédiatement sur les marchés étrangers la question d'une conversion en faveur du Reich au sujet des emprunts autrichiens. [...L]es Allemands préféreront agir purement et simplement de leur côté. »

2° Il fallait aussi s'accorder sur la modification des rapports de forces nationaux et des voix au sein de la BRI : « Les 4 000 actions BRI de la Banque nationale d'Autriche[156] dev[enant] propriété de la Reichsbank [...], celle-ci, en vertu de l'article des statuts, disposerait aux assemblées d'un droit de vote supérieur à celui des autres banques fondatrices. » Auboin escomptait « que la Reichsbank ne ferait pas de difficulté pour trouver une solution palli[ant] cette situation évidemment contraire à l'esprit des statuts, sinon à leur lettre. [...L]a sagesse sera[it...] de ne pas se hâter d'improviser une solution »[157].

Le consentement des banques centrales partenaires à cet *Anschluss* (rattachement) bancaire signifiait quitus à la mainmise allemande sur les réserves d'or autrichiennes : plus de 91 tonnes selon une estimation américaine de 1947 (soit près de 103 millions de dollars), dont plus de 21 conservées dans les serres de la Banque d'Angleterre (40 tonnes, selon un chiffrage français de 1945, plus proche de l'estimation officielle de la BRI, 46 millions de dollars). La Banque d'Angleterre gouvernée par chef de l'Apaisement, le pronazi Montagu Norman, les transféra via Bâle[158]. Les « réserves en devises » de la banque annexée, d'« une quinzaine de fois [celles] de la Reichsbank », couvriraient « les besoins de la moitié du Plan de quatre ans »[159]. Ces bontés de l'ancienne Entente (États-Unis inclus) récompensaient la fidélité de la Reichsbank, indéfectible depuis l'été 1933, à ses engagements de versement des intérêts et dividendes des « Dawes et Young » : elle avait rasséréné les banques créancières émues par les menaces antérieures de Schacht.

La Haute Banque française alla même entre l'automne 1937 et le printemps de 1938 au-delà des « mains libres à l'Est ». Un éminent trio, Banque de Paris et des Pays-Bas, Banque de l'Union parisienne et (non citée, mais probablement) Société générale, s'engagea avec l'IG Farben dans un consortium incluant « les colonies » dans ses multiples activités. En mars-avril 1938 fut fondé « un syndicat européen d'entreprises, composé de plusieurs groupes industriels français et étrangers » destiné à assurer la « coopération en Afrique coloniale » via « une Société coloniale française ». S. Schirmann, qui ne précise pas les noms des fondateurs, parle d'échec. La suite des opérations (avant et pendant l'Occupation) permet d'en douter[160]. L'enthousiasme des milieux financiers français égalait celui de leurs homologues britanniques que brocardait en juillet 1938 le SR : les Allemands voient dans la signature d'un « accord économique anglo-allemand » la preuve de la renonciation de l'Angleterre à prendre « la direction d'un front unique des créanciers de l'Allemagne [...] et font couvrir d'éloges, par leur presse, M. Chamberlain »[161].

Gordon Dutter a décrit l'application fébrile du traité de commerce du 10 juillet 1937 par la chambre de commerce de Paris, son artisan. Cet empressement lui valut, en avril 1938, « l'invitation à voyager en Allemagne [des...] chambres de commerce de Cologne, Hambourg et Francfort, en remerciement de l'excellent accueil qu'elle leur avait réservé un an auparavant pendant l'Exposition internationale de Paris » et la visite de Schacht. La tapageuse tournée allemande de cet aréopage suivrait le démembrement de la Tchécoslovaquie[162]. L'ancien ministre du Commerce, Paul Bastid, clamait début septembre qu'il faudrait profiter du règlement de « la question des Sudètes » pour ne pas renouveler « l'erreur fatale », commise après l'Anschluss, de ne pas avoir saisi « l'occasion de conclure un accord avec l'Allemagne sur la limitation [de ses] buts politiques »[163].

Ce qu'on sait des tractations bancaires de l'Anschluss et de celles qui accompagnèrent le coup final contre la Tchécoslovaquie, un an après, suggèrent l'initiative de la Banque de France dans la liquidation de la chère alliée. Elle fut presque avouée par le mutisme du PV officiel de son conseil général sur les « événements [tchécoslovaques] de septembre ». On y trouve la première et unique allusion dans un de ses ordres du jour du 3 novembre : « Répercussion des événements de septembre sur le compte d'exploitation de la banque. » Ces « événements » tardivement mentionnés en termes sybillins avaient ôté la plume au rédacteur de ses comptes rendus officiels. Ils avaient pourtant motivé six séances extraordinaires du conseil dans la seconde quinzaine « de septembre » (les 15, 25, 26, 27, 28 et 29) et entraîné d'énormes transferts monétaires[164].

Grande Banque, Comité des Forges et propagande contre la Tchécoslovaquie

Nous disposons d'une autre preuve formelle du pouvoir décisionnaire de « l'économie » et d'une forte présomption sur les tractations franco-allemandes relatives au bradage du joyau de la couronne extérieure de Schneider : le rôle affecté depuis le printemps de 1938 à la presse du Comité des Forges et de la Haute Banque. Les semaines suivant l'Anschluss sonnèrent l'hallali sous la houlette du gouvernement et du grand patronat. Leur émissaire, Bonnet, se félicita d'ailleurs devant Welczeck le 9 août de l'application de « notre accord sur la presse » (celui que Delbos avait offert à Neurath fin 1937 en gare berlinoise) : « Actuellement, il y avait une sensible détente étendue à la plupart des domaines. [...] Si j'avais à me plaindre des journaux français qu'il était en mesure d'influencer, *nota l'ambassadeur d'Allemagne,* il était toujours à ma disposition. » Sa seule carence concernait « les journaux de gauche du genre de *L'Humanité* et du *Populaire* », à l'égard desquels il regrettait de ne pouvoir « rien faire »[165].

Cette volonté d'entente décrite par la prose quotidienne de l'ambassade d'Allemagne à Paris et la vindicte consécutive contre Prague des tuteurs français de la presse éclatèrent avant mais surtout après l'Anschluss. Le 8 avril 1938, Welczeck expédia à Berlin un lot significatif des injures de « la presse française » traduisant l'abandon de la Tchécoslovaquie par « tous les partis, à l'exception des communistes », l'impatience de « la droite » à réaliser le « *rapprochement* » franco-allemand et l'abdication, « ouverte ou clandestine, des obligations françaises » envers Prague. S'y distinguaient Léon Garibaldi dans *Marseille-Matin*, Georges de la Fouchardière dans *L'Œuvre*, la *Liberté* doriotiste (« Si ça fait plaisir à Léon Blum, à Moch et à Thorez, je veux bien mourir pour la Tchéquie. Encore faudrait-il que la Tchéquie ne soit pas crevée d'avance ! et que Versailles n'ait pas accouché d'un État mort-né »), et Léon Daudet qui prêtait dans *L'Action française* ces mots à « un paysan ignorant de Touraine [...]. "C'est paysan ou ouvrier, Jacques Couillonas, le cobaye de la démocratie sanguinaire, qui doit aller crever sur un signe de tête d'un juif qui en a horreur, dans un obscur et lointain patelin dont il n'a pas la moindre notion" »[166] (anticipation de la célèbre formule de Chamberlain le 27 septembre).

« La France ne doit pas plus se battre pour la Tchécoslovaquie que pour l'Espagne » (qu'il y associait toujours), tonna Henriot le 31 mars, frénétiquement applaudi, au meeting du « Front de la Liberté ». Quel sens y aurait-il à l'aider après avoir cédé à « la menace des canons allemands » sur Strasbourg puis laissé faire les choses « à Vienne [...] Hélas demain ce sera Prague et Varsovie. Et puis qu'est-ce que la Tchécoslovaquie ? Un pays [...] composé au moins de trois peuples. Que pourrons-nous contre la volonté des Sudètes de redevenir allemands ? Déclencher une guerre pour cela, oui, mais où et comment ? On nous répond que nous sommes liés avec ce pays par le pacte que nous avons conclu, pacte critiqué et combattu par certains de nos amis et duquel M. Laval avait retiré tout ce qu'il avait de périlleux. [...] M. Bénès est plus partisan d'une entente entre Paris et Berlin qu'entre Paris et Moscou. L'Angleterre nous a fait faire des folies et des sottises, mais pourquoi refuse-t-on de la suivre dès qu'elle s'engage dans une voie de salut ? Intervenir en Tchécoslovaquie serait la répétition exacte de 1914. Hitler a fortifié la Rhénanie pour se couvrir et opérer plus à l'Est. Le crime du gouvernement actuel est non seulement de vouloir nous faire faire la guerre, mais encore de nous la faire perdre pour que la révolution éclate et triomphe. [...] Il faut empêcher toute intervention pour la Tchécoslovaquie ; il ne faut pas laisser accomplir le suicide de la France envisagé par ses maîtres provisoires. Il faut choisir entre la guerre et la paix, entre la misère et le salut. Nous ne voulons pas faire l'unité avec les incendiaires »[167].

Faucher s'indigna le 5 avril d'un article ignoble du 2, intitulé « Horace contre les Curiaces » (énième du genre depuis « ces dernières années ») de *La France militaire*, connue pour « exercer quelque influence sur les milieux militaires français [et...] refléter dans quelque mesure l'opinion de ces milieux ». Son auteur, dont « le ministère de la Propagande du Reich » avait guidé la plume, arguait que la Tchécoslovaquie ne pouvait recevoir d'aide que de ses stricts voisins, donc pas de la France ; il approuvait la Hongrie, la Yougoslavie, la Roumanie et la Pologne d'avoir « proclam[é] leur adhésion au nouvel état de choses » (l'Anschluss), qu'elles renouvelleraient « au cas où les Allemands du Reich chercheraient à bref délai à soustraire leurs frères des Sudètes à la domination tchèque ». Comme *Je suis partout* et depuis longtemps, cette revue, conclut Faucher le 20, « participait à la préparation par le Reich de l'opération "Tchécoslovaquie" »[168].

Mais rien ne compta autant dans la curée que l'intervention de Joseph-Barthélémy, en service commandé par le Comité des Forges. Sur les tréteaux fascistes, l'ancien Croix de Feu devenu cagoulard stigmatisait cette « création artificielle » ; et usait contre le régime républicain, le « parti de la guerre », « l'Espagne rouge », « l'alliance [...] nuisible » d'une Russie à l'« armée sans chefs » d'un ton conforme à son avenir de ministre de la Justice de Pétain[169]. *Le Temps*, « organe officieux de notre ministère des Affaires étrangères » (Faucher), confia à l'autre face de Janus, celle du prestigieux professeur, ex-doyen de la faculté de droit de Paris, les préparatifs « juridiques » de Munich. Joseph-Barthélémy y signa donc le 11 avril un article (daté du 12) intitulé « Conscience angoissée », décrétant caducs les accords franco-tchécoslovaques du 25 janvier 1924, « simple rouage de la Société des Nations », et du 16 octobre 1925, « simple rouage du mécanisme de Locarno [:...] le Pacte rhénan étant mort, son accessoire » tombait avec lui, et « la France n'[était] pas *obligée de faire la guerre* pour maintenir les Sudètes dans l'allégeance de Prague ». Devant ce verdict de mort violant les « engagements pris »[170], le colonel Kalina, attaché militaire à Paris, alerta Gauché sur « l'effet désastreux produit en Tchécoslovaquie par l'attitude quasi unanime de la presse française contre toute intervention armée en faveur de son pays »[171].

Le Temps poursuivit soit sur le registre brutal de Joseph-Barthélémy – « un autre article ("Politique réaliste") » de première page « où l'auteur demand[ait] que le gouvernement [français] "f[ît] une paix réelle avec nos voisins, avec tous nos voisins, et qu'il ne s'occup[ât] pas du reste" » –, soit hypocritement : un éditorial du 18 avril évoqua « "la doctrine officielle française" [...] entièrement opposée à celle de M. Joseph-Barthélemy », pour la nier avec ces questions : « Quelles sont exactement les obligations que la France a contractées envers la Tchécoslovaquie ? On peut en discuter librement à la lumière des circonstances nouvelles dans le domaine européen [, ...] du point de vue des faits et des nécessités de l'heure », etc. Le *Temps* « discut[e] de la validité des traités qui nous lient à la Tchécoslovaquie, à la lumière des circonstances nouvelles et du point de vue des nécessités de l'heure », tonna Faucher[172].

Le Comité des Forges, via son journal phare, jetait ainsi l'alliée qui avait incarné près de vingt ans la puissance étrangère de Schneider. La haine contre l'État dont le peuple osait résister au Reich ne connut plus de répit dans la presse de l'industrie lourde et du reste des industriels et banquiers. « La Banque d'Indochine, entre plusieurs », mena l'assaut sous la houlette de Baudouin, qui annonça la couleur début 1938. Le grand synarque se déclara en février dans la *Revue de Paris* (« Les données du problème français ») gagné à l'objectif de « reconstruire l'Europe » avec « la nouvelle Allemagne et la nouvelle Italie » : il convient de leur consentir « les concessions qu'impose l'extension des empires nouveaux » alors que « la civilisation purement matérielle des États-Unis n'a rien à proposer qui puisse soulager [l]a détresse » du continent que « la foi en sa destinée paraît abandonner »[173] (il changerait d'avis, comme ses pairs, après l'échec du *Blitzkrieg*[174]). Sa banque « subventionn[a donc] les campagnes de presse dirigées contre la Tchécoslovaquie, en attendant que les autres alliés de la France, Pologne et Angleterre serv[iss]ent de cibles »[175]. Jean Prouvost, qui avait entre 1936 et 1938 remanié l'empire de presse « Prouvost-Béghin »[176], contribua à créer « le climat empoisonné de Munich »[177], mobilisant parmi tant d'autres dans l'offensive contre Prague le général Niessel pour exposer que l'impotente « Russie soviétique » ne ferait rien[178].

En septembre, *Le Temps, La Journée Industrielle, L'Action française, Liberté, Le Jour* – et Paul Faure dans *Le Populaire* – guidaient le ballet quotidien qui enchantait les Allemands. Seuls « *L'Humanité*, Pertinax (*L'Ordre*) et Geneviève Tabouis (*L'Œuvre*) » se distinguaient, « critiquant l'attitude de Lord Runciman ». Début septembre, Émile Roche et Marcel Déat soutenaient dans *La République* germano-synarchique le plébiscite des Sudètes. « La presse provinciale et, en particulier, la presse alsacienne » – Inter-France donc – décrétaient insensé « le déclenchement d'une guerre mondiale pour la Tchécoslovaquie ». « La seule méthode pour éviter de nouveaux incidents consistait à faire participer les chefs des Allemands des Sudètes au maintien de l'ordre », trancha le *Temps* du 14[179]. Le journal publia le 20 la « lettre ouverte au gouvernement » du 19 de Montigny, « résumant excellemment, *commenta Braüer,* tous les arguments dont nous usons quotidiennement ici » : la France, arguait l'élu cagoulard, ne pouvait « se battre sur cinq fronts » pour « un traité franco-tchèque inapplicable à une situation de guerre civile », ce qui la libérait de toute « obligation légale ou morale » et lui donnait « le droit d'agir exclusivement en fonction de ses propres intérêts » ; « la sécurité française était parfaitement conciliable avec une Tchécoslovaquie réduite en taille par la séparation des zones sudètes » ; il répliqua à ceux qui arguaient que « la non-intervention de la France reproduisait l'erreur de Sadowa qu'une intervention éventuelle viendrait trop tôt ou trop tard ». Sa conclusion, que ne cite pas le courrier publié de Braüer, sonnait fièrement : « C'est le communisme, pas le nazisme, qui était le véritable ennemi. La France n'avait pas à "se sacrifier" pour le "triomphe du communisme". » Deux jours plus tard, *Le Temps* présenta « le mémorandum [allemand] comme une base de discussion et exprim[a] le vœu que, compte tenu de la catastrophe qui menacerait l'Europe en cas de guerre, on tir[ât] parti de cette possibilité »[180].

Le Comité des Forges continuerait à abreuver d'injures son ancien joyau, Flandin aidant, jusqu'à Munich et au-delà. Un de ses délégués au pouvoir, François-Poncet, n'avait pas cillé avant l'Anschluss à l'annonce par Goering de l'opération de « l'appendice tchèque ». L'humour noir de l'ambassadeur de la sidérurgie française, présentant le certificat de décès de l'assassinée début octobre 1938, vaut aveu de paternité : « M. François-Poncet présente le nouvel État de la façon suivante : "La Tchécoslovaquie est morte au point de vue militaire ; elle ne présente plus pour nous que la valeur d'un Luxembourg oriental qui risque de devenir un satellite allemand." »[181]

LE SOUTIEN FORMEL DE MOSCOU

L'URSS avait à l'inverse soutenu Prague jusqu'au bout, bien qu'on ironise aujourd'hui volontiers en France sur sa mauvaise foi et son « intention de ne rien faire ». Sabine Dullin[182] emprunte sans critique un argument de 1938 dont Flandin, applaudi à tout rompre, usa au congrès de novembre de son parti : « Dans l'affaire tchécoslovaque, à l'heure du danger, et alors que peut-être aucun pays ne mettra plus de temps à mobiliser, la Russie n'a pas mobilisé un homme. »[183] Les « Apaiseurs » voulaient lui faire endosser *leur* forfait, tactique que décrivit Schulenburg le 26 août à la fin d'un rapport certifiant que l'URSS défendrait Prague comme elle-même : les ambassades française et britannique clamaient alors qu'une guerre germano-tchécoslovaque entraînerait un conflit général et que l'URSS y ferait « le minimum pour pouvoir, à la fin de la guerre, conserver son armée intacte. Donc, [elle] serait la seule à gagner ». C'est ce que Coulondre lui avait dit au banquet du 22 août (en plein conflit soviéto-nippon à l'avantage net de l'Armée rouge), minaudant comme la femme de l'ambassadeur anglais (« dites moi donc : serez-vous vilains ? ») : « J'espère de tout mon cœur qu'on ne va pas en venir à un conflit franco-allemand. Vous savez aussi bien que moi pour qui nous travaillerons si nous en venons aux mains. »[184] « Les Soviets nous auraient bien en cas de guerre », déclara Payart le 31 août à son homologue allemand Herwarth : leur assistance serait minime, ils ne bombarderaient pas Berlin car leurs « pertes seraient trop lourdes »[185].

Moscou, que les assassins de la Tchécoslovaquie continuèrent après le 29 septembre à accuser de leur crime, n'avait pas failli. La correspondance des mêmes diplomates du Quai d'Orsay et des attachés militaires converge avec les fonds étrangers, et Doumenc fut aussi formel en 1939 que Palasse et Faucher en 1938. Le jour de l'Anschluss (le 12 mars), le ministre de Tchécoslovaquie (Zdenek Fierlinger) – un des rares « résistants » de l'appareil d'État tchécoslovaque, dont Berlin fustigeait la soviétophilie[186] – demanda à l'adjoint de Litvinov ce que ferait l'URSS en cas d'agression contre son pays, après lui avoir « rappelé que le gouvernement français » (via Delbos) « venait de déclarer qu'il interviendrait » : la même chose, et « sans aucun doute », répondit aussitôt Potemkine[187]. Il « n'a pas indiqué sous quelle forme se ferait l'intervention soviétique, [qui] serait subordonnée à l'intervention de la France », chipota Gauché le 5 avril. Le chef du Deuxième Bureau se garda de rappeler l'origine *française* de cette clause de l'accord tchéco-soviétique du 16 mai 1935 et *son* rôle de chien de garde contre les vaines tentatives soviétiques ultérieures de rendre ladite convention *bilatérale*. Gauché démentit sans cesse le loyalisme soviétique, taxant le 8 avril de « sûrs [...] ces renseignements », qui étaient faux : « Russie : actuellement impuissante, gênée par les affaires d'Extrême-Orient. Ne peut agir que dans les airs » (domaine où Paris, lui compris, avait voué au néant les efforts de Cot).

Le SR décrivait au contraire des « Russes » résolus. Ils sont, rapporta-t-il le 24 mars, « prêts à envahir la Bukovine pour porter éventuellement secours aux Tchèques ». Litvinov, annonça-t-il le 25 avril, a « déclaré à l'ambassadeur de Pologne que l'URSS défendrait la Tchécoslovaquie si elle était attaquée par la Pologne ». Moscou en avait immédiatement informé Prague et Krofta n'éprouvait aucun doute[188]. Hitler se dit le 30 mai convaincu « des tentatives soviétiques de donner à la Tchécoslovaquie un soutien militaire, en particulier avec ses forces aériennes »[189]. Le député socialiste-national David et l'ingénieur Husak, « ancien[s] légionnaire[s antibolcheviques] de Russie », Tchécoslovaques « parl[ant] couramment le russe », revinrent à Prague en juin d'un voyage en URSS assurés de son aide : Husak avait à ce sujet « eu un long entretien avec Vorochilov »[190].

La correspondance prit ensuite allure de bottin, « la Cassandre moscovite [...]maint[ena]nt les principes qu'[elle] n'a[vait] cessé de défendre au cours de ces dernières années, de la nécessité pour les puissances pacifiques de former un front de la paix, de s'organiser pour "barrer la route aux agresseurs" » mais commençant à perdre patience devant ses interlocuteurs sourds[191]. Selon le SR, Litvinov rappela en juin à Halifax, à Genève, que l'URSS assisterait la Tchécoslovaquie « *si la France, de son côté, la secourait* ». Il ajouta « que l'URSS demeurait encore attachée à la politique de sécurité collective, malgré les déceptions qu'elle y avait trouvées. Mais si, après le Mandchoukuo, l'Abyssinie, la Chine et l'Autriche, les Puissances occidentales devaient encore permettre l'étranglement de la Tchécoslovaquie, le gouvernement soviétique romprait la politique collective et se rapprocherait de l'Allemagne à laquelle il laisserait les mains libres en Europe ». Halifax démentit avoir entendu ces propos[192], mais après la « nouvelle "capitulation" de la Grande-Bretagne devant Hitler » à Berchtesgaden, Litvinov brandit la menace de « révision de sa politique » et de « repli »[193].

Rien cependant ne fonde l'intention d'abandon, et l'URSS afficha sa détermination par « les attentions exceptionnelles dont [fut] l'objet de la part de [ses] autorités [...] la mission militaire tchécoslovaque » partie de Moscou « le 29 juin ». Coulondre et Payart rendirent compte depuis juillet des engagements réitérés par Litvinov[194]. Faucher en fit autant et rappela la vaine répétition des demandes soviétiques de collaboration industrielle tripartite via Skoda[195]. Les sources allemandes, comme les britanniques[196], sont formelles. « Au début de la mission Runciman, Sergeï Alexandrovsky, ministre soviétique à Prague, rendit visite au président Bénès [...] et l'assura que l'Union soviétique remplirait ses obligations d'assistance dans un conflit germano-tchèque, même en cas de développements hostiles en Extrême-Orient. » L'information, transmise par le ministre polonais à Prague qui la tenait de socialistes tchèques, fut ensuite confirmée et enrichie « de plusieurs sources » décrivant l'inclination des élites tchécoslovaques à l'abandon national. Moscou batailla tout le mois d'août contre l'acceptation de la mission Runciman et pour que « le gouvernement tchécoslovaque » se redressât : « Alexandrovsky [lui] reprocha même son insuffisante détermination dans le conflit avec Allemagne », qui « n'était pas en rapport avec la situation et ne serait pas comprise par l'opinion publique en Union soviétique. [...N]on seulement la Tchécoslovaquie mais aussi l'Union soviétique serait menacée, car la Pologne se mettrait certainement du côté de l'Allemagne si les puissances alliées continuaient à montrer une telle indécision. »[197]

Litvinov, face à Schulenburg, pratiqua le sarcasme et la fermeté. Le 22 août, légitimant la position défensive de Prague sur « la question », strictement intérieure, « des Allemands des Sudètes », il ironisa sur le tapis rouge déployé pour le Reich par la lâcheté de Paris et Londres : « Vous voulez la destruction de la Tchécoslovaquie, vous voulez conquérir le pays. Naturellement vous préférez atteindre votre but par des moyens pacifiques. La guerre est toujours un risque. Chacun tente d'éviter la guerre s'il peut atteindre ses objectifs sans y recourir. » Le 26, Litvinov lui dit que si le Reich cédait à sa volonté d'« annihiler Tchécoslovaquie », la France « mobiliserait », la Grande-Bretagne serait obligée de la suivre et l'URSS « tiendrait ses engagements et ferait de son mieux. »

Litvinov ne plaisantait pas, confirma Schulenburg, qui recensa le jour même dans un « mémorandum joint » (non publié) « préparé avec [s]es attachés naval et militaire », les mesures militaires prévues contre le Reich. *Tous les moyens possibles* seront utilisés pour défendre la Tchécoslovaquie, notamment les attaques 3) aériennes ; 4) par sous-marins et mines qui « gêneraient considérablement les livraisons de minerai de fer suédois et du Nord de la Norvège vers l'Allemagne ; 5) maritimes et aériennes en Prusse orientale, via la Baltique », et peut-être « par sous-marins [pour...] interrompre [s]es communications maritimes » avec le Reich ; « 6) l'Union soviétique usera de toute possibilité pour fournir la Tchécoslovaquie en matériel de guerre en quantités considérables, surtout par avion. L'envoi de troupes [y] est difficilement réalisable » (il posait, faute de frontières communes, la question polonaise), « mais [celui] de techniciens militaires n'est pas exclu. 7) Partout où elle pourra porter tort à l'Allemagne, l'Union soviétique poussera les ouvriers contre l'Allemagne. En tous pays et toutes zones la propagande et les fonds soviétiques, avec l'aide également des presses marxiste et juive, seront utilisés d'une manière accrue contre Allemagne »[198]. Paris fut aussitôt informé du contenu de cet entretien Litvinov-Schulenburg, que Massigli révéla à Dentz le 27[199].

Le 2 septembre, Litvinov s'entretint « avec le chargé d'affaires de France à Moscou », Jean Payart, « déclar[ant] son gouvernement prêt à exécuter tous ses engagements aux termes du Pacte tchéco-soviétique » et offrant « d'amorcer des conversations d'États-majors »[200]. Le 7, le SR, confirmé par la « note du Deuxième Bureau », signala les gros transferts, qui duraient « depuis un an », de troupes soviétiques en Ukraine, aux frontières polonaise et roumaine. « Hitler, *nota-t-il le 8,* tiendrait comme ennemi principal la Russie soviétique et désirerait avant tout son isolement. »[201] « Le secrétaire général de la branche ouest-européenne du Komintern informa [le 12] les gouvernements britannique et français qu'en cas de conflit européen, [l'organisation] cesserait son activité en France et en Grande-Bretagne. »[202] La disposition sincère à collaborer avec les puissances alliées en y sacrifiant momentanément l'action révolutionnaire fut rappelée par Palasse en novembre : la « reprise d'activité du Komintern » n'était intervenue que plus d'un mois après Munich[203].

Le 14 septembre, les Allemands apprirent à Prague « de source sûre » les engagements que « le gouvernement soviétique » avait notifiés au député David : « En cas de conflit, il concentrerait environ 3 millions de soldats près des frontières polonaise et roumaine » et répliquerait par « un ultimatum » à l'éventuel refus du « droit de transit » par les deux pays[204]. À l'assemblée générale de la SDN à Genève, le 21 septembre, Litvinov renouvela l'engagement pris le 2 auprès de Payart[205], avec l'appui des *Izvestia* (espérant « que Prague rejetterait le plan de Londres et se battrait ») et de *La Pravda* (arguant « que l'URSS [...] ne voyait pas de différence entre les brigands [...] impérialistes [...] allemands et anglais »)[206]. Le 23, « sans y être tenu par les accords en vigueur »[207], Potemkine menaça Varsovie « au cas où les troupes polonaises franchiraient la frontière tchécoslovaque » de dénoncer le Pacte de non-agression du 25 juillet 1932 et convoqua Coulondre pour information. Un discours simultané de Litvinov « montr[a] que, "après l'acceptation, par la Tchécoslovaquie de l'ultimatum germano-anglo-français", le gouvernement soviétique aurait pu se considérer comme dégagé des obligations inscrites dans le Pacte soviéto-tchécoslovaque et qu'il n'en a[vait] rien fait ». C'est l'acceptation par Prague des ultimatums franco-anglais puis polonais[208] qui ôta tout choix à Moscou : l'attestent formellement la recension chronologique détaillée des initiatives soviétiques par Palasse (le 18 octobre) et l'entretien du 22 septembre entre Potemkine et Fierlinger (catégorique sur la droiture russe)[209], confirmés par l'ambassadeur Schulenburg[210].

L'URSS mobilisa en effet jusqu'à Munich l'équivalent de 90 divisions selon Geoff Jukes, chiffre minimal comparé aux sources citées ici. Le 26 septembre, Bucarest se plaignit encore à Berlin de subir « une très lourde pression l'incitant à octroyer les droits de transit aux troupes soviétiques en cas d'attaque allemande contre la Tchécoslovaquie » – mais assura avoir « emphatiquement refusé » d'y céder[211]. « L'URSS, aux dires du leader agrarien lui-même, farouche anticommuniste [Beran], a été la seule à ne pas trahir les engagements qu'elle avait pris. D'où pour elle un surcroît de popularité », écrivit un expert début octobre[212]. Tass démentit vertement le 4 octobre « une information de la *Prager Press* selon laquelle les gouvernements de la France et de l'Angleterre auraient régulièrement informé [celui] de l'URSS de l'état de la question tchécoslovaque [:...] "ni la France ni l'Angleterre n'ont pris consultation de l'URSS, mais elles ont seulement fait connaître au gouvernement de l'URSS les faits accomplis. [Celui-ci] n'a et n'a eu aucun rapport avec la conférence de Munich et ses décisions" »[213]. Vorochilov rappela le 22 août 1939 la bonne foi soviétique de 1938 (que cautionna le général Doumenc) : « Chez nous, non seulement les troupes étaient prêtes, mais le gouvernement et tout le pays, tout le peuple, voulaient porter secours à la Tchécoslovaquie, remplir les obligations découlant des traités. »[214]

Cette loyauté survécut à sa mort. En témoigna le statut de son ambassadeur Fierlinger, « fermement décidé à ne pas retourner dans son pays aussi longtemps qu'il sera[it] "sous la botte allemande". [...] Les autorités soviétiques se montr[èrent] parfaites à [son] égard » et, quand il exprima, fin mars 1939, l'intention « de résider [...] en France », elles maintinrent ses droits « à Moscou, où sa légation reste[rait] à sa disposition »[215].

Chapitre 10

La France post-munichoise octobre 1938-août 1939

On a peine à établir une hiérarchie dans la surenchère pro-allemande post-munichoise des équipes Chamberlain-Halifax et Daladier-Bonnet et dans leur violation de la tradition parlementaire dont Hitler se (et les) félicita à maintes reprises. Les milieux financiers qui avaient négocié les abdications orientales des neuf premiers mois de 1938 ne rêvaient que compromis à tout prix avec le Reich. Les élites françaises atteignirent alors un degré inédit de *Gleichshaltung* (mise au pas, ici nazification), formule d'Alexander Werth définissant « la presse française » de novembre-décembre 1938.

Le sursaut fallacieux de mars 1939, consécutif à la mort officielle de la Tchécoslovaquie, précéda le fiasco final de la reconstitution de l'Entente. Une habile gestion de la situation permettrait de l'imputer aux « traîtres nés » soviétiques (formule de Flandin)[1].

La surenchère pro-allemande : la France aux pieds du Reich

La *Gleichshaltung* politique et journalistique

Les archives allemandes éclairent mieux que toutes autres les génuflexions signalant l'adaptation des élites françaises au sort imminent de leur pays. Elles soulignent aussi, comme sous l'Occupation, l'empressement de Paris et la froideur de Berlin sur « l'accord franco-allemand ».

L'indécence particulière de Flandin reflétait une tendance générale. Son mépris pour la « faillite [de…] l'organisation de l'Europe de 1918 » et son engagement en faveur d'une « politique extérieure » conforme à « notre faiblesse », déjà notoires en 1936, avaient explosé « depuis décembre 1937 » : le tournant datait d'un voyage à Berlin, selon son pair en capitulation Georges Portmann[2]. Flandin refléta la victoire germanique par diverses initiatives, telle son affiche « au peuple français » du 28 septembre 1938, « promptement déchirée par les communistes »[3]. *La Liberté* de Doriot « reprodui[si]t intégralement » cet appel à la désertion que la police avait reçu ordre officiel d'arracher, comme son auteur s'en plaignit par écrit au président de la Chambre des députés, Herriot.

« Peuple français, on te trompe ! Je prends pour moi seul le risque de te le dire dans un moment où les passions sont déchaînées. Un mécanisme a été monté depuis des semaines par des forces occultes, pour rendre la guerre inévitable. La nouvelle tendancieuse, la fausse nouvelle sont l'arme de ceux qui poussent à la guerre. On te fait croire qu'un fossé infranchissable sépare les exigences d'Hitler des accords déjà consentis. C'est faux. Le seul désaccord porte sur une question de procédure : les troupes allemandes pénétreront-elles dans le territoire des Sudètes, reconnu allemand, avant ou après la délimitation des frontières ? La France perdrait-elle encore un million de ses enfants dans une guerre dont le prétexte serait aussi misérable ? Mais le mécanisme tourne : la réponse tchèque doit être donnée avant 14 heures. Si la mobilisation allemande est décrétée, on voudra y répondre. Et, de mesure en contre-mesure, ce sera la guerre comme en 1914. J'ai voulu arrêter cela. J'ai demandé que les Chambres soient convoquées. On me l'a refusé. Je voulais que le gouvernement s'y explique sur ses actes, que les textes officiels – des textes qui ne soient ni truqués ni tronqués – soient soumis à la discussion et à la critique des représentants légaux de la démocratie, que chacun, au gouvernement comme dans les Assemblées, prenne sa responsabilité. Il n'y a pas en France d'objecteurs de conscience ni de lâches. Si la Patrie est menacée, tous se lèveront pour la défendre. Pour une cause juste, pour tenir des engagements réels tous sont prêts à vaincre ou à mourir. Mais pas d'escroquerie au patriotisme ! Les chefs communistes qui, dans cette tragédie, servent des intérêts qui ne sont pas français, ont demandé mon arrestation. Je préfère être assassiné que de laisser assassiner mon pays. Je ne vois plus, à cette heure, qu'un seul moyen légal de maintenir la paix. Que tous ceux qui veulent la sauver adressent au Chef de l'État leur pétition contre la guerre. Vive la France ! »

Suivit, « au lendemain même de l'entrée des troupes allemandes en Tchécoslovaquie » (Charles Reibel)[4], son « télégramme de félicitations » à Hitler : « Vous prie d'agréer mes chaleureuses félicitations pour le maintien de la paix, dans l'espoir que naîtra de cet acte historique une collaboration confiante et cordiale entre les quatre grandes puissances européennes réunies à Munich » (« Je vous remercie cordialement des félicitations que vous m'avez envoyées par télégramme, *répondit le destinataire.* J'y joins l'assurance de mes sentiments reconnaissants (*dankbaren Gesinnung*) pour vos efforts en vue d'une collaboration compréhensive entre la France et l'Allemagne, que j'ai suivis avec un intérêt sincère et auxquels je souhaite un succès de plus en plus grand. »)[5]

Le congrès radical de Marseille confirma fin octobre 1938 « l'adhésion impressionnante par son unanimité [...] du plus grand parti français » au *Drang nach Osten* ou à « la réorientation de la politique extérieure française *en train de se détourner de l'Europe orientale et centrale* »[6]. Le chargé d'affaires français à Berlin en dressa « le bilan [...] aux yeux de la plupart des Allemands » : « Aveu des *erreurs* commises pendant vingt ans par la diplomatie française et déplacement du centre de gravité de la politique française vers l'Occident ; affirmation de la volonté d'entente et de collaboration pacifique avec l'Allemagne et l'Italie [...]. Il était grand temps de mettre, suivant l'expression de M. Daladier, "un point final aux erreurs" pour s'orienter dans des voies nouvelles. » Berlin s'enflamma pour Aimé Berthod, porte-voix de Bonnet comme rapporteur « sur la politique extérieure » : « Le sénateur français [...] a demandé l'abandon des positions idéologiques et politiques dont la crise de septembre avait montré le caractère intenable. Il s'est prononcé pour l'abandon de la sécurité collective, pour un repli sur les intérêts purement français, contre les engagements automatiques, en faveur d'une concentration des forces nationales et de la mise en valeur de l'Empire colonial. Il a sommé son pays d'abandonner le rôle ingrat de gendarme et de banquier et de baser toute sa politique sur le fait qu'il était avant tout une Puissance occidentale, maritime, africaine et coloniale. »[7]

Flandin était le père présomptif de la formule de « repli impérial », dont la paternité revenait aux pivots synarchiques de l'impérialisme français. La Banque d'Indochine et son président Paul Baudouin s'étaient clamés début 1938 disposés à « faire face aux réalités » et à donner à « la nouvelle Allemagne et [à] la nouvelle Italie [...] leur place au soleil », même coloniale[8]. Du Moulin de Labarthète, représentant des intérêts coloniaux du groupe de Nervo, se posa à l'ère munichoise en champion idéologique du repli impérial : il dissertait sur « notre empire colonial » devant le parti de Taittinger en avril 1939[9]. Deux semaines après le congrès radical, Flandin triompha les 13 et 14 novembre à celui de l'Alliance démocratique, qu'il présidait. Seul Reibel, aussi conservateur (contre les 40 heures) et « opposé [au] Pacte franco-soviétique » que ses amis, déclara « inadmissible » l'affiche et « inacceptable » le télégramme à Hitler. Le sénateur, interrompu et hué par un congrès en délire, fut le seul candidat écarté au « renouvellement partiel du comité directeur » : ses 268 voix sur 1 539 chiffrèrent la fraction réticente du « parti de la paix ». Flandin, auteur de la devise, laissa d'abord parler Georges Portmann pour lui : le discours calqué sur l'affiche du 28 septembre justifiant sa « tentative loyale de rapprochement et de collaboration avec les États totalitaires [...] en Espagne [et sur] la malheureuse affaire tchécoslovaque » fut « salué d'une ovation exceptionnelle. Le congrès debout acclam[a] l'orateur ainsi que M. Pierre-Étienne Flandin », qui intervint après et contre Reibel.

Routinier par son pacifisme larmoyant et sa fureur antibolchevique, Flandin stigmatisa « ceux qui poursuiv[ai]ent la destruction de l'ordre établi et de la civilisation européenne, qui esp[érai]ent faire sombrer toutes les nations d'Europe sous le poids des réarmements, des endettements, des faillites monétaires ». Il dénonça « les maquignons de la politique et du patriotisme » au service des « intérêts de l'URSS qui [étaient] que l'Allemagne ne se réconcili[ât] pas avec la France, et que si un conflit éclat[ait] en Europe, ce [fût...] à l'Ouest, afin que l'URSS en [fût] absente » et pût mijoter « la Révolution bolchevique généralisée. Interrogez ceux qui ont entendu la propagande dans les usines de la banlieue rouge pendant la période critique. On disait aux ouvriers communistes : "Vous devez pousser à la guerre, vous n'irez pas !" et si les ouvriers répondaient en parlant des bombardements aériens, la consigne était de leur dire : "Il n'y en aura pas beaucoup, car s'ils se multiplient, nous proclamerons la République des Soviets à Paris." [...] Tel était le dessein du Parti communiste hier et tel restera son dessein demain pour les mêmes raisons demain qu'hier ».

Son alarme sur l'issue de la guerre, modèle des terreurs sociales de la droite « modérée », étaie la démonstration de Michael Carley ou d'Alvin Finkel et Clement Leibovitz sur les motifs du choix de la défaite : « Mais la victoire, après une nouvelle guerre, où vous mènerait-elle ? Quel serait le sort des populations victorieuses et vaincues en Europe ? Que resterait-il de la suprématie blanche ? Que resterait-il de la situation matérielle et morale d'aujourd'hui ? L'un de vous peut-il dire qu'après une nouvelle guerre il resterait quelque chose de vivant et de réel dans une Europe dévastée. » Ces propos (auxquels Reibel répliqua en niant compter « parmi ces partisans de l'URSS qui auraient voulu provoquer la guerre mondiale pour déclencher la révolution ») valurent à Flandin, qui s'était comparé à Clemenceau, de « vifs applaudissements prolongés. Le congrès, debout, [l']acclam[a...] et chant[a] la Marseillaise ».

Le lendemain, Flandin fustigea « la colonisation de la France par l'étranger et surtout par l'étranger indésirable » ; exigea « une vaste épuration du territoire français de tous les indésirables qui l'ont envahi » ; exalta la France chérie « dans sa terre et dans son peuple que nous voulons libres de toute emprise étrangère, mais libérés aussi des forces occultes de l'internationale des usuriers ». Cette péroraison, « salué[e] d'applaudissement unanimes et par le chant de la Marseillaise »[10], trahissait ses attaches germaniques. Avec ce « long discours très habile », une grosse astuce lui rendit, selon Welczeck, « la confiance de la majorité écrasante de son groupe » et infligea à Reibel « une défaite assez pitoyable » : la remise « avant le congrès [de] son mandat de président », sous prétexte de laisser son parti « voter pour ou contre lui [...] librement et sans subir d'influence », lui assura « un succès complet », la réélection par 1 626 voix sur 1 650. « Bien que Flandin eût restauré son autorité à l'intérieur de l'Alliance », il s'était tant compromis au service du Reich et « le slogan trouvé contre lui par les communistes, "Flandin, le Seyss-Inquart français" », avait trouvé un écho tel que sa mise au placard s'imposait : « Sa position à la Chambre, corps représentatif politique suprême, a été [si] affaiblie [qu']il devrait sans doute maintenir une certaine réserve dans l'avenir immédiat », notamment « sur les relations franco-allemandes [;...] s'il poursuivait sa vaillante intervention pour notre compte, il est malheureusement vraisemblable que, outre que ça ne lui rendrait pas service, ça nous porterait tort et compromettrait l'accord franco-allemand »[11].

Berlin conservait pourtant bien des atouts. Paul Reynaud, le 12 novembre au soir, confirma certes au congrès la réputation d'antimunichois, entretenue contre son rival Daladier, qui impressionne son récent biographe[12]. Rallié à la poignée d'opposants à Flandin, quatre députés (outre lui, « le député alsacien juif [Alfred] Wallach, [... Louis] Jacquinot et [Joseph] Laniel ») et « quelques sénateurs », il déclara dignement : « Il vaut mieux remplacer les bornes-fontaines par des mitrailleuses. » La formule lui valut un échange flatteur avec Flandin, qui répliqua qu'« à force de faire des mitrailleuses au lieu de bornes-fontaines, on arriv[ait] à la révolution bolchevique qui s'étend[ait] sur le monde entier »[13]. Mais le ministre des Finances, si ferme contre les ouvriers, avait, en déjeunant le 22 octobre avec Otto Abetz, réduit son opposition à Munich à ses rivalités personnelles avec le clan Flandin-Bonnet (et Daladier). Il rappela au chef d'orchestre de la Cinquième Colonne son long passé de « contacts avec les milieux allemands dans les années précédant la venue des nationaux-socialistes au pouvoir », qui l'innocentait « de l'accusation d'être un ennemi de l'accord franco-allemand ». Puis il exposa sa tactique, plus habile que celle du duo (ou trio) : « Il a laissé entendre que la France avait besoin du spectre du danger allemand pour rester intérieurement forte, faute de quoi la volonté du peuple de se défendre et de faire des sacrifices disparaîtrait complètement. Il a soutenu qu'un accord ne pourrait être conclu avec les *mous* (expression par laquelle il désignait évidemment Flandin), mais pourrait l'être avec les *durs* (claire allusion à lui-même). Il a affirmé que l'opinion publique en France désavouerait bientôt des hommes comme Bonnet et approuverait les adversaires des accords de Munich. Finalement il a transmis ses souvenirs à M. von Ribbentrop, qu'il avait rencontré à une réception à Londres. »[14] Au procès Pétain, l'avocat du maréchal, Jacques Isorni, impitoyable pour les « résistants » autoproclamés également associés à la défaite, contraignit le « munichois » Reynaud à des explications filandreuses sur la non-démission ministérielle du si ferme opposant aux « accords de Munich » qu'il prétendait avoir été et le mit en grande difficulté[15].

On achèvera le tableau allemand sur le duo fétiche de l'industrie et de la banque, Georges Bonnet et François-Poncet (puis son successeur Coulondre). Il était rongé d'envie par l'entretien du 30 septembre à Munich – où Chamberlain avait battu à l'égard d'Hitler, glacial, des records d'aplatissement que le PV britannique atténua ou supprima[16] – conclu sur une piteuse « déclaration [...] d'accord pour reconnaître l'importance prioritaire de la question des relations anglo-allemandes pour les deux pays et pour l'Europe. Nous considérons l'accord signé la nuit dernière et l'accord naval anglo-allemand [du 18 juin 1935] comme symboliques du désir de nos deux peuples de ne plus se faire la guerre. Nous sommes convenus que la méthode de consultation sera la méthode adoptée pour traiter toute autre question susceptible de concerner nos deux pays et nous sommes résolus à continuer nos efforts pour ôter toutes les sources possibles de divergences et pour contribuer ainsi à assurer la paix de l'Europe ».[17] Cette rivalité, facteur de surenchère aggravé encore par le mépris allemand particulier des apaiseurs français, marqua les préparatifs du séjour à Paris de Ribbentrop, supposé aboutir à « l'accord franco-allemand » tant attendu[18]. François-Poncet alla le 12 octobre prier Weiszäcker de freiner la hâte du Reich à proclamer son triomphe à Paris en « laiss[ant] un peu plus de temps pour que se calmât l'excitation sur la Tchécoslovaquie » ; et promettre qu'on se contenterait d'un néant : « 1. un Pacte de non-agression » pour remplacer le « pacte de Locarno [...] parti en fumée [,...] une simple formulation des déclarations répétées du Führer qu'il n'a plus de revendications territoriales contre la France ; 2. un accord consultatif [qui] réaliserait une idée que lui, Poncet, mettait en avant depuis longtemps. »[19]

Bonnet annonça le 19 octobre à Welczeck que François-Poncet, œuvre munichoise accomplie, irait compléter l'accord avec l'Axe en gagnant Rome – dont Paris avait au début du mois « reconn[u] l'Empire », c'est-à-dire la conquête éthiopienne[20] ; mais, assura-t-il, son successeur, Coulondre, son vieil « ami intime » et collègue choisi par lui-même, satisferait autant le Reich.

L'ambassadeur sur le départ prépara en effet avec une flagornerie couronnant une carrière fertile, « la réception » de Ribbentrop à Paris que Bonnet promettait « la plus cordiale »[21] : « Ce serait une faute de ne pas battre le fer pendant qu'il est chaud sur les questions purement franco-allemandes », avait-il dit le 12 au secrétaire d'État Weiszäcker, qui s'était « contenté de prendre note [de ses] déclarations »[22]. La ligne gouvernementale soulevant à Paris, comme à Londres, la tempête, il « fallait [pourtant] faire quelque chose et vite », câbla Welczeck le 31 octobre : l'anticommunisme des « discours de Daladier et de ses partisans à Marseille » reflétait « la ferme intention d'édifier un front solide contre les éléments hostiles à un accord et de faciliter la voie à [cet] accord. [...] Toute sorte d'accord passé avec Allemagne renforcerait aussi les positions de Daladier et de Bonnet et servirait leur politique de répression et d'exclusion des communistes »[23]. « L'attitude résolument belliqueuse envers le communisme adoptée par M. Daladier depuis la crise de septembre » nourrit une collaboration bilatérale intense, dimension policière incluse, éliminée des fonds allemands publiés[24].

Berlin laissa cependant « les Français mijoter dans leur jus » pour les attendrir encore[25]. L'exécution à Paris du conseiller de l'ambassade d'Allemagne Ernst von Rath par le jeune juif polonais Herschel Grynszpan (le 7 novembre) en offrit le premier prétexte. Pour effacer l'effet fâcheux de l'événement, Paris consentit tous les efforts, de « la participation unanime du gouvernement français aux obsèques » (le 15) à l'indifférence de plomb à la Nuit de Cristal (9-10) lancée entre-temps. Même les autres apaiseurs, Londres, pour donner du « grain à moudre aux milieux antiallemands » qui harcelaient Chamberlain[26], et Washington, crurent devoir dénoncer cette atteinte grave à « la civilisation ». Rien n'illustra mieux l'abîme où avait chu la France que l'attitude de Coulondre, « un [des] plus fermes soutiens de Bonnet » (Vicky Caron). Le 20 novembre, à sa visite d'arrivée à Ribbentrop, il se dit chargé d'« améliorer les relations franco-allemandes en les plaçant sur la meilleure base possible [;] il n'avait personnellement aucun *a priori* et était ouvert à toutes suggestions » ; il respecta donc l'instruction Bonnet-Daladier de silence sur la Nuit de Cristal, la persécution antisémite aggravée ne devant pas gâcher l'idylle[27]. À la veille de rejoindre son nouveau poste, François-Poncet déclara imminente une alliance tripartite fasciste : il se « sentirai[t] au Palais Farnèse un peu accrédité auprès de l'Axe Rome-Berlin », et pouvait annoncer l'engagement de la France dans « quelque chose en somme qui ressembl[ait] à une fascisation de la démocratie »[28]. Il n'en demeurait pas moins nostalgique de Berlin où il espérait rester « un an de plus », et gémit à Rome devant l'ambassadeur allemand, le 22 novembre, d'avoir été frustré par son départ prématuré de « la déclaration franco-allemande », qui était « son idée et [...] son enfant »[29].

L'exigence que fût achevé le « Munich intérieur » offrit nouveau prétexte à différer la parade parisienne de Ribbentrop : « Le Reich [en] fit demander la remise [...] par crainte de manifestations hostiles »[30], mais masqua sa « crainte » derrière un surcroît d'exigences vis-à-vis des rampants. Ribbentrop chipota d'abord contre un séjour trop proche de celui des Anglais, les 24 et 25 novembre, au début de la grève dans la métallurgie[31]. Le 29, il subordonna à l'écrasement des grévistes sa venue, possible seulement « dans une atmosphère transformée et pacifique » : il ne mettrait pas les pieds à Paris avant qu'il eût « été clairement démontré que le gouvernement Daladier a[vait] survécu à ses difficultés politiques intérieures »[32]. La tactique fonctionna à merveille.

Un Bonnet implorant manda Welczeck au soir du 29, pour l'assurer de sa complète loyauté et de l'appui dont bénéficiait sa politique, y compris à la SFIO : « Même l'agitation sur nos mesures contre les juifs et les vives attaques personnelles lancées par certains milieux internationaux contre lui, Bonnet, ne le dissuaderaient pas de poursuivre une politique d'accord avec nous, qui était soutenue par plus de 90 % de la population et contre laquelle seuls les juifs et les communistes poussaient des cris. Je [Welczeck] serais certainement très intéressé aussi par l'information strictement confidentielle que les socialistes avaient réuni une majorité des deux tiers en faveur de sa politique extérieure quand elle avait été soumise à vote secret. » Il fallait signer « aussitôt que possible », en tout cas avant que Bonnet n'eût à défendre sa politique extérieure devant les comités parlementaires des deux chambres convoqués pour le mercredi ou le jeudi de la semaine prochaine ; « il pourrait remettre [c]es sessions [...] d'un jour, mais pas plus. Daladier part à la fin de cette semaine. Il serait donc particulièrement reconnaissant au ministre des Affaires étrangères du Reich s'il pouvait arriver ici pour la signature lundi prochain ou au plus tard mardi ». Pour « les mesures de sécurité » contre des manifestations antinazies, « notamment » autour de l'hôtel Crillon où Ribbentrop était pressenti, tout était au point : Bonnet en avait « discuté à fond tous les détails avec [Roger] Langeron, préfet de police » (qui avait dans la nuit du 24 au 25, auprès de François Lehideux, fait évacuer les grévistes de Renault-Billancourt à la grenade lacrymogène et à la matraque[33]). Un nouveau report du voyage « créerait une épreuve particulièrement difficile pour le cabinet et pourrait provoquer sa chute. De toute façon, la gauche l'exalterait comme une victoire et se vanterait de [l']avoir intimidé par les lettres de menaces quotidiennes des *émigrés* »[34].

Ribbentrop vint à Paris où il fut reçu par Bonnet le 6 décembre 1938 en présence de Welczeck et d'Alexis Léger. Le ministre, d'autant plus germanophile qu'il se savait (comme Chamberlain) haï chez lui, venait de trouver nouvel aliment aux objurgations : « Les incidents à la Chambre italienne au cours du dernier discours du comte Ciano » qui, le 30 novembre, avait insulté la France, tandis que les députés italiens réclamaient à cor et à cri la Corse, Nice et Tunis. Cette provocation incita Bonnet à recourir à une tactique espagnole éprouvée, prier le Reich de « calmer » l'Italie, lui qui avait téléguidé « les manifestations italiennes [...] afin d'aiguiller l'attention de la France vers le sud de l'Europe et la Méditerranée »[35]. Il minauda donc entre offres de collaboration en tous domaines et écoute complaisante de l'exigence des mains libres à l'Est de Ribbentrop (évoquées plus loin). Les deux ministres se félicitèrent de la victoire remportée sur « le bolchevisme » : Ribbentrop concéda « que les efforts du gouvernement Daladier pour stabiliser la situation en France avaient été suivis en Allemagne avec un grand intérêt et une totale sympathie et que le succès remporté dans ce domaine avait été une source de satisfaction »[36].

Le 7 décembre, en tête à tête avec Ribbentrop, Bonnet fit sur « la question juive » des courbettes qu'avait laissé prévoir son silence sur les pogroms de novembre. « Après que j'ai dit à M. Bonnet que je ne pouvais pas [en] discuter avec lui, *rapporta Ribbentrop à Hitler,* il a dit qu'il voulait seulement me confier en privé quel grand intérêt on portait en France à une solution du problème juif. À ma question sur la nature de [cet] intérêt, M. Bonnet a d'abord répondu que [les Français] ne voulaient plus recevoir de juifs d'Allemagne, [a demandé] si nous pouvions prendre des mesures pour les empêcher désormais de venir en France, puis a dit qu'ils devaient transférer 10 000 juifs ailleurs. Ils songeaient actuellement à Madagascar. [...] J'ai répondu à M. Bonnet que nous voulions tous nous débarrasser de nos juifs, mais que les difficultés résidaient dans le fait qu'aucun pays ne voulait les recevoir et [...] dans les restrictions de change. » Après avoir envisagé l'examen par un « comité international » de « la question de l'émigration juive d'Allemagne dans ses aspects pratiques » et l'éventualité d'une conférence en Suisse, « j'ai dit [à Bonnet] que la réinstallation des juifs était particulièrement difficile, vu leur refus de pratiquer le travail de la terre » : on risquait de les voir partout « apparaître dans le commerce du capital du pays concerné »[37].

« Un des chefs d'Havas » confia le soir même à l'attaché américain Wilson, « à la réception à l'ambassade d'Allemagne à Paris », que « les conversations avaient été un fiasco complet du point de vue français »[38]. La finance parisienne n'en fêta pas moins son nouveau maître. Ribbentrop fut « entouré d'un essaim de belles et jeunes Parisiennes », et « les époux Luchaire donn[èrent] le signal d'[une] frénésie d'admiration en lui offrant, comme cadeau, leur fille Corinne » (à laquelle l'UFA ménagerait en 1939 un contrat de film assorti d'« un cachet impressionnant »[39]). « Daladier fut abandonné un certain temps dans un coin de pièce, avec le ministre du Commerce Fernand Gentin sans qu'on lui prêtât la moindre attention. Dans la pièce attenante, von Ribbentrop tenait littéralement cour avec une grande partie de la haute société parisienne qui lui rendait hommage tandis qu'à l'arrière-plan, le ministre français des Affaires étrangères, sans bénéficier d'un regard, errait avec gêne. Les Allemands exultaient et faisaient grand bruit, tandis que les ministres et les représentants [...] des Affaires étrangères semblaient mal à l'aise et déprimés. »[40]

L'ivresse défaitiste des élites françaises impressionnait jusqu'aux champions britanniques de l'Apaisement : le 1er novembre, Halifax évoqua pour Phipps le « risque "que la France pût dans certaines circonstances politiques devenir assez défaitiste pour renoncer à maintenir des défenses convenables même pour la sécurité du territoire métropolitain" »[41]. Une rédactrice de la *National Review* de Londres, qui avait en décembre fréquenté « les Français de la bonne société à Paris », jugea leur indécence pro-nazie pire que celles de leurs pairs de Londres et leur violence contre « le juif et "son allié" le Russe [...] exprimée avec une plus grande véhémence ». Au sein de la « nouvelle "internationale des riches [...]" » en cours de formation « en Europe [...,] qui prôn[ait] de donner à Hitler ce qu'il [voulait] dans l'intérêt de la paix "car Hitler représent[ait] l'ordre", [...] ces gens de la bonne société » parisienne battaient tous les records : ils « étaient tous contre la guerre avec l'Allemagne et favorables à toute concession en vue de l'éviter »[42]. Depuis octobre, au mépris d'airain du Reich à l'égard de l'« alliance » intérieure inconditionnelle que réclamaient les apaiseurs de Londres et Paris ne firent donc exception que quelques discours d'Hitler et des siens : ils louaient « les hommes de bonne volonté » – « Chamberlain et Halifax », « Daladier et Bonnet »[43] – en insultant leurs opposants, menacés des pires représailles. Haïs et méprisés chez eux Munich à peine signé, prêts à tout pour conserver un pouvoir que les urnes leur refuseraient – les diplomates allemands étaient formels –, les Munichois franco-britanniques auraient l'échine élastique[44]. L'Allemagne porterait à l'apogée dans l'Europe occupée cet appui sur des équipes honnies par leurs peuples respectifs.

Les rêves de collaboration économique : un empressement unanime

La France patronale montrait pour la politique Daladier-Bonnet le même enthousiasme que la « Federation of British Industries » et la *City* pour celle du duo Chamberlain-Halifax[45].

Le délire munichois de l'industrie et de la banque

La chambre de commerce de Paris remercia Daladier de la signature de Munich avec autant de fougue qu'elle l'encenserait deux mois plus tard pour son Munich intérieur. Tchécoslovaquie à peine occupée et démembrée, quatorze de ses membres entamèrent une tournée allemande décrite par Dutter. Ils visitèrent les hauts lieux de l'économie de guerre des trois centres invitants, Cologne, Hambourg et Francfort, tels les Chantiers Blohm et Voss de Hambourg, qui « travaillaient pour la marine de guerre et pour l'aviation militaire du Reich » – bagne décrit par le chargé d'affaires français à Berlin : « salaire brut » rogné de plus de 22 % par « toute une série de taxes et d'impôts » et semaine de travail de « 68 h 1/2 soit plus de 11 h par jour ». Bagne typique d'une détresse ouvrière générale : « L'augmentation croissante du coût de la vie, la situation matérielle de l'ouvrier, dans le IIIe Reich, pour ne rien dire de la contrainte morale qui pèse sur lui comme sur l'ensemble de la population, apparaît peu enviable. Il règnerait, d'ailleurs, parmi la classe ouvrière, un mécontentement latent qui, dans les conditions actuelles, n'a guère le moyen de s'exprimer, mais qui, en des circonstances critiques, pourrait devenir pour le gouvernement une cause de sérieuses difficultés. »[46]

Le 19 octobre, retour à Paris, éclata l'« admiration [des visiteurs] pour la politique ouvrière corporatiste » : « "La force incontestable de ce pays" », s'enflamma le président Louis Férasson, « "comme nous l'avons observé dans les formidables usines que nous avons visitées, réside dans la collaboration totale entre travailleurs et employeurs à la fois dans l'esprit et au travail". Marcel Bagnaud s'émerveilla des heures supplémentaires des travailleurs allemands qui permettaient l'exécution rapide des commandes. L'Allemagne, déclara-t-il, alors qu'elle représente deux fois la population de la France, bénéficiait en fait de quatre fois plus de travail ». Il fallait s'aligner sur cette organisation remarquable : « L'intégration, la cohésion et les échanges de vues entre groupes économiques, remarqua Paul Vandier, donnaient à l'Allemagne une force énorme. La grande faiblesse de la France, estimait-il, sanctionnait le fait de n'avoir pas évolué ainsi. » Férasson renchérit sur la valeur du « système nazi » qui conférait à ses homologues « le pouvoir politique » : « les présidents de chambres de commerce allemandes étaient tous hauts fonctionnaires » (*et* grands patrons[47]), « membres du parti nazi et dotés d'une très grande influence, presque dominante, en Allemagne. Ces présidents constituaient le conseil économique du Reich, la Reichswirtschaftskammer [Chambre de l'économie du Reich], au ministère de l'Économie ». Lui-même, en vain, « réclamait depuis deux ans au gouvernement français d'accorder à l'assemblée des présidents des chambres de commerce de France des pouvoirs similaires ».

On ne parlait qu'accords économiques et politiques. La France, « partenaire de second rang », ne contesterait pas « la puissance allemande » mais obtiendrait, espérait-on, une partie des « dépouilles de l'imminente expansion allemande à l'Est ». *Un seul* réticent, Georges Rivière, observa le 21 décembre que les organisations membres pouvaient se contenter, tels les groupes métallurgiques, d'accords bilatéraux, la conjoncture risquant de conduire la chambre de commerce « à rompre toute relation nouvelle dans les six mois ». Son objection tomba à plat, et on invita le président de la chambre de commerce de Cologne, le baron Kurt von Schroeder, « banquier nazi » administrateur de la BRI depuis 1933 et commandant de la SS[48]. D'octobre à décembre, « dissidents » inclus, l'assemblée, relève Dutter, n'évoqua jamais « la persécution des juifs ou la restriction des libertés politiques et civiles en Allemagne »[49].

Du côté du Comité des Forges filtra dès Munich la négociation de vente aux intérêts allemands des perles de l'empire Union parisienne-Schneider. Figuraient au sommet de la corbeille industrielle « Skoda avec ses 50 000 ouvriers », dont « les usines ser[aie]nt situées en effet tout [près de] de la frontière allemande » ; « la Société des Mines et des Forges [...] située à la frontière silésienne, en partie en territoire à plébiscite d'Ostrau et en partie en territoire cédé dès à présent à la Pologne » ; « la Société européenne de l'ammoniaque » sise « dans le territoire à plébiscite de Mährisch-Ostrau »[50]. Je n'ai rien découvert des tractations portant sur les autres sociétés que Skoda, mais l'Union européenne industrielle et financière de Schneider dut, dès le 13 octobre 1938, démentir officiellement la cession de son géant tchécoslovaque à « un autre groupe industriel étranger »[51].

Les représentants de l'UEIF, Aimé Lepercq et Jacques Chanzy, sollicitèrent alors des Finances « la combinaison » consistant à « écouler dans les pays balkaniques [...l']important matériel d'armement [de Skoda] laissé pour compte par le gouvernement tchécoslovaque, à condition que les traites, avalisées par [ce dernier], portassent également la garantie des gouvernements français et britannique ». « M. [Robert] de La Baume », directeur d'Europe, jugea d'abord « l'opération psychologiquement [...] facilement critiquable. La France et la Grande-Bretagne veulent secourir les réfugiés tchèques. C'est tout autre chose de soutenir la maison Skoda, c'est-à-dire une fabrique d'armements ». L'objection fut levée au motif que « ce serait pour [les gouvernements français et britannique] une manière d'apporter une aide financière à la Tchécoslovaquie ». Le ministère de la Guerre « envoy[a] » (en octobre ? en novembre ?) « une mission à Prague pour voir s'il ne pourrait pas acquérir, pour le compte de l'Armement français, le matériel dont il s'agit, ou une partie de ce matériel. Sous cette forme », conclut le 17 novembre le sous-directeur des affaires politiques et commerciales du Quai d'Orsay, « l'opération serait tout à fait normale et défendable. Au Mouvement général des fonds, on partage cette manière de voir »[52]. C'est évidemment celui-ci qui avait obligé – après débat éventuel absent du fonds – le contribuable français à indemniser « une fabrique d'armements », dont le propriétaire négociait alors la cession aux Allemands intéressés et avec eux.

Lepercq et Chanzy hantaient les bureaux officiels pour pleurer misère sur les immenses pertes du groupe « sans que le gouvernement français ait rien su de ce qui se préparait pour Skoda »[53] : sa chute imminente dans l'escarcelle de Krupp via des tractations financières avec la Dresdner Bank. Schneider se passa, comme toujours, des avis du berger étatique qui avait toujours considéré ses désirs tchécoslovaques comme des ordres[54]. Il se contenta de l'informer, à peine plus tôt que l'opinion, de sa décision de cession, en mentant sur son processus. Lepercq et Chanzy n'avouèrent à Victor de Lacroix, toujours en poste à Prague, « la décision prise par le groupe Schneider » qu'au soir de la signature officielle, le 23 décembre (Lepercq lui dit qu'Armand de Saint-Sauveur en avait « déjà » informé Bonnet). Ils remirent à l'ambassadeur, au matin du 24, un mémorandum « sur les circonstances dans lesquelles le groupe français se jugeait forcé de renoncer à sa participation dans les établissements Skoda ». Incompréhensible à force de mensonges par omission ou non, accablant « le gouvernement » Beran, il mérite citation.

« Le gouvernement tchécoslovaque et les Établissements Skoda ont été avisés que le gouvernement allemand désirait impérativement obtenir des livraisons d'armes des[dits] établissements [...] et songeait même à demander l'intégration de Skoda dans l'organisation allemande des fabrications d'armements. Le gouvernement allemand aurait laissé entendre qu'en cas de refus il envisagerait des mesures de représailles, peut-être même l'occupation de Pilzen. Le groupe français Schneider-Union européenne qui détient le contrôle majoritaire de Skoda a rendu compte au gouvernement tchécoslovaque qu'il ne pouvait ni s'incliner devant ces exigences, ni accepter de dissimuler sa participation sous le masque d'un prête-nom. Cette dernière solution lui avait été suggérée à plusieurs reprises. D'autre part, le groupe français a décliné sans examen toutes les offres d'achat de sa participation qui lui ont été apportées par des banques allemandes ou des intermédiaires susceptibles de vendre à l'Allemagne. Le Dr Beran a fait connaître à MM. Lepercq et Chanzy, représentants du groupe français, qu'il comprend par là parfaitement leur attitude, mais qu'il ne pouvait pas prendre le risque de refuser de céder aux demandes allemandes.

Donc si le conseil d'administration de Skoda maintenait son attitude négative, le gouvernement serait obligé de nommer un commissaire d'État, qui déposséderait le conseil de ses attributions écrites. Pour éviter cette solution pénible, le Dr Beran a demandé au groupe français d'envisager la cession de son paquet d'actions à un groupe tchécoslovaque. Il a désigné à cet effet la manufacture d'armes de Brno et la Banque anglo-tchécoslovaque et de Crédit de

Prague, sociétés dans lesquelles le gouvernement détient des participations d'environ 85 % et 60 % (malgré son nom elle n'est pas à participation anglaise). Les négociations entreprises auprès de ces deux sociétés ont abouti le 23 décembre dans la nuit. Le paquet d'actions sera cédé et payé le 21 janvier au plus tard : les administrateurs français démissionneront à la même date. Aucune commande d'armements pour l'Allemagne ne sera prise jusque-là par Skoda. »[55]

Le communiqué officiel à la presse remis au Quai d'Orsay par « M. Doulcet des établissements Schneider » et « approuvé par M. de La Baume et par M. [Pierre] Bressy », avalisa ce conte à dormir debout le 27 décembre 1938 : « En raison de la situation créée par les récents événements en Europe centrale, le groupe français qui détenait le paquet d'actions assurant le contrôle des établissements Skoda a accepté de céder ces actions à un groupe tchèque présenté par le gouvernement tchécoslovaque. » Le 31, Havas présenta Skoda comme désormais « exclusivement dans des mains tchécoslovaques »[56]. Le mythe de « la vente par le groupe français, à un autre groupe [que le gouvernement tchécoslovaque] lui [avait] présent[é] » continua à circuler. Le Deuxième Bureau, auteur de la formule en février 1939, n'osa cependant prétendre tchèque « l'autre groupe [...] composé de : La Anglo-Ceskoslovenska Bank et La Zbrojovka Ceskoslovenska A.S-Brno. La cession eut lieu au début de l'année 1939. [...L]'Allemagne cherch[ait] à intégrer la totalité de l'industrie tchécoslovaque des armements dans l'industrie allemande »[57].

On imagine de quel pouvoir disposait le cabinet Beran, alors que la Tchécoslovaquie souveraine n'avait jamais résisté à un froncement de sourcils de Schneider et, sur sa fin, du Reich. Resté maître de Skoda jusqu'au bout, Schneider avait décidé *seul* cette vente effectuée « dans des conditions très avantageuses ». Le « capital tchèque » supposé en avoir bénéficié n'avait jamais été qu'« un partenaire subordonné », écrit Alice Teichova, qui consacre quelques lignes au dossier. L'Union industrielle et financière avait maintenu sa maîtrise sur Skoda en contournant jusqu'à Munich les accords de 1932. Un cartel entre l'ensemble État-banques tchécoslovaques (anglo-tchécoslovaque et Banque de Crédit de Prague) et l'UIEF avait certes été fondé en décembre 1936 et ratifié par le conseil d'administration de janvier 1937. Il n'avait renforcé que sur le papier le contrôle étatique, qui relevait toujours de la catégorie du village Potemkine[58]. Paris n'ignorait rien, en décembre 1938, du vrai bénéficiaire de l'accord. « La cession [des] établissements Skoda » par « MM. Schneider et Cie », désormais « fait accompli », a bénéficié, confirmèrent les Relations commerciales du Quai d'Orsay le 24, à un groupe allemand (Krupp, précisa Havas)[59].

Le 2 décembre 1940, un chef de la section économique du *Militärbefehlshaber in Frankreich* érigea cet accord franco-allemand *privé* en modèle pour les achats allemands alors en cours de « titres et participations dans des sociétés françaises et étrangères en ZO » (zone occupée) : « Un consortium sous la direction de la Banque de l'Union Parisienne » (l'UIFE) avait cédé Skoda, sise dans le « protectorat », à la Dresdner Bank ; le règlement avait été effectué en « obligations Skoda 6 % 1930 »[60]. Malgré le postulat de Paul Segal qu'« on ne peut douter de l'intense patriotisme d'Aimé Lepercq », c'est bien avec les groupes allemands déguisés en « État tchécoslovaque » que traita Schneider. Le marché fut libre et privé, comme la prétendue « cession forcée », en décembre 1940, de *Berg- und Hüttenwerkegesellschaft* (« la Société des Mines et des Forges ») « à un groupe allemand ». Les tractations de 1938 anticipèrent celles de l'Occupation, époque où le « patriote » Lepercq présidait le Comité d'organisation des houillères. Les groupes français en notifiaient la conclusion à Vichy après coup, si nécessaire, pour accord[61].

Le commerce sidérurgique était aussi animé que ces tractations pour indemnisation franco-allemande de l'abandon. La part de la France dans la production globale d'acier allemand ne cessait d'augmenter, constata en juillet 1939 « un ingénieur de chez Krupp devant un officier étranger » : « L'Allemagne a importé en 1938, 21 900 000 tonnes de minerai de fer de forte teneur » (par opposition à la « faible teneur » de ses 13,8 vernaculaires), dont 6,1 « de France (métropole et Afrique du Nord) », 9 « de Suède [...] et le reste du Luxembourg [minerai français au moins en partie, via l'ARBED], de Terre Neuve, de la Norvège, de l'Espagne ». En 1939, le flux gonflait encore, le « chiffre » suédois s'effondrant « en raison des commandes anglaises » : « Les 2/3 de l'acier que nous employons actuellement chez Krupp proviennent des minerais français et en particulier de l'Afrique du Nord. »[62]

La Banque de France montrait la voie. « Ce matin », rapporta son délégué à la BRI Auboin le 30 septembre 1938, « au comité de direction [...] discutant [...] les questions financières ou monétaires que peut soulever la transformation territoriale de la Tchécoslovaquie, telle qu'elle a été arrêtée en principe à Munich, il a été suggéré que la BRI pourrait peut-être rendre, lorsque les questions pratiques de cet ordre se poseront, des services utiles à tous les intérêts en cause. Il a été rappelé qu'elle avait pu rendre des services de ce genre lors du plébiscite de la Sarre, et ce précédent est d'autant plus intéressant qu'une référence expresse est faite dans l'accord [de Munich] à la procédure internationale suivie dans le cas de la Sarre » (idée forcément allemande ou française). « Bâle pourrait [...] être choisi comme le lieu de réunion pour certaines des négociations rendues nécessaires et l'intervention de la BRI donnerait des garanties d'objectivité qui pourraient être favorables aux intérêts français et tchécoslovaque [...–] suggestion [...dont] nos banques respectives » avaient déjà été saisies [...]. La banque a bien supporté les conséquences, évidemment importantes, de la crise internationale [...]. Il faut espérer que maintenant les courants vont se renverser à tous les points de vue dans un sens plus favorable » conclut le synarque Auboin[63].

Plus explicite, et oubliant les sirènes déflationnistes brandies contre l'État dilapidateur, il prétendit en janvier 1939 corriger les « erreurs françaises sur l'expérience économique allemande », c'est-à-dire « la politique de Schacht » fondée sur « une expansion délibérée du crédit [...] sinon orthodoxe, du moins parfaitement calculé[e] ». « Les points faibles du système allemand » occupaient une page sur huit ; le reste exaltait l'écrasement du salaire. « Des précautions à la fois les plus minutieuses et les plus énergiques ont été prises pour que cette politique, évidemment audacieuse, reste néanmoins pratique et efficace et surtout évite de conduire à une inflation monétaire incontrôlable », telles : « – Une politique draconienne de stabilité des prix dont les pièces maîtresses sont non seulement un contrôle policier d'ailleurs rigoureux, mais la stabilité complète des salaires horaires et la compression systématique du "pouvoir d'achat" des biens de consommation. Au besoin, on limite directement la consommation (rationnement de certains produits). – Un grand souci de maintenir la rentabilité des entreprises et même d'élargir considérablement les profits des grandes sociétés dont on interdit du reste la distribution (limitation des dividendes) mais qu'on affecte aux investissements publics par l'impôt ou l'emprunt. – Un effort fiscal considérable et renforcé par le jeu des contributions "volontaires" sur les salaires, etc. du type soviétique [qui n'avait pourtant jamais trouvé grâce à la Banque de France]. – Un grand souci de maintenir et favoriser l'épargne volontaire : maintien d'un taux d'intérêt assez rémunérateur, stabilité interne de la monnaie. – Un effort intensif de travail, le seul moyen des travailleurs de défendre leur niveau de vie étant d'allonger leur temps de travail. »[64]

Une telle louange constituait alors la vulgate des élites. L'exaltation de « l'exploitation éhontée » de la classe ouvrière allemande – formule policière argumentée[65] – abdiqua toute fioriture après la défaite ouvrière de novembre 1938. Une affiche sur « "le régime du travail en Allemagne" [...] apposée dans le couloir de l'Hôtel de Ville donnant accès au bureau du personnel » vantait en février 1939 le système social du Reich, modèle à suivre. Le « régime de base » de l'ordonnance du 30 avril 1938 stipulait « 8 heures par jour pendant six jours, soit la semaine de 48 heures ». Mais les patrons pouvaient imposer « sans fournir de justification » la journée de 10 heures et la semaine de 60 « chaque fois qu'un temps de travail a[vait] été perdu ou *que la marche de l'entreprise* exige[ait] un surcroît de travail ». Pour travaux urgents « d'intérêt public », la journée de travail pouvait être portée « à 16 heures » ; sauf dans ce cas, sa durée était calculée sur la base « du travail effectif », repos et pauses exclus[66].

Les milieux économiques piaffaient de « commencer les discussions industrielles et de mettre en œuvre des entreprises communes franco-allemandes, pour obtenir des résultats tangibles ». Y participeraient les Affaires étrangères, le Commerce, les Colonies, les Finances, l'Agriculture, les Travaux publics sous la houlette de deux hauts fonctionnaires : le comte de La Baume (futur ambassadeur de Vichy à Madrid puis à Berne), qui avait apprécié, comme « les hommes d'État dirigeants de la France [,...] le grand discours du Führer » (du 30 janvier) ; Hervé Alphand (que les lois antisémites évinceraient en août 1940), héraut de l'accord franco-allemand aussi énergique que son père de l'alliance franco-soviétique. Alphand voulait passer « accord sur les quotas des Sudètes » qui n'avait « échoué, d'après lui, qu'à cause de l'entêtement excessif sur des sujets secondaires de sous-fifres du ministère de l'économie du Reich ». « Vraiment ennuyé » de ce contretemps, il avait hâte de revenir dans la deuxième semaine de mars 1939 « à Berlin [pour y] apparaître comme une sorte d'ange de la paix »[67].

On évoquait depuis février des projets « d'*association des intérêts* » visant à développer « l'*umbrella-tree* du Cameroun » (pour sa production de pulpe) « et l'exploitation des minerais d'or de Conakry » (en Guinée)[68]. L'excitation grandit début mars, comme le nombre des projets[69], dans la surenchère avec les

Anglais[70]. Le camp industriel et bancaire « de la fermeté » (dans lequel est aussi indûment classé Ernest Mercier) créa (le 1er mars), après une année ferrifère flamboyante (lorraine, marocaine et algérienne), une « Association française d'intérêts permanents en Allemagne ». Sylvain Schirmann en rejette en note les fondateurs : groupes sidérurgiques lorrains contrôlés par François de Wendel (ferme allégué), Marcel Champin et les Laurent, chimique (Saint-Gobain), caoutchoutier (*Hutchinson*) et la Haute Banque[71].

On s'arrachait les Allemands, et on attendait la venue à Paris de « Koppen, directeur de la section de politique commerciale de la Fédération de l'industrie du Reich » (*Reichsverband der deutschen Industrie*) et de Rudolf Brinkmann, secrétaire d'État au ministère de l'Économie du Reich (*Reichswirtschaftsministerium*) : ils « préparer[aie]nt le programme de la deuxième étape de la conversation en étroite collaboration avec une ou plusieurs personnes désignées pour représenter l'industrie française » ; on envisageait « des conversations détaillées entre les représentants qualifiés des deux industries [...] assistés d'experts des milieux commerciaux, bancaires et maritimes (Hambourg, Brême) [et] des conversations individuelles entre les différents groupes industriels, *Fachgruppen* [groupes professionnels] allemands et organisations françaises correspondantes » de l'électricité, de la chimie, etc. Le directeur de la Deutsche Bank Kurt Weigelt, alors à Paris, donnerait « avis sur ces projets »[72]. Les financiers allemands se montraient aussi méprisants que Ribbentrop. Koppen décréta que la prolongation des discussions industrielles britanniques et la session de la chambre d'industrie du Reich l'empêcheraient d'aller à Paris « avant le début d'avril au plus tôt ». Il se contenterait d'un « contact préalable avec la Confédération générale du patronat français » – ses connaissances le vicomte Alexandre de Lavergne et René Arnaud, qui avaient représenté la CGPF pour la signature d'« accords internationaux » : nos organisations ne sont pas demanderesses de « négociations avec l'industrie française. Quand l'Allemagne avait besoin d'accords commerciaux, ils ont déjà été conclus et se sont en général avérés satisfaisants. Nous ne pourrons donc guère être utiles aux discussions industrielles franco-allemandes »[73].

Insensibles à ce dédain, les Français exultaient cinq jours avant l'occupation allemande de la Bohême-Moravie. À Berlin, Alphand venait de signer avec son homologue Emil Wiehl le texte « sur l'intégration du territoire des Sudètes dans les accords économiques franco-allemands ». Il devait y rester « une semaine de plus » pour discuter d'un compromis sur le tourisme ; il allait remettre un mémorandum contenant « des propositions de grande ampleur pour le développement de la coopération économique franco-allemande, comme convenu à Paris en décembre ». « Le gouvernement français, et surtout Daladier et Bonnet », confia-t-il, lyrique, à Wiehl, « prenait la déclaration franco-allemande du 6 décembre très au sérieux et pas du tout comme une formule de convenance. Il éprouvait le désir pressant de parvenir non seulement à une *détente* mais à des relations amicales, cordiales même, entre les deux pays ». Après la « collaboration économique franco-allemande renforcée », simple « début [, il...] est disposé à aller beaucoup plus loin », avec des « projets mixtes » prévus « pour une période de trois ans ou plus » (il a cité « le chemin de fer transsaharien et les plus grands travaux portuaires ») : on attend l'arrivée du « député français Lucien Lamoureux, ancien ministre du Commerce et des Finances et collaborateur intime de Bonnet et de Daladier », partisan si actif de leur ligne de « collaboration économique ».

Le 11 mars, l'ambassade de France mentionna de nouveaux projets, tel « un contrat pour collaboration entre la société française de Châtillon-Commentry et les Vereinigte Stahlwerke pour la fourniture par l'Allemagne de machines-outils d'un montant de 10 millions de francs pour équiper la mine de fer d'Halouze (Orne), en échange de livraisons, prévues sur deux ans et demi, de 300 000 tonnes de minerai de fer ». Elle déclara imminent l'accord sur le tourisme et annonça la première réunion « à Paris durant la seconde moitié de mars » entre la Fédération de l'industrie du Reich et « des personnes désignées par le gouvernement français parmi les chefs de la [CGPF] et de la chambre de commerce de Paris »[74].

Le 15 mars 1939, une césure ?

La nouvelle étape du *Drang nach Osten*, le 15 mars 1939, ne perturba pas les apaiseurs, qui grossirent même l'« énorme [...] butin » que le Reich avait saisi en achevant de détruire la Tchécoslovaquie : « Tout le matériel de guerre et les approvisionnements tchèques, toutes les usines avec le matériel en construction pour divers pays, tout le matériel roulant des chemins de fer (alors qu'il y a pénurie en Allemagne), tout l'or et toutes les devises d'un pays économiquement riche, enfin *quelques millions d'esclaves* (alors que l'Allemagne manque de main-d'œuvre). »[75] Car « l'or et les devises » dépendaient à nouveau des banques centrales française et anglaise, « affaire retentissante » que compléterait bientôt le transfert de l'or espagnol[76]. Le rôle de la Banque d'Angleterre dans la cession immédiate à la Reichsbank, toujours via la BRI, des réserves de la Banque de Tchécoslovaquie fut vite dévoilé : « Le scandale de l'or tchèque » souleva en mai 1939 un tollé aux Communes et dans la presse, où l'offensive fut conduite par un ennemi de la BRI, Paul Einzig, rédacteur du quotidien *Financial News*[77]. Le rôle de la Banque de France demeura plus obscur.

Les 6 millions de livres d'or tchèque furent remis, par simple jeu d'écritures, « trois jours après l'occupation de Prague », avec l'aval conjoint des deux banques. Auboin, sept mois plus tard, ne laissa pas place au doute : « En mars [1939] la décision », sous couvert de la BRI, « de tenir l'or de la Banque nationale de Tchécoslovaquie à la disposition des dirigeants autorisés [par la Reichsbank] après comme avant le 15 mars a porté sur l'ensemble de cet or »[78]. Quelques données filtrèrent via deux synarques de second rang, opposés à l'orientation allemande du MSE, Pierre Mendès France[79] et Émile Buré[80]. Le 15 août, le premier, « jeune expert » financier, mit en cause dans le journal du second, *L'Ordre*, « les administrateurs français » de la BRI Georges Brincard et Louis de Vogüe en se trompant ou en mentant sur la date de cession : « Le bruit a couru à Paris qu'ils avaient activement appuyé la décision prise en mai-juin dernier de rendre [choix de verbe singulier] à l'Allemagne l'or tchécoslovaque. »[81]

La guerre paracheva les aveux jusque dans le *Times :* l'ancien chantre de l'Apaisement rappela le 13 octobre 1942 la « conduite [de la Banque d'Angleterre] à l'époque de l'occupation de Prague par l'armée allemande, où [elle] a[vait] donné son aide à la remise à l'Allemagne de 6 millions de livres d'or tchèque que [la Tchécoslovaquie] avait déposé » en ses serres[82]. L'histoire de la livraison des 70 millions de RM de l'or de la Banque de Tchécoslovaquie (plus de 25 tonnes)[83] – « tout le stock d'or se trouvant à la banque à Prague [...] déposé en Angleterre au nom de la BRI » – fut contée en août 1945 dans ses détails (avérés) par le vice-président de la Reichsbank, Emil Puhl, aux Américains, curieux des turpitudes françaises et anglaises : « Comment nous l'avons obtenu ? La BRI nous l'a donné », comme l'or autrichien. Il nous fut « transféré quelques semaines après l'occupation de Prague [...] Il n'y a eu ni retard, ni objections. [...] Nous l'avons eu soit à Bâle, soit en Angleterre, et l'avons utilisé à des fins générales ». Puhl accabla Montagu Norman, symbole de l'« esprit de coopération absolu » qu'avait manifesté la Banque d'Angleterre[84]. L'étape suivante de ces mutations – après l'annexion par l'URSS des Pays Baltes – balaierait la sérénité qui avait depuis l'opposition aux « sanctions contre l'Italie » en 1935 caractérisé la BRI ou ses deux grandes banques fondatrices (de France et d'Angleterre) : la demande soviétique, en juillet 1940, du transfert de l'or des banques nationales baltes à la Banque d'État susciterait fureur politique et veto prompt et définitif[85].

Les contraintes imposées au camp de la collaboration par le 15 mars interrompirent à peine les projets franco-allemands sans entraver les anglo-allemands : « L'attaché commercial allemand à Londres avait téléphoné que la Federation of British Industries était disposée à poursuivre les négociations. »[86] Le syndicat patronal britannique et le *Reichsgruppe Industrie* signèrent un accord en douze points à Düsseldorf les 15-16 mars[87]. Alphand, « négociateur en chef français », voulait « rester jusque vers le milieu de la semaine [suivante] pour poursuivre les conversations sur un accord de tourisme et sur les divers plans d'intensification de la collaboration économique franco-allemande ». Il dut regagner Paris, mais l'attaché commercial français à Berlin transmit aux autorités allemandes ses excuses « pour être parti brusquement sans avoir pu dire au revoir » et suggéra qu'il reviendrait[88].

Les négociations reprirent en effet et aboutirent. La sixième réunion des « commissions gouvernementales française et allemande » eut lieu à Paris du 2 au 16 mai 1939 (après la cinquième à Berlin, de janvier à mars) et traita comme de coutume du « Young » (« 1/2 % [d']intérêts économisés »)[89]. Sylvain Schirmann perçoit des « césures » post-munichoises et postule « la fermeté après l'apaisement ». Il décrit surtout la continuité, avec les accords commercial et de paiement du 29 juin 1939 qui prorogèrent ceux du 10 juillet 1937 jusqu'au 30 juin 1940. Aussi secret que les opérations de la BRI, « un accord personnel Hemmen-Alphand », sous forme de « note verbale », autorisa l'application de l'accord commercial franco-tchécoslovaque du 7 mars et l'usage des crédits jusqu'alors bloqués en France pour les importations tchèques. « La France reconnaissait ainsi les nouvelles agressions allemandes. » Le 20 juillet, un « accord additionnel » régla définitivement « le régime des emprunts Dawes et Young », dont Paris avait fait une condition *sine qua non* des discussions. « À un mois de l'ouverture des hostilités, ces accords » garantissant la poursuite des importations allemandes, entre autres « 500 000 tonnes de fer », « ne manquent pas d'intriguer », juge l'historien, qui rappelle cependant plus loin le caractère crucial des « intérêts [...] financiers » français[90]. Entre Anschluss et déclaration de guerre, les placements en Allemagne de la BRI, satisfaite comme tous les créanciers nationaux, s'élevèrent donc à 294 millions de francs suisses or sur un total de 486, avec « un rendement brut de 3 %, soit 8 920 000. Le solde du compte de profits et pertes de la BRI en 1938-39 ayant été de 12 millions de francs suisses environ, [...] les intérêts versés par l'Allemagne form[ai]ent près des trois quarts (près de 9 millions) des bénéfices totaux »[91].

Les plans grandioses « de rapprochement franco-allemand en Afrique » suivaient leur cours, cautionnés par le Quai d'Orsay : « Encourager la livraison de matières premières à l'Allemagne serait », vu le déficit commercial, « favorable à notre équilibre colonial » ; on pratiquerait la « compensation » sans devises matérielles : « Matériel minier allemand contre minerais africains ; équipement forestier allemand contre fourniture de bois africains » ; on fonderait des « *sociétés de participation franco-allemandes* » associant intérêts d'État et privés sur le modèle des charbonnages de Djerada au Maroc (« 1/3 de capitaux belges, 1/3 pour les sociétés privées françaises, 1/3 du gouvernement marocain ») ; mainte possibilité existait en Afrique, pâte à papier du Cameroun, pétrole du Gabon, cuivre et cobalt des Congo belge et français[92].

Espoir de paix dans les accords renouvelés ou à venir ? En aucune façon. Auboin envisageait ainsi en janvier 1939 le règlement des « problèmes allemands » après les « annexions de 1938 » : le Reich « pourrait [...] être tenté d'annexer (officiellement ou de fait) des populations plus arriérées auxquelles on prendrait à bas prix des matières premières agricoles notamment [...]. Pour que la puissance politique allemande permette de diminuer réellement les sacrifices exigés du peuple allemand sans détendre l'effort de production improductive (armements), il faudrait supposer que cette puissance politique permette au Reich d'exploiter, non des régions à économie primitive, mais bien des pays riches comme les pays occidentaux, dont le capital accumulé pourrait être alors utilisé au profit de l'Allemagne »[93]. Les milieux financiers français, assurés de la prochaine occupation de leur pays, y étaient aussi indifférents que leurs homologues belges[94], tandis que leur presse pérorait sur un *Drang nach Osten* sans péril pour l'Alsace-Lorraine et « l'Ouest ».

Ce qui précède ôte tout intérêt à l'examen d'une éventuelle césure dans leur comportement consécutive au « 15 mars 1939 » : les deux trimestres suivants ne tiédirent pas l'élan commercial et financier antérieur. La perturbation des relations mondaines ne respecta que les apparences. Les membres du Comité France-Allemagne, « sous l'impulsion de l'Union des Anciens combattants, réclam[èr]ent la réunion de l'assemblée générale, au cours de laquelle ils envisag[èr]ent la dissolution »[95]. « Les hitlériens de Paris » ricanèrent de la « lucidité tardive » et des indignations que décrivent Antoine Prost et Barbara Lambauer[96] : « Hitler ne s'est pas inquiété outre mesure des petites sautes d'humeur de certains membres du Comité France-Allemagne. Si MM. Noullens et Pichot [...] ont démissionné avec fracas, d'autres n'ont pas encore osé. Le Führer chancelier a encore des admirateurs, notamment en la personne de M. de

Chappedelaine, “qui est le plus agissant de tous les membres du Comité France-Allemagne et celui qui s’incline le plus bas devant le génie d’Hitler. D’ailleurs Hitler l’appelle der S.A. Mann Chappedelaine” (le troupier SA) » (chouchou d’Occupation de la Haute Banque, il serait en juin 1940 réembauché pour « faire la liaison avec les Allemands » par la BNCI qui l’avait chassé naguère[97] ; et « inspecteur général [...] de l’État-major central » du MSR (Cagoule) « chargé des rapports à fournir à la police et aux autorités occupantes »[98]). « Et puis, comme il ne faut pas couper les ponts du rapprochement franco-allemand, M. de Brinon d’une part et M. de Rovera d’autre part déploient une activité surprenante. Pour compléter cette activité, le ministère des Affaires étrangères a pensé envoyer un émissaire à Paris en la personne de M. Abetz. Mais le penchant de celui-ci pour la bonne humeur et la vie joyeuse de Paris, ainsi que sa liaison avec Mme Suzanne Schreiber, femme du journaliste bien connu [le synarque Émile, propriétaire des *Échos*[99]], ont incité le chancelier Hitler à le retenir momentanément à Berlin. Hitler aurait chargé de cette délicate mission un homme peu connu, peu voyant mais clairvoyant, le nommé de la Marty, réfugié russe [, qui...] se dit le frère de lait du prince Youssoupoff, meurtrier de Raspoutine. Il fréquente la meilleure société de Paris et il aurait ses entrées à l’ambassade d’Allemagne ainsi que dans les ministères français, notamment au Quai d’Orsay. »[100] Le Comité attendit le 24 mai 1939 pour prononcer sa dissolution officielle, mais les élites germanophiles qui le peuplaient n’eurent pas à souffrir de la tension officielle[101].

Du printemps à l’été 1939 (et au-delà), « la clique » pacifiste au service de « la meilleure société de Paris », Bonnet, Patenôtre, Flandin, Piétri, Laval, de Monzie, Chautemps, Pomaret, etc., bêtes noires de Pertinax et d’Alexander Werth, disposa d’une complète liberté. Charles Pomaret, ministre du Travail recruté avec de Monzie (Travaux publics) « en pleine crise tchécoslovaque d’août 1938 », s’affichait pour « la paix à tout prix, car il préférait recevoir un coup de pied dans le derrière qu’une balle dans la tête » (propos tenu à Champetier de Ribes)[102]. Il préparait en juillet 1939 – en plein tapage public sur les expulsions d’espions allemands – avec Franz Langer, fonctionnaire allemand chargé des questions extérieures à l’État-major du Front du travail et « officier de liaison du bureau Ribbentrop », via deux fonctionnaires de son ministère, Charron et Piagnatel, « une visite de travailleurs allemands en France »[103]. Georges Bonnet fournit à la droite maîtresse de la SFIO « les premiers fonds » du journal « pacifiste » – antibolchevique et pro-nazi – lancé le 24 mars par Paul Faure avec René Brunet et Fernand Roucayrol, *Le Pays socialiste*. Sous-titré « pour la libération et par la paix », il avait le « même format que la *Journée Industrielle* »[104] : allusion des RG à sa parenté avec ce titre notoire du Comité des Forges, pourvoyeur des moyens transitant (comme les « fonds secrets ») par Bonnet. Flandin pleurnichait devant les « agents » allemands sur le manque de précautions du Reich dans l’expansion à l’Est qu’il continuait à soutenir[105].

Le tandem Bonnet-Daladier dut cependant tenir compte de la colère publique et affecter la rigueur contre ces « agents » en expulsant ceux qui reviendraient bientôt. En juillet-août, les projecteurs furent braqués sur Abetz, dénoncé par Kerillis et le PCF. Ribbentrop chargea le 9 juillet Welczeck d’« une *démarche* immédiate, énergique et efficace » contre l'interdiction sur le sol français de son chef espion, « ami du ministre des Affaires étrangères allemand [,...] son collaborateur de longue date dans sa poursuite tenace d'un accord [franco-allemand et] connu de nombreuses personnalités en France ». Berlin ne supporterait pas « que l'agitation de certains bellicistes en France ait acquis sur le gouvernement tant d'influence que puisse être banni de Paris un [tel] homme » : cette mesure engageait la responsabilité personnelle de Daladier[106] qui, devant l'ambassadeur, filait presque aussi doux que Bonnet[107]. Le 12 juillet, le chef du gouvernement tenta quelques coups de menton sur sa déception, lui qui avait tant fait pour Munich et que Berlin avait « ridiculisé et avec lui tout le peuple français », sur sa « confiance [...] ébranlée », sur le changement d'humeur de « l'opinion publique française », sur ses regrets de ce gâchis, etc. La leçon administrée par l'insolent Welczeck, qui exigea arrêt immédiat de « cette campagne belliciste, financée en Amérique et dirigée de Londres », doucha son courroux[108].

Berlin fit revenir Abetz en France, sous prétexte de « s'occuper du procès qu'il a[vait] lancé contre de Kerillis », qui l'accusait publiquement de pourrir le pays et sa presse[109]. Le 10 août, Bonnet, recevant Welczeck « dans sa maison de campagne », et Coulondre, venu le voir le 11, l'assurèrent de leur loyauté : « Quand la vague d'excitation politique aurait cédé dans quelques semaines, un visa d'entrée pour Abetz pourrait à nouveau être envisagé », promit Bonnet ; Daladier, déclara Coulondre, veut « obtenir satisfaction morale pour M. Abetz »[110].

Le « réarmement » français avait été digne de tant d'audace. Louis Renault afficha sa répugnance à œuvrer contre le Reich au Salon automobile de Berlin de février 1939, où il eut avec Hitler un entretien remarqué. Cette « visite de routine » n'avait « rien d'incongru ni de choquant pour la plupart des contemporains », a argué Emmanuel Chadeau, morigénant les censeurs du temps, surtout les communistes obsédés de vengeance. Cette « rencontre », préparée « par les Affaires étrangères » – Coulondre, dénoncé par une lettre d'un fils Renault de juin 1945 et une interview de Lehideux de février 1997 –, aurait été inspirée par « le pacifisme sans nuance de l'homme de Billancourt » autant que par son souci commercial : plus de six pages banalisent la démarche d'un ennemi juré de la guerre, qui l'avait tant enrichi naguère, ou d'un naïf, « indifféren[t] à la relation possible entre la paix et le développement de la démocratie en Europe ». Elles précèdent la quasi-reconnaissance du sabotage du réarmement national par ce « vieux briandiste sentimental ». La ruine du « dossier de la fabrication des chars et des chenillettes blindées de tranchées » et des moteurs d'avions de l'année 1939 est attribuée à la Guerre et « à l'inconstance de l'État client » ; voire au « freinage » d'un « ardent foyer d'implantation communiste [...,] l'Usine O, Courbevoie », opposé « à la libération du régime des heures complémentaires » (désignant la suppression de leur majoration de 1936 en novembre 1938). Chadeau prend au pied de la lettre l'argument de Renault sur l'approvisionnement prioritaire d'un marché civil glouton en « voitures et camions » et sur le gâchis des affaires perdues au service de l'État[111].

Ce prétexte fut invoqué en 1938-1940 contre les livraisons à l'armée par toute l'industrie de guerre mobilisée par ses règlements de comptes avec la classe ouvrière, de la métallurgie parisienne à Berliet, dont MM. Rochebrune et Hazera nient aussi l'acharnement contre le réarmement d'avant Défaite. Danièle Rousselier-Fraboulet relève la priorité des représailles intérieures sur les préparatifs contre l'ennemi extérieur. Le patronat « démotivé » de 1938 ne songeait guère, après deux ans de harcèlement des vainqueurs de juin 1936, qu'à « reprendre ses troupes en main et prendre enfin sa revanche sur le Front populaire ». Dans le fief unitaire parisien des métaux (PCF-CGTU), son « adhésion [au réarmement] n'a vraiment été enthousiaste qu'après l'échec du Front populaire. Auparavant, [les patrons] étaient bien plus obnubilés par la menace communiste et ouvrière que par les impératifs de la Défense nationale »[112]. Chadeau rejoint la spécialiste du patronat métallurgiste parisien. Le triomphe des « nazis [...] à Prague » démontre « que les Français sont prêts à tout pour ne pas avoir la guerre. Renault, quant à lui, ne cache pas que, si les politiques ont peur de la guerre, c'est parce qu'ils ont peur de la défaite, tout en étant incapables de concevoir une victoire. Dans ce cas, pourquoi ne pas se tourner vers l'Allemagne ? Et surtout, pourquoi s'acharner dans un effort de guerre, dont chacun sait qu'il ne servira maintenant à rien, sinon à précipiter une attaque allemande à l'Ouest ? »[113] L'Angleterre avait marché à l'unisson, aussi obsédée par le maintien du *statu quo* socio-économique. L'histoire anglophone l'a démontré, la *City* et son gouvernement ne réarmèrent que mollement en 1938-39 et poursuivirent leur quête du compromis *après* l'entrée en guerre : ici non plus, l'Apaisement ne fut pas une tentative de différer la guerre pour gagner le temps de s'armer contre Hitler[114].

Du temps des ouvriers vaincus, le comportement de Louis Renault demeura celui que déplorait (avant de le couvrir) Jean Fabry en 1935. Son veto et celui de ses pairs contre la défense nationale, qui avaient précédé le Front populaire, lui survécurent. « De 1936 à 1939 », « la faillite du réarmement », concéda après coup le conservateur Pertinax, fut l'œuvre de ces « hommes aigris, tremblant pour leurs avoirs, persuadés que l'entrée en guerre entraînerait l'occupation immédiate des usines, soucieux de restreindre leurs risques personnels, ne concevant pas que la vie vaille d'être vécue si dans la hiérarchie sociale existant quelque chose [était] altéré » ; et qui, tels « les Schneider du Creusot », avaient « à peu près mis en interdit [...] la portion [nationalisée] de leurs établissements. Quelques-uns ne reculèrent devant rien pour gagner le combat social, inattentifs à l'autre bataille. [...L]es “marchands de canons” [...] ont plutôt cherché à ne plus fondre de canons »[115] – et la sidérurgie à vendre au Reich le fer destiné à « fondre de[s]canons » allemands.

Le 22 août, alors que depuis deux jours « on assist[ait] à une véritable ruée des troupes allemandes vers la Poméranie, la Silésie, la Moravie, la Slovaquie », l'attaché militaire à Berlin Henri-Antoine Didelet conjura ses chefs d'arrêter enfin le flux du fer français et de « *commenc[er] immédiatement* » contre l'Allemagne le blocus du fer (et du reste). « Même si la France est seule à rompre les relations commerciales avec l'Allemagne [,...] même si elle doit faire la mobilisation économique et civique, elle n'a pas à hésiter. Si grande et ardue que soit l'entreprise, elle est peu de chose à côté de ce que nous devrons faire plus tard, si nous ne faisons pas maintenant ce qu'il faut. »[116] Ce consensus de la documentation contemporaine et des monographies dispense d'un examen de la thèse du « redressement » militaire français de 1939. Robert Frank en a d'ailleurs, malgré les césures qu'il fixe entre les ères Blum et Daladier-Reynaud, établi le néant[117].

LA LIQUIDATION DÉFINITIVE DE L'ALLIANCE SOVIÉTIQUE

Des lendemains de Munich au faux réveil du printemps 1939

L'ambassade d'Allemagne à Paris (que les rédacteurs des archives publiées ont beaucoup censurée) clama après Munich « que les défaites diplomatiques successives de la France en Autriche et en Tchécoslovaquie avaient tant affaibli sa position de grande puissance qu'elle était désormais disposée à réviser sa politique à l'égard de l'Allemagne et à adopter une attitude plus accommodante. Cela mettrait l'Allemagne en sécurité à l'Ouest et lui laisserait une position de force accrue pour l'action dans d'autres directions », écrivit Braüer le 10 octobre 1938[118]. Paris, abreuvé de sarcasmes par l'univers, choisit – tardivement – de ne relever que la franchise soviétique sur la France « isolée et menacée par les appétits des Empires totalitaires »[119]. Coulondre attendit pour protester officiellement l'éditorial « violent » du 18 octobre du *Journal de Moscou* « "La succession de la France est ouverte", [où...] figurait la phrase suivante : "À la suite de la capitulation de Munich, la France a tout perdu en Europe, sans même qu'on puisse ajouter "sauf l'honneur". » Litvinov refusant de lui présenter les « regrets » qu'il en exigeait, l'ambassadeur en sursis fit « connaître qu'il se voyait obligé de cesser "ses relations personnelles" avec les personnalités du commissariat du Peuple aux Affaires étrangères »[120].

Le Pacte franco-soviétique vers l'enterrement

Ce tapage ne visait qu'à faire oublier les manquements français, admit le Quai d'Orsay : « Si [...l]es jugements [de la Russie] à notre endroit ont été sévères, ils ne l'ont guère été plus que les jugements des États-Unis. »[121] Washington s'était montré impitoyable sur la loque française[122], comme toutes les capitales, de Berne[123] à Tokyo, convaincu que la France ne bougerait pas même pour sauver son empire asiatique : ayant assailli Canton vu « la situation internationale [...] favorable », le Japon clamait qu'elle « restera[it] passive si la frontière indochinoise [était] menacée à la suite [de ces] opérations »[124]. À Prague, « le ressentiment [...] profond » ne releva pas seulement de la ruse d'un cabinet fantoche cherchant, pour masquer sa servitude à l'égard de Berlin, à détourner l'ire populaire contre la « trahison [...] de la France » adepte de « la doctrine du chiffon de papier »[125]. La haine antifrançaise l'emportait même sur la rancune envers Londres : « Les Anglais [...] en sortiront avec assez d'honneur, voire de profit, à cause de quelques gestes élégants et prompts. Les Français ont réussi à se rendre odieux, en présentant leur abandon comme une victoire de la justice et de la paix, et ridicules en préconisant une fois de plus le renforcement de leurs armements, alors qu'ils venaient de livrer à l'Allemagne une armée d'un million d'hommes, tout son matériel et, ce qui est peut-être plus fort encore, quelques centaines de km de fortifications toutes neuves et intactes établies sur les plans des fortifications françaises et réalisées sous la direction de techniciens militaires français. »[126] Dans leur correspondance personnelle, les diplomates français ne mâchaient pas leurs mots, tel Gabriel Padovani, consul général de France à Bâle, aussi net que la presse suisse de tous bords : « Notre absence de l'Europe centrale laisse les mains libres à l'Allemagne pour mieux assurer la poursuite d'une politique à laquelle je ne crois pas qu'elle ait renoncé à Godesberg. »[127]

Bien que « la garantie des nouvelles frontières » eût empli un paragraphe des accords de Munich et noirci beaucoup de papier militaire et diplomatique[128], elle mérite l'importance que lui accordaient Prague et Faucher en septembre-octobre[129] : aucune. L'article du *Journal de Moscou* du 11 octobre « intitulé "De la capitulation à la catastrophe" », aussi « violent » que celui du 18, nota que « la garantie hypocrite des frontières de la nouvelle Tchécoslovaquie, proclamée à Munich, a[vait] été violée en quelques jours » par « les "concessions monstrueuses" [de…] la commission chargée de l'exécution de l'accord de Munich »[130]. Le 6 décembre, Ribbentrop décréta à ses hôtes parisiens – alors que Londres et Paris s'étaient depuis Munich abstenus de jouer cette comédie[131] – qu'il n'était pas question d'« une garantie quadripartite ramenant aux vieux chemins de la politique de Bénès. La meilleure et la plus efficace des garanties de la Tchécoslovaquie » consisterait à « établir des relations amicales » avec l'Allemagne. Léger argua de la nécessité publique de ce hochet ; Bonnet se confondit en excuses, rappelant qu'il ne l'avait forgé que pour arracher la capitulation tchécoslovaque sur les Sudètes[132]. « La récente déclaration franco-allemande aurait indubitablement pour effet de "mettre en sommeil" l'alliance franco-soviétique », plastronna Beck devant l'ambassadeur américain à Varsovie A.J. Drexel Biddle[133] : ce faux « accord n'a d'autre but que d'assurer à l'Allemagne une couverture face à l'Ouest pour lui laisser les mains libres en Europe centrale et orientale », confirma le SR[134]. « À cette occasion, *rappela Ribbentrop à Bonnet à l'étape polonaise de l'assaut,* j'ai fait expressément référence à l'Europe orientale comme sphère d'intérêt allemand et vous […] avez alors souligné de votre côté qu'un changement fondamental était intervenu dans l'attitude de la France à l'égard des questions de l'Europe orientale depuis la conférence de Munich. »[135]

Celle-ci, précédée d'un mépris souverain envers l'URSS, fut suivie de la disparition de la politique soviétique de la France, réduite à un fantôme utile contre l'opposition intérieure à la ligne Daladier-Bonnet. « Les Soviets, *rapporta le SR le 24 octobre,* ne croient plus en l'efficacité du Pacte franco-soviétique et, pour éviter de rester seuls, en face de l'Allemagne, ils chercheraient par tous les moyens – et sans doute au détriment de la Pologne – à détourner l'orage de leur territoire. »[136] Mais Paris n'y croyait pas plus que Londres[137]. Le 26, Massigli, à la session de liaison, la dernière avant son remplacement par son adjoint Émile Charvériat, affirma : « Après quelques hésitations sur la politique à suivre, repliement ou coopération en Europe, c'est cette dernière idée qui l'a emporté » à Moscou[138]. Coulondre quitta Moscou pour Berlin le 28 octobre dans une atmosphère sinistre, sans autre geste officiel que la présence à la gare du directeur du Protocole, V.N. Barkov, dont la presse étrangère et le *Temps* « avaient récemment signalé la disparition »[139].

Le Quai d'Orsay tenait cependant à simuler la vie du moribond soviétique, débonnaire malgré la vivacité de sa presse. « Nous n'avons, *admit-il à la mi-novembre,* aucun motif de dénoncer notre accord d'assistance mutuelle avec la Russie, car au cours de la crise tchécoslovaque son jeu a été correct » ; il l'était demeuré : « Quelque échec qu'ait représenté pour la politique russe de sécurité collective la conférence de Munich à laquelle elle n'a pas été invitée, néanmoins, depuis, Moscou n'a pas répudié Genève, n'a pas sacrifié Litvinov, n'a pas parlé de notre accord. Donc, la politique de repliement ne paraît pas l'avoir emporté sur la politique de collaboration avec l'Europe. »[140] Berlin s'impatientait d'ailleurs que le mort clinique fût enterré : « M. Daladier », résuma Welczeck fin novembre, « s'est senti contraint de souligner à Marseille que le pacte demeurait non affecté par les développements en Europe orientale ou par la politique intérieure des communistes français. Une déclaration similaire a été faite au même moment par M. Bonnet. Cela a été répété plusieurs fois, à la fois par Bonnet lui-même à l'ambassadeur russe en particulier, et à présent par les autres milieux autorisés, en liaison avec les comptes rendus sur la déclaration franco-allemande »[141].

Mieux valait que Moscou fît semblant de ne rien voir de la politique des « mains libres à l'Est » exigée sans répit par Berlin entre octobre 1938 et mars 1939 et affichée à Paris. À Berlin, Coulondre entendit dans la semaine suivant son arrivée, avec une placidité tranchant sur sa susceptibilité moscovite, le refrain d'Hitler et Goering (démenti par le renseignement) selon lequel la France n'avait rien à craindre sur sa propre frontière orientale si elle détournait les yeux de celle du Reich. Le lucide Didelet, qui à la mi-novembre remplaça à Berlin le complaisant Gaston Renondeau, appelait comme « certains de [s]es collègues » ces « manifestations d'amitié à l'égard des États voisins [...] la narcose de l'Ouest » ; lui succéderaient « des méthodes plus expéditives »[142]. Le 22 novembre, Hitler assura Coulondre « qu'il n'y avait nul motif de conflit entre l'Allemagne et la France. L'Allemagne veut être couverte à l'Ouest pour progresser à l'Est. Un changement de frontière à l'Ouest ne vaudrait pas les sacrifices qu'une guerre coûterait aux deux pays ». Goering, aussi cordial le 29, « insist[a] sur l'intangibilité de la frontière franco-allemande. Il souhait[ait] vivement un rapprochement franco-allemand qu'il consid[érait] comme son œuvre personnelle » et dont « la condition essentielle [était] que la France ne s'oppos[ât] pas à l'expansion allemande vers l'Est »[143].

Ce *leitmotiv* triomphe à Paris, constata Welczeck le 30 novembre, presse du Comité des Forges en tête. L'éditorial du *Temps* du 29 « déclare froidement que, avec le nouvel ordre en Europe centrale, l'intérêt des puissances occidentales en Europe orientale doit nécessairement être considérablement plus limité qu'auparavant », observations « reproduites dans les autres organes de presse ». Ce bon vouloir laissait espérer l'abandon de la tactique officielle à l'égard du Pacte franco-soviétique : le dossier se trouve « dans un état mouvant et [...], à la condition que de nouveaux facteurs n'émergent pas, on peut escompter sinon une dénonciation formelle, du moins un relâchement important et un minage de ce pacte rendant très douteuse sa signification pratique »[144].

Le 6 décembre, Ribbentrop empoigna la question avec la vigueur adaptée à la souplesse de ses interlocuteurs. Son propos, leur réaction et les suites diplomatiques de ces entretiens ôtent tout sens au débat sur l'assentiment ou non de Bonnet aux « mains libres à l'Est ». « Les alliances militaires de la France à l'Est étaient clairement, comme lui-même, le ministre des Affaires étrangères du Reich, l'avait souvent dit cette année à François-Poncet [...], une relique atavique du traité de Versailles et de la mentalité de Versailles. Une Allemagne forte n'aurait jamais toléré ces alliances militaires auxquelles une Allemagne faible avait été obligée de consentir. Avec la renaissance de sa puissance il était clair que cette sorte de politique d'encerclement devait tôt ou tard être balayée comme une situation intolérable, que ce fût par des négociations ou par d'autres moyens. Si la France voulait une fois pour toutes respecter cette sphère d'influence allemande, alors lui, le ministre des Affaires étrangères du Reich, croyait en la possibilité d'un accord fondamental et final entre l'Allemagne et la France. »

Bonnet « répondit que les relations depuis Munich avaient fondamentalement changé à cet égard », puis pratiqua le langage codé, opposant une aire orientale *libre* au veto français contre les revendications italiennes : « Les questions (Tunis et la Corse) soulevées par les récents incidents italiens reposaient sur une base complètement différente de la question germano-sudète. La France ne pouvait à cet égard envisager de cession de territoires en aucune circonstance. Soulever une question territoriale sur Tunis signifierait la guerre. » Ce qui signifiait que le sort des « alliances militaires de la France à l'Est » et une « cession de territoires » là-bas ne vaudraient pas une guerre. Après avoir exclu toute « garantie quadripartite des nouvelles frontières de la Tchécoslovaquie » et évoqué l'Espagne, Ribbentrop revint sur « l'ancienne politique d'alliances et d'encerclement de la France et en particulier le pacte russe comme un obstacle sur la voie du *rapprochement* franco-allemand ». Il s'attira les molles réponses habituelles. Le moribond, ligoté d'origine « dans le cadre de la Société des Nations », l'avait été, dit Bonnet, par « des représentants avoués de la droite comme Flandin et Laval et pas par des représentants du cabinet actuel » ; il n'était franco-russe que d'apparence. Seules l'initiative soviétique et « les circonstances », non le « partenaire français » qui l'avait voulu « multilatéral, avec d'autres puissances comme la Pologne et les États baltes », en avaient fait « une affaire purement bilatérale », surenchérit Léger[145].

La phase suivante confirma qu'on ne parlait pas seulement de Tchécoslovaquie et de « garantie » de ses frontières « par les puissances de Munich ». Le 21 décembre 1938, Coulondre fit des manières avant de capituler quand Weiszäcker répliqua : « La Tchécoslovaquie appartenait définitivement aux territoires [...] devant être considérés comme du domaine de l'Allemagne. [Son] destin [...] reposait dans les mains de l'Allemagne. Par conséquent, rien d'autre qu'une garantie allemande n'avait la moindre signification pour Prague. »[146] Bonnet (comme Chamberlain[147]) dut sacrifier aux impératifs intérieurs en revendiquant le 26 janvier 1939 devant la Chambre des Députés la « "*présence* française dans l'Est" pendant la visite allemande à Varsovie » (du 25 au 27). Coulondre se targua le jour même auprès de Weiszäcker d'avoir « réussi, d'une part, via le Quai d'Orsay et, d'autre part, via des contacts directs avec des journalistes et rédacteurs de sa connaissance à tenir en respect la presse française et la radio de Strasbourg ». Léon Noël reçut de Bonnet instruction d'aller voir Ribbentrop pour se justifier[148] et fit allégeance le 27 : Berlin ne devait tenir aucun compte du « compte rendu tronqué et tendancieux de ce discours, où l'on insistait surtout sur le maintien des engagements de la France à l'égard des Soviets [et où ...] le passage relatif à la déclaration du 6 décembre était, purement et simplement, omis. [...N]otre ambassadeur a mis également en garde M. de Ribbentrop contre toute interprétation qui tendrait à dénaturer le caractère de nos relations avec la Russie »[149].

L'aplatissement clandestin ne suffisant point, Ribbentrop, de retour à Berlin, convoqua Coulondre pour le chapitrer. « Ce genre de discours pourrait aisément conduire à des malentendus [...]. L'Allemagne, qui respectait les sphères d'influence françaises, considérerait en échange le retour à tout forme de "politique Bénès " comme absolument intolérable pour les relations franco-allemandes. [Il] a souligné fermement qu'*à Paris M. Bonnet avait déclaré qu'il n'était plus intéressé par les questions concernant l'Est, et donc que toute déviation par rapport à cette ligne serait déconseillée* ». Coulondre l'approuva : certes « il était difficile pour la France d'abandonner ses intérêts à l'Est et simultanément de faire des concessions en Méditerranée. *Mais [elle...] ne poursuivrait aucune politique à l'Est qui gênât Allemagne* »[150]. À la mi-février, Welczeck reprocha à Bonnet son audace du 26 janvier qui « avait nui [aux] intérêts [allemands] à l'Est et au Sud-Est de l'Europe ». L'interpellé rappela que la mission de Léon Noël avait annulé le contentieux et s'agenouilla. « Sans doute pouvait-on, a-t-il suggéré, cultiver les vieilles amitiés et les développer dans les domaines économique et culturel sans heurter à l'Est et au Sud-Est [de l'Europe] le Reich allemand, déjà si favorisé par sa position géopolitique. [...] Il m'a demandé enfin d'envoyer au ministre des Affaires étrangères du Reich le passage concerné de son discours sur la politique extérieure au Sénat qui pût mériter la moindre critique. On dit souvent dans un débat d'affaires étrangères à la Chambre des choses évidemment destinées à la consommation intérieure et sans aucune autre signification. Si un ministre des Affaires étrangères français, contre la tempête et la vague d'opposition, soutenait nos revendications sur le territoire des Sudètes, qui étaient à son avis justifiées, puis tirait ses propres conclusions en privé de la situation ainsi modifiée en Europe centrale, on ne pouvait attendre de lui, face à la Chambre, une retraite aussi complète sur cette ligne. En agissait ainsi, il ne ferait que redonner l'avantage aux bellicistes. Or, ceux-ci lui reprochaient à présent son manque de fermeté et son soutien à l'accord franco-allemand, affirmant qu'il lui accordait plus d'importance qu'en Allemagne, où il n'avait même pas été mentionné dans le discours du Führer du 30 janvier » (au Reichstag)[151].

Une des cibles du Reich que le renseignement international désignait depuis Munich offrit aux élites nouveau prétexte à courbettes (et preuve de leur rancœur incurable) : ses appétits ukrainiens, aussi débridés qu'en 1933, suscitèrent une grande complaisance. Munich n'était pas encore signé que la presse allemande signala « qu'une émeute militaire très grave aurait éclaté en Ukraine. L'idée répandue dans les milieux dirigeants du Reich – je l'ai déjà indiqué, *câbla François-Poncet le 26 septembre* – est que la Russie des Soviets ne résistera pas à l'épreuve d'une guerre et que le régime de Staline s'écroulera dès les premiers jours »[152]. Moscou « n'ignor[ait] rien de l'éternel désir de [l'Allemagne] de reprendre sa marche vers l'Est, vers une riche Ukraine, pour y trouver les terrains de peuplement et les matières premières nécessaires à une industrie encore augmentée »[153]. Les chancelleries bruissaient de rumeurs sur l'assaut imminent, qui n'épargnerait ni la Galicie polonaise ni la Bucovine roumaine : depuis septembre-octobre 1938 triomphait la subversion ouverte, avec l'aval du Vatican, de ces deux morceaux d'Ukraine. La Ruthénie subcarpathique arrachée à la Tchécoslovaquie et que lorgnait vainement la Hongrie reçut, le 22 novembre, l'« autonomie » pour servir « de base à la propagande pour la libération [allemande] de l'Ukraine »[154].

Mais la France s'en moquait, arguant que le Pacte franco-soviétique ne valait qu'en cas d'« agression allemande ouverte contre les frontières de la Russie »[155] (argument tchécoslovaque de Massigli en mars 1938[156]). Modèle de *Gleichshaltung*, *Le Matin* grima en décembre, dans une « série d'articles sur la Grande Ukraine », les chefs ukrainiens à la Paul Skoropatski « et autres aventuriers et hetmans fantoches des nazis en nationalistes ukrainiens patriotes » : hommage rendu au maître allemand et à Bonnet, qui chargeait ses féaux de persuader le lecteur « que la France n'avait rien à craindre sur le Rhin d'une Allemagne occupée en Europe orientale »[157]. Symbole de « l'abîme » post-munichois où tombèrent les élites françaises, Padovani, remis à la mi-décembre de ses émotions d'octobre, écrivit à son « cher ami » Chataigneau : « La voie de Kief est maintenant ouverte à l'Allemagne, depuis la dislocation de la Tchécoslovaquie. [...] Vous savez que j'ai toujours pensé que la Russie risquait de se disloquer. Si l'Allemagne est disposée à lui porter les premiers coups, pourquoi ne lui laisserions-nous pas tenter cette opération qui aurait le mérite de nous débarrasser du communisme et de détourner ailleurs les regards qu'elle porte sur le Rhin ? »[158]

La haine antibolchevique balayait les vieilles prudences ukrainiennes de Paris[159], alignant les privilégiés français sur leurs homologues britanniques. Padovani calquait la célèbre formule des Channons, nazis anglais qui proclamaient dès 1936 « que nous [Londres] devrions laisser la vaillante petite Allemagne se repaître des rouges à l'Est et laisser tranquille pendant ce temps la France décadente »[160]. La fureur idéologique couvrait aussi, comme en 1941, la petite voix priant Berlin de ne pas léser les anciens maîtres français de l'Ukraine dans le futur pillage. Welczeck comprit ainsi l'éditorial du *Temps* du 29 novembre : le tapage « sur le problème ukrainien est dû au moins en partie aux représentations faites ici au gouvernement et à la presse par les milieux financiers autrefois liés avec la Russie méridionale. [Ils] sont convaincus que tôt ou tard l'Allemagne règlera le problème ukrainien, et ils jugent essentiel de faire valoir d'ores et déjà les intérêts que détiennent les Français à ce sujet »[161].

Comme Londres, Paris se moquait de l'avertissement de ses délégués sur les périls induits par le mépris obstiné des offres de Moscou. Car si l'Ukraine était visée, Berlin recherchait d'autres « couvertures » que françaises. Début février 1939, Potemkine mit en garde le chargé d'affaires français (Payart) en lui remettant son aide-mémoire sur les commandes soviétiques de matériel de guerre en France qui « n'[avaie]nt pas encore reçu satisfaction » : le mauvais vouloir « des maisons françaises » envers la « collaboration avec l'industrie soviétique », insista-t-il, tranche sur « la facilité des échanges commerciaux avec certaines autres puissances ». Il vise, traduisit Palasse pour Daladier, l'Allemagne et ses livraisons industrielles, « en échange des matières premières qui lui sont nécessaires », et ne plaisante pas : « Il y a quelques jours encore, un personnage officiel allemand, M. [Karl] Schnurre, était attendu à Moscou pour y conduire des négociations commerciales, dans le but de relever le niveau des échanges avec l'URSS. » Berlin recherchait, après les blocages de 1938, « de nouveaux accords [...pour s]'assurer, *en toutes circonstances*, la fourniture des matières premières nécessaires ». Un succès « équivaudrait pour l'Allemagne à une sorte de conquête de la liberté des mers et augmenterait, dans des proportions sensibles, son potentiel de guerre ». La France refusait de livrer l'URSS et de lui acheter les « avions en série » que celle-ci lui offrait, mais avait « dû recourir, récemment encore, à des achats de matériels de cette nature aux États-Unis. [...U]ne compréhension plus grande, de notre part, des besoins de l'industrie soviétique, ne serait-elle pas de nature à écarter le danger d'une entente, toujours réalisable dans certains domaines, entre l'Allemagne et l'URSS ? »[162]

La perspective laissait de glace Daladier qui, avec l'ambassadeur polonais à Paris (Lukasiewicz), déclara à Bullitt au déjeuner du 9 mars « qu'il fallait compter pour zéro l'Union soviétique [;...] que la situation intérieure [y] empêcherait l'Armée rouge de participer à quelque guerre que ce soit, où que ce soit [;...] qu'aucun crédit ne pouvait être accordé à des promesses de soutien soviétique sous forme d'approvisionnements à la Pologne et à la Roumanie [;...] que si Hitler le voulait, il ne faudrait pas une demi-heure pour former une alliance entre l'Allemagne et l'Union soviétique. Staline [en] mourait d'envie »[163].

Le faux tournant du 15 mars 1939

L'État-major comprit le sens de l'annexion de la Bohême-Moravie du 15 mars 1939 précédée, le 14, de la satellisation de la Slovaquie. La catastrophe militaire (complétée le 22 par « l'occupation du port et de la ville fortifiée de Memel »[164]), réalisait les prédictions de la Cassandre militaire du 15 septembre 1938 : « Le dernier coup sur la Tchécoslovaquie donne à *l'armée allemande un appoint de forces matérielles considérables en qualité et en quantité et des possibilités de fabrication notablement accrues.* [...E]n six mois et par rapport aux forces occidentales, les deux opérations contre la Tchécoslovaquie ont valu à l'Allemagne *une augmentation de son potentiel militaire terrestre, équivalente à 80 divisions.* »[165] L'armée perçut aussi le sens occidental de l'assaut : « La liquidation de la Tchécoslovaquie » amorçait « une crise prochaine très grave menaçant directement la France »[166].

Tournant, a-t-il été écrit de toutes parts. « Choc »[167], certes, pour les opinions publiques française et anglaise, qui haïrent davantage les apaiseurs. Mais cette colère contraignit seulement la cohorte des « pacifistes » tarifés à faire profil bas et les cabinets menacés à mimer la recherche d'une alliance protectrice des cibles du Reich[168]. De cette tactique témoigne la « conversation du 20 mars [...d']environ une heure » de Flandin avec un « agent secret allemand » – routine de 1939[169] dont j'ignore la date de naissance. Flandin se lamenta sur « le coup contre la Tchécoslovaquie » qui avait ébranlé la « confiance » française en l'Allemagne, « réduit à néant vingt ans de travail en faveur de l'accord » franco-allemand, sans parler de celui « accompli ces derniers mois par les avocats d'un *rapprochement* », et risquait d'« accélérer un "recours aux armes" ». Il rappela son adhésion au principe de l'orientation de l'Allemagne « vers l'Est et le Sud-Est de l'Europe [,...] bien qu'il fût conscient de ce que cette poussée économique devrait naturellement déloger les puissances non allemandes et porter tort à l'industrie française et britannique ». Rien ne constituerait pour les Français un *casus belli*, mais « seul quelque chose de vraiment "énorme" pourrait surmonter la crise actuelle ». Ses « déclarations correspondent en gros, *commenta Braüer,* aux conceptions des milieux français [...] champions d'un accord avec l'Allemagne qui, surtout pendant la crise tchèque de septembre 1938, sont intervenus énergiquement pour le maintien de la paix » et ont « définitivement la volonté de surmonter la crise des relations germano-françaises [...] bien qu'actuellement l'espoir d'y parvenir soit mince »[170].

Du côté des gouvernants, on ne pouvait laisser le beau rôle à l'URSS, qui avait réagi promptement au 15 mars. Au matin du 20, l'ambassadeur soviétique à Paris Souritz proposa à Bonnet « qu'une conférence [réunît] immédiatement à Bucarest » la Roumanie, la Pologne, la France, l'Angleterre, la Yougoslavie « pour se mettre d'accord sur des méthodes de protection mutuelle ». Bonnet s'esclaffa devant Bullitt : « Les Russes comme d'habitude avaient mis les pieds dans le plat », sachant que Bucarest refuserait[171]. Gauché se dit le 27 (à l'attaché militaire britannique) « convaincu que les démocraties n'avaient rien à attendre de la Russie en matière d'assistance militaire. Staline avait intérêt comme toujours à ce que les démocraties et les États totalitaires s'entre-égorgeâssent, ce qui ouvrirait la voie au bolchevisme et sauvegarderait effectivement le territoire soviétique »[172].

Palasse, flanqué de l'attaché de l'Air Luguet, décrivait l'amélioration continue de l'Armée rouge, notamment dans l'offensive : son « nouveau règlement de combat de l'infanterie », rapporta-t-il en janvier 1939, prévoit la recherche des « actions de nuit » naguère considérées « comme exceptionnelles [...] pour aborder l'ennemi par surprise et l'anéantir, sans cri, dans un corps-à-corps. [...L]e groupe de combat et la section doivent être constamment prêts à résister sur place, même complètement encerclés »[173]. La situation sur le front d'Extrême-Orient lui donnait raison : les attachés militaires français et britannique (Firebrace) s'accordaient sur « les qualités combatives montrées par les unités soviétiques qui [avaie]nt pris part aux combats du Lac Hassan » et sur la nette domination des « troupes russes » sur « les troupes japonaises »[174]. Début mars 1939, Firebrace rejoignit Palasse dans l'éloge sur la capacité d'une armée « désormais loyale au régime » à mener « une guerre aussi bien offensive que défensive »[175].

Les historiens anglophones ont, malgré des différences d'interprétation sur la succession de Litvinov par Molotov, convergé sur la volonté sincère et durable de l'URSS de ressusciter la Triple Entente ; sur la valeur reconnue, par Paris et Londres, de son armée ; sur la mauvaise foi des partenaires qu'elle sollicita en vain mais avec une assurance qu'accrurent au fil des mois les offres du Reich soucieux d'esquiver une guerre sur deux fronts – Reich avec lequel Paris, jusqu'à la défaite consommée, et Londres, jusqu'au cabinet Churchill (et au-delà), discutèrent aussi ; sur le *néant* des « garanties » *unilatérales* consenties en mars-avril par la Grande-Bretagne puis la France, contre leur gré, à la Pologne et à la Roumanie, plus menacées (Hitler dénonça l'accord polono-allemand de janvier 1934 le 28 avril 1939), plus terrifiées et plus capitulardes que jamais[176] : néant que les faux « négociateurs » envoyés à Moscou en août avoueraient à Vorochilov ; et, la seule garantie de survie économique et militaire des deux pays étant soviétique, sur le jeu au chat et à la souris consistant à solliciter l'URSS de les aider et à inciter en sous-main leurs dirigeants au veto en affectant la contrariété de tant de mauvais vouloir. Les mêmes historiens ont décrypté la duplicité de Chamberlain et des siens plus que celle des Français, estimés – avec nuance – « plus ouverts à une alliance soviétique »[177].

Les Franco-Anglais firent traîner les choses jusqu'à la mi-avril, après que Londres eut envoyé à Moscou, pour amuser le tapis, une « mission Hudson » arrivée le 23 mars. La méthode, grossière, inspira à Payart, le 2 avril, la remarque que Paris bafouait Moscou « à ses risques et périls »[178]. Bonnet laissa Halifax demander en termes insultants à Maiski, le 14 avril, une garantie soviétique unilatérale de la Pologne et de la Roumanie[179] : l'URSS devrait la précéder d'une déclaration présentant comme « de sa propre initiative » une offre de soutien à tout pays « voisin de l'Union soviétique [...] victime d'une agression », si ce soutien était désiré et offert sous la forme jugée convenable par ses bénéficiaires[180] ; elle ne recevrait en échange aucune garantie de soutien britannique ou franco-britannique.

Elle répondit aussitôt en proposant un accord militaire impératif en huit points : validité « de 5 à 10 ans » pour couvrir toute la guerre éventuelle et incluant tout type d'assistance (1) ; assistance des trois États « à tous les États d'Europe orientale sis entre Baltique et mer Noire et aux frontières de l'Union soviétique » (2) ; discussion pratique immédiate « sur l'ampleur et les formes de l'assistance militaire » (3) ; demande d'explication à l'Angleterre sur la nature de son engagement envers la Pologne (pour avoir le cœur net sur les insistantes rumeurs de garanties données à celle-ci « en cas d'agression » soviétique) (4) ; traité polono-roumain étendu à toute agression c'est-à-dire « abrogé en tant que dirigé exclusivement contre la Russie soviétique » (5) ; engagement des trois pays « à ne pas négocier de paix séparée avec un ennemi commun » (6) ; signature d'un accord à cet effet simultanément à celui envisagé à l'article 3 (7) ; reconnaissance de la nécessité de négociations communes avec la Turquie, qui pourrait « souhaiter borner ses engagements aux zones balkanique et méditerranéenne »[181].

On assista à une surenchère, éclairée par Bullitt, dans le veto contre « une coopération étroite » avec l'Union soviétique[182], conjoncture exploitée par le Reich, qui fit à l'inverse assaut d'amabilités. Le renseignement militaire signala un printemps actif, avec en avril, une offre allemande « au gouvernement soviétique d'observer une stricte neutralité en cas de conflit mondial » et des avances sur la Pologne : « Le IIIe Reich serait d'avis de partager la Pologne en deux parties et de restituer à l'URSS et au Reich les territoires ou provinces des anciens empires russe et allemand. »[183] Paris abandonnait comme sur la Tchécoslovaquie l'initiative à Londres en critiquant devant les Américains les vilains Anglais ; ou faisait des offres aussi creuses qu'eux, tel le « contre-projet » de « trois brefs paragraphes » que Bonnet montra le 29 avril à Bullitt (mais pas aux Anglais) : 1° si la France entrait en guerre pour porter secours à la Pologne ou à la Roumanie, l'Union soviétique lui assurerait son soutien « immédiatement avec toutes ses forces militaires » ; 2° même clause dans le cas inverse (Union soviétique-France) ; 3° accord pour entamer « des conversations militaires immédiates entre les États-majors généraux » des deux pays. La clause 3, engageante, était annulée par les deux premières, Bullitt se le fit confirmer par Bonnet après lui avoir demandé pourquoi son texte ne mentionnait que la Pologne et la Roumanie : pour « rendre bien clair que les États envisagés étaient [ceux-là ...] et aucun autre » ; l'URSS ne serait donc pas couverte en cas d'attaque allemande directe. Souritz avait cependant annoncé à Bonnet l'acceptation du texte si Londres y adhérait[184].

Les Anglais ne voulaient pas plus que les Français mener à bien les négociations sur les garanties soviétiques aux deux nains cajolés, mués en géants pour les besoins de la cause, Beck au premier chef. Chamberlain et Halifax réservèrent du 6 au 8 avril à l'auxiliaire de Berlin, naguère dédaigné, un accueil digne de son antisoviétisme sonore, d'un usage intérieur désormais délicat pour les apaiseurs[185]. Les ennemis français de l'alliance soviétique ressortirent le paravent polonais qu'ils mettraient bientôt plus bas que terre. Le 20 avril, retour d'un séjour de mars en Pologne, Taittinger, « l'un des promoteurs du groupe franco-polonais de la Chambre en 1920 », déclara au banquet du Cercle républicain national du Ier arrondissement : « L'appui de la Pologne, dont les avions peuvent atteindre Berlin en moins d'une heure, nous serait autrement précieux que celui de l'URSS en cas de conflit avec l'Allemagne » (son comparse Philippe Henriot fit le même « récit de son récent voyage en Pologne, où il a[vait] été envoyé par le gouvernement français [,...] exalt[ant] l'amitié et la force franco-anglo-polonaise »)[186]. En privé, Taittinger parlait autrement. Le 6 septembre, il rapporta à Daladier (après lui avoir offert ses services) son entretien de mars « avec le chef d'État-major de l'armée polonaise » (Waclaw Stachiewicz) : « Celui-ci m'a déclaré qu'en dépit de la supériorité considérable de moyens de l'Allemagne, il pensait pouvoir tenir, le cas échéant, plus d'un mois. [...] Les autorités françaises que j'ai consultées à l'époque, tant au ministère des Affaires étrangères à Paris (M. Bressy) que nos autorités diplomatiques à Varsovie, déclaraient que huit jours, ce serait déjà beau. »[187]

Fin avril, les hérauts des mains libres à l'Est ne rêvaient que du « second Munich » qui rendrait au Reich Dantzig et son corridor : ils s'enflammèrent sur la « conférence de la paix [...] inspirée par Mussolini » et lancée par Pie XII via son nonce à Paris (Valerio Valeri)[188]. « *L'Homme libre*, un journal étroitement associé à Bonnet » (et au Reich), clamait qu'il fallait « trouver un accord sur la question de Dantzig comme sur les autres problèmes susceptibles d'obscurcir l'horizon européen »[189]. Daladier mimait la vaillance, disant à Bullitt s'être au conseil des ministres tourné « vers Lebrun, Bonnet et Chautemps » en invitant les adversaires de la fermeté à se déclarer : « Personne n'a élevé la voix en faveur de la politique laissant Hitler avaler les États d'Europe orientale et les Balkans » ; même chose sur les revendications de l'Italie[190]. En réalité, le taureau qu'émascule Carley[191] laissait faire Bonnet, qui laissait faire le tandem anglais.

On ne conclurait pas, Halifax le répéta à Maiski le 6 mai, la « Triple Alliance entre la Grande-Bretagne, la France et la Russie » que cette dernière, hantée par « la possibilité d'être impliquée toute seule dans un conflit avec l'Allemagne », prétendait doter des règles d'« engagement automatique » de 1914[192]. L'entêtement, digne de l'ère espagnole, à traiter les Soviets en parias provoqua le renvoi de Litvinov le 3 mai. Cet « événement [...] grave », câbla Payart le 4, doit tout aux « atermoiements » britanniques qui ont mis « à trop rude épreuve l'amour-propre et les nerfs des dirigeants » soviétiques. Les propositions du 14 avril d'Halifax à Maiski ont été « considérées par [eux] comme ajoutant purement et simplement l'insulte à l'injure » : cette « relégation de l'Union soviétique à un troisième rôle indigne d'une grande puissance » a ulcéré Staline. Ce dédain aurait un coût : « Staline mettrait l'Union soviétique en retrait dans une position d'isolement complet [...,] première étape qui pourrait être bientôt suivie d'accords économiques de grande envergure entre Union soviétique et Allemagne. »[193] L'avertissement, éclairant sur le cheminement vers le pacte d'août et l'information française y afférente, manque à l'« extrait des dossiers Bonnet » cité par les *DDF*[194]. Les ambassadeurs inquiets d'une sécurité extérieure hors de saison, Paul-Émile Naggiar, successeur de Coulondre à Moscou, et Seeds, tenaient le même langage.

Le 9 mai, Coulondre, revenu à Berlin après un rappel à Paris du 19 mars au 25 avril censé marquer la « fermeté » française, écouta sans broncher Weiszäcker ridiculiser Beck, « installé sur son trône comme un pacha oriental », et ricaner sur « la garantie britannique à la Pologne [qui] revenait à tendre le sucre à un sale gosse avant son retour à de meilleurs sentiments ». Quand le secrétaire d'État dénonça la « très dangereuse [...] attitude des demi-dieux de Pologne occidentale contre nos Volksdeutsche », l'ambassadeur « objecta que la France mettait en garde la Pologne contre de telles folies », puis loua « l'initiative de paix du Vatican » (ferveur éclairante sur les « garanties » françaises à Varsovie) : « Coulondre m'a assuré que la France était naturellement résolue et prête à toute éventualité, mais qu'en aucun cas elle ne voulait la guerre » ; il m'a quitté « sur l'assurance répétée de sa sincère intention de travailler à un accord »[195].

Entre-temps, Marcel Déat, « spécialiste de la question de Dantzig » aussi apprécié du Reich que son compère Flandin[196], s'était exprimé sans fard dans *L'Œuvre* du 4 mai via son célèbre *Mourir pour Dantzig ?* Le célèbre épisode a été soustrait aux archives publiées allemandes[197], mais un courrier du 9 juin sur les « conversations » de Déat avec « un informateur de l'ambassade » suggère des offres de services et quêtes de fonds antérieures. Aligné sur Flandin, Déat venait quérir : 1° un délai « de six mois ou un an pour une solution définitive [...] du problème de Dantzig » ; 2° un appui allemand, car il était « personnellement préparé à combattre la psychose de guerre et le fatalisme à l'égard de la guerre » : sa propagande garantirait aisément et « par des moyens pacifiques » au Reich la réalisation des « buts [qu'il] s'était fixés dans l'Est et du Sud-Est du continent [...]. Les milieux qui en France travaillaient pour la collaboration avec le Reich allemand pourraient, pendant cette période, exercer une influence décisive sur l'opinion publique afin de remettre les bellicistes à leur place. Il ne serait pas difficile pour les amis de la paix de gagner à leurs vues les pacifistes résolus qu'on doit trouver dans tous les partis à un tel degré que leur influence déciderait de l'attitude du gouvernement français »[198].

Le 14 mai, Molotov rejeta les « contre-propositions » britanniques « pour les raisons suivantes » (que ne contesta pas le *Foreign Office*) : « 1) que cette déclaration n'entraînerait pas une véritable réciprocité ; 2) qu'elle laissait découverte la frontière Nord-Ouest de l'Union soviétique ; 3) qu'elle n'apportait au gouvernement soviétique aucune garantie contre une agression directe. Il insista en faveur d'un pacte tripartite précis et pour des conversations militaires. »[199] Carley oppose un Molotov susceptible, raide, méfiant et inculte, à un Litvinov souple, fin et intelligent. Mais il admet comme les sources et la plupart des auteurs que le nouveau commissaire du Peuple s'en tint aux exigences d'avril et que la politique soviétique ne changea pas après le 3 mai[200]. Litvinov, trancha Palasse, a été jugé « insuffisamment ferme dans l'affirmation des tendances et des volontés de l'URSS qui paraît juger sa situation intérieure assez solide, son armée et sa marine déjà suffisamment développées pour lui permettre de mener la politique d'un grand pays »[201]. Le successeur de Massigli, Charvériat, l'admit fin juin, après avoir décrété « les représentants soviétiques [...] extraordinairement soupçonneux et durs à manier » : « En toute honnêteté à l'égard du gouvernement soviétique, il fallait reconnaître que depuis le début des négociations [il] n'avait jamais cherché à introduire un élément nouveau. Il avait fixé sa position sur les États Baltes et [l']avait maintenue avec constance. »[202]

Le dossier polonais le démontrait. Beck, qui n'avait cessé de dégoiser sur l'Armée rouge à l'ère munichoise, continua après le 15 mars, et confirma à Londres du 6 au 8 avril qu'il ne défendrait ni son pays ni la Roumanie[203] : « La Pologne [...] préf[érait] voir fuser la menace allemande vers la Roumanie que vers elle-même. »[204] L'URSS se souciait davantage de sa défense. Ses diplomates habilités, Molotov compris (ici à l'ambassadeur polonais à Moscou), prodiguèrent « les assurances orales les plus formelles » qu'en cas d'attaque allemande, « le gouvernement polonais pourrait compter sur le soutien économique de l'Union soviétique ». Varsovie savait ces engagements « sincères » car inspirés des « vrais intérêts de l'Union soviétique qui en dernière analyse coïncid[ai]ent avec ceux de la Pologne dans la résistance à l'expansion vers l'est de l'Allemagne »[205]. L'URSS était donc disposée à octroyer « un concours [...] garanti par des accords concrets, qui devraient prévoir, en Europe : 1° des fournitures de matériel de guerre et de matières premières à la Pologne et à la

Roumanie ; 2° l'appui en Baltique de la totalité des forces navales soviétiques ; 3° la coopération de l'aviation soviétique ; 4° l'organisation d'un dispositif stratégique des forces terrestres de l'Armée rouge permettant leur intervention rapide en faveur des Polonais et des Roumains dans des hypothèses bien déterminées ; 5° éventuellement, la création d'un créneau permettant dès le début des hostilités la coopération de l'armée soviétique (par exemple sur l'axe Moscou-Smolensk-Kaunas-Königsberg). L'évolution favorable des relations entre la Pologne, la Lituanie et l'URSS permet de croire que les difficultés auxquelles se heurterait la réalisation de ce programme (§ 5 en particulier) ne sont pas insurmontables », écrivit le Deuxième Bureau le 1er mai[206].

Militaires et diplomates décrivirent fin mai une situation désespérée que seule une résurrection de l'Entente pourrait modifier. On n'avait jamais vu d'alliance « aussi complète et impérative » que le « Pacte germano-italien » du 22 mai, avec l'Allemagne comme « partenaire le plus fort qui imposera[it] tôt ou tard sa volonté ». Sa « conclusion [...] consacre la solidarité absolue des deux Pays de l'Axe dans tous les domaines, politique, économique et militaire. [...] Tous [...] les renseignements [...] annoncent une nouvelle tension pour le mois d'août, peut-être même pour [...] juillet. En résumé aucune note optimiste et apaisante ne peut être donnée. *Le seul facteur présenté comme pouvant arrêter les chefs nazis dans leurs entreprises de force est la constitution du barrage oriental.* [...] Le Reich conserve encore l'espoir, pour rétablir sa situation en Orient, de voir échouer les pourparlers anglo-russes »[207]. « L'unité de politique des puissances de l'Axe [...] appuyée par une alliance militaire étendue [...] présage de nouvelles initiatives », avait annoncé François-Poncet. « Il est d'autant plus nécessaire de conclure, *convint Charvériat le 24 mai,* qu'on signale des contacts entre Moscou et Berlin qui pourraient bien tout changer. Une délégation allemande et le général von Fritsch seraient à Moscou ; l'URSS a publié un démenti à ce sujet, mais les Anglais ont sur ces contacts des indications analogues » (observation appuyée du « nota : le Deuxième Bureau a récemment signalé ces intrigues allemandes en URSS »)[208].

Hitler était « convaincu que l'Angleterre et France ne combattraient pas pour aider la Pologne »[209], bien que le regain d'énergie du peuple français contraignît les hérauts de l'abandon de « l'Europe centrale et orientale à l'Allemagne » à se « dissimul[er] depuis le 15 mars dernier »[210]. Le 22 mai, Flandin tonna contre les Polonais « devenus les maîtres de la décision de la guerre ou de la paix ! » et déplora devant son « informateur » du Reich « l'état d'esprit de la population rurale », qu'il avait « passé le week end [à] étudier dans sa circonscription ». À la différence de septembre 1938, elle était « prête à la guerre », et sa question grosse ficelle : « "Vous ne voulez pas mourir pour Dantzig ?", [avait...] reçu de ses électeurs la réponse : "Eh bien, il faudra bien mettre fin aux actions de l'Allemagne un de ces jours ! » Tous les parlementaires entendaient de tels propos[211]. Londres bafouait toujours l'URSS avec des « contre-propositions » vides, excluant toute « garantie » de ses voisins de la Baltique. L'attaché militaire allemand à Moscou, le général Ernst Koestring, présent à Rome et Berlin « lors des rencontres importantes pour l'Axe », multipliait les voyages au nord de la Finlande « vers la région des minerais de fer suédois »[212]. Moscou voulait une

« assistance mutuelle » absolue, liée à toute « menace d'agression » ou « agression indirecte », seul moyen de proscrire la ruse « intérieure » (l'« appel » au Reich des nazis locaux) qui avait couvert l'agression contre Prague.

Le 31 mai, une semaine après une vaine « conversation Maiski-Halifax-Bonnet [...] à Genève »[213], Molotov, dans son « rapport sur la politique extérieure » au Soviet Suprême, « déclara qu'il tenait à éviter le retour du précédent tchèque »[214] et constata l'échec des « pourparlers commencés vers le milieu d'avril ». L'URSS n'a pu faire agréer ses demandes de garantie sur la base du « *principe de la réciprocité et de la similitude des obligations* » : l'Angleterre lui demande de s'engager envers cinq pays (Roumanie, Pologne, Belgique, Pays-Bas et Suisse) mais exclut de secourir les « trois pays de la frontière nord-ouest de l'URSS qui peuvent se trouver impuissants à défendre leur neutralité en cas d'attaque des agresseurs ». Il n'y aura pas d'engagement soviétique envers les cinq si les trois (Finlande, Estonie, Lettonie) ne sont pas garantis, assura le commissaire du Peuple.

Palasse cautionna, comme il l'avait fait depuis 1937, une position sur « *la question* de la Baltique » qui ne relevait pas des fantasmes de révolution mondiale mais des « mesures [nécessaires] pour que la Baltique ne dev[înt] pas un lac allemand ». « Il est à peine utile d'insister sur l'importance qu[’elle] présente [...] pour l'existence de la Russie d'Europe. Une notable partie de l'histoire russe se déroule autour des luttes pour la prédominance dans cette mer : luttes avec les ordres germaniques, la Pologne, la Suède et même l'Allemagne. » L'ère nazie a aggravé, surtout depuis la poussée de 1938, les effets du « recul considérable [subi] en Baltique par la perte de la Finlande et des Pays Baltes » qui, « dans l'impuissance momentanée » consécutive à la révolution de 1917, avait contraint « le gouvernement soviétique » à abandonner comme « capitale du pays », au profit de Moscou, « le grand port de commerce et de guerre [désormais...] sous le canon ennemi ». La sécurité de l'URSS en Baltique, que venait de menacer « l'occupation de Memel », se confondait avec celle de l'Europe occidentale : « *Du point de vue stratégique*, pour assurer la couverture du flanc droit et des arrières polonais, nous avons un intérêt commun avec l'URSS à ce que l'Estonie et la Lettonie ne subissent pas un sort analogue à celui de l'Albanie » – avalée par l'Italie en avril – « et à ce que l'emprise allemande sur la Baltique ne soit pas élargie »[215].

Les Russes exigent d'« être non seulement garants mais aussi garantis », avait admis Charvériat à la mi-mai[216]. Paris et Londres ne s'inquiétaient que du mécontentement allemand et de la survie du « cordon sanitaire ». Le sens de la mission de Weygand à Téhéran, Ankara et Bucarest d'avril-mai 1939 est éclairé par son rapport sur Bucarest, visitée du 4 au 6 mai : « Quant aux concours de la Russie, il est très délicat pour la Roumanie de l'envisager, même s'il ne s'agit que d'une aide matérielle. En temps de guerre, il y n'aurait plus de difficulté. Mais en temps de paix, une assistance ouverte des Soviets créerait une situation doublement dangereuse en Roumanie, car l'Allemagne la considérerait comme une provocation et déclencherait la guerre et, d'autre part, l'opinion publique roumaine en serait troublée au point d'hésiter entre la crainte du bolchevisme et celle du péril allemand. »[217] L'astuce de la définition de l'agresseur par la SDN, qui avait paralysé les pactes de 1935, servirait encore. Les offres occidentales promettaient à Moscou, « en l'absence d'engagement direct de l'Angleterre et de la France », une guerre allemande à l'Est avec « paix séparée » à l'Ouest[218]. Bonnet ironisait devant Bullitt sur les Anglais, mais rejetait comme eux la Triple Entente : l'URSS, argua-t-il le 5 juillet, ne recherche en demandant la « garantie » de ses voisins contre « l'agression » qu'une « carte blanche pour l'invasion de tout État qu[elle] choisirait d'envahir [...]. La France et l'Angleterre ne pourraient certainement pas accepter de [la] soutenir pour étendre le bolchevisme en Europe orientale »[219] (aveu que l'interdiction à l'Armée rouge du territoire de tout pays menacé ou attaqué était aussi franco-anglaise que polonaise et roumaine). Daladier – de même que Blum – excluait de donner « carte blanche à l'invasion soviétique des Pays Baltes ». Il se flattait d'user « avant la fin des négociations » de la tactique qui avait forcé les Soviets à entrer à la SDN : il leur dirait « que c'était à prendre ou à laisser ». Il affectait de compter sur le « grand homme d'État » Roosevelt pour « empêcher Hitler de faire la guerre »[220], comme tous ses pareils et les Anglais[221] : pure flagornerie des apaiseurs, vu leur connaissance des intentions américaines du temps, et excuse à leur passivité.

Charvériat brocardait « l'attitude assez bizarre de l'URSS à propos des îles d'Aaland »[222]. Bizarre ? Mendras avait en octobre 1934 décrit les plans de l'ancien morceau de l'Empire russe dont l'indépendance de 1917 sous protectorat allemand avait dû sa survie au « cordon sanitaire » allié : « Il n'est plus chimérique d'imaginer que, dans un avenir plus ou moins lointain, l'URSS, aux prises avec le Japon, soit envahie par les armées polonaise et finlandaise, l'Allemagne menant le jeu et assurant la soudure dans les Provinces baltiques. Ce n'est pas à la légère que j'associe la Finlande à ces projets : ce pays est à peu près le seul au monde qui nourrisse une véritable haine pour la Russie, j'ai pu le constater sur place cet été, et des observateurs sérieux m'ont affirmé que l'armée s'y préparait à réaliser un jour aux dépens de l'URSS le rêve d'une Grande Finlande. »[223] La Finlande s'était couverte, Moscou s'en plaignait bruyamment depuis 1936, « d'aérodromes commercialement inutiles » construits « avec l'aide de techniciens allemands », et recevait de fréquentes « missions de militaires allemands »[224]. Plus que jamais depuis l'Anschluss, l'URSS redoutait que cette « sorte de Malte [...voisine] des routes maritimes qui conduisent vers Cronstadt-Leningrad, [sa] seule fenêtre [...] sur la Baltique », ne remît au Reich, sous prétexte de projet finno-suédois de fortification des îles d'Aaland, « une base navale » décisive[225]. La crainte était fondée : le Reich, servi par « l'accord réalisé » entre Helsinki et Stockholm, comptait les « faire occuper » en 1938 en cas de guerre pour la Tchécoslovaquie[226].

Inquiète, l'URSS disposait cependant d'un grand « potentiel de guerre », avec une armée dont « l'effectif [...] dépass[ait] largement 2 millions d'hommes ». Palasse recensa le 13 juin 1939 ses progrès, autorisés par l'« augmentation considérable » (77 %), appelée à « se poursuivre », du budget militaire passé de 23,1 milliards de roubles en 1938 à 40,8 : 25 corps d'armée, 110 divisions d'infanterie (10 % de mieux qu'en avril 1938), 32 divisions de cavalerie, « 5 000 chars de combat répartis en corps auto-mécanisés, brigades et parfois régiments », amélioration de toutes les armes : « Mettant à profit les enseignements de la guerre d'Espagne, les unités de chars auraient été réorganisées, leur blindage et leur armement augmentés. De sérieux progrès ont été réalisés dans [...] l'artillerie ; l'artillerie de réserve générale a été augmentée. La puissance de feu de l'infanterie a été récemment encore accrue par une nouvelle dotation en lance-grenades, lance-mines, armes antichars, fusils automatiques. [...L]a puissance de feu du corps d'armée soviétique », présentée par Vorochilov comme « supérieure à celle de chacun des corps d'armée allemand et français [,...] apparaît aujourd'hui au moins équivalente à celle du corps d'armée français ». Cadres, réserves, soldats, « sûrs » pour le régime et formant une « troupe bien tenue, disciplinée, bien instruite », dont Palasse avait pu juger par « des visites de régiments de diverses armes faites au cours de l'été 1938 », tout apparaissait en « sensible progrès sur l'an dernier ». Il concédait une incertitude, due à « la cessation presque complète, depuis fin 1937, des relations entre les deux armées » : il ne pouvait « donner un avis éclairé sur [la] valeur actuelle » de « l'État-major [et du] haut commandement [...] très éprouvés par les épurations »[227]. « Au cours des pourparlers » tenus depuis mai 1939, « M. Molotov a[vait] fait connaître que le gouvernement soviétique chiffrait à 100 divisions l'effort militaire qui lui incomberait du fait des obligations à assumer dans le pacte en préparation »[228].

Selon un rapport du 8 mai pour Daladier, la France pouvait compter – venaient de le confirmer les « conversations d'État-major franco-britanniques » de Londres (24 avril-4 mai) – sur *deux* divisions « britanniques » au maximum et *aucun* appui aérien, l'« étude [étant] en cours ». La nullité polono-roumaine était établie, confirmation entre mille de la mauvaise foi des odes de Gamelin ou de Musse à la grande armée polonaise[229] : l'« intervention de la Pologne [...] ne revêtira toute sa valeur qu'en cas de constitution d'un front oriental étendu. Les renseignements possédés par l'Angleterre sur l'*Armée roumaine* sont peu encourageants »[230]. J'épargne au lecteur la prose dressant l'État-major en troupeau d'ânes comme, deux jours avant « le Pacte germano-italien », sa « note sur les conséquences de la neutralité éventuelle de l'Italie »[231]. Les rapports de Palasse incitent par contraste à réfléchir sur ce que le vainqueur de 1918 aurait tiré du « rouleau compresseur » russe du tournant des années 1930. Les « chefs d'État-major généraux », qui n'en avaient cure, dressèrent au début de l'été 1939 le bilan du désastre sur le même ton qu'avant Munich. L'État-major cagoulard évoqua, mi-juin, la quadrature du cercle, puisque la seule façon « de commencer le renforcement du front oriental » (Georges), consistait à doter la Roumanie d'une « chasse [...] particulièrement intéressante pour la défense d[e son] sol » (Vuillemin), et « que la grande réserve d'appareils de bombardement [ét]ait en Russie » (Gamelin, qui disait appuyer « cette exportation d'appareils de chasse »). Mais les calculs des « parts américaine et russe » dans la couverture de ces besoins « nécessiter[aie]nt évidemment une étude financière » (Gamelin)[232]. Tout cela ressemblait à l'annonce des concertations entre États-majors français et tchécoslovaque à leur réunion parisienne du 30 août 1938[233].

Le 29 juin, Jdanov haussa le ton dans *La Pravda*, signant en tant que « député du Soviet suprême [...] un véritable réquisitoire » contre Londres et Paris.

Semonce sévère, vu l'importance du « président du parti communiste de la région de Leningrad, membre des conseils importants du Parti et [...] ami personnel de M. Staline ». L'argument pour refuser la garantie des États Baltes n'avait qu'un but dilatoire et tranchait sur leur célérité (en mars-avril) à garantir la Pologne et la Roumanie qui ne leur avaient rien demandé. « Les gouvernement anglais et français ne veulent pas d'un accord à égalité des droits avec l'URSS » ; ils lui réservent « le rôle de valet de ferme qui porterait tout le poids des engagements sur ses épaules » ; ils exigent « des garanties pour la Hollande et la Suisse avec lesquelles l'URSS n'a même pas de simples relations diplomatiques. [...] Pas un seul pays qui se respecte ne consentirait à un tel accord s'il ne veut pas être le jouet entre les mains de gens qui aiment faire tirer les marrons du feu par les autres. [...L]es Anglais et les Français ne veulent pas d'un accord réel, acceptable pour l'URSS, mais seulement des *conversations* au sujet d'un accord afin de spéculer sur la soi-disant intransigeance de l'URSS vis-à-vis de l'opinion publique de leur pays et de préparer le chemin d'une entente avec l'agresseur. Les prochains jours doivent montrer si c'est ainsi ou non »[234].

Ce « raidissement soviétique dans les négociations »[235] incita les intéressés à lâcher la risible « garantie » des Pays-Bas et de la Suisse qui n'avaient jamais reconnu l'URSS. Mais ils s'accrochèrent au veto contre « la très large définition [soviétique] de l'agression indirecte » (supposée encourager l'invasion et la mise sous « protectorat russe » des Pays Baltes[236]) et rejetèrent la simultanéité de l'entrée en vigueur des accords militaire et politique ; puis ils cédèrent à ce dernier sujet les 12 et 18 juillet[237]. Entre-temps, Bonnet devisait avec Welczeck, lui déclarant (le 1er juillet) « qu'il n'avait pas de grandes illusions sur la valeur et l'application d'une Triple Alliance. Le Pacte franco-soviétique était en lui-même suffisant pour les obligations d'alliance »[238]. Le 11, Gamelin dit aux chefs d'État-major généraux « envisage[r] l'envoi prochain en Russie du général Doumenc avec des représentants de l'Air et de la Marine pour traiter avec les Russes les questions occidentales seulement » et leur « demand[a...] de préparer la désignation du personnel et les questions à traiter »[239].

Le 13 juillet, jour où Ribbentrop rappela à Bonnet qu'il avait défini le 6 décembre 1938 « l'Europe orientale comme [...] sphère d'intérêt allemand », Pologne incluse[240], Palasse pressa Paris d'organiser « *au plus vite* une première consultation d'experts militaires français et anglais auprès de l'État-major soviétique ». L'attaché militaire certifia : 1° qu'on ne se soustrairait pas à l'impératif d'un secours sans lequel la Pologne serait pulvérisée ; 2° que l'URSS ne démordrait pas des conditions de son intervention militaire (qu'il décrivit zone par zone). « Ayant vu, en 1938, ses pactes d'assistance mutuelle avec la France et la Tchécoslovaquie rester lettre morte parce qu'ils n'étaient pas vivifiés par des accords militaires et parce que nous avons toujours paru nous dérober même à de simples conversations d'État-major à trois, l'URSS n'est certainement pas disposée à retomber, cette année, dans les mêmes erreurs. Ainsi qu'elle l'a exprimé à diverses reprises, avant même l'ouverture des actuels pourparlers, si elle consent à se découvrir vis-à-vis de l'Allemagne, ce ne sera qu'à la faveur d'une solution satisfaisante du problème militaire, alors qu'elle jugera l'action suffisamment *bien montée et liée* pour croire au succès et se juger garantie. Les susceptibilités et les méfiances éveillées au cours des pourparlers ne seront apaisées que par l'élaboration d'accords précis, établissant les devoirs de chacun en cas d'agression. Je ne crois pas que l'URSS qui paraît avoir étudié, dès à présent, le problème militaire, consente à signer et à rendre effectif un accord politique, si elle n'est pas assurée que l'entente pourra se faire sur des accords militaires organisant solidement, malgré toute la complexité mentionnée, la résistance du front oriental. [...] Je considère toujours possible », conclut Palasse, « si nous n'arrivons pas à traiter rapidement, de voir l'URSS s'isoler tout d'abord dans une neutralité d'expectative, pour arriver ensuite à une entente avec l'Allemagne sur la base d'un partage de la Pologne et des Pays Baltes »[241].

Optant pour le fiasco sans lui répondre[242], les chefs d'État-major généraux décidèrent le 17 juillet « l'envoi d'une mission militaire en Russie » qui esquiverait la question clé de l'Armée rouge : « – Renforcement des armées polonaise et roumaine par aviation, par unités mécaniques, éventuellement par troupes terrestres (si la Pologne et la Roumanie l'envisagent). – Apaisements à donner à ces deux pays [sur] leurs frontières orientales » (on en « donner[ait aussi] aux Turcs [sur...] d'éventuelles concentrations de troupes russes au Caucase »). Le sabotage signé Gamelin fut « approuvé [par] Daladier [le] 24 juillet 1939 »[243]. Chamberlain se clama le 20 « malade et dégoûté des Russes », déclara « sa patience épuisée » et balaya la récente prédiction du prince Paul de Yougoslavie « que si l'Angleterre ne passait pas accord avec les Russes, l'Allemagne le ferait ». Fin juillet, Londres et Paris agréèrent la demande de Molotov « d'entrée en vigueur simultanée des accords politique et militaire » tripartites[244] et la tenue à Moscou « aussitôt que possible [d]es conversations d'État-major » vu le risque de « rupture des négociations »[245].

Péril jugé léger. Le 31 juillet, Léger annonça à Bullitt ne pas attendre « d'accord contraignant avec l'Union soviétique avant la fin août » ; il n'avait même pas désigné d'interprète, provocation que Naggiar déconseillait d'aggraver en osant désigner un Russe blanc[246]. Londres se targuait auprès de l'ambassadeur américain, Joseph Kennedy, de pouvoir « dans les semaines à venir », sans crainte « d'une rupture imminente des négociations », durcir sa position envers les Russes[247]. L'URSS prenait l'affaire très au sérieux, exigeant « secret absolu » et plaçant à la tête de sa « mission » les deux chefs de son armée (Vorochilov, son ministre, Chapochnikov, son chef d'État-major général)[248] ; pas Paris et Londres, qui déléguèrent deux militaires obscurs, le général Doumenc, commandant la région militaire de Lille, et l'amiral Drax (Paris bafouerait aussi « le secret »).

La farce de la mission Drax-Doumenc des 11-24 août 1939

Du voyage aux conversations de Moscou : fin juillet-17 août

Moscou faisait l'objet depuis mars et surtout mai d'offres allemandes réitérées de vaste compromis. L'historien le plus opposé aux thèses en cours en France, Geoffrey Roberts est, sur la base des archives soviétiques (confirmées par les allemandes, britanniques, américaines et françaises), catégorique sur l'initiative allemande et sur la répugnance soviétique jusqu'en août : le premier signe d'intérêt de Molotov pour un accord ne fut enregistré que le 11. À l'arrivée, donc, de la mission de Sir Reginald Drax et de Joseph Doumenc[249], farce sur laquelle convergent trois dossiers du SHAT (dont deux spécifiques).

Le « mémorandum » du *Foreign Office*, transmis à Paris le 3 août par Phipps, « ne *devait pas* », on comprend aisément pourquoi, « être communiqué aux Russes ». Ses 117 points, base commune aux deux composantes de la mission puisque Paris s'alignait sur la « gouvernante anglaise », constituent avec ses annexes un modèle de l'arrogance, du racisme et de la bêtise des élites britanniques qui, comme leurs homologues françaises, tenaient « les Russes » pour des sous-hommes. Il fourmille d'aveux corroborant *tous* les griefs de Moscou contre la malignité de ses interlocuteurs, refus d'alliance, néant des « garanties » franco-anglaises des territoires polonais et roumain, duperie de l'opinion publique, etc.

« Le gouvernement britannique n'est désireux d'être entraîné dans aucun engagement bien défini qui puisse nous lier les mains en toute circonstance » (15). Sa mission devra « conduire les conversations très lentement » (8) et « se tenir sur la réserve vis-à-vis des Russes » (10). Elle refusera « aux Russes [toutes] informations confidentielles » (7), par exemple sur les « détails techniques sur notre armement » (14), ce qui posera problème : « Les Russes ne manqueront pas d'insister auprès de notre mission pour obtenir des informations plus détaillées » (15). Londres s'obstinait à tenir pour sacré le veto « [d]es Polonais et [d]es Roumains [qui] ne t[enai]ent pas à recevoir sur leur territoire des troupes soviétiques et refus[aient] de prendre en considération les projets relatifs à une coopération possible [...]. La mission ne devra pas traiter la question de la défense des États Baltes, puisque ni la Grande-Bretagne ni la France n'ont garanti ces États » (16). Il faut cependant obtenir « que la Russie puisse venir en aide à la Pologne et à la Roumanie par l'envoi de munitions et de matières premières » (17) », car : 1° les Franco-Britanniques ne les aideront en rien, notamment « en raison des difficultés de communications » (23, 61 (a)) ; 2° outre leur « faiblesse » militaire et industrielle (22, 49-51, 63-68, 77-80), elles n'ont jamais rien prévu « contre une attaque allemande, puisque l'alliance polono-roumaine a été dans le passé orientée seulement vers l'hypothèse d'une attaque russe » (58). Quadrature du cercle que cette aide, terrestre et aérienne : « nécessité vitale » (88, et 87-90, 99-110), alors que les Polonais « craignent de ne pouvoir [ni] se débarrasser de[s] troupes russes [ni...] empêcher la "communisation" des paysans polonais » (61 (b)).

La question de l'aide matérielle soviétique battait les records du ridicule. Selon le point 23, vu « l'état des communications intérieures de la Russie » et surtout ses voies ferrées, « pendant [...] les premières semaines d'une guerre, l'industrie et les autres services essentiels seraient plus ou moins arrêtés. Après deux ou trois semaines, la mobilisation militaire pourrait devoir être arrêtée ou au moins suspendue pour éviter un arrêt complet de l'industrie ou de la vie nationale ». Le point 24 admettait la sottise de ce *leitmotiv* d'après novembre 1917 (donnant raison à Palasse) : « Bien que toutes les règles de la logique conduisent à penser que le système russe des transports doive faire faillite sous la pression des nécessités de la guerre, ne devra pas être oublié que tous les transports et l'industrie ont en fait fonctionné jusqu'à présent bien qu'ils eussent dû faire faillite complètement il y a déjà longtemps si l'on se réfère aux principes généralement admis. Il doit être rappelé par conséquent, qu'il est impossible de juger la valeur potentielle de la Russie en se basant sur des conceptions occidentales. »

Sur les opérations et capacités, détaillées arme par arme, zone par zone, les Franco-Anglais devraient obtenir des Russes tous « renseignements » sans leur en fournir ou, ainsi « sur les forces aériennes britanniques et françaises », en « us[ant] de la plus grande discrétion [...sur l]es informations détaillées » (56). On demanderait cependant « quelles propositions présente l'État-major russe en vue d'établir une coopération mutuelle étroite entre les États-majors alliés en temps de guerre » (113).

Les « annexes » étaient à l'avenant, surtout la II, qu'on croirait sortie des bureaux de l'État-major général français, sur l'« *estimation de la valeur militaire des forces russes* » et la IV, avec ses trois paragraphes ouverts sur « le Russe » : « 1. Le Russe est soupçonneux par nature et fortement marchandeur. Il est donc probable que la délégation russe veillera à ne fournir des informations et des promesses de coopération que sur la base de la réciprocité. Il peut donc être sage d'éviter de soulever des questions concernant des sujets sur lesquels nous ne sommes pas préparés à fournir des informations réciproques, bien qu'il puisse être souvent possible de mettre en balance deux types d'assistance différents, par exemple une aide russe à la Pologne dans le domaine matériel contre la fourniture par nous-mêmes à la Russie de caoutchouc, de cuivre ou de nickel. 2. Le Russe sera vraisemblablement plus soupçonneux encore à l'égard de toute tentative laborieuse de notre part pour le convaincre des avantages personnels accrus qu'il retirerait d'une acceptation de nos suggestions. 3. Le Russe porté à exagérer s'attend à trouver la même attitude chez les autres. Il peut donc être bon pour nous de grossir plutôt que de minimiser les résultats que nous avons obtenus. Par exemple, nous fournissons pour notre force aérienne de première ligne des chiffres qui ne comprennent pas une réserve très importante, tandis que les chiffres russes comprennent une proportion considérable d'appareils hors d'usage, en réparation ou indisponibles pour une raison quelconque » (prétexte à présenter des chiffres faux qui ne tromperaient personne)[250].

Les entretiens parisiens de Doumenc[251], depuis la mi-juillet, avec des interlocuteurs négligents, indifférents et quasi muets, Gamelin, le secrétariat général de la Défense nationale, Léger, Bonnet, Daladier, augurèrent le pire. Léger lui promit de lui communiquer via le général Louis Jamet « les dossiers diplomatiques », mais n'en fit rien. Doumenc dut se contenter d'« une [brève] conversation » le 2 août avec Payart, « en congé à Paris depuis plusieurs semaines » : il n'en tira « aucun éclaircissement sur les personnages soviétiques avec qui [il] aurai[t] à converser ». Léger convint avec lui que, alors « que nous paraissions être demandeurs [...], nous partions les mains vides ». Bonnet l'« adjura de rapporter quelque chose, même au prix de promesses. Quelles promesses ? "Tout ce que vous jugerez utile, mais il faut rapporter un papier signé." ». Il fallait juste, disserta Daladier, savoir ce que voulaient « les Russes ».

Les « prises de contact avec la mission britannique » à Londres le 4 août, sur la base des longues « directives » déjà citées, confirmèrent le strict objectif de propagande intérieure : « Les Anglais », résuma Doumenc, « comptaient surtout gagner du temps » (« laisser l'Allemagne sous la menace d'un pacte militaire anglo-franco-soviétique et gagner ainsi l'automne ou l'hiver en retardant la guerre », précisa le commandant de corvette Willaume[252]). « On était loin des rêves de l'opinion publique. [...] Aborder la discussion avec les Russes sur de tels points, c'était aller d'emblée à l'échec. [... Que leur] offrait-on [...], pour les décider à agir ? » Rien. La maison brûlait au seuil de la Pologne, mais les militaires de second rang prirent non l'avion – jugé trop rapide – mais un « lent navire marchand »[253], le *City of Exeter* : cinq jours gagnés pour concocter les feintes destinées aux « Russes ».

Ceux-ci accueillirent les visiteurs avec chaleur et les traitèrent royalement au banquet du 11 août de « près de trois heures [,...] remarquable de bout en bout ». Mais on ne duperait point ces hôtes, annoncèrent d'emblée à Doumenc Naggiar et Palasse, partisans de l'alliance et formels sur l'aspect crucial du « passage à travers la Pologne » : « C'est un point capital des débats et qu'on n'éludera pas. » On vit à la première séance, ouverte dans une « atmosphère de bonne franquette » le 12 août au matin, s'effondrer ces émissaires impotents. « Précis, direct » (Willaume), Vorochilov, « directeur des débats », présenta ses pouvoirs de plénipotentiaire habilité à « signer les accords ». Doumenc, porteur d'« un ordre de mission de Daladier », avait « qualité pour traiter de toutes les questions militaires » (et signer ?). Drax, « extrêmement gêné et toussotant, d[u]t avouer, après une longue hésitation, qu'il n'a[vait] aucun pouvoir écrit » et « ne dispos[ait] d'aucun papier ». Vorochilov lut donc « solennellement une [...] déclaration dans laquelle il regrett[ait] que la délégation soviétique ne se trouv[ât] point en présence de conférents ayant pleins pouvoirs pour signer une convention militaire ». Cet « adversaire redoutable » anéantit les astuces dilatoires en ajoutant aussitôt : « Nous avons un plan complet avec des chiffres », et vous ? « Le maréchal, avec une sorte de rondeur apparente, nous mettait ainsi au pied du mur. Pas d'atermoiements, pas de manœuvres en retraite diplomatique. » « *La première phase prévue à bord du City of Exeter [fut] dépassée par cette attaque directe du chef de la délégation soviétique* » (Willaume[254]).

Vorochilov accepta de reporter les discussions sérieuses au 13 août, où les Franco-Anglais gagnèrent du temps en bavardant et mentant sur leurs forces : les Britanniques avancèrent les chiffres de 32 divisions terrestres (16 puis 16) prévues et « six [...] immédiatement disponibles »[255]. Le maréchal posa alors une question précise sur la conception franco-anglaise de l'action soviétique terrestre et aérienne à l'Est : bien que « d'apparence anodine », elle reposait celle « des plans » et des « fameuses revendications russes ». « Dès le troisième jour des négociations », il barra l'esquive en évoquant la présence, « pour entrer en contact avec l'ennemi », de l'Armée rouge en territoire polonais (« dans le corridor de Vilna et en Galicie ») et roumain, précisant : « Ces questions ont une importance capitale pour notre délégation. Ainsi le voile se déchirait. » Il revint sans répit à la charge, négligeant l'objection de Drax : « Je crois que notre mission est terminée. » Puis, les Franco-Anglais rédigèrent un texte remettant le sort des négociations à « la Pologne et [à] la Roumanie [,...] États souverains [dont] l'autorisation [devait...] donc être obtenue [des] gouvernements » et priant l'URSS de leur « pose[r] la question ». Vorochilov « lut à son tour une longue déclaration écrite » ainsi conclue : « La mission soviétique ne peut recommander à son gouvernement de prendre part à des entretiens visiblement condamnés à l'insuccès. [...] Cette longue séance, extrêmement dramatique, marqua la fin des véritables négociations. »

Les Soviétiques avaient « affirmé qu'aucune conversation ultérieure portant sur la rédaction d'un pacte militaire ne pouvait avoir lieu avant que "la question cardinale", "axiomatique", du passage des troupes russes à travers la Pologne et la Roumanie, n'[eû]t reçu une solution favorable »[256]. Ils en acceptèrent cependant d'autres, alors que Coulondre continuait à pérorer sur la guerre dont ne sortirait vainqueur que le bolchevisme et à assurer Berlin de « sa volonté de collaborer de toutes les façons pour préserver la paix »[257]. Le 16 août, le général Chapochnikov, chef d'État-major général, présenta aux Franco-Anglais les « trois hypothèses » d'agression allemande (contre : 1° la France et l'Angleterre, 2° la Pologne et la Roumanie, 3° la Finlande, l'Estonie, la Lettonie et l'URSS) et les « plans de guerre » soviétiques précis correspondants. « Il était difficile d'être plus concret et [...] plus clair. Le contraste entre les termes de ce programme un peu primaire et les imprécisions du projet d'accord franco-britannique est saisissant et montre l'abîme qui séparait les deux conceptions et les deux civilisations. » Primaire ? L'URSS propose dans chaque hypothèse, admit Doumenc, une « aide [...] substantielle, [...] de 70 % à 100 % des forces que nous mettons en ligne ». Chapochnikov décrivit « cette armée redoutable » (120 DI, 16 de cavalerie, 5 000 avions de combat) et les conditions détaillées de son engagement, puis déplora n'avoir « rien entendu de concret » de ses interlocuteurs.

Le 17 août connut des « incidents de séance qui peuvent avoir eu quelque influence sur les décisions soviétiques » du 23. Le général Heywood présenta sur « les forces britanniques » un rapport qui, quoique triplant les [deux] divisions à mettre sur pied « dans les premiers mois de guerre » (et excluant « les forces [...] des dominions et des colonies »), prouva que Londres venait les mains vides. « Vorochilov ne put masquer sa surprise, et, de crainte d'avoir mal compris, fit répéter ces chiffres. [...I]l ne pouvait comprendre que dans un débat où chacun cherchait à se faire valoir au maximum, l'Angleterre ne [pût] aligner que des effectifs aussi dérisoires. [...D]evant cet aveu, la délégation soviétique comprit mieux qu[e...] jamais [...] l'immense faiblesse de l'Empire britannique. [...] Drax, après avoir longuement toussoté, finit par présenter un argument qu'il avait déjà soumis à la délégation française pendant la traversée et qu'on l'avait supplié de ne jamais utiliser : "N'oubliez pas, dit-il, que la Pologne, si elle est seule, peut être écrasée en deux semaines..." [...]. Étant donné les conditions dans lesquelles se présentait la lutte sur le front oriental, cela voulait dire que la Russie ne pourrait jamais venir à temps à l'aide de la Pologne et qu'elle se trouverait seule en face d'une armée victorieuse. »

De la farce « polonaise » au Pacte germano-soviétique, 17-23 août

Au soir du 17, les Soviétiques consentirent à suspendre les conversations : officiellement, « pour donner le temps aux délégations alliées de recevoir des instructions complémentaires de leurs gouvernements » (Willaume) ; de fait pour leur octroyer « un délai au moins égal à la durée du voyage ». Les discussions germano-soviétiques avançaient depuis la mi-août[258] sans que Moscou eût encore fixé de « nouvelle stratégie »[259]. Daladier tonnait devant Bullitt contre les crétins polonais qui repoussaient l'offre sincère d'envoi soviétique d'avions et de tanks, jurant que dans ces conditions « il n'enverrait pas un seul paysan français défendre la Pologne »[260]. Mais lui et Bonnet avaient rejeté « en raison du retentissement qui en résulterait » la demande du 14 de Doumenc et Naggiar : « Envoyer en mission à Varsovie le général [Martial] Valin, accrédité spécialement par [Daladier] auprès de l'État-major polonais, [pour] obtenir de ce dernier une adhésion secrète de principe permettant à la délégation franco-britannique de traiter sous son aspect militaire cette question à la conférence sans mettre en cause officiellement le gouvernement polonais. »[261]

Doumenc chargea donc « un de ses collaborateurs, le capitaine Beaufre », de convaincre la Pologne que seule l'Armée rouge la sauverait de la Wehrmacht massée à ses frontières : « Les Russes, *devrait dire André Beaufre,* ont très nettement limité leur désir d'autorisation de passage au corridor de Vilna et à la Galicie [...]. Nous pouvons obtenir sur ce point un engagement formel de leur part. L'importance stratégique de cet appui est indéniable. L'importance de la conclusion du pacte militaire ne l'est pas moins. » Parti de Moscou le 17 août au soir « par le train soi-disant pour Paris », arrivé à Varsovie 24 heures plus tard, Beaufre y buta le 19 contre le mur Noël-Musse étayé par « le gouvernement » (Bonnet-Daladier). Léon Noël lui dit craindre « que sa position personnelle à Varsovie ne s'en trouvât compromise [et...] que la révélation d'un regain de menace russe n'amenât le balancier à se reporter de l'autre côté et à favoriser un nouveau flirt avec l'Allemagne ». Musse, « plus abrupt », dénonça « *a priori* la mauvaise foi des Soviétiques » et exclut de « favoriser une manœuvre russe : les Russes n'ont jamais renoncé à reprendre les terres qu'ils ont perdues en 1921 ; nous ne pouvons nous faire les courtiers de ces propositions et puis, qui nous dit que les Russes ne sont pas eux-mêmes d'accord avec l'Allemagne ? »

Depuis le 19 au matin, Beaufre entendit aussi Varsovie dicter sa loi aux deux grandes puissances qui avaient dessiné l'Europe en 1918, remis en 1938 la Tchécoslovaquie au Reich sans la consulter et récemment garanti *unilatéralement* les frontières polonaises et roumaines. « Nous connaissons les Russes mieux que vous ; ce sont de malhonnêtes gens, on ne peut jamais se fier à leur parole, nous moins que tous autres, et il est absolument inutile de nous demander d'envisager de telles propositions, *lui déclara le général Stachiewicz, chef d'État-major de l'armée.* Évidemment, je comprends la situation générale, il se peut que la guerre en soit hâtée, mais cette considération ne peut en rien modifier notre point de vue. » Beck fit le mort, retranché derrière Rydz-Smigly (le prétendu germanophobe), « oracle » qu'il fallut la journée pour consulter. « Le 19 au soir », Stachiewicz transmit qu'« aucun gouvernement polonais [ne pourrait] prendre en considération aucune proposition tendant à faire occuper une parcelle du territoire polonais par des troupes russes quelles que puissent être les conséquences. Il s'agissait moins d'une question matérielle que d'un principe sacré, héritage du testament politique du maréchal Pilsudski, "Avec les Allemands nous risquons de perdre notre liberté, avec les Russes, nous perdons notre âme". [...T]ous les appels à la raison », insista le porte-parole, « seraient vains » contre ce « point de vue absolument personnel[...] situ[é] en dehors de toute logique ».

Beaufre se fâcha, rappelant la Pologne aux réalités : « Si [elle] avait une conception de l'honneur très chatouilleuse, elle était, quand même, une partie dans un ensemble et [...] il devait exister un moyen de pression capable de modifier son point de vue. [...] Si les Polonais voulaient agir en Don Quichotte, c'était leur affaire, mais il convenait de leur faire sentir très nettement combien leur situation militaire était précaire et qu'il ne s'agissait pas de négociations en l'air, mais de l'existence même de la Pologne. Les évaluations britanniques relatives à la résistance polonaise donnaient à celle-ci un délai de 15 jours au maximum avant l'effondrement complet, c'est pour cela que l'aide militaire russe était indispensable. » Le capitaine pria en vain le tandem français en poste d'insister auprès des matamores polonais, épouvantés malgré leurs rodomontades et prêts à tout pour « empêcher une guerre »[262]. Léon Noël se dit touché par « ces arguments » ; « le général Musse et ses adjoints », à quinze jours de l'assaut allemand, « s'élevèrent violemment contre cette appréciation portée sur la résistance polonaise, disant qu'il était absurde de sous-estimer une armée excellente, bien équipée, et dont les conceptions tactiques avaient fait de grands progrès ».

L'ambassadeur et l'attaché militaire achevèrent le sabotage en violant le secret du courrier que Beaufre et Doumenc avaient « rigoureusement » observé. Ils envoyèrent « des télégrammes circonstanciés » à Moscou et Paris « où ils disaient exactement l'atmosphère des négociations et les objections, injurieuses pour les Russes, faites par les Polonais », du genre des deux que Musse envoya « de sa propre initiative » le 19 août : « En cas de guerre, les Soviets s'installeront sans combattre efficacement les Allemands » ; « les Polonais sont convaincus du chantage et de l'incapacité matérielle des Soviets à exécuter les offensives prévues », etc.[263]. Cette prose, écrite tout exprès pour être lue de ses services de renseignements, contribua selon Doumenc à la décision de l'URSS de renoncer à l'introuvable Entente : « Nous avons eu depuis des indications reproduites par toute la presse et qui situent exactement au 19 août à 10 heures du soir la réunion du Politburo à laquelle Staline notifia le renversement de la politique que l'URSS allait effectuer » ; cette date « correspond exactement à l'heure où les Soviétiques ont pu savoir par les télégrammes que les négociations avec la Pologne ne conduisaient à aucun résultat et qu'ils n'avaient aucune chance d'obtenir le moindre avantage, s'ils continuaient à lier partie avec les Alliés ».

C'est dans la nuit du 19 au 20, à 2 heures, que fut signé à Berlin « l'accord de crédit commercial germano-soviétique »[264] : le lieutenant-colonel Luguet « considér[a l'événement] comme une riposte » soviétique à la politique d'achats massifs de « l'Allemagne en France et particulièrement en Angleterre » et au projet de « " nouveau Munich [...]", dont l'Angleterre aurait la responsabilité », et comme « une mesure de pression vis-à-vis de la Pologne » ainsi confrontée au « dilemme » de devoir « choisir entre des amitiés à l'Est et à l'Ouest »[265].

Le 20, Paris abandonna à Londres une nouvelle démarche auprès de Beck (avec l'attaché militaire – Firebrace – et l'ambassadeur – Seeds – anglais) qui aboutit à ceci : « Le gouvernement polonais ne veut pas avoir été consulté sur la question du passage des troupes russes en territoire polonais, c'est une question qu'il ignore entièrement, de façon à couper court à toute manœuvre possible de la part des Soviétiques ; toutefois, il ne s'oppose pas à ce que les gouvernements français et anglais, en vue de présenter au gouvernement polonais les conditions pratiques de l'appui russe en cas d'attaque de l'Allemagne, procèdent à Moscou à des consultations à ce sujet. » Beaufre rejoignit Moscou le 21 août au soir, rupture acquise.

Les Français stigmatisèrent devant témoins américains « les Polonais coupables de folie criminelle pour n'avoir pas répondu à la proposition des Russes d'une assistance active à la Pologne », avec impudeur (Daladier, auteur de la citation, et Léger)[266] ou sincérité : « La responsabilité principale » du fiasco « reposait sur la Pologne », déclara le 23 Naggiar à Laurence Steinhardt, son confrère américain[267]. Les privilégiés polonais, « criminels » envers leurs voisins tchécoslovaques, le furent certes autant envers leur peuple, qu'ils livrèrent à la Wehrmacht : « Aucune mesure le 20 août, c'est-à-dire 10 jours avant la guerre, n'avait été prise, ni contre les bombardements aériens, ni en vue d'une défense de » Varsovie (Doumenc). Mais ils ne maîtrisaient le sort de l'Europe pas plus que, en septembre 1938, les élites tchécoslovaques qui préféraient confier leur destin au Reich plutôt que leurs frontières à l'Armée rouge. D'une part, les apaiseurs s'étaient passé de l'avis de Prague sur la Tchécoslovaquie. D'autre part, la garantie *unilatérale* anglo-française de la Pologne impliquait libre disposition par les armées alliées de son territoire envahi (comme du belge ou du néerlandais) : elle légitimait donc l'action de l'Armée rouge sur le sol polonais qu'avait prévue une note d'État-major de mars 1935 en cas d'alliance militaire franco-soviétique[268]. Gamelin avoua d'ailleurs le 12 septembre à Daladier que la question ne se posait pas : « En présence de partenaires hésitants, on gagne souvent plus à forcer les bonnes volontés qu'à chercher à les convaincre. »[269] C'est ce que Paris et Londres avaient fait à Prague.

Vorochilov ouvrit la dernière réunion, le 21 août au matin, « en proposant un ajournement *sine die*, jusqu'à ce que soit parvenue la réponse aux fameuses questions », puis exposa longuement la situation. Il imputa « "la longueur des pourparlers militaires, ainsi que [...] l'interruption de ces pourparlers, [...] à la France et à l'Angleterre". Les arguments russes ne manquaient pas de valeur ». Moscou attendit cependant pour signer son Pacte de non-agression avec Berlin de recevoir aveu formel que rien ne sortirait de cette farce. Le 22, Vorochilov reçut Doumenc pour solliciter les documents officiels français et anglais notifiant l'autorisation d'entrée de l'Armée rouge en Pologne et Roumanie. Doumenc présenta la France, par opposition à l'Angleterre, comme disposée à en rédiger un, mais admit qu'ils n'existaient pas. Que pouvait arguer le général contre ce propos ? : « Si les missions anglaise et française étaient arrivées avec toutes propositions concrètes et nettes, je suis persuadé qu'en cinq à six jours on pouvait terminer tout le travail et signer la convention militaire. [...] Nous avons déjà posé des conditions élémentaires. Ce que nous avons demandé d'élucider ne nous donne rien d'autre que de lourdes obligations : amener nos troupes et nous battre avec l'ennemi commun. Est-ce possible que nous soyons obligés de quémander [c]e droit [...] ? Tant que toutes ces questions ne seront pas élucidées, aucun pourparler ne peut avoir lieu. » Que pouvait opposer Doumenc à la réplique de Vorochilov à sa critique contre la visite imminente de Ribbentrop (« il est déjà annoncé que "quelqu'un" doit arriver, et de telles visites ne me font pas plaisir ») ? : « C'est vrai, mais les responsables sont du côté français et anglais. La question de la collaboration militaire avec la France est déjà soulevée depuis plusieurs années mais n'a jamais reçu de solution. L'année dernière quand la Tchécoslovaquie périssait, nous attendions un signal de la France, nos troupes étaient prêtes ; mais ce signal n'a pas été donné. » L'URSS n'aurait donc plus rien à discuter avant « une réponse nette des gouvernements [des] pays [concernés sur leur] accord pour le passage de nos troupes. [...J]usqu'à la réception d'une réponse claire aux questions posées, nous ne travaillerons pas ». Elle ne vint pas.

Moscou signa donc le pacte pour lequel Berlin s'était précipité, « loin des atermoiements des négociations anglo-franco-russes ». Son article 4 – engagement mutuel « à ne participer à aucun groupement quelconque de puissances dirigé directement ou indirectement contre l'autre Partie [– ...] sonnait le glas de [la] mission » anglo-française. L'URSS n'avait pourtant, assura Doumenc, pas joué « double jeu » après le 21 août. Palasse prouva « la sincérité du maréchal Vorochilov » en disséquant la chronologie soviétique depuis le 17[270]. Le 25, Vorochilov, en compagnie du commandant de corps d'armée Khmelnitski et du colonel Osetrov, le confirma « dans un élan spontané » aux deux Français (Doumenc et Palasse) et aux deux Britanniques (Drax et Firebrace) venus faire leurs adieux[271].

Les deux militaires français de Moscou qui avaient décrit la qualité de l'Armée rouge maintinrent qu'on pouvait encore la mettre au service des alliés de l'Ouest. « Pour l'URSS la solution d'entente avec l'Allemagne n'est qu'un pis-aller et peut-être un moyen de pression pour arriver plus rapidement à la conclusion de la coalition recherchée », certifia Palasse le 23 août : rien n'est perdu si on règle au plus vite les « diverses questions qui sont pour [les Soviétiques] d'une importance vitale [,...] la question primordiale du passage des troupes russes à travers des parties bien définies de la Pologne et à travers la Roumanie [et...] le problème de la Baltique [...par] une action des flottes alliées avec occupation [de ses] îles et ports neutres ». Palasse persisterait durant des mois avec le même insuccès[272]. Le 29, Luguet, sûr que le pacte comportait le « partage de la Pologne et des Pays Baltes » annoncé dans les semaines précédentes[273], posa Staline en « glorieux successeur [de] la tradition d'Alexandre Nevsky et de Pierre Ier ». Il ne pouvait avoir signé qu'en s'étant « ménagé, par une convention secrète, des garanties efficaces contre l'Allemagne ». En envahissant la Pologne entière, le Reich « arriverait aux frontières soviétiques et s'installerait en voisin dangereux » au seuil de la guerre. « Il est donc permis de penser que le traité publié est complété par une convention secrète, définissant à distance des frontières soviétiques, une ligne que les troupes allemandes ne devront pas dépasser et qui serait considérée par l'URSS en quelque sorte comme sa position de couverture. » Dans ce cas, « le gouvernement soviétique joue[ra] encore un rôle important dans la politique européenne. En effet, ou bien la guerre sera évitée, et l'URSS jouira de la paix qu'elle désire au moins un temps, ou bien la guerre sera déclenchée, et [...] toutes les possibilités lui restent d'affaiblir l'Allemagne, soit en la laissant succomber, soit en se retournant à propos contre elle, si elle devenait menaçante »[274].

Les opinions occidentales, cible unique de la mission anglo-française, entendirent un autre son. En quittant l'URSS, au soir du 25 août, « le maréchal de l'Air [Charles] Burnett, en bon Écossais », annonça à la délégation franco-anglaise morose un avenir radieux : il prit « vaillamment le contre-pied de l'opinion générale, en déclarant que notre déconvenue était une "grande victoire". Cette collusion stupéfiante d'Hitler avec Staline permettrait à nos gouvernements de ne plus ménager le communisme »[275]. L'argument permettrait en France de réaliser immédiatement la promesse que Bonnet avait faite à Welczeck le 1er *juillet*, de mettre dans les meilleurs délais « les communistes [français] à la raison »[276]. La thèse du choc devant « la sinistre nouvelle explosant sur le monde comme une bombe », à laquelle Churchill sacrifia[277], triompha au service de la seule guerre préparée par les apaiseurs, l'intérieure. La presse du Comité des Forges, Prouvost et consorts (*Le Temps, Le Journal des Débats, Paris-Soir, L'Intransigeant, Paris-Midi*, etc.) fit chorus, avec une fougue qui enchanta Braüer, contre la volte-face, la trahison, le long mensonge de l'antifascisme de cette alliée du Reich et s'indigna du « chèque en blanc » qu'elle donnait à Hitler pour attaquer la Pologne martyre[278].

Hors des tréteaux, le même camp cajolait Berlin et croyait pouvoir lui donner des idées pour dépecer plus aisément la chère alliée polonaise sur laquelle il versait des sanglots publics. Flandin, hôte habituel du *Temps*, chapitra son agent allemand, le 24, sur la façon de traiter les Soviets, ces « traîtres nés, "*qui pourraient rouler un jour l'Allemagne, elle aussi* ». Il lui suggéra la meilleure « méthode » pour obtenir des « Polonais l'acceptation des souhaits allemands [...sur] Dantzig et le Corridor ». Braüer se fit confirmer le 26 par « des membres du groupe Flandin à la Chambre des Députés » que leur chef avait dans ce cadre déclaré « que le problème polonais, et avec lui la préservation de la paix, n'[était] plus aujourd'hui une question de principe mais [...] surtout une question de méthodes » ; que « le Pacte germano-soviétique [,...] bombe pour le gouvernement et les milieux politiques, avait modifié le rapport de forces en Europe en faveur de l'Allemagne » ; quelle valeur ces milieux bien informés accordaient aux « garanties » franco-anglaises : « La Pologne devrait faire des sacrifices », Paris, « et probablement [Londres,] compt[ai]ent sur ces sacrifices »[279].

Le délire général en faveur de « l'interdiction [le 25] de la publication de *L'Humanité* et du *Soir* », décrétés « dangereux pour l'ordre public et pour la défense du pays », fut complété dans « certains journaux » par l'exigence de « l'interdiction du parti communiste ». La « violente campagne contre les communistes français » qui ravissait l'ambassade d'Allemagne[280] eut pour contrepartie l'affichage du refus de combattre l'ennemi extérieur, que je borne ici aux deux extrémités de l'échiquier politique. Maurras invoqua le 26 août dans *L'Action française* « l'opinion d'un expert militaire pour démontrer la futilité d'une attaque massive française [1°] sur la Ligne Siegfried [...] : "Ce serait exactement comme si un homme devait se taper la tête sur un mur de pierre, pour en aider un autre en train de se faire assassiner de l'autre côté. Ça ne servirait à rien pour la Pologne, et la France serait affaiblie de façon désastreuse" » ; 2° sur le front italien : impossible « d'avancer par les Alpes vers la vallée du Pô » à cause du mur de montagnes, sans parler du risque de se heurter à « une armée allemande venant du Brenner et [...] à une attaque de flanc par l'armée italienne ». La version de gauche revêtit de plus jolis atours. Le 29 août, Blum et le « président du groupe parlementaire du parti radical socialiste » (Albert Chichery) rencontrèrent Daladier pour le mettre « en garde contre la tentation de se laisser entraîner dans une guerre préventive par l'État-major général » : la « motivation de la *démarche* serait que, à l'occasion du déclenchement d'un conflit, les développements de politique intérieure n'encouragent le *boulangisme* qui donnerait tout le pouvoir à la droite et conduirait en particulier à l'annihilation du parti socialiste ». Socialistes et radicaux tremblaient qu'un sursaut de fermeté n'incitât « les Polonais à lancer une attaque brusque. C'est pourquoi [ils] ont demandé très fermement à Daladier d'exercer une influence modératrice sur Varsovie »[281]. L'initiative, qui atteste la notoriété des plans synarcho-cagoulards, couvrait aussi la ligne persistante, à la SFIO, du « lâche soulagement » (Blum) : elle interdit en tout cas d'imputer au seul Paul Faure la *Gleichshaltung* de ce parti.

Bonnet et Flandin fondaient fin août leur espoir d'« éviter un conflit armé en Europe » sur l'ambassadeur d'Italie Guariglia et « un grand nombre de médiateurs convenables, tels que Franco, le roi des Belges et [...Giuseppe] Motta » (chef helvétique des Affaires étrangères). Ils s'affairaient simultanément au « second Munich » que tua l'assaut allemand du 1er septembre[282]. « Le War Office a renoncé », annonça Corbin, « à incorporer l'échelon suivant [...] le premier échelon de 34 000 recrues [...] sous prétexte qu'il n'y a ni casernements ni instructeurs »[283]. La France, qui avait dédaigné le secours, à l'est du Reich, de deux millions de Soviétiques contre la Wehrmacht, s'apprêtait, aux côtés d'une poignée de Britanniques, à *ne pas* affronter chez elle la masse des troupes allemandes. Didelet avait lancé le 22 août un appel à percer le *Westwall* (Ligne Siegfried) inachevé, appel mou certes, mais brisant le mythe des « mains libres à l'Est » protectrices des frontières françaises. « Un échec [qui] ferait rebondir au plus haut point le moral allemand [...] pourrait être dangereusement ressenti par notre peuple qui, dans sa simplicité de vues, ne comprendrait pas qu'on ait attendu l'achèvement de la fortification allemande pour attaquer le Reich et mettre fin aux ambitions hitlériennes. [Or,...] en trois mois, l'Allemagne peut régler le compte des pays de l'Est et se retourner contre nous avec la majorité de ses forces. »[284] Chronologie et arrogance envers le populaire mises à part, le raisonnement était impeccable.

Chapitre 11

De la décadence à la trahison, septembre 1939-mai 1940

Dans une France en guerre contre ses seuls rouges se déroulèrent les ultimes étapes du complot de 1934 auquel l'ère Daladier-Bonnet avait libéré la voie en infligeant une défaite retentissante à ses principaux adversaires. Les décideurs français, servis à l'intérieur par la signature du Pacte germano-soviétique dont *ils* avaient partagé la responsabilité avec Londres et qui condamnait leur pays à la défaite militaire, s'engagèrent dans une croisade contre les Soviets et leurs amis vernaculaires. Le projet visant à clouer au sol l'URSS à sa frontière Nord, dans le Caucase et les Balkans inspira à l'État-major des (faux) plans d'opérations qui le mobilisèrent pendant toute la drôle de guerre.

Ce rideau de fumée utile à la croisade intérieure devait surtout cacher l'inaction totale sur la frontière décisive pour la préservation du territoire français, celle du Nord-Est. Du côté du réel, l'éloignement systématique de Paris des « meneurs » voués à l'impuissance depuis le triomphe du Munich intérieur, le sabotage maintenu du réarmement, la frénésie de la conjuration dont les principaux membres avaient renforcé leurs positions dans l'appareil d'État et les « négociations » permanentes avec l'ennemi officiel depuis la déclaration de guerre du 3 septembre 1939 annoncèrent la catastrophe finale.

La drôle de guerre contre les rouges intérieurs et extérieurs

La lutte contre l'ennemi intérieur

Dans les jours suivant l'interdiction (le 26 septembre 1939) du PCF, le président de la chambre de commerce de Paris Louis Férasson, héraut de la « politique ouvrière » nazie à appliquer en France, « se réjouit bruyamment de l'arrestation des communistes »[1]. La lutte fut en effet conduite par la IIIe République agonisante avec une résolution qui place Vichy sous le signe de la continuité[2]. À l'heure où elles abandonnèrent définitivement Daladier, les ligues plastronnèrent sur le rôle que leur idole de 1938 leur avait confié dans la chasse aux rouges : un chef du PSF déclara en avril 1940 que « certain rapport concernant la déchéance des communistes [avait] été écrit intégralement par le "Patron" [de La Rocque] et adopté à l'unanimité par tous les présidents des commissions de la Chambre des Députés »[3].

Daladier s'acquit aussi la complicité du secrétaire général de la CGT, qui laissa depuis « la signature du Pacte germano-soviétique » libre cours aux fureurs de la tendance *Syndicats* de René Belin et consorts. « La dissolution du Parti communiste et de ses annexes [...] aida[i]t puissamment les éléments modérés de la CGT à éliminer les communistes des postes dirigeants qu'ils occupaient dans diverses Fédérations et nombreux syndicats. » Début septembre 1939, Jouhaux « appuy[a donc] les militants modérés, [Eugène] Ehlers, des Marins, [René] Bard et [Pierre] Vigne, des Mineurs, [Henri] Cordier, du Bâtiment, et [Léon] Chevalme, des Métaux, qui demandaient que le bureau et la commission administrative de la CGT cess[ass]ent toute relation avec la minorité communiste »[4]. À l'initiative du patronat selon l'habitude car, à l'inverse de ce qu'avance Richard Vinen, la grande industrie n'estima pas les comptes réglés par la défaite ouvrière de novembre 1938 : l'historien canadien Talbot Imlay a démontré que sa vindicte ne fléchit pas entre Munich intérieur et défaite. Stimulant sans cesse un État pourtant acharné à chasser des usines le moindre « meneur », les ordonnateurs patronaux de la répression en déploraient encore en mai 1940 la « mollesse »[5]. Kerillis, bête noire de la Cinquième Colonne gardant le droit d'écrire perdu par le PCF, observa en janvier 1940 que « le projet gouvernemental [...] vis[ait] seulement la propagande de la IIIe Internationale »[6].

L'État-major mit à l'affaire l'ardeur qui lui manquait pour défendre les frontières nationales. À défaut d'établir les plans de la guerre franco-allemande dont Vorochilov avait sollicité la présentation en août 1939, « le commandement, dès le début de la guerre, accord[a] une importance particulière à la surveillance et à la répression de la propagande révolutionnaire aux armées ». La formule offrait une couverture à la guerre intérieure, au motif que la défaite de novembre 1938 n'aurait pas assuré la complète innocuité des ouvriers, parisiens surtout. L'auteur d'une note du « Grand Quartier général pour le commandement » admit en juin 1940, que la présumée « propagande révolutionnaire », visant, « qu'il s'agît de tracts communistes ou hitlériens, [à...] affaiblir l'esprit combatif chez les Français », relevait dans le premier cas du mythe pour au moins deux raisons.

1° Les communistes, eussent-ils voulu distribuer leur propagande clandestine, défaitiste ou pas, n'auraient pu le faire. Fichés, suivis à la trace par l'armée depuis l'aube de leur service militaire (dans des conditions décrites plus haut), les militants, boutés hors des usines par la répression patronale et étatique évoquée ci-dessus, furent, à l'armée, isolés de la masse des soldats. On redoutait d'autant plus l'exposition à la propagande critique qu'on avait décidé d'interdire à ceux-ci de combattre et même de mimer l'entraînement à un futur combat. « La stabilité du dispositif favorisait [...] le développement de la propagande subversive ou dissolvante, parmi des unités connaissant, à peu d'exceptions près, une atmosphère de manœuvres plutôt que de guerre. En outre, l'inaction dans laquelle vivaient de nombreuses troupes fournissait un terrain favorable aux propagandistes du défaitisme. » Les communistes furent donc, décision « logique et de bonne politique [,...] vers[és] dans toute la mesure du possible [en tant qu']éléments douteux [dans...] des unités combattantes. Celles-ci bénéficiaient [en effet] d'un encadrement plus serré et d'un recrutement généralement moins travaillé par les idées extrémistes ou pacifistes. [...L]'expérience a montré qu'un certain nombre de sujets, changés de milieu étaient susceptibles de s'amender ». 2° La propagande défaitiste de communistes que le Pacte germano-soviétique aurait alignés sur les nazis n'avait jamais existé : « l'opinion » – la presse qui la fabriquait – en avait « exagéré l'importance ». On n'en trouva pas plus trace dans les usines qu'à l'armée[7].

L'État-major, qui avait naguère déguisé sa traque antirouge en réplique à une propagande « antimilitariste » communiste fantôme, sembla porter le fer contre un géant. Le général Pierre Héring fut rappelé le 5 septembre 1939 de sa retraite (depuis mars) de gouverneur militaire de Strasbourg pour occuper ce poste à Paris : il fut chargé d'y assouvir son obsession, la répression anticommuniste en général « l'éloignement des indésirables français de la région parisienne » en particulier[8]. Fin 1939, la « zone des armées » fut réduite dans l'ensemble du territoire « à environ 100 km de profondeur, ce qui serait nettement insuffisant pour l'implantation des armées, des services et des réserves de GQG ». Barèty, président de la délégation des présidents des groupes de la Chambre, demanda « que, en plus des départements du Sud-Est, [en fussent] exclus » l'Oise, l'arrondissement de Soissons (Aisne), la Seine-et-Marne, les arrondissements de Vitry-le-François et Épernay (Marne), la Haute-Marne, la Côte-d'Or, la Saône-et-Loire et « les zones non frontières de l'Afrique du Nord ». Cette réduction était si visiblement funeste au « théâtre d'opérations du Nord-Est » – confié au cagoulard avéré Georges – que « le général Colson » – cagoulard probable et informateur avéré du Reich –, « consulté, estim[ait officiellement] qu'on ne p[ouvai]t plus réduire la zone des armées dans les circonstances actuelles »[9].

Une fiche de la mi-février 1940 recensa des effectifs impressionnants de « maintien de l'ordre », en croissance constante depuis le 31 août 1939 et prévue encore, vu les besoins. Y demeureraient affectés en avril 239 pelotons mis « à la disposition du ministre (Paris non compris) » – soit le même nombre qu'au 15 février –, qu'on allait renforcer. « Une trentaine [seraient] indisponibles en permanence pour la surveillance des camps. Un certain nombre d'autres ser[aie]nt ultérieurement immobilisés pour la garde des indésirables (nombre non prévisible actuellement). » Le « général commandant en chef » la région de Paris disposerait en avril de 101 pelotons au lieu de 75, dont l'effectif unitaire serait lui-même accru : « Les unités [...] ne sont plus organisées en pelotons, mais en groupement totalisant 2 600 gardes et intégrés dans la Brigade mixte de maintien de l'ordre » comprenant la Garde républicaine de Paris, les GRM régionaux « et des éléments de renforcement (Génie, artillerie) » (le tout réorganisé et augmenté en vertu d'une série de mesures réglementaires prises entre novembre 1939 et février 1940).

La concentration des troupes sur Paris avait même asséché les capacités répressives en province : on était passé depuis novembre 1939 de 71 « régiments régionaux » à 54, en faisant au surplus fondre « les effectifs des régiments subsistant ». Des mesures spécifiques étaient prévues pour les catégories d'« indésirables » ne se trouvant pas ou pas encore aux armées : « Il est actuellement procédé dans chaque région à l'organisation de deux centres de séjour surveillé pour indésirables civils et [d']une compagnie de passage spéciale pour indésirables encore soumis aux obligations militaires. Un regroupement dans certaines régions des indésirables affectés à ces formations sera éventuellement opéré, lorsque leur dénombrement aura été établi. La question de l'emploi des individus en cause sera également envisagée. » Le règlement des « questions en instance » était en bonne voie : « Le recrutement aux armées de 3 100 gardes mobiles auxiliaires », actuellement « en cours [,...] permettr[a] : 1° de remplacer les gardes titulaires à passer à la gendarmerie départementale pour combler les déficits de cette subdivision d'arme ; 2° de créer, par amalgame, 26 pelotons nouveaux demandés par le général commandant en chef des forces terrestres, dont les disponibilités ont été notablement réduites par le renvoi sur l'intérieur, en décembre 1939, de 35 pelotons de la zone des armées (zone actuelle) »[10].

Julian Jackson a dressé le bilan imposant de ces efforts : « Au printemps [1940], environ 300 municipalités communistes avaient été suspendues, 3 400 militants communistes arrêtés, et plus de 3 000 réfugiés communistes internés comme indésirables étrangers. »[11] La classe ouvrière française est vaincue, parada Bonnet, le 8 mars 1940, devant le sous-secrétaire d'État américain Sumner Welles en tournée (défaitiste) en France : « Le mouvement ouvrier en France » (qu'il limitait à Jouhaux et à la tendance *Syndicats*) « coopérait solidement avec le gouvernement, et en ce sens la situation était bien plus satisfaisante qu'en 1914-1918 »[12].

L'URSS, une alliée traitée en ennemi principal : des fantasmes finlandais au délire du bombardement de Bakou

La fermeté intérieure contre les rouges eut pour corollaire la frénésie contre l'Union soviétique, qui fut contre toute vraisemblance militaire érigée en ennemi principal.

Palasse, Naggiar et l'URSS alliée : une inacceptable position « britannique »

La correspondance de Palasse et de Naggiar postérieure à la déclaration de guerre vient à l'appui de la thèse de Roberts prêtant à l'URSS une longue hésitation sur la position à prendre à propos de la Pologne et imputant à « l'improvisation [...] sa ligne d'incorporation des États Baltes non pas dans le système soviétique mais dans la sphère d'influence soviétique »[13]. Leurs jugements cautionnent la sincérité du « mot d'ordre des milieux communistes yougoslaves de Paris » à la mi-octobre 1939 : « L'URSS exerce actuellement une "certaine" pression sur les États Baltes dans le seul but de s'octroyer des points stratégiques de premier ordre pour contrecarrer la poussée allemande vers l'Ouest. "La Russie soviétique se rangera bientôt aux côtés des démocraties pour abattre l'hitlérisme et son attitude actuelle est une préparation en vue d'une action future contre le Reich". »[14]

L'attaché militaire n'avait pas renoncé à l'alliance qu'il estimait seule apte à éviter à la France l'invasion allemande. « 4° La mobilisation russe en cours sur la frontière occidentale, *câbla-t-il le 10 septembre,* paraît provoquée par crainte de l'Allemagne et non en hostilité contre la Pologne, mais un repli polonais trop rapide peut amener la Russie à prendre des précautions au moins par l'occupation du Corridor et de Vilno. Il me semblerait profitable, si cette éventualité se produisait, qu'une telle mesure fût prise en accord avec le gouvernement polonais et avec nous. La possibilité d'une action russe en Lettonie et en Lituanie est aussi à envisager. 5° Je crois encore possible d'obtenir, si vous m'en donnez mission, audience du maréchal Vorochilov pour essayer de connaître les intentions du commandement soviétique. » Son lecteur de l'État-major souligna l'incongruité du texte, selon la coutume, par des coups de crayon et un point d'interrogation, de mauvais augure pour la « mission » escomptée[15]. Le 17 septembre, l'entrée de l'Armée rouge en Galicie orientale [polonaise] provoqua en France un nouveau déchaînement antisoviétique et une nouvelle poussée de couardise envers Berlin[16] sans modifier l'avis de Palasse : 1° son confrère turc « insist[ait] sur la nécessité d'une entente de son pays avec l'URSS » et prônait « un rapprochement entre l'URSS, la France et l'Angleterre ; 2° le ministre de Roumanie a[vait] reçu ce matin notification de la neutralité russe »[17].

La volonté de contrôle sur les Pays Baltes relevait de la même logique. Le 30 septembre, Palasse qualifia ainsi le pacte d'assistance mutuelle conclu avec l'Estonie et comportant l'octroi à l'URSS de « bases navales et aéronautiques, en particulier dans les îles Dagris Cesement et le port de Baltiski » : « Un protectorat déguisé [...] sur l'Estonie et [une] mesure de précaution prise en Baltique contre les Allemands. » L'accord, similaire, « signé à Moscou » le 5 octobre, avec la Lettonie, octroyait à l'URSS « des bases navales et aéronautiques » et « le droit de maintenir des forces limitées appartenant à l'armée de Terre et à l'armée de l'Air, dans les villes de Libau et de Vindau ainsi que sur les bases de la côte entre Vindau et Pitrags, pour la défense du détroit d'Irbensk ». Sa clause essentielle était strictement antiallemande : « Les deux parties contractantes se promettent aide de toute nature, même d'ordre militaire, au cas d'une attaque directe ou d'une menace d'attaque par toute grande puissance européenne sur leurs frontières de la Baltique ou sur leurs frontières terrestres, à travers l'Estonie et la Lituanie. »[18]

Moscou se montrait par ailleurs fort aimable avec Bucarest et, symbole de ses sympathies alliées, demeurait loyale à la Tchécoslovaquie disparue : son ambassadeur, Fierlinger, ayant renoncé à son projet de vie parisienne, « continu[ait] à vivre à Moscou et y habit[ait] son ancienne légation comme "personne physique" et comme "symbole". Cette situation n'a pas été modifiée par les récents accords entre le Reich et l'URSS. Il n'existe à ma connaissance aucun acte officiel du gouvernement soviétique comportant reconnaissance de l'annexion de la Tchécoslovaquie », câbla Palasse à la mi-octobre[19].

L'ambassadeur Naggiar tira du « discours de M. Molotov » au Soviet suprême, le 31 octobre, créditant l'URSS d'« avoir empêché l'extension de la guerre à l'Europe danubienne et balkanique »[20], « les conclusions suivantes : 1° Les pronostics faits par M. von Ribbentrop lors de son dernier séjour à Moscou au mois de septembre, quant à un nouveau développement des relations germano-soviétiques, ne se sont pas réalisés. L'URSS reste dans la neutralité ; c'est dans le domaine économique que les relations avec l'Allemagne se développent. 2° L'URSS considère que l'acquisition de l'Ukraine et de la Russie blanche est définitive. Pour les dirigeants soviétiques, c'est la question essentielle qui déterminera l'attitude de l'URSS dans l'avenir. 3° Tout en s'irritant des résistances de certains pays voisins, qu'elle voudrait déjà traiter en vassaux (la Finlande et la Turquie), l'URSS évitera de recourir à la force, ne voulant pas compromettre la position de puissance pacifique où elle s'est installée. 4° L'URSS est prête à faire l'effort nécessaire pour avoir la paix en Extrême-Orient »[21].

Bref, l'attaché militaire et l'ambassadeur à Moscou défendirent à l'automne 1939 une ligne proche de la ligne *officielle* britannique décrite par Charles Corbin, mais plus sincère. Car l'association *City*-cabinet ne renonça pas à la politique des deux fers au feu, de « guerre limitée et de recherche d'une paix de compromis » avec le Reich, malgré l'énergie antiallemande affichée par le « cabinet de guerre » cosmétique, incluant Churchill, qu'avait formé Chamberlain depuis la déclaration de guerre : même « la guerre totale » et son corollaire du 10 mai 1940 (le cabinet Churchill) ne mirent pas fin à « la recherche d'une paix négociée »[22]. Partagée entre un antisoviétisme intact et la perception d'un péril allemand non apaisé par « les mains libres à l'Est », Londres continuait fin octobre à manœuvrer contre l'URSS en Finlande, sous couvert de lutter contre « l'emprise éventuelle des Soviets sur la Péninsule scandinave ». Halifax et le *Foreign Office* « s'appu[ya]ient volontiers [...] dans le Nord [...] sur les Scandinaves pour faire pièce à Moscou » ; ils étaient « tentés [...] dans le Sud [...] de rechercher, dans le même but, non seulement l'aide de la Turquie, mais celle de l'Italie ». Mais Londres voyait sans déplaisir l'avancée allemande bloquée par « la poussée russe en Pologne et le long des côtes de la Baltique », et se rapprochait de ce dont Paris s'éloignait à pas de géant : la perspective de traiter avec l'URSS. « Satisfaction de voir le Reich embarrassé – Défiance insurmontable à l'égard de Moscou – Ligne de résistance éventuelle – Enfin pour être complet, ménagements de la part des milieux responsables : tels sont les principaux éléments du complexe anglo-soviétique. [...D]ans leurs discours, qu'il s'agisse de M. Winston Churchill, de M. Neville Chamberlain, de M. Eden ou de Lord Halifax, les hommes d'État britanniques ont soin de [pousser l'esprit d'opportunité jusqu'à, *ajouta la main de Bonnet ou de Léger, qu'ulcéraient la prudence britannique à l'égard des Soviets et la réserve identique de l'ambassadeur de France à Londres, Charles Corbin*] distinguer la responsabilité "atténuée" des Soviets de la responsabilité principale qui incombe au Reich dans les récents bouleversements de l'Europe orientale.

Au lendemain même de l'occupation de la Pologne, le Premier Lord de l'Amirauté, [Churchill,] dans un discours radiodiffusé, exprimait l'avis qu'il n'était pas de l'intérêt des Soviets que l'Allemagne dominât les Balkans. Il notait qu'à cet égard leurs intérêts cadraient avec ceux des Alliés. À l'époque, le ministre a paru exprimer un avis personnel et semblait en flèche par rapport à ses collègues du cabinet, mais quelques jours plus tard, M. Neville Chamberlain reconnaissait à la Chambre des Communes que si son collaborateur avait exprimé son sentiment propre, celui-ci n'était cependant pas en opposition avec les vues du gouvernement, et M. Churchill disait en ma présence à l'ambassadeur de Turquie qu'il était souhaitable que son pays, prenant de la main gauche la main de la France et de l'Angleterre, saisisse celle de la Russie de la main droite, pour établir un lien entre Moscou et les démocraties occidentales. »[23]

Le contentieux finlandais n'ébranla pas la conviction de Palasse que, *pour l'heure,* toute progression soviétique servait les intérêts stratégiques français. Il avait dressé en 1938 la Finlande en *alliée* du Reich menaçant Leningrad par son plan, préparé avec la très antisoviétique et germanophile Suède, de fortification des îles d'Aaland. Il annonça début octobre 1939 que Moscou reprendrait bientôt le dossier : après le règlement letton, « il resterait à résoudre la question des îles finlandaises d'Aaland, anciennes possessions russes, [...] objet de fréquents articles dans la presse soviétique »[24]. Palasse demeura aussi serein quand Moscou sollicita, en vain, d'Helsinki en octobre-novembre rectification de frontière au Nord et cession de « plusieurs petites îles du Golfe de Finlande » (contre compensation en Carélie et renonciation « aux objections contre la fortification par la Finlande des îles d'Aaland »)[25] : « Mon impression, *câbla-t-il le 27 novembre,* est que l'URSS recherche par l'intimidation (mais avec l'espoir d'éviter un conflit armé) la réalisation des conditions posées à la Finlande. » L'« action contre » celle-ci – l'entrée dans « la guerre d'hiver » – le 30, et les suites méridionales attendues de cette dernière étape nordique l'émurent aussi peu : « Le problème finlandais réglé, l'URSS se retournera vers la mer Noire et exercera une pression sur la Bulgarie, la Roumanie et même la Turquie. » Il rappela à cette occasion son télégramme 75 du 15 octobre incitant à « la constitution dans le Proche-Orient d'un groupement de forces alliées composé surtout de forces aériennes et navales prêtes à agir dans la mer Noire »[26].

Des fantasmes finlandais au délire du bombardement de Bakou

Gamelin avait le 21 septembre 1939 – Pologne pulvérisée et « front oriental » avec – osé une suggestion à la Palasse : « Parade possible : – Action auprès de l'URSS pour l'amener à se tourner contre l'Allemagne. La Turquie pourrait sans doute servir d'intermédiaire. » La remarque concluait, il est vrai, en moins de deux lignes, trois pages sur les activités balkaniques (antisoviétiques) dévolues à Weygand. Il n'en fut plus question, mais seulement, à la mi-octobre, de « s'opposer à toute extension de [l]a part [de l'URSS] vers les Balkans »[27]. L'ambiguïté britannique, « exagérément philosoviétique » selon Paris[28], et la prose des fonctionnaires en poste à Moscou juraient avec la furie française, qui fut décuplée par la « guerre d'hiver ». Les tambours de la propagande battirent des records dans l'exaltation, aussi hystérique en France qu'au Vatican, de l'héroïque petite nation résistante, triomphant d'une Armée rouge inepte[29]. Les croisés franquistes de l'Axe se réengagèrent, tel le PPF Jean Fontenoy, qui « servi[t] en qualité de lieutenant d'infanterie d'assaut sur skis »[30]. Les hitlériens français, flagornant encore leur idole « républicaine », exultaient : « Rompre avec les Soviets, c'est bien, mais venir en aide à la Finlande, ce serait mieux », clama le 21 décembre la commission exécutive du parti de Taittinger, « fai[san]t appel au patriotisme vigilant et éclairé du président du Conseil, M. Daladier, pour qu'une barrière effective [fût] opposée aux envahissements bolchevico-nazis pendant qu'il en [était] temps encore »[31].

« Notre ambassade est devenue une zone pestiférée [...] entourée d'un essaim de policiers en civil », rapporta alors Souritz. Werth a naguère fustigé « le passe-temps » des « *bien-pensants* », substitut à la guerre proscrite contre l'Allemagne : « La persécution des communistes » que « l'anticommuniste farouche » Daladier leur livrait tout crus pour les « apaiser »[32]. Aussi féroce, Carley décrit les vociférations de la clientèle des « bistros snobs de Paris. Nul n'était arrêté pour rodomontades *contre* l'Union soviétique. La Finlande était la *cause sacrée* ; avec un bon cigare et un Pernod, il était glorieux de fantasmer en braillant sur l'écrasement des rouges affaiblis ». L'atmosphère « rappelait octobre 1918, époque où l'État-major général français planifiait secrètement l'invasion de la Russie méridionale pour chasser les bolcheviques »[33]. Léger donnait le la, déclarant à la mi-janvier 1940 à Bullitt, confident attitré des griefs et ragots contre Londres et Moscou, « que le gouvernement français n'avait pas l'intention de rompre les relations diplomatiques avec l'Union soviétique ou de lui déclarer la guerre "mais la détruirait si possible – à coups de canon si nécessaire" »[34]. Daladier, qui s'était depuis septembre attribué le Quai d'Orsay (mutant Bonnet à la Justice), mobilisa, la « guerre d'hiver » à peine déclarée, le conseil puis l'assemblée de la SDN pour expulser l'URSS. Il exigea que son agression fût seule examinée, pas celle de l'Allemagne. Le but fut atteint le 14 décembre 1939, « ce qui, *selon Pertinax,* tendait à constituer la Russie en danger n° 1 et le Reich en danger n° 2 », via le secrétaire général français de la SDN, Joseph Avenol. Truchement habituel et empressé des avances à l'Axe, cet antibolchevique de choc, munichois notoire et vieil admirateur des puissances fascistes, montrerait après la Débâcle française une anglophobie aussi fervente que son antisoviétisme[35].

La « fièvre » française n'épargnait ni Londres ni Washington : nul ne résistait à l'aubaine idéologique « de tomber à bras raccourcis sur la Russie soviétique complètement isolée »[36]. « On parle déjà, *avait triomphé le consul italien à Genève le 5 décembre,* de la constitution d'une Sainte Alliance anticommuniste sous le haut patronage du Duce qui pourrait représenter le point de départ d'un règlement possible du conflit européen. »[37] Palasse lui-même (j'ignore sous quelle pression) opéra une volte-face digne d'Herbette sous Poincaré. D'une correspondance clairsemée émergent deux courriers neufs de ton. « [I]l me paraît prudent de prendre au plus tôt toute mesure susceptible de s'opposer à une poussée impérialiste russe dans la mer Noire, en liaison ou non avec l'Allemagne », écrivit-il le 9 décembre 1939. « Durs, réalistes, les dirigeants du Kremlin ne sont sensibles qu'à la force et ne s'arrêteront que s'ils nous supposent en mesure de leur porter des coups vigoureux tant dans le domaine de la propagande que par actions étudiées et préparées sur points sensibles de la mer Noire comme Bakou. » La fièvre de l'attaché militaire n'était pas retombée à la mi-février 1940, défaite finlandaise acquise. 1° « Les Finlandais épuisés, ne pourront pas tenir s'ils ne reçoivent pas promptement les renforts annoncés par les discours des chefs de gouvernement alliés. 2° La défaite finlandaise desservirait considérablement la cause des alliés en raison du prestige et de la liberté d'action recouvrés par l'URSS qui pourrait se retourner vers la mer Noire. [Elle] découragerait les pays neutres qui redoutent l'Allemagne et la Russie et diminuerait la confiance en nous de nos alliés éventuels. 3° L'aide la plus rapidement efficace, matériellement et moralement, résiderait dans le renforcement du front finlandais par une aviation moderne permettant de bombarder des points du territoire soviétique bien choisis et de lancer des tracts rédigés en langue russe jusque sur la région de Moscou »[38].

L'État-major n'avait jamais tenu pour « alliée » la Finlande : « Le danger russe et bolchevique [y] prim[ait] le danger allemand » (1935)[39] ; ayant « partie liée avec l'Allemagne pour l'installation des bases aériennes », elle ne présentait pour la France qu'« un intérêt secondaire en raison de [s]a position excentrique » (1937)[40]. Cet ennemi « excentré » se mua à l'automne 1939 en objectif vital de l'aide *verbale* française. Trois des responsables de l'abandon *réel* de l'alliée tchécoslovaque, Weygand et Daladier puis le faux « dur » Reynaud, sacrifièrent au « rêve finlandais » puis au « délire caucasien » et balkanique d'une guerre contre les Russes[41]. Comme il fallait couvrir ce plan du manteau requis par la déclaration de guerre, on prétendit, en se bornant à l'URSS, combattre « les Germano-Russes ». « L'idée de provoquer l'URSS et, face à une puissante Allemagne dont on craignait les représailles, de se donner un ennemi de plus [...] avait quelque chose d'ahurissant », estimait Jean-Baptiste Duroselle. Vingt ans plus tard, Talbot Imlay juge « sidérante » l'obsession de Reynaud d'« attaquer l'Union soviétique. Au moment où les Alliés avaient fort à faire avec l'Allemagne, Reynaud a accepté avec insouciance les risques induits par la provocation d'un pays dont la population, la taille et le puissance militaire réelle et potentielle le rendaient pratiquement imbattable – comme Hitler l'apprendrait bientôt ». La montagne de textes relatifs à cette croisade, aussi stupides que ceux concernant l'Axe Rome-Berlin, prend sens si on la rapporte aux plans *réels* des décideurs militaires et civils – qui écartent la thèse de leur transformation en débiles, schizophrènes, « désespérés » ou « irresponsables »[42].

La « note sur la conduite stratégique de la guerre » du 30 décembre – peut-être la même que « les propositions de Weygand » connues de Berlin en janvier[43] – est un des chefs-d'œuvre précoces du dossier « conduite de la guerre, novembre 1939-juin 1940 ». Elle faisait de l'URSS, du Nord au Sud, le siège des « théâtres d'opérations de diversion [...] intéress[a]nt des points sensibles » à mener « avant d'entreprendre une offensive générale sur le front du Nord-Est ». a) L'attaque via la Finlande et la Scandinavie priverait le Reich du « fer suédois » – curieux objectif d'un pays dont la route du fer métropolitain et colonial vers l'Allemagne ne fut *jamais* « coupée ». Son paragraphe b) sur le Caucase, rêve de Weygand dans la lignée des plans de 1918 étudiés par Carley, était également digne du reste de l'État-major et de Daladier. « Les pétroles russes du Caucase servent actuellement au ravitaillement allemand. Il y aurait le plus grand intérêt à détruire le pipeline Bakou-Batoum et si possible les exploitations de Bakou, d'où proviennent les trois quarts du pétrole russe. Une destruction, même momentanée, des installations pétrolières du Caucase, causerait en effet le plus grand trouble à l'économie russe, étant donné la faiblesse de son industrie et le manque d'esprit de réalisation qui paraît sévir sur son administration. Or, le pipeline de Batoum est à 25 kms de la frontière turque. Il y a donc là des possibilités de raids à buts précis sans nécessairement viser à l'occupation des pays conquis. Il semble possible d'obtenir du gouvernement d'Ankara qu'il ferme les yeux sur l'existence de bandes armées qui auraient mission de couper le pipeline et de détruire quelques stations de pompage. Ces bandes pourraient être à base de Tcherkesses ou de Kurdes, réfugiés en Syrie et dont le pays d'origine est précisément le Caucase. Si on voulait monter des opérations de plus grande envergure, on pourrait y intéresser les Turcs en leur promettant la Transcaucasie qui fut, récemment encore, possession ottomane. » c) « L'action dans les Balkans » – monopole de Weygand[44] – consisterait à « empêcher les Germano-Russes de progresser en direction générale du Sud-Est » via « une action [...] par Salonique » ou par la Thrace. Mais peut-être vaudrait-il mieux « provoquer une offensive ennemie sur la Roumanie » dont on prévoyait l'« invasion russe »[45].

La volonté de Weygand « de promouvoir une action directe contre la Russie en utilisant la Roumanie » dont « les champs de pétrole » alimentent la guerre allemande « comme théâtre de guerre, *rapporta Weiszäcker fin janvier,* a suscité l'approbation de MM. de Monzie et Sarraut et du général Georges. Mais les autres membres du cabinet, le général Gamelin et tout le cabinet britannique, ne veulent pas entendre parler d'un tel plan »[46]. Paris savait que le Reich ne guerroyait pas avec le pétrole soviétique : « L'exploitation [allemande] des ressources [...] *éventuellement russes* ne peut être considéré que comme un appoint hypothétique à échéance lointaine », admit en octobre 1939 le général Decamp, chef du cabinet militaire de Daladier[47]. Double aveu majeur d'un des présumés fous ou aveugles, « fort munichois » et lié de près à la synarchie[48], parfaitement informé que : 1° les « ressources russes » n'alimentaient pas la machine de guerre du Reich qui, 2° n'avait pas renoncé à envahir sa prétendue alliée.

Au tournant de 1939, c'est le premier des deux objectifs antisoviétiques, la Finlande, qui monopolisa l'énergie extérieure de l'équipe Daladier-Grand Quartier général. La préservation contre le Reich du système versaillais dans la décennie écoulée n'a inspiré, à ma connaissance, aucun texte égalant la ferveur combative des rapports de décembre à mars de Daladier, Decamp, Gamelin, etc., visant « la mise en état de défense du port de Petsamo »[49]. Cette baudruche ne mérite citation que par comparaison avec le néant du « front du Nord-Est ». Les « considérations d'ordre général » (en trois points) du 24 décembre, achevées sur cette fière formule : « Le front finlandais représent[e] les mêmes intérêts pour les alliés que le front de Macédoine dans la guerre 1914-18 », couvraient d'autres buts : l'État-major trépignait sur les perspectives ouvertes par « les incapacités déjà manifestes de l'aviation soviétique et la vulnérabilité des objectifs vitaux russes ». « Il n'échappe à personne, *précisa-t-il le 10 janvier,* que les destructions entretenues sur les nœuds des voies ferrées au sud de Leningrad rendraient impossibles non seulement les attaques massives sur l'isthme de Carélie, mais aussi le ravitaillement de Leningrad, la deuxième capitale de l'URSS, avec ses 2,5 millions d'habitants, fait dont les conséquences morales et politiques seraient incalculables. [...L]'intérêt politique de l'opération [...] est aussi considérable. Les régions de Mourmansk et de Carélie sont pour le régime soviétique les terres d'internement de milliers de proscrits politiques, dont les camps de concentration sont prêts à se soulever contre les oppresseurs. Enfin pour le régime antistalinien la Carélie pourrait de même servir d'une base où peu à peu les forces nationales [russes blanches] pourraient se concentrer. »

On décrivit au plus menu détail l'équipement nécessaire au moustique finnois : « 3-4 divisions, adaptées aux conditions finlandaises et par conséquent quelque peu allégées »[50], qu'on expédierait contre les Soviets capables d'en aligner plus de cent à leurs frontières occidentales, y compris les skis dont étaient privés les « chasseurs alpins » français supposés combattre l'Italie érigée en « alliée ». On leur fournirait « un habillement spécial » acheté en Scandinavie ou au Canada (« bonnets de fourrure, vêtements doublés de fourrure, bottes feutrées, etc. ») ; « des équipages spéciaux (traîneaux, rennes ou chevaux du pays) [;] des skis (chaque bataillon de chasseurs alpins ne possède actuellement que des skis pour 30 skieurs) » ; le ravitaillement nécessaire, « autre que celui de France (nécessité de donner aux hommes beaucoup d'alcool et de matières grasses) ». Si on n'envoyait qu'une brigade, « il faudra[it] lui donner les services d'une division : intendance, service de santé, ravitaillement en munitions, etc. »[51] Le 11 janvier, le lieutenant-colonel Bach (du secrétariat de la SDN) exposa à Decamp le « désarroi actuel » des « Russes » et leur peur d'« une action [...] contre laquelle, dans la conjoncture actuelle, politique, militaire, climatérique et morale, ils resteraient impuissants, et cela pendant plusieurs mois »[52]. Début février, Decamp compta parmi les trois « avantages » du « succès de l'opération », b) la « possibilité de provoquer un écroulement du régime soviétique » (les deux autres étaient aussi risibles : « a) possibilité d'entraîner la Scandinavie dans le camp allié, d'arrêter ainsi le ravitaillement de l'Allemagne en minerai de fer et le trafic maritime allemand » via la Norvège ; « c) ouverture d'un théâtre d'opérations menaçant directement le Nord de l'Allemagne »)[53].

Les « 3-4 divisions » du rapport du 24 décembre, se bornèrent du côté français, le 6 janvier, à « une brigade ». C'est sur la chair à canon des élites de la Pologne écrasée (accueillies en France et en Angleterre) que comptait l'État-major : il sollicita ses chefs militaires en exil, toujours aussi ardents contre les seuls Soviets[54], de s'associer à la fête finlandaise dans le cadre d'« accords militaires » que Daladier signa le 4 janvier avec Sikorski[55], qui « éta[i]t, selon les Finlandais, favorable à l'opération ». La piteuse coalition franco-anglaise n'existerait même pas sur le papier : l'Angleterre, qui n'avait pas « 3-4 divisions » *réelles* à envoyer en France, mit son veto à ce plan d'intérêt strictement intérieur. Entravant « la conduite [française] de la guerre dans les Balkans »[56], elle montrait depuis le 30 novembre un allant finlandais (prévu par Corbin) trompeur : multipliant les « objections techniques », elle refusait que les Polonais, dont « les unités navales [étaient...] basées » chez elle, participassent à

« une opération navale vers Petsamo » visant à « contrôler Mourmansk ». Bach proposa donc à Decamp le 11 janvier cette astuce : « Si le gouvernement anglais faisait valoir des objections d'ordre diplomatique [...], le gouvernement finlandais solliciterait du gouvernement polonais – d'accord avec le gouvernement français – le transfert desdites unités navales dans un port de départ français, ou simplement leur mise à la disposition de la Marine française. »[57]

La pantalonnade fut sanctionnée par la décision d'« intervention alliée » du « Conseil suprême [franco-anglais] le 5 février à Paris » et exaltée par des notes sur le « ravitaillement de la Finlande »[58]. Elle survécut même aux négociations finno-soviétiques de ce mois. « Dix divisions suffiraient pour sauver[59] la Finlande, créer un nouveau front contre l'Allemagne et mettre la main sur le minerai suédois », écrivit Gamelin à Daladier le 29 février, annonçant la suite glorieuse : 1° « l'envoi d'un corps expéditionnaire important [...] *dans les Balkans* [...]. *Il ne peut être question toutefois, si l'Italie ne prend pas une attitude nettement favorable à notre égard, de mener à la fois des opérations importantes dans les Balkans et en Scandinavie* » ; 2° « une action alliée contre le Caucase, menée avec de l'aviation de bombardement et l'aide de la Turquie (si possible l'Iran) et conjuguée avec l'action en Scandinavie, complèterait le blocus de l'Allemagne et accélérerait l'effondrement de l'URSS. » La seule des « propositions concrètes d'action » concernait le Caucase, avec l'objectif d'« arrêter tout transport de pétrole en mer Noire »[60]. Le 7 mars, la Guerre, jugeant « le Quai d'Orsay [...] trop pessimiste en ce qui concerne l'attitude finlandaise », se crut en mesure d'exercer un chantage sur Helsinki : « Si la Finlande traite avec la Russie, il sera impossible pour les Alliés de prendre des engagements pour la rétablir dans ses anciennes frontières après leur victoire. »[61] Le *10*, Gamelin se partagea entre l'aveu que le fiasco « *sur le[s] plan[s] maritime,* [...] *terrestre [et ...] de l'aviation* » était sûr d'emblée, le déni et l'entêtement : malgré l'« intérêt » de l'opération nordique, « sur le plan militaire, un effort dans les Balkans serait pour la France d'un bien plus grand rendement qu'un effort en Scandinavie ». Il rajouta ce commentaire manuscrit : « Il y a donc lieu de poursuivre résolument nos projets en Scandinavie, pour sauver la Finlande, au minimum pour mettre les mains sur le fer suédois et les ports de Norvège. Mais [...] du point de vue des opérations de guerre, les Balkans et le Caucase, par où l'on peut aussi priver l'Allemagne du pétrole, sont de plus grand rendement. »[62] Léger avait le 7 mars déclaré à Sumner Welles « que le gouvernement français avait, prêt à Brest, attendant d'embarquer, un nombre de navires français suffisant pour transporter 50 000 soldats français en Finlande, via la Norvège et la Suède » : seul s'y opposait le refus de la Finlande de « demander officiellement l'envoi par la France de cette assistance militaire », la Suède l'ayant menacée de détruire les lignes de chemins de fer qui l'achemineraient[63].

À la mi-mars, Daladier, dans les débats où il tenta de conserver l'appui parlementaire de ses ex-encenseurs sur la base antibolchevique qui l'avait fondé, mentionna « 175 avions, 496 canons, 795 000 obus, 400 mines, 200 000 grenades, 5 000 mitrailleuses, 20 millions de cartouches, etc. ». Chiffres exagérés, avoua-t-il à sa chute (le 20)[64]. Les rapports sur le « ravitaillement de la Finlande », aussi pompeux, étaient restés plus vagues, tel celui de la mi-février prévoyant un envoi le 20 : 7 bateaux expédiés du 31 décembre au 10 février avec un chargement total de 9 298 tonnes, dont, pour l'artillerie, 7 catégories de canons de 75 à 155 groupés par 8, 12, 24 ou 100 (mais on ignore combien), infanterie : canons, mortiers, 100 000 grenades, « 25 wagons » pour l'aviation, etc., etc.[65]

Une Baltique allemande – résultat de l'accord naval anglo-allemand de 1935 – l'inquiétant désormais autant que « la poussée russe en Europe »[66], Londres apprécia le compromis soviéto-finnois du 12 mars 1940. Halifax, secrétaire d'État (jusqu'en décembre) de Churchill, dut nommer en juin ambassadeur à Moscou Stafford Cripps, personnalité la plus soviétophile de l'*establishment*, partisan de la reconnaissance de l'annexion soviétique des États Baltes[67]. Paris, après « l'invasion allemande du Danemark et de la Norvège » (le 9 avril), ne rêvait en revanche que plaies et bosses contre Moscou, qui avait clamé sa stricte neutralité et le maintien de « sa politique à l'égard des États Baltes et de la Finlande »[68]. Palasse acheva donc un courrier marqué au coin des analyses de 1937-1939 sur l'URSS alliée contre l'Allemagne sur un soutien à la croisade Weygand. Ayant défini « la politique de l'URSS » comme inchangée depuis le Pacte germano-soviétique, toujours « dominée par le sentiment de sa faiblesse présente et la *crainte d'être attaquée* » par le Reich, il conclut : « Nous n'arriverons à séparer la politique de l'Allemagne de celle de l'URSS et nous n'obtiendrons de cette dernière puissance qu'elle cesse son aide économique à l'Allemagne que lorsque nous serons en mesure d'adresser un ultimatum efficace au Kremlin. Les conditions les meilleures pour parvenir à un tel résultat consistent dans la constitution d'un front interallié solide sur les rivages occidentaux de la mer Noire. La position stratégique ainsi occupée nous permettrait, suivant les cas, de menacer l'URSS dans ces centres vitaux ou de lui donner une protection latente contre une attaque allemande éventuelle. »[69] « Le ministre de Roumanie à Moscou [...] ne croit pas à une attaque de l'URSS contre la Roumanie. Je partage son avis, *écrivit Palasse en mai.* Cette attaque n'aura pas lieu aussi longtemps que l'Allemagne n'aura pas pris l'initiative d'une agression contre la Roumanie. »[70] Elle ne se produisit en effet en Bessarabie et dans les Pays Baltes qu'après la chute de la France[71].

L'humeur parisienne ne se prêtait pas à « protection », même « latente », des Soviets. Successeur de Daladier, Reynaud prétendit « dans ses mémoires avoir été résolument opposé aux opérations contre l'Union soviétique ». « Partisan du projet Bakou » plutôt plus « fervent » que Daladier du plan finlandais, il mobilisa à peine arrivé Massigli (ambassadeur à Ankara), Gamelin et Weygand en vue des bombardements projetés depuis l'automne 1939. À la mi-avril 1940, Weygand annonça à Gamelin et Vuillemin (qui avait tant dénigré l'aviation alliée en 1938), aussi enthousiastes, qu'il pourrait agir fin juin à partir des bases aériennes de Syrie avec des avions modifiés pour pouvoir frapper Bakou. L'entreprise meubla autant d'instructions que la finlandaise et nourrit les griefs du « Napoléon de poche » (surnom donné à Reynaud par l'ambassadeur Ronald Ian Campbell, successeur en octobre 1939 de Phipps) contre la perfide Albion, qui ne voulait rien savoir de cette folie.

Telle fut la phase où Talbot Imlay perçoit la volonté « de gagner la guerre et vite », les Français s'étant « persuadés que les alliés pourraient aisément éliminer l'URSS, infligeant ainsi un coup paralysant à l'Allemagne ». Sans s'étonner que ces déments, si bien informés, n'aient depuis septembre 1939 jamais osé envisager, même sur le papier, de se défendre contre le Reich, encore moins de l'assaillir : objectif, l'historien le montre, dont la Banque de France et Reynaud jugeaient le coût intolérable[72].

Un refus résolu d'envisager la guerre contre le Reich

La fable de l'effort industriel final

Les militaires, c'est à leur décharge, n'eussent pu mobiliser contre le Reich une économie de guerre aussi inexistante que la britannique. Malgré les (molles) objurgations de Didelet, la sidérurgie française continua à déverser son fer vers le Reich, usant des ressources luxembourgeoises : 1° du Cartel de l'acier, spécialiste du « trafic irrégulier » franco-allemand depuis l'ère de la Sarre française ; 2° de l'ARBED qui avait constitué dès avril 1939 « à Belval un stock de coke fort important [...] permettant d'assurer l'éclairage électrique normal du Grand-Duché pendant quinze mois », énorme « investissement [...] réalisé avec le concours de l'État »[73]. Tout alla de concert, du bois exotique à l'aluminium en passant par les phosphates et le reste, avec la caution de l'armée. Ce sont les Allemands qui, pour « laisser les Français mijoter dans leur jus »[74], suspendirent à l'*été 1940* « les échanges pendulaires entre la Ruhr et la Sarre, d'une part, la minette lorraine, d'autre part », transformant l'« industrie du fer » trépidante d'activité en « croupion »[75]. Quand les partenaires industriels négocièrent, France défaite, le renouvellement annuel des contrats, la partie allemande, en civil ou en uniforme, rappela sa qualité de « client permanent qui a[vait] été, de tout temps, un soutien efficace » et devait conserver priorité sur les Italiens, autres demandeurs : nouvel hymne au boom commercial antérieur entretenu par les achats de l'Axe Rome-Berlin[76].

La ligne Reynaud, depuis les décrets Sauvy-Debré de novembre 1938, avait accru l'exploitation de la main-d'œuvre en allongeant la durée légale du travail (portée à 48 heures hebdomadaires) et en gelant les salaires en outre privés de majoration des heures supplémentaires et lourdement taxés. La baisse consécutive du salaire fut aggravée par la course des prix libérés (15-20 % pour l'alimentation, 25 % pour le reste d'août 1939 à avril 1940). L'offensive, complétée par la soumission à la « législation militaire » du temps de guerre, l'interdiction de la grève et l'éviction des « meneurs », aboutit à ce que « les travailleurs français travaillèrent littéralement plus longtemps pour moins » de salaire (Talbot Imlay). Tandis que le salaire réel s'effondrait, les « profits de guerre » libres de taxation explosèrent. Ils ne générèrent aucunement le « boom [des armements] de 1939 et du premier trimestre 1940 » ni l'« élan » qu'aurait brisé « l'invasion », appréciation lyrique qui n'empêche pas Danièle Rousselier-Fraboulet d'admettre la modestie de « l'augmentation de la production ». « Les patrons [...] n'entendaient pas, dans cette conjoncture difficile, procéder à des investissements qui pouvaient devenir, en cas d'arrêt des hostilités, peu rentables. » La hausse de production demeurait contradictoire avec « la priorité [de...] la rémunération du capital », jugée encore insuffisante : la distribution massive de dividendes supplanta l'investissement, sur fond de lamentations sur les « difficultés financières et [...] la fragilité des trésoreries »[77]. Un analyste britannique indulgent concéda en janvier 1941 que le Comité des Forges et son chef, patriote présumé, avaient bloqué le réarmement français jusqu'au bout : « En 1939-40 les rédacteurs financiers du *Temps* et du *Journal des Débats* ont exprimé de sérieux doutes sur l'augmentation du contrôle de l'État, ont souligné la nécessité de restaurer la liberté de la production de guerre et exprimé sur la politique financière des vues quelquefois clairement incompatibles avec les évidentes nécessités d'une guerre totale. De Wendel lui-même au Sénat le 4 mars 1940 a souligné qu'il n'était pas sage d'ignorer pendant la guerre la puissante motivation de l'intérêt personnel. »[78]

Il n'y eut donc pas en France plus de césure qu'au Royaume-Uni, malgré les effets d'annonce de prétendus « cabinets de guerre ». La ligne de la Banque de France ne différait point de celle de la Banque d'Angleterre, qui subordonnait l'effort de guerre au « volontariat » des prêteurs privés, précisément non « volontaires ». Les « disponibilités considérables » du « marché monétaire » sont dues à « la stagnation de certaines branches de l'industrie, stagnation qui, en provoquant la liquidation des stocks, gonfle les trésoreries et alimente par suite les comptes en banque », admit Pierre Fournier le 4 avril 1940, en plein essor industriel allégué[79]. La Banque de France oubliait – et à sa suite, Paul Reynaud, chantre de la réduction de la dépense publique – les vertus allemandes de l'inflation à la Schacht. Pour la France elle préférait la déflation, invoquant contre le réarmement sous couvert de le soutenir l'impératif de « ménag[er] la valeur d'une monnaie dont dépend[ai]ent l'exécution régulière des paiements extérieurs et la couverture des dépenses intérieures de l'État [...]. Il lui paraîtrait superflu de souligner que l'armement du pays justifie seul à ses yeux les prélèvements sur le stock d'or qui ne saurait être compromis pour conserver des facilités ou des habitudes incompatibles avec les sacrifices qu'exigent les circonstances présentes »[80].

La déflation des salaires, trop douce, était menacée par le réarmement, gémit à la mi-mars 1940 le délégué des actionnaires Pierre Caillaux, qui « demand[a donc] à M. le gouverneur s'il ne lui serait pas possible de faire comprendre sur quelle pente dangereuse on risqu[ait] de s'engager ». Le synarque cégétiste Francis Million « déplor[ait], comme lui, que des augmentations de salaires [euss]ent pu être consenties dans les industries travaillant pour la défense nationale ». Le cégétiste Charles-Laurent objecta en vain que « les salaires n'[av]aient pas été relevés depuis 1937 », industries « travaill[a]nt pour la Défense nationale » incluses, et « subiss[ai]ent maintenant de sévères prélèvements, soit sous forme d'impôts – 5 ou 15 % suivant les cas – soit sous forme de réduction de rémunération des heures supplémentaires »[81]. Avant la catastrophe et pendant, Gamelin dressa le bilan du désastre : il reconnut le 10 mars 1940 que « notre aviation de bombardement ne posséda[i]t pas encore un nombre suffisant d'appareils modernes aptes à [la] mission » de sauver la seule

Finlande ; il concéda le 18 mai « un défaut d'organisation d'ensemble de notre production de guerre (nos usines ont démarré trop tard et avec un rendement insuffisant) [...L]es Allemands qui n'avaient pas ou peu de chars lourds en Pologne, nous ont attaqués avec 3 000 à 4 000 chars lourds. Nous n'avions que 300 chars B et à peu près autant de SOMUA »[82]. Quel sursaut français la France connut-elle de septembre 1939 à mai 1940, pendant que le Reich fabriquait tant de « chars lourds » ?

Il faudra, entreprise amorcée par Talbot Imlay, récrire l'histoire du fiasco du réarmement : 1° en écartant la légende diffusée par le synarque Sauvy du « manque de main-d'œuvre qualifiée », de la mauvaise humeur saboteuse de la classe ouvrière et d'un effort décisif fourni une fois balayées les 40 heures et rétablie la « confiance » du capital ; 2° en étudiant le veto patronal que rappela en mars 1941 du fond de sa prison du Puy le métallurgiste Alfred Costes, responsable CGT[U] et député communiste déchu. « Quand, membre des commissions de défense nationale, j'ai fait des rapports tendant à renforcer notre potentiel de défense, j'ai été l'objet de risées. Quand, parlant au nom des ouvriers, j'ai fait des propositions devant les ministres réunis pour augmenter la production, les patrons ont refusé d'accord avec le gouvernement. Seuls des partisans imbéciles, les hommes d'Action française ou les gens de Doriot, ou de La Rocque, que la haine du communisme aveugle jusqu'à livrer la France à Hitler, peuvent prétendre le contraire. »[83]

Le synarque Raoul Dautry, dirigeant du Comité France-Allemagne nommé en septembre 1939 ministre de l'Armement, fonda simultanément la SOFMA, « société de fabrication de matériels d'armements », « société d'économie mixte » contrôlée par Schneider pour « les 11/15e du capital »[84]. Il obtint aisément l'adhésion, toutes tendances confondues, des confédérés débarrassés avec l'aide empressée de la justice et de la police de leurs rivaux « unitaires ». Début octobre 1939, Jouhaux « prit la tête d'une délégation » auprès du ministre « qui se termina par une déclaration sur la "collaboration patronale, ouvrière et gouvernementale" pendant la durée des hostilités »[85] : par ces « accords du Majestic », les confédérés cautionnèrent « l'accord unanime, profond et durable des cœurs et des efforts » et l'annonce « d'une ère de progrès dans la liberté, l'harmonie et le respect des droits individuels aussi bien que collectifs ». Capitulant devant le *Führerprinzip* (Imlay décrit la chose sans user du mot), Belin et Jouhaux peuplèrent avec leurs amis métallurgistes des « comités » ministériels à la Clemenceau, s'isolant définitivement de leurs présumés mandants qui avaient déserté en masse les syndicats depuis 1938. La docilité de leaders sans troupes – en mai 1940 au mieux 25 000 sur les 800 000 de 1937 dans le fief communiste des Métaux – n'adoucit ni la rancœur patronale ni la guerre contre le salaire ni le veto au réarmement contre Hitler[86]. L'ardeur à satisfaire les commandes militaires ne précéda pas la défaite, mais la suivit : les industriels français ne furent zélés à l'ouvrage (« *arbeitswillig* », dit l'occupant) que depuis l'été 1940 de la Débâcle[87].

Le « front du Nord-Est »

Du côté du « front du Nord-Est », on ne songeait ni à « casser les reins » au Reich – objectif de Weygand ne visant que l'URSS – ni à « "pousser activement" les préparatifs » (Gamelin à Weygand, sur le bombardement de Bakou)[88]. Du plan consistant à attendre l'assaut à ne rien faire témoigne la littérature classée au SHAT. Entre l'écrasement de la Pologne et mai 1940, Gamelin et ses pairs gémirent sur le temps perdu par la France et gagné par le Reich ou se réjouirent de l'inverse ; ils alignèrent sur le papier moins de divisions françaises que la France n'avait obligé la Tchécoslovaquie à en céder au Reich ; ils assortirent leurs lamentations ou leurs soupirs de soulagement de rapports sur la neutralité de l'Italie, voire les chances sérieuses de collaboration militaire avec elle.

« L'Allemagne a, actuellement », écrivit le 12 septembre 1939 Decamp à Daladier, « au moins *70 divisions* engagées contre la Pologne, dont *ses meilleures unités, ainsi que la majeure partie de ses forces blindées et motorisées.* Si faible qu'ait été la résistance polonaise, ces divisions ont subi des pertes, et surtout une usure de matériel considérable », et l'Allemagne devra les remettre en état. « Nous n'avons sur notre front, en majeure partie, que des divisions de "deuxième zone" » ; sans doute, « s'appuyant à la Ligne Siegfried, pensent-elles fournir une bonne résistance ; *mais ceci reste à prouver.* Si nous attendons le printemps pour agir en force, l'Allemagne aura eu le temps de reconstituer les D.I. (divisions d'infanterie) usées en Pologne et d'en constituer de nouvelles ». Elle disposera donc « non plus d'une cinquantaine de D.I. quelconques, mais de 200, et peut-être davantage, dont une centaine au moins de toute première qualité ; enfin, elle aura eu tout le temps de parfaire ses organisations défensives. À ce moment-là nous aurons nous-mêmes environ *70* divisions [80 divisions tchécoslovaques avaient été cédées au Reich entre Munich et mars 1939][89], plus un certain nombre de divisions anglaises à peine instruites, dont il serait dangereux de surestimer la valeur. Conclusion : le temps travaille contre nous ». Même chose aux « point[s] de vue moral » (le blocus prôné par « M. Chamberlain [étant] une affaire de longue haleine, dont les résultats demeurent incertains ») et « aérien » : l'aviation allemande, usée en Pologne, aura reconstitué au printemps sa capacité et « retrouvé, pour un temps au moins, sa supériorité. [...S]i nous laissons à l'Allemagne *l'initiative des opérations* [,...] son attaque aérienne » nous frappera alors « avec son maximum de puissance [...] même si nous sommes, à ce moment-là, plus forts que maintenant [...]. À moyens égaux, celui qui portera le premier coup aura l'avantage, et peut-être pour longtemps ; autant vaudrait que ce fût nous »[90].

Cet antagonisme entre l'appel à l'action et l'inaction disparut avec la Pologne. À la mi-octobre, Decamp examina « l'hypothèse où l'Allemagne [...] conserv[erai]t une attitude strictement défensive sur son front occidental, s'abst[enan]t jusqu'au printemps prochain de toute attaque contre la France ». Cela « paraît devoir favoriser [nos] desseins », jugeait-il désormais : « – [nos] forces terrestres (Grande-Bretagne) et aériennes (France et Grande-Bretagne) seront dans quelques mois beaucoup plus puissantes qu'à l'heure actuelle, à condition d'éviter toute action prématurée dans laquelle elles s'useraient avant d'être prêtes ; – l'économie et partant le moral de l'Allemagne seront, au contraire, dans une situation beaucoup plus précaire qu'aujourd'hui, car le blocus » – inexistant – « aura accentué ses effets, et l'exploitation des ressources polonaises ou éventuellement russes ne peut être considéré que comme un appoint hypothétique à échéance. L'action commune [envisagée] contre l'ennemi » – précise « contre l'URSS » (« s'opposer à toute extension de sa part vers les Balkans ») – était creuse « contre l'Allemagne : – Militaire........... *(sic)* ; – Politique : propagande, action sur les minorités (Polonais, Tchèques, etc.) ; – Économique : blocus ». Daladier griffonna : « Vu et intéressant. Me représenter après le 15 novembre. »[81]

La correspondance Daladier-Gamelin-Decamp de novembre-mars livre un échantillon aussi « ahurissant ». Daladier et Gamelin évoquèrent en novembre « la nécessité d'adopter un plan de guerre pour la "bataille de printemps" ». Decamp rappela à Daladier le 8 janvier 1940 que « rien n'a[vait] été fait jusqu'à présent. On propose donc d'écrire de nouveau dans ce sens au général Gamelin ». « J'estime, comme vous, [...] urgent », écrivit le ministre Daladier au chef d'État-major général le 13, « de déterminer quelle sera notre action au printemps prochain et d'en fixer dès maintenant les moyens », et vous prie de me présenter les « propositions que je vous avais demandées » (en novembre)[92]. Gamelin répondit le 29 février (un mois et demi d'urgence plus tard) qu'il n'en avait pas et qu'on attendrait encore : 1941 désormais. La « balance des forces » était accablante : « – 170 à 175 divisions de campagne allemandes contre 136 divisions alliées réparties entre l'Europe, l'Afrique du Nord et le Levant [chiffres respectifs faux par défaut et par excès : 200 du côté allemand, nettement moins de 100 du côté « allié » : 70 françaises (sur le papier), (quasi) 0 britannique] ; – supériorité de l'Allemagne en aviation de bombardement dans la proportion de 2,3 à 1 ; – légère supériorité des Alliés en aviation de chasse, compensée par la dispersion de cette aviation entre la France et l'Angleterre. – *Ce n'est qu'en 1941 que nous aurons la supériorité en moyens terrestres et aériens et notamment le matériel nécessaire pour l'attaque de la Ligne Siegfried.* » Les « possibilités militaires des belligérants » se limiteraient, sur le front occidental, à « *mener des actions offensives locales* destinées à préparer les opérations de 1941 ou à gêner celles que pourrait entreprendre l'ennemi » et à « passer à la contre-offensive en terrain libre en Belgique-Hollande au cas où les Allemands attaqueraient ces pays ». Envisageant « l'envoi d'un corps expéditionnaire important [...] *dans les Balkans* », Gamelin précisa : « *Il ne peut être question toutefois, si l'Italie ne prend pas une attitude nettement favorable à notre égard, de mener à la fois des opérations importantes dans les Balkans et en Scandinavie.* »[93]

L'État-major osait en effet brandir depuis l'automne 1939 l'hypothèse d'une Italie neutre ou amie des « Alliés » dans les Balkans, d'où le Reich l'avait d'ailleurs évincée depuis 1936. L'Italie, avait écrit le 30 décembre l'auteur (anonyme) d'une « note sur la conduite stratégique de la guerre », « a laissé entendre qu'elle s'opposerait par tous les moyens à une progression soviétique dans les Balkans. Dans ces conditions, il paraît possible de faire naître un front commun italo-balkanique pour lutter contre une invasion germano-russe. [...] La base [...] des accords Gamelin-Badoglio de 1935 [sur] la collaboration franco-italienne sur le Brenner » – que Ciano avait dénoncés en décembre 1938 en cadeau de bienvenue à François-Poncet – « reste toujours valable »[94].

Concernant le Reich, « le plan de guerre pour 1940 » de Gamelin consistait en ces « principes généraux » – les « propositions concrètes d'action » ne visant que l'URSS :

« – travailler pour réaliser la supériorité des armements terrestres et aériens en 1941 ;

– compléter le blocus du Reich et obliger celui-ci à consommer ses réserves ;

– provoquer la désorganisation intérieure de l'Allemagne ;

– amener les neutres à prendre parti contre l'Allemagne.

Donc, au point de vue militaire :

– achever l'investissement de l'Allemagne en agissant sur les sources de matières premières (Suède, URSS, Roumanie) ;

– obliger, dans un but d'usure, une partie des forces allemandes à s'engager sur des théâtres d'opérations nouveaux et excentriques. »[95]

Le « blocus du Reich » fut défini le 26 mars 1940 par Gamelin pour Daladier, encore ministre de la Guerre, écho des bontés allemandes de la guerre précédente à Briey. L'armée, sur les instances du « ministre des travaux publics » (le grand synarque de Monzie) et « pour éviter une réaction sur nos propres transports, notamment à destination de la Suisse », n'avait jamais bombardé « la voie ferrée Fribourg-Bâle » voisine du Rhin « utilisée régulièrement par les Allemands, comme [...] nos voies ferrées d'Alsace », pour expédier à « la Suisse et [à] l'Italie » 50 à 60 trains par jour dont « 500 wagons de charbon », soit « plus de 2 millions de tonnes [...] par an. Le commandement français est prêt à faire interrompre ce trafic, *au risque de réactions possibles allemandes*, soit sur nos voies ferrées, soit par exemple sur l'usine de Kembs. Mais il estime que se pose là une question d'ordre diplomatique puisqu'il peut s'agir du ravitaillement de la Suisse et de l'Italie. Il désirerait donc savoir quelle est la position du gouvernement [...] »[96] : c'était celle des élites économiques, « prêt[es] à [...] gaver [l'Italie] de commandes de guerre pour l'intéresser à nos succès » – formule d'octobre 1939 de Rist[97] aussi hypocrite que les notes d'État-major dressant jusqu'à la défaite l'Italie en « alliée » ou en « neutre ».

Le laisser-faire étatique assura également le non-blocus financier du Reich, condition du maintien du règlement des intérêts et dividendes des sacro-saints « Dawes et Young ». Avec l'aval de la Banque de France (et de ses homologues anglaise et américaine), la BRI, devenue centre des paiements extérieurs de l'Axe, s'y employa depuis septembre 1939, selon une habitude respectée jusqu'à la fin de la guerre. Le paiement régulier de coupons en fut assuré jusqu'au dernier versement de guerre de la mi-avril 1945 à *toutes* les banques créancières du Reich : il s'effectua en or volé dans les pays occupés et recyclé par la Reichsbank, via la BRI et en toute connaissance de cause – comme depuis l'Anschluss[98] (Vichy et la Banque de France y apportèrent, via l'or belge, une contribution exceptionnelle[99]).

Ce qui précède atteste l'hypocrisie des griefs français contre l'Angleterre encore accrus par le fiasco scandinave de l'ère Reynaud. Julian Jackson vante la précocité (1939 au lieu de 1918) des structures interalliées mais reconnaît qu'elles groupaient un aveugle et un paralytique se haïssant et se cachant tout[100]. Le néant militaire britannique sur le continent, indéniable, donne raison aux historiens anglophones qui brocardent les envolées d'après 15 mars 1939 sur « l'effort » militaire et qui accusent la *City* d'avoir remis aux bons soins *futurs* des États-Unis la préservation de *ses* privilèges : option que le pays paierait d'une « dépendance » extérieure définitive[101]. Les apaiseurs du « cabinet de guerre » de Chamberlain invoquaient le devoir humanitaire de ne pas bombarder la Ruhr, tel le ministre de l'Air britannique Cyril Newall (*Air Marshall*), exposant à Gamelin le 23 octobre 1939 son souci de ne pas attaquer un « objectif [non...] strictement militaire » – noble scrupule auquel « le haut commandement français donn[a] son complet accord » le 25[102].

Le tableau au 1er janvier 1940 de « l'organisation de l'armée britannique », communiqué à Daladier fin février, ressemblait à celui présenté à Vorochilov en août 1939 : il suggérait que la ou les deux divisions qu'il était question depuis 1936 d'expédier en France n'existaient pas ; ne parlons pas des cinq, huit ou dix évoquées à terme. « Les cadres sont insuffisants et totalement inexpérimentés. Le manque de terrains d'exercice et de camps rend l'instruction très difficile. Les divisions quittant l'Angleterre doivent donc avant d'être engagées subir une période d'entraînement en France dans un terrain propice au contact d'unités expérimentées. » La contribution du Commonwealth serait nulle : on parlait de deux divisions venant du Canada « sans armes ni entraînement » (et d'un projet de troisième) ; l'Australie ne *promettait* « qu'une division en formation en Palestine », la Nouvelle-Zélande, « qu'une division en formation en Égypte », l'Afrique du Sud, rien, comme l'Irlande « neutre ». « L'envoi de troupes hindoues en France est considéré comme une erreur. Elles seront éventuellement employées en Orient. » On aura tout dit en citant une note de l'État-major français du 4 avril 1940 sur « l'armée britannique » : « "l'armée" n'existe pas actuellement mais sa création est prévue »[103].

La phase finale du complot Pétain-Laval : une défaite préparée

Talbot Imlay a consulté des archives claires sur l'absence de subversion défaitiste communiste dans les usines et sur la « folie » de plans orientaux prétendant autoriser la France à « gagner la guerre » sans s'occuper de l'ennemi qui déferlerait de l'Est voisin. Les patrons auraient donc cédé à un fantasme de « sabotage » submergeant les démentis formels des RG et de la Sûreté nationale. En aurait fait autant leur porte-parole Raoul Dautry, ministre de l'Armement, qui traquait « les noyaux révolutionnaires » via lesquels « le Komintern avait créé un "centre international de sabotage" ». La police décrivait pourtant l'impuissance ouvrière et le mensonge de « sabotages » communistes. L'État-major disposait sur l'URSS des mêmes informations que naguère, proscrivant toute illusion sur l'aptitude d'une France sans forces ni alliés à « casser les reins » de ce géant « invulnérable »[104].

Les plans de destruction du régime et la présence généralisée de leurs artisans dans les centres du pouvoir en 1939-1940 excluent également la thèse de la terreur irraisonnée. La croisade contre une introuvable subversion à l'armée et dans les usines, guerre sans merci contre l'ennemi intérieur, ne relevait pas du fantasme. Elle visait le même but que le forcing contre l'alliance *militaire* russe : l'éloignement des militants antifascistes de la « banlieue rouge » – surtout ceux revenus d'Espagne, dont Bonnet avait vanté devant Welczeck l'énorme taux de mortalité[105] – et leur isolement donnèrent aux conjurés une assurance complémentaire que rien ne résisterait à l'envahisseur. Au procès Pétain, Isorni visa juste en rappelant à Reynaud le but réel de la « politique anticommuniste » à laquelle il avait participé. L'intéressé certifia d'abord que la législation y afférente ne visait que le sabotage de la production de guerre ; quand l'avocat la motiva par les « événements extérieurs », Reynaud déserta ce terrain, invoqua son modeste poste de ministre des Finances et le renvoya à Daladier[106].

Les prétendus débiles voués à l'assassinat de la République et à la conduite du régime qui la remplacerait concoctaient l'étape finale de leur plan. N'ayant « rien [...] fait jusqu'[en mai] » 1940[107] pour combattre le Reich, ils menaient depuis la déclaration de guerre des négociations secrètes, *ininterrompues*. Ils agirent avec une facilité accrue par les positions gagnées dans l'appareil d'État, appareil existant auquel s'ajoutèrent des créations *ad hoc*.

Vichy avant Vichy : synarques et cagoulards sous Daladier et Reynaud

Daladier s'associa autant de synarques que Reynaud, initiative qu'il esquiva au procès Pétain en évoquant « des hommes de la synarchie, dont quelques-uns se sont glissés au gouvernement »[108] : parmi eux, par lui nommés, figuraient Raoul Dautry et le banquier Daniel Serruys[109]. Son rival Reynaud, ami avoué de Paul Baudouin et de Gabriel Le Roy Ladurie[110], n'avait été ministre qu'entouré de synarques. Il avait, on l'a dit, continué depuis le 1er novembre 1938 aux Finances, où son « équipe permanente » tuteurée par le haut patronat synarcho-cagoulard avait mis à bas tous les acquis ouvriers de 1936[111].

La longue intimité de Reynaud avec les chefs bancaires de la synarchie et la découverte de l'inspecteur Vilatte sur les synarques ou personnalités en rapport avec eux atténuent la responsabilité imputée par Pertinax à celle qui était sa maîtresse depuis les années 1920 : Hélène de Portes, fille du synarque Charles Rebuffel[112] et « maîtresse de [Gabriel] Le Roy Ladurie »[113], aurait par son influence délétère provoqué en Reynaud « un changement profond » depuis 1938 ; cette intrigante « totalitaire » assoiffée de pouvoir et prête à la haute trahison pour y accéder aurait alors dominé son « esclave [,...] ombre du passé » de soixante-deux ans refusant de vieillir. L'interprétation vaut aussi pour la maîtresse de Daladier, Jeanne de Crussol. Les deux rivales, égéries de la clique Bonnet faisant les coquettes devant les hôtes allemands de leurs salons, « pacifistes » acharnées à obtenir une défaite suivie d'une *Pax germanica*[114], méritent certes leur réputation d'infamie. La hargne de Pertinax, qu'on est tenté de qualifier de misogyne quand on la compare à son indulgence pour Reynaud, malgré son excellente connaissance du dossier, fut partagée alors ; elle n'a cessé de l'être par tous les publicistes, hommes politiques et historiens, français et étrangers. Le projecteur ainsi orienté a donc dressé un des nombreux obstacles à l'appréhension du tabou de la synarchie et de ses liens avec la Cagoule.

« La plupart des membres de la synarchie » se firent à partir de septembre 1939 « mettre en *affectation spéciale*, dans les ministères techniques : Armement, Économie nationale, Finances, Travaux publics, Défense nationale, etc. Presque tous d'ailleurs [avaie]nt une tâche précise à effectuer dans le *grand sabotage* de la machine de guerre française qui d[evai]t conduire à une défaite rapide »[115]. La liste des « affectés spéciaux » et autres « conseillers » de Daladier et Reynaud est calquée sur le *bottin mondain* du Vichy financier, administratif et ministériel. Les « traîtres » munichois gravitant autour de Bonnet (Pertinax), Le grand synarque Monzie, Pomaret, Lamoureux, etc. mirent la main à la pâte[116], parrainant ou nommant des hauts fonctionnaires (ou anciens reprenant du service) comme « conseillers ». Vichy au berceau les ferait ministres, promotion synarchique acquise par Bouthillier et Pernot de la République mourante le 5 juin 1940. Le grand synarque Monzie, ministre des Travaux publics, recommanda son pair Dautry à Daladier[117] et institua « au début de la guerre » comme en 1917 son bienfaiteur Hippolyte Worms « chef de la délégation française en Angleterre »[118] ; Lamoureux, dont Reynaud fit le 21 mars son successeur aux Finances[119], prit pour chef de cabinet Jean Filippi (grand « affilié » de Chavin), qui resta celui de Bouthillier en 1940-1941[120], etc.

Daladier appela « le 16 septembre [...] aux fonctions de haut-commissaire à l'Économie nationale » Daniel Serruys, « homme de confiance » de « la Banque Lazard »[121] depuis une décennie, lié à l'Action française et à Jacques Bainville[122]. Pertinax, familier de cet ancien helléniste qui était un des « amis personnels » de Mme de Crussol, maîtresse de Daladier influente mais discrète (à la différence de celle de Reynaud), avait noté sa complaisance accrue au fil des ans pour les « totalitaires »[123]. Le 13 septembre, Daladier créa sur mesure le ministère de l'Armement, dépendant directement de lui, pour Raoul Dautry. « L'homme de confiance de M. Mercier », fâché un moment avec son mentor, synarque et cagoulard, se réconcilia avec lui à cette occasion[124].

Le rapport Chavin – rédigé alors que Dautry était lié au camp de la collaboration[125] et non, comme le postule son biographe, enterré au fin fond du Vaucluse rural[126] – désigna le futur ministre de la Reconstruction du général de Gaulle[127] comme le grand pourvoyeur des administrations en synarques « en 1939 (pendant la guerre) »[128]. Un dossier ultérieur sur la synarchie, classant Dautry dans le secteur « Mines et métallurgie » avec Jean Bichelonne, Jacques Lente, Robert Loustau, Jacques de Nervo, Maurice Olivier, Henri de Peyerimhoff, Pierre Pucheu et Pierre Waline (secrétaire général de l'UIMM), confirma les découvertes d'Henri Chavin : « Le ministère de l'Armement [tomba] entièrement entre [les] mains [...] des membres de la Synarchie [...] aux côtés de Bichelonne et sous l'autorité de Dautry. »[129] Dautry aurait gâté autant la Cagoule : « Toute l'administration fut infestée de "cagoulards" et le recrutement du CSAR se développa au sein des hauts cadres de l'armée, dans les services de fabrication de guerre, dans tous les rouages d'importance stratégique [:...] depuis le brigadier planton jusqu'aux grands chefs de son ministère, il y avait des cagoulards défaitistes et traîtres. »[130]

Le « Carnot » qui a enflammé Jean-Louis Crémieux-Brilhac préparait la défaite et Vichy sous couvert d'empêcher les saboteurs rouges de nuire à sa « politique industrielle » de l'an II. Le « grand ingénieur humaniste » et « patriote » ayant « Colbert pour modèle » aurait manqué de temps « pour forger les armes de la France ». L'ancien capitaine en mission à Varsovie devenu le général Beaufre préféra en 1965 se retrancher derrière « un de [s]es camarades chargés de l'armement » pour qualifier de « traître » un Dautry acharné à bloquer ou réduire la production de guerre qu'il prétendait augmenter. Dautry obtint à cet égard des « résultats [...] accablants » (ou probants) : « aucun progrès » de la production aéronautique, « 60 avions [...en] septembre 1939, et encore 60 avions en avril 1940 ; [...] pour l'armement terrestre, c'est encore pire » : « chute verticale » de « la production d'octobre 1939 [...] par rapport à celle de septembre », production « encore inférieure en mai 1940 à celle d'octobre 1939 pour beaucoup de matériels »[131]. Il s'était entouré à cet effet d'un vivier synarcho-cagoulard, constitué des « affiliés les plus importants » (Chavin), phares de la « reconstruction de l'Europe » : Jacques Barnaud, Jean Bichelonne, Henri Du Moulin de Labarthète, Jacques Guérard ; ou moins notoires, ses amis de la « société secrète fasciste [...] F. 1950 », Francis Hekking et Paul Planus[132], etc. Crémieux-Brilhac ajoute à Bichelonne et Planus, seuls « technocrates » qu'il cite de cette liste des synarques casés chez Dautry, d'autres affiliés distingués : François Lehideux, Roger Nathan, Alexis Carrel (dont, précise Baudouï, « Dautry a apprécié la philosophie ») ; de moins distingués, du clan Belin (Hyacinthe Dubreuil, Léon Chevalme, Arthur Vigne et Robert Lacoste), et l'homme de la CGPF et de l'UIMM, Lambert-Ribot[133], un des ordonnateurs des émeutes de 1934[134].

Jacques Barnaud, mentor de Belin, fut en septembre 1939 « maintenu comme affecté spécial à la maison Worms et Cie au titre de la Marine marchande ». Dautry le nomma en octobre 1939 « chargé de mission au ministère de l'Armement [...], comme chef de la mission d'achat dans les pays scandinaves ». En janvier 1940, Paul Reynaud, lui rendant le poste de « haut fonctionnaire » abandonné en 1927[135], lui remit « l'ensemble des Finances extérieures » où lui succéderait (jusqu'en mars 1943) Couve de Murville[136]. Dautry , en compagnie de Reynaud et Daladier, rappela une fois de plus Moulin de Labarthète de la Banque de l'Afrique occidentale en lui confiant en décembre 1939 « une mission d'achat d'armement en qualité d'attaché financier auprès de l'ambassade de France à Madrid »[137]. Ainsi le guide suprême de Pétain, chargé des négociations franco-allemandes traitées via Franco et Madrid (étudiées plus loin), put-il peaufiner en toute quiétude aux côtés du maréchal les formules tant du putsch que de la défaite militaire.

Jean Bichelonne, ingénieur en chef des Mines « sorti major de Polytechnique » et d'« une ambition sans bornes »[138], avait été promu fort jeune directeur général de « la Société métallurgique Senelle-Maubeuge » où il côtoyait « le baron Jean Seillière », et il administrait diverses sociétés sidérurgiques. Le chouchou de la synarchie ignoré du public fit à 34 ans son « entré[e] dans la vie politique en 1939, comme chef de cabinet du ministre de l'Armement ». Intégré à la délégation française à la commission allemande d'armistice fin juin 1940[139], il fut, mi-juillet, le premier nommé des « secrétaires généraux » (à la Production industrielle), affectation qui dévoila « sa liaison avec Dautry et [...] ses amitiés avec Lambert-Ribot »[140].

Jacques Guérard, l'homme des assurances Worms, fut au début de la guerre versé dans l'administration de l'armée : il fut « affecté au service de l'Armement, au cabinet du président du Conseil » puis à celui du ministre des Affaires étrangères Baudouin, dont il devint le directeur[141]. Francis Hekking, X de la promotion 1930, ingénieur des tabacs, secrétaire permanent du COST en 1939, un des « affiliés les plus importants », avait, « en 1938, [...] présenté la promotion des tabacs au chancelier Hitler » : il fut nommé « attaché au ministère de l'Armement pendant la guerre », avant que le Vichy ne l'envoyât à partir de « juin 1940 [...] en mission aux États-Unis » (comme d'autres féaux, tel le protecteur des cagoulards et des synarques Chautemps). L'« ingénieur conseil » Paul Planus, pilier des comités Coutrot, fut nommé « attaché au ministère de l'Armement pour l'organisation scientifique du travail en 1939-40 »[142].

Reynaud, en prenant les rênes le 21 mars 1940, réussit à promouvoir encore la garde rapprochée qu'il avait déjà si bien servie. Il donna tout sur le lit de mort du régime à deux éminences de Vichy, Bouthillier et Baudouin.

1° D'Yves Bouthillier, secrétaire général des Finances depuis le 1er novembre 1938, Pertinax fait, avec deux autres inspecteurs des Finances trentenaires, Dominique Leca et Gilbert Devaux, un des trois mauvais génies du ministre submergé par la hantise de vieillir[143]. Le publiciste n'impute pas cette ascension à l'infâme Mme de Portes, mais, selon un informateur gaulliste, Bouthillier avait « lié partie avec [cette dernière ...], dont il épousait entièrement l'action et l'influence ». Reynaud, qui avait depuis 1938 « comblé d'honneurs et de pouvoir » son « collaborateur immédiat et personnel », lui remit « directement » le 5 juin 1940, défaite acquise, « les fonctions de ministre des Finances » (ôtées à la potiche munichoise Lamoureux) que Vichy lui conserverait[144]. Le gouverneur de la Banque de France Pierre Fournier se félicita le 5 juin, à la dernière séance du conseil général avant le 24 août, de la promotion « à ce poste éminent » de Bouthillier dont Reynaud avait fait « depuis le début de la guerre l'âme du ministère des Finances » : l'heureux élu y avait « donné la mesure de son énergie, de son dévouement au bien public, de son goût des responsabilités, de toutes les qualités qui le désignaient pour les hautes fonctions dont il [était] maintenant investi »[145]. Selon les RG, « lors de l'accession de M. Bouthillier au ministère des Finances en juin 1940, la prise en mains des principaux leviers de commande par les affiliés s'accéléra pour être presque complètement réalisée lors du remaniement ministériel [Darlan] du 23 février 1941 »[146].

D'autres éminences de la Banque de France, repaire de synarques, avaient été honorées avant la défaite, tel son « premier sous-gouverneur » Yves Bréart de Boisanger, nommé début 1940 « chef adjoint dans le cabinet » de Daladier ou de Reynaud[147], puis chef de cabinet de Bouthillier[148]. Cette promotion marquait l'importance d'un des grands négociateurs d'avant-guerre du futur compromis (économico-politique) d'Occupation avec l'Axe[149] ; elle annonçait aussi un de ses deux grands postes d'Occupation, celui de gouverneur de la Banque de France, obtenu par décret Pétain-Bouthillier du 31 août 1940 parce qu'il était aussi enclin que les signataires de cet acte à remettre à la Reichsbank l'or que la Banque nationale de Belgique avait confié en 1939-1940 à sa consœur française. Cette forfaiture embarrassait Pierre Fournier, déjà lesté de l'espagnole ; on consola le démissionnaire par la présidence de la SNCF, qu'il occupa jusqu'à la Libération, agrémentée de l'organisation initiale de la spoliation des juifs (décembre 1940-mars 1941)[150].

2° Paul Baudouin, président de la Banque d'Indochine, « collaborateur le plus intime » de Paul Reynaud[151], autre « grand affilié » et « grand ami de M. Jacques Barnaud »[152], fut aussi gâté. « L'esclave de Mme Portes et de Baudouin » nomma le 31 mars 1940 le grand banquier « secrétaire général du cabinet de guerre et du comité économique, sous-secrétaire d'État à la présidence du Conseil », prélude à nouvelles prébendes « républicaines » en mai-juin. « Le pouvoir [...] en croissance ininterrompue » du très fasciste Baudouin, ennemi juré de l'Angleterre que l'ambassadeur Campbell trouvait « sinistre », « fut celui d'un véritable lieutenant du président du Conseil, nonobstant la modestie relative de son titre ». « Ce bellâtre à la parole facile » fut sans doute servi par ses relations avec Mme de Portes, mais elle n'avait pas besoin d'« impos[er] la nomination de Baudouin » à son amant[153]. Léon Blum déclara après le vote des pleins pouvoirs du 10 juillet 1940 que « personne ne pouvait avoir confiance en lui parce qu'il avait changé rapidement d'opinion et que, anglophile la veille, il aiguillait aujourd'hui la France vers une politique germanophile »[154]. Il demeurait pourtant « en avril 1940 [...] entiché » de ce fasciste notoire dont il disait : « Baudouin, ce sera le dynamisme civil et de Gaulle, le dynamisme militaire ! »[155]

Nouvel arrivant, avec le cagoulard Ybarnégaray, du « cabinet Reynaud du 10 mai 1940 [...], jour de l'attaque allemande à l'Ouest », Louis Marin – « patriote éprouvé » alors moins intransigeant qu'au fil des années 1940[156] – rappela en 1946 quels privilèges le président du Conseil avait concédés à Baudouin, « membre – et membre très actif – d[e ses] gouvernement[s] » : « Un de ces "hommes d'affaires" qui mélangent celles-ci avec la politique », ajouta en expert ce vieux féal de François de Wendel. Depuis le 31 mars 1940, « par faveur spéciale, contrairement à la lettre et à l'esprit des traditions, [le président de la Banque d'Indochine] assistait au Conseil des ministres et, en plus du secrétariat au Comité de guerre et du Cabinet de guerre, cumulait ceux du tout-puissant Comité restreint et des Conseils suprêmes » ; le 10 mai, quand les « sous-secrétaires d'État » passèrent « de 14 à 4 » (décision soustraite au *Journal Officiel*), Baudouin fut un des rescapés, gardant aussi le secrétariat « du Cabinet de guerre et tous Comités similaires ». Reynaud lui maintint tous ses postes le 18 mai, jour où il adjoignit Pétain à son cabinet ; il le gratifia le 5 juin du sous-secrétariat d'État aux Affaires étrangères, que Pétain transformerait en ministère le 16 : Baudouin détenait « donc deux sous-secrétariats d'État des plus difficiles et le secrétariat de tous les organismes gouvernementaux de guerre »[157].

On fermera la liste par deux niches synarchiques, transition directe vers Vichy, « haut comité de la population » et ministère du Blocus. Tous deux furent placés sous la houlette du sénateur du Doubs Georges Pernot, porte-parole d'une « obsession nataliste » munichoise aggravée encore depuis la déclaration de guerre et amorçant la « propagande cache-misère » nataliste sous Pétain. Cette « panique » alléguée de 1938 devant « une France mal préparée à la guerre », muée en 1939 en hantise des berceaux, a troublé son historien-démographe : priorité en effet curieuse en phase d'urgence militaire absolue. Concernant la première de ces créations, Paul-André Rosental s'est fait le décrypteur involontaire de la synarchie, club de nombre de ses héros : Alfred Sauvy au premier chef qui, par une ironie de l'histoire plus frappante que pour les 40 heures, sur lesquelles sa croisade d'expert économiste respecta la continuité, devint après-guerre le pourfendeur malthusien de la démographie mondiale galopante[158].

« Le haut comité de la population [...] créé en février 1939 » par Daladier ne groupa « que cinq hommes » : son président Georges Pernot, un chef de la droite catholique et patronale, féal de Tardieu, ancien ministre de la Justice de Flandin[159], vice-président de la Fédération nationale des familles nombreuses, premier ministre de la famille de Pétain et membre de son Conseil national[160] ; « Adolphe Landry, Philippe Serre, Frédéric Roujou et Fernand Boverat ». Ledit comité fut complété en avril 1940 par le futur directeur de cabinet de Jean Bichelonne, le fort jeune (28 ans) Pierre de Calan (remplaçant du « maître des requêtes au Conseil d'État » Roujou, mobilisé), et par Alfred Sauvy : trois synarques avérés, présents sur toutes les listes depuis le rapport Chavin (Serre, Roujou et Sauvy) et un collaborateur intime de synarque avéré, Pierre de Calan[161], lui-même titulaire de la francisque n° 1638 du juillet 1942, avec pour premier parrain Bichelonne[162]. Le jour où il nomma Dautry au ministère de l'« Armement », Daladier offrit à Georges Pernot la tête du « comité du Blocus ». La cohorte de synarques et cagoulards qui le peupla suffirait à définir le « blocus ». On y recruta Louis Férasson, « magnifique dans son uniforme de colonel » (voué à la seule guerre antirouge), héraut notoire de l'emballement des exportations vers le Reich de 1938-1939 ; Ernest Mercier, le faux « résistant » qui avait dans ses sociétés d'électricité laissé prospérer en le dissimulant l'investissement allemand proscrit par la loi ; Jacques Barnaud, leader « totalitaire » (Pertinax) de la synarchie ; Roger Auboin, héraut de la collaboration bancaire, éminent synarque du secteur « Finance », membre de « F. 1950 » et augure serein de la prochaine occupation allemande de l'Ouest européen développé, France incluse, etc.[163] Le 5 juin 1940, Reynaud opta pour le visage démographique du Janus Pernot, qui s'était ridiculisé au « Blocus », en en faisant un « ministre de la famille » que garderait Pétain[164].

La Cagoule fut aussi choyée par les deux ultimes défenseurs présumés de la République. Certains de ses hommes étaient encore en fuite en Espagne et en Italie, mais bon nombre étaient revenus ou avaient été libérés, à un rythme accéléré depuis la déclaration de guerre. Gabriel Jeantet, « un des principaux membres de l'organisation secrète », notifia l'arrêté de renvoi de la Cour d'Appel de Paris du 20 juillet 1939, « a détenu des armes de guerre, des munitions, des explosifs, des engins meurtriers. Il a donné des instructions pour importation illicite en contrebande d'armes. Il a ainsi participé à une entente dans le but de commettre des crimes contre les personnes et les propriétés. Il a connu le but secret de l'organisation »[165]. Blanchi ou épargné cependant comme la plupart de ses pairs, par un juge Béteille fort complaisant, il quitta l'Italie « au début des hostilités » et se « présent[a...] au bureau de recrutement de Lons-le-Saunier ». La gendarmerie arrêta début novembre celui qui était, rappela une direction des services de l'Intérieur, le 9, « l'un des membres les plus influents du CSAR »[166].

Daladier, qui déclarerait à Bouchardon en juin 1945 n'avoir « jamais vu de documents, de faits précis [lui] donn[ant] à penser que Pétain était lié personnellement à la Cagoule »[167], prescrivit le 15 décembre 1939 au ministre de l'Intérieur (Albert Sarraut, aussi paternel envers les conjurés[168]) la libération du chef sicaire : « M. Gabriel Jeantet est en relations avec les services techniques de mon département. En raison des services que l'intéressé a rendus à la Défense nationale et de ceux qu'éventuellement il pourrait être appelé à rendre à nouveau, je vous demande de bien vouloir le faire bénéficier d'une mesure de bienveillance, si toutefois aucune raison majeure ne s'y oppose. »[169] Rien ne s'y opposa, et « l'intéressé » put rendre visite fin janvier 1940 « à ses anciens concierges, M. et Mme Lavergne » pour leur tenir « les propos suivants : "Vous avez donné sur moi des renseignements qui ont aidé la police. Les enquêteurs vous ont présenté de nombreuses photographies parmi lesquelles vous avez reconnu des personnes qui, paraît-il, venaient me rendre visite. Je puis, si je le veux, vous poursuivre en justice. D'ailleurs, la politique a "tourné" *(sic)* et je ne crains plus grand-chose." »[170]

Les cagoulards n'avaient rien à craindre non plus de l'armée, où leur fut dévolue la mission qui était dans l'administration civile assignée aux synarques. Pozzo di Borgo fut à la déclaration de guerre « mobilisé dans une unité d'aviation »[171]. L'empoisonneur Roidot « avait quitté la France depuis le début de 1938, et vivait depuis cette date probablement en Italie ». Il revint en France début septembre 1939, pour y être aussitôt « incorporé comme lieutenant dans un groupe d'artillerie à Nemours »[172]. « En juillet et août » 1939, Loustaunau-Lacau se lamentait « dans les milieux militaires » de sa non-activité et sollicitait le grade de lieutenant-colonel. Il fut « réintégré, en octobre 1939, dans l'armée active comme commandant breveté »[173]. Phénomène général, affirmerait au printemps 1945 Béteille, omettant d'y mentionner sa contribution initiale : « Ceux qui faisaient l'objet d'un arrêt de renvoi de la Chambre des mises en accusation de la Cour d'appel de Paris, en date du 20 juillet 1939, bénéficièrent d'une totale impunité, quand ils ne furent pas appelés à des emplois importants »[174].

Négociations sur la « paix » et plans Laval-Pétain, septembre 1939-mai 1940

Le club synarcho-cagoulard dont Daladier et Reynaud avaient achevé d'investir l'appareil d'État s'illustra jusqu'à la défaite par des intrigues à *double* but, énoncé par l'avertissement de février 1940 du « secrétaire de la Fédération des

Mineurs », Pierre Vigne, « au secrétaire des mineurs de Mulhouse : “Avant cinq mois, vous aurez l’armistice et vous aurez une dictature.” »[175]. Les manœuvres que la clique Halifax-Sir Samuel Hoare-Richard Austen Butler-duc de Windsor, etc., prolongea bien au-delà de la défaite française se heurtèrent à la fraction « résistante » des élites britanniques, qui avait opté pour la *Pax Americana* en admettant plus ou moins tard (Eden et Churchill) la vanité de la tentative de compromis « continental » et impérial avec le Reich qui avait caractérisé la Dépression[176]. Les élites françaises avaient exclu cette option. L’anglophilie et l’américanophilie, vieux credo de la nébuleuse Worms si puissante dans les transports maritimes, avaient été balayées par la « reconstruction de l’Europe » sous l’égide du Reich. Elles ne ressurgiraient (l’américanophilie, surtout) qu’entre la mort du *Blitzkrieg*, à l’été 1941, et la Libération de Paris : François Bloch-Lainé, membre de « la bonne société [des inspecteurs des Finances] dont [s]on père faisait partie », a décrit naguère ses pairs, « snobs » anglophiles aboyant en 1940 contre les Anglais, abandonnant leur ami juif de toujours, qui n’accepteraient qu’à l’été 1944 de subventionner l’État gaulliste devenu inévitable[177].

Fascistes italiens, espagnols et autres auxiliaires étrangers, secondèrent dès septembre 1939, sources et témoignages *a posteriori* convergent, les tractations de « haute trahison ». La république restaurée en établirait la réalité – illustrée par ses mandats d’arrêt de 1944-1945 – avant de passer l’éponge, surtout pour les inspecteurs des Finances. Les RG citèrent le 25 octobre Guariglia, Lequerica et Dinu Hyott, ambassadeurs respectifs d’Italie, d’Espagne et de Roumanie (tout juste nommé) à Paris, et les émissaires polonais du colonel Beck, inusable féal du Reich. Beck avait en quittant en septembre la Pologne occupée « emporté avec lui au moment de la retraite un trésor de guerre considérable [...] évalu[é] à plusieurs millions de dollars ». « Interné en Roumanie », il usait des « créatures » dont il « avait peuplé les ambassades de son pays » : « Il se sert actuellement de ses disponibilités pour diriger en France une véritable campagne défaitiste par l’intermédiaire non seulement de fonctionnaires polonais qui lui sont dévoués, mais encore par celui du nouvel ambassadeur de Roumanie à Paris [, qui...] manœuvre [...] en accord complet avec MM. Guariglia et Lequerica. »[178]

L’ambassade de France en Espagne, avec au centre Pétain, en attente du pouvoir, et sa clique d’anglophobes de longue et de fraîche dates, confirma que les privilégiés avaient en soutenant les francophobes franquistes fait le bon choix intérieur. « L’ambassade d’Espagne à Paris, *câbla Stohrer le 8 septembre,* a rapporté à son gouvernement que Bonnet, compte tenu de la grande impopularité de la guerre en France, tente encore de parvenir à un accord dès que les opérations en Pologne seront terminées » ; on le sait « en contact avec Mussolini à cette fin »[179]. L’ambassadeur italien à Berlin (le très pro-nazi Bernardo Attolico) informait Weiszäcker des « inclinations à la paix dans le cabinet français » que son confrère à Paris, Raffaele Guariglia, orchestrait, au milieu d’une nuée d’obligés français, et décrivait au jour le jour[180]. Le « cabinet de guerre » de Daladier était un fantôme épié : Pétain, « avocat de la politique de paix en France [,...] n’a pas été nommé ministre à la mi-septembre par considération pour Gamelin », annonça Attolico en novembre. Mais il « croit que même en cas de victoire, la France ne jouirait pas de ses fruits. Si la question de la paix devait devenir plus aiguë en France, Pétain jouera un rôle »[181].

Aux procès Laval et Pétain, Armand Gazel décrivit le ballet des cagoulards et synarques qu'il n'avait pu suivre, partiellement d'ailleurs, que jusqu'en *novembre 1939*, affirma-t-il : l'ambassadeur de France en Espagne obtint alors de Daladier, chef du Quai d'Orsay aussi bienveillant que Bonnet (désormais à la Justice), le renvoi de cet empêcheur de « créer une bonne atmosphère »[182]. Pétain « était en correspondance suivie avec le jeune comte [René] de Chambrun, gendre de Laval » ; il rencontrait à toute occasion l'ambassadeur Lequerica et, « à Saint-Sébastien » ; Léon Bérard, au titre de « sénateur des Basses-Pyrénées » ; Chatain, « homme d'affaires [...] qui avait loué une villa à Saint-Jean-de-Luz et était en relations avec M. de Monzie » ; et « le docteur Ménétrel », son filleul. « Je n'ai jamais vu le commandant Loustanau à Saint-Sébastien, mais il est possible que le maréchal l'ait rencontré au cours de ses voyages à Biarritz. [...L]es bureaux de l'ambassade étaient dans un autre quartier de la villa Zinza, résidence du maréchal, dans laquelle il recevait une bonne partie de ces visiteurs. Il a donc pu recevoir des personnes que je n'ai jamais vues. »[183] Ybarnégaray, qui avait toujours « mis au courant M. de Lequerica [...] de son activité au sein de la Commission des affaires étrangères », sollicita en août 1939 un passeport pour Burgos, où il aurait « des entrevues avec les personnalités politiques »[184]. Il déclara après quelques semaines de navette « qu'avec un minimum de bonne volonté une entente avec l'Allemagne sur une base honorable était possible – que l'Angleterre n'avait qu'à continuer seule sa politique honteuse, et qu'elle seule d[evai]t payer les frais de la catastrophe qu'elle a[vait] provoquée »[185].

« Vers le 1er octobre 1939, *rapporta Gazel*, divers échos m'ayant donné à penser qu'aussi bien chez les Espagnols que chez des hommes politiques français, on complotait pour amener la France à sortir de la guerre et, que pour ce faire, on cherchait à utiliser le prestige du maréchal, j'ai cru devoir attirer son attention sur ce fait. Je lui ai conseillé d'avertir le gouvernement français. [...J]'ai rédigé une lettre, sous forme personnelle, à M. Daladier, dans laquelle ce complot était dénoncé et le maréchal s'en désolidarisait. Le maréchal accepta de signer cette lettre. Quelques jours après », dans un télégramme au Quai d'Orsay « sur l'opinion générale espagnole à l'égard de la guerre, j'ai à nouveau fait allusion à ce complot, [...] "cette offensive (de paix) serait surtout dirigée sur Paris. On chercherait à exploiter la fissure que d'aucuns, ici, prétendent voir, entre l'Angleterre et la France. Un des moyens employés serait une propagande bien orchestrée sur le plan humanitaire" ». Comment « ces bruits », demanda-t-on au diplomate, « sont-ils venus à vos oreilles, et dans quel milieu on les entendait de préférence ? [...Ils] étaient vagues, *répondit-il au procès Laval*, mais suffisamment persistants pour que j'aie estimé de mon devoir de prévenir le gouvernement, et afin d'étouffer le complot dans l'œuf, de le faire dénoncer sur la signature même du maréchal »[186].

Ces initiatives auraient coûté à Gazel son poste espagnol : « J'ai tout lieu de croire que ce télégramme et quelques autres du même genre, n'ont pas été du goût des Lavalistes, des anciens Munichois et que c'est à la suite de ce télégramme, que, une quinzaine de jours ou trois semaines plus tard, étant monté à Madrid sans le maréchal, qui préférait rester à Saint-Sébastien, près de la frontière, j'ai trouvé sur mon bureau une petite lettre du maréchal, me disant qu'il me conseillait vivement, pour des questions de santé, de prendre un congé prolongé. J'ai quitté mon poste dès le lendemain », dit-il au procès Pétain, où il se posa en vaillant républicain chassé de l'ambassade de France par les conjurés pour avoir voulu se dresser contre leurs plans. Il omit de préciser que, nommé après son départ d'Espagne fin 1939 à Berne, il y demeura longtemps sous Vichy, obtint la francisque (n° 511) du « Conseil du 8 octobre 1941 » avec pour parrain unique le chef cagoulard Ménétrel et attendit le lâchage général du régime par ses hauts fonctionnaires pour s'en séparer aussi – à l'été 1943[187]. Ses révélations n'en convergent pas moins avec celles du dossier Loustaunau-Lacau de la Sûreté nationale sur le « complot » préparé par Pétain « avec Laval » et autres champions de la paix : Loustaunau-Lacau, intermédiaire attitré des deux hommes, ce que le chef cagoulard reconnut dans une déposition par ailleurs mensongère ; René de Chambrun, gendre de Laval ; Léon Bérard, homme des accords avec Franco et ambassadeur au Vatican de Vichy.

Des « petits papiers » ne cessaient de circuler sur lesquels figuraient toujours les mêmes noms de ministres du futur cabinet Pétain, notamment Laval et le sénateur de la Martinique Lémery. « Les autres étaient, en général, des non-parlementaires. Je lui ai même dit : "Comment voulez-vous constituer un cabinet dans lequel vous n'aurez que deux parlementaires sur sept ? Jamais vous ne formerez un gouvernement acceptable par le Parlement." »[188] Le ministre plénipotentiaire chargé de l'économie à l'ambassade à Madrid, Albert Lamarle, autre témoin au procès Pétain, fut aussi disert. Dans la seconde quinzaine de septembre 1939, Loustaunau-Lacau[189] adressa à Pétain au moins deux lettres (versées au procès Laval). La première, « rangée par erreur dans les documents relatifs au rayon économique », atterrit chez le diplomate. « "Quel idiot, ce Loustanau-Lacau" », commenta Pétain quand Lamarle lui restitua le courrier par lequel son officier d'État-major « lui rend[ait] compte d'une conversation avec Laval au cours de laquelle ce dernier lui a[vait] dit : "Un cabinet Pétain est indispensable pour faire face à la situation extérieure et intérieure." ». « Quelques jours après », Loustaunau-Lacau récrivit à Pétain : « J'ai vu le président Laval. Il vous propose de faire un gouvernement dans lequel [on] vous débarrassera du tout-venant. »[190] Béteille confirma les voyages de Loustaunau-Lacau à Saint-Sébastien « pour y trouver des émissaires de Pétain et continuer à entretenir avec son ancien chef une correspondance attentive »[191]. Pétain alla aussi « incognito à Paris » à plusieurs reprises, ainsi « huit jours » en janvier 1940, où, écrivit-il à son ami le général Georges le 28, « j'ai vu des amis communs et personnels et aussi des militaires », et « en mars 1940 »[192]. Entre deux fréquents séjours parisiens, sa femme le représentait, demeurant « en France » sous prétexte « qu'en Espagne l'on n'avait aucune considération pour sa personne » (son second mariage n'ayant pas été béni « par l'église catholique »[193]).

À Paris, Laval usait de la filière italienne, Guariglia et son adjoint Giobbe, qui remplaça, jusqu'à son départ du 7 juin, l'ambassadeur quand Reynaud se résolut – en mai… – à le chasser. Denise Petit, ancienne secrétaire de Giobbe de 1935 à

1940, recensa en avril 1945 devant le procureur général Pierre Bouchardon quelques entretiens sur lesquels elle aurait rédigé « depuis janvier 1939 une vingtaine » de notes ; elle les aurait « remises, en mains propres, à un membre du cabinet d'Édouard Daladier, à un officier du Deuxième Bureau de la région de Paris, à Georges Mandel, ministre des Colonies, et à Henri de Kerillis, directeur de *L'Époque* ». Le témoignage, partiellement mensonger et très prudent sur Pétain et les blanchis Lebrun et Reynaud, de cette ex-fasciste, concorde sur les mondanités lavaliennes avec les courriers contemporains. Depuis « septembre 1939, il y eut [...] une série de petites réunions à l'ambassade d'Italie, » dont un déjeuner, le 14 novembre, avec « le prince et la princesse de Beauvau-Craon ». Giobbe, « depuis un certain temps déjà », n'avait à la bouche que « le nom du maréchal Pétain, [...] seul digne et capable de sortir la France de la guerre dans laquelle elle s'était inconsidérément engagée pour les beaux yeux de l'Angleterre ». Il rapporta à sa secrétaire « que la conversation avait roulé sur les thèmes suivants : comment faire sortir la France de la guerre ? Comment la détacher de l'Angleterre ? Comment lui donner un gouvernement conscient de ses véritables intérêts ? Les noms de Pétain et de Laval furent prononcés à ce propos. [...] Il y eut d'autres déjeuners, auxquels assistèrent le gendre et la fille de Laval. Ce dernier s'étant plaint d'être tenu à l'écart, l'ambassadeur d'Italie lui fit savoir, par Giobbe » que « Laval [...] voyait presque tous les jours [...], que c'était à dessein qu'il le laissait dans l'ombre afin de ne pas le compromettre. Et afin de lui prouver la persistance de ses bons sentiments à son égard, [...] il invita le comte et la comtesse de Chambrun, à plusieurs reprises, à des déjeuners ou à des dîners en petit comité »[194]. Laval appuya « sa campagne au Sénat, d'abord contre Daladier, puis, plus tard, contre Reynaud », sur la grande presse *gleichshaltée* (Werth). Inter-France, depuis « septembre 1939, [...] aussi bien dans ses articles que dans ses "lettres informatives", envoyées personnellement à des notabilités politiques et à des directeurs de journaux, continua une campagne très nette contre certains membres du gouvernement, Mandel et Reynaud en particulier »[195].

Le vieux complice de Laval, François Piétri, « grand ami » de Lequerica[196] et futur ambassadeur à Madrid (nomination de septembre 1940) « conditionnée par son poste d'actionnaire et administrateur [à...] l'Asturienne des Mines »[197], l'accompagna dans toutes les intrigues. L'échantillon (octobre-novembre 1939, janvier-février, une fiche de mai 1940) classé dans un des dossiers RG (d'ordinaire très épurés) de l'inspecteur des Finances synarque et ministre motiva le « mandat d'arrêt » pris contre lui par le « juge militaire Stehle en date du 20 octobre 1944 pour trahison »[198]. Unique et limité, ce fragment révèle la puissance de la pieuvre affairée à la défaite et au coup de force.

L'« action » des « trois ambassadeurs » auxiliaires de Berlin Guariglia, Lequerica et Hyott « se manifeste particulièrement », rapportèrent les RG en octobre, « au cours des nombreux déjeuners et dîners et réunions mondaines où [ils] rencontrent assez régulièrement les personnalités politiques françaises dont l'opposition à la politique de M. Daladier n'est un secret pour personne. On cite les noms de MM. Pierre Laval, François Piétri, Léon Bailby, Jean Goy, Horace de Carbuccia, Lémery et Bérenger, comme étant les principaux tenants de la politique de paix immédiate préconisée par les puissances de l'Axe et leurs représentants officiels et officieux et France »[199]. « Les « "défaitistes" du clan Flandin » faisaient partie du lot[200] et François Piétri s'affichait alors à la Chambre. « Il était sorti de la salle des séances de la Commission des affaires étrangères, qui avait entendu M. Daladier en séance secrète, en manifestant une vive inquiétude et en disant à haute voix : "Il faut faire la paix immédiatement et à tout prix." »[201] Piétri jouissait, comme tous ses pareils, d'une licence que seconda la maîtresse de Daladier, mêlée à toutes les intrigues « pacifistes » de l'avant-défaite : Lequerica se fit inviter le 21 novembre 1939 « à un thé chez [...] la marquise de Brion pour y rencontrer la marquise de Crussol » ; l'entretien eut lieu « immédiatement » après « une longue conversation à l'ambassade [d'Espagne] avec M. François Piétri »[202].

Berlin agissait à Paris aussi librement, par des voies diverses. Toujours « financée par l'Allemagne, en liaison étroite avec le Service allemand de renseignements de presse, *Eildienst* », *Prima-Presse*, également surveillée par le renseignement policier et militaire français, poursuivit pendant la drôle de guerre ses activités[203]. Dérisoires assurément, comme celles de Radio-Stuttgart, selon Jean-Louis Crémieux-Brilhac, qui ridiculise « le mythe de la Cinquième Colonne » et « de Ferdonnet » et affirme que « les espions allemands se réduisent à quelques unités traquées efficacement par le Deuxième Bureau »[204]. L'ambassade d'Allemagne disposait cependant de bien d'autres instruments que le pantin de Radio-Stuttgart.

« Une consigne générale a été passée par les agents occultes nazis à Paris, pour qu'un certain nombre de députés, choisis principalement dans les groupes dits nationaux, prennent la parole lors de la prochaine réunion de la Chambre », notèrent les RG le 12 novembre. « Ils espèrent [...] que ces parlementaires déjà "travaillés" directement ou indirectement par les émissaires de M. Göbbels pourront les servir en utilisant la tribune de la Chambre et par la suite le *Journal Officiel* et les organes de presse qui reproduisent habituellement les débats. Ils pensent avoir trouvé ainsi un mode idéal et particulièrement efficace de diffusion des mots d'ordre et des slogans hitlériens. [...C]es agents espèrent beaucoup dans une interpellation de M. P.E. Flandin [qui...] aurait reçu [...] l'assurance qu'il serait appuyé dans sa manœuvre par des députés de tous les partis, parmi lesquels [...] MM. Malvy, Lamoureux, Montigny et Piétri à droite et MM. Paul Faure, [Jean] Castagnez et [René] Brunet, à gauche. » « M.G.B. [Georges Bonnet], Pierre Laval et Piétri » étaient les plus notoires des « néo-défaitistes » aux « moyens d'action » mal connus mais considérables[205]. Bonnet agit alors comme naguère, au point d'obtenir le 1er août 1940 du délégué de Ribbentrop auprès du *Militärbefehlshaber in Frankreich*, Rudolf Schleier, ancien délégué du NSDAP en mission permanente en France de 1933 à 1938, un entretien de « deux heures » : l'ancien ministre fit, avant de « souligner son inclination personnelle pour la collaboration future [,...] une énumération des services qu'il avait rendus, conforme aux faits connus », admit[206] le futur adjoint d'Abetz.

À droite trônait aussi Monzie, que Marie-Claire Poupière, liée à Loustaunau-Lacau « pendant la guerre 1939-1940 », présenta, avec « des précisions que l'on n'invente pas » (selon les services), comme celui ou un de ceux qui « qui a[vaient] touché la plus forte somme […] de la grosse somme versée par les Allemands à ceux qui les avaient aidés »[207]. Pertinax fit de Monzie sa bête noire, avec Jean Mistler et Henry Bérenger, présidents respectifs de la Commission des affaires étrangères de la Chambre et du Sénat, « et quelques autres commissaires », Gaston Bergery, Ludovic-Oscar Frossard, Marcel Déat, Adrien Marquet, etc.[208] Jean Ybarnégaray et Paul Faure faisaient « campagne contre Daladier en » invoquant « le désir de paix […] de leurs mandants »[209]. Prenaient le thé chez Mme Jean Brunhes « André Germain (beau-frère du baron Brincard) » (président du Crédit lyonnais) et « le sénateur [Jean] Fabry […] entièrement acquis à MM. Piétri, Chiappe et de Carbuccia » (et Laval), « fidèle […] exécut[ant de leurs] instructions » : « Les propos [tenus] dans le privé » par Fabry démentaient son « attitude officielle » patriotique[210]. « La collusion existante entre certains "modérés" [ayant pour] porte-parole […] M. Pierre Laval et les socialistes pacifico-défaitistes […] group[és] autour de Paul Faure » était de notoriété publique, au point qu'« on parl[ait] » à la Chambre en novembre 1939 « d'une coalition Laval-Flandin-Piétri-Paul Faure »[211].

À la fin de l'année s'entendaient à la Chambre des Députés des discours sur « le parti de la guerre britannique » et « la juiverie internationale » que Flandin réservait auparavant aux agents de l'ambassade d'Allemagne[212]. « Le samedi 23 décembre, M. François Piétri, député de la Corse, parlait devant quelques parlementaires et journalistes dans le salon des Quatre Colonnes […] de la propagande défaitiste [qui…] se faisait en ce moment dans certains salons parisiens, une propagande qui n'était pas maladroite du tout qui tendait à accréditer que la France se battait pour le capitalisme juif et anglais. Il ajoutait qu'il y avait beaucoup de vrai dans ces allégations. M. Alfred Mallet [créature de Piétri et Laval], de *L'Intransigeant*, qui se trouvait au nombre de ses auditeurs, lui répondit alors : "C'est ce que je n'ai cessé de dire. C'est pourquoi il faut que ce gouvernement soit remanié car la guerre est mal conduite." »[213] La clique antisémite dirigée par Darquier de Pellepoix se répandait en tous lieux, appelant à négocier la paix et dénonçant les juifs fauteurs de guerre : le 27 février, « au café Weber, rue Royale en compagnie de plusieurs personnes, [Darquier] s'est fait remarquer une fois de plus par la violence de ses propos antisémites. Il déclarait que jusqu'ici la guerre n'était qu'une plaisanterie mais que l'on devait reconnaître que dans ce domaine c'était encore Hitler qui s'était révélé comme étant le plus fort de tous [et…] qu'on avait bien l'impression que nous nous battions pour les juifs du monde entier. "Ces juifs […] qui nous ont déjà fait assez de mal et pour qui on nous envoie à la boucherie pendant qu'ils sont eux embusqués ou qu'ils continuent à faire des affaires sur notre dos." »[214].

Cette « campagne de défaitisme » – concomitante du déchaînement public contre le PCF interdit pour pacifisme et haute trahison – s'alimenta des contacts quotidiens entre diplomates de l'Axe et « milieux mondains et parlementaires français »[215]. La France entrait ainsi dans l'ère de transition entre les réceptions pour Abetz et Ribbentrop d'avant l'été 1939 et pour « nos charmants vainqueurs »[216] d'après défaite. L'échantillon Piétri mentionne les marquises de Brion et de Crussol et les comtesses de Castellane et de Ségur et s'appesantit sur la comtesse de Montgomery et Mme Jean Brunhes. La première, hitlérienne notoire, se fit dans les salons « la propagandiste [permanente] d'une paix immédiate dans l'établissement de laquelle l'Italie jouerait un rôle prépondérant, en échange de quelques cessions coloniales qui devraient être accordées par la France ». Elle donnait, comme toutes ces élégantes en mal de paix puis d'armistice, dans le genre humanitaire. Elle s'écria « chez des amis », en février 1940, « après avoir déploré la perte de tant de vies humaines [...] : "Pourquoi attendre la fin du conflit pour organiser l'Europe ?" »[217]. Mme Jean Brunhes, intime de Monzie, liée à la marquise de Crussol, sa « voisine »[218], l'était aussi à un « clan "d'affairistes" » (que l'Occupation déchaînerait) de synarques maçonniques radicaux : Mmes Jeanne Canudo, Suzanne Domage, Émile Roche, Gaston Riou, André Braibant, etc. Son « salon politique »[219] accueillit pendant des mois « différentes personnalités connues pour appartenir au clan des pacifistes », du thé au dîner. Maîtresse jalouse et irascible d'Albert-Buisson[220], elle rencontrait aussi ailleurs que chez elle les amis du grand banquier « à [s]a demande expresse », tels les Piétri[221].

Les tractations s'intensifièrent fin 1939 et plus encore dans la phase préalable à l'éviction de Daladier. Lequerica passa le réveillon de Noël « à Armainvilliers dans la propriété du baron de Rothschild où il [vit...] le financier André Germain et le comte Gabriel de la Rochefoucauld », puis entra dans un tourbillon. Les RG rendirent compte à la mi-février des « progrès de la campagne souterraine menée activement par [lui] et plusieurs de ses "correspondants français" pour miner le cabinet actuel et amener le président du Conseil à laisser la place à une équipe ministérielle qui "ferait la paix" en accord avec l'Italie et l'Espagne » : ils recensèrent « les entrevues Guariglia-Lequerica et Laval-Lequerica, 122, avenue des Champs-Élysées, le 31 janvier dernier, entrevues suivies d'un dîner Lequerica, G. Bonnet, comtesse de Montgomery au Ritz, le même soir. – Le déjeuner à l'ambassade d'Espagne du 4 février dernier où se trouvaient réunis M. et Mme Pierre Laval, Mme de Chambrun, M. Jean de Castellane, le marquis de Noailles, [le nonce] Mgr Valerio Valeri, M. Guimier, M. Gaboriaux, M. Pierre Héricourt, de l'Action française » – pilier du camp franquiste français en Espagne, qui y gagnerait le poste de consul général de Vichy à Barcelone[222] –, « le ministre d'Égypte, etc. – Le déjeuner » du 10 février « chez le comte Jean de Castellane, 1, place du Palais-Bourbon », avec M. et Mme Pierre Laval et François Piétri. « – Le déjeuner » Lequerica-François Piétri du 12 février « chez la comtesse de Ségur au château de Mercy-sur-Oise ». Lequerica, « avec ses intimes [...] très loquace, se montre très satisfait du résultat de ses multiples tractations et aurait affirmé récemment que "moins visible, moins compromettant et plus avisé que son collègue italien, il avait espoir de rétablir enfin, en France, une situation politique quelque peu compromise par la guerre" »[223].

Les classements d'archives seuls interrompent les activités de François Piétri, qui « continu[ait] » en mai 1940, à quelques jours de l'assaut du Reich, « à défrayer la chronique par [son] cynisme verbal [...], en préconisant "des conversations directes avec les Allemands" ». Ses « très gros besoins d'argent » l'avaient au surplus mis « à la disposition, moyennant finances, d'un certain nombre de personnages suspects – Allemands pour la plupart – pour faciliter, soit leur libération, soit leur mise en règle »[224]. Tous les Allemands n'avaient en effet pas quitté le territoire, tel l'intime des « époux Peugeot » Karl Schaefer : « Pour prévenir [l]es difficultés pécuniaires » de son ami, « M. Peugeot mobilisé comme officier et Mme Peugeot étant partie en province, laissèrent à sa disposition leur appartement ». Début mars 1940, « en l'absence de son mari, Mme Peugeot effectu[ait] de nombreux séjours dans la capitale et [...] fréquent[ait] en compagnie de Schaefer les lieux de plaisir et les restaurants à la mode »[225].

Même ceux qui ne faisaient pas partie du « clan » (*leitmotiv* de cette série des RG) étaient contaminés par l'épidémie capitularde. À l'automne 1939, « un vent de fronde souffla [...] contre le gouvernement » et « certains députés » pressèrent Daladier de sévir « immédiatement et rigoureusement contre certains "défaitistes" du clan Flandin, Piétri, Bérenger » pour ne pas « être renversé par leurs intrigues lors du vote du premier comité secret de la Chambre »[226]. Bref sursaut, la peste fauriste ayant infecté toute la SFIO, la principale cible de la Cagoule comprise : le 16 janvier 1940, « parlant dans les couloirs de la Chambre » pendant le débat « sur la déchéance des élus communistes, M. Dormoy disait que tout cela n'était que comédie. "On parle [...] de propagande et de trahison. Mais où commence et où finit la trahison quand on exprime la pensée ? La guerre ? Ou, pour qui, pour quoi ? La paix même honteuse vaudrait peut-être mieux." Il approuvait M. Daladier d'avoir envisagé une conversation à deux avec Hitler pour trouver un terrain de conciliation »[227].

La cohorte « pacifiste » fut encouragée par la mission en « Italie, France, Allemagne et Grande-Bretagne » du sous-secrétaire d'État américain Sumner Welles. Annoncée début février 1940[228], elle eut lieu fin février à Rome, début mars à Berlin, du 7 au 9 à Paris, du 11 au 14 à Londres (où il revit Reynaud), puis à nouveau à Paris, le 14, et à Rome, du 16 au 19. Italophile et germanophile, Welles afficha une complaisance pour le Reich que n'abolirait pas l'entrée en guerre des États-Unis en décembre 1941[229]. Le président de la République et les présidents du Conseils en sursis (Daladier) et imminent (Reynaud) montrèrent en sa présence un pacifisme tranchant avec leur agressivité antisoviétique et anticommuniste *simultanée* et rendant inutiles les témoignages *a posteriori* et antagoniques sur leur état d'esprit.

L'homme du Comité des Forges, Lebrun, reçut Welles le 7 mars à l'Élysée pour s'épancher sur « les soixante ans de sa vie » et ses tragiques souvenirs de jeunesse dans sa chère Lorraine occupée par « des officiers et des soldats allemands ». L'Américain approuva sa conclusion larmoyante : tant d'« hommes d'État français », alors que « la plus ancienne génération de Français vivants avait vu trois guerres impliquant la France », étaient convaincus que celle-ci « avait un besoin vital de s'assurer qu'au moins une génération de Français pût naître en ayant droit à une durée normale de vie et mourir sans avoir vu leur pays engagé dans une guerre d'agression allemande ».

Daladier, que Welles vit aussitôt après rue Saint-Dominique, troqua ses effets de manche publics de janvier 1939 sur les menaces vouées à l'échec de l'Italie contre le sacro-saint empire français pour une philippique contre la politique « irréaliste » conduite « de 1935 à 1938 » par la France et la Grande-Bretagne

« jet[ant] l'Italie dans les bras de l'Allemagne ». Pour sa part, « il était entièrement d'accord pour concéder à Mussolini le port de Djibouti, le chemin de fer français en Abyssinie et une représentation équitable dans le canal de Suez » (la Compagnie) ; « il n'avait pas davantage d'objection contre l'octroi à l'Italie des droits qu'elle avait demandés pour ses nationaux en Tunisie ». Il réaffirma cette bienveillance coloniale au dîner, en présence de « MM. Chautemps et Bonnet », qui y apportèrent un « soutien ouvert », « Léger, Champetier de Ribes et Coulondre ». Devant Welles seul, il affecta de soutenir la résurrection des morts, mais coupés en tronçons : il ambitionnait « la restauration d'une Pologne indépendante » en en retranchant Dantzig, « clairement ville allemande », et « la Pologne occidentale [,...] si elle préférait s'unir au Reich ; il rêvait de « l'indépendance du peuple tchèque », qu'on séparerait définitivement des « Allemands des Sudètes ». Welles appréciant l'Anschluss, si préférable à « la sorte de semi-inanition que [...] le peuple autrichien [...] avait subie dans les vingt ans suivant 1919 », Daladier l'approuva : il ne s'opposerait pas à ce qu'il fût confirmé par « un plébiscite honnête [et...] vraiment impartial ». Le reste attesta une obstination au compromis intacte : « Quoi qu'il pût dire en public, il ne refuserait pas de traiter avec le régime allemand actuel à la condition fondamentale et essentielle », mais vague, « que la France obtînt ainsi une vraie sécurité pratique et physique ». Tout le reste de l'entretien fut de la même farine, entre flatteries envers Roosevelt et glose sur « l'aviation » (laquelle ?), qui « était le nœud du problème »[230].

Le 9 mars, Reynaud fut plus servile encore envers les États-Unis, qui seuls sauveraient la France par leurs armements. Il joua d'abord au « dur », qui eût souhaité « déclarer la guerre à l'Allemagne pour sauver la Tchécoslovaquie », puis avoua que « l'erreur cardinale » de Munich le tracassait peu : « C'était de l'histoire passée. » Sûr de prendre bientôt la place de son rival, il ne changerait pas de politique, et la présenta d'ailleurs au mot près dans les termes dérisoires que Daladier avait lui-même empruntés à l'arsenal de Chamberlain dans son entretien avec Hitler du 30 septembre 1938. « Ses sentiments bien connus sur le sujet et sur les relations franco-allemandes lui facilitaient la poursuite d'une politique objective. » Favorable à « un plan pratique, sur la base d'une force aérienne internationale ayant pouvoir de police et de l'abolition de toutes les catégories d'armement, il soutiendrait une telle négociation, car il la croyait infiniment plus favorable aux intérêts du peuple français que la poursuite de la guerre actuelle, avec la catastrophe et la ruine économiques et sociales qui en résulteraient, sans parler des morts et des atteintes à la propriété, inévitables ». Cette variation antibolchevique sur la « civilisation » renouait avec les mondanités pré-munichoises.

Le 14 mars, s'enquérant auprès de Welles, retour de Londres, de « l'attitude du gouvernement britannique à l'égard d'une possibilité de paix », Reynaud insista sur « le grand problème de l'heure [,...] la sécurité et le désarmement ». Ce qu'il dit ensuite de Churchill, venu le voir à minuit l'avant-veille et « totalement intransigeant », le pose en complice du camp de la « paix » : « L'esprit de cet homme intelligent et très agréable avait perdu de sa souplesse » ; Churchill « ne pouvait concevoir d'autre possibilité que la guerre jusqu'au bout –

que cela aboutît ou non au chaos et à la destruction totale. Assurément ce n'était à son avis pas digne d'un véritable homme d'État ». Revendiquant pour sa part « l'audace d'un homme d'État [, il...] répéta deux fois sa conviction qu'il ne faudrait pas écarter la possibilité d'une négociation sur la base de la sécurité et du désarmement »[231].

C'est donc sur cette base de « négociation » avec le Reich, solide sous les pas des conjurés dont Pétain vint revoir la section parisienne en mars[232], que l'« homme d'État » présumé obtint d'eux la présidence du Conseil qui leur ménagea la transition. Les manœuvres parlementaires y afférentes furent marquées par « la montée au créneau » de Laval : il intervint « en séance secrète du Sénat, le 14 mars, [...] pour la première fois depuis cinquante mois »[233], avec une « interpellation malveillante » que Giobbe l'aurait avec sa secrétaire aidé « à rédiger [...] le 12 ou le 13 [...]. Le 28 mars, le journal *Gringoire* publiait en première page un dessin représentant le maréchal Pétain en képi, de profil, avec cette légende : "Hier, grand soldat – aujourd'hui grand ambassadeur – demain..." »[234] Entre les deux dates, Pétain se partagea, selon un courrier allemand « de source sûre » envoyé de Madrid le 19 mars, entre mensonge et quasi-aveux : il « a dit à ses intimes que vu son âge avancé il répugne à rejoindre le gouvernement français. La plus grande faute de la France, a-t-il dit, avait été d'entrer en guerre. Dans la situation actuelle du pays, quand la paix serait conclue, la désintégration de la France qui émergerait clairement alors l'exclurait de la politique européenne pour des décennies. »[235] Les historiens alliés ont écarté toute la correspondance allemande consacrée à Pétain entre ce télégramme du 19 mars et celui du 21 mai, également explicites sur l'imminence de son avènement. Mais en 1941, dans l'ivresse du succès, le chef synarque Monzie révéla que Pétain, venu le voir avec Chatain le 30 mars 1940 « au ministère des Travaux publics », lui avait déclaré : « Ils auront besoin de moi dans la deuxième quinzaine de mai. »[236]

Les « conseillers » synarcho-cagoulards s'étaient montrés fort diligents, avec en tête Du Moulin de Labarthète, principal émissaire des tractations poursuivies via l'Espagne jusqu'à la défaite. Elles n'ont pas laissé de trace dans la correspondance consultée, mais l'éminence de son rôle espagnol ressort du *Journal* de « [s]on ami » Nicolle qui fait, comme le juge Béteille, de ce durable féal de Laval un pivot de Vichy en tous domaines. Du Moulin rendit des services assez précieux pour être au « matin même » de son retour d'Espagne, le 16 juillet 1940, « nommé secrétaire général auprès du maréchal »[237]. Son efficacité dans la gestion des relations avec la puissance hégémonique du jour lui acquit la mission définitive d'antenne espagnole de Pétain. Car il fallut réactiver la filière de Madrid quand la guerre changea de cours et poussa Vichy à négocier le passage délicat entre le *Blitzkrieg* mort et la *Pax Americana* : ainsi en février 1942, où le banquier partit quinze jours en Espagne avec Mme Pétain, porteur d'« un pli très important » de Pétain pour Franco[238].

Bouthillier, « pendant toute la période avant l'armistice, servit d'agent de liaison et d'informateur au maréchal Pétain, portant ses indications aux autres membres du gouvernement, renseignant plus spécialement le maréchal sur les projets de M. Reynaud, et les velléités fugitives de résistance de ce dernier » :

interprétation très indulgente pour Reynaud d'un informateur gaulliste qui pensait en 1942 que Bouthillier avait reçu « le prix de la trahison envers le patron à qui il devait tout »[239]. Interrogé après-guerre sur Baudouin, Delbos, quasi muet, concéda son anglophobie de 1940, qui l'aurait surpris – énormité vu l'information de l'ancien ministre des Affaires étrangères (et toujours ministre – depuis le 13 septembre 1939, de l'Éducation nationale[240]) et la notoriété fasciste du banquier. Plus bavard, Louis Marin posa l'homme des marchandages coloniaux avec Mussolini en chef des tractations franco-allemandes de mars à juin 1940 : Baudouin se dévoila alors « complètement et ostensiblement [comme] un des instruments et des excitateurs les plus ardents de Pétain et de Weygand pour amener l'armistice et coopérer à la prise du pouvoir »[241].

En mars, les ligues, PSF en tête, s'impatientaient de « l'avènement d'un gouvernement à direction militaire » confié à Pétain[242], « idée [de] gouvernement militaire [...] autoritaire » que Daladier, au procès, imputa à « des hommes de la synarchie » en la datant des environs du 25 mai[243]. Chautemps intriguait avec Lebrun et continuait son « travail de sape et de mine » ininterrompu depuis 1934 avec « pour but de préparer et d'amener son propre avènement à la présidence du Conseil »[244]. Les conjurés s'exhibaient : « À un dîner offert par Inter-France, peu de temps avant l'offensive du 10 mai 1940 », auquel « assistaient également Piétri, Flandin, Louis Marin [et...] d'autres parlementaires [,...] Laval révéla devant de nombreux directeurs de journaux de province une partie importante de ses négociations avec Mussolini, au moment de l'affaire éthiopienne »[245]. La coalition, à laquelle le Vatican apportait un concours actif, vu son intérêt pour l'Axe, s'assura, selon un « blanc » des RG puisé aux « dossiers de la Sûreté nationale », les services de Mgr Suhard : « l'ancien abbé conspirateur contre la République [fut] alors l'homme choisi par le CSAR et le Vatican pour prendre la tête de l'Église en France au moment où l'Occupant impos[ait] au pays son "Ordre Nouveau" à l'aide des anciens conjurés des complots avortés de 1928 et de 1934 ».

Après sa décennie de mise en réserve « à Reims » et l'octroi de la pourpre, en novembre 1935, pour services rendus à Chiappe et aux ligues contre le Front populaire, le cardinal archevêque de Reims fut requis à l'archevêché de Paris. Il fallait pour ce faire « écarter » le chef « de l'Église de France [...], robuste septuagénaire républicain et patriote » que harcelait depuis 1935 l'Axe pour cause de soutien à la politique extérieure officielle de son pays. Son excellente santé n'arrêta pas les tueurs de la Cagoule, dont les RG ne précisent pas l'identité. « En avril 1940, le cardinal Verdier subit une intervention chirurgicale bénigne à la maison de santé des frères de Saint-Jean de Dieu, à Paris. Tout se passe bien. Deux bulletins de santé journaliers sont publiés et, le 6 avril 1940, les deux médecins traitants du patient, le Professeur Marion et le Dr Foucart, signent un bulletin de guérison et annoncent qu'aucun autre bulletin ne suivra. Quatre jours après, le prélat meurt. Ce décès étonnera tous les familiers du cardinal défunt et son neveu, Gabriel Verdier, alors commandant d'intendance, l'estime suspect. Circonstance étrange, [il] sera lui-même assassiné en pleine occupation, en 1943, ainsi que sa femme et ses enfants, par des agresseurs inconnus. Il n'avait ni fortune, ni activité politique et la presse parisienne n'essaya même pas de faire retomber ce forfait sur les habituels “communo-terroristes”. Le silence couvrit seul ce massacre. »[246]

Le forfait accompli, le Vatican annonça la promotion parisienne de Suhard via son nonce Valerio Valeri, acteur éminent des intrigues Laval-Piétri, dans une France transformée depuis novembre 1938 en sacristie. La réputation subversive de l'élu était assez établie pour susciter les « hésitations » officielles de l'Intérieur. Reynaud, qui s'était en mars octroyé aussi les Affaires étrangères, les balaya à ce titre début mai en déclarant la « récusation » impossible[247]. Deux jours avant l'assaut allemand, les RG relevèrent « les commentaires très tendancieux » suscités par le nouveau « séjour [...] à Paris [...], plus prolongé que de coutume, du maréchal Pétain ». L'ambassadeur déclarait vouloir quitter son poste à Madrid. « La Phalange, qui est entièrement sous la domination de l'Allemagne et a une influence énorme sur Franco, manifeste souvent [...] des sentiments peu favorables à l'adresse de la France, *se lamentait-il.* Je ne veux plus représenter la France dans un pays où elle est bafouée sinon officiellement, du moins dans certaines réunions où les Allemands sont vraiment choyés alors que les Français sont laissés au dernier rang de toute préséance. »[248]

Le triomphe final du vieux complot (mai-juin 1940)

La réalité de son départ définitif pour Paris nous ramène à la phase ultime du complot dont les rédacteurs des archives allemandes ont évincé les courriers d'avant juin 1940, concession probable à un État français *post Liberationem* doux à Pétain, Weygand *et alii.*

D'autres sources existent, telles les révélations d'Alibert à l'industriel stéphanois Louis Vergniaud, résumées ainsi en 1945 par Pierre Béteille : « La déclaration de guerre dérangea [l]es plans [de...] prise de pouvoir [...] de la Cagoule, [...] mais de nouveaux contacts furent pris avec l'Allemagne quelques semaines avant l'armistice, au cours desquelles les projets d'un armistice auraient été examinés en commun. »[249] L'information provenait de Jean Rist (fils de Charles), « principal collaborateur » de Vergniaud auquel son patron, choqué, avait à son retour de Paris le 20 novembre 1942 conté son entrevue parisienne avec Alibert. Le banquier, informé le 17 décembre suivant par son fils, consigna l'épisode dans son journal du lendemain. Après les préparatifs (décrits au prologue) de « coup de force » CSAR-synarques concertés « avec Hitler [...], la guerre éclate. Les conjurés continuent à compter sur Hitler. Un armistice permettra d'obtenir plus tôt le résultat cherché. On pousse à l'armistice, croyant que les conditions précédemment consenties par Hitler y seraient introduites »[250].

La France fut anéantie dès l'attaque allemande du 10 mai 1940, aussi promptement que la Pologne grâce, on le verra, aux bons soins d'Huntziger et dans des conditions que deux télégrammes du Quai d'Orsay du 16 (dont le second est signé Y.B. : Yves de Boisanger, chef de cabinet de Bouthillier ? Yves Bouthillier lui-même ?) suffiraient à imputer au sabotage de la défense nationale. « 16 mai, 1 h 30. Le général Gamelin téléphone à M. [Marcel] Clapier [chef de cabinet de Daladier à la présidence du Conseil[251]] signalant que la situation est grave, que des unités françaises ont lâché et que les forces mécaniques allemandes pénètrent profondément en France. » Il déclare au général Decamp « que des soldats sans armes refluent de partout, que la division de Lattre (14e DI) est partie, que la brèche s'ouvre, que deux divisions cuirassées allemandes s'avancent vers Laon. Les réfugiés belges sèment la panique », etc. « Le général Gamelin trouve ces événements incompréhensibles et accuse des éléments communistes de semer le trouble. La 3e division cuirassée a d'abord déclaré ne pas avoir d'essence puis avoir des pannes. Bref, les chars ne sont pas partis. L'armée va essayer de se rétablir assez près de Paris. Le gouvernement doit prendre des mesures. Il ne pourra sans doute pas continuer à agir à Paris. Il doit envisager son repli. » Le général Héring « *demande l'autorisation de tirer sur les fuyards éventuels. Cette autorisation lui est accordée. Il fera refluer les réfugiés vers l'Ouest en évitant Paris.* Mais il n'a qu'une division pour tenir Paris, il lui en faudrait deux et les gardes mobiles pris par le CEC ne lui ont pas été rendus ». Le général Decamp demande que la défense de Paris soit assurée « par les armées. [...] *On décide donc de faire passer Paris dans la zone des armées. Le général Héring recevra les directives et les moyens du général Gamelin* ».

« 16 mai, à 14 h 10, un fonctionnaire d'une ambassade de la rue de Grenelle qui n'a pas voulu donner son nom, téléphone que des ordres ont été donnés aux communistes en vue de cambrioler les armureries, de s'emparer des armes dans les dépôts pour se livrer à des attentats (voies ferrées, etc.). L'ordre aurait été donné hier soir et aurait reçu un commencement d'exécution (renseignement téléphoné aussitôt au gouverneur militaire de Paris) » (télégramme signé « Y.B. »)[252]. Le bobard sur la haute trahison bolchevique fut aussitôt diffusé en chœur par l'équipe Reynaud-Baudouin-Bouthillier. Reynaud en personne gratifia Bullitt de contes à dormir debout sur « les cheminots de Belgique [...] en grève [qui] refusaient le transport des troupes françaises » et sur « les ouvriers communistes des usines Renault de la banlieue de Paris » qui bloquaient les tanks français : le très antibolchevique ambassadeur américain les apprécia beaucoup, croyant bon d'expliquer ainsi les catastrophes belge et française[253]. Le factieux Weygand, rappelé le 17 mai de Syrie par Reynaud pour remplacer Gamelin, s'en ferait le champion sonore pendant un mois (et au-delà), y ajoutant maintes variations[254].

Les dirigeants civils et militaires français avaient mijoté l'affaire comme leurs homologues belges, roi en tête, dont la capitulation-trahison officielle du 28 mai fournit des boucs émissaires aussi utiles à Londres qu'à Paris[255]. Le délai entre cette catastrophe militaire immédiate et la capitulation finale a fait couler une encre à ce jour inépuisable sur les causes de « la chute de la France » : chamailleries franco-anglaises, déchirements franco-français, « trahison de la Belgique », « carence dramatique des services de renseignements » français, transformation des chefs militaires en fous ou zombies, tel le général Blanchard « au château d'Attiches » décrit par Marc Bloch : « Sans un mot, presque sans un geste, figé dans une immobilité tragique, il contemplait fixement la carte, étalée sur la table qui nous séparait, comme pour y chercher la décision qui le fuyait », etc. L'historien traça une autre voie dès 1940 – celle de la trahison, qu'il choisirait en avril 1944 – en citant les propos entendus avec stupeur derrière une porte, dans la nuit du 25 au 26 mai, qui lui « donn[èrent] le frisson » : le même général, commandant la Ire armée, disait à « quelque visiteur [...] de haut grade [...], avec plus de sang-froid que je ne l'eusse cru possible : "Je vois très bien une double capitulation." »[256].

Si les chars avaient été bloqués et le combat esquivé, les rouges n'y avaient aucune part, à la différence des négociations avec l'Axe Rome-Berlin-Madrid. « Aussitôt nommé » archevêque de Paris – le 11 ou le 12 mai 1940 selon les sources –, « Mgr Suhard ne prend point immédiatement possession de son poste. Il quitte Reims le 15 mai, fait une brève visite à M. Paul Reynaud, alors président du Conseil, et se rend en Espagne prier pour la paix à Saragosse, devant la Vierge de Notre-Dame de Pilar. Toutefois, le 21 mai, l'ancien abbé est à Madrid, où il a, avec le ministre de l'Intérieur espagnol, dont les sentiments hostiles à notre pays sont si connus, M. Serrano-Suñer, un entretien de 37 minutes. On aimerait connaître le procès-verbal de cette conversation insolite, en pleine guerre, avec un ennemi avoué de la France. Le 23 mai, il est de retour à Paris et intronisé à Notre-Dame le 25 mai »[257]. « L'archevêque de Paris cardinal Suhard » avait assez servi pour qu'Abetz, réinstallé fin juin 1940 à Paris par la défaite française, en fît un de ses quatre « Français dignes de foi », dont deux notoires – Bonnet et Brinon[258].

La correspondance allemande publiée, reprise après deux mois d'abandon à partir du 21 mai, maintient des lacunes avérées énormes, telle la non-publication d'un rapport Stohrer de ce jour-là « sur l'ambassade de Pétain et son attitude à l'égard de la situation actuelle » ; mais elle confirme des tractations fébriles. À sa visite d'adieu au ministre de l'Air espagnol, le général Juan Yaguë, un des innombrables agents hitlériens du franquisme, Pétain dégoisa sur Paul Reynaud – qui venait de le nommer, le 18, vice-président du Conseil – et son cabinet : « Les autorités provinciales étaient des pions du Front populaire, et Reynaud donnait aussi peu satisfaction que son prédécesseur. »[259] Le 22 mai, Serrano-Suñer lut à Stohrer le télégramme tout juste reçu de Lequerica : « Le ministre français Ybarnégaray veut rendre visite au généralissime de la part du gouvernement français pour discuter de la question de la Méditerranée, puisque l'Espagne est le seul canal idoine par lequel établir contact entre la France et l'Italie. Il est porteur d'une proposition sur la libération des mers latines qui signifierait la disparition des servitudes de Gibraltar et Suez, puisque l'Angleterre n'a pas besoin de la Méditerranée pour ses communications compte tenu de la route autour du Cap. Sur la base de cette liberté, une paix durable pourrait être restaurée en Europe. » L'émissaire de Pétain proposait de voyager par avion et sollicitait des détails sur sa réception. Madrid avait refusé son offre en invoquant « la neutralité espagnole aux yeux du monde », mais attendait l'avis allemand pour prendre position[260].

Les militaires n'étaient pas en reste, comme Rist l'avait confié à son journal le 18 décembre 1942 juste après avoir appris de son fils les confidences d'Alibert à Vergniaud. « Il y a pis encore. Il semble bien que si l'armée de Sedan a lâché le 10 mai, c'est parce que son chef Huntziger [à la tête de la IIe armée[261]] faisait partie du complot. Et alors on s'explique le cri général des militaires après les premières défaites : "C'est la faute des instituteurs communistes !" Toujours l'alibi. »[262] À la variation sur les soldats rouges d'Héring et Boisanger du 16 mai 1940 succéda le 18 celle de Gamelin, limogé la veille, fiasco consommé. Il imputa à la troupe le gâchis auquel il avait contribué depuis cinq ans : « Le soldat français, le citoyen d'hier, ne croyait pas à la guerre. Sa curiosité ne dépassait pas souvent le cadre de son usine, de son bureau ou de son champ. Porté à critiquer sans cesse tous ceux qui détiennent une parcelle d'autorité, incité, sous prétexte de civilisation, à jouir d'une vie quotidienne facile, le mobilisé d'aujourd'hui n'avait pas reçu, durant les années d'entre-deux-guerres, l'éducation morale et patriotique qui l'aurait préparé au drame dans lequel allaient se jouer les destinées du pays. Si, chez beaucoup, le vieil instinct national s'est réveillé, cela n'a pas suffi. Les regrettables actes de pillage dont, en de nombreux points du front, se sont rendues coupables nos troupes, sont la preuve manifeste du laisser-aller et de cette indiscipline. [...] D'ensemble, au combat comme en paix, nos cadres de carrière ont fait leur devoir. »[263]

Une « note [de 1945] sur l'armistice et les responsabilités encourues par Pétain et Laval » éclaire les activités, non de la tourbe populaire, mais de l'État-major, presque dans les termes de Charles Rist. « Certains croient pouvoir reconstituer ainsi les faits : vers le 20 mai, Weygand et Pétain en personne rencontrent au château de Ferrières, dans la Meuse, des parlementaires allemands qui ont franchi les lignes sous le couvert du drapeau blanc. [...I]l est convenu que le gouvernement français va demander immédiatement l'armistice. L'armée française se repliera en bon ordre et avec honneur. Ce plan échoua, car Pétain ne put rallier Mandel et les "durs" du cabinet » qui « repouss[èr]ent les arguments défaitistes du maréchal et décid[èr]ent de poursuivre le combat malgré les premiers revers. Les Allemands ripost[èr]ent en continuant la guerre à outrance. La suite est assez bien connue. [...V]ers le 20 mai un certain nombre de généraux donnèrent des ordres de repli que ne justifiait pas réellement la situation. Tel le général Besson, qui aurait participé dit-on à l'entrevue de Ferrières. Mais il y a mieux. L'accusation portée sur le moment par Paul Reynaud, alors mal informé, contre le général Corap ne tient pas. Celui-ci était en Belgique avec l'aile marchante de l'armée. Le secteur Sedan-Mézières était tenu par le général Huntziger. L'armée Huntziger comprenait deux corps d'armée. L'un, établi à droite de la Meuse dans la région Montmédy-Stenay, était commandé par un vieux général, X [...]. Le deuxième corps d'armée, celui du général Y [...] tenait la rive gauche ».

D'après « un député français, alors officier de l'État-major du général X : "le 20 mai, à deux heures du matin, le général X réunit ses officiers et leur dit : "Nous tenons. Nous n'avons pas cédé un pouce de terrain. Mais les Allemands ont percé à côté de nous. Le front est rompu, nous pouvons le retourner. Changez immédiatement le dispositif du corps d'armée. Je vous donne quatre heures pour faire face non plus au Nord mais au Nord-Ouest". Pendant deux ou trois jours il ne se passe rien de notable. Mais le général X fut limogé par Huntziger et remplacé par le général [Paul-André] Doyen. Nous n'y comprenions rien. On limogeait le seul chef qui avait tenu ! Au contraire dans le secteur voisin, c'était la retraite précipitée. Nous nous étions d'ailleurs étonnés de voir que pendant toute la drôle de guerre on n'avait rien fait pour mettre le secteur Y en état de défense. Au contraire, dans notre secteur, celui du général X, on avait prolongé la Ligne Maginot, etc.

Après le 20 mai nous restâmes sans nouvelles de Huntziger. Nous supposions qu'il avait quitté ses troupes, que peut-être il avait été l'objet d'une sanction. Aussi bien, derrière Huntziger, il n'y avait rien, les Allemands pouvaient passer comme ils voulaient. Huntziger avait dans son État-major l'écrivain Henri Massis, qui par la suite fut un des conseillers de Pétain à Vichy. Il était considéré comme un grand homme par les éléments cagoulards. On a beaucoup remarqué qu'il fut désigné par Pétain pour aller signer l'armistice à Rethondes, puis devint ministre de la Défense nationale à Vichy." Huntziger fut mis en cause une seule fois dans la presse, par *L'Œuvre* le 10 décembre 1940, sous le titre : "À Sedan-Mézières ce n'était pas Corap, c'était Huntziger" », accusation maintenue le 12 décembre « dans un filet de première page ». Le lendemain 13 décembre, le gouvernement de Vichy « faisait donner l'ordre par le général de La Laurencie au préfet de police Langeron d'arrêter Déat, directeur de *L'Œuvre*. Il y a là une coïncidence singulière. On disait couramment à Vichy que Déat avait exercé un chantage sur Pétain avec cette affaire Huntziger. Si le général Gamelin a gardé le silence au procès de Riom, ses anciens collaborateurs prennent volontiers sa défense. C'est ainsi qu'un de ses officiers d'État-major, le colonel Petibon, aujourd'hui général en retraite, affirme que les plans de Gamelin pour la défense du territoire après la percée de Sedan étaient impeccables. La preuve, c'est que Weygand reprit point par point les instructions de son prédécesseur. Il est permis de supposer qu'en sacrifiant Gamelin pour amener Weygand à la tête de l'armée, les conjurés voulaient avoir leur homme en place, en vue de cuisiner l'armistice combiné à Ferrières »[264]. Pétain clamait début juin être « dégoûté des incertitudes du gouvernement. En fait d'incertitude, il était parfaitement renseigné par le général Colson ». Du chef d'État-major de l'armée, expert en contacts secrets avec les Allemands (comme en septembre 1938), il ferait son « ministre de la Guerre, quelques jours plus tard »[265].

Le prétendu anglophile Reynaud, signataire (le 28 mars) d'une alliance de comédie avec Londres, n'était pas « mal informé » non plus quand il promut les conjurés en place ou en nomma les derniers lots : le 10 mai, Ybarnégaray, complice habituel de Lequerica directement engagé dans des tractations espagnoles contre l'Angleterre et son Empire, et le résistant *a posteriori* Louis Marin ; le 18 mai, les deux chefs de la Cagoule militaire : à la vice-présidence du Conseil Pétain et Weygand – le « patriote » de Julian Jackson, n'aimant guère « les gouvernements de gauche » mais ni « politiquement ambitieux » ni « factieux » ni « comploteur » – à la place de Gamelin, succession annoncée à l'Axe par les cagoulards militaires depuis la *mi-janvier 1940* au plus tard[266]. Le 5 juin, le magnat de la presse Jean Prouvost, un des chefs d'orchestre de la propagande destinée à détruire « tout l'édifice de nos alliances et de nos amitiés » (Marc Bloch), devint ministre à l'Information ; Bouthillier gagna ses galons de ministre des Finances et Baudouin, grand négociateur de Reynaud (après avoir été celui de Daladier) avec l'Axe, via l'Italie, ceux de quasi-ministre officiel des Affaires étrangères (sous-secrétaire d'État). Aux côtés de ces chevaux de Troie, l'alouette de Gaulle fut le même jour supposée incarner l'ardeur au combat, comme sous-secrétaire d'État à la Défense nationale[267].

Entre-temps, l'affaire s'emballa, comme l'attestent les courriers allemands que les historiens alliés ont brusquement fait ressurgir au tournant de mai, après un trou noir depuis le 19 mars. Ils confirment, comme les archives italiennes, la filière madrilène des tractations. Dans une énième « longue conversation avec » Lequerica, le 3 juin, Pétain lui « dit qu'un coup d'État serait nécessaire s'il voulait prendre le pouvoir [...], mais que c'était une question grave en France. Le président de la République n'était qu'un "laquais des partis politiques" qui ne ferait rien si lui [Pétain] *(sic)* en exigeait le transfert de ses pouvoirs. [Ses amis et lui] doivent donc attendre. Il était désolé de n'être pas rentré à Paris il y a un mois ; il aurait pu alors empêcher la catastrophe en Belgique ». Le « laquais » présumé de la République Lebrun fut aisément fléchi par la coalition antirépublicaine. Le 5, Stohrer reçut de son agent Yagüe « le rapport suivant de Paris, [...] de très bonne source : si la prochaine offensive allemande est victorieuse, et que l'armée allemande arrive près de Paris, le président Lebrun démissionnera en faveur du maréchal Pétain. Le maréchal Pétain dira au peuple français en compagnie de Weygand que la catastrophe militaire est due à la politique du Front populaire et qu'une paix séparée avec l'Allemagne est essentielle ». Le 10, Weygand, appuyé par Pétain, déclara devant le Conseil de Guerre « que la bataille autour de Paris était perdue et qu'une paix séparée » s'imposait[268].

Reynaud acheva sa carrière républicaine sur autant de mensonges que Daladier, entre Tours et Bordeaux, dernier « lieu de rassemblement des parlementaires pressés de conclure l'armistice » choisi pour les services qu'y rendrait son député-maire Adrien Marquet à Laval et à ses gens[269]. Le président du Conseil laissa au club des synarques et des cagoulards la bride sur le cou, son ami Baudouin en tête. Louis Marin précisa après coup le rôle crucial du chef de la Banque d'Indochine, « en complet accord avec Pétain et Weygand comme avec Bouthillier et Prouvost », dans la mise au point depuis mai des offres à l'Axe et le projet d'armistice. Son témoignage, accablant et précis, coïncide avec celui de Lequerica, qui refit au soir du 12 mai 1941 dans « un entretien de plus de deux heures avec les ambassadeurs et ministres d'Espagne, de Roumanie et de Bulgarie » et Pierre Nicolle, « tout l'historique [...] de l'armistice du 22 juin » : le récit du fasciste espagnol est aussi féroce sur les œuvres de Pomaret, Lebrun, Alibert, Laval et Marquet[270]. Dans deux lettres « à sa femme » d'après victoire, Eugène Deloncle « exprim[a] sa satisfaction "de voir l'effondrement de la République" [et] précis[a...] que son rôle dans la coulisse a[vait] été important »[271].

Avant de céder définitivement, le 16 juin, la place aux conjurés, comme Madrid, Rome et Berlin l'attendaient, en optant pour l'armistice qui faisait trépigner une Mme de Portes déchaînée et vulgaire[272], Reynaud dissimula beaucoup. Franquistes et Allemands le présentèrent comme « hésit[ant] » le 15 juin à Bordeaux, entre deux camps : Pétain et Weygand, partisans de « la cessation immédiate des hostilités », et le bloc « Mandel, Campinchi, Monnet et autres socialistes de gauche [...] soutenus par l'Angleterre [,...] qui accus[ai]ent les amis de la paix de renverser le régime démocratique et républicain [...et] prôn[ai]ent la poursuite de la lutte à tout prix, si nécessaire avec le transfert du « gouvernement français à Alger ou en Amérique » (ce courrier allemand de Madrid ne signale *aucun* ministre de droite partisan de la « résistance »). La clique Pétain avait certifié à Lequerica que « le conseil des ministres » se prononcerait « pour la paix »[273], mais Berlin donna un dernier coup de pouce : « Le 15 juin 1940, [...] un poste émetteur [...] de propagande allemande [...] s'intitulant Poste national révolutionnaire français [...] émetta[n]t sur ondes moyennes » depuis Königsberg, « à une longueur comprise entre celles de Radio-Bruxelles et de Radio-Lille » et intervenu « plusieurs fois les jours précédents », diffusa « vers 22 heures, un appel en faveur de Pétain, disait qu'il fallait lui confier la présidence du Conseil parce que c'est lui qui traiterait avec les Allemands et qui signerait un armistice. [...] Le sens général de ces appels, adressés aux troupes, était : rendez-vous, mutinez-vous, dégradez vos officiers, brisez vos armes. Il s'agissait donc nettement d'un poste de propagande allemande »[274].

Pétain succéda en effet le 16 juin à Reynaud et Baudouin, ministre des Affaires étrangères, envoya dans la soirée à l'ambassadeur espagnol Lequerica, désormais à Bordeaux, la note rédigée avec le secrétaire général du Quai d'Orsay Charles-Roux. Elle officialisait des semaines de tractations : « Le gouvernement français dirigé par le maréchal Pétain demande au gouvernement espagnol d'agir aussi vite que possible comme intermédiaire avec le gouvernement allemand pour la cessation des hostilités et pour demander les conditions de paix. »[275] « Le nonce [Valeri] était chargé de la même mission auprès de l'Italie. »[276]

Les « très importants intérêts » que Reynaud détenait « dans plusieurs affaires commerciales au Mexique »[277] l'incitèrent-ils à maintenir la prudence qui avait forgé sa réputation de « dur » ? Jugeant le séjour en France compromettant à court terme, il rêvait de l'ambassade de Washington sous le règne de Pétain. Pertinax impute ce projet à Mme de Portes, qui avait dès le mois de mai envoyé ses enfants aux États-Unis. Mais il abandonne à la fin du chapitre « Reynaud » ses bontés sur le gâteux mal conseillé en contant la tentative de sauvetage personnel de son héros doublée d'une énorme concussion. En cachette de Churchill, auquel il mentait effrontément mais qu'il ménageait, Reynaud harcela l'ambassadeur américain (à Varsovie) Drexel Biddel, alors détaché à Bordeaux, l'assurant qu'il avait « la confiance du maréchal dont [il] partage[ait] toutes les idées ». Il tenta de doubler son repli tactique d'un épais matelas financier, faisant « partir en fourriers pour l'Amérique » deux « compères » de Bouthillier, les inspecteurs des Finances Dominique Leca et Gilbert Devaux, déjà présentés. Opportunément pourvus des postes respectifs d'« attaché financier à Washington et liquidateur des services économiques français aux États-Unis », ils emportèrent « dans [leurs] bagages [...] 19 millions de francs sous formes diverses, or, francs, dollars, titres », agrémentés de « bijoux [et de...] papiers d'État secrets ». L'opération avait reçu l'appui de « Gabriel Le Roy Ladurie, directeur de la Banque Worms », mais « les deux comparses » furent arrêtés le 25 juin à Madrid. Le fiasco tua net la carrière diplomatique de Reynaud, qui fut « révoqué par son ancien subordonné » (Baudouin)[278]. Mme de Portes eût dû bénéficier de ce vol avéré de « fonds secrets » que la Banque de France recueillit avec leur emballage « depuis le 11 juillet 1940 » : son veuf, Henri de Portes, « assign[a] le 13 décembre 1945 [l'établissement] en référé devant le président du tribunal civil de la Seine, prétendant que le contenu de la valise [...] dépendait de la succession de Mme de Portes », appartenant donc à ses « enfants mineurs », héritiers[279]. Par bonheur pour les protagonistes du dossier, le « mauvais génie » de Reynaud ne bavarderait plus : « un échafaudage de valises » lui brisa la nuque au cours de son voyage en voiture, le 28 juin, vers la villa de Sainte-Maxime de son amant. Ce dernier souffrit peu de l'accident, à en juger par la légèreté des « bandages » sur le crâne qu'il montra à Vichy au matin du 10 juillet – avant de s'éclipser de l'Assemblée nationale pour n'avoir pas à voter sur les pleins pouvoirs à Pétain[280].

Julian Jackson, troublé par la duplicité du démissionnaire abandonnant le 16 juin le régime et la nation, opte pour l'hypothèse du benêt mal entouré mais « ferme opposant à l'armistice »[281]. Reynaud, qui avait tenu « l'armistice [pour...] le seul parti raisonnable [, ...] se serait mis d'accord avec Pétain pour lui remettre le gouvernement, estimant que le maréchal était la personnalité la mieux qualifiée pour négocier avec les Allemands. Un indice de [leur] accord [...] peut être trouvé dans le fait que si Pétain fit incarcérer par la suite Paul Reynaud, il donna l'ordre de ménager le détenu. [...Il] avait donné l'assurance réitérée à Mme Paul Reynaud qu'elle n'avait pas à s'inquiéter de son mari »[282].

Chautemps eut à court terme plus de chance américaine : après un poste, non de président, mais de vice-président du Conseil dans le cabinet Pétain du 17 juin[283], il fut l'« envoyé appointé de Pétain » à Washington. Il y passa la guerre[284] et l'après-guerre, espérant revenir au pouvoir, cette fois soutenu par les États-Unis, pour « barrer la route au communisme »[285] (Reynaud, devenu champion de la *Pax Americana*, l'accompagnerait sur ce dernier terrain[286]).

Épilogue synarcho-cagoulard

L'invasion gouvernementale immédiate des plus grands synarques désignait leur participation à la conjuration que Pucheu mobilisa la Gestapo en août 1941 pour laisser tapie dans l'ombre. Je retiendrai ici quatre exemples attestant la perception contemporaine de l'implication des Banques Worms, Lehideux et d'Indochine et de leurs associés industriels. 1° Alexander Werth releva dans *L'Œuvre* l'allégresse d'un certain Jean Coutrot, qu'il ne connaissait pas : « Juin 1940 est une grande victoire à la fois pour l'Allemagne et la France ; les deux pays, abandonnant leurs inimitiés nationales, peuvent désormais vivre et travailler ensemble à un avenir heureux », se réjouit le chef idéologique des plans de la décennie et des opérations finales[287].

Deux documents de 1941 (2° et 3°) posent la Banque Worms et sa nébuleuse en dictateurs économiques, via les comités d'organisation (CO) créés le 16 août 1940 par Jacques Barnaud sous l'égide de l'occupant. 2° Le long rapport bancaire de juin 1941 (postérieur au « suicide » de Coutrot mais antérieur au scandale Costantini) déjà cité révèle l'hégémonie immédiate de la Banque

Worms sur Vichy : « Sur les 36 comités [...] concernant l'industrie lourde française et les industries de transports » – sur un total de 70 CO alors constitués – « 25 [...] sont, par la personne de leur directeur responsable ou par la composition de leur comité, sous l'influence directe de la Banque Worms. [...P]our les 11 autres, nous n'avons pas trouvé le lien apparent, sans être assurés cependant que ce lien n'existe pas ». Ce chiffrage était suivi de la liste des 25 comités concernés et de leur « président responsable », parfois de leurs autres membres ou dirigeants : ils étaient tous attachés à la banque en général et à Jacques Barnaud en particulier. « Si l'on veut bien songer que le ministre de la Production industrielle en personne [Pierre Pucheu], grand maître de ces organisations nouvelles, est lui-même un collaborateur de la banque, on imagine dans quelle mesure cette banque peut se juger maîtresse de l'organisation industrielle française. » C'est un autre homme « de la Banque Worms », François Lehideux[288], qui succéda à ce poste ministériel à son ami Pucheu en juillet 1941, lorsque ce dernier obtint l'Intérieur[289]. À la tête de deux des CO ainsi recensés se trouvaient des hommes du « groupe de Nervo », pilier des « fondateurs du Mouvement synarchique d'empire » de 1922[290] : le CO « manutention ports » et un des trois du « combustible minéraux solides » (« importation ») avaient pour membres respectifs [Robert] Lemaignen et [Robert] Fossorier, délégués « du groupe de la rue Lord Byron » qui avait « des liaisons multiples avec la société Worms »[291].

3° Une note des RG « sur la Société secrète polytechnicienne dite Mouvement synarchique d'empire » d'octobre 1941 érigea celle-ci en centre du pouvoir sous Vichy. « En résumé, une véritable maffia d'ancien polytechniciens et d'inspecteurs des Finances, groupés au sein d'une société secrète à ramifications internationales, a mis la main sur la quasi-totalité des leviers de commande de l'État, à la faveur de la défaite militaire de mai-juin 1940. Elle organise la mise en coupe réglée de l'économie de notre pays, au profit de puissants intérêts financiers et y associant habilement certains groupes allemands au moyen d'une armature législative et réglementaire nouvelle créée à cette seule fin et par laquelle les organismes administratifs du Nouvel État français ne sont plus que les services extérieurs de la Banque Worms. »[292]

4° Les idéologues ès qualités furent également récompensés, tel le jésuite Joseph Dillard, qui « déclar[ait] en janvier 1942 : "La synarchie n'existe pas. C'est une invention de journalistes et de policiers." » Arrivé à Vichy le 10 juillet 1940, il y devint « confesseur attitré de la maréchale, [...] conseiller secret du maréchal, et président du Conseil des Sages [,...] petit groupe de religieux et de prélats [...] inspirant sa politique idéologique et culturelle »[293].

« La preuve, peut-être la plus saisissante, que Pétain était bien le chef [mots ensuite remplacés par "à la tête"] du CSAR se trouve rétrospectivement rapportée, dès après l'armistice, par l'importance du rôle que sont appelés à jouer à Vichy ses dirigeants », trancha Béteille dans son rapport sur les « relations de Pétain avec le CSAR ». Du Moulin de Labarthète et Raphaël Alibert furent immédiatement promus : j'ai mentionné le poste dévolu au premier, retour de Madrid, le 16 juillet ; « Alibert, cagoulard figurant sur les listes saisies, ami très intime de Deloncle Eugène, [fut] nommé ministre de la Justice. » Les putschistes n'oublièrent pas les tueurs et hommes de main : ils furent si richement dotés « que certains témoins ont pu déclarer : "maintes fois des nominations dans des administrations publiques qui semblaient inexplicables ont été en réalité conditionnées par l'affiliation à la Cagoule de ceux qui en étaient bénéficiaires" »[294].

Vichy emplit en effet les services de renseignements et la police de cagoulards, option initiale funeste à la thèse des « historiens du consensus » sur la « dérive » fascisto-milicienne *tardive* de Vichy. Loustaunau-Lacau avait été « emprisonné de mars à mai 1940 » pour avoir accusé par tracts son complice Monzie « de dilapidation du Trésor public, vols à fin personnelle et intelligence avec l'ennemi [...]. L'arrivée au pouvoir du maréchal a suspendu toutes les poursuites intentées et suivies contre Loustanau-Lacau et "ses amis". [...T]ous les amis de Loustanau-Lacau au CSAR [...] sont [dès l'armistice] en place à des postes plus ou moins élevés. Loustanau-Lacau va voir Pétain, qui, pour récompenser ses services passés, lui confie le poste de délégué général à la Légion des Combattants ». Il en « démissionnera peu après », écrivirent les renseignements gaullistes en 1944[295] ; il en fut limogé en novembre 1940, officieusement, selon les RG, pour avoir « porté contre plusieurs ministres de graves accusations »[296]. Il « poursuivra » au-delà, ajouta Béteille en 1945, « sa besogne d'intrigues au point d'inquiéter l'amiral Darlan et il bénéficiera de larges subventions »[297]. Heurteaux, Groussard, Jeantet, Méténier, de Bernonville et consorts furent couvés par Raphaël Alibert et Bernard Ménétrel. Au cours de l'instruction d'après-Libération, le juge apprit de « Boiscorjon d'Ollivier, journaliste détenu à Fresnes, [...] qu'Alibert avait organisé à Vichy des groupes de protection dont les membres étaient recrutés parmi les cagoulards et les intimes de Maurras et que le docteur Ménétrel remettait chaque mois 4 millions à Jeantet, représentant de Deloncle pour les Amicales de France, association où se retrouvaient tous les éléments de la Cagoule et qui permettait aux anciens accusés du CSAR d'être tous à Vichy ». Brinon précisa que « ces subventions étaient prélevées sur les fonds secrets dont Ménétrel avait la libre disposition »[298].

La promotion de la bande des tueurs sembla, en 1945, indigner plus que tout l'oublieux Béteille. Deloncle adressait ses amis à nommer ou promouvoir à Du Moulin de Labarthète, futur organisateur de la Légion des Volontaires français contre le bolchevisme. Méténier, « un des principaux tueurs de la Cagoule [,...] un des chefs de la Cagoule sortant de prison et connu comme un assassin particulièrement dangereux », responsable notamment des attentats de l'Étoile, fut « aussitôt après l'armistice [...] gratifié comme le docteur Martin d'un poste élevé dans la police de Vichy » : il dirige « les groupes de protection, sorte de police personnelle, superposée à la police officielle, chargée de veiller à la sécurité personnelle de Pétain ». Le docteur Martin, « appelé à Vichy après l'armistice, est chargé d'assurer, et cette fois d'une manière officielle, le service d'information dont il était précédemment chargé dans l'organisation du CSAR. [...] Gabriel Jeantet est le représentant de Deloncle à Vichy. Les témoins parlent de ses relations étroites avec le docteur Ménétrel, chef du secrétariat particulier de Pétain. Contre toute attente, Jeantet est chargé de propagande par le gouvernement de Vichy et il est acquis par les documents comptables découverts qu'il aurait bénéficié de subventions considérables ». Filiol, « dit "le tueur", un des assassins des frères Rosselli, Deplace, Dugé de Bernonville, tous membres du CSAR, sont chargés de missions diverses par le gouvernement de Vichy »[299]. « Le commensal habituel de Loustanau-Lacau [,] le capitaine de cavalerie [...] Bonhomme, officier d'ordonnance du maréchal Pétain », dut à l'armistice sa promotion immédiate de colonel[300].

Les rapports policiers de Vichy (1942) et d'après-Libération (1944-1945) établissent, non la « dérive » mais la continuité du régime. « Darnand Joseph [...] est nommé [...] chef de la Légion des Anciens Combattants de la région de Nice, puis chef du service d'ordre de la Légion des Anciens Combattants, grand chef de la police française, puis ministre, secrétaire d'État à l'Intérieur. Le colonel Groussard, inscrit sur les listes de la Cagoule, devient contrôleur général de la police » (secrétaire général en juillet et « inspecteur général des Services de la Sûreté nationale » en octobre 1940 (*Journal Officiel* du 5) ; il « crée une police supplétive recrutée parmi les cagoulards et les repris de justice » (« groupes de protection (GP) et [...] centre d'informations et d'études (CIE) »). « Les exactions commises par ce service ont amené le gouvernement à le dissoudre. Toutefois, la majorité de ses membres est reprise par Darnand qui les fait entrer au Service d'ordre légionnaire. Plus tard, ils seront les miliciens de Darnand. »[301]

Ces énormes moyens d'État aidèrent la Cagoule, qui avait « condamn[é] à mort » Marx Dormoy, à s'en débarrasser. Informée « aussitôt » par ses « antennes [...] à Vichy » des habitudes de l'ancien ministre de l'Intérieur à Montélimar, où le régime l'avait mis en « résidence forcée », elle délégua trois tueurs pour exécuter sa sentence : Anna Mouraille, Yves Moinier et Ludovic Guichard l'assassinèrent le 26 juillet 1941 avec « une bombe à retardement [...] charg[ée] d'explosifs ». « On trouva le corps [...] complètement rejeté de son lit et entièrement décapité, la matière cérébrale projetée au plafond et sur les murs » de la chambre d'hôtel où il résidait[302].

Béteille et les services de police auraient pu joindre aux « preuves » *a posteriori* du complot le Conseil national de Vichy, où voisinèrent petits (surtout) et grands noms de la synarchie et de la Cagoule. Je borne la liste à des noms familiers : 26 sénateurs (dont Jacques Bardoux, Jean Fabry, Émile Mireaux et un notable futur, Antoine Pinay) ; 46 députés (dont Léon Baréty, Georges Barthélémy, Pierre Béranger, Gaston Bergery, Georges Bonnet, René Brunet, Albert Chichery, Paul Faure, Eugène Frot, Ludovic-Oscar Frossard, Lucien Lamoureux, Jean Mistler, Jean Montigny et Émile Taudière) ; sept « anciens parlementaires » (dont Jacques Doriot, Heurteaux au titre cagoulard quasi officiel de « membre du comité directeur de la Légion des Combattants » – vivier de la future Milice –, et André François-Poncet) ; 18 « militants ouvriers » de la tendance *Syndicats* (dont Georges Dumoulin, Marcel Roy et Arthur Vigne) ; 30 « représentants de l'Agriculture » (dont Henri Dorgères et Rémy Goussault) ; 16 « représentants du commerce, de l'artisanat et de l'industrie » (dont Louis Férasson, Jean Fraissinet, Georges Laederich et Jules Verger) ; 50 « personnalités diverses », groupe mêlant Abel Bonnard, Marcel Boussac, Georges Claude, Gabriel Cognacq, le général de La Laurencie, Henri Massis, de La Rocque,

Lucien Romier, André Siegfried et le « cardinal Suhard, archevêque Paris » : de cet inventaire hétéroclite se détachaient cinq (10 %) présidents ès qualités de leur « Légion des Combattants » locale, dont Joseph Darnand, de Nice[303], futur chef de la Milice. En avril 1941, les « 22 nouveaux conseillers nationaux dont cinq prisonniers de guerre libérés » – tels Gustave Bonvoisin, Claude-Joseph Gignoux, Georges Pernot et l'ultra-collaborationniste Mgr Roger Beaussart, « coadjuteur du cardinal archevêque Paris [...] retenu par les devoirs de sa charge »[304] – succédèrent à des « démissionnaires » ou proclamés tels après la Libération : les intéressés (parmi lesquels Alexandre Rauzy, Ludovic-Oscar Frossard, Eugène Frot, André Siegfried, Louis Férasson, Marcel Boussac, de La Laurencie) avaient en réalité été « démissionnés »[305].

La liste des titulaires de la francisque dévoile enfin les principaux conjurés contre la République, synarques, cagoulards et synarcho-cagoulards, signataires de la formule « Je fais don de ma personne au Maréchal Pétain comme il a fait don de la sienne à la France. Je m'engage à servir ses disciplines et à rester fidèle à sa personne et à son œuvre » : environ 2 500 entre les insignes décernés par le « Conseil de novembre 1940 » et ceux du printemps de 1944, sur un total, selon Béteille, de « 120 000 [cagoulards civils] pour toute la France »[306]. Les factieux récompensés par le « Conseil [de la francisque] de novembre 1940 » (et celui de mars 1941) formèrent la promotion d'honneur, celle des éminences de la Révolution nationale. Ces cerveaux et exécutants du complot qui avait liquidé la République au prix de l'invasion, de l'occupation et du pillage allemands du pays, les Baudouin, Du Moulin, Bouthillier, Ménétrel, Gorostarzu, Jeantet, Guérard et consorts, servirent de parrains, parfois jusqu'en 1943-1944, aux médaillés suivants, conjurés notoires ou pairs obscurs. Les archives de la Cagoule militaire demeurent fermées, mais la promotion initiale des Weygand, Huntziger, etc., désigne aussi, avec celle de mars 1941 (Darlan), le noyau dirigeant des « 12 000 officiers » de la Cagoule[307].

Conclusion-Épilogue

Conclusion générale

Si « la France a échoué à répondre efficacement à l'Allemagne entre 1938 et 1940, cet échec fut loin d'être planifié », pense Talbot Imlay[1]. La recherche qui a nourri son livre de 2003 sur « la stratégie, la politique et l'économie » de la France confirme plutôt la déclaration prêtée par un publiciste au général von Reichenau : « Nous n'avons pas vaincu la France, elle nous fut donnée. »[2] Cette revendication inouïe semble moins audacieuse après lecture des fonds relatifs à une décennie d'action des élites de la France – militaires, politiciens, journalistes, hommes d'affaires – que Marc Bloch soupçonnait en avril 1944, de s'être livrées, avec leurs hommes de main, à une « vaste entreprise de trahison »[3]. Les hommes d'affaires – avec au sommet la Banque de France et le Comité des Forges, dirigé par un de ses régents, François de Wendel –, régnaient sur tous les autres : l'autonomie des politiciens et des journalistes relève du mythe ; celle des militaires aussi, qui, à niveau élevé, disposaient, à leur précoce retraite et même avant, de leurs subventions et cadeaux. La France était gouvernée par la Banque de France et les groupes qu'elle représentait.

Ce grand capital dicta ses conditions à Herriot, porteur en 1924 du modeste programme de réforme fiscale du « Cartel des Gauches » : escorté de son ministre des Finances, le président du Conseil pressenti (comme Blum après lui et tous les autres) dut rendre visite au « gouvernement de la banque » pour s'entendre énoncer les conditions auxquelles celui-ci consentirait (ou non) des « avances » à l'État impécunieux. Le gouvernement financier tenta simultanément, via ses obligés, la solution « fasciste » à l'origine de la « première vague » des ligues. Il sembla la délaisser quand la victoire contre Herriot du « Mur d'argent » fit triompher, avec Poincaré, l'assainissement financier par décrets. Il ne l'abandonna point : les préparatifs du putsch Lyautey accompagnèrent, de 1926 à 1928, le soutien à Poincaré, son favori historique avec Pétain et Schuman – un dictateur militaire encadré par deux hommes du Comité des Forges[4]. Le plan fasciste ressurgit au début des années 1930 avec une violence aiguisée par la crise du profit. Il ne s'agissait plus de dresser des canons de marine contre une pincée d'équité fiscale. Sur fond de discours idéologique identique, l'opposition entre revenus se radicalisa. « L'État fort » que créerait « la deuxième vague du fascisme français » (Soucy) en finirait pour de bon avec « la politique de concession perpétuelle » (les droits des Français soutenus par certains parlementaires, partis et syndicats) « qui sacrifie l'intérêt général » (le profit) « à la cohue anarchique des appétits égoïstes » (les salaires, traitements et pensions)[5].

La tentative putschiste du 6 février 1934, guidée par le Comité des Forges, fut sans lien avec son prétexte, l'affaire Stavisky. Elle eut lieu avant que les salariés n'amorçassent la résistance à la crise qui culmina dans les grèves de 1936 et qui se maintint, quoiqu'en recul, jusqu'en novembre 1938. 1936 et ses suites ne firent que radicaliser la stratégie patronale. La chronologie socio-économique atteste que la droite catholique n'attendit pas 1936 pour haïr « l'ennemi intérieur » plus que « l'ennemi extérieur »[6]. Les élites catholiques, majoritaires (comme le catholicisme), ne furent pas seules à financer les ligues contre l'ennemi principal, à rejoindre le noyau synarchique initial puis, l'un n'empêchant pas l'autre, la Cagoule. La synarchie, fondée en 1922 par douze financiers, prit forme définitive à l'été 1936. La Cagoule, son bras séculier, dont le centre comptait des synarques, tel son chef Eugène Deloncle, regroupa alors le vivier des deux vagues du fascisme français (120 000 hommes en 1939[7]). 1936 ne fut qu'une étape des plans de subversion auquel le risque inexistant de « communisation » servit de couverture.

Cette coalition militaire et civile fusionnant modérés et extrêmes ne répliqua pas plus à la radicalisation du camp d'en face qu'en Allemagne, où le sursaut de 1918 de la classe ouvrière la plus patiente d'Europe avait été écrasé en 1919 : le grand capital allemand n'avait pas choisi Hitler par peur du communisme, mais pour son aptitude escomptée à réaliser radicalement ses buts intérieur – effondrement du salaire, hausse du profit – et extérieur – la revanche. La synarchie et la (future) Cagoule avaient, en pleine atonie ouvrière, choisi de La Rocque pour faire mine de diriger leur « État fort ». Les salariés se réveillaient à peine quand les hommes d'affaires, ayant hissé Pétain au ministère de la Guerre après le succès du « premier objectif » du 6 février[8], optèrent définitivement pour le « képi glorieux »[9]. L'énergie populaire *suivit* ce choix du grand capital français, qui se mobilisa contre les salaires de son pré carré et se désintéressa, comme son homologue belge, de la revanche allemande. On s'y adapterait : après les « annexions de 1938 », le banquier synarque Auboin, que fascinait la « politique draconienne [...] de Schacht » contre le salaire, annonça l'imminente maîtrise par le Reich, outre « des régions à économie primitive » de l'Est européen, « des pays riches comme les pays occidentaux »[10].

L'Italie fasciste passait depuis novembre 1922 pour un modèle de gestion des rapports sociaux. Pendant la crise, le grand patronat allemand et Brüning impressionnèrent par l'ampleur de leur déflation des salaires. Quand, à l'automne 1931, la lassitude populaire compromit la poursuite de cette course à la baisse, ils préparèrent l'alternative : l'inflation prônée par la coalition NSDAP-Hugenberg-Casque d'acier, nécessaire pour réarmer mais acceptable car verrouillant – par la poigne – les salaires. Le Comité des Forges apprécia la tactique et la Banque de France projeta la dévaluation (idée faussement prêtée à l'humeur « indépendante » de Reynaud) pour « régler, au moins provisoirement, la question des salaires et celle des indemnités de chômage »[11]. La dégringolade des salaires réels serait en Allemagne conduite par les nazis, dont le parti caracolait en tête depuis septembre 1930. Grâce à l'appui précoce et massif du grand capital allemand et étranger, malgré la thèse inverse d'Henry Turner adoptée par l'historiographie dominante : en juillet 1931, le gouverneur de la Banque de France Clément Moret incita le président de la Reichsbank Luther, ex-chancelier, à imiter pour mieux s'acquitter de sa dette extérieure l'« union nationale » française de 1926[12] – c'est-à-dire de *toutes* les droites.

Le Reich, partenaire privilégié de l'immédiat après-guerre, où le Comité des Forges s'installa à l'ambassade de France à Berlin, le resta entre la déliquescence et la destruction des Réparations (1923-1932), fruit du soutien anglo-américain. Depuis 1924, les hommes d'affaires avaient engagé leurs politiciens et journalistes dans la « réconciliation » franco-allemande consacrée par les cartels (acier, chimie, etc.). Ceux de droite imputèrent souvent cet abaissement de la garde contre la revanche allemande aux « traîtres pacifistes » de gauche, dont une fraction était entretenue par les mêmes caisses. La crise rendit vital le maintien, voire l'accroissement (grâce au réarmement intensifié de l'Allemagne) des rapports commerciaux : les énormes besoins allemands de fer et de bauxite, de phosphates et de caoutchouc, de tissus et de bois exotiques, redresseraient des marchés déprimés ou effondrés. Les flux financiers d'après-guerre, gonflés par les emprunts Dawes puis Young, avaient érigé le Reich en débiteur suprême de l'« Occident ». Sa mise en défaut menaça, entre le printemps et l'été 1931, la survie du système capitaliste. La politique française (anglaise, américaine, suisse, etc.) fut suspendue à l'accord de *standstill* échelonnant les remboursements allemands. D'une mesure décidée entre banques centrales membres du club du plan Young – la Banque des règlements internationaux de Bâle (BRI) –, la Banque de France exigea l'acceptation et la garantie par son État. Elle les obtint des cabinets de 1932, de droite (Flandin) et de gauche (Herriot), qui s'y plièrent comme aux visites d'investiture. L'avènement du Reich nazi ne changea rien. Après avoir alarmé les créanciers étrangers en les menaçant de ne plus payer intérêts et dividendes du « Dawes » et du « Young », Schacht, « dictateur aux changes et aux transferts »[13], les rassura : malgré des chantages récurrents dans les négociations financières et commerciales, le IIIe Reich paya (jusqu'en mai 1945). Il indemnisa aussi, et généreusement, l'industrie lourde française en Sarre, grande mission confiée par le Comité des Forges à François-Poncet, (son) ambassadeur à Berlin depuis septembre 1931.

Quel symbole du « choix de la défaite » que cet artisan des compromis de sept années cruciales, tels les accords sur la Sarre, en 1934, après l'exécution de Barthou, et l'abandon, en 1938, du fleuron tchécoslovaque de la couronne de Schneider – après quoi il fut chargé de traiter avec Rome. L'autre face de l'action de François-Poncet rappela sa décennie antérieure de politicien et journaliste du Comité des Forges : associé aux tractations visant depuis 1931 à convaincre les politiciens français qu'un État nazi n'aurait rien d'effrayant, informé de tous les complots, il annonça à Berlin depuis l'automne 1933 au plus tard que son pays connaîtrait bientôt les joies d'« un gouvernement fort » et même « très fort »[14]. Avant d'assurer les fascistes italiens, cinq ans plus tard, de l'imminence d'« une fascisation de la démocratie » française[15]. Inamovible, le porte-parole de la sidérurgie définit la politique française mieux qu'un ministre fugace. C'est lui qui « prépar[a] » le projet du président du Conseil Laval de « consortium économique » de septembre 1931[16]. Face à lui, les politiciens inquiets du péril militaire allemand qui se succédèrent au Quai d'Orsay de juin 1932 à octobre 1934 ne pesaient rien.

On ne perçut aucun changement dans la politique d'Herriot, conclue sur l'abandon officiel des réparations et la reconnaissance de « l'égalité des droits » de l'Allemagne (au réarmement) ; pas davantage dans celle de Paul-Boncour. L'infléchissement de Barthou sur le réarmement allemand et la Sarre, joint à sa tentative d'alliance de revers à l'Est, lui coûta la vie. Le politicien, journaliste et homme d'affaires Laval – favori du grand capital –, qui avait fin septembre 1934 dit à Berlin sa hâte de succéder à Barthou pour liquider une politique si funeste, y parvint grâce à l'assassinat de Marseille du 9 octobre. Son successeur et pair de conseils d'administration, Flandin, sur lequel les fonds allemands sont aussi féroces, maintint cette ligne. Tout comme le Front populaire, qui laissa François-Poncet, à l'été 1936, entretenir Berlin des tracas, espagnols et autres, causés au cabinet par le PCF. L'ambassadeur se sentit sans doute mieux quand ledit Front agonisa puis mourut, mais le tandem Blum-Delbos ne le gêna pas plus que les suivants, Chautemps-Delbos et Daladier-Bonnet.

Ce dernier duo, qui acheva la Tchécoslovaquie et l'Espagne, porte dans la livraison de la France à l'assaut allemand des responsabilités écrasantes. Bonnet s'en targua le 1er août 1940 devant Rudolf Schleier, symbole, de 1933 à 1938, de la *Gleichshaltung* (nazification) de la France, revenu dans Paris occupé pour y seconder Abetz. Daladier fut blanchi comme d'autres (Gamelin, Reynaud, etc.) avec l'aide d'un Vichy *apparemment* ingrat (au bref procès de Riom) pour les « républicains » qui lui avaient ouvert la voie. Ayant, aux affaires, toujours menti, il continua après 1940 ou mima l'amnésie. La contribution à la défaite de ce protecteur de la Cagoule militaire et de la synarchie vaut celle de son ministre des Affaires étrangères Bonnet. Doté aussi de biographes compréhensifs[17], épargné par Pertinax, Reynaud, aligné sur la stratégie des hommes d'affaires (dont il était), mérite la même place au palmarès. Comme eux, tous les confrères de Barthou et tous les présidents du Conseil mirent la France à découvert, Blum compris, dont les *pratiques* balaient l'inusable mythe de la conscience déchirée.

Passif et consentant, Blum délégua les Finances et le Quai d'Orsay aux basses œuvres, mais se vanta des résultats de la « non-intervention » devant son grand ami, l'ambassadeur américain Bullitt, dont il partageait l'antibolchevisme. Il sembla aider sa maigre gauche ministérielle à secourir l'Espagne attaquée par l'Axe Rome-Berlin de fait : il la fit en réalité ligoter, ministre de l'Air Pierre Cot en tête, par ses innombrables ennemis civils et militaires. Il prétendit en étouffant la République espagnole bannir la « guerre civile » en France : or, il savait que la victoire de Franco seconderait des plans *français* non de « guerre civile » mais d'écrasement d'un camp désarmé par l'autre, armé jusqu'aux dents. Blum montra une activité débordante au service de « la réconciliation franco-allemande ». Signe de la primauté de l'économie, la seule tension concerna « le Dawes » et « le Young » : Schacht, accueilli en ami, menaçant en mai 1937 d'en baisser les taux d'intérêt, on frisa les « insultes »[18].

Ignorerait-on les plans subversifs nécessitant l'appui des États fascistes, massif entre 1936 et 1940, il suffirait d'examiner la sphère économique pour comprendre que *rien* ne s'opposerait au Reich. Jusqu'au bout, en dépit de légendes inoxydables, la Bourse (comme la City) et les marchands de canons « cherch[ant] à ne plus fondre de canons » pour leur pays[19] eurent le réarmement en horreur. Comment la France politique et militaire se fût-elle fâchée avec un pays auquel la Banque de France acquiesça sans hésitation avec celle d'Angleterre, dans le cadre de la BRI, à la remise de l'or autrichien en mars 1938 et tchécoslovaque en mars 1939 ? Faussement « réformée » à l'été 1936, la banque dicta une politique germano-espagnole qui dispute les records à la tchécoslovaque en matière de choix de la défaite : c'est elle qui décida d'emblée la remise à Franco, accomplie en juillet 1939, de l'or physique que la République espagnole lui avait confié en 1931, dont une partie irait dans les caisses du Reich, gros créancier du *Caudillo*. Comment Reynaud, aux cabinets truffés de synarques, eût-il pu « couper la route du fer » suédois ? : le Comité des Forges n'interrompit jamais celle « du fer » métropolitain et colonial vers le Reich.

C'est la France des publicistes, des politiciens et des hommes de main qui incarna pour les contemporains la *Gleichshaltung*. Des milliers d'Allemands, Abetz en tête, reçurent (comme les fascistes italiens) de l'État français le droit de pourrir le pays de Paris à Strasbourg, de Lille à Marseille. La police traquait comme naguère les rouges étrangers, protégea de plus en plus mal les juifs allemands réfugiés avant de les harceler fin 1938 – quand Bonnet félicita Ribbentrop pour sa « politique juive » – et laissa les nazis s'occuper eux-mêmes de leurs ennemis allemands en territoire français. Proliférante depuis 1933, la corruption allemande de la presse devint aveuglante en 1938 et le resta jusqu'à la Libération, avec une foule d'agents moins notoires que Brinon et Luchaire.

Cette Cinquième Colonne – moins squelettique que ne l'a cru Crémieux-Brilhac –, continuait cependant à dépendre surtout des hommes d'affaires français. Ceux qui honorèrent leurs hôtes allemands, Parisiens permanents ou occasionnels, via le Comité France-Allemagne ou autrement, avec une ferveur annonçant celle de l'Occupation, contrôlaient partis, ligues et presse. Le Comité des Forges fit par ses journaux assassiner la Tchécoslovaquie, fief de Schneider, entre style juridique de Joseph-Barthélémy et outrages des politiciens et journalistes. Ignobles, ceux-ci n'eussent pu l'être sans les payeurs. En dépit de l'assurance de Jean-Noël Jeanneney – « dès que Mussolini rejoint Hitler, [François de] Wendel ne veut plus en entendre parler »[20] –, le « patriote » lorrain dirigea les campagnes de « réconciliation » depuis 1933 comme à la fondation du Cartel de l'acier (1926) : via *Le Temps*, propriété en 1933-1934 du Comité des Forges (jusqu'alors partagée avec ceux des Houillères et des Assurances), et bien d'autres journaux. Ses pairs, du grand banquier synarque Paul Baudouin au groupe papetier et sucrier Prouvost-Béghin, firent de même.

Les chefs militaires, mieux que tous autres avisés des périls, ne les combattirent pas plus que les autres artisans de la défaite. Ils menèrent une guerre permanente contre l'ennemi intérieur, traqué en tout lieu et accusé de plans révolutionnaires et assassins. Alors que se déployait la « Cagoule militaire » qui compterait bientôt « 12 000 officiers » et « la moitié du Conseil supérieur de la Guerre », le Deuxième Bureau de l'État-major répandit les bobards forgés, sous la houlette de Pétain, par ses factieux, tel le « document espagnol » de 1937[21]. Sa correspondance technique, antagonique, ouvre les yeux de l'historien, mais elle fut privée de publicité accordée à « la propagande soviétique dans l'armée française », qui avait cessé « depuis 1932 ou 1933 » selon « un officier [...] proche des grands chefs »[22].

Publiquement, ceux-ci fustigèrent les « traîtres » pacifistes et internationalistes et la honteuse modicité des crédits militaires, navals et aéronautiques. Ils ne réagirent jamais contre les manifestations du réarmement allemand que leur Deuxième Bureau recensait en temps réel. Ces conjurés de la future « Cagoule militaire » arguaient de la passivité passée de la France pour justifier sa paralysie présente et future, à l'immense satisfaction du Reich. Hitler avait prévu qu'en abdiquant sur la Sarre, « les Français avaient définitivement laissé passer l'occasion d'une guerre préventive »[23]. Berlin exulta de leur aplatissement face à la remilitarisation officielle de la Rhénanie, étape clé des abandons. L'État-major fit valoir depuis 1935 que, n'ayant rien fait contre la remilitarisation *de facto* qui avait suivi le départ prématuré des troupes françaises à l'été 1930 (pour cause de plan Young), on se ridiculiserait à agir contre cette violation *de jure* de Versailles.

Rien ne le détourna du refus d'affronter une guerre qu'il savait, comme *tous* les décideurs, inévitable. De l'Espagne, où il laissa, en taxant Franco de francophilie, s'installer un troisième front hostile, à la Tchécoslovaquie, dernier bastion préservant la France – ses propres Cassandre le lui répétèrent avant Munich –, l'État-major accompagna dans toutes les abdications les groupes désignés par Marc Bloch. Il s'accoutuma à informer, « en tant qu'ami »[24], l'ambassade d'Allemagne à Paris qu'il resterait l'arme au pied ; et à certifier aux politiciens français que la défense des cibles du Reich, d'Est en Ouest, ne valait rien. Les gouvernants disposant des moyens nécessaires pour le démentir, les menteurs trompèrent des dupes volontaires. L'État-major atteignit les cimes pendant la « mobilisation » pré-munichoise, avec les serments de Colson et Gamelin à l'ambassade d'Allemagne sur son caractère fictif et les tirades de Vuillemin sur l'aviation nulle des pays menacés, de l'Angleterre à l'URSS, qu'anéantirait la sublime *Luftwaffe*. Il y demeura jusqu'au bout. Son chef suprême (Gamelin) se vantait pendant la Drôle de guerre – peu avant la vraie, du Reich seul – de son respect des transports ferroviaires Reich-Italie-Suisse, un bombardement risquant de provoquer des « réactions possibles allemandes »[25].

Nos militaires avaient d'emblée méprisé une « alliance de revers » à l'Est réduite à de petits clients militairement faibles, sauf le tchécoslovaque : la Banque de France et les Finances, qui en géraient la cassette publique, s'appliquèrent, à mesure que le péril allemand s'aggravait, à geler leurs dépenses militaires inflationnistes, donc nuisibles et d'ailleurs inutiles. Consignes partiellement antagoniques avec les exportations des « marchands de canons » : ces pays payaient fort cher, grâce à des politiciens vernaculaires assouplis par les largesses françaises, un matériel rarement du dernier cri. Les États créés ou grossis par la victoire française gardaient en outre le « cordon sanitaire » antibolchevique, qui servait aussi de police d'assurance à leurs classes dirigeantes (les mêmes qu'avant 1918). C'était le souci suprême de l'État-major, Weygand en tête, qui avait tant contribué à la tentative d'éviction des Soviets puis au sauvetage antisoviétique de la Pologne : ce pivot dudit « cordon » y avait gagné la Galicie orientale, et la Roumanie la Bessarabie (russes toutes deux).

L'alliance orientale de la France comprenait la Pologne, dont la débilité militaire reflétait la situation socio-économique, et surtout les trois membres de la Petite Entente. Les colonels polonais qui avaient laissé intacte la puissance des hobereaux et protégé, au moins jusqu'à la crise, les intérêts français, haïssaient l'un des trois : la Tchécoslovaquie, alliée suprême de la France, qui avait acquis en 1919-1920, sur les instances de Schneider, le territoire de Teschen revendiqué par Varsovie. Les hommes d'affaires d'une France si généreuse dans la croisade antibolchevique discutaient dès 1931 avec leurs partenaires allemands le retour du Corridor de Dantzig au Reich. L'alliance de revers française, moribonde en 1933, fut désertée le 26 janvier 1934 par la Pologne, signataire du « traité d'amitié » pour dix ans avec le Reich : le « vautour » polonais affûta depuis lors les couteaux contre Prague, préparant avec son « ami » allemand le dépècement dont il profiterait moins d'un an. La Petite Entente reçut avis de décès quand elle dut « taire et [...] ensevelir [...] dans les archives [...] les preuves » des origines allemande et italienne de l'attentat de Marseille, puisqu'« on ne v[oulait ni] faire la guerre » ni entraver le règlement des « questions financières » sarroises[26].

Le mort fut porté en terre quand l'ancien vainqueur français paralysé proclama au monde le 7 mars 1936 qu'il n'aiderait pas ses alliés orientaux : il ne se défendait même pas sur le « front du Nord-Est » de sa propre frontière. Bénès, fidèle entre tous et aveugle public, s'avoua en privé accablé par la mort du « système de sécurité collective »[27]. Son pays était pourtant une puissance militaire, la seule de cet ensemble de dépendants où depuis 1918 les militaires français, avec leurs confrères alliés, géraient le « cordon sanitaire » et représentaient les matériels des marchands de canons en en assurant la maintenance. L'État-major connaissait, comme Bismarck à l'époque de Sadowa (1866), le caractère vital du contrôle du « quadrilatère de Bohême » : via Schneider, maître du Creusot et de Skoda, ses équipements avaient été calqués sur ceux des Français, avec des fortifications (dans les Sudètes) sœurs de la Ligne Maginot. On avait à Prague délégué en 1920 le général Faucher, image de ce qu'eût été un État-major soucieux de la défense nationale, et conclu en 1924-1925 des pactes soustraits à la « gouvernante anglaise ». Dans la décennie suivante, Faucher n'obtint jamais de ses chefs une véritable collaboration militaire franco-tchécoslovaque, et les conjura en vain en 1938, Daladier compris, de considérer les frontières de ce pays comme celles de la France.

L'État-major savait comme lui que Sedan suivrait Sadowa, malgré les cris de ses cagoulards – pour couvrir leurs plans intérieurs – contre l'Espagne républicaine « rouge », la Tchécoslovaquie « maçonnique, juive et bolchevique » et le démon bolchevique. Il ne différait de Faucher que sur l'intérêt de veiller sur les frontières françaises. Le « chef d'État-major » qui traitait Roosevelt « de "bolcheviste" » et les officiers qui tenaient « *Le Temps* [pour...] l'extrême rouge » (Marc Bloch) représentaient dignement ces « émigrés de Coblentz » voyant en « Hitler et Mussolini [des] piliers de la société traditionnelle »[28]. Le pilier de la répression ouvrière et coloniale cajolé par la République conservatrice[29] ne parlait après tout que comme les journalistes, les hommes de main, les politiciens et les hommes d'affaires dont les « salons » érigeaient Hitler en « dictateur idéal » et Goering en « tendre [...,] malgré une certaine pose de violence » (G. Tabouis) et qui mimaient devant les Allemands la terreur de « la destruction complète de la civilisation européenne » si la guerre pour la Tchécoslovaquie déversait « les hordes cosaques et mongoles » sur le continent (Daladier)[30]. Ce pays, que Pie XI appela le 30 septembre 1938 « créature » de la France[31], avec une insolence consacrant l'effondrement de l'ancien vainqueur, avait comme les autres « États successeurs » et la Pologne été surtout la « créature » de son grand capital.

À celui-ci, les Finances, synarchie faite administration, et le Quai d'Orsay, aussi prévenant, avaient assuré aux dépens du contribuable français la maîtrise de ces anciens fiefs des empires centraux. Avec les grandes banques, dont la sienne (l'Union européenne industrielle et financière), Schneider dominait tout, la Pologne comme la Tchécoslovaquie, auprès du chef du Comité des houillères Henri de Peyerimhoff, maître du travail des mineurs polonais en France et un des douze fondateurs de la synarchie. La crise transforma ces joyaux bardés de garanties étatiques en pénibles débiteurs et concurrents commerciaux. L'État, tout en maintenant aux intéressés le matelas du contribuable, assura le transfert de la perle tchécoslovaque : c'est lui qui en porterait le chapeau, comme de la remise à Franco de l'or espagnol. Mais c'est Schneider *seul* qui négocia la vente aux Allemands, conclue trois mois après Munich, de Skoda, concurrente du Creusot depuis 1930.

« L'Europe centrale et orientale » était devenue encombrante. La crise y avait rendu fulgurante la poussée commerciale d'un Reich acheteur de matières premières qui n'intéressaient pas la France non réarmée ou concurrençaient son agriculture et son industrie. Les intérêts français se contentaient, au sein des cartels internationaux dominant ces petits pays comme les grands, d'une part décroissante. La radicalisation populaire avait relancé les projets de « nationalisation » en Tchécoslovaquie. La gravité de la crise dans les trois autres pays, surtout agricoles, affaiblissait leur défense des intérêts français et leur gestion policière du « cordon sanitaire ». Les hommes d'affaires ne suivirent pas les politiciens et les militaires dans l'abandon des « canards boiteux » au Reich, ils les précédèrent. Ils en dictèrent les modalités, le justifiant par l'impératif « repli impérial » dont Flandin se fit le héraut (ou, plus discret, le synarcho-cagoulard Du Moulin de Labarthète). Renoncement *unilatéral* : Berlin ne promit jamais de renoncer aux colonies françaises, que ministres et financiers lui proposaient de partager, aussi hypocrites que les Anglais, enclins comme avant 1914 à ne céder que les colonies des autres.

C'est à peine si, dans ce paysage, reste une place pour les fausses alliances de la France. L'anglaise, à géométrie variable, avait un intérêt intérieur essentiel : aider la Banque de France à appliquer la déflation salariale que la Banque d'Angleterre pratiquait avec maestria, surtout depuis la défaite ouvrière de 1926 ; harceler, avec l'aide concrète, par la spéculation monétaire et le chantage aux prêts bancaires, de la même « gouvernante anglaise », les cabinets réformateurs, d'Herriot, en 1924, à Blum en 1936, auxquels Londres et Washington « imposèrent » la dévaluation qui convenait au grand capital français. Le recours à la « gouvernante anglaise » fournit aussi une couverture irremplaçable à l'Apaisement dont Londres fut le champion incontesté, et à son corollaire, le rejet de l'alliance soviétique. Bonnet en usa et abusa, comme tous ses prédécesseurs, dont Blum, qui put imputer à Londres la « non-intervention » étranglant l'Espagne.

À l'heure de l'abandon national final, l'anglophilie apparut comme ce qu'elle était, un paravent. Son parangon Flandin fulminait en 1939 devant les agents allemands contre les juifs, maçonniques et bellicistes anglais, voire américains. Reynaud, dernier successeur « républicain » de Bonnet et Daladier, abdiqua aussi, plus hypocritement. Les « grands bourgeois » avaient montré la voie « renouant avec l'opportunisme cynique [de ceux] de 1815, 1830, 1852, 1871 » dans les nouveaux « malheurs de la patrie » (Bloch-Lainé, banquier et fils de banquier)[32]. Le noyau de la synarchie ultra-marin, anglophile et atlantique, avait besoin d'une parenthèse « continentale ». « Les fossoyeurs », vieux anglophobes militaires en tête, firent éclater, auprès de l'anglophile hypocrite Gamelin, leurs haines de Fachoda.

Une « alliance » franco-anglaise eût comporté une dimension militaire, dont celle-là fut totalement dépourvue. Les élites anglaises ne trompèrent pas leurs homologues françaises, ne leur promettant, au fil des ans où se prépara l'assaut allemand, que l'envoi d'une ou deux divisions. Le peuple français n'était pas si pleutre qu'on l'a seriné, ses réactions de 1933 aux frontières et le courage de ses dockers le prouvent. Il fut « dindonné » par les politiciens, les journalistes et les militaires[33], qui lui certifièrent que la fière Albion le défendrait. La « gouvernante anglaise » ne gouvernait pourtant pas, tout le montra : la Banque de France exigea du berger étatique en 1931, quand la livre s'effondra avec le mark, la préservation du magot de ses spéculations antérieures sur la livre forte ; à Londres, fin novembre 1937, Delbos et Chautemps souscrivirent à l'Anschluss et à la crucifixion tchécoslovaque mais opposèrent leur veto quand les Anglais les requirent de céder des colonies au Reich. Cette « alliance » aidait surtout à gérer, outre les reculs devant Berlin, l'alliance russe, dont Londres ne voulait à aucun prix.

Le veto, comme celui qui assassina Madrid et Prague, était aussi français qu'anglais, et commun à tous ceux qu'a désignés Marc Bloch. Les Allemands assurèrent, comme Michael Carley sur la base de la correspondance financière française, que la Banque de France menait le bal. Rien, même pas la fermeture, sous l'effet de la crise, de tous les autres marchés extérieurs, n'atténua sa hargne contre les atteintes portées depuis novembre 1917 par les bolcheviques à la propriété française. Invoquant les « vols » d'or des « Soviets » chaque fois qu'un accord économique s'esquissait, elle rejeta toutes leurs offres de négocier les indemnisations et celles qui tentaient jusqu'au ministère du Commerce harcelé par des industriels sans débouchés. Par idéologie ? Certes, mais pas seulement : dans quelle rubrique faut-il classer la renonciation de Schneider au marché soviétique codifiée par ses accords de cartels avec les Allemands ? Le grand capital français avait avant 1914 participé avec ardeur à l'exploitation de la Russie tsariste « moderne », mais n'en avait pas fait un débouché privilégié, à la différence de l'Allemagne[34].

Les hommes d'affaires haïssaient l'URSS autant ou plus que les ennemis intérieurs du profit, surtout les « meneurs », qu'ils firent écraser par l'équipe

Daladier-Bonnet-Reynaud en novembre 1938 après quatre ans de mobilisation de tous leurs obligés. La croisade contre cet ennemi exclut d'emblée « l'alliance de revers » avec l'Union soviétique au moins autant que l'impératif de ne pas froisser le Reich, hanté par la guerre sur deux fronts qu'elle lui imposerait. La réalité rappelée en mars 1939 par Vansittart, conseiller diplomatique en chef du *Foreign Office* – « La France n'aurait pas eu la *moindre* chance de survie en 1914, s'il n'y avait pas eu de front oriental » et il en irait de même dans la guerre imminente – laissa donc les élites de glace[35]. Dans les années 1920, ayant échoué à se débarrasser des bolcheviques, elles comptaient sur le Reich : Reynaud, tenté par la collaboration économique offerte par le pangermaniste Rechberg, apprécia aussi son aspect militaire antisoviétique.

Cette obsession voua à l'impuissance les politiciens partisans de l'alliance russe, ministres des Affaires étrangères compris. L'historien agrégé Herriot, soviétophile par germanophobie, se borna au verbe ou au chiffon de papier (en novembre 1932). Paul-Boncour nomma à Moscou en juin 1933 Charles Alphand, *seul* ambassadeur favorable à l'alliance russe avec Paul-Émile Naggiar, qu'on chargea de sa liquidation finale. En sursis de la mort de Barthou à son départ, à l'automne 1936, Alphand fut un nain face à François-Poncet. Barthou, l'ambassade d'Allemagne à Paris s'en félicitait, fut paralysé par la Banque de France et sa mouvance. Sa politique, qui rappelait au Reich « l'encerclement » d'avant 1914, le condamna à l'assassinat d'exécution oustachie avec complicités italiennes, hongroises et autrichiennes. Les chances du Pacte franco-soviétique ne lui survécurent pas.

De Laval à Bonnet, malgré le « chef d'œuvre du galimatias » du 2 mai 1935[36] signé par le successeur pressé de Barthou et complice probable de sa mort, l'alliance fut vouée au trépas. Les hommes d'affaires guidèrent toutes les « étapes » du fiasco, parallèles aux assurances données au Reich sur la question. Leurs porte-parole certifièrent aux Français que cent divisions soviétiques opposées aux Allemands sur le « front oriental » ne leur assureraient aucun appui contre un *éventuel* assaut allemand ; seuls sauveraient la nation outre l'Angleterre, la vaillante Pologne (à laquelle ils concédaient en privé huit jours de « résistance » à la Wehrmacht) jointe à la Roumanie (autre néant) et la fidèle Belgique (« neutre » germanophile et francophobe). Ils avaient habitué « l'opinion » à imputer à Moscou les misères du monde, de la crise, causée par le « dumping » de son industrie d'esclaves déportés en Sibérie, au plan d'incendie révolutionnaire via la guerre qui installerait « les Soviets partout ».

Tout fit ventre idéologique, y compris quand l'État-major apprit que l'affaire Toukhatchevski (mai-juin 1937) ne résultait pas de l'acharnement de Staline à supprimer ses rivaux. Avec la perspective d'une URSS ouverte à la Wehrmacht, la maison brûlait en France. Les cagoulards militaires et leurs complices y puisèrent nouveau prétexte à écarter la collaboration militaire que Laval, pressé par Staline, à Moscou, avait dû promettre en mai 1935. De cette promesse forcée ni le Quai d'Orsay ni la Guerre n'avaient amorcé l'exécution, même sous Blum, qui refusa aussi l'union Paris-Prague-Moscou réclamée par Pierre Cot. De décembre 1937 à mai 1940, Palasse, attaché militaire aussi isolé que Faucher, décrivit, en vain, une Armée rouge capable de protéger ses alliés de l'Ouest et d'écraser son assaillant.

Les choses allèrent comme prévu, bien que l'agonie de Prague inquiétât parfois « les fossoyeurs » qui tordaient le bras à Bénès : et si la Tchécoslovaquie, à la forte combativité populaire à l'été 1938, demandait à l'URSS, résolue à honorer le pacte du 16 mai 1935 jusqu'alors neutralisé par la France, d'assurer sa survie ? Par bonheur, sa bourgeoisie capitula en arguant qu'« une guerre aux côtés de l'Union soviétique n'aurait pas été seulement une guerre contre l'Allemagne mais [...] un combat aux côtés du bolchevisme »[37]. Les événements du printemps 1939 suscitèrent un inquiétant sursaut populaire français, mais les élites purent, après la farce de la mission franco-anglaise d'août à Moscou, imputer aux « traîtres nés » soviétiques – formule savoureuse d'un Flandin en service allemand[38] – l'avis officiel de décès de l'Entente tripartite : la signature du Pacte germano-soviétique, que diplomates et militaires en poste à Moscou avaient depuis 1933 prévue comme alternative obligée à la résurrection de l'Entente.

La furie antibolchevique qui s'empara alors de la France et enfla encore avec la guerre russo-finlandaise a inspiré à certains analystes l'hypothèse de la folie de ses politiciens. De septembre 1939 à mai 1940, les projets d'assaut en Finlande ou à Bakou ne visaient pas l'URSS, dont le Reich s'occuperait bientôt : ils masquèrent la phase finale de l'« entreprise de trahison ». Tandis que ses artisans civils et militaires négociaient la « paix » avec l'Axe Rome-Berlin, ce tapage couvrit l'absence de « front du Nord-Est » et la guerre *consécutive*, d'apparence idéologique, contre l'ennemi intérieur. L'État au complet, avec le faux « Colbert-Carnot » du faux « réarmement », le synarque Raoul Dautry, la police et l'État-major, traqua les vaincus de novembre 1938, cœur de l'antifascisme – Flandin s'en plaignait aux agents nazis – dont on craignait les soubresauts contre l'envahisseur.

Le dossier soviétique, comme l'allemand, inciterait à suivre Marc Bloch sur « les responsabilités des militaires français [...] plus dangereuses et plus coupables » que « celles des politiciens comme Laval, des journalistes comme Brinon, des hommes d'affaires comme ceux du Creusot, des hommes de main comme les agitateurs du 6 février »[39]. C'est eux qui étaient chargés de la défense des frontières, obligation sacrée qu'un collaborateur de Blum (Blumel) crut capable d'atténuer, au secours de l'Espagne voisine, leurs préjugés de classe. « La guerre civile étrangère » (Chautemps) déclenchée en Espagne et remportée par l'Axe, tuteur de Franco, fournit au contraire à la « Cagoule militaire » guidée par la synarchie son modèle intérieur définitif et une aide décisive. L'État-major était précisément mû par la haine de classe qui lui faisait postuler l'infinie supériorité de son « esprit latin » sur ces judéo-bolcheviques déguisant des « laveur[s] de vaisselle » en chefs militaires[40]. Plus que les militaires pourtant, les hommes d'affaires de moins de « 200 familles », renouant avec Thiers et Bazaine, guidèrent la « haute trahison », « taxinomie » contemporaine selon le dictionnaire Robert de 2004 : « Intelligence avec une puissance étrangère ou ennemie, en vue ou en cours de guerre. »[41]

ÉPILOGUE

En verrouillant « l'instruction du procès » dont il détenait les pièces, l'État interdit après la Libération, contre les attentes d'avril 1944 de Marc Bloch, « de faire la lumière sur les intrigues menées chez nous de 1933 à 1939 en faveur de l'Axe Rome-Berlin pour lui livrer la domination de l'Europe en détruisant de nos propres mains tout l'édifice de nos alliances et de nos amitiés »[42]. De Gaulle fit exécuter en mars 1944 le grand synarque Pucheu, concession publique au PCF, cible avant-guerre et pendant l'Occupation de « l'homme de sang », mais surtout signal à Washington, qui, rêvant d'un Vichy sans Vichy, collaborait depuis 1941 avec synarques et cagoulards à une *Pax Americana* sans heurts et sans le Général[43]. L'audace, qui déclencha un « concert d'imprécations anticommunistes » et fit frémir la synarchie « pour l'avenir, au cas où les troupes d'occupation seraient amenées à quitter le territoire français », fut limitée, calculée et unique. Pucheu, « parti à Alger dans le dessein de noyauter la résistance et d'éliminer de Gaulle [,...] n'a été que faiblement défendu par les Anglo-Américains qui, par contre, ont insisté pour que MM. Flandin et Peyrouton ne soient pas jugés en même temps que lui »[44] : Londres et Washington eurent satisfaction[45]. Le nouvel État avait entre Alger et Paris retenu deux chefs d'accusation, « collaboration avec l'ennemi » et « trahison » (respectivement visés par les articles 87 et suivants et 75 et suivants du Code pénal). Nouveau garant d'un *statu quo* incompatible avec l'épuration des élites, obsédé par l'ennemi intérieur renforcé[46], il sabota le premier chef d'accusation (hors du présent sujet) et anéantit le second.

L'instruction fut pour le synarque Piétri, aussi lié au groupe Worms après la Libération qu'avant[47], menée avec la mollesse dont témoigne ce courrier de mars 1946 du directeur de la PJ à celui du cabinet du préfet de police : « Il a été trouvé trace aux Archives centrales de ma direction d'un certain Piétri François, né le 8 août 1882 à Bastia (Corse) faisant l'objet d'un mandat d'arrêt du juge militaire Stehle en date du 20 octobre 1944 pour trahison, non encore exécuté à ce jour. »[48] Un juge anonyme tonna, après le procès Pétain, contre les privilèges de Weygand, convaincu par ses propres « déclarations devant la Cour de Riom » et par les séances du « procès Pétain » de « responsabilité décisive [...] dans la capitulation de juin 1940 ». Le « général factieux [...] mû par la haine de la République » avait « impos[é...] non pas seulement la cessation de toute résistance métropolitaine, mais l'humiliation d'un armistice qui équivalait à une reddition totale de la France et de son Empire. Ce n'est donc pas uniquement la République, la "gueuse", que ses actes ont tendu à avilir et à menacer dans son existence, mais la France même. Ce seul fait suffisait amplement à justifier l'ouverture d'une information fondée sur les articles 75 et suivants du Code pénal ».

Le Parquet général de la Haute Cour avait « englobé Weygand dans son réquisitoire liminaire, qui invoquait le double chef d'atteinte à la sûreté intérieure de l'État et d'intelligence avec l'ennemi ». Or, après l'arrestation de mai 1945[49], il a « cru devoir prendre un nouveau réquisitoire limitant les poursuites au chef d'atteinte à la sûreté intérieure. Inculpation singulièrement édulcorée qui ne saurait déplaire, ni à ce général qui n'a jamais caché ses opinions antirépublicaines, ni à ses hauts protecteurs ». Le Parquet a donc abandonné « le chef d'intelligence avec l'ennemi », alors que c'était « bien à la sûreté extérieure que l'atteinte principale a été portée. [...] Il n'est que temps de mettre fin à une anomalie qui permet encore à Weygand de jouir du régime politique et d'échapper à l'inculpation infamante qu'il paraît mériter », soutenu par « certains milieux militaires [...] étrangers à l'esprit de la Résistance [...]. Pour ma part, je me refuserai à couvrir une faveur spéciale que rien ne saurait justifier et que ma conscience condamne »[50].

J'ignore si le magistrat changea d'avis ou si on lui trouva un remplaçant flexible, mais l'épuration judiciaire, qui frappa quelques journalistes et hommes de main, épargna les politiciens, davantage les hommes d'affaires[51] et presque tous les militaires et les inspecteurs des Finances. De « trahison », il ne fut plus question du tout, de « collaboration », à peine. Du Moulin de Labarthète, féroce en 1944, se rétracta en 1946 sur Barnaud, non par conversion à l'honnêteté comme l'a cru Kuisel[52], mais parce que les protections synarchiques du directeur général de la Banque Worms le rendaient invulnérable. L'inspecteur Vilatte n'entendit contre lui en 1945-1946 que trois voix discordantes – dont au moins deux de synarques : Couve de Murville décrivit Barnaud au début de l'Occupation « encore convaincu que l'Allemagne avait définitivement gagné la guerre, et que l'intérêt de la France était de chercher à s'entendre avec elle, en particulier sur le plan économique »[53] ; Pierre Vallé, jeune auditeur à la Cour des comptes, seul à se référer (avec précision) à la synarchie, dit avoir « par [s]es occupations et [s]es relations [...] très souvent entendu parler de lui et de son action », mais il n'avait « jamais vu M. Barnaud » ; Robert Lacoste, synarque resté au service du patronat, avait, par rancune envers le tuteur de son rival Belin, « transmis à la Cour de justice un certain nombre de document accablants pour l'inculpé ». « M. Barnaud, *observa-t-il,* jouit de très nombreuses relations et certainement bénéficie de puissants appuis dans tous les milieux. Beaucoup de hauts fonctionnaires de l'Inspection des Finances et de la Production industrielle, même résistants authentiques, sont moralement contraints de témoigner en sa faveur, car ils lui doivent tout. Il en est de même de nombreuses personnalités en vue des milieux bancaires. »[54] Dans son enquête auprès des ministères du Travail, de la Production industrielle, de l'Économie nationale et des Finances, l'inspecteur Vilatte ne put « recueillir le moindre renseignement sur l'inculpé, celui-ci n'ayant jamais été traduit devant les commissions d'épuration de ces ministères. Au[x...] Finances, dont Barnaud dépendait plus particulièrement, M. Poher Alain, chef des services sociaux [et...] président du jury d'honneur de ce ministère » – et futur politicien –, lui déclara : « Je n'ai rien dans mes archives. »[55]

Entouré de synarques, Charles Rist, qui avait le 20 avril 1945 devant le juge d'instruction Henri Mazel cité le vif échange Vergniaud-Alibert de 1942 sur « la trahison » des conjurés de 1940[56], refusa le 21, interrogé par Pierre Bouchardon, de confirmer « la note dactylographiée » qu'Alexandre Parodi, ami de ses trois fils et informé par au moins deux d'entre eux, avait « versée à la procédure, au cours de sa déposition » du 19. Le secrétaire d'État au Travail de De Gaulle avait appris l'affaire de Jean Rist « au début d'avril 1943 » et c'est « votre fils Léonard [,...]

actuellement en Angleterre », précisa Bouchardon, qui lui a remis cette « note ». Le texte (absent du dossier) en était net mais, répondit Rist, « je ne me sens pas assez éclairé, au seul vu d'un témoignage unique, celui de M. Alibert, pour avoir une opinion ». Le juge sollicita aussi vainement « quelques renseignements complémentaires » éventuels[57] : le banquier ne dit mot des « synarques de la Banque Worms », accusés par son journal d'avoir « financé » Alibert et « les gens du CSAR »[58].

Le synarque Paul Baudouin avait depuis 1942-1943, en « contacts étroits » avec le synarcho-cagoulard Lemaigre-Dubreuil, « joué un rôle important dans la préparation politique et économique du débarquement allié en Afrique du Nord, [...] au Maroc, en Espagne et au Portugal, en liaison avec les services anglais et américains et les membres du Deuxième Bureau français reconstitué en Algérie » ; et planifié les termes économiques de la *Pax Americana* : « À Marseille [,...] M. Baudouin [...] favoris[ait] l'achat d'actions de sociétés africaines par des financiers américains. »[59] Contre l'ancien ministre de la IIIe République et de Vichy, en fuite depuis le 13 août 1944[60], fut retenu le « chef de trahison, infraction prévue par les articles 75 et suivants du Code pénal » – appliqué à Pétain « et cinquante neuf autres ministres ou secrétaires d'État » en septembre 1944[61]. Toujours en fuite (jusqu'à son arrestation du 31 mars 1946), Baudouin demeurait en janvier 1945 « inculpé d'intelligence avec l'ennemi »)[62], sur la base d'un dossier bien établi[63]. Ses activités interalliées ne purent qu'aider le riche banquier – détenteur, d'après « une expertise comptable », d'une « fortune [de...] 52 millions » ménagée par l'État gaulliste[64] – à échapper, comme ses pairs, à ces stigmates. Il avait certes dû subir les désagréments d'un séjour à la prison de Fresnes, du procès et de la peine du 3 mars 1947, infamante mais légère (cinq ans travaux forcés, achevés sur sa « libération conditionnelle » du 13 janvier 1948)[65]. La liste serait fastidieuse.

« Messieurs, » avait dit Jean Bichelonne « à ses collaborateurs » début août 1944, au moment de quitter Paris dans les fourgons de l'occupant, « les armées allemandes sont vaincues, tout le travail est désormais inutile, nous avons misé sur le mauvais tableau, vous pouvez maintenant jouer aux dés ou aux cartes pour savoir où je serai pendu ou fusillé ! ». Lui-même mourut « des suites d'une opération dans une clinique des environs de Berlin »[66], mort naturelle et aubaine pour ses pairs qui lui imputèrent la « collaboration économique » sans avoir à se justifier de « trahison »[67]. Bichelonne se trompait. La synarchie-qui-n'existe-pas demeura intacte dans l'administration et se maintint au gouvernement, avec le cas avéré de Dautry. En juillet 1945, les RG l'estimaient active et dotée d'« environ 1 500 à 2 000 membres »[68]. Le « groupe de Nervo » s'affichait comme « un [de ses] pivots financiers »[69], fonds électoraux compris[70], devant les Banques Worms, Lehideux et d'Indochine tenues à discrétion provisoire[71]. Les cagoulards, militaires en tête, dont on loua dans les procès d'après-guerre le patriotisme retrouvé depuis l'été 1940[72], jouirent des mêmes douceurs.

Notes

Exergue (note de la page VII)

1. *Cahiers politiques* n° 8, « À propos d'un livre trop peu connu », *L'étrange défaite*, p. 253.

Prologue (notes de la page 1 à la page 44)

1. Journal de Pierre Nicolle, PJ 39, *passim*, APP.
2. Renseignements généraux (plus loin RG), mars 1944, GA, B 8, Jean Bichelonne, APP.
3. Sur le pseudonyme, RG 2, dossier 397, 16 janvier 1941, GA, S 5, Auguste Salmon dit Paul Lepetit, APP ; identification sûre, RG, 24 août 1941, GA, M 3, Mouvement synarchique d'empire (plus loin, MSE), APP ; et maint dossier de F7 15343, AN.
4. Liste des « dirigeants » et membres du « Cercle européen » (organisation collaborationniste), *in* rapport des inspecteurs Valentini (principal) et Bazier et Meyniel, Paris, 18 novembre 1944, PJ 32, APP.
5. Article cité, éditorial, « J'accuse », et rapport du service des sociétés secrètes (SSS), 25 juin 1942, F7 15343, AN.
6. Bloch, *Étrange*, biographie, p. 8-9, et *Cahiers politiques* n° 8, « À propos d'un livre trop peu connu », p. 253.
7. Bibliographie des récentes synthèses, dont Jackson, *The fall* et *La France*, et Hayes, *Industry*.
8. Rapport cité, sans date (sd), 1942 ou 1943, avec « appréciation de XP/150 » (RG), août 1943 : « Assez fantaisiste », mais contenant « des indications dont certaines mériteraient une enquête et des recherches attentives », F7 15343, AN.
9. A/6569, 21 août 1930, F7 12957, AN.
10. A/1026, 30 janvier 1931, F7 12958, AN, et RG, 18 juin 1931, GA, L 2, Albert Lebrun, APP.
11. Le conseil général (CG) manuscrit de 1926, quoique postérieur à la chute définitive du Cartel des Gauches, est précieux, ABF.
12. Minute 712, 31 mai 1926, et RG 282576, février 1933, GA, W2, de Wendel, APP.
13. Gillingham, *Belgian Business, passim,* Lacroix-Riz, *Industriels*, p. 8.
14. Rapport direction générale de la Sûreté nationale (DGSN)-direction des Renseignements généraux (DRG), Paris, 6 octobre 1944, et rapport bancaire de juin 1941, PJ 40, Jacques Barnaud, APP, et *infra*.
15. Rapport RG sans date, de 1931, sur la Ligue des Jeunesses patriotes, « nombreux parlementaires [au CD], notamment M. Le Corbeiller, Édouard Soulier, Delsol, Ybarnégaray, Émile Daure, Calliès, Blaisot, Marcel Héraud, de Wendel [François], Sérot, Péchin, Coutel, Groussau, Evain, Rodez-Bénavent, Reibel, Bloud, Mottu, de Fels, Pernot, Dumat, de Tastes, Moncelles, de Waren, Flandi, d'Aramon, abbés Bergey et Desgranges, député, et MM. Viellard, Bompard, de Bois, de Leusse, général Bourgeois, Hervey, Roussel, général Stulh, sénateurs ».
16. DRG, 4e section, note du 11 décembre 1945, F7 15343, AN.
17. Rapport bancaire de juin 1941, 72 p., PJ 40, Jacques Barnaud, APP, et *infra*.
18. Rapports bancaire de juin 1941 et de l'inspecteur principal à la PJ Vilatte, cabinet d'Henri Mathieu, commissaire près la Haute Cour de Justice (CIHCJ), Paris, 15 mars 1946, PJ 40, Jacques Barnaud, APP.
19. Lewinsohn est précis sur l'allemande, *L'argent*, chapitre 4, « L'argent dans la presse », et *infra*.
20. P/4385, 15 décembre, et F 9061, Paris, 17 décembre 1923, F7 12952, AN.
21. Séance du 26 avril 1934, BA 1856, IGS, commission d'enquête, APP.
22. RG, Allemagne, 15 mars 1930, puisé à un article du 2 de la revue pacifiste *Die Menscheit* sur la presse allemande, F7 13427, AN.
23. Extraits du conseil général (plus loin, CG manuscrit), I, 2 août 1926, p. 35-36, ABF.
24. CG de la Banque de France (CGBF), séance 10, 6 mars 1930, p. 73, ABF.
25. CGBF, séance 8, 22 février 1934, p. 86, ABF.
26. Article du 10 janvier, C/11, Paris, 11 janvier 1937, F7 14875, AN. « Pause », *infra*.
27. Mêlés, Bellanger *et al.*, *Histoire*, t. III, p. 495-496 et 500 ; Moreau, *Souvenirs*, p. 155 et index.
28. Presse (la grande, fort discrète) depuis 2003 sur les empires de presse Lagardère et Dassault.
29. Mêlés, RG sans n°, 4 septembre, et P/5645, 13 octobre 1923, F7 12952, AN.
30. Note F. 9733, 10 février 1925, F7 12953, AN. Rôle politique du CF et ton de *L'Avenir*, 1918-1936, F7 12951 à 12961, AN.
31. A/4471, 8 mai 1931, F7 12958, AN ; sur son poste à Berlin, *infra*.
32. P. 859, 15 janvier 1935, F7 12959, AN.
33. RG, 30 septembre et 2 octobre 1931, 15 et 26 décembre 1932, BA 1983, Léon Bailby, APP.
34. RG, 26 décembre 1932, 3 janvier 1933, BA 1983, Léon Bailby, APP ; RG, 5 décembre 1932, dossier *Paris-Midi*, F7 14876, AN.
35. Rapport RG sur Havas, 14 mai 1927, F7 14877, AN.
36. A/2565, 6 mai 1927, F7 12955, AN.
37. A/9247, 23 novembre, et A/7556, 24 septembre 1931, F7 12958, AN.
38. Rapport RG sur *Paris-Midi*, décembre 1929, GA, P 4, Paris-Midi, APP.
39. RG, 9 décembre 1936, 8 janvier 1937, et notice Jean Prouvost annexée au rapport sur le « Groupe Prouvost », sans date (sd), après juillet 1955, GA, P 7, Jean Prouvost, I (trois dossiers), APP.
40. RG, 27 février 1928, GA, F 3, Ludovic-Oscar Frossard, APP.
41. A.V. A/652, 26 janvier, et RG, 12 octobre 1927, F7 13240, AN.

42. RG, fiche sur Charles Vioud, 3 novembre 1951, GA, V 1, Charles Vioud, APP.
43. « La journée des dupes », article non signé, 14 novembre 1928, F7 12956, AN.
44. Bellanger *et al.*, *Histoire générale*, t. III, p. 562.
45. RG, 27 février 1928, 31 mai, 13 octobre 1932, 2 février 1937, GA, F 3, Frossard, APP.
46. P. 9020. U, 15 janvier 1924, F7 12952, AN. Prébendes de Millerand depuis les années 1920 et liens avec le Comité des Forges, *ibid.* et autres « notes Jean ».
47. Pétain, en 1934, déposition de Loustanau-Lacau au procès Pétain, 30 juillet 1945, F1 a, 3310, AN.
48. Paul Coblentz, à une réunion au Club du Faubourg, PP 7 juin 1935, BA 2039, Pierre Laval, APP.
49. Correspondance (plus loin PP) 181, 6 décembre 1930, BA 2039, Pierre Laval, APP.
50. Note « Fondateurs du Mouvement synarchique d'empire », sd, 1945, F7 15343, AN, et rapport D.40.194, mai 1941, PJ 46, Laval, APP.
51. *Industriels*, index.
52. A/6858, 5 octobre 1927, F7 12955 ; A/1648, 18 février 1928, F7 12956, AN ; PP 181, 6 décembre 1930, BA 2039 ; D.40.194, mai 1941, PJ 46, Laval, APP. Cointet muet sur les affaires de cet « homme d'affaires », *Laval*, index.
53. PPs 181, 3 juillet 1933, et 487, 12 mars, RG 29 avril 1936, BA 2039, Pierre Laval, APP.
54. « Renseignements pour la DST », 8 janvier 1945, RG, 5 et 16 mars 1934, BA 2039, Laval, APP.
55. PP 431, 25 janvier 1935, BA 2039, Pierre Laval, APP.
56. Alexander Werth, *The twilight*, p. 23, et Pertinax, *Les fossoyeurs*, t. II, p. 45.
57. A/2602, 11 avril, A/3911, 31 mai, A/5600, 9 août, A/2157/SF, 10 août, A/7844, Paris, 3 novembre 1927, F7 12955, AN, et autres « notes » Jean.
58. Minute 712, 31 mai 1926, GA, W2, de Wendel, APP.
59. RG, 28 juin 1935, F7 13241, AN.
60. Note 4302, 27 avril 1929, F7 14874, AN, et RG, février 1933 (remplacé par Martinaud-Déplat), GA, P 3, Édouard Pfeiffer, APP.
61. P. 1033, 3 décembre 1934, P. 518, 29 juin 1935, F7 14874, AN.
62. RG, février 1933, GA, P 3, Pfeiffer, APP, et RG, 12 juillet 1935, F7 12960, AN.
63. PP 429, 28 mai 1937, BA 2036, Jean Ybarnégaray, APP.
64. Lewinsohn, *L'argent*, p. 86-89 et p. 235 (cite François Marsal, « membre de trente-deux conseils d'administration »), P/497, 9 janvier 1935, 1935, F7 12959, AN (et notes Jean, *passim*).
65. RG, 14 octobre 1930, 27 mars 1933, 5 mars 1934, BA 2039, Laval, APP.
66. PP 429, 19 février et 13 septembre 1937, BA 2039, Laval, APP.
67. Lettre A 3673 de Hoesch, ambassadeur à Londres, à Neurath, 17 octobre 1934, *DGFP, C*, III, p. 492.
68. PP 181, 6 décembre 1930, BA 2039, Laval, APP.
69. RG, avril 1932, décembre 1934, GA, T6, Pierre Taittinger, APP.
70. A/156, 7 janvier 1927, A/1545, 4 mars 1926, RG, 3 mars 1927, F7 13232, A. 6336, 12 juillet 1926, F7 13233 (et 13233-4, détails régionaux), AN.
71. A/10305, 23 octobre 1930, F7 13235, AN ; à la Ligue républicaine nationale de Millerand, *infra*.
72. PP, 15 septembre 1931, 13 décembre et 18 novembre 1930, BA 1951, Parti républicain, national et social (Pierre Taittinger), 1930-1939, APP.
73. Suggéré, Jeanneney, *François de Wendel*, p. 437.
74. Membre, avec l'abbé Bergey, député de la Gironde ; le général de Curières de Castelnau ; Louis Guibal ; Jacques Marcellot ; Dr Oberkirch, député du Bas-Rhin ; Antoine Redier, directeur de la *Revue Française* ; Henry Reverdy ; le comte Édouard de Warren, député de Meurthe-et-Moselle, du « Comité d'initiative » de la brochure d'A.-G. Michel publiée sous l'égide de la Fédération nationale catholique, *La dictature de la Franc-Maçonnerie sur la France*, Paris, Éditions SPES, 1924.
75. Rapport RG sd, 1931, sur la Ligue des Jeunesses patriotes, BA 1942, Jeunesses patriotes, APP : « Nombreux parlementaires [au CD], notamment M. Le Corbeiller, Édouard Soulier, Delsol, Ybarnégaray, Émile Daure, Calliès, Blaisot, Marcel Héraud, de Wendel [François], Sérot, Péchin, Coutel, Groussau, Evain, Rodez-Bénavent, Reibel, Bloud, Mottu, de Fels, Pernot, Dumat, de Tastes, Moncelles, de Waren, Flandin, d'Aramon, abbés Bergey et Desgranges, député, et MM. Viellard, Bompard, de Bois, de Leusse, général Bourgeois, Hervey, Roussel, général Stulh, sénateurs. »
76. RG, 3 novembre 1933, BA 1942, Jeunesses patriotes (JP), APP.
77. J'ai opté pour Kerillis (non Kérillis), RG, 26 février 1934, BA 1942, JP, BA 1941, parti national populaire (PNP), APP.
78. Note MP, 18 mai 1927, rapport du commissaire spécial (CS) de Lyon 2399, 17 novembre 1928, etc., F7 13194, A/9186, 17, RG, 16 décembre 1927, F7 13195, et tous volumes AF, AN.
79. J.-M. Hermann, « M. Émile Moreau financier royaliste », *Populaire*, 9 juin 1937, GA, M 1, Émile Moreau, APP ; A/5054, 14 mai 1930, F7 12957, AN.
80. PP 337, 18 septembre 1930, 172, 30 octobre 1933, RG, 20 novembre 1933, 15 décembre 1936, GA, C 5, Georges Claude, APP.
81. CG manuscrit, I, 4 novembre 1926, p. 153-155, ABF.
82. RG, 27 janvier 1936, GA, S 21, Jacques Stern, APP.
83. RG, 1er septembre, 7 février 1933, GA, H 2, Henry Haye, APP.
84. RG, 3 novembre 1933, BA 1942, JP, APP ; P/241, 4 janvier 1935, F7 12959, AN.
85. SF/n° 531, 11 mai 1949, F7 15285, AN, et RG, 3 novembre 1951, GA, V 1, Charles Vioud, APP.
86. RG, 4 juillet 1935, BA 1945, Doriot, 3 août 1937 BA 2023, Pozzo di Borgo, APP, et *infra*.
87. Note État-major, anonyme, 15 septembre 1938, N 579, SHAT, et *infra*.
88. Terme clé d'une leçon d'histoire que m'a dispensée M. Daumas, Daumas et *al.*, *L'Occupation*, p. 436-437.
89. Caillaux, voulu à la place de Briand. « Gros bonnets », citation du *Nouveau* Siècle, F. 10186, 4 mars 1926, F7 12954, AN.
90. Liste des travaux cités, dont Rémond, *Les Droites*, Soucy, *The first wave*, notes 4-6, p. 243-244.
91. Sternhell, *Ni droite* et *Naissance* ; pour Brunet, dont la thèse fut consacrée par le triomphe académique de la fusion, Doriot est fasciste en ce qu'il demeure communiste, *Jacques Doriot, passim.* Berstein, « La France des années 1930 », Milza, *Les fascismes*, et *Fascisme français*, etc.
92. Lacroix-Riz, « Complément à la bibliographie » et *L'histoire contemporaine*.
93. Dard, *Le rendez-vous*, p. 237-239 (237-243) ; Rousso, interviewé dans *Libération*, 7 octobre 2005.

94. *Le mythe, cf. infra.*
95. F7 13194 à 13198, AN, Soucy, vol. 1, Brian Jenkins, « L'Action française à l'ère du fascisme : une perspective contextuelle », Michel Dobry, *Le mythe,* p. 107-154, remarquable.
96. Sur son effritement depuis 1927, F7 13195-13196, AN, et *Le Vatican.*
97. RG, mai 1925 (AF), A/3359 bis, 13 avril 1926 (AF et rivaux), F7 13194 ; 28 janvier 1926, F7 13231, rapports sur les JP, mai 1925, A/156, 7 janvier 1927 (souligné dans le texte), A/2449, « Jeunesses patriotes. Armement », sans date, RG, 15 juin 1928, F7 13232, et la série, jusqu'à 13236 inclus, AN.
98. Correspondance depuis RG, 16 octobre 1925, F7 13195, AN.
99. PP, 21 novembre et 25 décembre 1925, F7 13245, AN. Sur Marsal, voir aussi les notes Jean.
100. Citation, A/1060, 27 mai 1926, F7 12954, AN, et feuilleton des notes Jean.
101. PP, 14 janvier, et A.1300, 15 février 1926, F7 13245, AN.
102. Municipaux compris, à Paris, A/7810, 4 octobre 1928, F7 12956, etc. AN.
103. Mêlés, A/1137-S.F, 16 janvier, RG, 2 mars, V.L/ Paris, 12 avril, note de septembre 1926, note sd, « Membres du conseil d'administration », F7 13240, AN.
104. Liste, A/3359 bis, 13 avril 1926, F7 13236, AN.
105. RG, 15 mai, 26 novembre, 3 décembre 1925, et tout le volume, BA 1905, Fédération nationale catholique, 1922-1943, APP ; et F7 13237, Ligue Républicaine Nationale, 1926-7, et affiches, 1934-1935, AN.
106. Liste, A/3359 bis (la lettre A désigne la Sûreté générale, SG), 13 avril 1926, F7 13236, AN. Redressement français absent pour n'avoir pas encore tenu congrès.
107. RG, 29 janvier 1926, F7 13220, AN.
108. RG, « au sujet du mouvement d'opposition catholique », octobre 1924, F7 13228, et « réunion privée au siège de la Ligue », 3 juin 1925, F7 13228, AN.
109. Philippe Burrin, *La France,* p. 62-64.
110. PP, 14 janvier, et A/1300, 15 février 1926, F7 13245, 29 octobre, 28 décembre 1927, 19 novembre 1928, F7 13195, etc. AN. Lacroix-Riz, *Le Vatican*, chapitres 5, 8 et 9, et série sur le catholicisme F7 13213-13228, AN.
111. A. 5695, 6 juillet 1928 (enrichissement précisément décrit), F7 12956, AN.
112. RG, transmis par lettre 310 du ministre de l'Intérieur (MI) au ministre de la Guerre (MG), 13 janvier 1926, etc., F7 13194, A/9629, 23 novembre 1925, F7 13195, dossier « Manifestations », F7 13196, et tout jusqu'à 13198, AN. Et Irvine, « Fascism in France ».
113. Avoué par Perrier, directeur des RG, à Vincent Auriol, député SFIO, séance, 2 mars 1934, BA 1857, commission d'enquête sur le 6 février, APP.
114. Rapports sur Coty et la Solidarité française, 4 novembre 1933, et sur les Croix de Feu, sd, après février 1934, BA 1961, APP.
115. NS, RG, 9 janvier 1926, F7 13198 ; orateur du DRAC, correspondance policière du 2 juin 1927, Saint-Étienne, F7 13228, membre de la FNC, toute la série ; RG, juin 1928, mars 1929, F7 14818, AN.
116. Baudouï n'use pas du mot, mais montre la chose, *Raoul Dautry,* index.
117. Rapport 1114 du commissaire des RG de Saint-Étienne au directeur de la SG, 7 avril, A.V, A/2512, 4 avril, RG, 9 avril, A/2566, 6 mai, V.L/, 18 octobre (Raoul Dautry, et *infra*) 1927, F7 13240, AN.
118. A.V 4, A/755, Paris, 20 janvier 1928, V.L/, 3 et 17 décembre 1927, F7 13240, AN. Billiet (et Garrigues, *Les patrons,* p. 165-172 et 174).
119. A.V 4, A/755 et M.D A/2938, 20 et 21 janvier 1928, PV de réunions de 1928, et RG, 2 janvier 1929, F7 13240, AN.
120. *Vatican, passim,* dont p. 199-203, et Baumann, « De la propagande ».
121. Information, 30 octobre 1944, commentaire manuscrit sur son intérêt souligné dans le texte, GA, S 10, Suhard, APP.
122. Gillingham, *Belgian Business, passim.*
123. PV de son audition par Marc Bergé et Roger Collin, pièce 155/8, 26 octobre 1946, F7 15328, Du Moulin, AN.
124. Kuisel, art. cit., *passim.* Titre complet du rapport Chavin, F7 15343, AN.
125. *La France,* p. 193 – source, un PV de conférence officielle de 1943 de Bichelonne.
126. Paragraphe « Quels synarques ? », Baruch, *Servir,* p. 220-3, qui cite *Le Temps des illusions.*
127. *La synarchie,* notamment « Les communistes contre la synarchie », p. 142-145.
128. Bloch-Lainé et Gruson, *Hauts fonctionnaires,* p. 46 (et note 1)-47, et 70. Souligné par moi.
129. Rist, *Une saison,* 18 décembre 1942, p. 301-302.
130. Homme de Worms dès la guerre au plus tard, Journal de Pierre Nicolle, PJ 39, 24-26 mai, 15 juillet 1944, APP, il fut son chargé de propagande anticommuniste et antisoviétique, Faligot et Kauffer, « La revanche de M. Georges », *Éminences grises,* p. 133-170, et surtout RG, août 1952, GA, W 1, Hippolyte Worms, APP.
131. Rapport final », *Cahier* n° 51, 15 décembre 1946, p. 5-6, conforme au rapport Michel de juillet 1944 (traduction), 3W, 358 (Kuisel, « Legend », p. 394) ; *Industriels,* p. 23-26 (Michel et *al.* du *MBF*), 480-490, et n. suiv.
132. Dard, qui ne cite rien, *La synarchie,* n. 1, p. 217 (muet sur les rapports de Londres cités par Langer).
133. Est-ce par hostilité à Vichy que Washington tenta d'en sauver tout le personnel (Darlan compris), en débarquant en Afrique du Nord ? Bibliographie inépuisable sur le vichysme américain, depuis Duroselle, *L'abîme* ; écho, Lacroix-Riz, *Industriels* et « Quand les Américains voulaient gouverner la France », *Le Monde diplomatique,* mai 2003, p. 19.
134. Précisions mêlées, Ivan Avakoumovitch, lettre du 1er mai 2000 ; Jeremy D. Popkin, « The Historian-Autobiographers », http://www.geocities.com/CapitolHill/2807/lhlanger.html ; *Harvard Magazine,* November-December 2004, http://www.harvardmagazine.com/on-line/110484.html.
135. Tel celui du service de Langer (15 novembre 1943) sur « les activités de la Banque Worms et Cie », *Our gamble,* p. 167-171 (citations, p. 168-170).
136. Ligne « Petiet » contre d'éventuelles tentations ultra-marines de Worms, Lacroix-Riz, « Les CO et l'Allemagne », p. 51-52, et *Industriels,* p. 23-26.
137. Note de l'inspection générale des services de police administrative, Vichy 19 août 1940, Pierre Nicolle en signala de semblables, 29 août 1940, Journal Nicolle, PJ 39, APP.
138. Note Wi II/193/41, « Influence des Banques », mars 1941, AJ 40, 774, et avis du MBF sur la Banque Worms, *Industriels,* p. 23-26.

139. RG, 27 juillet 1939, GA, N 4, Pierre Nicolle, APP.
140. Journal dactylographié 1940-1944, classé par année, PJ 39, APP trafiqué aussi (démonstration, à partir des entrées du début 1941, inutile ici). *Cinquante mois* maquille son rôle très actif dans la propagande et la répression (surtout sous Laval), la violence de son antisémitisme, de son anti-bolchevisme, de son fascisme et sa haine des « Alliés » (pas seulement l'URSS). Son « journal » même laisse ignorer son rôle d'agent de la Gestapo, lié à Boemelburg, RG, Vichy, 21 janvier 1942, cité *in* commission rogatoire (CR) contre Vioud de Gareau, conseiller à la Cour de Cassation, 15 janvier 1946, dossier Vioud, F7 15343, AN.
141. « 2-7 juillet 1940 », Journal Nicolle, PJ 39, APP.
142. Kuisel, « The legend », p. 387, et 1er juin 1941, Journal Nicolle, PJ 39, APP.
143. De Georges Politzer notamment, *Industriels,* p. 454 ; témoignage, effroyable, des communistes Grenier et Mercier au « procès Pucheu », (7 ?) mars 1944. GA, P 4, Pierre Pucheu, APP.
144. « Dans sa villa », absent de l'imprimé (p. 401), 25 janvier 1942, Journal Nicolle, PJ 39, APP.
145. Voir sur Martin « Le complot de la Synarchie française », sd, après 15 février 1945 (dossier « Le Dr Martin et la Synarchie »), F7 15343, AN ; sur Vioud et Nicolle, SF/n° 531, 11 mai 1949, F7 15285, AN, et RG, 3 novembre 1951, GA, V 1, Charles Vioud, APP, RG XP 2 n° 212, Paris, 19 juin 1947, DRG, Paris, septembre 1948, F7 15343, AN, etc.
146. Titre du sous-dossier contenant ce « rapport confidentiel », F7 15343, AN.
147. Notes, 15 avril, souligné par moi, et n° 5902/2/POL.-RENS., IG des RG, Vichy, 9 août 1941, qui reproduit *in extenso* cette note « établie il y a quatre mois environ », F7 15343, AN.
148. RG, 19 août 1941, GA, P 4, Pierre Pucheu, APP. « Théalet, secrétaire de Coutrot, décédé » (mention renforçant la thèse qu'il était le second bavard), rapport Vilatte sur la synarchie, Paris, 1er juin 1947 (après enquête sur CR de Gareau, 25 février 1946), PJ 40, Jacques Barnaud, APP.
149. Cette précision sur Théalet, DRG, 4e section, 11 décembre 1945 sur l'article de *Die Weltwoche* (suisse) du 30 novembre (« un résumé assez bien compris des multiples aspects que montre le problème » : « Bibliographie journalistique de la Synarchie de juillet 1940 au 1er juin 1945 » annexée à XP2, Paris, 8 juillet 1946), F7 15343, AN.
150. Rapport Chavin, juin 1941, F7 15343, AN.
151. Dard, *La synarchie,* p. 86-93, citation, 89. Comparer à la littérature policière.
152. RG, 1re partie du « double dossier, dit 1re et 2e parties », 9 avril 1945, F7 15343, AN.
153. RG, 24 août 1941, GA, M 3, MSE (un des cinq minuscules dossiers), APP.
154. RG, 19 août 1941, GA, P 4, Pierre Pucheu, APP.
155. RG, sd, « Perquisitions Gestapo en août 1941 au domicile de synarques présumés », F7 15343, AN.
156. Fiche sur Jean Coutrot, 27 octobre (tampon DRG du 28) 1943, F7 15343, AN.
157. « Note relative au MSE », RGSN, Paris, 12 mars 1946, PJ 40, J. Barnaud, APP (une des sources du rapport de synthèse, essentiel, XP2 212 sur le MSE, Paris, 19 juin 1947, F7 15343). Théallet n'était pas secrétaire de Coutrot, « Yves Moreau n'avait aucun lien professionnel avec » lui ; tous deux étaient morts de mort naturelle (base : témoignages de 1948 et 1947) ; rien sur Brulé, Dard, *La synarchie*, p. 90.
158. DRG, 4e section, 11 décembre 1945 sur *Die Weltwoche* du 30 novembre, F7 15343, AN.
159. RG, note de 15 p., de ou après janvier 1945, et voir RG, 1re partie du « double dossier, dit 1re et 2e parties », 9 avril 1945, F7 15343, AN. Sur l'apport des fonds de la Chambre de commerce de Paris à la connaissance de Brulé, Lacroix-Riz, « Les relations patronales », p. 538.
160. DRG, SF/n° 531, 11 mai 1949, F7 15285, AN ; 20 juillet 1941, 5 et 6 janvier 1942, PJ 39, Journal de Nicolle, APP.
161. RG, 8 janvier 1942, BA 2125, Yves Paringaux, APP.
162. Lacroix-Riz, *Industriels*, p. 23 et 447-448 ; Pauwels, sur les liens germano-américains, *passim.*
163. Rapport Chavin, juin 1941 (*cf. supra* titre complet de l'exemplaire), souligné dans la copie, F7 15343, AN, cité *infra.*
164. Secrétaire général de la Confédération nationale paysanne, PP, 2 avril 1936, F7 12961, AN.
165. DGSN-DRG, Paris, 6 octobre 1944 et rapport bancaire de juin 1941, PJ 40, Jacques Barnaud, APP.
166. Précision, rapport DRG, Paris, septembre 1948, selon lequel « l'étude faite par le Service des sociétés secrètes a ceci de particulier qu'elle contient en annexe la reproduction ou la photocopie de nouveaux documents qui établissent, de façon incontestable, l'existence du Mouvement synarchique », etc., F7 15343, AN. Rapport très timide pourtant, *cf. infra.*
167. Liste des 68 du rapport Vilatte (présenté *infra*), PJ, 1er juin 1947, PJ 40 Barnaud, APP.
168. 1° Rapport Chavin, juin 1941 : « Activité collaborationniste intense à Paris en 40/41 dans les milieux médicaux » ; 2° « liste de membres » (du MSE), 364 synarques, de ou après août 1943 : « Médecin chef des Ateliers écoles de la chambre de commerce de Paris, du cabinet Lagardelle en 42 », F7 15343, AN.
169. Rapport SSS du 25 juin 1942, exemplaire n° 09 (plus complet, RG, « Extrait d'un dossier sur la synarchie et le CSAR » (plus loin « extrait » synarchie-CSAR)), F7 15343, AN. Les parties entre parenthèses figurent dans le texte ; entre crochets, ajout par moi.
170. RG sd, de 1945, « Fondateurs du MSE », 41 p. (et dossier attenant de plusieurs rapports) ; selon XP2, 9 mars 1945, « la Préfecture de police aurait eu, durant l'Occupation semble-t-il, une courte note sur la Synarchie, d'où il découlerait que le baron de Nervo, Lemaignen et cinq autres financiers sont considérés comme les pivots de la Synarchie » ; un informateur des RG affirma avoir eu « entre les mains » une note de la PP sur la synarchie fondée en 1922, comptant parmi ses « fondateurs, peu nombreux, le baron de Nervo, son gendre Lemaignen et Robert *(sic)* Marceron » (confusion probable entre Marceron et Fossorier) ; elle doit pouvoir être retrouvée, conclut l'agent : elle le fut donc, RG, juillet 1945, F7 15343, AN.
171. « Remarques importantes », à la fin d'un des deux extraits de la « note sur [...] F. 1950 », dossier « Synarchie, étude 1948 », F7 15343, AN.
172. Cette citation, P 2 n° 212 sur le MSE, Paris, 19 juin 1947, F7 15343.
173. « Extrait » synarchie-CSAR, tableau joint à deux extraits de la « note sur [...] F. 1950 » et liste des 364, F7 15343.
174. Note IGRG, n° 5902/2/POL.-RENS., Vichy, 9 août 1941, F7 15343, AN.
175. RG sans référence, Paris, 18 août 1941, souligné par moi, F7 15343, AN.
176. Rapport DRG, Paris, septembre 1948, pourtant, période aidant, aveugle : seul à exclure tout « lien [du CSAR] avec la Synarchie » et à douter de l'assassinat de Coutrot, F7 15343, AN. Aléas de l'épuration, Lacroix-Riz, « La non-épuration », Baruch *et al., Une poignée de misérables.*

177. « Paul Riché (Jean Mamy), ancien rédacteur au *Pilori* qu'il vient de quitter avec Vauquelin » y dénonce le « complot [d']un certain nombre d'inspecteurs des Finances et de hauts fonctionnaires du Gouvernement dont les noms seraient cités. Pierre Pucheu ainsi que M. Bouthillier y seraient notamment pris à partie », référence n. suiv.
178. RG, 19 août 1941, GA, P 4, Pierre Pucheu, APP.
179. 1re partie..., 9 avril 1945, souligné dans le texte, F7 15343, AN.
180. Grenier à Pucheu (leur échange fit exploser la haine de classe du second), « procès Pucheu », sd, séances 6-12 mars 1944, GA, P 4, Pierre Pucheu, APP.
181. Étaient cités « Jacques Barnaud, Jacques Branger, Francis Hekking, de Faramond, Brunet, Le Roy Ladurie, Filippi, etc. », référence n. suiv.
182. RG, 19 août 1941, GA, P 4, Pierre Pucheu, APP.
183. Rapport Chavin, juin 1941 ; était-il l'« inconnu », 12e de la liste RG sd, de 1945, « Fondateurs du MSE » ?, F7 15343, AN.
184. Berceau de la Cagoule, qui resta son vivier malgré les fâcheries de 1935-1936, *cf. infra.*
185. Note citée, 15 avril 1941, F7 15343, AN.
186. Note sur Jean Coutrot, 27 octobre 1943, tampon DRG du 28, F7 15343, AN.
187. Liste des 364 et « extrait » synarchie-CSAR, F7 15343, AN, et *infra.*
188. Il « brosse sur quelques colonnes, un résumé assez bien compris, des multiples aspects que montre le problème », « bibliographie journalistique de la Synarchie de juillet 1940 au 1er juin 1945 », annexée à XP2, Paris, 8 juillet 1946, F7 15343, AN.
189. Note DRG, 4e section, 11 décembre 1945, F7 15343, AN.
190. À la Sûreté nationale il s'était occupé des terroristes oustachis puis de l'attentat de Marseille, F7 14753-14755, puis du CSAR, PJ 52, CSAR, APP.
191. Note DRG, 4e section, 11 décembre 1945, F7 15343, AN.
192. Pas par la « Bibliographie journalistique » de la n. préc. (au 16e rang), par *la* correspondance depuis 1940 (Pierre Nicolle)-1941, sauf le rapport DRG, déjà cité (« Ces allégations fantaisistes et ridicules, émises par un personnage connu pour son manque de scrupules, ne mériteraient pas d'être relevées si elles n'avaient pas été reproduites par la suite sans que la source soit indiquée. »), septembre 1948, F7 15343, AN.
193. Son propos sur les « indiscrétions » de Coutrot, unique, n'est pas vérifiable : « Coutrot, très gourmand, gênait ses ex-complices et menaçait de remettre à l'ambassade des États-Unis un mémoire sur le CSAR. Cette menace fut sa condamnation à mort », *France-Belgique*, 27 octobre 1944, F7 15343, AN.
194. *La Cagoule*, p. 328.
195. Lettre de la Commission de justice du CNR, signée Joël Nordman, à Mornet, Paris, 28 novembre 1944, sur sa collaboration économique, très documentée sur les « affaire[s] Japy » et « Puzenat » (« ateliers de construction de sous-marins »), fonds Mornet, III, BDIC.
196. Classés au 17e rang de la « Bibliographie journalistique » déjà citée, F7 15343, AN.
197. F7 vol.15284, AN, et surtout GA, O 1, Georges Oudard, APP.
198. Dard assimile David à Husson (mes dossiers ne connaissent que son pseudonyme de « Geoffroy de Charnay (compagnon de Jacques de Molay) »), *La synarchie*, p. 139-140 (et ce chapitre 5, « L'éternel retour de la synarchie »).
199. Rapport cité, 44 p., PJ, cabinet Mathieu, 19 juillet 1945, PJ 46, Lehideux, APP.
200. Correspondance et notes, 1942-43 (depuis février, signés DML, septembre), 1069 199211/40, ABF.
201. Toujours en navette, il fut un artisan du retour de Laval d'avril 1942, etc., PJ 39, Journal Nicolle, *passim*, APP.
202. *Le Curieux*, 25 mai 1944, copie jointe au rapport Vilatte, 1er juin 1947, PJ 40, Barnaud, APP.
203. Lettre de Lacoste au MI, 24 septembre 1945, PJ 40, Jacques Barnaud, APP.
204. *Pétain*, paragraphe sur la synarchie nourri des témoignages *a posteriori* des synarques, p. 286-287.
205. Rapport Chavin, juin 1941, et XP2 n° 212, Paris, 19 juin 1947, F7 15343, AN.
206. Rapports de 59 et 15 p. sd (1945) sur le groupe, 2e partie du « Double dossier, dit 1re et 2e parties », et synthèse, XP2 n° 212, Paris, 19 juin 1947, F7 15343, AN.
207. Magne-Du Moulin, *Le Curieux*, 25 mai 1944, PJ 40, Barnaud, APP.
208. Première CR *trouvée*, 14 septembre 1936, pour perquisition chez Comte, 56, rue Denfert-Rochereau, membre du Parti national corporatif, ex-Solidarité française dissoute, F7 14817, AN.
209. Note sur l'information Laval, sd, PJ 46, Laval, APP.
210. Rapport cité, sans doute d'avril 1945, plus loin rapport Béteille Pétain-CSAR, joint à sa lettre manuscrite à Mornet, Paris, 22 juillet 1945, fonds Mornet, II, BDIC. Affaire Navachine, *infra*. Cachotteries de Béteille, Lacroix-Riz, *Munich*, index.
211. Rapport RG, 10 mai 1945, F7 15343, AN.
212. Bulletin 357/EMR4, 26 décembre (sur DTER, DGER, CRP Marseille, du 20) 1944, F7 15343, AN.
213. Note « Cagoule et synarchie », juillet 1945 (c'est cette personne qui disait avoir eu « entre les mains » la note de la PP, qu'on retrouva, sur les « fondateurs » de 1922), F7 15343, AN.
214. XP2 n° 212, 19 juin 1947, F7 15343, AN.
215. Quatre autres militaires mentionnés, rapport Vilatte, PJ, 1er juin 1947, PJ 40, Barnaud, APP, faute de frappe : « Lavigne-Delvigne », et *infra*.
216. Rousso, *Libération*, 31 mai 1991, « Les Cagoulards, terroristes noirs » ; Dard, *Les années trente*, p. 162.
217. « 2000 ans d'histoire », émission de Patrice Gélinet, France Inter, mercredi 16 avril 2003, 14 heures-14 heures 30.
218. Point sur l'historiographie allemande, Annie Lacroix-Riz, *Industrialisation*, p. 68-72.
219. Problématique de Duroselle, *La décadence*, suivie par tous les historiens français (notamment sur Munich).
220. « France, the Church, the Republic and the Fascist temptation, 1922-1945 », *in* Wolff et Hönsch (éd.), *Catholics*, p. 77-79 (67-91).
221. Duroselle, Pertinax, etc.
222. *Revolution, 1939*, et toute la bibliographie de l'auteur.

Chapitre 1 (notes de la page 46 à la page 78)

1. Sauvy, *Histoire économique.*

2. A/7799, 8 octobre, « La situation économique en France », « note sur les réductions de salaires » de Picquenard, directeur au ministère du Travail, 15 avril 1931, F7 12958, grosse correspondance depuis 1930, F7 12957, et *infra*.
3. Harold James, *The German, passim*.
4. A.V.4, 4922 et A/1022, 10 et 13 mai 1930, F7 12957, AN.
5. RG, 8 janvier 1952, GA, B 01, Banque de l'Union parisienne, APP.
6. Séance 46 du CGBF, 6 novembre 1930, p. 382-385.
7. A/139, 8 janvier 1931, F7 12958, AN.
8. 1930-1932, CGBF, ABF, et 1930-1931, F7 12957 et 12958, AN.
9. Importante correspondance depuis A/10972, 12 novembre 1930, F7 12957, AN.
10. A/12350, 16 décembre 1930, F7 12957, et A/139, 8 janvier 1931, F7 12958, AN.
11. A/139, 8 janvier, et *Bulletin quotidien* (*Bulletin*), 29 janvier 1931, F7 12958, AN.
12. A/212, 9 janvier 1931, F7 12958, AN.
13. A/2342, 4 mars 1931, F7 12958, AN.
14. PP 429, 10 novembre 1933, GA, O 1, Albert Oustric, APP ; A/2671, 13 avril 1927, F7 12955, AN.
15. Depuis novembre 1930, F7 12957, janvier-juillet 1931, dont (citation) A/6497, 28 juillet, F7 12958, AN.
16. Daniel Renoult, « La farce est jouée ! », et éditorial, « Aujourd'hui. La sécurité des Oustricards », *L'Humanité*, 24 juillet 1931, F7 12958, AN.
17. Elle « vient d'être votée », A/3355, Paris, 5 juillet 1928, F7 12956, AN.
18. A/4742, Paris, 9 juin 1928, F7 12956, AN.
19. P.P, sans référence, 25 février 1926, F7 12954, AN.
20. A/5272, Paris, 21 mai 1930, F7 12957, AN.
21. A/3232 (SG), 28 mars 1930, F7 12957, AN, et RG, 19 décembre 1951, GA, P 3, François Piétri, II (2 dossiers), APP.
22. A/6649, Paris, 4 août 1931, F7 12958, AN.
23. « Note sur les réductions de salaires », 15 avril 1931, souligné dans le texte, F7 12958, AN.
24. A/3486, 9 avril 1931, F7 12958, AN.
25. Notes Jean depuis l'immédiat après-guerre éclairantes, F7 12951 à 12961.
26. A/8107 (SG), 16 octobre 1931, F7 12958, AN.
27. Young, *France*, p. 88 (et chapitre 4, « Consensus et division : politics and ideology », p. 79-97).
28. La série SF, abondante dans les notes Jean, supporte la comparaison et les recoupements avec les fonds économiques du Quai d'Orsay, Relations commerciales 1918-1940, série B (chimie, citée ici, métallurgie, pétrole, etc.). Cadeaux à la métallurgie et à la chimie (Kuhlmann en tête) dans l'entre-deux-guerres, Lacroix-Riz, *L'intégration*, p. 13-14.
29. A/9316, 25 novembre 1931, F7 12958, AN
30. A/2681, 11 mars 1931, F7 12958, AN, et le mois, nombreux courriers sur « l'Affaire Flandin ».
31. A/9316, 25 novembre 1931, F7 12958, AN.
32. A/9069, 5 novembre 1925 (« Il voit la faillite très prochaine et engage ses proches à prendre des précautions financières en lâchant nos valeurs françaises. »), A/3355, 5 juillet 1928, et A/4074/SF, 13 août 1931, F7 12953, 12957 et 12958, AN.
33. CGBF, séance 45, 1er octobre 1931 (lettre de Flandin et réponse de Moret, 25 et 26 septembre, jointes), p. 508-513, ABF.
34. *Bulletin*, 28 novembre 1931, F7 12958, AN.
35. A/9316, 25 novembre, et A/9847, Paris, 9 décembre 1931, F7 12958, AN.
36. Lettre de Moret à Flandin, Paris, 6 octobre, séance CGBF 46, 8 octobre 1931, p. 518-521, ABF.
37. Issue de la fusion en 1922 de la Darmstädterbank avec la Nationalbank.
38. CGBF, séance 31, 16 juillet 1931, p. 313-314, ABF.
39. Séance du CGBF 43 (extraordinaire), 22 septembre 1931, p. 468-484, ABF.
40. CGBF, séance 45, 1er octobre 1931, p. 502-504, ABF.
41. Lettre à Clément Moret, Londres, 6, et séance 46, 8 octobre 1931, p. 518 et 523-524, ABF.
42. CGBF, séance 44, jeudi 24 septembre 1931, p. 493, ABF.
43. Toutes les séances, depuis la 46, 8 octobre, p. 515 *sq.*, citations, 50, 29 octobre 1931, p. 588, ABF.
44. Édouard de Rothschild, séance 51, 5 novembre 1931, p. 598, ABF.
45. CGBF, séance 53, 19 novembre1931, p. 616, ABF.
46. CGBF, séances 55 et (extraordinaire) 56, 3 et 5 décembre 1931, p. 625 et 631-641, ABF.
47. Notes Jean, 1918-1936, F7 12951 à 12961, AN.
48. CGBF, séances 57 et 59 (extraordinaire), 10 et 23 décembre 1931, p. 647 et 713-722 (discussion entre notamment Wendel, Vernes, Mallet de d'Eichthal, non transcrite par le PV officiel).
49. CGBF, séance 62, jeudi 31 décembre 1931, p. 752-753, ABF.
50. CGBF, séance 54, jeudi 22 décembre 1932, budget 1933, p. 697-698 (684-704), ABF.
51. CGBF, séances 54-55, 22 (budget 1933) et 27 décembre 1932 (dividende), p. 697-698 et 709-710, ABF.
52. A.V. 4, 4922, Paris, 10 mai 1930, F7 12957, AN.
53. 13 novembre 1929, discours du meeting « de protestation contre la propagande communiste dans l'enseignement » avec Taittinger et de Kerillis, à la Salle des Sociétés Savantes, A.V.4, 1.11014, 10 décembre 1929, rapport sur la LJP, F7 13232, AN.
54. PP 15 septembre 1931, 13 décembre et 18 novembre 1930, BA 1951, PRNS, APP, et *supra*.
55. Robert Soucy, *French Fascism*, vol. I, p. 210-211.
56. PP, 13 octobre 1931, F7 13232, AN.
57. CGBF de 1932, ABF, et *infra*.
58. PP 181, 20 décembre 1932, GA, C 25, Comité des Forges, APP.
59. « Le complot », sd, déjà cité, F7 15343, AN.
60. RG sd, de 1945, « Fondateurs du MSE », F7 15343, AN, et *supra*.
61. Richard Kuisel, *Capitalism*, p. 105-107, et rapport Chavin, juin 1941 (avec adresse de Bardet), date de fondation ici 1931, mais plusieurs documents de l'Occupation et de l'après-Libération mentionnent 1930, dont la note RG « Le complot », sd, après 15 février 1945, F7 15343, AN.
62. « Legend », p. 376-377 et *passim*, et *infra*.
63. Minute 712, 31 mai 1926, GA, W2, de Wendel, APP.

64. « Avoirs des Banques françaises à l'étranger », fichier de 155 noms joint (n° 150) à la lettre du chef du bureau de surveillance des Banques au Dr Michel, Paris, 30 septembre 1940, AJ 40, 831, AN.
65. *L'Avenir*, 5 juin 1926, F7 13426, AN, RG, 3 février 1927, BA 2000, de Peyerimhoff, APP, et *infra*.
66. Jeanneney, *François de Wendel*, p. 376 et *infra*.
67. RG, 3 février 1927, BA 2000, Peyerimhoff, APP, Roger Mennevée, « Pourquoi l'Allemagne n'a pas payé », *Les documents politiques, diplomatiques, et financiers* (plus loin *DPDF*), n° 4, avril 1921, p. 5-6.
68. Sur « les entretiens catholiques franco-allemands de Berlin », Victor Snell, *L'Œuvre*, 27 décembre, *Courrier de Genève*, 27 décembre 1929, F7 13225 et 13239 (ici par erreur), AN : Mgr Ulitzka, député de Ratibor, présenta les revendications du Reich sur la Pologne et l'Autriche.
69. Rapport 202124 du DRG au PP Paris, 26 mars 1935, BA 1980, Action internationale des nationalistes, APP.
70. Dépêche 428 d'Horace Rumbold à John Simon, Berlin, 9 juin 1932, *DBFP, 2nd Series*, 3, p. 166.
71. Ces précisions, dossier confidentiel sur Laval, D.40.194, mai 1941, PJ 46, Pierre Laval, APP.
72. Note MUR/12/36100 bis, janvier, diffusée le 13 mars 1944, F1 a, 3784, AN, et *Industriels*, p. 43-44 ; sur Peyrecave, Chadeau, *Louis Renault*, p. 96, et *infra* ; Bourson, série des notes Jean, et *infra*.
73. Note pour le ministre, 24 avril 1929, lettres 1670 de Maurice Herbette et 1299 de Paul Tirard à Briand, 19 janvier et 7 mars 1928, MAE, B-Produits chimiques, 507 ; ensemble du processus, 505-507, décembre 1919-décembre 1932, et Lacroix-Riz, *L'intégration*, p. 17-19.
74. A/2726, 18, A/5796, 20 août, A/2297/SF, 30 novembre 1927, F7 12955, AN.
75. Ouverture « à Berlin [d']une très importante succursale » des Galeries Lafayette ; plan Michelin d'« immense usine sur des terrains déjà achetés aux portes de » Berlin, A/8335, 23 octobre 1928, F7 12956, AN.
76. Lettre de Moreau au DG de la BRI, Paris, 30 juin 1930, 1069199211/94, ABF ; Lacroix-Riz, « La BRI ».
77. RG, 25 novembre 1952, GA, B 12, Banque Lazard, APP.
78. Tél. Interbank BRI, Bâle, reçu par la BDF le 18 juin 1930, 1069199211/94, ABF.
79. Lettre du DG adjoint [Huelse] et du directeur de la BRI à Moreau, Bâle, 12 août 1930, 1069199211/96, ABF.
80. A/2670 SF, 10 octobre 1928, F7 12956, pour 1929, F7 12957, AN.
81. A/4860, 15 mai 1929, « la situation bancaire en Allemagne », F7 13427, AN.
82. Informations mêlées, n. 4, *DGFP, C*, II, p. 176, A/2416, 9 mars, lettre 5010 du MI au MAE, 22 mai, et *L'Humanité*, 23 septembre 1929, article signé G. « Les tractations qui préparent la guerre. Une entente militaire franco-allemande contre les Soviets. Pour combattre le bolchevisme M. Paul Reynaud tend à Hugenberg le rameau d'olivier. », F7 13427, AN.
83. Programme publié par l'*Acht Uhr Abendblatt*, tél. 11353/3671 GBX, Inprekorr, Berlin, à *Humanité* Paris, 24, Marcel Hutin, *L'Écho de Paris*, 25, et nombreuses coupures, 23-27 septembre 1929, F7 13427, AN.
84. Tél. 14911/YV, 4031 citant la lettre dont Rechberg demandait l'insertion à *L'Avenir*, Berlin, 3, Hutin, « M. Paul Reynaud de retour en France nous dit ce que furent les prétendues négociations avec les nationalistes allemands », *Écho de Paris*, 9 octobre 1929, etc., F7 13427, AN. Comparer, Tellier, *Paul Reynaud*, p. 121-130.
85. Fonds cités ici, et *Le Vatican*, chapitres 4-6, dont p. 132-134 sur le sens territorial du concordat.
86. Lettre 1441 du CS au directeur des services généraux de Police d'Alsace-Lorraine (plus loin, DSGPAL), Kehl, 26 novembre 1929, F7 13427, AN, et *infra*.
87. A.V.4 6772, 19 juillet 1929, sur le *Langnamverein*, lettre 198 du CS de Pontarlier au directeur de la Sûreté générale (plus loin, DSG), 29 janvier 1930 (citation), F7 13427, AN, Sur Schacht, flagornant les Américains, déchaîné contre les réparations, discours à Munich, 18 juin 1929 « sur la conférence des experts à Paris », et notes de l'attaché financier à Berlin, Maillet-Billoteau, transmises au Mouvement général des fonds (MGF), 1930-31, 1397 199401/62, ABF, et James, *The German Slump*.
88. PP 31 janvier, sur la conférence du 30 au « Collège libre des Sciences sociales », 1930, BA 2000, Peyerimhoff, APP ; *L'Ordre*, 15 septembre 1930 F7 13427, AN.
89. Lettre 326 du CS au DSGPAL, Strasbourg, 8 février, tél. Bourson Strasbourg, pour *Le Matin*, 29 janvier 1932, Étienne Vatrin, « Ils reviennent », *L'Ami du Peuple*, 13 février 1932, etc., F7 13429, AN.
90. Dutter, « Doing business », p. 310-311.
91. Pertinax, *Écho de Paris*, 11, 13 juillet, F7 12956 (et le volume), 29 août, F7 13422, AN.
92. Dard, *Les années 1930*, p. 12.
93. Rapport 10/3771 du DSGPAL au DSG, Strasbourg, 14 juin 1930, souligné dans le texte, et janvier-juin, F7 13427, AN (et tout 1930), et *Le Vatican*, chapitres 4-6.
94. Rapports 690-630 du CS de Lauterburg, 28 juin, 1072 du CS au DSGPAL, Strasbourg, 16 août, du CS de Wissembourg, 1426 C.S, 20 août, 1584/CS, 9 septembre 1930, et tout le volume, F7 13427, AN.
95. Rapport du CS de Kehl, 9 octobre 1930, et juin-octobre, F7 13427, AN, sur Löbe et l'Anschluss, *Le Vatican*, p. 146-147, 156.
96. Lettre 1981/30 du CS de Wissembourg au DSG, 12 octobre, et note « d'un bon informateur », Contrôle des étrangers, 30 octobre 1930, etc., etc., F7 13427, AN.
97. Lettres 3000 du CS de Sarreguemines au DSG, 9 octobre, 91416 du CS au DSGPAL, Strasbourg, 11 octobre, 6439 du CS de Thionville au DSG, 22 novembre 1930 et novembre, divers, dont plusieurs PV de police, etc., etc., F7 13427, AN.
98. Lettres au DSG 2199/30, 2253/30, 2933/30 du CS de Wissembourg, 6, 12, 26 novembre 1930, F7 13427, AN.
99. Correspondance des 29, 30 octobre, 5 novembre 1930, etc., F7 13427, AN.
100. Lettres 1648 et 1687du CS au DSGPAL, Strasbourg, 12 et 17 novembre 1930, F7 13427, AN.
101. Lettre 10/7858 du DSGPAL au président du Conseil-MI, Strasbourg, 18 novembre 1930, F7 13427, rapport joint à la lettre 11/8998 du DSGPAL au DSG, Strasbourg, 3 novembre 1931, souligné dans le texte, F7 13428, AN.
102. F7 13244, très riche en 1927-28, AN, et Baumann, « De la propagande ».
103. Lettres 9/4912 et 10/3317 du DSGPAL au DSG, Strasbourg, 25 septembre 1929 et 23 mai 1930, F7 13427 ; sn d'A. Mallet, contrôleur général des Affaires d'Alsace et Lorraine, au conseiller d'État DG des Services d'Alsace et Lorraine, Strasbourg, 20 avril 1932, F7 13429, 1932 ; 3084 d'A. Mallet, au MI, 7 juin 1933, F7 13430, janvier-juin 1933, AN ; 7883 du contrôleur général des recherches judiciaires à celui des recherches administratives, Paris, 21 novembre 1934, F7 13433, 1934-1935, AN.

104. Lettres du 333 CS de Kehl au contrôleur général des Affaires d'Alsace et Lorraine, 19 mars 1929, F7 13427, et de Mallet, Strasbourg, 20 avril 1932, F7 13429, AN, et Lacroix-Riz, *Le Vatican*, index.
105. Article « À travers l'Alsace », 2 juillet 1931, cité par la lettre 1272 du CS au DSGPAL, Strasbourg, 11 juillet 1931, F7 13428, AN.
106. F7 13429, AN.
107. Lettre 624/C31 du préfet de Moselle au président du Conseil-MI, Metz, 17 février, A/10736, Paris, 30 décembre 1931, F7 13428, AN. Voir *Le Vatican*, p. 182-185.
108. Turner brocarde avec son assurance habituelle ses contradicteurs en prétendant Deterding nazi seulement à partir de son installation à Berlin (et pourquoi donc ici ?) en 1936, *German*, p. 270-27. Deterding, notoire comploteur permanent contre l'URSS récupératrice de son pétrole, fut un nazi précoce et généreux, lié depuis 1931 à Alfred Rosenberg, et qui figure dans maint vol. (15 F7 dont deux sur l'espionnage allemand en France, F7 14714 et 14715), APP (7) et MAE (un, URSS 1918-1940, 1268, politique étrangère, 1930-1940) et *infra*. La synthèse de Mennevée, à la mort du magnat (le 4 février 1939), est mieux informée que Turner, « Section pétroles & annexes, à propos de la mort de Sir Henry Deterding », *DPDF*, février 1939, 10 p.
109. Arthur Seehof, dans le *Cahier Bleu* paru à Vienne et Paris, cité dans « Les commanditaires de Hitler. Où l'on entend prononcer quelques noms bien connus », *L'Œuvre*, 18 août 1933, F7 13430, AN – très bien informé à en juger par tous les fonds ; et *infra*.
110. Notes, Contrôle des étrangers, « La situation des partis en Allemagne » (une des quatre sur la situation intérieure du) 2 novembre 1929, et 30 octobre 1930, F7 13427, AN.
111. Lettre 6025 du CS d'Annemasse au DSG, 26 août 1931, F7 13428, AN.
112. Rapport d'« un informateur sûr et intelligent », retour d'Allemagne, sur ses entretiens avec deux responsables de Krupp et un conseiller financier et commercial de Berlin, joint à la note 3092 du CS d'Hendaye au DSG, 29 décembre 1931, F7 13428, AN.
113. Note 2272 du CS d'Hendaye au DSG, 24 septembre 1932, F7 13429, AN.
114. Paxton, *Le fascisme*, p. 390. Kershaw défend cette thèse exclue par les archives des années 1920-1930, *Hitler*, *passim* depuis le chapitre 6, du genre : « Ni Thyssen ni Schacht n'étaient représentatifs du grand patronat », p. 514. Qui en était représentatif ?
115. *German*, p. 172-177, typique de sa tactique de dépréciation de l'argumentation adverse (convergence des sources contemporaines qu'il ne cite que pour les ridiculiser).
116. Notes Contrôle des étrangers, 18 janvier (sur les 30 pfennigs), et DSG, 9 juillet 1932, F7 13429, AN ; historique du financement des œuvres de Schlageter et du NSDAP, lettre de Garnier n° 942, Berne, 19 juillet 1945, Allemagne 1944-1949, 75, MAE, et J. S. Martin, *All Honorable Men*, p. 105.
117. CR « d'une conversation avec » Puhl, le 25, Paris, 28 juillet 1945, 1080 199201/26, ABF.
118. Empire Hugenberg en 1931, Lewinsohn, *Das Geld*, p. 172-202, et index.
119. *Bulletin* ? (je n'en suis pas sûre), 1er mai 1933, F7 13430, AN.
120. A/9595, 24 octobre 1929, F7 12957, AN.
121. « Étude du budget du Reich de 1930-1931 », exemplaire n° 10, État-major de l'armée, Deuxième Bureau (EMADB), direction du Contrôle, 1397 199401/62, Allemagne 1931, ABF.
122. Comme son successeur, Auboin, tableau, 17 avril 1937, note sur F. 1950, F7 15343, AN.
123. Lettre personnelle de P. Quesnay à R. Lacour-Gayet, 28 octobre 1930, 1069199211/31, ABF.
124. Tél. 44482/3275-D, *Figaro* Paris, Berlin 20 décembre, PP, 27 novembre et 11 décembre 1930, F7 13427, AN (et ces mois).
125. PP, 27 janvier 1931, F7 13428, AN.
126. Rapports « Ligue des Jeunesses patriotes » A.V.4, 1.11014, 10 décembre 1929, F7 13232, AN ; et sd, après 15 février 1936, BA 1941, parti national populaire, APP.
127. Dossier « Visites à Londres ou à Paris de membres de la Banque d'Angleterre ou de la Banque de France », sous-dossiers « voyages à Paris [...] de Siepman, décembre 1930 », « de Montagu Norman, mars 1929-décembre 1930 », « à Londres de Lacour-Gayet, septembre-octobre 1930 », etc., 1370 2000 03/14, ABF.
128. Costigliola, *Awkward Dominion*, *passim*, Lacroix-Riz, *Le Vatican*, chapitre 5.
129. Coupure sans réf., « une prédiction du Dr Schacht », Cincinnati, 23 novembre, F7 13427, AN. Souligné dans le texte.
130. A/5545, 23 juin 1931 (et dossier négociations Laval-Mellon de juillet), F7 13449 et correspondance depuis le 2 juin 1931, F7 12958, AN.
131. Lettre 11/5742 du DSGPAL au président du Conseil-MI (Laval), Strasbourg, 15 juillet 1931, F7 13428, AN.
132. Moret, CGBF, séance 30, 9 juillet 1931, ABF.
133. Tél. 0158544/C.L, Paris, 11 juillet 1931, F7 13428, AN.
134. « Renseignements [...] confirmés », lettre 1499 du préfet du Bas-Rhin au président du Conseil (DSG), Strasbourg, 21 juillet 1931, F7 13428. Sur la question, MAE, *Le Vatican*, et F7 13427-13429, AN, plus précis. Lettre 6025 du CS d'Annemasse au DSG (provenance, Genève), 26 août, et rapport 2950 EMADB, « de très bonne source » 15 novembre 1931, précis sur le soutien patronal et étatique au NSDAP, F7 13428, AN.
135. CGBF, séance 31, 16 juillet 1931, p. 316-318, et PV depuis juin 1931, ABF ; rôle du président de la Reichsbank dans la dette extérieure de 1923 à 1930 ; voir aussi James, *The slump*, index.
136. Lettre 5252 du CS d'Annemasse au DSG, 21 juillet 1931, F7 13428, AN.
137. Revue de presse P. 242 de l'attaché financier à Berlin du 13 octobre, 1397 199401/62, ABF, A/8618, 4 novembre, F7 13428, et note « Les capitaux errants », Paris, 3 décembre 1931, F7 12958, AN. Facteur aussi important que la fuite des capitaux étrangers, et dont Turner ne dit mot.
138. E.L./4, « L'évolution économique du Reich », Paris, 4 décembre 1931, F7 12958, AN.
139. Notes « les mouvements d'or et la crise mondiale », et « le franc français et la réserve d'or », Paris, 3 décembre 1931, F7 12958, AN.
140. Dépêche sans n° (ou 52 ?) de J. Henri, sur l'article du *Saturday Evening Post* de Garet Garrett, « remarquable par sa rigueur et son impartialité, constitu[ant] la condamnation la plus nette de la politique financière de l'Allemagne », Washington, 29 septembre 1931, et article joint, États-Unis 1918-1940, 364, MAE.
141. Lettre 5264 du CS d'Annemasse au DSG, 21 juillet 1931, F7 13428, AN.
142. Lacroix-Riz, « La BRI » p. 387-395.
143. *Revue de Droit bancaire*, février 1930, p. 79 *sq.*, BRI, 1069199211/34, ABF (et *ibid.*, p. 388-389).

144. Cartel de l'acier, Gillingham, *Ruhr coal*, p. 100-102, 159 ; Lacroix-Riz, *Industriels*, p. 40-42, *L'intégration*, p. 16-30.
145. *Bulletin*, 25 juin 1931, F7 13449, AN.
146. Éditorial anonyme de *L'Ami du Peuple* (inspiré par ou de François Coty), « Ne capitulons pas », 20 juillet 1931, F7 13428, AN, et dossier « Visites à Londres ou à Paris de membres de la Banque d'Angleterre ou de la Banque de France », 1370 2000 03/14, ABF.
147. A/2670 SF, 10 octobre 1928, déjà cité, F7 12956, et suivants sur la constance française.
148. A/1538 (SG), 11 février 1930, F7 13427, AN.
149. CGBF, séances 31, 16 juillet 1931, p. 322, extraordinaire 27, 24 juin 1931, p. 265-276, et suite CGBF 1931-1932, ABF
150. Suite CGBF 1931-1932, ABF.
151. Conclusion du tél. Harrison à Norman et récit Moret de l'entretien avec Luther, CGBF, séance 31, 16 juillet 1931, p. 316-318, et PV depuis juin 1931, ABF, et *infra*.
152. Récit Moret de son entretien avec Siepmann (Banque d'Angleterre), séance extraordinaire 43, 22 septembre 1931, p. 469 (467-483), ABF.
153. A.V. 4, 6548, Paris, 30 juillet 1931, F7 12958, AN.
154. Sur Gignoux, série des notes Jean déjà citées, depuis 1925, F7 12953 *et sq.*, AN.
155. A.S. n° 7600, 25 septembre 1931, F7 12958, AN.
156. A/6696, 6 août 1931, F7 12958, AN. « Créature de Laval », Pertinax, *Les fossoyeurs*, t. I, p. 172 – jugement à inverser.
157. PP 181, 23 septembre 1931, BA 2140, Allemagne, APP.
158. Note P. 217, revue de presse, 16 septembre 1931, 1397 199401/62, ABF.156.
159. Pertinax, *L'Écho de Paris*, 28 septembre 1931, et correspondance du mois, BA 2140, APP.
160. Nombreuses coupures, juillet-septembre pour la française, F7 12958, AN et BA 2140, APP ; septembre pour l'allemande, 1397 199401/62, ABF.
161. Presse du 8 octobre 1931, dont *Le Matin*, BA 2140, APP.
162. Supplément mensuel n° 240 du *Bulletin*, octobre 1931, S. 9, F7 13428, AN.
163. Teichova, *An economic background*, p. 239, et *infra*.
164. Note Contrôle des étrangers, 18 janvier 1932, F7 13429, AN.
165. A/617, 15 janvier, et litanie de 1932, F7 13429, AN.
166. CGBF, 1932, résumé, analyse des délibérations, 1923-1934, section « Banques étrangères », ABF.
167. Lettre de Moret à Flandin (après leur entretien), Paris, 23, lue au CG du 28 janvier 1932, ABF.
168. CGBF, séances 8, 25 février, et 9, extraordinaire, 29 février 32, 97-122, ABF.
169. Lettre manuscrite 9, 25 janvier 1932, et février, dont lettre 19 du 29, 1069199211/32, ABF.
170. CGBF, séances 20, 12 mai, 22, 26 mai (dont référence à la mission de Lebrun), 23, 2 juin 1932, p. 307, 325 et 336-337, et suite du feuilleton, ABF. Relations Wendel-Lebrun, CGBF de ces années, *passim*.
171. Rapports au DSG du CS de Wissembourg, 213/31, 31 janvier, 244/31, 1er février, et 2023 du CS d'Annemasse, 14 mars 1931, F7 13428, AN. Années 1920, *Le Vatican*, chapitre 4.
172. Lettres au DSG 997/31 du CS de Wissembourg, 20 avril, 793 du CS de Strasbourg, 4 mai 1931, F7 13428, AN.
173. Presse, juin 1931 dont *L'Ordre* et *L'Écho de Paris* (Pertinax), et surtout A/887 (SG), « Le Stahlhelm. Caractère militaire de cette organisation. La concentration de Breslau », 22 janvier 1932, F7 13428 et 13429, AN.
174. Lettre 2166 du CS au DSGPAL, Strasbourg, 16 novembre 1931 (discours du lieutenant-colonel a. D. Ahlmann « venu de Berlin », à Kehl le 14), F7 13428, AN.
175. Note 20/A1, 10 juin 1932 (avec notes et annexes sur « les fabrications de guerre en Allemagne depuis juin 1930 »), 7 N 2520, SHAT.
176. Parmi maint document, note essentielle DSG, « Le Zentrum allemand et le parti hitlérien », 12 juillet, transmise par lettres 6981 et 6982 du MI aux MG et MAE, 16 juillet 1932, F7 13429, AN.
177. A/5166, 14 mai, avril-juin, DSG, avec note sur le service du travail obligatoire transmise par lettres 6806 et 6803 du MI aux MAE et MG, 9 et 12 juillet, et lettre 2742 du CS au DSGPAL, Strasbourg, 9 décembre 1932, F7 13429, AN.
178. *L'Écho de Paris* et lettre 8009 du DSGPAL au DSG, Strasbourg, 5 septembre 1932, F7 13429, AN.
179. Luther présidait les séances de l'Institut des Allemands à l'étranger (*Deutsche Ausland Institut*) de Stuttgart, lettre 586 du CS de Kehl au DSGPAL, 14 mai 1929, F7 13427, AN ; CGBF, 16 juillet 1931, p. 318-319, ABF.
180. Commentaires sur l'article, A/6165, 15 juillet 1931, F7 12958, AN. La correspondance police, armée, Quai d'Orsay exclut le moindre risque d'une « révolution communiste ». Le 16e article de la série « de reportages sensationnels en 24 articles » sur l'Allemagne (janvier-février 1932) du correspondant à Berlin de l'*Evening Post* (américain), Knickerbocker, 27 janvier 1932, d'Essen, « Le danger communiste faiblit en Allemagne. La ferveur révolutionnaire est passée », est très documenté, dossier joint à la dépêche 39 de Claudel, Washington, 5 février 1932, 1932, B Amérique 1918-1940, États-Unis, 364, 1932, MAE.
181. RG, 7 décembre 1926, et lettre 28 du CS de Poitiers au préfet de la Vienne, 22 janvier 1927, F7 13240, AN.
182. *Bulletin*, 5 janvier et 25 juin 1931, F7 13428 et 13449, AN.
183. Rapports 794 du CS de Strasbourg au DSGPAL, 24 juin 1930, F7 13427, et 431 du CS de Thionville, 24 janvier 1931, F7 13428, AN.
184. Revue de presse P. 242 de l'attaché financier à Berlin, 13 octobre 1931, 1397 199401/62, ABF. Le descriptif de Turner abdique toute rigueur, *German*, p. 158-171.
185. Supplément mensuel n° 240 du *Bulletin*, octobre 1931, S. 9, F7 13428, AN.
186. Moret, CGBF, séance extraordinaire 43, 22 septembre 1931, p. 473, ABF.
187. Lewinsohn, *Das Geld*, p. 149 ; tél. 598-600 et 601 Charles-Roux, Prague, 13 et 14 novembre ; BE manuscrit 393, « bailleurs de fonds aux nazis (sous toutes réserves : établissements Skoda) », Washington 12 décembre 1931, non joint, Tchécoslovaquie 1918-40, 167, MAE ; lettre 1946 du commissaire divisionnaire (CD) de Strasbourg au préfet du Bas-Rhin, 30 mai 1933, F7 13430, AN.
188. A/8618, 4 novembre 1931, sans autre précision (aussi discret sur « l'entrevue d'hier, au ministère de l'Intérieur, entre » Laval et Hoesch), souligné et ponctué dans le texte, F7 13428 (et 12958), AN.
189. RG, 21 janvier1932, F7 13429, AN.
190. Section d'étude de la presse étrangère, 31/350, presse allemande, 30 novembre, rapport 2950 EMADB, 15 novembre, et lettre 7113 du CS de Thionville au DSGPAL, 8 décembre 1931, F7 13428, AN.

191. Lettre 232 de François-Poncet au MAE, Berlin, 16 mars 1932, États-Unis 1918-1940, 364, MAE.
192. Dépêche d'Horace Rumbold à Orme Sargent, Berlin, 4 mai 1932, *DBFP, 2nd Series*, 3, p. 135-136.
193. Précision, A/8998, 8 octobre 1929, F7 12957, AN.
194. Précision sur la délégation française de mon fait ; Allemands, Hayes, *Industry*, James, *Slump*, index.
195. Ces citations, note 1846 de l'Institut d'études européennes (IEE) de Strasbourg, 22 avril 1939, F 60, 294, AN.
196. Bariéty et Bloch, « Une tentative », p. 439 *sq.*, et Haslam, *Soviet Foreign Policy*, p. 102.
197. 15e article de la série de Knickerbocker sur l'Allemagne, 26 janvier 1932 : interview flagorneuse pour l'Amérique qu'il adorait « à cause de [s]on histoire américaine » : « Le général Bohlen, mon grand-père maternel, était officier pendant la guerre civile américaine, avec les forces du Nord », etc., etc. dossier joint à la dépêche 39 de Claudel, Washington, 5 février 1932, B Amérique 1918-1940, États-Unis, 364, MAE.
198. 22e article de Knickerbocker, *Evening Post*, 3 février 1932, Munich, « Hitler dit que Paris condamne toutes les dettes. Demande aux États-Unis de barrer la route aux Français pour pouvoir collecter et protéger les investissements [... I]l s'engage à assurer la sécurité du capital américain », etc., B Amérique 1918-1940, États-Unis, 364, MAE.
199. Selon « une source digne de confiance », Rosenberg était l'un des deux « membres dirigeants du centre hitlérien » de Londres, disposant d'« un appui très puissant [...], le "service secret" britannique et certains éléments financiers et industriels de la City [ayant] subventionné Hitler très largement, depuis le commencement [...] par l'intermédiaire du prince de Cobourg », « note spéciale », 25 août 1932, F7 13429, AN.
200. A/868 (SG), « Personnages en vue du mouvement hitlérien », 21 janvier 1932, F7 13429, AN. Sur cette mission, voir aussi Griffiths, *Fellow travellers*, p. 112.
201. Liste des CA, 1069199211/89 et /90, BRI, 1930-1934, ABF.
202. Lettre 73 de Mitzakis à Charles Farnier, sous-gouverneur de la BF (depuis le 6), 8 septembre 1932, 1069199211/31, BRI, ABF.
203. Premier rapport annuel sur l'exercice clos, 31 mars, lettres de Lacour-Gayet à Paul Greter, 12 mai, de Moret à MacGarrah, Paris, 28 avril 1931, 1069199211/89, et presse 1930-31, 1069199211/34, ABF.
204. De nombreux courriers Mitzakis à Lacour-Gayet (tous numérotés) manquent, 1069199211/31, ABF.
205. Lettre 40 de Mitzakis à Lacour-Gayet, 31 mai 1932, 1069199211/31, BRI, ABF.
206. Lettres 61, 84, 89, 94, 100 de Mitzakis à Lacour-Gayet, 25 juillet, 8, 22 novembre, 6 et 30 décembre 1932, 1069199211/31, ABF.
207. P. 4924, 28 avril 1934, et *Écho de Paris*, d'après Havas, 7 janvier 1933, F7 14713 et 13430, AN. Discussion bibliographique, Lacroix-Riz, *Industrialisation*, p. 71-72.
208. Schirmann, *Les relations*, p. 21-32.
209. Lettre 57 de Mitzakis à Lacour-Gayet, 13 juillet 1932, 1069199211/31, BRI, ABF
210. Schirmann, *loc. cit.*, dépêches Fournier, 16 novembre, 28 décembre 1932, F7 13429, AN.
211. RG, février 1933, GA, P 3, Édouard Pfeiffer, APP.
212. « Les intrigues contre le général Schleicher », *L'Écho de Paris*, 7 janvier 1933, F7 13430, AN.
213. Tract des phalanges universitaires des JP, 13 décembre 1932, RG et *L'Action*, « Paris soulevé contre le tribut », F7 13449, AN.
214. Duroselle, *La décadence*, p. 43. Écho des fonds de 1932 du Quai d'Orsay, *Le Vatican*, chapitres 4-5 ; de l'intérieur, F7 13429 et 13449, AN (et *supra*).
215. A.V. 5, 10109, 28 septembre, et rapport 2497 du CS de Sarreguemines, 26 septembre 1932, F7 13429, AN.
216. Rapports du CS de Sarreguemines 2536 et 2537, 4 octobre 1932, F7 13429, et le vol.
217. Duroselle, *La décadence*, p. 29-43, citations, p. 43.
218. « Et voilà "le bon Adolf" ! Hitler sera-t-il chancelier [...] ? Nos pacifistes à l'œuvre », J. Debû-Bridel, par intérim, *L'Ordre*, 11 août 1932, F7 13429, AN.
219. GB/3, 21 octobre, transmis par lettre 11039 DSG à MAE, 26 octobre 1932, F7 13429, AN.

Chapitre 2 (notes de la page 79 à la page 108)

1. Titre du n° 8 *DPDF*, octobre 1922, 1er article d'une série de 5 : n° 8, octobre 1922, p. 193-197, 9 novembre 1922, p. 250-254, n° 3, mars 1923, p. 101-106, n° 6, juin 1923, p. 198-203, et n° 7, juillet 1923, p. 229-238. Recension complète, *Industriels*, chapitres 2 et 6.
2. Mennevée, *DPDF*, n° 8, octobre 1922, p. 193-197 ; précision sur la BUP, minute 712, 31 mai 1926, GA, W2, de Wendel, APP.
3. Segal, *The French State*, p. 145-190 (BuH) ; 100-144 (Skoda) ; nom français, Tchécoslovaquie 1918-1940, 167, MAE.
4. Notes « sur les relations Schneider-Skoda », 18 janvier, et du secrétaire général (Philippe Berthelot) sur la « visite de M. Schneider et de M. Saint-Sauveur », 10 mars 1930, Tchécoslovaquie 1918-1940, 167, MAE ; Teichova, *An economic background*, chiffrage : « 325 000 actions sur 450 000 », p. 195-197.
5. Mêlées : note « sur les relations Schneider-Skoda », 18 janvier, note jointe à la lettre 25/S du lieutenant-colonel Palasse, attaché militaire (AM) à Bucarest, au MG, DB, 20 janvier, traduction du journal hongrois *Pesti Toezsde*, 20 février, lettre 67 de Charles-Roux à Briand, Prague, 10 mars 1930, Tchécoslovaquie 1918-1940, 167, MAE.
6. Liste d'achats des années 1920: traduction de « La concentration industrielle chez nous », *Pravo Lidu* (journal socialiste de Prague), 22 janvier 1930, et note UEIF citée sur la « situation géographique de ces établissements », 1er octobre 1938, prétendument avec carte (« non jointe », manuscrit, 21 novembre), Tchécoslovaquie 1918-1940, 167, MAE.
7. Lettres de Charles-Roux à Briand, Prague, 67, 10 mars, 84, 4 avril, note « sur les relations Schneider-Skoda », 18 janvier 1930, Tchécoslovaquie 1918-1940, 167, MAE, et Teichova, *An economic background*, p. 202, 209, 102-118.
8. Tél. Laroche, Varsovie, 1090, 13 décembre 1934, et 242, 21 mars 1935, Tchécoslovaquie 1918-1940, 167, MAE, et *infra*.
9. Correspondance depuis 1930, Tchécoslovaquie 1918-1940, 167, MAE, et notes sd (« 1938 ou 1939 »), « situation matérielle de l'armée roumaine » et « de l'armée polonaise », 7 N 3186, chemise « directives données à la mission. Documentation », SHAT.
10. *DPDF*, collection complète depuis 1920-1921, et *Industriels*, p. 41-42.

11. Lacroix-Riz, *L'intégration*, p. 15-17. Sur la Pologne, chapitre 5.
12. Teichova, *An economic background, passim*, voir surtout index Allemagne, p. 410, et *passim* ; liens très imbriqués, « La concentration industrielle », *Pravo Lidu*, 22 janvier 1930, Tchécoslovaquie 1918-1940, 167, MAE.
13. Sa correspondance depuis 1930, Tchécoslovaquie 1918-1940, 167, MAE.
14. Copie de sa lettre sn à Briand, Prague, 26 février 1928, F7 13426, AN.
15. Note du directeur-adjoint de la Direction politique (de Laboulaye), 7 et 12 novembre 1931 ; « 4 000 », dépêche 262 de Charles-Roux à Briand, Prague, 20 octobre 1931, Tchécoslovaquie 1918-1940, 167, MAE.
16. Teichova, *An economic background*, p. 202, et « Extraits de presse de l'Europe centrale, Skoda » (traduits) de janvier-février 1930, dont *Tagesbote* « de Brünn (sic) » (pour Brno), 15, *Prager Tageblatt*, 27 janvier, *Bohemia*, 4 février 1930, Tchécoslovaquie 1918-1940, 167, MAE.
17. Lettre 86 de Charles-Roux à Briand, Prague, 6 avril, et note Laboulaye, 18 juillet 1930, Tchécoslovaquie 1918-1940, 167, MAE.
18. « Extraits », dont *FZ*, « Combat autour de Skoda ? » 1er février 1930, Tchécoslovaquie 1918-1940, 167, MAE.
19. Dépêches de Charles-Roux à Briand, Prague, 67, 10 mars, 140, 22 avril 1930, Tchécoslovaquie 1918-1940, 167, MAE.
20. Note Laboulaye, 18 juillet 1930, Tchécoslovaquie 1918-1940, 167, MAE, nationalisation avortée, Teichova, *An economic background*, p. 92-103.
21. Note Laboulaye, 14 octobre 1931, Tchécoslovaquie 1918-1940, 167, MAE.
22. Annoncé par Bizot, note du sous-directeur d'Europe, 7 décembre 1931, Tchécoslovaquie 1918-1940, 167, MAE.
23. Tél. de Charles-Roux, Prague, 647-651, 10, 673-676, 20 décembre 1931, Tchécoslovaquie 1918-1940, 167, MAE.
24. Note de la direction des affaires politiques et commerciales d'Europe, Paris, 23 décembre 1931, Tchécoslovaquie 1918-1940, 167, MAE ; reste du mois, très précis, encore plus cynique.
25. Demande urgente d'information, tél. 15 du MAE (Laboulaye) pour Prague, 8 janvier 1932, et suite du vol., Tchécoslovaquie 1918-1940, 167, MAE.
26. Lettre 108 de Charles-Roux à Tardieu, président du Conseil-MAE, Prague, 4 mars 1932, Tchécoslovaquie 1918-1940, 167, MAE.
27. Tchécoslovaquie 1918-1940, 167, MAE, Teichova, *An economic background*, p. 196-217, notamment 202 *sq.*, et *infra*.
28. Note Lepercq-MGF « faite sous les yeux de M. Flandin », jointe à lettre Lepercq à de la Baume (Europe), Paris, 23 décembre 1931,Tchécoslovaquie 1918-1940, 167, MAE.
29. CGBF, séance 58, 17 décembre 1931, p. 680-683, ABF.
30. CGBF, séances 45, 1er octobre, p. 506-7, extraordinaire 47, 9 octobre, p. 530-541, ABF.
31. Dépêches de Charles-Roux à Briand, Prague, 86, 6 avril 1930, 261, 17 octobre, et octobre-décembre 1931, Tchécoslovaquie 1918-1940, 167, MAE.
32. CGBF, séance 58, 17 décembre 1931, p. 680-683, ABF. Sur Rist et Auboin, *infra*.
33. Note Laboulaye, 14 octobre 1931, Tchécoslovaquie 1918-1940, 167, MAE.
34. PP 181, 20 mai 1932, GA, L 2, Albert Lebrun, APP.
35. Note Laboulaye, 14 octobre, tél. 662-5 Charles-Roux, Prague, 17 décembre 1931, Tchécoslovaquie 1918-1940, 167, MAE.
36. PP, 1er février 1932, F7 14752, AN, et note sous-directeur Europe, 7 décembre 1931, Tchécoslovaquie 1918-1940, 167, MAE.
37. Lettre à Flandin, Paris, 30 novembre 1931, Tchécoslovaquie 1918-1940, 167, MAE.
38. PV du 28 mars 1933, dossier « collaboration technique franco-yougoslave, 24 février-28 mars 1933 », DGE, 1370200007/ 8, ABF. L'Europe occidentale d'après 1945, France comprise, soumise aux règles du FMI, reproduisit ce modèle sans retouche (bibliographie impossible ici).
39. Successeur de Quesnay, tableau, 17 avril 1937, note sur F. 1950, F7 15343, AN.
40. *Le Temps*, 14 décembre 1937, F7 14874, (maigre) dossier Georges Bonnet, AN, et CGBF, séance 58, 17 décembre 1931, p. 681, ABF.
41. Note J.B. « relative au projet yougoslave » », 18 décembre 1934, DGE, 1370 200007/8, souligné dans le texte, ABF.
42. Notes « relative à une proposition de financement », 27 mai, et « sur les travaux de la Société de construction des Batignolles en Yougoslavie », 1er juin 1933, DGE, 1370 200007/8, ABF.
43. Rapport Bolgert cité, Paris, 10 août 1935, DGE, 1370 200007/8, ABF.
44. Jaslier, « Les relations économiques », p. 74-107, *passim* (citations, p. 78, 87).
45. *Ibid., passim*, James, *German slump*, p. 390 *sq.*, Lacroix-Riz, *Le Vatican, passim*.
46. A/3764/SF, 6 février 1931, F7 12958, AN.
47. Sources impossibles à citer, confondues avec nos fonds : F7 13471, copie de dossiers du Quai d'Orsay et du Deuxième Bureau sur la Roumanie, 1918-1929, en offre un excellent échantillon.
48. Citation, A/80 (SG), 4 janvier 1931 (ou 1932, erreur typographique possible) ; typiques, note 2757 du DB « La Yougoslavie et le communisme (Très bon informateur) », 25 octobre 1931, et correspondance depuis 1929, F7 14753, AN. Lacroix-Riz, « La gestion », p. 131-138.
49. Voir F7 14753, AN, *Le Vatican, passim* et bibliographie, p. 514-515, et *infra*.
50. Sous-dossier SGI, BA 2000, Sociétés franco-polonaises d'immigration, colonisation, APP ; excellente présentation de la SGI fondée en mai 1924 ; Schor, *Histoire de l'immigration*, p. 54-56. Lacroix-Riz, « La gestion », p. 128-131.
51. *Le Vatican*, notamment p. 364-366, bibliographie, p. 513 (Pologne et Roumanie), et Hlond, index ; « Manifestations des années 1930 », plusieurs dossiers, BA 2186, Pologne, ambassade et consulat, APP.
52. Note, anonyme, Autriche, 14 mars 1908, « Les Polonais de Prusse et les relations austro-allemandes », Nouvelle série, Allemagne, 12, MAE.
53. P. 6303. U, 6 juin 1922, F7 12951, AN.
54. Note « Action du Komintern en Europe. Aperçu d'ensemble » de Petit, 19 novembre 1931, URSS 1918-1940, 1265, MAE.

55. Trois notes, « La question de Bessarabie » P. 9350, U, P. 9356 (citation), 17 mars, P. 9368. U, 18 mars 1924, F7 12952, AN, etc., etc.
56. Laboulaye, 2 notes, 14 octobre, et 7 & 12 novembre 1931, Tchécoslovaquie 1918-1940, 167, MAE.
57. Le traité de 1924 serait « communiqué à la SDN » (article 8). Rien ne s'opposait dans celui de 1925 aux obligations de membre de la SDN dans ce traité (article 2) enregistré par la SDN (3). Texte *in extenso* des deux traités, « dossier Tchécoslovaquie », 5 N, 579, SHAT.
58. Dépêches 25 de Briand au MG, Paris, 9 janvier (citation), de Charles-Roux à Briand, Prague, 46, 8 février, 209, 9 septembre (citation) 1930, Tchécoslovaquie 1918-1940, 97, MAE.
59. Dépêches de Prague 124 de l'attaché d'ambassade de Séguin à Tardieu, 15 mars, 210 de Charles-Roux, 22 mai 1932, Tchécoslovaquie 1918-1940, 97, MAE.
60. Dépêche 39 de Léon Noël (successeur de Charles-Roux) à Paul-Boncour, Prague, 25 janvier 1933, Tchécoslovaquie 1918-1940, 97, MAE.
61. Tél. 46 Léon Noël, Prague, 19 janvier 1933, Tchécoslovaquie 1918-1940, 97, MAE.
62. Copie du rapport de Marck au chancelier d'Autriche, Prague, 14 mars 1929, 7 N 3107, SHAT.
63. Dépêches de Charles-Roux, Prague, 466, 17, 496, 20, note jointe du commandant Cochet, 19 octobre 1928, Europe Autriche 1918-1940, 81, MAE.
64. Dépêche 140 de Charles-Roux à Briand, Prague, 22 avril 1930, Tchécoslovaquie 1918-1940, 167, MAE.
65. EMADB, renseignement Depas 866, 17 juin 1935, 7 N 3024 ; « Principales personnalités que pourra rencontrer » le MAE, note jointe à la lettre 247 de Laroche à Laval, Varsovie, 10 avril 1935, URSS 1918-1940, 982, MAE.
66. Mêlés, rapport 36 de l'AM, Varsovie, 5 février 1933, 7 N 2999, SHAT, et A/7985, 1er septembre 1933, F7 13431, AN.
67. Une partie du diocèse de Breslau (Haute-Silésie), rapport Fontenay, 10 février 1931, Tchécoslovaquie 1918-1940, 107, MAE.
68. Dépêche 356 de Gentil, Rome-Saint-Siège, 10 août 1931, Allemagne 1918-1940, 699, et Lacroix-Riz, *Vatican, passim,* dont les chapitres 5-6 et 8.
69. Tél. du chargé d'affaires Atherton au sous-secrétaire d'État, Londres, 24 juillet, *FRUS* 1931, I, p. 549.
70. Tél. 661 de Sir R. Lindsay au marquis de Reading, Washington, 26 octobre 1931, *BDFP, 2nd series*, II, p. 307 (« mais il avait depuis fait des sondages à Varsovie et le Gouvernement polonais avait dit qu'il préférerait faire la guerre que d'accepter la moindre modification »).
71. PP 181, 20 mai 1932, GA, L 2, Albert Lebrun, APP.
72. Dépêche Horace Rumbold à Orme Sargent, Berlin, 4 mai 1932, *DBFP, 2nd Series*, 3, p. 135-136.
73. CGBF, séance 4, 26 janvier 1933, ABF.
74. Bariéty et Bloch, « Une tentative », p. 450-451 et 456-458, les *DGFP, C et D, passim.*
75. Renseignement SR 75 n° 64, 20 janvier 1933, 7 N 3024, SHAT.
76. « Note spéciale. Très confidentiel. Urgent », 25 août 1932, souligné dans le texte, F7 13429, AN.
77. SR 75 n° 64, 20 janvier 1933, 7 N 3024, SHAT. La position de Vansittart sur la Pologne et les Sudètes (*infra*) contredit l'anti-germanisme constant depuis 1934 que lui prête Michael Carley (travaux cités sur l'Angleterre) ; sur Eden et l'Est européen, *infra.*
78. Robert Dreux, sur la campagne anti-Sokols évoquée au chapitre 5 (et *Vatican*), « Les dangers de la politique du Vatican. Le pape, l'Italie et la Yougoslavie », *L'Ordre*, 19 février 1933, F7 13464, AN ; Jordan, *Popular Front,* introduction, et Lacroix-Riz, *Le Vatican, passim,* dont les chapitres 5-6 et 8.
79. Carley, « Five kopecks », p. 23-24.
80. Lettre 286 de de Fleuriau à Briand, Londres, 15 juin 1926, F7 13450, AN.
81. Gorodetsky *Soviet, passim,* et sa bibliographie, Lacroix-Riz, *Vatican,* chapitres 5-6.
82. A/3946, 1er juin 1927, F7 12955, AN.
83. A/2552, 28 avril 1927, F7 12955 ; A/3074, 23 mars, RG, 9 mars 1928, F7 12956. Énorme correspondance en 1927-1928 sur Sarraut dans ces deux vol.
84. A/2552 *(sic)*, 29 avril 1927, F7 12955, AN.
85. A/3946, 1er juin, A/6402, 16, A/2766, 22 septembre, A/6578, 23 septembre 1927, F7 12955, AN.
86. Sources britanniques, Carley, « Five kopecks », p. 24 ; sur celle de 1927, pour empêcher « un accord franco-soviétique sur le pétrole russe », qui aboutit au départ de l'ambassadeur soviétique Rakovski, Denéchère, *Jean Herbette*, p. 155-157.
87. RG, 25 novembre 1952, GA, B 12, Banque Lazard, APP.
88. Carley, « Five kopecks », p. 25-30, et surtout F7 12956-12957, 1928-1929, AN.
89. Câbles de New York, 26, 27 (citation) et 29 juillet 1930, F7 12957, AN, et fonds économiques spécifiques du Quai d'Orsay, impossibles à citer tous, *cf. infra.*
90. Garrett, article déjà cité, joint à dépêche Henri, Washington, 29 septembre 1931, États-Unis 1918-1940, 364, MAE.
91. Carley, « Five kopecks », *passim.*
92. Dépêche 49 Dejean à Tardieu, Moscou, 28 mars 1932, et deux rapports joints de 9 et 26 p., URSS 1918-40, 1035, MAE.
93. Dépêche 68 de Margerie à Briand, Berlin, 27 janvier 1930, URSS 1918-1940, 1268, MAE, tout ce volume (et bien d'autres) et *infra.*
94. Haslam, *Soviet Foreign Policy,* p. 38-45 (pourcentages, d'après Herbette, p. 41).
95. Dépêche 51 d'Herbette à Herriot, Moscou, 17 avril 1925, URSS 1918-1940, vol. 124, MAE. Présentation d'Herbette, Denéchère, *Jean Herbette,* chapitres 2-4, Jean-Baptiste Duroselle, *La décadence*, Lacroix-Riz, *Vatican,* index ; contrôle du *Temps, infra,* chapitre 4.
96. A/2709 (SG), 15 mars 1930, F7 12957, AN.
97. Denéchère, *Jean Herbette*, p. 23.
98. A/3620, 6 novembre 1928 et RG 22 mai 1929 (et année), F7 12956 et 12957, AN.
99. A/11310, Paris, 18 décembre 1929, F7 12957, AN
100. Carley, respectivement « Five kopecks » et « Fearful concatenation », *passim.*
101. Carley, « Five kopecks », p. 29-33, et A/5408, Paris, 24 mai 1930, F7 12957, AN.
102. *Jean Herbette*, p. 167 et *passim.*
103. Carley, « Five kopecks », p. 28-35, et CGBF, 29 octobre 1937, p. 113, ABF.
104. Lettre du CS de Calais Parenty au général Desprès, AM à Londres, 25 mai 1927, F7 13450, AN.

105. Mélange, note G-P/15, 26 mars 1931, note Europe, Paris, « Pactes de non-agression avec l'URSS », 4 février 1932, URSS 1930-1940, 959, MAE, et Carley, « Five kopecks », *loc. cit.*
106. Herbette à Briand, Moscou, dépêches 603, 27 octobre, 665, 14 novembre, tél. 654-672, 28 novembre, 616-624, 11 novembre 1930, URSS 1930-1940, 1269, etc. (correspondance énorme), MAE.
107. Dernier tél. cité et projet de tél. 340 de Briand pour Moscou, signé B, Paris, 13 novembre 1930, URSS 1930-1940, 1269, ce vol. et les deux suivants, et 959. Malgré les brocards actuels, dont S. Dullin, *op. cit., passim,* Moscou n'a pas « forgé » des « complots » établis par les sources. Denéchère, prudent sur le « parti industriel », admet les intrigues d'Herbette avec Neveu, d'Herbigny et le Vatican, *Jean Herbette,* p. 178-181 ; *Vatican,* chap. 6 et 11, et *infra,* les procès Metro-Vickers et Toukhatchevski.
108. Note Europe, Paris, 4 février 1932, URSS 1930-1940, 959, MAE.
109. Carley, « Five kopecks », p. 36-40.
110. Teichova, *An economic background,* p. 212-213.
111. Tél. 645-6, Prague, 9 décembre 1931, Tchécoslovaquie 1918-1940, 167, MAE.
112. Note Europe, 9 février 1934, Tchécoslovaquie 1918-1940, 167, MAE.
113. Teichova, *An economic background,* p. 230-238 (citation).
114. URSS 1930-1940, 959 (dont note Europe, « Pactes de non-agression avec l'URSS », Paris, 14 janvier 1932) et 960, MAE.
115. 1/4208, PP, 1er mai 1931, « La collaboration militaire germano-soviétique », URSS 1918-1940, 984, note sur « La collusion germano-soviétique », Paris, 4 février 1932, F7 13429, AN, EMADB, « la collusion militaire germano-soviétique », 20 janvier 1932, « note mise à jour à la date du 25 octobre 1932 », 20 janvier 1933, 7 N 3143, SHAT, etc.
116. « Note sur la collusion militaire germano-soviétique », 15 mars 1933, 7 N 3143, SHAT.
117. Courriers Herbette depuis son tél. 37-41, 19 janvier 1930, voir surtout son tél. secret 1-5, 3 janvier, sa dépêche 77, 22 janvier 1931, et note « d'un correspondant », 15 mars 1931, URSS 1918-1940, 959, MAE.
118. Tél. 573-6 de Laroche, Varsovie, 23 décembre 1930, dépêche 31 de Margerie à Briand, Berlin, 12 janvier 1931, etc. URSS 1918-1940, 959, MAE.
119. Dépêche 430 d'Herbette à Briand, Moscou, 31 août 1930, URSS 1918-1940, 1268, MAE.
120. De Margerie, note (Bureau du contrôle des étrangers) « pour la Sûreté générale », 8 mai, lettre 439 à Briand, Berlin, 30 mai 1929 ; provocation SPD décrite par les factuels 1° rapport 262 du colonel Tournès, AM, Berlin, 14 mai ; 2° note « Les troubles de mai à Berlin » jointe à la lettre 2630 du CS de Bellegarde au DSG, 20 juin 1929, F7 13427, AN.
121. Lettre 195 de Margerie à Briand, Berlin, 11 mars 1930, comparaison NSDAP-KPD, F7 13427, AN.
122. Lettres 68 (citations) et 67 (avec note du capitaine de Frégate de Prévaux, attaché naval près l'ambassade, Berlin, sur les progrès du communisme dans la marine), de Margerie à Briand, Berlin, 27 janvier 1930, URSS 1918-1940, 1268, MAE, et, sur la thèse de l'alliance et (ou) de sa crise, « Correspondance », octobre 1930, « la révision des traités et la collusion de la Reichswehr et de l'Armée rouge », F7 13427, AN.
123. La note 1016S.C.R/2/11 sur le communisme en Allemagne, « de bonne source » (du 10 février), 6 mars 1930, fut copiée sur la dépêche 68 du 27 janvier de Margerie, souvent au mot près, conclusion identique, F7 13427, AN.
124. Dépêche 68 de Margerie à Briand, Berlin, 27 janvier 1930, URSS 1918-1940, 1268, MAE, « Contrôle des étrangers », 2 novembre 1929, « d'un bon informateur », F7 13427, AN ; et l'excellente maîtrise de Kalfa, « Paris face aux relations germano-soviétiques ».
125. Stockholm, dépêches 78 du chargé d'affaires, 8 avril 1931, 35 de Gaussen, 25 février 1933, URSS 1918-1940, 1268 (une mine), MAE.
126. Dépêche 3156 au DSG, 12 mai 1932, F7 13429, AN, et tout F7 Allemagne.
127. Dépêches de Gaussen 201 à Briand, Stockholm, 28 septembre 1931, 37 à Laval, 30 janvier 1932, URSS 1918-1940, 1265 et 1266, et de Laval (source, « notre ministre à Stockholm ») à la DSG, Paris, 4 février 1932, F7 13429, AN. F7 F7 13428-13429 ; mine Gaussen, URSS 1918-1940, surtout 1265-1268, MAE.
128. Tél. 37-41 d'Herbette, 19 janvier, et dépêche 250 de Gentil à Briand, 29 août 1930, URSS 1930-1940, 959, MAE. Herbette et le Vatican, *Vatican,* p. 218-224 ; bobards roumains et polonais, Haslam, *Soviet Foreign Policy,* p. 26-28.
129. A.V.6 5352, 23 mai 1930, F7 12957, AN.
130. Denéchère, *Jean Herbette,* p. 196-199 *sq.*
131. Note G-P/15, 26 mars 1931, URSS 1930-1940, 959, MAE.
132. A.9089, Paris, 9 septembre 1930, F7 12957, AN.
133. Note Europe, « Pactes de non-agression avec l'URSS », et annexe I, accord franco-soviétique en 6 articles, Paris, 4 février 1932, URSS 1930-1940, 959, MAE. Carley, « Five kopecks », p. 33.
134. Dépêche 6910 du président du Conseil-MI Laval, signée Léon Noël, DSG, 19, et « note » Europe, 28 août, « Aperçu d'ensemble » de Petit, 19 novembre 1931, URSS 1918-1940, 1265, MAE. Sur Petit, *infra.*
135. Caractère obsessionnel de la question indochinoise pour Paris, Haslam, *Soviet Foreign Policy,* p. 34-37.
136. Annexe sd, dépêche sn du ministre à celui des AE, Paris, 28 août 1931, et note manuscrite en marge, URSS 1930-1940, 1268, MAE.
137. *Izvestia,* « Tardieu ne veut pas avoir les mains liées », 5 avril 1932, URSS 1930-1940, 959, MAE.
138. Dépêche 84 de Dejean à Tardieu, Moscou, 7 mai, tél. 227-230 de Laroche, Varsovie, 30 mai, 193-9 de Payart, Moscou, 19 octobre 1932, souligné dans le texte, URSS 1930-1940, 960.
139. Carley, « Five kopecks », p. 36-39 ; texte du projet, note Europe, Paris, 4 février 1932, URSS 1930-1940, 959.
140. Bariéty et Bloch, « Une tentative », p. 445.
141. Duroselle, *La décadence,* p. 45-49, citation p. 45.
142. Carley, « Five kopecks », p. 38-40.
143. À Herriot, dépêches 541 de Fleuriau, Londres, 27, 164 de Dejean, Moscou, 31 août, avec traduction de l'article du 3, URSS 1918-1940, 985, MAE.
144. « Avis de la rédaction » de la *Krasnaïa Gazeta,* 20 août, coupure du *Times,* « Soviet relations with Germany. Moscow's change in tone », 6 août, dépêche 191 de Tripier, Riga, 8 août 1932, et grosse correspondance depuis ce premier courrier, dont plusieurs d'Herriot demandant précision (*cf.* sa dépêche 1254 à de Fleuriau, Paris, 16 août), URSS 1918-1940, 985, MAE.
145. Dépêches 446 de Laroche à Herriot, Varsovie, 7 décembre 1932, 26 et 31 de Dejean à Paul-Boncour, Moscou, 28 et 30 janvier 1933, URSS 1930-1940, 985 (et août-fin janvier).

146. Tél. 193-9 de Payart, Moscou, 19 octobre 1932, URSS 1930-1940, 960, MAE.
147. Dépêches Payart 212 et 213, 4 novembre, 218 de Dejean à Herriot, Moscou, 19 novembre, 932 et 942 de Pierre Arnal, chargé d'affaires à Berlin, 15 et 20 octobre, « note du général Renondeau », nouvel AM à Berlin, sur la mission Toukhatchevski jointe à la dépêche 974 de François-Poncet à Herriot, Berlin, 25 octobre 1932, URSS 1930-1940, 985, MAE.
148. Dépêche 1145 François-Poncet, Berlin, 15 décembre ; la 1111, « Le pacte de non-agression franco-soviétique et l'opinion allemande », 1er décembre 1932, signalée, non jointe, URSS 1930-1940, 985, MAE.
149. Dépêche 38 Dejean à Paul-Boncour, Moscou, 25 janvier 1933, URSS 1918-1940, 985, MAE.
150. A/569 (SG), Paris, 20 juillet 1925, F7 12953, AN.
151. A/978 (SG), Paris, 15 avril 1926, sur Caillaux, A/2018, Paris, 23 juin, A/6098, 1er juillet, et plusieurs courriers de juillet 1926, F7 12954, AN.
152. A/10303 (SG), Paris, 22 octobre 1930, F7 12957, AN.
153. Rapport du directeur de la police d'État, Nice, 1er décembre, joint à la dépêche 13162 du MI (DSG) à Herriot, Paris, 7 décembre 1932, URSS 1930-1940, 1268, MAE.

Chapitre 3 (notes de la page 109 à la page 137)

1. Dépêche 449 de François-Poncet à Paul-Boncour, Berlin, 9 mai 1933, URSS 1918-1940, 985, MAE.
2. Dépêches à Paul-Boncour de Berlin, 449, 9 mai, Europe URSS 1918-1940, 985 (1re et 3e citations) et 439, Berlin, 5 mai 1933, Allemagne 1918-1940, 699, MAE.
3. Mémorandums Neurath RM 1620, 25 novembre, et II SG 3180 Bülow, 5 décembre 1933, *DGFP, C*, II, p. 153 et 176-177.
4. Exposé du gouverneur, CGBF, séance 43, 12 octobre 1933, p. 481-2.
5. CGBF, séance extraordinaire 43, 22 septembre 1931, p. 473, ABF.
6. Lettre 2808 du CS de Strasbourg au préfet du Bas-Rhin, 29 septembre 1933, F7 13431, AN, et vol.
7. « Les intrigues », *L'Écho de Paris*, 7 janvier 1933, F7 13430, AN, et Moret, cité plus haut.
8. A/9891, 6 novembre 1929, F7 12957, AN,
9. Dont il devint l'« avocat-conseil », A/1537, 12 février, et A/4054, 27 avril 1931, F7 12958, AN.
10. Note anonyme sd (juste après le procès Pétain) « sur l'affaire Weygand », fonds Mornet, III, BDIC.
11. RG, 14 juin, GA, C 25, Comité national d'entente économique, APP ; 30 novembre 1933, F7 14874, AN.
12. RG, 25 novembre 1952, GA, B 12, Banque Lazard, APP.
13. PP 429 et RG sans réf., 18 décembre 1933, PP 181, 5 décembre 1934, et Lucien Sampaix, « La presse : arme de classe. La grande vénalité du Temps, organe du Comité des Forges », *L'Humanité*, 13 juin 1934, GA, C 25, Comité des Forges (CF), APP.
14. PP 429, 2 octobre 1934, GA, C 25, CF, APP, RG, 30 novembre 1933, F7 14874, AN.
15. CGBF, séances de janvier-février 1934, ABF.
16. Rothschild, CGBF, séance 50, 30 novembre 1933, p. 539-540, ABF.
17. RG, 21 et 24 novembre 1933, F7 14874 et F7 12962, AN.
18. CGBF, séance 6, 8 février 1934, p. 65.
19. RG, 28 mars 1934, BA 2019, Adrien Marquet, APP.
20. Perte de 4 632 emplois, dernière référence de la n. suiv.
21. CGBF, séances 52, 14 décembre 1933 (budget 1934), p. 588-599, 54, 26 décembre 1933 (dividende), p. 617-618 ; 26, 25 juin 1934 (dividende), p. 305-306, 52, 20 décembre 1934 (budget 1935) ; 56, 19 décembre 1935 (budget 1935), p. 520-543, ABF.
22. CGBF, séance 22, 31 mai 1934, p. 242.
23. CGBF, séance 56, 19 décembre 1935, p. 522, ABF.
24. PP 9 août 1934, GA, C 25, CF, APP. Campagne illustrant sa « dépendance » envers le Comité des Forges et la Banque de France, au rebours du surnom d'« indépendant » choisi par son biographe Tellier.
25. RG, 30 novembre 1934, GA, C 25, CF, APP ; 5 février 1935, F7 12959, AN.
26. A. Werth, *The twilight*, p. 47.
27. P/6507, P-411 et RG sans référence, 8, 11 et 22 mai 1935, F7 12959.
28. Liste alphabétique de 364 synarques, de ou après août 1943, F7 15343, AN.
29. « Quelquefois », A.5054, 14 mai 1930, F7 12957, AN.
30. CGBF, séance 21, 23 mai 1935, p. 214-215.
31. PP, 24, P. 7118, 25, P. 7159, 27, PP, 28 mai 1935, F7 12959 (et depuis octobre 1934).
32. CGBF, séances 25 et 27, 31 mai et 13 juin 1935, p. 230 et 247 (et 22 à 24, 23, 28-29 mai), ABF.
33. « Les milieux ruraux » déplorèrent leur absence, RG, 27 juin 1935, F7 12959, AN ; Tellier (citant Bouthillier), *Paul Reynaud*, p. 446.
34. CGBF, séance 34, 25 juillet 1935, p. 324, séances depuis le 20 juin, dont 38 (citation), 22 août, p. 353-4 (*idem* le 29, p. 359-360).
35. RG, 12 juillet 1935 (dîner imminent), BA 2039, Laval, APP.
36. CGBF, séance 33, 18 juillet 1935, p. 316-318, ABF.
37. CGBF, séance 36, 8 août 1935, p. 343-4, et *passim* sur les baisses successives depuis juin, ABF.
38. CGBF, séance 42, 29 septembre 1935, p. 402-3, ABF.
39. CGBF, séances 49-50, 7 et 14 novembre 1935, p. 437 et 442-443, ABF.
40. Tél. 827 de Köster à Neurath, Paris, 27 juillet 1935, *DGFP, C*, IV, p. 494-5.
41. Note sur ce parti, novembre 1931, BA 1897, Alliance républicaine démocratique (ARD), APP.
42. P. 584, 13 août 1935, F7 12960, AN.
43. Coupure sans auteur, *Humanité*, 10 mars 1930, GA, B 05, APP. Jèze, défenseur du Négus devant la SDN, dont Joseph-Barthélémy avait été délégué au nom de la France (même vol.), subit les assauts continus de l'Action française et autres ligues au moment de l'attaque italienne. Sur « l'Affaire Jèze », 4-15 mars 1936, F7 12964, AN, etc.
44. « Doyen de la Faculté de Droit de Paris », rapport sur Croix de Feu et Briscards, sd, après février 1934, BA 1961, ligues, dissolution, 1935-1938, APP.
45. RG, 17 décembre 1931, GA, B 05, Joseph-Barthélémy, APP.
46. Formule de la Solidarité française, BA 1960, SF (courriers et rapports sur Renaud), 1934-1941, APP.
47. RG, 5 décembre 1933, BA 1986, Théophile Bader (Galeries Lafayette), APP.

48. PP, 28 juillet, L/5 11731, 18 octobre, PP, 22 août 1934, et juillet-octobre, F7 13239, AN ; juillet-août 1934 et PP 431, 18 octobre 1935, BA 1960, SF, APP.
49. RG, 1er juillet 1935, BA 1941, PNP, 6 septembre, 6 novembre, 6 décembre 1935, BA 1960, SF, APP.
50. RG, 5 août 1930, F7 12957, AN ; « Le bolchevisme aux colonies et l'impérialisme rouge » (éditions de La Vague rouge) et « requête aux pouvoirs publics », « Alertons les colonies », 15 juin 1930, URSS 1918-1940, 1265, MAE.
51. Lottman, *Pétain*, p. 162-163 (très prudent sur les rapports Alibert-Pétain).
52. PP X, 20 janvier 1936, BA 1901, Briscards et Croix de Feu, APP.
53. Campagne de presse contre lui en novembre 1930, F7 12957, AN.
54. PP 429, 1er avril 1936, BA 2000, Laurent-Eynac, APP.
55. P. 8553, 4, PP, 3 juillet 1935, F7 12960, AN.
56. P. 8375 et 8376, 29 juin, P-8482, 3 juillet, RG, 6 juillet 1935 (« ressources des Croix de Feu »), F7 13241, AN.
57. RG, 7 novembre 1951 (sources d'avant-guerre), BA 2022, Jacques Poupart de Neuflize, APP.
58. RG, 11 mars 1952 (« note de l'autorité militaire du 2 mai 1939 ») et fiche individuelle, juillet 1957, GA, B 10, Banque Vernes, APP.
59. PP 429, 23 mars 1936, BA 1902, mouvement social français des Croix de Feu (CF), APP.
60. RG, 29 juin 1935, F7 13241, AN.
61. P-10162, 26 août 1935, F7 12960 ; P-9140, 20 juillet 1935, F7 13241, AN.
62. Témoignage de Paul Lévy, du journal *Les Écoutes*, RG, 30 novembre 1937, BA 1901, Briscards et CF, APP. Féroce et identique, note, dossier n° 261, n° d'enregistrement : 4136, SR, 21 juillet 1941, sur les fonds touchés de l'Intérieur, Londres 1939-1945, 301, MAE (et *infra*).
63. Rapports 909 du CS de Beausoleil J. Rossi, 2 juin, 6119 du CD de la police spéciale au DSG, Nice, 1er juin 1934, F7 13465 ; PP, 21 décembre 1934, F7 13466, AN.
64. PP, 28 mars 1935, BA 1998, Denain, APP.
65. RG, 26 janvier 1933, F7 12962, AN.
66. Presse de juin-août 1935, BA 1998, général Denain, APP ; RG, 18 juin 1935, F7 13241, AN.
67. « Effectif des groupements nationaux », RG, septembre 1935, BA 1941, PNP, APP.
68. Sur le motif allemand de cette géographie, *cf. infra*.
69. Rapport (très proche du rapport Chavin) annexé à note RP, « documentation sur l'organisation, les buts et l'influence du MSE et du CSAR, notamment depuis 1940 », 20 décembre 1944, F7 15343, AN.
70. « Extrait » synarchie-CSAR, F7 15343, AN.
71. Entrée du 29 octobre 1940, Journal de Nicolle, PJ 39, APP.
72. Témoignage sur Barnaud devant Mathieu de Pierre Vallé, auditeur à la Cour des comptes, 14 décembre 1945, PJ 40, Barnaud, APP.
73. Tract sur la synarchie annexé à lettre 23/3 du préfet de l'Allier, Moulins, 4 novembre 1941, F7 15343.
74. Journal Nicolle, 21, 31 août et 2 septembre 1940, PJ 39, APP (comparer à l'imprimé de 1947).
75. Note, Synarchie, 10 mai 1945, *in* dossier « Étude sur Jean Coutrot de mai 1941 », F7 15343, AN
76. SSS, 25 juin 1942 (dossier DS 101, « études diverses sur la Synarchie »), note synarchie-Coutrot 1941, « extrait » synarchie-CSAR, F7 15343, AN, et « note relative au MSE » SN-RG, Paris, 12 mars 1946, PJ 40, Barnaud, APP.
77. Rapport Chavin, juin 1941, F7 15343, AN.
78. RG, 6 novembre 1952 (origine : rapport bancaire de juin 1941, PJ 40, Barnaud), GA, W 1, Hippolyte Worms, APP, note de u/, « France, le Tiers Parti à Madrid », du 23 juin 1944, F7 15339, AN, et *infra*.
79. PP 540, 24 juin 1931, GA, M 18, Monzie, APP.
80. RG, XP 2, 26 septembre 1946, F1 a, 3309, AN.
81. RG, 4 mars 1930, GA, M 18, Monzie, APP, RG 20 avril 1936, F7 12961, AN.
82. P. 390, 2 mai, PP, 29 août 1935, F7 12959 et 12960, AN.
83. Carley, « A Soviet Eye on France ».
84. Notes Jean depuis F7 12950, synthèse, RG, XP 2, 26 septembre 1946, F1 a, 3309, et, citation, R. Maurecourt, *L'Ami du Peuple*, 25 avril 1933, F7 12962, AN.
85. RG, note de ou après janvier 1945 (liste, chap. 1), F7 15343, AN (Monzie figure sur toutes les listes depuis 1941), F7 15339 ; et PJ 39, Journal Nicolle, *passim*, APP.
86. Pertinax, *Les fossoyeurs*, II, p. 240, et prologue, sur Pucheu tortionnaire.
87. RG, 15 février 1941 (extrait dossier 51903 CO des Industries mécaniques), GA, P 4, Pucheu, APP.
88. Lettre de Joël Nordman au PG Mornet, Paris, 28 novembre 1944, fonds Mornet, III, BDIC.
89. 16 février 1937, BA 2125, journalistes politiques, 1914-1945, APP.
90. Rapport Chavin, 25 juin, et tract annexe (« les hommes de Worms au Gouvernement ») à la lettre du préfet de l'Allier 23/3, Moulins, 4 novembre 1941, etc., F7 15343, AN.
91. RG, 20 juillet 1955, avocat général Jodelet à son procès devant la Haute Cour de Justice, GA, G 11, Jacques Guérard, APP (et tout le dossier) ; Lacroix-Riz, *Industriels*, index.
92. Rapport sur la CGPF, « composition du bureau », juin 1937, BA 1992, CGPF, APP.
93. RG, 10 août 1943, 9 septembre 1940, 17 novembre 1952, GA, L10, Lehideux, APP, et rapport équipe Vilatte, PJ, 19 juillet 1945, PJ 46, Lehideux, APP.
94. Rapports des inspecteurs : 1° Boissy, 2° Cambon, Boissy, Nezelof, cabinet Mathieu, Paris, 23 avril et 11 mai 1945, PJ 46, Jacques Le Roy Ladurie, APP.
95. Pertinax, *Les fossoyeurs*, I, p. 249.
96. Présentation AN du fonds DML, 474 AP, et RG, XP2 n° 212, Paris, 19 juin 1947, F7 15343, AN.
97. Rapport Béteille Pétain-CSAR, fonds Mornet, II, BDIC.
98. Rapport sur Coty et la SF, 4 novembre 1933, BA 1961, APP, et biographie annexée à la note sur « La Cagoule » de 1945, F7 15343, AN, et *infra*.
99. Séances des 20, 23 et 19 (lettre lue par le président Bonnevay) avril 1934, BA 1856, APP.
100. Précision sur les cabinets, RG, novembre 1960 (monument de mensonges flatteurs), GA, B 01, Paul Baudouin, APP, Pertinax, *Les fossoyeurs*, I, p. 244-249 (et, sur Gillet, Lacroix-Riz, *Vatican*, index).
101. Jankowski, *Cette vilaine affaire*.
102. RG, 5 mai et décembre 1934 (féroce sur ses affaires frauduleuses, telle la faillite de l'Omfina, holding sise à Luxembourg), GA, T6, Pierre Taittinger, APP.

103. RG, 26 janvier 1934, GA, T6, Pierre Taittinger, APP.
104. V.L/, 8 décembre 1927, F7 12955 et « notes Jean », F7 12951 à 12961 (la place manque pour entrouvrir le bottin, dominé par les concessions de la TCRP de Mariage et du Métro, fief commun du groupe Empain et de la Lyonnaise des Eaux), A-435, 14 janvier 1930, F7 12957, A/3924-SF, 9 mai, sn, 5 juin 1931, etc., F7 12958, AN.
105. « Nota », rapport Vilatte, 15 mars 1946, PJ 40, Jacques Barnaud, APP.
106. Rapport sd, après 15 février 1936, « Ligue des Jeunesses patriotes » (LJP), BA 1941, PNP (original sur Genellis, PP 175, 7 février 1933, BA 1942, JP), APP.
107. « Extrait » synarchie-CSAR (récit identique, XP/150, août 1943), F7 15343, AN.
108. Mémorandums Neurath et Bülow cités, *DGFP, C*, II, p. 153 et 176-177.
109. Lettre du CP Piéton (service des voyages officiels), au CG chef du service, 8 mars 1945, F7 15339, AN.
110. RG, 12 janvier 1934, BA 2036, Ybarnégaray, APP.
111. RG, 22 février, 4, 13 et 19 janvier 1934, F7 12963, AN.
112. Note de Guichard « au sujet des manifestations qui ont eu lieu sur la voie publique au mois de janvier dernier », Paris, 2 février, et sa lettre au préfet, Paris, 30 janvier 1934, BA 1853, événements, APP, et toute la commission d'enquête, BA 1856 à 1859, APP, et *Événements.*
113. Interprétation plus « douce » de Serge Berstein, *Le 6 février, passim.*
114. Séances des 24 et 26 avril 1934, BA 1856, IGS, commission d'enquête, APP.
115. Séances des 6 (audition de Perrier) et 30 mars (rapport Pétrus Faure) 1934, BA 1857 et 1859, IGS, commission d'enquête, APP, et *infra.*
116. Séances des 1er et 8 mai 1934, BA 1856 et 1857, commission d'enquête, APP.
117. Auriol, communication de Paul Perrin sur la comparaison statistique des ventes d'armes, entre 1933 et 1934, dans « un certain nombre de maisons de Paris », séances des 2 mars, BA 1857, et 30 mars, et sous-dossier « Armement des manifestants, des gardes républicains et des agents de police », février-mars 1934, BA 1859, commission d'enquête, APP.
118. Rapport Pétrus Faure sur la participation des Croix de Feu à la manifestation du 6 février (liste de destinataires incluse), séance du 30 mars, *Événements*, t. II, 1209, p. 1323-1325.
119. Chautemps, Daladier, Chiappe, séances des 7 et 9 mars 1934, BA 1857, commission d'enquête, APP.
120. Cathala, cercle d'études politique AD, 26, PP 100, 27 février 1934, BA 1897, APP.
121. Séance du 9 mars 1934, BA 1857, commission d'enquête, APP.
122. Séance du 10 mars 1934, BA 1857, commission d'enquête, APP.
123. Rapport RG sur *Paris-Midi*, décembre 1929, GA, P 5, Paris-Midi, APP.
124. RG, mars 1932, *JO*, 12 mai 1943, GA, S 3, Louis Sellier, APP.
125. Carbuccia, Henry Clerc, Marquet, Montagnon, Taudière, listes *infra* ; comme Pozzo di Borgo, *supra et infra* (liste des 364 synarques, sd, de ou après août 1943, F7 15343, AN).
126. P-9145, 20 juillet 1935, F7 12960, AN.
127. Pierre Dignac, Jean Montigny, Émile Taudière, Eugène Frot, Informations générales 19 à 31, I/1941, note sur membres Conseil national, nomination par décret, *JO*, 24 janvier 1941, F1 a, 3308, AN.
128. Séances du 17 mars 1934, BA 1857, commission d'enquête, APP, *Événements*, t. I, p. 632-637 (plus précis sur les rapports Frot-Comité des Forges) et 13 avril 1934, t. II, p. 1604.
129. Séance du 19 mars 1934, BA 1857, commission d'enquête, APP.
130. « Membre Comité M.S.R en 1940 », liste des « dirigeants et un certain nombre de membres du » MSR, *in* rapport des inspecteurs Valentini (principal) et Bazier et Meyniel, Paris, 2 novembre 1944, PJ 32, APP.
131. Séance du 28 mars 1934, BA 1859, commission d'enquête, APP.
132. Séance du 13 avril 1934, *Événements*, t. II, p. 1699.
133. Correspondance depuis mai 1925, BA 1942, JP, APP.
134. Séance du 13 avril 1934, BA 1859, commission d'enquête, APP, et *Événements*, t. II, p. 1699.
135. Séance du 27 mars 1934, BA 1857, commission d'enquête, APP.
136. RG, 27 janvier et 30 mars 1934, GA, L 2, Albert Lebrun, APP.
137. RG, note sur Ybarnégaray, décembre, et 29 janvier 1934, BA 2036 Ybarnégaray, APP.
138. Sous-dossier « Appels et commentaires après la journée du 6 février 1934 », BA 1856, APP.
139. Duclos, audition de Bergery, séances des 26 avril et 26 mars 1934, BA 1856 et 1857, IGS, CE, APP.
140. PP 100, 27 février 1934, BA 1897, ARD, APP.
141. Avec adresse et téléphone, liste Percheron de cagoulards, F7 14738, AN.
142. PP, 26 mars, 3 juin et 4 mai 1934, F7 12963, et tout ce qui suit le 6 février (source des noms cités), AN ; PP 100, 1er novembre 1934, BA 2043, Henriot ; riche sur 1934, BA 2036, Ybarnégaray, APP (et n. suiv.).
143. 1933-1938, BA 1905, FNC, APP, à comparer avec Bonafoux-Verrax, *À la droite, passim.*
144. RG, « ARD », novembre 1931, BA 1897, ARD, APP. Sur la présence de Jean Goy, *supra.*
145. Tellier, *Paul Reynaud*, p. 203-215 (citation, p. 204).
146. PP, 22 février, 3 mars, 15 avril 1934, F7 12963, AN.
147. PP 100, 6 mars, conférence, et PP, 18 septembre 1934, GA, H 2, Henry-Haye, APP.
148. PP 100, 30 mai 1934, BA 1897, ARD, APP ; PP, 18 juin 1934, F7 12963, AN, essentiels sur l'année, mais expurgés de février.
149. Lettre de Paul Guichard, DGPM au PP, 14, et PP PP 181, 16, Paul Vaillant-Couturier, 18 avril 1934 (« Désarmement et dissolution des Ligues fascistes », *L'Humanité*), note manuscrite de la PP, affaires SG, 1er Bureau, pour le DRG, Paris, 6, PP, 7 mai 1934, BA 1901, Briscards et CF, APP.
150. RG, 29 octobre 1934, BA 1961, APP.
151. « Documentation des [JP] », BA 1942, JP, APP, et Soucy, *Fascism, passim.*
152. « Extrait » synarchie-CSAR, souligné dans le texte, et note synarchie-Coutrot 1941, F7 15343, AN.
153. Dard, *Le rendez-vous*, p. 192-206, citation, 194-195.
154. PP 100, 30 octobre 1934, GA, G 11, Groupe du 9 juillet ; RG, 19 octobre 1934, copie jointe, avec d'autres documents collectés « dans les différents services de la Préfecture de police », au rapport de l'inspecteur Heeribout, cabinet Mathieu, Paris, 1er mai 1945, PJ 48, Pétain, APP, et *infra.*
155. PP 100, 1er novembre 1934, BA 2043, Philippe Henriot, APP.
156. RG, 19 octobre 1934, cité par le rapport Heeribout, 1er mai 1945 (« recherches faites dans les différents services de la Préfecture de police » sur « l'activité politique, les relations du maréchal Pétain avant la guerre »), PJ 48, Pétain, APP.

157. Procès Pétain, déposition de Loustanau-Lacau, 7e audience, 30 juillet 1945, F1 a, 3310, AN.
158. Tél. 1188 Köster, Paris, 28 novembre 1935, Berlin, *DGFP, C*, IV, p. 861.
159. « 8e portrait de la galerie des traîtres », Radio Patrie, 21 février 1943, PJ 42, Brinon, APP.
160. *Les fossoyeurs*, I, p. 9, II, p. 132-133 (« dialogue qui me fut répétéle 27 octobre 1935 »).
161. P. 8553, 4 juillet 1935, F7 12960, AN, et *supra*.
162. RG, 21 novembre 1935, GA, W 1, Weygand, APP.
163. RG, 11 mars 1936, BA 1941, PNP, APP.
164. « Les Croix de Feu essayent d'utiliser les dangers extérieurs pour s'emparer du pouvoir ! » *Le Populaire*, 17 mars 1936, BA 1901, Briscards et CR, APP, et *infra*.
165. RG, 14, 21 février 1930, et suite, BA 1945, Doriot, APP.
166. « Extrait » synarchie-CSAR, F7 15343.
167. RG, 4 janvier, et PP X, 26 avril 1935, BA 2039, Pierre Laval, APP.
168. « Extrait » synarchie-CSAR, F7 15343, AN, et *infra*.
169. P-9475, 2 août 1935, F7 12960, AN.
170. PP 180, 17 août 1935, BA 1942, JP, et correspondance depuis le 3 décembre 1935, BA 1941, PNP, APP.
171. PP 181, 22 juin 1935, BA 1961, RG, 27 septembre 1935, et maint courrier de 1935, BA 2039, APP.
172. PP 100, 21 décembre 1935, BA 1902, CF, APP.
173. Rapport d'avril 1936, BA 1973, Briscards et Croix de Feu, APP.
174. Rapport sd, après 15 février 1936, LJP, et PP 100, 23 novembre 1935, BA 1941, PNP, APP.
175. Il participait aux meetings de la Solidarité française depuis 1934, BA 1960, SF, APP. Armement, tous les fonds des ligues, JP, CF, Action française, etc., APP et AN.
176. Lettre 12684 du MI au PP, Paris, 22 novembre 1934, BA 1960, SF, APP.
177. RG, 15, 20 février, 4 avril, 15 mars 1935, BA 1960, SF, APP.
178. RG, 26 septembre 1935, et sous-dossier « rapport des bagarres entre membres de la [SF] et israélites rue Vieille-du-Temple les 23 et 25 septembre 1935 », BA 1960, SF, 1934-1941, APP ; et F7 13239 et 14818, AN.
179. PP 3, 26 octobre 1935, BA 1961, RG, 21, 28, 30 novembre 1935, BA 1960, SF, APP.
180. PP 462, 14 décembre 1935, BA 1941, PNP, APP.
181. RG, 1er octobre 1935, BA 1960, SF, APP.
182. Tous fonds PSF, dont, pour 1935, dossier « dépôt d'armes chez un industriel de Pont-Audemer affilié à l'association des Croix de Feu », F7 14817, AN.
183. Il est de toutes les listes, depuis le rapport Chavin.
184. P-8623 et P-8624, 6 juillet 1935, F7 12960, AN.
185. P-8623, 6 juillet, tél. 0355 S.A 35798, Bottemer, *Le Républicain du Haut-Rhin*, Mulhouse, 19 juillet, et correspondance depuis le 18 juillet 1935, F7 12960, AN.
186. Sur leur affairisme, fonds F7 et APP, riches sur les premier et dernier de la liste.
187. Auditions de Guichard, DG de la PM (sur les manifestations du 9 janvier au 4 février), 28 février, Chiappe et Chautemps, 7 mars 1934, etc., BA 1857, APP. Sur les ligues et les réfugiés, correspondance de 1933, et *infra*.
188. C.-11117, 23 septembre 1935, F7 12960, AN, et *infra*.
189. P-8465, 2 juillet, PP, 19 juillet 1935, F7 12960, AN.
190. PP, 5 août 1935, F7 12960, AN.
191. PP, 14 et 16 mars 1936, F7 12965, AN.
192. CGBF, séance 1, 2 janvier 1936, p. 1-2, et vol. de 1935, ABF.
193. CGBF, séance extraordinaire, 17 février 1936, p. 67-77, ABF.

Chapitre 4 (notes de la page 138 à la page 180)

1. Nombreux exemples nationaux, *Le Vatican*.
2. A/10736, Paris, 30 décembre 1931, et courriers MI et SG depuis le 28, F7 13428, A-868 (SG), 21 janvier 1932, etc., F7 13429, AN.
3. Note sans réf., Berlin, 4 juillet 1933, F7 14714, AN (terme Gestapo depuis septembre 1934, *ibid.*),
4. Traduction d'« un livre sur les armées hitlériennes à l'étranger » très documenté, F7 13423, AN.
5. Note 6733 EMADB pour la PP, Paris, 17 décembre 1930, RG, 27 octobre 1938 et 8 novembre 1937(feuilleton 1930-1940), GA, O 3, OVRA, APP.
6. BA 2165, Italie, fascistes, correspondance depuis 1924, APP ; F7 13463-13466, AN.
7. Presque tout F7 à citer, échantillon d'expulsions en novembre-décembre 1934, F7 12963, AN.
8. A/10736, 30 décembre 1931, F7 13428, AN. Équation depuis les années 1920, « notes Jean », F7 12951 à 12961, AN.
9. Lettres 4045 du DSG au CGAAL (A. Mallet), 8 mai, sn du PP au MI (DSG), Paris, 10, arrêté, 17 mai 1933, F7 13430, AN.
10. Chauvet, réunion du 10 du SRI, 68 rue Manin, P.P, 11 octobre 1933, F7 13431, AN.
11. Lettre 4980 de Mallet au MI, Strasbourg, 21 août 1933, Responsable communiste, et suite, dont courriers du CS de Saint-Louis au préfet Haut-Rhin, 14-15 septembre, sur le refoulement du communiste allemand Eugen Seidt, « muni de faux papiers », F7 13431, AN.
12. *Humanité*, 3 décembre 1933 sur l'« interview à son ami intime Géo London » du *Journal* du jour, italique dans le texte, F7 13431, AN.
13. Traduction, 26 février, jointe à la lettre de Flandin au MI (DGSAL), Paris, 8 mars 1935, F7 13434, AN.
14. RG, juillet 1934 1937, BA 2030, Schnitzler Werner, APP., et *infra*.
15. Rapport cabinet PP, 30 avril 1936, et lettre du PP au MI, 2 décembre 1937, BA 2033, Westrick, APP.
16. PP, 29 décembre 1934, F7 13433 ; F-12947, 9 janvier + trois fiches biographiques, et lettre sn de Laval au MI, 19 février 1935, BA 2033, Westrick, APP (et F7 14713 et 14714, AN).
17. Lettre sn de Flandin au MI, 19 février 1935, BA 2033, Westrick, APP.
18. A/4129/SF, Paris, 4 septembre 1931, avec correspondance d'août jointe, F7 13428, AN.
19. Notes sur Schmoltz, 19 juin, sur Bidder et Dinklage, RG, 19 septembre 1934, « La Gestapo à Paris » (base : *Pariser Tageblatt* du jour), et « Gestapo et services spéciaux allemands à Paris », F7 13433, AN.

20. RG, 23 mars 1935, F7 13434 ; 24 juin 1935 et traduction du « livre sur les armées », F7 13423, AN, et fiche sur Schmoltz jointe à lettre 71710 du DRG au PP, 10 décembre 1935, BA 2022, Prima-Presse, APP.
21. Gestapo : « livre sur les armées », F7 3423, A.V.5, P. 10459, Paris, 15 septembre, EL/5, 11647, Paris, 20 octobre, etc., F7 14714, et P. 10938, « Agents de la Gestapo à Paris », 29 septembre 1934, F7 13433, AN.
22. RG, 23 mars 1935, F7 13434 ; octobre 1936, F7 14714, AN.
23. BH5, 10166, 6 septembre 1934, RG, 23 mars 1935, F7 13433 et 13434, AN.
24. Sur Lobeda, PP., 12 avril 1935, F7 13434, AN.
25. SG, 10 février 1932, F7 13429 ; circulaire A/31 de Ch. Cotoni, Paris, 22 mars, « Organisation de la police secrète d'État, Gestapo », 26 novembre 1935, F7 14714 ; questionnaire, P/15970, 27 décembre 1934, RG, 4 septembre 1935 (expulsion), F7 13433, AN.
26. RG, 20 mai 1930, F7 13427 ; A/505 (SG), 13 janvier 1932, F7 13429 ; RG, 23 mars, 28 avril 1935, F7 13434, AN.
27. Futur négociateur avec Jean Frossard de la création de Francolor, *Industriels*, index.
28. FO5, C-10619, et citation de la brochure *Das Braune Netz*, 10 septembre 1935, F7 14714, AN.
29. E.L./5, n° 3516, Paris, 4 mars 1935, F7 13434, AN.
30. Précisions, notes SG P.4210, 13 avril, et sans réf., juillet, transmise par BE 2574 du MI au MAE, 28 août 1934, Tchécoslovaquie 1918-1940, 98, MAE.
31. EMADB, « Les services secrets en Allemagne », mai 1926, F7 14713 ; 24 juin 1935 et « livre sur les armées », F7 13423 ; PP, 29 décembre 1934 ; sur Schenker à Paris et Prague, *Pariser Tageblatt*, traduction, 10, 13, 17, 18 avril 1934, F7 13433, AN, et *infra*.
32. Rapport 1208/31 du CS de Wissembourg au DSG, 11 mai 1931, et liste des policiers, F7 13428, AN.
33. PP, 3 avril 1935, F7 13434 ; RG ; 24 juin 1935 et « livre sur les armées », F7 13423 ; extraits du livre (le même, complété depuis juin) « publié aux éditions du Carrefour sans auteur », du réfugié allemand Sechoff, joints à la lettre du PP au MI, Paris, 7 novembre : on y trouve tout, y compris la liste des agents « de la Gestapo en France », avérée par JK6, C. 11627, Paris, 5 octobre 1935, F7 14714 ; F7 14715, agenda des réunions nazies, AN.
34. *Ibid.*, JK2 P. 4885, 1er avril, PP, mai 1935, F7 14713, et P.7618, Paris, 12 juin 1935, F7 14713, AN.
35. Lettres 4493 du CGAL au DSG, Strasbourg, 1er août, 3786 du CS de Thionville, 17 juillet, du MAE (BCE) au MI, 19 octobre 1933, etc., F7 13431, AN, et *infra*.
36. Note A.R, juillet, et circulaire 74 de Mallet (citation), Strasbourg, 7 juillet 1933, F7 13431 ; chronologie de la fuite et de la traque depuis mars et mai-juin 1933, F7 13430 et vol. suiv., AN.
37. Lettre 3789 de Mallet au MI, Strasbourg, 5 juillet1933, F7 13431, et *infra*.
38. Lettre 8146 (SG, de Thomé, d'après lettre MAE du 6, F7 13431) au PP, 9 septembre 1933, BA 2140 (et dossier), APP.
39. P. 11318, 24 octobre, PP, 3 novembre 1934, F7 13433 ; « livre sur les armées », F7 13423, et extraits du livre de Sechoff, F7 14714, AN.
40. Rapport spécial « sur l'emploi éventuel de groupements terroristes allemands dans le territoire de la Sarre », 22, transmis par lettre du CP de Cernay, 23 mai 1934, F7 13472, AN.
41. VP, 13 décembre, transmis à Laval par lettre 14535, 21 décembre 1935, F7 13434 ; CQ/7, Paris, 17 septembre 1936, F7 14713, AN.
42. Lettre 359 du MAE au MI, Paris, 23 mai 1936, F7 14714, AN.
43. Fiche sur Schmoltz avec lettre 71710 du DRG au PP, 10 décembre 1935, BA 2022, Prima-Presse, APP.
44. Fiche RG jointe à F-12947, Paris, 9 janvier 1935, BA 2033, Westrick, APP, et lettre 3171 du MG au MI, Paris, tampon de réception du 2 avril 1938, F7 14713, AN.
45. Information du 30 mars 1935, *in* lettre n° 55744 du DRG au PP, 7 septembre 1936, BA 2033, Westrick, APP. Gros dossier depuis 1934, F7 14713, AN.
46. Lettre du DRG au PP, 31 août 1934, RG, 2 avril 1935, BA 2022, Peters Ludwig, APP.
47. S.C.R-2/II (?) O.B/26.7.34, 27 juillet 1934, BA 1814, réfugiés allemands, APP.
48. P. 12701, Paris, 11 juillet 1934, F7 13433, AN.
49. Extraits du livre de Sechoff ; lettre 1796 du CDPS de Strasbourg, 20 mars, et ce dossier sur l'enlèvement de Jacob, mars-avril 1935, F7 14714 ; P. 309, 2, P. 5142, 5, PP, 16, P. 5804, Paris, 19 avril, P-7618, 12 juin 1935, F7 13434, AN.
50. Rapport de janvier, P/13173, 12 novembre 1934, RG, 7 janvier, 19 avril, 8 mai et 3 décembre 1935, BA 2022, Pariser Tageblatt, APP.
51. Réf. suiv. et surtout rapport de mai 1937, historique depuis 1935 à l'occasion du procès contre ses anciens amis, accablant pour Poliakoff (père de Léon), BA 2022, Pariser Tageblatt, APP.
52. C. 5320, FO5, 27 mai, RG, 11, 12 et 13 juin 1936, BA 2022, Pariser Tageblatt, APP.
53. Caron, « Prelude » sur l'année 1938, *Uneasy asylum* depuis 1933 (rien sur les œuvres nazies). Voir aussi Millman, *La question juive*, Schor, *L'antisémitisme*, Micaud, *The French Right*.
54. « Livre sur les armées », F7 13423 ; P. 317, 4 avril 1935, F7 13434, AN.
55. PP, 29 décembre 1934, F7 13433 ; P. 5804, 19 avril, P. 401, 7 mai 1935, F7 14713, AN.
56. Note Allemagne (sur toute la presse), sn, 15 mars 1930, F7 13427, AN.
57. S.C., 7 juin 1935, BA 2033, Westrick, et RG, 13 août 1940, GA, S 5, Auguste Salmon, APP.
58. Margerie, Berlin, tél. 202, 12, dépêche 210, 15 mars, dépêche 212 du chargé d'affaires Helleu, Moscou, 18 mars 1930, URSS 1918-1940, 983, MAE.
59. Dépêche 375 de Jules Henry, Washington, 26 septembre 1930, États-Unis 1918-1940, 364, MAE.
60. A/3292, 12 avril 1933, « La presse allemande au service du régime hitlérien », F7 13430, P. 12426, 31 octobre, P. 16092, 29 décembre 1934, F7 13433, et PP, 5 janvier 1935, F7 13434, AN.
61. Mars-juin 1935, URSS 1918-1940, 982, tél. 1395 Arnal, Berlin, 29 mai 1935, URSS 1918-1940, 987 (et 985-988), MAE.
62. « L'activité des SR allemand et polonais », annexe au rapport Palasse, Moscou, 7 mars 1938, 7 N 3123, SHAT.
63. Mémorandum Roediger, Berlin, 4 septembre 1935, n. 1, *DGFP, C*, IV, p. 617.
64. « Livre sur les armées », F7 13423 ; extraits du livre de Sechoff, F7 14714, RG, 22 novembre 1933, F. 10380, 12 septembre, F. 12021, 24 octobre 1934, F7 14715, et note sur Abetz, 13 novembre 1945, F7 15331, AN.

65. Mêlés, P. 1071, 23 novembre 1933, F7 13431, AN ; RG, 16 mars 1935, 7 avril 1936, GA, H 2, Friedrich Hirth, APP ; EL/5 23917, Paris, 23 novembre 1934, F7 14713 (ou 13433), AN.
66. Source sûre de la SN (28 décembre 1935), RG, novembre 1938, GA, H 2, Hirth, APP.
67. Fiche sur Schmoltz jointe à lettre 71710 du DRG au PP, 10 décembre 1935, BA 2022, Prima-Presse, APP.
68. P. 8941, Paris, 1er août 1934, F7 12963, AN.
69. « Livre sur les armées », F7 13423, et note sur Abetz, 13 novembre 1945, F7 15331, AN.
70. Lacroix-Riz, *Le Vatican*, chapitres 5 et 8.
71. Note sans réf., Berlin, 4 juillet, et lettre anonyme postée le 5 juillet 1933 de Strasbourg, F7 14714, AN.
72. Lettres 3166 du CS de Thionville à Mallet, 17 juin (citation), 3376 de Mallet au MI, Strasbourg, 20 juin 1933, sur la mission des 7-15 juin de Werner Krug, rédacteur de *Der Tag*, en Alsace, puis à Thionville, F7 13430, AN, et *infra*.
73. Lettre 3084 de Mallet au MI, 7 juin 1933, F7 13430, janvier-juin 1933, et extraits du livre de Sechoff (mine fabuleuse), F7 14714, AN.
74. P/6522.SF, Paris, 16 octobre, projet de note RG, 10 novembre 1934, dossier « *Le Soir.* La Presse. Société de la presse et de l'édition technique », F7 14876, AN.
75. Lettres 2584 du CS de Strasbourg à Mallet, 4 septembre, 2885 au préfet du Bas-Rhin, 6 octobre 1933, F7 13431, AN.
76. Lettre 2585 du CD de Strasbourg (Bonnard) au DGSN, 25 avril 1935, F7 13434, AN.
77. CQ/7, Paris, 17 septembre 1936, F7 14713, AN.
78. Lettre 402 du MAE au MI, Paris, 13 juin 1936, F7 14714, AN.
79. E.L./3, Paris, 8 février 1933, F7 12962, AN. Fritsch simple homonyme du grand peintre expressionniste.
80. 1930-1932, à Bordeaux (gros centre doté d'un « cercle franco-allemand », rapport 10929 de son CS au DSG, 16 octobre 1932, F7 13429), Reims, Le Havre, Boulogne-sur-Mer, etc. F7 13427-13429, AN.
81. PP, 3 avril 1935, F7 13434 ; RG, 10 avril 1935 (art. *Paris-Soir* « Les nazis en Normandie »), F7 14714, AN.
82. Précisions sur Bordeaux (café), rapports 1339 C/S du CC au DSG, 7 octobre ; sur Lyon (sauf Wendel), 5814 du CS de Lyon, 27 septembre 1933, F7 13431, AN.
83. « Livre sur les armées », F7 13423, et extraits du livre de Sechoff, F7 14714 ; rapports 1339 C/S du CC de Bordeaux au DSG, 7 octobre, 5814 du CS de Lyon, 27 septembre 1933, F7 13431 ; sur Schleier, voir aussi P. 4885, 1er avril, EL/3, P.P, mai 1935, F7 14713, AN.
84. PP, 14 janvier 1933, F7 13430, AN.
85. P. 8941, Paris, 1er août 1934, F7 12963, AN.
86. PP, 8 et 11 mai 1933, F7 13430, AN.
87. PP, 3 avril 1933, BA 1814, APP.
88. A-2840 (SG), 1er avril 1933, F7 13430, AN.
89. Rapport 1872 du CS de Forbach, 23 juin, et Gaëtan Sanvoisin, « Les réfugiés allemands dans l'Est », *Figaro*, 17 août 1933, F7 13430 et 13431, AN.
90. Les « notes Jean » confortent la thèse de G. Noiriel sur *Les origines*.
91. *Industriels*, p. 438 ; dossiers RG respectifs absent et quasi vide (rien sur 1940-44), GA, T 3, Tulard, APP.
92. RG, 24 octobre, sous-direction des étrangers PP, 10 novembre 1933, BA 1814, réfugiés allemands, APP.
93. Renseignement 232 S.C.R.-2/II, « très bonne source », 6 janvier 1933, F7 13430, AN.
94. Note 1563 D de Pétain, 26 mars 1934, 5 N 577, SHAT. Aspects idéologiques de la nazification de la droite, Micaud, *The French Right*.
95. Lettres 1911 S.C.R-2/II, Paris, 28 mars, avec ajout manuscrit de Sabattier, 5834 du MI au MG (Pétain), et 4430 du CGPA à son confrère d'Alsace-Lorraine à Strasbourg, 25 mai 1934, F7 13472, AN.
96. Correspondance depuis la lettre du MAE au MI, Paris, 2 juin, dont lettres 66 de Xavier Gauthier, 20 juin 1933, F7 13430, et MAE à MI, 24 juillet 1933, F7 13431, AN.
97. Visite des champs de bataille par « environ trente anciens combattants », lettre du préfet du Pas-de-Calais, Arras, 3 juillet 1933, F7 13430, AN.
98. P-8118, 21 juin 1935, F7 13434, AN.
99. P. 14893, 8 décembre 1934, F7 13433, AN.
100. P/8719, 25 juillet, F7 13431, RG, 28 juillet 1934, F7 13239 ; P. 1053, 7 décembre 1934, F7 13433, AN.
101. Extraits du livre de Sechoff, F7 14714, AN.
102. Prost, *Les Anciens Combattants*, 1, p. 176 (naïveté dont Prost n'excepte que Goy, p. 185-186) : récit 1934-1939 très en-deçà des sources policières françaises et des fonds allemands, p. 176-187.
103. P. 985, 19 octobre, P/13742, 21 novembre, PP, 10, 21 décembre 1934, F7 13434, AN. Tirard financier, *Industriels*, p. 13.
104. P/13742, 21 novembre, s. réf., 6 décembre, P. 1053, 7 décembre 1934 (et les deux mois), F7 13433, AN.
105. Précisions sur Pichot et Cassin (mentionnés par *DGFP, C*, III, p. 618) : P. 14444, 3 décembre, et P. 996, 22 novembre 1934, F7 13433, AN.
106. Rapport 231733, extrait, 15 novembre 1935, RG, 13 octobre 1938, BA 2023, Pichot, APP. Prost, *Les Anciens Combattants*, 1, p. 186, et *infra*.
107. Tél. 306 Hoesch à Neurath, Londres, 8 novembre, et (citation) mémorandum Rintelen, Berlin, 12 novembre 1934, *DGFP, C*, III, p. 598 et 617-619.
108. Note d'Ewald, sd ni réf., classée au 22 novembre 1934, F7 13433, AN.
109. Tél. 1451 Köster à Neurath, Paris, 14 novembre 1934, *DGFP, C*, III, p. 624-625.
110. PP, 22 novembre et 1er décembre 1934, F7 13433, AN.
111. P. 996, 22 novembre 1934, et correspondance jusque fin novembre, F7 13433, AN.
112. P. 14893, 8 décembre 1934, F7 13433, AN.
113. Dossier 1933-1936, Union pour la nation, F7 14875, AN.
114. PP, 28 novembre, P. 996, 22 novembre 1934, F7 13433, 1934, AN.
115. PP, 1er, tract-circulaire ARAC joint sur l'entretien Hitler-Goy, et 21 décembre 1934, F7 13433.
116. PP, 6, 8, 10, 11 décembre 1934, F7 13433 ; réunion JP à Lyon, RG, 22 novembre 1932, F7 13235, AN.
117. Rapport I 1330 de Hassel à Neurath, Rome, 6 décembre 1934, *DGFP, C*, III, p. 727.
118. PP, 1er et 3 décembre 1934, F7 13433, AN.
119. PP, 1er décembre, P. 1034, 3 décembre PP, 22 novembre 1934, F7 13433, AN.
120. Mémorandum Bülow, Berlin, 10 décembre 1934, *DGFP, C*, III, p. 734-735.
121. PP, deux notes, 17 décembre 1934, F7 13433, AN.

122. P. 15588 et 15586, 18 décembre 1934, F7 13433, AN.
123. PP, 4, P.244, 11, P.245, 12 mars et ce dossier « Anciens combattants allemands », F7 14715 ; P. 3765, 9 mars 1935, F7 13433, AN.
124. *La Voix du Combattant,* 23 mars 1935, F7 13434, AN.
125. P. 5390, 10 avril 1935, F7 13434, AN.
126. P-7098, Paris, 24 mai, F7 13434 ; PP, 1er juillet, F7 12960 ; P. 525, 2 juillet 1935, F7 13433, AN.
127. PP, 1er juillet 1935, F7 12960, AN.
128. P-9024, 18 juillet, P-9506, 3 août 1935, F7 12960, AN.
129. *Humanité,* Vaillant-Couturier, « Les ligues "nationales" au service d'Hitler et de Mussolini » ; *AF,* « Est-ce que les bêtises recommencent ? » (allusion à l'opération Goy), 12 septembre 1935, F7 13434, AN. Excommunication d'août 1926, Lacroix-Riz, *Vatican,* p. 199-203.
130. PV d'audition d'Abetz par Bergé et Dauzas (DRG), 21, et note sur lui, Paris, 13 novembre 1945, F7 15332 et 15331, AN.
131. Lettre 4067 de Mallet au MI, Strasbourg, 15 juillet 1933, F7 13431, AN, et *infra.*
132. Buré, « Autour de la politique. Papen travaille… », *L'Ordre,* Jean Hutin, « Les conversations directes franco-allemandes », *Écho de Paris,* 6 décembre 1933, F7 13431, AN.
133. « Politique extérieure. L'accord commercial provisoire franco-allemand », 19 juillet, « Le IIIe Reich et le Vatican », 24 août 1934, F7 13433, AN.
134. A/2850 sur la CGPF, 3 avril 1933, F 7, 13430, AN.
135. Lettre 2944 de Sarraut au PP, Paris, 24 mars 1936, F7 14713, AN.
136. Rapport DRG au PP, 16 septembre 1933, BA 2140, APP ; RG, 23 mars 1935, F7 13434, AN ; RG, 8 octobre 1937, BA 2030, Schnitzler, APP, note « A/S du Deutscher Hilfsverein », décembre 1936, F7 14715, AN.
137. *Industriels,* index.
138. RG, 12 août 1930, note 184210, du DRG au PP, 21 juillet 1934, GA, T 2, famille Thyssen, APP.
139. Note 184210, 21 juillet, et lettre 1300 du MI (DSG) au PP, Paris, 31 janvier 1934, GA, T 2, famille Thyssen, APP.
140. Lettre 6646 du MI (DSG) au PP, Paris, 11 juin, lettre 184210 du PP au MI et note jointe du DRG au PP, 30 et 21 juillet 1934, GA, T 2, famille Thyssen, APP.
141. Lettre 55744 du DRG au PP, Paris, 27 août 1932, BA 2033, Julius et Gerhard Westrick, APP.
142. C9Q/6, 5 avril 1937, F7 14715, AN, et lettre 55744 du DRG au PP, Paris, 27 août 1932, BA 2033, Westrick, APP.
143. Note sur Abetz, Paris, 13 novembre 1945, F7 15331, AN.
144. Note P/12566, Paris, 7 mai 1934, F7 14713, AN.
145. P. 1122, 21 décembre 1934, F7 13433, AN.
146. Note sur Abetz, Paris, 13 novembre 1945, F7 15331 ; P-529, 9, RG, 18 janvier, P. 1881, 2 février 1935, F7 13434, AN.
147. Hitler la « captiv[a] », Domarus et Romane, *Hitler,* p. 557-562 (avec l'interview).
148. Lettre sn de Laval au MI, 19 février 1935, et note 7961 S.C.R-2/II EMA, 28 octobre 1936, BA 2033, Westrick, APP.
149. Tél. 0644144/L.F. 22034 (intercepté par la SG), 8 juillet 1935, F7 13434, AN.
150. C. 768, 20 novembre 1935, F7 13434, AN ; et Lambauer, *Otto Abetz,* p. 89-95 *sq.*
151. Audition d'Abetz, DRG, 20 novembre 1945, F7 15332, AN.
152. *La France,* p. 61 (pacifisme de Jules Romains, « philonazisme d'un Fernand de Brinon », etc.).
153. Né 15 novembre 1896, liste des « dirigeants et un certain nombre de membres du » MSR, *in* rapport Valentini, Bazier et Meyniel, Paris, 2 novembre 1944, PJ 32, APP. J.-N. Jeanneney le confond avec Louis, fréquent ministre de la Marine marchande, 1876-1939 (j'ignore leurs liens), Jeanneney, *Journal,* p. 29 (Jules vise Jean) et n. 12, p. 382 (J.-N. présente Louis).
154. Rapport sur le CFA de l'inspecteur Legat, cabinet Mathieu, PJ, 2 mai 1945, PJ 42, de Brinon, APP.
155. Rapport 202124 du DRG au PP, Paris, 26 mars 1935, BA 1980, Action internationale des nationalistes (AIN), APP.
156. Lettre 55744 du DRG au PP, Paris, 7 septembre 1936, BA 2033, Westrick, APP.
157. Newton, *Profits,* p. 66, 71, 74, 85, 142.
158. Lettre du DRG au PP, n° Office, Paris, 22 mai 1936, BA 2033, Westrick, APP.
159. RG 5 2801 (7616 DB), 1er décembre 1938, BA 2005, Friedrich Grimm, APP.
160. EMA, P/a, 21995, 17 juin 1935, 7 N 3024, SHAT. Il « serait l'auteur d'écrits – dont certains tout récents – très hostiles à la France », euphémisa C. 14163, 7 décembre 1935, F7 13434, AN.
161. PP, 15 octobre, et C. 14163, 7 décembre 1935, F7 13434, AN.
162. Note sur Abetz, 13 novembre 1945, F7 15331, AN, rapports des inspecteurs : 1° Colletta et Clairbaut ; 2° Legat, PJ, cabinet Mathieu, 2 mai 1945, PJ 42, Brinon, APP.
163. RG, 17 novembre 1935, BA 2023, Pouderoux, APP.
164. PP, 19 novembre 1934, F7 13433 ; P. 15626, Paris, 20 décembre 1935, F7 13423, AN ; PP, 2 janvier (réception par Hitler) 1935, F7 13434, AN.
165. PP, 3 avril 1936, F7 12961, AN.
166. RG, 1er décembre 1934, 9 mars 1935, F7 13433, P. 245, 12 mars (citation) 1935, CQ/6, 5 avril 1937, F7 14715, 1er juillet 1935, F7 12960, AN., etc.
167. CQ/6, 5 avril 1937, F7 14715, AN.
168. RG 5 2801, 1er décembre 1938, BA 2005, Grimm, APP.
169. Liste de 364 synarques, sd, de ou après août 1943, F7 15343, AN.
170. RG, 18 novembre 1935, 15 avril, 8 mai 1936, lettre du DRG au PP, n° Office, Paris, 22 mai 1936, RG, septembre 1937, BA 2033, Westrick, APP.
171. RG 5 2801, n° 7616 DB, SG, 1er décembre 1938, BA 2005, Friedrich Grimm, APP.
172. Lettre 8244 du MI au PP et à 5 préfets, Paris, 25 juin 1935, et courriers 25 juin-4 juillet, BA 2162, APP.
173. Rapports du CS de Modane, 28 décembre 1927, F7 13246 (et échantillon de F7 13245-13252, F7 13245, financement de Georges Valois et son *Nouveau Siècle*) ; 12 mars, RG, 29 juin, F7 13465 ; du CS de Modane, 13 septembre, P. 11097, 3 octobre 1934, F7 13466, AN. Sur l'arrosage de la SF en 1936, F7 12964, AN.
174. C. 645, 26 septembre 1935, F7 13433, AN.

175. C. 645 et RG, 26 septembre 1935, F7 13433, AN, et BA 2165, Italie, fascistes, APP.
176. « Les ligues "nationales" au service d'Hitler et de Mussolini », 12 septembre 1935, F7 13434, AN.
177. « Renseignements sur le concours apporté par le Front national français au général Franco », joints à la lettre 9638 de Dormoy à Chautemps, Paris, 1er septembre 1937, F60 172, AN, et *infra*.
178. Le rapport sur le Parti franciste, juillet 1935, mentionne leur voyage au congrès universel du francisme à Montreux (Suisse), les 16-17 décembre 1934, « sous la présidence du général italien Coselschi, président des comités d'action pour l'universalité de Rome », lui-même venu à Paris le 10 octobre, BA 1961, ligues, APP.
179. « Marcel Bucard entretient depuis longtemps déjà des relations avec les milieux fascistes italiens et notamment avec M. Italo Juliotti, directeur de la Nuova Italia, organe des fascistes italiens en France », P. 15680, 21 décembre 1934, F7 13433, AN.
180. A/12160 (SG), 31 octobre 1933, P. 6609, 7877, 7962, 10659, 11675, 9, 28, 30 juin, 20 septembre et 17 octobre 1934, F7 14818 ; Westrick, fiche jointe à CQ/6, 5 avril, et FO8, C.1729, 4 février 1937, F7 14715, AN ; P/1000, 23 novembre 1934, F7 13433, AN ; rapport sur le Parti franciste, juillet 1935, BA 1961, APP.
181. A. 4604 (SG), 20 mai 1933, F7 13430, AN, RG, 27 juillet et 3 août 1933, dossier ARE, BA 1966, syndicats, groupements professionnels, 1925-1945, APP.
182. EMADB, « Les services secrets en Allemagne », mai 1926, F7 14713, et A-706 (SG), Paris, 18 janvier 1932, F7 13429, AN.
183. Sur Coty, fonds SF, citations, A-6619 (SG), 25 juillet 1933, PP, 9 juin 1934, F7 13239, AN.
184. RG, 29 juin (festival général), 23 septembre, 11 octobre 1933, F7 13238, AN.
185. P/8719, 25 juillet, F7 13431, RG, 28 juillet 1934, F7 13239, AN.
186. PP, 27 novembre, F7 13433, AN, lettre 14054 du MI au PP, 28 novembre 1934, et PP 100, 19 octobre 1935, BA 1960, Solidarité française (SF), APP.
187. P. 16009, Paris, 28 décembre 1934, F7 13433, AN.
188. RG, 7 octobre 1940, GA, C 25, François Clémenti, APP.
189. Lettre de Pottere à Clémenti, 4 avril 1933, GA, C 25, s Clémenti, APP.
190. RG, 7 octobre 1940, GA, C 25, Clémenti, APP.
191. F7 12963 et 12964, correspondance 1934-1936, AN.
192. P. 8260, 26 juin, C-12735, 30 octobre 1935, F7 13241, AN.
193. RG, 25 avril 1935, 5 novembre 1936, 7 mai 1942 et depuis 1938, GA, D 9, Louis Darquier de Pellepoix, APP.
194. *Le Matin*, 20 janvier ; la lettre 1825 du MI (DGSN) au président du Conseil, 2 février1935, annonce une note sur « l'entrevue », absente, F7 13434, AN.
195. Citations mêlées, lettres du directeur de la police d'État (DPE) au préfet des Alpes-Maritimes, au maire et au procureur de Nice, 1229, 24 mai, 1308, 1er juin, et 1443, 21 juin 1935, F7 14673, AN.
196. Lettre 246 du DPE à l'inspecteur général des services de Police criminelle (IGSPC), SN, Nice, 31 janvier 1939, F7 14673, AN.
197. PP, 11 septembre 1935, F7 12960, AN.
198. RG, 11 et 13 novembre 1935, BA 1942, JP, APP ; PP, 18 mars 1936, F7 12965, AN.
199. Lettre citée, Paris, 10 juillet 1941, GA, T6, Pierre Taittinger, APP.
200. PP, 21 novembre 1935, BA 1945, Doriot, APP.
201. *Le Populaire*, 22 mars 1936, BA 1901, Briscards et Croix de Feu ; NA, 28 février et 30 mars 1936, BA 1902, CF, APP.
202. RG, 14 juin 1936, et discours de clôture de la Rocque au congrès PSF de Lyon, 28-29 juin 1941, « sur notre position à l'égard de la question juive », BA 1901, APP, malmènent le subtil Nobécourt, *Le colonel*.
203. A.V./5 3955, 13 mars 1935, F7 13434, AN. Comparaison avec Hollywood de mon fait, *cf.* Frank Costigliola, *Awkward Dominion*, p. 176-178 ; Lacroix-Riz, « Négociation et signature », contestée (indûment) par Jacques Portes, « Les origines ».
204. Alfred Rosenthal, précisément traité, P. 2168, 9 février 1935, F7 13434, AN.
205. P-693, 14 janvier, lettre 3989 du MI (SG) au PP, 15, et A.V./5 3955, 13 mars 1935, F7 13434, AN.
206. Mêlés, P. 2168, 9 février, et P/6395, 6 mai 1935, F7 13434, AN.
207. Lettre aux ministères de l'Éducation nationale et des Finances ; descriptif des bandes d'actualité, PP, 11 et 16 avril 1936, F7 12961, AN.
208. RG, 28 octobre 1954, GA, C 23, Jacques Chastenet de Castaing, APP.
209. PP, 4 décembre 1934, F7 13433, P-693, 14 janvier 1935 (et *infra*), F7 13434, AN.
210. P-693, 14 janvier, F7 13434, P. 139, « la propagande naziste *(sic)* et M. Jules Romains », 4 février, F7 13224, P/6887, 18 mai 1935, F7 13434, AN.
211. Mêlés, RG, 1er avril 1933, F7 13463 ; P. 11389 et RG, 8 décembre 1933, F7 13464 et 14876 ; P 11097, 3 octobre 1934 (sur Guimier), F7 13465, AN.
212. *Matin*, 11 %, *Petit Parisien*, 15-16, *Petit Journal*, « environ 7 », A-4750, 21 mai 1931, F7 12958, AN.
213. PP 181, 14 janvier, 429, 27 février 1935, BA 2162, Italie, 1915-1951, APP.
214. PP 429, 19 juin, 4 novembre 1935, BA 2162, Italie, 1915-1951, APP.
215. Mêmes sources que sur les ligues, dont BA 2386, Italie, APP, *cf. supra*.
216. PP, transmis par lettre 11122 du PP au MI, 17 décembre 1932, F7 13429 ; « activité » d'Hirth dans « les couloirs de la Chambre » et ses « relations d'informateur » avec Deleplanque, aussi A/8957, 14 novembre 1931, F7 12958, AN.
217. Buré, « Un document-massue », *L'Ordre*, 17, P. 10488, 20 novembre 1933, F7 13431, AN, vol. et suite.
218. PP 429 et RG s. réf., 18 décembre 1933, GA, C 25, Comité des Forges, APP.
219. RG, 24 juin 1935, et « livre sur les armées hitlériennes à l'étranger », F7 13423, AN.
220. P-7098, Paris, 24 mai 1935, F7 13434, AN.
221. Un des 33 éléments « Presse et littérature » des « milieux libéraux divers », et liste des 364, F7 15343, AN.
222. Note /SR 4136, dossier n° 261, 21 juillet 1941, Londres 1939-1945, 301, MAE.
223. Rapport 1026 reçu le 20 mai 1943, F1 a, 3850, AN.
224. « Jean Luchaire, rédacteur à *La Volonté*, a séjourné dernièrement à Berlin », A/4277, 27 avril 1929, F7 12957, AN.
225. Audition d'Abetz (DRG), 21, et note sur lui, Paris, 13 novembre 1945, F7 15332 et 15331, AN.

226. PV d'audition Bergé-Dauzas et note sur Abetz, 21 et 13 novembre 1945, F7 15332 et 15331, AN.
227. A/3179, Paris, 28 mars 1929, et sn, 9 octobre 1930, F7 12957, AN.
228. P. 11885, 20 octobre, RG, 28 novembre 1934, F7 13433, AN.
229. Rapport 202124 du DRG au PP, 26 mars 1935, BA 1980, AIN, APP.
230. P/6625, 11 mai, P. 7592, 8 juin 1935, F7 13434, AN.
231. *DGFP, C*, V, n. 1, p. 465, n. 4, p. 407, et RG, 2 mai 1936, F7 14715, AN.
232. RG, 21 septembre 1945, GA, W2, de Wendel, APP.
233. Un des 33 de « Presse et littérature » et liste des 364, « extrait » synarchie-CSAR, F7 15343, AN.
234. Presse, 12 décembre 1927, dont *La Liberté*, « Un grand mariage parisien », célébré par le cardinal-archevêque Dubois à ND de Paris, F7 12955, AN.
235. Rapport Colletta et Clairbaut, PJ, 2 mai 1945, « 8e portrait », 21 février 1943, PJ 42, Brinon, APP ; P. 5495, 13 avril 1935, F7 13434, AN ; liens Chiappe-grande pègre, notes Jean, *passim*.
236. Rapport Chavin, juin 1941, et divers – un des 33 de « Presse et littérature » et liste des 364, « extrait » synarchie-CSAR, F7 15343, AN.
237. Paru jusqu'au 16 mars 1944, RG, 16 mai 1945, GA, F 16, Alfred Fabre-Luce, APP.
238. RG, 16 mai 1945, GA, F 16, Fabre-Luce, et DRG 202124, 26 mars 1935, BA 1980, AIN, APP.
239. Monod-Herzen, collaborateur de *Notre Temps*, Lambauer, *Otto Abetz*, p. 59 (sans rapport avec le fondateur de la *Revue historique*, mort en 1912).
240. Audition d'Abetz, DRG, 21 novembre 1945, F7 15332, AN.
241. PP, 1re brigade, 29 avril 1905, BA 2012, Stéphane Lauzanne, APP.
242. Note manuscrite de A, 10 août 1928, F7 12956, AN.
243. P. 393, 3 mai 1935, F7 13434, *Le Populaire*, 15 juillet 1934, F7 13433, AN.
244. Nouvelles Politiques, « Au *Matin* », 18 octobre 1923, F7 12952 ; campagne de presse sur le bolchevisme en Allemagne avant celles de 1928 (14, 16, 18 mai), F7 13426, AN.
245. A/868 (SG), « Personnages en vue du mouvement hitlérien », Paris, 21 janvier 1932, F7 13429, AN.
246. Audition d'Abetz, 21 novembre 1945, F7 15332 ; P. 1103, 17 décembre 1934 et P. 525, 2 juillet 1935, F7 13433, AN.
247. PP 11, 19 août 1936, et 429, 25 novembre 1935, BA 1983, Bailby, APP.
248. P 11097, 3 octobre 1934, F7 13465, et E.L./5 496, 9 janvier 1935, F7 13434, AN.
249. RG, novembre 1937, GA, S 2, Suarez, APP ; A/7579, 21 septembre 1928, F7 12956, AN.
250. Note 334949 RG au PP, Paris, 31 décembre 1926, et RG, 2 mars 1933, GA, S 2, Suarez, APP.
251. P. 15624, 19 décembre 1934, F7 13433, AN.
252. Lettre 4067 de Mallet au MI, Strasbourg, 15 juillet ; Kayser, « Même et surtout si l'Allemagne réarme », *La République*, 5 août 1933, F7 13431, AN.
253. RG, février 1933, GA, P 3, Édouard Pfeiffer, APP.
254. Un des 33 de « Presse et littérature » et liste des 364, « extrait » synarchie-CSAR, F7 15343, AN.
255. Mêlés, RG, 3 mai 1934, F7 13224 ; P. 10041, 23 août 1935, F7 13433, AN ; S.C.R-2/II n° 7826, 31 octobre, et D.S./5, C-13838, Paris, 29 novembre, lettre 71710 du DRG au PP, 10 décembre 1935, avec fiches biographiques, BA 2022, Prima-Presse, APP.
256. Audition d'Abetz, DRG, 21 novembre 1945, F7 15332, AN.
257. RG, novembre 1937, en-tête coupé, GA, S 2, Georges Suarez, APP.
258. G. *(sic)*, « Les tractations qui préparent la guerre », *Humanité*, 23 septembre 1929, F7 13427, AN.
259. PP, 20 décembre 1930, F7 13427, AN.
260. P.5274, 8 mai 1934, F7 14713, PP, 4 janvier 1935, F7 13434, AN.
261. *Le Populaire*, 5 novembre 1936, « M. Henry-Haye avoue », GA, H 2, Henry Haye, APP.
262. Duroselle, *La décadence*, p. 71-75.
263. P. 14899, 8 décembre 1934, F7 13433, AN.
264. J.C. 4, 5 décembre, transmis par lettre 11447 du PC-MI au MAE, 11 décembre 1933, F7 13472, AN.
265. PP, deux fiches, 29 décembre 1934, F7 13433, AN.
266. Dépêche Forster à Neurath, original et traduction, Paris, 12 novembre 1936, transmettant et commentant : 1° traduction française du texte russe de la convention Prague-Moscou, 1er mars 1936, 2° lettre de l'AM Simon au général Maurin, MG, Moscou, 7 mai 1936 (transmettant et commentant la première), 7 N 3122 (et 3107), SHAT (et *infra*).
267. « Note préliminaire » EMA n° 8850, Paris, 4 novembre 1946, 7 N 3122 (et 3107), SHAT.

Chapitre 5 (notes de la page 181 à la page 242)

1. A/6065, Paris, 7 juillet 1933, F7 13431, AN.
2. Rapport 405 du CS de Wissembourg, 3 février 1933, F7 13430, AN.
3. Depuis le 10 mars 1933, presse du 15, dont dépêche Fournier (citation), F7 13430, AN.
4. Rapports 926 des CS de Saint-Louis, 15, 558 CS de Strasbourg au préfet du Bas-Rhin, 17, rapports 995, 1007, du premier, 20, 21 mars, 925 du deuxième, 25 avril 1933, F7 13430, AN.
5. PP, 27 mars, une des trois notes transmises par le MI au MG et aux AE par lettres 2818 et 2817, 1er avril, et rapport du CS de Wissembourg (2e du genre, 1er, 3 février, *cf. supra*), 30 mars 1933, et mois suivants, F7 13430, AN.
6. Lettres 925, 985, 849 du CS de Strasbourg au DSGPAL, 25, 28, 20 avril, F7 13430, et 1452/33 du CS de Lauterbourg, 13 octobre 1933, etc., F7 13431, AN.
7. Lettre 2199 du CS Strasbourg au préfet du Bas-Rhin, 27 juillet 1933, F7 13431 et *sq.*, AN.
8. P. 13232, Paris, 12 novembre 1934, F7 13433, et toute la série 1933-35, AN.
9. Lettre 6030 du CS de Thionville au CD à Strasbourg, 19 septembre 1934, très précise, F7 13433, AN.
10. PP, 17 juin 1935, F7 13423, et tout 1935 ; Jackson, *Intelligence, passim.*
11. Lettres 1914/32 au sous-préfet de Thann, Cernay, 7, et 987 du CS Haguenau au DSGPAL, 10 septembre 1932, et mois suivants, F7 13429, AN.
12. Note DSG, transmise par lettre 3062 du MI au MAE, 6 avril 33.
13. Lettre du préfet de Moselle au président du Conseil-MG (Daladier), Metz, 23 mars, A/3011 (SG), « Politique générale du Gouvernement hitlérien », 5 avril, souligné dans le texte, lettre 565 du CGAL Mallet au MI, Strasbourg, 10 avril 1933, F7 13430, AN.

14. Strasbourg, tél. 46696/69 AR, Agence radio, Knittel, 29 avril, F7 13430, et lettre 5256 de Mallet, 2 septembre 1933 (mériterait citation *in extenso*), F7 13431, AN.
15. Lettre 2199 du CS de Strasbourg au préfet du Bas-Rhin, 27 juillet 1933, F7 13431 (*et sq.*), AN.
16. Lettres sn du préfet du Haut-Rhin au MI, Colmar, 21 février, 2189 du CS Thionville à Mallet, 25 avril 1933 (incident sur la Moselle), etc. : bottin, depuis février 1933, F7 13430, AN.
17. Rapport 5166 de l'IPPS de Lauterbourg au CS de Colmar, Neuf-Brisach, 29 septembre 1933, F7 13431, AN.
18. Outre F7 13430-13434 et 14717, AN, sources MAE, *Le Vatican*, p. 512 et 514, et chap. 8.
19. Lettres des préfets au MI, Colmar, 21 février, au président du Conseil-MG (Daladier), Metz, 23 mars 1933, F7 13430, AN.
20. Lettres 2593 de Mallet au MI, Strasbourg, 10, PP, 30, 2926 de Mallet, 30 mai 1933, F7 13430, AN.
21. Lettres Mallet 4866, 16 août, et 4980, 21 août 1933, F7 13431, AN.
22. Lettres 4980 de Mallet sur le rapport Petit transmis le 16 août, 21 août, et 4663 de Petit au DSG, 19 août 1933, F7 13431, AN.
23. Lettre 2084 de Mallet au DSG, Strasbourg, 20 avril, et feuilleton depuis le 19 ; tél. 36780 T C 445 de Bourson, *Matin*, Strasbourg, 2 avril 1933, F7 13430, AN.
24. Lettre 3498 de Mallet au MI, Strasbourg, 24 juin 1933, F7 13430, AN.
25. BE 207 dépêche MAE à Intérieur, 26 avril, sn, du préfet de Seine Inférieure au MI, Rouen, 27 mai 1933, F7 13430, AN.
26. Lettres 854, sn, 875, du CS de Dunkerque au DSG, Dunkerque, 6, 9, 10 juin 1933, F7 13430, AN.
27. Lettres au MI (DSG) des préfets de Seine-Inférieure, 30 juin, et Morbihan, 31 juillet 1933, F7 13431 ; depuis juin, de Bordeaux, Lille, Dunkerque (plusieurs courriers), Brest, Lorient, etc., F7 13430 et *sq.*, AN.
28. Lettres de l'Intérieur (DSG) aux Préfets, Paris, 11 octobre 1933, BA 2141, Allemagne, APP ; du CP de Douarnenez au préfet du Finistère, 27 juillet 1934, etc., F7 13433, AN.
29. Note pour Profizy (CG des recherches administratives (RA)), Paris, 14, et tél. Thomé aux préfets, 15 décembre 1933, F7 13432, AN.
30. PP, 13 décembre (et correspondance, sur Paris et province). Bilan haineux et ricaneur, PP, 23 décembre 1933, F7 13432, AN.
31. PP, 15 et 20 décembre 1933, F7 13432 (et la série), AN.
32. RG, 11 septembre 1933 (mais « aucune réaction de la part du public » des cinémas des boulevards aux actualités sur Hitler au défilé des Chemises brunes à Nuremberg, RG, 14) ; F7 13431, AN.
33. Lettres 2558 au préfet de la Marne, 15 octobre 1933, et même mois, F7 13431, AN.
34. Rapport du CDPS Ceugnart au préfet du Nord, Lille, 29 mars 1935, F7 13224, AN.
35. Lettres 24 du MAE au MI, 16, 4477 du MI au PP, 26 du MAE au MI et PP, 23 mars 1935, sn du PC-MAE (Laval) au MI, Paris, 12, PP, 16 septembre 1935, F7 13434, AN.
36. PP, 16 mars 1935, F7 13434, AN.
37. Lettre préfet du Nord au MI, Lille, 28 mai 1935, texte municipal joint, F7 13434, AN.
38. Extraits du livre de Sechoff, F7 14714, et PP, 14 septembre 1935, F7 13423, AN.
39. Lettre sn du CDS de Modane, au DSG, 12 avril, RG, 19 juin 1933, F7 13463 ; F7 13463-13466, AN, et *Le Vatican*, chapitre 8.
40. Lettre 150 de Jean Payart à Paul-Boncour, Moscou, 2 juin 1933, URSS 1918-1940, 986 (et 960).
41. « The Soviet Union as a European Power », 2 août (*Foreign Policy Association* de New York), note Europe, 29 novembre 1933, MAE, URSS 1930-1940, 960 et 986, et Haslam, *The Soviet Union*, p. 19-20.
42. A/5823, Paris, 28, PP, 27 juin 1933, F7 13423, AN.
43. Note C-1 des RG, n° 3, 1er novembre 1933, F7 14874, AN (comparer à du Réau, *Daladier*, p. 112).
44. PP 429, 29 septembre 1933, GA, L 2, Albert Lebrun, APP.
45. A/8820, 19 octobre 1928, F7 12956, AN.
46. Lettres 3049 CS Chauvineau, Le Havre, avec lettre signée Bayer-Meister de l'IGF-Leverkusen « à un de ses clients » français, 17 juin, et 921/33 du CP de Cernay au sous-préfet de Thann, 11 mai 1933, F7 13430, AN.
47. Lettre du préfet de Seine-Inférieure au MI, Rouen, 8 avril 1933 (et correspondance massive depuis lors), F7 13430, AN.
48. Lettre 921/33 du CP de Cernay, 11 mai 1933, F7 13430, AN.
49. Lettre 1527 du CDPS de Lille au préfet, 20 avril 1933 (échanges de mars-avril joints), F7 13430, AN.
50. Lettres 2279 du CS Strasbourg à Mallet, traduction jointe, 10, et 5147 de Mallet au MI, 28 août 1933, F7 13431, AN.
51. CGBF, séances 9 et 10, 23 février et 2 mars 1933, p. 73-75 et 82.
52. Dutter, « Doing business », p. 311, et Schirmann, *Les relations*, p. 30, 35-37 (et index).
53. Annexe A au rapport 4864 de Mallet au DSG, Strasbourg, 8 juin 1934, F7 13472, AN.
54. Lettres 154 (rajout du 7) et 158 de Mitzakis à Lacour-Gayet, Bâle, 6 juin 1933, 1069199211/32, ABF.
55. Lettres 147 et 149 de Mitzakis à Lacour-Gayet, 16 et 18 mai 1933, 1069199211/32, ABF.
56. Lettre 154 de Mitzakis à Lacour-Gayet, Bâle, 6 juin 1933, 1069199211/32, ABF.
57. Tél. Interbank BRI, Bâle, à BDF, reçu le 18 juin 1930, 1069199211/94, ABF (et *supra)*.
58. Lettre 156 de Mitzakis à Clément Moret, Bâle, 22 juin 1933, 1069199211/32. Souligné dans le texte.
59. Schirmann, *Les relations, passim*, plus net à sa conférence au groupe de recherches universitaires sur l'histoire du Trésor, « Quelques réflexions à propos du rôle de la direction du Mouvement général des fonds », 14 janvier 1994, 3 p., dac., prestation orale et débat.
60. PP 429, 19 septembre 1933, GA, C 25, Comité des Forges, APP.
61. Lettre Direktorium Reichsbank à Neurath, Berlin, 21 juillet 1934, *DGFP, C*, III, p. 212-214, et CGBF, séance 31, 26 juillet 1934, p. 364.
62. *DGFP, C*, III, n. 4, p. 290, et P. 9752, Paris, 25 août 1934, F7 13433, AN.
63. Mémorandum Ulrich II SG.8198, Berlin, 30 novembre 1934 (et n. 2), *DGFP, C*, III, p. 690-692.
64. Note 1846 de l'IEE de Strasbourg, 22 avril 1939, F 60, 294, AN.
65. Rapport 4864 de Mallet, Strasbourg, 8 juin 1934, et annexes par groupe, F7 13472, note « A/S du Deutscher Hilfsverein », décembre 1936, F7 14715, AN, et *Industriels*, p. 42.
66. P/6661/SF, 25 février 1935, F7 12959, AN (avec maints détails, dont le CA).
67. Lettre 4067 de Mallet au MI, Strasbourg, 15 juillet 1933, F7 13431, AN.
68. Griffiths, *Fellow travellers*, index, riche.

69. Rapports 6387 de Mallet, 20 3784/33 du CS de Wissembourg, 17, 3023 du CS de Strasbourg, 19 octobre, 3129 du CS de Sarreguemines, 9 novembre 1933 (etc.), F7 13431, AN.
70. Mémorandums Bülow, Berlin, 25 novembre et 5 décembre 1933, *DGFP, C*, II, p. 153, 174-177.
71. RG, 25 septembre 1944, GA, C 23, Chastenet, APP. « M. Chastenet chez Hitler », *Cri du Jour*, 30 décembre 1933, GA, C 25, CF, APP ; « Qu'est-ce que le directeur du Temps est allé faire chez Hitler », article non signé, *Le Peuple* (CGT), 16 décembre ; RG, « au sujet d'une entrevue » Hitler-Chastenet, 20 décembre 1933, F7 13431, AN.
72. PP, 18 mai 1934, GA, W2, de Wendel, APP.
73. Lettre DAPC, Europe, sn, Paris, 29 septembre 1934, F7 12963, AN.
74. CGBF, 1933-1936 ; résumé, « Délibérations 1935-1940 », « Banques d'émission étrangères », ABF.
75. Rapport confidentiel sur « l'évolution de la situation monétaire, financière et économique de la Yougoslavie de[puis]1932 », Paris, 10 août 1935, 1370 200007/8, DGE, ABF, souligné dans le texte.
76. Jordan, *The Popular Front*, p. 117-129, Jaslier « Les relations économiques », 3e et surtout 4e parties.
77. Rapport 7179 du CS d'Annemasse au DSG, 19 décembre 1933, F7 14753, AN.
78. Lettre 104 de Dubail, Belgrade, 17 avril 1931, note 82/N, « Propagande allemande en Yougoslavie », 8 avril 1935, Yougoslavie 1918-1940, 190, ce vol. et 191, Occupation, *Industriels*, index.
79. Nicole Jordan, *The Popular Front*, p. 128-135, et Jaslier, « Les relations », *loc. cit.*
80. Dépêche 328 de Naggiar à Laval, Prague, 21 octobre 1935, Tchécoslovaquie 1918-1940, 167, MAE, et le vol., malgré ses trous.
81. Rapport 7179 du CS d'Annemasse au DSG, 19 décembre 1933, F7 14753, AN.
82. Rapport 36 de l'attaché militaire (AM) d'Arbonneau, Varsovie, 5 février 1933, 7 N 2999, ce volume, « rapports 1933-1935 », et 3024, 1928-1939, SHAT.
83. Lacroix-Riz, *Industriels*, p. 44-45.
84. Cette seule citation, fiche Alfred Rosenberg, jointe à CQ/6, 5 avril 1937, F7 14715, AN.
85. EMA Depas n° 1463, C/30.11.33/6, 7 novembre 1933, 7 N 3024, et ce volume, ainsi que 2999, SHAT.
86. EMA Depas 300, 24 février 1934, 7 N 3024, SHAT.
87. EMA Depas sn, MR/24.9/8, 24 septembre 1934, 7 N 3024, SHAT.
88. EMA Depas 1101, 9 octobre, et 1362, source Agéfi, 26 octobre 1934, 7 N 3024, SHAT.
89. Note anonyme sur « l'affaire [...] Zyrardow », 7 mai 1935, URSS 1918-1940, 1268, MAE.
90. Rapport Z1.157/Pol. d'Hoffinger, ambassadeur d'Autriche à Varsovie, 14 décembre 1934, traduction, 7 N 3024, SHAT (et Jordan, *The Popular Front*, p. 115).
91. Note Europe sur Beck, 8 mai 1935, diplomatique mais aussi claire, URSS 1918-1940, 982, MAE.
92. EMA Depas 177, H/19.1/8, 10 janvier 1934 (pour les trois), et 282, 4 mars 1935 (Beck « a amassé dans les Banques suisses une fortune dépassant 2 millions de francs suisses », etc.), 7 N 3024, SHAT.
93. EMA Depas 1242, H. 11/9/, 6 octobre 1933, 7 N 3024, SHAT.
94. EMA Depas 1056, 8 août 1933, 7 N 3024, SHAT.
95. EMA Depas 177, H/19.1/8, 10 janvier 1934, 7 N 3024, SHAT.
96. Mémorandum Rintelen, Berlin, 7 octobre 1939, *DGFP, D*, VIII, p. 239. Le florilège occuperait un livre, et 1939 fut fertile, *DGFP, D*, VI à VIII.
97. Note 17795, « Ukraine. Relations entre la Pologne et l'Allemagne », 11 juillet 1933, 7 N 3024, SHAT.
98. EMA Depas 177, H/19.1/8, 10 janvier 1934, 7 N 3024, SHAT.
99. Ajouter aux références MAE du *Vatican* URSS 1918-1940, 986-988 et 1036, MAE
100. Lettre 70/S, CR mensuel n° 14 de Mendras, Moscou, 28 août 1934, 7 N 3121, SHAT.
101. Tél. 76, Varsovie, 28 novembre 1933, *DGFP, C*, II, p. 157 (156-157).
102. Déclaration, 26 janvier 1934, document 219, *DGFP, C*, II, p. 421-422.
103. Mémorandums Gaus, Berlin, 16 et 22 janvier 1934, *DGFP, C*, II, p. 364-367 et 394-395 ; depuis novembre 1933, *ibid.* ; et 7 N 3024, SHAT.
104. « Mémorandum anonyme », Berlin, sd, entre 16 et 23 novembre 1933, *DGFP, C*, II, p. 141.
105. Rosenberg, « cours de politique étrangère » à des officiers de la Wehrmacht, note annexe à la dépêche 428 de Berne, 21 juin, et BE 1164 de Londres à Paris, 4 juillet 1939, Allemagne 1918-1940, 698, MAE.
106. Mémorandums Gaus, Berlin, 16 et 22 janvier 1934, *DGFP, C*, II, p. 365 et 394.
107. EMA Depas 116, 19 décembre 1934, et EMADB, 22 mai 1935, etc., 7 N 3024, SHAT.
108. Lacroix-Riz, *Vatican*, p. 235-236.
109. EMA Depas 794, « note sur la situation de la Pologne », juin, EMA, bulletin de presse (BP) 101 Dpr-III, feuillet 11/1, 16 octobre (citation), et EMA Depas 1143, 17 octobre 1934, 7 N 3024, SHAT.
110. EMA Depas 882, H/25.7/9, 23 juillet 1934, 7 N 3024, SHAT.
111. Lettres 70/S et 81/S de Mendras, Moscou, 28 août et 5 octobre 1934, 7 N 3121, SHAT.
112. EMA P/a 23745, « Le conflit polono-tchécoslovaque », 1er février 1936, 7 N 3024, SHAT.
113. Rapport 20/S de l'AM, Varsovie, 18 avril 1934, 7 N 2999, SHAT.
114. Rapport Z1.110/Pol. d'Hoffinger, 27 août 1934, souligné dans le texte, traduction, 7 N 3024, SHAT. Sibilia, *Vatican*, index.
115. Duroselle, *La décadence*, p. 99-100.
116. Rapports 20/S et 21/S de l'AM, Varsovie, 18 avril et 2 mai 1934, 7 N 2999, SHAT.
117. EMA Depas 926, SH/25.7/9, 18 août 1934, 7 N 3024, SHAT.
118. Mémorandums Neurath, 27 août et 6 septembre 1934, *DGFP, C*, III, p. 360-361 et 385-386, etc.
119. EMA Depas 1014, MR/18.9/8, 15 septembre 1934, 7 N 3024, SHAT.
120. Conversation avec Léger, tél. 1132 Dumont, Paris, 10 septembre, et surtout copie de la réponse polonaise à Barthou, Genève, 27 septembre 1934, remise par Barthou à Köster le 29, *DGFP, C*, III, p. 446-449.
121. 1933, dont dépêche 206, citée, de Noël à Paul-Boncour, Prague, 15 mai 1933, Tchécoslovaquie 1918-1940, 97, MAE.
122. Dépêches de Noël à Paul-Boncour, Prague, 375, 13 septembre, 475, 28 novembre 1933, Tchécoslovaquie 1918-1940, 97, MAE.
123. Note citée, Paris, 30 novembre 1933, Tchécoslovaquie 1918-1940, 97, MAE.
124. Lettre 1373 de Cot, au MAE (et ses courriers de novembre sur l'importance de l'aéronautique tchécoslovaque, amorçant sa croisade sur l'accord tripartite), 7 décembre, jointe à note 1306, Paris, 21 novembre 1933, Tchécoslovaquie 1918-1940, 97, MAE.

125. Correspondance depuis avril 1933 et, sur Bénès, depuis son refus de s'aligner sur la campagne française sur le « dumping » soviétique, tél. 301-303 Charles-Roux, Prague, 10 octobre 1930, Tchécoslovaquie 1918-1940, 139, MAE.
126. Prague, dépêche Monicault (CA), 2, tél. 291 Noël, Prague, 10, et P. 4210, 13 avril 1934, Tchécoslovaquie 1918-1940, 98, MAE.
127. Dépêches de Noël, Prague, 171, 8 mai, 45, 23 juin 1934, Tchécoslovaquie 1918-1940, 98, MAE.
128. Tél. 606-9 Noël, Prague, 30 septembre 1934, Tchécoslovaquie 1918-1940, 98, MAE.
129. Dépêche 2652 de Faucher au MG et PV conférence, Prague, 30 octobre 1934, 7 N 3096, SHAT.
130. Lacroix-Riz, *Le Vatican*, p. 311-313.
131. Service d'information et de presse, sur *Berliner Börsenzeitung* 234, 20 mai 1933, Tchécoslovaquie, 1918-1940, 97, MAE.
132. RG, mai 1932, GA, F 21, Jean-Paul Ferrandi, APP.
133. Lettre manuscrite de Flipo à « Mon général », Prague, 9 juillet 1934, 7 N 3096, SHAT.
134. Tél. 919 Köster à Neurath, VI Ru. 3160, Paris, 4 juillet 1934, *DGFP, C*, III, p. 125.
135. C-1 n° 3, 1er novembre 1933, F7 14874, AN, et PP 429, 29 septembre 1933, GA, L 2, Lebrun, APP.
136. Rapport 15, CR mensuel n° 1 de Mendras, Moscou, 3 juillet 1933, 7 N 3121, SHAT.
137. Payart, tél. 136, 20 mai, dépêches 150 à Paul-Boncour, 2 juin 1933, URSS 1918-1940, 960, 305 à Barthou, 10 août 1934, URSS 1918-1940, 928, MAE, etc.
138. Dépêche 365, Moscou, date brûlée, mais BE du 8 octobre 1934, URSS 1930-1940, 961, MAE (et depuis février).
139. P. 3500, 24 mars, F7 14877, AN ; PP 11 mai, 11 juin et 21 juillet 1934, BA 2041, Barthou, APP.
140. Lettre 319 au MI, Paris, 12 mai, février-mars 1934, F7 13433, 1934, AN, et *DGFP, C*, III, n. 2, p. 6.
141. PV des conversations avec Köster, 15, et Ribbentrop, 16 juin 1934, *DGFP, C*, III, p. 6-10, 76-81.
142. Lettre 70/S, CR mensuel n° 14 de Mendras, Moscou, 28 août 1934, 7 N 3121, SHAT.
143. Texte en trois parties (« traité d'assistance régional », « accord » franco-soviétique et « acte général ») annexé à la lettre de François-Poncet à Bülow, Berlin, 20 août 1934, *DGFP, C*, III, p. 349-351.
144. Tél. Bullitt 1072, 5 juin, Paris, *FRUS 1939*, I, p. 269.
145. Rapports Mendras 44, 1er août (non joint, mentionné par le n° 100, 25 septembre), et 50, 14 août 1933, 7 N 3121, SHAT.
146. Sur l'enthousiasme d'Herriot et Alphand, dépêche 267 d'Alphand, Moscou, 13 septembre 1933, contestant la famine, URSS 1918-40, 1036, MAE.
147. Rapport 100 de Mendras, Moscou, 25 septembre 1933, 7 N 3121, SHAT.
148. Tél. 378-382, Moscou, 28 septembre 1933, souligné dans le texte, URSS 1930-1940, 959, MAE.
149. Rapports 100 et 102 (très précis), 25 septembre, et renseignement 51 (visite de Ribardière, du Caucase à la Sibérie), 14 août 1933, Moscou, 7 N 3121, SHAT (et depuis avril).
150. Rapport 167 de Mendras, Moscou, 3 décembre 1933, 7 N 3121, SHAT.
151. Rapport 132 de Mendras, Moscou, 25 octobre 1933, 7 N 3121, SHAT.
152. Lettre 53/S, compte rendu mensuel n° 13 de Mendras, Moscou, 25 juin 1934, 7 N 3121, SHAT.
153. Lettre 60/S de Mendras à Pétain, Moscou, 15 juillet 1934, souligné dans le texte, 7 N 3121, SHAT.
154. Lettre 81/S, compte rendu mensuel n° 15 de Mendras, Moscou, 5 octobre 1934, 7 N 3121, SHAT.
155. Rapport Twardowski, VI Ru. 3240, Moscou, 9 juillet 1934, *DGFP, C*, III, p. 150-151.
156. Dépêche 969 de François-Poncet à Paul-Boncour, Berlin, 31 août 1933, URSS 1918-40, 986, MAE, et plusieurs courriers de Mendras, dont 13 juillet et 20 octobre 1933, 7 N 3121, SHAT.
157. Blum, *Naître*, p. 96, et échange électronique (5-7 janvier 2005) Blum-Lacroix-Riz, www.historiographie.com.
158. Tottle, *Fraud*, p. 5-35.
159. Sabine Dullin signale « la terrible famine de 1933 qui fit environ six millions de morts », citant Blum, *Des hommes*, p. 38-39, comme Nicolas Werth, « La grande famine », Courtois *et al.*, *Le livre noir*, p. 178, n. 1. Sophie Cœuré bat des records, *La grande lueur*, p. 224-5 et *passim*.
160. Chiffre tiré des « travaux récents » des statisticiens Evgenij M. Andreev, Leonid E. Darskij et Tatiana L. Khar'kivan *Istorija Naselenija SSSR, 1920-1959*, Moscou, Muzej Goskomstata SSSR, 1990, « une estimation qui paraît solide, bien que certaines hypothèses utilisées par leurs auteurs, en particulier celles qui concernent les migrations vers l'étranger, puissent paraître, il est vrai, conduire à sous-estimation de certains phénomènes. De plus, ces auteurs ont aussi choisi de *concentrer l'essentiel du déficit démographique de la décennie 1930 sur cette seule année 1933, ce qui peut paraître un peu extrême* », n. 61, p. 241 (souligné par moi). M. Blum ironise sur « l'extraordinaire continuité de la machine administrative qui ne cesse de fonctionner malgré la mortalité parfois multipliée par plus de 10 » (par cette manipulation « *un peu extrême* »), p. 96-99.
161. *Vatican*, p. 265-266, 331-335 (sources) ; URSS 1918-40, 985-986 (le plus riche) et 1036 (surtout sur la campagne Innitzer-Vatican), MAE ; et Lacroix-Riz, « Sur la "famine génocidaire et stalinienne" en Ukraine en 1933 : une campagne allemande, polonaise et vaticane », www.historiographie.com.
162. Dépêche 969 de François-Poncet, Berlin, 31 août 1933, URSS 1918-40, 986, MAE, et plusieurs courriers de Mendras, dont 13 juillet et 20 octobre 1933, 7 N 3121, SHAT.
163. Mémorandums Neurath, 5 juillet, et Bülow, Berlin, 23 juillet 1934, *DGFP, C*, III, p. 135, 220-221, et *passim*, dont l'auto-plaidoyer de François-Poncet du 18 juillet, soutenu par Léger, sur ses relations avec Röhm et Schleicher, lettre 3241 de Köster à Neurath, Paris, 27 juillet 1934, p. 259-265.
164. Mémorandums Neurath, 5 juillet et 806 (non publié), 11 juillet, lettre de Bülow, Berlin, 23 juillet 1934, *DGFP, C*, III, p. 134, 219-220, etc.
165. Mémorandums Neurath, 3, et Bülow, 27 août 1934, *DGFP, C*, III, 289-290 et 361-362.
166. Rapport DRG, février 1945, et note (41 p.), sd, de 1945, F7 15296 et 15343, AN.
167. Mémorandum Ribbentrop arrivé à Berlin le 1er juin 1934, non publié (np), n. 14, *DGFP, C*, III, p. 80.
168. PV Ribbentrop sur sa conversation du 16 juin avec Barthou, *DGFP, C*, III, p. 76, et P. 9376, 20 août 1934, F7 13433, AN.
169. Tél. Köster 896, 903, 29, 30 juin 1934, np, n. 4-5, et 919, Paris, 4 juillet 1934, *DGFP, C*, III, p. 124-125.
170. Tél. Köster IV Ru. 4079, Paris, 19-20 juillet 1934, *DGFP, C*, III, p. 194-199.
171. Sur ces points, tél. Köpke à 4 postes, Berlin, 21 novembre 1934, *DGFP, C*, III, p. 655. Sur Avenol, *infra*.

172. Mémorandum Neurath, Berlin, 12 septembre, et tél. 1211 Köster à Neurath, Paris, 30 septembre 1934, *DGFP, C*, III, p. 409 et 452-454.
173. Lettre d'Hermann Röchling à Theodor Vogel, directeur du *Saar Verein*, Völklingen, 13 juillet 1934, *DGFP, C*, III, p. 234-235.
174. Tél. 972 Köster, Paris, 20 septembre 1934, *DGFP, C*, III, p. 419-422.
175. RG, 3 avril 1934, GA, T 3, famille Tabouis, APP.
176. Lettres 9374 du MI, et sn du DRG au PP, 20 et 29 août 1934, BA 2041, Barthou, APP.
177. Mémorandum Rintelen, Berlin, 10 octobre 1934, et n. 2, *DGFP, C*, III, p. 471-472. J'ignore les éventuels liens de Friedrich von der Ropp avec Eduard, héraut catholique du *Deutschtum* est-européen, Lacroix-Riz, *Vatican*, index.
178. Tél. Lepage et transmission d'Auphan, 6 et 7 octobre 1934, F7 14753 ; copie sn d'une note MAE, Paris, 22 juin 1933, « A/S agitateurs croates », F7 14755, AN.
179. P. 11348, Paris, 9 octobre 1934 (rapport DGSN sur sa surveillance, depuis le 26 avril, de « l'activité des éléments révolutionnaires en prévision du voyage en France du roi Alexandre Ier »), F7 14754, AN.
180. PP 100-5-450, 11 octobre 1934, BA 1669, attentat de Marseille, APP.
181. Lettres 3e Bureau (cinéma) du MI au MAE, Paris, 7, et 848 du MAE au MI, 30 novembre 1934, Yougoslavie 1918-1940, 133, MAE.
182. « Note sur des Hongrois mis en cause à propos de l'attentat de Marseille soit par la presse yougoslave, soit par la légation de Yougoslavie à Budget », lettre n° 158/S de l'AM, Budapest, 25 novembre 1934, F7 14754, AN. Rôle de la Hongrie et tous autres auxiliaires, mêmes dossiers que pour le Reich.
183. Sur l'Autriche et la Hongrie entre 1919 et Hitler, *Le Vatican*, chapitre 4.
184. Notes d'un « informateur compétent et généralement bien renseigné », 20 octobre, avec MR./26.11.12 ; « Pavelitch et Kvaternick » jointe à la lettre sn du CDS de Modane, au DSG, 1er novembre ; sans référence, SN, CG des recherches judiciaires (RJ), 2 novembre ; SR, 29 novembre 1934 ; et surtout, avec carte jointe, « au sujet des projets des terroristes croates et bulgares et de leur organisation », 8 janvier 1935, F7 14754, AN.
185. Rapport Béteille Pétain-CSAR, fonds Mornet, II, BDIC. Sur date de départ, *infra*.
186. Meilleure source, entre mille, note 2, « L'organisation révolutionnaire croate les oustachis (Les Insurgés) », d'un bon informateur souvent anonyme, « en relations à Genève avec la délégation française », 9 novembre 1934, Yougoslavie, 1918-1940, 136, MAE.
187. P. 11799, 19 octobre, F7 14753, AN, note 2, « remise au cabinet par M. Gourevich, [...] bien connu des services du Département », « Les terroristes croates et les terroristes hitlériens », jointe à la note du cabinet « pour la direction des affaires politiques et commerciales », 30 octobre, Yougoslavie, 1918-1940, 136, MAE (jointe à P-11878, 20 octobre, dans F7 14754), et (lieu du tirage), P/12891, 7 novembre 1934, F7 13433, AN.
188. Note 2 Gourevich, 30 octobre, Yougoslavie, 1918-1940, 136, MAE (et F7 14754, AN) ; sur Munich, voir aussi ce qui suit.
189. Correspondance depuis le 14 octobre, dont lettre 12416/3 du MI au MAE, 7 novembre, F7 14753 ; tout F7 14754, AN (qui contient une partie de l'enquête), dont P. 11526, transmis avec sa note jointe par lettre 11527 Intérieur au MAE, « renseignements fournis par un journaliste anglais expulsé d'Allemagne sur des relations qui existeraient entre certains milieux hitlériens et des conjurés croates », 15 octobre ; lettres du MAE (Laval) au MI (Sarraut), contrôle des étrangers, Paris, 16 et 29 octobre 1934, sur la publication à Dantzig depuis fin 1933 des deux journaux « Kroatiapress », en allemand, et « La Croatie indépendante », « en langue croate [,...] par Pavelitch qui résidait alors à Berlin » ; P-11878, 20 octobre 1934, avec notes 1 (« d'un informateur souvent bien informé ») déjà citée, « Les terroristes [...] », historique depuis 1931 et 2, de Gourevitch « L'organisation révolutionnaire croate les oustachis (Les Insurgés) », 11 octobre (également *in* Yougoslavie 1918-1940, 136, MAE) ; P. 12026, 26 octobre, « Séjour en Allemagne des terroristes croates » ; lettre 12412/3 du CGRA au CGRJ, 7 novembre 1934, avec note « des mes services » P/12133, 26 octobre 1934, sur « Les relations des autonomistes croates avec les milieux hitlériens » ; lettre II-A/B-5.6, du délégué du MI yougoslave, Simonovitch, à Pierre Mondanel, CG-DGSN, CGRPJ, 18 décembre 1934, etc., etc. (un bottin) ; F7 14755, dossiers « Terroristes croates, Oustachis, organisation terroriste croate Domobran, octobre 1934-septembre 1938 » ; « Ante Pavelitch, Vantche Mikhailoff, 1935-1940 » ; « Orim-Oustachis. Projets d'attentats contre des personnalités françaises et yougoslaves, 1931-1936 », « ORIM 1926-1938 » ; également essentiel, note du CP de Mohon, sur « l'action secrète des organisations terroristes allemandes », avec « étude relative aux agissements terroristes allemands » depuis 1919, 30 octobre, transmise au MI (cabinet) par lettre du préfet des Ardennes, Mézières, 3 novembre 1934, F7 13433, AN.
190. Note Béranger « au sujet des attentats terroristes en Europe et de la préparation de l'attentat de Marseille », 29 décembre 1934, avec note manuscrite, F7 13433, AN.
191. P/12891, 7 novembre 1934, F7 13433, AV5, P. 5, 2 janvier 1935, F7 13434, 1935, AN.
192. Dossier en allemand et français, dont lettre de Lamberg, en allemand, à son « cher M. Jordan », Bratislava, 18 décembre 1934, avec note manuscrite, et interview de Lamberg en allemand, F7 13433, AN. Ensemble du dossier, outre les F7 cités *supra*, les plus audacieux, Yougoslavie, 1918-1940, 132-138, et 182-183, MAE.
193. Audition de Boris Gourevitch par le CP André Roches, 6 février 1937, PV n° 26 et « mémoire » complémentaire, Affaire Navachine, carton I, APP.
194. Duroselle, *La décadence*, chapitre 4, *passim*.
195. Tél. 1359 Forster, Paris, 29 octobre 1934, *DGFP, C*, III, p. 543-545.
196. Mémorandum Bülow, Berlin, 1er novembre 1934, *DGFP, C*, III, p. 558-559.
197. Tél. 1405 Köster, Paris, 7 novembre 1934, *DGFP, C*, III, p. 587-591, et suite, *ibid*
198. Depuis les mémorandums Neurath et Bülow (citations), 16 et 20 novembre 1934, *DGFP, C*, III, p. 633-634 et 650-651 : voir « liste analytique des documents ».
199. Lettre de Köster à Bülow, Paris, 30 novembre 1934, *DGFP, C*, III, p. 692-694.
200. Tél. 306 Hoesch, Londres, 8, et mémorandum Rintelen, Berlin, 12 novembre 1934, *DGFP, C*, III, p. 598 et 617-619. Souligné par moi, et *infra*.
201. Tél. 1525 Köster, Paris, 1er décembre 1934, *DGFP, C*, III, p. 696.
202. Lettre I 1250 de Hassel, Rome, 9 novembre 1934, *DGFP, C*, III, p. 610-613.
203. Tél. *Journal des Débats*, Bourson, Strasbourg, 21 novembre 1934, F7 13433, AN.
204. Tél. Köpke, Berlin, 21 novembre 1934, *DGFP, C*, III, p. 654-655.
205. Lettre I 1250 de Hassel, 9 novembre 1934, *DGFP, C*, III, p. 610-613, et *passim*.

206. Mémorandum Kurt Weigelt, 22 novembre 1934, *DGFP, C*, III, p. 656-658.
207. Mémorandum Ulrich, Berlin, 30 novembre 1934, *DGFP, C*, III, p. 691.
208. Annexe sur la société au rapport 4864 Mallet, 8 juin, et PP, 24 novembre 1934, F7 13472, AN (et Schirmann, *Les relations*, p. 113-122).
209. Tél. 0839544/YV *AP*, Paris, 26 novembre 1934, F7 13472, AN.
210. Tél. Köpke à 4 postes, Berlin, 21 novembre 1934, *DGFP, C*, III, p. 654-655 et articles depuis juin 1934 (de Jean Luchaire, Hubert Bouchet et Jean de Pange), F7 13472, AN.
211. P. 1091, 14 décembre 1934, F7 13433, 26 et 28 novembre, tél. 1528 Köster, Paris, 1er décembre, et courriers np Aschmann et Köster, 4, 14, 17, 28 décembre 1934, *DGFP, C*, III, p. 700. Pertinax situe mi-décembre cet « accord de presse ou de "désarmement moral" », *Les fossoyeurs*, II, p. 96.
212. Lacroix-Riz, *Vatican*, p. 182-185.
213. Tél. Köpke à 4 postes, Berlin, 1534 Köster, Paris, 4 et 5 décembre 1934, *DGFP, C*, III, p. 702-704 et 707-709.
214. Minutes Rk.11222 Thomsen de la conférence, 4 décembre 1934, *DGFP, C*, III, p. 704-706.
215. *Bulletin périodique de la presse allemande*, depuis le n° 442 (29 octobre-25 novembre 1934, MAE, 1er décembre), F7 13433, et outre les fonds Sarre du Quai d'Orsay (*Le Vatican* p. 514), F7 13472, AN.
216. Lettre de Neurath à Himmler, Berlin, 1er décembre 1934, *DGFP, C*, III, p. 697-698. Descriptif français, Sarre 1918-1940, 221-222, MAE.
217. P. 1045, 6, P. 15430, 15 décembre 1934 (et novembre-décembre), F7 13433, AN.
218. Jouvenel, un des 33 de « Presse et littérature » et liste des 364 ; Déat, un des 33 « affiliés les plus certains » de l'ensemble « Parlement et groupements politiques », « Extrait » synarchie-CSAR, F7 15343, AN.
219. PP, 4 décembre 1934, F7 13433, AN (et *infra*).
220. P. 1043, Paris, 18 janvier 1935, F7 13239, AN.
221. Rapport sn du CS de Lille, 25 septembre 1931, F7 13450, AN.
222. Rapport du CD Ceugnart au préfet du Nord, Lille, 29 mars 1935, F7 13224, AN.
223. Articles, anonyme, « Stocks de guerre allemands », et de Bourson : « Le coton n'en passe pas moins la frontière à Kehl », *L'Écho de Paris*, 30 mars, confirmés par lettre 2060 du CD Bonnard au DGSN, Strasbourg, 30 mars 1935 (« les maisons de transit de Kehl hâtent en effet l'introduction en Allemagne des stocks achetés »), et par des dépêches de presse de Lille, 27 et 28 mars 1935, F7 13434, AN.
224. Lettre sn du préfet de Moselle au MI, Metz, 11 avril 1935, F7 13434, AN.
225. P-6057, 27 avril, F7 13434 ; P/7367, 17 juin, P. 6878, 18 mai 1935, F7 12959, AN.
226. D.S/3, 31 octobre 1935, F7 13434, AN.
227. RG, 24 et 29 avril 1936 et affiches respectives, GA, C 25, CF, APP (comparer les « statistiques des chemins de fer sarrois », *supra*, p. 191).
228. P. 41, 10 janvier 1935, F7 13423, AN, Lacroix-Riz, « Le rôle du Vatican », p. 61-62.
229. *Bulletin périodique de la presse allemande*, 18 mars-14 avril et 15 avril-12 mai 1935, n° 447, 18-20 avril, et 448, 16-18 mai 1935, F7 12959, et lettre 81 de François-Poncet, Berlin, 17 avril 1935, F60, 174, AN.
230. Offner, *American Appeasement*, p. 115-117, et index.
231. « Journal de marche » de Fabry, 28 août 1935, 5 N 581, SHAT.
232. Rapport Sumner Welles du 7 mars, Paris, *FRUS 1940*, I, p. 61.
233. RG, novembre 1960, GA, B 01, Paul Baudouin, APP.
234. PP 429, 2 octobre 1935, BA 2039, Pierre Laval, APP.
235. Note anonyme, 9 octobre 1935, souligné dans le texte, 1069199211/30, ABF.
236. « La BRI et les sanctions », *Commentaires*, 10 novembre 1935, 1069199211/34, ABF.
237. « Rapport politique » 637 de Hassel, Rome, 18 février 1937, *DGFP, C*, VI, p. 459.
238. PP 429, 18 décembre 1935, BA 2039, Pierre Laval, APP.
239. Citations, de la Rocque, 15 mars 1936, rapport RG d'avril, BA 1973, Briscards et Croix de Feu, et Philippe Henriot, 1er avril 1938, BA 2043, Henriot, etc., etc., APP.
240. Tél. 27 Bülow à l'ambassade à Paris, Berlin, 14 janvier 1935, *DGFP, C*, III, p. 805-806.
241. Mémorandums Bülow, Berlin, 16 et 17 janvier 1935, *DGFP, C*, III, p. 830-831, 841-844.
242. Tél. 99 Köster, 30 janvier, et lettre 1098 Forster, Paris, 1er mars et textes joints, 28 février 1935, *DGFP, C*, III, p. 880-882 et 972-973, texte des articles, *DGFP, C*, V, p. 4.
243. P/3498, 4 mars 1935, F7 13434, AN.
244. Note François-Poncet, Berlin, 20 mars, *DGFP, C*, III, p. 1031-1032 ; Pertinax, « L'Allemagne et son armée de l'air », *L'Écho de Paris*, 13 mars 1935, F7 13434, AN.
245. Tél. 590 Köster, 4 juin 1935, *DGFP, C*, IV, p. 246-249 (mais rien de Paris, 22 avril-3 juin).
246. EMA, P/a, 21995, 17 juin 1935, 7 N 3024, SHAT. Parker, *Chamberlain*, p. 30-32.
247. Note ambassade de France à Washington, « Les communications arctiques », 1er février 1937, URSS 1930-1940, 962, MAE ; Finkel et Leibovitz, *Chamberlain-Hitler*, p. 85-86.
248. Mémorandums Neurath et Bülow (en français dans le texte), 29 juin 1935 (projet de pacte aérien communiqué aux Anglais, pas aux Français), Berlin, *DGFP, C*, IV, p. 355-356 et 390-392, et suite.
249. Tél. 827 Köster, Paris, 27 juillet 1935, *DGFP, C*, IV, p. 494-495, français et italique dans le texte.
250. Lettre de Bülow à Köster, Berlin, 30 juillet 1935, *DGFP, C*, IV, p. 508.
251. Mémorandum Bülow, Berlin, 29 août 1935, *DGFP, C*, IV, p. 596-597.
252. Lettre de Neurath à Hitler, Leinfelden, 2 septembre 1935, *DGFP, C*, IV, p. 605.
253. Mémorandums Bülow et Köpke, Berlin, 5 septembre et 23 novembre 1935, *DGFP, C*, IV, p. 618-620 et 849-851 (Laval se confiait à l'ambassadeur d'Italie à Paris Cerruti, Attolico, à Berlin, répétait aussitôt).
254. Lettre de Rintelen à Köster, Berlin, 29 octobre 1935, *DGFP, C*, IV, p. 779-780.
255. Tél. 1218 Köster, Paris, 14 décembre 1935, Berlin, *DGFP, C*, IV, p. 915-917 ; derniers courriers sur Laval et François-Poncet, 18 décembre 1935 et 13 janvier 1936, p. 925-926 et 998-1000.
256. C-11148, 24 septembre 1935, F7 13434, AN ; et dossiers « Tension politique » et courriers 1935-janvier-mars 1936, 7 N 2520 et 2521, SHAT.
257. Mémorandum Bülow II R 54, Berlin, 13 janvier 1936, p. 998-1000.
258. « Note sur les possibilités d'action [...] », 11 février 1936, 7 N 2521, SHAT, souligné par moi.
259. Dépêche de Neurath et PV Lammers, Berlin, 5 et 6 mars 1936, *DGFP, C*, IV, p. 11-19 et 26-28.
260. RG 282576, 4 mars 1936, GA, W2, de Wendel, APP (ou F7 12964, AN).

261. Tél. 46 et dépêche A 1275 Hoesch, Londres, 13 et 21 mars, dépêche Köster A 1613, Paris, 9 avril 1936, *DGFP, C*, IV, p. 140-141, 234, 424-425.
262. Mémorandum Neurath après réception de François-Poncet, Berlin, 7 mars, tél. 23 du ministre Heeren, Belgrade, 10 mars, 127 et 145 de Forster, Paris, 7 et 13 mars, et 36 Hoesch, Londres, 9 mars 1936, *DGFP, C*, IV, p. 30-31, 34-35, 128 et 59, tout mars, et Duroselle, *La décadence*, p. 153-179.
263. Mémorandum Bülow, Berlin, 20 mars, tél. 147 Forster, Paris (et *infra*), 46 Hoesch, Londres, 13 mars, 150 Forster, Paris, 14 mars 1936, *DGFP, C*, IV, p. 221-222, 131-132, 141, 147-148.
264. Tél. Forster à Neurath, Paris, et mémorandum Bülow, Berlin, 8 avril 1936, *DGFP, C*, IV, p. 405-409.
265. Grande-Bretagne 1918-1940, 294, MAE (dont dépêche 881 du chargé d'affaires à Barthou, Londres, 16 août 1934), Pertinax, *Les fossoyeurs*, II, p. 84-87, Parker, *Chamberlain, passim*, etc.
266. Hoesch, dépêche A 999, tél. 39, dépêche A 1275, Londres, 10, 11 et 21 mars 1936, *DGFP, C*, IV, p. 92-95, 102-103, 233-240.
267. Higham, *Trading*, Trepp, *Bankgeschäfte*, Lacroix-Riz, *Industriels*, index.
268. Tél. 142 Forster, Paris, 11 mars 1936, *DGFP, C*, IV, p. 100-102.
269. « Journal de marche » de Fabry, *cf. infra*, 29 juillet 1935, 5 N 581, SHAT.
270. Tél. 173 Forster, Paris, 27 mars 1936, *DGFP, C*, IV, p. 320-321.
271. Dépêche A 5755, Paris, 30 décembre 1936, *DGFP, C*, VI, p. 226.
272. *Louis Renault, passim*, surtout chapitre 5, sur 1936-1938.
273. Frank(enstein) Robert, *Le prix, passim*, et sur le modèle allemand, *supra*.
274. Conférence du 15 juin, 6, 9 août, 3, 20 septembre 1935, 5 N 581, SHAT.
275. 11, 12 septembre 1935, 5 N 581, SHAT.
276. 25 novembre 1935, 10 janvier 1936, 5 N 581, SHAT.
277. 3 juillet, 2, 9 août, 10 septembre, 26 octobre 1935, 10 janvier 1936, N 581, SHAT.
278. 3 janvier 1936, « Journal de marche » de Jean Fabry, 5 N 581, SHAT, et *infra*.
279. Lettre 719 Léger au MI, Paris, 15 octobre 1934, F7 14754, AN. Sabotage, vol. spécifiques MAE.
280. Tél. Kammerer 454-5, Istambul, 27 octobre 1934, Yougoslavie 1918-1940, 136, MAE.
281. Rapporté à et par l'ambassadeur Dehn-Schmidt, lettre 4412-I A 4, Bucarest, 12 novembre 1934, *DGFP, C*, III, p. 619.
282. Caractéristique, sa lettre 562 à Laval, Belgrade (avec copie de la lettre du 25 novembre d'« un Yougoslave de Banovine de la Save »), 1er décembre 1934, historique de l'indignation depuis le 9 octobre, F7 14753, AN, et tout Yougoslavie 1918-1940, 133-136, MAE.
283. Radek, « Les coups de revolver de Marseille », *Les Izvestia*, et dépêche 370 d'Alphand à Doumergue, Moscou, 11 octobre 1934, Yougoslavie 1918-1940, 132 ; tél. 1914 et 1933 François-Poncet, Berlin, 18 et 20 octobre 1934, Yougoslavie 1918-1940, 182 et 183 ; et tout 132-138 et 182-183, MAE.
284. P. 515, 28 juin 1935, C/189, 30 avril 1936, F7 14875, C-199, 1er mai 1936, F7 14753, AN.
285. P. 12493, « Les concessions pétrolifères de Yougoslavie et l'Allemagne », 2 novembre 1934, transmis au MAE, *in* dossier novembre 1934-mars 1935 « Visées allemandes sur [c]es concessions [...], affaire Savoyan » (née en 1928), F7 14753, AN.
286. Lettre 30 du CA Frédéric Knobel à Flandin, Belgrade, 28 janvier 1936 ; progrès du communisme, répression et aide française 1935-1940, F7 14753, AN.
287. Rapport 397 du CAEI, section de l'étranger, 20 mars, et C/169, Paris, 9 avril 1936, F7 14753, AN.
288. *Vatican*, p. 319-327, et courriers du consul Gueyraud, Zagreb, 18, 20, 21 avril 1936, F7 14753, AN.
289. Tél. 68 Krauel, Genève, 13 septembre 1935, *DGFP, C*, IV, p. 632.
290. « Le Reich hitlérien conquiert la Yougoslavie », *in* C. – 3408, Paris, 4 avril 1936, F7 12961, AN ; Yougoslavie 1918-1940, 132-138 et 182-183, MAE.
291. F60, 170, AN, fonds yougoslaves MAE, Jordan, *The Popular Front*, index Roumanie.
292. Tél. 643-6 de Noël, Prague, 10 octobre 1934, Yougoslavie, 1918-1940, 182, MAE.
293. Tél. 1914 François-Poncet, Berlin, 18 octobre, et courriers Beauverger, Budapest, depuis octobre 1934, Yougoslavie, 1918-1940, 182 (et 183), MAE.
294. Dépêche 662 de Clauzel, Berne, 24, tél. 985 de Cambon, Londres, 22, 686-7 de Noël, Prague, 24 octobre 1934, Yougoslavie, 1918-1940, 183, et tous fonds MAE sur l'assassinat de Marseille.
295. Tél. 703-6 Noël, Prague, 4 novembre 1934, Yougoslavie, 1918-1940, 183, MAE.
296. Correspondance depuis juin et surtout août 1934, trous 27 septembre 1934-5 janvier, et 22 janvier-12 avril 1935, Tchécoslovaquie 1918-1940, 139, MAE.
297. Tél. 16-18 Noël, 8 janvier 1935, Tchécoslovaquie 1918-1940, 98, MAE.
298. Dépêches 21 d'Alphand, Moscou, 15, de Monicault, Prague, 1, 22 janvier, 137, 26 avril 1935, Tchécoslovaquie 1918-1940, 139, MAE.
299. Tél. 138 Köster, Paris, 12 février 1935, *DGFP, C*, III, p. 926.
300. Dépêche 126 de Monicault, Prague, 13 avril 1935 (avis du général Pfeiffer, directeur de l'aéronautique militaire), Tchécoslovaquie 1918-1940, 98, MAE.
301. Dépêche 1634 de Faucher, Prague, 30 juillet 1935, et ce mois, Europe 1918-1940 Tchécoslovaquie, 98, MAE.
302. EMA, BP 102 III Dpr, feuillet 11/1, et EMA n° 30872, 16 et 17 novembre 1934, 7 N 3024, SHAT.
303. Köster, tél. 138, Paris, 12 février 1935, *DGFP, C*, III, p. 926.
304. Rapport 11/S d'Arbonneau, Varsovie, 23 janvier 1935, 7 N 2999, et ce vol. et 7 N 3024, SHAT.
305. EMA Depas 177H/19.1/8, 10 janvier 1934, et 866, 17 juin 1935, 7 N 3024, SHAT.
306. EMA, P/a, 21995, 17 juin 1935, 7 N 3024, SHAT.
307. Depas 1155, note « Situation en Pologne », septembre 1935, 7 N 3024, SHAT, tout le vol. et *infra*.
308. 1er de ses 2 articles dans *Czas*, EMA Depas 866, 17 juin 1935, 7 N 3024, SHAT.
309. RG, 29 avril, F7 12956 (et série), AN ; EMA Depas 385, 20 mars 1935, 7 N 3024, SHAT.
310. FO5, C-11384, 30 septembre 1935, F7 13434, AN.
311. EMA Depas 1426, 4 novembre 1935 : liste des gares et voies ferrées « à détruire », 7 N 3024, SHAT.
312. EMA P/a 23745, « Le conflit polono-tchécoslovaque », 1er février 1936, 7 N 3024, SHAT.
313. EMA, P/a, 22124, 22141, 8, 9 juillet, et Depas 1095, 29 septembre 1935, souligné dans le texte, 7 N 3024, SHAT.
314. EMA, P/a 23710, 28 janvier 1936, 7 N 3024, SHAT.

315. Dépêche 213 de Jules Laroche, Bruxelles (jusqu'en mai 1935 à Varsovie), 27 février 1936, et télégramme 29-31de Vitrolles La Haye, 10 mars 1936 (citation puisée aux « confidences de M. van Zeeland et de M. van Langenhove » rapportées par un informateur), SDN, 1933-1940, 2169, MAE.
316. PP, 1er mars 1936, F7 12964, AN.
317. Entre autres, Moltke, Varsovie, tél. 11 et dépêche II R 400, 10 mars, tél. 12, 11 mars, dépêches 12, 13 mars ; tél. 34 Papen, Vienne, 17 mars, mémorandum Neurath, Berlin, 1er avril 1936, *DGFP, C,* IV, p. 88-89, 95-96, 112-113, 144-148, 182-183, 366, etc.
318. Renseignement EMA, 6 février 1936, 7 N 3186, SHAT.
319. Rapport 55 et lettre 274 d'Arbonneau, Varsovie, 27 mai 1936, 7 N 3000, SHAT (et le vol.).
320. Duroselle, *La décadence,* p. 142, sur le pacte franco-soviétique (ici, soviéto-tchécoslovaque inclus).
321. Lettre 91/S de Mendras, Moscou, 20 octobre 1934, 7 N 3121, SHAT.
322. « Portefeuille » de titres « sous-estimé, [à...] 128 millions » de ce président de la Compagnie générale d'électricité, « Nouvelles financières » 6864, 7 août 1926, F7 12954, AN.
323. CGBF, séances 42 du 11 octobre 1934, p. 461-472 ; 20-21 des 12 et 19 mai 1932, p. 297 et 309, ABF.
324. Note 2 Gourevitch citée, « Les terroristes croates et les terroristes hitlériens », Yougoslavie 1918-1940, 136, MAE.
325. Tél. 444-6 Alphand, Moscou, 12 octobre 1934, Yougoslavie 1918-1940, 132, MAE.
326. CGBF, lettre à Montagu Norman, 4 mai, séance 19, 9 mai 1935, p. 203-204, ABF.
327. CGBF, lettre 13902 du directeur adjoint du MGF, Rueff (pour le MF) au gouverneur, Paris, 2 novembre et projet de réponse, séance 46, 8 novembre 1934, p. 500-504, rubrique « Or russe. Demande faite par les Soviets d'être garantis contre toute saisie de l'or envoyé en France », ABF.
328. Mentions de courriers np sur François-Poncet, Laval et Flandin, novembre-décembre 1934, *DGFP, C,* III, p. 697, 707, etc.
329. Débat, *JODP,* 1934, p. 2587-2589 (et Duroselle, *La décadence,* p. 139).
330. Lettre de Köster à Bülow, Paris, 30 novembre 1934, *DGFP, C,* III, p. 692-693.
331. N. 9, *DGFP, C,* III, p. 727 ; tél. 0916044 SL *Sun Baltimore Maryland,* Paris, 3 décembre 1934, F7 13433.
332. Tél. 1534 Köster à Bülow, Paris, 5 décembre 1934, *DGFP, C,* III, p. 707-709.
333. P. 1036, Paris, 4 décembre 1934, F7 13433, AN.
334. Tél. np Krauel, Genève, 6, et mémorandum Neurath, Berlin, 7 décembre 1934, *DGFP, C,* III, p. 727-728.
335. *JODP,* 1934, p. 1396-8, et mémorandum Köpke, Berlin, 20 décembre 1934, *DGFP, C,* III, p. 755-756.
336. Mémorandum Bülow, Berlin, 4 janvier, tél. 163 Köster, Paris, 22 février 1935, *DGFP, C,* III, p. 768-770, 956-957, etc.
337. Tél. Alphand 67-70, Moscou, 29 janvier 1935, URSS 1930-1940, 961, MAE.
338. Dépêche 99/S de Simon, Moscou, 28 novembre 1934, 7 N 3121, SHAT.
339. Dépêches Simon 83/S, 8 octobre 1934, 7 N 3121, 125/2, 20 mars 1935, 7 N 3122, 102 de Mendras, Moscou, 25 septembre 1933, 7 N 3121, SHAT, et les deux vol.
340. Pertinax, *Les fossoyeurs,* I, p. 281-282.
341. « Note sur l'appui qui pourrait éventuellement être demandé à l'URSS » jointe à la lettre 485 2/RMA de Maurin à Laval, 8 avril 1935, URSS 1930-1940, 928, MAE (version du 21 mars 1935, 7 N 3024, SHAT).
342. Tél. 138 de Köster, Paris, 12 février 1935, *DGFP, C,* III, p. 926 (924-926).
343. Note EMA citée, 24 avril 1935, souligné dans le texte, 7 N 2520 (et 7 N 3143), SHAT.
344. Tél. Köster 138 et 430, Paris, 12 février et 22 avril 1935, *DGFP, C,* III, p. 926, IV, p. 75-77.
345. PP 100, 3 avril 1935, BA 1960, Solidarité française, APP.
346. Tél. 430 Köster, Paris, 22 avril 1935, *DGFP, C,* IV, p. 75-77. Sur Alphand : de son tél. 173, Moscou, 16 mars, à la note du sous-directeur d'Europe, 18 avril 1935, jour où il téléphona pour « être fixé à très bref délai » sur le bruit de nouveau report, URSS 1918-1940, 982, MAE.
347. Carley, « Fearful concatenation », p. 47-49.
348. Tél. Laroche 316, 317, 332, 345-7, Varsovie, 1er-4 avril, et depuis le 405-410, 8 mai 1935, URSS 1918-1940, 982, MAE.
349. Tél. 416-18 Laroche, Varsovie, François-Poncet 1184, 1189 et 1198 Berlin, 10, 11, 12 mai 1935, et correspondance 10-13 mai (étrangère, Havas, etc.), URSS 1918-1940, 982, MAE.
350. EMA, renseignement de l'AM, Varsovie, 18 mai 1935, 7 N 3024, SHAT.
351. EMA, MR/18.6/8, rapport Hoffinger Z.34362 13/35, Varsovie, 15 mai 1935, 7 N 3024, SHAT.
352. « l'(1 gr. faux) » dans le texte, mais ce mot est probable.
353. Tél. 308-318 Laval à Flandin, Moscou, 16 mai 1935, URSS 1918-1940, 982, MAE.
354. Tél. 1217 François-Poncet, Berlin, 15 mai 1935, URSS 1918-1940, 982, MAE.
355. Tél. 334 Alphand, Moscou, 24 mai 1935, URSS 1918-1940, 982, MAE. « Chèrement » certes, vu le coût de l'arrosage du *Temps,* Dullin, p. 210-216.
356. Tél. 256-9 Noël, 4, Monicault 280, 10, 286-290, 13, 291, Prague 14 mai, texte *in extenso* (6 articles), 16 mai, et tout mai 1935, Tchécoslovaquie 1918-1940, 139, MAE.
357. EMA Depas 651, 20 mai 1935, 7 N 3024, SHAT.
358. Tél. 1246 François-Poncet, Berlin, 17 mai 1935, Tchécoslovaquie 1918-1940, 139, MAE.
359. Lettre 1365 2/EMA/SAE, de Maurin à Laval, Paris, 29 mai 1935, 7 N 3143 (et 3186), SHAT.
360. Pertinax, informé du « télégramme envoyé de Moscou à Flandin », *Les fossoyeurs,* II, p. 93.
361. « Lettre restée jusqu'ici *sans* réponse des AE », ajout manuscrit sd, souligné dans le texte (n. suiv.).
362. Lettre 1365 2/EMA/SAE, de Maurin, au MAE, Paris, 29 mai 1935, 7 N 3143 (et 3186), SHAT.
363. Note citée, 27 juin 1935, 7 N 3143, SHAT.
364. « Journal de marche » de Fabry, 1er juillet 1935, 5 N 581, SHAT.
365. Tél. 1470-1473 d'Arnal, Berlin, 9 juin 1935, Tchécoslovaquie 1918-1940, 139, MAE.
366. Tél. 810 Köster, Paris, 24 juillet 1935, *DGFP, C,* IV, p. 469.
367. À Sieburg, dépêche 1188 Köster, Paris, 27 novembre 1935, *DGFP, C,* IV, p. 859, et *infra.*
368. Mémorandum Bülow, Berlin, 5 septembre 1935, *DGFP, C,* IV, p. 618. Cerrutti transmettait à Attolico, qui informait aussitôt Berlin.
369. Tél. 1161 Köster, Paris, 18, mémorandums Neurath, Köpke, 19, Bülow, 20 (italique dans le texte), Neurath, 22 (français et italique dans le texte) novembre 1935, Berlin, *DGFP, C,* IV, p. 825-829, 833-837, 841-842, 847-849.
370. Dépêche 1188 Köster, Paris, 27 novembre 1935, *DGFP, C,* IV, p. 859-860.

371. Mémorandum Köpke, rapport Attolico joint, Berlin, 23 novembre, et tél. 1223 Köster, Paris, 18 décembre 1935, Berlin, *DGFP, C*, IV, p. 849-851, en français et en italique dans le texte, et 925-926.
372. Tél. 1218 Köster, Paris, 14 décembre 1935, Berlin, *DGFP, C*, IV, p. 915-917.
373. « L'armée soviétique », *Revue militaire française*, tome XXXIV – NS, octobre – décembre 1929.
374. Comptes rendus Malraison, 9 et 21 septembre 1935, 7 N 3186, SHAT.
375. Tél. 827 Köster, Paris, 27 juillet 1935, *DGFP, C*, IV, p. 494.
376. Dépêche 130 Beauverger, Budapest, 15 juin 1935, Tchécoslovaquie 1918-1940, 139, MAE.
377. Mémorandum anonyme « sur la discussion du 3 juillet 1935 », *DGFP, C*, IV, p. 398-407.
378. Tél. 972 Corbin, Londres, 11 juillet 1935 (confidence de Bülow au chargé d'affaires anglais), Tchécoslovaquie 1918-1940, 139, MAE (et depuis EMA, 19 août 1935, 7 N 3024, SHAT, et *DGFP, C*, IV et *sq.*)
379. Tél. Alphand 349-355, Moscou, 11 juin 1935 (Bénès aussi lyrique devant Naggiar, tél. 418, Prague, 20 juin) et dépêche 349 de Noël, Varsovie, 25 juin 1935, Tchécoslovaquie 1918-1940, 139, MAE.
380. Tél. 409-416 Naggiar, Prague, 19 juin 1935, Tchécoslovaquie 1918-1940, 139, MAE.
381. Tél. 827 Köster, Paris, 27 juillet 1935, *DGFP, C*, IV, p. 494.
382. Tél. 1470-1473 Arnal, 9 juin 1935, Tchécoslovaquie 1918-1940, 139, MAE.
383. Dépêches Naggiar 267 et 283, Prague, 14 et 28 août 1935, Tchécoslovaquie 1918-1940, 139, MAE.
384. DS5, C-11743, Paris, 8 octobre 1935, BA 2140, Allemagne, APP.
385. Tél. 2839 François-Poncet, Berlin, 8 novembre 1935, Tchécoslovaquie 1918-1940, 139, MAE.
386. Dépêche IV Ru. 1429 d'Eisenlohr, Prague, 26 mars 1936, *DGFP, C*, V, p. 307. Timidité, Krofta en tête, *passim*.
387. Accord (*in extenso*) du 1er mars, lettre de Simon, Moscou, 7 mai 1936, 7 N 3107, SHAT, et *infra*.
388. Aveu à un excellent informateur, EMA Depas 715, 18 avril 1936, 7 N 3107, SHAT (et ce volume).
389. Annexe à lettre 67/S (manque) du 29 avril 1936, traduction rapport AM britannique du 27 avril 1936 « sur l'activité soviétique en Tchécoslovaquie », 7 N 3096, SHAT.
390. Dépêche 1023 de François-Poncet, 19 juin 1936, Tchécoslovaquie 1918-1940, 140, MAE.
391. PP, 26 novembre 1935, cas (précis) roumain et yougoslave, F7 13434, AN, et sources citées *supra*.
392. EMA Depas 715, 18 avril 1936, 7 N 3107, SHAT.
393. Tél. 173, 27 mars, 207 Forster, Paris, et mémorandum Bülow, Berlin, 8 avril, *DGFP, C*, V, p. 320-321, 404-407.
394. Annexe 3 au rapport 11/36 Kühlenthal, et dépêches A 1613 et A 1710 Forster, Paris, 9 et 21 avril 1936, *DGFP, C*, V, p. 428-429, 425 et 462.
395. PP, 9 mai 1935, F7 12959, AN. Lemaigre-Dubreuil, *infra*.
396. Pertinax, *Les fossoyeurs*, II, p. 132-133.
397. RG, 4 juillet et 11 décembre 1935, BA 1945, Doriot, APP., et *cf supra*.
398. *Les fossoyeurs*, I, p. 9, II, p. 132-133 (« dialogue qui me fut répété le 27 octobre 1935 »)
399. Notes sur Abetz, Paris, 13 novembre 1945, F7 15331, AN.
400. PP, 14 mars 1936, F7 12964, AN.
401. RG, 24, 27 septembre et 1er octobre 1935, BA 1960, Solidarité française, 1934-1941, APP.
402. RG, 12 septembre 1935, F7 13241, AN, rapport RG, juillet 1935, BA 1961, ligues, et PP 100, 14 mars 1936, BA 1974, parti franciste, APP.
403. Tonalité italienne, toute la campagne électorale, février-avril ; citation, PP 100, 23 février 1936, BA 1901, Briscards et Croix de Feu, APP.
404. PP 3, 30 novembre 1935, BA 1902, CF, APP.
405. RG, 19 mars et 25 février 1936, BA 1897, ARD, APP.
406. PP, 5 mars 1936, F7 12964, AN.
407. Rapport 18 S d'Arbonneau, Varsovie, 13 février 1936, 7 N 3000, SHAT.
408. « Note relative au pacte franco-soviétique », 25 février 1936, et annexe, 7 N 3143, SHAT.
409. Lettre 237/S de Simon, Moscou, 3 avril 1936, 7 N 3122, SHAT.
410. EMDB, GM/30, mars 1936, et compte rendu sans date de Malraison, 7 N 3186, SHAT.
411. Rapport 38 S d'Arbonneau, Varsovie, 15 avril 1936, 7 N 3000, SHAT.

Chapitre 6 (notes de la page 243 à la page 327)

1. Tél. 46 de Hoesch à Neurath, Londres, 13 mars 1936, *DGFP, C*, V, p. 141.
2. RG, 18 juillet 1936 (Chiappe, invalidé à Ajaccio en juin, se rabattit sur Paris avec succès), F7 12961, AN.
3. Tract du Comité de vigilance des Intellectuels antifascistes (et publicité pour *La Banque de France*, brochure de Francis Delaisi), PP, 11 et 17 avril 1936, F7 12961 ; Malraux, meeting du comité Thaelmann, Boulogne-Billancourt, 27, PP, 28 juillet 1935, F7 12960, AN (et les 2 vol.).
4. CGBF des 23, 30 avril, 6 mai 1936, p. 421-437, résumé, Délibérations, CG I, « Trésor public », ABF.
5. PP, 24 avril 1936, F7 12961, AN.
6. CGBF, séance 25, 22 mai 1936, p. 235-246, ABF.
7. RG, 8 janvier 1952, GA, B 01, Banque de l'Union parisienne, APP.
8. Trois séances extraordinaires, 9 juin, et séance du 30 juillet 1936, p. 267-275 et 389-391, ABF.
9. RG, 22 juillet 1936, F7 12961, AN.
10. CGBF, séances 1 du « nouveau » CG, 18 août, et 4, 1er octobre 1936, p. 1, 5, 50, et *sq*, ABF.
11. PP 429, 10 juillet 1936, GA, W2, de Wendel, APP.
12. CGBF, 30 juillet 1936, p. 389-391, ABF.
13. « Le complot », sd, après 15 février 1945, et « extrait » synarchie-CSAR, F7 15343, AN.
14. « Renseignements », mars 1943, dossier activité Lemaigre-Dubreuil et Rigault « en Espagne et Algérie », F7 15339, AN.
15. CGBF, séance 4 bis, 15 octobre 1936, p. 91, ABF.
16. CGBF, séance 2, 21 janvier 1937, p. 233-239, ABF.
17. CGBF, tout ou presque depuis la séance 6, 3 décembre 1936, PV 127, p. 113, ABF, et chap. suivant.
18. Alexander Werth, « L'ombre de Clichy », traduction, *The New Statesman and Nation*, 1er mai, *in* RG, 10 mai 1937, BA 1865, événements du 16 mars 1937, APP. Et voir Drummond, *Washington*.

19. CGBF, Pierre Fournier, alors sous-gouverneur, séance 127, 7 janvier 1937, p. 199-204, ABF.
20. PP 429, 22 mai 1936, GA, C 25, Comité des Forges, APP.
21. Juillet-août 1936, Clarke, « The nationalisation of war industries », *passim.*
22. Pertinax, *Les fossoyeurs,* I, p. 140, et *infra.*
23. Discours, 13 février, BA 1978, Blum, Werth, « L'ombre de Clichy », 1er mai 1937, BA 1865, événements, APP.
24. Pertinax, *Les fossoyeurs,* I, p. 246.
25. « Je n'ai jamais cessé du reste de marcher en file de mon ami Georges Bonnet. Nom de Dieu, de nom de Dieu, qu'on me foute la paix avec les bobards gaullistes !" », RG, 21 février 1941, GA, B 3, Boussac, APP.
26. Werth, *The twilight,* p. 165, et C/81, 13 février 1937, F7 14875, AN.
27. CGBF, séance 6, du jeudi 3 décembre 1936, p. 107 ; Rueff synarque, *supra.*
28. Tableau, 17 avril 1937, « note sur [...] F. 1950 », dossier « Synarchie, étude 1948 », F7 15343, AN, et *infra.*
29. Liste des 364 synarques, comme son beau-père, de ou d'après août 1943, F7 15343, AN.
30. CGBF, séances extraordinaires 9 et 10, 5 mai, p. 491-492 et 513, 14, 3 juin, 15 (extraordinaire), 5 juin 1937, p. 690-1, ABF.
31. CGBF, séance extraordinaire, 30 juin 1937, p. 751-776, ABF.
32. CGBF, séance extraordinaire, 30 juin, 19, 21 juillet 1937, p. 751-776, ABF.
33. Décret-loi, classé à « séance du 30 juillet 1937 » qui n'existe pas (séances 19 et 20 des 21 juillet et 5 août), Délibérations CGI, « gouverneurs et sous-gouverneurs », p. 295-297, ABF.
34. CGBF, séances des 24 janvier 1935 (4, p. 39) et 23 décembre 1938 (29, p. 891), ABF.
35. CGBF, séance 128, 13 janvier 1938, p. 237-244, ABF.
36. CGBF, séance 29, 23 décembre 1938, lecture des lettres 17851 du MF Reynaud à Fournier, 7 et 13 décembre, rapportant la désignation de Jouhaux au CG, et texte de l'arrêté du 7, p. 865-866, ABF.
37. CGBF, séance extraordinaire 6, 22 mars 1938, PV 128, p. 360-372, ABF.
38. Rueff, 12 avril, Fournier, 14 avril, 5 mai, 5 juin 1938, séances 10-13, p. 482-3, 500, 508, 526, ABF.
39. Séances extraordinaires, 26, 12 novembre, p. 809, 28, 1er décembre, 841-842, ABF. Conjoncture sociale, Lacroix-Riz, *Munich,* p. 79-99 et *infra.*
40. PP 429, 28 juillet 1936, GA, C 25, Comité des Forges, APP.
41. Tél. 652-655 Bullitt, Paris ; 20 mai, *FRUS 1937,* 1, p. 93-94.
42. *FRUS,* Offner, *American Appeasement,* Gardner, *Spheres of influence,* index.
43. Dépêche A 99 de Welczeck, Paris, 26 décembre 1936, *DGFP, C,* VI, p. 217.
44. Note synarchie-Coutrot, 1941 (avec « extrait » synarchie-CSAR), F7 15343, AN.
45. RG ou informateur, « Le complot », sd, après 15 février 1945, F7 15343, AN.
46. Rapport Chavin, juin 1941, F7 15343, AN et « note relative au MSE » DRG, 12 mars 1946, tirée du rapport Vioud (mai 1941), PJ 40, Barnaud, APP.
47. Rapport Chavin ; liste de 364 synarques ; « extrait » synarchie-CSAR (et feuilleton jusqu'en 1948, dont SSS, 25 juin 1942, note « synarchie », 10 mai 1945, et DRG, Paris, septembre 1948), F7 15343, AN, et « note relative au MSE », 12 mars 1946, PJ 40, Barnaud, APP.
48. RG, 19 août 1941, GA, P 4, Pierre Pucheu, APP.
49. « Note relative au MSE », 12 mars 1946, PJ 40, Barnaud, APP, « extrait » synarchie-CSAR, note « synarchie », 10 mai 1945, etc., F7 15343, AN.
50. Note « synarchie », 10 mai 1945, F7 15343, AN.
51. Rapports Chavin, juillet 1941, et 212 XP2, 19 juin 1947, MSE, synarchie, F7 15343, AN.
52. P– 8624, 6 juillet 1935, F7 12960 ; SSS, 25 juin 1942 (précision sur Chaux), 9 avril 1945, avec biographie (souligné dans le texte) de Spinasse, F7 15343, AN.
53. Note « synarchie », 10 mai 1945, F7 15343 ; Sauvy, *ibid.*et *infra.*
54. Répertoire, manuscrit, couverture rouge, avec son adresse ; rapport Valentini sur l'audition de Devinat et audition par le CP Lefebvre, 15 février 1937, Affaire Navachine, carton I, APP.
55. *Le rendez-vous,* p. 261, et liste, F7 15343, AN.
56. « Extrait » synarchie-CSAR, F7 15343, AN.
57. À voir les autres listes, secteur littéraire ou journalistique.
58. Abetz avouait des liens « dès 1930 » avec les deux premiers, PV d'audition, DRG, 21 novembre 1945, F7 15332, AN ; sur Lanux, aux *Nouveaux Cahiers, infra.*
59. Probablement, vu son rôle administratif (« note Robert Marjolin », classée le 16 juin 1938, sur le franquisme de Londres, F60, vol. 172, AN), le futur champion de l'Europe américaine de Monnet, alors âgé de 26 ans, et devenu dans les années 1950 « un des conseillers les plus écoutés par les dirigeants [...] de la Banque Lazard Frères et Cie » : « n'[y] exer[çant] aucune fonction officielle », il assurait ses négociations avec les Banques américaines, RG, 25 février 1957, GA, B 12, Banque Lazard, APP.
60. Auquel succéda à la BRI son compagnon de société secrète Auboin.
61. Sirol ou Henri Sirolle, lié à Raoul Dautry ? Tellier, *Raoul Dautry,* index
62. X, « directeur général de l'Union d'électricité (groupe Mercier), lié [à la Banque Worms] par la Lyonnaise des eaux, dont M. Jacques Barnaud est administrateur », rapport bancaire de juin 1941, PJ 40, Barnaud, APP ; synarque de la liste des 364, de ou après août 1943, comme « président du CO de l'énergie électrique » (poste détenu depuis l'origine : document précédent), F7 15343, AN.
63. Jacques Lucius, sans doute, gendre de Dautry, Tellier, *Raoul Dautry,* index.
64. Membre du CEPH, *cf. supra.*
65. Également cagoulard, « renseignements », mars 1943, avec note (SN) du 5 janvier 1945, dossier Lemaigre-Dubreuil et Rigault cité, F7 15339, AN.
66. Si c'est le cas, ce haut fonctionnaire lié à Pierre Cot et gaulliste précoce serait un synarque à la Buré ou à la Pierre Mendès France, *cf. infra.* Cot côtoya lui-même la synarchie, notamment Navachine, rapport de l'inspecteur Mayzaud, Paris, 26 janvier 1939, dossier N. 2032, Decori, affaire Navachine, I, APP.
67. Tableau, 17 avril 1937, « note sur [...] F. 1950 », F7 15343 et RG, 20 octobre 1942 (sur Dillard, corrige le n° 1 de la rue en 2), F7 15291, AN. Sur Picard, chap. 7.
68. Rapport bancaire de juin 1941, PJ 40, Barnaud, APP ; liste des sociétés des 2 et 4 : note « Fondateurs du Mouvement synarchique d'empire », sd, 1945, et RG, XP2 n° 212 sur le MSE, Paris, 19 juin 1947 (« groupe Fossorier dit "du 2, rue Lord Byron" »), F7 15343, AN.
69. XP 58/D.B.5, 2 février 1945, F7 15343, AN.

70. Outre l'administration, « milieux politiques », « milieux industriels », « maçonnerie », « presse », « organismes de propagande, mouvements, ligues », rapport Chavin, juin 1941, F7 15343.
71. Cette précision, rapport de 15 p., 2e partie du « double dossier, dit 1re et 2e parties », F7 15343, AN.
72. Paxton, *La France de Vichy*, p. 262.
73. XP2 n° 212, 19 juin 1947 (Million) ; « extrait » synarchie-CSAR ajoute à la liste « Robert Darrigol (syndicat chrétien) », F7 15343, AN. Il y en avait d'autres, de *Syndicats*, Hyacinthe Dubreuil, Georges Lefranc, etc. même volume. Lacroix-Riz, *Munich*, index.
74. RG, 11 septembre 1941, GA, J 4, Léon Jouhaux, APP.
75. Georges *et al.*, *Léon Jouhaux*, p. 146 et 181 *sq.*
76. Belin, *Mémoires*, Paris, 1978, p. 69-72 ; « j'avais été appelé à participer à une série de conférences faites en tenue blanche dans une loge, quoique je ne sois pas maçon », rapport de l'inspecteur Petit, 20 février 1937, affaire Navachine, II, APP.
77. « Tête de pont au parti socialiste », via ses « contacts étroits » avec « certains chefs du mouvement patronal », Ehrmann, *La politique*, p. 199, et 108-109, et listes synarchiques.
78. Lettre de Lacoste, MPI, au MI, 24 septembre 1945, PJ 40, Barnaud, APP.
79. Rapport des RG, 9 avril 1945, F7 15343, AN.
80. « Que sait de l'industrie et de l'économie du pays cet ancien postier ? », Rist, *Une saison*, p. 82, et Journal Nicolle, 13, 15 juillet, 10 août 1940, et *passim*, PJ 39, APP.
81. Synarque d'un type particulier, demeuré germanophobe, *cf. supra* et *infra*.
82. « Extrait » synarchie-CSAR, F7 15343, AN.
83. Dard, *Le rendez-vous*, index, citation, p. 6, perd sa verve de censeur du « mythe de la synarchie » quand il s'agit de qualifier ses très fascistes « jeunes gens ».
84. Cingal, « Sources et ressources d'un historien », *Journal de la BDIC*, n° 11, mai 2005, p. 6, la référence à Sauvy et à la synarchie m'appartient.
85. « Le complot », sd, après 15 février 1945, F7 15343, AN. Sur le Lemaigre-Dubreuil de l'Occupation, *Industriels*, index.
86. Du Moulin, *Le Curieux*, 25 mai 1944, joint au rapport Vilatte, 1er juin 1947, PJ 40, Barnaud, APP.
87. « Extrait » synarchie-CSAR, F7 15343, AN, et sommaires *Nouveaux Cahiers*, 15 mars 1937-15 décembre 1938, PJ 40, Barnaud, APP.
88. Témoignages respectifs à H. Mathieu, 24 janvier et 8 mars 1946, PJ 40, Barnaud, APP.
89. Rapport SSS du 25 juin 1942, F7 15343, AN, et *supra*.
90. Autre expert d'après-guerre, après période collaborationniste auprès de Belin et des siens.
91. Dossier RG 230528 sur la réunion du 30 octobre 1938, GA G 5, « Famille Gressent » (Georges Valois), APP.
92. Prologue.
93. Rapport Chavin, juin 1941, F7 15343, AN.
94. Note « synarchie » dont l'information ne dépasse pas décembre 1941, 10 mai 1945, F7 15343, AN.
95. Chapitre 1 du rapport Chavin, juin 1941, F7 15343, AN.
96. « Legend », p. 376-377, en français et en italique dans le texte, et 381.
97. Exemplaire complet, F7 15343, AN.
98. Note « synarchie », 10 mai 1945, « 8. comparaison du Document doré [...] », F7 15343, AN.
99. « Effectif des groupements nationaux, juillet 1936 », BA 1961, ligues, dissolution, 1935-8, APP. EVC : en voie de constitution.
100. Roth, *Schuman*, p. 111-203, *passim*, et p. 97 ; l'auteur fustige le PCF pour avoir traité Schuman d'« homme des trusts », mais ne décrit pas ses « relations avec Guy et François de Wendel », p. 162.
101. Polimann, lettres sn et 507 du préfet au MI, Metz, 19, 11 mars 1935, F7 14614, AN
102. Lettre 1246 du préfet au MI, Metz, 25 novembre 1935, F7 14614, AN.
103. Lettres sn du préfet au MI, Metz, 2 décembre et 25 novembre 1936, F7 14614, AN.
104. Rapport 1891/5614/38 du CS de Forbach au sous-préfet, et lettre sn du préfet au MI, Metz, 21 et 23 mars 1938, et 1935-38, F7 14614, AN.
105. Aspects sociaux, GA, C 25, Comité des Forges, Comité national d'entente économique et Comité de Salut économique, correspondance 1936-1938, APP, et *infra*.
106. Labourasse et Moneuse, RG, 19 juin 1936, BA 1901, Briscards et Croix de Feu (CF) ; PP 469, 22 juin 1936, et les deux dossiers sur ces décrets, BA 1962, ligues, APP ; sur le vieux Parti républicain, national et social (PRNS) des PJ, *supra*.
107. Lucien Sampaix, *L'Humanité*, 21 juin 1936, « La République aux républicains » BA 1962, APP.
108. La PP confrontait toujours ses informations à celles du journal : ainsi sur les œuvres de guerre civile de la société Nicolas, RG, 12 septembre, Sampaix, « Un complot ! Des preuves », *L'Humanité*, et lettre 4593 D du DRG au PP, Paris, 30 septembre 1936, GA, N 4, Étienne Nicolas, APP.
109. Audition d'Hermann par le commissaire Badin, 28 janvier 1937 et correspondance des 23, 28, 29 janvier 1937, BA 1952, Parti social français (PSF), colonel de la Rocque, 1936-1940, APP.
110. PP 444, 6 juillet, rapport E. 50791 du brigadier Schmitt et de l'inspecteur Valentini, 31 juillet 1936, BA 1962, ligues ; lettre du DPJ Meyer au PP, 8 octobre 1936, BA 1952, PSF, APP.
111. Note FO 4, 3 octobre, lettre de Meyer au procureur, 10 septembre 1936, et note 3738-I du DRG au PP, Paris, 18 janvier 1937, BA 1952, PSF, APP.
112. Dossiers de 1936-1937 : Côtes-du-Nord, régions parisienne et de Chartres, Sarthe, et dossiers nominaux, F7 14817, AN, tous fonds sur les ligues et *infra*.
113. DG4, P. 8375, 29 juin 1935, F7 13241, AN.
114. Juillet-septembre 1936, BA 1901, Briscards et CF, APP, D.F, 2e section, Paris, 9 mars 1938, dossier Pozzo di Borgo, F7 14815, AN.
115. PP 174, 13 juin 1936, BA 1902, CF, APP.
116. PP 100, 30 octobre 1936, BA 1952, PSF, APP.
117. PP 469, 27 juin 1936, BA 1962, ligues, APP.
118. RG, 3 juillet 1936, BA 1945, Doriot, APP.
119. PP 444, 10 juillet 1936, BA 1962, ligues, APP.
120. RG et lettre de Meyer (PJ), au PP, 8 octobre, BA 1952, PSF, et PP 469, 27 juin 1936, BA 1962, ligues, APP. Renault vraisemblable, *cf. infra*.

121. Rapport PJ 96991(Valentini), 4 janvier 1937, BA 2045, syndicats professionnels français (SPF), ex-Croix de Feu, 1936-1941, et lettre 3680 du DRG au PP, Paris, 10 novembre 1936, BA 1961, ligues, APP.
122. RG, décembre 1936, et dossiers classés en cinq ensembles par ordre alphabétique ; déclaration en juillet, août voire au-delà pour les groupements constitués au-delà des entreprises (branches, départements), BA 2045, SPF, APP.
123. Rapport sur la CGPF, juin 1937, BA 1992, CGPF, APP, Kolboom, *La revanche, passim*, et *infra*.
124. RG, 18, 17 juin 1936, BA 1901, Briscards et CF, APP.
125. Lettres au PP, Paris, 11935 du MI (DGSN), 8 octobre 1936, et 63615 du DRG, 28 février 1937, BA 1901, Briscards et CF, APP.
126. RG, 25 novembre 1949, GA, V 3, Verger et Delporte, APP.
127. Liste des 364 synarques, F7 15343, AN. Carrière d'Occupation, *Industriels*, p. 436.
128. RG, 10 novembre 1937, BA 2002, Front de la Liberté, APP.
129. Lettre 10735 citée, 3, et RG, 14 septembre 1936, BA 1962, ligues, et BA 1952, PSF, APP.
130. Note 3738-I du DRG au PP, 18 janvier, devenue note (censurée) au MI, 26 janvier 1937, F7 14817, AN (première, aussi dans BA 1952, PSF, APP).
131. RG, 31 mars, 2 juin 1938, BA 2036, Ybarnégaray, APP.
132. Les JP créèrent en octobre 1929 un « un service de documentation et de renseignements politiques [...] classés dans des dossiers personnels au siège central place du Panthéon » sur « les meneurs communistes et les dirigeants des ligues et partis » opposés, PP, 7 octobre, RG, 4 décembre 1929, F7 13232, AN.
133. Notice sur ce SR et « copie d'un questionnaire utilisé par » lui, jointes à la lettre 31317 du MI (DGSN) au PP, 29 septembre 1937, BA 1952, PSF, APP.
134. Rapport du gardien Jean Audoin au CP du IIe arrondissement, 3 mars 1937, BA 1952, PSF, APP.
135. Lettre 3680 du DRG au PP, Paris, 10 novembre 1936, BA 1961, ligues, APP.
136. RG, 16 septembre, 23 octobre 1936, BA 1901, Briscards et CF, APP.
137. RG, 27 novembre 1936, BA 2000, de Peyerimhoff, APP.
138. RG, 16 septembre, 23 octobre, 30 décembre 1936, 7 janvier 1937, BA 1901, Briscards et CF, APP.
139. RG, décembre 1936, PJ 96991 de Valentini, 4 janvier, et lettre du PP au MI, 21 juillet 1937, BA 2045, SPF, APP
140. CQ/4, C.2396, 19 février 1937, BA 1952, SPF, APP.
141. RG, 10 (2 notes), 15 juin 1937, et correspondance depuis mars, BA 2045, SPF, APP.
142. Mêlés, RG, 23 juin, BA 2045, SPF, et 28 juin (Henriot) 1937, BA 1901, Briscards et CF, APP.
143. Bellanger et *alii*, *Histoire*, t. III, p. 518 ; PP 470, 22 juin, BA 2002, Front de la Liberté, 320, 26, sn, 28 juin, 10 et 19 août 1937, BA 1901, Briscards et CF, APP, etc.
144. Rapport des RG sur « La Cagoule », dossier DS 101 : résumé de l'affaire du CSAR, sd, de 1945, F7 15343 (215 p., plus loin, rapport Cagoule) ; audition de Duseigneur par le commissaire Abel Fougerit, 24 novembre 1937, F7 14815, AN, rapport de l'inspecteur Savary, Paris, 18 janvier 1938, affaire Navachine, I, APP, etc.
145. RG, 19 octobre 1937, BA 1901, Briscards et CF, APP.
146. RG, 21 septembre 1937, BA 1901, Briscards et CF, APP, et tout BA sur les ligues.
147. PP, 29 novembre 1937, BA 2023, Pozzo di Borgo, APP.
148. RG, 4 mai 1938, et correspondance jusqu'au 31 ; 28 janvier et 19 juin 1939, BA 1952, PSF, APP.
149. RG, 4 mai 1936, BA 1945, Doriot ; 6 novembre 1944, PJ 30, APP.
150. Pertinax, *Les fossoyeurs*, I, p. 249. PPF créé par la banque Worms, Ulmann et Azeau, *Synarchie*, p. 152.
151. RG, 9 septembre 1940 (Le Roy Ladurie), GA, L10, François Lehideux, APP ; rapport RG sur la synarchie (Pucheu), 9 avril 1945, F7 15343, note sur Worms annexée à celle de Mahs (sur les deux), 3 décembre 1941, AJ 40, 774 AN, Pucheu, « ancien » PPF, RG, 3 avril 1941, BA 1945, Doriot, APP.
152. Pertinax, *Les fossoyeurs*, II, p. 240.
153. Sur tous, Journal Nicolle, *passim*, PJ 39, APP, et *infra*.
154. DRG, S.F/n° 130, 21 février 1949, F7 15299, AN.
155. RG, 9 septembre 1940 (liens Croix de Feu-de la Rocque et Gabriel Le Roy Ladurie précisés), GA, L 10, Lehideux, APP.
156. RG, 7 juillet, 24 août, 8 septembre 1936, BA 1945, Doriot, APP.
157. RG, 3 novembre 1951, GA, V 1, Charles Vioud, APP.
158. RG, 10 juillet 1936, F7 12961, AN.
159. C.10363, 21 août 1936, BA 1946, PPF, APP.
160. Lettre 14422 du MI au PP, Paris, 4 décembre 1936, GA, B 05, Charles Brandt, APP.
161. RG, 16 octobre 1936, 12, 27 février 1937, BA 1951, PRNS, APP.
162. PP 100, 13 mars 1937, BA 1951, PRNS, APP.
163. RG, 8 janvier, 26 février 1937, BA 1945, Doriot, APP.
164. Jeunesses patriotes, étudiants surtout, RG, 21 mai 1937, BA 1951, PRNS, APP.
165. Higham, *Trading*, p. 155. Le NSDAP assura à son livre *Der Internationale Jude* (« le juif international ») une diffusion militante dans le Reich et en dehors (envoyé au nazi français Pierre Clémenti, avec lettre de Fleschhauer à Mme Clémenti, Erfurt, 20 mars 1937, GA, C 25, Clémenti, APP).
166. RG, 4, 10, 18 mai 1937, BA 1945, Doriot, APP.
167. RG, 28 mai, BA 1945, Doriot, 30 mai, BA 1951, PRNS, et 3 août 1937, BA 2023, Pozzo, APP.
168. Rapport sur la CGPF, juin 1937, BA 1992, CGPF, APP
169. PP 180, 30 juin, 100, 4 juillet 1936, BA 1951, PRNS, APP.
170. RG, 5 et 6 juillet 1937, BA 1945, Doriot, APP.
171. PP 201760, 3 juillet, et 470, 15 octobre 1937, GA, W2, de Wendel, APP.
172. PP 429, 30 août 1937, BA 1951, PRNS, APP.
173. RG, 1er mai, 18 septembre, 17 novembre 1937 et 9 mars 1938, BA 1945, Doriot, APP.
174. RG, 26 novembre 1942, C.R.M Toulon, 13 septembre et S.C.I, 19 septembre 1944 (il embaucha plusieurs chefs de la Cagoule, tels François Méténier et Van de Khernove, chef du service des achats Michelin et cagoulard maison, dans ses très lucratives affaires collaborationnistes), GA, L 13, Le Can Jean, APP.
175. PP 429,19 mai 1937, BA 2023, Pozzo, APP.
176. RG, 3 août 1937, BA 2023, Pozzo, APP.
177. RG, 27 mai et 8 décembre (souligné dans le texte) 1937, GA, D 3, Marx Dormoy, APP.

178. RG, 9 mars 1938, BA 2023, Pozzo, APP.
179. Rapport Cagoule, F7 15343, nombreux dossiers d'audition de 1937-1938, perquisition du 16 septembre 1937 chez Corre, F7 14815, AN.
180. Rapport du CP Bascou au CD Robin (enquête sur le CSAR), 20 décembre 1945, F1 a, 3349, AN.
181. Rapport 7431 de l'inspecteur S. Guyot, 9e secteur, 5 avril 1948, PJ 52, CSAR, APP.
182. Mêles, rapports CP Bascou au CD Robin et Ducloux au DRG, 20 et 21 décembre 1945, F1 a 3349, AN.
183. Note de Tixier, 22 décembre 1945, et sa remarque : « Je ne suis pas de cet avis », en marge de la lettre de Ducloux (PJ) au DRG niant les « négligences et omissions », 21 décembre 1945, F1 a, 3349, AN.
184. XP2 n° 212, 19 juin 1947, F7 15343, AN.
185. Précision, notice sd, dossier Duseigneur, dossiers du même, de Pozzo et 68 autres cagoulards, par ordre alphabétique, F7 14815, AN.
186. D.F, 2e section, Paris, 9 mars 1938, dossier Pozzo, F7 14815, et rapport Cagoule, F7 15343, AN.
187. Note sd, de 1936 (évoque « la victoire électorale du 3 mai dernier » du « communisme » et ses « effrayants progrès [...] depuis un an »), F7 14815, AN.
188. RG, 5 novembre 1936, GA, D 9, Darquier, APP.
189. D.F, 2e section, Paris, 9 mars 1938, dossier Pozzo, F7 14815, AN.
190. Rapport Savary, Paris, 18 janvier 1938, affaire Navachine, I, APP.
191. Rapport 253, DGPN, Vichy, 16 mars 1942, dossier 22 sur Martin, et rapport Cagoule (1er, direction, Eugène Deloncle ; 3e, opérations et instruction, Georges Cachier ; 4e, transport matériel, ravitaillement, Jean Moreau, dit de la Meuse ; Corrèze-La Bûche était chargé de l'armement et de la liaison avec les brigades 4 à 6).
192. D'après sa « lettre à l'auteur », Kuisel, « The legend », p. 384-385.
193. DF, 2e section, Paris, 9 mars, et audition de Wiart par le CP Pierre Macé, 23 février 1938, F7 14815 et 14816, AN.
194. É. du Réau déplore l'insuffisance de ses sources, *Daladier*, p. 328 (et 326-327).
195. Audition par le CD Émile Jobard de Mme Regard, sur son mari, ancien secrétaire de la Ligue et cagoulard, 31 janvier 1938, dossier Pierre Regard-Auroux, F7 14815, AN.
196. *Les policiers*, p. 98, et *infra*.
197. Rapport PJ, L.S. 18881, p. 388, 12 septembre 1945, PJ 40, Alibert, APP.
198. RG 2, cabinet préfet, n° 2237 A, 22 mars 1945, et 29 juin 1946, GA, F 3, Bernard Faÿ, APP.
199. *Cf. supra*, et membre éminent du « Comité de défense des patriotes emprisonnés » (cagoulards) PMA, 12 janvier 1938, BA 1903, Cagoule, APP. Lottman le soupçonne, *Pétain*, p. 196.
200. Rapport Béteille Pétain-CSAR, fonds Mornet, II, BDIC.
201. *La Cagoule*, p. 104-108, citation 107 (et n. 14).
202. Rapport DGSS, BCRAL, 1er septembre 1944, synthèse n° C/I, Bureau d'études des services spéciaux alliés et neutres, GA, L 15, Georges Loustanau-Lacau, APP
203. Rapport Cagoule, F7 15343, AN.
204. Audition de Heurtemont par le CP Pierre Macé, 18 janvier 1938, F7 14816, AN.
205. Rapport Cagoule, F7 15343 ; comparer à F7 14815-14816, 15343, F1 a 3349, AN ; BA 1903, complot contre la sûreté intérieure de l'État de novembre 1937 dit des cagoulards (plus loin Cagoule), et dossiers nominaux des RG, BA et GA, APP.
206. La modération prêtée à l'éditeur, effaré des « excès » de son deuxième enfant et l'abandonnant en mai 1936 (récit d'après-guerre du nazi Pierre Cousteau : en 1937 *(sic)*, il le céda « à Lescat et Nicolas en abandonnant ce journal », séance du 22 novembre 1946 de son procès, GA, C 7, Pierre Cousteau (*Je suis partout*), APP), ne résiste pas aux archives. Le « modéré » Pierre Gaxotte, rédacteur en chef de *Candide* depuis 1929 et de *Je suis partout* depuis 1931, en possédait « 75 actions de 100 francs sur les 250 qui formaient le capital, RG 2 n° 310, 7 mars 1945 et 15 décembre 1947 GA, G 3, Gaxotte, APP. L'équipe Fayard avait compté, outre les précédents, Claude Jeantet (depuis 1930, RG, sd, peu après mars 1941, GA, J 5, Gabriel et Claude Jeantet, APP) et Lucien Rebatet (depuis 1932, RG, 27 mars 1943, GA, R 6, Rebatet, APP). Bellanger *et alii*, *Histoire*, t. III, p. 589.
207. RG, 4 décembre 1930, notes du cabinet du préfet, 3 novembre 1931, de la PP pour le DRG, 30 octobre 1936, GA, W 1, M. Wiriath, Action française, APP.
208. RG, 30 novembre 1949 (citation), GA, W 1, M. Wiriath, APP. Jean, fils et héritier d'Arthème, aryanisa sous l'Occupation, *Industriels*, p. 399-401.
209. Liste, avec n° des armes dans PV de perquisition de Jobard, 15 décembre et audition de Jeanniot par Jobard, 16 décembre 1937, et CR du JI Béteille, 2 février 1939, F7 14815 (et rapport Cagoule, F7 15343), AN.
210. Lettres du préfet de la Seine et du directeur de la police au PP, 23 novembre 1937, BA 1903, Cagoule, APP.
211. Note sur ses déclarations du jour, 22 novembre 1937, BA 1903, Cagoule, APP.
212. Notes du CP mobile (CPM) Robert Herviot, 3 et 28 novembre 1938, dossier de Bermond de Vaulx Olivier, F7 14815, AN (et *infra*).
213. Rapport Béteille Pétain-CSAR, fonds Mornet, II, BDIC.
214. Avec un I, sans prénom (faute de frappe ?), rapport, 1er juin 1947, PJ 40, Barnaud, APP.
215. Magne-Du Moulin, *Le Curieux*, 25 mai 1944, PJ 40, Barnaud, APP.
216. Mêlés, note 3086, 18 mai 1937, et audition de Rist, *in* rapport de l'inspecteur Mayzaud, Paris, 21 décembre 1938, « Enquête Jolly », affaire Navachine, I, APP ; assassinat, *infra*.
217. Liste des 364 après août 1943, rapports SSS, 25 juin 1942, et Chavin, juin 1941, F7 15343, AN.
218. « Ne s'est jamais livré à aucune activité lucrative, administre le patrimoine familial » foncier, « notamment en Corse », RG 210793, avril 1960, BA 2023, Pozzo, APP.
219. RG, 3 juillet 1936, F7 12961, H.C.8, C/9947, 9 septembre 1937, F7 14815, AN (comparaison avec Taittinger de mon fait).
220. Dossier d'un de ses complices, Gaudin Raymond-Arthur, dit Gaudin Gaucher, ancien PSF passé à la Cagoule, RG 1re section 2273, cabinet 1er Bureau, Paris, 28 mai 1943, et correspondance 1943-1947, GA, G 5, Gaucher Omer, Gaudin Raymond, APP ; dossiers de Bermond de Vaulx Olivier, Jean Camilli, Jean Gradis, et le vol., F7 14815, AN.
221. P. 8260, 26 juin, C-12735, 30 octobre 1935, F7 13241, AN.
222. RG, 5 novembre 1936, 7 mai et 13 juin 1942, GA, D 9, Darquier, APP.
223. P. 8366 U, 10 septembre 1923 (« ami sûr » chargé de la transmission des « plis » secrets de Tardieu), F7 12952, et RG, 10 juillet 1943, F7 15296, AN. Inter-France, *infra*.

224. A.C.4, 8 novembre 1944, F7 15343, AN, et RG, mars 1944, GA, G 11, Guérard, APP.
225. RG, 25 juillet 1942, GA, P 4, Pucheu ; 3 août 1945, GA, G 11, Guérard, APP.
226. Pertinax, *Les fossoyeurs,* II, p. 240, et I, p. 249.
227. Rapport 114 de l'inspecteur Couade, PJ, Brigade spéciale (BS), 7 février 1940, dossier G. Gabriel, PJ 52, CSAR, APP, et déclaration d'Adrien Laurent, Paris, 27 novembre 1937, dossier G. Jeantet, F7 14815, AN.
228. Tels « un certain nombre de propriétaires terriens qu'il a[vait] intéressés à la direction de l'Alliance rurale ». Dorgères était aussi en « relations avec les dirigeants du Comité de Salut économique, du [PPF] et du [PSF] », RG, février 1938, GA, D 1, Henri d'Halluin dit Dorgères, APP.
229. Lettre 12212-1/56 de l'ambassadeur à Rome à Delenda, 7 avril 1926, Relations commerciales 1918-1940, B, Produits chimiques, 506, MAE.
230. Information sd ni réf., février ou mars 1938, dossier « Piste Rabinovitch », F7 14816, AN. Autre agent cité, « un M. Robert de Paillard, ayant son bureau 35, rue de la Bienfaisance ».
231. Trésorier de la CGPF, rapport sur la CGPF, juin 1937, BA 1992, CGPF, APP.
232. Note manuscrite, 20, audition d'Émile Raveau (qui nia peu et mal) par Herviot, 27, et rapport de perquisition, 24 novembre 1937, dossier Raveau, F7 14815, AN.
233. « Renseignements », mars 1943, avéré par note (SN) du 5 janvier 1945, dossier Lemaigre-Dubreuil et Rigault cité, F7 15339, AN.
234. RG, 8 octobre 1937, dossier Moreau de la Meuse, BA 1903, Cagoule, APP.
235. B.P.5, 12 juin 1944, et lettre de Piéton, 8 mars 1945, etc., F7 15339, AN.
236. De 1937, ici inversés, *cf. infra*, « renseignements », mars 1943, etc., F7 15339, AN.
237. 7 février 1941 (reparution de *Je suis partout*), GA, R 6, Rebatet, APP, RG, 13 mars 1936 (SF), F7 12964, et audition d'Abetz, 21 novembre 1945, F7 15331, AN.
238. « Le complot », après 15 février 1945, F7 15343, AN.
239. Pertinax, *Les fossoyeurs,* I, p. 249.
240. RG, 26 août 1941, GA, L10, Lehideux, APP.
241. Rochebrune et Hazera, *Les patrons,* p. 753, Bourdrel, *La Cagoule,* p. 296 (« il finance le mouvement, mais s'en séparera assez rapidement »), et 343-345.
242. RG, 30 avril 1942, et fiche incomplète (p. 2) sur les membres du MSR (et du CSAR), où son nom voisine avec ceux de Corrèze, du général Paul Lavigne-Delville, Jules Dossche, sd, 1941 ?, BA 1914, Mouvement social révolutionnaire (MSR), 1939-44, APP.
243. RG, 12 juin 1941, GA, C 25, François Clémenti, APP.
244. XP/150, août 1943, F7 15343, AN.
245. « Taittinger a reçu, du banquier Finaly, ces jours-ci, un chèque de 120 000 francs. Ce n'était pas le premier », note manuscrite « A », 22 février 1928, F7 12956, AN.
246. DG4, P. 8375, Paris, 29 juin 1935, F7 13241, AN.
247. A. 172, 8 janvier 1927, F7 13195, AN.
248. XP/150, août 1943, F7 15343, AN.
249. C.-2983, Paris, 24 mars 1936, F7 12961, AN.
250. Louis Lévy, *Le Populaire,* 11 juin 1937, et PP, 23 septembre 1930, GA M 1, Émile Moreau, APP.
251. « M. Émile Moreau financier royaliste. La crise de la Haute Banque marque une accentuation du caractère fasciste de celle-ci », *Le Populaire,* 9 juin 1937, GA M 1, Émile Moreau, APP.
252. XP/150, « source indirecte » méritant « une enquête et des recherches attentives », août 1943, F7 15343, AN.
253. Audition de Mouget par Herviot, 25 janvier, et note 1 4793/115 du CD de Clermont-Ferrand à l'IG des services de police criminelle (SPC), 12 janvier 1938, F7 14815, AN.
254. Dossier cité, F7 14815, AN.
255. Lettre du DPE à l'IGSPC, SN, Nice, 31 janvier 1939, F7 14673, AN.
256. Rapport Cagoule, F7 15343, AN, et *supra*, p. 170.
257. Rapport Béteille Pétain-CSAR, fonds Mornet, II, BDIC.
258. RG, 20 novembre 1937, dossier « Détenus admis au régime politique », BA 1903, Cagoule, APP.
259. Lettres du préfet du Rhône au MI, Lyon, 42577, 10 décembre 1937, et 3863, 27 janvier 1938, et note DPJ, 2e section, Paris, 24 juin 1939, F7 14815, AN.
260. Lettre 6228 du GG au MI, Alger, 29 mars 1938, dossier Lefebvre des Noettes, F7 14815, AN.
261. P-8673, « Renseignements sur la propagande antifrançaise en Afrique du Nord », 8 juillet 1935, F7 12960, AN, et tél. 16 Faupel à Neurath, Salamanque, 9 janvier 1937, *DGFP, D,* III, p. 214-215.
262. Rapport de l'IP mobile Bascou au CD chef 1re section SPC, 16 septembre 1938, dossier Jeantet Gabriel, F7 14815, AN.
263. Rapport Béteille Pétain-CSAR, fonds Mornet, II, BDIC. Sur date de départ, *infra.*
264. *Les années 1930,* p. 138.
265. RG, 26 novembre 1937, F7 14815 (dossier Pozzo), AN, et PP 313, 26 juillet 1937, BA 2023, Pozzo, APP.
266. Audition de Duseigneur par Fougerit, 24 novembre 1937. À celle du lendemain (anonyme), il répéta : « Sur le groupement Deloncle, je ne puis que vous répéter que j'ai donné ma parole d'honneur de n'en point parler. Je n'ai rien à ajouter à cela », F7 14815, AN.
267. Rapport de Bascou au CDSPC, 16 septembre 1938, dossier Jeantet Gabriel, F7 14815, AN. Trafics niçois, grosse correspondance 1937-janvier 1939, Alpes-Maritimes, F7 14673, AN.
268. RG, 23 mars 1929, et lettre 23897. 37196. 4771 du MI (DGSN) au PP, 29 juillet 1937, GA, J 5, Jeantet, APP.
269. Sauf précision *supra,* rapport Cagoule, F7 15343, AN.
270. *Les années 1930,* p. 138.
271. Rapport Béteille Pétain-CSAR, fonds Mornet, II, BDIC.
272. Rapport Cagoule, F7 15343, AN.
273. Rapport 114 de l'inspecteur Couade, PJ, BS, 7 février 1940, dossier Jeantet G., PJ 52, CSAR, APP.
274. Rapport Cagoule, F7 15343, AN. Sur Orain, Lacroix-Riz, *Munich,* p. 60 et 386.
275. Rapport 1er septembre 1944, GA, L 15, Loustanau-Lacau, APP.
276. Mêlés, note Herviot, 3 novembre 1938, très précise, F7 14815 (et dossiers nominaux), et rapport Cagoule (qui en provient), F7 15343, AN, etc.
277. Rapport Béteille Pétain-CSAR, fonds Mornet, II, BDIC. Allusion.

278. « Lors de l'enquête au sujet de la disparition de Jean-Baptiste, la Cagoule remit à sa maîtresse, la demoiselle Rémy, le journal *La Gaceta regional* de Salamanque du 15 janvier 1937 », avec en 1re p. sa photographie et « l'inscription suivante : "Raymond Petit, volontaire français mort héroïquement mort dans notre lutte contre le communisme comme Légionnaire", ce qui ne laissait aucun doute sur sa mort. Or, le même journal, demandé par les autorités françaises, ne portait pas la photographie de Jean-Baptiste, mais un article anodin. Pour se procurer ce journal et d'autres papiers provenant d'Espagne, il fallait que la Cagoule eût des accointances avec des personnages hauts placés dans l'organisation nationaliste espagnole », rapport Cagoule, F7 15343, AN.
279. Note jointe à la lettre 9638 de Dormoy à Chautemps, 1er septembre 1937, F60, 172, AN. Sur Ponteau, chef d'Orain, Lacroix-Riz, *Munich, loc. cit.* Trafics frontaliers confirmés par le document Bayo, fin mai 1937, MAE espagnol, copie Montaynà.
280. Lettres 32313 du MI (Sarraut) au PP et 3558 du PP au MI, Paris, 25 janvier 1938, F7 14815, AN. Sur Percheron, Lacroix-Riz, *Munich*, p. 66, 72 et 386.
281. Rapport Béteille Pétain-CSAR, fonds Mornet, II, BDIC.
282. Alexander, *The Republic*, p. 101-108 (dont n. 69), citations, 102, 107 ; et « Soldiers ».
283. Jordan, *Popular Front*, p. 208, sur l'article antérieur au livre, « Soldiers and socialists ».
284. *Les officiers dans la nation, passim* ; éviction commencée sous Pétain et réussie par Maurin du « professeur Georges, agrégé d'histoire et de géographie », en poste « depuis 1930 au Prytanée militaire de la Flèche », et coupable d'antifascisme, « informé » le 4 mai 1935 « que par décision ministérielle, il était "rayé des cadres de la guerre et remis à la disposition de l'éducation nationale" », PP, 14 juin 1935, F7 12959, AN ; sur l'armée de l'Air, Sampaix, *L'Humanité* 16 et 21 août 1935, APP, etc.
285. Pertinax, *Les fossoyeurs*, I, p. 20-21.
286. RG, rapport sur le PCF, 28 novembre 1935, BA 1961, ligues, APP.
287. Jordan, *Popular Front*, p. 208-209, cite sur les liens Reich-PCF le *Foreign Office* et les DDF (tél. Coulondre du 12 novembre 1936 cité ci-dessous), sur les grèves le journal de Schweisguth (AN) ; les références à la Cagoule m'appartiennent.
288. Rapport Béteille Pétain-CSAR, fonds Mornet, II, BDIC. Date du faux déduite *infra*, n. 294.
289. Lottman, *Pétain*, p. 29, 174.
290. Procès Pétain, Loustanau-Lacau, audience du 30 juillet 1945, F1 a, 3310, AN.
291. Procès Pétain, déposition de Daladier, audience du 20 juillet 1945, F1 a, 3310, AN.
292. Fonds du SHAT et *infra* ; DGSS, BCRAL, 1er septembre 1944, GA, L 15, Loustaunau-Lacau, APP.
293. Réunion achevée sans « unanimité de vues », information Bayo, sd, mai *1937* (malgré l'erreur de datation, « fin mai 1936 »), archives MAE espagnol, copie Montanyà. L'ami de Doumergue : « Fontane, président de la Caisse de garantie ». Remarques sur la Cagoule, ALR.
294. Date présumée du faux, donc lettre 32733 citée, 10 novembre 1937, et document joint, BA 1961, ligues, APP.
295. PP, 7 octobre, RG, 4 décembre, lettre de Floquet, délégué général des JP, au colonel commandant du 40e régiment d'artillerie de campagne à Chalons sur un sous-officier communiste, Paris, 26 novembre avec extrait de la fiche n° 656/47, jointe à celle du préfet de la Marne au président du Conseil-MI, Chalons, 3 décembre 1929, F7 13232, AN.
296. « Membre Comité MSR en 1940 », liste des « dirigeants et un certain nombre de membres » du MSR, *in* rapports Valentini, Bazier et Meyniel, 2, et Valentini, 14 novembre 1944, PJ 32, APP.
297. Rapport cité, F7 15343 ; et DGSS, BCRAL, 1er septembre 1944, GA, L 15 (« Il aurait reçu 1 300 000 frs de Deloncle pour construire un blockhaus devant l'Élysée. Il aurait mangé plus d'un million et n'aurait rendu le reste que sous la menace de subir le sort de Juif et de Jean-Baptiste »), APP.
298. Lottman, *Pétain*, p. 197.
299. Rapport Béteille Pétain-CSAR, fonds Mornet, II, BDIC.
300. Vergez-Chaignon, *Ménétrel, passim* ; avant-juillet 1940, p. 15-92 (base documentaire squelettique).
301. « Le complot », RG, après 15 février 1945, F7 15343, AN.
302. Révélations de Brinon et divers à Béteille, après la Libération, REZ n° 1130, cabinet du Préfet n° 1475 D, 18 mai 1946, GA, M 5, Bernard Ménétrel (ou F 3, Bernard Faÿ), APP.
303. « Note sur l'armistice » jointe à la lettre de Max Cloupet, 13 avril 1945, PJ 48, Pétain, APP.
304. Rapport Vilatte, Paris, 1er juin 1947, PJ 40, Barnaud, APP.
305. Alexander, *The Republic*, p. 101-102.
306. Rapport sur le « rôle du patronat » (thèse retenue par le rapport Cagoule), F7 15343, AN. Adhésion de Giraud en novembre 1936, Péan, *Docteur Martin*, p. 140.
307. DGSS, BCRAL, 1er septembre 1944, GA, L 15, Loustanau-Lacau, APP. Réseau non dénommé.
308. Rapport Béteille Pétain-CSAR, fonds Mornet, II, BDIC.
309. DGSS, BCRAL, 1er septembre 1944, GA, L 15, Loustanau-Lacau, APP.
310. « Extrait d'un dossier » synarchie-CSAR, F7 15343, AN.
311. Mêlés, *ibid.*, RG, novembre 1938 (sur « le pseudonyme ») GA, H 2, Friedrich Hirth ; RG 5 novembre 1941 et DGSS, BCRAL, 1er septembre 1944, GA, L 15, Loustanau-Lacau, APP.
312. RG, 5 novembre 1941, GA, L 15, Loustanau-Lacau, RG, 6 novembre 1944, PJ 30, APP.
313. Rapport 6921 du CS d'Annemasse au DSG, 23 septembre 1937, et lettre 1091 du GG, Alger, 20 janvier 1939, dossier Stiebel, 1937-1939, F7 14817, AN.
314. Feuilleton sur Markoff, 15632, S.C.R. 2/11, 26 octobre 1922, F7 13424, AN, P. 8275 U, 22 août 1923, F7 12952, AN, P-5764, Paris, 23 mai 1934, URSS 1918-40, 928, MAE, etc.
315. RG, série 26000/5 E, sur le « film *La peste rouge* », 21 novembre 1938, F7 14999, AN, et chap. 8.
316. Rapport DGSS, BCRAL, 1er septembre 1944, GA, L 15, Loustanau-Lacau, APP.
317. Pertinax, *Les fossoyeurs*, I, p. 45.
318. Annexe à la lettre de François-Poncet à Blumel, Berlin, 10 octobre 1936, *DDF*, 2, III, p. 497-498.
319. Information, février ou mars 1938, dossier « Piste Rabinovitch », F7 14816, AN ; PP 429, 22 juillet 1936, BA 2023, Pozzo, APP.
320. Note sur ses déclarations du jour, 22 novembre 1937, transmise par lettre du MI (Dormoy) au PP, 1er décembre, BA, 1903, Cagoule, APP.
321. RG, 28 octobre 1954, GA, C 23, Jacques Chastenet de Castaing, APP.
322. RG, 11 octobre 1951, GA, D 1, Emmanuel d'Astier de la Vigerie, APP. Sur Vuillemin, *infra*.

323. Généraux Clément Grandcourt, Brécard, de Vergnette, Duval, de Goys, Detroyat ; amiraux Drujon, Joubert, de Cerné, PMA, 12 janvier 1938, préparation du meeting du 14, BA 1903, Cagoule, APP.
324. Rapport Béteille Pétain-CSAR, fonds Mornet, II, BDIC.
325. Du Réau, *Daladier*, p. 9 *sq.* et *passim* ; dépositions de Daladier devant le juge Bouchardon, commission d'instruction près la Haute Cour de Justice (CIHCJ), 9 juin 1945, fonds Mornet, III, D7, BDIC, et à l'audience du 20 juillet 1945 du procès Pétain, F1 a, 3310, AN.
326. C/280, 6 juillet 1936, RG, 30 novembre 1933, F7 14874, AN.
327. « Note sur l'armistice » jointe à la lettre de Max Cloupet, 13 avril 1945, PJ 48, Pétain, APP.
328. Habitant Saint Mandé, lettre 36049 DJB 2e section du MI au PC-MG (Daladier), 12 octobre 1938, dossier (par ailleurs vide) Cahier Paul, F7 14815, AN.
329. « Extrait » synarchie-CSAR, F7 15343, AN.
330. Interview de Pétain par Jean Martet, « Rassemblement National. L'opinion du maréchal Pétain sur les Croix de Feu », *Le Flambeau*, PJ 48, Pétain, APP.
331. PP 3, 3 août 1936, BA 1961, ligues, APP.
332. « Erreur évidente », croit Bourdrel, *La Cagoule*, p. 147 (sur le SIM, 144-152) ; Darnand, *supra*.
333. Rapport Béteille Pétain-CSAR, fonds Mornet, II, BDIC.
334. « De ce complot, dont la Cagoule était l'inspiratrice, Pétain aurait été la tête et, sinon l'instigateur, du moins le personnage essentiel, qui se serait prêté à la manœuvre pour assouvir en prenant le pouvoir par tous les moyens une ambition sénile échauffée par son entourage », « note sur l'armistice » jointe à la lettre de Max Cloupet, 13 avril 1945, PJ 48, Pétain, APP.
335. Déclaration du maître d'hôtel Adrien Laurent, 27 novembre 1937, dossier Jeantet G., F7 14815, AN.
336. RG, sd, peu après mars 1941, GA, J 5, Jeantet Gabriel et Claude, APP.
337. Mémorandum joint à la lettre Sa. 3-1421 de Faupel à Neurath, Salamanque, 13 avril 1937, *DGFP, D*, III, p. 270-1.
338. Citation, XP/150, août 1943, F7 15343, AN, et *infra*.
339. Lettre Sa. 3-1698 de Faupel, Salamanque, 5 mai 1937, *DGFP, D*, III, p. 282, français et italique dans le texte.
340. RG, 19 mai 1937, GA, T6, Pierre Taittinger, APP.
341. Lettre Sa. 3-3174, Salamanque, 21 août 1937, *DGFP, D*, III, p. 434-6. Franco avait informé Faupel « nombre de fois déjà » des échanges de Laval avec « son agent », p. 435 : il y a en tout trois courriers cités, celui-ci compris, donc un gros écrémage des rédacteurs anglo-saxons des archives allemandes.
342. C/273, 2, C/308, 22, C/350, 31 juillet 1936, dossier Bonnet, F7 14874 ; RG, 7 et 24 septembre 1936, BA 1994, Camille Chautemps, APP, et F7 14875, AN.
343. *Le Journal de Moscou* du 22, cité par lettre 308/S de Simon au MG, Moscou, 28 décembre 1936, 7 N 3122, SHAT.
344. RG, 30 novembre 1937, BA 1901, Briscards et CF, APP.
345. RG, 22 mars, 8 juin, 9 novembre 1938, cités i*n* rapport Heeribout, 1er mai 1945, PJ 48, Pétain, APP.
346. Tél. 278 Bullitt, Paris, 21 février, *FRUS 1938*, 1, p., 24-27.
347. « Pétain [...] sut donner le change à Chautemps [, qui...] crut naïvement qu'avec le nouveau régime la méthode des compromis aurait encore de beaux jours », Pertinax, *Les fossoyeurs*, II, p. 147.
348. Compte rendu de renseignements fournis par la SR (plus loin, CRSR), 17 février 1938, 7 N 2523, SHAT.
349. RG, 24, 29 juillet, et correspondance (quasi disparue en mai-juin), 10 juin et depuis le 1er juillet 1936, F7 12961, AN.
350. Note 1812, 11 avril 1937, dossier M. Brenot, affaire Navachine, I, APP ; cagoulard, Lacroix-Riz, *Munich*, p. 59.
351. Rapport sur la CGPF, juin 1937, BA 1992, CGPF, APP.
352. On croule à son sujet sous la documentation six-févriériste puis cagoularde : « J'ai été membre du CSAR sur les conseils de M. Nicolle », avoua Menant à son audition, note Herviot, 15 mars 1938, dossier Menant Jean, F7 14815 ; Nicolle milita au « Comité de défense des patriotes emprisonnés » et figura sur la liste des appelants « civils » au meeting du 14 janvier (*supra*, liste des militaires) avec les professeurs Balthazar, Jean Louis Faure, Leguen, Joseph-Barthélémy, Thierry de Martel ; les « personnalités » Abel Bonnard, Louis Madelin, Henri Bordeaux ; Edmond Bloch, Georges Lebecq, Désiré Ferry, Paul Chack, Léopold Marchand, Ramon Fernandez, Pierre Gaxotte, Mlle Louise Thuliez, Jacques Doriot, Léon Bailby, Pierre Taittinger, François Martin, Charles Galland, les jeunes de l'UNC, etc., BA 1903, Cagoule, APP, etc.
353. RG, 3 juillet 1936, F7 12961, AN.
354. RG, 8 juillet 1936, sur la réunion du 7 de la Fédération nationale des contribuables, F7 12961, AN.
355. Brochure jointe à RG, 1er avril 1938, GA, N 4, Pierre Nicolle, APP.
356. RG, 20 juin 1941 et 23 mars 1948, GA, B 15, André Barbot (son fils), APP.
357. Lettre 93 du CD de police spéciale à l'IGSPC, Clermont-Ferrand, 20 janvier 1938 (dossier Duseigneur), et audition de Mouget par Herviot, 25 janvier 1938 (dossier Mouget), F7 14815, AN.
358. Confrontation Heurtemont-de Gueydon-René Lucas par le commissaire Charles Chenevier, 23 février 1938, F7 14815, AN.
359. Gaston Huvier, rapports Roches, Paris, 1er et 7 février 1938, BA 2360, événements du 16 mars 1937, APP.
360. RG, décembre 1936 avec note jointe, et « note sur l'activité de l'organisation IESSEF (désignation de l'Intelligence Service français) », 19 novembre 1937, BA 1945, Doriot, APP.
361. Aux usines Brinon, à Pussay, RG, 6 mars 1938, GA, M 13, Marion, APP (synarque, *supra*).
362. *Documentazione raccolta dalla Commissione del Senato italiano* sur la loge P2, série II, volume 7, 1re partie, p. 290 *sq.*, et Ganser, *Les armées*, p. 100-149.
363. Léon Daudet, « Manœuvres juives », *Action française*, 7 juin, et PP 429, 9 juin 1937 (et RG depuis le 14 décembre 1934), BA 2002, Horace Finaly, APP.
364. Auditions de Heurtemont et Lucas par Macé, 18 janvier et 15 février, confrontation par Chenevier entre Gueydon et ses accusateurs, 23 février 1938, F7 14816, AN ; source évidente de la partie concernée du rapport Cagoule (fiche de Gueydon, dit Allais, dit Vinceguide), F7 15343, AN.
365. Rapport Cagoule, F7 15343, AN.
366. Interrogatoire par Herviot, 12 février 1938, dossier Bonnafous Louis, F7 14815, AN.
367. *Les policiers*, p. 89.

368. Lettre 11417 de Chenevier au CPM chef de la 1re section, IG Police criminelle, 15 mars, et note D. Be. 1re section, Paris, 1er août 1938, « affaire C/X, meurtre Laetitia Toureaux, enquête CSAR, 1937-39 » (citation), F7 14816 ; rapport Cagoule, F7 15343, AN.
369. Deux cagoulards, René et son fils Robert, précision sur Robert Puireux de Fiemes (27 ans), rapport Savary, Paris, 18 janvier 1938, affaire Navachine, I, APP.
370. « Déclaration de Locuty (17 janvier 1938) », F7 14815, et rapport Cagoule, F7 15343, AN.
371. Rapport Béteille Pétain-CSAR, fonds Mornet, II, BDIC (sur G. Jeantet, déposition Fabry, 17 avril 1945).
372. *Ibid.* ; audition de Gérard Leroy par le CP Paul Pourcher, 15 janvier 1938, dossier Leroy Gérard, et surtout PV de perquisition d'Herviot chez Roidot, 13, audition de Mme Roidot par Pourcher, 14, notice Roidot de Pourcher, 17 janvier 1938, et note D.J.H. 2e section, DGSN, Paris, 3 novembre 1939 (« ancien élève de l'École centrale, il avait monté pour le compte de l'organisation secrète un laboratoire pour étudier différents bacilles, en particulier les bacilles typhiques et botuliques, en vue de l'exécution discrète de personnes gênant l'activité du CSAR »), dossier Roidot, etc. F7 14815, AN.
373. Rapport Cagoule, F7 15343, AN.
374. Lettre de Louis de Gueydon au JI de Girard, Paris, 16 décembre 1938 (citation), Affaire Navachine, I ; rapport de l'inspecteur Petit sur Édouard Pfeiffer, 25 février 1937, V.P. 7, C/6180, 24 mai 1937, note du 30 janvier 1937 postérieure à la déposition (originale) de Gourevitch, sd (dossier n° 5), Affaire Navachine, II, APP, et voir F7 14816, dossier « Presse, Navachine », AN.
375. Présentation de Martin, rapport Cagoule, F7 15343 ; citation, l'arrêt de renvoi de juillet 1939 *in* Rapport Béteille Pétain-CSAR, fonds Mornet, II, BDIC.
376. Enquête, Dossier 1, cote 1 ; Rapports de l'inspecteur Savary, l'un sd, de février ou mars 1938 (et nombreuses fiches jointes), l'autre du 7 mars 1938 ; audition de Paul Méral par Roches, 15 mars 1938, etc., etc. : sous-dossier « famille Derville Dubars », formel sur la participation de Bouvyer, alors « détenu pour l'assassinat des frères Rosselli », et de Filiol, Affaire Navachine, I, APP.
377. Mention en fut découverte « sur un agenda de 1937 découvert chez le docteur Martin, 12, rue de Bucarest à Paris [...] : "Roland Mouton, 100 000 fusils Imperial Chemical I". » Une « arme identique » (pas celle du crime), avec silencieux, fut « trouvée dans un dépôt d'armes de la Cagoule, chez M. Juchereau, 37, rue Ribéra à Paris, ainsi que 80 cartouches de ce calibre », rapport Cagoule, F7 15343, AN.
378. Rapport Cagoule, F7 15343, AN.
379. Rapport de l'inspecteur Mayzaud, Paris, 21 décembre 1938, mentionnant la note 1997, 30 avril 1937, dossier Richard de Kéranz, Affaire Navachine, carton I, APP.
380. Liste des 364 synarques de ou après août 1943 ; note « Synarchie, Cagoule et DGER », juillet 1945 (« grand maître de la Grande Loge de France, [il] est appointé par la DGER depuis un mois ou deux. Il a été initié à la synarchie en 1935 par Marcel Dufour »), F7 15343, AN.
381. Ne figurait pas sur le répertoire, mais cité dans le dossier Richard de Kéranz (correspondance 1937-1938), Affaire Navachine, I, APP.
382. « Répertoire, manuscrit, couverture rouge » ; rapport sur Gabriel Le Roy Ladurie par l'inspecteur Boilet, 29 janvier 1937 ; audition par Roches du même, qui dit le connaître « depuis trois ans environ », 12 mars 1937, Affaire Navachine, I, rapport de l'inspecteur Petit sur Ardant, 17 février 1937, carton II ; témoignages nombreux sur ses relations avec Monzie, Spinasse, cartons I et II, APP, et *infra*.
383. RG, 8 octobre 1937, dossier Moreau de la Meuse, BA, 1903, Cagoule, APP.
384. Rapport Chavin, juin 1941, F7 5343, AN.
385. Mêlés, sans réf. (PP ou SG), 14 et 22 janvier 1938 (et dossier « Enquête Navachine 1938 », janvier-mars), F7 14815, AN.
386. PP, 18 décembre 1937, BA 1903, Cagoule, APP, mêlés, notes PP ou SG sans réf., Paris, 14, 22, 26 et 28 janvier 1938, et dossier « Enquête Navachine 1938 », F7 14815, AN.
387. 1° Audition de Gourevitch par Roches, 6 février 1937, PV n° 26 avec « mémoire » complémentaire, Affaire Navachine, I ; 2° Déposition (originale), sd, confirmée par note (postérieure), 30 janvier 1937 (dossier n° 5), II, APP.
388. Répertoire, manuscrit, couverture rouge, avec son adresse ; rapport Valentini sur l'audition de Devinat et audition par le CP Lefebvre, 15 février 1937, Affaire Navachine, I, APP.
389. Rapport Cagoule, F7 15343.
390. Siège, « 23, rue d'Amsterdam », rapport Cagoule, F7 15343.
391. Mêlés, dépositions de Rabinovitch à Lefebvre, 22 février 1937, Affaire Navachine, I, APP, et à Chenevier, 10 mars, et « fiche résumée », février 1938, F7 14816, AN, et *infra*.
392. Le « Comité secret » (*cf. supra*), RG, 8 octobre 1937, dossier Moreau de la Meuse, BA 1903, Cagoule, APP. Comparer à Dard, *La synarchie*, p. 106-110.
393. Liste des 364 synarques (citation), et « extrait » synarchie-CSAR, F7 15343, AN.
394. Pierrefeu, rapport sur le CFA de Legat, DPJ, 2 mai 1945, PJ 42, Brinon, APP ; Mme et Westrick, déposition de Rabinovitch, 10 mars 1938, F7 14816, AN.
395. Révélations de Laval à Franco, *supra*.
396. Rapport Roches au DPJ, 3 avril 1937, et dossier 7, « Blessure Blumel », BA 1866 et 2360, événements du 16 mars 1937 (événements), APP, et référence suivante.
397. A. Werth, « L'ombre de Clichy », 1er mai 1937, BA 1865, événements, APP, et *supra*.
398. Non démentis par les RG, PP 25, 24 mars 1937, BA 1865, événements, APP.
399. Rapport Cagoule, F7 15343.
400. CQ/5, Paris, 7 février 1938, dossier Pozzo di Borgo, F7 14815, AN,
401. RG, 30 décembre 1936, BA 1901, Briscards et CF, APP, et *supra*.
402. RG, 16, 17, 20 mars (citation), lettre de Milhouard, « modeste ouvrier plombier de Clichy », au MI, 18 mars, jointe à la lettre 3741 de celui-ci au PP, 20 mars 1937, BA 1865, et maint autre, police comprise, BA 2360 et 1866, événements, APP, et *infra*.
403. Déclaration de Joseph Bourgeois aux CP Detrey et Roches, 19 et 22 mars 1937, dossier 14, « Provocateurs PSF », BA 2360, événements, APP.
404. Mêlés, lettre du directeur de la Police municipale de Paris (Marchand), 26 mars, rapports Roches à la Police municipale, 25 mars, 31 mars et 3 avril 1937, BA 1865 (1er document), 2360 (2e-3e) et 1866 (4e), événements, APP.
405. Note du chef de cabinet du MI au PP, 1er avril, et note 1310-I du DRG au PP, mai, transmise par lettre du PP au MI, 4 juin 1937, BA 1952, PSF, APP.

406. Liste des 364 synarques de ou après août 1943, F7 15343, AN.
407. RG, « Activité politique de Grégoire Armand », sd, après 5 décembre 1940, GA, G 3, Albert Grégoire, et RG, 24 mars et 9 mai 1941, GA, V 1, Roger Vauquelin, APP.
408. Impossible d'obtenir « la moindre preuve matérielle », rapport de l'inspecteur principal adjoint Gripois, 25 mars 1937, BA 2360, événements, APP.
409. Rapports Roches pour Béteille, Paris, 31 janvier, 1er (plusieurs), 7 février 1938 (témoignages de Jean Lévy, Jean Penat, Maurice Faure, Gaston Huvier,), BA 2360, événements, APP. Vauquelin et le francisme, mars-juin 1936, BA 1974, Parti franciste (PF), APP.
410. Rapport Roches pour Béteille, 31 janvier 1938, BA 2360, événements, APP.
411. Presse à partir du 25 novembre 1936, GA, D 3, Dormoy, APP, et Werth, *The twilight*, p. 75.
412. RG, 19 mars 1937, GA, D 3, Marx Dormoy, APP.
413. Lettre de Fontenay au PP, 16 septembre, Guérin, *L'Œuvre*, cité par RG, 13 septembre 1937, BA 1903, Cagoule, APP.
414. Détails de l'opération, outre ce qui suit, rapport Cagoule, F7 15343, AN.
415. Titre général des nombreux dossiers (cote 270 200-H-84) et note, 12 septembre 1937, du dossier « rapports RG et PM », BA 1903, Cagoule, APP.
416. Lettre, 16 septembre 1937, « projet » joint, BA 1903, Cagoule, APP, et Werth, *The twilight*, p. 130.
417. Rapports RG et PM, 12 (2e et 3e du lot), 13 et 15 septembre 1937, BA 1903, Cagoule, APP.
418. Note de Ch. Closset, 12 septembre 1937, BA 1903, Cagoule, APP.
419. RG, 10 juillet 1943, F7 15296 ; audition de Raveau par Herviot, 27 novembre 1937, F7 14815, AN.
420. CR de Barrué (5e point), 9 janvier 1940, dossier Jeantet Gabriel, F7 14815, AN.
421. 2e partie du « double dossier », F7 15343, AN, et fiches UNIS et Daussin jointes à RG sur Navachine, 10 juillet 1936, affaire Navachine, I, APP.
422. Rapports du CP Roches, 1er février, des inspecteurs Bertran, 1er février, Richard (PJ, BS), 2 février (remplacé par mars) (identifiés par une fiche de Roches, 5 mars) 1938, dossier « C.R. (commission rogatoire) M. Béteille », BA 2360, événements, APP
423. Rapport Cagoule, F7 15343, lettre du DPJ à Barrué et fiche du laboratoire municipal de chimie (liste des armes), 17 novembre 1937, dossier « Pièces diverses », BA 1903 Cagoule, APP.
424. Deux PP 320, 26 juin, et RG, 15 octobre 1937, BA 1901, Briscards et CF, APP.
425. Audition de Wiart par le Macé, 23 février 1938, F7 14816, AN.
426. Rapport Béteille Pétain-CSAR, fonds Mornet, II, BDIC.
427. Rapport Cagoule, F7 15343, F7 14815-14816, BA 1903, 1865, 1866, 2360, etc.
428. Note sur ses déclarations du jour, 22 novembre 1937, BA 1903, Cagoule, APP.
429. Audition de l'industriel Pierre Paisseau par Pourcher et PV de perquisition au domicile d'Herviot, 29 décembre 1937, F7 14815, AN.
430. Dossiers cités, dont BA 1903, Cagoule, APP, et F7 14815-14816 ; rapport Cagoule, F7 15343, AN.
431. RG, 20 novembre 1937, dossier « Pièces diverses », BA, 1903, Cagoule, APP.
432. PP 470, 14 décembre 1937, GA, D 3, Dormoy, APP.
433. PMA 12 janvier 1938 (membres), tract d'appel, PP, 30 novembre 1937, dossier, « Comité [...], meeting du 14 janvier 1938 », BA 1903, Cagoule, APP.
434. PP, 13 janvier 1938, et novembre 1937-15 janvier 1938, BA 1903, Cagoule, APP.
435. PP, 3 décembre 1937, BA 1903, Cagoule, APP.
436. Rapport DPJ des inspecteurs Badin et principal adjoint Barrad, 17 mars 1938, dossier « Pièces diverses », et « correspondance » depuis septembre et novembre 1937, BA 1903, Cagoule, APP.
437. Dossiers « Pièces diverses », « correspondance », et surtout « Armes saisies, armes trouvées et dépôts d'armes », septembre 1937 et novembre 1937-février 1938, BA 1903, Cagoule, APP.
438. Copie sn, 4 décembre 1937, dossier « détenus admis au régime politique », BA, 1903, Cagoule, APP.
439. Note sd entre courriers des 5 octobre 1937 et 25 janvier 1938, dossier Diez de Isasi, F7 14815, AN.
440. « Note sur l'armistice » jointe à la lettre de Max Cloupet, 13 avril 1945, PJ 48, Pétain, et PP 470, 14 décembre 1937, GA, D 3, Dormoy, APP.
441. XP 16, 25 mai 1945, F7 15549, AN. Détails, Lacroix-Riz, *Munich*, p. 64.
442. Confidences à Papen, mémorandum, Vienne, 10 novembre 1937, *DGFP, D*, I, p. 41-45, et *infra*.
443. Tél. 1430-2 de Jules Henry, Washington, 31 décembre 1937 (presse du 30), États-Unis 1918-1940, 368, MAE.
444. Werth, *The twilight*, p. 130-132 (citation, 132), et XP/150, août 1943 (cite Sarraut), F7 15343, AN.
445. Liste des 68, rapport Vilatte, PJ, 1er juin 1947, PJ 40 Barnaud, APP.
446. Meeting du comité Thaelmann, Boulogne-Billancourt, PP, 28 juillet 1935, F7 12960, AN.
447. Alexander, *The Republic*, p. 157-158, et *infra*. L'hypothèse cagoularde m'appartient.
448. RG, 11 janvier 1938, BA 1903, Cagoule, APP, et Lacroix-Riz, *Munich*, p. 62.
449. « Extrait » synarchie-CSAR, F7 15343, AN.
450. Depuis son audition par le CP Abel Fougerit, 26 novembre 1937, F7 14815, AN, dossier Pozzo.
451. BE 421 DGSN à l'IGSPC, 25 janvier, avec note D.S/3, 11 janvier 1938, son dossier et celui de Camilli (dont lettre du préfet de l'Oise au MI, Beauvais, 8 février 1938), F7 14815, AN.
452. Fiche 210793, avril 1960, BA 2023, Pozzo, APP.
453. CQ/5, 7 février 1938, F7 14815, AN.
454. PP, 6 mars 1938, BA 1903, Cagoule, APP.
455. Lettre du DPJ au PP, 6 mars 1938, BA 2023, Pozzo, APP ; courriers de mars-septembre 1938 confirmant le pronostic, F7 14815, AN.
456. Jordan, *Popular Front*, p. 208-209.
457. *L'Époque*, 7 février 1938, dossier du journal, F7 14876, AN.
458. Avec Pozzo di Borgo, PP 3, 3 août 1936, BA 1961, ligues, APP.
459. RG, 23 mars 1938, BA 2023, Pozzo, APP. J'ignore la suite.
460. Lettre 520 du chef de la Sûreté au commissaire central, Clermont-Ferrand, 20 janvier 1938, F7 14815, AN.
461. Déposition de Rabinovitch à Chenevier, 10 mars, et « fiche résumée », février 1938, F7 14816, AN.
462. RG, 20 novembre 1937, dossier « Cagoulards. Liste des personnes arrêtées », BA 1903, Cagoule, APP.
463. Note « Cagoulards » 12 décembre 1937, dossier Pozzo, F7 14815, AN.
464. H.R. 8 janvier, RG, 22 février 1938, GA, O 3, OVRA, APP.

465. Lettre du MI (signée Moitessier) au PP, 16 mars 1938, BA 1903, Cagoule, APP.
466. Lettre 10384 du MI au PP, 10 mars 38, réponse du PP au MI, 22 avril 1938 avec rapport du 5, et fiches biographiques, GA, C 7, Corps francs, APP.
467. RG, 17 juin 1938, BA 1903, Cagoule, APP.
468. « Les Cagoulards ont-ils donc des complices partout ? », *L'Humanité*, 24 juin 1938, F7 14815, AN.
469. Coupure sans indication d'auteur, 31 juillet 1938, BA 2023, Pozzo, APP.
470. Mais rejeta la demande de Tenaille, PP 3 mai 1940, BA 1903, Cagoule, APP.
471. Lettre 4912 du procureur de la République au PP, Paris, 7 juillet 1939, BA 2023, Pozzo, APP.
472. *Leitmotiv* du PCF confirmé par les sources.
473. Tél. 472 Bullitt à Hull, Paris, 23 août 1938, *FRUS*, 1938, I, p. 70-71.
474. Tél. 519 Welczeck, Paris, 6 octobre 1938, *DGFP, D*, IV, p. 433-434.
475. Tél. 490 de Wilson à Hull, Paris, 21 octobre 1938, *FRUS*, 1938, I, p. 95.
476. Rapport Vilatte, 1er juin 1947, PJ 40, Barnaud, APP : Reynaud sur un tableau de 14 noms, dont 13 synarques notoires : Assémat ; Barnaud ; Baudouin ; Belin ; Bichelonne ; Bouthillier ; Bréart de Boisanger ; Chaux ; Dautry ; Deloncle ; Filippi ; Gardenez ; Gillouin.
477. Magne-Du Moulin, *Le Curieux*, 25 mai 1944, PJ 40, Barnaud, APP.
478. Cette citation, DRG, 4e section, note du 11 décembre 1945, F7 15343, AN.
479. Du Réau, *Daladier*, p. 295-296 (rien sur la synarchie).
480. Rapport Chavin, juin 1941, F7 15343 ; Sauvy, *Histoire économique*, et *infra*. Rosental mêle approximations et vérités de seconde main, sur fond de synarchie (non nommée), *L'intelligence*, p. 118.
481. De « commissaire de Gouvernement », Tellier, *Paul Reynaud*, p. 857.
482. RG, 7 novembre 1951 (fusion Schlumberger postérieure à la Libération, où Istel fut le deuxième plus gros actionnaire de la Banque, après Jacques Poupart de Neuflize), BA 2022, Poupart de Neuflize Jacques, APP ; fortune américaine de Reynaud, *infra*.
483. Tellier, *Paul Reynaud*, p. 444-448, *sq.* (hors archives).
484. Congrès, matin et après-midi du 13 novembre 1938, BA 1897, ARD, APP.
485. Dépêche 1186 du chargé d'affaires, Berlin, 3 novembre 1938, F60, 174, AN.
486. Dossier « grève du 30 novembre » vide, BA 2135, Renault, APP, et Bourdé, *La défaite*.
487. Sur cette collaboration, *supra* ; RG sd, cité *in* rapport Heeribout, 1er mai 1945, PJ 48, Pétain, APP.
488. RG, 7 janvier 1939, BA 1946, PPF ; Pucheu, RG, 3 avril 1941 ; lettres de démission et justification comico-lyriques de Marion, 3 et 19 janvier 1939, d'Arrigh, sd, BA 1945, Doriot, APP. Baudouin, *infra*.
489. RG, 8 mai 1939, BA 1946, PPF, APP.
490. RG, 27 février 1939, et correspondance jusqu'en mai 1939, GA, C 5, Georges Claude, APP.
491. ODJ de la chambre de commerce de Corbeil, 5, joint à la lettre de son président à Daladier, 6 décembre 1938, dossier « grève générale du 30 novembre 1938 et mouvements de protestation contre les décrets-lois, novembre 38-décembre 39 », F 60, 624, AN.
492. Réunions JP, RG, 15 décembre et 29 novembre 1938, BA 1951, PRNS, APP.
493. Rapport RG, octobre 1927, BA 1974, Jeunesses patriotes, APP.
494. Congrès, nuit du 13 novembre 1938, BA 1897, ARD, APP.
495. RG, 15 décembre 1938, BA, 1951, PRNS, APP.
496. Déposition de Denise Petit (épargnant tous les protégés de l'heure, dont Lebrun), CIHCJ, 21 avril 1945, fonds Mornet, III, D7, BDIC (et au procès Pétain, 6e audience, 28 juillet 1945, F1 a 3310, AN), Lacroix-Riz, *Munich*, index de ces noms, et *infra*.
497. DGSS, BCRAL, 1er septembre 1944, GA, L 15, Loustanau-Lacau, APP.
498. RG, 4 mars 1939, cité *in* rapport Heeribout, 1er mai 1945, PJ 48, Pétain, APP.
499. RG, 4 mars 1939, BA 2036, Ybarnégaray, APP.
500. DGSS, BCRAL, 1er septembre 1944, GA, L 15, Loustanau-Lacau, et RG, 30 mars 1939, BA 1966, syndicats, groupements professionnels, 1925-45, dossier « Mouvement de l'ordre national », APP.
501. RG, 5 novembre 1941, GA, L 15, Loustanau-Lacau, APP.
502. Procès Pétain, déposition de Denise Petit, 6e audience, 28 juillet 1945, F1 a 3310, AN.
503. Rapport Béteille, Pétain-CSAR, fonds Mornet, II, BDIC.
504. Dépositions de Charles Rist devant Henri Mazel, 20, et Bouchardon, 21 avril 1945, CIHCJ, fonds Mornet, III, D 7, BDIC.
505. Allusion au même entretien, rapport Béteille, Pétain-CSAR, fonds Mornet, II, BDIC.
506. Circulaire 312 Salengro, 14 août 1936, BA 1814, réfugiés allemands, APP.
507. C 9381, 20, et RG 5 n° 1806 du cabinet du préfet, 21 décembre 1937, BA 1814, réfugiés, APP.
508. Gillingham, *Belgian Business*. Version indulgente (base : archives publiées et seconde main), Vanwelkenhuyzen, *Le gâchis*.
509. Lettres Braüer et A 436 Richthofen, Bruxelles, 6 septembre et 27 octobre 1936, *DGFP, C*, V, p. 947-948 et 1148-1149 ; mémorandum Welczeck, Paris, 13 novembre 1936, *DGFP, C*, VI, p. 59.
510. « Depuis deux ans », lettre sn de William Dodd, ambassadeur à Berlin, 18 novembre, *FRUS 1937*, 1, p. 154-155.
511. Mémorandum Welczeck, Paris, et dépêche Richthofen, Bruxelles, 13 novembre 1936, *DGFP, C*, VI, p. 58-59. Église, Lacroix-Riz, *Vatican*, p. 190, 337-338, 367 (Degrelle) et *passim*.
512. Liens Degrelle-Froment, *infra* ; RG, 5 novembre 1936, GA, D 9, Darquier, APP.
513. Rapport Béteille Pétain-CSAR, fonds Mornet, II, BDIC.
514. P. 5494, 13 avril 1935, F7 13434, AN.
515. P. 15626, 20 décembre 1935, F7 13423 ; A-1295, 8 février 1929 (Rothermere), V.L, 25 avril 1927, A-3767, 9 avril 1930 (Deterding), F7 13450, AN.
516. Copie sn rapport CS de Boulogne-sur-Mer au DSG, 18 février 1929, F7 13450, et fiche Rosenberg jointe à CQ/6, 5 avril 1937, F7 14715, AN.
517. Mêlés, RG. 7663/1, 21 juillet, RG, 15 décembre 1938, lettre 29 du Contrôle des étrangers au MAE, Londres, 21 avril, V.P.5, Paris, 4 avril 1939, F7 14713. Autre dossier sur Wiedemann, 1937-9, F7 14715, AN.
518. P. 8732, « A/S des intrigues hitlériennes à Londres », Paris, 10 juillet 1935, F7 14713, AN.
519. Rapport sn du CS de Boulogne-sur-Mer au DSG, 18 février 1929, F7 13450, AN.
520. PP, 26 octobre 1932, F7 13450 ; P. 8732, « A/S des intrigues », 10 juillet 1935, F7 14713, AN.

521. Lettre 308/S de Simon au MG, Moscou, 28 décembre 1936, 7 N 3122, SHAT. Griffiths, *Fellow travellers* et Kershaw, *Making friends*, muets sur Deterding, sont timides sur le couple Windsor (Kershaw réduit le problème Simpson au délicat statut de « divorcée », p. 187-190), index.
522. Tél. 304 Ribbentrop, Londres, 10 décembre 1936, *DGFP, C*, VI, p. 158-159.
523. RG, 15 octobre 1942, dossier 19, « Charles Bedeaux », et XP/150, août 1943, F7 15343 ; 2635/RZ TE, n° 18, Tours, 26/27 décembre 1942, F1 a, 3951, AN. Précisions sur lui, Higham, *Trading*, p. 165-166, 177-188, 220 ; Lacroix-Riz, *Industriels*, p. 349, 465, 496, Griffiths, *Fellow travellers*, index.
524. RG, deux notes, 19 octobre 1937, BA 2052, duc de Windsor, APP.
525. Audition d'Abetz, DRG, 21 novembre 1945, F7 15332, AN.
526. RG, notes des dates citées, BA 2052, duc de Windsor, APP.
527. Mennevée, *DPDF*, n° 3, mars 1922, p. 33.
528. Dépêche Podewils, Luxembourg, 26 août 1936, *DGFP, C*, VI, p. 931-932 (""français dans le texte).
529. Brochures Croix de Feu, « Travail, Paix, Liberté », PP, 17 mars 1936, F7 12965, AN, et avril 1937, BA 1901, Briscards et CF, APP.
530. Séances CNIE, 14 janvier, 7 mai 1946, F 12, 9644, AN (détail, *Industriels*, p. 34 et 64).
531. RG, 3 août 1940, GA, I 4, Imprimerie Lang, APP.
532. Strictement, GB6, 11 août, C/553, 3, C/618, 24 décembre 1937, RG, avril 1938, F7 14819, AN.
533. C/618, 24 décembre 1937, n° spécial (25), 2 octobre, « Je dénonce le complot » (sur la Tchécoslovaquie) et divers n° de 1938 (*l'Action française* ravie, 19 mars, coupure non signée, « La défense juive avant la défense nationale »), F7 14819, AN.
534. PV de perquisition par Jobard chez le père de Jean-Albert Foex (dans sa seule chambre, découverte de 24 documents), et déposition du fils devant Jobard, 10 juillet 1939, F7 14819, AN.
535. Congrès, matin, 13 novembre 1938, BA 1897, ARD ; RG, 20 mars 1945, GA, B 02, Béranger, APP.
536. « Brouillon de lettre » trouvé dans son bureau au Claridge, sd, et rapport Sécurité militaire (il fut directeur de 1942 à 1944 de l'hôtel devenu « centre du S.R allemand et de la Gestapo »), 24 septembre 1944, GA, B 02, Béranger, APP.
537. Congrès ARD, 13 novembre 1938, après-midi, BA 1897, ARD, APP.
538. RG, extrait, 19 décembre 1951 et rapport SM, 24 septembre 1944, GA, B 02, Béranger, APP.
539. Congrès ARD, 13, 14 novembre 1938, BA 1897, ARD, APP, et *infra*. Wileman, « P.E. Flandin » ; Martinez, « Comment les libéraux », etc.
540. Caillaux demanda « le 4 février 1936 » au DSN de « tenir sous surveillance » l'agent Hirth, certifiant avoir « rompu toutes relations avec [lui] depuis un an ». Il mentait : il le recevait – « à son domicile le 26 octobre [1938], à 14 h 15 ». RG, novembre 1938, GA, H 2, Hirth, APP.
541. 22 mai, 6 juin, *DGFP, D*, VI, p. 569-571, p. 647-648 ; 24 août 1939, *DGFP, D*, VII, p. 271-272.
542. Lettre A 2347 Welczeck, Paris, 6 juin 1939, *DGFP, D*, VI, p. 647-648.
543. Tél. 484 Braüer, Paris, 26 août 1939, *DGFP, D*, VII, p. 308.
544. « Déclaration » citée, Fonds Mornet, II, BDIC.
545. Note sur Abetz, 13 novembre 1945, F7 15331, AN, et 6-A, 21 février 1940, GA, P 7, Jean Prouvost, I, APP.
546. Note sur Abetz, 13 novembre 1945, F7 15331, et CQ/6, 5 avril 1937, sur Gustav Mack et Julius Westrick, F7 14715, AN.
547. Pertinax, *Les fossoyeurs*, II, p. 239.
548. Mémorandum Schacht sur sa visite à Paris, 25-29 mai 1937, *DGFP, D*, I, p. 119-121.
549. « Chargé de propagande du MSR et président du cercle d'études révolutionnaires », rapport PJ Valentini, Bazier et Meyniel, Paris, 2 novembre 1944, PJ 32, et RG, 1er février 1944, BA 1914, MSR, APP.
550. Confronter les listes, *infra et supra*.
551. Rapport Legat sur le CFA, 2 mai 1945, PJ 42, Brinon, APP. Comparer liste policière à Burrin, *La France*, p. 60-61.
552. Lacroix-Riz, *Munich*, p. 97 (avec les sources).
553. Mémorandum Schacht sur sa visite à Paris, 25-29 mai 1937, *DGFP, D*, I, p. 120-121.
554. Göbbels, définissant sa mission de « ruse » à Vienne depuis août 1934 pour préparer l'Anschluss, lettre de François-Poncet n° 1162, 15 juillet 1936, Autriche 1918-1940 199, MAE ; et *supra*.
555. Mémorandum Papen, Vienne, 10, lettre Weiszäcker à Papen, Berlin, 23 novembre 1937, *DGFP, D*, I, p. 41-45 et 72-3.
556. CQ/5 sur la *Deutsche Gemeinschaft* (communauté allemande), octobre 1936, F7 14715, AN.
557. « Notice biographique » du fonds Henry-Haye, citée par Laure Lacroix, mémoire cité.
558. Lettre à « mon cher Ami » Yves Chataigneau, Paris, 22 octobre 1937, F60, 174, AN.
559. Tél. 367 Welczeck, Paris, 12 juillet 1939, *DGFP, D*, VI, p. 908.
560. RG, 11 mars 1939, BA 2140, Allemagne, APP.
561. Burrin, *La France*, p. 61 (sur les Français du CFA).
562. Clairs, GA, B 03, Étienne Bunau-Varilla ; V 1, Roger Vauquelin, G 3, Grégoire, et « 8e portrait », Radio Patrie, 21 février 1943, PJ 42, Brinon, APP.
563. Mêlés, rapport de l'inspecteur Colletta, PJ, 2 mai 1945 (source RG, 16 août 1941), PJ 42, de Brinon ; RG, 24 septembre, et fiche Westrick, septembre 1937, BA 2033, frères Westrick, APP.
564. Déposition de Rabinovitch, 10 mars 1938, F7 14816, AN.
565. *Ibid.* et RG, 24 septembre, et fiche Westrick, septembre 1937, BA 2033, frères Westrick, RG sur Étienne Bunau-Varilla, après 10 juin 1952, GA, B 03, É. Bunau-Varilla, 12 juin 1941, GA, V 1, Vauquelin, APP.
566. RG, 8 octobre, novembre, 22 décembre 1937, BA 2030, Schnitzler, APP, et *infra*.
567. RG 5 n° 2553, cabinet PP, SG, 26 décembre, RG, 26 novembre 1938, BA 2030, Schnitzler, APP.
568. Mêlés, RG, 23 mars 1941 et 7 mars 1940, GA, P 2, Peugeot François et Jean-Pierre, APP.
569. FO8, C.1729, 4 février 1937, F7 14715, AN.
570. RG, 5 novembre 1936, note du MI au MAE, 29 décembre 1937, RG, 28 novembre et 31 décembre 1938, etc. GA, D 9, Darquier, APP.
571. Etc., RG, 31 décembre, 9 juillet et 14 décembre 1938, GA, D 9, Darquier, APP.
572. RG 2 n° 988, cabinet PP, 20 avril 1939, GA, P 8, Henri Petit, APP.
573. 1933-1939, dont lettre de Pottere à Clémenti, 4 avril 1933, RG, 8 avril 1944, etc. (dossier des « archives de Moscou »), GA, C 25, François Clémenti, APP.
574. Q. 321, 11 juin 1937, F7 14715, AN.

575. PP 431, 31 juillet 1936, BA 1945, Doriot, et RG, novembre 1938, GA, H 2, Hirth, APP.
576. Conférence du 9 avril au Théâtre des Ambassadeurs, RG, 10 avril 1937, BA 1945, Doriot, APP.
577. RG, 20 avril 1937 (présenté sous forme hypothétique), BA 1945, Doriot, APP.
578. RG, 5 et 13 mars 1936, F7 12964, AN
579. Dépêche A 799 Welczeck, Paris, 24 février 1937, et n. 1 et 3, *DGFP, C*, VI, p. 478-479.
580. Vauquelin, PP 100, 27 mai 1936 (trois Allemands identifiés), BA 1974, PF, APP.
581. RG, 21 novembre 1937, 21 janvier 1938, BA, 1951, PRNS, APP.
582. Dossier Napoléon Bay et son Parti prolétarien français purement allemand (1936-1937), Affaire Navachine, I ; BA 1966, syndicats ; BA 1980, Action internationale des nationalistes ; BA 2010, Jean Renaud, APP ; dossiers Front de la jeunesse (1937-1939), Parti national prolétarien (de Bay et Raymond Geckisch, PPF, pro-hitlérien, fils d'Allemand, correspondance de Dunkerque, Lille, mai-juillet 1939), etc., F7 14819 ; financement de Jean Boissel et de son « parti socialiste national de France », F7 13434, AN, etc.
583. Note D.S/5, n° 1850, 19 mars 1938, F7 14715, AN.
584. RG n° 420, cabinet PP, 31 mars 1937, et 16 mai 1945, GA, F 16, Alfred Fabre-Luce, APP.
585. Note D.S/5, n° 1850, 19 mars 1938, F7 14715, AN.
586. Mémorandum anonyme, Berlin, 18 mars 1937, et n. 1 sur l'entretien (np) du 14 mai baron allemand du Prel (bureau de presse du NSDAP), Dr Gruber (MAE), Laval et Brinon, *DGFP, C*, VI, p. 575.
587. Pertinax, *Les fossoyeurs*, II, p. 239.
588. Rapport inspecteur Cambon, cabinet Mathieu, 13 novembre 1944, PJ 40, Benoist-Méchin, APP.
589. Rapport Gruber pour Braun Stumm, Berlin, 14 juin 1937, *DGFP, C*, VI, p. 859-861.
590. Note DB-MG, jointe à BE DSG, 30 janvier 1936, F7 13434, AN (et Dioudonnat, *Je suis partout*).
591. Bellanger *et alii, Histoire*, t. III, p. 589-590 ; mieux informé, RG, 25 octobre 1939, 5 janvier 1940, BA 2125, Charles Lesca, APP (et *supra*).
592. Lettre 2946/Cabinet au MG, Prague, 29 juillet 1936, 7 N 3096, SHAT.
593. Bellanger *et alii, Histoire*, t. III, p. 517-518 (ajoute à Portier, Roland-Gosselin et Cruze *(sic)*, « Solignac pour le groupe Patenôtre », absent du document suivant).
594. RG sur les Roland-Gosselin, février 1945, F7 15291, AN. Souligné par moi ; sur Cruse, PSF, voir aussi RG, 7 novembre 1951, BA 2022, Neuflize, APP.
595. P.A. 8428, 6 juillet 1939, F7 14876, AN.
596. RG, janvier 1932, BA 1983, Léon Bailby, APP.
597. Dossier n° 261, SR, 21 juillet 1941, Londres 1939-1945, 301, MAE.
598. Dossier Laval D.40.194, mai 1941, PJ 46, Laval, APP. Vogel fut évincé de ses créations de 1928 et 1931 en 1936-1937, Bellanger *et alii, Histoire*, t. III, p. 598.
599. RG, 9 décembre 1936, 8 janvier 1937, et fiche Jean Prouvost annexe au rapport sur le groupe, après juillet 1955, GA, P 7, Jean Prouvost, I, APP.
600. P.A. 8428, 6 juillet 1939, F7 14876, AN.
601. RG 5, P.A 4660/1, 12 avril 1939, et P.A 5070/1, 29 mars 1940, dossier « Agence France-Presse, 1935-1940 », F7 14877, AN.
602. D.S./5, C.4798, 12 mai, juin (seule précision), lettre de l'agence sd, jointe à la lettre du MI au PP, 26 septembre 1936, BA 2022, Prima-Presse, APP.
603. V.P.7, C-12110, 13 octobre, H.R. lettre 21 du PP au MI, 14 novembre 1936, BA 2022, Prima-Presse, APP, et F07, service des associations et cultes, septembre 1936, F7 14714, AN.
604. À la Préfecture de police, *ibid.* et RG, 24 décembre 1937, GA, G 5, Francis Gélinet, APP.
605. Lacroix-Riz, *Industriels*, index, et fonds utilisés ici, F7 AN, et APP.
606. Toutes listes, dont rapport Chavin, juin 1941, F7 15343, AN.
607. Mêlés, RG, 2 juin 1939, GA, P 8, Marc Pradelle, APP, DRG, février 1945, F7 15296, AN, et RG, sd, après mars 1941, GA, J 5, G. et C. Jeantet, APP.
608. RG 3e bureau, n° 85945, 20 octobre 1944, BA 2125, Dominique Sordet, APP.
609. RG 1293/I, Vichy, 11 mars 1942, et DRG, février 1945, F7 15296, AN.
610. RG, 2 juin 1939, GA, P 8, Pradelle ; 29 avril 1942, BA 2125, Sordet, APP.
611. *Ibid.* et DRG, février 1945 (cite Sordet en octobre 1942). Sur Fraissinet et Pozzo di Borgo, *supra.*
612. DRG, février 1945, F7 15296, AN. Liens avec Franco, *supra* et *infra.*
613. *The twilight*, « Ribbentrop à Paris », p. 298-308, citations, 299 et 307. Presse « *gleichshaltée* », Bouillon et Valette, *Munich* et *infra.*
614. RG, 5 avril et 13 avril 1937, F7 14715, AN, mine sur les « Organismes allemands en France, 1936-39 ».
615. Note RG 2337, 22 juin 1938, F7 14715, AN.
616. Lettre 419 de François-Poncet à Delbos, Berlin, 18 mars 1937, BA 2140, APP. Sur Gustloff, de Davos, « homme de confiance et représentant du [NSDAP] pour la Suisse », nommé « Landesgruppenführer » ou « Gauleiter NSDAP » pour y « constituer [...] un parti national-socialiste allemand », lettres 8883 CS, Annemasse, 12 décembre 1931, 2244/33 et 1077 CS, Saint-Louis, 29 juin 1933, 10 mars 1935, F7 13485, 13431 et 13434, AN.
617. Rapport du commissaire à la surveillance du territoire, Toulouse, 4 octobre 1937, lourdement souligné au crayon rouge par son lecteur, F7 14713, AN.
618. « Chargé de la *répression de la Résistance à Paris* de 1940 à 1943, instigateur de la création de "brigades spéciales" de la PP, puis muté à Vichy, » note manuscrite annexée au dossier, souligné dans le texte, GA, B 8, Carl Boemelburg, APP. Autres sources, Lacroix-Riz, *Munich*, index.
619. RG 5, n° 214, cabinet, 27 avril 1939 (et 1er bureau, 27 février 1939), GA, B 8, Boemelburg, APP ; et dossier sur lui juin 1938-mai 1939, F7 14715, AN.
620. RG, novembre 1938, GA, H 2, Hirth, APP.
621. V.P 7, C-14148, 26 novembre 1936, F7 14714, AN.
622. 7 N 2523 à 2525, SHAT, et Information militaire, janvier-août 1939, BA, 2140, Allemagne, APP.
623. Information, 21 janvier 1939, BA, 2140, Allemagne, APP.
624. RG, 5 mai 1939, et divers courriers de mai, BA 2165, Italie, fascistes, APP.
625. Information 11 février, RG, 5 avril, Information, 20 avril 1939, BA 2140, Allemagne, APP.
626. S.C.R-2/II, 8680/2 EMA, mai 1939, GA, O 3, OVRA, et lettre du PP à Daladier, 25 juin 1939, BA 2141, Allemagne, APP.

Chapitre 7 (notes de la page 328 à la page 377)

1. Mémorandum Neurath, Berlin, 7 mai 1936, *DGFP, C*, V, p. 518.
2. Mémorandum Bülow, Berlin, 25 mai 1936, *DGFP, C*, V, p. 579.
3. Dépêche Welczeck, Paris, 19 juin 1936, *DGFP, C*, V, p. 652-654, français et italique dans le texte ; précisions sur lui, dépêches Welczeck, Paris, 12 juillet, et Moltke, Varsovie, 24 septembre 1938, *DGFP, D*, II, p. 485 et 918.
4. Consul à Genève Krauel, 30 juin, rapport Rintelen, Berlin, 24 juin, tél. 329 Welczeck, Paris, 7 juillet 1936, *DGFP, C*, V, p. 701-702, 706-709, 741, etc.
5. Tél. 49 de Krauel à Neurath, Genève, 2 juillet 1936, *DGFP, C*, V, p. 720.
6. Mémorandum Neurath, Berlin, 7 juillet 1936, *DGFP, C*, V, p. 744.
7. EMA, P/a 24837, 11 juillet, P/a 24853 et P/a 24852, 15 juillet, et P/a 24839, 18 juillet 1936, et correspondance 5-fin juillet, 7 N 3024, SHAT.
8. Duroselle, *La décadence*, p. 299-304 et 321.
9. Tél. 370 Welczeck, Paris, 23 juillet 1936, et note en marge (n. 1), *DGFP, D*, III, p. 4-5.
10. Communiqué officiel, tél. 668 Straus à Hull, Paris, 27 juillet 1936, *FRUS 1936*, II, p. 447-449.
11. Lettre de Voelckers, Alicante, 16 octobre 1936, *DGFP, D*, III, p. 112.
12. Pressions les Français, Adamthwaite, *France*, p. 43-44, Parker, *Chamberlain*, p. 80-82 et chapitre : « The Spanish Civil War » (80-92), *DGFP, D*, III, *passim*, etc. Les archives allemandes complètent les travaux britanniques, féroces sur l'apaiseur Eden (dont Carley).
13. Duroselle, *La décadence*, p. 303.
14. Parker, *Chamberlain*, p. 80-82.
15. Tél. 668 de Straus à Hull, Paris, 27 juillet 1936, *FRUS 1936*, II, p. 449.
16. *La décadence*, p. 305.
17. Bartolomé Bennassar y cède, traitant de l'ensemble d'une question qu'il n'a analysée que du point de vue de l'exil, « entretien » avec Laurent Lemire, *Le nouvel Observateur*, 28 décembre 2004.
18. RG, 27 juillet 1936, et tract, BA 1974, PF, APP.
19. Conférence Kerillis-Jean Piot, théâtre des ambassadeurs, « pour ou contre les sanctions », 11, RG, 12 octobre 1935, GA, P 5, Jean Piot, APP.
20. Louis Bertrand, Abel Bonnard, Henri Bordeaux, Édouard Estaunié, Georges Goyaux, Abel Hermant, amiral Lacaze, Louis Madelin, général Weygand ; neuf membres de l'Institut, dont Jacques Bardoux et Georges Claude ; sept sénateurs ; dix députés dont Jean Chiappe, Philippe Henriot, Kerillis, Pierre Taittinger ; trois ambassadeurs : Paul Claudel, Peretti de la Rocca, Louis de Vienne ; 43 hommes de lettres, dont Paul Chack, Ramon Fernandez, Fabre-Luce, le duc d'Harcourt, Max Jacob, Francis Jammes, Henri Massis, Pierre Gaxotte ; 26 journalistes, dont Léon Bailby, Henri Béraud, Charles Maurras, Pierre Pascal, Léon Daudet ; 31 professeurs, dont Bernard Faÿ (Collège de France), Louis le Fur (faculté de Droit de Paris), RG, 25 février 1938, GA, C 6, Paul Claudel, APP.
21. RG, 23 janvier 1937, BA 1951, PRNS, APP.
22. RG, PP 100, 20 mars 1937, RG, 1er avril 1938, BA 2043, Philippe Henriot, APP.
23. RG, 21 novembre 1937, BA 1951, PRNS, APP.
24. RG, 28 octobre, 2, 20, 21 novembre 1937, BA 1951, PRNS, APP.
25. RG, 10 novembre 1937, BA 2002, Front de la Liberté, APP.
26. RG, 25, 31 mars 1938, et 2 novembre 1937, BA 2036, Ybarnégaray, APP.
27. Rapport DGSS, BCRAL, 1er septembre 1944, GA, L 15, Loustanau-Lacau, APP, et chap. 7.
28. RG, série 26000/5 E, sur le « film *La peste rouge* », 21 novembre 1938, F7 14999, AN.
29. RG, 4, 25 mars, 22 juin (PSF de Courbevoie) 1939, BA 2036, Ybarnégaray, APP.
30. Minute, 5 novembre 1937, citée par Carley, *1939*, p. 21.
31. Note sur la « situation espagnole », « 45 jours » avant les législatives (28 juin 1931), F7 13446, AN.
32. Détails au gramme près, « décharge » de 1939 remise à la Banque franquiste, commentaire et corrections manuscrits (de Jean Bolgert), 1397 199402/13 ; autre calcul, Cornu, « L'or », p. 4-5 et 8-9, ABF.
33. Source base de mon calcul, Délibérations CG I, ABF., ajouter aux PV 1938-1939 du CG et du CP (*infra*), ABF, le dossier « or espagnol déposé à la Banque de France » de F60, 173, AN.
34. Thomas, *La guerre*, p. 3-116 et Lacroix-Riz, *Le Vatican*, p. 356-359.
35. « Note sur l'Espagne », anonyme, mai 1935, archives Tannery, ABF.
36. Séance 12, 12 mars 1936, p. 103, ABF.
37. « Note sur l'Espagne » (critique « des programmes de grands travaux »), archives Tannery, ABF
38. RG, 16 mars 1931, 22 janvier, 29 août, 17 septembre (deux rapports), 30 novembre 1934, 22 janvier, 28 mai, 2 octobre 1935, 3 mars 1936, etc., feuilleton de ses intérêts et interventions politiques en faveur de ses protégés ou de ses protecteurs financiers, GA, P 3, François Piétri, I et II, APP.
39. A/2683, 11 mars 1931, F7 12958, AN, et rapport Vilatte, 25 décembre 1946, PJ 48, François Piétri (et 2 fiches « documents Mennevée », août 1935 et février 1936, GA, P 3, Piétri, II), APP.
40. Notes IG police criminelle, 8 novembre, sans référence, 4 novembre 1938, F7 14722 ; DRG XP/14-MC.W, « affaire Lemaigre-Dubreuil (épisode espagnol) », 6 janvier 1945, F7 15339, AN.
41. DGSS, BCRAL, 1er septembre 1944, GA, L 15, Loustanau-Lacau, et RG, 30 mars 1939, BA 1966, dossier « Mouvement de l'ordre national », APP.
42. Constat de l'ultra conservatrice note sur la « situation espagnole », 14 mai 1931, F7 13446, AN.
43. Stohrer, mémorandum, 16 décembre 1937, tél. 52, 5, dépêche 2998, 10 juin 1938, *DGFP, D*, III, p. 529, 675 et 688, leitmotiv des très nombreux courriers économiques, *passim*.
44. *Malevolent Neutrality*, p. 17-57, et *passim*. La comparaison avec la Russie tsariste est de mon fait ; la note sur la « situation espagnole », 14 mai 1931, F7 13446, AN, compare les deux paysanneries.
45. Berlin, tél. 25 Weiszäcker à Espagne, 15 janvier, rapport Rüter, 4 février, dépêche Kreutzwald, 22 juillet 1937, *DGFP, D*, III, p. 227, 240-1, 426-9 et *passim* : dossier fascinant sur l'Apaisement.
46. Note anonyme D. 319, 24 août 1936, F60, 172, AN.
47. Note jointe à la lettre 5090 du ministre du Commerce à Blum, Paris, 31 août, et réponse de Blum, 10 septembre 1936, F60, 172, AN, et *infra*.
48. Note de la société citée, Cerbère, 3 mai 1937, F60, 172, AN.

49. Dépêches Faupel, Salamanque, 23 mai, 9 juillet (précis sur l'aide allemande) 1937, *DGFP, D,* III, p. 293-5, 408-12, etc
50. Mémorandums Ritter, 11 juin (il fallait obtenir de Franco et sa Junte « la position monopolistique de Rowak-Hisma » car la prise de Bilbao poserait la question de la répartition du minerai de fer « entre l'Allemagne et l'Angleterre ») et Kreutzwald, Berlin, 10 juillet 1937, *DGFP, D,* III, p. 322 et 412-413 (comparer avec les homologues français de 1940, *Industriels*).
51. Lettre 239 de Delbos à Chautemps, Paris, 28 juillet 1937, F60, 172, AN.
52. Dépêche Faupel, Salamanque, 21 février 1937, *DGFP, D,* III, p. 243-4 ; sans doute Lasmastres, consul à Saint-Sébastien, CRSR, 6 avril 1938, 7 N 2523, SHAT, et *infra.*
53. CRSR, 12 octobre 1937, 7 N 2522, SHAT.
54. Lettres à Chautemps de C.J. Gignoux, 12 novembre, 16 décembre, et de Le Roy, président CC de Bayonne, 2 décembre 1937, F60, 172, AN.
55. Werth, *The twilight,* p. 181.
56. Tél. Bullitt, Paris, 21 janvier 1937, *FRUS 1937,* 1, p. 28 (Blum, très bien informé, mentait).
57. Tél. Welczeck 478, Paris, 21 juillet 1937, *DGFP, D,* III, p. 243-4 et 425-6.
58. Tél. Wilson 1404, 1408-1409, Bullitt 1489-1490, Paris, 6, 7, 22 octobre 1937, *FRUS 1937,* 1, p. 134-6.
59. Lettre de Chataigneau au président de la CC de La Rochelle, 5 mai 1938, accusé de réception de sa demande du 27 avril, F60, 172, AN.
60. Dépêches de Stohrer 570 g (entretien avec Jordana) et 607 g, 6 et 19 octobre 1938, *DGFP, D,* III, p. 760 et 773-774.
61. Note citée, soulignée dans le texte, 11 mars 1939, F60, 173, AN.
62. *DGFP, D,* III, *passim,* depuis la « note des éditeurs », sur le rôle de Bernhardt et de l'*Ortsgruppenleiter* local nazi Adolf Langenheim dans le complot, p. 1-2, et les liens Bernhardt-Goering ; et Mochan, « Germany ».
63. BE du MAE au MG de la dépêche 97 de Ciboure, 1er février 1937, « A.S. Pyrites espagnoles pour l'Allemagne » (non jointe), 7 N 2758, SHAT.
64. « Note concernant l'évolution de la politique des nationalistes espagnols à l'égard de la France et de l'Allemagne », sd, février 1937, 7 N 2758, SHAT, et *infra.* Sangroniz, *DGFP, D,* III, *passim.*
65. « Synthèse des renseignements intéressant l'Afrique du Nord » (plus loin SAN), n° 8, 1er janvier-1er mars, et compte rendu des renseignements fournis par le SR (plus loin CRSR), 25 mars 1937, 7 N 2522, SHAT.
66. Goering, cité par Mackensen, Berlin, 25 novembre 1937, *DGFP, D,* III, p. 509.
67. *DGFP, D,* III, *passim,* surtout depuis octobre 1937 ; Stohrer, 19 et 21 novembre 1938, p. 795-796.
68. Rapport de Campe « sur la coopération franco-allemande dans la reconstruction de l'Espagne », Paris, 1er février 1939 (français et italique dans le texte), *DGFP, D,* IV, p. 501-502.
69. Berlin, rapport Kreutzwald, 1er mars, nouveau veto de Schwendeman, 7 mars 1939, *DGFP, D,* IV, p. 503-504 et 507.
70. Depuis janvier, dont rapport Wiehl, « Intérêts économiques allemands en Espagne », Berlin, 10 janvier, et dépêche 1104 de Stohrer, Saint-Sébastien, 15 mars 1939, *DGFP, D,* III, p. 816, 867-869.
71. Note D. 319, 24 août 1936, séance « Affaires d'Espagne », 13 mars 1939, F60, 172 et 173, ABF.
72. Boisanger muet sur sa qualité (précisée par Cornu, « L'or espagnol », p. 10).
73. CGBF, exposé de Boisanger sur l'or espagnol depuis 1931, séance extraordinaire 8, 8 avril 1938, p. 413-420 (octobre 1936, complément dans CPBF, séance 1, 7 janvier 1937, PV 1936-7, n° 127, p. 222-224). Pas de trace en août 1936 dans le CG et le CP (réuni pour la première fois le 18), ABF.
74. Dépêche Forster, Paris, 1er octobre 1936, *DGFP, D,* III, p. 102-103 ; dette franquiste au Reich, *passim.*
75. Jouhaux n'avait « rien vu dans la loi ni dans le décret [des nouveaux statuts] qui prév[ît] des sanctions en [ce] cas », CGBF, séance 1, 18 août 1936, n° 127, p. 15-16, et PV jusqu'au 30 juin 1937, ABF.
76. CGBF, exposé Boisanger (lettres 2918 de Delbos à Auriol, 8, 15136 d'Auriol à Delbos, 21, 15155 du MF (Baumgartner, MGF) à Labeyrie, 23 novembre 1936), 8 avril 1938, p. 420-424.
77. CGBF, séance extraordinaire, 11 décembre 1936, p. 145-150, ABF.
78. CPBF, séance 18, 17 décembre 1936, p. 159, CGBF, séance 1, 7 janvier 1937, p. 222-224, ABF.
79. Dépêche Faupel, Salamanque, 21 février 1937, *DGFP, D,* III, p. 243-244.
80. Mêlés, rapports Sabath, Berlin, 16 avril, Neurath, 20 mars, *D,* III, p. 271-272 et 254, et CRSR, 25 mars 1937, 7 N 2522, SHAT.
81. Cornu, « L'or espagnol », p. 9 et 11-13, ABF.
82. Depuis le tél. 78 Hassell, Rome, 17 mars 1937, *DGFP, D,* III, p. 252.
83. CGBF, exposé Boisanger (lettre de Labeyrie à d'Olwer, 1er juillet 1937), 8 avril 1938, p. 414-415, et décharge (Jean Bolgert) (chiffre au 30 mars 1938), 1397 199402/13, ABF.
84. Cornu, euphémique, « L'or », p. 12-14, lettre d'Olwer à la BF, Barcelone, 6 novembre 1937, annexe ; lettre Fournier, 16 novembre, absente de Cornu, exposé Boisanger qui mentionne à peine la lettre du 6 décembre.
85. Dépêche Stohrer, Salamanque, sur « sa signification », 13, et rapport Schwendemann, Berlin, 15 janvier 1938, *DGFP, D,* III, p. 551-557 (citations, 551-552 et 554), etc.
86. Cornu « L'or », p. 15-16 (l'impute au MGF, le 19 février) ; courrier, 7 février 1938 (non cité par Boisanger), F60, 173, AN (avec copies de courriers cités par de Boisanger (n. suiv.)).
87. CPBF, séance 23, 29 juillet 1937 (liquidation des avances) ; CGBF, exposé Boisanger (lettres de Fournier à Bonnet, 16 novembre, 16840 de Bonnet à Fournier, 6, de Fournier à d'Olwer, 21, à Bonnet, 22 décembre 1937, de Rueff (MGF) à Fournier, 31 janvier avec note Ossorio Gallardo du 24, de Marchandeau à ce dernier, 29 janvier, de Fournier à Marchandeau, 8 mars 1938), 8 avril 1938, p. 425-444, ABF.
88. CGBF, exposé Boisanger (avis verbal et consultation de Desforges), 8 avril 1938, p. 444-446, ABF.
89. CPBF, séance 13, 31 mars, p. 93-94, CGBF, exposé Boisanger (Blum à Fournier et réponse, 30 mars) 8 avril 1938, p. 446-449 (rien sur le 26 mars) ; complément, Cornu « L'or », p. 16-19, ABF.
90. CGBF, exposé Boisanger (avis Ripert, 1er, 4 avril, lettres de Rucard, 22, et Paul-Boncour à Blum, 29 mars, avis Ripert, Office MAE, entretien Blum-Fournier, 6 avril), 8 avril 1938, p. 449-461 et 466, ABF.
91. CGBF, séance 7, 7 avril 1938, p. 412.
92. Tél. 809-812, 848, 888 Corbin, Londres, 23, 28 et 31 mars 1938, Grande-Bretagne 1918-1940, 288, MAE (Werth, *The twilight,* p. 160-162, Adamthwaite, *France,* p. 84-92, Parker, *Chamberlain,* p. 140-141, etc.).
93. Cornu « L'or espagnol », p. 33, ABF.
94. Tél. 848 Corbin, Londres, 28 mars 1938, Grande-Bretagne 1918-1940, 288, MAE.
95. CGBF, séances 8, 8 avril, discussion, p. 471 (464-473), 9, 9 avril (extraordinaire), p. 477, ABF.

96. CGBF, « Note sur l'instance engagée par la Banque d'Espagne (Burgos) contre la Banque d'Espagne (Barcelone) et contre la Banque de France » de Bouteron, après 5 juin, 1397 199402, boîte 13, Fournier, séance extraordinaire 9, 8 juin 1939, p. 242 (241-259), et Cornu, « L'or », p. 22, 25, ABF.
97. Depuis avril, très nombreuses séances : je réserve les références aux citations.
98. CGBF, séances 14, 23 juin, p. 597-600, 15 (extraordinaire), 30 juin 1938, p. 621-622, ABF.
99. CGBF, séance 16, 7 juillet 1938, p. 648-649 : demande MAE, 27 juin 1938, à l'ambassadeur Pascua, révélée au procès le 5 juillet 1939, dossier de presse, 1397 199402/13, ABF.
100. CPBF, séances 24, 21 juillet 1938, p. 195, 2, 26 janvier 1939, p. ABF.
101. Lettre Faupel, 21 août 1937 et n. 1, rapports Stohrer, Saint-Sébastien, 19 septembre, 19 octobre 1938, *DGFP, D*, III, p. 434-6, 742-744 et 773-774, et *infra*.
102. CPBF, signalé pour la première fois (absent), séance 3, 9 février 1939, p. 17, ABF.
103. CPBF, Fournier, séances 8, 23, et 9, 30 mars 1939, p. 76 et 91-92, ABF.
104. PMA, 7, 17 et 25 février 1939, GA, B 11, Léon Bérard, APP.
105. « Indemnité annuelle de 250 000 francs » à « l'Urbaine », PP 429, 19 février 1936, GA, B 11, Léon Bérard, APP.
106. Plusieurs fiches RG, sur les cabinets de 1931, 1932, 1935, GA, B 11, Léon Bérard, APP.
107. Adamthwaite, *France*, p. 261, et Werth, *The twilight*, p. 329 (refus datant de « quelques mois », croit-il), et *infra*.
108. Lettre de Reynaud à Bonnet, 6 juin 1939, 1397 199402/13, ABF.
109. Demande d'entrevue d'Arruche à Fournier, hôtel Scribe, Paris, 15, Bizot, PV d'entretien avec le seul Senez, 17, « note pour M. Bolgert » sur l'entretien avec les trois, 20 mars 1939, 1397 199402/13, ABF, et *infra*.
110. CGBF, séances 8 à 13, 1er, 8, 22, 30 juin, 6 juillet, 3 août 1939, ABF.
111. Note « pour M. le gouverneur », 24 mai 1939, 1397 199402/ 13 ; et CGBF, toutes les séances sur l'or espagnol depuis le 1er juin 1939, ABF.
112. Citation, Pierre Caillaux (élu en janvier 1938), ancien directeur du budget, administrateur « d'importantes sociétés d'électricité », aussi acharné que Lemaigre-Dubreuil contre la République espagnole, CGBF, séances et AG, 28 janvier, 3 février, 8 avril 1938, p. 309, 311, 467, ABF.
113. CGBF, séance extraordinaire 9, 8 juin 1939, p. 241-259, ABF. Synarque Picard, *supra*.
114. PV de ses auditions par Bergé et Collin, pièces 155/2 et 155/1, 18 et 21 octobre 1946, F7 15328, Du Moulin, AN.
115. CGBF, séances 10, 22 juin 1939, p. 264-267, CPBF, 18, 29 juin 1939, p. 172-173, CGBF, 11, 30 juin 1939, p. 285-296, ABF.
116. Lettre citée, 14 mars 1939, avec note « Restitution de l'or espagnol qui se trouve en France », F60, 173, AN, et « conclusions » Dallant, 19 juillet 1939, 1397 199402/13, ABF.
117. CGBF, séance 11, 30 juin 1939, p. 291, ABF. *Supra* sur le chiffrage de 100 à 600 millions.
118. Séances CPBF, 21, 27 juillet, p. 183-186, CGBF, 13, 3 août 1939, p. 318-322, ABF.
119. Séances CPBF, 18, 29 juin, p. 172-173, CGBF, 11, 30 juin, p. 288-291, CPBF, 20, 20 juillet 1939, p. 183-186 ; « conclusions » Dallant, 19 juillet, 1397 199402/13, ABF.
120. « L'affaire "Francor" », *L'Ordre*, 8 juillet 1939, dossier de presse, 1397 199402/13, ABF.
121. Séances CPBF, 21, 27 juillet, p. 186-189, CGBF, 12, 3 août 1939, p. 322-328, ABF.
122. CGBF, séance 12, 6 juillet 1939, p. 299-301, ABF.
123. CPBF, 20, 27 juillet, p. 200, et CGBF, 3 août 1939 (rien), ABF.
124. Note (mensongère) « rédigée pour le MF par M. Brunet » (inamovible directeur du Trésor) « en vue du Conseil des ministres du 23 décembre 1944 », même date (précédent invoqué par Boisanger, lettre du sous-gouverneur Villard à Bouthillier, 8 octobre 1940), 1080 199201/26, ABF.
125. « Tchécoslovaquie, Espagne » cita-t-il, oubliant l'Autriche, lettre de Bolgert à Boisanger, Paris, 1er novembre 1940, 1080 199201/23, ABF, et *infra*.
126. Lacroix-Riz, « La BRI », p. 407-410, et *L'histoire contemporaine*, p. 130-131.
127. « Guerre et inflation monétaire », pour Boisanger, transmis par Du Moulin, Berne, 11 février 1943, 1069199211, boîte 40, ABF.
128. Déposition Daladier, CIHCJ, 9 juin 1945, fonds Mornet, III, D7, BDIC.
129. « Entretien » Bennassar-Lemire, *Le nouvel Observateur*, 28 décembre 2004.
130. SAN n° 9, sd, sans doute 1er mars-1er mai 1937, 7 N 2521, SHAT.
131. Exemples, SAN n° 6, novembre 1936, annexe « L'intervention étrangère dans la Guerre civile espagnole », dossier « Afrique du Nord, synthèse de renseignements 1936 », 7 N 2521 (et série SAE jusqu'à 2525), SHAT ; notes « Action militaire des Allemands en Espagne », sans date, après mai 1937, F7 14713, « Les Allemands en Espagne. Situation depuis le 31 juillet 1938 » et sur « l'organisation militaire italienne en Espagne », 17 et 15 novembre 1938, F7 14722 (et les volumes), AN, etc., et Ruiz, « Les démocraties », chap. 3.
132. CRSR sur le complot italien de « restauration monarchiste », 17 juin 1936, 7 N 2521 ; activité allemande depuis les années 1920, F7 13424-13134, AN, et vol. cités *supra*, et Ruiz, *loc. cit.*.
133. CRSR., 2 août 1936, 7 N 2521 (et série SAE jusqu'à 2525), SHAT.
134. CRSR, 6 décembre 1938, 7 N 2523, SHAT.
135. SAN n° 4, 1re quinzaine octobre 1936, 7 N 2521, SHAT.
136. Lettre 1999 du MI au PP, Paris, 31, avec note 1060, 25 mars 1938, GA, O 3, OVRA, APP.
137. Rapport Béteille, Pétain-CSAR, fonds Mornet, II, BDIC.
138. C/204, Paris, 15 avril 1937, F7 14715, AN.
139. Tél. Wilson, Paris, 16 mars 1937, *FRUS 1937*, 1, p. 64.
140. Lettre du MG (signée Dentz) à l'AM à Berlin, Paris, 12 février 1938, 7 N 2758, SHAT.
141. Dépêche A 3344, Paris, 6 août 1936, *DGFP, C*, V, p. 881-882.
142. Tél. de Welczeck à Neurath, Paris, 10 août 1936, *DGFP, D*, III, p. 35-36.
143. « Note des rédacteurs » et depuis le 13 août, p. 37 *sq.* ; citations, tél. 170 Voelckers, 15, 482 Welczeck, Paris, 21 août 1936, *DGFP, D*, III, p. 41-42 et 49.
144. Berlin, mémorandums Neurath, 4 et 7, Dumont, 12, Dieckhoff, 19 et 29 août 1936, *DGFP, D*, III, p. 29-30, 32-33, 36-37, 45-46, 63-65, etc.
145. Rapports Dieckhoff, 1 et 2, et Weiszäcker, Berlin, 3 septembre 1936, *DGFP, D*, III, p. 66-70.
146. Welczeck, tél. 482, 21 août, lettre à Dieckhoff, 2 septembre 1936, *DGFP, D*, III, p. 49 et 68.

147. Annexe à la lettre de François-Poncet à Blumel, Berlin, 10 octobre 1936, *DDF*, 2, III, p. 497.
148. Berlin, tél. 210 Gaus, 5, et mémorandum Woermann, 6 septembre 1936, *DGFP, D*, III, p. 75-77.
149. Airgramme 184 de Bismarck (petit-fils du chancelier), Londres, 9 septembre 1936, *DGFP, D*, III, p. 84.
150. CR de Schweisguth sur son entretien avec Léger, 8 octobre 1936, 7 N 3143, SHAT.
151. Dépêche 312 à Delbos, Rome-Saint-Siège, 27 octobre 1936, Canet, 53, MAE ; Merlac, « La France » ; Lacroix-Riz, *Vatican*, p. 368-369 ; Adamthwaite, *France*, p. 149-150, index des deux et *infra*.
152. Lettre 153 S.G de Blum à Lémery, 13 octobre 1936, F60, 172, AN.
153. Tél. 666 Welczeck, Paris, 10 novembre 1936, *DGFP, D*, III, p. 127, et *passim*.
154. Rapport Neurath, Berlin, 7, tél. 299 Ribbentrop, Londres, 8 décembre 1936, *DGFP, D*, III, p. 156-9.
155. *DGFP, D*, III, depuis novembre 1936, dont F3/0241, lettre du chargé d'affaires Faupel (futur ambassadeur) et annexe, Salamanque, 10, et (cité) tél. 785 Welczeck, Paris, 22 décembre 1936, p. 159-162 et 177-178.
156. Aide-mémoire 413 des deux ambassades à Berlin, 26 décembre 1936, *DGFP, D*, III, p. 183-186, et *passim*.
157. Rapport Gaus, Berlin, 26 décembre 1936, *DGFP, D*, III, p. 186-189 (français et italique dans le texte).
158. Paris, rapport Sieburg, 10, et tél. 755 de Forster, 11 décembre 1936, *DGFP, C*, VI, p. 160-162, et *D*, III, p. 163-165.
159. Tél. 794 Welczeck, Paris, 24 décembre 1936, *DGFP, D*, III, p. 182.
160. CRSR, 13 août 1936, 7 N 2521, SHAT.
161. Téléprinter 769 Welczeck, Paris, 15, et dépêche 5853 Hassel, Rome, 12 décembre 1936, *DGFP, D*, III, p. 167-168, et *C*, VI, p. 170.
162. Tél. Bullitt, 21 janvier, *FRUS 1937*, 1, p. 28 (et câble 50 du 15, np).
163. Dépêches Welczeck, 26 et 30 décembre 1936, *DGFP, C*, VI, p. 216-220 et *D*, III, p. 193, etc.
164. Tél. Welczeck, Paris, 370, 23 juillet + n. en marge, et 482, 21 août 1936, *DGFP, D*, III, p. 4-5 et 49.
165. Tél. 785 Welczeck, 22 décembre 1936, 38 Forster, 14, dépêche Welczeck, 8 janvier 1937 (dîner du 7), *DGFP, D*, III, p. 177, 223 et 212-214.
166. Dépêches Faupel, Salamanque, 7, et Welczeck, Paris, 8 janvier 1937, *DGFP, D*, III, p. 206-207 et 212-214 ; Maroc, *passim* depuis tél. 16 Faupel et dépêche Welczeck, 9 janvier 1937, p. 214-216.
167. « Note des rédacteurs » d'après les papiers Ciano, résumé de l'interprète allemand, Paul Otto Schmidt, des entretiens de Rome Ciano, Goering, Mussolini du 28 janvier 1937, *DGFP, D*, III, p. 230 (document même absent des fonds). Serpent de mer des « volontaires », *passim*.
168. Tél. 38 Forster, Paris, 14 janvier 1937, *DGFP, D*, III, p. 223-224.
169. Paris, tél. Bullitt, 20 février, *FRUS 1937*, 1, p. 46-50 ; 180 Welczeck, 25 mars 1937, *DGFP, D*, III, p. 257-258.
170. Tél. 115 du chargé d'affaires Woermann, Londres, 27 février 1937, *DGFP, D*, III, p. 247-248.
171. Tél. Bullitt, Paris, 20 février, *FRUS 1937*, 1, p. 53.
172. Tél. 151 Mackensen à l'ambassade en Espagne, Berlin, 4 (et n. 1), et 261 Ribbentrop, Londres, 6 mai 1937, *DGFP, D*, III, p. 279 et 283.
173. Deux mémorandums Neurath, un de Bismarck, Berlin, tél. 137 de Dieckhoff, ambassadeur à Washington, 31 mai 1937, *DGFP, D*, III, p. 298-303 (et historiens anglophones, dont Griffiths, *Fellow*, p. 280-284).
174. Qui déblatéra selon l'usage sur Maiski, tél. 1404 Wilson, Paris, 6 octobre, *FRUS 1937*, 1, p. 133.
175. Mémorandum Mackensen, Berlin, 10, tél. Ribbentrop 324, 10, 343, 19, Londres, et 257 Neurath, Berlin, 20 juin 1937, *DGFP, D*, III, p. 314-315, 317-318, 358-359 et tout juin.
176. Dépêche Welczeck, Paris, 30 décembre 1936, *DGFP*, p. 193.
177. Mémorandum anonyme, Berlin, 18 mars 1937, *DGFP, C*, VI, p. 574-575.
178. Rapport joint à la lettre Sa. 3-1421 de Faupel, Salamanque, 13 avril 1937, *DGFP, D*, III, p. 270-271.
179. Note 746/I des RG, D.J. 10, Vichy, 17 février 1942, F7 15296, AN.
180. Dépêche A 2677 Welczeck, Paris, 6 juillet 1937, *DGFP, D*, III, p. 398-399, français et italique dans le texte.
181. Tél. 294 Neurath à l'ambassade à Rome, Nuremberg, 12, 90 du consul à Genève Krauel (sur l'entretien Delbos-délégué italien à Genève), 23, lettre de Forster, Paris, 25 septembre 1937, *DGFP, D*, III, p. 443-448), et le mois (stupéfiant, malgré résumé de maint courrier par « note des éditeurs », notamment p. 438).
182. Tél. Wilson et Bullitt, Paris, 7 octobre et 26 août, *FRUS 1937*, 1, p. 135 et 117-118.
183. Tél. 1571 Bullitt, Paris, 6 novembre, *FRUS 1937*, 1, p. 153.
184. Tél. 619 Woermann, Londres, 22 octobre 1937, *DGFP, D*, III, p. 474-476.
185. Mémorandum Papen, Vienne, 10 novembre 1937, *DGFP, D*, I, p. 43.
186. Rapport 427 S de Palasse, Moscou, 27 décembre 1937, 7 N 3123, SHAT.
187. Entretiens des 29-30 novembre 1937, Grande-Bretagne 1918-1940, 287-287 bis, MAE et *infra*.
188. « Complètement réaliste », tél. 207 de Bullitt, Paris, 7 février *FRUS 1938*, 1, p. 16.
189. Tél. 280 de Bullitt, Paris, 21 février, *FRUS 1938*, 1, p. 28-29.
190. Extrait tél. 431 Wilson, Paris, 18 mars, *FRUS 1938*, 1, p. 39-40 ; CPDN, *infra*.
191. Dépêche 229 de Welczeck, Paris, 1er mai 1938, *DGFP, D*, II, p. 253-254.
192. Tél. 282 de Wilson, Paris, 3 mai, *FRUS 1938*, 1, p. 47-49.
193. Rapport Stohrer, Berlin, 22 avril 1938, *DGFP, D*, III, p. 644-646.
194. Rapport Welczeck, Paris, 17 juin 1938, *DGFP, D*, II, p. 416-417.
195. Dépêche Welczeck, Paris, 10 août 1938, français et italique dans le texte, *DGFP, D*, II, p. 547-549.
196. Mémorandum Weiszäcker, Berlin, 20, tél. 30 Welczeck, Paris, 24 janvier 1939, *DGFP, D*, IV, p. 490-491.
197. Tél. 30 Welczeck, Paris, 24 janvier, *DGFP, D*, IV, p. 491, et P/a 31108, 2 février 1939, 7 N 3024, SHAT.
198. Aveu de Daladier à Welles, rapport du 7 mars, Paris, *FRUS 1940, General*, I, p. 62.
199. Pertinax, *Les fossoyeurs*, I, p. 246, Adamthwaite, *France*, p. 259-261, Werth, *The twilight*, p. 308-320, et *infra*.
200. Tél. 70 Heinburg, 9, rapport Weiszäcker, Berlin, 16 février 1939, *DGFP, D*, III, p. 835, 839, etc.
201. Tél. 173 Stohrer, Salamanque, 26 février 1939, *DGFP, D*, III, p. 855-856.
202. Tél. Wilson, Paris, 20 août 1936, *FRUS 1936*, I, p. 502-505.
203. Dépêche Welczeck, Paris, 6 juillet 1937, *DGFP, D*, III, p. 398-399.
204. PV séance du 29 juillet 1936, 2 N 20, SHAT.
205. RG, 6 août 1937, GA, C 5, Pierre Cot, APP.
206. « Étude » du 24 septembre 1937 citée note Colson, 16 mars 1938, souligné dans le texte, 2 N 25, SHAT, et document Bayo, sd, mai *1937*, archives MAE espagnol, copie Montanyà.
207. RG, 10 novembre 1937, BA 2002, Front de la Liberté, APP.
208. Note EMG, « réorganisation de l'armée espagnole », novembre-décembre 1935, 7 N 2758, SHAT.

209. CRSR, 29 (souligné dans le texte) et 27 juillet 1936, 7 N 2521, SHAT.
210. R.A.C. Parker, *Chamberlain*, p. 81-82.
211. « Près de 700 Italiens, plus de 1 000 Allemands », CRSR, 16 octobre 1936, 7 N 2521, SHAT.
212. CRSR, 16 octobre 1936, 7 N 2521 ; et voir PV de Colson, 15 février 1937, 7 N 2758, SHAT.
213. CRSR, 2 novembre (souligné dans le texte) et 7 octobre 1936, 7 N 2521, SHAT.
214. SAN n° 4, 1re quinzaine d'octobre 1936, 7 N 2521, SHAT.
215. « Étude » du 24 septembre 1937 citée par Colson, note sur le CPDN du 15, 16 mars 1938, souligné dans le texte, 2 N 25, SHAT.
216. « Note sur l'organisation des [BI] », 4 novembre 1937, et nombreux rapports étudiant tout, arme par arme, surtout aviation et chars, matériels, batailles, dont Guadalajara (plusieurs sur ce fiasco italien 8-20 mars 1937) et Teruel (janvier 1938), 7 N 2758, SHAT.
217. CRSR, 1er juillet 1938, 7 N 2523, SHAT.
218. Note manuscrite de R. Jeannef en marge d'un CRSR, 14 décembre 1937, etc., 7 N 7 N 2522, SHAT.
219. Tél. Wilson, Paris, 7 avril 1937, *FRUS 1937*, 1, p. 69 et, *infra*, l'aveu de Reichenau.
220. *DBFP, 3*, 2, p. 520-535, cité par Finkel et Leibovitz, *Chamberlain-Hitler*, p. 161.
221. Note EMA-DB « sur l'armée républicaine de Catalogne », date manuscrite, 7 N 2758 ; même avis « des officiers portugais ayant servi dans l'armée nationaliste », CRSR, 8 septembre 1938, 7 N 2523 SHAT.
222. Outre les fonds SHAT, *DBFP* et chapitre suivant.
223. CRSR, 17 août 1937, 7 N 2522, SHAT.
224. « Compte rendu de liaison aux AE », 29 avril et 4 mai 1938, 7 N 2525, SHAT.
225. Ancien attaché militaire à Madrid, compagnon du cagoulard Lémery à la conférence « La tragédie espagnole » d'avril 1938 (bibliographie) et parrain de titulaires de la francisque, dont Niessel, fiche Niessel, F7 15388, AN. Confusion Cagoule-francisque, Lacroix-Riz, *Munich, passim*, et *infra*.
226. Renseignement 2/EMA-SAE, 30 janvier 1939, 7 N 2758, SHAT.
227. Dépêches Faupel, Salamanque, 21 février et 21 août 1937, *DGFP, D*, III, p. 243-244 et 435.
228. Lettres 32313 du MI (Sarraut) au PP et 3558 du PP au MI, Paris, 25 janvier 1938, F7 14815, AN.
229. « Note concernant l'évolution de la politique des nationalistes espagnols à l'égard de la France et de l'Allemagne », sd, sans doute février 1937, 7 N 2758, SHAT. Sangroniz, vedette de *DGFP, D*, III.
230. (Lasmastres), CRSR, 12 octobre 1937 et 6 avril 1938, 7 N 2522 et 2523, SHAT.
231. Mémorandum Hossbach (conférence à la Chancellerie), 10 novembre 1937, *DGFP, D*, I, p. 37.
232. « Rapport politique » 637, Rome, 18 février 1937, *DGFP, C*, VI, p. 459-460.
233. « CR de liaison aux AE », 15 juin 1938, 7 N 2525, SHAT.
234. Sd, après 12 mars 1938, traduction (mauvais français), parfois corrigé par moi, 10 octobre 1939, F7 14722, AN.
235. Tél. Wilson, Paris, 7 avril 1937, *FRUS 1937*, 1, p. 69.
236. Note 2/EMA-SAE, « activité allemande dans la région sub-pyrénéenne », sd, après 20 mars 1937, 7 N 2758, SHAT.
237. Renseignement quotidien (*supra*), et PV CPDN, 19 mai et 3 novembre 1937, 2 N 23 et 24, SHAT.
238. Notes Gamelin, 14 mars, et 11/DN, 15 mars 1938, souligné dans le texte, 5 N 579 (extrait, 2 N 20) (et sa note pour le MG, Cabinet, du 21, etc.), SHAT.
239. Note 11/D.N, 15 mars 1938, souligné dans le texte, 5 N 579, AN.
240. Fiche manuscrite agrafée à la note 11/D.N, 5 N 579, CPDN 15 mars 1938, 2 N 20 (et note 189/D.N. 3 de Daladier, 2 N 25), SHAT.
241. Se référant à Gamelin le 24 septembre 1937, note sur le CPDN du 15, 16 mars 1938, 2 N 25, SHAT.
242. Note du 3 août avec lettre DRG à police du territoire et des étrangers, 11 août 1938, F7 14722, AN. Sur Beigbeder, Lacroix-Riz, *Munich*, index.
243. Note, 15 septembre 1938 (mêmes modèle et papier que les notes Gamelin), N 579, SHAT, et *infra*.
244. CRSR, 7 décembre 1938, 7 N 2523, SHAT.
245. Mélange, Information, 17 et 26 janvier 1939, F7 14714, AN, et BA 2140, Allemagne, APP.
246. « CR de la liaison hebdomadaire aux AE », 8 février 1939, 7 N 2525, SHAT.
247. « Liaison hebdomadaire », 22 mars 1939, 7 N 2525, SHAT.
248. Mariano Prado, PP, 16 janvier 1939 (et nombreux PP sur « presse de Burgos » décembre 1938-janvier 1939), BA 2165, Italie, fascistes, APP.
249. Dépêches de Stohrer, Saint-Sébastien, 23 et 25 mars 1939, *DGFP, D*, III, p. 877-879.
250. Déposition au procès Pétain, 26 juillet 1945, F1 a 3310, AN. *Les Fossoyeurs*, t. II, p. 48-49 (dont précision sur Stohrer).
251. Tél. 226 Woermann pour Saint-Sébastien, 5 avril 1939, *DGFP, D*, III, p. 892.
252. Dépêche Stohrer 804 g, Saint-Sébastien, pacte anti-Komintern, 3 articles et protocole de Burgos, 10 articles, 27 mars 1939, *DGFP, D*, III, p. 880-886.
253. Correspondance depuis le 4 janvier, dont tél. 89 Stohrer, 5 février 1939, *DGFP, D*, III, p. 831.
254. « Bulletin » DB n° 6, avril 1939, 7 N 2524, SHAT.
255. « L'or espagnol », 29 juin 1939, et commentaire manuscrit de GS (ou GL ?), dossier de presse, 1397 199402/13, ABF.
256. Dépositions Gazel, procès Laval, 8 octobre, et Pétain, 26 juillet 1945, F1 a 3309 et 3310, AN. *Les Fossoyeurs*, t. II, p. 49 (récit auquel Gazel fut confronté au procès Pétain).
257. Lettre 1310 de Bonnet à Reynaud, Paris, 26 juin, CGBF, 11, 30 juin 1939, p. 293-294, souligné dans le texte, ABF.
258. *Les Fossoyeurs*, t. II, p. 49, Gazel (témoignage soumis à caution, *cf. supra*), procès Laval, 8 octobre 1945, F1 a 3309, AN, et *infra*.
259. Tél. Bullitt, 1269, Paris, 7 juillet, *FRUS 1939*, I, p. 284.
260. Audition, pièce 155/6, 19 octobre 1946, F7 15328, Du Moulin, AN.
261. Catala, « L'ambassade », p. 33, et *passim* ; sur Gorostarzu et la cour espagnole de Pétain, *Munich*, *passim*, et index des noms cités.

Chapitre 8 (notes de la page 378 à la page 422)

1. Duroselle, *La décadence*, p. 299-304 et 321.

2. Mêlés *DDF, 2,* III, n° 213, lettre de Schacht, Berlin, 6 octobre, et annexe, échange Blum-Schacht, 26 septembre et 6 octobre 1936, *DGFP, C,* V, p. 1046-1047.
3. *Le Temps*, 27 et 28 août 1936, cité par Dutter, « Doing business », p. 299-300.
4. Annexe à la lettre de François-Poncet à Blumel, Berlin, 10 octobre 1936, *DDF,* 2, III, p. 497.
5. Tél. Mackensen, Berlin, 4 décembre 1937, *DGFP, D,* I, p. 95-96.
6. Rapport Gaus, Berlin, 26 décembre 1936, *DGFP, D,* III, p. 186-7.
7. Dépêche Welczeck avec rapport du 14, Paris, 17 décembre 1936, *DGFP, C,* VI, p. 194-195.
8. Dépêche Welczeck, Paris, 26, minute de l'entretien de Goering, Berlin, 28 décembre 1936, *DGFP, C,* VI, p. 216-219 et 242-243 ; rapport Gaus, Berlin, 26 décembre 1936, *DGFP, D,* III, p. 186-7 ; et *supra.*
9. Tél. 794 Welczeck, 24 décembre 1936, *DGFP, D,* III, p. 182, cité *supra.*
10. Dépêches Welczeck à Dieckhoff, 4, à Neurath, Paris, 1er, et mémorandum Dieckhoff, Berlin, 8 février 1937, *DGFP, C,* VI, p. 370, 356-357 et 382-384. Sur Lersner, n. 1, p. 370 et Bloch, *Le IIIe Reich*, p. 498.
11. Dont usaient sans scrupules Eden et son successeur, Halifax, plus encore, rapport Welczeck, 14 décembre 1936, et dépêche Neurath, 21 janvier 1937, *DGFP, C,* VI, p. 195 et 313.
12. Tél. 755 Forster, 11, 794 Welczeck, Paris, 24 décembre 1936, *DGFP, D,* III, p. 163-165 et 182.
13. *Ibid.*, p. 180-182 ; mémorandum Sieburg, Paris, 10 décembre 1936, dépêche Neurath, 21 janvier 1937, *DGFP, C,* VI, p. 160-162, 313-315 ; tél. Mackensen, Berlin, 4 décembre 1937, *DGFP, D,* I, p. 95-96, et *passim* (voir la liste des documents France).
14. Dépêches Welczeck, Paris, 6 et 19 juillet 1937, *DGFP, D,* III, p. 398-9 (français et italique dans le texte) et *C,* VI, p. 936-937.
15. Tél. Bullitt, 4 décembre (Chautemps), Paris, *FRUS 1937,* 1, p. 186-188.
16. Rapport Biddle sur l'entretien du 17 décembre, *FRUS 1937,* 1, p. 213-214.
17. Tél. 207 Bullitt, Paris, 7 février *FRUS 1938,* 1, p. 15-16.
18. Extrait dépêche 297 Biddle, Varsovie, 8 janvier, *FRUS 1938,* 1, p. 3-5.
19. Dépêche Welczeck, Paris, 9 février 1937, *DGFP, C,* VI, p. 390 (389-391). Bastid, même propos, tél. 794 Welczeck, 24 décembre 1936, *DGFP, D,* III, p. 182.
20. Tél. Bullitt, Paris, 20 février, *FRUS 1937,* 1, p. 48-50.
21. P. 390, 2 mai 1935, F7 12959, AN.
22. « Répertoire des principaux événements politiques », Allemagne, septembre 1936, 7 N 2521, SHAT, et Dutter, « Doing business », p. 306-307.
23. « Commerce et industrie. Questions internationales. Allemagne », février-avril et juin 1937, F60, 344, AN.
24. Tél. 652-655 Bullitt, Paris ; 20 mai, *FRUS 1937,* 1, p. 93-94 ; Lacroix-Riz, « les relations patronales ».
25. Dutter, « Doing business », p. 309, 314-315 ; sur CL et Lazard, *supra.*
26. Dépêche A 2276 Ribbentrop, Londres, 21 mai 1937, *DGFP, C,* VI, p. 782.
27. Tél. Bullitt 620, Paris, 12 mai, *FRUS 1937,* 1, p. 92.
28. Mémorandum Schacht transmis par Weiszäcker, Berlin, 13 décembre 1937, *DGFP, D,* I, p. 118-121.
29. Rapport Bullitt joint à son tél. 1267, Paris, 23 novembre, *FRUS 1937,* 1, p. 169.
30. Tél. Bullitt 689-690, Paris, 27 mai, *FRUS 1937,* 1, p. 106-107.
31. Tél. 447 Hemmen et Welczeck, Paris, 6 juillet 1937, *DGFP, C,* VI, p. 895-896 ; « pacte occidental » (sans intérêt), index sur la France.
32. Dutter, « Doing business », p. 311-314 ; Schirmann, *Relations,* chap. 14-15.
33. Rapport Biddle sur l'entretien du 17 décembre avec Chautemps, *FRUS 1937,* 1, p. 213-214.
34. *Popular Front,* index, p. 341 (« Blum et les négociations franco-soviétiques »).
35. Tél. 652-655 Bullitt, Paris ; 20 mai, *FRUS 1937,* 1, p. 93. Affaire Toukhatchevski, *infra.*
36. Conversation avec Braun Stumm, rapport anonyme, Berlin, 18 mars 1937, *DGFP, C,* VI, p. 572-574.
37. Rapport Rintelen, Berlin, 24 juin 1936, *DGFP, C,* V, p. 706-709.
38. Tél. 49 Krauel, Genève, 2 juillet 1936, *DGFP, C,* V, p. 721.
39. Mémorandum Dieckhoff, Berlin, 1er septembre 1936, et n. Neurath, *DGFP, D,* III, p. 66-7.
40. « Entrevue avec M. Hitler », 2 septembre, annexe à lettre François-Poncet à Blumel, Berlin, 10 octobre 1936, *DDF,* 2, III, p. 497.
41. Énorme mensonge : Lacroix-Riz, *Vatican*, p. 185-191, 337-338, 367-368 et *infra.*
42. Tél. 507-520, Moscou, 12 novembre 1936, *DDF,* 2, III, p. 748-751.
43. Alexander, *The Republic*, p. 157-161 et index.
44. 1936-1937, 7 N 3123, 3143, 3184, 3186, SHAT ; Jordan, *Popular Front,* p. 105-107, 259-279 (citations, 259, 263), index Schweisguth et Cot (et *infra*) ; Adamthwaite, *France*, p. 49 (pression britannique, Vansittart inclus) ; Carley, *1939*, p. 24-26, etc.
45. Jordan, *Popular Front,* p. 106-107 (2 N 20 contient des documents annexes, mais pas la séance).
46. PV séance 29 juillet 1936, 2 N 20, SHAT. Comparer à *infra.*
47. CRSR, 29 septembre 1936, 7 N 2521, SHAT.
48. CRSR, 6 octobre 1936, 7 N 2521, SHAT.
49. CR Schweisguth entretien du 28 septembre, 8 octobre 1936, souligné dans le texte, 7 N 3143, SHAT.
50. Lettre de Daladier à Delbos, 13 octobre 1936, 7 N 3143, SHAT.
51. Dépositions Reynaud et Daladier, audience 20 juillet 1945, procès Pétain, F1 a, 3310, AN.
52. C.- 3896, 20 avril 1936, F7 12961, AN.
53. Séances des 5 décembre 1936, 2 N 21, 15 février, 15 avril 1937, 2 N 22, SHAT, et *infra.*
54. Mémorandum Dieckhoff, Berlin, 8 février 1937, *DGFP, C,* VI, p. 384.
55. Mémorandum Sieburg, Paris, 10 décembre 1936, *DGFP, C,* VI, p. 160-162, et *passim.*
56. Lettre 1301 de Simon (et fiche), Moscou, 21 novembre 1936, 7 N 3122, SHAT.
57. PV EMA, Paris, 19 mars 1937, 7 N 3186, SHAT.
58. EMDB, CR sur communication de Semenov et « avis », 15 mars 1937, 7 N, 3186, SHAT.
59. PV EMA, Paris, 19 mars 1937, 7 N 3186, Jordan, *Popular Front,* p. 259-279, Adamthwaite, *France,* p. 50, etc.
60. Dépêche Schulenburg, Moscou, 10 mai, tél. 305 np, 19 mai, et dépêche Welczeck, Paris, 20 mai 1937, *DGFP, C,* VI, p. 738-739, 771-772.
61. Lettre 911 de Corbin, Londres, 3 novembre 1937, Grande-Bretagne 1918-1940, 294, MAE.
62. Tél. Bullitt 1646, Paris, 22 novembre, *FRUS 1937,* 1, p. 158.
63. Tél. Bullitt 1685, 1er (Delbos), 1699, 4 décembre (Chautemps), Paris, *FRUS 1937,* 1, p. 180-3 et 186-8.
64. Rapport Biddle sur l'entretien du 17 décembre, *FRUS 1937,* 1, p. 213.

65. *Surplus*, tél. Biddle 143, Varsovie, 8 décembre, *FRUS 1937*, 1, p. 189-191, et *infra*.
66. Rapport 427 S de Palasse, Moscou, 27 décembre 1937, 7 N 3123, SHAT.
67. Séances des 3 novembre, 8 décembre (citations) 1937, 2 N 24, SHAT, et *infra*.
68. RG, 1er avril 1938, GA, C 5, Cot, et 24 mars 1943, GA, H 1, Hulot (grand collaborationniste), APP.
69. RG, 22 octobre 1938, BA 1951, PRNS, APP.
70. Carley, « Five kopecks », p. 50-51.
71. Teichova, *An economic background*, chap. 2-5 et p. 212-213.
72. Dossier convaincant, 1935-1938, 7 N 3184 et 3186, SHAT.
73. Sur sa mission de février-mars 1936, sous-dossier, 7 N 3186, SHAT.
74. Note 467 Gérodias, 12 février, et lettre 2774 de Gérin, 13 août 1936, 7 N 3186, SHAT.
75. Note Hromadko, 2, jointe à dépêche 3012/SE de Faucher, Prague, 12 juillet 1938, 7 N 3097, SHAT (avec liste des articles demandés).
76. Dépêche 133 de Coulondre, Moscou, 27 avril 1938, 5 N 579, SHAT.
77. Dépêche 545/S. de Palasse, Moscou, 7 février 1939, 7 N 3123, SHAT, allusion au Reich, *infra*.
78. DRG, S.F/n° 130, 21 février 1949, précis sur ses liens avec le CNPF, F7 15299, AN.
79. Lettre 115 DN, Paris, 29 mai 1938, souligné dans le texte, 5 N 579, SHAT.
80. Lettre manuscrite de Faucher à Dentz, Prague, 28 juillet 1938, 7 N 3097, SHAT.
81. « Documents militaires secrets », mai-juin 1941, fonds Mornet, II, B 1 a) 6, BDIC.
82. Confié « à des personnalités américaines », C/ 153, Paris, 27 mars 1936, F7 12961, AN.
83. Qui le ridiculisa d'un point d'exclamation, rapport Vuillemin, 15 octobre 1936, 7 N 3184, SHAT.
84. « Conversation » Vorochilov-Schweisguth-Vuillemin, 19 septembre 1936, 7 N 3184, SHAT.
85. Tant par les CRSR que par les rapports des AM et de leurs auxiliaires, etc. Voir presque tout SHAT.
86. *The Popular Front*, p. 206-208, et rapport Schweisguth, 5 octobre 1936, souligné dans le texte, 7 N 3184, SHAT.
87. Rapport Vuillemin, 15 octobre 1936, 7 N 3184, SHAT.
88. « Travail demandé par le général Schweisguth, 16 octobre 1936 », 7 N 3184, SHAT (et fonds « soviétiques »).
89. Pertinax, *Les fossoyeurs*, t. I, p. 45 (et *supra*).
90. Exemple type, sa « note du Deuxième Bureau » démentant point par point la supériorité soviétique établie par un rapport de juillet 1936 sur le Mandchoukouo et la Chine du Nord, CRSR, 22 juillet 1936, 7 N 2521, et cette série du SHAT.
91. Rapport du capital Thuaire (voyage en URSS 15 septembre-20 octobre 1936), 7 N 3184, SHAT.
92. Rapports Sauzey (voyage privé de 40 jours), octobre, et Penette (stage d'un mois), 6 novembre 1936, 7 N 3184, SHAT.
93. Rapports Bourcard, Bierre et Le Gouest sur les manœuvres de Minsk (21-25 septembre), 19 octobre 1937, et 163 d'Éon (stage artillerie, 16 juillet-1er septembre 1936), 7 N 3184, SHAT.
94. Rapport Doë de Maindreville sur un « séjour de quatre jours en Russie », 2 septembre 1938, 7 N 3184, SHAT.
95. Rapport Bourcard, Bierre et Le Gouest, en stage « avec la 21e brigade mécanisée » aux manœuvres de Minsk du 21 au 25 septembre 1937, 19 octobre 1937, signé Guy Le Gouest, Versailles, 26 décembre 1937, 7 N 3184, SHAT.
96. Lettre 31/S de Mendras, 3 avril 1934 ; Donzeau, rapports 84/Z, 1er septembre 1936, et sur l'industrie soviétique, 22 janvier 1938, 7 N 3121, 3122, 3123, SHAT.
97. Notes EMA, SAE, « mutations apportées dans le Haut commandement soviétique », mai ; YC, « sur le maréchal de l'Union soviétique Toukhatchevski », 12 mai 1937, 7 N 3150, SHAT.
98. Historique depuis août 1936, P/a n° 27208, 25 juin 1937 (information de Moscou, 17, « *d'un informateur très bien placé* », souligné dans le texte), 7 N 3150. « La position du maréchal Toukhatchevski serait menacée. On lui reprocherait de ne pas avoir obtenu de la France l'alliance militaire avec les Soviets. [... À] l'ambassade soviétique à Berlin on affirme la réalité des liens ayant existé entre l'opposition trotskiste et la Gestapo, collusion dénoncée au procès Radek », CRSR, 17 février 1937, 7 N 2522 ; CR de Simon depuis janvier et annexes, 7 N 3123, SHAT.
99. « Réflexions sur les conséquences possible d'un contact militaire franco-soviétique », mai 1937, 7 N 3143, SHAT.
100. Duroselle *La décadence*, p. 324, Adamthwaite, *France*, p. 49, Haslam, *The Soviet Union*, p. 140-141, Jordan, *Popular Front*, p. 276-279, Carley, *1939*, p. 24, 26, etc.
101. Haslam, *The Soviet Union*, p. 138-139, et ce chap. 8, « The Year of the Terror, 1937 » (129-157).
102. SHAT URSS 1934-1937. Haslam cite son rapport 365/S, Moscou, 30 juin 1937, 7 N 3123, SHAT, sceptique certes, 7 N 3150, SHAT, mais admettant la conviction française du complot, *infra*.
103. Dépêches 881 de François-Poncet, Berlin, 9 juin (sur le rôle du Reich), 306 de Coulondre, Moscou, 15 décembre 1937 (sur le rôle de Trotski et ses amis), URSS 1918-1940, 988, MAE.
104. Alain Blum, dans l'échange (5-7 janvier 2005) cité, les annonce : « Madame, je crois qu'à partir du moment où vous justifiez l'arrestation et l'exécution de Toukhatchevski et des autres officiers, il n'y a plus rien à espérer de votre rigueur scientifique » (6 janvier 2005). Je ne justifiais rien, mais citais des sources.
105. Note « URSS 1937 » sur « le procès des "trotskistes" », sd, jointe au rapport Simon 326/S, Moscou, 3 mars 1937 sur le 2e procès du « centre antisoviétique trotskiste », 23-30 janvier à Moscou, PV des audiences des 2-3 mars du « procès des 21 » (Boukharine, Rykov, Iagoda, Krestinski, etc.), joint au rapport Palasse 444 S, Moscou, 7 mars 1938, 7 N 3123. Même cas méthodologique que les procès d'après-guerre en Europe orientale sur la collusion Vatican, Reich, États-Unis, etc., *Le Vatican*, chapitre 11.
106. P/a n° 27162, « information du 16 juin », 21 juin 1937, 7 N 3150, SHAT.
107. Dépêche 506 de l'AM à Londres, 1er juillet 1937, 7 N 3122, SHAT.
108. SAE, 26 février 1938 (« traduction norvégienne » remise par le ministre de Lettonie à Gauché), avec note EMDB « de la section Orient », et lettre de Toukhatchevski, 7 N 3150, SHAT.
109. P/a n° 27372, 17 juillet 1937, 7 N 3150, SHAT.
110. Lettre 111 de Ganeval, Riga, 30 avril 1937, 7 N 3143, SHAT.
111. Note Direction politique, 27 novembre 1936 (entretien d'« il y a environ deux mois »), URSS 1918-1940, 988, MAE ; Wenner-Gren, Higham, *Trading*, index, Parker, *Chamberlain*, p. 267.
112. Note « les relations germano-russes l'éventualité d'un rapprochement » et annexe, « Indices d'un rapprochement germano-soviétique » (« Indices »), avril 1937, 7 N 3143, SHAT.

113. Rapport Biddle, Oslo, 19 février, *FRUS 1937*, I, 41-46.
114. Dépêche 306, Moscou, 15 décembre 1937, URSS 1918-1940, 988, MAE.
115. Jordan, *Popular*, p. 260, Haslam, *Soviet Union*, p. 138, n. 61, p. 269, du Réau, *Daladier*, p. 202. Lukes soutient la thèse de la liquidation par l'infâme Staline de ses « rivaux potentiels » sur la base de « nouvelles preuves des archives de Prague et Moscou » qui corroborent pourtant le complot militaire, *Czechoslovakia*, p. 91-112 (surtout 96-98, citation, 107).
116. « Indices », avril 1937, 7 N 3143, SHAT.
117. Rapport 365/S de Simon, Moscou, 30 juin 1937, 7 N 3123, SHAT.
118. P/a n° 27372, 17 juillet 1937 (Potemkine, 10 juillet), 7 N 3150, SHAT.
119. Début 1937, Sugimura, ambassadeur du Japon à Rome, en fut avisé pendant ses « entretiens à Berlin », « Indices », avril 1937, 7 N 3143, SHAT (et autre fonds cités ici).
120. EMDB, SAE, 29 juillet 1937, 7 N 3150, SHAT.
121. P/a n° 27372, 17 juillet 1937 (Potemkine, 10 juillet), 7 N 3150, SHAT.
122. Dépêche 306 de Coulondre, Moscou, 15 décembre 1937, URSS 1918-1940, 988, MAE.
123. P/a n° 27372, 17 juillet 1937 (note du MAE, Vienne, 21 juin), 7 N 3150, SHAT.
124. Entretien du 20, télégramme 660-665 Bullitt, Paris, 21 mai, *FRUS 1937*, 1, p. 96.
125. Note CF, URSS, 11 octobre, et deux autres, d'octobre 1937, souligné dans le texte (par moi pour l'allemand des noms), 7 N 3150 ; « nominations dans le haut-commandement soviétique », rapports Simon 346/S, 17 mai, et 360/S, Moscou, 14 juin 1937, Moscou, 7 N 3123, SHAT.
126. EMA Depas 1782, 20 juin 1938, 7 N 3122, SHAT ; SAE, 7 N 2522 à 2524, etc., et *infra*.
127. « Observations suggérées par le rapport du colonel Palasse traitant de la situation intérieure de l'URSS en 1937 », sd, décembre 1937 (rapport Palasse non joint), 7 N 3186, SHAT.
128. « Analyse du rapport Coulondre » (dépêche 306, du 15), décembre 1937, 7 N 3186, SHAT.
129. Rapports Palasse 441 S, 16 février, 444 S, 7 mars, 449 S, Moscou, 22 mars 1938, 7 N 3123, et ce sous-dossier « AM à Moscou, correspondance 1er semestre 1938 » ; rapport Berny aussi impressionné par ce patriotisme, 8 novembre 1938, 7 N 3184, SHAT.
130. CR liaison aux AE, 30 mars 1938, 7 N 2525, SHAT, et *infra*.
131. Lettre de Daladier au MAE (Bonnet), sd, d'avril 1938, après formation de son Gouvernement, 7 N 3186, se référant « à sa lettre 951 » du 2, 7 N 3186, SHAT.
132. Lettre 851 de Dentz (« note pour le colonel Palasse »), 7 N 3186, SHAT.
133. Rapports 459 et 460, Moscou, 18 et 19 avril 1938, 7 N 3186 (et 3123), SHAT.
134. Coulondre fut depuis 1936 à Moscou un habile gestionnaire de l'avenir (tel passage de ses courriers lui permettrait de revendiquer sa clairvoyance). Son poste suivant, Berlin, charge le trait.
135. Dépêche 121 de Coulondre, Moscou, 15 avril 1938, soulignée par un lecteur, tampon « vu par le général Georges », URSS 1930-1940, 928, MAE.
136. Outre les vol. AM, voir SAE du SR, 7 N 2522-2524, SHAT.
137. Note Dentz citée, et lettre de Daladier à Bonnet, sans doute avril 1938, 7 N 3186, SHAT.
138. Lettre 1955 de Palasse à « mon général » (Dentz), Moscou, 14 juin 1938, 7 N 3186, SHAT.
139. « "La crise politique actuelle a encore accentué cette lourde infériorité dans son potentiel militaire (grave inconnue sur la valeur du commandement, continuation de l'épuration, incertitude sur les sentiments de la masse paysanne, etc.) indices qui semblent révéler que l'URSS se prépare surtout pour une guerre défensive" », liaison AE, 19 mai 1938, 7 N 2525, SHAT.
140. Note 1356 Dentz pour Palasse, 30 mai 1938, 7 N 3186, SHAT. Atmosphère, *infra*.
141. Lettre 1955 de Palasse à Dentz, Moscou, 14 juin 1938, 7 N 3186, SHAT.
142. CRSR, 23 juin 1938, 7 N 2523, SHAT.
143. Note Malraison sd, sur le rapport Palasse 460 S (19 avril 1938), et fiche, 7 N 3186, SHAT.
144. Copie de la réponse et note 1922 pour Palasse, 2 août 1938, 7 N 3186, SHAT.
145. Lettre 486 S. de Palasse au MG, Moscou, 8 août 1938, 7 N 3123, SHAT.
146. Dépêche 306 de Coulondre, 15 décembre 1937, URSS 1918-1940, 988, MAE.
147. Correspondance de 1938, 7 N 3123, 3143, 3184, 3186, SHAT.
148. Passé à Londres après le 22 juin 1941, héros de Normandie-Niémen et fugace chef d'État-major de l'armée de l'Air (14 décembre 1945-mars 1946), lythosav.edres74.ac-grenoble.fr/cnrd2004/aviation/naigc3.htm, genealogie.free.fr/Les_militaires/2GM/France/Air/Generaux_Division/Generaux_Division.htm.
149. Lettre 174/S. de Luguet à La Chambre, Moscou, 16 novembre 1938, 7 N 3123, SHAT.
150. Lettres 493 S. de Palasse au MG, Moscou, 21 août 1938, 7 N 3123, SHAT.
151. Janvier, mars-mai, août, décembre, dont dépêches 63 et 111 de Germain, consul à Moukden, 21 mai et 31 août 1938, 7 N 3143, SHAT.
152. Dépêches 22 août et 18 novembre 1938, *DGFP, D*, II, p. 601, IV p. 609.
153. Tous les fonds SHAT, et surtout 7 N 2520 à 2524, SHAT.
154. Tél. Wilson 1404, 1408-1409, Paris, 6, 7 octobre, *FRUS 1937*, 1, p. 132-136, et *sq*. Sur l'apaisement strict, Offner, *American Appeasement* et *The origins*.
155. Lacroix-Riz, *Vatican*, p. 303-305, et *infra*.
156. CRSR, 22 juillet 1936, 7 N 2521, et cette série du SHAT.
157. Dépêche Charles-Roux 223, 29 juillet 1936, Autriche 1918-1940, 199, MAE.
158. Mémorandum AM américain à Berlin (Smith), 1er février 1938, *FRUS 1938*, I, p. 13.
159. Rapport Buisson, Paris, 13 mars 1938, souligné dans le texte, 5 N 579, SHAT.
160. *DGFP, C*, V et VI (dont p. 681, 686-687 et 697-698), *D*, II, VI-VIII, *FRUS 1937*, 1, et Lacroix-Riz, *Vatican*, *passim* (depuis l'avant 14).
161. Note des rédacteurs sur les notes du 24, conversation téléphonique, Berlin, 24, et mémorandum Bismarck (en italique dans le texte), Berlin, 28 avril 1937, *DGFP, C*, VI, p. 681, 686-687 et 697-698.
162. Tél. 660-665 Bullitt, Paris, 21 mai, *FRUS 1937*, 1, p. 96.
163. Note 68, « données actuelles du problème militaire français », 8 février 1938, 5 N 579, SHAT.
164. PV, 29 juillet 1936, 2 N 20, 3 novembre et 8 décembre 1937, 2 N 24, 15 mars 1938, 2 N 20, SHAT.
165. Rapport Buisson, Paris, 13 mars 1938, 5 N 579, SHAT.
166. PV 169 DN3, Paris, 24 février 1937, p. 10, 2 N 22, SHAT.
167. EM Y.R.4EX, « Réflexions sur les conséquences possibles d'un contact militaire franco-soviétique », mai 1937, souligné dans le texte, 7 N 3143, SHAT.

168. Tél. 694 Wilson, Paris, 3 mai, *FRUS 1938*, 1, p. 46. Sur ce néant, *DBFP, 3*, 1, p. 198-234.
169. CR de liaison aux AE, 4 mai 1938, 7 N 2525, SHAT.
170. EMA, P/a 24852 (souligné dans le texte) et 24853, 15 juillet ; Davignon formel sur Beck « complice », P/a 24839, 18 juillet 1936, etc., 7 N 3024, SHAT.
171. Jordan, *Popular Front*, p. 105-107 (2 N 20 contient des annexes, mais pas la séance).
172. Document cité, annexe au PV de la séance du 26 juin 1936, 2 N 20, SHAT.
173. Rapport du chargé d'affaires Schliep, Varsovie, 25 août 1936, *DGFP, C*, V, p. 929-931.
174. Jordan, *Popular Front*, p. 163-166.
175. C/429, Paris, 28 août 1936, F7 14875, AN.
176. EMA Depas, « très bonne source, 24 août », 2 septembre 1936, 7 N 3024, SHAT.
177. Note 429, 30 avril 1937, BA 2000, de Peyerimhoff, APP.
178. Jordan, *Popular Front*, p. 169-175, et rapport Musse 53 S, Varsovie, 29 juin 1937 (et *sq.*), 7 N 3000, SHAT. Musse, *infra*.
179. CRSR, 6 octobre 1936, 7 N 2521, SHAT.
180. CRSR, 7 et 16 octobre 1936, 7 N 2521, SHAT.
181. C.4507, 12 avril 1937, dossier « Activité nazie en Pologne », F7 14714, AN.
182. Chef de la ligue maritime polonaise au Yougoslave Kostic (10 juillet), EMA Depas 920, 17 juillet 1937, 7 N 3107, SHAT.
183. CRSR, daté « 21 et 22 septembre » 1937, souligné dans le texte, 7 N 2522, SHAT.
184. Rapport Bullitt sur sa conversation à Varsovie avec les ministres, dont Beck, joint à tél. 1267, Paris, 23 novembre, *FRUS 1937*, 1, p. 163.
185. Lettre 287/S de Simon, Moscou, 29 septembre 1936, 7 N 3122, SHAT.
186. Jordan, *Popular Front*, p. 188 *sq.* ; EMADB, « URSS. Réunion des chefs de poste de SR », février 1937, 7 N 3143, SHAT.
187. Y.R.4EX, « Réflexions », mai 1937, 7 N 3143, SHAT.
188. EMDB, source, presse et AM, 19 avril 1937, 7 N 2520, SHAT.
189. Deuxième note 429, 30 avril 1937, BA 2000, de Peyerimhoff, APP.
190. EMDB, CR sur la communication de Semenov et « avis », 15 mars 1937, 7 N 3186, SHAT.
191. « Analyse du rapport Coulondre » (dépêche 306), décembre 1937, 7 N 3186, SHAT.
192. CRSR, 29 juillet 1936, 7 N 2521, SHAT.
193. CRSR, 16 octobre 1936, 7 N 2521, SHAT.
194. Lettre 2216/SE de Faucher, Prague, 9 septembre 1936, et ce « dossier 3, Russie-Tchécoslovaquie » sur la campagne austro-hongroise de 1936-7, 7 N 3143, SHAT.
195. Lettre 2946/Cabinet au MG, Prague, 29 juillet 1936, 7 N 3096, SHAT.
196. Dépêche 1701 de François-Poncet, Berlin, 19 novembre 1936, souligné dans le texte, Tchécoslovaquie 1918-1940, 140, MAE.
197. Dépêche 33 de Lacroix, Prague, 23 janvier 1937, Tchécoslovaquie 1918-1940, 140, MAE.
198. Mais « si les événements amenaient à une modification de la situation, [il] constituerait au contraire une puissante sauvegarde de la politique de la France en Europe orientale », réf. n. suiv.
199. Lettre de Simon, Moscou, 7 mai 1936, 7 N 3107, SHAT.
200. Lettre de Forster (traduction), Paris, 12 novembre 1936, et *supra*, 7 N 3107, SHAT.
201. Lettre 397 à Daladier (Martinot-Lagarde, IG), copies à Blum et Delbos, 19 novembre 1936, 7 N 2521, SHAT.
202. Récit du neveu de Bénès, Depas 1349, 3 octobre, 7 N 3107 ; confirmé, CRSR, 3 et 6 octobre 1936, 7 N 2521, SHAT.
203. Tél. Bullitt, Paris, 20, 23 février, 22 avril *FRUS 1937*, 1, p. 51-55, 78.
204. Tél. Bullitt 556-557, 563, 565, 30 avril, 584-585, 6 mai, *FRUS 1937*, 1, p. 84-85 et 89-92.
205. Tél. Bullitt 660-665, Paris, 21 mai, *FRUS 1937*, 1, p. 96-97.
206. Comparer les vides de 7 N 3096, SHAT, et de Tchécoslovaquie 1918-1940, 98 et 99, MAE.
207. Lettre 2351/S.E de Faucher à Cot, Prague, 8 mars 1937, 7 N 3096, SHAT.
208. Tél. 204 Welczeck, 3 avril 1937, *DGFP, C*, VI, p. 614, français et italique dans le texte.
209. Rapport Phillips, ambassadeur à Rome (entretien avec Ciano du 9), 9 avril, *FRUS 1937*, 1, p. 71
210. Tél. Wilson, Paris, 6 et 8 avril, *FRUS 1937*, 1, p. 66-71.
211. Tél. Dodd, ambassadeur à Berlin, 30 avril, *FRUS 1937*, 1, p. 83.
212. Tél. Bullitt, 584-588, Paris, 6 mai, *FRUS 1937*, 1, p. 91.
213. EMADB 26347, 1er mars, note 11 juin 1937, 7 N 3024, ce vol. et 3000 ; CRSR, 3 mars 1937, 7 N 2522, SHAT.
214. Tél. 660-665 Bullitt, Paris ; 21 mai, et extrait du 408 de Davies, Moscou, 28 juin, *FRUS 1937*, 1, p. 96 et 110.
215. Rapport Eisenlohr, Prague, 2 janvier 1938, *DGFP, D*, II, p. 106.
216. Londres, dépêches Woermann, 20 novembre 1936, et Ribbentrop, 14 février 1937, *DGFP, C*, VI, p. 89, 414.
217. Dépêches 918 et 924, Londres, 15 et 16 novembre 1937 (sur deux colonnes choix comparatif de textes intitulé « les voyages à Berlin de Lord Haldane et de Lord Halifax, 1912-1937 »), Grande-Bretagne 1918-1940, 287-287 bis, MAE. Même comparaison avec « avant 14 », CRSR, 1er décembre 1937, 7 N 2522, SHAT. Hypocrisie coloniale, *infra*.
218. Tél. 689 Ribbentrop, Londres, 15, et rapport Neurath sur l'entretien Halifax-Hitler du 19 novembre 1937, Berlin, *DGFP, D*, I, p. 46-47 et 55-67 (citation, p. 64).
219. Bullitt sur entretien avec Neurath, rapport, 18, joint à tél. 1267, 23 novembre, *FRUS 1937*, 1, p. 167.
220. Rapport Papen, Vienne, 10 novembre 1937, *DGFP, D*, I, p. 42 et 44 (et *supra*).
221. Rapport Forster, Paris, 16 novembre 1937, *DGFP, D*, II, p. 48-9 ("" français dans le texte).
222. Tél. Tippelskirch 261, Moscou, Welczeck 656, Paris, 27 novembre 1937, *DGFP, D*, I, p. 81-82
223. Parker, *Chamberlain*, p. 101, et *passim*.
224. Rapport Woermann, Londres, 9 novembre 1937 sur sa conversation avec Henlein, *DGFP, D*, II, p. 31.
225. Tél. Bullitt 584-588, Paris, 6 mai, *FRUS 1937*, 1, p. 90.
226. Long argumentaire, 29-30 novembre 1937, Grande-Bretagne 1918-1940, 287-287 bis, MAE.
227. Duroselle, faute d'archives, malmène « la pâle année 1937 », *La décadence*, p. 314-323 (citations, 314, 322-323).
228. Rapport Eisenlohr, Prague, 2 janvier 1938, *DGFP, D*, II, p. 106.

229. Entretiens, matin du 29 novembre 1937, Grande-Bretagne 1918-1940, 287-287 bis, MAE.
230. Tél. Welczeck 665, Paris, 2, Ribbentrop 739-740, Londres, 1er-2, rapport Neurath, Berlin, 3 décembre 1937, *DGFP, D*, I, p. 86-90 et 94-95.
231. Tél. 31-32 Eisenlohr, Prague, 17 décembre 1937, *DGFP, D*, II, p. 71-72.
232. Rapport Eisenlohr, Prague, 2 janvier 1938, *DGFP, D*, II, p. 98-100.

Chapitre 9 (notes de la page 423 à la page 456)

1. Delbos à Bullitt, tél. Bullitt, Paris, 20 février, *FRUS 1937*, 1, p. 53.
2. Lacroix-Riz, *Vatican, passim.*
3. PP, 14 mars 1936, F7 12964, AN.
4. Dépêche 117 Charles-Roux, 22 mars 1939 (d'après Pacelli), Saint-Siège 1918-1940, 39, MAE.
5. Tél. Bullitt, Paris, 20 et 23 février, *FRUS 1937*, 1, p. 52-54.
6. Tél. 556-557 Bullitt, Paris, 30 avril, et 584-588, 6 mai, *FRUS 1937*, 1, p. 84 et 90-91.
7. Tél. 652-655 Bullitt, Paris, 20 mai, *FRUS 1937*, 1, p. 93.
8. *Supra*, et entretiens du 29 novembre 1937, Grande-Bretagne 1918-1940, 287-287 bis, MAE.
9. RG, 6 janvier 1938, GA, H 2, Henry Haye, APP.
10. Tél. 278 et 280, Bullitt, Paris, 21 février, français et italique dans le texte, *FRUS 1938*, 1, p. 25-29.
11. Note 2010 D Daladier pour l'EMA, 11 mars 1938, 5 N 579, SHAT.
12. Note Gamelin, 14 mars 1938, avec détails militaires, 5 N 579, SHAT.
13. Parker, *Chamberlain*, p. 139-140, Finkel et Leibovitz, *Chamberlain-Hitler*, p. 125, 129, etc.
14. Extrait tél. 431 Wilson à Hull, Paris, 18 mars, *FRUS 1938*, p. 39.
15. Sd, après 12 mars 1938, traduction, 10 octobre 1939, F7 14722, AN.
16. Renseignement TBS, « Le Reich et la question tchèque », 12 avril 1938, 7 N 3097.
17. CRSR, 6 mai 1938, 7 N 2523, SHAT.
18. CRSR, 25 avril 1938, 7 N 2523, SHAT.
19. Rapport Eisenlohr, 2 janvier 1938, *DGFP, D*, II, sur les élites tchèques, p. 104-107 (citation, 107).
20. CRSR, 6 avril 1938, 7 N 2523, SHAT.
21. Peut-être le film cité par Palasse, rapport 449 S, Moscou, 22 mars 1938, 7 N 3123, SHAT (*supra*).
22. À la 8e AG de la BRI, Peroutka, dit espérer « que la collaboration » BRI-BNT « continuera[it] à se développer et deviendra[it] même plus étroite », PV, 9 mai 1938, 1069199211/89, ABF.
23. Renseignements cités, 13 et 25 avril 1938, 7 N 3097, SHAT.
24. Dépêche de Bürger, Berlin, 17 août 1938, *DGFP, D*, II, p. 577.
25. Lettre 2949/SE à Daladier, Prague, 2 juin 1938, 7 N 3097, SHAT.
26. Papiers d'agents Massigli, 19, note, 29 mars 1938, citée par Laveissière, « La France », p. 123-124.
27. CR liaison aux AE, 30 mars 1938, et séances jusqu'en décembre, 7 N 2525, SHAT.
28. Adamthwaite, *France*, p. 150.
29. Tél. 282 de Wilson, Paris, 3 mai, *FRUS 1938*, 1, p. 47-49. Aspects économiques, *infra*.
30. Dépêche 229 de Welczeck, Paris, 1er mai 1938, *DGFP, D*, II, p. 253-254.
31. Dépêche 3002/SE au MG, Prague, 2 juillet 1938, sur la 445 du 5 mai de François-Poncet, 7 N 3097, SHAT ; Coulondre, *infra*.
32. Lettre de Welczeck et rapport joint, Paris, 23 mai 1938, *DGFP, D*, II, p. 324-325, et *infra*.
33. Lettre de Welczeck, Paris, 11 mai 1938, *DGFP, D*, II, p. 266-267.
34. CR joint à lettre 2949/SE de Faucher, Prague, 2 juin 1938, 7 N 3097, SHAT.
35. Dépêche Welczeck, Paris, 23 mai 1938, *DGFP, D*, II, p. 326-328.
36. Prague aurait inventé « un regroupement massif d'hommes en armes le long de la frontière » ; « nouvelle [...] sans doute non fondée » qui servit de prétexte à l'ordre de mobilisation, Tellier, *Paul Reynaud*, p. 418, sans référence. L'auteur gagnerait à fréquenter les archives allemandes et du SHAT.
37. Tél. 826 Bullitt à Hull, Paris, 24 mai 1938, *FRUS, 1938*, I, p. 519.
38. Tél. 1756 François-Poncet, 9 juin, transmis par Bonnet à Corbin, 10 juin 1938, Tchécoslovaquie 1918-1940, 99, MAE (correspondance à trous, rien ensuite avant août).
39. Rapport Ribbentrop pour Hitler, 23 juin 1938, sur leur « long entretien ce midi », *DGFP, D*, II, p. 428-431, et *passim*, depuis mai.
40. Tchécoslovaquie 1918-40, 152-153 (depuis le 15 mars 1938) ; *DBFP, 3*, 2 (Parker, *Chamberlain*, chap. 7-8), et *DGFP, D*, II (pire dossier) ; presse, *infra*.
41. Dépêche A 3236 de Welczeck, Paris, 10 août 1938, *DGFP, D*, II, p. 548.
42. CRSR, 23 juin 1938, 7 N 2523, SHAT (et n. précédente).
43. Dépêche de Welczeck, Paris, 10 août 1938, *DGFP, D*, II, p. 548.
44. Minute Weiszäcker, Berlin, 15 juillet *DGFP, D*, II, p. 488.
45. Dépêche 687 de Corbin, Londres, 28 juillet 1938, 7 N 3107, SHAT.
46. Rapport Ribbentrop, Berlin, 3, dépêche Welczeck, Paris, 12 juillet 1938 (entretiens avec Henderson, 3, et Bonnet, 12, en joie), *DGFP, D*, II, p. 453-456 et 484-485.
47. Tél. 259 Eisenlohr, Prague, 27 juillet 1938, *DGFP, D*, II, p. 518-519.
48. Ambassade de France à Londres depuis avril 1933, dont dépêche des Affaires commerciales pour Europe, 2 mars 1934, Grande-Bretagne 1918-1940, 294, MAE, et Carley, « Fearful concatenation », p. 54 et 57
49. Lettre 687 (copie) de Corbin à Bonnet, Londres, 28 juillet 1938, 7 N 3107, SHAT.
50. *DGFP, D*, IV, depuis le rapport anonyme sur la conversation Wienke (Reichsbank)-Ashton-Gwatkin, 6 novembre 1938, p. 323-5 ; citation, dépêche Dirksen, Londres, 9 novembre 1938, p. 328.
51. Lettre de Dirksen, Londres, 16 décembre 1938, *DGFP, D*, IV, p. 354, et *DGFP, D*, II, *passim* depuis la minute Weiszäcker, 25 juillet 1938, 512-514, citations, tél. 260 et 262 d'Eisenlohr, Prague, 27 et 28 juillet 1938, p. 520-521.
52. Hencke, Prague, dépêches, 4, 6, tél. 291, 19 août 1938, *DGFP, D*, II, p. 534, 537-539 et 593.
53. *Supra* ; Adamthwaite, *France*, Jordan, *Popular Front*, etc., *passim*, index, et n. suiv.
54. Chargé d'affaires Hencke, Prague, dépêche, 6 août, tél. 373, 16 septembre 1938, *DGFP, D*, II, p. 540 et 807-808.

55. Tél. 2599 de Prague, 18, 2061 de Roger Cambon, Londres, 2623 de Bonnet à Cambon, Paris, 22 août, et de Prague, 24 août 1938, Tchécoslovaquie 1918-1940, 99, MAE (Bonnet transmit tout aussitôt à Londres).
56. Lettre d'Hencke et PV des conférences, Prague, 27 août 1938, *DGFP, D*, II, p. 633-634.
57. Lettre d'Hencke, Prague, 6 septembre 1938, *DGFP, D*, II, p. 703.
58. Correspondance depuis Hencke lettre et tél. 339, 8 septembre 1938, *DGFP, D*, II, p. 714-722.
59. Tél. 421 Welczeck, 2 septembre 1938, *DGFP, D*, II, p. 612-613.
60. *Times*, 7, tél. 406 Kordt, Londres, 8, et 433 Braüer, Paris, 7 septembre 1938, *DGFP, D*, II, p. 722-723 et 712-714.
61. Du Réau, *Daladier*, p. 234-273.
62. Rapport de l'Untersturmfüher SS Baumann sur Henderson au congrès de Nuremberg (auquel il assistait depuis sa nomination de mai 1937) du 7 au 13, Berlin, 15 septembre, p. 765-780 ; « rapport » de C.T.O. Clarke « sur ma visite à Berlin. Conversation avec Nevile Henderson », 13 juin 1938 (archives ambassade à Londres), Tchécoslovaquie 1918-40, 152, MAE, aussi effarant. Concurrence rude entre les membres de l'équipe Chamberlain, chef compris, mais Nevile Henderson les battait tous, Finkel et Leibovitz, *Chamberlain-Hitler*, p. 105-108, 118-122, et index, d'après *DBPF, 2*, 18 et 19.
63. Correspondance depuis le 13 septembre 1938, *DGFP, D*, II, p. 750.
64. *DGFP, D*, II, depuis le tél. 422 Kordt, Londres, et rapport Schmidt sur l'entrevue, Berlin, 15 septembre 1938, p. 785-798 (précisions, 793, 796-797), et tous les auteurs anglophones cités, Parker et Carley en tête.
65. Tableau lucide d'Hencke depuis le 17 septembre 1938, *DGFP, D*, II, p. 821 *sq.*, dont tél. 381, 386, 17, 396, 19, lettre à Altenburg, 20 septembre 1938, p. 825-828, 837-838, 853-854.
66. Tél. 31 Faucher aux deux, Prague, 17, et bulletin de RM sur les mouvements allemands, 16-20 septembre 1938, 7 N 3097, SHAT.
67. Tél. 32-3 Faucher aux deux, Prague, 18 septembre 1938, 7 N 3097, SHAT.
68. « Communication » et minute Siegfried, 19 septembre 1938, *DGFP, D*, II, p. 831-832 ; « garantie », *infra*. Entre parenthèses, numérotation des points.
69. « Politique extérieure de la France », AE (direction d'Europe ?), 16 novembre 1938, note reproduite par l'EMG, 7 N 2522, SHAT.
70. Rapport Schmidt sur la conversation de Paris du 6 décembre 1938, *DGFP, D*, IV, p. 475.
71. Tél. 427 Kordt, Londres, 400 Hencke, Prague, 19 septembre 1938, *DGFP, D*, II, p. 840, 838.
72. Tél. 403 Hencke, Prague, 20 septembre 1938, *DGFP, D*, II, p. 851-852.
73. CR de liaison aux AE, 21 septembre 1938, 7 N 2525, SHAT.
74. Minute Woermann sur la visite de François-Poncet, Berlin, 22 septembre 1938, *DGFP, D*, II, p. 869-870 (et sur les troupes, tous courriers du 22).
75. PV Schmidt des entretiens Hitler-Chamberlain des 22-23 (22 et 25), « mémorandum » en 6 points, 23, dépêche A 3956 de Selzam, Londres, circulaire Woermann aux missions allemandes, 24 septembre 1938, *DGFP, D*, II, p. 870-879, 898-910, 919-920, 925 ; « Note au sujet du mémorandum allemand présenté à M. Chamberlain le 23 septembre 1938 », 25 septembre 1938, 7 N 3097, SHAT et *infra*. Et travaux anglo-saxons cités sur la période.
76. Dernière note citée, 25 septembre 1938, 7 N 3097, SHAT.
77. Lettre de Chamberlain « au Führer » demandant un nouveau rendez-vous, Londres, 26, tél. 490, 25, 493 de Braüer, Paris, 26, 502, Brauer et Kühlenthal, 27 septembre 1938, *DGFP, D*, II, p. 944-945, 931-932, 938-939, 977.
78. *DBFP, 3*, 2, p. 520-535.
79. Minute Weiszäcker, Berlin, 26 septembre 1938 (coup de fil d'Henderson « hier soir »), *DGFP, D*, II, p. 936-937. Depuis le 25, Finkel et Leibovitz, *Chamberlain-Hitler*, p. 157-171, Werth, *Twilight*, p. 240-245, etc. Manipulation de la presse, Crockett, *Twilight of truth*.
80. Sur ce seul point, tél. Braüer à Ribbentrop, Paris, 29 septembre 1938, *DGFP, D*, II, p. 1011.
81. Tél. 503 Braüer, Paris, 27 septembre 1938 (français et italique dans le texte), *DGFP, D*, II, p. 978-979.
82. CR liaison aux AE, 30 mars 1938, 7 N 2525, SHAT.
83. « Mon cher Dentz, J'ai tenté vainement de vous voir pendant mon récent séjour à Paris. Sans succès. Je l'ai regretté car il n'eût pas été sans utilité que nous causions des affaires tchécoslovaques », lettre manuscrite de Faucher, Prague, 28 juillet 1938, 7 N 3097, SHAT (et *supra*).
84. CRSR, 15 juillet, 7 N 2523, et « note[s] sur la collaboration militaire entre la Tchécoslovaquie et l'URSS », 27 juillet et août 1938, 7 N 3107, SHAT.
85. CR Dentz, 27 août, 7 N 3107, CR réunion du 30 août 1938, souligné dans le texte, 7 N 3097, SHAT.
86. Lettre manuscrite de Faucher à Dentz, Prague, 28 juillet 1938, 7 N 3097, SHAT.
87. CR liaison aux AE, 2 juillet 1938, 7 N 2525, SHAT.
88. Lettre de Welczeck, Paris, 12 juillet 1938, *DGFP, D*, II, p. 485.
89. Welczeck, lettre, 24 août, tél. 421, 2 septembre 1938, *DGFP, D*, II, p. 612-613, 682.
90. Vitrolles « expose le voyage du général Vuillemin » (sans plus), CR liaison aux AE, 24 août 1938, 7 N 2525, SHAT.
91. Dépêche Welczeck, 24 août 1938, « suite du rapport 1 3404 du 22 août, non publié », *DGFP, D*, II, p. 612-3
92. Tél. 424, 426, 428 de Welczeck et Kühlenthal (interlocuteur de Colson), Paris, 2, 3, 5 septembre 1938, *DGFP, D*, II, p. 685-686, 696, 699.
93. Tél. 442 de Braüer et Kühlenthal, Paris, 11 septembre 1938, *DGFP, D*, II, p. 741-742.
94. Tél. 660-665 Bullitt, Paris, 21 mai, *FRUS 1937*, 1, p. 96 (*supra*).
95. Bloch, *Cahiers politiques* n° 8, « À propos », *L'étrange défaite*, p. 246-247.
96. Dac., 23 p., fonds Mornet, II, c) 3, BDIC. *1938* (et non 1939 comme l'écrit Crémieux-Brilhac).
97. Bloch, *Cahiers politiques* n° 8, « À propos », *L'étrange défaite*, p. 252-253.
98. CRSR, 9 décembre 1937, 7 N 2522, SHAT.
99. Mémorandum Hossbach, Berlin, 10 novembre 1937, *DGFP, D*, I, p. 38 (29-39).
100. CRSR, 11 juillet 1938, 7 N 2523, SHAT.
101. CRSR, 11, 18, 23, 24, 28 mai, 1er, 18 juin (« fureur » d'Hitler devant les commentaires de « la presse anglaise et française » sur le « recul allemand »), etc. 7 N 2523 ; 2523-2525 (ce dernier, liaison Guerre-AE), 3097, 3107, SHAT.

102. CRSR, 8 septembre 1938, souligné dans le texte (et voir note 29983, « Hitler, les chefs de l'armée et l'affaire tchèque », 27 août), 7 N 2523, SHAT,
103. PV de la conférence des 9-10 septembre 1938, *DGFP, D*, II, p. 727-730.
104. Depas 2735, 18 octobre 1938, 7 N 3024, SHAT.
105. EMADB, note du 9 septembre 1938, 7 N 3107, SHAT.
106. Note, 15 septembre 1938, N 579, SHAT.
107. « Institut d'études européennes de Strasbourg » (IEE), note 1444, 8 octobre 1938, 7 N 3107, SHAT.
108. CR liaison aux AE, 19 octobre 1938, 7 N 2525, SHAT.
109. Note annexée à lettre 3159 SE (non jointe) du 1er décembre 1938, 7 N 3097, SHAT.
110. EMA, « Note sur les conséquences militaires de la disparition de la Tchécoslovaquie », 16 mars 1939, souligné dans le texte, 7 N 2524, SHAT.
111. CRSR, 1er juin 1938, souligné dans le texte, 7 N 2523, SHAT.
112. Ministre Fabricius, Bucarest, tél. 158, 15, rapport, 17, Schulenburg, Moscou, 27 août 1938, *DGFP, D*, II, p. 571, 573-576, 632.
113. Tél. 332 Hencke, Prague, 7, 174 attaché Stelzer, Bucarest, 9, 85 de Kraul, Genève, 12, lettres Hencke, Prague, 14, Schulenburg, 19, tél. 188 Fabricius (droit international), 20 septembre 1938, *DGFP, D*, II, p. 710-711, 724, 746, 762, 847, 855.
114. CR liaison AE, 28 septembre 1938, 7 N 2525, SHAT.
115. Rapport Baumann, Berlin, 15, dépêche de Moltke sur les « *démarches* » de la hyène, Varsovie, 20, note Woermann sur les trois documents remis par la Pologne à Berlin, Londres (revendiquant « l'égalité de traitement » pour les minorités polonaises en Tchécoslovaquie) et Prague (dénonçant la convention polono-tchécoslovaque du 3 avril 1925), 21, dépêches Moltke sur « les revendications polonaises sur le territoire de Teschen », Weiszäcker, Paris, 12 juillet, et Moltke, 24 septembre (citation) 1938, *DGFP, D*, II, p. 770-771, 849-850, 861-863, 915-918.
116. CRSR, 20, 25 mai 1938 (et correspondance depuis le 17 février), 7 N 2523, SHAT.
117. CRSR, 20 mai 1938 (« note du Deuxième Bureau », souligné dans le texte), 7 N 2523, SHAT.
118. Tél. 1124 Bullitt, Paris, 26 septembre 1938, *FRUS 1938*, I, p. 668-9 ; rapport Baumann, Berlin, 15 septembre 1938, *DGFP, D*, II, p. 770-771.
119. Rapport Didelet 1103/A.M., Berlin, 12 décembre 1938, qualificatif tchèque, 7 N 3097, SHAT.
120. Rapport Musse 98/S, 21 septembre 1938, sous-dossier « Attitude Pologne tension septembre 38 », 7 N 3107, SHAT.
121. Tél. 68 Moltke, Varsovie, 26, deux minutes Weiszäcker, Berlin, 27 (français et italique dans le texte) septembre 1938, *DGFP, D*, II, p. 933-934, 970, 975.
122. Rapport Schulenburg, Moscou, 29 septembre 1938, *DGFP, D*, II, p. 998-999.
123. EMA Depas 2404, 21 septembre 1938, 7 N 3024, SHAT.
124. Lettre confidentielle 4 à Daladier, 22 septembre 1938, 7 N 3097, SHAT.
125. EMA Depas 402, 23 septembre 1938, 7 N 3107, SHAT.
126. Départ le 16, lettre 3370/Cab. de Flipo, Prague, 20 décembre 1938, 7 N 3097, SHAT.
127. Tél. 35-6, 23 (« Je demande à être immédiatement relevé fonctions chef de mission »), et 39-41, 24 septembre 1938, 7 N 3097, SHAT.
128. Lettre 3199/Cab à Daladier, 6 octobre 1938, 7 N 3097, SHAT.
129. Tél. 2447 de Gamelin à Faucher, manuscrit, Paris, 28 septembre 1938, 7 N 3097, SHAT.
130. En janvier 1944 ; libéré par l'armée américaine, il mourut en 1964 (à 90 ans), Ragsdale Hugh, *The Soviets*, p. 171, d'après Crane, *A French Conscience*.
131. Carley, tous les travaux cités ; Leibovitz et Finkel, etc.
132. IEE de Strasbourg, note 1444, 8 octobre 1938, 7 N 3107, SHAT.
133. *Politique*, « la politique a devancé l'économie » (p. 375), « Munich et l'économie », p. 372-381.
134. Schirmann, *Les relations*, p. 214-218, d'après Lacaze, *L'opinion*, p. 489-490, et Duroselle, *Politique*, p. 378-379.
135. Moine, *Les Barons*, p. 309. Sur Wendel patriote, grand thème français, *Industriels*, index.
136. Rien entre septembre 1937 et le 12 février 1938, puis courriers ou bordereaux d'envoi anodins des 26 mars, 7 avril, 2 septembre, Tchécoslovaquie 1918-1940, 167, MAE. Suite post-munichoise, *infra*.
137. Schneider « ne cède qu'à contrecœur ses intérêts dans le groupe tchèque Skoda, le 31 décembre 1938 », Schirmann (d'après Duroselle), *Les relations*, p. 222.
138. Travaux cités (je ne lis pas le tchécoslovaque), Teichova, *An economic*, p. 394. La collègue tchécoslovaque qui les a consultés pour moi, Mila Lvovà (je l'en remercie vivement), n'y a pas trouvé d'étude spécifique du dossier.
139. Teichova, *An economic, passim* ; chimie, p. 284-335. Segal, sur cette base, *The French State*, p. 295, et *supra*.
140. CRSR, 27 mai 1938, 7 N 2523, SHAT.
141. « CR des renseignements recueillis au MAE par un officier du DB », 1er octobre 1938, 7 N 2525, SHAT.
142. CR liaison AE, 5 octobre 1938, 7 N 2525, SHAT.
143. Dutter, « Doing business », p. 314, 318.
144. « Accusations [...] mal fondées » selon Jeanneney, dont le développement sur le « non à Blum » de mars 1938 esquive la position de Wendel sur l'Anschluss, *François de Wendel*, p. 575-580 et 585-587 (sur une base archivistique squelettique, mais troublante : décembre sur Kerillis).
145. W. Mc C. Stewart, *Foreign Press*, 14 janvier 1941, Londres-Alger, 300, MAE.
146. CRSR, 14 avril, 30 juin 1938, 7 N 2523, SHAT.
147. CR liaison AE, 13 juillet 1938, 7 N 2525, SHAT.
148. Dutter, « Doing business », p. 318.
149. Photostat, 10 décembre 1937, AJ 40, 812, AN ; *Industriels et banquiers*, p. 50-51, et *passim*.
150. Composition des deux « commissions gouvernementales », ici la française, PV de leur 5e réunion, à Berlin, 16 janvier-14 février 1939 F60, 344, AN.
151. Schirmann, *Les relations*, p. 227-228 ; Dutter, « Doing business », p. 316 et 319-325.
152. CRSR, 30 juin 1938, 7 N 2523, souligné dans le texte, SHAT.
153. *8e rapport annuel* (1er avril 1937-31 mars 1938), Bâle, 9 mai 1938, p. 58, 1069199211/91, ABF.
154. Trepp, *Bankgeschäfte*, p. 29, Newton, *Profits*, p. 76-77.

155. Schirmann, *Les relations*, p. 203-209.
156. Le quart du montant des sept plus gros actionnaires, Reichsbank, BF, Banque d'Angleterre, Banque d'Italie, Banque nationale de Belgique, « groupes » américain et japonais, 16 000 chacun (total de 165 100 actions), Annexe I, PV de la 1re AG, 19 mai 1931, 1069199211/89, ABF.
157. Lettre d'Auboin à Fournier, Bâle, 18 mars 1938, sous-dossier « emprunts autrichiens », 1069199211/30, ABF.
158. Smith, *Hitler's gold*, p. 2, « Enquête menée auprès des autorités américaines à Francfort-sur-le-Main par MM. Gargam, Inspecteur de la Banque de France, et Vincenot, Inspecteur des Finances », 28 août 1945, 1080 199201/27, ABF, et *8e rapport annuel*, p. 58, 1069199211/91, ABF. Sur Norman, toute la bibliographie concernée, dont Newton, *Profits*, et et Trepp, *Bankgeschäfte*, index.
159. Estimation allemande, Schirmann, *Les relations*, p. 204-206.
160. Schirmann, *Les relations*, p. 198-200, et Lacroix-Riz, *Industriels*, p. 56 et *passim*.
161. CRSR, 15 juillet 1938, 7 N 2523, SHAT.
162. Dutter, « Doing business », p. 314-315 et *infra*.
163. Confidence à Stoyadinovitch, tél. 97 Heeren, Belgrade, 15 septembre 1938, *DGFP, D*, II, p. 803.
164. Séances, 3 novembre (exposé Fournier, p. 787-788) ; extraordinaires, septembre, PV bref, rien sur le sujet, 678-737, ABF.
165. Dépêche Welczeck, Paris, 10 août 1938, *DGFP, D*, II, p. 547-549.
166. Dépêche Welczeck, Paris, 8 avril 1938, *DGFP, D*, II, p. 217-223.
167. RG, 1er avril 1938, BA 2043, Philippe Henriot, APP
168. Lettres 2864/SE et 2880/SE (section d'études) au MG, Prague, 5 et 20 avril, 7 N 3097, SHAT ; insultes de la *FM* en 1934, *supra*.
169. *Supra*, et RG, 30 mai (discours au congrès du PRNS, 28-29 mai 1938 (ici, 28), avec Pierre Picherit, Henriot et Taittinger, BA, 1951, PRNS, APP.
170. Note MAE (Europe ?) sur « la portée de nos accords avec la Tchécoslovaquie », 12 avril 1938, Tchécoslovaquie 1918-1940, 152, MAE, s'offrant le luxe de démontrer la validité intacte 1° des « accords de Locarno », maintenus malgré leur dénonciation par le Reich et base de « nos relations avec la Grande-Bretagne » et de « l'accord franco-tchécoslovaque » de 1924 et 1925, souligné dans le texte.
171. EMA, CR Gauché de l'entretien, 14 avril 1938, 7 N 3107.
172. Lettre 2880/SE au MG, Prague, 20 avril, 7 N 3097, et Depas 1114, 11 avril 1938, 7 N 3107, SHAT.
173. Mêlés, réquisitoire du procureur général Frette-Damicourt, Paris, 8 janvier 1947, PJ 40, Baudouin, APP, et Pertinax, *Les fossoyeurs*, I, p. 246-247. Déchaînement, Bouillon et Valette, *Munich*.
174. Lacroix-Riz, *Industriels*, chap. 9, et *infra*, conclusion.
175. Pertinax, *Les fossoyeurs*, I, p. 246-247.
176. RG, 9 décembre 1936, 8 janvier 1937, et notice Jean Prouvost déjà citée, sd, après juillet 1955, GA, P 7, J. Prouvost, I (trois dossiers), APP.
177. André Carrel « Une injure à la Résistance. Le milliardaire Prouvost, homme des sucres, du textile, du papier et complice de Pétain bénéficie d'un non-lieu », *L'Humanité*, 19 juin 1947, GA, P 7, Prouvost, II, APP.
178. 12 mai dans *Paris-Midi* : Prague « regrett[e] de voir un ancien membre du Conseil supérieur de la guerre fournir des arguments à ceux qui prétendent que nous sommes hors d'état de fournir un concours efficace à notre alliée », dépêche 3152/Cab. de Faucher au MG, Prague, 16 mai 1938, 7 N 3097, SHAT.
179. Braüer, Paris, lettre, 10, tél. 448, 14 septembre 1938, *DGFP, D*, II, p. 739-40, 755-6
180. Braüer, Paris, lettre, 20 (fin, Adamthwaite, *France*, p. 221), tél. 490, 25 septembre 1938, *DGFP, D*, II, p. 857-858, 931-932.
181. Renseignement cité, 12 avril, et « note sur l'évolution du problème tchécoslovaque », 10 octobre 1938, 7 N 3097, SHAT.
182. « Isolationnisme » soviétique, Dullin, *Des hommes*, p. 280, 285-298, citation p. 292 et *passim*.
183. Séance après-midi du 13, PV du 14 novembre 1938, BA 1897, ARD, APP.
184. Schulenburg, Moscou, lettre, 22, et rapport, 26 août 1938, *DGFP, D*, II, p. 601-602 et 631.
185. Rapport Herwarth, Moscou, 31 août 1938, *DGFP, D*, II, p. 666-7.
186. Schulenburg, Moscou, lettre, 30 mai, rapport, 16 août 1938, *DGFP, D*, II, p. 363-4 et 655.
187. Rapport 447 S de Palasse, Moscou, 21 mars, 7 N 3123, et CRSR, 5 avril 1938, 7 N 2523, SHAT.
188. CRSR, 5 avril et « note du Deuxième Bureau », 8 avril, 24 mars, 25 avril 1938, 7 N 2523, SHAT.
189. Copie 4e version de son ordre sur le « plan Vert » (d'attaque de la Tchécoslovaquie), annexé au rapport de l'OKW n° 42/88, 30 mai 1938, *DGFP, D*, II, p. 359.
190. Lettre 2969/SE de Faucher au MG, Prague, 15 juin 1938, 7 N 3097, SHAT.
191. Dépêche 109 de l'attaché Daniel Lévi à Paul-Boncour, Moscou, 5 avril 1938, URSS 1918-1940, 962, MAE.
192. CRSR, 15 juin, souligné dans le texte, 7 N 2523, SHAT, et dépêche 585 de Corbin, Londres, 25 juin 1938, Halifax confirma l'engagement mais nia « la moindre allusion [de Litvinov] à l'éventualité d'une entente germano-russe au cas où la Tchécoslovaquie serait abandonnée », Tchécoslovaquie 1918-1940, 140, MAE.
193. CRSR, 17, 22 (selon « le correspondant de [...] Tass [,...] Moscou sera certainement amené à reconsidérer sa politique avec la France »), 26 septembre 1938, 7 N 2523, SHAT.
194. Dépêches 193, 197 de Coulondre, Moscou, 12 juillet 1938, Tchécoslovaquie 1918-1940, 140, MAE.
195. Note Hromadko, 2, transmise par lettre 3012/SE de Faucher, Prague, 12 juillet 1938, 7 N 3097, SHAT.
196. *DBFP*, 3, 2, et Finkel et Leibovitz, *Chamberlain-Hitler*, p. 173-175.
197. Hencke, tél. 272, 7, et dépêche, Prague, 13 août 1938, *DGFP, D*, II, p. 541 et 559-60.
198. Rapports Schulenburg, Moscou, 23 et 26 août 1938, *DGFP, D*, II, p. 604-605 et 629-631 (souligné par moi).
199. CR Dentz, 27 août, 7 N 3107, SHAT ; dépêche 249 de Payart, Moscou, 5 septembre 1938, Tchécoslovaquie 1918-1940, 140, MAE.
200. Tél. 2673 Corbin, 12 octobre 1938, mise au point *formelle* contre l'indécente déclaration de Lord Winterton, réitérée ensuite, accusant Moscou de n'avoir rien fait pour Prague et autres, aussi formelles, par dépêches 919, 14 octobre, 981, 4, 1017, 5 novembre 1938 (annonçant la capitulation du Lord et de Chamberlain, *cf. infra*), Tchécoslovaquie 1918-1940, 140, MAE.
201. CRSR, 7 et 8 septembre 1938, 7 N 2523, SHAT.
202. Circulaire Bülow-Schwante aux postes concernés, Berlin, 16 septembre 1938, *DGFP, D*, II, p. 815.
203. Lettre 515/S. de Palasse au MG, Moscou, 13 novembre 1938, 7 N 3123, SHAT.
204. Dépêche Hencke, Prague, 14 septembre 1938, *DGFP, D*, II, p. 761-762.

205. Tél. 2673 Corbin, 12 octobre, Chamberlain dut en convenir, devant l'indignation tenace de Maiski, au terme du scandale Winterton, lettre 1017, 5 novembre 1938, Tchécoslovaquie 1918-1940, 140, MAE (et tous ses courriers cités plus haut).
206. Tél. 196 Schulenburg, Moscou, 21 septembre 1938, *DGFP, D*, II, p. 860.
207. Cette précision, lettre 507 S. de Palasse, Moscou, 18 octobre 1938 (qui recense les initiatives soviétiques depuis « le discours du 21 septembre » de Litvinov), 7 N 3123, SHAT.
208. 1er octobre, lettre 507 S. de Palasse, Moscou, 18 octobre 1938, 7 N 3123, SHAT et tél. 461 Hencke, Prague, 25 septembre 1938, *DGFP, D*, II, p. 929.
209. Lettre 507 S. de Palasse, Moscou, 18 octobre, et tél. 3057 Coulondre, Moscou, 22 septembre 1938, Tchécoslovaquie 1918-1940, 140, MAE.
210. Dépêche Schulenburg, Moscou, 26 septembre 1938, *DGFP, D*, II, p. 946-948.
211. Jukes, « The Red Army », et minute Weiszäcker, Berlin, 26 septembre 1938, *DGFP, D*, II, p. 936 ; « l'État-major soviétique » avoua la « mise sur le pied de guerre de 30 DI, ainsi que des unités d'aviation et de chars de cette région », tél. Palasse n° 501/S du 28 septembre (cité par sa lettre 507 S. du 18 octobre), 7 N 3123, SHAT.
212. IEE de Strasbourg, note 1444, 8 octobre 1938, 7 N 3107, SHAT.
213. Dépêche 507 S. de Palasse, Moscou, 18 octobre 1938, 7 N 3123, SHAT.
214. « Souvenirs de la mission en Russie août 1939, général Doumenc » (plus loin, rapport Doumenc), 7 N 3185, SHAT.
215. Dépêche 565/S de Palasse, Moscou, 4 avril 1939, 7 N 3123, SHAT, et tous volumes concernés.

Chapitre 10 (notes de la page 457 à la page 505)

1. Flandin, tél. Braüer, PV « conversation » du 24 août 1939, *DGFP, D*, VII, p. 253-254, et *infra*.
2. PV congrès ARD, séance matin du 13, 14 novembre 1938, BA 1897, ARD, APP.
3. Rapport ambassade, Paris, 9 novembre 1938, *DGFP, D*, IV, p. 452. Dactylographie de l'affiche datée du 29, fonds Mornet, II, BDIC.
4. Après-midi du 13, PV congrès ARD, 14 novembre 1938, BA 1897, ARD, APP.
5. Rapports Heeribout, 12 janvier 1946 (texte affiche joint), et 15 juin 1945, PJ 44, Flandin, APP. Dates respectives, 30 septembre et 2 octobre 1938.
6. Dépêche Welczeck, Paris, 30 novembre 1938, *DGFP, D*, IV, p. 467. Souligné par moi.
7. Dépêche 1186, Berlin, 3 novembre 1938, F 60, 174, AN, et Imlay, *Facing*, p. 144-145.
8. Pertinax, *Les fossoyeurs*, I, p. 244 et 246-247 (cite Baudouin, « Les données du problème français », *Revue de Paris* « du 1er février 1938 », p. 247).
9. RG, 25 avril 1939, BA 1951, APP (et prologue).
10. Matin (Portmann) et après-midi (Reibel et Flandin) du 13, PV du 14, séance du 14 (Flandin), RG, 15 novembre 1938, BA 1897, ARD, APP.
11. Rapport de l'ambassade, Paris, 13 novembre 1938, *DGFP, D*, IV, p. 452-453.
12. Tellier, *Paul Reynaud*, laborieux dans l'impossible démonstration, p. 412-439.
13. Reynaud cité par Flandin et Reibel, PV du 14 novembre 1938, BA 1897, ARD, APP.
14. Note Abetz pour Welczeck, Paris, 24 octobre 1938, *DGFP, D*, IV, p. 440-441.
15. Déposition de Reynaud, audience du 20 juillet 1945, F1 a 3310, AN. Révélations d'Isorni, Lacroix-Riz, *Munich*, index.
16. Comparer *DBFP*, 3, 2, p. 635-640, et *DGFP, D*, IV, p. 287-293.
17. Texte *in extenso*, *DBFP*, 3, 2, p. 640.
18. Chapitre III, Allemagne et France, depuis lettre Braüer, Paris, 4 octobre 1938, *DGFP, D*, IV, p. 431-432.
19. Rapport Weiszäcker, Berlin, 13 octobre 1938, *DGFP, D*, IV, p. 436-437 ; proclamation allemande du néant de l'accord, octobre-décembre, *ibid.*
20. Tél. 269 Mackensen, ambassadeur à Rome, 6 octobre 1938, *DGFP, D*, IV, p. 435.
21. Tél. 536 Welczeck, Paris, 19 octobre 1938, *DGFP, D*, IV, p. 437-438.
22. Rapport Weiszäcker, Berlin, 13 octobre 1938, *DGFP, D*, IV, p. 436-437, etc.
23. Tél. 551 Welczeck, Paris, 31 octobre 1938, *DGFP, D*, IV, p. 443-444.
24. Dépêche Welczeck, 30 novembre 1938, citant plusieurs courriers np, dont ceux des 1er et 2 sur le congrès radical, p. 467-9.
25. Schnitzler (IG Farben) sur Kuhlmann en 1940, 17 juillet 1945, Hayes, *Industry*, n. 60, p. 281, et Lacroix-Riz, *Industriels*, p. 68.
26. Dépêche Dirksen, Londres, 7 novembre 1938, *DGFP, D*, IV, p. 333.
27. Tél. 577 Welczeck, Paris, 19, rapport Ribbentrop, Berlin, 20 novembre 1938, p. 455-457 ; Caron, *Asylum*, p. 194-198 (citation, 197).
28. Rapport 9865/5361 du chargé d'affaires Renato Prunas pour Ciano, Paris, 5 novembre 1938, *DDI*, 8e série, X, p. 380, et *Munich*, p. 68 (leitmotiv de l'ouvrage).
29. Tél. 318 Mackensen, Rome, 22 novembre 1938, *DGFP, D*, IV, p. 460-461.
30. CRSR, 29 novembre 1938, 7 N 2523, SHAT.
31. Tél. Welczeck 577, 19, 595, 25 novembre 1938, *DGFP, D*, IV, p. 455 et 463-464, Werth, *Twilight*, p. 292 *sq.*
32. Tél. 584 Protocole à Welczeck, Berlin, 29 novembre 1938, *DGFP, D*, IV, p. 465-467.
33. Chadeau, *Louis Renault*, sur la base du témoignage de 1978 de F. Lehideux, p. 144-147.
34. Tél. 605 Welczeck, 30 novembre (français et italique dans le texte) 1938, *DGFP, D*, IV, p. 465-467.
35. CRSR, 19 décembre 1938, 7 N 2523, SHAT.
36. Rapport Paul Schmidt sur la conversation du 6 décembre 1938, *DGFP, D*, IV, p. 471-476.
37. Rapport Ribbentrop, Paris, 9 décembre 1938, *DGFP, D*, IV, p. 481-2 (point 3 sur l'Espagne).
38. Tél. 514 Wilson sur sa conversation avec Coulondre, Paris, 8 décembre 1938, *FRUS*, 1938, I, p. 112.
39. RG, 29 mars 1939, BA 2165, Italie, fascistes, APP.
40. Tél. 514 Wilson, Paris, 8 décembre 1938, *FRUS*, 1938, I, p. 112. Gentin, homme-lige de la Chambre de commerce de Paris, *Munich*, index.
41. Adamthwaite, *France*, p. 249-251 (citation, 250, d'après *DBFP*).
42. Rapport Violet Milner sur ses conversations à Paris, 2 janvier 1939, cité Carley, « Years of War », p. 336.
43. Rapport Hewel (entretien Ribbentrop-Ashton-Gwatkin), Berlin, 20 février 1939, *DGFP, D*, IV. 410-411.

44. Correspondance depuis octobre 1938, *DGFP, D*, IV, par pays.
45. Collaboration économique sous l'égide d'Ashton-Gwatkin, Frederick Leith-Ross, « conseiller économique en chef du Gouvernement britannique » etc., *DGFP, D*, IV, Chapitre II, Allemagne et Grande-Bretagne, 1er octobre 1938-15 mars 1939, et Newton, *Profits*, p. 102-129 ; suite clandestine, Newton, 130 *sq.* et Higham, *Trading, passim.*
46. Copie d'une dépêche à Bonnet, 12 juillet 1938, F 60, 174, AN.
47. Lacroix-Riz, *Industrialisation*, p. 83.
48. Information, 13 janvier 1940, BA 2140, APP, 3e rapport annuel pour l'AG, Bâle, 8 mai 1933, 1069199211/ 90 (et toutes les années suivantes), ABF, et *Industriels*, p. 430-431, 447-448.
49. AG des 5, 19 octobre et 21 décembre 1938, Dutter, « Doing business », p. 316-318.
50. Note Padovani (« étude » des *Basler Nachrichten* sur les « pertes subies par le capital français du fait du remaniement des frontières tchécoslovaques »), Berne, 8 octobre 1938, F 60, 170, AN.
51. Tél. 2558 de Lacroix, Prague, 13 octobre 1938, Tchécoslovaquie 1918-40, 167, MAE.
52. Note du directeur adjoint de la DAPC, Paris, 17 novembre 1938, Tchécoslovaquie 1918-40, 167, MAE.
53. Note sans référence, 31 décembre 1938, Tchécoslovaquie 1918-40, 167, MAE.
54. Segal, *The French State, passim*, ici p. 320-321.
55. Tél. 3236-41 Lacroix, Prague, et mémorandum remis par Lepercq et Chanzy joint, 24 décembre 1938, Tchécoslovaquie 1918-40, 167, MAE.
56. Note Doulcet et communiqué, 27, et dépêche Havas, 31 décembre 1938, Tchécoslovaquie 1918-40, 167, MAE.
57. EMA Depas 360, 16 février 1939, 7 N 3107, SHAT.
58. Teichova, *An economic background*, p. 216-217 (citations) et 202-209.
59. Note pour Bonnet, 24, Havas, 31 décembre 1938, Tchécoslovaquie 1918-40, 167, MAE. Présentation alambiquée et mensongère, CR liaison AE, 28 décembre 1938, 7 N 2525, SHAT.
60. Note Bolck (Wi II), « acquisition de participations françaises et étrangères par les Banques et sociétés allemandes », Paris, 2 décembre 1940, et lettre en français et allemand (sur 2 colonnes) de la Banque de l'Union parisienne au chef du MBF (Elmar Michel), Paris, 24 octobre 1941, AJ 40, 781 et 817, AN, etc. ; Lacroix-Riz, *Industriels*, index Skoda.
61. Segal, *The French State*, p. 316-323, laborieux ; Lacroix-Riz, *Industriels*, p. 238-245.
62. Lettre 866 de Didelet au MG, 22 août 1939, 7 N 2602, SHAT ; ARBED, chap. 11.
63. Lettre d'Auboin à Fournier, 30 septembre 1938, 1069199211/29, ABF.
64. Note Auboin, « Erreurs », 17 janvier 1939, 1069199211/30, ABF.
65. Information, 20 février 1939, comparant les profits en hausse météorique de l'IG Farben et le sort des ouvriers de la chimie : salaires réels en chute libre par rapport à 1930, journée de travail courante de 16 heures, constante « augmentation du rendement » et des accidents, BA, 2140, Allemagne, APP.
66. Transmission d'une affiche, 10 février 1939, souligné dans le texte, BA, 2140, Allemagne, APP.
67. Tél. 114 Welczeck, Paris, 3, et minute Sabath (Politique économique), Berlin, 8 mars 1939, *DGFP, D*, IV, p. 505-508. La comparaison d'Hervé Alphand avec son père m'appartient.
68. Note du conseiller de légation Campe au directeur ministériel Wiehl, 22, et rapport joint (français et italique dans le texte), Paris, 21 février 1939, *DGFP, D*, IV, p. 498-500.
69. Tél. 114 Welczeck, Paris, 3 mars 1939, *DGFP, D*, IV, p. 505-507.
70. Chapitre II, Allemagne et Grande-Bretagne, 1er octobre 1938-15 mars 1939, *DGFP, D*, IV.
71. Schirmann, *Les relations*, p. 216-217 (source, Y. Lacaze), 227-230, n. 43, p. 235 (comparer liste et groupes respectifs, *Industriels*, p. 10-11). Mercier, *supra* et *Industriels*, p. 52-56.
72. Lettre de Campe à Alphand, Paris, et rapport Kreutzwald , Berlin, 1er mars 1939, *DGFP, D*, IV, p. 502-504.
73. Lettre de Koppen à Campe, Berlin, 2 mars 1939, *DGFP, D*, IV, p. 505.
74. Berlin, minute Wiehl (français et italique dans le texte), 10, et note citée (dernier document sur la France), 11 mars 1939, *DGFP, D*, IV, p. 509-511.
75. Lettre 251 de Didelet au MG, Berlin, 16 mars 1939, souligné dans le texte, 7 N 2602, SHAT.
76. Villard cité, lettre de Bolgert à Boisanger, Paris, 1er novembre 1940, 1080 199201/23, ABF.
77. Smith, Jr, *Hitler's gold*, p. 4-8, Higham, *Trading*, p. 5-6 ; Trepp, *Banksgeschäfte*, p. 29-32, presse, automne 1939, 1069199211/34, Einzig, *Financial News*, 5 mai 1939, 1069199211/91, ABF.
78. Lettre d'Auboin n° 7 à P. Fournier, « personnel », Bâle, 13 octobre 1939, 1069199211/40, ABF.
79. Mendès France « connaissait très bien la synarchie et [...] fut même tenu au courant, peut-être même initié à un certain stade de cette société, le stade administratif », XP 58/D.B.5, 2 février 1945 ; « Mendès France Pierre, avocat, député Eure, ancien ministre », figure avec son adresse sur la liste des 364 synarques, F7 15343, AN.
80. « Buré Émile, ex-directeur de *L'Ordre*», figure avec son adresse sur la liste des 364, F7 15343, AN, et sur d'autres documents, *cf. supra*.
81. Mendès France, *L'Ordre*, 15 août 1939, « Neuf ans de finance internationale à la BRI. II. La BRI et les intérêts allemands », 1069199211/34, ABF.
82. Campagne de presse anglaise, G. Trepp, *Bankgeschäfte*, p. 134 *sq.*, et dossier de presse 1942 (*Financial News* et *Times*), 1069199211/40, ABF.
83. Rapport de l'IF Panouillot pour le MF, Paris, 21 juin, et interrogatoire franco-américain de Reinel, 14 août 1945, 10 h 30, 1080 199201/26, ABF.
84. Interrogatoire Puhl (3e CR) et note APO 742 Donald W. Curtis sur celui de Reinel, 10 et 6 août 1945, 1080 199201/26, ABF.
85. Comparaison prouvant le caractère *politique* du quitus ou du veto, Trepp, *Bankgeschäfte*, p. 80-81, et Lacroix-Riz, « La BRI », p. 404-406.
86. Rapport Rüter, Berlin, 15 mars 1939, *DGFP, D*, IV p. 430, dernier document du vol. sur l'Angleterre.
87. Tél. 373 Kennedy, Londres, 20 mars 1939, *FRUS*, 1939, I, p. 77-78.
88. Rapport Wiehl, Berlin, 16 mars 1939, *DGFP, D*, VI, p. 11-12.
89. PV des deux réunions, BE MAE des 1er mars et 22 mai 1939, F60, 344, AN.
90. Note des éditeurs, *DGFP, D*, VI, p. 813, et Schirmann, *Les relations*, p. 240-243 (BRI évoquée par moi).
91. « Note sur la répartition des bénéfices de la BRI », 16 mars 1940, 1069199211/91, ABF.
92. Note Hoffheu, 20 juillet 1939, Vichy Maroc, 39, MAE. Souligné dans le texte.
93. Auboin, « Erreurs », 17 janvier 1939, 1069199211/30, ABF.

94. Gillingham, *Belgian Business*, et *infra*.
95. Rapport Lega sur le CFA, cabinet Mathieu, DPJ, 2 mai 1945, PJ 42, Brinon, APP.
96. Base : imprimé de 1938 (Prost) et témoignages *a posteriori*,dont les mémoires d'Henri Pichot pour les deux ouvrages, *Les Anciens Combattants*, 1, p. 185, et *Otto Abetz*, p. 118-119.
97. Lacroix-Riz, *Industriels*, p. 70-71.
98. RG, 5 juillet 1941, BA 1914, MSR, APP.
99. « Extrait » synarchie-CSAR, F7 15343, AN, et *supra*.
100. RG, 29 mars 1939, BA 2165, Italie, fascistes, APP. Burrin prend au sérieux les coquetteries d'après 15 mars du CFA, *La France*, p. 62.
101. Rapport Legat sur le CFA, cabinet Mathieu, DPJ, 2 mai 1945, PJ 42, de Brinon, APP.
102. Pertinax, *Les fossoyeurs*, t. I, p. 164-166, Werth, *Twilight*, index.
103. Lettre de Welczeck à Weiszäcker et note jointe, Paris, 15 juillet 1939, *DGFP, D*, VI, p. 928.
104. RG, 3 et 8 mars 1939, GA, F 21, Paul Faure, APP. Castagnez-Ruggiu relève que « les moyens des paulfauristes avaient considérablement augmenté puisqu'ils disposaient désormais d'un hebdomadaire de seize pages », mais elle ignore pourquoi, « Le Pays Socialiste », p. 52.
105. *Infra* et *supra*.
106. Tél. 305 Ribbentrop, Berlin, 9 juillet 1939, français et italique dans le texte, *DGFP, D*, VI, p. 886-888.
107. Tél. 352 (entretien de « plus d'une heure » du 1er), Paris, 2 juillet 1939, *DGFP, D*, VI, p. 828-829.
108. Tél. 367 Welczeck, Paris, 12 juillet 1939, *DGFP, D*, VI, p. 908.
109. Tél. 347 et 350 Weiszäcker à Welczeck, Berlin, 2 et 4 août 1939, *DGFP, D*, VI, p. 1043-1044 et 1062-1063.
110. Tél. 413 Welczeck, Paris, 11, et rapport Weiszäcker, Berlin, 15 août 1939, *DGFP, D*, VII, p. 22 et 72.
111. Chadeau, *Louis Renault*, p. 152-162.
112. Rochebrune et Hazera, *Les patrons*, p. 33-41 ; Rousselier-Fraboulet, *Les entreprises*, p. 23-26 et 65-74 ; Vinen, *The politics*, p. 92 et chap. 7, « The patronat and the war », et chap. 4-6 sur la stratégie de la revanche ; Lacroix-Riz, *Industriels*, p. 59-64.
113. Chadeau, *Louis Renault*, p. 157-158, et *supra*.
114. Parker, *Chamberlain, passim*, dont chap. 13 (surtout) à 15 ; Shay, *British Rearmament, passim*, Newton, *Profits*, surtout chap. 4, etc.
115. Pertinax, *Les fossoyeurs*, I, p. 140, et ce chap. 5, « La faillite du réarmement ».
116. Lettre 866 de Didelet à Daladier, 22 août 1939, souligné dans le texte, 7 N 2602, SHAT
117. Frankenstein, *Le prix, passim* et surtout p. 249-299.
118. Citation d'une « longue dépêche du 10 octobre » de Braüer, np, comme toute la correspondance de même type des 1er-10 octobre 1938, n. 3, *DGFP, D*, IV, p. 433.
119. CRSR, 24 octobre 1938, 7 N 2523, SHAT.
120. Lettres 507 S. et 512/S. de Palasse, Moscou, 18 et 30 octobre 1938, 7 N 3123, SHAT ; succession, *supra*.
121. « Politique extérieure de la France (Affaires étrangères, 16 novembre 1938 »), copie, 7 N 2522, SHAT.
122. Octobre, dont rapport du 12 du consul à Genève (Howard Bucknell Jr), *FRUS*, 1938, I, p. 86-92.
123. Notes Padovani, 7 octobre, F 60, 174, 8 (revue de la presse suisse, « Après l'accord de Munich »), et 20 octobre 1938, F 60, 170, AN.
124. CRSR, 24 et 27 octobre 1938, 7 N 2523, SHAT.
125. Lettre 3199/Cab à Daladier, 6 octobre 1938, 7 N 3097, SHAT.
126. IEE de Strasbourg, note 1444, 8 octobre 1938, 7 N 3107, SHAT.
127. Lettre à « mon cher Ami » Chataigneau, Bâle, 8 octobre 1938, F60, 174, AN.
128. Tous les fonds tchécoslovaques SHAT cités ici, *DGFP, D*, IV, Tchécoslovaquie 1918-40, 152-153, MAE ; trous partiellement comblés par Renondeau (AM à Berlin) depuis le 2 octobre 1938, 7 N 2602, SHAT, etc.
129. Lettres de Faucher à Daladier 4, 22 septembre, et 3199/Cab, Prague, 6 octobre 1938, 7 N 3097, SHAT.
130. Lettre 507 S. de Palasse, Moscou, 18 octobre 1938, 7 N 3123, SHAT.
131. Correspondance à trous sur la farce depuis le 11 octobre (puis plus rien avant le 24 novembre, etc.) Tchécoslovaquie 1918-40, 153, MAE.
132. Rapport Schmidt, entretien du 6 décembre 1938, *DGFP, D*, IV, p. 474-475 (et *supra)*.
133. Tél. 532 Biddle, Varsovie, 7 décembre 1938, *FRUS*, 1938, I, p. 109.
134. CRSR, 19 décembre 1938, 7 N 2523, SHAT.
135. Lettre personnelle de Ribbentrop à Bonnet, Berlin, 13 juillet 39, *DGFP, D*, VI, p. 918-920.
136. CRSR, 24 octobre 1938, 7 N 2523, SHAT.
137. Carley, *1939*, index : « Soviet Union, relations with Nazi Germany », Parker, *Chamberlain*, index : « possible Soviet-German friendship », etc.
138. CR liaison AE, 26 octobre 1938 (présidence Charvériat le 2 novembre), 7 N 2525 (et le volume), SHAT.
139. Lettre 512/S. de Palasse, Moscou, 30 octobre 1938, 7 N 3123, SHAT.
140. « Politique extérieure de la France », AE (Europe ?), 16 novembre 1938, copie EMG, 7 N 2522, SHAT.
141. Dépêche Welczeck, 30 novembre 1938, *DGFP, D*, IV, p. 467-469.
142. Rapport Didelet 1103/A.M., Berlin, 12 décembre 1938, 7 N 2602 ; voir aussi 2523 à 2525, SHAT.
143. CRSR, 29 novembre et 6 décembre 1938, 7 N 2523, SHAT.
144. Dépêche Welczeck, 30 novembre 1938, *DGFP, D*, IV, p. 467-469.
145. Rapport Schmidt, français et italique dans le texte, *DGFP, D*, IV, p. 473-476.
146. Rapport Weiszäcker, Berlin, 21 décembre 1938, *DGFP, D*, IV, p. 482-483.
147. Mêmes méthodes pour berner le Parlement avec démentis auprès de Berlin, *DGFP, D*, IV, chap. II ; Finkel, chap. 6 *sq.*, Parker, chap. 9 *sq.*, etc.
148. Rapport Weiszäcker, Berlin, 27 janvier, et tél. 30 Welczeck, Paris, 24 janvier 1939, *DGFP, D*, IV, p. 492 et 491.
149. EMA P/a 31108, 2 février 1939, 7 N 3024, SHAT.
150. Rapport Schmidt, Berlin, 7 février 1939, *DGFP, D*, IV, p. 494-495, souligné par moi.
151. « Rapport politique » Welczeck, Paris, 18 février 1939, *DGFP, D*, IV, p. 497-498.
152. Copie tél. 3602, Berlin, 26 septembre 1938, 7 N 2602, SHAT.
153. Lettre 507 S. de Palasse, Moscou, 18 octobre 1938, 7 N 3123, SHAT.
154. « Note sur l'évolution du problème tchécoslovaque », 10 octobre, rapport Didelet 1103/A.M., Berlin, 12 décembre (citation), 7 N 3097 ; P/a 30596, 26 novembre, 7 N 3107 ; 1938-39 depuis EMA Depas 2736, 18 octobre 1938, 7 N 3024, SHAT ; Lacroix-Riz, *Vatican*, p. 329 et 334-335.

155. Confidence de Phipps à Wilson, tél. 520, Paris, 26 novembre, *FRUS*, 1938, I, p. 106. Feuilleton ukrainien, *ibid., DBFP, 3*, 2 à 4, *DGFP, D*, IV et VI, 7 N 2523 à 2525, 2602, SHAT (très riche), etc.
156. Note du 29 mars 1938 citée par Laveissière, « La France », p. 123-124 (*cf. supra*).
157. Werth, *The twilight*, p. 307.
158. Lettre personnelle, Bâle, 15 décembre, et, aussi effarant, note Chataigneau pour Daladier sur son entretien avec Fichelle, « rédacteur de l'Institut français de Prague », 30 octobre 1938, F 60, 174 et 170, AN.
159. Lacroix-Riz, *Vatican, passim.*
160. Harold Nicolson, *Diary*, 20 septembre 1936, cité par Griffiths, *Fellow*, p. 220, formule répétée par tous les auteurs traitant de l'équipe Chamberlain, sur « les mains libres à l'Est » ; Finkel est le plus radical (ici, chap. 7).
161. Dépêche Welczeck, Paris, 30 novembre 1938, *DGFP, D*, IV, p. 467 ; Lacroix-Riz, *Industriels*, p. 150, 342-348.
162. Dépêche 545/S. de Palasse, Moscou, 7 février 1939, souligné dans le texte, 7 N 3123, SHAT.
163. Tél. 443 Bullitt, Paris, 9 mars 1939, *FRUS*, 1939, I, p. 30.
164. Lituanie, citation, dépêche 585/S à Daladier, Moscou, 5 juin 1939, 7 N 3123, SHAT.
165. EMADB, note « sur les conséquences militaires de la disparition de la Tchécoslovaquie » (souligné dans le texte) (et annexe, liste « *pour certains matériels seulement* » des prises allemandes), 16 mars 1939, 7 N 2524, SHAT.
166. EMADB, note « sur la situation créée par [cette] disparition », 16 mars 1939, 7 N 2524, SHAT.
167. Analysé pour la France par Bullitt, tél. 498, Paris, 17 mars 1939, *FRUS*, 1939, I, p. 48-49.
168. Depuis octobre 1938, *DGFP, D*, IV, par pays.
169. 22 mai, 6 juin, *DGFP, D*, VI, p. 569-571, p. 647-648 ; 24 août 1939, *DGFP, D*, VII, p. 271-272, et *infra.*
170. PV entretien (français et italique dans le texte) et lettre Braüer, Paris, 22 mars 1939, *DGFP, D*, VI, p. 77-80.
171. Extraits du tél. 522 Bullitt, Paris, 20 mars 1939, *FRUS 1939*, I, p. 79.
172. Rapport 387 de Fraser, Paris, 27 mars 1939, *DBFP, 3*, 4, p. 535.
173. Renseignement, 2145, Moscou, 16 janvier 1939, 7 N 3123, SHAT.
174. Dépêches Palasse, 531/S, 13 janvier 1939 (1re citation) (et 192/S. de Luguet, Moscou, 27 décembre 1938) et 558/S, Moscou, 30 mars 1939 (2e citation), 7 N 3123, SHAT ; Haslam, *The Soviet Union and the Threat.*
175. Rapport B, « l'Armée rouge », joint à un courrier Seeds du 6 mars 1939, *DBFP, 3*, 4, p. 194-195.
176. *FRUS 1939*, I, est aussi clair que les fonds allemands.
177. Carley, *1939*, p. 145, clair sur l'hypocrite Bonnet retranché derrière Londres, p. 145-146 *sq.* Parker, Finkel, Roberts, etc. *Cf. infra.*
178. Excellent descriptif, Carley, *1939, passim* depuis la p. 99, ici, 108-111, citation, 120. On peut s'y référer pour toute remarque sans note du présent paragraphe.
179. Tél. 893 Bullitt, Paris, 5 mai 1939, *FRUS*, 1939, I, p. 250.
180. Tél. 182 Kirk, chargé d'affaires à Moscou, 15 avril 1939, *FRUS*, 1939, I, p. 232-233.
181. Tél. 514 Kennedy, Londres, 18 avril 1939, *FRUS*, 1939, I, p. 235-236.
182. Tél. 893 Bullitt, Paris, 5 mai 1939, *FRUS*, 1939, I, p. 248-251, et depuis le 15 avril, p. 233-312, *passim.*
183. Information, 25 avril 1939, BA 2140, Allemagne, APP.
184. Tél. 859 Bullitt, Paris, 29 avril 1939, *FRUS*, 1939, I, p. 242-244.
185. Parker, *Chamberlain*, p. 219, Carley, *1939*, p. 126, avril, *FRUS*, 1939, I, etc.
186. RG, 17 mars, BA 1951, PRNS, 20 avril, GA, T6 et 26 avril 1939 (Henriot), BA 1951, PRNS, APP.
187. Lettre confidentielle et personnelle à Daladier, Saint André de Mareuil sur Lay (Vendée), 6 septembre 1939, 5 N 581, SHAT. Nullité confirmée par les sources militaires, *supra* et *infra.*
188. Tél. 897 Bullitt, Paris, 28 avril, *FRUS*, 1939, I, p. 179-182, *Vatican*, p. 382-384 et, à partir du 4 mai 1939, *DBFP, 3*, 5, p. 411 *sq.*
189. Tél. 248 Braüer, Paris, 29 avril 1939, *DGFP, D*, VI, p. 368.
190. Tél. 897 Bullitt, Paris, 28 avril 1939, *FRUS*, 1939, I, p. 179-182.
191. Sans « *couilles* », écrit-il en parodiant Clemenceau, *1939*, p. 222 (il n'en avait que contre les ouvriers).
192. Dépêche 342 Halifax à Seeds, 6 mai 1939, *DBFP, 3*, 5, p. 453-454.
193. Tél. Payart lu par Léger à Bullitt, cité par son 893, Paris, 5 mai 1939, *FRUS*, 1939, I, p. 249-250.
194. *DDF*, 2, XVI, 4 mai 1939, délesté du passage sur « l'étape » vers l'« isolement complet », p. 107-108.
195. Rapport Weiszäcker, Berlin, 9 mai 1939, *DGFP, D*, VI, p. 463-464.
196. Flandin en furie contre la Pologne devant « un informateur » de l'ambassade d'Allemagne, conversation du 22 mai 1939, *DGFP, D*, VI, p. 569-571.
197. Welczeck, le 9 juin, mentionna ses rapports np des 4, 9 et 11 mai qui « recensaient les articles de la presse française sur la question de Dantzig », réf. n. suiv.
198. Dépêche Welczeck et note jointe sur l'entretien, Paris, 9 juin 1939, *DGFP, D*, VI, p. 688-690.
199. Annexe I aux « directives » du *FO*, « déroulement des négociations anglo-franco-soviétiques », 27 juillet 1939, 7 N 3185, SHAT.
200. Antipathie sans référence aux archives, à l'inverse de son habitude, mais faits étayés, *1939*, chap. 5 *sq.*
201. Lettre 585/S à Daladier, Moscou, 5 juin 1939, 7 N 3123, SHAT.
202. Tél. 1192 Wilson, Paris, 24 juin 1939, *FRUS 1939*, I, p. 275.
203. Sous prétexte d'alliance avec Budapest, tél. 665 Bullitt, 6 avril, *FRUS, 1939*, I, p. 117, et *sq.*
204. Charvériat, CR liaison, 20 avril 1939, 7 N 2525, SHAT.
205. Tél. 349 du chargé Grummon, Moscou, 29 juin 1939, *FRUS 1939*, I, p. 196.
206. Note EMA-DB, 1er mai 1939, 7 N 3186, SHAT.
207. « Bulletin de renseignements » 11, 25 mai, 12, 9 juin (souligné dans le texte) 1939, 7 N 2524, SHAT. Même écho des « entretiens Beck-Potemkine », note 1907 IEE, Strasbourg, 12 mai 1939, F 60 294, AN.
208. Charvériat, CR liaison AE, 24 mai 1939, 7 N 2525, SHAT.
209. Tél. 1241 Bullitt, Paris, 1er juillet 1939, *FRUS 1939*, I, p. 197.
210. 11e des 11 « facteurs » favorables aux « apaiseurs » recensés par Wilson, tél. 4573, Paris, 24 juin 1939, *FRUS 1939*, I, p. 194.
211. PV de l'entretien du 22 annexé à la dépêche Welczeck, Paris, 23 mai 1939, *DGFP, D*, VI, p. 569.
212. Lettre 571/S de Palasse à Daladier, 17 avril 1939, 7 N 3123, SHAT.
213. Charvériat, CR liaison AE, 24 mai 1939, 7 N 2525, SHAT.
214. Annexe I aux « directives » du *FO*, 27 juillet 1939, 7 N 3185, SHAT.

215. Dépêche 585/S, Moscou, 5 juin 1939, souligné dans le texte, 7 N 3123 ; aussi lettre 2344 à « mon général » (Dentz), Moscou, 8 août 1939, 7 N 3186, etc. Antienne baltique depuis son rapport 427 S, 27 décembre 1937, 7 N 3123, SHAT (Lituanie frontalière de Lettonie et Pologne) ; Carley, etc.
216. Charvériat, CR liaison AE, 17 mai 1939, 7 N 2525, SHAT.
217. Rapport cité, et les deux autres, 5 N 579, SHAT.
218. Tél. 263 Grummon, Moscou, 24 mai, *FRUS 1939*, I, p. 258-259.
219. Tél. Bullitt 1253, 5 juillet, Paris, *FRUS 1939*, I, p. 281.
220. Tél. Bullitt, 1030, 30 mai, 1071 (Blum et Daladier, carte blanche en français dans le texte) et 1072 (Daladier), 5 juin, Paris, *FRUS 1939*, I, p. 264-271.
221. Chamberlain sur Roosevelt apte à « sauver le monde », tél. 808 Kennedy, 9 juin, Londres, *FRUS*, 1939, I, p. 272.
222. CR liaison AE, 31 mai 1939, 7 N 2525, SHAT.
223. Lettre 81/S de Mendras, Moscou, 5 octobre 1934, 7 N 3121, SHAT.
224. Note ambassade de France à Washington, 1er février 1937, ironique sur les griefs soviétiques de 1936, sans les démentir ou en les confirmant, URSS 1930-1940, 962, MAE.
225. Lettre 516/S. de Palasse, Moscou, 15 novembre 1938, 7 N 3123, SHAT.
226. CRSR, 22 novembre 1938, 7 N 2523, SHAT.
227. Dépêches de Palasse, Moscou, 516/S, 15 novembre 1938, et 586/S, 13 juin 1939, 7 N 3123, SHAT.
228. Note Palasse 599/S pour Daladier, Moscou, 13 juillet 1939, 7 N 3186, SHAT.
229. Sûr de sa résistance « quatre à six mois », Gamelin aurait été stupéfait et déçu par son effondrement, Alexander, *The Republic*, index Poland (et chap. 10-13), résumé, Jackson, *The fall*, p. 74-75 ; Musse, *supra* et *infra.*
230. « Projet » de développement aussi effarant, « pas intégralement applicable *avant 18 mois* » (souligné dans le texte), MG Cabinet, « Information du président » (plus loin, seule mention), 8 mai 1939, 5 N 579, SHAT.
231. Note, copie sans référence, Paris, 20 mai 1939, 5 N 579, SHAT.
232. PV réunion du 16 juin 1939 (Gamelin, Vuillemin, Buhrer, Bourragué, pour le MG, Georges, Colson et Dentz ; pour la Marine, Auphan, Jamet, Fernet, Aymé), 5 N 579, SHAT.
233. CR Dentz, 27 août, 7 N 3107, PV réunion du 30 août 1938, souligné dans le texte, 7 N 3097, SHAT.
234. Dépêche 2309 de Palasse, Moscou, 5 juillet 1939 (souligné dans le texte), et article traduit, 7 N 3123, SHAT.
235. Tél. 353 Grummon, Moscou, 29 juin, *FRUS 1939*, I, p. 279, qui releva « l'importance » de « l'un des associés les plus intimes de Staline au Politburo » ; et annexe I aux « directives » du *FO*, 27 juillet 1939, 7 N 3185, SHAT.
236. Tél. Bullitt, 1269, Paris, 7, 954 Kennedy, Londres, 8 juillet, *FRUS 1939*, I, p. 283-286, et suite.
237. Annexe I aux « directives » du *FO*, 27 juillet 1939, 7 N 3185, SHAT.
238. Tél. 352 Welczeck, Paris, 2 juillet 1939, *DGFP, D*, VI, p. 828-829.
239. PV de la « réunion du 11 juillet 1939 », 5 N 579, SHAT.
240. Lettre personnelle de Ribbentrop à Bonnet, 13 juillet 39, *DGFP, D*, VI, p. 918-920.
241. Note Palasse 599/S, Moscou, 13 juillet 1939, souligné dans le texte, 7 N 3186, SHAT.
242. Aucune réponse à ses courriers de juillet, lettre 2344 à Dentz, Moscou, 8 août 1939, 7 N 3186, SHAT.
243. « Conclusions » Gamelin de la réunion « du 17 juillet 1939 », 5 N 579, SHAT.
244. Londres, tél. 1034 Kennedy, 20, et 1077 Johnson (CA), 27 juillet, *FRUS 1939*, I, p. 287-288.
245. « Mémorandum au sujet des directives données à la mission du Royaume-Uni de Grande-Bretagne », transmis par Phipps le 3 août 1939, 7 N 3185, SHAT.
246. Tél. Bullitt 1415, Paris, 31 juillet, *FRUS*, 1939, I, p. 291 et dépêche 3207 Léger à Daladier, 28 juillet 1939, 5 N 579, SHAT.
247. Tél. 1096 Johnson, Londres, 31 juillet, *FRUS*, 1939, I, p. 292.
248. Lettre 2344 à Dentz, Moscou, 8 août 1939, 7 N 3186, SHAT.
249. Mars-23 août 1939, Roberts, *The Soviet Union*, p. 62-91. Confirmé par *DGFP, D*, VII, index USSR, 10 août-3 septembre, p. LXV-LXXV ; *FRUS 1939*, I, VII, « The improvement of German-Soviet relations culminating in the treaty of non-aggression signed at Moscow, August 23, 1939 », p. 312-350, etc.
250. « Mémorandum » et annexes cités, souligné dans le texte, 7 N 3185, SHAT.
251. Sauf précision, tout ce qui suit provient des « Souvenirs de la mission en Russie, août 1939 », plus loin rapport Doumenc, 7 N 3185, SHAT.
252. « Rapport de mission à Moscou » au ministre de la Marine, août 1939, 7 N 3185 (toutes les références à Willaume, *infra*, en proviennent), SHAT.
253. Roberts, *The Soviet Union*, p. 86.
254. Rapport cité, août 1939, souligné dans le texte,7 N 3185, SHAT.
255. PV du 13 août cité par Leyrat, « Les relations », p. 95 (source : « Papiers 1940 », MAE), ou PV général des séances (113 p.), 13 août (3 séances, p. 1-30), 7 N 3185, SHAT ; et *infra,* PV du 17.
256. Lettre 622/S de Palasse à Daladier, Moscou, 23 août 1939, 7 N 3123, SHAT.
257. Rapport Weiszäcker, Berlin, 15 août 1939, *DGFP, D*, VII, p. 69-71.
258. Rien de décisif avant le 15 août, tél. 447 Steinhardt, Moscou, 16 août, *FRUS*, 1939, I, p. 334-335.
259. Roberts, *The Soviet Union*, p. 86-87. Doumenc situe le tournant le 19 au soir, *infra.*
260. Tél. 1521 Bullitt, Paris, 17 août 1939, *FRUS*, 1939, I, p. 225-226.
261. Rapport Doumenc, 7 N 3185, et ses 3 tél. au MG, Moscou, 14 août 1939, 7 N 3123, SHAT.
262. Féroces, tél. 180 Biddle, Varsovie, 17, rapport Moffat, Washington, 18 août, *FRUS*, 1939, I, p. 220-221 et 225.
263. Tél. Musse 150 à Moscou, 19, et 157 à Paris et Moscou, reçu le 20 août, à 9 h 15, cités rapport Doumenc, 7 N 3185, SHAT.
264. Tél. 453 Steinhardt, Moscou, 22 août, *FRUS*, 1939, I, p. 335-336.
265. Lettre D. n° 156/39 à Guy de La Chambre, Moscou, 23 août 1939, 7 N 3186. SHAT.
266. Entretien avec les deux, tél. 1543 Bullitt, Paris, 22 août, *FRUS*, 1939, I, p. 301-304.
267. Tél. 46022 Steinhardt, Moscou, 23 août, *FRUS*, 1939, I, p. 301-304.
268. « Note sur l'appui » soviétique éventuel, jointe à la lettre 485 2/RMA SAE de Maurin à Laval, 8 avril 1935, URSS 1930-1940, 928, MAE (version du 21 mars, 7 N 3024, SHAT).
269. « Information du président », Paris, 13 septembre 1939, 5 N 580, SHAT.
270. Dépêche Palasse n° rayé et illisible, 3 septembre 1939, 7 N 3123, SHAT.

271. Rapport Doumenc, et PV des séances des 13-17, 21 août, 7 N 3185, SHAT (source de tout ce qui n'a pas fait l'objet d'une note spécifique).
272. Palasse depuis sa dépêche 622/S, Moscou, 23 août 1939, 7 N 3123, SHAT, et *infra*.
273. Note Palasse 599/S, Moscou, 13 juillet 1939, 7 N 3186, SHAT.
274. Lettre D. n° 463 de Luguet à La Chambre, Moscou, 29 août 1939, 7 N 3186, SHAT.
275. Rapport Doumenc, 7 N 3185, SHAT.
276. Note Bonnet sur son entretien avec Welczeck, Paris, 1er juillet 1939, *Livre Jaune*, p. 205 (partie de l'entretien écartée par les archives publiées allemandes, citées *supra*, *DGFP, D*, VI, p. 828-829) ; *Munich*, p. 126.
277. Churchill, mémoires, I, *The gathering storm*, Boston, Houghton Mifflin Company, 1948, p. 346.
278. Tél. Braüer 458 et 462, 23 août 1939, *DGFP, D*, VII, p. 230-231 et 253-254.
279. PV « conversation » du 24 (français et italique dans le texte), tél. 483 Braüer, 26 août 1939, *DGFP, D*, VII, p. 271-272 et 303-4.
280. Tél. Braüer 490, 26, et 500, 27 août 1939, *DGFP, D*, VII, p. 317-318 et 350-351.
281. Tél. Braüer 484, 26, et 544, 30 août 1939 (français et italique dans le texte), *DGFP, D*, VII, p. 308-309 et 454.
282. Tél. 501 Braüer, 27, rapport Woermann, Berlin, 28 août 1939, *DGFP, D*, VII, p. 354-355 et 371-372 (l'expression « second Munich » ne figure pas) ; détails, Lacroix-Riz, *Munich*, p. 168-173.
283. Dernière et unique p. 4 d'une lettre, peut-être à Daladier (« bien affectueusement à vous »), classée fin août 1939, 5 N 579, SHAT.
284. Lettre 866 de Didelet à Daladier, 22 août 1939, souligné dans le texte, 7 N 2602, SHAT.

Chapitre 11 (notes de la page 506 à la page 555)

1. Rist, *Une saison*, 5 octobre 1939, p. 46, et *supra*.
2. Noiriel, *Les origines*, p. 86-89, 145-146. Excellent résumé, George, Mollier et George, *La plus longue des Républiques*, « Une tragédie française », notamment p. 709-710. Thème majeur de Lacroix-Riz, *Munich*, ici chap. 6.
3. Boulanger, RG, 6 avril 1940, BA 1952, PSF, APP.
4. RG, 11 septembre 1941, précis et féroce sur l'initiative de Jouhaux, GA, J 4, Léon Jouhaux, APP.
5. Imlay *Facing*, chapitre 5, phase finale, p. 294-296 ; Vinen, *The politics*, chapitres 3-6.
6. RG, 13 janvier 1940, GA, C 25, Jean Clamamus, APP.
7. Note 3227 du GQG, 1er juin 1940, F7 14999, AN ; Imlay, *Facing*, p. 292-296, et *infra*.
8. Correspondance 10 octobre 1939-mars 1940, sous-dossier 26000 5 F, octobre 1939-octobre 1942, F7 14999, AN ; et *Munich*, index.
9. « Information du président », Paris, 7 décembre 1939, 5 N 578, SHAT. Colson, *supra*.
10. Note sur le « maintien de l'ordre », 15 février 1940, avec liste des décrets, 5 N 578, SHAT.
11. *The fall*, p. 121 (citation)-123.
12. Rapport Welles, Paris, 8 mars, *FRUS 1940*, I, p. 68-69.
13. Roberts, *Soviet Union*, p. 110-111 et chap. 7, « Extension et coexistence 1939-1940 », p. 103-121.
14. SN-RG, 17 octobre 1939, F7 14753, AN.
15. Tél. Palasse sn, Moscou, 10, reçu le 11 septembre 1939, 7 N 3123, SHAT.
16. Sur son aspect germano-vatican, Lacroix-Riz, *Vatican*, p. 392 et *infra*.
17. Tél. Palasse 26/S, Moscou, 17 septembre 1939, 7 N 3123, SHAT.
18. Tél. 44/S, 30 septembre, 59/S, 6 octobre 1939, Moscou, 7 N 3123, SHAT.
19. Tél. n° 74/S, Moscou, 15 octobre 1939, 7 N 3123, SHAT.
20. Ce point, tél. François-Poncet 4738-4741, Rome, 7 novembre 1939, URSS 1930-1940, 962, MAE.
21. Tél. 1385, Moscou, 1er novembre 1939, URSS 1930-1940, 962, MAE.
22. Newton, *Profits*, chapitres 6-7 (titres cités), p. 133-192 ; Parker, *Chamberlain*, p. 328-342.
23. Dépêche 771 de Corbin, 28 octobre 1939, URSS 1930-1940, 962, MAE. Des commentaires manuscrits en marge, n'est lisible que : « Churchill en flèche ».
24. Sur 1938-1939, *supra* ; tél. Palasse 49/S, Moscou 3 octobre 1939, 7 N 3123, SHAT.
25. Roberts, *Soviet Union*, p. 112-117.
26. Tél. 137/S, 142/S, 27, 30 novembre (tél. 15 octobre absent) 1939, 7 N 3123, SHAT.
27. « Information du président », Paris, 21 septembre et 15 octobre 1939, 5 N 580, SHAT.
28. Tél. François-Poncet 4621, Rome, 2 novembre 1939, URSS 1930-1940, 962, MAE.
29. Lacroix-Riz, *Vatican*, p. 398.
30. Fiche Coston annexe à RG, novembre 1940, sur *La France au Travail*, GA, P 3, André Picard, APP.
31. Communiqué du PRNS, RG, 21 décembre 1939, BA 1951, APP.
32. Werth, *The last days*, p. 250.
33. Carley, *1939*, p. 233 (Souritz, 23 décembre), 238 (italique dans le texte et, pour « cause sacrée », français) (à comparer, *Revolution and Intervention*).
34. Léger, *ibid.* et tél. Bullitt, 15 janvier, *FRUS*, 1940, 1, p. 277.
35. Pertinax, *Les fossoyeurs*, t. I, p. 169 ; biographie définitive, Barros, *Betrayal*, *passim*, dont p. 204 *sq*.
36. Carley, *1939*, p. 238-241, et novembre-décembre 1939 (citation « de tomber... », tél. François-Poncet 4738-41, Rome, 7 novembre), URSS 1930-1940, 962, MAE.
37. Tél. 254 Bova Scoppa, Genève, 5 décembre 1939, *DDI*, 9e série, II, p. 358. Voir aussi Roberts, *Stalin's wars*, p. 46-52, et Lacroix-Riz, *Munich*, p. 218-233.
38. Lettre 165/5, 9 décembre 1939, et tél. 278 S, Moscou, 15 février 1940, 7 N 3123, SHAT.
39. EMADB, « Note sur les avantages et les inconvénients de l'alliance russe », 24 avril 1935, 7 N 2520 (et 7 N 3143), SHAT.
40. EMADB, « URSS. Réunion des chefs de poste de SR [...] sur la situation générale de l'URSS et l'orientation qu'il convient de donner à la recherche du renseignement en 1937 », 7 N 3143, SHAT.
41. Duroselle, *L'Abîme*, chap. III, « Les rêves et l'inaction », et IV, « L'impossible redressement », citations, p. 87 et 117.
42. Duroselle, *L'abîme*, p. 117, Imlay, « Paul Reynaud », p. 534-536.
43. Rapport Weiszäcker, Berlin, 26 janvier 1940, *DGFP, D*, VI, p. 711.

44. « Information du président », Paris, 21 septembre 1939, 5 N 580, SHAT.
45. « Note sur la conduite stratégique de la guerre », 30 décembre 1939, N 580, SHAT. Alliance italienne envisagée à cet effet, *infra.*
46. Mémorandum Weiszäcker, St.S. n° 91, Berlin, 26 janvier 1940, *DGFP, D,* VI, p. 711-2
47. « Information du président », Paris, 15 octobre 1939, souligné par moi, 5 N 580, SHAT.
48. Qualificatif, Pertinax, *Les Fossoyeurs,* I, p. 120, et « extrait » synarchie-CSAR, F7 15343, AN.
49. Tél. chiffré de Gamelin au colonel Ganeval, « janvier 40 » *(sic),* 5 N 580, SHAT.
50. Notes, « Le conflit russo-finlandais », Paris, 24 décembre 1939, et 10 janvier 1940 (« suite à la note du 24 décembre »), 5 N 580, SHAT.
51. MG cabinet, « Information du général » (Gamelin), Paris, 6 janvier 1940, 5 N 580, SHAT.
52. Lettre (à en tête SDN) de Bach à Decamp, Paris, 11 janvier 1940, 5 N 580, SHAT.
53. Cabinet MG, « analyse d'une note sur la question Finlande remise au président », Paris, 3 février 1940, 5 N 580, SHAT.
54. Aide-mémoire Sikorski à Gamelin, Paris, 13 octobre 1939, transmis à Daladier le 14, (pitoyable) dossier 12, « armée polonaise en France, 1939-1940 », 5 N 580, SHAT.
55. Accords franco-polonais du 4 janvier 1940, même dossier, 5 N 580, SHAT.
56. Titre du dossier (sn) : la joute se poursuivait en mai 1940, 5 N 580, SHAT.
57. Lettre (à en tête de la SDN) de Bach à Decamp, Paris, 11 janvier 1940, 5 N 580, SHAT.
58. Titre du dossier 10, Finlande (« intervention alliée décidée par »), 5 N 580, SHAT.
59. Le texte original écrit « céder », verbe ôtant tout sens au propos.
60. Réponse à Daladier (*cf. infra*), Paris, 29 février 1940, souligné dans le texte, 5 N 580, SHAT.
61. « Information du général » (Gamelin ou Decamp ?), 7 1940, souligné dans le texte, 5 N 580, SHAT.
62. « Note relative à la participation de forces franco-britanniques aux opérations en Finlande », 10 mars 1940, souligné dans le texte, 5 N 580, SHAT.
63. Welles, 2e rapport du 7 mars (sur Daladier), *FRUS 1940,* I, p. 66-67.
64. Pertinax, *Les fossoyeurs,* p. 171, 174.
65. « Situation au 17 février 1940 », sous-dossier « ravitaillement de la Finlande », 5 N 580, SHAT.
66. Dépêche 771 de Corbin, Londres, 28 octobre 1939, URSS 1930-1940, 962, MAE.
67. Gorodetsky, *Stafford Cripps' mission,* p. 30-41 et *passim.*
68. Tél. 49 du chargé d'affaires en Estonie, Leonard, Tallin, 13 avril 1940, *FRUS 1940,* I, p. 157.
69. Lettre 323/S, Moscou, 12 avril 1940, souligné dans le texte, 7 N 3123, SHAT.
70. Tél. Palasse sn, Moscou, 14 mai 1940, 5 N 581, SHAT.
71. Roberts, *The Soviet Union,* p. 122-126.
72. Imlay, « Paul Reynaud », p. 534-536 ; *Facing,* chap. 1, dont p. 74-75, et 5.
73. Rapport 4864 de Mallet au DSG, Strasbourg, 8 juin 1934, F7 13472, et note 1845 IEE, Strasbourg, 22 avril 1939, F60 294, AN. Les wagons SNCF transitaient vers le Luxembourg où s'opéraient les changements de plaques nécessaires. Dans un exemple type d'histoire-maison, Trausch fait disparaître la société de 1937 à 1945, *L'ARBED,* p. 52.
74. Schnitzler (IGF), 17 juillet 1945, Hayes, *Industry,* p. 281, et Lacroix-Riz, *Industriels,* p. 68.
75. Moine, *Les Barons,* p. 309.
76. Sous-commission des échanges commerciaux (SCEC), Wiesbaden, 5 décembre 1940, F 37, 16, AN, *Industriels,* p. 53 (citation) à 58 (industrie et Banque).
77. Imlay, *Facing,* p. 285, Rousselier, *Les entreprises,* p. 60-69.
78. W. Mc C. Stewart, *Foreign Press,* 14 janvier 1941, Londres-Alger, 300.
79. Newton, *Profits,* p. 136-157, et CGBF, séance du 4 avril 1940, p. 152.
80. CGBF, projet de lettre au MF, 29 février 1940, p. 109-110. Sur Reynaud, Imlay, *Facing,* chapitre 5.
81. CGBF, séance du 14 mars 1940, p. 125-126. Voir aussi Crémieux-Brilhac, *Les Français, II passim,*
82. Gamelin, note (*supra*) « opérations en Finlande », 10 mars, et lettre 1011 cab/FT au MG (Reynaud depuis ce jour), 18 mai 1940, 5 N 580, SHAT.
83. Lettre à Marthe Jalabert, Le Puy, 9 mars, interceptée le 10 mars 1941, AG II, 449, AN.
84. Biographie de Jean Forgeot, *in* rapport « Groupe Prouvost » sd, après juillet 1955, GA, P 7, Jean Prouvost, APP.
85. RG, 11 septembre 1941, GA, J 4, Léon Jouhaux, APP ; Lacroix-Riz, *Munich*, p. 208-217.
86. Imlay, *Facing,* p. 283.
87. Citation, Chauvy, *Lyon 40-44,* p. 136 ; Lacroix-Riz, *Industriels, passim.*
88. Weygand à Gamelin, 21 février, Gamelin à Weygand, 26 mars 1940, Imlay, « Paul Reynaud », p. 534-536.
89. 70 souligné par moi, et note EMADB (citée *supra*), 16 mars 1939, 7 N 2524, SHAT.
90. « Information du président », Paris, 13 septembre 1939, souligné dans le texte, 5 N 580, SHAT.
91. « Information du président » et ajout Daladier manuscrit, Paris, 15 octobre 1939, 5 N 580, SHAT.
92. « Information du président », 8 (citant « la réponse », sd, « de Gamelin à la lettre du 11 novembre »), et lettre 96 D.N. de Daladier à Gamelin, 13 janvier 1940, 5 N 580, SHAT.
93. Réponse de Gamelin, 29 février 1940, à 96 D.N. de Daladier, 13 janvier, souligné dans le texte, 5 N 580, SHAT. Calcul des divisions, *infra* et *supra.*
94. « Note » citée, 30 décembre 1939, 5 N 580, SHAT. Éviction de l'Italie, *Vatican,* chap. 8.
95. Réponse Gamelin, 29 février 1940, à 96 D.N. Daladier, 13 janvier, souligné dans le texte, 5 N 580, SHAT.
96. Lettre 693 cab/FT de Gamelin au MG, 26 mars 1940, souligné par moi, 5 N 580, SHAT.
97. Rist, *Une saison,* 3 octobre, p. 46.
98. Traitement de l'or saisi ou volé depuis l'Anschluss et services bénéficiaires : interrogatoires américain (3e CR) de Puhl et surtout franco-américain de Reinel, 10 et 14 août 1945, et tout ce dossier d'« interrogatoire » des deux. Les Allemands, qui mentirent d'abord beaucoup, furent menacés par leurs interlocuteurs américains qui savaient déjà tout ou le prétendirent ; ils devinrent alors loquaces, se déchargeant, surtout Puhl, sur d'autres épaules, 1080 199201/26, ABF ; 1069 199211/ 40 et 41, ABF, Trepp, *Bankgeschäfte,* jusqu'à la p. 160, et Lacroix-Riz, « La BRI », p. 395-410.
99. Lacroix-Riz, *ibid.,* p. 407-410, et *L'histoire contemporaine,* p. 130-131, et *supra,* sur l'or espagnol.
100. Jackson, *The fall,* p. 74-100.
101. Notamment Newton, *Profits,* p. 133-203.

102. « Mémoire » (traduction) joint à la lettre de Newall, 23, et réponse de Gamelin, 25 octobre 1939, 5 N 580, SHAT.
103. Rapport du vice-amiral d'escadre Odend'Hal, chef de la mission navale française à Londres, joint à « Information du président », Paris, 24 février, et fiche du 4 avril 1940, 5 N 580, SHAT.
104. Raoul Dautry, janvier 1940, Imlay, *Facing*, p. 294-295, État-major, p. 534-536.
105. Rapport Welczeck, Paris, 17 juin 1938, *DGFP, D*, II, p. 416-417.
106. Déposition de Reynaud, audience du 20 juillet 1945, F1 a 3310, AN.
107. Decamp, « Information du président », 8 janvier 1940, 5 N 580, SHAT.
108. Déposition de Daladier, audience du 20 juillet 1945, F1 a 3310, AN.
109. Classé entre Alfred Sauvy et Jean Terray par le rapport SSS du 25 juin 1942, et entre Philippe Serre et Yvonne Serruys, par la liste de 364 synarques, après août 1943, F7 15343, AN.
110. Copie de la lettre de Reynaud, Montpellier, 13 juillet 1940, jointe au rapport de l'inspecteur spécial Adam, cabinet Mathieu, Paris, 15 mai 1946, PJ 40, Raphaël Alibert, APP.
111. Du Réau, *Daladier*, p. 295-297, et Lacroix-Riz, *Munich*, p. 79-99.
112. Rapport Chavin, juin 1941, liste alphabétique « des membres présumés de la Synarchie », extrait du rapport du 25 juin 1942, etc., F7 15343, AN.
113. Rist, *Une saison*, 18 décembre 1942, p. 302.
114. *Les fossoyeurs, passim*, I, 3e partie, « Paul Reynaud. Malheureux essai de dynamisme », p. 179-325, ici, p. 293 et « Reynaud n'est plus ce qu'il était », p. 191-198 ; du Réau, *Daladier*, index des deux, et *infra*.
115. « Extrait » synarchie-CSAR, souligné dans le texte, F7 15343, AN.
116. Pertinax, *Les fossoyeurs*, I, p. 165 (citation)-166, et *infra*.
117. Crémieux-Brilhac, *Les Français, II*, p. 109.
118. RG, 6 novembre 1952, GA, W 1, H. Worms (source, rapport de juin 1941, PJ 40, Barnaud), APP, et note sd, 1945, « Fondateurs du MSE », F7 15343.
119. Mme du Réau s'interroge sur ce choix « habile » et celui de Baudouin (*infra*), *Daladier*, p. 410.
120. Rapport Chavin, juin 1941, liste alphabétique « des membres présumés de la Synarchie », extrait du rapport SSS, 25 juin 1942, etc., F7 15343, AN.
121. RG, 25 novembre 1952, GA, B 12, Banque Lazard, APP.
122. PP 429, 3 octobre 1932, GA, B 24, Jacques Bainville, APP.
123. Pertinax, *Les fossoyeurs*, I, p. 120-121.
124. RG, 18 octobre 1927, F7 13240, AN, et 17 novembre 1939, GA, D 3, Dautry, APP. Mercier, *supra*.
125. Membre du « comité de patronage » des « conférences Rive Gauche » auprès « de M. Léon Bérard, [...] de M. Mme Henry de Jouvenel, du marquis de Lur Saluces, du comte et de la comtesse Jean de Pange », RG, 6 mars 1941, GA, J 5, Henry Jamet, APP.
126. Baudouï le surnomme alors « paysan de Paris », le pose en ermite de Lourmarin « peu désireux de rentrer dans un Paris sous la botte de l'occupant », mais note son contact permanent avec ses amis (synarques) en service actif à Vichy, *Raoul Dautry*, 223-280 (citation, 223).
127. *JO*, 17 novembre 1944, GA, D 3, Dautry (dossier *vidé* entre le 19 avril 1940 et cette pièce), APP.
128. Tableau, 17 avril 1937, *in* « note sur la société [...] F. 1950 », rapport Chavin, juin 1941, etc. (figure), F7 15343.
129. « Extrait » synarchie-CSAR, et liste de 364 synarques, F7 15343, AN.
130. Bardanne, « Histoire d'une trahison », *France-Belgique*, 27 octobre 1944, F7 15343. Bardanne et les RG, prologue.
131. « Boutade (avec exagération visible) », écrit Beaufre du qualificatif de « traître », *Le drame*, p. 208.
132. Cf. *supra* « note sur [...] F. 1950 », dossier « Synarchie, étude 1948 », F7 15343.
133. Crémieux-Brilhac, *Les Français, II*, p. 105-114, 166 (Beaufre), 351, et index (Coutrot « technocrate fascisant » n'est cité qu'une fois, p. 218, sans lien avec ces « technocrates » et leurs « comités » d'origine, (tous synarques, F7 15343, AN) ; et Baudouï, *Raoul Dautry*, p. 188.
134. « Extrait » synarchie-CSAR ; XP/150, août 1943, F7 15343, AN., et chap. 4.
135. Rapport de juin 1941 annexé au rapport Vilatte, Paris, 15 mars 1946, PJ 40, Jacques Barnaud, APP.
136. Lacroix-Riz, *Industriels*, index Couve de Murville.
137. Audition, pièce 155/3, 18 octobre 1946, F7 15328, Du Moulin, AN, et (citation) présentation AN du fonds Du Moulin de Labarthète, 474 AP.
138. MR. MC. 6, 8 mars, et B.P. 5, 27 juillet 1944, dossier sur Bichelonne, F7 15299, AN.
139. RG, Vichy, 19 juillet 1940 ; mars 1944, GA, B 8, Bichelonne (repris par rapport Vilatte, 8 octobre 1945, PJ 41, Bichelonne), APP.
140. Entrée du 19 juillet 1940, Journal de Nicolle, PJ 39, et RG, Vichy, même date, sur les décrets du 18, GA, B 8, Bichelonne, APP.
141. Rapport Chavin, juin 1941, note A.C.4, Paris, 8 novembre 1944, F7 15343, AN, et RG, mars 1944, GA, G 11, Jacques Guérard, APP.
142. Rapport Chavin, juin 1941, F7 15343.
143. Pertinax, *Les fossoyeurs*, I (prénommant Bouthillier Marcel), p. 194 (et 191-198).
144. « Note sur le gouvernement de Vichy », sd, classée entre 16 et 23 juin 1942, Londres 1939-1945, 304, MAE ; sur Lamoureux, *supra*.
145. Pierre Fournier, CGBF, séance du 6 juin 1940, p. 225.
146. RG, XP2 n° 212 sur le MSE, Paris, 19 juin 1947, F7 15343, AN. Vichy, *Industriels*, index.
147. Rapport Chavin, juin 1941 : « de Daladier en mai » 1940 : avant le 20 mars, Reynaud après, F7 15343, AN.
148. Pertinax, *Les fossoyeurs*, I, p. 123.
149. Sur sa négociation avec Giovanni Malvezzi, directeur général de l'IRI (Istituto per la ricostruzione industriale), le 20 juillet 1939 à Rome, Lacroix-Riz, *Munich*, p. 143-144.
150. CGBF, séance du 6 septembre 1940, p. 289 ; Lacroix-Riz, *Industriels*, index Banque des règlements internationaux, Boisanger et Fournier, et « La BRI », p. 408-409.
151. RG, novembre 1960, GA, B 01, Paul Baudouin, APP.
152. Rapport de juin 1941 annexé au rapport Vilatte, 15 mars 1946, PJ 40, Barnaud, APP.
153. Pertinax, *Les fossoyeurs*, I, p. 247-249.
154. RG, 17 juillet 1940, BA 1976, Pierre Laval, APP.
155. Pertinax, *Les fossoyeurs*, I, p. 293 et 247-249.

156. Érigé, sans rien à l'appui, en adversaire de l'armistice, mais Jackson rappelle, comme Pertinax, sa position antérieure d'abandon, notamment à Munich, Pertinax, *Les fossoyeurs*, I, p. 264 ; Jackson *The fall*, p. 149 ; Marin était lié comme son maître de Wendel à Laval avec lequel il partageait alors les festivités d'Inter-France, *cf. supra*.
157. Auditions de Delbos et (citations) de Marin par Mathieu, 19 juin et 1er août 1946, PJ 40, Baudouin, APP.
158. Consulter, sur Internet par exemple, sa bibliographie entre *Richesse et population*, Paris, Payot, 1944 et *La terre et les hommes : le monde où il va, le monde d'où il vient*, Paris, Economica, 1990.
159. Son nom revient souvent dans les notes Jean depuis 1929, F7 12957 et *sq.*, AN.
160. Un des « « 22 nouveaux conseillers nationaux » nommés en avril 1941, Informations générales (IG) 58 à 20 *(sic)*, IV/1941, « Nomination de nouveaux membres », F1 a, 3308, AN.
161. Rosental, *L'intelligence*, *passim*, p. 18-27, 62, et index nominatif ; et n. suiv. sur son âge.
162. Second, Roger Gaillochet (ami de Bichelonne), F7 15387, AN (date de naissance).
163. Rist, *Une saison*, 20, 26 septembre, 3, 5 octobre, p. 41, 44-46, Pertinax, p. 195 et 249. Descriptif de mon fait, *supra* et *Industriels et banquiers*, index.
164. Rosental, *L'intelligence*, p. 55, du Réau, *Daladier*, p. 556, et IG 58 à 20 *(sic)*, IV/1941, F1 a, 3308, AN.
165. Rapport Béteille, Pétain-CSAR, fonds Mornet, II, BDIC.
166. Note D.J.B, 2e section, Paris, 9 novembre-décembre 1939, F7 14815, AN.
167. Déposition, CIHCJ, 9 juin 1945, fonds Mornet, III, D7, BDIC.
168. « Les accusations de dilapidations, d'intelligence avec l'ennemi » lancées peu après contre A. Sarraut par Loustaunau-Lacau sont avérées par « un dossier [...] remis au général Georges », RG, 30 mars et 13 avril 1940, BA 2029, Albert et Maurice Sarraut, APP.
169. Lettre 16038 du président du Conseil-MG (Daladier) au MI, Paris, 15 décembre 1939, F7 14815, AN.
170. Rapport 114 de Couade, PJ, BS, Paris, 7 février 1940 (*(sic)* dans l'original), PJ 52, APP. J'ignore le sort des malheureux.
171. Coupure sans précision d'auteur, 31 juillet 1938, lettre 4912 du procureur de la République au PP, Paris, 7 juillet, RG, 30 octobre 1939, BA 2023, Pozzo di Borgo, APP.
172. Note D.J.H. 2e section, DGSN, Paris, 3 novembre 1939, F7 14815, AN.
173. RG, 5 novembre 1941, GA, L 15, Loustanau-Lacau, APP.
174. Rapport Béteille, Pétain-CSAR, fonds Mornet, II, BDIC.
175. Confidence de Jouhaux « dans notre captivité commune », déposition Reynaud au procès Pétain, audience du 20 juillet 1945, F1 a, 3310, AN.
176. Newton, *Profits*, chapitre 7, et sa bibliographie, dont Costello, *Ten days*.
177. Bloch-Lainé, *Profession*, p. 51-52, 60-61 et *passim*, et Lacroix-Riz, *Industriels*, p. 28, comparant ses propos de 1976 et 1996.
178. 3e de 3 fiches RG également référencées 6-S, 25 octobre 1939, Piétri, dossier II, GA, P 3, APP. Hyott n'est pas nommé.
179. Tél. 977 Stohrer, Saint-Sébastien, 8 septembre 1939, document 25, *DGFP*, VIII, p. 24.
180. Attolico, Lacroix-Riz, *Vatican*, index ; cour française de Guariglia, *DDI* cités et *Munich*, chap. 8.
181. Rapports Weiszäcker, Berlin, 2 octobre, et 16 novembre 1939, *DGFP*, VIII, p. 197-198 et 414.
182. *Les Fossoyeurs*, t. II, p. 49, Gazel au procès Laval, 8 octobre 1945, F1 a 3309, AN, et *infra*.
183. Procès Laval, 4e audience, 8 octobre 1945, F1 a 3309.
184. RG, 25 mai, 9 et 16 août 1939, BA 2036, Ybarnégaray, APP.
185. RG, 21 novembre 1939, BA 2036, Ybarnégaray, APP.
186. Procès Laval, 4e audience, 8 octobre 1945, F1 a 3309.
187. Correction des mensonges par omission de Gazel, révoqué de la francisque le 13 juillet 1943, sa fiche, F7 15387, AN ; fuite générale, Lacroix-Riz, *Industriels*, p. 458-490, et Duroselle, *L'abîme*, index nominal.
188. Procès Pétain, 26 juillet 1945, F1 a 3310, AN (et DGSS, BCRAL, 1er septembre 1944, GA, L 15, Georges Loustanau-Lacau, APP).
189. Qui fixa la date « probablement au 2 ou 3 septembre », déposition au procès Pétain, 7e audience, 30 juillet 1945, F1 a 3310.
190. Synthèse, réquisitoire Mornet, procès Laval, 5e audience, 9 octobre 1945, F1 a 3309, et déposition Lamarle, procès Pétain, 6e audience, 28 juillet 1945, F1 a 3310, AN.
191. Rapport Béteille, Pétain-CSAR, fonds Mornet, II, BDIC.
192. Questions de Bouchardon et Willard à Daladier, déposition CIHCJ, 9 juin 1945, fonds Mornet, III, D7, BDIC ; Daladier jura n'en avoir rien su et mentit sur tout ou presque.
193. RG, 2 février 1940, cité rapport Heeribout, cabinet Mathieu, Paris, 1er mai 1945, PJ 48, Pétain, APP.
194. Déposition, Denise Petit, CIHCJ, 21 avril 1945, fonds Mornet, III, D7, BDIC (et procès Pétain, 6e audience, 28 juillet 1945, F1 a 3310, AN), Pertinax, *Les fossoyeurs*, I, p. 164, et n. 1, *DGFP, D*, VIII, p. 197.
195. Note RG 1293/I, Vichy, 11 mars 1942, F7 15296, AN (sauf l'adjectif de Werth).
196. 6-A, 27 décembre 1939, Piétri, dossier II, GA, P 3, APP.
197. Rapport Vilatte, Paris, 25 décembre 1946, PJ 48, François Piétri, APP.
198. Note du DPJ pour le directeur de cabinet du PP, Paris, 15 mars 1946, Piétri, dossier I, GA, P 3, APP.
199. 3e de 3 fiches RG référencées 6-S, 25 octobre 1939, Piétri, dossier II, GA, P 3, APP. Hyott pas nommé (« l'ambassadeur de Roumanie »).
200. Blanchet et Tanguy-Prigent cités, 6-A, 29 octobre 1939, Piétri, dossier II, GA, P 3, APP.
201. 1re de 3 fiches RG référencées 6-S, 25 octobre 1939, Piétri, dossier II, GA, P 3, APP.
202. 6-A, 22 novembre 1939, Piétri, dossier II, GA, P 3, APP.
203. S.C.R-2/II, 9192, Paris, 31 juillet 1939, et R.G.2-91, note 453-1, cabinet PP, 19 février 1940, BA 2022, Prima-Presse, APP.
204. *Les Français*, I, « Le mythe de Ferdonnet ou les cent peurs de l'an 40 », p. 373-394 (citations, 394, 391) ; il garantit le silence des « papiers de Göbbels » et des « documents d'archives allemands » (p. 392), mais aurait dû lire les archives publiées.
205. 6-A, 12 et 7 (depuis « M.G.B. ») novembre 1939, Piétri, dossier II, GA, P 3, APP.
206. Tél. Schleier 308, Paris, 1er août 1940, *DGFP, D*, X, p. 390 (« rapport par courrier suit », « pas trouvé » d'après les rédacteurs), et *supra*.
207. Les deux complices rédigèrent et firent imprimer et diffuser « des tracts défaitistes », DGSS, BCRAL, 1er septembre 1944, GA, L 15, Loustanau-Lacau, APP.

208. Agitation de la clique, Pertinax, *Les fossoyeurs*, I, *passim*
209. RG, 29 novembre 1939, BA 2036, Ybarnégaray, APP.
210. 2e de 3 fiches RG référencées 6-S, 25 octobre 1939, 6-A, Piétri, dossier II, GA, P 3, APP.
211. 6-A, 28 novembre 1939, Piétri, dossier II, GA, P 3, et RG, APP.
212. Dépêche Welczeck, Paris, 6 juin 1939, *DGFP, D*, VI, p. 647-648 (et *supra*).
213. 2.B, 27 décembre 1939, Piétri, dossier II, GA, P 3, APP.
214. RG, 17 janvier, sur son complice Henri Bequet, conseiller municipal, et 28 février 1940, GA, D 9, Louis Darquier de Pellepoix, APP.
215. 6-A, 7 novembre 1939, Piétri, dossier II, GA, P 3, APP ; PCF, *Munich*, chap. 6.
216. Note Rondeau à Diethelm, 22 mars 1942, Londres-Alger, 301, MAE (*Industriels*, p. 442).
217. 6-A, 21 février 1940, GA, P 7, Jean Prouvost, I (trois dossiers), APP.
218. 6-A, 20 décembre 1939, Piétri, dossier II, GA, P 3, APP.
219. RG, avril 1940 (avec fiches biographiques, citation, fiche S. Domage), GA, V 2, Victor Vaisset ou Vaissette, APP.
220. 6-A, 20 décembre 1939, Piétri, dossier II, GA, P 3, APP.
221. 2e de 3 fiches RG 6-S, 25 octobre 1939 et 6-A, 10 janvier 1940, Piétri, dossier II, GA, P 3, APP.
222. *Munich*, index, et lettre 82 de Bidault, cabinet MAE, à André Tixier, Paris, 12 octobre 1944, F7 14966, AN.
223. 6-A, 14 février 1940, Piétri, dossier II, GA, P 3, APP.
224. 6-A, 2 mai 1940, Piétri, dossier II, GA, P 3, APP, courrier isolé.
225. RG, 7 mars 1940, GA, P 2, Peugeot François et Jean-Pierre, APP.
226. Blanchet et Tanguy-Prigent cités, 6-A, 29 octobre 1939, Piétri, dossier II, GA, P 3, APP.
227. RG, 17 janvier 1940, GA, D 3, Marx Dormoy, APP.
228. Communiqué Roosevelt transmis au CA à Paris Robert Murphy, Washington, 9 février, *FRUS 1940*, I, p. 4.
229. 1er-19 mars, *FRUS 1940*, I, p. 1-117 ; Higham, *Trading*, Pauwels, *Le Mythe*, *passim*.
230. Welles, deux rapports (Lebrun et Daladier), 7 mars, *FRUS 1940*, I, p. 58-67.
231. Welles, Paris, rapports des 9 et 14 mars, *FRUS 1940*, I, p. 70-72 et 91-92. Allusion à Chamberlain le 30 septembre 1938 de mon fait.
232. Question de Bouchardon à Daladier, déposition, CIHCJ, 9 juin 1945, fonds Mornet, III, D7, BDIC.
233. Étapes de sa chute et remplacement par Reynaud, Pertinax, *Les fossoyeurs*, p. 172-175.
234. Déposition de Denise Petit, 21 avril 1945, fonds Mornet, III, D7, BDIC (elle proposa remise du « double de cette note », qu'elle avait « gardé »).
235. Tél. 838 Gardemann, Madrid, 19 mars 1940, *DGFP*, D, IX, p. 19.
236. *Ci-devant*, 30 mars 1940, p. 207 (et Lacroix-Riz, *Munich*, p. 264).
237. Entrée du 16 juillet 1940, Journal Nicolle, PJ 39, APP. Mots « mon ami » absents du livre de 1947.
238. Entrées des 8 et 14 février 1942, Journal Nicolle, PJ 39, APP.
239. « Note sur [...] Vichy », sd, classée entre 16 et 23 juin 1942, Londres 1939-1945, 304, MAE.
240. Réau, *Daladier*, p. 556, pour remplacer Jean Zay, éliminé.
241. Auditions de Delbos et Marin par Mathieu, 19 juin et 1er août 1946, PJ 40, Paul Baudouin, APP.
242. RG, 26 mars 1940, cité rapport Heeribout, 1er mai 1945, PJ 48, Pétain, APP.
243. Déposition au procès Pétain, 20 juillet 1945, F1 a 3310, AN.
244. RG, 10 mai et 5 avril 1940, GA, L 1, Albert Lebrun, et BA 1978, Léon Blum, APP.
245. RG 1293/I, Vichy, 11 mars 1942, F7 15296, AN.
246. Note du directeur politique du MAE, 4 mai 1940, Canet, 31, MAE ; *Vatican*, p. 348-349 et index, « Information », 30 octobre 1944, GA, S 10, Suhard, APP, et *Munich*, p. 103-104, 261-262 et 265-266.
247. Note du directeur politique du Quai d'Orsay, 4 mai 1940, *Canet*, 31, MAE.
248. RG, 8 mai 1940, *in* rapport Heeribout, 1er mai 1945, PJ 48, Pétain, APP.
249. Rapport Béteille, Pétain-CSAR, fonds Mornet, II, BDIC.
250. Rist, *Une saison*, 18 décembre 1942, p. 301-302.
251. Fidèle depuis 1919 dans le Vaucluse, du Réau, *Daladier*, index.
252. Deux tél. cités, souligné dans le texte, dossier « Groupe des hautes instances du ministère de la Guerre », 5 N 581, SHAT. Œuvre possible des deux Yves, Bouthillier ou de Boisanger, ces inspecteurs des Finances régnant autour de Baudouin.
253. Paris, tél. 1939/3052, 16, et 1939/3115, 17 mai 1940, *FRUS 1940*, I, p. 200-1 et 226-227 ; détails, *Munich*, p. 270-271.
254. Sincère, intoxiqué par « les radios de Göbbels », pense Crémieux-Brilhac, *Les Français, I*, p. 561, et *infra*.
255. Jackson *The fall*, *passim*, citations, p. 93-94 ; comparer avec les préparatifs de l'occupation allemande par les élites belges pendant la décennie, Gillingham, *Belgian Business*.
256. Jackson *The fall*, *passim*, citations, p. 93, 196 ; Marc Bloch, *Étrange*, p. 58, 142-143, rédigé de juillet à septembre 1940 ; comparer avec « À propos », p. 253. Jackson mentionne la première citation de Bloch (p. 224), pas la seconde.
257. Information, 30 octobre 1944, GA, S 10, Suhard, APP ; rapport RG sur Suhard, 1945, F1 a 3308, AN.
258. Et « le curé [nazi] de Saint Louis en l'Isle », logé « 24 quai de Béthune dans l'appartement du comte de Brinon » qui, « en résidence forcée », ne revint à Paris que fin juillet, lettre d'Abetz, Paris, 25 juin 1940, AJ 40, 879, AN, et tél. Schleier, Paris, 25 juillet, *DGFP, D*, X, p. 292.
259. Tél. Stohrer et Krahmer, Madrid, 21 mai 1940, et en n. 1, mention dudit rapport Stohrer 2237 du jour, np, « sur l'ambassade de Pétain et son attitude à l'égard de la situation actuelle » *DGFP, D*, IX, p. 408-409 Yaguë, *infra*.
260. Tél. 298 Stohrer, Madrid, 22 mai 1940, *DGFP, D*, IX, p. 433.
261. Tableau clair, Jackson *The fall*, p. 36 ; Huntziger ouvrant Sedan à la Wehrmacht, *Munich*, p. 268-269.
262. Rist, *Une saison*, 18 décembre 1942, p. 302.
263. Lettre Gamelin 1011 cab/FT au MG, 18 mai 1940, 5 N 580, SHAT.
264. « Note sur l'armistice et les responsabilités encourues par Pétain et Laval » jointe à la lettre de Max Cloupet à son visiteur, Paris, 13 avril 1945, PJ 48, Pétain, APP. Les noms de X et Y, annoncés, ne sont pas cités. Massis appartint à la promotion de la francisque de novembre 1940, celle des chefs conjurés, évoquée *infra* (n° 100, sa fiche, F7 15388, AN).
265. Reynaud, audience du 20 juillet 1945, procès Pétain, F1 a 3310, AN, et chapitre 10.
266. Tél. 475/69 de Grazzi, Athènes, 18 janvier 1940, *DDI*, 9e série, III, p. 141, et *Munich*, p. 261.

267. Pertinax, *Les fossoyeurs*, I, p. 264, 277 ; Jackson *The fall*, p. 129-132 (seul le désastre militaire postérieur à sa nomination aurait suggéré à Weygand la capitulation, et pas avant le 25 mai) ; audition de Marin par Mathieu, 1er août 1946, PJ 40, Baudouin, APP ; *Munich*, p. 264 *sq.*
268. Tél. Stohrer, Madrid, 1694, 3, 1727, 5, 1838, 11 juin 1940, *DGFP, D*, IX, p. 507-8, 521 et 550.
269. Note sur Adrien Marquet, sans date, PJ 46, Marquet, APP. Sur son rôle, Bonin, *in* Bonin *et al.*, *Marquet*, p. 235-239, et Lacroix-Riz, *Munich*, index.
270. Audition de Marin par Mathieu, 1er août 1946, PJ 40, Baudouin, et Lequerica, 12 mai 1941, Journal Nicolle, PJ 39, APP.
271. Note DRG 10390 de Pélabon pour le MI (André Tixier) Paris, 17 décembre 1945, F1 a 3349, AN.
272. Notamment contre de Gaulle et Churchill, Simon (commissaire militaire de Paris-Austerlitz), depuis janvier 1940 chef de bureau du Comité franco-anglais de coordination de Londres, qui la vit du 13 au 16 juin 1940, entre Tours et Bordeaux, audition (circonstanciée) par Mathieu, 28 avril 1945, PJ 48, Pétain., APP.
273. Tél. 1920 Heberlein, Madrid, 16 juin 1940, *DGFP, D*, IX, p. 580.
274. « Toutes les personnes à qui j'en ai parlé l'ignoraient. Le lendemain de l'appel, j'ai appris » par la radio et la presse la nomination de Pétain, audition de Jean Mizzi, ingénieur des Mines par H. Mathieu, 24 avril 1945, PJ 48, Pétain, APP.
275. Tél. 1930 de Stohrer, Madrid, 17 juin 1940, *DGFP, D*, IX, p. 590.
276. Récit de Lequerica, entrée du 12 mai 1941, Journal de Nicolle, PJ 39, APP.
277. RG, 17 novembre 1952, GA, R 7, Reynaud, APP.
278. Pertinax, *Les fossoyeurs*, I, p. 194-195, 318-325, rapport Adam, cabinet Mathieu, Paris, 4 mai, et copie lettre Reynaud (avenant « 12 millions, dont 10 de l'Information ») pour la Cour Suprême de Riom (sur GLL), Montpellier, 13 juillet 1940, PJ 40, Alibert, APP.
279. Correspondance BDF, 23-25 janvier 1946, 12851 99106/384, ABF. Détail, *Munich*, p. 285-286.
280. Pertinax, *Les fossoyeurs*, I, p. 247-249, et *Munich*, photo 23 et p. 286-287.
281. Pertinax, *Les fossoyeurs*, I, p. 324-325 ; Jackson *The fall*, p. 138-142.
282. « Note sur l'armistice » jointe à la lettre de Cloupet, Paris, 13 avril 1945 (cite les révélations du livre de Jacques Maritain publié aux États-Unis en 1941 et de X. de Magallon), PJ 48, Pétain, APP.
283. Fiche RG sur le cabinet Pétain, 17 juin 1940, GA, W 1, Weygand, APP.
284. Auditions d'Émile Buré (citation) et d'André Géraud (Pertinax) par Mathieu, 7 février 1947, PJ 43, Chautemps, APP.
285. Note du 23 juin 1944 de u/, F7 15339, AN, et RG, 18 mars 1947 (citation), BA 1994, Camille Chautemps, APP.
286. GA, R 7, Paul Reynaud, APP, dossier *vidé* de tout de 1940 à 1945 (sauf deux documents anodins sur ses cabinets de 1940), éclairant sur sa forte dépendance envers Washington après-guerre.
287. Jean Coutrot, cité par Werth (date non précisée), *The last days*, p. 271, *The twilight*, p. 358.
288. Rapport bancaire, juin 1941, 72 p., PP, PJ 40, Barnaud, APP (et chap. 1 sur leurs fonctions).
289. Pertinax, *Les fossoyeurs*, II, p. 240 ; Lacroix-Riz, *Industriels*, index, Pucheu.
290. Note sd, de 1945, « Fondateurs du MSE », 41 p., F7 15343, AN.
291. Rapport bancaire de juin 1941, PP, PJ 40, Barnaud, APP.
292. Note citée, 4 octobre 1941, GA, M 3, MSE, APP.
293. RG, 20 octobre 1942, F7 15291, AN.
294. Rapport Béteille, Pétain-CSAR fonds Mornet, II, BDIC ; citation sur Alibert, rapport RG « La Cagoule », F7 15343, AN.
295. Rapport DGSS, BCRAL, 1er septembre 1944, GA, L 15, Loustanau-Lacau, APP.
296. Après la manifestation (nationale) du 11, RG, 22 novembre 1940, GA, R 6, Georges Rivollet, APP.
297. Rapport Béteille, Pétain-CSAR, fonds Mornet, II, BDIC.
298. *Front national*, 1er juin 1945, cité *in* cabinet préfet n° 1475 D, 18 mai 1946, GA, M 5, Ménétrel (ou F 3, Faÿ), APP.
299. Rapport Béteille, Pétain-CSAR, fonds Mornet, II, BDIC. Sur Martin, voir aussi rapport n° 253, DGPN, Vichy, 16 mars 1942, F7 15343, AN.
300. Rapport DGSS, BCRAL, 1er septembre 1944, GA, L 15, Loustanau-Lacau, APP.
301. Mêles, rapports RG, « La Cagoule » (surtout) ; DGPN 253, Vichy, 16 mars 1942, dossier « Synarchie, correspondance et notes », sous-dossier 22, Dr Martin, F7 15343, AN, et DGSS, BCRAL, 1er septembre 1944, GA, L 15, Loustanau-Lacau, APP.
302. Récit minutieux, rapport Cagoule, F7 15343, et RG, 1er août 1941, GA, D 3.
303. IG 19 à 31, I/1941, note sur les membres du CN (décret *JO* 24 janvier), chiffrage par moi sur la base des listes (chiffrage officiel : 188, dont 27 sénateurs, 44 députés, 32 représentants des professions agricoles, 8 coloniaux, 21 des professions libérales et milieux intellectuels, 6 de l'armée, de la marine et de l'administration, 16 des milieux ouvriers et syndicalistes, 7 artisans et ouvriers ; 6 de la Légion des Combattants ; 9 « des milieux différents (milieux religieux, politiques, etc.) », F1 a 3308, AN.
304. IG 58 à 20 *(sic)*, IV/1941, « Nomination de nouveaux membres », F1 a 3308, AN. Beaussart, *Vatican*, index.
305. Comparer au document d'avril 1941 cité à la n. préc., citant de rares « démissionnaires » (un seul, Eugène Frot, trois « démissionnaire[s] d'office ») et André Siegfried, comme Suhard, « retenu par d'autres obligations », à RG, 6 novembre 1941, GA, F 3, L.-O. Frossard, APP. Après-guerre, Siegfried, toujours au service des grands intérêts, nationaux et internationaux (nombreux dossiers RG), fut blanchi anti-Vichy : « nommé membre du Conseil national, mais il a quitté volontairement ce poste en octobre 1941 », rapport sd après juillet 1955 sur le « Groupe Prouvost », GA, P 7, Prouvost, APP.
306. Rapport Béteille Pétain-CSAR, fonds Mornet, II, BDIC.
307. *Ibid.* et *Munich, passim*, sur la base de F7 15387-15388, AN.

Conclusion-épilogue (notes de la page 556 à la page 569)

1. Imlay, « Paul Reynaud », p. 538.
2. *Facing*, et Jean Bardanne, 3e article d'« Histoire d'une trahison », 27 octobre 1944, F7 15343, AN.
3. Bloch, *Étrange*, p. 253. Je renonce aux guillemets sur les catégories citées.
4. Lacroix-Riz, *L'intégration*, p. 87-88.
5. Motion de la chambre de commerce de Lyon, 19 janvier 1933, Passmore, *From Liberalism*, p. 184.

6. Paxton « France, the Church », p. 77-79.
7. Rapport Béteille Pétain-CSAR, fonds Mornet, II, BDIC.
8. Leitmotiv de la commission d'enquête parlementaire, APP, *supra*.
9. Loustanau-Lacau, procès Pétain, 30 juillet 1945, F1 a, 3310, et P. 8553, 4 juillet 1935, F7 12960, AN.
10. Gillingham, *Belgian Business*, et Auboin, « Erreurs », 17 janvier 1939, 1069199211/30, ABF.
11. Tellier, *Paul Reynaud*, chap. VI ; Moret, CGBF, 22 septembre 1931, p. 473, ABF.
12. CGBF, séance 31, 16 juillet 1931, p. 316-318, ABF.
13. Lettre 154 de Mitzakis à Lacour-Gayet, 6 juin 1933, BRI, 1069199211/32, ABF.
14. Rapports Neurath, 25 novembre, et Bülow, 5 décembre 1933, *DGFP, C*, II, p. 153 et 176-177.
15. Rapport 9865/5361 Prunas, Paris, 5 novembre 1938, *DDI*, 8e série, X, p. 380.
16. PP 181, 23 septembre 1931, BA 2140, Allemagne, APP.
17. Du Réau, *Daladier*, Tellier et Krakovitch, *Paul Reynaud*.
18. Tél. Bullitt 689-690, Paris, 27 mai, *FRUS 1937*, 1, p. 106-107.
19. Pertinax, *Les fossoyeurs*, I, p. 140.
20. « La saga du capitalisme familial », débat sur « la dynastie tricentenaire » de « deux experts, Jacques Marseille et Jean-Noël Jeanneney », *Le Figaro*, 22 novembre 2004, p. 12.
21. Rapport Béteille Pétain-CSAR, fonds Mornet, II, BDIC ; « extrait » synarchie-CSAR, F7 15343, AN.
22. Propos tenu à Pertinax, « le 22 novembre 1935 », *Les fossoyeurs*, I, p. 20-21.
23. Minutes Thomsen de la conférence, 4 décembre 1934, *DGFP, C*, III, p. 704-706.
24. Colson, tél. 424 Welczeck, Paris, 2 septembre 1938, *DGFP, D*, II, p. 685-6.
25. Lettre 693 cab/FT de Gamelin à Daladier, 26 mars 1940, 5 N 580, SHAT.
26. Titulesco, tél. Kammerer 454-5, Istambul, 27 octobre 1934, Yougoslavie 1918-1940, 136, MAE, et lettre Dehn-Schmidt, Bucarest, 12 novembre 1934, *DGFP, C*, III, p. 619.
27. EMA Depas 715, 18 avril 1936, 7 N 3107, SHAT.
28. Bloch, *L'étrange défaite*, p. 201, et Pertinax, *Les fossoyeurs*, I, p. 45.
29. Serman, *Les officiers*, et Young, *France*, p. 77-78 et 88.
30. Tabouis, *Ils l'ont appelée Cassandre* (1941), extrait cité *Annales Aragon*, n° cité, p. 91, et dépêche A 2089 Welczeck à Ribbentrop, Paris, 23 mai 1938, *DGFP, D*, II, p. 327.
31. À l'ambassadeur Charles-Roux, Lacroix-Riz, *Vatican*, p. 318.
32. Bloch-Lainé, *Profession*, p. 51-52.
33. Note État-major, anonyme, 15 septembre 1938, N 579, SHAT.
34. Geyer, *Russian Imperialism*.
35. Carley, *1939*, p. 4, et tous ses articles (bibliographie).
36. Duroselle, *La décadence*, p. 142.
37. Discours du ministre de la Propagande Vavrcka à la radio, Finkel et Leibovitz, *Chamberlain*, p. 174.
38. Tél. Braüer, PV « conversation » du 24 août 1939, *DGFP, D*, VII, p. 254.
39. Bloch, *Étrange*, p. 253.
40. Rapports de Doë de Maindreville, 2, et de Malraison, 21 septembre 1935, 7 N 3184 et 3186, SHAT.
41. *Op. cit.*, p. 2652.
42. Bloch, *Étrange*, p. 253.
43. Lacroix-Riz, *Industriels*, p. 444-490 ; « Quand les Américains voulaient gouverner la France », *Le Monde diplomatique*, mai 2003, p. 19.
44. 2 fiches RG, 24 mars 1944, GA, P 4, Pucheu, APP.
45. RG, 10 octobre 1944, et dossier, GA, P 5, Marcel Peyrouton ; bottin du sauvetage américain, dossiers nominaux des RG, APP, impossible à citer ici pour Flandin, Lehideux, etc.
46. Richard et Sainclivier, dir., *La recomposition*, dont Lacroix-Riz, « L'Église de France et la reconstitution de la droite après la Libération, 1944-1946 », p. 111-124.
47. RG, 19 décembre 1951, GA, P 3, François Piétri, II APP.
48. Note citée, Paris, 15 mars 1946, François Piétri, I, GA, P 3, APP.
49. Correspondance de mai-juin 1945 sur les réactions à son arrestation GA, W 1, Weygand, APP.
50. Note sur l'affaire Weygand, sd, d'un juge d'instruction, fonds Mornet, III, BDIC.
51. Lacroix-Riz, « Les grandes banques », *Munich*, p. 294-303, Baruch, *Une poignée*. Presque tout reste à faire sur l'épuration : j'y consacrerai mon prochain ouvrage, en cours, sur les élites françaises.
52. Kuisel, « Legend », p. 398.
53. On comparera à *Industriels*, index Barnaud, l'historique de Couve de Murville : « À partir de la fin de 1941, M. Barnaud a compris que l'Allemagne allait perdre la guerre, que la politique de collaboration économique n'avait pas de sens, et il a changé son orientation pour chercher simplement à réduire au maximum les tentatives d'emprise de l'occupant. Cette évolution s'est accentuée après le retour de Laval au pouvoir et finalement lorsque les Alliés sont entrés en Afrique du Nord, il a donné sa démission. » Réf. n. suiv.
54. Chœur des encenseurs du « patriote » Barnaud ; témoignages (à Mathieu) de Couve, 23 mars 1946, et Pierre Vallé, 31 ans, 14 décembre 1945, et rapport Vilatte, 15 mars 1946, PJ 40, Barnaud, APP.
55. Rapport Vilatte, Paris, 12 juin 1946, PJ 40, Jacques Barnaud, et le vol., APP.
56. Rist, *Une saison*, 18 décembre 1942, p. 302.
57. Dépositions Rist devant Mazel, 20, et Bouchardon, 21 avril 1945, CIHCJ, fonds Mornet, III, D 7, BDIC.
58. Comparer avec Rist, *Une saison*, 18 décembre 1942, p. 301-302, cité chap. 1.
59. B.P.5, 12 juin 1944, H.B/J/J, 9 avril 1943, dossier « Notes d'information et écoutes », F7 15339, AN.
60. Rapport de l'inspecteur Marcellot, DPJ, cabinet Mathieu, Paris, 13 novembre 1944, PJ 40, Paul Baudouin, APP.
61. CR du général Bapst, juge d'instruction militaire au Tribunal militaire permanent de Paris, 30 septembre et exécution par Mathieu, 26 octobre 1944, PJ 40, Paul Baudouin, APP.
62. CR de Gibert, président de la Cour d'appel, membre de la commission d'instruction de la CIHCJ, 31 janvier (1945) et exécution par Mathieu, sd, PJ 40, Paul Baudouin, APP.
63. Rapport inspecteur Liévremont, Paris, 29 mars 1945, borné aux débuts de Vichy (juin-novembre 1940), PJ 40, Paul Baudouin, APP.

64. « En janvier 1945, à la veille de la mise sous séquestre des biens de l'inculpé, sa femme a retiré de la Banque de l'Indochine des valeurs mobilières se montant à 20 millions », réquisitoire Frette-Damicourt, Paris, 8 janvier 1947, PJ 40, Baudouin, APP.
65. Correspondance sur ses auditions de juin 1946 à Fresnes, extrait des minutes du greffe de la CIHCJ, 3 mars 1947 et rapport 1264 inspecteur PJ Liévremont, Paris, 26 novembre 1953, PJ 40, Baudouin, APP.
66. RG, 8 août, *Libération*, 28 décembre 1944, GA, B 8, Jean Bichelonne, APP.
67. Lacroix-Riz, *Industriels*, index, et « Les grandes Banques ».
68. Note RG sans référence, juillet 1945, F7 15343, AN, vol. et *supra*.
69. 2e partie du « double dossier », sd, après avril 1945, 15 p., F7 15343, AN, et surtout « A/S de la centralisation de la propagande électorale des partis de droite », DX/130, 17 septembre, et minute, 21 novembre 1945, GA N 2, Jean de Nervo, APP.
70. Pour « l'Entente républicaine créée pour lutter contre les Blocs de Gauche », DRG, XP9, 28 septembre 1945, F7 15284, AN.
71. GA, L 1, Pierre Lehideux, W 1, Hippolyte Worms, PJ 40, Paul Baudouin, APP.
72. Bourdrel, *La Cagoule*, chap. 8. Renseignement civil et militaire plus pessimiste, dont rapport DGSS, BCRAL, 1er septembre 1944, GA, L 15, Loustanau-Lacau, APP.

Sources et bibliographie

ARCHIVES ORIGINALES

Archives du ministère des Affaires étrangères (MAE)

Nouvelle série, 1897-1918, Allemagne,
vol. 12, minorités, question polonaise, 1902-1914
Relations commerciales 1918-1940, série B, dossiers généraux, B-matières colorantes et produits chimiques,
vol. 505-507, décembre 1919-décembre 1932
Papiers d'agents, archives privées, Canet (conseiller pour les affaires religieuses),
vol. 31, Saint-Siège-France, 1920-1945
vol. 53, Italie, 1928-1936
B Amérique États-Unis 1918-1940,
vol. 364-370, relations avec l'Allemagne, avril 1930-novembre 1939
SDN 1917-1940
vol 2169, Pologne, dossier général, février-juillet 1936
Z Europe Allemagne 1918-1940,
vol. 698, questions religieuses, dossier général, janvier-décembre 1939
vol. 699, concordat, relations avec le Saint-Siège, septembre 1930-juillet 1933
Z Europe Autriche 1918-1940,
vol. 81, rattachement à l'Allemagne, août-octobre 1928
vol. 199, rattachement à l'Allemagne, mai-décembre 1936
Z Europe Espagne 1918-1940,
vol. 204 à 206, politique extérieure, dossier général, octobre 1930-juin 1940 (octobre 1930-avril 1936 ; octobre 1936-mai 1940 ; janvier 1939-juin 1940)
vol. 208-210, politique extérieure, Allemagne-Italie, juillet 1936-juin 1939
Z Europe Grande-Bretagne 1918-1940,
vol. 287-287 bis, voyage Halifax à Berlin, et entretiens franco-anglais de Londres, 11 novembre-17 décembre 1937, et novembre-décembre 1937
vol. 288, relations avec France, juillet 1931-décembre 1939
vol. 289-290, 289, voyage Barthou à Londres, juillet 1934-novembre 1938, 290, voyage Daladier et Bonnet à Londres, 16 avril-4 mai 1938
vol. 291, voyage Chamberlain et Halifax à Paris, 5 novembre-3 décembre 1938
vol. 292, voyage président Lebrun à Londres, 22-28 mars 1939
vol. 293-294, relations avec l'URSS, décembre 1929-décembre 1939 (décembre 1929-décembre 1932 ; mars 1933-décembre 1939)
Z Europe Saint-Siège 1918-1940,
vol. 39, Saint-Siège et politique extérieure, janvier-avril 1939
Z Europe Sarre 1918-1940,
vol. 221-222, agitation hitlérienne. Mesures prises par l'Allemagne à l'occasion du plébiscite, février 1933-janvier 1935
Z Europe Tchécoslovaquie 1918-1940,
vol. 97-99, armée, dossier général, 1930-juillet 1939 (janvier 1930-décembre 1933 ; janvier 1934-31 décembre 1935 ; novembre 1936-juillet 1939)
vol. 107, relations avec le Saint-Siège, janvier 1930-décembre 1933
vol. 139-140, relations avec URSS, juin 1930-novembre 1938 (juin 1930-novembre 1935 ; juin 1936-novembre 1938)
vol. 152-153, menace d'agression allemande ; garantie des frontières, 15 mars-17 juin 1938, 14 juillet 1938-26 février 1939
vol. 167, établissements Skoda, 18 janvier 1930-12 mars 1940
Z Europe URSS 1918-1940,
vol. 124, questions religieuses, dossier général, mai 1923-décembre 1925
vol. 928, armée, dossier général, mai 1932-décembre 1935, mai 1940
vol. 959-962, politique étrangère, dossier général, janvier 1930-1939
vol. 982, pacte d'assistance mutuelle, voyage Laval à Moscou et Varsovie, mars-juin 1935
vol. 983-988, relations Allemagne-URSS, janvier 1930-décembre 1939
vol. 987, relations Allemagne-URSS, juin 1934-décembre 1935, janvier 1940
vol. 1032-1037, situation économique et alimentaire, janvier 1930-janvier 1940, dont
vol. 1035, août 1931-juillet 1932, et 1037, supplément, janvier 1930-septembre 1939

vol. 1036, 3 août 1932-18 janvier 1940
vol. 1265-1267, dossier général, propagande communiste à l'étranger, 1930-septembre 1938 (mine sur l'antibolchevisme du Quai d'Orsay)
vol. 1268, politique étrangère, 1930-1940
vol. 1269-1271, procès des industriels de Moscou, accusations portées contre la France, octobre 1930-avril 1931

Z Europe Yougoslavie 1918-1940,
vol. 132 à 138, assassinat d'Alexandre Ier et de Barthou, 9 octobre 1934-30 décembre 1935
vol. 138 bis, documentation
vol. 182-183, politique extérieure, conséquences politiques de l'attentat de Marseille, octobre 1934
vol. 190-191, propagande allemande, 24 juin 1930-6 décembre 1935 ; 16 septembre 1936 et 27 octobre 1939 (191)

Guerre 1939-1945, Londres-Alger,
vol. 300 à 304, situation et opinion en France juin 1940-février 1942

Guerre 1939-1945 Vichy Afrique (Vichy Maroc),
vol. 39, mission allemande, 20 juillet 1939-14 avril 1941

Z Europe Allemagne 1944-1949,
vol. 75, occupation américaine, décembre 1944-juin 1946

Archives de la Banque de France (BDF)

Dans les notes, classement par service suivi de /n° de boîte.
Archives Jean Tannery (gouverneur de la Banque de France, 1935-1936)
Secrétariat du conseil général
Service 1069 1995 21, boîte 20, relations Banque d'Angleterre-Banque de France, 1926-1936
Service 1069 1992 11, Banque des règlements internationaux (BRI) :
– boîte 29, correspondances diverses ; correspondance avec les banques d'émission (1930-1948), 1930-1949
– boîte 30, 1930-1939, correspondances diverses
– boîte 31, correspondance Michel Mitzakis-Robert Lacour-Gayet, 1932 ; organisation de la liaison 1930-1931, correspondance Quesnay, 1930-35, Royot, 1934-37
– boîte 32, 1931-1933, correspondance Michel Mitzakis-Robert Lacour-Gayet
– boîte 34, presse, 1930-1940
– boîte 40, activité de la BRI pendant la guerre
– boîte 89-91, BRI, assemblées générales annuelles mai 1931-juin 1945 (sur 15, manquent les 13e et 14e, de 1943 et 1944)
– boîte 94, BRI, 1930-1944
– boîte 96, la BRI et la coopération des banques centrales, 1930-1955

Secrétariat général
Service 1080 199201, Guerre 39-45, or belge (série complète, boîtes 18-27)
– boîte 23, transport en Afrique, rapatriement à Marseille, frais de transport
– boîte 26, 1944-1958, dont « Interrogatoire de MM. Puhl et Reinel »
– boîte 27, « restitution d'or à la Banque nationale de Belgique »

Direction générale des études
Service 1370 2000 03, boîte 14, relations Angleterre-Banque de France 1871-1934
Service 1370 1997 04, boîte 6, dossier Sarre Bolgert
Service 1370 2000 07, boîte 8, 1932-39, Yougoslavie
Service 1397 1994 01, boîte 62, Allemagne 1931, situation économique, réparations
Service 1397 1994 02, boîte 13, livraison de l'or de la Banque d'Espagne (Burgos)

Conseil général
– Extraits manuscrits des procès-verbaux des séances du conseil général, dans des classeurs (conseil général manuscrit) :
I. 1er juillet-4 novembre 1926, 155 p.
II. 12 novembre 1926-25 septembre 1930, 353 p.
II. 2 octobre 1930-28 septembre 1933, non paginé et très lacunaire à partir du 17 septembre 1931 (séance suivie des comptes rendus squelettiques de celles des 3 décembre 1931, 4 février et 20 octobre 1932, 27 juillet et 28 septembre 1933).
Ces documents authentiques « hors procès-verbal », posent la Banque de France en gouvernement dictatorial de la France : très précis pour 1926-1928, ces fonds – jetant une lueur singulière sur la légende de « l'autonomie du politique » –, posent l'État en porte-parole du gouvernement de la banque notamment dans la période de crise ministérielle de l'été 1926 suivie de l'installation de Poincaré, chef d'un « gouvernement » chéri entre tous (avant Pétain) mais parfois aussi malmené que ses homologues haïs.
– Procès-verbal officiel des séances hebdomadaires du conseil général (CGBF), 1930-1940, PV n° 120 à 131 (par année, sauf chevauchement 1936-1938 : n° 126, 2 janvier-13 août 1936 ;

127, 18 août 1936-30 juin 1937 ; 128, 21 juillet 1937-22 mars 1938 ; 129, 7 avril-23 décembre 1938)
– Analyse des délibérations du conseil général, manuscrit, résumé, 1923-1934
– Analyse des délibérations du conseil général, manuscrit, résumé, 1935-1940, vol. 13
Respectivement, dans les notes, délibérations CG I et II.

Comité permanent
Procès-verbal du comité permanent (CPBF), 1936-1940

Caisse générale, service administratif
Service 1285 199106, boîte 384 : opérations d'ouverture de la valise saisie en 1940. Affaire Portes, janvier 1946, dossier signalé par Mme Muriel Bordogna, responsable du service historique de la Banque, que je remercie vivement.

Archives nationales (AN)

AG II, État français
vol. 449, communisme et divers

F1 a, objets généraux
vol. 3308, personnalités arrêtées en Allemagne : Laval, de Brinon, Mission Scapini, etc., dossiers individuels, dont Boussac, Fraissinet, Frossard, Pasquier, etc.
vol. 3309, anciens ministres de Vichy et divers, correspondance générale octobre 1944-mai 1945 et dossiers individuels, dont Belin, Frossard, Laval, Marion, de Monzie, Prouvost, Reynaud, Schuman, Ybarnégaray, Zay
vol. 3310, affaire Philippe Pétain
vol. 3349, activités de la Cinquième Colonne, décembre 1944-décembre 1945, dont affaire Deloncle (la Cagoule), octobre-décembre 1945
vol. 3784, Alsace-Lorraine
vol. 3850, presse clandestine et de Vichy
vol. 3951, région d'Orléans et Loiret, 1942-1944

F7 police générale
Dans le cas de séries, la chronologie est précisée dans les notes
vol. 12950 à 12961, « notes Jean » sur les activités des partis et hommes politiques, la situation financière et la politique extérieure, 1918-36 (manquent 1932,1933 et presque tout 1934)
vol. 12962-12965, notes journalières de la Préfecture de police sur les réunions et manifestations (12962, 1930-33 ; 12963, 1934 ; manque 1935 ; 12964-12965, 1er-31 mars 1936)
vol. 13194 à 13207, Action française, dont manifestations et incidents divers 1923-1936 et excommunication, 1926-1927 ; sondages, consultation de 13194 à 13198
vol. 13213-13228, mouvement catholique, divers dont 13219-13227, Fédération nationale catholique, 1924-1932 (nationale et régionale) ; dans vol. 13224, classement par erreur de dossiers de 1935 sur l'Allemagne : juifs, Pologne, Jules Romains et achats allemands de laines et cotons à Roubaix-Tourcoing ; 13228, Ligue des Droits du Religieux Ancien Combattant (DRAC), 1925-1932
vol. 13231, Ligue des Patriotes, 1924-7
vol. 13232, Jeunesses patriotes et Phalanges universitaires, 1925-1932
vol. 13233-5, Jeunesses patriotes, par département, 1925-1932
vol. 13236, Affaire rue Damrémont, avril 1925, et Jeunesses patriotes, 1926
vol. 13237, Ligue Républicaine Nationale, 1926-7, et affiches, 1934-5
vol. 13238, Solidarité française (SF), François Coty et Jean Renaud, 1933-34
vol. 13239, SF, François Coty et Jean Renaud, 1934 (2e trimestre) et 1935
vol. 13240, Redressement français, 1926-1929
vol. 13241, divers, dont Croix de Feu et Francistes en 1935
vol. 13242, associations d'anciens combattants 1925-1926
vol. 13244, autonomisme breton, 1921-1935
vol. 13245, fascisme, 1925-6
vol. 13246, fascisme, juillet-décembre 1927
vol. 13422, conférence La Haye, 1929-30
vol. 13423, conférences internationales (dont Pacte à Quatre, juin-novembre 1933) et mouvements politiques en Europe continentale, 1930-1935
vol. 13424 à 13434, renseignements sur l'Allemagne, 1915-36 (le 1er semestre de 1934 est presque vide, F7 13433 ; un seul document de 1936 dans F7 13434 ; 1935 figure dans ces deux volumes sans respect de l'ordre chronologique)
vol. 13433, 1934 ; vol. 13434, 1935
vol. 13446, Espagne 1931-1932
vol. 13449, États-Unis, 1926-1932
vol. 13450, Grande-Bretagne, notes générales 1924-1934
vol. 13463-13466, notes et presse, Italie, 1933-1934
vol. 13472, Sarre, 1930-1935

vol. 13485, Suisse, 1930-1932
vol. 14614, rapports Église-État, 1919-1937
vol. 14673 à 14675, dépôts d'armes liés à l'affaire du CSAR, classement par département 1937-1938 (14673, Ain-Haute-Savoie ; 14674, Seine ; 14675, Seine Inférieure, Seine-et-Marne, Seine-et-Oise, Var, Yonne, Territoire de Belfort)
vol. 14713, agents de renseignement et propagande hitlérienne en France, allemands, autrichiens et soviétiques, 1932-1940
vol. 14714, Gestapo en France, 1935-40 (tous aspects, renseignement économique inclus), liens fascistes ukrainiens-nazis, 1937
vol. 14715, organismes allemands en France, 1936-1940
vol. 14717, Autrichiens, agents nazis, 1930-1937
vol. 14722, rôle de l'Allemagne dans la guerre civile espagnole
vol. 14738, Espagne, dossier de renseignements, 1937-1939, dont « Dossier personnel de Jacques Percheron »
vol. 14752, Tchécoslovaquie, divers, 1919-1940
vol. 14753, Yougoslavie, dont activités terroristes et croates ; visées allemandes sur pétrole (novembre 1934-mars 1935), 1926-1940
vol. 14754, attentat de Marseille, 1935
vol. 14755, divers dont communistes yougoslaves, oustachis (dont dossier Ante Pavelitch 35-avril 40), projets attentats ORIM 1931-1938
vol. 14815, CSAR, dossiers personnels, dont chefs, 1937-1940
vol. 14816, attentats du CSAR, dont Navachine, 1937-1939
vol. 14817, Parti social français, 1930, et 1935-1938 ; et PPF (dont liens avec Loustanau-Lacau, et Union militaire française, filiale PPF), 1937-39
vol. 14818, Solidarité française, 1935-1936 ; et francisme, 1928-1937
vol. 14819, dont parti national prolétarien lié au PPF et liens avec propagande étrangère, et Dorgères
vol. 14874, dossiers personnels d'hommes politiques (Maurice Bokanowsky, Georges Bonnet, René Brunet, Campinchi, Horace de Carbuccia, Édouard Daladier, Marcel Déat, etc.)
vol. 14875, divers dont emprunts 1933-1937, et activité diplomatique et action de Weygand, 1934-1935, situation politique et situation financière France, 1935-1937
vol. 14876, notes sur presse, journaux et journalistes, dont Robert Brasillach
vol. 14877, agences de presse, 1907-1940
vol. 14966, épuration, listes d'arrestation, 1944
vol. 14999, lutte anticommuniste, 1929, octobre 1939-octobre 1942
vol. 15284, divers partis, dont plusieurs partis de droite
vol. 15285, RPF
vol. 15296, Direction des RG, agences de presse : divers dont Inter-France
vol. 15291, milieux religieux, église catholique, attitude politique des évêques et archevêques sous l'Occupation
vol. 15299, milieux financiers et économiques, notes de renseignements 1941-1947
vol. 15331-15332, Otto Abetz
vol. 15339, Lemaigre-Dubreuil
vol. 15343, Synarchie : études, rapports, coupures de presse, 1941-1948
vol. 15387-15388, titulaires de la francisque 1940-1944 (A-K ; L-Z)
vol. 15549, procès Pétain, état de l'opinion publique, 1945

F 37, fonds Barnaud, Délégation générale aux relations économiques franco-allemandes
vol. 36, questions financières, monétaires, or, contrôle des changes

F 60, présidence du Conseil
vol. 172-173, ministère des Affaires étrangères (MAE), Affaires politiques, Espagne, 1934-1940
vol. 174, MAE, Affaires politiques, Allemagne, 1934-1939
vol. 294, Alsace-Lorraine 1936-1939 et rapports du Comité alsacien d'études et d'informations (CAEI, 1937) puis Institut études européennes Strasbourg (IEE, 1938-1939)
vol. 344, commerce et indépendance nationale, questions internationales, dont Allemagne 1935-1939
vol. 624, conflits du travail, arbitrage 1938-1939

AJ 38, Commissariat général aux questions juives (CGQJ) et service de restitution des biens spoliés
vol. 330, correspondance de dirigeants du service du contrôle des administrateurs provisoires (SCAP) et de la direction de l'aryanisation économique (DAE), 1942-1944

AJ 40, archives du Militärbefehlshaber in Frankreich dites du Majestic
vol. 774, IG Farben, influence des banques, contact entre chambres de commerce
vol. 779, matières premières, marché noir, contribution de l'économie française au Reich, commandes
vol. 781, achats de participations par des banques allemandes
vol. 812, accords de licences
vol. 817, cautions bancaires, françaises et allemandes ; achats de valeurs françaises et étrangères par les Allemands
vol. 831, banques
vol. 879, débuts de l'Occupation, commandant de la Place de Paris

F 12, Commission nationale interprofessionnelle d'épuration (CNIE)
vol. 9644, imprimerie Lang

Archives de la Préfecture de police (APP)

Affaire Navachine
– cartons I et II
DB
536, la Cagoule
GA, rapports des Renseignements généraux
Classement des noms par ordre alphabétique, de A à Z, plusieurs volumes par lettre, numéro et nom précisés dans les notes (trop nombreux pour être cités ici)
BA, rapports des Renseignements généraux
Classement par dossiers, nominatifs ou par thèmes, précisés dans les notes (trop nombreux pour être cités ici. Sur BA 1856 à 1859, *cf. infra*, bibliographie)
PJ, série soumise à demande de dérogation
PJ (1) 30, affaire de Brinon, MSR, PPF, RNP
PJ 30-2, Mouvements et partis collaborationnistes
PJ (2) 32, cercle européen, MSR (héritier du CSAR)
PJ (3), PJIII, Haute Cour de Justice
PJ 39, Cercle européen et exemplaire du rapport dactylographié ou « journal » de Pierre Nicolle « remis volontairement au service de Police le 10 septembre 1944 » (sa lettre au bâtonnier, 27 juillet 1945)
PJ 40, Jacques Barnaud, Raphaël Alibert, Benoist-Méchin, Paul Baudouin et divers
PJ 41, Jean Bichelonne et Abel Bonnard
PJ 42, Yves Bouthillier, de Brinon, Cathala
PJ 43, Camille Chautemps, Darquier de Pellepoix
PJ 45, Robert Gibrat
PJ 46, Adrien Marquet, Jacques Le Roy Ladurie, Pierre Laval, François Lehideux
PJ 48, Pétain, François Piétri, Jean Prouvost, Peyrouton
PJ 49, Ybarnégaray
PJ 52, CSAR, dossiers nominatifs

Bibliothèque de documentation internationale contemporaine (BDIC, Nanterre)

Fonds du procureur général Mornet (fonds Mornet), F delta rés 875
II. 1936-août 1944
III. Procès d'épuration, notamment de Laval et Pétain

Service historique de l'armée de terre (SHAT, Vincennes)

2 N, Comité permanent de la Défense nationale (CPDN)
vol. 20, correspondance et notes préparatoires, rapports de présentation, PV de séances, dont délibérations 26 juin 1936-24 février 1939
vol. 21, documentation, octobre 1936-janvier 1937
vol. 22, documentation, 15 février-15 avril 1937
vol. 23, documentation, mai-octobre 1937
vol. 24, documentation, novembre 1937-avril 1938
vol. 25, documentation, janvier 1938-février 1939
5 N, politique de défense, conduite de la guerre
vol. 577, organisation de la défense nationale, 1932-9, et section D.N, service presse et information, août-septembre 1939
vol. 578, Cabinet du ministre, septembre 1939-juin 1940
vol. 579, politique de défense, conduite de la guerre, 1920-septembre 1939, 1920-septembre 1939, *essentiel,* surtout sur 1938, Tchécoslovaquie et URSS, sur relations franco-italiennes, 1935-1938, franco-tchécoslovaques depuis traité 25 janvier 1924-octobre 1938 ; franco-polonaises, 1925-1939 ; franco-roumaines, 1926-1939 ; franco-soviétiques, janvier 1938-juillet 1939 ; franco-américaines, septembre 1938
vol. 580, conduite de la guerre, septembre 1939-juin 1940
vol. 581, André Maginot, Pétain et Édouard Daladier ministres de la Guerre, 1929-1940
7 N, EMA Deuxième Bureau, section des armées étrangères
vol. 2520, 1920-1937

vol. 2521, 1936
vol. 2522, relations et crises internationales 1937-1938
vol. 2523, septembre 1938
vol. 2524, 1939, jusqu'au 24 septembre
vol. 2525, comptes rendus liaisons auprès du ministère des Affaires étrangères, séries journalières incomplètes 1936-9 et hebdomadaire, mars 1938-mai 1939
vol. 2526, septembre 1939-mai 1940

7 N, attachés militaires

- *Attachés militaires en Espagne*

vol. 2757, correspondance diplomatique, 1920-1925, 1932, 1934, et 1936-1940
vol. 2758, armée et guerre civile, 1937-1939

- *Attachés militaires en Allemagne*

vol. 2601-2602 (janvier-mai 1938 ; juin 1938-juin 1939 et 21 août 1939)

- *Attachés militaires en Pologne*

vol. 2999-3000, rapports 1933-1937 (1933-1935 ; 1936-1937)
vol. 3024, rapports 1928-9, et 1933-1939

- *Attachés militaires en Tchécoslovaquie*

vol. 3096-3097 (rapports 1932-1937 ; 1938-mai 1939)
vol. 3107, relations avec l'étranger, divers, 1921-1939

- *Attachés militaires en URSS*

vol. 3121-3123, rapports 1933-1940 (1933-1934 ; 1935-1936 ; 1937-1940)
vol. 3143, rapports, 1937-1940, dont relations franco-soviétiques 1935-1937
vol. 3150, armée et politique, procès Toukhatchevski, épurations
vol. 3184, rapports 1936-1938
vol. 3185-3186, mission du général Doumenc (conversations tripartites d'août 1939 ; pièces annexes, et divers rapports, 1935-1939)

Archives du ministère des Affaires étrangères espagnol

Document unique, découvert par le journaliste catalan Xavier Montanyà, dans le cadre de sa recherche pour le documentaire « Les espions de Franco », produit par TVE, TV3 et FR3 : Information du capitaine (républicain) Alberto Bayo, sans date, mais de fin mai 1937.
M. Montanyà, qui m'a interviewée, m'a aimablement communiqué une copie de ce document consacré à l'espionnage allemand et français au service de Franco, recoupant plusieurs sources policières, diplomatiques et militaires utilisées ici. Je l'en remercie vivement.

ARCHIVES PUBLIÉES

En consultation libre, usuels de la BDIC de Nanterre (1er étage)

Documents diplomatiques français (DDF), 2e série (1936-1939)

t. III (19 juillet-19 novembre 1936), Paris, Imprimerie nationale, 1966
t. XVI (1er mai-24 juin 1939), Paris, Imprimerie nationale, 1983

Documents on British Foreign Policy (1919-1939) (DBFP)

2nd Series, vol. II, 1931, Londres, Her Majesty's Stationary Office (HMSO), 1947
vol. III, 1931-1932, Londres, HMSO, 1948

Documents on British Foreign Policy (1919-1939) (DBFP)

3nd Series, vol. I à VII, 1939 (jusqu'au 30 août), Londres, HMSO

Documents on German Foreign Policy (DGFP)

Series C (1933-1937)
vol. I (30 janvier-14 octobre 1933), Her Majesty's Stationary Office (HMSO), London, 1957
vol. II (14 octobre 1933-13 juin 1934), London, HMSO, 1959
vol. III (14 juin 1934-31 mars 1935), London, HMSO, 1959
vol. IV (1er avril 1935-4 mars 1936), London, HMSO, 1962
vol. V (5 mars-octobre 1936), London, HMSO, 1966
vol. VI, novembre 1936-novembre 1937, London, HMSO, 1983
Series D (1937-1945)
vol. I, *From von Neurath to Ribbentrop, September 1937-September 1938*, US Government printing office (USGO), Washington, 1949
vol. II, *Germany and Czecoslovakia, 1937-1938*, USGO, Washington, 1949
vol. III, *Germany and the Spanish Civil War, 1936-1939*, USGO, Washington, 1950
vol. IV, *The aftermath of Munich, 1938-1939*, USGO, Washington, 1951
vol. VI, *The last months of Peace, March-August 1939*, Londres, 1956
vol. VII, *The last days of Peace, August 9-September 3, 1939*, Her Majesty's Stationary Office, Londres, 1956
vol. VIII, *The war years, September 4, 1939-March 18, 1940*, USGO, Washington, 1954
vol. IX, *The War Years, March 18-June 22, 1940*, USGO, Washington, 1956
vol. X, *The War Years, June 23-August, 1940*, USGO, Washington, 1957
(volumes publiés en allemand par les Français, Baden-Baden, Imprimerie nationale, *Akten zur deutschen Auswärtigen Politik, 1918-1945, series D (1937-1945)*), sous les mêmes numéros de volume (Band, avec le n°, 1951).

Foreign Relations of the United States (FRUS)

1931, vol. I, *General,* Washington, USGPO, Washington, 1946
1933, vol. II, *General*, USGPO, Washington, 1946
1936, vol. I, *General, British Commonwealth*, USGPO, Washington, 1953
1936, vol. II, *Europe*, 1 USGPO, Washington, 1954
1937, *General*, vol. I, USGPO, Washington, 1954
1937, *British Commonwealth, Europe, Near East, Africa*, vol. II, USGPO, Washington, 1954
1938, *General*, vol. I, USGPO, Washington, 1955
1938, *British Commonwealth, Europe, Near East, Africa*, vol. II, USGPO, Washington, 1955
1939, *General*, vol. I, USGPO, Washington, 1956
1939, *General, the British Commonwealth and Europe*, vol. II, USGPO, Washington, 1956
1940, *General*, vol. I, USGPO, Washington, 1959

I Documenti Diplomatici italiani (DDI)

Ottava serie 1935-1939

vol. X, *12 settembre-31 dicembre 1938*, IPZS, Roma, 2003
vol. XII, *23 maggio-11 agosto 1939*, LDS, IPZS, Roma, 1952
vol. XIII, *12 agosto-3 settembre 1939*, LDS, IPZS, Roma, 1953

Nona serie 1939-1943

vol. I, *4 settembre-24 ottobre 1939*, LDS, IPZS, Roma, 1954
vol. II, *25 ottobre-31 dicembre 1939*, LDS, IPZS, Roma, 1957
vol. III, *1 gennaio-8 aprile 1940*, LDS, IPZS, Roma, 1959
vol. IV, *9 aprile-10 giugno 1940*, LDS, IPZS, Roma, 1960
vol. V, *11 giugno-28 ottobre 1940*, LDS, IPZS, Roma, 1965

Le Livre jaune Français. Documents diplomatiques 1938-1939
Pièces relatives aux événements et aux négociations qui ont précédé l'ouverture des hostilités entre l'Allemagne d'une part, la Pologne, la Grande-Bretagne et la France d'autre part, Paris, Imprimerie Nationale, 1939

BIBLIOGRAPHIE

Limitée à ce qui est cité en note (je prie les auteurs omis, notamment ceux qui ont traité de la synarchie, de ne pas me tenir rigueur de leur absence).

Je remercie une fois de plus mon ami le professeur Ivan Avakoumovitch (université de Vancouver) pour ses très nombreuses indications de sources et d'ouvrages.

– Adamthwaite Anthony, *France and the coming or the Second World War 1936-1939*, Londres, Frank Cass, 1977.

– *Grandeur and misery. France's bid for power in Europe 1914-1940*, Londres, Arnold, 1995.

– Alexander Martin S., *The Republic in danger, General Maurice Gamelin and the politics of French Defence*, Cambridge, Cambridge University Press, 1993.

– Alexander Martin S. et Graham Helen, *French and Spanish Popular fronts, Cambridge*, Cambridge University Press, dont Alexander Martin S., « Soldiers and socialists: the French officer corps and leftist government, 1935-37 ».

– *Annales de la société des amis de Louis Aragon et Elsa Triolet*, n° 10, 2008.

– Bariéty Jacques et Bloch Charles, « Une tentative de réconciliation franco-allemande et son échec », *Revue d'histoire moderne et contemporaine*, vol. XV, juillet-septembre 1968, p. 433-465.

– Barros James, *Betrayal from Within: Joseph Avenol, Secretary-General of the League of Nations, 1933-1940*. New Haven, Yale University Press, 1969.

– Baruch Marc Olivier, *Servir l'État français. L'administration en France de 1940 à 1944*, Paris, Fayard, 1997.

– (dir.), *Une poignée de misérables. L'épuration de la société française après la Seconde Guerre mondiale*, Paris, Fayard, 2003.

– Baudouï Rémi, *Raoul Dautry (1880-1951). La technocratie de la République*, Paris, 1992.

– Baumann Tobias, « De la propagande de guerre à la propagande de paix : la campagne allemande en Alsace et en Moselle (1914-1927) », mémoire de maîtrise, université Paris 7, septembre 2005.

– Beaufre André général, *Le drame de 1940*, Paris, Plon, 1965.

– Belin René, *Du secrétariat de la CGT au gouvernement de Vichy. Mémoires (1933-1942)*, Paris, Albatros, 1978.

– Bellanger Claude, Godechot Jacques, Guiral Pierre et Terrou Fernand, *Histoire générale de la presse française, De 1871 à 1940*, t. III, Paris, PUF, 1972.

– Berlière Jean-Marc, avec Chabrun Laurent, *Les policiers français sous l'Occupation*, Paris, Perrin, 2001.

– Berstein Serge, « La France des années 1930 allergique au fascisme : à propos d'un livre de Zeev Sternhell », *xx*e *siècle*, n° 2, avril 1984, p. 83-94.

– *Le 6 février 1934*, Paris, Gallimard-Julliard, 1975.

– Blatt Joel (ed.), *The French Defeat of 1940: Reassessments*, Providence, R.I. : Berghahn Books, 1998.

– Bloch Marc, *L'étrange défaite*, Paris, Gallimard, 1990 (juillet-septembre 1940, 1re édition, 1946).

– Bloch Charles, *Le III*e *Reich et le monde*, Paris, Imprimerie nationale, 1986.

– Bloch-Lainé François et Gruson Claude, *Hauts fonctionnaires sous l'Occupation*, Paris, Odile Jacob, 1996.

– Bloch-Lainé François, *Profession : fonctionnaire*, Paris, Seuil, 1976.

– Blum Alain, *Naître, vivre et mourir en URSS, 1917-1991*, Paris, Plon, 1994.

– Bonafoux-Verrax Corinne, *À la droite de Dieu. La Fédération nationale catholique 1924-1944*, Paris, Fayard, 2004.

– Bonin Hubert, Lachaise Bernard, Taliano-Des Garets Françoise, avec Guillon Aude et Vatican Agnès, *Adrien Marquet. Les dérives d'une ambition. Bordeaux, Paris, Vichy (1924-1955)*, Bordeaux, Confluences, 2007.

– Bouillon Jacques et Valette Geneviève, *Munich et la presse*, Paris, Armand Colin, coll. Kiosque, réédition, 1986.

– Bourdé Guy, *La défaite du Front Populaire*, Paris, Maspéro, 1977.

– Bourdrel Philippe, *La Cagoule*, Paris, Albin Michel, 1992.

– Brunet Jean-Paul, *Jacques Doriot*, Paris, Balland, 1986.

– Burrin Philippe, *La dérive fasciste : Doriot, Déat, Bergery, 1933-1945*, Paris, Seuil, 1986.

– *La France à l'heure allemande 1940-1944*, Paris, Le Seuil, 1995.

– Carley Michael Jabara, *1939, the alliance that never was and the coming of World War 2*, Chicago, Ivan R. Dee, 1999.

– *Revolution and Intervention: The French Government and the Russian Civil War, 1917-1919*, Kingston & Montréal, McGill-Queen's University Press, 1983.
– « Five kopecks for five kopecks: Franco-Soviet trade relations, 1928-1939 », *Cahiers du monde russe et soviétique* ; vol. 33, n° 1, janvier-mars 1992, p. 23-58.
– « End of the "low, dishonest decade": failure of the Anglo-Franco-Soviet alliance in 1939 », *Europe-Asia Studies*, vol. 45, n° 2, 1993, p. 303-341.
– « Down a blind alley: Anglo Franco-Soviet relations, 1920-1939 », *Canadian Journal of History*, vol. 30, n° 2, août 1995, p. 289-321, vol. 29, n° 1, avril 1994, p. 147-172.
– « Generals, diplomats and international politics in Europe, 1898-1945 », *Canadian Journal of History*, vol. 30, n° 2, août 1995, p. 289-321.
– « Fearful concatenation of circonstances: the Anglo-Soviet rapprochement, 1934-1936 », *Contemporary European History*, vol. 5, n° 1, mars 1996, p. 29-69.
– « Prelude to defeat: Franco-Soviet relations », *Historical Reflections*, vol. 22, n° 1, hiver 1996, p. 159-188.
– « The early Cold War, 1917-1939 », *Relevance*, vol. 5, n° 4, automne 1996, p. 6-11.
– « A Soviet Eye on France from the rue de Grenelle in Paris, 1924-1940 », *Diplomacy & Statecraft*, n° 2, 2006, p. 295-346.
– « Years of War in the East, 1939-1945 : A Review Article », *Europe-Asia Studies*, vol. 59, n° 2, mars 2007, p. 331-352.
– Carlier Claude et Martens Stefan (dir.), *La France et l'Allemagne en guerre. Septembre 1939-novembre 1942*, Paris, Institut historique allemand, 1990.
– Caron Vicki, « Prelude to Vichy: France and the Jewish Refugees in the era of Appeasement », *Journal of Contemporary History*, XX, 1985, p. 157-176.
– *Uneasy asylum: France and the Jewish Refugee crisis, 1933-1942*, Stanford, Stanford University Press, 1999.
– Castagnez-Ruggiu Noëlline, « Le Pays Socialiste, par la Liberté, par la Paix : des socialistes pacifiques autour de Paul Faure », *Matériaux pour l'histoire de notre temps*, 1993, volume 30, n° 1, p. 48-52.
– Catala Michel, « L'ambassade espagnole de Pétain (mars 1939-mai 1940) », *Vingtième siècle*, 55, juillet-septembre 1997, p. 29-42.
– Chadeau Emmanuel, *Louis Renault, biographie*, Paris, Plon, 1998.
– Chauvy Gérard, *Lyon 40-44*, Paris, Payot, 1993 (1re éd., 1985).
– Clarke Jeffrey J., « The nationalisation of war industries in France, 1936-1937: a case study », *Journal of Modern History*, vol. 49, n° septembre 1977, p. 411-430.
– Cointet Jean-Paul, *Pierre Laval*, Paris, Fayard, 1993.
– Combe Sonia, *Archives interdites. Les peurs françaises face à l'histoire contemporaine*, Paris, Albin Michel, 1994, réédition 2001, La Découverte.
– Costigliola Frank, *Awkward Dominion: American Political, Economic and Cultural Relations with Europe, 1919-1933*, Ithaca, Cornell University Press, 1984.
– Cœuré Sophie, *La grande lueur à l'Est. Les Français et l'Union soviétique, 1917-1939*, Paris, Seuil, 1999.
– Courtois Stéphane, Werth Nicolas *et alii*, *Le livre noir du communisme*, Paris, Laffont, 1997.
– Crane Richard F., *A French Conscience in Prague: Louis Eugène Faucher and the abandonment of Czcoslovakia*, Boulder, East European Monographs, 1996.
– Crémieux-Brilhac Jean-Louis, *Les Français de l'an 40, I, La guerre, oui ou non ? ; II, Ouvriers et soldats*, Paris, Gallimard, 1990.
– Crockett Richard, *Twilight of truth: Chamberlain, Appeasement and the manipulation of the press*, London, Weidenfeld et Nicolson, 1988.
– Dard Olivier, *La synarchie ou le mythe du complot permanent*, Paris, Perrin, 1998.
– *Les années trente*, Paris, Le Livre de Poche, 1999.
– *Le rendez-vous manqué des relèves des années 1930*, Paris, PUF, 2002.
– Dard Olivier, Daumas Jean-Claude et Marcot François (dir.), *L'Occupation, l'État français et les entreprises*, Paris, ADHE, 2000.
– Denéchère Yves, *Jean Herbette (1878-1960). Journaliste et ambassadeur*, Paris, Bruxelles, Peter Lang, 2003.
– Dioudonnat Pierre-Marie, *Je suis partout 1930-1944 : les maurrassiens devant la tentation fasciste*, Paris, La Table Ronde, 1973.
– Dobry Michel (éd.), *Le mythe de l'allergie française au fascisme*, Paris, Albin Michel, 2003.
– « Février 1934 et la découverte de l'"allergie" de la société française à la Révolution fasciste », *Revue française de sociologie*, juillet-décembre 1989.
– Domarus Max et Romane Patrick, ed., *The Essential Hitler : Speeches and Commentary*, Wauconda (Ill.), Bolchazy-Carducci Publishers, 2007.
– Dreyfus Jean-Marc, *Pillages sur ordonnances. Aryanisation et restitution des banques en France 1940-1953*, Paris, Fayard, 2003.
– Drummond Ian, London, *Washington and the management of the franc, 1928-1936*, Princeton, Princeton University Press, 1979.
– Dullin Sabine, *Des hommes d'influences. Les ambassadeurs de Staline en Europe 1930-1939*, Paris, Payot, 2001.

– Du Moulin de Labarthète Henri, *Le temps des illusions, souvenirs (juillet 1940-avril 1942)*, Genève, Éditions du Cheval ailé, 1946.
– Duroselle Jean-Baptiste, *Politique étrangère de la France, la décadence 1932-1939*, Paris, Le Seuil, 1983 (1re éd., 1979).
– *L'Abîme 1939-1945*, Paris, Imprimerie nationale, 1982.
– Dutter Gordon, « Doing business with the nazis: French economic relations with Germany under the Popular Front », *The Journal of Modern History*, vol. 63, n° 2, juin 1991, p. 296-326.
– Ehrmann Henry, *La politique du patronat français 1936-1955*, trad., Paris, PFNSP, 1959.
– *Événements du 6 février 1934*, rapport général de la Commission d'enquête, Paris, Imprimerie de la Chambre des Députés, 1934, Annexes, procès-verbaux de la commission,
t. I, séances du 24 février au 28 mars 1934
t. II, séances du 29 mars au 8 mai 1934 (le texte de BA 1856 à 1859, enquête de l'IGS, commission d'enquête, APP, diffère parfois de ce compte rendu imprimé).
– Faligot Roger et Kauffer Rémi, *Éminences grises*, Paris, Fayard, 1992.
– Finkel Alvin and Leibovitz Clement, *The Chamberlain-Hitler Collusion*, Rendlesham, Merlin Press, 1997.
– Frank(enstein) Robert, *Le prix du réarmement français, 1935-1939*, Paris, Publications de la Sorbonne, 1982.
– Fridenson Patrick, *Histoire des Usines Renault 1. Naissance de la grande entreprise, 1898-1939*, Paris, Seuil, 2e édition, 1998.
– Ganser Daniele, *Les armées secrètes de l'OTAN. Réseaux Stay Behind, Opération Gladio et terrorisme en Europe de l'Ouest*, Paris, Éditions Demi-Lune, 2007 (traduction).
– Gardner Lloyd, *Spheres of influence. The great powers partition Europe, from Munich to Yalta, 1938-1945*, New York, Ivan R. Dee, Chicago, 1993.
– Garrigues Jean, *Les patrons et la politique, de Schneider à Seillière*, Paris, Perrin, 2002.
– Georges Bernard, Tintant Denise et Renauld Marie-Anne, *Léon Jouhaux dans le mouvement syndical français [1921-1954]*, Paris, PUF, 1979.
– Géraud André (Pertinax), *Les fossoyeurs : défaite militaire de la France, armistice, contre-révolution*, New York, 1943, 2 volumes.
– Geyer Dietrich, *Russian Imperialism. The interaction of domestic and foreign policy*, Oxford, Berg Publishers, 1987.
– Gilbert Joseph, *Fernand de Brinon, l'aristocrate de la collaboration*, Paris, Albin Michel, 2002.
– Gillingham John, *Belgian Business in the Nazi New Order*, Gand, Fondation Jan Dhondt, 1977.
– *Ruhr coal, Hitler and Europe. Industry and Politics in the Third Reich*, London, Methuen, 1985.
– Gorodetsky Gabriel, *Soviet Foreign Policy, 1917-1991: a retrospective*, Londres, Frank Cass, 1997.
– Griffiths Richard, *Fellow travellers of the right. British enthusiasts for Nazi Germany, 1933-9*, Oxford, Oxford University Press, 1983.
– Halimi Serge, *Les nouveaux chiens de garde*, Paris, Liber, 1997.
– Haslam Jonathan, *Soviet Foreign Policy 1930-1933*, University of Birmingham, 1983.
– *The Soviet Union and the struggle for collective security in Europe, 1933-1939*, Londres, Macmillan Press Ltd, 1984.
– *The Soviet Union and the Threat from the East, 1933-1941: Moscow, Tokyo and the Prelude to the Pacific War*, Londres, Macmillan, 1992.
– Hayes Peter, *Industry and ideology. IG Farben in the Nazi era*, Cambridge, Cambridge University Press, 1987.
– Higham Charles, *Trading with the Enemy, an exposé of the Nazi-American Money Plot, 1933-1949*, New York, Delacorte Press, 1983.
– Imlay Talbot C., « Paul Reynaud and France's response to Nazi Germany, 1938-1940 », *French Historical Studies*, vol. 26, n° 3, été 2003, p. 497-538.
– *Facing the Second World War: Strategy, Politics, and Economics in Britain and France 1938-1940*, Oxford, Oxford University Press, 2003.
– Ingram Norman, *The politics of dissent: pacifism in France, 1919-1939*, Oxford, Clarendon Press, 1991.
– Irvine William D., « Fascism in France. The strange case of the Croix de Feu », *Journal of Modern History*, n° 63, 2, 1991, p. 271-295.
– Jackson Julian, *The Politics of Depression, 1932-1936*, Cambridge, Cambridge University Press, 1985.
– *The fall of France. The Nazi invasion of 1940*, Oxford, Oxford University Press, 2003.
– *La France sous l'Occupation 1940-1944*, Paris, Flammarion, 2004.
– Jackson Peter, *Intelligence and Policy making, 1933-1939*, Cambridge, Cambridge University Press, 1985.
– James Harold, *The German Slump. Politics and Economics, 1924-1936*, Oxford, Clarendon Press, 1986.
– Jankowski Paul, *Cette vilaine affaire Stavisky, histoire d'un scandale politique*, Paris, Fayard, 2000.
– Jaslier Emmanuel, « Les relations économiques franco-yougoslaves de l'entre-deux-guerres (1918-1939) », *mémoire de maîtrise, Paris VII, septembre 1999.*

– Jeanneney Jules, *Journal politique, septembre 1939-juillet 1942,* édition critique de Jeanneney Jean-Noël, Paris, Armand Colin, 1972.
– Jeanneney Jean-Noël, *L'argent caché. Milieux d'affaires et pouvoirs politiques dans la France du xxe siècle,* Paris, Seuil, 1981.
– *François de Wendel en République. L'argent et le pouvoir, 1914-1940,* Paris, Seuil, 1976.
– Jordan Nicole, *The Popular Front and Central Europe: the dilemmas of French impotence, 1918-1940,* Cambridge, Cambridge University Press, 1985.
– Jukes Geoff, « The Red Army and the Munich crisis », *Journal of Contemporary History,* vol. 26, avril 1991, p. 194-214.
– Kalfa David, « Paris face aux relations germano-soviétiques (1921-1934) », mémoire de maîtrise, université Paris VII, septembre 2003.
– Kershaw Ian, *Hitler, 1889-1936,* Flammarion, 1999.
– *Making friends with Hitler. Lord Londonderry and Britain's road to war,* Londres, Penguin Books, 2004.
– Kolboom Ingo, *La revanche des patrons. Le patronat français face au Front Populaire,* Paris, Flammarion, 1986.
– Kolko Gabriel, « American Business and Germany, 1930-1941 », *The Western Political Quarterly,* XV, décembre 1962, p. 713-728.
– Krakovitch Raymond, *Paul Reynaud dans la tragédie de l'histoire,* Paris, 1998.
– Kuisel Richard, *Ernest Mercier, French technocrat,* Berkeley-Los Angeles, 1967.
– « The legend for Vichy synarchy », *French historical Studies,* vol. VI-3, printemps 1970, p. 365-398.
– « Technocrats in public economic politicy: from the Third to the Fourth Republic », *The Journal of European economic History,* vol. 2, n° 1, printemps 1973, p. 53-99.
– « Auguste Detoeuf, conscience of French industry, 1926-1947 », *International review of social history,* t. XX, 1975, p. 159-174.
– *State and capitalism in 20th century France,* Cambridge, Harvard University Press, 1980 (traduction française chez Gallimard, 1984).
– Lacaze Yvon, *L'opinion publique et la crise de Munich,* Paris, Peter Lang, 1991.
– Lacroix Laure, dossier de recherche sur le fonds Henry-Haye (archives municipales de Versailles), sous la direction de Steven L. Kaplan, DESS métiers de la culture, archives, mars 2004, université de Saint-Quentin en Yvelines.
– Lacroix-Riz Annie, « Négociation et signature des accords Blum-Byrnes (octobre 1945-mai 1946) d'après les archives du ministère des Affaires étrangères », *revue d'histoire moderne et contemporaine (RHMC),* juillet-septembre 1984, p. 417-447.
– « Les grandes banques françaises de la collaboration à l'épuration, 1940-1950. II. La non-épuration bancaire 1944-1950 », *RHMC,* n° 142, 1986, p. 81-101.
– « Le rôle du Vatican dans la colonisation de l'Afrique (1920-1938) : de la romanisation des Missions à la conquête de l'Éthiopie », *Revue d'histoire moderne et contemporaine,* janvier-mars 1994, n° 41-1, p. 29-81.
– *Le Vatican, l'Europe et le Reich de la Première Guerre mondiale à la Guerre froide (1914-1955),* Paris, Armand Colin, 1996.
– *Industrialisation et sociétés (1880-1970). L'Allemagne,* Paris, Ellipses, 1997.
– « Les élites économiques françaises et la collaboration économique : la banque, l'industrie, Vichy et le Reich », *Revue d'Histoire de la Shoah. Le monde juif,* n° 159, janvier-avril 1997, p. 8-123.
– *Industriels et banquiers français sous l'Occupation : la collaboration économique avec le Reich et Vichy,* Paris, Armand Colin, 1999.
– *L'intégration européenne de la France. La tutelle de l'Allemagne et des États-Unis,* Pantin, Le temps des cerises, 2007.
– « La Banque des règlements internationaux et la Banque de France de l'apaisement à la guerre : de la collaboration des banques centrales à l'"or allemand" », *in* Olivier Feiertag et Michel Margairaz (dir.), *Politiques et pratiques des banques d'émission en Europe (xviie-xxe siècles),* Paris, Albin Michel, 2003, p. 387-412.
– « Les comités d'organisation et l'Allemagne : tentative d'évaluation », *in* Hervé Joly (dir.), *Les comités d'organisation et l'économie dirigée du régime de Vichy,* Centre de recherche d'histoire quantitative, Seconde Guerre mondiale, Caen, 2004, p. 47-62.
– « Complément à la bibliographie de CAPES-agrégation 2003-2005 parue dans Historiens et Géographes n° 383 », *La pensée,* n° 336, octobre-décembre 2003, p. 137-157.
– *L'histoire contemporaine sous influence,* Paris, Le temps des cerises, 2004.
– « La gestion étatique du travailleur étranger dans la France des années trente, reflet de la priorité de l'ennemi intérieur : les cas polonais et yougoslave », Gonzàlez-Bernaldo Pilar, Martini Manuela et Pelus-Kaplan Marie-Louise, dir., *Étrangers et Sociétés. Représentations, coexistences, interactions dans la longue durée,* Rennes, Presses universitaires de Rennes, 2008, p. 127-138.
– « Les relations patronales franco-allemandes dans l'empire au cours des années trente : quelques jalons », Bonin Hubert, Hodeir Catherine et Klein Jean-François, dir., *L'esprit*

économique impérial, (1830-1970) : Groupes de pression & réseaux du patronat colonial en France & dans l'empire, Publications de la SFHOM, Paris, 2008, p. 527-546.
– Lambauer Barbara, *Otto Abetz et les Français ou l'envers de la Collaboration*, Paris, Fayard, 2001.
– Langer William, *Our Vichy gamble*, Amden, Archon Books, 1965 (1re édition, 1947).
– Laveissière Cécile, « La France face à la question allemande, 1933-38 », mémoire de maîtrise, université Toulouse Le Mirail, 1992.
– Lémery Henry, généraux Duval Maurice, Jouart Louis André et Joubert Henri, « La tragédie espagnole », conférence au théâtre des Ambassadeurs, 27 avril 1938, Paris, ACIP, 1938.
– Lewinsohn Richard, *L'argent dans la politique*, Paris, Gallimard, 1931 (trad. de *Das Geld in der Politik*, Berlin, S. Fischer Verlag, 1931, copyright, 1930).
– Leyrat Lore-Anaïs, « Les relations franco-soviétiques à la recherche d'une alliance, 1932-1939 », mémoire de maîtrise, université Paris 7, juin 2005.
– Little Douglas, *Malevolent Neutrality: The United States, Great Britain and the origins of the Spanish Civil War*, Ithaca, Cornell University Press, 1985.
– Lottman Herbert R., *Pétain*, Paris, Seuil, 1983.
– Lukes Igor, *Czechoslovakia between Stalin and Hitler, The Diplomacy of Edvard Benes in the 1930s*, Oxford, Oxford University Press, 1996.
– Martin James S., *All Honorable Men*, Boston, Little, Brown and Co., 1950.
– Martinez Gilles, « Comment les libéraux sont arrivés à Vichy. Étude d'un parcours paradoxal », *Revue d'histoire moderne et contemporaine*, n° 46-3, juillet-septembre 1999, p. 571-590.
– Mennevée Roger, *Les documents politiques, diplomatiques, et financiers*, revue, 1920-1940 (date de son départ aux États-Unis), BDIC 3969.
– Merlac Éric, « La France et la guerre d'Espagne 1936-1939 », mémoire de maîtrise, UTM, 1990.
– Micaud Charles, *The French Right and Nazi Germany, 1933-1939*, New York, 1964.
– Millman Richard, *La question juive en France entre les deux guerres. Ligues de droite et antisémitisme en France*, Paris, Armand Colin, 1992.
– Milza Pierre, *Les fascismes*, Paris, Imprimerie nationale, 1985.
– *Fascisme français. Passé et présent*, Paris, Flammarion, 1987.
– Mochan Frances, « Germany and the Spanish Civil War », *Leeds History First*, revue électronique de l'université de Leeds, Undergraduate Essays, volume 1, 2003-2004.
– Moine Jean-Marie, *Les Barons du fer. Les maîtres de forges en Lorraine*, PU de Nancy, Éditions Serpenoise, 1989.
– Mollier Jean-Yves et George Jocelyne, *La plus longue des Républiques, 1870-1940*, Paris, Fayard, 1994.
– Monier Frédéric, *Le complot dans la République, Stratégies du secret de Boulanger à la Cagoule*, Paris, La découverte et Syros, 1998.
– Monzie de Anatole, *Ci-devant*, Paris, Flammarion, 1941.
– Moreau Émile, *Souvenirs d'un gouverneur de la Banque de France, histoire de la stabilisation du franc (1926-1928)*, Paris, Éditions M.-Th. Génin, 1954.
– Newton Scott, *Profits of peace: the political economy of Anglo-German Appeasement*, Oxford, Oxford University Press, 1996.
– Nobécourt Jacques, *Le colonel de La Rocque 1885-1946 ou les pièges du nationalisme chrétien*, Paris, Fayard, 1996.
– Nicolle Pierre, *Cinquante mois d'armistice. Vichy 2 juillet 1940-26 août 1944. Journal d'un témoin*, Paris, Éditions André Bonne, 1947, 2 vol.
– Noiriel Gérard, *Les origines républicaines de Vichy*, Paris, Hachette, 1999.
– Offner Arnold, *American Appeasement United States Foreign Policy and Germany 1933-1939*, New York, W.W. Norton & C°, 1976 (1re édition 1969).
– *The origins of the Second World War: American Foreign Policy, 1914-1941*, New York, Praeger, 1975.
– Parker R.A.C., *Chamberlain and the Appeasement: British policy and the coming of the Second World War*, Londres, Macmillan Press Ltd, 1993.
– Passmore Kevin, *From Liberalism to Fascism: the right in a French province, 1928-1939*, Cambridge, Cambridge University Press, 1997.
– Pauwels Jacques, *Le Mythe de la bonne guerre : les USA et la Seconde Guerre mondiale*, Éditions Aden, 2005.
– Paxton Robert, « France, the Church, the Republic and the Fascist temptation, 1922-1945 », *in* Wolff R. et Hönsch J. (éd.), *Catholics*, p. 67-91 (cf. infra).
– *Le fascisme en action*, Paris, Seuil, 2004.
– *La France de Vichy*, Paris, Seuil, réédition, 1997.
– *Le temps des chemises vertes. Révoltes paysannes et fascisme rural, 1929-1939*, Paris, Le Seuil, 1996.
– Péan Pierre, *Le Mystérieux Docteur Martin*, Paris, Fayard, 1993.
– Portes Jacques, « Les origines de la légende noire des accords Blum-Byrnes », *RHMC*, n° 33, avril-juin 1986, p. 314-329.
– Prost Antoine, *Les Anciens Combattants et la société française*, Paris, PFNSP, 1977, 3 vol.
– Ragsdale Hugh, *The Soviets, the Munich Crisis and the Coming of World War II*, Cambridge, Cambridge University Press, 2004.

– Réau Elisabeth (du), *Édouard Daladier 1884-1970*, Paris, Fayard, 1993.
– Rémond René, *La droite en France de 1815 à nos jours et rééd., Les Droites en France*, Paris, Aubier, 1954 et 1982.
– Richard Gilles et Sainclivier Jacqueline (dir.), *La recomposition des droites en France à la Libération 1944-1948*, Rennes, Presses universitaires de Rennes, 2004.
– Rist Charles, *Une saison gâtée. Journal de la Guerre et de l'Occupation 1939-1945*, Paris, Fayard, 1983.
– Roberts Geoffrey, *The unholy alliance: Stalin's pact with Hitler*, Londres, Tauris, 1989.
 – *The Soviet Union and the origins of the Second World War. Russo-German relations and the road to war, 1933-1941*, New York, Saint Martin's Press, 1995.
 – *Stalin's Wars : From World War to Cold War, 1939-1953*, New Haven & London : Yale University Press, 2006.
– Rochebrune Renaud (de) et Hazera Jean-Claude, *Les patrons sous l'Occupation*, Paris, Odile Jacob, 1995.
– Rosental Paul-André, *L'intelligence démographique, sciences et politiques des populations en France (1930-1960)*, Paris, Odile Jacob, 2003.
– Roth François, *Robert Schuman. 1886-1963. Du Lorrain des frontières au père de l'Europe*, Paris, Fayard, 2008.
– Rousselier-Fraboulet Danièle, *Les entreprises sous l'Occupation. Le monde de la métallurgie à Saint-Denis*, CNRS Éditions, Paris, 1998.
– Rousso Henry, précision dans les notes (articles de revues ou contributions).
– Ruiz Émilien, « Les démocraties occidentales et la non-intervention en Espagne : antécédents, manifestations, conséquences, 1931-1939 », mémoire de maîtrise, université Paris 7, septembre 2005.
– Sauvy Alfred, *Histoire économique de la France entre les deux guerres*, Paris, Fayard, 1965 et 1967.
– Schirmann Sylvain, *Les relations économiques et financières franco-allemandes, 24 décembre 1932-1er septembre 1939*, Comité pour l'histoire économique et financière de la France (ministère des Finances), Paris, 1995.
– Schor Ralph, *Histoire de l'immigration en France de la fin du XIXe siècle à nos jours*, Paris, Armand Colin, 1996.
 – *L'antisémitisme en France pendant les années 1930*, Bruxelles, Complexe, 1992.
– Segal Paul H., *The French State and French private investment in Czechoslovakia, 1918-1938: a study of economic diplomacy*, New York, Garland, 1987.
– Serman William, *Les officiers dans la nation, 1848 à 1914*, Paris, 1982.
– Shay Robert Paul, *British Rearmament in the Thirties: Politics and Profits*, Princeton, Princeton University Press, 1977.
– Smith Arthur L., *Jr, Hitler's gold. The story of the Nazi War Loot*, Oxford, Berg, 1989.
– Soucy Robert, *French Fascism, the first wave, 1924-1933*, New Haven and London, Yale University Press, 1986.
 – *French Fascism, the second wave, 1933-1939*, New Haven and London, Yale University Press, 1995.
– Sternhell Zeev, *Ni droite ni gauche, l'idéologie fasciste en France*, Paris, Fayard, 2000 (1re édition, 1983).
 – *Naissance de l'idéologie fasciste*, Paris, Fayard, 1989.
– Teichova Alice, *An economic background to Munich: international business and Czecoslovakia 1918-1939*, Cambridge, Cambridge University Press, 1974.
– Tellier Thibaut, *Paul Reynaud, un indépendant en politique, 1878-1966*, Paris, Fayard, 2005.
– Thomas Hugh, *La guerre d'Espagne*, Paris, Robert Laffont, 1985 (1re éd., 1961).
– Tottle Douglas, *Fraud, Famine and Fascism. The Ukrainian Genocide Myth from Hitler to Harvard*, Toronto, Progress Book, 1987.
– Trausch Gilbert, *L'ARBED dans la société luxembourgeoise*, Luxembourg, ARBED SA, 2000.
– Trepp Gian, *Bankgeschäfte mit dem Feind. Die Bank für Internationalen Zahlungsausgleich im Zweiten Weltkrieg. Von Hitlers Europabank zum Instrument des Marshallsplans*, Zurich, Rotpunktverlag, 1996.
– Turner Henry A., *German Big Business and the Rise of Hitler*, New York, Oxford University Press, 1985.
– Ulmann André et Azeau Henri, *Synarchie et pouvoir. Histoire véritable de la synarchie*, Lausanne, éditions Rencontre, Julliard, 1968.
– Vanwelkenhuyzen Jean, *Le gâchis des années 30 (sic): 1933-1937*, vol. 1, Bruxelles, éditions Racine, 2008.
– Vergez-Chaignon Bénédicte, *Le docteur Ménétrel, éminence grise et confident du maréchal Pétain*, Paris, Perrin, 2002.
– Vinen Richard, *The politics of French business 1936-1945*, Cambridge, Cambridge University Press, 1991.
– Werth Alexander, *The twilight of France, 1933-1940*, New York, Harpers & Brothers Publishers, 1942.
 – *The last days of Paris. A journalist's diary*, Londres, Hamish Hamilton, 1940.

– Wileman Donald G., « P.E. Flandin and the Alliance démocratique 1929-1939 », *French History*, vol. 4, n° 2, juin 1990, p. 139-173.
– Wolff Richard J. et Hönsch Jörg K. (éd.), *Catholics, the State and the European Right, 1919-1945*, New York, distribué par Columbia University Press, 1987.
– Woronoff Denis, *François de Wendel*, Paris, Presses de Sciences-Po, 2001.
– Young Robert J., *In command of France: French Foreign Policy and Military Planning, 1933-1940*, Cambridge, Harvard University Press, 1978.
– *France and the origins of the Second World War*, New York, Saint Martin's Press, 1996.

Liste des abréviations

AEG, Allgemeine Elektrizitätsgesellschaft
BASF, Badische Anilin und Soda Fabrik
BNC, Banque nationale pour le commerce, future
BNCI, Banque nationale pour le commerce et l'industrie
CCI, Chambre de commerce internationale
CCMNF, Comité central des Minorités nationales en France
CDF, Comité de Défense paysanne
CEPH, Centre d'Études des problèmes humains
CFA, Comité France-Allemagne
CFAID, Comité franco-allemand d'information et de documentation
CFTC, Confédération française des Travailleurs chrétiens
CGNR, Compagnie générale pour la Navigation du Rhin
CGPF, Confédération générale de la Production française, puis (juillet 1936) Confédération générale du patronat français
CGT, Confédération générale du Travail
CGTU, Confédération générale du Travail unitaire
CIC, Comité industriel et commercial
CIA, Central Intelligence Agency
CNOF, Comité national de l'organisation française
CNTE, Compagnie nationale téléphonique espagnole
CO, Comité d'organisation
COST, Centre d'organisation scientifique du Travail
CPDN, Comité permanent de la Défense nationale
CRAS, Comité de rassemblement antisoviétique
CSAR, Comité secret d'action révolutionnaire (Cagoule)
CSR, Convention synarchique révolutionnaire
DC, Division(s) de cavalerie
DDF, Documents diplomatiques français
DEV, Deutsch Handlungsgehilfen Verband
DFG, Deutsch-Französische Gesellschaft (société germano-française)
DGER, Direction générale des études et recherches
DI, Division(s) d'infanterie
DNVP, Deutschnationale Volkspartei (parti populaire national-allemand)
DRAC, Défense des religieux anciens combattants
EVP, Équipe volante de propagande (PSF)
FFI, Forces françaises de l'Intérieur
FFL, Forces françaises libres
FIDAC, Fédération interalliée des anciens combattants
FNC, Fédération nationale catholique
IPSA, Institut de Psychologie appliquée
ITT, International Telegraphe and Telephone
KPD, Kommunistische Partei Deutschlands (parti communiste d'Allemagne)
MBF, Militärbefehlshaber in Frankreich (commandant militaire en France)
MGF, Mouvement général des fonds
MSE, Mouvement synarchique d'empire
MSR, Mouvement social révolutionnaire (Cagoule sous l'Occupation)
NSDAP, Nationalsozialistische Deutsche Arbeiterpartei (parti national-socialiste des travailleurs allemands)
NSKV, Nationalsocialistische Kriegsopferversorgung (organisation national-socialiste des victimes de guerre)
OFI, Office français d'informations
OFINAC, Office national anti-communiste
OSAR, Organisation secrète d'action révolutionnaire (Cagoule)
OSS, Office of Strategic Services
PNB, Parti national breton
PPF, Parti populaire français
PRNS, Parti républicain, national et social (Jeunesses patriotes)

PSF, Parti social français (Croix de Feu)
RDI, Reichsstand der deutschen Industrie (Fédération de l'industrie allemande)
RI, Régiment d'infanterie
RM, Reichsmark
RPF, Rassemblement du Peuple français
SA, Sturm Abteilung
SARL, Société à responsabilité limitée
SCR, Service central de renseignements (Deuxième Bureau de l'État-major de l'armée)
SF, Solidarité française
SR, Service de renseignements de l'armée (et voir SCR)
SGF, Statistique générale de la France
SHAT, Service historique de l'armée de Terre
SICAP, Société d'importation de charbon et autres produits
SIM, Service d'information militaire (italien)
SNI, Syndicat national des Instituteurs
SOCF, Société des officiers de complément
SPD, Sozialdemokratische Partei Deutschlands (parti socialiste d'Allemagne)
SPF, Syndicats professionnels français (Croix de Feu-Parti social français)
SS, Schutzstaffel (échelon de protection)
UCAD, Union des comités d'action défensive (Cagoule)
UEIF, Union européenne industrielle et financière
UFC, Union fédérale des Combattants
UIMM, Union des industries métallurgiques et minières
UNC, Union nationale des combattants

Index

Table des matières

IMPRESSION, RELIURE

imprimerie CHIRAT

42540 ST-JUST-LA-PENDUE
JANVIER 2011
DÉPÔT LÉGAL 2011
N° 201101.0243

11015291 - (V) - (1,5) - OSB 80° - GOS - BTT

IMPRIM'VERT 2010

IMPRIMÉ EN FRANCE